사회·문화편
사상통제(3)
일제 말기 확장하는 사상 탄압과 그 붕괴

사회·문화편

일제침탈사
자료총서 56

사상통제(3)

− 일제 말기 확장하는 사상 탄압과
 그 붕괴

동북아역사재단 일제침탈사 편찬위원회 기획
윤소영·홍선영·박미경·복보경 편역

동북아역사재단
NORTHEAST ASIAN HISTORY FOUNDATION

| 발간사

　일본이 한국을 침탈한 지 100년이 지나고 한국이 일본의 지배로부터 벗어난 지 70년이 넘었건만, 식민 지배에 대한 청산은 이루어지지 못하고 있다. 일본의 독도영유권 주장은 도를 넘어섰다. 일본은 일본군'위안부', 강제동원 등 인적 수탈의 강제성도 인정하지 않고 있다. 일본군'위안부'와 강제동원의 피해를 해결하는 방안을 놓고 한·일 간의 갈등은 최고조에 이르고 있다. 역사문제를 벗어나 무역분쟁, 안보위기 등 현실문제가 위기국면을 맞고 있다.

　한·일 간의 갈등은 식민 지배의 역사를 어떻게 볼 것인가 하는 역사인식에서 기인한다. 역사는 현재와 과거의 대화이며 이를 기반으로 미래로 나아갈 수 있다. 과거 침략의 역사를 미화하면서 평화로운 미래를 말하는 것은 불가능하다. 식민 지배와 전쟁발발의 책임을 인정하지 않고 반성하지 않으면 다시 군국주의가 부활할 수 있고 전쟁이 일어날 위험성도 배제할 수 없다. 미래지향적 한일관계를 형성하고 나아가 동아시아의 평화와 번영의 기틀을 조성하기 위해 일본은 식민 지배의 책임을 인정하고 그 청산을 위해 노력해야 할 것이다.

　식민 지배의 역사를 청산하기 위해서는 식민 지배는 어떻게 이루어졌는지 그 실상을 명확하게 규명하는 일이 긴요하다. 그동안 일본제국주의에 맞서 조국의 독립을 위해 헌신한 독립운동가들의 활동을 찾아내고 역사적으로 평가하는 일에는 상당한 성과를 거두었다. 반면 일제 식민침탈의 구체적인 실상을 규명하는 일에는 충분한 노력을 기울이지 못했다. 제국주의가 식민지를 침탈했다는 것은 너무나 당연한 사실로 여겨졌기 때문에, 굳이 식민 지배에서 비롯된 수탈과 억압, 인권유린을 낱낱이 확인할 필요가 없었는지도 모른다. 그러는 사이 일본은 식민 지배가 오히려 한국에 은혜를 베푼 것이라고 미화하고, 참혹한 인권유린을 부인하는 역사부정의 인식을 보이는 데까지 이르고 있다. 일제의 통치와 침탈, 그리고 그 피해를 종합적으로 조사하고 편찬할 필요성이 여기에 있다.

　일제침탈사를 체계적으로 정리하는 일은 개인이 감당하기 어렵다. 이에 우리 재단은 한국학계의 힘을 모아 일제침탈사 편찬위원회를 꾸렸다. 편찬위원회가 중심이 되어 일제의 식민지 침탈사를 정치·경제·사회·문화 모든 방면에 걸쳐 체계적으로 집대성하기로 했다. 일제 식민침탈의 실체를 파악하기 위해 2020년부터 세 가지 방면으로 사업을 추진하고 있다. 하나는 일제침탈의 실상을 구체적이고 생생한 자료를 통해서 제공하는 일로서 〈일제침탈사 자료총서〉로 편찬한다. 다른 하나는 이들 자료들을 바탕으로 연구한 결과물을 〈일제침탈사 연구총서〉로 간행한다. 그리고 연구의 결과를 대중들이 이해하기 쉽게 〈일제침탈사 교양총서〉를 바로알기 시리즈로 간행한다. 자료총서 100권, 연구총서 50권, 교양총서 70권을 기본목표로 삼아 진행하고 있다.

〈일제침탈사 자료총서〉에서는 정치·경제·사회·문화 모든 방면에 걸쳐 침탈의 역사를 자료적 차원에서 종합했다. 침략과 수탈의 역사를 또렷하게 직시할 수 있도록 생생한 자료를 제공하는데 목표를 두었다. 그동안 관련 자료집도 여러 방면에서 편찬되었지만 원자료를 그대로 간행한 경우가 많았다. 이번에 발간되는 자료총서는 해당 주제에 대한 침탈의 실상을 체계적으로 이해할 수 있는 구성방식을 취했으며, 지배자의 언어로 기록되어 있는 자료들을 독자들이 쉽게 읽을 수 있도록 모두 번역했다. 자료총서를 통해 일제 식민 지배의 실체와 침탈의 실상을 있는 그대로 이해할 수 있게 되기를 기대한다.

2024년
동북아역사재단 이사장

편찬사

1945년 한국이 일제 지배로부터 해방된 지 79년의 세월이 지났다. 그럼에도 불구하고 일본 사회 일각에서는 여전히 일제의 한국 지배를 합리화하고 미화하는 주장이 나오고 있으며, 최근에는 한국 사회 일각에서도 일제 지배를 왜곡하고 옹호하는 주장이 나오고 있다. 이는 한국과 일본 사회, 한일 관계와 동아시아 국제관계의 미래를 위해서도 결코 바람직하지 않은 일이다.

이에 동북아역사재단은 일제의 한국 침략과 식민 지배에 대한 학계의 연구 성과를 총정리한 〈일제침탈사 연구총서〉를 발간하기로 하였다. 이에 따라 2019년 9월 학계의 전문가를 중심으로 편찬위원회를 구성하였으며, 편찬위원회는 학계의 연구 성과를 토대로 정치·경제·사회·문화 부문에서 일제의 침탈이 어떻게 이루어졌는지 정리하여 연구총서 50권을 발간하기로 하였다.

주지하듯이 1905년 일제는 러일전쟁에서 승리한 뒤, 한국에 군대를 주둔시키면서 한국의 외교권을 빼앗고 통감부를 두어 내정에 간섭하였다. 1910년 일제는 군사력으로 한국 정부를 강압하여 마침내 한국을 강제 병합하였다. 이후 35년간 한국은 일제의 식민 통치를 받았다.

일제는 한국의 영토와 주권을 침탈하였을 뿐만 아니라, 군사력과 경찰력으로 한국을 지배하면서, 정치·경제·사회·문화의 모든 부문에서 한국인의 권리와 자유, 기회와 이익을 박탈하거나 제한하였다. 정치적으로는 군사력과 경찰력, 각종 악법을 동원하여 독립운동을 탄압하고, 한국인의 정치활동을 억압하고 참정권을 박탈하였으며, 집회와 결사의 자유를 억압하였다. 경제적으로는 일본자본이 경제의 주도권을 장악하고, 일본인 위주의 경제정책을 수행했으며, 식량과 공업 원료, 지하자원 등을 헐값으로 빼앗아 갔고, 농민과 노동자 등 대다수 한국인의 경제생활을 어렵게 하였다. 사회적으로는 한국인들을 차별적으로 대우하고, 한국인의 교육의 기회를 제한하고, 한국인으로서의 정체성을 박탈하여 결국은 일본의 2등 국민으로 만들고자 하였다. 문화적으로는 표현과 창작의 자유, 종교와 사상의 자유를 억압하고, 한글 대신 일본어를 주로 가르치고, 언론과 대중문화를 통제하였다. 중일전쟁, 아시아태평양전쟁을 도발한 뒤에는 인적·물적 자원을 전쟁에 강제동원하고, 많은 이들을 전장에 징집하여 생명까지 희생시켰다.

〈일제침탈사 연구총서〉는 침탈, 억압, 차별, 동화, 수탈, 통제, 동원 등의 단어로 요약되는 일제의 침략과 식민 지배의 실상과 그 기제를 명확히 밝히고자 하였다. 이를 통해 일제의 강제 병합을 정당화하거나 식민 지배를 미화하는 논리들을 비판 극복하고, 더 나아가 일제 식민 지배의 특성이 무엇이었는지, 식민 통치의 부정적 유산이 해방 이후에 어떤 영향을 미쳤는지를 밝히고자 하였다.

편찬위원회는 연구총서와 함께 침탈사와 관련된 중요한 주제들에 관하여 각종 법령과 신문·잡지 기사 등 자료들을 정리하여 〈일제침탈사 자료총서〉도 발간하기로 하였다. 아울러 일반인과 학생들이 보다 쉽게 읽을 수 있는 〈일제침탈사 교양총서〉를 바로알기 시리즈로 발간하기로 하였다.

일제의 한국 침략과 식민 지배의 역사는 광복 후 서둘러 정리해냈어야 했지만, 학계의 연구가 미흡하여 엄두를 내기 어려웠다. 이제 학계의 연구가 어느 정도 축적되어 광복 80주년을 맞기 전에 이와 같은 작업을 할 수 있게 된 것을 다행으로 생각한다. 한일 양국 국민이 과거사에 대한 올바른 역사인식을 갖고 성찰을 통해 미래를 향해 함께 나아갈 수 있기를 기대하면서 삼가 이 책들을 펴낸다.

2024년
동북아역사재단 일제침탈사 편찬위원회

차례

발간사 4

편찬사 6

편역자 서문 13

전체 해제

I 신문 기사

<해제> 30

1 《매일신보》 39

2 《동아일보》·《조선일보》·《중앙일보》 59

3 일본어 신문 67

4 광복 후 신문 75

II 잡지 기사

<해제> 96

1 《삼천리》 수록 기사 102

2 일본어 잡지 수록 기사 130

Ⅲ 전시 체제하 고도의 사상탄압 대책 도입

<해제> ············ 156

1 전시 체제하 사상 상황 분석 ············ 165
2 사법당국의 전향 정책 ············ 245
3 사상범 보호관찰제도의 도입 ············ 269
4 예방구금제도의 도입 ············ 362

Ⅳ '전향' 유도 및 '사상범' 보호관찰제도의 운용

<해제> ············ 398

1 전향 정책의 운용 ············ 403
2 사상범 보호관찰제도의 운용 ············ 414
3 사상범 보호관찰소의 운영 ············ 444

Ⅴ 개인과 단체의 '전향' 양상

<해제> ············ 482

1 사노 마나부의 전향서 ············ 488
2 정책 당국자의 '전향' 관찰담 ············ 500

3	대동민우회의 '전향' 활동	…………	531
4	이순탁의 사상전향록과 이재유의 감상록	…………	555

VI 신문조서 및 판결문

	<해제>	…………	600
1	연희전문학교 경제연구회 이순탁 조서 및 판결문	…………	606
2	오면직 판결문	…………	622
3	배상권 재일유학생 독립운동 사건	…………	628
4	그 외 공판기록	…………	637

VII 사상 탄압 그 후, 해방 공간

	<해제>	…………	688
1	모토하시 도요하치의 《종전일지(終戰日誌)》	…………	693
2	광복 후 조선총독부 일본인 관계자의 증언	…………	754
3	일본인 인권 변호사의 광복 후 증언	…………	773
4	누구보다 해방을 반긴 사람들	…………	790

[부록] 치안유지법 위반 관련 각종 조사표 및 통계

1 조선 중대 사상사건 경과표 ············ 806
2 치안유지법 위반 사건 통계(1943) ············ 815

자료목록 ············ 830

참고문헌 ············ 841

찾아보기 ············ 843

일러두기

1. 일제침탈사 자료총서에 수록된 일본어 자료 및 국한문 혼용체 자료는 될 수 있는 한 현대적인 문체로 번역 또는 윤문하여 일반 독자의 편의를 도모했다.
2. 인명 및 지명 등 고유명사는 처음 등장할 때 원어를 병기하고 이후에는 한글만 표기했다. 한글 표기는 국립국어원 외래어표기법에 따랐다.
3. 연도는 서력 표기를 원칙으로 하고 관련 연호는 병기했다. 날짜는 원문 그대로 하고 음력과 양력 여부를 알 수 있는 경우에만 '(음)', 또는 '(양)'으로 기재했다.
4. 숫자는 천 단위까지 아라비아 숫자로 표기하고 만 단위 이상은 '만' 자를 넣어 표기했다. 도표 안의 숫자는 그대로 표기했다.
5. 낱말이나 문구에 대한 설명이 필요한 경우, 또는 편찬사업의 취지에 따라 자료 해설이 필요한 경우 편역자 주를 적극 활용했다. 단, 원자료의 주석은 본문 중에 표시했다.
6. 판독이 불가한 글자의 경우 ■로 표기했다. 단, 원문에 ●, ×의 표기가 있는 경우에는 원문 그대로 남겼다.
7. 일본지명 및 인명은 일본어 발음대로, 중국지명 및 인명은 한자 발음대로 표기하고 원문에 수록된 한자를 괄호 병기하였다. 단, '창씨개명'후 한국인의 일본식 이름은 한글 발음으로 표기하여 일본인의 이름과 구별하였다.
8. 한자의 경우, 일본식 약자(略字)는 정자(正字)로 바꾸었다.
9. 역사적 용어는 고등학교 한국사 교과서에서 채택한 용어를 준용하되, 시대적 분위기를 전하는 당시 용어는 그대로 살려 번역했다.
    예) ① 1937년 중일전쟁을 의미하는 일지사변(日支事變)과 지나사변(支那事變) ② 1931년 9.18사변을 의미하는 만주사변 ③ 중국을 폄하하는 호칭인 지나(支那) ④ 일본어 원문의 '천황'은 그대로 살렸으며, 편역자의 관점을 드러내는 해제에는 '일왕'으로 표기했다.

편역자 서문

2024년 말이 되어 『사상통제』 전 3권 중 세 번째 자료집을 마무리하면서, 새삼 동북아역사재단의 대형기획사업인 일제침탈사 자료총서 발간사 중 한 구절을 되새겨 보고자 한다.

과거 침략의 역사를 미화하면서 평화로운 미래를 말하는 것은 불가능하다. 식민 지배와 전쟁 발발의 책임을 인정하지 않고 반성하지 않으면 다시 군국주의가 부활할 수 있고, 전쟁이 일어날 위험성도 배제할 수 없다. (중략) 식민 지배의 역사를 청산하기 위해서는 식민 지배는 어떻게 이루어졌는지 그 실상을 명확히 규명하는 일이 긴요하다. (중략) 일제침탈사 자료총서에서는 (중략) 침략과 수탈의 역사를 또렷하게 직시할 수 있도록 생생한 자료를 제공하는 데 목표를 두었다.

돌이켜보면 위의 문제의식과 그 목표에 편역자들은 전적으로 동의하며 이 편찬사업에 의욕적으로 동참했다. 일본에서 역사학 외에 인문학 분야의 석·박사과정을 마친 편역자 집단이었기 때문에 한국의 독자들이 일제강점기 사상 탄압 관련 일본어 자료를 쉽게 접할 수 있도록 번역하는 것, 시간 순서에 따라 일제의 사상 탄압이 어떻게 변천하고 그 억압성이 어떻게 작동했는지를 밝히는 것, 그 위에서 가능하면 희귀한 자료를 발굴하여 연구자들의 향후 연구에도 활용될 수 있도록 하는 것을 지향해 왔다. 최종 결과물의 편역자 서문을 쓰면서 아쉬운 점이 없지 않지만, 편역자들 자신에게도 관련 자료를 통하여 일제강점기 사상 탄압의 실상과 그 저항에 대해 깊은 공부의 시간이 되었음을 독자들께 말씀드리고자 한다.

사상통제 총 세 권의 구성은 다음과 같다.

사상통제(1) 사상통제 관련 법규와 통제 주체
사상통제(2) 사상통제의 실제

사상통제(3) 일제 말기 확장하는 사상 탄압과 그 붕괴

1차년도에는 사상 탄압의 제도적 특징을 소개하는 데 초점을 맞추었다. 즉, 사상 탄압 관련 법령의 내용과 변천 과정, 사상 탄압을 구체적으로 실행한 조선총독부 경찰조직과 일본 내무성의 공안 경찰, 사상 검사 등의 조직이 편성되고 구축되는 과정을 보여주는 사료를 다루었다.

2차년도에는 사상통제의 '실제'라는 측면에서 각 시기를 대표하는 사상사건을 선별하고 일제 측이 생산한 각종 자료를 배치하여 일제 사법당국과 경찰의 사상 탄압 과정이 일목요연하게 드러날 수 있도록 주의하였다. 즉 경찰과 사법당국의 사찰에서부터 검거, 취조, 고문, 경찰 조사 종료 후 검사국에 송치, 예심, 예심종결, 공판 회부, 판결 등 계기적으로 일어난 일련의 과정을 밝히고, 아울러 이와 관련하여 사상검사들이 협의한 내용, 경찰 측의 에피소드를 소개했다. 특히 고문(拷問)은 은밀하게 이루어지고 외견상 식별하기 어렵도록 '기술'이 구사되었기 때문에 관계자의 증언이 중요하다고 판단하고, 고문 실상을 회고하거나 소개한 자료를 수록하여 독자들이 그 실상을 생생하게 파악할 수 있도록 하였다.

이와 같은 2개년의 성과를 마무리하는 자료집이 본 3차년도 사상통제 3권의 목표이다.

1930년대 중반부터 1945년까지를 다룬『사상통제(3)』의 특징을 한마디로 말하자면 "일제 말기 확장하는 사상 탄압과 그 붕괴"라는 제목으로 설명될 수 있겠다.

1931년 만주사변을 기점으로 하여 일본제국주의는 본격적으로 대륙침략을 감행하기 시작하고, 이를 방해 혹은 저항하는 자뿐만 아니라 그 가능성이 우려되는 자까지 사상탄압의 대상으로 지목하고, 이들을 징벌하기 위해 법의 그물망을 촘촘히 좁혀 나갔다. 특히 사회적 영향력이 큰 지식인의 '사상전향'을 강제하여 이들을 일제 침략 정책의 전위(前衛)로 활용하는 등 지능적인 사상 탄압 정책을 구사했다.

제3권에서는 이러한 측면을 독자들이 이해할 수 있도록 일제강점 말기에 일제의 사상 탄압이 어떻게 확장되었는지를 드러내는 각종 자료를 선별하여 수록하였다. 그중 전향정책을 수립하고 운용한 측 또 전향한 개인과 단체의 양상을 보여주는 자료를 한 축으로 하고 다른 축은 일제 측의 사상 탄압 정책에도 굴하지 않고 발생한 독립운동 관련 자료와 전향을 거부한 인사들의 자료를 배치하였다.

또한 3개년 사업을 마무리한다는 관점에서 일제강점 35년이 일제의 패망으로 하루아침에 마침표를 찍게 되었을 때, 조선에서는 어떤 일이 벌어졌는지를 파악하기 위해 광복 직후 생존했던 식민지 조선의 사법 관계자들이 남긴 자료를 수집하여 번역 수록했다. 이 자료는 국내에 처음 번역 소개하는 내용이므로 향후 이 자료를 구사한 연구가 산출되길 기대한다. 사상통제 제1집, 제2집과 마찬가지로 제3집에서 소개한 자료의 대부분은 일본어 자료이다. 국내에서 수집할 수 없는 자료는 일본국회도서관과 일본 아시아역사자료센터, 교토대학교 등을 통해 수집했다.

끝으로 편역자들이 이 자료집을 최종적으로 상재하면서 독자들에게 전하고 싶은 글을 소개하고 싶다. 쓰루미 슌스케(鶴見俊輔)가 주도한 『공동연구 전향』(1959)의 서언 부분에는 여러 명사의 글귀를 인용하고 있는데 그중 루쉰의 다음 글은 일제강점기 한국의 상황을 연상시키는 내용이다.

이것은 명나라가 멸망한 다음의 일이다. 살아남은 자를 보면, 소수의 사람은 마음으로부터, 다수의 사람은 압박당하여 복종했던 사람이다. 그러나 가장 편안하게 살아남은 자는 한간(漢奸)이었다. 그리고 가장 고결하게 사람들로부터 존경받은 자는 한간(漢奸)을 통렬히 비판한 일민(逸民)[1]이었다. 그런데 나중에 본인이 나무 아래에서 천수를 마치고 나면 그 자녀는 국가시험에 응시해도 상관이 없고 각각 훌륭한 부모를 가질 수도 있었다. 그러나 묵묵히 항전(抗戰)한 열사(烈士)는 한 명의 자식을 남기는 일조차 드물었다.[2]

일제강점 말기가 되면서 조선총독부 측의 사상 탄압은 더욱 확장되고 촘촘해졌다. 그러나 그것은 그만큼 일제 당국의 사상 탄압이 '통하지 않았다'는 증거이기도 하였다. 해방 직후의 모습은 그야말로 하루아침에 '양지가 음지 되고 음지가 양지 되는' 상황이 연출되었다. 일제 당국은 식민 지배를 공고히 하고자 그토록 모든 것을 쏟아부어 사상 탄압을 강화해 왔지만, 아무것도 남은 것이 없었다.

---

1 학문과 덕행이 있으면서 재야에 묻혀 지낸 사람.
2 鶴見俊輔,「転向の共同研究について」,『(共同研究)転向』上巻, 平凡社, 1959.

35년간의 불편했던 일제 식민 지배 시기를 되돌아볼 때 전향과 비전향, 협력과 은둔, 끈질긴 항쟁 등 각자의 방식으로 살아낸 선배들의 삶이 뚜렷이 떠오른다. 이 중에서 무엇이 우리에게 울림을 주고 있을까? 적어도 차재정이나 박희도, 최린, 이토 노리오, 미와 가즈사부로와 같은 이들은 아님을 발견하게 된다. 우리의 기억에 남는 인물은 이재유, 김천해, 여운형, 그리고 1940년대 말까지도 독립에 대한 희망을 버리지 않고 치안유지법 등으로 처벌받거나 옥중에서 생을 마감한 조선의 청년들, 옥고와 고문의 후유증으로 비운의 삶을 살았으되, 후대인이 기억조차 하지 못한 이들, 그리고 일본인으로서 일본제국주의와 맞서 싸운 후세 다쓰지와 같은 인물이 아닐까 한다.

일제침탈사 자료총서 사업을 기획·추진하고 편역자의 뒷바라지를 해주신 동북아역사재단 관계자 여러분과 중간 보고서의 문제점을 지적해 주신 감수위원님, 워크숍을 통해 이 자료집의 부족한 점을 채울 기회를 주신 일제침탈사편찬위원회 편찬위원님들께 깊은 감사의 말씀을 올린다.

2024년 12월
편역자
윤소영, 홍선영, 박미경, 복보경 씀

전체 해제

『사상통제』 전 3집 구성 중 세 번째에 해당하는 이 자료집의 시기는 기본적으로 1930년대 중반부터 1945년이며, 그 영향 관계를 좀 더 살펴보기 위해 해방 직후의 상황까지 넣어 구성하였다.

이 시기에는 1936년 5월 29일 사상범보호관찰법 공포, 1941년 2월 조선사상범예방구금령 시행, 1941년 치안유지법 개정으로 이어지며 1945년까지 사상통제와 탄압이 극한으로 치달았다. 심지어 일제 말기에는 반전(反戰)·반군(反軍) 관련 불온언행에 대한 육해군 형법 적용 및 만 20세 미만 청소년을 대상으로 1942년 3월 조선소년령을 시행하면서 단기형에서 장기형의 형량을 부과하는 악법도 도입되었다. 이 시기를 관통하는 핵심 키워드는 이른바 일제의 지배 이데올로기에 저항하는 지식인을 천황제와 군국주의 정책에 순응하고 협력하도록 한 '전향(轉向)'이다. 그 때문에 이 자료집의 해당 시기에는 다소 벗어나지만, 일본공산당의 거두인 사노 마나부(佐野學) 등의 전향성명서(1933)[1] 및 간도공산당 사건 재판 관련 내용도 1930년대 중반 이후 전향 정책과 관련이 있다고 판단되어 대상 자료로 삼았다.

이 시기의 사상 탄압 양상을 극명하게 보여 주는 사례는 1941년 치안유지법 개정 이유에서 찾아볼 수 있다. 즉 "운동 정세의 변화에 부응하여 치안유지 목적을 달성하기 위해서는 한편으로는 공산주의 운동뿐 아니라 무정부주의 운동, 민족독립운동, 유사종교운동 등 각종 과격사상운동에도 적용할" 필요가 있고, 공산주의 운동의 경우도 인민전선방책을 채용하는 등 운동 형태가 달라져 '현행법의 벌칙 강화'가 필요하다는 것을 그 개정 이유로 제시한 것이다.[2] 또한 치안유지법 개정에는 예방구금제도의 필요성에 대해서도 언급하여, "일단 감염된 과격 사상은 쉽게 불식하기 어렵고, 형 집행을 해도 개심하지 않는 자의 수가 많지 않아", "비전향 분자를 사회로부터 격리하고, 그 개심을 목적으로 하는 예방구금제도가 마련되어야 함"이 역설되었다.[3]

예방구금제도는 전시체제기란 상황 속에서 좀처럼 종식되지 않는 사상 사건 및 전향 성과 미비에 따른 일제 사법 당국의 초조함의 산물이기도 했다. 일제 사법 당국은 조선의 사상

1　신문보도는 1933년 6월 10일 자에 이루어졌다. 〈佐野鍋山の両巨頭思想転向を獄舎から声明す〉, 《神戸又新日報》, 1933.6.10.
2　홍선영 외, 2021, 『사상통제(1)』, 동북아역사재단, 354쪽.
3　위와 같음.

범이 어떤 주의를 갖든지 간에 근저에 민족주의가 공통적으로 내재되어 있어 전향 정책만으로는 뿌리 뽑기 어렵다고 판단하고 있었다.[4]

　이 자료집에는 이 같은 특징을 갖는 시기에 일제의 사상 탄압이 어떻게 확장되었는지를 드러내는 각종 자료를 선별하여 수록하였다. 한편으로는 전향 정책을 수립하고 운용한 사법 당국 측의 자료, 또 전향한 개인과 단체의 양상을 살펴볼 수 있는 자료를 선별했다. 또한 일제의 사상 탄압 정책에도 굴하지 않고 발생한 독립운동 관련 자료와 전향을 거부한 인사들의 자료도 배치하였다. 아울러 이 자료집은 일제강점기 사상통제자료집을 마무리하는 의미가 있으므로, 일제강점 35년이 일제의 패망으로 하루아침에 마침표를 찍게 되었을 때, 조선에서는 어떤 일이 벌어졌는지를 파악하기 위해 해방 공간에서 패망을 맞이한 일본인 사법 관계자들이 남긴 자료를 수집하여 소개했다. 이 자료집의 목차는 다음과 같다.

제1장 신문 기사
　1.《매일신보》
　2.《동아일보》·《조선일보》·《중앙일보》
　3. 일본어 신문
　4. 광복 후 신문

제2장 잡지 기사
　1.《삼천리》에 수록된 전향 관련 기사
　2. 일본어 잡지에 수록된 전향 관련 기사

제3장 전시 체제하 고도의 사상 탄압 대책 도입
　1. 전시 체제하 사상 상황 분석
　2. 사법 당국의 전향 정책
　3. 사상범 보호관찰제도 도입

4　오기노 후지오 지음·윤소영 옮김, 2022,『일제강점기 치안유지법 운용의 역사』, 역사공간, 360~361쪽.

4. 예방구금제도 도입

제4장 '전향' 유도 및 '사상범' 보호관찰 제도 운용
    1. 전향 정책 운용
    2. 사상범 보호관찰 제도 운용
    3. 사상범 보호관찰소 운영

제5장 개인과 단체의 '전향' 양상
    1. 사노 마나부의 전향서
    2. 정책 당국자의 '전향' 관찰담
    3. 대동민우회의 '전향' 활동
    4. 이순탁의 사상전향록과 이재유의 감상록

제6장 신문조서 및 판결문
    1. 연희전문학교 경제연구회 이순탁 조서 및 판결문
    2. 오면직(吳冕稙) 판결문
    3. 배상권(재일 유학생) 독립운동 사건
    4. 그 외 공판 기록(최태섭, 임윤걸, 서택균, 최준범, 송천창보, 오형선, 장본박공, 심재인 등 비밀결사 사건, 여운형)

제7장 사상 탄압 그 후, 해방 공간
    1. 모토하시 도요하치의 《종전일지(終戰日誌)》
    2. 광복 후 일본인 조선총독부 관계자의 증언
    3. 일본인 인권 변호사의 광복 후 회고담
    4. 해방 공간의 명암(明暗)

[부록] 치안유지법 위반 관련 각종 조사표 및 통계
   1. 조선 중대 사상 사건 경과표(1943)
   2. 치안유지법 위반 사건 통계(1943)

각 장의 내용은 전체 주제에 맞추어 상호 연관성을 갖도록 구성하였다. 제1장과 제2장은 자료집『사상통제』제1집과 제2집의 구성과 마찬가지로 해당 시기의 각종 신문과 잡지에 수록된 관련 기사를 모았다. 일본어 자료는 번역했으며, 국한문 혼용체는 현대어로 순화하여 옮겼다.

제1장의 신문 기사는 4개 절로 나누어 소개했다. 제1절은 중일전쟁기부터 1945년까지의 어용신문인《매일신보》기사, 제2절에 민족지로 자임했던《동아일보》·《조선일보》·《중앙일보》기사, 제3절에는《경성일보》,《조선신문》등 일본어 신문을 묶었다. 제4절에는 해방 직후의 신문 기사를 별도로 분류하여 해방 공간의 상황이 파악될 수 있도록 하였다.

내용에서는 사상전향 양상 관련 기사, 이른바 사상범에 대한 정책으로 보호관찰소 및 '예방구금령' 관련 기사, 사상전향 친일단체와 이러한 일제의 정책에 동조하는 친일단체의 활동 관련 보도, 그 외에 중일전쟁 후 공산주의에 대한 전면 투쟁을 천명한 조선방공협회 관련 기사, 사상보호관찰제도와 관련하여 대화숙(大和塾) 관련 보도를 실었다. 해방 후 상황을 알 수 있는 신문 기사는 경찰, 일본인 사법 당국자, 조선인 사법 당국자들의 모습이 어떻게 나타나고 있는지를 알 수 있는 자료를 수록했다.

수록한 신문기사의 양은『사상통제』1·2집에 비해 적다. 그 이유는 이 시기가 한글 신문 폐간 및 각 신문의 통폐합이 이루어진 시기이기 때문이다. 즉,《조선중앙일보》는 1936년 손기정 일장기말살 사건으로 폐간되었고, 일제의 정책에 순응하던《조선일보》와《동아일보》도 1940년 8월 10일 폐간된다. 한편 경성일보사에서 발간하던《매일신보(每日申報)》는 1938년 4월 29일 경성일보사에서 분리하여 주식회사로 전환되고《每日新報》로 제호를 변경하여 재창간되었다. 주요 일본어 신문으로는《경성일보》와《조선신문》이 있었다.

제2장 잡지 기사에서는 한글 잡지인《삼천리》와 일본어 잡지인《조선공론(朝鮮公論)》·《동양지광(東洋之光)》·《조선(朝鮮)》·《녹기(綠旗)》를 다루었다.

1929년 6월 김동환 등에 의해 창간된《삼천리》는 1942년 1월까지 발간되었고, 그 후에는

《대동아》로 개제(改題)하여 1942년 3월부터 1943년 3월까지 발간된다. 이 장에서는 《삼천리》에 수록된 전향 관련 기사를 모아 소개하였다.

《조선공론》은 1913년에 재조 일본인 마키야마 고조(牧山耕藏)에 의해 경성에서 창간된 종합잡지다. 1913년 4월 1일 창간호를 내고, 1942년 1월에 346호까지 발간한 후 1942년 2월호부터 개권호로 발행되었다. 개권호가 된 이유는 1942년에 조선총독부의 언론 통폐합 조치 때문이다. 즉,《실업지조선(實業之朝鮮)》·《경성잡필(京城雜筆)》·《조선공론》세 잡지를 통폐합하게 되는데, 잡지명은 '조선공론'을 고수했다. 현재 전하는 최종호는 1944년 11월호인 380호이다.[5] 《조선공론》의 논조는 1942년 1월호(폐간호)에서 "조선공론은 국책에 순응하여 나를 버리고 국가 진운(進運)에 공헌한다"고 한 데서 단적으로 확인할 수 있다.

《동양지광》은 1939년 1월 1일 박희도가 창간했는데, 잡지 첫 페이지에 '황군의 대승의 신춘을 삼가 축하함(謹祝皇軍大捷之新春)'이라 적은 것처럼 친일의 선봉에 섰다. 사장은 박희도, 고문으로 윤치호·최린이 이름을 올렸다. 이 잡지에서는 방공(防共) 및 전향, 황도주의(皇道主義) 관련 기사를 모았다.

조선총독부가 발간한 잡지《조선》에 수록된 기사로는 수양동우회 사건으로 피체된 후 전향한 이광수의 〈내선일체와 조선문학〉(조선 298호, 1940.3)을 번역하여 소개했다.

잡지《녹기》는 경성제국대학 교수 쓰다 사카에(津田榮)가 이끈 녹기연맹이 발간한 기관지로 1936년 1월에 창간하였다. 1944년 11월호까지 복간본으로 간행되었다.[6] 이 잡지에서는 사상 검사로 유명했던 이토 노리오의 에세이 〈전진하는 조선-범죄 타진〉[7]을 번역했다.

제3장은 이전 시기에 비해 사상 탄압이 교묘하고 치밀해졌다는 의미에서 '전시 체제하 고도의 사상 탄압 대책 도입'이라는 제목으로 이 장의 특징을 드러내고자 하였다. 이 장에 수록된 자료 중 특히 주목할 만한 것은 조선군 참모본부가 1937년 1월부터 6월까지 조선 내 사상 상황을 분석한 「쇼와(昭和) 12년도 전반기 조선사상운동 개관」(일본 아시아역사자료센터 소장)이다. 이 보고는 '1928년 12월 15일 자 육군 기밀 제646호(陸密第646號)에 의한 것'[8]이라고 하여

---

5 윤소영, 2007, 「해제」, 한일비교문화연구센터 편, 『조선공론총목차, 인명색인』, 어문학사, 7~14쪽.
6 《綠旗(영인본)》, 오쿠라정보서비스, 2009.
7 伊藤憲郎, 1941.10, 〈進む朝鮮―犯罪打診〉, 《綠旗》 68호.
8 朝鮮軍參謀長 久納誠一, 昭和12年, 「(朝參密 제588호) 思想情況に關する件」, 『密大日記』 第4冊, 방위성 방위연

1929년부터 연간 2회 조선군 참모부에서 작성하여 일본 육군성에 보고한 것이다. 이 자료를 선별한 이유는 중일전쟁 직후에 조선의 전체적인 사상 상황을 분석하고 있기 때문이다.

그 외에 일제 사법 당국의 전향 정책과 그 인식을 알 수 있는 대표적 자료는 조선총독부 고등법원 검사국 사상부에서 펴낸《사상휘보》[9]인데, 이 장에서는 1930년대 후반의 사상 사건 중 수양동우회 사건을 주목했다. 그 이유는 일제 사법 당국이 의도적으로 온건한 계몽단체를 독립운동단체로 둔갑시켜 탄압한 사건으로 이 시기 일제 사법 당국의 탄압 강화 방침을 극명하게 보여 주는 사례이기 때문이다. 〈동우회의 진상〉(사상휘보 12호, 1937.9)은 수양동우회가 수양단체를 가장한 독립운동단체라고 규정하고 있다. 그런데 사법부는 최종적으로 "기록을 정밀히 검토한 결과, 원판결에는 중대한 사실 오인이 있다"고 인정하여 무죄를 선고했다.[10] 이같이 일제강점기에 원심 판결이 번복된 사례는 이 사건이 유일하지 않은가 한다. 비록 대다수의 관계자가 무죄로 방면되었으나 이후 '전향'이나 침묵의 길을 선택했기에 결과적으로 일제 측 입장에서는 '소기의 성과'를 거둔 사건이 되었다.

사상보호관찰제도와 관련한 자료로는 나고야(名古屋) 구재판소 검사 오사베 긴고(長部謹吾)(1901~1991)의 〈사상범 보호에 관하여(思想犯の保護について)〉《사법연구》 보고서 21-10, 1937.3)를 번역했다. 꽤 장문이지만 사상보호관찰제도 운용에 영향을 끼친 저술로 평가된다.

예방구금제도에 관해서는 장흥지청 판사인 아이하라 히로시(相原宏)의 〈예방구금제도론(豫防拘禁制度論)〉《사법협회잡지》 21권 7호 및 8호, 조선사법협회, 1942)을 수록했다.

제4장에서는 이 시기 사상 탄압의 현저한 특징인 이른바 '전향' 정책과 그 연장선상에서 이루어진 사상범 관찰 제도 운용과 관련된 사법 당국의 자료로 구성했다. 먼저 1935년 9월에 발간한《사상휘보》제4호의 〈전향자에 대한 처우에 대하여〉를 주목했다. 전향자 처우에 대한 본격적 논의가 필요한 이유에 대해서는 역시 사노 마나부(佐野學)·나베야마 사다치카(鍋山貞親)의 사상전향성명서 발표를 꼽은 점이 주목된다. 이들의 전향이 이후 사법 당국의 전향정책의 기준점이 되었음을 엿볼 수 있기 때문이다. 전향의 진위 파악에 대해서는 동덕

구소 소장
9 전신(前身)은《사상월보》로서 1931년 4월에 처음 철필 등사판으로 내부 자료로 발간한 후 1934년 12월부터 《사상휘보》로 제호를 바꾸었다.
10 위와 같음.

여자고등보통학교 교사 이관술(李觀述)의 위장 전향 사례를 들어, 지속적인 사상 관찰이 필요하다는 점을 지적했다.

사상범 보호관찰 제도와 관련한 자료로는 먼저 일본의 소년법 제도와 사상범보호관찰소 사업을 지도한 미야기 초고로(宮城長五郎)의 〈사상범보호관찰법 실시에 즈음하여 보호 사업의 보편화를 희망함〉[11]을 소개했다. 이 자료에서는 일본의 근본정신이 천황제에 입각한 '만민일가'·'동포해화(諧和)'라며 사상범 보호관찰 제도는 이 역사적 사실을 기초로 하여 충군보국(忠君報國)을 달성할 수 있도록 해야함을 역설했다. 이 글이 수록된《보호시보(保護時報)》는 일본 보성회(輔成會)가 발간한 잡지로 전신은 1920년부터 발간되었던 《보성(輔成)》이다. 소년보호사업단체의 잡지였다가 사상범보호관찰사업이 중요해지면서 1929년 5월호부터 《보호시보》라는 제호로 변경했다.

1936년 '사상범보호관찰법'이 시행되면서 바로 일본과 조선 전국에 보호관찰소가 설치되는데, 그 운용 방식에 대한 자료로 나가노 보호관찰소에서 기술한 『사상범보호개요』(1938)를 번역하여 실었다. 한편, 조선에서 실시한 실태 자료로는 마스나가 쇼이치(增永正一) 〈조선에서의 사상범 보호관찰 제도 실시에 관하여(朝鮮に於ける思想犯保護觀察制度の實施について)〉《사법협회잡지》16권 1호, 1937)를 번역하였다.

다음으로는 보호관찰소의 대표 기관인 대화숙(大和塾)과 관련된 자료를 모았다. 대화숙은 시국대응전선사상보국연맹(時局對應全鮮思想保國聯盟)을 개조하여 발족한 내선일체사상 교화·교육시설이다. 다카하라 가쓰미(高原克己)의 〈대화숙의 설립과 그 활동〉[12]에는 당시 조선 전국에 대화숙이 운영하는 국어(일본어)강습소가 28개소, 1941년 8월 20일 현재 본 강습회를 수료한 사람이 2천여 명에 달한다고 하였다. 당시 사상교화시설의 실태를 파악할 수 있는 자료로 주목된다.

마스나가 쇼이치 고등법원 검사장의 1940년 10월 훈시는 공산주의 사상이나 민족주의 사상에 의한 독립운동가들의 전향 문제뿐 아니라 종교단체의 불경죄와 불온언동 단속에도 힘써주길 바란다는 내용이어서 사상 탄압의 '성과'가 일제의 의도만큼 이루어지지 않았음을

---

11 宮城長五郎, 1936, 〈思想犯保護觀察法の實施に際し保護事業の普遍化を望む〉, 《保護時報》 20권 12호.
12 高原克己, 1941.10, 〈大和塾の設立とその活動〉, 《朝鮮》 317호.

짐작케 한다. 이와 관련한 사건은 6장 판결문에서 소개했다.

제5장은 이 시기의 대표적 현상인 사상전향을 둘러싸고 각 개인과 전향 단체를 중심으로 그 양상이 어떻게 나타나는지 관련 자료를 모았다. 앞장에서 언급한 사건인 1933년 6월 8일 일본공산당의 거두 사노 마나부(佐野學)의 전향 선언인 「공동 피고 동지에게 보내는 글(共同被告同志に告ぐる書)」을 완역하여 소개했다. 사노 마나부는 남만주철도 초대 총재, 내무대신 등을 역임한 고토 신페(後藤新平, 1857~1929)와 인척 관계이고 일본공산당을 대표하여 코민테른에서 활동한 인물로서 그의 전향 파장은 심대했다. 사노 마나부는 이 전향서에서 코민테른을 강력하게 규탄하는 한편, 일본의 특수성 '발견'에 대해 기술하였다.

다음으로 전향 정책 도입 후 사법 당국자들은 이를 어떻게 인식했는지 '관찰담'을 모았다. 고바야시 모리토(小林杜人)의 〈전향자는 일어서고 있다〉(보호시보 제19권 제9호, 1935)에는 조선인 전향자로 김연학(金練學)과 최무혁(崔武爀)을 언급하고 있으며, 1936년 12월 《사상휘보》 9호에 실린 〈사상범 보호관찰에 관한 법률 실시에 즈음하여 조선인 사상전향자의 감상과 희망〉에는 김두정·강문수의 글을 싣고 있다. 또한 1937년 말에 간행된 《사상휘보》 13호에는 경성의 조선인 전향자 상황을 보고한 글이 실렸다.

제3절에서는 전향 단체인 대동민우회 관련 자료를 모았다. 조선총독부의 사상전향정책을 추진하는 데 필수불가결 요소는 전향한 조선인 사상가들을 동원하여 친일단체를 조직하는 것이었다. 그 대표적인 단체가 1936년에 조직된 대동민우회다. 이 장에는 대동민우회에 대한 일제 측의 사찰 자료와 민우회 회칙, 대동민우회가 작성한 「전향 문제 검토」(일본어본)를 번역하여 수록했다.

제4절에는 전향한 지식인과 비전향한 지식인의 사례를 대조하기 위하여 연희전문학교 상과 교수인 이순탁(李順鐸)이 옥중에서 쓴 「사상전향록」(1939.6.23)과 끝까지 전향을 거부한 이재유의 수기를 번역하였다. 특히 이순탁의 「사상전향록」은 국사편찬위원회 전자사료관에서 웹으로 열람할 수 있는데, 자료의 순서가 뒤섞여 있어 일본어에 익숙하지 않은 이들에게는 이용에 어려움이 있었을 것이다. 독자의 편의를 도모하기 위해 번역문에 관련 웹 자료의 해당 페이지를 표시해 두었다.

제6장은 이 시기 사상 사건으로 재판을 받은 이들의 신문조서 및 판결문을 실었다. 대상으로 삼은 사건은 전향과 관련된 민족주의 사건, 공산주의 사건, 기독교 등 종교 사건 외에

일제 말기의 반군이나 군 관련 유언비어를 유포하여 육해군 형법 위반으로 처벌한 사건도 다루었다. 수양동우회 사건, 연희전문학교 경제연구회 사건과 일본 고베에서 기독교민족주의 계열의 독서회 모임을 조직하여 민족운동을 벌이고자 했던 고베(神戶) 호쿠신(北神)상업학교 유학생 배상권 사건(1940), 함경북도 출신으로 국어(일본어) 상용에 반감을 품은 불온한 언동으로 치안유지법 및 육해군 형법 위반으로 재판을 받은 최태섭 사건, 황해도 출신으로 안주읍내에서 '조선독립 만세'라는 낙서를 보고 고무되어 본인도 독립과 관련된 낙서를 했다는 혐의로 재판을 받은 임윤걸 사건(1943), 민족주의 정서가 담긴 창작을 통해 독립사상을 품은 서택균 사건(1943), 1939년 도쿄에서 공산주의 사상을 갖고 독립운동을 한 방효동, 전윤필 등의 시국연구회 사건 등을 소개했다. 그 외에 1940년대에 나가사키에 유학한 유학생으로 1942년에 체포되어 치안유지법과 육군 형법 위반 등으로 투옥되어 고문으로 1944년에 옥중 사망한 이상만, 심재인 등 나가사키 조선인 유학생 비밀결사 사건 등의 판결문을 소개하였다. 이러한 자료를 통해 일제 말기에 소박한 민족의식조차 처벌되고, 잔혹한 고문으로 옥중 순국하거나 석방 후 병고에 시달리다 사망하는 등 일제 만행이 극에 달했던 정황을 이해할 수 있을 것이다.

이 자료 중 배상권 신문조서와 예심 종결 결정은 현재 교토대학에 소장된 것으로 국내의 관련 데이터베이스에서 접할 수 없는 것으로써 사료적 가치가 있다. 그 외의 판결문은 고려대학교 도서관에서 소장하고 웹으로 공개하고 있는 검사국 문서 컬렉션 자료를 활용하여 번역했다.

제6장에서 마지막으로 소개한 여운형의 '조선독립운동 사건'은 1943년에 일제 패망과 관련한 유언비어를 유포했다는 혐의로 재판받은 사건으로 일제 말기에 내밀하게 이루어진 개인 간의 담화까지 사찰당하고 처단되었던 대표적인 사례다.

일제 말기의 재판 관련 기록은 앞장에서 소개한 치안유지법 개정과 사상보호관찰법 도입, 전향 장려 및 전향자를 이용한 대중 선전 등이 적극적으로 전개되었지만, 결코 사상 탄압 목적을 달성하기가 쉽지 않았음을 보여 주고 있다. 이러한 점을 가장 극명하게 보여 주는 역사의 현장을 우리는 1945년 8월 15일 이후의 풍경에서 확인해볼 수 있다.

제7장은 일제침탈사 자료총서로 기획된 사상통제 전 3집 구성의 결론에 해당하는 부분이다. 이 장에서는 그동안 한국 학계에서 이용되지 않았던 자료인 해방 직후 일본인 사법관들

의 상황과 그들의 회고담을 모았다. 특히 주목할 만한 이색적인 자료는 전 경성지방법원 검사국 서기 모토하시 도요하치(本橋豊八)가 남긴 1945년 8월 말부터 11월 말까지 4개월간의 일기다. 이 자료는 1978년 일본 사법관들의 잡지인 《법조(法曹)》 337~342호까지 5회에 걸쳐 연재되었는데, 이 자료집에 그 기사를 완역하여 수록했다. 그야말로 일제강점기에 서슬 시퍼렇던 사법관들이 해방 공간에서 하루아침에 패전국 국민으로 전도된 입장에서 맞닥뜨린 상황을 생생하게 전해 주는 자료로 흥미롭다.

한편 1942년 강연에서 내선일체의 이상을 설파했던 야마나 미키오는 1944년 비서관 겸 관방총무과장으로 재임 중 일본 패전을 맞이하는데, 패전 직후 조선총독부 관료로서 종전 처리를 담당하고 1945년 11월 귀국했다. 그가 귀국 후 제출한 보고서를 1956년 우방협회가 《조선총독부 종정의 기록(朝鮮總督府終政の記錄)》(1)으로 간행했다. 보고서 제목은 〈종전 전후의 조선 사정 개요(終戰前後における朝鮮事情槪要)〉(1945.12.24)다. 이 자료에는 해방 직후 전국의 상황이 생생하게 묘사되어 있다.

또한 『조선 종전의 기록(朝鮮終戰の記錄)』(자료 편)에서는 해방 직후 각 도에 재직했던 도지사나 경찰서장 등 고위층의 진술을 번역하여 소개했다. 이 자료집은 재조 일본인으로 해방 후 경성 일본인 세화회(世話會)에서 일했던 모리타 후사오(森田芳夫)가 펴낸 것이다. 그는 1946년에 일본으로 귀국 후에도 1949년 일본 인양(引揚) 원호청 임시 직원, 1950년 일본 외무성 인양과 조사원으로 8년간 근무하며 관계자를 만나 인터뷰하고 관련 자료를 모아두었다고 한다.[13] 이 자료들은 당시 후생성에 제출되어 『인양 원호의 기록(引揚援護の記錄)』 기초 자료가 되었고, 외무성에서는 미귀국자나 사망자 조사의 기초 자료로 삼았다고 한다. 이 자료들은 자료집 전 3권으로 발행되었는데, 제1권에는 관청과 군의 기록, 총독부 관직 역임자의 글을 모았다. 이 장에서는 모리타가 1950년에 일본에서 인터뷰한 조선 각지 도지사나 경찰부장 등 고위층이 해방 직후의 모습을 술회한 부분을 모아 번역했다.

일제강점기 사상 검사로 이름을 날렸던 이토 노리오(伊藤憲郎)의 글 〈조선의 사람들〉(《조선연구》 52호, 1950.9)도 국내에 처음 소개하는 자료다. 일제강점기 일본인 사법관들은 해방 직후 잠시 구금되는 등 고초를 겪기도 했으나 대부분 일본으로 돌아가 사법관으로 일생을 보냈다.

13　森田芳夫, 1979, 『朝鮮終戰の記錄』 資料 編 第一卷, 巖南堂書店, 1~2쪽.

제3절에는 일제강점기에 한국의 독립운동가를 변호해 준 일본인 변호사들의 회고담을 모았다. 대표적인 인물인 후세 다쓰지(布施辰治)는 그 자신이 치안유지법 위반으로 옥고를 치렀다.

"인류를 살상하고, 물화(物貨)를 소모하고, 내외의 모든 문화를 파괴한 전쟁의 재해는 우리들, 천황을 포함한 전 일본 국민 대중의 역사적인 책임이라는 것을 자각하지 않으면 안 된다."

그는 해방후 이같이 일본이 침략 전쟁의 책임을 다해야 함을 역설했으며,『운명의 승리자 박열』을 저술하여 한국 독립운동가에 대한 존경심을 표현하기도 했다. 야마자키 게사야(山崎今朝彌)의 글〈실설 대역사건삼대기(實說 大逆事件三代記)〉《眞相》6, 1946)에도 박열 사건에 대한 일화가 담겨 있다.

그 외에 일제강점기에 또 한 명의 일본인 인권 변호사로 조선인을 변호했던 후루야 사다오(古屋貞雄)의 권오술에 대한 에피소드, 탈주했던 이재유를 집안에 숨겨준 미야케 시카노스케(三宅鹿之助) 경성제대 교수를 인터뷰한 자료도 국내에서는 접하지 못했던 것이어서 전문을 번역하여 수록했다.

제4절은 일제강점기 사상 탄압과 관련하여 누구보다 해방의 기쁨을 만끽했을 인물의 인터뷰를 소개했다. 일본에서 비전향을 고수하였고, 형기 만료된 후에는 다시 예방구금소에 투옥되어 해방을 맞이한 김천해를 인터뷰한〈4·17 기념일, 피어린 발자국을 회고〉《大衆新報》, 1947.4.17)와 이른바 '사상 사건' 변호를 위해 불철주야 힘쓴 김병로와 이인의 회고담을 실었다.

그 외에 부록으로 1943년 사상휘보 속간에 수록된 조선중대사건 경과표 및 치안유지법 위반자 통계를 수록했다. 관련 통계는 치안유지법 외에 보안법 관련 자료도 모아 치안유지법과 함께 비교해 볼 수 있도록 했다.

이같이 1930년대 중반부터 일제의 패망과 한국의 독립으로 역사의 운명이 뒤바뀌던 시기까지 일제 사상 탄압의 역사를 살펴보면, 그야말로 '확장하는 사상 탄압과 그 붕괴'라는 제3집의 표제로 응축할 수 있겠다.

윤소영

I

신문 기사

해제

중일전쟁 전후부터 1945년까지는 일제강점 35년을 통틀어 가장 언론 탄압이 극심했던 시기였다. 1938년 4월 29일 경성일보사에서 발간하던 《매일신보(每日申報)》는 경성일보사에서 분리하여 주식회사로 전환되고 《매일신보》로 제호를 변경하여 재창간되었다. 대표취체역은 최린이며,[1] 발행인은 이상협이었다. 최린은 1941년까지 재직했다. 재창간호에서 미나미 지로(南次郎) 조선 총독은 '문장보국(文章報國)'에 매진해달라고 격려하는 글을 보냈고,[2] 고노에 후미마로(近衛文麿) 총리대신은 "내외 중대한 시국을 당하여 조선의 지위가 점점 중대성을 더하고 있는데, 종래 총독정치에 공헌해 온 《매일신보》가 《경성일보》에서 분리하여 크게 내용을 충실히 하고 진용을 강화하여 문장보국(文章報國)에 한층의 노력을 하려 함을 경하(敬賀)"[3]한다고 하였다.

1938년 4월 29일 《매일신보》·《조선일보》·《동아일보》는 일제히 '천장절' 특집호로 일본 소화 일왕 부부의 사진을 크게 게재하여 보도하고, 제호 하단에는 일제히 '황국신민의 서사'를 실었다.[4] 조선총독부 경무국 도서과는 1939년 6월 '편집에 관한 희망 및 주의사항'을 하달하여 '황실의 존엄'을 높이고, 내선일체에 관한 기사를 '성의를 갖고' 다루며, 그 양도 늘리도록, 또한 일본어 사용도 늘리도록 요구했다.[5]

조선총독부 측은 한발 더 나아가 《매일신보》를 기축으로 하여 한글 신문의 통폐합을 시도하였으나 불발되었다. 그러나 결국 외형적으로는 '자발적'임을 가장하여 1940년 8월 10일 《조선일보》와 《동아일보》를 폐간시켰다. 《조선중앙일보》는 이미 손기정 일장기 말살 사건

---

1 『친일인명사전』 제3권, 민족문제연구소, 초판 8쇄, 2018, 706쪽.
2 〈革新本報를 祝하야〉, 《每日新報》, 1938.4.29.
3 〈革新本報를 祝하야-총독정치 공헌 내각총리대신 공작 近衛文麿〉, 《每日新報》, 1938.4.29.
4 《조선일보》, 《동아일보》, 1938.4.29.
5 박용규, 2001, 〈일제 말기(1937~1945)의 언론 통제 정책과 언론 구조 변동〉, 《한국언론학보》 46-1, 201쪽.

으로 무기 정간을 당하고 1937년 11월에 최종 폐간되었다.[6] 그리하여 일제 말기까지 발간된 중앙 일간지는 일본어 신문《경성일보》와 한글신문《매일신보》정도였다. 상황이 이렇다 보니 이 시기는 다른 시기에 비해 소개할 수 있는 관련 신문이 양적으로 적다는 점을 먼저 밝혀두고자 한다.

이 시기에서는 사상전향 양상과 이른바 사상범에 대한 정책으로 보호관찰소 및 예방구금령 관련 기사, 사상전향 친일단체와 이러한 일제 정책에 동조하는 친일단체의 활동 관련 보도, 그 외에 중일전쟁 후 공산주의에 대한 전면 투쟁을 천명한 조선방공협회 관련 기사를 주목하여 소개했다. 그 주요 내용을 개관하면 다음과 같다.

먼저 중일전쟁 이전이지만 간도공산당 사건 관련 재판 기사를 소개했다. 그 이유는 간도공산당 사건의 공판이 1936년까지 이루어지고, 관련된 전향자도 다수 배출되어 그와 연관된 기사를 소개할 필요가 있기 때문이다. 관련 기사로는 1933년 10월 12일 자《매일신보》의 간도공산당 사건 재판에서 사상전향 피고가 다수였다는 보도다. 이것은 1933년 6월 이치가야형무소에서 전향서를 발표한 사노 마나부(佐野學) 사건의 영향과 연결되는 기사라 할 수 있다.《매일신보》 1936년 5월 31일 자 기사에는 사상전향자에게 가출옥의 특전을 부여한다는 내용도 주목할만하다. 제2권에서 소개한 요시다 하지메(吉田肇)의〈조선에서 사상범의 과형 및 누범 상황〉[7]에는 일본의 '전향' 사태에 영향을 받아 조선에서도 '소화 8년(1933)경부터 사상전향 시대로 들어가 전향자가 점증하는 경향'이라고 하였다. 이러한 흐름을 가속화하기 위해 수형 중인 사상범에게 사상전향이 증명되면 가출옥이라는 '은전(恩典)'으로 보답한다고 보도한 것이다.

---

6 일본어 신문인《朝鮮新聞》은 전 시기 언론 통폐합으로 1942년 2월 28일에 폐간되었다. 위의 논문, 216쪽.
7 吉田肇, 1939.5,「朝鮮に於ける思想犯の科刑並累犯狀況」,『思想硏究資料特輯』제61호.

<그림 1> 1938.4.29.每日新報 재창간호의 제호

1933년 11월 1일의 조사에 의하면, 예심 공판 단계의 전향은 26% 정도인데, 수형자는 50% 정도로 높은 편이다.[8] 이와 관련된 기사는 《매일신보》 1936년 10월 6일 자 함흥형무소의 사상전향자는 5할이라고 하여 일제 사법 당국의 분석 결과와 유사한 것을 알 수 있다. 여기에서 한발 더 나아가 사상범예방구금제도가 도입된 후 《매일신보》 1940년 4월 15일 자 기사 〈비전향자들을 상대로 교도소를 신축 수용〉은 "보호관찰소가 완전한 전향자를 보호·지도하는 것이라면, 예방구금제도는 여전히 옛 사상에 사로잡혀 청산하지 않는 비전향자를 상대로 그 행동을 제재하고, 사상 교란의 불안과 사회 치안의 방해를 제거하기 위함"이라고 보도한다. 그리하여 그 결과는 '흥아유신(興亞維新)'으로 이어진다고 하였다. 이러한 기사는 이 시기의 사상전향정책의 고도화를 보여 주는 사례다.

그 외에 사상전향자를 활용한 전향 단체에 대한 보도는 대동민우회 기사를 소개했다. 대동민우회는 먼저 조선총독부 지원으로 조직된 전향 단체인 백악회(白岳會, 1936.2.11)가 기반이 되어 확대·조직된 것으로 이각종(李覺鍾)이 중심이었다.[9] 《매일신보》 1936년 9월 22일 자에는 대동민우회가 1936년 9월 20일에 창립대회를 개최했음을 알렸다. 그러면서 '전에 사회운동을 하다 전향한 인사'들이 조직했다며, 이사장 안준(安浚), 이사 차재정(車載貞), 이동락 등의 이름을 올렸다. 《조선

---

8 〈全鮮思想犯轉向調〉, 《思想月報》 제3권 제9호, 1933.11.
9 『일제협력단체사전』, 민족문제연구소, 2004, 276쪽.

일보》1936년 9월 22일 자에는 대동민우회가 민족주의와 공산주의에서 전향한 이들을 중심으로 회원이 60명이라고 보도하고, 이들의 슬로건을 '타도 공산주의', '타도 민족자결주의', '타도 인민전선'이라고 보도했다. 차재정은 1902년 충남 논산 출신으로 1922년 도쿄 세이소쿠영어학교에 유학하고, 1923년 4월 일본 메이지대학 법과에 입학했다가 관동대지진으로 조선으로 귀국한 후 1926년 사상단체 전진회(前進會)에 참여하고, 1927년 서울청년회 집행위원에 선임되었다. 그 후 1929년 조선공산청년회 책임비서로 광주학생운동 당시 서울 시위를 지도하여 체포되어 징역 2년형을 선고받고 1932년 10월 출감, 1935년에 재차 피검되었다가 증거불충분으로 석방되었다. 그 후 사회주의 사상을 버리고 전향하여 1936년 2월 백악회에 참여했으며 대동민우회, 조선언론보국회 등에서 활동했다. 반공과 일제에 진충보국(盡忠報國)을 역설하는 강연 활동을 전개했다. 해방 후에는 종적을 감추었고, 반민족행위조사위원회에서는 기소유예 처분을 내렸다.[10]

이와 함께 일제의 사상전향정책에 동조하고 앞장선 친일단체로 시중회와 관련한 기사를 소개했다. 시중회는 최린이 발의하여 천도교도 중심으로 조직된 친일단체다. 1937년에는 성명서를 발표하며 중일전쟁을 찬양했다.[11] 《조선신문》은 1938년 12월 23일 자 기사에서 '신생활 건설, 인생관 확립, 내선일가(內鮮一家) 결성, 근로신성(勤勞神聖) 몸소 체득하여 실행, 성(誠)·경(敬)·신(信) 실행'이라는 시중회 5대 강령을 소개했다. 회원 수는 5만 명이었으며, 국민정신총동원조선연맹으로 발전적으로 해체되었다.

다음으로 이 시기에 이루어진 사상 탄압 사건 관련 기사를 소개했다. 《동아일보》1939년

---

10 『친일인명사전』 인명 편 3, 658~660쪽.
11 〈新國民意識을 鼓吹-時中會와 大東民友會의 聲明-〉,《在滿朝鮮人通信》34·35호, 홍아협회 1937.9.1. 24~27쪽.

7월 2일 자 〈전향 청년들이… 미국에 성명서 발송〉에서 수양동우회 회원 갈홍기 등 18명이 대동민우회에 가입했으며, 미국의 동지들에게 '신동아 건설의 역사적 사명을 다하자'는 성명서를 보냈다고 보도했다. 수양동우회를 이어 1938년의 중요 사상 사건은 연희전문학교 경제연구회 사건으로 피체된 백남운·이순탁·노동규 교수 사건이다. 마르크시즘에 입각한 경제사 학술 연구를 치안유지법으로 몰아 처단한 사건이다.

관변 단체인 조선방공협회의 활동도 이 시기의 특징적 모습이다. 조선총독부 경무국 보안과가 주도하여 1938년 8월 15일에 설립되었는데,[12] 당시 일본에도 설립된 적이 없는 최초의 기구였다.[13] 창립대회는 개최되지 않았으나, 1938년 8월 15일 경무국장 주재하에 취지와 규약을 확정하고, 9월 1일에는 각 도 고등·외사 경찰과장을 소집하여 활동 방침을 전달했다.[14] 1938년 8월 31일 자 《매일신보》에는 사설을 포함하여 취지서와 규약이 1면에 대서특필되었다. 이어 전국에서 지역 조직으로 방공단이 설립되었고, 신문은 방공단 조직을 적극적으로 보도했다. 대표적인 인물은 공산주의 운동에서 전향한 김두정(金斗禎)이다.

김두정은 1906년 함경남도 함주 출신으로 1928년 4월 조선총독부 관비 유학생으로 일본 야마구치현 야마구치고등상업학교에 입학했다가 1931년 1월 중퇴했다. 1931년 도쿄에서 무산자사(無産者社)에 가입하고, 1932년 노동계급사 중앙상임위원 및 기관지 《노동계급》 편집을 맡았고, 조선공산당재건투쟁협의회 일본출판부를 조직하여 활동하고, 11월 국내에 들어왔다가 1933년 2월 조선공산당재건투쟁협의회 사건으로 피체되고, 1935년 치안유지법 위반으로 징역 6년형을 선고받았다. 1935년 12월 옥중 전향서를 발표한 후 1938년에는 옥

---

12 이태훈, 「일제 말 전시체제기 조선방공협회의 활동과 반공선전전략」, 『역사와 현실』 93, 134쪽.
13 위와 같음.
14 위의 논문, 142쪽.

중에서 시국대응전선사상보국연맹 결성식에 축하문을 보냈다. 1939년 2월 가출옥한 후 7월에 시국대응전선사상보국연맹에 가입하고, 조선방공협회 강사로 활동하며 문필 활동을 왕성히 전개했다.[15]

1940년 이후의 특징은 사상범 보호관찰이 대화숙(大和塾)으로 통합되고, 일본인이 설립한 녹기연맹에 조선인 친일 인사가 참여하여 왕성하게 활동한다는 점이다. 1940년 12월 18일 《매일신보》는 사상범 예방 구금 관련 보도와 사상보국연맹을 해소하고 보호관찰소로 대화숙(大和塾)을 설치한다고 보도했다. 대화숙은 종래의 사상보국연맹 지부인 경성·함흥·청진·평양·신의주·대구·광주 7개 지부를 전부 재단법인 대화숙으로 명칭을 변경하고, 숙장은 보호관찰소장이 맡고, 반(反) 황도사상을 물리치는 황도정신 수련도장으로써 일본어 보급 장려, 기관지 발행 등에 힘쓴다고 선언했다. 1941년 3월 12일 자《매일신보》는 경성대화숙에서 합숙 훈련을 한 인사로 2·8독립선언의 배후이자 민족운동의 지도자였던 장덕수, 연희전문학교 교수로 피체되어 옥고를 치른 백남운, 연희전문학교 교수로 백남운과 함께 피체되어 옥고를 치른 이순탁을 소개했다. 모두 기라성 같은 식민지 조선의 지식인인데, 이들도 이른바 황도정신(皇道精神)을 연성하고 있다는 것이다.《매일신보》1941년 4월 8일 자는 대화숙에서 1개월간 수련회를 마친 이들의 소감을 실었다. 요지는 자신의 그릇된 사상을 반성하고, 일본정신을 갖게 되었다는 것이다.

이처럼 식민지 조선인을 대상으로 한 사상교화전(思想敎化戰)은 교육과 수련에만 머물지 않고 문화 전방위에 걸쳐 일상까지 침투했다. 그 예로 1941년 5월 17일《매일신보》는 〈국민연극연구소 개소식〉을 통하여 '건전한 국민 연극 수립'을 다짐한다고 보도했다.

그 외에 처음에 일본인이 주축이 되어 설립되었다가 중일전쟁 후 조선인에게도 조직을

---

15 『친일인명사전』 인명 편 1, 658~660쪽.

개방한 녹기연맹의 활동을 주목했다. 녹기연맹은 1930년 경성제국대학 교수 쓰다 사카에(津田榮)가 경성제대 내 극우파 학생을 중심으로 조직한 천황주의 사상 단체인데, 1937년 이후 조선인도 회원으로 받아들였다. 여기서 활동한 대표적 조선인은 현영섭(玄永燮)[16]이다.

일제가 패망한 1945년 8월 이후에는 일제의 사상 탄압이 종말을 고하는 극적 양상이 곳곳에서 전개되었다. 그 관련 기사에는 일제 35년간의 사상 탄압이 어떻게 종말을 고했는지가 적나라하게 확인된다. 대표적인 사례는 반민족행위특별위원회 활동과 공판정 관련 보도다. 다음은 1949년 3월 29일 자 《조선일보》 기사다.

36년간이라는 기나긴 세월을 두고, 잔악무도한 일제의 철쇄하에서 동족이 헐벗고 굶주리고 신음하며 허덕이는 동안, 헛된 영달과 사복 충족을 위하여 겨레의 汗血을 빨아 일제에 바치고, 애국지사의 목을 제물로 올림으로써 충성을 표시하여 일신의 안태를 꾀하던 역도 친일주구배들은, 해방된 이 땅의 새로운 아침볕에도 시들어지지 않고 오히려 그 더럽고 아니꼬운 사대근성의 해독을 한층 더 퍼트리려던 민족적 위기에서 최후 발악을 천신만고로 모면하여 가며, 삼천만 민족의 정기에서 우러난 정의의 칼이 칼집을 벗어나서 불○○목을 베이고, 이 땅에서 영원히 사대주의 사상을 소멸시킬 날은 왔다.[17]

---

[16] 현영섭(玄永燮 906~?) 서울 출신. 본명은 玄永男이며, 1931년에 현영섭으로 개명했다. 이명은 히라노 히데오(平野永男), 구도 히데오(工藤永男)이며, 아마노 미치오(天野道夫)로 창씨개명했다. 경성제일고등보통학교를 졸업하고, 일본 교토로 가 조선인 노동조합에서 활동한 적이 있다. 귀국 후 1926년 경성제국대학 예과에 입학, 1928년 수료하고, 이어 법문학부 문학과(영문학 전공)에 진학하여 1931년 졸업했다. 1929년 광주학생운동 당시 경성제국대학 시위를 계획한 바 있고, 상하이로 건너가 남화한인청년연맹에서 활동하다 1935년 치안유지법 위반으로 피체되어 1936년 5월 불기소처분을 받았다. 1936년 조선급만주 기자로 취직했고, 1937년 녹기연맹에 가입했다. 이후 철저한 내선일체론자로서 많은 글을 발표했다. 해방 후 일본으로 도피하여 주일 미국대사관에서 근무했다. 『친일인명사전』 인명 편 3, 922~923쪽.

[17] 〈전민족 環視下에 反民特裁 개정, 공판 선두는 李琦鎔, 방청석에는 박흥식 처도 한몫〉, 《조선일보》 1949.3.29.

그 외에 고이 세쓰조(五井節藏) 판사에 대해 〈흡혈귀 오정(五井) 등 3명을 특별검사청으로 압송〉이라고 보도한 《영남일보》(1946.1.31) 기사, 또한 판사 백윤화 체포 기사는 "29일 상오 11시 30분 특위에서는 변호사 백윤화(57)를 무교동 1번지 자택에서 긴급 체포하였는데, 전기 백(白)은 일제 때 판사로서 당시 독립자금을 조달하려 암행하든 의열단원 ○○ 윤병○, 김화섭(金和燮)18 씨 등을 밀고하여 그중 윤병규(尹炳珪) 씨를 8년 복역케한 반민○라고 한다"19고 보도한 것도 주목된다.

백윤화는 1893년 서울에서 출생하여 경성전수학교를 졸업하고, 1915년 부산지방법원 진주지청 서기과 서기 겸 통역생으로 출발하여 1918년 판사로 승진, 1937년 경성지방법원 판사로 재직하며 해방을 맞이한 인물이다. 그 과정에서 많은 독립운동가 관련 재판을 맡았다. 그런 그가 해방 후 반민특위에 피체되었다는 보도다. 그러나 반민특위의 활동 중단과 더불어 방면되었고, 이후 변호사로 활동했다.

일제 패망은 그동안 여러 사상통제 장치를 무기로 재판한 측과 재판 당한 측의 입장을 하루아침에 전도(顚倒)시켜 버렸다. 이토 노리오가 '흡혈귀'라는 수식어로 지탄을 받으며 구속되었다는 보도, 친일 고등경찰로 수많은 독립운동가를 검거한 김태석과 이종영이 '민족적 예점(穢點) 척결'이라는 이름하에 반민특위 재판에 회부되어 재판받은 기사 등은 그 단적인 장면이다.

이제 일제강점기 사상 탄압의 주체들에게는 단죄의 시간만이 기다리고 있는 듯했다. 그러나 이러한 상황은 이후 당시 남한의 정치 지형과 맞물려 다시 반전(反轉)되어 버려 이들 중 아무도 단죄받지 않았다. 그뿐 아니라 《남조선민보》 1948년 11월 5일 자에 〈도체(塗替)된

---

18 김지섭(金祉燮)의 오기로 보임.
19 〈일제시 판사 白윤和 체포〉, 《자유신문》 1949.4.30.

치안유지법, 국가보안법 상정, 국체 변혁 기도자 사형〉이라는 제목의 기사를 보면 일제강점기에 악명 높았던 치안유지법이 일제의 패망으로 역사의 뒤안으로 사라진 것이 아니라, 재빨리 되살아나고 있었음을 목도하게 된다. 이리하여 사법계의 친일 잔재도 미청산인 채로 한국 사회에 남게 되었다.

윤소영

1. 《매일신보》

〈자료 01〉 간도공산당 공판 공개, 5·30폭동 심리 개시, 법정 내외의 경계는 역시 삼엄, 공산당에 가입한 자 그 과실을 통탄하여 사상전향 피고 (《매일신보》, 1933.10.12)

지난 9월 25일에 공판을 열고 방청 금지리에 11회를 거듭한 간도공산당 폭동 사건의 제12회 공판은 11일 오전 9시 50분에 경성지방법원 대법정에서 역시 엄중한 경계 아래 산하(山下) 재판장과 좌좌목(佐佐木) 검사의 담임으로 개정하였다. 이날 공판은 1930년(昭和 5) 5월 30일을 기하여 간도 일대에 폭동을 일으킨 5·30폭동 사건의 잔당원 21명의 분리 심리에 들어감으로 공판을 공개하고 심리를 진행하였다. 공판은 원용학(元容學)의 심리로 시작하여 동일 정오까지 57명의 심리를 마치고, 일시 휴정을 하였다. 피고 중에는 5·30폭동에 참가한 사실을 부인하고, 범죄 사실에 들어서는 간도영사관 경찰이 무리하게 취조하였다고 불평하고, 대개는 사실상 위를 지적하는 외에 사회주의를 버리고 농촌으로 돌아가겠다고 전향을 맹세하는 피고, 또는 자본주의 사회의 시설을 보지 못하고 자본주의 사회에 반기를 들었던 자아의 인식 부족을 말하고, 공산당에 가입 권유를 저주하는 피고 등… 공판 내용은 실로 다종다양한 광경으로 전개되었다.

　재판장의 추궁 추상
　각 피고 답변 모호
　고문에 못 이긴 허위 공술이라고
　강익현 등 자백 번복

심리는 원용학으로부터 시작되었다. 먼저 5·30폭동 사건 가담 여부를 묻고, 그다음 재판장은 폭동 사건이 계획되기 전까지의 경위와 폭동 사실을 전폭적으로 일러 들려주었다. 이때 피고는 감개가 깊은 듯이 머리를 숙이고 정숙히 귀를 기울였다. 이때 피고는 재판장에게 할 말이 있다고 언권을 요구하였으나 말할 시간을 따로 줄 것을 언약하고 심리를 마쳤다. 그다음은 강익현(姜翼賢)의 심리로 옮겨 갔다.

재: 제1피고는 방화대에 가입하여 불을 놓으러 갔으나 방화하지 못하고 그대로 돌아왔다지.
피: 간 일이 없습니다.
재: 경찰과 검사정에서 자백하지 않았는가.
피: 경찰이 고문을 심하게 하므로 어떻게 대답하였는지 알 수가 없습니다.
재: 피고의 범행을 동생이 증언하는데 틀림 없지 않은가.

재판장의 날카로운 추궁에 피고는 그저 그 사람이 무슨 생각으로 그런 말을 하였는지 알 수 없다고 애매한 답변을 하였을 뿐이다. 심리는 불과 15분밖에 걸리지 않았다.
조웅범(曺雄範)의 심리에 들어갔다.

재: 피고는 습격대에 가입하여 용정촌 전등 공사를 습격하여 유리 창문을 부쉈다지.
피: 그런 일이 없습니다.
재: 그러면 습격대에 가담한 일도 없는가.
피: 없습니다.
재: 예심정에서 습격하러 갔을 때 망을 보았다고 자백한 것은 어찌된 일인가.
피: 그런 일이 없습니다. 내가 공판까지 온 원인은 경찰의 심한 취조에 거짓 자백을 한 것이 원인입니다.

피고는 심히 억울하다는 듯이 말하였다. 때는 11시였다.

전향 맹세 속출
법정 안 극긴장
공산주의자의 말은 전부 거짓
흥분된 피고의 공술

공판은 협박받은 사실, 전향의 언약 등으로 흥미가 적이 고조되었다. 이러한 공기 가운데 이종립(李鍾立)이 심리를 받으려고 재판장 앞에 나섰다. 피고는 두도구 습격대에 가담하여 고함지르는 책임을 맡아 세 번 고함을 지르고 돌아온 사실을 시인하고, 후일 사건에 관계된 범행을 심리로 하고 김갑의 심문에 들어갔다.

김갑은 처음부터 나는 범행 당시 두도구에서 약 700리가량 떨어진 곳에 가서 머슴을 살았다는 새 사실을 들어, 지금까지 시인하던 범행 전부를 근본적으로 부인했다. 심리는 적이 파란을 일으킬 듯하였다.

재: 그러면 피고는 무슨 까닭으로 이 사실을 일찍 말하지 않았는가.

피고는 이유가 있다고 언두를 연 후 침을 두어 번 삼키고 말을 이었다.

피: 간도서 서울로 호송되어 올 때 간도영사관 검사가 동행을 하였는데, 그때 말이 증거 없는 범행을 함부로 부인하면 미결 독감에 수년 있게 되니 간단히 범행을 시인하면 곧 나오게 된다고 하므로, 그 말을 믿고 범행이 있는 것 같이 자백하였습니다."
재: 피고는 폭동 당시 어디에 가 있었던가.
피: 영안현 신안진(寧安縣新安鎭) 방태호(方泰虎)의 집에서 머슴을 살았습니다.

재판장은 영사관을 통하여 조사할 것을 언약하고, 피고의 간청에 따라 언권을 허락하였다. 피고는 지금까지 자신의 어리석음을 통탄하고, 이어서 공산주의자의 가입 권유가 사기였던 것을 지적하여 공산주의자에게 날카로운 공격의 화살을 보냈다.

"나는 공산당 군사부위원장이요, 선전부장의 중임을 맡고 있었습니다. 나는 간도 산골에서 나서 자라난 까닭에 자본주의 사회의 발달을 본 일이 없습니다. 그래서 서울 와서 보니 그 문화의 위대한 힘에 실로 놀랬습니다. 하루아침에 자본주의 사회를 넘어 '프롤레타리아' 사회를 건설할 듯한 공산주의자들의 말은 전부 나를 속인 거짓말이었습니다. 나는 세상을 모르고 이 자들의 말에 속아 오늘의 신세를 만든 것을 지금에야 깨닫고 눈물을 흘립니다. 나는 집으로 돌아가면 병든 어머니와 누이동생과 더불어 들과 밭의 사람이 되겠습니다."

이 진술에 법정 안에는 긴장감이 감돌았고 피고의 얼굴에는 적이 흥분하는 빛이 떠돌았다. 이다음 김형권의 심리에 들어가 간단히 몇 마디 묻고 곧 휴정을 선언하였다. 때는 정오였다.

〈자료 02〉 사상전향자엔 가출옥 특전, 함흥 수인 700여 명 중 1월 이래 27명 허가(《매일신보》, 1936.5.31)

【함흥】 사상운동의 중심지에 있는 함흥형무소에는 현재 약 700명의 수인(囚人)이 있는데 그중 과반수가 사상범이라고 한다. 금년 1월 이래 5월 25일까지의 가출옥자(假出獄者) 수가 발표되었는데 허가된 자만 27명의 다수에 달한다고 한다. 이에 형무소 당국은 금후 사상 전환하는 사람에게 가출옥의 특권을 얻도록 노력할 터라고 하는데, 일반 사상범의 동향이 주목된다고 한다.

〈자료 03〉 사상전향자 5할, 살인은 여수(女囚)가 7할, 9월 말 현재 함흥형무소의 재감자 1,097명(《매일신보》, 1936.10.6)

【함흥】 9월 말일 현재 함흥형무소 재감인 총수를 보면 1,097인으로 수형자 957인, 미결 115인, 노역 25인이다. 범죄별로 보면 의연히 사상범이 최다수로 318인, 절도 299인, 강도 94인, 사기 54인 등이다. 살인 38인 중 여자 수인이 7할 이상을 점하고 있다 하며 사상범 중에 전향자가 약 5할가량 된다고 한다.

〈자료 04〉 전선(戰線) 용사에게 팸플릿 발송, 조선의 총후 사정 기록한 것, 대동민우회에서(《매일신보》, 1937.10.8)

대동민우회에서는 "충용(忠勇)한 전선 병사 각위에게"라는 팸플릿 2만 부를 북지 전선에 발송하게 되었다. 이 팸플릿은 조선 내의 일반적인 상황과 출정 가정의 형편을 기록한 것으로 대동민우회 회원들이 각 출정 군인 가정을 위문하면서 모은 자료를 쓴 것이다.

동회(同會)에서는 한편 이것을 조선 내 각지에도 약간씩 발송하게 되었다고 한다.

〈자료 05〉 사상에 광분(狂奔)한 살인마 오면식(吳冕植)[20] 상고 기각, 김립, 옥관빈 등을 모두 살해, 일·이심(一·二審) 모두 사형(《매일신보》, 1937.11.9)

광복단과 한인무정부주의자동맹 한국○○군 특무대(韓國○○軍 特務隊), 맹혈단(猛血團) 등에 가입, 또 조직한 황해도 안악군 은흥면 상흥리 226번지 출생으로 주소 부정의 오면식(吳冕植, 45)이 대정 11년(1922) 1월 13일 오후 2시에 상해 갑북(閘北) 보통(寶通) 길가에서 당시 ○○○○ 정부(政府) 비서장 김립(金立)이 노서아(露西亞)로부터 들어온 운동 자금 40만 원을 써버렸다고 하여 총살하고, 소화 7년(1932) 음력 7월에 무정부주의자 이회영(李會榮)이 일본 영사관 경찰에 체포된 것은 이규서(李圭瑞)와 연충렬(延忠烈)의 밀고라고 하여, 남상역(南翔驛) 부근 철교에서 노끈으로 목을 졸라 질식·즉사케 하고, 소화 8년(1933) 5월에는 유길(有吉) 공사가 (중략) 육삼정에서 연회에 참여하였다가 나오는 것을 권총으로 살해하려다가 그 일당이 미연에 체포되어 (중략) 목적을 이루지 못한 사건은 해주(海州)의 1심과 평양의 2심에서 치안유지법 위반 살인, 동 예비폭발물취체규칙 위반의 죄로 모두 사형 판결 언도를 받았는데, 피고가 불복하고 경성고등법원에 상고 중이었던 바, 8일에 상고 기각 의견 진술이 있었다고 한다.

〈자료 06〉 지원병제 실시 듣고, 갑자기 회오(悔悟)한 사상범, 열광적인 애국선풍에 감격의 눈물, 해주형무소 김승은(金勝恩) 군(《매일신보》, 1938.2.4)

지나사변이 발발하자 조선동포 간에는 열광적인 애국의 대선풍시대를 현출(現出)하여, 지원병 제도와 학제 개혁 실현은 감격에 넘칠 뿐인데, 이 지원병 제도 적용을 철창 안에서 들은 한 사상범이 번연히 전향을 하였다고 듣기만 하여도 감격할 이야기가 있다.

전향의 주인공은 사상운동을 하다가 국법에 쫓겨 적마의 소굴인 상해로 피하여 임시정부에 가담하고, 폭력단으로 작년에 체포되어 3년형을 받아 작년 3월 해주(海州)형무소에서 복역 중인 김승은(金勝恩)이다. 그는 적마의 노예가 된 자로서 교회사(教誨師)의 가르침을 받지 않고, 노력에도 복종치 않고 극히 완강한 자였다. 그런데 조선동포의 지원병 제도가 실시된

---

20 오면직(吳冕稙)의 오기.

다는 것을 듣자 번연히 깨닫고 눈물을 흘리며, "나는 지금까지 잘못하였습니다. 이제부터 법을 지킴은 물론이고, 수양을 하여서 훌륭한 일본 국민이 되겠습니다"라고 굳게 맹세하고, 그날부터 명랑하고 작업에도 열심히 종사하고 있다. 이것을 들은 대동민우회 이각종 씨는 2일에 일부러 해주형무소를 찾아 여러 의견을 교환하였는데, 그때 작업과 기타 방면으로 들어온 자기의 저금 전부를 국방헌금에 써달라고 하며 위탁하자 이각종 씨는 감격하며 금일 오후 귀성하였다. 해주까지 가서 김승은 군을 방문한 대동민우회 이각종 씨는 다음과 같이 말한다.

"그와 약 2시간이나 같이 이야기를 하며 심경을 자세히 들었다. 그는 맨 처음에 조선인을 망하게 하는 것으로 알고 있었다. 그는 조선동포는 영구히 일본인이 될 것이지만 일본인은 우리를 차별할 것이다. 그러면 생명이 붙어 있을 때까지 반항하자고 결심하고 사상운동에 착수하였다가, 작년에 붙들려 옥중에서 조용히 세상의 변천을 의심하고 있을 때, 금번과 같이 지나사변이 나고, 조선의 애국운동은 물이 흐름과 같이 자연에 흘러서 드디어 범류의 대세를 보였다. 거기는 조그마한 부자연이 없고, 내선인의 정신적 결합에 의한 내선일체에 의하여 국책을 세운 것으로, 이러면 조선인도 일본인이 될 수 있다는 것을 생각할 때 동포도 지원을 할 수 있어 완전한 일본인이 될 시기가 온 것을 확실히 알았다. 조선인의 피도 일본 민족과 동화할 수 있는 소질을 가진 것은 금번 사변으로 알았다. 그리하여 제국 정부는 조선인을 일본인으로 만들었다. 우리들은 일치협력하여 내선을 일체화하지 않으면 안 될 것이다. 그것이 양 민족의 운명인 것을 깨달았다."

나는 다시 국가 관념 교육칙어의 정신에 이르러 질문을 하였는데, 그는 투철한 의견과 바른 의식을 가졌다. 그는 군인에 하사하신 칙유(勅諭)를 배설(拜設)하였다. 그리고 보병조전(步兵操典)을 읽고 싶다고 하므로 차입하여 주려고 한다.

〈자료 07〉 조선방공협회 탄생, 사상 전선 강화 확충과 적마(赤魔) 침입 방지, 전선(全鮮)에 강고한 방공사상망(《매일신보》, 1938.8.31)

본부(本府) 경무국에서는 한구(漢口) 작전의 진전과 국제 정세의 조치 등 현하 중대 시국에 비추어, 그리고 일본·독일·이탈리아(日獨伊) 방공 협정 취지를 한층 철저히 하기 위하여 사상 국방의 완벽을 기하고자 지난 30일 자로 조선방공협회를 조직, 거국 일치 체제 강화와 일본정신 앙양을 꾀하며, 공산주의 사상과 운동 박멸·방위를 기하는 동시에 국민 방공의 명확한 성과를 올리기로 하였는데, 동 협회 창립 취지서 전문(全文)과 규약은 아래와 같다.

공산주의 박멸·방위와 사상 국방의 완벽 기함
방공협회 설립 취의서

중일전쟁(支那事變) 발발 이후 1년여가 지났는데 그동안 우리의 충용(忠勇)한 장병은 파죽지세로 연전연승(連戰連捷) 북지(北支)를 공략하고, 중남지(中南支)를 석권하여 다대한 전과(戰果)를 취하였고, 후방(銃後)의 반도 민중도 시국을 잘 인식하여 국민적 자각을 환기해서 내선일체·진충보국(盡忠報國)의 적성(赤誠)을 다하고 있다. 그러나 코민테른의 괴뢰(傀儡)인 장개석(蔣介石) 정권은 아직도 소위 장기(長期) 항일을 표방하고 있고, 국제 정세도 혼돈하여 예측이 불허하며, 사변의 전도는 완전히 예견하기 어려운 바 있어 시국은 한층 더 중대화 정세에 있다. 이러한 우리나라(我國) 미증유의 중대 시국을 타개하고, 이번 성전(聖戰)의 목적인 동양의 영원한 평화를 확립하기 위하여는 모든(凡有) 반국가적 사상을 극복하여 일본정신을 세계에 선양해서 팔굉일우(八紘一宇)[21]의 대이상 실현을 기해야 할 것이다.

원래 소련이 선전하는 공산주의 사상은 유물적 편견에 포착되어 계급투쟁을 선동해서 민심을 현혹하고, 문화를 파괴하고, 국제 정의를 무시해서 세계 혁명을 음모하고, 후방 교란을 기도하는 사상 전략에 지나지 않는다. 그리고 코민테른의 세계 적화(赤化) 정책의 예봉(銳鋒)은 서구에서는 에스파냐(西班牙) 동란을 유발하여 유럽(歐洲) 천지에 일대 어두운 그림자(暗影)를 드리웠고, 다시 세력을 동쪽으로 옮겨서는 인국 지나(支那)를 사주하여 항일 인민전선 결성을 획책하고, 장개석 정권으로 하여금 동양평화의 교란자가 되게 한 사실은 이번의 중일전쟁(日支事變)으로 그 전모가 명료히 된 바인데, 지난번에는 일본·독일·이탈리아 3국간에 세계 역사상 획기적인 방공 협정 성립을 보았음은 오로지 이 코민테른의

---

21 『일본서기(日本書紀)』에 나오는 개념인데, '전 세계가 일본 천황이 통치하는 하나의 집'이라는 의미로 제2차 세계대전 중에 일본이 태평양전쟁을 침략전쟁이 아닌 '성전(聖戰)'으로 미화하기 위해 슬로건으로 삼았다.

세계적화 위협에 대항하여 공동 방위진(防衛陳)을 강화할 계획이니, 혁신적 발흥(勃興)의 기틀을 세운 일본·독일·이탈리아 3국은 서로 제휴하여 공산주의적 파괴 공작을 배격하고 국가의 안녕, 사회의 복지 증진을 국제적으로 발양(發揚)해서 세계 평화 유지·확립에 공헌하려 기망(冀望)한 것이니, 특히 동아의 안정 세력인 우리 일본(我日本)은 이 방공정신을 확충·철저하고, 또 이를 현실로 실천함으로써 동양 평화의 확립자인 신성한 국가적 사명 실현에 매진함이 매우 긴요한 일(喫緊事)임을 확신하는 바이다.

한편, 조선에서의 공산주의 운동 현상(現狀)을 돌이켜 볼 때 만주사변을 계기로 점차 쇠퇴 기운을 걷고 있고, 특히 이번 사변이 발생하자 이들 주의자 중 성전(聖戰)의 의의를 인식하고, 황국신민의 본연에 귀(歸)하여 솔선해 후방의 적성(赤誠)을 피력하고 있다. 그러나 완미(頑迷)한 일부 주의자들은 아직도 미몽에서 각성하지 못하고, 때로 반전·반국가적 언동을 기도하여 거국일치 체제를 방해하려는 듯한 동향이 있음은 실로 유감으로 생각하는 바이다. 물론 이러한 불온사상 및 운동에 대하여는 단호한 단속을 필요로 하나 다른 측면에서는 우리 국체를 명징(明徵)히 해서 민중으로 하여금 확고한 국체 관념을 파악케 하는 동시에 방공 사상을 왕성케 하여 자위적 입장에서 반국가 사상의 침입·감염을 방어하고, 나아가 불온사상을 품고 있는 자들을 개과천선케 하여 진실한 황국신민으로의 자각을 촉구함이 절요(切要)하다.

이에 시국에 비추어 일본·독일·이탈리아 방공 협정의 취지에 근거하여 진실한 국민 방공의 명확한 성과를 올리기 위해 조선방공협회를 조직하고, 대중을 총동원하여 공산주의 사상 및 운동의 오류를 주지케 하며, 이의 박멸·방위를 기하는 동시에 나아가 일본정신 앙양을 꾀하여 이로써 사상 국방의 완벽을 기하려 한다.(이하 조선방공협회규약 인용 생략)

〈자료 08〉 방공 강연 성황 14일 춘천읍서(《매일신보》, 1939.8.18)

【춘천】조선방공협회 강원도 춘천지부에서는 이번 조선방공협회 창립 1주년 기념을 한층 뜻있게 맞이하기 위하여 사상전향자 남상고(南想考), 김두정(金斗禎) 양 군을 초청, 지난 14일 오후 8시부터 읍내 공회당에서 방공 강연회를 개최하였는 바, 청중이 무려 800여 명에 달하여 춘천 초유의 대성황을 이루었다.

〈자료 09〉 비전향자들을 상대로 교도소 신축 수용, 예방구금제도 7월에 실시(《매일신보》, 1940.4.15)

동아정국(東亞政局)의 새로운 질서를 건설함에는 사상 국방을 완전히 하는 것도 한 가지 긴요한 일이라 하여, 총독부에서는 내지보다 한 걸음 먼저 예방구금제도를 금년도부터 실시하게 되었다 함은 기보한 바와 같다. 특히 시국이 다단해짐에 따라 사상전도 복잡해지므로 이러한 사상전에 완전한 방비와 체제를 갖추기 위하여 이번에 처음으로 예방구금제도를 오는 7~8월경부터 시험적으로 실시한다는 것이며, 이 구금령을 방금 법무국에서는 기안하고 있는 중이다. 이 법령이 완전히 되기 전까지는 운용 범위가 뚜렷하지 않으나 대체로 종래의 보호관찰소와는 다른 분야에서 활동 대상을 지정하게 될 것이라고 하므로 자연히 성질도 그것과는 달라질 것이라고 한다. 그래서 보호관찰소에서는 주로 자기의 오류를 깨닫고 사상적으로 청산하여 완전히 전향한 사람을 보호·지도하지만, 예방구금제도는 의연히 옛 사상에 사로잡혀 청산하지 않는 비전향자를 상대로 하여 그들의 행동을 사회적으로 제재함으로써 사상 교란의 불안과 사회 치안의 방해를 없게 한다는 것이다. 그러므로 이들을 보호관찰소와 같은 교도소(敎導所)라는 신설될 기관에 수용시켜 교회(敎誨)로서 완전한 사회인이 되도록 사상적인 청산을 시켜서 흥아유신(興亞維新)에 한몫을 할 수 있는 새로운 인재를 만들어낸다는 것이다. 금년부터 이것을 실시할 작정으로 20만 원의 예산을 세웠으며, 이것으로 교도소를 새로 시설할 터인데, 이것은 물자 관계로 당분간 어느 법원(法院) 소속의 건물을 빌어 교도소의 사무를 보게 할 터이다. 그리고 완전히 이 구금령이 실시되고, 교도소가 완비되는 것은 앞으로 4년 후가 되리라고 한다.

인재를 활용하려는
사상 국방 만전대책
총독부 대야(大野) 행형과장 담화

별항과 같이 사상전에 대처하는 한 가지 방법으로 예방구금제도를 실시하기로 하고, 그 법령 기안에 바쁜 총독부 대야(大野) 행형과장은 다음과 같이 이야기한다.

"행형과 단독으로 이 법령을 준비하고 있는 것이 아니므로 구체적인 내용도 결정되지 않아 확실히 말할 수 없다. 그 성질에서 상당히 중요한 내용을 가지게 되므로 신중히 입안 중이며, 언제까지 완성되리라고 말하기도 어렵다. 전시(戰時)의 사상전은 경제전, 혹은 무력전에 지지 않는 것이므로 외국에서는 벌써 오래전부터 이것을 실시하고 있으나, 내지에서는 이번 의회에도 제출되려다가 보류된 모양이다. 조선은 특히 대륙의 병참기지로 되어 있는 관계로 사상적으로 상당한 지위에 있으므로 우선 조선에서 먼저 이것을 실시해 보기로 한 것이다. 강제적으로 비전향자를 구금하는 것만이 목적이 아니요, 다만 그릇된 사상에 사로잡혀 시국을 인식하지 못하고 옛 껍데기를 벗지 못한 사람들을 각성시켜 인재를 살리자고 하는 것이므로 소극적인 사상 대책이라고도 할 수 있을 것이다."

〈자료 10〉 사상보국연맹 해소, 재단법인 대화숙(大和塾)으로 통일, 사상국방전선에 신체제(《매일신보》, 1940.12.28)

　벌써 3년이 지난 1938년(昭和 13) 7월, 전 조선에 사상 사건에 관계하였던 사람들을 총망라하여 결성한 시국대응전선사상보국연맹(時局對應全鮮思想報國聯盟)은 사변발생 이후 총후의 사상정화운동에 각별한 노력을 하여 많은 효과를 거두었으며, 한편 보호관찰소제도와 사회적 지지를 받아 오늘에는 전 조선에 7지부(支部)와 80여 분회(分會), 그리고 2천 5백여 명의 연맹원을 가져오던 바, 이번 사상보국운동의 철저한 목적을 위하여 이 연맹을 발전적으로 해소하고, 지방별로 재단법인 대화숙(大和塾)으로 명칭을 변경하기로 하였다.

　1938년 7월 이래 그동안 반도의 사상 국방을 위하여 애써온 시국대응전선사상보국연맹은 애국적 총후(銃後)[22] 활동을 해 온 것은 물론 내선일체 등에도 많은 공헌을 해 온 바, 이번 조선에서 신체제로 국민총력연맹이 조직되어 모든 문화단체가 이리로 집중되는 것을 기회로 종래의 연맹을 해소하고, 다시 '대화숙'이라는 일본정신을 기본으로 한 단체를 재단법인으로 만들어 사상범 보호사업은 물론 여러 가지 시국에 들어맞는 활동을 하게 하였다. 그리하여 지금까지의 사상연맹을 한층 강화하고, 재단법인으로서 경제적 근거를 확립하기로 하였다.

22　이하 "후방"으로 번역함.

그래서 지난번 경성에 생긴 대화숙과 같이 현재 사상연맹의 지부로 있는 경성, 함흥, 청진, 평양, 신의주, 대구, 광주의 일곱 지부를 전부 재단법인 ○○대화숙이라고 명칭을 고치고, 숙장(塾長)은 보호관찰소장으로 하였다. 이처럼 재단법인으로 만드는 것을 기회로 하여 민간, 즉 유력자를 역원(役員)으로 하여 여러 사업에 봉사·협력하게 하였다.

<그림 2> 경성대화숙

이 대화숙에서는 사상범 보호사업은 물론 반황도사상(反皇道思想)을 물리치게 하고, 특히 황도정신 발휘, 내선일체운동 강화 또는 황도정신수련도장(皇道精神修練道場)을 만들어 국어보급장려회, 좌담회, 기관 잡지 발행 등 여러 가지 사상보국운동에 매진하기로 하였으므로, 각 지방 대화숙의 활동에는 적지 않은 기대를 가지고 있으며, 이 대화숙에 가맹하는 개인과 단체는 사상 국방에 정신대(挺身隊)로 크게 활약할 것이 기다려지고 있다 한다.

<자료 11> 사상범 방지에 철망, 예방구금령 내일 공포(《매일신보》, 1941.2.12)

전시 아래 사상범 방지의 중요한 입법으로 얼마 전부터 총독부 당국에서 신중히 준비 중이던 조선사상범예방구금령이 드디어 기원가절[23] 봉축 직후를 기하여 12일 공포하고, 며칠 내로 실시하기로 되었다.

이 제도는 고도국방국가 건설에 1억만 민이 협찬에 일심이 되는 이때, 한 사람의 반국가적 사상과 행동을 미연에 방지하려는 우리나라 사법사상과 사상사상의 획기적인 제도로 치안유지법을 위반한 자로 개전(改悛)함이 없이 다시 범죄할 위험 분자에 적용하게 되었고, 이 적용을 받으면 일정한 구금소에 2년 동안 수용되어 반황국사상을 청산하고 황국신민이 되도록 교화 훈련을 받는 것이 골자다. 이 예방구금령의 주요 내용을 보면 다음과 같다.

---

23 紀元佳節. 일본의 건국 기념일을 말함. 일본 사서 『일본서기』 등에서 초대 일왕으로 등장하는 진무천황(神武天皇)의 즉위일(기원전 660년 2월 11일)을 가리킨다. 1973년에 제정된 일본의 4대 축일 중 하나다.

구금기한은 2년

1. 예방구금에 부칠 자

예방구금에 부칠 자는 치안유지법의 죄를 범한 자로서

   1) 형에 처하여 복역 중인 자

   2) 형 집행을 마친 자라도 조선사상범보호관찰령에 의하여 보호관찰에 부쳐진 자

   3) 형 집행유예 언도를 받고, 그와 같이 보호관찰에 부쳐있는 자 등으로 금후 다시 치안유지법의 죄를 범할 우려가 현저한 자에 한하여 있다.(제1조)

2. 예방구금의 절차

예방구금에 부칠 필요가 있을 때 검사는 본인과 그 외에 필요한 취조를 하고, 또한 공무소에 조회를 하고, (제3조) 더욱이 예비구금위원회(각 지방법원 검사국에 설치함)의 의견을 구한 후 재판소에 예방구금의 청구를 행함. (제2조)

이상의 청구를 받은 재판소에서는 본인의 출두를 명하고, 혹은 이를 구인하며, 기타 참고인 취조와 필요한 경우에는 감정을 행하게 함. (제6조·제7조·제10조)

이를 취조할 때는 검사는 물론 재판소에서 보좌인으로서 허가된 본인의 친족도 입회하며, 의견을 개진하고, 참고 자료를 제출할 수 있음. (제8조·제9조)

또한 재판소는 공무소에 조회하고 필요한 조사를 행함.(제7조 제2항)

혹 본인이 재판소에 대하여 진술하지 않고 또는 도망할 때는 재판소는 본인의 진술을 듣지 않고 결정할 수 있다. (제6조 제3항)

그리하여 재판소가 검사의 청구를 상당하다고 인정하면 본인을 예방구금에 부칠 뜻을 결정함. (제6조)

그리고 이 결정에 대해서는 본인과 보좌인으로부터 즉시 항고를 할 수 있음. 또한 재판소가 검사의 청구를 이유 없다고 예방구금에 부치지 않을 뜻을 결정하였을 때는 검사가 즉시 항고를 할 수 있음. (제13조)

3. 예방구금의 내용

예방구금에 부치게 된 자는 모두 2년 동안 예방구금소에 수용하고, 반황국사상을 청산하게 하여 충량한 황국신민이 되게 함. 필요한 교화 훈련의 처치를 강구함. (제15조·제17조)

그러나 그 목적을 달하여 구금이 필요가 없을 때는 언제든지 행정 관청의 처분으로 퇴소시켜 사회에 돌아가도록 한다. (제20조)

그러나 이와 반대로 예방구금 2년에 달하더라도 그 목적이 달성되지 않아 계속 필요한 때는 재판소가 결정을 지어 그 기간을 갱신할 수가 있음. (제17조)

더욱이 예방구금소에서 도주한 경우는 1년 이하 또는 3개월 이상 5년 이하의 징역에 처하기로 되어 있다. (제23조·제24조)

〈자료 12〉 황국신민의 신도(新道), 대화숙에서 실천운동(《매일신보》, 1941.3.12)

한때는 옳지 못한 사상을 가지고 그릇된 길을 걷다가 그 잘못을 깊이 깨닫고 분연히 전향하여 참된 황국신민으로서 재출발한 대화숙 숙원들 30여 명이 지난 10일부터 한 달 동안 부내 죽첨정(竹添町) 대화숙에서 합숙을 하며 참된 황국신민으로서 정성을 다하고자 엄격한 규율 있는 생활을 시작하고 있다. 30여 명 중에는 장덕수(張德秀), 백남운(白南雲), 이순탁(李順鐸) 씨 등도 섞여 있는데, 합숙을 하던 첫날부터 1개의 병졸과 다름없는 기분으로 1사 보국의 신념을 닦고 있다 한다.

일과는 매일 오후 6시 정각에 대화숙으로 중산(中山) 숙장 이하가 먼저 모여 목욕을 하고, 저녁 식사를 일제히 같이 한 다음 각계의 명사들을 초빙하여 교육, 군사 경찰로부터 일본 역사·일본정신·종교에 이르기까지 각종 지식을 흡수하며 일본식 덕행을 함양한 뒤, 9시 반부터 10시 반까지 한 시간 동안은 좌선(坐禪)과 신전 예배를 하고, 취침 후 아침에는 오전 6시 반에 일어나 제각기 비와 걸레를 들고 소제 정리를 한

〈그림 3〉 즐거운 저녁 식사

다음, 7시에 신전배례를 하고 황국신민서사 제창, 궁성요배, 숙장의 훈시를 들은 다음, '라디오' 체조를 하고, 공동 식사를 하고 나서, 8시에는 제각기 직업 장소로 출근을 하여 직역봉공을 하고, 오후 6시가 되면 또 합숙소인 대화숙으로 모인다고 한다.

〈자료 13〉 마음은 물론 모양도, 황국신민이 되었소. 수료식 앞둔 대화숙생들 체험담
《매일신보》, 1941.4.8)

지난 3월 10일부터 시작을 한 부내 죽첨정(竹添町) 대화숙 숙원 30명의 황도정신수련회는 다음 9일로 예정한 1개월의 합숙을 수료하게 되었는데, 수료식을 이틀 앞둔 7일 밤에는 종래의 일상 행사를 그만두고 한 달 동안의 체험 감상을 서로 피로하며 친교를 겸한 간담회를 열었다. 이날은 장기(長崎) 보호관찰소장, 중산(中山) 숙장, 보호사 외 숙원 30명과 법무국 사무관, 지방법원 검사, 예방구금소 교도관 등도 내빈으로 참석한 가운데 오후 6시 반에 일동이 식사를 마치고, 7시경부터 간담회를 시작했다. 먼저 장기 소장이 "한 달 동안 고생됨을 무릅쓰고 참된 정신으로 수련을 쌓은 데 대하여 감격하여 마지않는다"고 인사를 한 다음, 중산 숙장이 좌장이 되어 입숙 체험 감상담이 시작되었다.

갑: 나는 한때 그릇된 사상을 가지고 황국에 대하여 활을 쏜 때가 있었고, 내선일체론에도 의혹을 가졌었으나, 폐하의 신하로서 신념을 굳게 가진 다음부터는 이 의혹이 자연히 해결되었다. 더욱 이 입숙생활에서 체험한 가운데 얻은 것이, 즉 일본정신이다. 일상생활에서도 이제 험한 생활을 실천해 보겠다.

을: 나는 교원생활 중 그릇된 사상을 가진 일이 있었는데 지금 와서 생각하면 막스 사상은 이론적으로만 그릇된 것이 아니라 여러 가지 우리 생활상 그릇된 것이다. 나는 입숙한 뒤에 이것을 깊이 깨닫고 불순한 마음을 완전히 청산하였다. 참된 일본인이 되려 한다. 벌써 일본인이 되었다. 일본인이 안 될 수 없을 만큼 나는 많은 것을 깨우쳤다.

병: 나는 병으로 10일 밖에 입숙 생활을 하지 못하였으나 한 달 동안 합숙한 사람 이상으로 지지 않을 만큼 유익한 체험을 하였다. 마음뿐 아니라 모양까지 황국신민이 되었다.

정: 입숙 생활은 일생을 통해 잊지 못하겠다.

무: 참된 인간이 되는 것이 황국신민이 되는 것이라고 나는 입숙 이래 숙은 내 것이라는 생각으로 힘껏 정신차려 왔다. 숙장이 변소 소제를 하는 것을 보고 우리는 몸으로 여러 가지를 체험하였다. 놀 때는 놀고, 웃을 때는 웃고, 힘을 낼 때는 내서 신민으로서 최후 봉공을 한다. 여기에 일본정신이 있다. 우리는 이것을 체험하였다. 모든 것을 다 아는 것이 황국신민이 되는 것이라고 생각하였다.

이상과 같이 모두 30여 명이 밤 가는 줄도 모르고 너도나도 하고 형용은 다르나 일본정신을 완전히 체득하였다는 말을 끊임없이 하고 10시가 넘어 각각 침실로 들어갔다.

〈자료 14〉 국민연극연구소 개소식(《매일신보》, 1941.5.17)

건전한 국민 연극 수립을 목표로 창립된 '현대극장'의 부속 기관인 '국민연극연구소(國民演劇研究所)' 개소식은 예정과 같이 15일 오후 7시부터 부내 원서정(苑西町) 휘문중학교 큰 강당에서 연구소 관계자, 내빈, 연구생 등 100여 명이 모인 가운데 거행되었다. 식순에 따라 입소생 선서, 소장 함대훈(咸大勳)의 훈화가 있은 후, 제2방송부장 팔번창성(八繁昌成) 씨, 녹기연맹(綠旗聯盟) 이사 삼전(森田) 씨, 본사 학예부장 백철(白鐵) 씨 조선연극협회장 목산서구(牧山瑞求)[24] 씨 등의 뜻깊은 축사가 있은 다음, 황국신민 서사 제창으로 원만히 식을 마쳤는데, 교수는 오는 19일부터 시작하리라고 한다.

〈자료 15〉 결단봉고제(結團奉告祭), 오늘 조선신궁에 참배(《매일신보》, 1941.10.23)

별항과 같이 역사적 출발을 하게 된 조선임전보국단에서는 23일 오전 8시 반부터 조선신궁(朝鮮神宮) 대전에서 결단봉고제를 엄숙히 거행하기로 되었다. 여기에는 단장 가산린[25] 씨 이하 역원은 물론이요, 22일 결단식에 참석한 각 도 대표 등 600여 명이 참렬한 터인데, 이

---

24 이서구(李瑞求)의 창씨명이다.
25 최린의 창씨명 佳山麟.

들은 신전에서 한몸을 나라에 바치고, 반도 전 민중을 지도하여 후방에 봉공할 것을 맹서할 터이다.

〈자료 16〉 국가 부탁에 부응하라, 형무소장과 보호교도소장 회의 미나미(南) 총독 훈시
《매일신보》, 1941.11.7)

전선(全鮮) 형무소장과 보호교도소장 회의는 6일 오전 9시 반부터 본부 제1회의실에서 3일간 예정으로 개막되었다. 각 법원장과 형무소장 17명과 보호교도소장 1명이 출석하고, 본부 측으로 미나미 총독 이하 미야모토(宮本) 법무국장 각 관계 과장 등 60명이 임석한 중 처음 미나미 총독으로부터

1. 행형 관리와 예방구금 관리의 각오
2. 행형 교화의 근본 정신
3. 사상범 예방구금제도 운용
4. 사상범 수형자 교화 연성(鍊成)
5. 소년 행형의 중요성

에 관한 별항과 같은 훈시가 있은 다음, 미야모토 법무국장의 주의(主意)가 있고, 각 출석자의 개황 보고가 있었다. 이렇게 오전 일정을 마치고 오후에도 계속하여 개황 보고와 별항과 같은 자문 사항의 답신이 있은 다음, 오후 4시경 산회(散會)하였는데, 제2일도 오전 9시 반부터 속개할 터이다.

자문 사항
- 사상범 수형자에 대한 교화와 그 사상 동향에 관한 심사를 한층 적절하게 하는 방책
- 현재 시국에 비추어 형무(刑務) 작업의 경영에 대하여 개선할 구체적인 방책

현재 중대 시국에 있어 형무소장 및 보호교도소장 회의를 개최하고, 친히 소회(所懷)의 일부를 논하는 동시에, 소관 사무에 대하여 그 상황과 의견을 청취하게 된 것은 본직(本職)의 기쁘고 다행스러운 일로 여기는 바이다.

1. 행형 관리와 예방구금 관리의 각오

지나사변은 마침내 장기전화하여 적성 제3국의 원장(援蔣)[26] 항일 행동은 더욱 집요하고 노골화하였다. 특히 미국의 영국·소련 지원 행동과 우리 제국에 대한 견제, 압박, 공갈은 드디어 영·소(蘇)·란(蘭)[27]과 연합으로 신전(伸展)하여 대일 포위진을 결성하는 등 그 모략 책동이 격화하였다. 그 때문에 국제 정세는 점점 긴박의 도를 더해 시국이 더욱 중대하게 되어 진실로 국가흥망의 중대 난국에 직면하였다. 이때를 당하여 제국의 부동한 국시인 지나사변 처리와 대동아공영권 확립을 완수함에는 1억 국민이 한마음이 되어 각자 불퇴진의 각오와 필승의 신념을 견지하고, 물심 양 방면으로 신도(臣道)실천, 직역(職域)봉공에 매진하여 국력 증강을 목표로 삼아서 어느 때 어떠한 사태가 발생하더라도 곧 대처해야 이것을 극복할 수 있는 임전(臨戰) 국가 체제를 확립하지 않으면 아니된다. 무릇 행형과 예방구금제도의 궁극적 사명은 수형자 또는 재범의 우려가 현저한 반국가적 사상범자의 교화 연성과 범죄 예방 내지 치안 확보에 있다. 각위(各位)는 깊이 이 점을 생각하여 솔선수범하여 부하 직원으로 하여금 직책을 완수하여 불멸봉공의 적성을 다하여 국가의 부탁에 응할 것을 깊이 바란다.

2. 행형 교화의 근본 정신

현재 임전(臨戰) 국가 체제 확립이 급무인 이때를 당하여 국민을 총동원하여 국력의 충실 증강을 꾀하기 위해서는 국민으로 하여금 한 사람도 빠짐없이 봉공의 적성에 철저하게 하여 각자 그 분(分)에 응하여 물심의 모든 능력을 발휘하게 함이 가장 간절하다. 따라서 인적 자원의 육성증강은 국가의 아주 중요한 요청으로 수형자의 교화 연성도 더욱 중요성을 더하여 온 바, 이 방책에 대하여 반성과 창의 연구가 필요하다. 그리고 현재 중대 시국의 요청에 바로 응할 방책의 근본 정신은 우리 황실의 인애(仁愛)와 수무(綏撫)가 끝없이 넓어 범죄자, 행형자라 하더라도 한 가지로 폐하의 적자로서 은택(恩澤)을 입을 수 있다는 성지(聖旨)

---

26 장개석(蔣介石) 지원.
27 네덜란드.

를 널리 철저하게 시키는 데 있다. 각위는 이 성지를 잘 봉체하여 이것을 수형자에게 철저하게 하고, 더욱 일본정신을 고양하여 신하된 도리를 체득하게 하고, 또 현재 시국의 중대성과 제일선 황군장병의 인고사투(忍苦死鬪)와 후방 국민의 임전 국가 체제 확립을 목표로 한 분기(奮起) 노력을 인식시켜 복형(服刑) 중에는 형무 작업, 특히 군수 작업에 분골쇄신의 노력을 하게 하고, 석방된 후에는 국가에 쓸모 있는 인적 자원으로 곧 산업전선에 설 수 있게 직업 기술 훈련과 노동 체위 완성에 각별한 고려를 하여야 한다.

형무소장 각위는 전술한 근본 정신을 체득하고, 부하직원을 통솔하여 서로 마음과 몸을 모아 수형자를 교화 연성하여 충실하고, 좋은 황국신민인 산업전사로 사회에 복귀하게 할 것을 기약함으로써, 임전 국가 체제 확립에 기여하여야 할 것이다.

3. 사상범 예방구금제도 운용

조선에서 사상범예방구금제도는 올해 3월 10일부터 실시되고, 이와 동시에 그 운용 기관인 보호교도소를 개설하게 된 것인데 현재 얼마 되지 않았음에도 불구하고 여러 시책은 대개 궤도에 오르기 시작하여 상당한 실적을 올리고 있음은 본직(本職)이 만족하는 바이다.

원래 본 제도의 취지는 현재의 긴박한 국제 정세에 대처하여 임전 국가 체제 확립에 기여하기 위하여 일본정신을 체득·고양시켜 내선일체 심화를 철저하게 하기 위함에 있다. 이 때문에 행형과 보호관찰제도가 서로 함께 사상범 형기 만료자와 보호관찰 대상자 중 용이하게 반국가적 사상을 포기·청산하지 않는 비전향자를 사회로부터 격리하고 치안유지법의 죄, 재범 예방과 반국가적 사상 유포 방지를 확보하는 동시에, 이들 비전향자를 철저하게 교화 연성하여 그 사상을 포기하고 청산하게 하지 않으면 안 된다. 환언하면 임전 태세 아래 후방 사회에 사상 비전향자가 전혀 없도록 하기 위해 사상적 치안의 완벽한 확보와 거국일치 체제의 철저한 강화를 꾀함에 있다.

그런고로 보호교도소장은 깊이 본 제도의 취지 목적과 현재 국제 정세가 긴박화되는 것을 관찰하고, 그 운용에 대하여 더욱 한층 연구를 거듭하여 수용자 구금 감찰과 교화 연성에 빈틈없는 방책을 수립해 확호불발(確乎不拔)한 신념과 용왕감행(勇往敢行)의 기백으로 그 실행에 혼신의 노력을 다하여 본 제도의 소기의 목적 달성에 매진하기를 바란다.

4. 사상범 수형자의 교화 연성과 예방구금제도 운용과의 관계

최근 각 형무소의 이런 종류의 수형자 중 반국가적 사상의 오류를 깨닫고 전향하는 자가 점차 그 수를 더하고 있음은 기뻐할 현상으로 깊이 형무소장 각위의 신로(辛勞)가 많다고 본다. 그런데 사상범 수형자 중에는 지금 반국가적 사상을 포기하고 청산하지 않는 비전향자가 상당히 있는 바, 이들 비전향자에 대해서는 그들이 재소하는 중에 반국가적 사상을 포기 청산하도록 노력을 다할 것은 물론인데, 수형자의 재소는 일정한 형기로 한정된 결과 재소 중에 이런 종류의 사상을 포기·청산하도록 하는 것이 곤란하다고 인정되는 자가 있음은 면할 수 없는 바이다. 그러므로 형무소장 각위는 국가적 사상을 포기·청산하게 하기 힘들다고 인정되는 재소 중인 비전향자에 대하여 예방구금의 기회를 놓치는 것과 같은 일이 절대 없도록 하여야 할 것이다.

(후략)

〈자료 17〉 녹기연맹 동철(銅鐵) 제품헌납운동 (《매일신보》, 1941.12.23)

부내 초음정(初音町) 200 녹기연맹의 부인부에서는 대동아전쟁에 국민의 감격을 동철제품의 헌납을 통하여 표시하자고 협의한 후, 각 가정에서 주전자나 헌 자물쇠, 철필촉 등 무엇이든지 좋으니 단 한 가지씩이라도 동 부인부로 보내어 주기를 희망하고 있으며, 그 접수 기일은 제1회가 12월 25일까지, 제2회가 1월 10일까지라고 한다.

〈자료 18〉 덕화여숙(德和女塾)을 녹기연맹에서 경영 (《매일신보》, 1943.3.30)

반도의 힘찬 환희의 역사를 펼쳐주는 의무교육과 징병제도에 발맞추어 군국의 현숙한 아내로서, 후방의 씩씩한 어머니로서 새로운 가정을 창조하는 전시체제의 황국 여성을 길러내는 가가와(永河仁德)[28] 씨 경영인 부내 사직정(社稷町) 덕화여숙(德和女塾)은 이번 숙장 나가

---

28 원문대로임. 나가카와의 오기. 永河仁德(나가카와 인도쿠)은 박인덕의 창씨명이다. 일제강점기 사회운동가이자

카와 씨의 발전적인 영단으로 녹기연맹(綠旗聯盟) 경영으로 이관하게 되었다. 숙장은 종전대로 나가카와 씨가 취임하고, 고문으로 경성 보호관찰소장 나가사키(長崎裕三) 씨와 이화(梨花) 녹기연맹부인 부장 쓰다(津田節子) 씨 외 여러분이 취임하여 반도의 여성 교육에 새로운 발족을 보게 되었다. 그리고 방금 숙생을 모집 중인 바, 희망자는 부내 사직정 262의 23 덕화여숙으로 4월 16일까지 원서에 입숙검정료 2원을 첨부하여 신입하되, 입숙 자격은 고등여학교 4학년 졸업 정도라고 한다.

교육인으로 일제 말기에 친일 협력했다.

2. 《동아일보》·《조선일보》·《중앙일보》

〈자료 19〉 불경죄(不敬罪) 1년 징역(《동아일보》, 1935.10.17)

대정천황제일(大正天皇祭日)을 맞아 일기장에 불경한 문구를 썼다는 울진군(蔚珍郡) 기성면(箕城面) 정명리(正明里)의 안천수(安千壽, 23)에 관한 불경죄와 치안유지법 위반 사건의 복심 언도 공판은 16일 오전 경성 복심법원 형사부 법정에서 개정되었다. 적(荻) 재판장은 지난 9일 입회 검사가 구형한 바와 같이 징역 1년을 언도하였다.

〈자료 20〉 국제 정세에 대응해 사상 방면을 감시, 엄중한 취체와 신속한 검거를, 총독-사법관에 주의(《동아일보》, 1937.11.20)

전(全) 조선의 28개소 형무소의 재감자 약 2만 명 중에는 사상 관계 수형자가 다수를 점령하고 있고, 또 이미 형을 마치고 나온 자, 또는 사상이 과격한 자로서 사상 보호관찰에 부칠 필요가 있는 사람이 총독부 조사에 따르면 약 7천 명으로 추정된다는 것은 이미 보도한 바 있다. 총독부에서는 그간 전 조선 보호관찰소장 회의를 마치고 지금 또 각 재판소와 검사국 장관의 방법 회의를 개최 중인데, 이 두 대회의에서 현하 비상시국에 있어서 사상 보호관찰 내지 앞으로 구체적인 사상 문제 대책안을 자문안으로 협의하고, 또 남(南) 총독으로부터 직접 주의한 만큼 앞으로 이 사상 방면의 감시와 지도 내지 취체가 한층 강화될 것이라 한다.

그리고 현하 국제 정세로 보아서 강대국 간에 있어서도 영미소불(英米蘇佛)의 나라가 한편이 되는 경향이 있고, 이에 신진국으로 일독이(日獨伊)가 서로 방공 협정(防共協定)을 맺게 되는 것은, 거기에 단지 정치적 공작 외에 서로 사상적인 거리가 먼 관계도 있으며, 또 현재 중국은 소위 용공연소(容共聯蘇)[29] 정책을 써서 동양 전토에 적화 위협을 불러오고 있다. 따라서 자연히 조선 내에도 ○○의 암약, 국경에 공비 침입(共匪侵入), 각종 유언비어 유행, 기타 각종 시국 관계 범죄가 증가될 우려가 있으므로 당국에서는 이에 대하여 엄중한 취체와 기

---

29 중국공산당과 국공합작 및 소련과 연대를 도모하는 정책.

민한 검거로써 비상시국의 치안을 확보하기 위해 사상운동을 한층 탄압하여 갈 것이라고 한다.

〈자료 21〉 전향 청년들이, 청산의 성명, 미국에 성명서 발송(《동아일보》, 1938.7.2)

오랫동안 미국에서 민족운동에 광분하고 있던 반도 청년들이 황도 일본정신에 감동하여 분연히 과거를 청산하고 새로운 국민적 자각 밑에서 출발하려고 하는 '그룹'이 있다. 원 동우회(同友會) 회원 갈홍기(葛弘基) 씨 이하 18명은 우선 사상전향자의 집단인 대동민우회(大東民友會)에 가입함과 동시에 금번 18명의 연명으로 조선 안은 물론 만주, 지나, 미국에 있는 동지, 지우에 대하여 성명서 3,000부를 발송하며 그 태도를 천명하였다. 전기한 성명에서는 "신동아 건설의 역사적 사명을 다하고자 분투하고 있는 신일본의 광영 있는 자태는 소위 식민지 조선을 지양하고, 조선을 신일본 구성의 유력한 분자로 만들려는 획기적 모든 현상에 비추어 종래의 소위 민족자결 사상은 드디어 조선 민중에 있어서 무의미한 동아시아 발전의 신방향을 무시한 반동적인 관념이라는 것을 밝히었으며, 세상은 이미 적화공산의 참화와 공리주의적인 백인 문명의 추악함에 정나미가 떨어지고 말았다. 팔굉일우(八紘一宇), 도의적인 결합을 이상으로 하는 동양 정신, 일본주의야말로 진실로 동아(東亞)를 구하고 세계 인류를 지도할 수 있는 원리이다"라고 끝맺었다.

〈자료 22〉 '적색연구회(赤色研究會)'의 혐의로 연전(延專) 3명의 교수 등 송국(送局), 백남운(白南雲), 이순탁(李順鐸), 노동규(盧東奎) 등 졸업생 등 16명은 불구속으로 (《동아일보》, 1938.12.17)

지난 2월 27일 부내 서대문서(西大門署) 고등계에서는 아연 긴장하여, 부내 대현정(大峴町)에 있는 연희전문학교(延禧專門) 도서관을 수색하고, 다수의 좌급 불온서적을 압수하는 동시에 동교 백남운(白南雲) 교수를 소환·취조하던 중 기보한 바와 같이 사건의 전모가 명확하다 하여 지난 15일 오전 10시에 백남운·이순탁·노동규 세 교수를 치안유지법 위반 등의 죄명 아래 500여 장이나 되는 의견서와 두 트럭의 불온서적 및 다수 증거물과 함께 경성지방법원 검

<그림 4> 순서대로 백남운(白南雲), 이순탁(李順鐸), 노동규(盧東奎)

사국에 신병(身柄) 구속으로 송국하고, 그 외 학생 등 십수 명은 불구속으로 송국하였다 한다.

〈자료 23〉 연전경제연구회(延專經濟硏究會) 주최, 경제 강연회 15일 종로청년회관에서 본사 학예부 후원으로(《조선일보》, 1933.12.12)

연희전문학교 경제연구회 주최와 본사 학예부 후원으로 오는 15일 밤 여섯시 반 종로기독청년회관에서 경제 강연회를 개최하기로 되었다. 연사는 청년 변호사로 법조계에서 활동이 많은 신태악(辛泰嶽) 씨와 청년 경제학자로 명성이 높은 노동규(盧東圭) 씨로 문제가 또 절실한 사자 문제이므로 일반의 환영이 많을 것이다. 특히 입장료는 받지 않고, 다만 장내 정리료로 5전씩만 받게 되었다.

연제 및 연사
법률과 경제 변호사 신태악
세계 경제의 신계단 연전 교수 노동규

〈자료 24〉 예방구금이란 무기징역과 다를 바 없다《조선일보》, 1934.3.18)

[중의원(衆議院) 본회의 치유법 개정안 수정 이유 진술, 그러나 위원회안 가결

16일 중의원 본회의에서는 오후 1시 개회 즉시 일정으로 들어가 여러 안건을 채결한 후 치안유지법 중 개정 법률안 정부 제출을 상정하고, 위원장 궁고계삼랑(宮古啓三郎) 씨[정우(政友)]의 보고가 있은 뒤, 토론으로 들어가 첨전경일랑(添田敬一郎) 씨[민정(民政)]는 "우익단체 중 표면적으로 일본주의를 주장하면서 착오된 인식하에 직접 행동을 보여 사회 개혁을 하려고 치안을 문란하게 하는 자가 속출하고 있다. 근년의 많은 불상 사건만 상기하여도 한심한 이들 우익단체에 대한 단속을 명확히 하지 않은 곳에 정부안의 불비(不備)가 있다. 국체변혁이라는 것과 사유재산이라는 것을 완전히 분리한 점에 무리가 있다"고 민정당의 수정안을 주장하고, 다시 정부에 사상 대책 수립을 요망한다고 결론하고 민정당의 수정안에 찬성한다. 다음으로 입천태랑(立川太郎) 씨[정우(政友)], "우리는 인권 유린을 방지하는 목적으로 예방구금의 점을 수정하였다. 우익 단속을 운운하지만 단순한 폭력 행위는 이 법 적용의 주지에 맞지 않는다고 민정당 측의 수정안을 폐(廢)하여 위원장(委員長) 보고에 찬성한다." 다음으로 송곡여이랑(松谷與二郎) 씨[국동(國同)], "예방구금은 무기징역과 다를 것이 없다. 우리는 이러한 인권유린의 제도에 반대치 않을 수 없다. 그런데 이것은 삼권분립의 헌법 취지에 위반하는 것이다"라고 국동(國同) 측의 수정 의견을 진술하고 채택에 들어가 민정·국동 두 파의 수정안 어느 것이나 소수 부결이 되어 위원장 보고는 다수로써 가결이 확정된다.

〈자료 25〉 대상자 선도에는 취직 알선이 좋은 방책, 보호사회의(保護司會議)의 결론, 각 관공서, 은행, 회사, 학교에 복직·채용·복교(復校)를 종용《조선일보》, 1934.3.18)

사상선도를 목표로 작년 12월에 창설된 경성보호관찰소(京城保護觀察所)에서는 그동안 그 관내인 경기도·충청남북도·강원도(일부를 제함) 내에 거주하는 대상자, 즉 치안유지법 위반죄를 범하여 기소유예 처분을 받은 사람, 집행유예 언도를 받은 사람, 형 집행을 마친 사람, 가출옥 허가를 받은 사람 등 1,100여 명의 사상 경향과 행동을 조사하는 한편, 보호사(保

護司)회 촉탁보호사회 등을 열고 사상 지도에 관한 구체적 방침을 누차 토의한 결과 요보호 관찰자의 사상을 전향시키는 것과 전향한 자의 사상을 선도하는 데는 무엇보다도 그들에게 직업을 주어 생활을 안정시키는 것이 제일 좋은 방책이라는 결론을 얻어, 그 보호관찰소에서는 각 관공서와 은행, 회사, 공장 등에 사상전향자 채용을 적극적으로 권고 중인데 은행, 회사 등 사사기관(私私機關)에서는 관공청에서 먼저 관공리로 채용하고, 또 학교에서 방교 또는 퇴학 처분을 당한 자를 복교시켜 일반의 모범을 보여달라는 요망이 높음으로, 제(堤)소장은 얼마 전에 관내 관공서에 사상전향자의 복직 신규 채용 등을 종용하는 한편, 관내 학교에도 방교된 자를 복교토록 종용하여 달라는 공식 통첩을 보내며, 일반적으로 사상범을 위험시하는 경향을 일소시키는 데 전력 중이라 한다.

〈자료 26〉 사상전향자의 황군 위문편지(《조선일보》, 1938.5.3)

【용산사단발표】대구보호관찰소장 좌좌목의인(佐佐木義人) 씨는 얼마 전에 북지 산서전선(山西戰線)의 ○○부대장에게 다음과 같은 편지를 보내고, 사상전향자 7명의 위문편지를 침부해 보냈는데, ○○부대로부터 그 통신이 왔다 한다.

이전에는 공산주의를 신봉하고 조선의 독립을 계획한 사람이었으나 오늘은 완전히 그 나쁜 사상을 청산하고 훌륭한 일본 사람으로 전향하였다. 이번 사변에서도 국방헌금 출정 병사의 환영 전송과 방호단 가입, 무운장구 기원, 신사참배, 상병(傷兵) 위문 등에 자진하여 참가하고, 또, 관내 1백여 명의 전향자는 황군 위문 봉사일을 설정하여 매월 빈궁한 생활 자료 가운데서 절약하고, 또 야간에 노동을 하여 얻은 돈을 사변이 종결할 때까지 헌납하기로 상의하고, 황군의 노고에 만분의 일이라도 생각하여 황국신민으로서 미의(微意)[30]를 표하고 있다.

---

30 남에게 의례적인 선물을 보낼 때 쓰는 말로, 변변치 못한 작은 성의라는 뜻이다.

〈자료 27〉 이재유만은 주의 고집, 4명은 전향 성명, 이재유 사건 공판 다음 회는 7월 5일
《조선일보》, 1938.6.25》

【석간 속보】오후 1시 반 심리를 계속한 이재유 사건의 공판은 다시 이재유부터 시작하였는데, 그는 최후까지 자기의 주장은 조금도 변함이 없다고 진술하였다. 다음 병석에 누웠다가 무리하게 출정했던 고병택은 심리를 하려다가 피고의 건강이 심리에 부적당하다고 인정하여 후일로 미루고, 변우식, 최호극, 양성기, 민태복 등은 아무것도 모르고 사회과학을 연구하려 하였으나 현재는 이를 연구할 생각은 터럭만큼도 없다고 진술. 전부 전향을 성명하여 간단하게 심리를 마치니, 오후 3시 50분 제1회 공판을 마쳤다. 이윽고 재판장으로부터 병감에 수용된 서구원(徐球源)의 분리 심리를 마친 다음, 오는 7월 5일에 다시 공판을 연다고 선언하였다.

〈자료 28〉 예방구금자 취급할 사상선도소(가칭) 설치, 수용소는 현재의 형무소보다 문화적으로 시설할 터로 대상자는 사상범 전과 중심《조선일보》, 1940.1.19》

예방구금령을 내지보다 조선에 먼저 실시할 필요가 있다 하여 총독부에서는 이에 대하여 예산을 15년도(1940)에 요구하였던 바 20만 원이 이미 통과되었다. 이 예비구금령이란 획기적 법령을 실시하기 위하여 총독부 법무국에서는 그 법안과 관제안을 방금 작성 중인데, 늦어도 오는 75회 의회의 막이 닫힐 때까지 완성하여 가지고 법제국에 회부하기로 되었는데, 오는 9월경부터는 실시하게 될 모양이다.

그 내용의 대개를 들어 보건대 총독부 직속하에 독립 관청으로 사상선도소(가칭)를 경성에 설치하고, 각지 형무소와 보호관찰소의 협력하에 사상전향과 시국 인식을 철저히 하기 위하여 예방구금할 필요가 있다고 인정되는 사람을 수용할 터이다. 수용할 대상자는 사상범 전과자를 중심으로 시국 문제를 헛되이 선전하며 후방의 치안을 문란케 하는 자 등을 수용할 터인데, 그 수용할 기관은 현재 있는 형무소가 아니라 따로 형무소와 비슷하되 형무소보다는 시설, 대우, 기타 모든 것이 훨씬 낫도록 하여 일종의 문화 형무소처럼 설비할 모양인데, 이것은 조선에서 처음으로 시설되는 것이니 만큼 각 방면의 크나큰 주목을 끌고 있다.

〈자료 29〉 후세(布施) 변호사 금고 4개월, 신문지법 위반으로(《중앙일보》, 1932.2.22)

목하 개정 중인 일본공산당 사건의 주임 변호사 포시진치(布施辰治) 씨는 신문지법 위반으로 20일에 4개월간 금고 판결의 언도를 받았다.

〈자료 30〉 검사를 동원시켜 사상전향을 권고, 법무국의 사상범 대책(《조선중앙일보(朝鮮中央日報)》, 1935.3.19)

최근 법무국에서 조사한 통계에 의하면 치안유지법 위반으로 일단 체형을 받고 나온 사상범이 다시 사상운동으로 재출발하여 종전보다도 더욱 격렬한 투쟁을 하는 동시에, 모든 공작을 지하로 하여 철저한 좌경의 빛을 보이고 있는 현상이 뚜렷하게 드러나 있다. 그것으로 보아 이러한 현상을 완화시키며 방지하기 위하여 저간부터 여러 가지 방책을 강구해오던 중 최근에 이르러 그 구체적 안건을 작정하게 되었다고 한다. 이제 그 안건이라는 것을 탐문해 보건대, 우선 제1착으로 고등법원(高等法院)과 복심법원(覆審法院)의 검사(檢事)를 공식으로 출동시켜 그들로 하여금 직접 형무소에서 복역 중인 사상범을 방문케 해가지고 그들의 사상적(思想的) 전환을 종용시키리라는 것인만큼, 법정에서 완강한 태도로 항거하던 그것을 일소해 버리고 화해하는 의미에서 전향을 권하리라는 것이다. 그리고 제2차적으로는 보호위원(保護委員)을 두어 출옥(出獄) 후 그들의 취직을 알선하는 동시에, 그들로 하여금 다시 재출발하지 않도록 하며, 그것을 미리 방지 혹은 다른 사상적 운동에 감염(感染)되지 않도록 하리라는 것인데, 돌아오는 4월부터 실시할 듯하다 한다.

〈자료 31〉 고베(神戸) 재주 조선 학생 학우회를 조직[《조선중앙일보》(여운형), 1936.8.27]

고베(神戸) 재주 조선인 유학생들은 상호 간의 친목과 학술 향상을 목적으로 일치단결하여 지난 8월 23일 오후 7시 반에 시내 임전구(林田區) 진양소학교(眞陽小學校) 교실에서 중등학교 이상의 학도 20여 인이 집합하여 학우회 창립총회를 열었다는 바, 임시의장 이장희(李章曦) 군의 사회 아래 의사는 일사천리로 진행되었으며, 역원을 선거하고 동 11시에 폐회하였다는데, 당야에 피선된 역원의 씨명은 다음과 같다 한다.

회장 최창현(崔昌鉉)

부회장 박경호(朴慶浩)

서기 윤재환(尹在煥)

회계 김대근(金大根)

문예부장 배상권(裵祥權)

동부원 김재문(金在文)

체육부장 김학기(金學基)

동부원 이대규(李臺奎)

3. 일본어 신문

〈자료 32〉 시중회(時中會) 해주(海州) 지부의 진용 (《부산일보(釜山日報)》, 1936.9.26)

【해주】기보(旣報)한 시중회(時中會) 해주지부 발회식은 예정대로 거행되었는데, 현재 전 조선에 걸친 회원 2천여 명으로, 해주의 회원은 30여 명에 달하고 날로 증가하는 상황인데, 지부의 임원은 다음과 같이 결정되어 오후 4시부터 본부 이사 최린 씨의 "측면에서 본 조선"이라는 제목의 강연회가 개최되었고, 그 종료와 함께 신사참배를 거행하여 오후 6시부터 대정관(大正館)에서 관민 유지를 초청하여 만찬회를 개최했다.

이사 김영택(金泳澤)·김광엽(金光燁)·김기수(金基秀)·김경수(金景壽)·최준기(崔準基)·최형직(崔馨稷) 이상 6명

〈자료 33〉 대동민우회 강연회 (《경성일보(京城日報)》, 1936.11.6)

대동민우회는 오는 7일 오후 3시부터 경성 견지정(堅志町) 시천교당에서 사상 국방 강연회를 연다. 강연 제목 및 연사는 '최근의 만주' 다카오(高尾) 본부 학무과장, '국방에 관한 지식' 이응준(李應俊) 씨, '조선은 어디로' 동재정(東裁貞)[31] 씨, '대국가주의란 무엇인가' 주련(朱鍊)[32] 씨.

〈자료 34〉 사상전향자에게 따뜻한 보호의 손, 조선사상범보호관찰령을 다음달 10일경에 공포 (《경성일보》, 1936.11.26)

조선사상범보호관찰령은 오는 12월 10일경 제령으로 공포, 12월 20일부터 실시 예정이

---

[31] 차재정(車載貞)의 오기. 사회주의 운동가. 사회주의 단체인 서울청년회와 전진회 등에 가담하여 활동하였다. 1929년 광주학생운동을 이끈 혐의로 체포되었다. 출감 후에는 친일 단체를 위해 일하며 내선일체와 동아협력체 건설을 주장하였다.

[32] 주련(朱鍊)은 1936년 9월 20일에 열린 창립총회에서 이사장 안준, 이사 차재정 등과 함께 대동민우회의 이사로 선출되었다. 이들은 1920년대 사회주의 운동에 적극 참여하였던 인물이다.

고, 그 결과 경성·평양·대구의 각 복심법원 내 사상범보호관찰소를 두고, 보도관을 소장으로 임명, 또 각 지방법원 내 지소를 두고 보호사를 각 지소장으로 임명하고, 사상전향자에게 따뜻한 보호의 손을 뻗쳐 이들에게 직업 알선도 하였다. 또한 사상범보호관찰령 실시에 따라 사법관 일부의 이동이 있는 모양이다.

〈자료 35〉 이재유 일당 예심 종결, 공판에 회부(《경성일보》, 1938.2.18)

<그림 5> 이재유

대학교수를 비롯하여 경성의 중학교·전문학교·대학교 학생층과 공장의 남녀 직공, 경성 부근의 농민층에 깊이 파고들어 ○○주의를 선전함과 함께 동지 획득을 위해 활동한 혐의로 서대문서에 두 번 검거되었는데, 두 번 모두 서대문서 유치장에서 탈주하여 동지 경성제대 미야케 시카노스케(三宅鹿之助) 교수의 집 지하실에 숨어 있던 중 검거되자, 수색의 눈이 빛나는 경성에서 멀지 않은 양주군 노해면 공덕리로 달아나 대담하게도 자신의 손으로 만든 아지트에 동지 이관술과 함께 숨어 부근 주민에게는 지나인으로 불리면서 농작에 종사하는 한편, 농민에게 주의를 선전 중에 1936년 12월 악운이 다하여 경기도 경찰부 수사대와 눈 속에서 극적인 격투 후 체포된 양주군 노해면 공덕리 92의 2 이재유(34) 일당에 관계되는 치안유지법 위반, 출판법 위반, 범인 은닉 사건은 경성지방 법원 제1예심 고바야시(小林) 판사 담당으로 심리 중인 바, 죄상이 명백해져 17일 오전 예심을 종결하여 일당 7명은 곧바로 공판에 회부되었다.

【치안유지법 위반 및 출판법 위반】
양주군 노해면 공덕리 92의 2 이재유(34)

【치안유지법 위반】
평북 박천군 가남면 영미동 곡물상 변우식(邊雨植, 26)
경성 봉래정 4의 159 무직 서구원(26)
경성 흑석정 79 전 상공(商工)학원 생도 최호극(崔浩極, 24)
경성 창신정 654 생도 양성기(梁成基, 25)
경성 명륜정 2의 61의 13 생도 고병택(高柄澤, 28)

【치안유지법 위반 및 범인 은닉】
경성 봉래정 4의 159 민태복(閔泰福, 29)

〈자료 36〉 "각하 덕분에 희망과 광명을 얻었습니다." 전 좌익 지도자 차재정(車載貞) 씨가 감격과 적성(赤誠)을 피력, 제5회 총독 면접일(《경성일보》, 1938.3.5)

미나미(南) 총독 제5회 면회일은 4일 오전 3시 10분부터 왜성대(倭城臺) 관저에서 개최되었다. 일찍이 국제공산당 조선 대표로서 입로(入露)한 안준(安浚) 씨를 비롯하여 전 국제공산청년총동맹 중앙위원장 차재정, 전 국제공산당 화요회 총사(總司) 이승원(李承元) 두 사람은 첨예한 좌익에서 전향하여 지금은 애국운동의 전선에 서서 사변 이래 동분서주, 눈물겨운 활동을 계속하여 대동민우회를 좌지우지하는 사람들, 동회(同會)의 고문으로 전 군수 이각종(李覺鍾) 씨나 조동종 조선보교(朝鮮普敎) 총감(總監) 치미래상(熾尾來尙) 사(師), 수양단 조선본부 교본무웅(橋本武雄) 씨, 변호사 신태악(辛泰嶽) 씨, 교토잠전(京都蠶專)을 졸업한 조선산림조합 이사 이성환(李晟煥) 씨, 와세다대(早大) 출신 김찬성(金贊成) 씨 등 인텔리 반도 청년으로 특색이 있는 면회일은 근래 없이 활발하였고, 열렬히 토해내는 열변은 반도애(半島愛)를 말하였고, 또 미나미 통치를 구가하는 진정한 민중의 목소리였다. 총독은 여느 때와 달리 기분이 좋아서 자신도 모르게 몸을 앞으로 내밀며 경청했다.

(중략)

이각종 씨의 소개로 안준, 차재정, 이승원 세 사람은 감격한 표정을 빛내며 총독 가까이로 의자를 당겼다. 붉은 투사로서 반도 적화(赤化)를 기도하고, 총독정치에도 활을 겨누었으며,

<그림 6> 4일 왜성대 총독관저에서=중앙 후방이 미나미 총독

민중운동까지 일으키려던 당시의 위험 인물들은 지금 이렇게 총독과 면회가 허락되어 있는 것이다. 차씨는 대표로 나서 이론적으로 미나미 통치를 찬미하기를,

"미나미 통치는 올바르다고 하기 이전에 실로 성심(誠心)으로 조선을 사랑하고 있기에 2,300만 민중을 감격시키고 있습니다. 그것이 반도인의 심리적 움직임입니다. 어느 역에서 들은 이야기인데, 조선인의 입장을 금지한다고 적은 입간판을 본 총독이 즉시 이것을 제거하게 했다는 한 신문 기사를 본 우리는 감격했습니다."

차씨는 총독을 타오르는 눈빛으로 바라봤다. 총독도 가볍게 끄덕였다. 차씨는 이야기를 계속했다.

"조선인의 신경은 민감합니다. 지금까지 총독정치의 은혜를 몰랐던 조선인이 최근 완전히 변해서 이 애국운동, 총독정치를 구가하는 것을 우리는 신기하게 생각하면서 바라봤습니다. 그것은 만주사변 이래 주관적 사상과 현실이 너무나도 괴리된 것을 발견한 것입니다. 자신들의 오류를 인식한 것입니다. 중일전쟁에 의해 이것을 확실히 알게 되고, 새로운 일본의 스케일이야말로 반도 전체가 안심하고 품에 안겨도 좋다고 강하게 느꼈습니다. 이 커다란 역사적 근거 앞에 각성한 것이며, 총독부의 선전으로 민중이 좌우된 것은 결코 아닙니다."

말 한마디 한마디, 거기에는 차씨가 펼치는 반도 민중의 진정한 목소리만이 넓은 응접실에 크게 울려 퍼졌다.

"또한 반도에 바람직하지 않은 생각을 갖고 있는 자가 있을지 모릅니다만, 그것은 현재의 반도를 주동하는 것이 아니고, 과거의 부수된 힘이며, 잔재입니다. 윌슨이즘, 아메리카니즘, 볼셰비즘, 그것들은 내일의 새로운 생명이라고 반도인이 생각한 것은 과거의 악몽이었습니다."

여기에서 차씨는 한층 힘을 주어 가슴을 치며 말했다.

"이 심장을 관통하는 것은 동양의 피입니다. 반도는 전통과 개성을 갖고 서양과 같이 육식만 했으므로 신체를 해쳐버렸습니다. 일본의 대륙 정책이야말로 반도와 여기에 사는 자를 구하는 것입니다. 내선일체가 되어 이 커다란 공동 목표에 매진하지 않으면 안 됩니다. 시기나 의심은 아무것도 갖고 있지 않습니다."

기침 한 번 하는 자도 없고, 총독은 눈도 깜빡거리지 않고 차씨의 빛나는 눈동자를 주시하고, 그래서인지 눈가에 이슬이 잠깐 빛나며, 유창한 국어(일본어-인용주)로 세워둔 판자에 물을 흘려보내듯이 차씨는 숨도 쉬지 않았다.

(중략)

차씨는 확실히 울고 있었다. 눈물은 아니지만 마음속에서 울고 감격과 정열을 "반도의 아버지" 미나미 총독 앞에서 부딪치고 있는 것이다.

(하략)

〈자료 37〉 대동민우회 전향을 목표로 비상시에 획기적인 기획(《조선신문(朝鮮新聞)》, 1936.9.5)

과거 십수 년간을 조선의 좌익운동에서 활약하던 유력한 지도급인 이각용(李覺鏞)[33] 씨, 안준(安浚), 차재정(車載貞) 외 수십 명은 지난번부터 쭉 일본정신을 기조로 한 국가주의를 표방하는 대동민우회를 발기하여[사무소: 경성 중학정(中學町) 1] 단단히 마음먹고 주의 선전과 동지 획득에 노력했더니, 그 밑에 모이는 동지의 수도 100여 명이라는 다수에 달하고 여론도 점차 대동민우회의 주장을 인정하기에 이르러 창립을 보게 되었다. 대동민우회의 특색으로는 구성 요소가 모두 좌익 전향자라는 점으로, 국가 비상시에 쓸모 있는 조선 동포에 의한 자발적인 이러한 기획은 조선 사상사(思想史)에서 획기적인 현상으로 각 방면에서 앞날을 주목받고 있다. 최근 언문지인 《동아일보》의 올림픽 손 선수 사진 사건에 관해 《동아일보》의 반국가적인 태도를 규탄하는 폭탄적인 성명을 내어 각 방면에 특이한 충동을 주고 있는 듯하다. 이와 관련하여 본회(本會)의 선언 강령 대요(大要)는 대국가주의를 강조하여 내선 두 민족을 도의(道義)와 신뢰(信賴)로 결합을 강화하고, 조선인의 향상 발전을 기도하고, 나아가서는 일본을 주체로 하여 동아(東亞) 여러 민족을 포괄하는 대국가를 건설할 것을 최고의 이상으로 한다. 이렇게 하기 위해서는 국가적인 합리 경제를 확립하여 국민 생활의 안정

---

33 이각종(李覺鍾, 1888~1968)의 오기.

을 꾀한다. 공산주의 그 외 모든 반국가적 사상을 배척하여 "내일의 일본" 건설을 목표로 하는 취지이다. 시국적으로 지극히 의의 있는 단체로 보인다.

〈자료 38〉 전향자 1백여 명이 가두 데모 감행, 대동민우회의 활동 (《조선신문》, 1936.9.22)

빨간 사상운동에서 미련 없이 이탈하여 전향한 자 100여 명이 국가주의 산하로 급히 달려가 신생활의 첫걸음을 내딛기 위해 이전부터 대동민우회(大東民友會) 조직 준비가 진행되고 있었는데, 드디어 그 기운이 무르익어 지난 20일 오후 2시 반부터 경성부 견지정(堅志町) 시천교 강당에 회원 다수가 출석하여 이동락(李東洛) 씨의 사회 아래 창립대회를 열어 간부 선거와 선언 강령 등을 결정하였다. 끝나고 회원 30명은 가두로 출동하여 대동민우회의 슬로건이 들어간 선전 전단 수만 매를 산포하며 크게 기세를 올려 일반 민중에게 감명을 주었다.

〈자료 39〉 시중회(時中會)를 해산, 총동원연맹에 가입 (《조선신문》, 1938.12.23)

전 조선 5만 명의 회원을 보유하고 국체명징(國體明徵)운동에 노력해 온 시중회는 21일 최고 간부회를 개최하고, 전원일치로 그 목적으로 한 동회의 정신이 이번에 가와시마(川島) 대장을 총재로 한 국민정신총동원 조선연맹과 목적으로 하는 정신과 완전히 일치한다는 견지에서 동 동맹에 합류하여 애국운동에 협력하기로 결의하고, 시중회를 해산하기로 결정, 22일 다음과 같은 성명회를 발표했다.

"우리 동인은 앞서 세계의 대세와 시국의 추이에 견주어 국민 각자의 요구와 환경에 맞는 신운동을 일으키는 일에 매진하고 있는 것에 반해, 우리 민중은 아무런 하는 일도 없이 헛되이 타력(他力) 의존주의와 낡은 인습을 버리지 않고 지키고 있다. 이에 보수적인 것을 유감스럽게 여겨 과거의 모든 인식 착오를 개선하고 새롭게 생활의 지표를 건설하여 현상 타개를 도모함과 동시에, 일본 민족과 혼연일체의 열매를 맺게 하기 위해 시중회를 설립하고 '신생활 건설, 인생관 확립, 내선일가(內鮮一家) 결성, 근로신성(勤勞神聖)을 몸소 체득하여 실행, 성(誠)·경(敬)·신(信) 실행'이라는 5대 강령을 내걸고 널리 세상에 물은 바 있다. 다만, 유감스럽게도 우리가 미력하여 전혀 사회의 기대에 부응하지 못하였으나 다행히 우리의 제창은 세상의 공명을 얻어 현재 맹렬한 기세로 일어나 조선 전역에 가득한 내선일체 사상의 보급, 민중의 황민화를 향한 열의와 같은 본회의 운동이 배양한 민심의 결과가 적지 않다는 것을 믿고 조금이나마 스스로를 위로하고자 하는 바이다. 바야흐로 제국은 전대미문의 시국적 난문제를 만나 이를 극복하기 위해 황제가 인솔하는 군대(皇師)가 출동하여 중국(支那) 전역에서 무훈을 빛내고, 민중도 총동원 태세를 굳건히 하여 총후의 수호에 보국의 참된 정성(赤誠)을 바친다. 그리고 우리 반도에서는 이미 국민정신총동원 조선연맹이 결성되어 조선 전역에 있는 관민의 모든 기구가 빠짐없이 여기에 참가하여 국력의 총력을 종합하여 시국 대처 장기 건설의 기본적 시설이 되고자 한다. 그리고 이들이 표방하는 9대 강령에 대하여 살펴보니 본회가 제창하는 강령이 모두 여기에 포함되어 있고, 그 취지도 본회가 주장하는 바와 합치한다. 즉 우리는 본회가 특히 일각에서 적은 힘을 내는 것보다는 오히려 강대하고 유력한 동 연맹의 활동을 믿고 맡기면 본회 본래의 목적이 저절로 달성됨과 동시에, 시국의 요구에 순응하는 바임을 인정한다. 이에 본회를 해산하고 여기에 속하는 재산을 통틀어 동 연맹에 기부함으로써 비상시국하의 총후 대동단결 정신에 부응하고자 한다. 우리는 회원 제군 및 세상 사람들이 이상과 같은 취지를 잘 이해해 주기를 바람과 함께 본회의 창립 및 경영에 많은 지도와 호의를 보내주시는 관변 당국 및 일반 여러분께 심심한 사의를 표하는 바이다." (시중회)

〈자료 40〉 "어린이 방공" 조선방공협회가 발행(《조선신문》, 1940.6.29)

조선협회에서는 소학교 아동에게 올바른 방공 지식을 전달하여 다음 세대의 우수한 방공위원을 양성함과 동시에, 아동을 통해 각 가정에도 방공 지식을 보급할 계획으로 만일의 공습에 대비해 이번에 《어린이 방공》이라는 제목으로 사류배판[34] 20쪽짜리 다색 인쇄한 그림책 형식의 방공 독본을 편찬하여, 18만 부를 조선 내 방공 지역의 초등학교 4학년생

<그림 7> "어린이 방공" 그림책

---

34 가로 4치 2푼, 세로 6치 2푼 크기의 종이규격을, 우수리를 떼고 간단히 사륙판이라고 하는데, 사륙배판은 그 2배 크기의 종이규격을 말한다.

이상에게 무료 배포를 했다. 이와 호응하여 학무국에서는 《어린이 방공》을 교재로 아동에게 방공 교육을 실시하여 소국민(小國民)의 방공 훈련에 만전을 기하게 되었는데, 이 소책자는 다색의 아름다운 그림책으로 만들어져 있어서 아동들에게 크게 인기를 끌고 있다.

4. 광복 후 신문

〈자료 41〉 투사 울렸던 신(申) 형사 고문 사실을 부인, 제1회 공판(《동아일보》, 1946.5.24)

15년 동안이나 사상범 취체 담당 형사로서 조국 재건을 위하여 눈물겨운 투쟁을 한 같은 민족애국투사들을 무서운 채찍으로 고문한 고등형사[수뢰죄(受賄罪)의 피고]를 중심으로 공판정에 일어난 재판장과 변호사의 문답 - 그것은 해방된 법원에 나타난 독립 전야의 경종이었다.

해방 직전까지 서울 각 경찰서 고등형사로 있다가 해방 후 다시 경기도 경찰부에 근무 중 전시수뢰죄(戰時受賄罪)로 검거·취조를 받고 있던 신두영[申斗永, 일본명 평산호민(平山豪敏), 44]의 공판이 23일 서울재판소에서 개정되었다. 이날 피고에 대한 사실심리가 진행될 때 신두영이 과거 일제시대에 행한 소위 사상범(애국투사)에 대한 참혹한 고문을 언급하여 오건일(吳健一) 재판장으로부터 피고의 고문 행위를 비난하자, 피고의 변호인으로 입정한 박승유(朴勝維) 변호사가 '피고는 그러한 고문을 한 사실이 없다'는 증인 3명이 있으니, 그를 불러서 심문해달라고 재판장에게 제안한 데 대하여, 입회 검사 김점석(金点碩) 씨는 증인 심문의 제안을 각하시켰는데, 그다음 박 변호사와 재판장 사이에 교환 문답은 이러하다.

재판장: 같은 약소 민족으로서 애국투사를 고문하는 것은 비양심적이고 비민족적이다.
박 변호사: 그런데 피고의 말도 그렇거니와 이제 말한 증인들이 피고는 절대로 그렇지 않다고 말하고 있으니 증인 심문이 필요하다고 생각합니다.
재판장: 그러한 사실을 부인하는 증인 심문을 고집하는 변호사의 마음을 나는 모르겠소.
박 변호사: 그런게 아니라 나는 단순히 전달할 뿐입니다.
재판장: 그렇다면 마음대로 하오.

이때 방청석은 이상한 분위기에 싸였으며, "이런 때 변호사의 심정을 알고 싶다"는 소리와 함께 방청인들은 증오의 눈을 번뜩였다.

〈자료 42〉 반민(反民) 박종옥(朴鍾玉) 등 체포(《동아일보》, 1949.5.1)

경남반민특위에서는 지난 24일 전 통영경찰서 고등계 형사 박종옥을 체포하였으며, 25일에는 3·1운동 당시 헌병 보조원이던 심의경(沈宜敬)을, 또 26일에는 역시 헌병 보조원 김상규(金尙奎)를 각각 체포하였다 한다. 반민특위에서는 29일 상오 11시 반경 무교동 1번지에서 일제시 판사이던 백윤화 변호사를 체포·수감하였다.

〈자료 43〉 윤치호 씨 병사(《조선일보》, 1945.12.8)

송도중학 설립자 윤치호 씨는 6월 오전 9시 개성 고려정 자택에서 뇌일혈로 사망하였다. 영결식은 오는 11일 오후 3시 송도중학 대학당에서 거행한다.

〈자료 44〉 오해 일소에 전력, 농조총맹(農組總盟) 군정청에 건의(《조선일보》, 1945.12.14)

전국 가민조합총연맹(家民組合總聯盟) 제2일 전북 대의원의 건의로 최근 각지에서 미군헌(美軍憲)이 무고한 인민을 검속하여 변호사도 없이 재판을 감행함에 일반의 피해가 많은데 대한 군정 당국에 다음과 같은 건의문을 제출하였다.

1. 검거하고 유치할 때는 반드시 분쟁 쌍방의 사정을 충분히 조사한 후에 이를 실행할 것. 민중에 친일파 민족반역자라고 지칭하는 자들의 소외 증언을 일방적으로 편중, 신뢰하지 말 것. 그것은 계획적 평고(評告)와 중상(中傷)이 많기 때문이다.
2. 검속한 후에는 한 사람이라도 원죄(冤罪)로 인권을 ○○함이 없게 하기 위하여 가능한 한 모든 방법으로 충분한 증거를 수집할 것. 이리(裡里) 사건과 같이 본인에게 일차의 심문도 없이, 다만 일본인 혹은 민중이 친일파 민족반역자라고 지칭하는 자들의 일방적 증언을 유일한 증거로 공판에 회부하는 일은 절대로 없게 할 것.
3. 공판에 회부되었을 경우에는 민주주의 국가의 입법 정신에 비추어 반드시 인민 배심재판을 실시하는 동시에, 피고인을 위하여 반드시 변호인의 선정을 인정할 것이며, 단 군정하의 공판이라 할지라도 가능한 정도에서 이를 공개할 것. 무변호인 비밀 재판은 군

국주의 혹은 중세적 유물이라고 민중은 생각하고 있다.
4. 제1차 공판에서 유죄로 인정되었을 경우에는 피고인의 요구에 따라 반드시 재심의 길을 열어줄 것. 인간이 하는 일인 이상 우리는 원죄(冤罪) 없기를 보증할 수 없기 때문이다.
5. 친일파와 민족반역자를 군정 내에서 철저적으로 배제할 것. 이들을 등용한 것이 군정과 민중 사이에 ○○오해와 마찰을 일으키게 한 근본 원인인 것이다. 일례를 들면 문제의 중심인 친일파 동시에 민족반역자인 전북 경찰부장 김응조(金應祚) 같은 친일 분자는 하루빨리 파면하기 바라는 바이다. 우리는 적극적으로 군정에 협력하려고 한다. 그러나 협력은 결코 맹종이 아니다. 맹종은 도리어 군정의 눈을 어둡게 하고 민중을 이간으로 군정이 민중의 요망과 어그러진 방면으로 나아가는 일이 없기를 요망하여 마지 않는다.

이상과 같은 원칙하에서 우리는 사건을 재심사하여 원죄가 있으면 하루빨리 석방하여 주기를 바라는 바이다.

1945년 12월 10일 전국농민조합총연맹결성대회 대의원 일동

〈자료 45〉 일제시 '수훈(殊勳)'자(者) 숙청, 경찰부서 일부 파면 개시(《조선일보》, 1946.2.14)

과거 일본시대 고등경찰 앞잡이 형사로서 일본인 이상으로 혁명 전사를 악형과 고문으로 괴롭힌 자들이 아직도 신성한 조선 경찰계에 남아 요직을 차지하여 가면 생활을 하고 있는 자가 많은데, 이 자들을 숙청하지 않고서는 여러 가지로 지장이 많다고 반의·물의가 날로 높아가고 있다. 경기도 경찰부 관하에도 서울 시내 각 서를 비롯하여 지방 각 경찰서 간부 또는 서원으로 버젓하게 버티고 있는 자가 많은 바, 그제 일착수로 13일 일본 제국시대에 경기도 고등과에서 공산당학생사건, 조언비어사건단사건 등에서 가혹한 취조를 하던 3명을 파면시켰다. 그들은 용산서 보안계 차석 이태순[李泰淳, 창씨명 산본(山木)]과 마포서 수사 주임 김윤철[金潤哲, 창씨명 금곡(金谷)], 마포서 사법주임 신태영[申泰英, 창씨명 평산(平山)] 3명인데, 이태순은 전후 20여 년간 고등형사로 사상 관계자 중 그 손에 안 걸린 사람이 없다고 하는데, 특히 유명한 것은 이재유 사건에 수훈을 세웠고, 제하(齊賀) 밑에서 사상 사건을 취급

하여 충복 노릇을 하였다. 사상 사건에 걸린 이로 이태순을 모르는 사람이 없을 만큼 이름이 나 있다. 이에 대하여 최령(崔鈴) 경찰부 총무과장은 다음과 같이 말한다.

"현직 경찰관 중에 과거 지나치게 비양심적인 행동을 한 자가 있다는 것을 알고 있다. 앞으로도 민간에서 싫어하는 이러한 경관은 속속 파면시켜 명랑한 경찰계를 만들 작정이다. 일반의 협력을 바라 마지 않는다."

〈자료 46〉 주요한(朱耀翰) 체포 (《조선일보》, 1949.4.30)

반민특위에서는 28일 오전 10시 35분 특경대의 활약으로 시내 사직동 자택에서 주요한을 체포·구금하였는데, 전기(前記) 주(朱)는 왜정 때 송촌(松村)으로 창씨하고, 황도문화를 주창하며, 징병·징용 강요로 문필을 휘두른 친일 문필가였다 한다. 그리고 동일 오후 10시경 충무로 모처에서 과거 지방 판사로 유명하든 백윤화도 체포하였다는데, 백(白)은 과거 의열단 사건 당시 판사로 있으면서 의열단원이 기부금을 모집하러 왔을 적에 이를 밀고하여 체포케 하였다 한다.

〈자료 47〉 대일배상 자료를 수집 (《조선일보》, 1948.1.27)

태평양전쟁 당시 태평양 각 지구에서 징병·징용으로 강제 사역을 당했던 동포 청장년으로 조직된 태평양동지회에서는 금번 사단법인으로 조직을 강화하여 대일배상청구 자료를 수집 중이라는데, 우선 서울역 전 구편창(口片倉) 빌딩 2층에 사무소를 두고, 각 지방에도 연락 기관을 설치하여 어떠한 성질의 것이고 일본에 대한 채권을 적극 조사하기에 노력하기로 되었다는 바, 대일채권자는 자○해 가입·협력하여 주기를 바라고 있다. 등.

회의 부서는 다음과 같다.

고문: 김창숙, 양주삼. 이용설, 오정수, 조병옥
이사: ○○세충, 신현익, 방응모, 김동성, 하경덕 외 각계 명사 42명
감사: 백윤화

〈자료 48〉 전 민족 환시하(環視下)에 반민특재(反民特裁) 개정, 공판 선두는 이기용(李琦鎔), 방청석에는 박흥식 처도 한몫 (《조선일보》, 1949.3.29)

36년간이라는 기나긴 세월을 두고 잔악무도한 일제의 철쇄하에서 동족이 헐벗고, 굶주리고, 신음하며, 허덕이는 동안 헛된 영달과 사복 충족을 위하여 겨레의 한혈(汗血)을 빨아 일제에 바치고, 애국지사의 목을 제물로 올림으로써 충성을 표시하여 일신의 안태를 꾀하던 역도 친일 주구배들은 해방된 이 땅의 새로운 아침볕에도 시들어지지 않고, 오히려 그 더럽고 아니꼬운 사대근성의 해독을 한층 더 퍼트리려던 민족적 위기에서 역도들의 최후 발악을 천신만고로 모면하여가며, 삼천만 민족의 정기에서 우러난 정의의 칼이 칼집을 벗어나서 불○○ 목을 베고, 이 땅에서 영원히 사대주의 사상을 소멸시킬 날은 왔다.

작년 9월 7일 국회를 통과한 반민행위자 처단 특별법 발동이 금년 1월 8일 표면화하여 친일거두 박흥식을 필두로 속속 검거의 바람을 일으키고, 조사와 취조를 거쳐 기소 단계를 넘어 단기 4282년 2월 28일 오전 10시를 기하여 삼천만 앞에 반민자들의 죄상 공개의 실마리를 풀고, 죄에 대한 벌을 선고함으로써 그들에게 속죄의 길을 열어주기 시작하였다.

이날 공판이 시작되는 서울 지방법원 마당에는 이른 새벽부터 밀려든 군중이 시간을 기다리며 거닐고 있을 때, 오전 9시 반경 형무관들의 호위를 받은 박흥식·이기용을 위시한 반민자들이 '스리쿼터'[35]에 몸을 싣고 대법경 서쪽 문으로 들어와 곧 유치장에 들어갔다. 방청객들의 입장이 개시되니, 구경보다도 이 역사적인 단죄를 감시하려는 수백 군중이 물밀듯이 입정했다.

대법정 정면에 커다란 태극기와 독립선언서가 피고들의 그릇된 과거를 질책하는 듯 높직이 걸려 내려다보고, 방청석에는 미리부터 특별 방청권을 받은 한인하(韓仁河) 박흥식의 처를 비롯하여 화신무역 사장, 화신백화점 사장, 상공회의소 부회두 등 상공계 인사들이 자리를 잡고 있다. 방청객의 주목을 끌며 피고가 입장하였으나 그는 박흥식이가 아니고 자작 이기용이었다. 무슨 곡절이 있었든지, 제일 먼저 공판정에 나서야 할 박흥식은 제2차로 돌아가고 이기용이 먼저 공판정에 서게 된 것이다. 형무관들에 휩싸여 어리둥절한 표정으로 입장한 이기용은 형무관의 지시로 피고석에 앉는다. 공판은 예정보다 늦어 10시 55분 신태익

---

35 three-quarter. 지프와 트럭 중간급의 짐을 싣는 자동차로 적재량이 4분의 3톤.

(申泰益) 재판장 주심으로 서성달(徐成達) 검찰관 입회하에 개정되었다. 재판장의 명으로 수갑이 풀리운 피고가 재판장이 묻는 대로 연령, 직업, 성명, 주소, 본적 등을 답변하자, 서성달 검찰관으로부터 다음과 같은 공판 청구서가 낭독되었다.

"피고인은 대원군의 장질(長姪)로 완림군 이재원의 장자이며, 고종황제의 당질인 바, 피고인이 21세 시 연월일 미상에 일황(日皇)으로부터 자작과 정4위의 위기(位記)를 받았고, 수작금(受爵金)으로 일본국 공채 액면금 3만 원을 받아 이를 매각하여 위 대금을 소득하였고, 4278년 4월경 일본귀족원 칙선위원이 된 자이다."

공판 청구서 낭독이 끝나자 이어 사실심리가 있은 후 이날 이기용에 대한 제1회 공판이 끝이 나고 약 10분 휴정한 후 친일거상 박흥식에 대한 사실심리가 개시되었는데, 피고인 이기용에 대한 심리 내용은 대략 다음과 같다.

문: 가족관계는?
답: 삼남칠녀가 있습니다.
문: 공부는?
답: 별로 한 게 없습니다.
문: 재산은?
답: 있던 것은 그동안 다 팔아먹고, 지금은 없습니다.
문: 합방 후 지금까지 무슨 사업을 한 일이 있나.
답: 지금 대동상업이 있는 데서 계산(桂山)학교라는 것을 하나 설립한 일이 있습니다.
문: 일본인과의 교분은?
답: 작을 탔으니, 그 관계자들과 총독 이외는 별로 없습니다.
문: 해방(합방의 오기로 보임)되든 해 귀족원의 원이 된 동기는?
답: 내가 한 것이 아니고, 윤치호의 몇몇 사람이 먼저 결정해놓았던 것입니다.
문: 일본귀족원 의원으로서 어떠한 정견을 가지고 있었는가?
답: 별로 없었습니다.
문: 왜 거절 못했나.
답: 무서워 그랬습니다.

문: 합방 당시의 감상은?

답: 무어라 말하기 어렵습니다.

문: 송병준이가 조선을 1억 원에 팔겠다는 걸 이완용이가 3천만 원에 판 사실을 아는가?

답: 몰랐습니다.

문: 피고가 받은 3만 원도 그 일부임을 몰랐나?

답: 몰랐습니다.

〈자료 49〉 반민(反民) 자수(自首) 기한, 24일까지 연기(《조선일보》, 1949.8.20)

반민특위 중앙 당국에서는 공소 시효 단축을 앞두고, 지난 14일까지 당연범 및 일반 반민 해당자의 자수를 권고한 바 있었으며, 동일까지 특위에 자수하여온 반민 해당자는 기보한 바와 같이 30여 명에 달하였는데, 작 19일 특위 당국에서는 민족적 아량으로 반민 해당자의 반성을 촉구하는 의미로 또다시 오는 24일까지 자수 기일을 연기하여 스스로 반성·자수의 길을 열어주고 있는 바, 특히 다음 열기한 당연범 및 반민 해당자는 24일 이내로 특위에 반드시 출두할 것을 요망하고 있으며, 만약 이에 응치 않고 출두치 않는 경우에는 도피자로 인정하여 기소시킬 것이라고 한다. 그리고 특위 중앙 당국에서 당연범 및 일반 반민 해당자로서 그 씨명을 발표한 것은 다음과 같다

▲ 당연범(當然犯)

민병억(閔丙億, 남작), 이완종(李完鍾, 남작), 김병욱[金秉旭, 중참(中參)], 최연국[崔演國. 중참(中參)], 구자경[참여관(參與官)], 고중덕(高重德, 백작), 김세현(金世顯, 남작), 박정축(朴禎縮, 남작), 이종섭[李鍾燮, 중참(中參)]

▲ 정치사상부면(政治思想部面) 반민 해당자

손홍원(孫弘遠), 차재정(車載貞), 이현향(李賢鄉, 여), 김창준(金昌俊), 강태채(姜泰蔡), 이길석(李吉錫), 오정방(吳正邦), 임달수(林達洙), 이재갑(李載甲), 김응두(金應斗), 김태호(金泰浩)

▲문화부면(文化部面) 반민 해당자

정인택(鄭人澤), 주대벽(朱大闢), 표문태[表文台, 표문부(俵文夫)], 김기진(金基鎭), 이창수(李昌洙), 박준영(朴駿榮)

더욱 지방 특위 지부에서 조사 중인 반민 해당자는 불원간 발표하리라 한다.

〈자료 50〉 변호사 허가 선서식(《민중일보》, 1945.12.25)

변호사 인가 신청자에 대하여 오는 26일 오후 2시에 법무국장실에서 인정서 하부 선서식을 거행하기로 되었다 한다. 인정을 받는 인사는 다음과 같다.

백윤화(白允和), 유헌열(柳憲烈), 유진영(兪鎭靈), 임철호(任哲鎬), 강거복(康巨福), 김우영(金雨英),[36] 이병린(李丙璘), 양대향(梁大鄕), 김남이(金南珥), 최태원(崔兌源), 한격만(韓格晩), 명순겸(明順謙), 진국환(陳國煥), 최창홍(崔昌弘), 백붕제(白鵬濟), 문낙선(文藥善), 임영경(林渶璟), 장병철(張秉哲), 방재기(方在氣), 최영환(崔榮煥), 이만준(李萬濬), 김치열(金致烈), 김형근(金亨根), 김영재(金寧在), 주세주(朱世冑), 오성덕(吳聖德), 김중정(金中正).

〈자료 51〉 비적적(匪賊的) 일 관리 처단, 오정(五井)·강상(江上) 양(兩) 전 검사 검거, 사건은 타방면(他方面)에 확대(《영남일보》, 1945.11.25)

인과응보로써 멸망의 심연에 빠진 조국의 운명을 등지고, 최후의 죄악을 새로운 삼천리 우리 강산에 남겨두고 도피하려던 일(日) 비관인(匪官人)들의 죄상은 남김없이 각지에서 탄로되어 엄정한 심판의 마당에 그 추태를 보이고 있는데, 대구에서도 이들의 죄상이 익살스

---

36 기사 원문에는 '金雨莫'이라고 되어 있으나 김우영(金雨英, 1886.10.23~1958)의 오기로 바로잡아 인용함. 김우영은 일본 교토제국대학(京都帝國大學) 법학부 졸업 후 귀국하여 만세운동 관련자를 위해 무보수 변론을 하는 등 독립운동을 도운 변호사로 시작했지만, 일본 외교관으로 특별 발탁되어 1920년부터 1929년까지 중국 안동현 일본영사관 부영사를 지냈다. 이후 조선으로 돌아와 변호사로 활동했다. 친일반민족행위자 명단에 이름을 올렸으며, 화가 나혜석의 남편으로도 유명하다.

럽게도 복심법원을 앞세워 백일하에 탄로. 사건은 날을 거듭해서 각 방면으로 확대한 모양인데, 현재 대구 지방법원 검사국에서 엄중 취조 중인 법복마(法服魔) 행장기(行狀記)의 상세한 내용은 다음과 같다.

사법보호위원회의 잔존 공금 13만 원에 수연(垂涎)한[37] 전 대구 복심법원 검사장 오정절장(五井節藏, 57)과 동 지방법원 검사정 강상녹보(江上綠輔, 58), 복심 서기 삼원공(杉原貢, 40) 3인은 8·15 직후에 이 횡령을 책모하여 원내 일인에 많이 배당하고, 3인은 그 반액가량을 더해 마시고 입을 닦고 있던 바, 대구 지방검사국의 소(蘇)·한(韓) 양 검사가 이 사실을 탐지, 비밀리에 내사하여 확실한 증거를 파악하여 22일 3인을 소환 취조 중 23일 대구형무소에 수용하였는데, 이미 배당하였던 공금의 전액 회수는 불능하며, 반액은 회수 가능이라 하며, 24일 아침에는 전 복심법원 촌상(村上) 서기장을 소환하여 취조 범위를 확대하고 있다. 그리고 이날(24일)에는 도변(渡邊) 법원장도 창백한 얼굴로 검사국 앞을 우왕좌왕하였다. 지난날 가장 엄정한 가면으로 수많은 사람을 영어(囹圄)의 철창에 보내며 손뼉치던 그 자들이 오늘에는 뒤바껴 철창신세에 회색(灰色)한 숨을 즐기시고 있다 한다.

〈자료 52〉 흡혈귀 오정(五井) 등 3명을 특별 검사청으로 압송(《영남일보》, 1946.1.31)

자칭 엄정을 자랑하던 일본 검사진의 수뇌자로서 제국주의 멸망과 동시 거액의 공금을 횡령한 전 대구 복심법원 검사장 오정절장(五井節藏), 전 지방법원 검사정 강상녹보(江上綠輔), 전 검사국 서기 삼원(杉原) 등의 공금횡령 사건에 대하여 대구 지방법원 검사국에서는 벌써부터 전기 3명을 검거하여 엄중 취조하여 오던 바, 26일 관계 서류와 함께 서울 특별 검찰청으로 압송하였는데, 사건 내용은 해방 이후 약 11만 원 공금을 횡령해 사복을 채운 것이다.

---

37 침을 흘리는

〈자료 53〉 신구(新舊) 부정(不正) 경관(警官), 현직에서 총퇴진하라. 최능진(崔能鎭) 씨의 성명, 조장(趙張) 양씨를 반박(《경향신문》, 1946.12.14)

지난 3일부로 파면된 경무부 전 수사국장 최능진 씨가 5일 조 경무부장에 대한 성명서를 발표하자, 7일에는 장택상 경무총감이 최씨의 비행을 지적하는 성명서를 발표하여 경찰 수뇌부에 숨겨져 있던 미지의 비행이 바야흐로 폭로할 것 같은 기운이 돌아 물의를 일으키고 있는데, 12일에는 최능진 씨가 아래와 같은 성명서와 담화를 발표하여 문제는 더욱 복잡하게 되었다.

성명서

장택상 씨 성명(聲明)에 의하면 내 성명은 사감(私感)만으로 조병옥 씨를 비방하였다 하고, 나를 좌익 진영의 탄압 경찰관이었다고 지적하였으나 나는 사감(私感)이 전혀 없었고, 조장 양씨야말로 경찰행정을 한민당의 책동에 의하여 자행하여온 것은 역연한 사실이며, 금반 장씨 성명은 주로 좌익 진영에 대한 비열한 추파에 불과하다. 오직 나는 재직 시에 민족분열과 동족상쟁을 조장하는 극좌·극우를 극도로 탄압하여 온 것은 자인하는 바이다. 더욱이 매일 밤 요정향락의 독점으로 이기성을 발로하여 유위(有爲)한 청년 경찰관을 낙망 퇴진케 하고, 권세와 향락과 모리에 전념하는 부정 경찰관의 도량(跳梁)[38]을 조장시켜 민중을 해롭게 하는 조씨 이하 신구 부정 경관의 총퇴진을 주장하는 바이다. 일정 시(日政時)의 전직 퇴진에 관하여는 일제 주구가 일조일석에 애국자가 되어 민중 지도자가 될 수는 없으므로, 청장·서장 간부급에서 이들을 제고하고 하부 진영의 강화를 희구하였으나, 조씨는 끝끝내 나와 의견이 대립되었다.

금일의 경찰은 친일경찰이 아니고 무엇일까? 일제 고등주임이 현 사찰과장의 요직에 있어, 독립운동가를 지도·취체하며 체포할 수 있을까? 올여름 전북 김제에서 검거된 우리의 애국자 김성숙(金星淑) 씨를 위시하여 서대문형무소에는 그들에게 검거·투옥된 애국자가 얼마인가? 그들의 마수에 희생된 순국열사는 지하에서 비분함을 또 한번 참지 못하리라고 나는 믿는다.[39]

---

38 거리낌 없이 함부로 날뛰어 다님.
39 최능진 관련 기사 《한겨레신문》 1991.1.25 참조.

〈자료 54〉 민족적 예점(穢點) 척결, 반민자 공판 속행, 어제는 김태석(金泰錫),[40] 이종영(李鍾榮),[41] 아직 회오(悔悟) 못하는 김태석, 증오(憎惡) 넘친 방청석 조소 폭발, 답변마다 회피하려는 궤언(詭言), 철저한 철면피, 끝내 사실 부인으로 일관, 전율할 이종영 범죄 사실(《경향신문》, 1949.3.30)

반민특재 이튿날인 29일에도 재판소 마당에는 여전히 방청객이 쇄도하였다. 오전 10시 정각 이날 공판을 받을 이종영과 김태석 양인이 자동차로 재판소에 압송되었다. 10시 30분 피고 김태석이 웃음을 띠며 피고석에 앉는 자태를 본 방청석에서는 그 대담함에 아연해한다. 이윽고 10시 47분 제2부 재판장 노진설(盧鎭卨) 씨를 선두로 배석 판사 4명과 곽상훈(郭尙勳) 검사가 인정하며 각각 착석한다. 이날 방청객은 전날보다 어느 정도 냉정을 찾았음인지 매우 침착한 방청을 하고 있다 이리하여 11시 정각 친일 행위자에 대한 제3인째인 김태석에 대한 사실심리가 시작되었다.

먼저 간단한 인정 심문이 있은 다음, 검사로부터 5분에 걸친 별항과 같은 기소문 낭독이 있었다. 이때 피고 김태석은 머리를 푹 수그리고 있었다.

재판관: 경찰 통역생에 취직한 이유는 무엇인가?
피고: 당시 총독 암살 사건이 평양을 중심으로 발생하였는데, 그때 피고의 선배가 많이 관계되었다. 그때 일인들은 혐의가 있는지 없는지 구별치 않고 덮어놓고 투옥한 것에 분개하며, 혹은 흑으로 백은 백으로 구별하기 위하여 경찰에 취직한 것입니다.

---

40 김태석(金泰錫): 1882~1950(?). 평안남도 양덕 출생. 1908년 3월 관립한성사법학교를 졸업 후, 일본 니혼대학 야간부 법과를 수료했다. 잠시 평양공립보통학교 교사를 지내다 1912년 함경북도 웅기경찰서 통역생으로 시작하여 1919년 경무총감부 고등경찰과에서 활동한 이후 1920년에 경기도 경찰부 형사과장으로 승진했다. 1924년 경기도 가평 군수에 임명되고, 이어 1938년 경남 참여관 산업부장, 1944년 중추원 칙임관 대우 침의에 임명되었다. 광복 이후 1949년 1월 반민특위에 체포되어 반민법정 최초 사형을 구형받았다가 최종 무기징역형을 받았다. 그러나 이승만정부에 의해 석방되었고, 1950년 한국전쟁 당시 행방불명되었다.

41 이종영(李鍾榮): 1895~1954. 후에 이종형(李鍾馨)으로 개명했다. 강원도 정선 출생. 일제강점기 만주 지역에서 관동군 촉탁 밀정으로 활동했다. 1931년 만보산 사건을《조선일보》기자 김이삼이 취재 보도하자 그를 잡아 사살하도록 했다. 남자현을 밀고해 사망하게 했다. 1941년 귀국한 뒤 조선총독부 경무부 촉탁으로 독립운동가를 색출·밀고했으며, 1942년 친일단체 총진회를 조직했다. 1945년 11월 반공주의를 내세운《대동신문》을 창간했다. 반민특위에 박흥식에 이어 두 번째로 검거되어 재판을 받았으나 반민특위 해산으로 석방된 후 고향 정선에서 국민회 소속으로 국회의원에 당선되어 대한민국 2대 국회에 들어갔다. 1954년 교통사고로 사망했다.

재판관: 평양 경찰 재직 중 사상 관계를 취급한 일이 있다 하는데?
피고: 전연 없습니다.

이 말을 들은 재판장은 코웃음을 띠우면서 "경찰서 차석으로부터 일약 경시총감부 전직은 영전이 아닌가" 하는 말에 피고는 우물쭈물한다.

재판관: 경무총감부에 있을 때 고등경찰에 있었는가?
피고: 네. 그러나 일본말로 말하면 '고즈가히(小使)'[42]에 지나지 않았습니다. 싸움이 나면 그것을 말리는 정도였습니다

이때 일본말이 나오는 피고에 대하여 방청석에서는 일제히 웃음이 퍼졌다.

재판관: 3·1운동 때 경관으로 많은 활동을 하였다는데?
피고: 천만에 말씀이오. 독립운동의 범위가 넓어서 피고인 집에서도 만세를 불렀으며, 경관도 모두 만세를 불렀습니다. 나는 조선 민족의 일원으로서 할 일을 다했다고 자부하고 있습니다.
재판관: 만약 피고가 말한 것이 사실이라고 하면 피고의 경력으로 보아 모순되는데….

기소 사실
73년 9월 종4위 훈4등 77년 2월 중추원 칙임참의로 피임.
1. 경기도 경찰부 고등과 경부 재임 시(4252. 9) 조선총독부 재등실(齋藤實)에게 투탄한 강우규 선생을 체포·사형케 하고, 동 사건의 연루자인 허형동, 최자남, 오태영 등 투옥.
1. 김태석의 밀정인 김진규를 이용하여 밀양 폭탄 사건의 주동자인 황상규, 이성우, 윤소룡 등을 체포·투옥.
1. 그의 밀정 김인규(金寅奎)의 보고로 광복운동 단체인 조선의용단 사건 주동자인 김휘중

---

42 '심부름꾼'이라는 의미다.

(金輝重)과 연루자 황정연(黃正淵) 등을 체포 4248년[43] 일심사(一心社) 사건에 있어 당시 평양경찰서 경무과 근무 당시임에도 불구하고 이를 취급한 것.

피고: 피고는 밥을 얻어먹으려고 한 것도 아니고, 또 옷 입으려고 한 것도 아니올시다. 다만 마지막으로 피고의 정체가 들어날 때 모든 사실이 명백히 될 것입니다.

재판관: 피고는 경기도 형사과장을 했지?

피고: 네.

재판관: 피고는 고등계, 즉 사상 문제에 그 수완이 능하다는데?

피고: 피고는 사상을 좀 연구하였던 까닭에 그 문제에 대하여는 남보다 낫게 알았을 따름입니다. 피고는 애국투사를 잡기는 잡았으나 진심은 동족인 그들을 잡아들이고 싶지는 않았습니다.

재판관: 중추원 참의는 사전 교섭이 있었는가?

피고: 상의는 없었고, 다만 시키기 때문에 했을 뿐입니다.

재판관: 중추원 참의로 회의에 참석하여 여하한 말을 하였는가?

피고: 25만 조선 청년의 동원과 내선일체의 말이 나왔는데, 피고는 내선일체는 융화로만 가능하다고 말하였다.

그리고 피고는 말을 계속하며 자기가 일본의 나쁜 말을 한 증거로 당시 정무총감으로부터 "여전히 김씨는 입이 험하다(相変わらず金さんは口が悪い)"는 말까지 들었다고 했다. (방청석 폭소)

재판관: 일심사 사건을 취급하여 고문으로 장(張)이란 사람을 죽였다 하는데?

피고: 그 사람은 심장병으로 죽었으며, 피고는 그러한 사건을 취급한 일이 없습니다. 조선 사람으로서 고문한 사람은 없으며, 지휘는 받았으나 지휘를 한 일이 없습니다.

---

43 단기임. 서력 1915년.

이때 방청석에서는 경감으로 부하를 지휘한 일이 없다고 전적으로 부인하는 피고에 대하여 분개한 빛을 보였다.

재판관: 서울역 투탄 사건의 강(姜) 선생을 피고가 체포하지 않았는가?
피고: 체포하지 않았습니다. 지휘한 일도 없습니다. 피고가 취급하였으면 김태석의 값이 오를 것이오. (폭소)

미움의 도가니, 흥분된 공판정 공기

재판장은 증인의 청취서를 낭독하면서 그 사실을 지적하니, 피고는 그 증인을 정신이상이라고 말하여 또 다시 웃음이 터졌다. (1시 30분 현재)

별항 답변과 같이 피고는 파렴치한 자기변명과 기소 사실 부인에 분개한 담당 검사 곽상훈 씨는 돌연 일어서, 재판장의 동의를 얻어 피고 김태석의 태도에 대하여 다음과 같이 분격에 넘치는 음성으로 말하였다.

"피고 김태석의 말을 들으니, 민족과 국가를 위한 애국자 중에서도 가장 애국자가 아닐 수 없다. 서울역 투탄 사건의 강우규 선생을 피고가 체포하였음에도 불구하고 자수하였다 하였으니, 선열에 대하여 크나큰 모욕이 아닐 수 없다. 또 한 가지 사실로 황삼규란 사람은 김태석의 고문으로 폐를 다쳐 죽었는데, 그가 내게 말한 바에 의하면 김태석의 고문은 처참한 것이었다. 현재 법정에 나선 김태석은 정신이상이 생겼으니 진찰을 요할 정도이다."

이 말이 끝나자 피고 김은 검찰관에 대하여 자기의 결백함을 주장하며 횡설수설하였다. 정내는 일시 흥분되어 이 신성한 민족의 공판정에서 무질서한 피고의 괴변을 듣는 방청객 일동에게 이상한 충격을 주었다.

공소문 요지

1. 피고인 이종영(李鍾榮)은 소위 초공군사령부(剿共軍司令部)를 조직(組織)한 후, 피고 자신이 그 고문 겸 재판관에 취임하고, 한편 군경 지휘권까지 획득한 후, 권한을 이용하여 약 5개월간에 걸쳐 돈화(敦化) 동만(東滿) 일대를 배회하면서 한인공산당을 토벌한다는 구실 하에 길림성 돈화현 황도하(黃渡河) 등 부락에 거주하는 애국지사 50여 명을 체포

하여, 그중 17명을 학살하고 그 나머지는 투옥시켰음.
2. 애국지사인 김이삼(金利三)이 전기(前記) 충돌 사건에 대하여 그 사실을 동 신문에 보도·게재한 바, 피고인은 일본 영사관 주구로서 만보산 사건이 없음에도 불구하고 대서특필하여 허위보도한 것은 우리 한인에 대하여 큰 영향이 미치게 한 것이라고 단정하고, 연즉 김이삼의 죄는 응당 죽여야 된다고 하며, 즉시 김이삼을 장춘(長春)으로부터 길림, 즉 피고인 자택에 소환하여 그 즉시로 체포·감금하였다가 약 5~6시간 후에 석방한다는 형식으로 일시 길림시(吉林市) 우마항(午馬巷) 원동호관(遠東號館)에 귀환시킨 후 부하 성응록(成應錄)을 시켜 동 여관에서 김이삼을 총살.
3. 4264년 2월 5일경 피고는 자기 부하로 하여금 독립운동가 승진(承震)을 길림 강남공원으로 유인, 동소에서 살해.
4. 피고는 당시 하얼빈에 거주하며 독립운동을 하는 남자현에 대한 비밀을 일본 영사관 경찰에 밀고하여 일본 군인이 남씨를 체포·수감시켜 옥사케 하였다.
5. 피고는 4274년 귀국하여 총독부 요인 팔목(八木), 고천(古川), 고교(高橋), 야전(野田) 등과 긴밀히 연락하면서, 한편 국내·국외 독립운동가와는 외면상 동지와 같이 가면을 쓰고, 그 비밀을 내탐하여 4277년 5월경 중국 북경 방면에서 운동을 하는 장명원, 권태석, 김만룡, 김선기, 이상훈, 박시목 등에 대한 비밀을 팔목(八木) 등에 밀고하여 투옥시키고, 4275년 총진회(總進會)를 조직하고 동 간부로서 조선기독교와 일본신도를 합리화시키면서 전쟁에 협력한 자이다.

금일은 최린(崔麟), 이풍한(李豊漢), 반민특재 30일 공판은 최린(崔麟), 이풍한(李豊漢)의 양인이라 한다.

〈자료 55〉 반민 공판, 춤추는 이각종, 광인(狂人) 가장? 십분 후에 심리 보류《경향신문》, 1949.6.3)

2일 반민 공판은 국민총력연맹 평의원을 지냈다는 이각종(李覺鍾)에 대한 제1회 심리가 오전 10시 40분부터 신현상(申鉉常) 검찰관 입회, 신태익(申泰益) 재판장 주심으로 개정되었는데, 뜻하지 아니한 피고의 정신이상으로 법정 내의 풍경을 자아내고 심리는 일단 중단되고 말았다.

피고는 입정하자마자 법정 내를 이상한 태도로 휘휘 둘러보고, "내가 이각종이요, 당신이 재판장이요?" 하며 마치 시조를 읊는 것 같이 말하며, 손을 들고 춤을 추고, 책상을 두드리며 장단을 맞추고, 곧 노랫가락이라도 나올 것 같았으며, 법정 내는 일시 웃음바다로 변하고 말았다. 그리하여 입회 형무관이 일어나 피고를 제지시키려고 하자 "이놈 내가 누군 줄 아느냐. 내가 도망갈 줄 아느냐"며 노발대발하였다. 일이 이쯤 벌어지고 보니, 피고 이각종은 대통령이 무서울 게 아니요, 재판장이 무서울 리 없었다. 재판장을 반박하고, 검찰관을 비웃는 이 뜻하지 아니한 희대 법정 교란자는 더욱 치열한 발작을 계속하여 재판장 이하 배석판사들의 골치를 앓게 하였다. 그 후 변호사 측 요구에 의하여 심리를 보류하기로 되어 개정 10분 만에 춤추는 반민 공판을 끝마치게 되었다. 재판장 말에 의하면 서울대학병원의 진단서는 망상성(忘想性) 치뇌증(痴腦症)이라 하여 특위에 체포될 때는 그렇지 않았다고 하며 감방생활에 더욱 악화한 것 같다고 보고 있다.

피고 이각종 심리에 이어 박흥식(朴興植)에 대한 제4회 공판이 담당 검찰관 노일환(盧鎰煥) 씨 대리로 신현상(申鉉常) 검찰관 입회, 신태익 재판장 주심으로 개정되었는데, 주로 재산상태부터 심문이 시작되어 역시 조비(助費) 문제가 중점이 되었다. 그런데 피고는 "나는 일제 때 수단 방법을 가리지 않고 장사에만 몰두하였었다. 조비 문제에 관하여는 어떠한 엄벌이라도 달게 받겠다. 그리고 민족정기를 바로잡고, 후세에 다시는 이런 일이 없도록 반드시 민족반역자의 처단은 있어야겠지만, 그 방법에 있어 마땅히 반민법을 제정한 국회, 군, 정부, 경찰, 일반 순으로 하는 것이 당연한 일로 생각한다"고 수많은 반민자를 대변하여 반민법 운영의 결함을 규탄하였다.

백윤화(白允和) 송치

그간 특위에서 준엄한 문초를 받아오던 반민 피의자 오청(吳淸), 백윤화는 31일 일건 서류와 함께 특검부로 송치되었다 한다.

⟨자료 56⟩ 도체(塗替)된 치안유지법·국가보안법 상정, 국체 변혁 기도자 사형

《남조선민보》, 1948.11.5

【서울발 합동】금반(今般) 여수반란사건을 계기로 하여 국회 법제사법위원회(法制司法委員會)에서는 국권 수호와 국토 방위, 국헌(國憲) 문란(紊亂) 방지를 목적으로 국가보안법을 기초 중이던 바, 수일 전 전문(全文) 9조로 된 동법 초안 작성을 완료하였다. 동 위원회에서는 동 초안을 지상에 올리고, 정부 및 법원과 사전 연락하여 엄밀한 검토를 하고서, 지난 1일 이래 연석회의를 개최하였는데, 대체로 다음과 같은 초안을 조만간 국회 본회의에 상정키로 하였다 한다.

국가보안법(초안)

제1조 국토를 참절(僭竊)[44]하거나 정부를 전복하거나 기타 국헌(國憲)을 범한 자는 민족반역죄로 하고, 다음에 의하여 처단한다.
① 수괴는 사형에 처한다.
② 이에 참여하거나 군중을 선동하거나 지휘한 자는 사형, 무기 10년 이상의 징역 또는 금고에 처한다.
③ 부화(附和) 수행(隨行)하거나 단순히 폭동에 간여(干與)한 자는 3년 이하의 징역에 처한다. 전항(前項)의 죄의 예비(豫備) 또는 음모를 한 자는 10년 이하의 징역 또는 금고에 처한다.

제2조 국권(國權)을 파괴하거나 정권(政權)에 복수할 목적으로 결사(結社) 또는 집단을 구성하는 자는 다음에 의하여 처단한다.
① 수괴의 간부는 사형, 무기 또는 3년 이상의 징역 또는 금고에 처한다.
② 지도자 임무에 종사한 자는 1년 이상의 유기징역 또는 금고에 처한다.
③ 그 목적을 알고 결사 또는 집단에 가입한 자는 10년 이하의 징역에 처한다.

제3조 전조(前條)의 목적으로나 전조의 결사 또는 집단의 지령으로 그 목적한 사항의 실행을 협조, 선동 또는 선전을 한 자는 ○년 이상 10년 이하의 징역에 처한다.

---

44 주제넘게 빼앗음.

제4조 전 3조의 죄를 범하게 할 목적으로나 그 목적을 알고서 병기(兵器), 금품(金品)을 공급 또는 약속하거나 기타 방법으로 방조한 자는 10년 이하의 징역에 처한다.

제5조 제1조와 제2조의 미수죄는 처벌한다.

제6조 본 법의 죄를 범한 자가 자수를 한 때는 그 죄를 경감 또는 면제할 수 있다.

제7조 검찰관 또는 사법경찰관리는 본 법의 규○(規○)에 해당한 피의자가 범죄의 ○행 범인의 도피 또는 증거인멸의 염려가 있을 경우에는 영장 없이 신체 구속 수색 또는 압수를 할 수 있다. ○항에 구속 영장 없이 신체 구속 수색 또는 압수를 한 때는 서울시와 재판소가 있는 부군도(府郡道)에서는 구속한 때부터 5일 이내, 기타 지역에서는 10일 이내에 재판소에서 구속영장 발부를 얻어야 한다.

제8조 사법경찰관이 [숫자 전문(電文) 불명] 실제 구속한 장소에서 취조를 완료하여 검찰관에게 송치하지 않는 한 석방하여야 한다. 단, 재판소의 허가를 얻어 30일 이내로 1회에 한하여 구속 기간을 연장할 수 있다.

제9조 검찰관은 피의자를 실제로 구속 또는 사법경찰관으로부터 송치를 받은 날로부터 30일 이내에 기소하지 않는 한 석방하여야 한다. 단, 재판소의 허가를 얻어 30일 이내로 1회에 한하여 구속 기간을 연장할 수 있다.

부칙

본 법은 공포일로부터 시행한다.

〈자료 57〉 일제 때 판사 백윤화(白允和) 체포(《자유신문》, 1949.4.30)

29일 상오 11시 30분 특위에서는 변호사 백윤화(57)를 무교동 1번지 자택에서 긴급체포하였는데, 전기 백(白)은 일제 때 판사로서 당시 독립자금을 조달하려 암행하던 의열단원 ○ 윤병○, 김화섭(金和燮)[45] 등을 밀고하여 그중 윤병규(尹炳珪) 씨를 8년 복역케 한 반민○라고 한다.

---

45 김지섭(金祉燮, 1885~1928)의 오기.

〈자료 58〉 최재웅(崔再雄) 주요한(朱耀翰) 수감(收監)《자유신문》, 1949.4.30)

반민특위에서는 27일 밤 11시 반 시내 ○암동(○岩洞) 78번지에 사는 최재웅(46)을 체포·수감하였고, 28일 오전 10시 30분에는 시내 사직동 80의 17에서 주요한(50)을 체포·수감하였다 한다. 전기 반민 피의자 최는 일제하 헌병 밀정을 다닌 자이며, 주요한은 일제 말기에 문필을 통하여 친일 행동을 한 자라 한다.

〈자료 59〉 배정자(裵貞子) 책부(責付)[46] 보석(保釋)《자유신문》, 1949.4.30)

28일 제1회 공판을 마친 반민 피고 배정자는 29일 보석되었다. 보석 이유는 노쇠로 인하여 감방생활을 할 수 없는 것이라 하며, 동 피고의 손자 전성○(田成○, 23)의 책부 보석으로 되었다 한다.

46　과거 피고인을 친족이나 특정한 사람 또는 단체에 맡기고 구속 집행을 정지하던 제도.

II

잡지 기사

해제

제2장에서 소개할 잡지는 《삼천리》, 《동양지광(東洋之光)》, 《조선(朝鮮)》(조선총독부 발간), 《조선공론(朝鮮公論)》, 《녹기(綠旗)》이다. 편의상 한글 잡지인 《삼천리》와 일본어 잡지를 구분하여 지식인의 전향과 사상 보호관찰 관련 기사를 모았다.

《삼천리》 1934년 6월호에 수록된 〈나의 전향 이유, 조선공산당 모 씨의 수기〉는 사노 마나부의 전향 선언이 국내에 어떤 영향을 끼쳤는지에 대해 조선공산당 사건으로 서대문형무소에 구금된 거두 모 씨의 전향서 초록이라며 소개한 내용이다. 거두 모 씨는 조선공산당 공작위원회사건으로 검거된 강문수(姜文秀)[1]를 가리키는 것으로 보인다. 이 글에서는 "공산주의의 기초 이론인 마르크스 유물론에서 모순을 느낀 점은, 인간은 다른 물질과 마찬가지로 일개의 물질이요, 인간의 정신은 물질의 반영에 불과하다는 것으로, 그렇다면 인간 영혼의 노력에 의하여 창조된 종교, 철학 등 형이상학적 문화는 무엇으로 이를 설명하려는가. 이 의문에 답하기에 마르크스 유물론은 너무 편파적이요 불합리하다"라고 하였는데, 《매일신보》 1934년 5월 2일 자 〈옥중(獄裡)의 투철한 자각은 과거의 오류를 청산, 강문수, 정종명 등 대개 전향〉이라는 기사가 강문수의 전향서를 요약 소개하여 "마르크스 유물사관의 근본은 사람을 한 개의 물질로 보고 있다. (중략) 인간의 생활은 두 가지로 볼 수 있다. 즉 육신과 정신이다. 마르크스는 이 정신을 몰각하였다"는 내용과 유사하기 때문이다.

《삼천리》 1936년 12월호는 〈발동하는 사상범 관찰법〉이라는 기사를 통해, 사상범보호관찰법이 1936년 11월에 일본에서 먼저 시행되며, 조선도 12월 20일부터 시행됨을 알리는 가운데 일본의 사례를 보면 각 부·현 특고과장, 또는 공산당 검거에 종사하던 고등경찰 방면

---

[1] 1904~? 함경북도 출신으로 러시아 니꼴리스크 관립사범학교에서 수학하고, 1924년 동방노력자공산대학에 입학하였고, 1926년 조선공산당 만주총국에 입당하여 활동했다. 1929년 길림성에서 조선공산당 재건설준비위원회 발기회를 조직하여 활동하다가 1930년 귀국하여 활동 중 1931년에 검거되어 1934년 경성 지방법원에서 징역 5년을 선고받았다.

의 경찰관 출신이 관찰소 소장이 되는 예에 비추어 조선에서도 여러 차례 공산당 사건을 검거했던 모 경시나 모 경부가 임명될 것이라고 하며, 이 법령이 '사상범들을 다시 단죄하는 법령'이 될 것이라는 '각오'를 전달하는 내용이다.

다음으로 주목되는 글은 인정식의 전향서인 〈우리의 정치적 노선에 관해서 동지 제군에게 보내는 공개장〉(《삼천리》 제10권 제11호, 1938.11)이다. 인정식은 평남 용강 출신으로 1921년 평양고등보통학교를 마치고, 1926년 호세이대학(法政大學)에서 수학했다. 1927년 고려공산청년회 일본총국에 가입하였고, 기관지 《조선청년》을 발간하는 등 핵심적인 역할을 하다가 1929년 국내 야체이카 건설을 시도하다 경성에서 피체되어 1931년 치안유지법

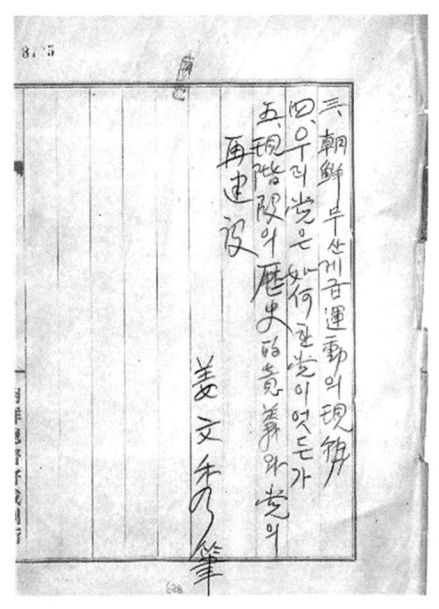

<그림 8> 강문수의 전향서 일부(경성지방법원 검사국 문서, 주현갑 외 41명, 국사편찬위원회 전자사료관 소장본)

위반으로 징역 6년형을 선고받았다. 1934년 11월 가출옥 후 전향하여 대동민우회, 대화숙 등에서 친일 활동을 벌였다. 이 글에서 인정식은 자신의 "전 양심을 기울여 동아의 맹주로서의 제국의 권력은 극동 전 민중의 복리와 정확히 합치된다는 것을 단언할 수 있다"라고 적었다. 그리고 조선의 청년들이 대량 투옥되고 고문을 당하는 것에 코민테른은 관심이 없으며, 그들은 단지 조선 청년이 일제에 대해 약간의 반항 요소를 가지고 있기만 하면 족한 것이 그들의 속셈이라고 하였다. 그러니, "무조건 제국의 국가적 노선에 협력하여 제국 신민의 임무를 충실하게 이행하고", 조선인이 "제국 국민의 일원이란 것을 잊지 말자"라고 역설하였다.

인정식과 마찬가지로 차재정도 조선공산당 사건으로 검거되어 전향하였고, 대동민우회

등에서 열정적으로 활동한 인물이다. 그의 전향서는 〈옛 동지에 고함, '자연의 길'=전 좌익 제우(諸友)에게 답함〉이라는 제목으로 《삼천리》 1938년 11월호에 실렸다. 그는 자신이 좌익 운동의 결함과 조선의 특이성을 발견하여 국가주의운동에 나서게 되었다고 하였다. 코민테른의 세계 정책은 실패했으며 "한 민족사회의 주축은 과학이 아니라 개성이며, 전통"이라고 하였다. 그러면서 현재 "일본 이외에는 여하한 우수한 이상도 발견하기 어려우며", "구미에 병립하여 동아인(東亞人)의 동아를 건설하려는 포부"는 자연스러운 길이라고 설파한다. 또한 내선일체에 대한 의문을 품는 자에게는 "애당초 순정 단일민족이란 존재하지 않는다"는 이야기로 내선일체란 조선 민족의 발전된 양태로써 '빛나는 국민 전사'가 되자고 설파했다. 해방 후 인정식은 국민보도연맹에 가입하여 활동하다가 1950년 한국전쟁 당시 월북하였고, 그 후의 활동은 알려지지 않았다.

아울러 제2장에는 이 시기 중요한 주제의 한 축인 사상보호관찰소 대화숙과 관련하여 《삼천리》에 게재된 김재경(金載璟)의 〈경성대화숙 여교사 일주일간의 수기〉(《삼천리》 제13권 제9호, 1941.9)를 번역하여 소개했다.

그 외에 이 장에서 다룬 잡지는 《동양지광》이다. 이 잡지는 1939년 1월 1일 박희도에 의해 창간되었는데, 잡지의 첫 페이지에 〈황군 대승의 신춘을 삼가 축하함(謹祝皇軍大捷之新春)〉이라 적은 것처럼 친일의 선봉에 섰던 잡지다. 사장은 박희도, 고문으로 윤치호와 최린이 이름을 올렸다. 박희도가 쓴 창간사에는 "상서로운 황기(皇紀) 2599년의 신춘을 맞이하여, 《동양지광》 창간호를 제공하게 되어 삼가 성수(聖壽)[2]의 무강(無疆)함과 황실의 미영(彌榮)[3]을 염원"하고, '황군 장병의 무운 장구', '일사군국(一死君國)을 위해 순국한 호국 영령에

---

2 천황의 장수.
3 두루 번영함

대해 새삼 깊은 경의와 조의를 표한다'고 하여, 일제에 대한 '순도 높은' 충성을 맹세하였다.

창간호에는 인정식의 〈내선일체의 필연성에 대하여〉도 게재되었다. 최린의 〈장기 건설과 방공방첩(長期建設と防共防諜)〉(《동양지광》 창간호)에는 '코민테른의 적색 제국주의야말로 앞으로의 동아 신 건설에 대한 가장 증오할 최악의 적'으로 공산주의 박멸을 역설했다. 일제강점 말기에 등장한 친일 인사의 '방공'은 해방 후 냉전 체제하에서 그대로 계승되어 '애국'의 중심 축으로 변용된다는 점에서 눈여겨 볼 필요가 있다.

이 외에 수양동우회 사건으로 전향한 이광수의 〈내선일체와 조선 문학〉(《조선》 298호, 1940.3)을 수록했다. 《조선》은 조선총독부가 발간한 관변 잡지로 1944년 12월호까지 확인된다. 여기에서 이광수는 "문학은 내선(內鮮)[4] 문화의 상호 이해를 촉진하여야 하고, 조선 문인도 어디까지나 일본 제국의 구성 요소라는 자각을 가져야 한다"라고 역설한다. 그리하여 "조선 문학도 '나는 일본 신민'이라는 '새로운 감격'을 기조로 국민 문학성을 강하게 띄어야 한다"고 하였다.

그다음으로 이 시기의 특징을 대표한 잡지 《녹기(綠旗)》에 수록된 유명 사상 검사인 이토 노리오의 에세이, 〈전진하는 조선-범죄 타진〉[5]을 번역하여 수록했다. 경성제국대학 교수 쓰다 사카에(津田榮)가 이끈 녹기연맹에서 발간한 기관지 《녹기》는 1936년 1월에 창간하였다.[6] 《녹기》는 창간호에서 자신들의 강령을 다음과 같이 천명했다.

1. 우리는 사회 발전의 법칙에 따라 인류의 낙토 건설에 기여할 것을 기함.

---

4 일제강점기에 일본은 내지(內地), 대한제국은 일본 제국의 지방의 하나로서 '조선(朝鮮)'으로 불렸다. 이를 함께 호칭할 때 내선(內鮮)이라 했다.
5 伊藤憲郎,「進む朝鮮—犯罪打診」,『綠旗』 68호, 1941.10.
6 현재 1944년 11월호까지 복간본으로 간행되어 있다. 『綠旗』(영인본), 오쿠라정보서비스, 2009.

2. 우리는 일본 국체의 정신에 따라 건국의 이상 실현에 공헌할 것을 기함.
3. 우리는 인간 생활의 본질에 입각하여 각자의 인격 완성에 노력할 것을 기함.

그리고 사업 내용으로는 강연회, 강좌 등 사회 교화, 녹기연구소를 통한 사상 연구, 그리고 중견 인물 양성을 들었다. 나아가 이 취지에 찬성하는 자를 연맹원으로 받으며, 회비는 연간 12원 이상이라고 밝혔다.[7] 이 잡지에는 친일 인사였던 현영섭을 중심으로 내선일체 및 경성대화숙 등 이 자료집에서 주목하는 주제와 관련된 글이 다수 수록되어 있다.

이 장에서는 일제강점기 대표적 사상 검사인 이토 노리오(伊藤憲郎)의 〈발전하는 조선 범죄 타진(進む朝鮮―犯罪打診)〉(《綠旗》 68호)을 소개했다. 이 글은 이토 노리오가 부산 지방법원 검사 시절에 쓴 것이다. 내용은 업무와 관련된 에피소드를 것으로, 그중 이른바 사상 형무소로도 불린 T형무소의 R씨에 대한 이야기나 광주에서 검사 시절의 살인 사건 관련 등을 소개했다. 문 말에는 근대 형사소송법 구성에서 합법적으로 검증하는 업무를 반도 출신의 촉탁의가 맡고 있고, 조선인 재판서기는 조수의 소임을 다하여 불법행위의 근본을 구명하고 있다며, 그것을 〈발전하는 조선〉이라는 제목으로 담았다.

끝으로 제2장에 수록된 조선인의 사상전향 관련 고백서의 '독해(讀解)'에 대해 부연하고자 한다. 이 전향 관련 고백서가 필자 자신의 이름을 내걸고 공간(公刊)된 것이기에 자칫 자발적인 전향서로 보일 수 있다. 그런데, 이 글들을 읽다 보면 정형화된 틀을 발견하게 된다. 그것은 다름 아닌 치안유지법이 그토록 고수하고 강조한 '국체 변혁'죄를 끊임없이 의식하면서 이를 부정하는 논리를 만들기 위해 분투하는 모습이다. 즉, 조선인은 일개 지방민으로서 '대일본 국민'의 구성 분자라는 것을 인식해야 한다는 것, 일왕을 부모이자 근원으로 생각해야

---

7 《녹기》 창간호, 1936.1, 9쪽.

하며 세속적인 의미의 권력자로 생각해서는 안 된다는 것이다. 광복 직후 당사자들이 이러한 주장을 가차 없이 버린 것을 보면, 그것이 그들의 본심이 아니었음을 알 수 있다. 그렇다고 해서 이러한 친일 행위가 면죄부를 얻을 수 있는 것은 물론 아니다. 단, 1910년 국망(國亡) 후, 각자도생할 수밖에 없었던 상황에서 식민지 지식인의 삶의 방식을 적나라하게 확인해 볼 수 있있다. 그렇다고해서, 그 시대를 직접 겪지않은 현재의 우리들이 과거의 그들에게 쉽게 손가락질할 수 있는 것도 아님을 발견하게 된다.

윤소영

1. 《삼천리》 수록 기사

〈자료 60〉 나의 전향 이유, 조선공산당 모 씨의 수기
[〈余의 轉向理由, 朝鮮共産黨員 某 씨의 手記〉, 《삼천리》 제6권 제7호, 1934.6]

도쿄에서 사노 마나부(佐野學)가 국제공산당과 절연을 선언하여 전향한 이래, 조선의 사상운동가 사이에 그것이 어떤 파문을 던졌는가 함은 세인이 주시하여 오던 바이다. 최근 조선공산당 국내 공작위원회사건으로 지금 서대문형무소에 구금된 거두 아무개는 감옥에서 코민테른 정책을 비판한 장문의 글과 전향 수기를 발표하였다. 그 내용은 장문이오. 또 적나라하게 발표할 자유가 없기에 이에 간단하게 그 요점만을 초기(抄記)하면 다음과 같다. 더욱이 전기(前記)한 국내 공작위원회사건으로 말하면 피고 숫자가 약 1백여 명에 달하는 대규모 비밀결사 사건으로 검거 당시에는 반도의 공기를 몹시 경동(驚動)시켜 놓은 것이었다.

1. 파쟁(派爭)의 화(禍)

조선공산당의 역대 운동사를 회고하면 실로 파쟁으로 일관하였다. 파쟁은 운동선상에서 최대의 암이다. 상해파, 니시파(尼市派), 화요파, 서울파, 북풍파(北風派), ML파 등 같은 주의, 같은 목표를 향해 나아가는 동일선상의 운동자들에게 분류하고, 서로 다투는 이러한 파가 있을 까닭이 없다. 그렇건만 종래 우리 운동선에는 이러한 파벌 세력의 싸움이 언제나 실로 평화로운 날이 없으리만치 반복되어 왔다. 이 통한할 악폐를 없애고자 뜻있는 동지들이 파벌박멸, 파쟁청산을 위하여 많이 분투하였건만 언제나 파벌의 요새(城塞)는 확고부동했다. 절대 비밀을 생명으로 하는 공산당은 이 파쟁 때문에 비참한 함몰(陷沒)을 반복하고 있었다. 내가 관계한 국내 공작위원회사건도 실로 이 파쟁 때문에 발각되어 다수의 동지가 하루아침에 검거당하게 된 것이다.

2. 정책 및 전술에 있어

정책 및 전술에 있어 종래의 우리 운동은 약점이 있었다. 우선 운동 방침에 있어 고정된 천편일률적인 공식주의(公式主義)는 실제 운동을 지휘하는 힘을 잃었고 공산당의 조직 체계, 그 외곽 단체, 프랙션 헤게모니 전취(戰取)운동의 방법은 늘 정형(定型)으로 흘러서 실패를 거듭할 수밖에 없었다. 좀 더 구체적으로 말하면 민족적인 협동전선을 기하였으나 그도 어떠한 이유로 불가능하였고, 일본공산당이 조선에 대해 무력한 점, 조선 민족의 정치적 무관심, 비밀회의에 대한 지하층의 방어 장치도 없는 단순한 조선식 가옥의 결함, 이리하여 아무리 교묘한 잠행운동이라도 실패하기 쉬웠다.

3. 조선 특수성의 무시

국제공산당은 조선의 역사적·사회적 특수성을 무시하고 코민테른은 오직 러시아 ○○의 경험을 토대로 하여 각기 민족적 특이성과 문화적 특수성을 가진 세계 각국의 ○○을 지도·규정하려는 데 큰 결함이 있었다. 각국의 민족은 다 상이한 역사적 배경을 가지고 있으므로 공식화한 국제공산당의 지도 방침은 실천 과정에 있어 결함이 없었다고 할 수 없다.

4. 이론상의 모순

공산주의의 기초적 이론인 마르크스 유물론에서 모순을 느낀 점은 "인간은 다른 물질과 마찬가지로 일개의 물질이요, 인간의 정신은 물질의 반영에 불과"하다는 것으로 그렇다면 인간 영혼의 노력에 의하여 창조된 종교, 철학 등 형이상학적 문화는 무엇으로 설명하려는가. 이 의문에 대답하기에 마르크스 유물론은 너무 편파적이요, 불합리하다.

5. 금후 진행 방침

조선의 현실에 적합한 합법적·온건적·대중적인 운동이 아니면 안 된다. (하략)

〈자료 61〉 발동하는 사상범관찰법, 서울에만 사상범 1천 명 초과

[〈發動하는 思想犯 觀察法(日獨協定으로 더욱 강화)〉, 《삼천리》 제8권 제12호, 1936.12]

'사상 선도'를 시키기 위하여 1928년(昭和 3) 이래의 좌익사상범 6천 8백 명 중에서 전향을 표명했든 말든 준전향을 맹세했든 말든, 결국 의심스러운 자에 대하여 모두 적용하기로 한 사상범보호관찰법은 일본 내지에서는 11월 20일부터 실시했고, 조선에서는 12월 20일부터 실시된다. 이제 그 내용을 탐문해 보면, 사상범이 가장 많이 있는 것은 경성으로 그 수가 1천 명은 초과할 모양인데, 이 중에 비전향자로서 과실에 중형(적어도 5~6년 이상의 징역)을 치르고 나온 아무개 등 얼마간의 사람에 대하여는 수용소 수용을 면치 못할 것이요, 요시찰인물 중 을종(乙種) 정도에 해당하면서 전향을 표명한 자 중에 비교적 위험성이 경미한 자에 대하여는 서울을 퇴거, 고향에 돌아가게 하는 '거주 제한'에 부칠 자가 대부분이요, 그리고 그보다도 더 안심되는 온건자에 대하여는 신서(信書) 제한·독서 제한·교우 제한 정도에 그칠 모양인데, 다만 이 법이 실시되는 그날부터 이 모든 처분이 곧 실행되기는 곤란하니, 수용소 건물 준비와 심사회 조직과 소장, 보호사 등의 당무자 임명 등으로 아마 연내는 이 모든 진영의 정비에 허비되고, 실상 본격적 활동을 하는 명춘(明春)부터나 되리라고 관측하는데 아무튼 일독방공협정(日獨防共協定)으로 이 관찰법은 더욱 철저히 강화되리라고.

경부보 순사 등 15명 임명
서울에는 누가 보호사가 되나

총독부 법무국에서 법제국에 회전(廻轉)한 해당 법안의 심사에 일자(日字)가 걸린 까닭에 일본 내지보다 발표가 한 달 늦게 되는 조선에서는, 우선 그 준비로 전 조선을 연결하는 연락계 경관에 경부보 3명, 순사 12명을 임명하여 12월 초순부터 전 조선에 배치, 활동을 개시하게 하였다고 한다.

그런데 주목을 끄는 것은 평양·대구·청진·함흥·광주·신의주 각지의 사정도 사정이려니와 가장 중요한 사상범들이 많이 모여 있는 경성에서 누가 보호사가 될 것인가 그 방면이 주목되는데, 일설에는 도쿄에서도 경시청 특고과장 모리(毛利) 경시 같은 사상 사건에 가장 노숙한 민완가(敏腕家)를 기용한 점으로 보아, 경성에서도 김재봉(金在鳳), 강달영(姜達永), 김찬(金燦), 조봉암(曺奉岩), 김약수(金若水) 등 제1차 공산당 이래 여러 차의 공산당을 검거하였던 ○○경시나 ○○ 경부가 임명되지 않겠냐고 하는 바, 아무튼 사상범들의 재(再)단죄의 날이 박두하고 있어 세인의 주목을 끄는 바가 많다.

검사 출신으로 소장 임명
도쿄는 경시청 모리(毛利) 과장 취임

<그림 9> 경시청 특고과장 모리 모토이(毛利基)

사상범보호관찰법은 결국 11월 20일부터 일본 내지에서는 일제히 실시되었다. 벌써 모든 내지의 관찰소장을 임명하고, 11월 25·26의 양일 하야시(林) 사법대신은 모든 관찰소장을 소집하여 여러 가지 구체적인 실시 방침을 지령하였다. 더욱 보호사는 촉탁까지 합하여 내지에만 650명으로 다수에 달하며, 대부분이 각 부·현 특고과장이었던 사람, 또는 공산당 검거에 종사하던 고등경찰 방면의 경찰관 출신이 다수 기용된 것으로, 이 인물 포석을 중심으로 한 진영을 바라볼 때 사법성과 내무성의 뜻을 알 수 있다.

그런데 주목을 끄는 것은 사상범이 가장 많은 도쿄의 진영으로 거기에는 대심원 검사로 보호소장을 삼고, 특히 역대 공산당 검거에 가장 민완한 경시청 특고과장 모리 경시를 보호사로 임명한 것인데, 이로 말하면 1923년(大正 12) 5월 제1차 공산당 사건의 사노 마나부(佐野學) 등을 검거하고, 3·15사건과 4·11사건, 1930년(昭和 5)의 다나카(田中淸玄) 일파의 '신생 공산당' 무장봉기사건도 또 동 씨의 손을 거쳤다. 지난 2·26사건 직후에는 우익 세력 단속에 나서서 많은 사건을 처리하였는데, 특기할 것은 만주○○ 반대를 하려던 재건공산당, 아타미(熱海) 사건, 1934년(昭和 9) 아키자사 마사노스케(秋笹政之輔)[8] 등 전율할 린치 공산당 사

---

8 아키자사 마사노스케(秋笹政之輔, 1903~1943)는 근대 일본의 정치운동가로서 일본공산당 중앙위원, 《赤旗》의 편집장을 역임했다.

건,[9] 1932년(昭和 7)의 혈맹단 5·15사건, 1933년(昭和 8)의 신병대 사건, 1935년 12월의 후타미 도시오(二見敏雄) 일파의 무정부공산당검거사건 등 일본 내지의 모든 좌익 사건이 동 씨의 손을 안 거친 것이 없으리만치 그 방면에 유명하다. 모리 씨는 다만 그 일례이고, 보호사 중에는 공산당 사건 검거에 다년 종사하던 경시급 인물이 다수 배치되었다 한다.

〈자료 62〉 우리의 정치적 노선에 관해서 동지 제군에게 보내는 공개장

[〈인정식(印貞植), 「我等의 政治的 路線에 관해서 同志 諸君에게 보내는 公開狀」, 《삼천리》 제10권 제11호, 1938.11]

동지 제군! 인간 우정을 최고도로 표현하는 이 아름다운 정열의 말로써 나는 다시 한번 제군을 부르려 한다. 그리고 이 동지 제군이란 말 가운데 나는 종래의 조선 공산주의자 제군만이 아니라 널리 민족주의적 노전사 제씨(諸氏)까지도 포함하여 내 진심의 말을 제군 앞에 호소하는 동시에 제군의 고명한 비판을 기대하려는 바이다. 민족주의자인 제군과 또 공산주의자인 제군 사이에는 물론 서로 조화될 수가 없는 여러 가지의 원칙상 차이와 정치상 대립이 존립하고 있다는 것을 나는 모르는 바도 아니다. 그러나 어떤 대립과 또 상극이 엄존한다 할지라도 제군이 의연히 종래의 근본 사상과 원칙적 주장에 충실히 한다면, 우리가 사는 이 동아 천지를 너무도 소란스럽게 잡아 흔들고 있는 극동의 새로운 사태에 직면하게 될 때 제군은 반드시 이러한 모든 대립을 초월하여 한 개의 공통된 정치적 태도와 정책적 목표에서 일치되리라고 믿는다.

지나사변(중일전쟁)이 발발되고 이미 1년이 넘는 그동안 일본 제국을 경제상 또는 정치상 유일 절대의 맹주로 하는 동아의 재편성 과정이 실로 놀랄만한 공전의 대규모와 미증유의 급격한 속도로 진행되어 아시아의 전 지도를 변화시키고 말았다. 장개석(蔣介石) 일파의 국민당 군벌과 주덕(朱德), 모택동(毛澤東) 등을 수반으로 하는 중국공산당의 항일민족전선에 의한 이른바 초토(焦土) 항전이 금후 어떻게 집요하게 전개된다고 할지라도 이미 결정된 이

---

9   일본공산당 린치 사건은 1933년 일본공산당 내부에서 특별 고등경찰의 스파이로 의심되는 당의 중앙위원을 비밀리에 고문을 가하며 추궁하는 과정에서 사망하자 이를 은폐하기 위해 마루밑에 암매장한 사건이다.

동아의 새로운 대세를 절대로 역전하는 것은 불가능하다는 것이 객관적 정세를 냉정하게 판단할 줄 아는 모든 지성의 일치되는 결론이 아니면 안 될 것이다. 이리하여 아시아의 모든 민족은 이 역전될 수 없는 새로운 대세를 명확히 인식하는 동시에 이 대세가 진행하는 노선에 순응하여 각자 민족의 행복과 또 번영을 꾀하고 있는 것이다.

경애하는 동지 제군, 과거 십수 년 동안 우리들의 생활 기록에 있어서 우리들이 해결하려 한 중심 과제는 언제든지 변함이 없었다. 한 개의 민족으로서 조선인의 영원한 행복과 번영을 기대하며, 또 조선인의 행복을 반드시 포함하지 않으면 안 되는 아시아 문제의 원만한 해결만이 우리들의 꿈에도 잊을 수 없는 최대의 관심사가 아니었더냐. 과연 그렇다면 금일의 지나사변과 같이 우리에게 막대한 관심을 끄는 일은 다시없을 것이다. 폭포를 듣는 사자와 같이 장강(長江) 일대에 울리는 원뢰(遠雷) 소리에 우리는 정열의 귀를 기울이지 않으면 안 된다. 그리하여 일각이 바쁘게 우리의 정치적 태도를 결정한 후 결정된 소신에 따라 용감하게 돌진하지 않으면 안 될 것이다. 현실은 언제든지 기회주의를 멸시한다. 절대 정치적 무관심·정책적 주저는 결코 사상인의 취할 태도가 아니다. 제군은 과연 금일의 조선 민중에 대해서 여하한 정치적 태세를 요청하며, 또 명일의 조선인에 대해서 여하한 사회적 행복을 약속하려 하는가.

나는 감히 제군 앞에 이 중대하기 짝이 없는 당면한 문제에 관해서 엄숙한 판단과 냉정한 결정이 있기를 바라는 동시에 사변 발발 이후 얼마나 많은 내적 고민과 고통의 사색을 경유하여 지어진 내 소신을 피력하여 제군의 고명한 비평을 대망하려는 바이다.

바라건대 이 공개장으로 인해 제군과 나를 영원히 결별하게 하는 분기의 도표가 되지 않게 하여 주소서. 과거 십수 년 동안 피와 땀으로 쌓아온 자기의 과거와 철창에서 맺어진 동지적 우정을 헌신짝과 같이 버린다는 것은 어떠한 어리석은 자에게 있어서도 결코 유쾌한 일은 아닐 것이다. 그러나 쌓아 놓은 과거의 업적이 오류에 찬 것이며, 걸어온 과거의 노선이 민중을 그르치는 마(魔)의 길이었다는 것을 명확히 자각하게 될 때는 적어도 한 개(個)의 사상인(思想人)으로서 태양을 응시하는 독수리와 같이 새로운 진리와 신념을 향해서 용감하고 대담하게 매진할 줄을 알아야 한다. 요새 말로 말할 때 사람들은 이러한 신념의 변화를 가리켜 소위 전향이라고 한다. 그러나 참된 의미의 전향이란 것은 일체의 기회주의와 또 정치상의 무관심을 근본적으로 배제하지 않으면 안 된다. 그러므로 종래의 공산주의자의 전향이란 결국 적색 진영에 대립되는 다른 진영으로의 추이, 다시 말하면 반공 진영으로의 결정적 이행을 의미하는 것 외에 아무것도 없다.

나의 이러한 태도는 끝까지 엄숙하고 냉정한 판단을 기초로 하였다는 것을 제군들이 영원히 인정하길 바란다. 만일 야비한 촌탁(忖度)을 던지는 자가 설사 있다 하더라도 그것은 촌탁하는 자 자신의 잘못이며, 촌탁 당하는 나는 조금도 관여할 바가 아니다. 만일 제군이 의연히 과거에 집착하여 어쩔 수 없이 우리 사이에 피투성이의 싸움이 전개되는 날이 있다 할지라도 나는 새로운 내 신념에 끝까지 충실하기를 마지않으려 한다.

다시 한번 원컨대 이 공개장이 제군과 나를 영원히 결별케 하는 분기의 도표가 되지 않게 하여 주소서. 그리하여 우리로 하여금 명일의 아시아를 리드하는 새로운 의미의 사상 전사로서 동아의 맹주가 지시하는 국책적 노선을 따라 우리들의 전 의욕과 전 정열과 전 지혜를 다시 한번 한곳에 뭉쳐볼 수 있다면….

주(註): 이하의 서술에서 나는 A라는 사람을 가정한다. 그리하여 이 A와의 대화를 통해서 나는 내 소신을 보다 명백하게 피력하려 한다.

A. 그래, 네가 말하는 동아의 대세란 일반적으로 무엇을 의미하는 말이냐?
　동아의 대세란 것은 동아 각 민족의 경제적·정치적 내지 문화적 생활을 직접 혹은 간접으로 지도 또는 지배할 수 있는 유일 절대의 맹주 세력에 의한 전 극동의 재편성 과정의 진행을 의미함이다.
A. 그렇다면 이 유일 절대의 맹주란 대개 열강 중 어느 세력을 지칭함이냐?
　지나사변이 발발하기 전까지는 중원의 패권을 다투는 열강의 대립 세력으로 주로 영·일·소 3대 세력을 꼽았다. 손문(孫文) 씨가 일찍이 개탄한 바와 같이 현대의 지나(支那)는 결코 완전한 독립국가가 아니었다. 그것은 손문이 지명한 대로 한 개의 광대한 반식민지였다. 장개석 국민당 정권에 의해 최근 십 수년간을 통하여 가장 강력하게 추진되어 온 소위 국가통일운동으로도 이러한 반식민지적 상태를 완전히 지양할 수는 없었던 것이다. 더욱이 이 통일운동이란 것은 결코 중앙정권에 대한 민중의 정치적 신망을 기저로 한 것이 아니고, 서로서로 상극하여 마지않는 대소 군벌 간의 모순을 임기응변적으로 해결·완화함으로 달성하려 한 데 불과하였다. 이것은 실로 장개석 정권에 의한 국가통일운동에 내재하는 기본적 모순이었다. 어쨌든 반식민지적 상태를 면치 못하는 한 현대의 지나는 항상 열강 중의 어느 세력에 직접 혹은 간접으로 귀의하지 않을 수가 없었다. 노쇠하고 교활한 영 제국은 신강(新疆)과 서장(西藏), 운남(雲南)과 귀주(貴州) 등 서남(西南) 변경을 거쳐 중원에 달하는 루트를 통하여, 또는 홍콩(香港)을 기지로 하는 직선 루트를 통해서 항상 침략의 기회를 엿보아왔으며, 적색 제국주의의 소비에트연방은 신강(新疆)에서 감숙(甘肅), 섬서(陝西)를 거쳐 지나 본부에 이르는 많은 적색 루트를 통하여 중원의 패권을 다투어 왔다. 이 양대 침략 세력에 대항하여 우리 일본 제국은 과거 십 수년간 실로 인내하고 자중하면서 일지(日支) 양국 간의 긴밀한 제휴에 의한 동아 화평의 확립을 끊임없이 제창해 왔다.

그러나 원교근공(遠交近攻)을 최고의 국책으로 하는 지나의 중앙정권은 이 성의 있는 제창에 순응하지 않았을 뿐 아니라 도리어 적로(赤露)와 노영(老英)의 노력에 귀의하여 완전한 항일 내지 매일의 지나로 일변되고 말았다. 지나사변의 발발도 실로 이 항일 지나의 우망(愚妄)하기 짝이 없는 자멸적 정책에 그 원인이 있는 것이다. 전쟁의 참화에 대한 전 책임은 당연히 이 항일 지나의 수령들이 지지 않으면 안 될 것이다. 이에 관해서도 우리는 많은 실증을 예시할 수 있다. 더욱이 1933년(昭和 8) 7월에 중화 소비에트 정부가 이미 우리 제국 정부에 대해서 선전포고를 발하였다는 것은 그들의 자살적 도전을 확증하는 사실로 현대 중국사에서 지울 수 없는 영원한 오점이 아닐 수 없다. 이리하여 항일 지나의 우매한 민중을 계몽하며, 그들의 정치적 수령을 철저히 응징하는 동시에, 동아의 영원한 평화와 번영을 반석의 기초 위에 확립하기 위하여 제국의 군사적 동원이 개시된 것이다.

상해와 남경이 점령되어 절강(浙江) 재벌의 전 기구가 여지없이 파괴되는 동시에 현대 지나의 심장부가 그 전체로부터 절단되고 만 지 이미 반년이 넘었으며, 항우(項羽)의 고성(古城)인 서주(徐州) 일대의 완강한 저항도 용이하게 분쇄되고, 최후의 방비를 굳게 하는 무한(武漢) 3진(鎭) 함락도 목전으로 임박한 오늘날, 북지(北支)와 남지(南支)에는 제국의 간접적 지도에 의한 신정권의 영향이 나날이 확대·강화되고 있으니, 동아의 유일의 절대 맹주의 광영의 지위는 이미 우리 제국의 손에 점유된 것으로 단언하지 않을 수 없다.

A. 동아의 맹주로서 우리 제국은 과연 지나 민중에 대해서 또는 아시아의 전 민중에 대해서 그들의 영원한 행복과 번영을 약속할 수가 없는 것인가? 만일 이것이 불가능하다면 맹주의 지위는 도리어 아시아에 대한 전 죄악의 근본이 되는 것이 아닐까?

그렇다! 철혈 재상으로 유명한 비스마르크는 '권력은 정의(Macht ist Recht)'라고 갈파하였다. 그러나 권력은 곧 정의가 되지만 반드시 대다수 민중의 복리를 위해서만 사용됨을 요하는 것이다. 권력 없는 정의란 무능을 의미하며, 정의 없는 권력 또한 한 개의 압제를 의미함에 불과하다.

이러한 견지에서 나는 감히 내 전 양심을 기울여 동아의 맹주로서 제국의 권력은 극동 전 민중의 복리와 정확히 합치된다는 것을 단언할 수 있다. 이에 관해서 간단한 실례를 들어보기로 하자. 주지된 바와 같이 황하(黃河) 유역의 풍부한 황토 지대는 철, 석탄, 석유 등 근대적 공업 원료의 무진(無盡)의 원천일 뿐 아니라, 섬유공업의 기본 요소를 형성하는 면화 생산에서도 질과 양이 모두 우수하여 세계에 이름이 높다. 그러나 종래의 지나의 경제 상태로는 이 무진한 자연적 부원(富源)도 근대적 생산기술로 충분히 개발되기는 고사하고, 대소 군벌의 끊임없는 가렴주구와 생산기술의 저하에 따라 면화 생산이 해마다 위축됐을 뿐이다. 지나의 농촌 경제에 권위 있는 연구자인 마티어 씨는 이러한 농업생산의 위축 상태를 통탄하며, "이런 지방에서는 사람이 말(馬)을 구축하고, 호미와 낫이 트랙터 도입을 배제한다"고 하였다. 이는 농업 생산성이 해를 더할수록 감퇴되고, 생산기술이 저하의 경향을 보이며, 인간의 노동력이 우마(牛馬)의 노동력보다도 오히려 천대당하게 되는 비참한 상태의 원인을 군벌의 전제적 학정과 무법한 가렴주구에서 구명한 것이다. 지나 농촌 연구가들의 성실한 조사 및 발표에 의하면 한 명의 지나 농민이 부담하는 납세의 수가 실로 이백 수십여 종을 넘는 지방이 얼마든지 있다 하며, 더욱 이 북지(北支) 일대에서는 수년 후의 납세까지도 당년에 징발하는 일이 군벌 지배의 한 관습이 되어 있다고 한다.

우리 제국을 맹주로 하는 지나 경제의 재편성 과정은 무엇보다도 전제 군벌의 완전한 타파와 그들에 의한 일체의 민중 착취 엄금을 최대 사명으로 한다. 이리하여 농업생산에 대한 봉건적인 질곡이 전적으로 제거되는 동시에 근대적 개량 농구의 도입과 농민에 대한 기술적 지도를 통하여 생산기술의 근대화, 생산력의 놀랄 만한 증대, 관개사업의 국가적 합리화, 토지 풍옥(豐沃)의 증진, 농민생활의 미증유 번영 등 일련의 발전 과정이 약속될 것이다.

이것은 물론 면화 생산에서만 볼 수 있는 것이 아니라, 지나 농업생산의 각 부문에 있어서도 행복된 동일한 전망이 제시될 수 있는 것이니, 일지(日支) 합작회사의 손에서 추진되어 온 많은 실험은 이 정설의 정당성을 이미 실제적으로 증명하였다.

A. 지나 농민이 이처럼 발전하고 번영할 수가 있다면 그것은 대체 그들을 리드하는 우리 제국의 국민 경제와 어떤 관련을 가질 것인가.

다시 면화의 실례를 살펴보자. 우리나라의 기초산업 내지 건약(鍵鑰)[10] 산업은 주지의 섬유공업이다. 그런데 이 섬유공업의 주요 원료를 우리는 여태껏 아메리카로부터 수입하여 왔다. 아메리카산 면화는 물론 중국산 면화보다 생산비가 훨씬 높은 만큼 생산가격도 훨씬 높으며, 또 운반비, 관세 등에 대해서도 우리나라의 방직업자들은 항상 막대한 부담을 피할 수가 없었다. 요컨대 이처럼 수입품 가격이 중국산과 비교해서 훨씬 높다는 것은 다시 우리나라의 대공장에서 생산된 면직물에 대해서도 국제적인 경쟁 능력을 감소시키는 것이며, 또 'Made in Japan'의 면직물 주요 소비자인 중국 민중을 위해서도 더욱 불리한 조건이 되었다.

그러므로 이제 일지(日支)의 경제적 합작이 원만히 진행되어 아메리카산을 중국산 면화가 완전히 대신하게 된다면 그것은 실로 생산자 또는 소비자인 중국 민중의 경제생활이 훨씬 유리해질 뿐 아니라 우리나라 자본주의의 제 모순, 상품시장의 협소와 원료 원천의 협소 등을 일거에 해결하여 그 전도에 무한한 발전의 상승선을 그어 놓을 것이다. 요컨대 농업 중국과 공업 일본이 이처럼 긴밀하게 제휴 합작하게 된다면 이는 실로 일지(日支) 양국의 민중을 위해서만 아니라 아시아 전 민중의 생활을 공전의 번영으로 인도하는 공존공영의 대도가 개척될 것이다.

"일본 자본주의는 지금 급속한 몰락 과정을 과정(過程)한다"느니 혹은 "일본과 아메리카의 자본주의만은 약간 상승의 길을 걷고 있다"는 등의 정설은 희망과 현실을 혼동하

---

10 어떤 것을 해결하거나 이해하는 데 가장 중요한 사항이라는 의미로 '주요' 또는 '핵심'의 의미다.

여 아시아의 번영을 항상 저주하고 있는 코민테른의 무궤도한 이론이었다. 우리는 물론 이러한 염불에 귀를 기울일 수가 없다. 일본의 자본주의는 결코 급속한 몰락 과정을 과정하고 있는 것이 아니라 급속한 상승의 선을 걷고 있는 것은, 특히 만주사변 이래 우리 눈에 너무도 명백하게 표시되는 바가 아니냐.

A. 일본 자본주의의 급속한 발전은 우리 조선 민족의 정치 생활에도 중대한 영향을 가질 것이라고 믿는다. 이 점에 대한 관찰은 어떤가?

그렇다. 지나사변이 발발한 이후 우리 조선의 정치 생활에는 실로 미증유의 변화가 초래되었다는 것을 간과하여서는 안 된다. 종래의 조선 민족주의 운동과 공산주의적 노동운동의 치명적 패배가 우리들의 주목을 끈다. 자본주의가 급속히 발달함에 따라 민족운동 내지 공산운동의 사회적 기초가 완전히 절멸되고 말았다. 민족주의자와 공산주의자의 대량 전향과 아울러 일반 대중의 급속한 국민적 자각은 야마토(大和) 민족과 조선 민족의 완전한 합체 과정, 다시 말하면 내선일체 과정을 급격히 촉진하여 왔다. 일본 제국에 반항하는 ○○적 수단에 의해서가 아니라 끝까지 제국의 국책에 협동하여 제국 신민의 임무를 충실히 다함에 의해서만 조선 민족의 이익이 일보(一步) 획득될 수 있으며, 또 이리하는 것만이 조선 민족의 행복을 포함하는 동아의 번영을 위한 유일한 노선이 된다는 것이 진실로 조선의 현재 및 미래에 최대의 관심을 가지는 모든 조선인들의 공통된 자각이 되었다.

우리는 일한합병 그 자체부터가 결코 단순한 정복적 사실을 의미하는 것이 아니었다는 것을 명백히 인식해 둘 필요가 있다. 합병 과정에 있어서는 확실히 일선(日鮮) 양 민족의 공존공영과 동아의 영원한 번영이 최대의 요인으로 고려되었다. 무엇보다도 먼저 일한합병 이래 금일에 이르기까지 조선 통치사의 실적을 일별할 필요가 있다. 마르크스주의적 공식론의 원리에 의하면 합병 이래 조선의 농촌은 외래 자본의 압도적인 영향을 받아 농촌 계급 분화 과정이 급격히 촉성되면서, 한쪽 끝에서는 토지 재산의 집중과 집적, 다른 쪽 끝에서는 일반 농민의 토지로부터의 분리, 농촌 인구 과잉, 매호당 평균 경작 단위의 순차적 세분화, 농촌 생활 일반의 극도의 빈곤화 등 일련의 비참한 과정이 급격히 촉진되지 않으면 안 되었을 것이다.

그러나 농촌의 현실은 이러한 공식론 원리의 적용을 철저히 거부하고 있다. 통계에 의하면 조선의 경지 면적은 1910년(明治 43)에 답(畓)이 84만 7천 정보(町步)이던 것이 1934년(昭和 9)에는 16만 7천 정보로 배가 되었으며, 또 농가 1호당 경지 면적은 답전(畓田)을 합하여 동 연도 사이에 지수 100으로부터 142로 증가하였다. 또 경지 면적의 증대와 아울러 농업 생산기술의 미증유한 발전에 따라 미곡 생산지수도 현저한 증대를 표시되고 있나니, 1909년(明治 42)에서 1935년(昭和 10)까지의 수확고 지수는 100에서 172로 증가하였으며, 1 반보(反步) 당 수확고 지수도 100에서 447로 놀랄 만큼 약진하였다. 다시 미곡의 생산가격을 보더라도 동 연도 사이에서 지수 100에서 137로 증가를 표시하고 있다. 이상의 숫자는 모두 조선 농촌의 일반적 번영과 농민 생활의 향상 과정을 가장 단적으로 표시하는 것으로 일한합병의 진실한 의의를 증좌(證左)하는 바가 아닐 수 없다.

그러므로 지나사변의 발발 이후 우리 조선인이 해(海)의 내외를 막론하고, 실로 전 민족을 들어 국책의 협동과 내선일체의 노선으로 돌진을 개시하게 된 것은 조선 통치 이래 조선 사회에서 달성한 이만한 경제적 발전과 또 이 발전을 기초로 하는 민중의 절대적 신망이 있었기 때문이다. 적어도 4천 년의 고유한 역사를 가진 한 개의 문화 민족이 전 민족을 들어서 다른 민족과의 완전한 일체화를 기한다는 것은 결코 통치 당국의 권력만을 가지고는 설명되는 바가 아니다. 내선일체화의 이 역사적인 합류 과정에는 합병 이래 조선 민족이 경험하여 온 제국 통치에 대한 절대적인 신망과 조선 사회 내부에서 공전의 번영이 사회적 요인이 되어 있는 것이다.

A. 너는 말하여 조선의 민족주의와 공산주의 운동이 치명적으로 패배하였다고 하였다. 그러하면 이 패배의 원인이 무엇이었느냐?

사람들은 흔히 이 패배의 원인으로 당국의 준열한 검거와 탄압을 지적한다. 그러나 이것은 사태의 일면만을 보는 형식적 관찰에 불과하다. 만일 조선의 운동이 과연 존립할 만한 역사적 합리성을 가졌다면 당국의 여하한 탄압으로도 그 발전을 완전히 저지할 수는 없었을 것이다. 조선의 운동이 치명적으로 패배하게 된 결정적 요인은 조선 민족의 국민적 자각과 또 이 자각을 가능케 한 민족적 발전 및 번영에 있다. 금일 조선 민중은 여하한 ○○도 요구하지 않는다. 그들은 끝까지 제국의 국책에 협동하려 한다. 그리하여 충실한 제국의 신민으로서 민족적 행복을 일보 획득하고, 또 실현하려 한다.

A. 그러나 코민테른은 의연히 조선 공산주의자에 대해서 투쟁의 지속을 요구할 것이다.

코민테른의 지원 및 지도가 여전히 지속되는 한 조선의 민족주의 내지 공산주의 운동은 의연히 생명을 보존할 것이 아니냐?

아니다. 만주사변 이래 조선으로 통하는 코민테른의 적색 도로는 모두가 치명적으로 단절되었다는 것을 잊어서는 안 된다. 더욱이 작년 이래 북지(北支) 및 상해 점령에 따라 국내 공산주의자들은 완전한 봉쇄 상태에 빠지고 말았으며, 국외에 산재하는 그들도 활동 근거를 완전히 상실하고 말았다. 코민테른은 여전히 투쟁의 지속을 호령할 것이다. 코민테른의 진실한 속내(魂膽)는 여전히 잔인한 수단을 통해서라도 우리 제국의 국가적 역량을 약화하기만 하면 족하다는 것이다. 일찍이 레닌은 이동휘(李東輝)를 모스크바로 초빙하여 다음과 같이 격려한 일이 있다 한다.

"설령 상투쟁이라 할지라도 관계없다. 아무런 자라도 일본에 반항하기만 한다면 우리는 적극적으로 이를 원조할 의무가 있다."

조선 사회가 망하거나 흥하거나 조선의 젊은 청년들이 대량으로 투옥되어 어떠한 육체적 희생을 당하거나 그것은 조금도 코민테른이 관여하는 바가 아니다. 우리 조선인이 전 민족을 들어 멸망하는 한이 있다 할지라도 일본 제국에 대한 약간의 반항 요소가 되기만 하면 족하다는 것이 그들의 진정한 속셈이다. 설사 코민테른이 어떠한 지시와 지원을 할 수 있다고 할지라도 금일의 정세로 보아 공산주의자의 활동이란 것은 완전한 불가능 상태에 빠졌다는 것을 잊어서는 안 된다.

A. 그러면 네가 제창하는 조선 민족에 대한 정치적 요구는 무엇이냐?

나는 무조건 제국의 국가적 노선에 협력하여 제국 신민의 임무를 충실하게 이행하자고 주장한다. 먼저 우리는 국민의 임무를 다하여야 할 것이다. 임무를 다한 후에 권리를 요구하자! 오늘날 조선인은 결코 가련한 식민지 백성이 아니다. 적어도 전 동아의 지도와 지배를 향하여 나아가는 제국 국민의 일원이란 것을 잊어서는 안 된다. 이리하여야만 내선일체화와 내선 민족의 완전한 평등화가 구현될 것이 아니냐. 금일의 조선 민족의 앞길에는 확실한 혜택의 전망이 보인다. (끝)

〈자료 63〉 옛 동지에 고함, '자연의 길'=전 좌익 제우(諸友)에게 답함

[차재정(車載貞), 1938.11, 〈同志에 告함, 「自然의 길」=前 左翼 諸友에게 答함〉, 《삼천리》 제10권 제11호]

1.

내가 공산주의·민족주의 및 기타 일체의 반국가적 사상 계열에 대하여 배격하겠다는 것을 구체적으로 표명한 지도 벌써 3년이 되어 온다. 그것을 표명할 당시 얼마 동안은 좌익 청년들의 협박장도 날아들어 왔고, 옛날 좌익 동지였던 우인들의 간곡한 충고도 있었고, 더러는 나를 면전에서 꾸짖는 용감기특한 투사도 있었다. 그것도 잠시에 불과했고, 이제 2년 반여를 통하여 반대다운 반대도 봉착하지 못했었다. 기껏 있었다고 해야 지극히 저열한 개인에 대한 참무중상(讒誣中傷)이 고작이었다. 그런 것으로 보아 조선 내 좌익의 잔재란 하잘것없는 무기력한 것이라고 하겠으나 나는 그렇게도 보지 않는다. 그들이 지속하는 침묵과 관망에는 정당한 면이 있다는 것을 긍정하며, 그들에게 한 조각 존경의 뜻(念)까지도 가진 일이 있었다.

그러나 실상을 말하자면 나로서는 좀 더 강력한 반대를 기대했으며, 도전을 바라고 있었다. 그들이 내게 한 협박·중상, 타매(唾罵),[11] 충고 등등 가운데서 특히 대표적인 것을 기록해 보면 첫째로 협박·중상 부류에 속한 것으로 판에 박은 듯한 저급한 것이다. 계급의 배신자(裏切リモノ), 민족의 배신자, 배교자(背敎者), 제국주의의 스파이, 제국주의자에게 매수된 자, 죽인다 등등 하나도 경청할 만한 것도 없고, 말할 가치가 없는 부족괘치(不足掛齒)의 종류에 불과하나 여기에 한 가지 생각할 것은 조선의 과거 공산주의자 및 그들의 판 가운데에 이 레벨을 넘는 부류가 과연 얼마나 될지 나는 의심한다. 그들의 머릿속에는 공산주의가 한 종교 형식으로 들어박혀 있는 것이다. 촌부의 어리석은 백성(愚氓)들에게 예수교(耶蘇敎)나 불교의 비판 안목이 없어 그저 맹신·맹종에 그치는 것과 같이 공산주의 운동에서도 의식이 분명치 못한 대중에게는 그것이 종교나 다름없을 것도 당연한 일이며, 운동 그 자체가 그것을 요

---

11 아주 더럽게 생각하고, 경멸히 여겨 욕함.

구하는 점도 있을 것이다. 나는 과거에도 공산주의의 신도는 아니었다. 나는 공산주의를 조선 민중의 향상과 발전의 길로 인식하고, 그것을 실천하고자 노력하였던 것이다. 그러므로 이러한 목적과 배치되는 한 공산주의는 벌써 무용한 것이다. 과거 10년 동안 조선에서 공산주의 운동의 이론적 및 실천적 결과는 완전히 파산하고 말았다. 이것에 대한 구체적 논의는 다른 날 기회가 있으려니와 간단히 주요한 몇 가지를 열거하자면 첫째, 조선의 민족적 개성과 역사 전통 및 오늘날 실정은 공산주의 실천을 전면적으로 용납하지 않는 것. 둘째로, 코민테른의 국제 프롤레타리아에 대한 죄악적인 지도는 조선 민중운동의 정당한 발달과 향상을 파괴하는 것. 셋째로, 과거 4반세기 동안 조선 민중이 고투(苦鬪)한 존귀한 체험과 동아사(東亞史) 발전의 새로운 방향은 주객(主客)의 두 조건이 완전히 조선 민중에게 '자연의 길'이 있다는 것을 제시하여 준 것 등이다.

그러나 위와 같은 몇 가지는 원래 맹종적인 공산교도가 인식하는 바와 다르다. 그들은 조선 민중의 이익과 발전보다 오직 공산주의의 활자(活字)에 충실하기를 원하는 무리이며, 민중의 복리보다는 관념의 법열(法悅)과 독선적인 만족에 포만하려는 자들이다. 과거 조선 공산주의 진영에는 이러한 수준의 인물들이 비단 대중만이 아니라 당의 지도층 인문에서도 찾아볼 수 있었다. 조선 민중은 과학의 법의를 입은 경문(經文) 활자를 요구치 않는다. 생생한 현실의 완전한 개선을 요구한다.

둘째로는 노발충천해서 타매(唾罵)하는 부류다. 이들의 직정(直情)은 실로 정으로 느껴진다. 어떤 노(老) 지사는 여러 가지로 나를 꾸짖은 나머지 "내 비록 먹을 것은 없지만 먹을 것이 없으면 내가 어떻게든지 먹여주마. 나는 네가 그럴 줄이야" 하며 거짓 없이 눈물을 흘리는 것을 보았다. 이 같은 형태의 옛날 동지도 상당히 많았다. 그러나 나는 그들을 대할 때마다 "내가 간 뒤에 조용히 혼자서 비판해다오" 하고는 갈렸다.

이들은 대개가 실천과 경험을 주로 하는 10년, 20년 역사를 가진 옛날 투사들이다. 이들은 오직 절조를 모든 것에 대한 비판의 척도로 삼는 좀 완고한 편에 속한 사람들이나 나는 이들에게 은근히 기대하는 바가 있다. 그들이 공산주의에 대한 정당한 비판을 가지고 현실에 대한 명확한 분석을 가지게 되면, 그들은 국가주의로 과감한 전향을 할 수 있는 직정경행(直情徑行)의 인물들이다.

셋째로 충고파다. 이들은 가히 더불어 의논해 볼 만한 부류이다. 그들은 우리가 주장하는 국가주의 조선의 여부와 국가주의에 의한 조선 민중의 장래 운명을 먼저 고려하려는 태도를 보인다. 그들의 그러한 태도는 가장 당연한 태도다. 그러나 그들은 대개가 일본 국내의 현실을 분석함에 있어 자유주의적 요소의 힘과 공산주의 세력의 역량을 과대평가하거나 또는 소련과 중국 소비에트 세력에 대해서도 지나친 평가를 하여 우리의 국가주의를 반대한다. 그들의 이러한 비판이 부당한 점은 그들의 비판이 근본적이 아니고 너무나 정책적인 것과 더 중요한 것은 공산주의에 대한 근본적 비판이 없는 것, 코민테른에 대한 근본적인 비판이 부족하다는 것이다. 그들은 말하기를 대부분의 국내 민중은 강력한 대륙 정책을 이해치 못하고, 그리고 2·26사건과 같은 국내 혁신은 반대하므로 일본에 파쇼 정치가 수립되리라고는 예상할 수 없다는 논거에서 조선에서 국가주의운동을 전개한다는 것은 어려운 일이라고 말한다. 그들의 그러한 인식이 정당치 않다는 것은 그 후의 모든 정세 변화에 의하여 여실히 증명되었다. 2년 전에 내게 그러한 논거에서 국가주의운동 전개를 지난한 일이라며 그중지를 권하던 그들, 공산주의 진영의 유수(留守) 부대도 이제는 현저하게 그 인식이 정정되었을 줄 안다.

이상으로 나는 2년 수개월 전 조선 공산주의자들의 국가주의운동의 새로운 전개에 대한 반대 경향을 타진하여 보고하였고, 또한 이것은 당시 조선 좌익운동의 동향을 측정할 수 있는 척도도 된다.

2.

그러나 나는 그들의 인식이 잘못되었다는 점을 들어 공격만을 삼고자 하지는 않는다. 그들이 내게 여하한 박해를 가한다고 하더라도 그것은 원래 문제가 아니다. 내가 우리 몇몇 동지들과 더불어 조선에서 반공운동을 전개하고, 국가주의운동을 일으키고자 한 동기는 좌익운동의 결함과 조선의 특이성을 인식하였기 때문이다. 현재도 의연히 좌익 진영을 고수하고자 하는 좌익 요소 중에도 우리와 동일한 인식 과정에 도달하게 된다면 반드시 우리의 국가주의 진영으로 가입하리라고 생각한다. 왜 그러냐? 진실한 민중 지도자는 한 사상 체계에 충실해지고 싶다 하여도 민중의 운명을 그르치려 하지 않을 양심과 의무가 있기 때문이다.

국가주의는 공산주의의 배격이라는 조건 아래서만 성립된다. 그러므로 과거 공산주의자로서 국가주의로의 이행은 그다지 용이한 일이 아니다. 그것은 종래 그들이 생활하고 있던 세계에 절연하고, 더 나아가 총구를 들이대는 것을 의미하기 때문이다. 그러므로 심장 약한 인텔리에게는 원래 요구될 성질의 것이 아니다. 그러나 국가주의 진영의 진실한 정예(精銳) 지도자는 그들 중에서만 구해야 한다. 여기에서 한 가지 문제가 될 것은 작금의 소위 '전향'이다. 이 전향이란 표현은 원래는 지극히 단순한 의미로 좌익운동에서 탈각하여 선량한 국민이 된다는 것을 지칭하는 것으로 해석되었다. 그러나 내가 생각하는 바로는 국가의 법률이 그들 공산주의자에게 요구하는 전향은 그것만으로 족할는지 모르나 공산주의의 영향 아래 놓여있던 민중에게는 그러한 독선적인 전향 행위만으로는 부족하다. 완전한 전향 형(型)이라도 관경(官警)에게는 깍듯이 전향을 약속하고, 대중에게는 의연히 모호한 좌익적 언사를 늘어놓는 극히 비겁한 전(前) 좌익들도 있다. 그런 유형의 전(前) 좌익들이 금후 어떻게 발전되어 갈 것인가는 매우 흥밋거리나, 그러한 태도는 퍽 유감스러운 일이다. 민중 지도의 책무가 있는 자는 전향 후라도 대중에게는 동일하게 책무가 남아 있다. 자기가 한 일에 대해서는 자기가 책임을 져야 한다. 이는 간단한 이유다. 그러나 현명한 대중은 그들의 지도자가 전향하기 전에 벌써 앞질러 자기의 갈 길을 택해서 견실한 발걸음을 내딛고 있다. 그것은 곧 조선 민중의 개성과 전통 및 현실이 지시하는 '자연의 길'이다.

3.

작금 수년내, 특히 사변 이후의 조선 민심의 동향을 살펴보건대, 그것은 한 새로운 민중 이상(理想)의 추축(樞軸)을 형성하려는 노력의 표징이라는 것을 인식할 수 있다. 이러한 인심의 경향이 결코 우연한 현상이 아니며, 일시적인 인공 소산이 아니라는 것은 그들이 바치는 노력의 가지마다 엉뚱한 진지성이 숨어 있고, 그 개개의 노력 자체가 이미 한 힘을 구성하고 있기 때문이다. 조선 민중이 사변을 통해 뚜렷해진 국민으로서의 자각적 표현과 아시아 우수 민족의 일원으로 이번 사변에 바치는 모든 의무는 비록 자연생장(自然生長)적인 일면으로 엿볼 수 있다 하겠으나 그렇게 됨에는 여러 가지로 과거 생활에서 축적된 정치적·사상적 자각이 크게 힘입었다고 보겠다. 즉, 이번 사변을 통하여 본 조선 민심 동향의 특징은 그것이 놀랄 만큼 현실 귀의적인 것이라는 것과 동시에 일본을 사랑한다는 점이다. 이번 사변을 통하여 볼 수 있는 조선 민심의 현실 귀의의 특징은 그들이 과거 4반세기 동안 추구해 온 이상 생활이 결정해 준 자각이다. 그들이 일본을 사랑하는 대단한 표현을 하게 된 것도 동일한 경로다.

과거 그들의 생활이 무이상(無理想)한 평범한 생활이었던들 금일과 같은 이러한 비약적 현상은 기대하기 어려웠을 것이다. 그들은 ○○운동과 공산주의 운동에서 실로 존귀한 체험을 쌓은 것이다. 이상 추구의 공허를 만끽하는 일면에 역사와 현실이 결정해 주는 자기의 개성을 충분히 자각한 것이다. 이러한 자각이 있었기에 비로소 과거에 대한 하등의 고념(顧念), 집착도 없이 솔직 대담한 국민 행진을 감행할 수 있었다. 그리고 그들이 진심으로 일본의 번영을 바라고, 일본의 흥융을 염원하게 되는 것은 '밝아오는 새 일본'을 동경(憧憬)의 표적으로 삼았기 때문이다. 이번 사변에 나타나는 신일본의 포부와 이상이 그들에게 과거를 내버리게 하였던 것이다. 2·26사건 이후의 혁신 조류와 이것의 유력한 실천 표현으로 대륙 정책 강행, 지나사변 등 신(新)아시아 행진의 대규모 소음은 조선 민중을 그들의 장몽(長夢)에서 일깨운 것이다.

이러한 견지에서 과거 조선의 좌익적 모든 운동은 공죄상반(功罪相半)이다. 어떤 논자와 같이 덮어놓고 과거는 불살라 버릴 것이라고 하는 것은 아니다. 조선 민중을 근대적으로 자각시켜 그 의식 수준을 세계 수준으로 놓아준 것은 분명히 좌익의 공이다. 마르크스주의, 공산주의에 대하여도 역시 같은 발언을 할 수 있다. 현하의 사회는 무수히 광정(匡正)해야 할 결함을 가지고 있다. 그러한 결함을 극명·면밀하게 세계적 규모에서 지적하고, 그 광정의 방법까지 부분적으로 지시하여 준 것은 분명히 마르크스주의의 공로다. 우리는 마르크스주의의 정당한 부분까지도 거부할 이유는 없다. 그러한 부분은 우리의 피가 되고 살이 될 수 있는 영양소이다. 원래 마르크스주의는 추상적인 사상 체계다. 그러한 추상적 공식이 무조건적으로 해당할 구체적 사회란 현실 세계에는 존재하지 않는다. 그런 것을 세계의 마르크스주의 포교사들은 그것이 그대로 현실하는 천국을 몽상하였던 것이다. 공산주의가 범한 죄악은 그 책임이 마르크스 자신에 있는 것이 아니라 그 후의 해석자·포교사들에게 있는 것이다. 원래 개개의 구체적 사회에 대한 변혁이란 몇 개의 공식으로 될 것이 아니니, 이것은 마르크스주의 자신이 거부하는 바일 것이다. 더구나 코민테른과 같은 우상적 조직을 두뇌로 한 각국·각 민족의 운동이 해당 국민 사회의 개성과 전통에 일치될 수 없을 것은 당연한 귀결이다. 코민테른의 세계 정책 실패는 곧 각개 국민 사회의 승리다. 한 민족 사회의 추축은 과학이 아니라 개성이며, 전통이라는 것을 마르크스주의의 세계적 규모의 실천에서 배운 것이다.

이러한 고귀한 교훈을 조선 민중은 이번 사변을 통하여 전면적으로 실천해 옮긴 것이다. 과거의 장고봉(長鼓峯) 사건을 통해 볼 때도 조선 민심은 추후의 동요도 없었다. 2·26사건을 목도하고, 그 후의 혁신 조류를 보고, 또 이번 사변을 통하여 나타난 일본의 이상과 포부를 듣고도 오히려 일본 제국주의 운운을 하는 자는 크렘린의 과대 몽상광 환자들 이외에는 없을 것이다. 행여 불행히 조선에도 있다면 그것은 이미 무덤 속 부패한 시신이나 다름없는 태양에 등진 사람들일 것이다.

　나는 위(以上)에서 일단 과거 좌익운동의 정당한 방면을 들어 변명하였지만, 나날이 발전하는 일본의 국가적 흥융과 아울러 조선 민중의 신생활 목표에는 공산주의적 잔재가 털끝 만치라도 용납되어서는 안 된다.

　4.

　조선 내에만 수천의 전(前) 좌익이 있다. 그 가운데 작금의 조선 민중의 새로운 애국적이며 국민적인 경향을 대할 때 가벼운 불유쾌를 느껴 묵묵하게 사변의 발전이 어찌 될 것인가를 주시하면서, 사변의 장기화에 동반하는 민심의 해이에 컴컴한 기대를 부칠는지도 모른다. 그러나 조선 민중은 과거 4반세기 동안 하늘의 별을 따는 곡예를 해 온 경험이 있다. 그러한 막연한 희망에도 수십 년의 고초를 사양치 않은 민중이니, 하물며 한 고개 넘으면 녹야의 복지가 있을 것을 알면서도 소소한 총후의 부자유를 거부하며 회피할 이유는 없다. 타산에 현명한 그들에게는 있을 수 없는 일일 뿐더러, 또 타산을 떠난 관찰이라도 조선 민중의 세계사적 운명이 이미 일본 전체의 운명과 동일한지 오래다. 과거 4반세기 동안의 우리의 공허한 노력이 그것을 여실히 증명하고 남음이 있다. 차라리 우리는 과거 4반세기의 노력 결과에서 조선 민중의 독자 운명을 발견키는커녕 그와 반대의 명제를 추출하지는 않았는가. 그동안의 다각적 노력은 더더욱 양 민족이 일체 떨어질 수 없음을 거듭 확인케 되었을 뿐 아니라 객관적으로 볼 때 그동안의 상극반목은 도리어 양 민족의 차별과 장해 부분을 완전히 마멸시킬 결과로 나타나지 않았는가. 이것은 커다란 역사의 숙명이며, 세계사의 배합이다. 이제 그러한 어리석음을 되풀이하려는 기도가 있다면 그것은 역사의 반역자이며, 태양에 등진 우울한 사람들일 것이다.

우리는 극동 제민족의 변혁 이상을 검토해 볼 때 현하 진행되고 있는 일본의 대륙 이상 이외의 어떤 우수한 이상도 발견하기 어렵다. 문화, 전통, 지리, 언어, 족계(族系) 등의 연원을 같이 한 화선만지(和鮮滿支)의 제민족이 그들의 자유와 행복을 향유하면서 동아적 대국가 계통을 수립하여, 구미와 병립하고, 동아인의 동아를 건설하려는 포부는 일호의 무리도, 부자연도 없는 지극히 자연스러운 길이다. 더구나 이러한 동아사 창조의 큰 임무를 수행하는 데 내선(內鮮) 두 민족이 일체가 되어 그 중추 핵심을 구성하여 다른 제민족에 대하여 지도적 지위를 확보하는 데는 손톱만한 불명예와 불행도 조선 민중에게 없을 것은 제3자의 공명을 기다리지 않더라도 자명한 일이다. 정치적·사상적으로 훈련 있고, 교양 있는 조선의 민중은 이미 이것을 이해하고 남음이 있다. 사변 중 일본 내지를 여행한 자가 조선의 총후 국민의 의기를 내지의 그것과 비교하여 조선이 오히려 한 걸음 앞선 감이 있다는 것을 고백하는 것은 대체 무엇을 의미하는가. 정부의 대륙 정책의 심원한 이상을 이해하는 점은 조선 민중이 훨씬 심각할 것이라고 나도 생각한다. 일본 내지에는 자유주의 계열이 조선에 비하여 근거 깊고, 또 2·26 이전까지는 자유주의 정치 세력이 묘정(廟政)의 중심이 되었을 뿐 아니라 유신 후 70년의 정치·경제·문화의 중심이 그러한 자유주의 계열에 있었던 만큼 대륙 정책, 기타 국내 문제에 있어서 조선의 그것과 같이 단순치는 않다. 그러한 모든 점에서 조선이 일보 앞섰다는 것은 수긍할 수 있는 기설(奇說)이다. 그러므로 역사는 기이한 것이다. 여하튼 조선의 금후는 국가주의 이외에 어떤 사회 이상도 성장할 조건이 완전히 소멸하였다고 볼 수 있다.

5.

나의 이러한 신일본의 이상을 대변함에 대하여 몇 가지 반문을 하는 것이 통례다.

첫째, 내선일체라 하는데 그것은 가능할 수 있느냐는 물음이다. 이러한 반문은 대개 민족주의 계열에서 발하는 의문인데, 실제민족주의자들의 식견에서 볼 때는 커다란 의문임이 틀림없다. 그들이 이해하는 민족이란 절대적인 것이다. 그러나 민족이란 결코 절대적인 것이 아니고, 하나의 역사적인 것이니 생성·발달·몰락할 수 있는 역사적 범주다. 그러므로 현존 민족의 구성을 상세히 검토해 볼 때 순정(純正) 단일민족이란 없다. 가장 순정이라 할 수 있는 현재의 일본 민족일지라도 조선을 제하고서도 홋카이도(北海道), 류큐(琉球), 기타 수세기에서 수십세기 전 조선 민족 이주 등의 사실을 열거할 수 있으니, 하물며 기타는 말할 것도 없다. 그러므로 내선양족(內鮮兩族)은 민족으로서 일체가 될 수 있다는 원리를 거부할 논거는 없는 것이며, 이러한 근본 문제 외에 정책적 의문이 있으나 그것은 누구나 한 번은 의심할 만한 문제다.

하나는 내선일체는 조선 민족의 ○○을 의미하지 않는가 하는 것인바, 내선일체는 조선 민족의 ○○이 아니라 조선 민족의 발전이다. 발전도 ○○으로 해석하면 논리의 유희로는 가능한 형식이다. 팽창하지 못하는 민족은 멸망하는 것이다. 이러한 우문(愚問)은 고루 편협한 견해의 일종이며, 그다음은 통치 당국자 및 내지인 일반이 조선인을 동일 민족으로서 차별하지 않고 취급할 아량과 용의가 있는가 하는 의문이다. 그것은 비교적 현명한 층에 속한 사람 중에서도 우발되는 질문인바, 과거 30년 동안 내선(來鮮) 내지인의 실정을 잘 아는 그들로서는 당연한 의문이다. 그러나 우리는 항상 말한다. "조선에 와서 조선인을 상대로 해 온 과거의 내선(來鮮)인은 과거의 사람들이다. 그들은 이제 새로운 일본의 추진력이 될 수 없고, 그들은 한 수년 지나면 죽어 버린다"라고. 실제 조선의 내선(來鮮)인은 조선을 개발하는 데 큰 공로도 있었으나 30년 동안 변함없던 완명(頑冥)한 생각은 조선 통치에 장해되는 일면도 없지 않은 것은 사실이다. 그러나 그러한 점은 극히 사소한 문제로써 대세를 결정할 것은 아니다.

내선양족의 동조동근(同祖同根)을 구두(口頭)와 문서로 일본 전 국민에게 가장 열심히 외치는 사람은 동경 등지의 낭인들이 있고 그리고 현 미나미(南) 총독이다. 그는 내선일체를 신념화시켰다. 미나미 총독의 내선일체론이 일본 전 국민에게 무조건으로 이해될 리는 없다 하더라도, 그 대세를 지도할 만한 힘이 있는 것은 의심할 수 없는 사실이라 하겠으니, 내지인 일반에게는 대세적으로 동일 민족으로 조선인을 처우하는 데 이론이 없을 것을 용이하게 추단(推斷)할 수 있다. 특히 사변 이래 조선을 통과한 출정 장사(壯士)는 실로 감격하여 조선 민중의 좋은 인상을 각자 향리에 통신하여 일반 조선인에 대한 인식은 급격히 깊어졌다 한다.

만조(萬條)의 정책보다 내선일체를 위한 가장 첩경은 내선양족의 완전한 이해 일치이다. 내선양족은 이미 천칭(天秤)의 각 한 쪽이니 역사와 시간의 진전은 이것을 스스로 해결할 것이다. 이에 수반한 것으로는 언어, 풍속, 습관 등이나 이것은 원래 문제될 것이 아니다. 이것은 인위적으로, 억지로 하지 않아도 시일 경과를 따라, 실생활 편의에 따라 소장(消長)이 결정될 문제이니 억측을 불허할 바이다. 그것의 유력한 실례로 수일 전 미나미(南) 총독은 면회석상에서 "조선의 부인복을 내선을 막론하고 착용케 하고 싶다"는 의견을 말한 것으로 보아 총독 정치의 저의가 조선의 풍속과 습관을 억지로 철폐할 의사가 없는 것은 명확하지 않은가.

그다음으로 조선의 인텔리들이 가장 중요한 관심을 가지고 우리에게 발문하는 것은 "명일의 일본, 새 일본을 말하자면 명일의 일본은 대체 어디로 갈 것인가" 하는 지극히 중대한 설문(設問)이다. 그럴 때마다 간단한 답변을 시도한다. 2·26사건 이전의 자유주의의 정권은 한 계급의 정권이었으나, 그 이후의 정권은 전 국민의 정권이며, 정부이다"라고 나는 항상 생각한다. 2·26사건에 관해서는 여러 가지 비난이 있다. 그뿐만 아니라 이 사건은 반역죄로 단죄된 사건이다. 그러나 이 사건이 일본 전 국민에게 준 정신적 충격이란 실로 막대한 바 있으니, 이 사건으로 말미암아 일본 전 민족의 전통 자랑은 다시 살아났고, 일본 민족이 가지고 있는 '민족의 피'는 다시금 고동(鼓動)하는 데서 비롯한 것이다. 이 사건은 일본의 전 민족을 외화(外化)의 타락에서 구하고, 고유한 일본정신을 환기한 것이다. 그러므로 한 범죄가 사회적으로 미치는 객관적 효과는 법률과는 다른 문제인 것이다.

이상의 내 간단한 답변은 소위 '명일의 일본'을 엿볼 수 있는 중요한 전제다. 이제부터의 일본은 자기가 가고자 하는 '자연의 길'을 일본 민족의 역사적 사명이 명하는 바에 의하여, 세계사가 결정하여 주는 방면을 향하여 묵묵히 매진할 뿐이다. 일본정신 사회의 완성-근대적으로 완성되는 곳에는 계급도 없고, 착취도 없다. 이민족에 대한 박해도, 식민지적 지배도 거기에는 존재치 않는다.

"국민은 모두 천황의 적자로서 모두 평등한 것이 원칙이다. 소위 일시동인이라 하여 계급도, 차별이라는 존재도 허락하지 않는다. 단, 한 사람도 불평하게 하지 않는 것을 이상(理想)으로 한다."

"모든 사물-재산은 모두 신이 만드는 것으로 국민은 신의 뜻이 이루어지도록 국가 전체의 이익을 위해서만 이것을 소유하는 것을 허락받은 것이다"-인민전선과 국가전선.

6.

명일의 일본을 고찰하는 데 있어서 가장 중요한 점은 국내 혁신 정책 강화와 사변과의 상관관계다. 지나사변의 의의는 이미 일반 국민이 깊이 이해하는 바와 같이 단지 사변을 가리켜 폭지(暴支) 응징, 항일 정권 근절 등만으로는 사변의 역사적 의의를 바르게 이해하고 있는 것은 아니다. 중일전쟁(日支事變)은 국내 혁신 공작의 중요한 일면이라는 것, 즉 사변과 국내 정세와의 관련을 이해치 않고서는 이 사변의 중대성을 인식할 수 없다. 지나사변은 국내 혁신의 구체적 과정의 일부이다.

이 사변을 통하여 우리는 국내 문제를 처리하고, 동시에 동아의 문제를 처리하고자 한다. 일부 자본벌(資本閥) 등은 나이프와 포크를 장만하고 대기할지 모른다. 그러나 금번의 사변은 일본의 자본벌들에게 장강(長江)의 생선이나 북지(北支)의 양고기를 먹이기 위하여 고귀한 희생을 부담하는 것이 아니다. 실로 이번 사변이야말로 전 일본의 국력을 걸고 구미의 협위와 침략에서 동아를 해방하고, 일본 자신의 완전한 해방을 기도하는 결정적인 싸움인 것이다. 국내의 자본벌들은 부와 재의 추구에만 몰두하여 국가의 백년대계라든지, 민족 영원의 경론이라는 것을 생각하지 못하는 데서 이번 사변에 대한 인식을 다른 제국주의적 침략전쟁과 같은 것으로 하여, 전쟁 결과와 그들의 이윤을 저울에 달고 주판알을 굴리고 있을지 모르나 그들은 머지않아 크게 실망할 것이다. 아니 눈치 빠른 상인배는 벌써 실망하고 있는지 모른다. 이러한 점은 사변과 국내 문제와의 사이에 얼마간의 복잡성을 가하는 문제다.

자본, 정당배, 기타 상인, 재벌 등은 한때 대영개전론을 주장하였었다. 그 근거는 그들의 독자적인 사변관에서 중국시장 독점을 몽상하는 데 있다. 그러나 이번 사변의 목적은 말할 것도 없이 중국 시장에 대한 제국주의적 독점이 아니다. 차라리 금번 사변의 본질로 보아, 그 역사적 의의로 보아 사변의 완전한 종국을 맺기 위해서는 대소일전이 예상될 법한 일이다. 일본의 국체 또는 동양 평화, 동양적 개성 창달, 동양 전통 수호, 일본정신의 발양 등으로 보아 소련이 뻗는 극동 루트를 조만간 파괴치 않고서는 아니 될 필연적 숙명에 있다. 세계의 프롤레타리아와 약소민족을 기만하여 소련 옹호의 번병(藩屛)을 삼고자 하는 코민테른의 비열한 만착(瞞着)을 근절치 않으면 안 된다. 소련에 일격을 가하는 것은 금번 사변의 임무 중 중요한 일부이며, 그것의 완성 부분이다.

내외의 좌익 제군은 아연할지 모르나 조선의 민중은 대소일전을 차라리 요망할 것이다. 그것은 조선의 지주나 자본가가 아니라 농민이며, 노동자들이다. 그들에게는 명확한 생활 목표가 있고, 민족적 개성과 전통에 합치되는 국가적인 것만이 자기들이 갈 진로라는 것을 과거의 모든 실천에서 배웠기 때문이다. 더구나 이번 사변의 결과가 그들에게 어떠한 운명을 재래(齎來)할 것인지를 잘 알고 있다.

이상으로 보아 좌익 제군이 이 사변의 추이에 동반하여 예상할 수 있는 여러 가지 국내적인 제 문제에 대하여 그들은 하등의 기대도 할 수 없다. 그들은 머지않아 전쟁에 관한 모든 코민테른의 테제를 불살라버리지 않고서는 아니 될 것이다.

7.

그리고 끝으로 한 가지 말할 것은 사변 이후 조선 내에서 나타나는 제 현상이다. 사변이 나자 시국을 중심으로 한 조선인의 활동이 부분적이나마 현저해졌다. 그래서 소위 '시국에 동요하는 명사(時局に躍る名士)'라는 것이 버젓이 나타난 것은 은폐할 수 없는 사실인바, 그들 명사의 면면을 볼 때 제군은 하품할는지 모른다. 제군은 사변하의 총독정치에 적지 않은 기대를 했을 것이다. 교육령 개정, 지원병 제도 실시 등 이것들은 좌익 제군의 만족을 얼마간이라도 산 줄 안다.

(중략)

나는 이 글의 모두에서 침묵과 관망을 지속하는 전 좌익 제군에 일편 경의를 가진다고 말했다. 그것은 그들이 그 거취를 결정하는 데 있어서 신중하다는 것을 지칭함인바, 그들에게 이 조잡한 글을 제공하여 빛나는 국민 전사가 되는 데 일조가 되기를 바란다.

(끝)

부기(附記)

지금 전시하에 있어서 이런 문제를 취급한다는 것은 지극히 신중해야 할 것이어서 좀 더 생각하는 바를 구체적으로 말하고 싶은 점도 있었으나, 자연히 체계도 아무것도 없는 한담이 되고 말았다.

10월 5일

⟨자료 64⟩ 경성대화숙 여교사의 일주일간의 수기

[김재경(金載璟), 1941.9, ⟨京城大和塾女教師 一週間の手記⟩, 《삼천리》 제13권 제9호]

○월 ○일

아침 일찍 몸단장을 마치고 대화숙(大和塾)으로 걸음을 옮겼다. 어떨까 하는 의문을 품고 가다가 겨우 발견했다. 울창한 초목 덤불 사이로 희미하게 잘 어울리는 회색 양옥이 눈에 띄었다. 드디어 올라가 보니 마침 조회 시간이었다. 얼른 살펴보니 정말 상상도 못했던 아이들의 비참한 그 모습! 얼핏 보기만 해도 그들의 생활을 엿볼 수 있었던 그저 더위도 잊고 머리가 멍해질 정도로 이상한 느낌이 들었다. 곧 주임인 김광(金光) 선생님을 비롯한 모든 선생님과 다정하게 인사를 나누었다. 그리고 김 선생님께 이렇게 제 희망을 말씀드렸다.

"대화숙의 사업은 세상 평판을 통해서 잘 알고 있습니다. 돈은 필요 없습니다. 단지 열의와 의욕으로 이곳 대화숙에서 배우는 불쌍한 자제들의 좋은 친구가 되고 싶다."

제 희망을 계속 듣고 있던 선생님은 신중하게 내일 알려드리겠다며 수수께끼 같은 말씀을 하셨다. 그날은 그대로 돌아왔는데, 어쩐 일인지 신의 가호가 있었는지 곧 승낙의 전화가 왔다. 그때의 기쁨은 도저히 형언할 수도 없다. 왠지 갑자기 대화숙에 애착이 생겼다.

○월 ○일

오늘부터는 어린 그들을 위한 좋은 지도자가 되기 위해서, 정말 내 생활의 기초가 되는 좋은 습관을 만들어야지. 이것을 실행할 수 있는지 없는지 그것은 나중의 결과로 나타나겠지만 지금까지의 학생 생활, 즉 너무 단순하기 짝이 없던 생활과 동떨어진 사회생활의 첫날을 맞아 이것만큼은 마음속으로 맹세했다. 뜻밖에도 여기저기서 격려의 편지가 왔다.

○월 ○일

오늘은 희망에 가득 차 조선신궁을 참배했다. 어제까지는 선생님의 인솔을 받고 갔는데, 지금은 몇백 명의 어린아이를 데리고 가는 자신을 생각할 때 왠지 쑥스러운 이상한 듯한 알 수 없는 마음이 들었다.

오늘도 또 편지가 서너 통 정도 왔다.

◯월 ◯일

아침부터 하나, 둘, 셋, 넷, 라디오에서 흘러나오는 건강한 목소리, 희망에 찬 아침 햇살을 등에 받으며, 그리고 신선한 공기를 마시면서 기분 좋게 그 목소리에 따라 어린아이들과 함께 있는 힘껏 몸을 움직이는 이 얼마나 기분 좋은 아침인가.

오늘도 다시 책임이 무거워지는 것을 느꼈다.

◯월 ◯일

오늘부터 가정방문을 시작했는데, 조사를 하는 동안 정말 인간 생활에 이렇게 꿈에도 생각지 못한 참담한 생활을 하는 사람들이 있을까 생각하니 저절로 긴장하지 않을 수 없었다. 1급 50명이면 50명의 가정 모두가 같은 상황인 것이 좀 놀라웠다. 금방이라도 바람이 불면 쓰러질 것 같은 초가집 한 채를 가지고 있는 것이 이른바 가장 상류 가정이고, 그 외에는 모두 토막민의 아이들이다.

이 아이들의 가정을 하나하나 방문하면서 부쩍 이런 생각이 들었다. '인간의 벌거벗은 몸', 즉 알몸의 삶을 관찰하기로 했다. 대체 인간의 본래 모습은 어떤 것일까. 부자, 가난뱅이, 학생, 노동자, 신사라는 식으로 계급 지워진 사회에서 서성대고 있다. 그런 인간이 아니라 계급을 벗어던진 인간, 그대로의 인간을 수영장에서 보고 판단하려고 했다. 사람은 자신의 신분보다 조금 위라든가, 나은 학교에 다니고 있다든가 하면 금방 도도해지기 쉽지만, 수양 여하에 따라서는 주의할 여지가 있다고 생각한다. 오늘 돌아오는 길에 전철 안에서 경험했는데, 아주 더러운 옷을 입은 남자 노동자가 바로 내 앞에 앉았는데 뭔가 그 체취가 입에 담지 못할 정도로 진절머리가 났다. 하지만 그 사람의 얼굴은 남성적이고 늠름했다.

이것조차도 조금 생각해볼 일이었다. 만약 그 남자의 옷이 더럽지 않았다면, 아니 체격에 어울리는 취향의 옷을 잘 입었다면, 결코 그렇게까지 싫은 생각이 들지는 않았을 것이라고. 즉, 세상 사람들이 다 그렇지 않을까. 사람들은 특히 일반 여성은 사람이 입은 옷만 보고, 그 사람의 재산, 지위, 그리고 사들인 훌륭한 직함만을 보고는 존경하거나 경멸하는 경향이 있지만, 참으로 잘못된 생각이 아닐까.

오늘은 하루의 일기가 마치 장편소설처럼 길어졌다. 특히 오늘은 더운 날씨 속에서 기꺼이 김광(金光) 선생님과 함께 50여 가정을 방문할 수 있었다. 선생님께 진심으로 감사드린다.

○월 ○일

지금 처음으로 소장 선생님을 뵈었는데 무척 상냥하면서도 엄격한 데가 있었다. 또 오후에는 일부러 더운 날씨에 부인이 오셔서 조금 죄송한 생각이 들었다. 정말로 여러분의 배려에 진심으로 감사하지 않을 수 없었다.

오늘도 또 두세 통의 편지가 왔다. 사회의 여러분은 엄청난 기대를 걸고 계신 것 같다.

○월 ○일

일할수록 일할 맛이 난다. 활동해야 몸도 마음도 긴장하게 된다. 깨끗한 방에 들어갔을 때 우리는 그 얼마나 상쾌한가. 정돈된 책상에 앉으면 문득 자신의 심신까지 잘 정돈된 것 같다. 일하지 않으면 청결·정돈은 할 수 없는 것처럼 앉아 있으면 무엇이 나오겠는가.

나는 지금이 일할 시기다. 한마음으로 일하라, 힘이 다하는 한.

오늘도 아동들과 함께 땀을 흘리며 교실과 변소 청소를 했더니 왠지 모르게 기분이 상쾌해졌다.

오늘도 여러 미지의 분에게서 격려 편지가 왔다. 편지를 읽는 것이 매일의 일과가 되었다.

○월 ○일

지친 몸을 끌고 집으로 돌아왔다. 얼마 지나지 않아 김광 선생님의 전화로《조선신문》에 내 기사가 실렸다는 소식을 듣고 너무 갑작스러워서 놀랐다. 어쨌든 신문을 보니 분명 나와 관련된 일이 실려서 좀 얼떨떨했다. 굳이 이렇게까지 하지 않아도 되는데 게다가 사회에 나온 지 불과 며칠도 안 된 자신이 아닌가. 어쨌거나 결과는 마지막에 드러나겠지만 나 자신의 입장이 즐겁기도 한 반면에 괴롭다는 생각도 든다.

역시 또 편지가 왔다.

○월 ○일

오늘도《매일신보》,《경성일보》두 신문사에서 일부러 더운 날씨에 방문해 주셨다. 나날이 책임이 무거워지는 것을 느꼈다. 아무튼 힘껏 능력이 되는 대로 해 보자.

○월 ○일

언제나처럼 학교에 가는 순진하고 귀여운 아이들이 생각난다. 아이들은 엄마나 혹은 언니처럼 잘 따른다. 뭐, 장래 엄마가 되는 심리를 연구하는데는 제대로 마음의 수양이 될 수 있다. 이런 모성애를 찬양하는 일은 언제 누가 창안한 것일까. 어머니가 아이를 귀여워하는데 아무런 의심이 없을 뿐더러 물론 훌륭하지도 않다. 새도 짐승도 가진 자연의 정이라고 생각한다. 자식의 사랑스러움 때문에 여자가 모든 것을 참는 것처럼, 나도 이 아이들을 위해서는 무슨 일이 있어도 참으며 해 나갈 것이다.

마지막으로 처음 대화숙을 방문했을 때 선생님들의 인상을 조금 써보았는데 대개 이랬다. 우선 김광 선생님. 얼핏 보아도 어딘가의 왕이 아닌가 싶을 정도로 닮았다. 사람의 중지(中指)처럼 단단하고 스마트한 스타일의 소유자다. 특히 웃고 있을 때 눈매를 보면 누구나 멍하니 빠진다.

에시로(江城) 선생님. 얼핏 보아도 야무진 성격의 소유자다. 사람의 약지(藥指) 같은 느낌이다. 이 선생님은 음악 선생님이고, 말로는 표현할 수 없을 정도로 미성의 소유자다. 그 때문에 아마추어와는 다른 소리를 낸다. 게다가 센티멘털한 분으로 언뜻 보기에 사이조 야소(西條八十)의 시가 생각났다. 또 이지적인 부분도 있다.

다마카와(玉川) 선생님. 얼핏 보아도 천하의 호걸 같은 느낌이 들었다. 사람의 엄지손가락처럼 푹신한 둥근 의자에 털썩 주저앉아 있는 사장 타입이다. 좀 뚱뚱해서 더워 보였다.

히라하라(平原) 선생님. 나이에 비해 늙어 보였으나 매우 성실한 분이라고 생각되었다. 교제하기에는 좀 까다로운 분이라고 생각했다. 사람으로 말하면 검지를 닮았다. (끝)

2. 일본어 잡지 수록 기사

〈자료 65〉 장기 건설과 방공방첩 (본사 고문 최린)

[최린(崔麟), 1939.1.1, 〈長期建設と防共防諜〉, 《東洋之光》 창간호, 29~31쪽]

일본·독일·이탈리아 삼국의 방공 협정의 뒤를 이어 폭지(暴支)[12] 응징을 위한 성전(聖戰)이 전개되었다. 사변 발발 이래 이미 1년 반에 걸쳐, 이제 제국은 세계사에 자랑할 수 있는 개선(凱旋)의 신년을 맞이한 것인데, 그 사이에 현대 지나의 심장부를 형성하는 중원(中原) 일대가 모두 우리 황군의 지배하에 들어가 수천 년 동안 역대 지배계급에 의한 모든 가렴주구 밑에서 도탄에 허덕이던 지나 민중에게는 실로 정의의 표징으로써 우리 일장기가 펄럭이며 빛나고 있다.

이제 종래의 장기 전쟁은 한구(漢口)의 함락을 계기로 금후의 장기 건설로 새로운 단계로 전환한 것인데, 우리 제국을 유일한 절대 맹주로 하는 동아 신질서의 조직은 경제적·정치적·문화적으로 마침내 구체화를 향한 과정으로 나아가고 있는 것이다. 그와 함께 일본 국민된 자의 임무는 점점 중요성이 커지고 있다. 즉 동아의 모든 민족을 행복과 번영으로 이끌 유일한 열쇠는 우리 일본 국민의 강한 손을 잡는 것이다. 이 열쇠를 잡고 이 임무를 충실하고도 용감하게 성취할 수 있느냐 없느냐에 따라 앞으로의 동아 운명이 정해지는 것이다.

이러한 광휘 있는 지도적 임무를 최후까지 성공적으로 완수하기 위해서는 우리가 더욱 결의를 굳히고 최초의 소신을 따라 단호하게 계속하여 매진해야 한다. 무엇보다 우선 우리가 담당하지 않으면 안 되는 역사적 임무는 동아 신질서 건설을 위한 프로그램을 결정적으로 추진함과 동시에 동아, 나아가서는 전 세계에서 적색 제국주의를 완전히 제거하기 위해 싸우지 않으면 안 된다. 사변 발발과 함께 근대전(近代戰)에서 사상전(思想戰)이 갖는 특별한 중요성이 강조되었고, 이러한 사상전의 당면 목표는 반코민테른의 방공방첩에 있다는 것이 늘 지적되어 왔다.

또한 이러한 방공방첩의 중요성은 사변이 이미 장기 건설의 새로운 단계로 전입했다고

---

12 난폭한 중국.

해서 조금이라도 그 의의가 감소되는 것은 아니다. 오히려 방공방첩의 국민적 임무는 앞으로 장기 건설 진행과 함께 그 중요성이 증가할 뿐이다. 이렇게 말하는 이유는 코민테른의 적색 제국주의야말로 앞으로의 동아 신 건설에 대한 가장 증오할 최악의 적일 뿐 아니라 그에 대한 강력한 연쇄적 투쟁을 통해서만, 앞으로의 동아는 경제·정치·문화 전 영역에 걸쳐 동아 고유의 정신에 입각하여 통일적으로 순화되고, 공존공영의 원칙 위에서 최대의 번영이 이루어질 수 있기 때문이다.

그렇다면 방공이란 과연 무엇인가?

말할 것도 없이 모든 공산주의적 사상을 철저적으로 배제함과 함께 그 본원이라고 할 수 있는 코민테른을 박멸하여 전 인류를 그 마수에서 구출하는 것이어야 한다.

공산주의는 왜 인류의 적인가?

논리보다는 증거, 현대 러시아를 보면 된다. 자유와 평등이라는 미명 뒤에서 모든 비인도적 주구(誅求)와 착취가 지배하고 있을 뿐이지 않은가. 스탈린 지배하의 현대 러시아 민중의 실제 생활을 보면 된다. 전체 공산당원 사이에서는 무자비한 대량 학살과 권력 쟁탈, 가장 야비한 시기와 질투, 음모와 배반 등등 이러한 실로 인류의 체면을 더럽히는 모든 죄악이 횡행하고 있을 뿐이다. 민족 평등을 부르짖는 그들은 20만 우리 동포를 그 터전인 연해주에서 강제로 쫓아내 버렸고, 혹은 수백, 수천 명이나 대량 학살을 감행하지 않았는가. 스탈린 일파가 세계에 자랑하는 5개년 계획이 성공했다고 하더라도 그 뒤로는 소비에트 각지에서 노동자·농민에 의한 파괴 행위가 확대되어 나갈 뿐이다. 이렇게 공산주의 그 자체가 모든 죄악의 근원임에도 불구하고, 코민테른은 감히 그 마수를 전 세계에 걸쳐 전 인류를 향해 뻗치고 있는 것이다. 실로 방공이야말로 우리 일본 국민에게뿐 아니라 현대에 생활하는 모든 인류에 부과된 최대의 임무이어야 한다.

그런데, 방공이라는 것이 단순히 공산주의를 배제해 버리고, 코민테른 세력을 박멸하는 것만 의미한다고 하면 그것은 우리 동아 신 건설 과정에 동반하는 하나의 소극적 임무에 불과할 것이다. 우리는 더욱 나아가 아세아 고유의 정신에 근거하여 전 동아를 문화적·사상적으로 통일 순화해야 하는 적극적인 임무를 잊지 말아야 할 것이다. 수천 년 오랜 역사를 통하여 우리 아세아 각 민족은 공통의 문화, 공통의 정신, 공통의 이념 아래에서 생활해 왔다. 충효·성(誠)·신(信) 이러한 문화적 기본 요소는 모두 다른 사회로부터 우리 동아 사회를 구별하는 동아 최고의 이념이다.

그러나 불행히도 이 최고의 문화적 이념은 우리 제국에만 순수한 형태로 보존되고 발전해 온 것이며, 현재로서는 지나 민족이나 그 외 아세아 민족 사이에서는 기계적이고, 공리적이며, 개인주의적인 서구 사상의 침입에 피해당한 바가 커 왜곡되고, 잃어버리고, 퇴화되어 버린 것이다. 이러한 악영향적인 서구 사상 중에도, 특히 공산주의적 적색 사상은 우리 동아의 이념과 근본적으로 화합할 수 없는 것이다. 이러한 점에서 앞으로의 동아 신 건설 과정에서 방공의 중대성이 특히 강조되는 이유도 여기에 있는 것이다. 경제·정치에서는 물론, 특히 문화적인 방면에서 동아 신 건설에 부과된 최고의 임무는 공산주의 박멸과 함께 동아 고유의 문화를 갱생시켜 통일적으로 발전시키는 것이어야 한다.

미나미 총독은 "동양인의 동양 건설의 핵심은 내선일체를 완벽히 하는 것에 있다"라고 성명을 통해 여러 번 강조해 왔다. 우리 조선인도 이제 일본 국민의 중요한 한 분자로서 동아 재건설의 숭고한 임무를 두 어깨에 짊어지고 있는데, 이 임무를 완전히 수행하기 위해서는 공산주의 박멸과 일본주의의 보급을 위해 유효한 최대의 활동을 기하지 않으면 안 된다. 특히 우리 조선은 겨우 두만강 하나를 건너 적로(赤露)와 접하고 있는 관계상 이 사상적 임무는 결정적인 중요성을 갖는 것이며, 우리 일본 국민된 자는 모름지기 장기 건설의 의의를 보다 깊이 이해하고, 신동아를 위하여 정열적으로 용왕매진(勇往邁進)해야 한다고 생각한다.

〈자료 66〉 전향자의 새로운 진로

[박희도(朴熙道), 1939.6, 〈轉向者の新しき進路〉, 《東洋之光》 제6호]

사상인의 전향이라는 말도 이미 낡은 말이 되었고, 평범한 울림만 가지게 되었다. 그렇지만 아직 전향의 참 의의라든가, 진실로 전향한 사람이라면 어떻게 새로운 사상인으로 생활해야 하는지 이 같은 실제 문제는 충분히 실천되고 있지 않다는 점이 아직도 많이 남아 있다. 특히 오늘날과 같이 동아 신 건설을 목전의 긴급 과제로 삼고 있는 이때, 우리는 조선에서 사상전향자의 사회적 지위와 새로운 역사적 임무에 대해 그 특수성이나 중요성에 관한 재인식을 충분히 가져야 한다고 생각한다.

조선의 사상운동사는 내지에 비해 특수한 복잡성을 가지고 있는 듯하다. 그것은 내지에서는 볼 수 없는 민족주의 사상이라는 것이 있어, 때로는 사회주의와 서로 다투고, 때로는 서로 교류하며 델리케이트한 '만(卍)'자를 이루고 있다는 점이다. 즉, 1919년(大正 8)까지는 민족주의가 정점을 이루었고, 그 이후는 사회주의가 급격하게 대두하여 두 조류가 서로 다투다가 결국에는 대체로 공산주의 운동으로 교류하며 해소한 형태였다. 그 당시 지도적인 사람들과 중심적인 활동을 하던 분자 대부분이 조선 사회 각 분야에서 중요한 지위를 차지하던 사람들이 많았다. 그리고 그 사람들은 지금까지도(그 사상적인 지위라는 것은 물론 없지만) 사회적 지위라든가, 인간적 신뢰라는 것을 일반 민중으로부터 받는 사람이 많다.

오늘날 그 사상 지도자들은 새로운 사상인으로 전향은 하였지만, 현재 그들 모두가 아직 적극적인 실천가로 나왔다고는 말할 수 없는 상황이다. 생각건대 그들이 전향한 것은 성실한 인간인 이상 이전 사상이 잘못된 것이라는 점을 각성하였기 때문이라고 생각하지만, 혹자는 외부의 힘에 의해 그렇게 될 수밖에 없었던 동기가 있을 것이라고 할 것이다. 좋다! 그 동기가 무엇이든 간에 오늘날 아직 그들이 사상인인 이상은 과거 사회와 인류를 위해 몸을 던져 투쟁하였듯이, 그 시절의 확신과 정열로 새로운 일본정신 아래에서 민중운동의 맨 앞에 서서 지도해야만 하는 것이다. 이미 상식화되어 온 '내선일체'라는 표어지만, 아직도 그 실천은 문제가 되고 있고, 그 심화와 철저는 역시 사상운동으로 전 민중을 교화·계몽함으로써 존재한다. 그것은 이전에 사상지도자였던 이들의 실천으로 이루어져야 하고, 그에 따라 '국민정신총동원'의 실적도 충분히 발휘시킬 수 있다. 바로 지금은 전향자가 자신의 새로운 역사적인 임무를 충분히 각오하고, 국가·민중의 행복과 이익을 위해 싸우도록 일어서야 하는 시기인 것이다.

이제 와서 전향 동기를 이것저것 샅샅이 들추어내는 것은 필요 없을 뿐 아니라 때로는 방해가 되기에 그 점에 대해서는 대국민의 도량과 현명한 정치적 견지에서 그들을 어떻게 민중 교화의 전위로 재동원시킬까를 논해야 한다. 이제 민중의 국민운동에 대한 지도 방침은 단순히 이전 방법의 반복이어서는 안 된다. 그를 위해서는 우리 국정에 적합한 또는 조선의 특수성에 적합한 새로운 방침에 의해 이루어져야 하는데, 오늘 긴급한 문제는 사상적 전향자가 진실로 국민적 사상가의 전위로 이전보다 한층 더 애정과 신념으로 결연히 운동 전선으로 매진해야 한다는 것이다.

전향은 실로 사상인으로 신성한 새로운 생활을 위한 비약이고, 그것은 개인적·국가적으로 그 의의를 충분히 발휘할 수 있는 기회와 지위를 주어야만 한다. 전향자를 운운할 때 자칫하면 서로가(예를 들면 당국 간에서 등) 하나의 정책적 견지에서 서로 이용하려고 하는 경향이 있다. 이미 전향한 이상 그들이 나아가야 할 방향은 전향한 길로의 전진을 의미해야만 한다. 그것을 위해서는 서로가 서로를 이용하는 것이 아니라 각각의 기능으로 국가와 사회를 위한 봉사적 협력을 이뤄야만 한다.

〈자료 67〉 황도 조선(내 입장)

[강영석(姜永錫), 1939.7, 〈皇道朝鮮〉, 《東洋之光》 제7호]

내 입장을 명확히 할 필요가 있어 여기에 간단하게 이를 알리고, 또 그 이유를 이야기하고자 한다. 나는 이전에 공산주의를 신봉하여 인류의 행복과 평화는 공산주의의 실현 외에는 길이 없다고 인정하고, 그 실천운동에 종사한 사람 중 하나다. 그런 사람으로서 현재 공산주의 운동을 가장 배격하는 일본의 주장에 반대하지 않을 뿐만 아니라, 더 나아가 일본의 식자계급 대부분이 본질적으로는 아직 이해하지 못하는 팔굉일우, 즉 세계일가주의를 찬양하고, 그 실천을 통해서 조선 민족의 행복을 찾고자 하는 태도를 취하고 있으니, 이에는 반드시 그 이유와 논거가 있다. 내 인식이 불순한 세력의 추수(追隨)이거나 혹은 비겁한 자의 구차한 변명인지를 충분히 냉정하게 비판하고, 조선의 지도자들은 그 태도를 결정할 필요가 있다. 내가 논하는 것이 인류의 행복을 달성하기 위하여 가장 믿을 만하고, 현실성이 있다고 동감하는 자는 반드시 이를 연구하고 실천하기를 바라는 바이다.

원래 공산주의자도 공산주의 실현이 자기 민족·국가의 쇠퇴를 돌보지 않는다면 공산주의에 찬동할 리가 없다. 오히려 더 현실적으로 자기 민족·국가의 이익을 대표할 이론이고, 또한 나아가서는 대다수의 행복을 확보할 수 있다는 이유로 인해 공산주의를 찬미하는 것이라면 조선에서도 조선인 공산주의자는 우선 조선 민중의 행복과 발달을 기대했기 때문에, 그리고 또한 세계 평화를 건설할 수 있다는 세계관이 성립되었기 때문에 가담하여 실천운동에 희생된 것이다.

마르크스주의는 "노동자는 조국을 갖지 않는다"라고 했다. 그래서 민족주의를 배격했다. 물론 민족주의는 어떤 경우에는 자민족의 행복을 위해 타민족의 불행을 고려하지 않고 추구하려 하며, 민족주의는 전 인류의 정의와 행복을 고려하지 않는 것이어서 현대인의 지성으로 배격하는 것은 필연적이다. 그렇지만 민족 문제를 제국주의 시대에야 비로소 발견하고, 민족 문제를 극복한 이후의 세계에서는 민족 문제가 없는 것처럼 인식하고, 세계 평화를 노동자의 범위 안에서 확보하려는 태도로 보자면, 노동자는 조국을 갖지 않는다고도 말할 수 있을 것이다. 이것은 확실히 유물변증법의 오류에서 기인하는 것이라고 할 수 있다. 유물변증법은 생명을 가진 생명체의 발전 법칙을 무생명체의 형태 변화와 같은 것으로 취급하여 전 세계의 역사를 유물론적 방법론만으로 해결하려고 하는 태도이며, 그것은 물론 18세기 이래 물질문명을 유도한 근대 과학의 태도로부터 발생한 것이다.

이 태도는 과학의 무전제(無前提), 추상중립성(抽象中立性)이라는 비생명적 독단 위에서 만들어졌기 때문에 근대 정신과학도 자연과학도 모두 마찬가지로 생명에서 점점 동떨어져 갔다. 즉 자연주의적인 정신과학은 개인을 각자의 자아 속에 가두고, 상호 본질적인 유기 관계를 인정하지 않으며, 인간 정신의 왕국을 다루려고 한다. 또 자연과학은 기계화하고, 수학화하고, 기술화하고, 원자화(原子化)하여 버린 죽은 자연의 왕국을 다룬 것이다. 따라서 양자 모두 현실과 생명에서 인연이 먼 과학이 되어 버렸다. 자연 그 자체도 이미 기계적으로 분석된 총계가 아니라 생성되고 있는 생명적인 자연이다. 인류 사회도 하나의 생명체로서 생명력의 발전 법칙에 따라 파악하여야 정당한 인식을 획득할 수 있으니 개인, 선조, 민족, 국가 등의 선험적인 본질의 생명성을 무시하고, 개개의 분리된 단순한 한 개의 물질로만 그것을 보는 유물변증법은 분명히 사회를 정당하게 인식할 수 없다. 이 점이 노동자로 하여금 선조, 민족, 국가를 생명적으로 형성하는 연관성 있는 일원으로 유기적 연대 관계를 무시하고, 계급적인 개인으로 환원할 수 없는 근거다.

일본 천황은 그 토대를 외국과 같이 경제기구로 제약된 합리적 계약 제도에 둔 것이 아니라 일본 국체의 실천인 생명적인 기본 사회에 둔 것이다. 그 때문에 천황정치는 생명체가 그 생명을 상실하든가, 절대 위력을 가지는 다른 힘으로 강제적으로 지배되는 것이라면 어떨지 모르지만 인류 사회가 그 생명을 종식하지 않는 한 영구적이다. 일본이 만세일계의 천황을 받들고, 이러한 천황정치가 미래에도 영원히 계속되어야 할 근거가 바로 여기에 있다. 가족을 보아도 가장인 아버지가 아들에게 지배되어 통솔되는 가족은 변태적이고, 본가는 통상 본가라는 지위를 가지는 것이 보통이다. 말하자면 일본의 생명적 대가족의 본가는 황실이고, 천황은 그 부모다. 일본 민족의 일대 생명체는 어떤 경제사회를 불문하고 그 근간이고, 어느 사회(시대 사회)에도 기본이다. 그것은 인간 사회가 어떤 생산수단을 채택하든 그것이 인간을 주체로 한다는 점과 같다. 시대 사회는 기본 사회의 발전에 따라 개변(改變)되는 종속 형태이다. 아버지가 그 가정의 지배자가 아니고, 착취자가 아니고, 지도자이고, 통솔자이고, 애호자라는 것이 그 본질이기 때문에 가장(家長)이다. 이것은 혈연적으로는 부모이고, 지도적으로는 주(主)이고, 정신적으로는 스승이다. 그래서 절대 권리자가 아니다. 오히려 가정을 이끌어가는 의무자이다.

천황도 일본이라는 생명체에 있어서 마찬가지여서, 일본이라는 기본 사회의 조직에서 천황은 혈연중추로는 부모이며, 심연(心緣)중추로는 스승이고, 치연(治緣)중추로는 주인이다. 이것이 일본 국체의 실체다. 천황은 신민(臣民)을 착취하거나 지배하는 것이 아니며, 그 관계는 혈연적으로는 부자지간이며, 심연적으로는 사제지간이며, 치연적으로는 주종관계다. 천황은 본(本)이며, 신민(臣民)은 말(末)인 본말 관계다. 인간이 인간이 아닌 다른 것으로 변하지 않는 한 유구한 생명에 의해 만세일계의 천황을 이해할 수 있고, 또한 무궁하게 발전될 본질을 이해할 수 있는 것이다.

이러한 사실을 과학적으로 인식하지 못한다면 아무리 현명한 학자라도 일본을 정당하게 이해할 수 없을 것이다. 노동자·농민의 자식들 아니 노동자·농민 자신들이 어째서 전장에서 마지막 숨을 내쉬며 천황 폐하 만세를 외치는 것인가. 특히 육체적으로 죽을 듯한 고통을 견뎌내며 어째서 천황 폐하 만세를 외치는 것인가. 만약 만세를 외침으로써 그 유족이 크나큰 행복이라도 누리게 된다는 조건이 있다면 합리적인 이해관계로 해석할 수도 있다. 그러나 이런 것은 민족 생명에서 태어난 비합리적인 것으로, 자신의 작은 생명을 큰 민족 생명에 귀일(歸一)하려는 정신의 발현이다.

과거 코민테른과 내지, 조선 공산주의자들의 지식이 얼마나 천박했는지를 돌이켜 생각해 보게 된다. 너무 장황해지므로 상세한 논의는 앞으로 이와 관련해 기회가 생길 때 다시 하기로 하고, 가능한 한 간단히 내 입장을 결론 짓고자 한다. 우리 천황정치는 생명체의 본질을 기반으로 하는 것이기에 권력적으로 지배하는 것이 아니다. 유구한 생명의 본원성(本元性)으로 체험적으로 발생한 정치이기에 그 지도 정신은 육체적인 인자(仁慈)함에 근거하는 것이다. 그렇기에 특정 계급에 이익이 되거나 특정 계급에 손해가 되는 편파적인 정신이 아닐 뿐 아니라 한쪽 편에만 서는 특정한 계급의 대표자도 아니다. 신민을 일시동인(一視同仁) 적자(赤子)로 지도하는 것이 그 본질이다. 또 이러한 일시동인의 필연적인 확대관인 - 즉 국내적으로는 일시동인의 사상이 국외적으로는 - 사해동포 사상은 필연적으로 성립하는 것이라는 사실을 이해할 수 있을 것이다. 이러한 사해동포의 대승적 입장이 타민족까지도 동일시하는 팔굉일우라는 세계주의로 발전해 온 것이다. 이를 이해하지 못하기에 일본 국가가 제국주의적 야심을 갖고 있다고밖에 해석하지 못하는 것이며, 그것은 또한 이러한 견해를 갖지 않은 (즉 다른 세계관으로 보는) 사람으로서는 그럴 만한 것이기도 하다.

그래서 이 주의(主義)는 전 세계를 일가(一家)로 하여 각 민족국가를 평등한 입장에서 상호 존중하고, 포용협화(抱容協和)하여 일체적 인류의 종합 문화에 기여할 수 있는 인격적 결합을 원하는 것이지, 결코 민족 간에 상하·차별·우열 따위를 두려고 하는 것이 아니다. 이 주의는 본질적으로 상하·차별·우열을 만드는 사상이 아니다. 그러므로 민족주의의 반대를 극복할 수 있고, 공산주의의 오류를 청산할 수 있다. 또한 이것은 개인의 머리에서 안출(案出)된 주의·이론이 아니며, 어떤 민족보다도 인간의 생명적 발전을 배육·발달시켜 온 일본 민족 전체의 생명을 토대로 발전한 이상이다. 일본 민족 생명 전체가 3천 년 동안 체험적으로 바라온 이상이다.

다만 그 실현이 제국주의 시대인 현대에 발족했기에, 그리고 현재 일본에서 자본주의 모순이 청산·극복되지 않은 상태이기에 제국주의적 야심 운운하는 의혹이 생겨난 것이다. 이것은 일본을 시대적으로만 이해하고 본질적으로 이해하지 않기 때문이다. 가령 조선이 내지보다 더 큰 힘이 있고, 자신이 하고 싶은 대로 조선에만 유리한 행위를 수행할 수 있다고 하더라도 그것을 바로 찬동할 수는 없다. 왜냐면 본질적으로 이 같은 이상을 그 생명으로 하고 있지 않는 시대 사회만을 가진 조선으로서는 단지 입장을 유리하게 한 것에 지나지 않고, 진실로 세계 평화의 근거인 일본의 힘을 [즉 본문계단(本門戒壇)[13]으로서의 일본의 힘을] 감소시키게 되어 정의 실현을 전혀 바랄 수 없게 되기 때문이다. 일본을 이렇게 인식하지 않고서는

---

13 일련종(日蓮宗) 3대 비법(三大秘法) 중 하나로, 본문(本門)의 본존에게 귀의하여 본문 제목(南無妙法蓮華經)을 외우는 수계(受戒) 장소를 말한다. 『三大秘法鈔』에서는 그렇게 설명하고 있지만, 이에 진위 문제가 있으며, 이를 위찬(僞撰)이라고 하는 입장에서는 계단(戒壇)은 만들어 놓은 계단이 아니라 한마음으로 제목(南無妙法蓮華經)을 소리내어 읽는 곳이라고 한다.

참으로 제대로 이해하고 있는 것이라고 할 수 없다. 즉 일본의 존재 목적은 일본으로서 있는 것이 아니라 세계 평화를 위해서 존재하는 것이라는 사실을 제대로 이해해야 한다. 조선의 해결과 행복은 이 주의와 결합되어 있어, 세계적으로 이 주의 실현을 수행함으로써 해결되는 것으로 이와 분리해서 생각할 수는 없다. 이 아름다운 이상에 반대하는 것은 조선인이라면 민족적 편견을 가진 자이며, 일본인이라면 천황의 정신에 배반하는 미완성 신민이다.

우리 천황정치의 정신은 결코 타민족을 무시하고 타민족을 일본인화하려고 하는 것이 아니다. 지나 민족이나 독일 민족을 일본인의 변종으로 만들려고 하는 것이 아니다. 이러한 사실을 충분히 이해하고, 그 진의를 배반하지 않도록 자성해야 한다. 실재하는 민족을 존중할 줄 모르고 무시하려 하는 경향이 있다면, 그 사람은 일본의 천황정치를 이해하지 못하는 사람이다. 하물며 다른 민족을 권력적으로 지배하려고 하는 태도가 있다면 그것은 제국주의의 보조자는 될 수 있어도 "민(民)을 지도하는 근본은 교화(敎化)에 있다"는 신성한 천황정치를 익찬(翼贊)하는 것과는 한참 동떨어진 일이다. 어떤 민족이라도 그 문화를 존중하고, 동일한 신민으로서 부끄럽지 않은 폐하의 적자가 되도록 진심을 담아야 한다.

그러므로 나는 내선일체를 인격적 결합으로 수행하지 않으면, 즉 해결해야 할 것을 해결하지 않은 채 형식적·기계적으로 한다면 언제까지나 완전한 일체가 될 수 없고, 어디까지나 일본의 모순 세력으로 존재하게 된다고 본다. 진실로 협화(協和) 정신을 그대로 실천하고, 일본이 장래 팔굉일우를 실현하는 간선(幹線)이 되도록 해야 한다. 만에 하나 이를 완전하게 수행할 수 없다면 세계의 그 누구도 이 신성한 주의를 들어 주지 않을 것이다. 그러므로 팔굉일우의 현실적 시금석은 내선의 일체적이며, 인격적인 결합이라고 생각한다.

이 같은 내 견해는 지금까지의 일본의 경제기구를 무시하려고 하는 것이 아니라, 일본이 자본주의 경제기구를 채용하여 온 사실에 대해 가장 냉정하게 국체학적인 비판을 하려고 하는 것이다. 그러나 다른 나라처럼 자본주의 모순을 극복하기 위해 두 계급이 혈전을 통한 혁명운동을 할 필요가 적어도 일본에는 없다. 일본의 생명체로서의 역사를 잘 알고 있다면 그 모순을 어떻게 자연스럽게 천황을 중심으로 무난하게 극복해 왔는지를 알 것이다. 이것은 생명체의 발전 법칙에서 비롯하는 것이다.

일본은 우리의 노력 여하에 따라 자본주의적 형태는 물론이고, 그 잔재까지도 완전히 해결할 것이며, 해결하지 않고서는 일본 국체는 명확한 증거가 되지 않는 것과 동시에 동아시아의 참된 평화는 건설되지 않을 것이다. 물론 이런 국내의 모순이 해결되지 않는 한 일본의 기능은 명백히 나타나지 않는다. 바로 이런 까닭에 국내 정치 혁명의 문제가 완전히 해결되어야 그 주의 실현을 완성할 수 있다. 일본이 자본주의 경제기구를 갖고 있으므로 그것이 바로 제국주의적 야심을 청산하지 않은 것이라고 관측하는 것은 정당한 일본 인식이 아니다. 이렇게 말한다면 일본은 착한 마음만 가지고 성악설이 성립되지 않는 것으로 생각될지도 모르지만, 그러한 것은 아니다. 현실적인 악성(惡性) 부분을 가지고는 있지만 자국의 힘으로 자연스럽게 생명변증법적으로 극복될 수 있다고 말하는 것이다. 일본을 정당하게 파악하려면 일본의 국체가 어떠한 것인가를 알아야 하며, 국체를 알기 위해서는 우선 생명변증법을 이해해야 한다. 그리고 생명변증법을 이해하려면 유물변증법을 극복하며 발전하고, 그 오류를 청산해야 한다.

원래 자신의 세계관이 있으면 그것에 다소 모순을 느끼더라도 그것을 극복하고 발전시킬 우위에 있는 다른 세계관이 수립되지 않는 한 자신의 세계관을 바로 버릴 수는 없다. 우리가 과거 공산주의 실천운동을 할 때 공산주의에 대한 아무런 의문도 없기에 행동했는가 하면, 그렇지 않다는 것은 모두가 잘 알고 있을 터이다. 단지 대체로 세계관의 기본 문제가 그러한 의문을 감내할 수 있기에 그런 세계관을 가질 수 있는 것이다. 그러므로 더 훌륭한 세계관이 있지 않는 한, 자신의 세계관을 버리고 공허한 인간이 될 수는 없는 것이다. 조선에서 전향을 운운하는 것은 진실로 양심적이며, 학문적인 발전 경로를 밟지 않는 한, 양심적인 세계관의 수립이 없는 한, 그것은 비인격적인 기만행위라고 단정받아도 불복할 수는 없지 않을까. 당국도 이런 의미를 잘 이해하여 전향을 요구하기보다는 더 훌륭한 고차원의 세계관을 제공해야 한다는 사실을 알아야 한다. 그렇게 하지 않고 이루어지는 사상 선도는 모두 무의미하며, 헛된 수고라고 나는 믿는다.

나는 과거의 지도자들이 진실로 조선을 사랑하고, 조선 대중의 행복을 충심으로 바란다면 어떠한 세력의 압제에도 자신의 냉정함과 반성, 정의에 대한 애호와 그것을 기초로 한 고집을 버려서는 안 된다고 생각한다. 그러나 자신의 이론을 실천할 수 없다면 그 이유를 따져 봐야 할 것이다. 그것을 그대로 사수하는 것은 관념자이자 기회주의자이지, 진실로 조선을 사랑하고 세계 평화를 추구하는 사람의 태도는 아니다.

평화를 건설하려는 열의가 있다면 관념적으로 사수하여 마르크스의 노예가 되지는 않을 것이라고 생각한다. 그리고 그런 양심적인 확신을 얻으려면 생명변증법을 연구해야 하며, 또한 일본의 국체에 대한 정당한 과학적 인식이 없어서는 안 된다. 나는 이것이 가장 정당한 태도라고 본다. 이하 각 항목에 대하여 내 견해를 논하겠지만, 요컨대 어디까지나 정의를 사랑하고, 학적 양심으로 실천하려고 하는 것이 내 입장이자 태도이다. (계속)

5월 25일

〈자료 68〉 내선일체와 조선 문학

[春園生, 1940.3, 〈內鮮一體と朝鮮文學〉, 《朝鮮》 298호, 朝鮮總督府, 65~73쪽]

내선일체의 실현성

조선은 중일전쟁을 계기로 여러 방면에서 큰 비약(飛躍)을 보였다. 여기에서 말하는 비약이란 일반적으로 사용되고 있는 '진보'라는 단어의 수사적인 과장이 아니고 논리적 비약이라던가, 진화적인 비약이라던가 하는 경우에서의 비약이다. 진화 또는 변천 과정에서 자연스럽게 지나야만 하는 모든 단계를 한달음에 뛰어넘었다는 의미의 비약이다. 교육령 개정도 비약이고, 지원병 제도도 비약이고, 내선일체라는 표어도 비약이고, 무엇보다 조선 민중이 진심으로 일본 국민이 되려고 결심하고, 실제로 그 결과를 나타내고 있는 것이 진정한 비약 중의 대비약(大飛躍)이라고 말할 수 있다.

미나미(南) 총독은 조선 통치의 비약을 위한 크나큰 한 시기를 긋기 위하여 오셨음이 틀림없지만, 그렇다고 해도 중일전쟁이라는, 아니 아시아 재건설이라고 할 이 성업이 시작되지 않았다면 미나미 총독의 부르심이 이렇게도 적확하게 조선 민중의 마음에 공명하고, 이렇게도 강한 효과를 거둘 수는 없었을 것이다. 앞으로 조선의 대비약은 성전(聖戰)을 통한 제국의 신성한 모습의 발로와 미나미 총독의 총명하고도 성의 있는 의도(意圖), 그리고 조선 민중의 국가에 대한 마음자세 세 가지가 서로 잘 맞아떨어져 이루어진 것이라고 말할 수 있을 것이다. 이러한 의미에서 이것은 실은 비약이 아니라 당연하고도 필연적인 인과 과정이라고 보는 것이 지당하다. 근거가 충분히 갖추어지지 않으면 결과는 절대 나올 수 없다. 지금 우리의 성의 있는 노력이 근거를 증강시키고, 동시에 그 근거는 결과로 바꾸기 위한 인연이 되는데 지나지 않는다. 절대로 무(無)에서 유(有)를 만들어 낼 수는 없다는 것이 자연의 이치이고, 동시에 인사(人事)가 역사(歷史)라는 이치인 것이다.

그래서 오늘날 조선에서의 내선일체 운동을 일부에서는 관제(官製)라고 칭하거나, 혹은 벼락치기 같은 임시변통이라고 폄훼하며 의심스러운 눈으로 바라보는 경향도 있지만, 그것은 인과관계의 이치를 무시한 견해다. 왜냐면 조선 민중의 진로가 황민화 이외는 없다는 엄연한 사실과 한편 국가에서 조선 민중에 대해 완전히 평등한 신민 자격을 허가한다는 의사 표시, 두 가지가 서로 합쳐져 내선일체라는 사실이 이루어지지 않을 도리가 없다는 것이다. 다만 현재 내지인 측에서는 조선인의 충성 정도가, 조선인 측에서는 내지인의 성의 정도가, 아직 확실하지 않은데다가 그 점을 실증할 정도의 많은 사례가 없다는 점에서 어쩐지 말뿐인 것이 아니냐는 느낌이 일부에 있는 것도 조금 수긍되는 점이 있기는 하다.

하지만 수천 년 동안 다른 역사에서 자란 7천만 대 2천만의 양 민족이 혼연(渾然)하여 한 나라의 국민이 된다는 것 자체가 이미 역사적인 대사업이기에, 완전한 성과를 하루아침에 요구한다는 것이 너무 성급한 사고이고, 서로 그 진심이 통하여 같은 신념을 안고 그것을 향해 노력할 결심만 가지고 있다면 우선 커다란 수확이고, 서로 경하해 주어야 하지 않을까. 게다가 조선 민중의 황민화에 대한 현재의 마음가짐만으로도 지금 이 비상시국을 타개하기에 충분하다고 단언할 수 있지 않은가.

문학의 국민성

조선 문학에 대해 말하자면, 문학은 정치 관념에 좌우되어서는 안 된다는 것이 통념(通念)인 듯하다. 문학이 어떤 이데올로기의 노예가 되는 것이 본연의 길에서 벗어난 타락이라고 하듯이 정치의 노예가 되는 것도 타락이라는 것이다. 이것은 정말 지당한 입장으로, 문학에 관한 진리다. 문학은 인성의 영원성을 의시(疑視)하고, 어떤 이데올로기에도 굽힐 수 없는 진실의 영가자(詠歌者)이고, 묘사자라는 점에 문학의 진가가 있다는 것은 말할 필요도 없다. 만약 그렇다고 한다면 일본정신과 문학 사이에는 어떠한 관계가 있을까. 하물며 내선일체와 문학은 어떠한 연관성이 있을까. 합리적인 인과관계로 떼어 붙일 그 무엇이 없는 것은 아닐까.

이것은 일단 수긍할 수 있는 이론이다. 아니, 이것은 진리다. 문학은 정치 관념 등에 좌우되어서는 안 된다. 작자의 인생관 내지 예술 감정 이외의 것에 좌우되는 것은, 관리가 사사로운 정이나 뇌물에 좌우되는 것이 악(惡)이듯이, 분명히 악이다.

그렇지만 '인성(人性)의 영원성', '작가의 예술적인 양심'이라는 관념을 무비판적으로 받아들여서는 안 된다. 그렇게 하면 우리는 중대한 오류에 빠질 염려가 있다. 그렇다면 그 중대한 오류란 무엇인가. 그것이야말로 문학의 국민성을 논하는 데 있어 근본적인 문제인 것이다.

우리는 인류라든가, 인성이라는 말을 함부로 사용하는 습관을 가지게 되어 버렸다. 마치 개인이라는 말을 함부로 사용해 온 것처럼 말이다. 그렇지만 바른 인식에서는 개인이라는 전혀 독립된 개체가 없듯이 인류라는 완전히 보편화된 것도 사실은 존재하지 않는 것이다. 개인이라는 것도, 또 그 극단적인 인류라고 칭하는 것도 하나는 지극히 나이브한 감각적인 견해이고, 다른 하나는 지극히 추상적인, 설사 공상(空想)이라고까지는 못한다 해도, 이상적인 개념으로 모두 현실적인 존재가 아니다. 우리가 현실적으로 인식할 수 있는 것은 실제의 민족 또는 국민뿐이다. 국민주의에 대해 개인주의라고 하는 자가 있는데, 국민적인 성격과 전통 등을 사상(捨象)하고 나면 뒤에 남은 개인이라는 것은 도대체 무엇이라는 것인가. 그것은 필시 그림자보다도 옅은 것이고, 생명력이 거의 없는 것이다. 따라서 혹자가 '자신은 독립된 한 개인이다'라고 생각한다면 그것은 착각이나 환영에 불과하다. 이에 반해 혹자가 '자신은 세계인의 한사람이다'라고 칭한다면 이 또한 개인과는 다른 의미에서 착각이거나 환영이다. 왜냐면 유대 민족조차도 무슨 나라이든지 국적을 가지고 있고, 어떠한 국민성에 물들어 있기 때문이다. 인류 진화의 먼 장래에 어떤 단계에서라면 모르겠지만 내 인식 영역에서는 국민성을 초월한 세계인은 있을 수 없다. 석가모니조차도 인도인으로 태어나셨고, 인도인 전통을 기반으로 인도인에게 가르침을 주시지 않았는가. 그리고 그 우주주의라고도 할 석성(釋聖)은 확실하게 국왕에 대한 충의를 설교하고 있는데, 이것은 국민 생활이 인간 생활의 단위라는 것을 인정하신 것이다. 사실상 우리는 국가를 통해, 즉 국가에 대한 의무를 통해 인류(人類)에 달할 수 있게 되는 것이다.

이런 견지에서 우리는 개인주의와 세계주의의 이름으로 통하는 모든 인생관을 잘못된 것으로 배제해야만 한다. 그런데 소위 자유주의라는 이름으로 통하는 정치사상, 문학사상은 개인주의적인 것이고, 소위 사회주의라고 통하는 정치, 경제, 하회, 또는 문학예술에 대한 사상은 세계주의적인 것이어서 모두 잘못된 견해에 속한다. 조금 더 적절한 말로 바꿔 말하면 개인과 세계의 의의를 잘못 생각한 인생관·문화관·예술관이라고 할 수 있을 것이다.

무척 부족한 논술이기는 하지만, 이것으로 '문학의 국민성'이라는 사실을 파악하였으리라고 생각한다.

조선 문학의 장래

그렇다면 이제까지의 조선 문학은 어떤 것이었을까.

여기에서의 조선 문학이라는 것은 한일병합 후의 새로운 문학을 가리키는데, 그것만으로도 작자는 수백 명에 이르고, 작품은 수만을 넘을 것이기에 이것을 간단히 분류해서 끝내는 것은 결코 간단한 일은 아니지만, 편의상 과거 30년간 조선 문학의 경향을 인도주의, 사회주의, 예술지상주의 3가지로 크게 나눌 수 있다. 이 중 인도주의란 국민적 편견에서 벗어나 인간을 인간으로 보고 사랑한다는 태도이고, 톨스토이적이라고 말할 수 있을 것이다. 사회주의란 말할 필요도 없이 인류를 유산·무산 두 계급으로 나누어서 서로 적대시하여 무산대중으로 하여금 유산계급을 증오하게 하고, 조국을 유산계급의 이익만 대표하는 존재로 부각시켜 이에 반항하도록 만들려는 것이 예의 무산(無産) 문학이라는 것이다. 지금까지 조선에는 '나는 일본 국민이다'라는 강한 신념과 고양된 감격으로 만들어진 문학은 거의 없다고 해도 과언이 아닐 것이다.

이상(以上)으로 거론한 과거 30년간의 조선 문학의 태도는 모두 청산되어야만 한다. 세계주의와 개인주의가 일본의 국체 관념으로 돌아오는 것은 말할 필요도 없지만, 민족주의는 인식과 동정의 범위를 2천만에서 9천만으로 확대하고, 그 향토애를 조선반도에서 일본 제국 전체로 넓혀야만 한다. 이것은 단순히 조선인만의 문제가 아니라 내지인도 마찬가지라고 믿는다. 즉, 세계주의와 개인주의[이것은 모두 바르지 않은 의미에서, 즉 국민성을 사상(捨象)한 의미이지만]를 청산해야만 한다는 것은 내지인 측에서도 마찬가지일 것이고, 또 민족에 관한 인식과 동정의 범위를 7,000만에서 9,000만으로 넓힌다는 점에서도 마찬가지이어야만 한다. 작년에 조선문인협회가 생긴 것도 실은 이러한 취지이다. 조선반도의 문학에서 바람직하지 않은 경향을 청산하고, 진리와 정의를 기조로 하는 새로운 일본 문학으로 나아가려는 것이다.

이렇게 말한다고 해서 절대 쇼비니즘(chauvinism)¹⁴을 고창하는 것이 아니다. 일본정신이란 그런 편협한 것이 아니다. 팔굉일우(八紘一宇)로 이것을 안팎으로 펼친다는 취지, 모두 일본정신의 진리성, 정의성, 따라서 보편적인 타당성을 의미하는 것이다. 그저 오늘날 한낱 서양인들이 칭하는 진리와 정의라는 것과 일본정신은 중요한 점에서 서로 다르다고 말할 수 있다. 일본정신이 만약 일본인에게만 타당한 것이라면 그것은 일본인의 이상(理想)이라고 하기에 충분하지 않다. 이 정신에 의해서만 우선 동아(東亞)가 구원되고, 나아가서는 세계까지도 구원된다는 신념을 가질 정도의 것이어야만 일본정신이라고 할 수 있는 것이다. 우리가 문학의 기조로 하고자 하는 것은 실제 이러한 일본정신을 가리키는 것이다. 일본적이라면 무엇이든 좋다는 것은 아니다. 충효일치의 정신과 밝은 마음으로 신과 나에게 스스로를 바치는 진실로 감사하는 정신과 그에 걸맞은 모든 문화 정신을 가리키는 것이다.

이러한 정신을 기조로 한 문학을 만들려는 것이 조선문인협회가 이상으로 삼고자 하는 바이고, 일본정신에 근거하는 국민문학의 건설인 것이다. 조선 문인 대부분이 조선문인협회에 가입하였고, 그들은 국가에 대한 새로운 감각에 추진되어 일본정신에 근거한 자기 수양과 창작에 의해 앞으로 점차 새로운 문학을 낳을 것이다. 국문을 사용하는 자도 있을 것이고, 혹은 조선문을 사용하는 자도 있을 것이다. 하지만 어쨌든 일본정신을 기본으로 하는 국민문학이라는 점에 변함은 없다.

문학과 내선일체 결론

국민문학이라고 해서 국책 선전기관이 된다고 생각하는 자는 없을 것이다. 그와 마찬가지로 문학이 내선일체 이데올로기를 담는다고 해서 내선일체에 공헌하는 것도 아니다. 어느 작품이 만일 문학인데, 그 안에 내선일체 정신을 새겨넣었다면 그것은 상당히 멋진 일이기는 하지만, 문학이 특히 내선일체의 제등(提燈)으로 만들어질 필요가 있는 것도 아니다. 그저 좋은 일본정신의 문학이라면 좋은 것이고, 그것이 곧 내선일체 촉진에 이바지하는 문학일 것이다.

---

14 배외주의(排外主義).

그렇다면 문학과 내선일체의 관계는 어떠한 것일까. 문학이 내선일체를 위해 다할 수 있는 역할은 무엇일까.

확실히 역할은 있다. 있어도 아주 중요한 역할이다.

첫 번째는 내선 문화 교류의 한 일원으로 문학의 역할이다. 두 민족이 완전한 하나가 되기 위해서는 서로 진실로 이해해야만 한다. 왜냐면 애경(愛敬)은 이해에서 생기는 것이기 때문이다. 그런데 이러한 종류의 이해는 조사·보고와 여행 등에 의해 달성되는 것이 아니고 개인과 개인, 가정과 가정의 이해관계를 벗어난 새로운 접촉과 그리고 두 번째의 문화 교류다.

개인과 가정의 비이해적인 접촉이 상호 접촉의 가장 중요하고도 효과적이라는 것은 말할 필요도 없지만 다만 이것은 한정된 것으로 대량적으로 바라는 것은 좀처럼 용이하지 않다. 여기에 문학의 화려한 역할이 있는 것이다. 즉 조선인은 내지 문학을 읽는 것으로 내지와 접촉하고, 내지인은 조선 문학을 읽는 것에 의해 조선과 접촉하는 것이다. 그러하므로 진실된 일본 모습을 그린 문학과 진실된 조선의 모습을 그린 문학은 내선일체를 위한 최고로 좋은 자료라고 할 만하다. 그렇지만 문제는 진실된 일본의 모습, 또는 진실된 조선의 모습을 그린다는 것인데 이것이야말로 '일본정신을 기반으로 한다'는 문인의 자기 수양이 필요하고, 진실로 조국을 사랑하는 마음을 가지지 않는 자에게 조국의 진실된 모습이 보일 리 없다.

따라서 일본정신에 사는 문인의 문학만이 진실된 일본의 모습을 파악하고 이것을 세상에 전달할 수 있다. 조선 문인에게도 일본 제국의 구성 요소로 조선과 조선인을 잘 파악한 것이 아니면 진실된 조선의 모습은 그릴 수 없을 것이다. 일본인이 쓴 문학에서 일본을 잘못 전달한 것이나 조선인이 조선을 잘못 전달한 것이 적지 않은 것을 보면 대략 추측할 수 있다.

다음으로 중요한 것은 내선 문학 동지의 접촉이다. 문인은 정직하다. 그는 체면을 위해서라든가, 겉치장을 해서 꾸민다든가, 그러한 세속적인 행위와 거리가 먼 종족이다. 그들은 느낀 대로, 본 대로를 솔직하게 내뱉는 것이 원칙이고, 게다가 느낀 것, 본 것을 머릿속에 숨겨 둘 수 없는 결벽자들이다. 그는 때와 상관없이 장소와 상관없이 자신의 느낌과 생각을 한 자루 붓으로 방송하는 습성을 가진 자들이다. 그래서 내지 측의 한 문인에게 조선에 대한 진실된 인식을 전한다는 것, 또 조선 측의 한 문인에게 내지인에 대한 좋은 인식을 주는 것이 얼마나 중요한 의미를 가지는지는 상상하기 어렵지 않을 것이다. 그렇지만 문인이라는 자는 정치가라든가, 실업가라는 종족을 신용하지 않는다. 그들이 가장 신용하는 것은 민중 자신이든지, 아니면 문인 자신들로 길거리의 한 거지들의 말에 한 정당의 총재 말보다도 더욱 귀를 많이 기울이고, 그리고 보다 많은 진리를 발견하고 싶어하는 자이다. 그다음은 문인의 아주 훌륭한 시구를 존중하고 변덕스러운 말을 존중하지만, 그것은 예복을 입고는 있지만 민중 대표자로서의 숨김없는 말을 믿는 것으로 반드시 문인의 편벽(偏僻)이라고만은 한정할 수 없는 것이다. 이러한 이유로 조선 문인끼리의 접촉은 내선 관계의 해결에 있어 몹시 중요한 의미를 가진다고 말할 수 있다.

결론

이상 진술한 것을 요약하면 앞으로의 조선 문학은 '나는 일본 신민이다!'라는 새로운 감격을 기조로 한 국민문학성을 강하게 띨 것이다. 그리고 내선 문학 및 문인 또한 문화인이 서로 연결되고, 또 새로운 접촉에 의해 촉진됨으로써 문학에 새로운 한 시대를 열 것이다. 조선 민중은 오랫동안 감격에 목말라 있다. 감격이 없는 곳에 문학은 없다. 설사 감격이 있다 해도 그것은 아주 개인적인 것이든지, 회고적인 것으로 웅대함이 부족하다. 국민적인 감격보다 웅대한 것은 없다. 진실로 내선일체가 실현되어 조선 민중이 일어나 국민적인 감격에 불탈 때, 그때 조선에는 대(大)문학이 태어날 것이다. (끝)

〈자료 69〉 발전하는 조선 - 범죄 타진

[이토 노리오(伊藤憲郎), 1941.10, 〈進む朝鮮―犯罪打診〉, 《綠旗》 68호, 272~275쪽]

양귀비(罌粟) 꽃

교외 언덕에 하얀 꽃이 석양이 지는 여름날 눈부시게 피어 있다. 가까이 다가가니 양귀비밭이다. 장소는 낙동강 지류 황둔강(黃屯江)에 임한 K읍. 나는 새로 생긴 등기소 낙성식에 얼굴을 내밀고 이어서 경찰 업무를 보아야 했다.

다음 날 서장과 위생 주임의 안내로 직접 채액(採液) 상황을 파악할 수 있었다. 열너댓 살

정도의 소년이 양귀비 머리에 작은 칼을 대고 한 바퀴 돌려 상처를 내면 잠시 후 하얀 액이 배어 나온다. 그 소년의 뒤를 쫓아 나이 많은 두 부녀자가 쇠뿔잡이 항아리를 왼손에 들고 오른손으로 그 액을 닦아 항아리 속으로 넣으며 나아간다. 어떤 사람의 말에 따르면 작업은 간단한데 남자도 30분 이상 밭에서 이 일을 하고 있으면 취해서 구토를 하게 된다고 했다.

K읍에서는 올해 처음으로 재배 허가를 받았다고 하는데 앞으로 많은 지도를 할 필요가 있다고 했다. 항아리의 흰색 액체는 모아서 햇빛에 말리면 흑설탕같이 된다고 한다. 밭에서 나온 나는 부근에 있는 한 농가에 들어가 그 흑설탕 모양의 것을 한 치 정도의 두께로 쇠대야에 바른 것을 보았다. 이것이 생아편이었다.

위생주임은 "이것이 아마 시가 2천 엔 정도, 아편 흡연자라면 평생 흡연할 수 있는 양이라고 합니다"라고 하며 웃었다. "그래서 이 쇠대야를 이 집에서는 애지중지하는 것이죠"라고도 말했다.

서장의 이야기로는 이것을 팥 크기만큼만 먹어도 사람이 죽고, 또, 이런 고가품은 함부로 타지방으로 반출할 우려가 있고, 타지방에서 중독자가 들어오게 되기에 여러 가지로 단속을 엄중하게 해야 하는데, 아직 관내에 한 건도 문제가 발생하지 않은 것은 다행이라고 말했다.

그날 밤 나는 여행지라 잠도 잘 들지 않아 고생했던 아편 재판소를 떠올렸다. 그 무렵 아편 사건을 제법 다루었다. 귀족이라는 사람까지 법정에 나타났었다. 안면 창백 - 나는 관(冠) 아래로 나도 모르게 빤히 쳐다보지 않을 수 없었다. 그리고 법 단에 나란히 놓인 아편 흡연기가 검게 그을려 있는 것을 바라보았다. - 양귀비밭 견학은 뜻밖의 수확이었다.

부산으로 온 지 7개월이지만 아직 한 건도 아편 재판은 없다. 많은 지방도 옛날과 달리 이런 종류의 사건은 적을 것이다. 즉 조선은 진보한 것이다. 수년 전이라고 생각한다. 외국인의 총독정치 비평에 조선이 지나와 달리 아편 흡연 방지를 논하는 것을 칭찬했던 것으로 기억하고 있다. 그런데 양귀비 재배를 확대하는 데까지 이르게 된 것이다.

붕어

T형무소는 그 무렵 이른바 사상 형무소라고까지 불릴 정도였다. 상당수의 사람이 수용되어 있었다. R은 옥중에서 전향했다. 더욱이 그의 전향은 전향 이전의 전향이었다. 그 이유

는 전향이라는 말이 생기기 전, 그러니까 일반 개념에 따른 개전(改悛)에 의해 재빨리 사상운동의 오류를 스스로 인정하고, 차분하게 아침저녁을 맞이하며, 형이 만기되기 전에 가출옥이라는 은전을 입고 고향으로 돌아갔다.

그가 아직 옥중에 있던 어느 날 같은 방의 죄수와 함께 명령을 받아 구내에 있는 연못의 준설 작업을 하는데 흙탕물 속에서 붕어가 한 마리 손에 걸렸다. 간신히 잡아서 감방으로 가지고 돌아왔다. 그는 환희에 찼다. 자비로운 간수가 슬쩍 병을 넣어주었더니 그는 그것을 낮에는 높은 방 창문가에 두고, 밤에는 마루방으로 내려두었다. 겨울밤에는 매일같이 넓적다리 사이에 끼고 온기를 주었다. 붕어는 그의 사랑을 받아 자라났고 마침내 2년의 세월이 지났다.

감옥 밖에 피는 빨간 꽃을 보고 탈옥했다는 이야기가 있는데 그는 무심히 헤엄치는 붕어와 함께 평화로운 날을 보낼 수 있었다. 그는 출옥하는 날 옷을 갈아입고 담당 간수장에게 그 붕어를 건네며 조용히 철문을 나갔다.

나는 최근이 되어서야 그 간수장에게 R과 붕어 이야기를 들었는데 그때 간수장은 그 붕어를 줄 걸 그랬다고 안타까워하고 있었다. 붕어 주인이 지금 어디에 있는지 모르지만, 틀림없이 열심히 조선을 위해 민중과 함께 일하고 있을 것이다.

사랑의 요새

여자를 소중히 하는 것은 가정 안에서만의 일이 아니라고 생각한다. 어머니와 자매를 사랑하는 것은 사회적으로 보아도 중대한 사항이다. 요즘에는 요즘 약취결혼죄가 완전히 사라지고, 또 본남편 살해와 같은 사건도 매우 숫자가 적어진 것은 범죄 타진에 의한 조선의 진보다.

빼앗기면서도 결혼하는 여자는 자각이 없고, 결혼하면서도 사랑 없는 부부는 타인의 모략이 행해진다. 여하튼 이것은 사회 구성의 결함일 것이라고, 젊은 시절에 용모가 아름다운 여자의 재판에 입회하면서 늘 생각하게 되었는데, 요즘은 꽤나 사회 양상이 달라졌다고 생각한다.

조선에서도 사랑의 요새는 곳곳에 멋들어지게 지어지고 있다. 단어를 범죄학적으로 바꾸자면 부부 생활은 사랑에 의해 진실하게 결합하고, 협력하여 타인으로부터의 불법 침해를 배제하는 것이다. 이 배제의 경우에 범죄 행위가 동반되는 경우가 있어도 그것은 부부애로 인해 동정을 받아야 하는 성질의 것이다.

2, 3년 전에 나는 〈여로〉라는 영화를 보았다. 아버지 성팔(成八)은 밀양강(密陽江)의 나룻배 사공을 생업으로 하고 있었는데, 아들 복룡(福龍)은 젊고 아름다운 아내 옥희(玉姬)와 아이를 남기고 타지로 돈벌이를 나간다. 이발소 삼수(三壽)는 복룡의 아버지를 죽이고 옥희를 손에 넣으려고 했으나 때마침 복룡이 집으로 돌아와 싸움이 벌어지게 되고 삼수를 죽음에 이르게 만들었다. 밀양강 강물을 배가 가른다. 순사에게 끌려가는 삼수[15]와 배웅하는 옥희와 아이가 클로즈업된다. 하늘과 물과 미루나무 – 인생의 쓸쓸함이 배어 나오는 영화였다.

이 영화는 비단 조선뿐 아니라 도쿄에서 상영되어 큰 감동을 주었다고 한다. 최근에 나온 책 〈여성사 연구〉에도 몹시 칭찬하는 평이 실려 있다. 감옥으로 끌려가는 남편을 보내는 아내는 통곡하며 아이에게 "아버지가 또 떠나셨구나. 하지만 이번에도 좀 긴 여로일 뿐이란다. 아버지는 꼭 돌아오셔!"

복룡은 어디에서 재판을 받았을까. 어쨌거나 분명히 동정을 받아 관형(寬刑)이 내려졌을 것이다. 부부애로 인한 범죄라고 인정될만한 사건일 것이다. 여하튼 긴 〈여로〉는 끌려간 남편보다도 특히 인고의 아내, 여성이 거쳐야만 했던 길이었다. 이러한 여성의 존재는 사회의 진보를 약속하는 것이라고 생각하고 싶다. 결코 이것은 여성을 노예시하는 사고방식이 아니라고 생각한다. 나는 영화 〈여로〉를 봄으로써 옛날에 고민했던 약취죄(略取罪)와 본남편 살해 재판에서 비로소 해방된 듯한 기분이 들었다.

해부

광주에서 검사를 하고 있던 때의 일인데, 아침 일찍 우유색으로 밝아오던 무렵 전화벨이 정적을 깨고 울려대 수화기를 귀에 대니 나주 경찰서였다. 내용을 듣자 하니, 읍내 어느 부잣집에서 결혼식이 있어 동네 거지들이 몰려들어 요리사가 시끄럽다고 호통치며 한 사람을

---

15 원문대로임. 그러나 전후 문맥으로 보아 '복룡'의 오기로 보임.

밀쳤는데 돌에 머리를 부딪혀 죽었다는 것이다. 창에 있는 커텐을 열고 밖을 보니 눈이 좀 내리고 있다. 나는 관청에 전화를 걸어 수배를 의뢰했다. 아침 식사를 마치고 기다릴 틈도 없이 이 서기가 의학 박사 최씨와 관청 자동차로 관사로 와 주었기 때문에 바로 나왔다. 눈은 개었다. 순탄히 나주 가도를 달렸다. 그러나 꽤나 추워서 나는 때때로 무심결에 제자리걸음을 했는데, 사건은 이른바 시정의 작은 사건이라 마음은 가벼웠다.

도착 – 먼저 현장 검증, 피해자가 쓰러진 장소는 우물가였다. 퍼 올린 물을 충분히 쓸어 내지 못해서 계속 얼어붙어 두꺼워져 미끌미끌했다. 피해자가 밀쳐진 탓에 미끄러진 것으로 예상되었다.

그날 바람은 서쪽에서 불고 있었다. 시체는 읍의 서쪽 변두리에 있는 민가에 있었다. 최씨는 옷을 갈아입고 메스를 들었다. 들판에 부는 겨울바람은 매우 강해서 사법 주임들이 모닥불을 피워 주었지만 화기가 올라오지 않고 연기만 나서 오히려 일에 방해만 되었다. 최씨는 "저는 춥지 않습니다"라고까지 말했다. 그러나 보호 장갑에 피가 빨갛게 물들어 보기에도 손이 시려워 보였다.

규정대로 진행했으나 그날 최씨는 조수를 데리고 오지 않았다. 이 서기가 "저라도 괜찮으시면"이라고 하길래 옆에서 나도 할 수 있으면 가능한 만큼 해 보라고 했다. 이 서기는 노련하기로 유명한데 최씨의 손놀림에 따라 거침없이 기록하기 시작했다. 의학 전문용어는 어려울 뿐만 아니라 때로는 불필요하게 독일어가 섞인다. 거의 3시간 만에 일이 끝났다.

해부 결과 사인은 뇌저(腦底) 골절로 판정되었는데, 의사는 이 남자가 이런 기이한 병을 가지고 있고 이것은 무시할 수 없는 일이라고 설명했다. 내게 환부를 보여 주었지만 설명할 만한 기본 지식이 내게는 없다. 바람은 세고 추위는 더 심해져 온다. 나는 "그 점은 나중에 자세히 부탁드리겠습니다"라고 말했다. 솔직히 나는 이미 진저리가 나 있었던 것이다.

나는 계몽되어 가는 조선을 생각했다. 근대 형사소송법의 치밀한 구성하에 합법적인 검증이 이루어진다. 그리고 반도 출신 촉탁의에 의한 해부와 재판 서기에 의한 조수 대행은 불법행위의 근본을 규명해 밝히는 일이다. 나는 아마 그 나주평야 일각에서 이루어진 겨울의 해부 정경을 언제까지고 잊을 수 없을 것이다. (필자는 부산 지방법원 검사)

〈자료 70〉 사상의 숙정

[고봉(孤峯), 1941.7, 〈思想の肅正〉, 《朝鮮公論》 29권 7호(통권 340호), 29쪽]

오늘날 일본에 있어서 가장 큰 위기는 무엇인가.

우리는 주저 없이 곧바로 사상의 혼란이라고 답할 것이다. 왜냐면 일본의 여러 가지 병적 현상의 근원이 바로 사상의 혼란에 있기 때문이다. 사상의 통일·숙정(肅正)[16]을 기하지 않는 이상은 황국의 발전은 어렵다고 생각된다. 돌이켜보건대 일본의 사상 혼란을 초래한 것은 다름 아닌 경제학자와 법률학자라고 누가 부정하겠는가. 전자는 처음에는 개량 사회주의 이론을 이식하고, 나중에 '마르크스' 이론을 전파했다. 후자는 처음에는 개인주의적 로마법 이론을 이식하고, 이후에 법률 감정, 법률 의식이 다른 이민족, 이국법의 법전을 번역하여, 다시 극단적인 자유주의적 법률 이론을 전파했다. 최근 법률학자는 실제 생활과 동떨어진 개념 법률을 구성한 법률 이론을 짜내어 일본 법률계를 풍미하고 있다.

국가가 존재해야 경제가 있다는 것을 의식하지 않는 경제 원칙은 없다고 생각하지만, 만일 있다고 가정한다면 그 경제 원칙, 즉 그에 입각한 이론은 편협하며, 가공의 원칙일 수밖에 없다. 경제 원칙은 국가에 의존하고, 경제 이론은 이 원칙에 근거하여 구성되어야 한다. '마르크스' 경제 이론이 국가를 종속시킨 탓에 파탄이 난 것이라는 사실은 잘 알려진 바이다. 여하튼 생활을 잊은 법률 개념, 혹은 법규를 법률이라고 하는 폐습이 학자들 사이에 있는 게 아닐까. 법률 이론에 초국가적 가치가 있다고 하면서 도덕이 법률의 근저임을 의식하지 않은 채, 도덕을 법률이라는 테두리 밖에 두려고 하고 있다.

이러한 상황이므로 일본의 사상이 오늘날과 같은 혼란을 보이고 있다. 그러면 이 사상의 혼란을 어떻게 숙정할 것인가. 말할 것도 없이 건설적 고안과 그 단속 방법이다.

---

16 부정을 엄격히 단속하여 바로잡다는 뜻이다.

〈자료 71〉 우리는 대동아의 중핵 분자

[가나가와 고키(金川聖),[17] 1943.9 〈我等は大東亜の中核分子〉, 《朝鮮公論》 개권(改卷) 제2권 9호(통권 366호), 40~41쪽]

1943년(昭和 18) 8월 1일 이날이야말로 반도 2,500만 황민(皇民)의 다년간 숙원(宿願)이 보답을 받아 대망의 징병제가 실시된 날이자 역사적 감격의 날이다. 야만적인 귀축미영(鬼畜米英)[18]을 물리쳐서 동아 백 년의 숙원(宿怨)을 풀고, 대동아공영권 건설을 위해 황국이 심혼(心魂)을 기울여 싸우고 있는 요즘, 애국 지정(至情)에 불타는 반도의 정예(精銳)도 선택을 받아 성전(聖戰)에 출정하여 승리의 마당에 설 수 있는 것이다. 참으로 대어심(大御心)[19]이 황송 감격의 극치이다. 더할 나위 없는 광영이 따르는 무거운 대임(大任)을 생각하며 부름을 받은 자는 물론이거니와 반도 2,500만 황민은 이제 모두 감분흥기(感奮興起)[20]함으로써 성려(聖慮)[21]에 부응해 받들어야 한다. 그리고 길은 하나, 우리 조국(肇國)[22] 역사와 건군(建軍)의 본의를 철저하게 하여 종래의 생활 태도를 근본부터 개선하고, 대군(大君)[23]의 방패가 되기 위해 모든 것을 바치는 것이 바로 그것이다.

대일본은 신의 나라이며, 천황은 현인신(現人神)이다. 천황을 모시고 받드는 것이야말로 황국 신민(臣民)으로서 바람직한 본연의 모습이며, 다른 나라에 유례가 없는 우리 국체(國體)의 본의도 역시 여기에 근원이 있다. 대군의 부르심이 있다면 오로지 삼가 받들어 '물에 젖은 주검, 풀을 나게 하는 주검'[24]이 될 때까지 싸워서 오로지 수호해 받들 뿐이다. 신도(神

---

17 본명은 이성근(李聖根, 1887~?). 가나가와 고키(金川聖)로 창씨개명했다. 평안북도 경찰 고등과장을 지냈고, 친일 경찰 김덕기의 상관이었다. 오동진 등 독립운동가를 다수 체포하고 살해했다. 1935년 편찬된 『조선공로자명감』에 수록되었다. 1941년 《매일신보》 사장에 취임했다. 1948년 반민특위에 체포되었으나 석방되었고, 한국전쟁 중 행방불명되었다.
18 태평양전쟁 당시 일본이 미국과 영국을 '짐승'이라고 경멸하고 욕한 표현.
19 일왕의 마음을 높여 부르는 표현.
20 느낀 바가 커서 떨쳐 일어나다는 의미다.
21 왕의 염려를 높여 이르는 말이다.
22 나라를 처음 세움.
23 일왕을 높여 부르는 호칭의 하나.
24 원문은 '水漬く屍, 草蒸す屍'. 원래 일본 고대 시가집인 『萬葉集』에 나오는 시가다. '草蒸す'는 풀을 찐다는 뜻이 아니라 '草 生す / 草 産す(발음은 'くさむす'로 같음)'로써 풀이 나다는 뜻. 1880년 궁내성 도기 스에요시(東儀季芳)가 곡을 붙여 군함 행진곡으로 불렀으며, 태평양전쟁 당시 제2의 국가로도 불린 노래의 가사다. 전체 구절

道)를 철저히 받들어 모시는 신실한 마음으로 되돌아가는 것이야말로 징병제에 대한 감사와 감격으로 들끓는 반도 민중이 지금 무엇보다도 명심해야 할 점이리라. 이렇게 명심함으로써 종래 반도 민중의 마음속에 자리잡고 있던 자유주의, 그 밖의 영국과 미국의 사상은 흔적도 없이 불식되고, 그 사생관 역시 저절로 개선되어 오늘부터는 뒤돌아보지 않고 천황을 위해 목숨을 바치겠노라는 철석 같은 각오와 결의가 생겨나는 것이다. 이로써 비로소 한없이 넓고 큰 성은(聖恩)에 보답할 수 있으며, 징병제 실시라는 광영에 보답할 수 있는 것이다.

징병제 실시로 황군의 일원이 되는 빛나는 자격을 얻은 반도 민중은 이제는 내지인과 함께 대동아공영권 내의 중핵 분자이자 지도 분자이다. 그 부탁 혹은 국방의 중요한 임무이니 가볍게 여기지 말아야 할 것이다. 항상 이 중대한 책임을 마음에 간직하고 반도 민중은 심신을 단련하여 스스로를 훌륭하게 만들어 그 영광스러운 본분을 완수해야 한다. 내지인도 또한 진정한 동포애와 육친의 애정으로 뒤따라오는 반도 민중을 위로하고, 이끌며, 서로 의지하고, 서로 도와 전 세계에 황도(皇道)를 선양하도록 노력해 주길 바란다. 이 정도의 결의를 반도의 민중은 오늘부터 바로 일상생활로 옮겨와 가정에서, 애국반에서, 직장에서 대대적으로 실천함으로써 필승불패의 신념을 다질 수 있고, 일사봉공(一死奉公)으로 국은(國恩)에 보답할 수 있는 것이다.

천황을 위해, 국가를 위해 모든 것을 바치는 것 – 징병제 실시라는 영광에 부응하는 반도 민중의 생활 태도의 토대는 이것이며, 이것뿐이다.

은 '바다에 가면 물에 잠기는 주검이 되고, 산에 가면 풀을 자라게 하는 주검이 되리(海行かば 水漬づく屍, 山行かば 草生す屍)'이다. 즉, 일왕의 옆에서 죽어도 후회하지 않는다는 결의를 나타내고 있다.

III

전시 체제하 고도의
사상탄압 대책 도입

해제

　제3장에서는 '전시 체제하 사상 상황 분석 및 대책'에 대하여 식민 통치 당국에서 파악한 보고서 등을 통해 당시 상황을 어떻게 파악하고 있었는지를 개관하였다.

　우선, 《조선공론(朝鮮公論)》 1933년 7월호에 수록된 도야마 산시로(遠山三四郎)의 〈사상 선도의 방법 어떻게 해야 하나(思想善導の方法如何)〉는 시기적으로 이해 6월 사노 마나부 등의 전향을 목도한 다음에 작성된 것으로 이후의 사상전향 정책의 방향성을 논한 글이다. 1929년 세계 대공황 이래 국제사회는 미국을 선두로 하는 세계 자본주의와 소비에트·러시아에서 실현되고 있는 사회주의의 양 체제가 격렬한 투쟁을 전개하고 있고 일본도 자본주의 체제를 지켜나가기 위해 적화 러시아와 싸워야 한다는 문제의식을 제시하고 있다. 그리하여 사상대책위원회를 내각에 구성하여 사법 당국뿐 아니라 문부성 및 정부 각 기관이 연합하여 불온사상 단속을 엄중히 하고, 불온사상을 예방하기 위해 일본정신 확립과 그 보급의 철저, 학교에서의 철저한 국사 교육과 함께 치안유지법의 '국체변경죄'에 대한 형량 강화 및 사상범죄에 대한 특별재판수속법 정비 등으로 국가 방위책을 수립해야 한다는 내용이다. 사상 탄압의 방향이 향후 어떻게 전개될 지를 예견하는 기사로 주목된다.

　중일전쟁기 조선군 참모본부가 작성한 〈쇼와(昭和) 12년도 전반기 조선 사상운동 개관〉은 1937년 1월부터 6월까지 조선 내 사상 상황을 분석한 것으로[1] 중일전쟁 직후에 조선에서 사상 상황이 어떻게 이루어지고 있었는지 그 전체상을 파악할 수 있는 자료다. 공산주의·민족주의 운동 외에 신사참배를 거부하여 폐교를 단행하게 된 기독교계 학교에서 일어난 학생 동맹휴교 관련 항의 사태, 공중변소에 반군·일제 패망 예견 낙서 및 독립운동 독려 낙

---

[1] 이 보고는 '1928년 12월 15일 자의 陸密第646號에 의한 것'으로, 1929년부터 연간 2회 조선군 참모부에서 작성하여 일본 육군성에 보고한 자료 중 하나이다. 朝鮮軍參謀長 久納誠一, 昭和12年, 「(朝參密 제588호) 思想情況に関する件」, 『密大日記』 第4冊, 방위성 방위연구소 소장

서까지 일일이 감시하며 대처했던 상황이 드러나고 있다. 특히 각 지방의 여론조사에 대한 통계표가 수록되어 있다. 그 내용을 좀더 살펴보면, 국가 관념에 각성한 것처럼 위장한 자가 23%라고 하였다. 이들은 "비교적 유식자 사이에 많고, 집요한 민족적 편견에서 탈각하지 못하는 자로서 세계에 유례가 없는 우리 국체를 이해하지 못하고, 제국 신민이라는 행복을 알지 못할 뿐 아니라 내심 이를 달가워하지 않지만, 현재의 정세에서 독립운동은 실현 불가능하므로 오히려 표면 온순을 위장하여 일본 통치하에 복종하는 것이 득책"이라고 타협한 자라고 하고, 그 내면의 진의는 "여전히 기

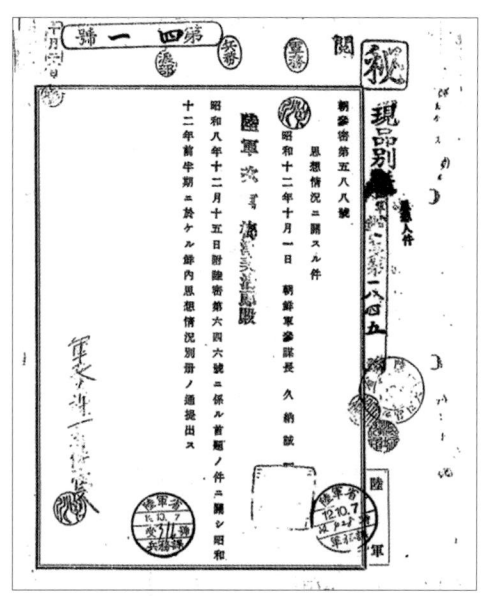

<그림 10> 朝鮮軍參謀長 久納誠一, 「(朝參密 제588호) 思想情況ニ關スル件」『密大日記』第4冊(昭和12年),

회를 얻어 조선 독립을 몽상하고, 혹은 공산화를 염원하고 있는 자가 역시 적다고 하지 않을 수 없는 상황"이라고 보았다.

한편 국가 관념에 전혀 무관심한 자는 전체 인구의 54%라고 한다. 이들은 "무지하고 저급한 노동자 및 농민층 대부분이 이런 부류에 속하고, 이들은 우리 국가가 어떤 것인지에 대한 이해 능력이 부족하여 사회제도에 대해서도 아무런 판단 능력이 없이 걸핏하면 주의자에게 기만·선동당하기 쉽고, 또 일면 지도를 잘 하면 선량한 국민이 되는 자로서 단지 자신의 생활 안정과 행복을 염원하여 이들에 대한 국가 관념의 보급은 당면하며 긴요한 일이다"라고 분석했다.

그 외에 내선융화를 인정하는 인구는 전체의 약 22% 정도로 보았다. 이러한 분석은 이 시

기의 사상 상황을 전체적으로 조망해 볼 수 있는 데이터로써 주목된다. 또한 각 지방의 단체·개인의 언설 동향을 요약한 부록 표가 첨부되어 있어서 말단까지 사상 사찰이 촘촘히 이루어지고 있던 정황도 파악할 수 있다.

〈중일전쟁 후 보안법 위반 사건에 관한 조사〉[2](《사상휘보(思想彙報)》19, 1939. 12)는 1937년(昭和 12) 7월 이후부터 1939년(昭和 14) 4월 말까지 각 지방법원 검사정이 당국에 보고한 내용을 분석한 자료다. 사상 탄압의 무기가 치안유지법으로 수렴되는 분위기 속에서 보안법 위반은 어떤 양상이었는지를 파악하는 데 참고가 된다. 그 특징으로는 "보안법 위반 사건 관계자 총인원 301명 중 여자는 8명에 불과하여, 정치 혹은 사상 문제에 조선의 농촌 여자가 거의 무관심하다는 점, 연령은 50세 이상이 132명으로 거의 절반에 해당하며, 30세 이하는 37명에 불과하다"는 점을 꼽았다. 이에 대해 "치안유지법 위반 사건은 통상 30세 이하의 청소년이 압도적으로 다수를 차지하는데, 보안법 위반 사건은 정반대로 40세 이상의 중년과 노년이 압도적으로 다수를 차지한다"고 분석했다. 또한 보안법 적용 대상이 대체로 유사종교가 많고, 사상적 배경은 민족주의가 많다고 하였다. 그 외에 이전과 달리 유언비어죄가 상당수에 달하는 점을 주목했다.

이 시기에 일제 사법 당국의 사상 정책과 그 인식을 알 수 있는 대표적 자료는 조선총독부 고등법원 검사국 사상부에서 펴낸 《사상휘보》다. 1931년 4월부터 관계자의 내부 자료로 간행한 《사상월보》가 1934년 12월부터 《사상휘보》로 제목을 변경하여 간행되었다. 제3장에는 《사상휘보》의 관련 기사를 다수 번역하여 수록했다. 그중 중일전쟁 전후의 고도화되는 사상 탄압 양상을 살펴볼 수 있는 사건으로 수양동우회[3] 사건 관련 내용을 번역했다. 《사상

---

2 〈支那事變以後に於ける保安法違反事件に關する調査〉, 《思想彙報》 19, 1939. 12, 61~83쪽
3 이 단체의 연혁을 살펴보면, 1922년 2월 이광수 등이 안창호의 흥사단 국내 조직으로 '수양동맹회'를 결성한

휘보》 12호(1937.9)에 수록된 〈동우회의 진상〉이 그것인데, 이 내용을 소개하면서 조선총독부 고등법원 검사국 사상부 측은 "표면적으로는 수양 단체를 가장하여 교묘하게 당국의 단속을 피하고, 내부적으로는 조선 독립을 목적으로 집요하게 운동을 지속해 왔음이 이번에 밝혀졌다"고 하며, 그 회원이 국내외에 600명이 넘는다며 위험시했다. 그 증거로 1929년 안창호가 미주 거주 동지에게 보낸 문서가 있다. 이 문서에는 흥사단을 신흥동우회라 개칭하고, 민족 혁명의 운동자로서 혁명 역량을 결집하자는 결의가 적혀 있다. 이 단체는 계몽 단체인데다가 1935년 이후에는 거의 활동하지 않았다. 그럼에도 이 단체를 갑자기 '사상 단체'로 탄압한 이유는 여기에 당시 조선의 대표적 지식인들이 다수 가입되어 있었기 때문이다. 즉 온건한 지식인 단체를 치안유지법으로 겁박함으로써 전시하의 분위기를 단번에 제압하고자 한 의도가 엿보인다.

조선총독부 사법 당국은 이를 수양 단체를 가장한 독립운동 단체라고 규정하고, 이광수 외 41명을 치안유지법 위반으로 재판에 회부했다. 1940년 8월 21일 경성 복심법원은 전원 유죄판결을 내려 이광수는 징역 5년형을 선고받았다.[4] 이에 이광수 등 36명은 고문에 의한 자백 강요 등을 이유로 상고하였는데, 1941년 7월 21일 고등법원은 전원에게 무죄판결을 내렸다.[5] 검사에서 변호사로 전직한 와키 데쓰이치(脇鉄一)를 포함한 변호인단의 〈상고취의서〉에는 고문에 의한 자백을 지적하는 한편, 심리 과정에서 구체적인 범죄 구성 요건을 검

것, 이어 7월에 평양에서 김동원 등이 실업 장려 단체로 '동우구락부'를 조직하였고, 1926년 이 두 단체가 통합한 것이 수양동우회다. 양현혜, 2008, 「'황민화' 시기 개신교 실력양성론의 논리 구조-수양동우회와 흥업구락부 세력을 중심으로」, 『종교연구』 50, 101~102쪽.

4 이광수 등 복심법원 판결문, 국가기록원 소장 참조.
5 荻野富士夫, 2022, 『朝鮮の治安維持法の現場』, 六花出版, 334~338쪽; 오기노 후지오 지음·윤소영 옮김, 2023, 『일제강점기 치안유지법의 현장』, 역사공간, 390쪽.

토하지 않고, "피고인의 사상 경향을 서술하고, 민족주의자임을 인정하고, 따라서 독립 이념을 품은 자라 규정하고, 그 독립 이념을 품은 자가 조성한 결사이기에 치안유지법상 결사다"라는 것은 논리의 중대한 비약이라고 지적했다. 결과적으로 사법부가 이를 받아들여 "기록에 대해 정밀히 검토한 결과, 원판결에는 중대한 사실 오인이 있다"고 인정하여 무죄를 선고했다.[6] 비록 수양동우회 사건은 무죄판결로 마무리되었지만, 대다수의 관계자가 무죄로 방면된 후 '전향'의 길로 나서거나, 침묵의 길로 나갔다. 유죄가 무죄로 뒤집힌 점에서 치안유지법이 결국 '이어령 비어령'식으로 적용되었던 실상을 드러내는 한편, 온건한 지식인들조차 치안유지법의 마수를 피해갈 수 없다는 '본보기'를 제대로 보여 준 사건이었다.

1930년대 후반에는 공산주의 사상자들에 대한 전향 공작이 일제의 사법제도 시스템을 이용하여 정교하게 정비되기 시작했다. 많은 사법부 관계자가 전향 정책에 대해 의견을 표명하였다. 《사상휘보》 제10호에 수록된 〈전향자 문제의 역사적 과정에 대한 전망〉[7]은 사회주의 운동가에서 전향 후 사상범 보호 감찰 기관인 제국갱신회의 보호 위원이 된 고바야시 모리토(小林杜人, 1902~1984)가 작성한 글이다. 그는 이 글에서 제국갱신회의 운영 및 보호관찰법, 사상전향에 관해 의견을 피력했다. 《사상휘보》 편집진은 이 글이 "전향의 본질 및 실천, 사상범 보호관찰법에 대한 전향자의 요망, 보호관찰소와 보호단체의 관계, 장래의 전향 문제 등에 관해 기술한 것"이어서 참고가 되리라 판단하여 싣게 되었다고 밝혔다.

고바야시 모리토는 1925년 일본무산청년동맹에 참가하여 1927년 일본농민조합 나가노(長野)현 소작조합연합회를 창립하고, 1928년 일본공산당에 입당하여 활동하다가 1928년 3·15사건으로 검거된 후 전향하여, 제국갱신회 사상부 주사(主事)로 근무하던 중 이 글을 발

---

6 앞과 같음.
7 「轉向者問題の歷史過程の展望」, 조선총독부 고등법원 검사국 사상부, 1937.3, 326~340쪽.

표했다. 애당초 《국민사상(國民思想)》 제2권 제12호에 게재된 글을 전재(轉載)한 것이다.

제국갱신회는 사상범 기소유예자나 집행유예자를 회원으로 한 단체로 1926년 12월 1일 대심원 검사를 역임한 미야기 초고로(宮城長五郞)가 최초로 설립했다.[8] 설립자인 미야기는 그 필요성에 대해 일본에 애당초 보호회가 있으나 이것은 수형을 마친 이들을 대상으로 하며, 기소유예나 집행유예자는 방치되어 있어서 이들을 보호할 기관이 필요했다고 한다.[9]

고바야시 모리토는 이 글을 작성하며 이 자료집에서 소개한 오사베 긴고의 논문을 참고하였다고 밝혔다. 그는 전향의 본질은 "일본 국민으로서의 자각, 또는 일본 국민이라는 현실의 자신 속에 있으며, 황실의 존엄을 존중하고, 스스로 일본 국민이자 위대한 존재임을 깨닫는 것"[10]이라고 하였다. 그리고 제국갱신회의 방침은 '가족주의'라고 강조하고, 1931년도에는 신입 회원이 4명, 이듬해 28명, 1933년도 64명, 1934년도 197명, 1935년도 6월까지 340명이 새롭게 들어와 이제 회원이 800여 명이 되어 발전하고 있다고 하였다. 특기할 점은 이러한 노력 속에서 사노와 나베야마가 전향이 이루어졌다고 밝힌 부분이다.[11]

사노와 나베야마의 전향에 대한 사법 당국의 평가는 "공산당 내부에 큰 동요를 가져왔으며, 당에 대한 비판과 재검토가 활발히 일어나고 위의 두 사람을 따라 탈당하는 자가 속출하여 당 세력과 위신이 거의 땅에 떨어져" 이른바 '전향시대'[12]를 가져왔다고 하였다. 이를 좀 더 촉진하기 위해 마련된 법령이 사상범보호관찰법으로 1936년 5월 29일에 반포되었다.

---

8 「起訴, 執行猶予者のため最初の保護機関: 帝國更新會組織さる」, 『大阪毎日新聞』, 1926.1.2; 宮城長五郞, 1936, 「樂屋噺·少年保護協會並帝國更新會の設立」, 『保護時報』 20권 8호, 39쪽.
9 宮城長五郞, 1936, 「樂屋噺·少年保護協會並帝國更新會の設立」, 『保護時報』 20권 8호, 40쪽.
10 자료 79 참조.
11 위와 같음.
12 자료82 참조.

이 자료집에서 번역한 원서는 『사상범보호관찰법 및 부록(思想犯保護觀察法及府錄)』이다. 조선지방자치협회출판부에서 1936년에 펴낸 것으로 사상범보호관찰법 조문과 이 법을 제정한 이유에 대해 설명했다. 이 내용의 출처와 관련이 있는 문건은 일본 국립공문서관에 소장된 〈사상범 보호관찰법을 정함〉[13]이다. 그 내용은 보호관찰법안과 그 이유서, 치안유지법 등 관련 법령을 별첨하고, 내각총리대신 외에 각부대신의 서명한 문건이다. 내용 중에는 일본 중의원과 귀족원 양원의 의결을 거쳐 사상범보호관찰법을 심사하고, 귀족원 의장이 일왕에게 상주하여 1936년 5월 28일 재가되어 법률 제29호로 제정했음을 적고 있다. 이것과 조선지방자치협회출판부에서 펴낸 위 자료를 비교해 보면 법조문은 당연히 동일하고, 제정 필요성에 대한 부분은 일본 내각의 심의 문서 제정 이유서와 같은 논지다. 위 책의 말미에 '사법성'이라고 적힌 것을 보면, 일본 사법성에서 공식적으로 펴낸 법령안내서를 전재하여 출판한 것으로 생각된다.

법령 제정 이유에서 주목되는 점은 법령 제정의 동기에 "1933년 6월에 이르러 제2차 일본공산당 수뇌부 사노(佐野), 나베야마(鍋山) 등의 전향 성명에 의해 공산당 내부에 큰 동요가 왔다. 당에 대한 비판과 재검토가 활발히 일어나고 위 두 사람을 따라 탈당하는 자가 속출하여 당 세력과 위신이 거의 땅에 떨어졌다. 이 시기가 소위 전향 시대, 혹은 좌익운동의 침체, 재검토 시대"라고 전제하고, 일본 공산주의 운동이 쇠퇴하고 있지만 결코 낙관할 수 없다고 지적했다. 그 이유로는 1928년(昭和 3) 이후 치안유지법 위반으로 검거된 자는 실로 6만 명을 넘고, 그중 기소유예 처분 혹은 집행유예 선고를 받고, 또는 형 집행을 끝내거나 가출옥 허가를 받은 자도 1만 명 이상에 달하는데, 이들의 전향이 불분명하여 재범의 우려가 있어 관리가 필요하다는 것이다.

---

13 「思想犯保護觀察法ヲ定ム」, 『公文類聚』 제60편, 제57권(1936), 일본 국립공문서관 소장.

그리하여 비전향자와 준전향자에게는 전향을 촉진하고, 전향자에게는 전향을 확보하는 길을 만들어 주어 앞으로 사회 정세 변화와 관계없이 그들이 적법하게 질서 있는 생활을 할 수 있게 하려면 보호관찰 시설을 만들 필요가 있다고 하였다. 보호관찰 대상자는 '치안유지법' 범법자를 대상으로 한다고 하여 어디까지나 사상범을 대상으로 한 보호관찰임을 명시하였다. 사상범보호관찰법 제정은 이른바 '전향'을 도모하는 제도적 장치를 마련하는 데 있다. 즉 전향 정책과 사상범 보호관찰법 제정과 운용은 표리 관계에 있다고 할 것이다.

이 장에는 사상범 보호관찰법 제정의 이론적 기반 조성에 영향을 끼친 나고야(名古屋) 구재판소 검사 오사베 긴고(長部謹吾, 1901~1991)의 저술인 「사상범 보호에 관하여」[『사법연구(司法研究)』 보고서 21-10, 1937.3]에서 필요 부분을 발췌하여 번역했다. 오사베 긴고는 니가타현 출신의 검찰관으로 1925년 도쿄제국대학 법학부 독법과를 졸업하고, 1926년 사법관 시보를 거쳐 검사 등을 역임했다. 그는 '전향' 개념에 대해, 1933년 12월 행형국장(行刑局長) 통첩, 행갑(行甲) 제171호로 〈치안유지법 위반 수형자에 관한 조사 방법 건〉에 근거하여, 전향자란 "국체 변혁은 물론 현재 사회제도를 비합법 수단으로 변혁하려는 혁명 사상을 포기한 자를 말한다"고 정의했다.[14] 이 책은 일본 국회도서관에 소장되어 있는 자료로 총 300페이지에 달하는데, 그중 〈식민지 민족의 운동과 그 전향-조선인〉, 〈전향의 본질과 그 기준〉, 〈(사상범 보호관찰) 본 법의 제정 경과〉, 〈좌익 사상범의 기인(起因)과 전향〉을 번역하여 소개했다.

이 책에서 오사베는 사상범보호관찰법은 외국에는 전혀 존재하지 않는 법률로 일본적 특성을 드러내고 있다고 분석했다. 즉, "국가의 질서유지 정신 및 방법이 극히 자애적이어서 부모가 가정의 평화와 질서유지를 위해 자녀를 가르치고 질책하는 심정과 태도"에 입각한 것으로, 일본 고래의 형정이상(刑政理想)을 담고 있다는 것이다. 그는 이 논문에서 조선의 전

---

14 자료 84 참조.

향 문제에 대해서도 다루었다. "공산당 운동은 본질적으로 마르크스주의 운동이라기보다 반도 독립운동의 방법론이므로, 고향에서 개선장군처럼 맞이하는 일은 있어도, 증오하고 배척하는 일은 드물다"고 하여 이러한 점을 주의 깊게 살펴야 한다고 하였다.

그 외에 보호관찰제도와 관련한 자료로, 이종모(李鐘模)의 〈보호관찰령의 적용 범위〉[《조광(朝光)》 3권 2호, 1937년 2월호], 장흥지청 판사인 아이하라 히로시(相原宏)의 〈예방구금제도론(豫防拘禁制度論)〉[《사법협회잡지(司法協會雜誌)》 21권 7호 및 8호, 조선사법협회(朝鮮司法協會), 1942]를 수록했다. 아울러 제7장 해방 공간의 관련 자료와의 연계를 위해 야마나 미키오(山名酒喜男)의 『조선인을 중심으로(朝鮮人を中心として)』[내각총력전연구소(內閣總力戰硏究所)의 강의 요지, 1942.8] 일부를 번역하여 소개했다.

윤소영

1. 전시 체제하 사상 상황 분석

〈자료 72〉 사상 선도의 방법 어떻게 해야 하나

[도야마 산시로(遠山三四郎), 1933.7, 〈思想善導の方法如何〉, 《朝鮮公論》 제21권 7호(통권 244호), 52~57쪽]

1.

서쪽으로는 독일의 모든 정권을 장악한 파쇼의 분서(焚書)가 있고, 동쪽으로는 니혼대학(日本大學)의 교수 파면에서 대학 폐쇄로까지 이어지는 형태의, 파쇼적 조류의 소용돌이는 전 세계에 걸쳐 엄청난 혼란을 일으키고 있다. 세계대전 이후의 세계 정국은 러시아의 볼셰비키 혁명을 선두로 독일의 스파르타쿠스단(團)의 반란, 오스트리아·헝가리 혁명 등 연이어 일어나는 혁명 운동의 물결로 금방이라도 세계 자본주의의 골격이 분쇄될 것처럼 보였다. 하지만 윌슨이 제창하고 국제연맹이 중심이 되어 세계 자본주의의 구제와 통일을 이루게 되자, 일시적으로 이 파국에서 간신히 구원되었고, 부르주아 정치가의 모든 노력과 노동자 계급을 위한 수많은 구제 시설의 박탈, 그리고 자본 공세를 통해 세계 자본주의는 다시 전후(戰後) 제2기라고 불리는 자본 안정기를 부활시켰다.

그러나 1929년 말 미국 자본주의의 대동요 - 월가의 패닉, 여기에서 초래된 은행 도산, 산업계의 파산 등은 종래 자본주의의 최후의 지주이자, 각국 자본주의의 가장 유력한 후원자 중 하나로 간주된 미국 자본주의에서 일어난 것인 만큼 세계 각국에 비상한 반향을 불러일으켰다. 그 파문은 순식간에 각 자본주의국을 위협하였고, 세계는 다시 제3기로 불리는 대동요기에 접어들게 되었다. 제3기, 가장 특징적인 점은 경제적 위기 심화와 그것이 결과한 두 체제 - 미국을 선두로 하는 세계 자본주의와 소비에트·러시아에서 실현되고 있는 사회주의, 양 체제의 격렬한 투쟁이다.

이 양자의 투쟁은 문자 그대로 죽음의 투쟁이기에 각 자본주의 국가에서는 자국에 소굴을 만들고, 자신들이 볼 때 사자의 몸에 기생하는 벌레 같은 '적로(赤露)의 앞잡이', '국적(國賊)'에 대해 미증유의 탄압으로 임하게 되었다. 왜냐면 그들을 그대로 두는 것은 틀림없이 최후의 몸부림을 하는 자본주의 체제의 입장에서는 사자의 몸 안에 기생하는 벌레일 뿐 아니라 자신들의 강대한 적수인 사회주의 체제의 길 안내인를 양성·배양하는 것이 분명하기 때문이다. 일본 자본주의도 마찬가지로 여기에서 예외일 수 없다. 만주사변을 구체적인 계기로 하여 표면에 출현한 사이토(斎藤) 거국일치 내각은 단적으로 말해서 정당적 형태로 이루어진 종래의 정치로부터, 더욱 강력한 일원적 정치로 가기 위해 과도(過渡)적으로 출현한 것이 분명하다.

일본의 정당정치 - 그것은 매우 변형적인 이름뿐이었지만 - 는 아마도 이것을 계기로 이 세상에서 모습을 감추어 버렸을 것이다. 여하튼 일본 정치가 사이토 내각이라는 과도기적 내각의 출현에 의해… 그 자체는 매우 무기력, 무력했음에도 불구하고… 한층 강력한, 이른바 파쇼적 색채를 농후하게 해 온 것은 사실이다. 아마 향후 일본의 정치는 진보적이라고 평가되는 모든 사회정책적인 정치를 그 정강(政綱)에서 잘라버리고, 자본주의 체제 유지와 공고화를 위해 강력한 정치가 감행될 것이라는 것은 상상하고도 남는다. 사이토 내각의 하나의 사명은 국내의 불안·동요 진정과 국외에 대한 준비로 거국일치적 정신… '조국'애로 통일되는 일본정신의 발양(發揚)이었다. 사실 이 내각만큼 사상 선도(善導) 예산을, 경찰 예산을, 국내외의 중요 지점의 경비 단속 예산을 계상한 내각은 없었다. 모든 것은 비상시라는 명목으로 적자 예산 안에서 쥐어 짜냈다. 만주·상해 두 사변을 비롯해 그 후 연이어 필요한 육해군비, 경찰비 등등.

2.

정당정치에서 일원적, 이른바 파쇼정치로의 과도기적 단계로 성립된 사이토 내각의 사명은 전술한 바와 같이 국내의 치안유지, 곧 다가올 것으로 예상되는 국제적 충돌 시에 국민적인 통일을 철저히 준비하는 것이다. 한마디로 말하자면 바로 국내외에서 안녕질서 유지다. 그리고 기존 정부의 치안유지 기관은 내무성 경보국을 참모본부로 하여 전국 각 부·현(府縣) 경찰부를 통솔하고, 도쿄시는 제국의 수도로서 정치·경제·군사 모든 기관의 중추를 형성하고 있으니 별격(別格)으로, 특히 도쿄부 지사 및 도쿄 시장의 권한 바깥에 두어 직접 경보국이 통솔하고, 또한 사법성에 직할되는 대심원, 공소원, 각 지방재판소, 구(區)

재판소가 있다. 치안유지법 제정 이후 이 법률에 의해 검거되는 '적로(赤露)의 앞잡이'들의 취조를 위해 주요지의 검사국 내에 사상계 검거(檢擧)[15]를 설치해 온 것이다. 그러나 이들 조직은 아직 현재와 같이 치안 교란자를 단속하는 것이 긴요하지 않았던 시대의 조직이며, 각각의 기관의 사이에는 중복이 있고, 충분한 통제 관계의 수립도 결여되어 있어서 먼저 내각에 사상대책위원회를 설치하고, 내무·문부·사법·육해·체신 관계 6개 성(省)으로 구성하여 위원은 6성 차관으로 임명하였다.

사상대책위원회를 구성하는 성(省)으로 예를 든 전술한 6개 성 중 내무·사법·육해군 이외에 문부·체신 2개 성이 포함되어 있는 것은 전자는 적화 학생·생도 단속에 임하고 있다는 의미와 이와 관련하여 현행 학제의 근본 개혁이 문제가 되고 있다는 의미에서다. 후자는 전신전화, 통신 등 모든 통신 종사자를 포함하고 있기 때문이다. 그래서 이 치안유지의 근본 대강을 결정할 사상대책위원회에는 관계 각 성에서 많은 구체안을 제안받고 있는데 그중에서 사법성에서 제안하는 치안유지법 개정안과 문부성이 제안하는 학제 제도 개혁안, 내무성 경보국 원안의 사상 문제 대책안은 아직 완성 단계에 이르고 있지 않은 점이 주목할 대목이다.

3.

사법성에서는 우선 도쿄 지방재판소 검사국에 현행 치안유지법 개정에 대하여 자문했더니, 그 답변은 대략 다음과 같았다.

1. 검사·사법 경찰관의 무제한적 구속권을 인정해야 한다.
1. 사상범의 사실심리는 지방재판소의 1심에 한해야 한다.
1. 사상범의 가출옥 규정을 고쳐 형 집행유예 기간의 제한적인 조건을 폐지해야 한다.
1. 사상전향 피고의 보호계를 검사국에 신설해야 한다.

원래 다른 범죄자와 달리 이른바 사상범 구금이 목적하는 바는 피구금자 개인을 사상적으

---

15 '검사(檢事)'의 원문 오기로 보임.

로 전향시키고, 그리고 그 전향 사실을 널리 유포함으로써 다른 동일한 피고인에게 영향을 주는 것이다. 이는 전향자가 이른바 '거물'이라면 그 효과는 즉각적이다. 이번 사노(佐野)·나베야마(鍋山) 두 공산당 거두의 전향이 그 좋은 예로, 당국의 구금 목적은 정말로 100퍼센트 이상의 효과를 올린 것이라고 할 수 있다. 오랜 세월 구금함으로써 가장 먼저 다른 사람에게 주는 영향과 그 활동력을 박탈하고, 그다음으로 외부 세계와 접촉을 단절하여 현실에 대한 인식 능력을 무력하게 만드는 것이다.

현재 전기(前記)한 도쿄 검사국의 답변안을 보면 치안법 피고인을 취급한 경험으로 점차 이러한 부류의 피고인에 대한 검찰 당국의 태도가 '순화'되어 명확, 교묘해지는 것을 알 수 있다. 이리하여 사법 당국은 점차 현행 치안유지법 개정이라기보다도 치안유지법 피고인에 대한 특별 취급 규정이라는 세목을 점차 명확하게 하고 있다. 사상범 대책에 관해 담당 판검사가 빈번하게 합동으로 개최하여 치안유지법 개정, 사상범죄 심리(審理) 특별화, 사상범죄자 처분 유예, 동 범죄 석방자 보호, 사상 관계 출판물 단속 등 중요 의제를 협의하였다. 이렇게 사상대책위원회에 관계하는 각 성은 상호 관계하에 통일적인 단속을 위해서 노력하고, 체신성도 소포, 전보 기타 통신물 단속에 엄중한 검사 규정을 은밀히 마련하여 해외에서 송달되는 불온문서가 국내에 전파되거나, 전보를 통한 해외와의 연락 등에 대하여 충분한 단속 방책을 수립하고, 착실히 이를 실행해 나가고 있다.

4.

사상범죄 단속의 총본산인 내무성은 사상대책위원회 내에서 다른 성(省)을 리드하며, 예방·대책에 적극적으로 근본 의견을 제출하고 있다. 내무성이 기획하는 '사상 문제 대책안'이라는 것은 크게 나누어 사상 대책의 목표, 예방, 진압 세 부분으로 이루어져 상당히 상세한데, 제1부 사상 문제 대책의 목표에는 다음을 분명히 하고 있다.

1. 불온사상의 방지안(防止案)으로 한편으로는 국민이 과격한 사상에 현혹되기 쉬운 경우와 같은 사회 정세를 개선하는 방책(예방책)을 강구하면서, 다른 한편에서는 현재의 불온사상을 억지(抑止)하기 위해 엄중히 단속하는 방책(진압책을 강구해야 함)과 예방, 진압

이라는 두 가지 방책을 말한다.

2. 대개 불온사상이 발생하는 것은 이들 사상을 품고 있는 자의 주장대로 현재 사회는 정치 조직상, 혹은 경제 조직상 불합리한 점을 구명하여 근본적으로 시정하지 않으면 아무리 응급 대책을 강구해도 무의미하다는 주장이 툭하면 사람들의 입에 오르내리는 바이지만, 만일 이 같은 견지에서 사상 대책을 강구한다면 이는 필경 불온사상을 품은 자들의 주장을 받아들여 사상 대책이 이루어졌다는 것으로 끝난다고 논하며, 종래 자주 주장된 바와 같이 사회 조직의 결함 시정이라는 의미에서 사상 대책을 수립하고자 하는, 이른바 사회 개량적 입장의 오류를 통렬하게 비판하고, 사상 대책의 요점은… 우리 국체가 근본적으로 수용할 수 없는 내용을 포함하고 있음을 천명하고, 툭하면 과격한 사상에 현혹되는 국민생활, 특히 정신생활이 이완되는 것을 고쳐 바로잡는 데 있다고 생각한다.

종래의 사상 대책에 비하여 훨씬 더 강력하고, 어설픈 개량주의적 대책의 오류를 통렬히 비판하고 있는 점은 특히 주목할만하다.

그리고 제2부 불온사상의 예방책은 다음과 같다.

1. 건국 정신(일본정신) 확립과 정신 운동의 작흥(作興)
   ① 고전 연구 및 문화사 연구 등으로 건국 정신(일본정신)을 확립하여 국체 본의를 명확하게 하도록 본격적으로 노력할 것.
   ② 건국 정신(일본정신)을 모든 사회층으로 철저히 보급하기 위해 관민이 협력하여 국민정신 작흥에 힘쓸 것.
2. 불온사상 규명과 시정
   ① 현대의 여러 현상을 철저히 분석·연구하여 우리 국체와 양립할 수 없는 불온사상의 내용을 규명하여 그 오류를 밝힐 것.
   ② 불온사상을 침윤하기 쉽게 하는 제반 사회적 결함과 그 사상에 감염되기 쉽게 하는 제반 개인적 사정을 자세하고 면밀하게 검토하고 그 시정에 힘쓸 것.
3. 교육제도 개선
   ① 현행 제도로는 국사 교육을 소홀히 할 우려가 있으므로 특별히 유의할 것.

② 사범교육의 중요성을 감안하여 그 교육제도를 개선할 것.

　　③ 소학교 교육의 지도 및 감독 방법[시학(視學)제도][16]에 대하여 더욱 고려할 것.

　　④ 사회교육 보급 철저화를 도모할 것.

4. 정치에 대한 국민의 신뢰 강화

　　① 정계(政界)의 정화 방책을 강구할 것.

　　② 위정자는 더욱 계신(戒愼)하고, 건전한 정치 향상을 위해 한층 노력할 것.

5. 세태에 따라 사회정책을 실시할 것.

6. 인구문제 대책에 의해 생활 불안을 제거할 것.

7. 불온사상 배제는 정부만의 힘으로 달성할 수 있는 것이 아니므로 민간 관계자, 특히 신문 관계자, 출판 관계자, 저술가 등의 협력을 구할 것.

다음, 제3부에서는 불온사상 진압책을 열거했다.

1. 현행법 운용

　(1) 치안유지법 운용

　　① 국체 변경죄를 범한 자에 대해서는 형의 양정(量定)을 한층 무겁게 할 것.

　　② 현재 이른바 외곽 단체로 취급되고 있는 단체 중에서도 당 또는 동맹과 목적을 같이 하는 것이 명료한 단체는 향후 한층 준엄한 태도로 임할 것.

　　③ 이른바 외곽 단체를 조직하거나 이에 가입한 자는 당의 목적 수행을 위한 행위를 한 자라고 인정하여 치안유지법 중 해당 조항에 입각하여 일체의 사정(情狀)에 따라 처벌할 것.

　　④ 기소유보, 기소유예, 보석, 가출옥 등의 처분을 할 때는 그 취지에 부합하도록 한층 고려할 것.

　(2) 출판물 단속에 관한 법령 적용

　　① 불온출판물 간행으로 출판법, 신문지법 위반죄를 범한 자에 대해 처벌로 임할 것.

16　감독관을 파견하여 일선 학교의 교육행정 및 교육 내용 등을 시찰·감독하는 제도

② 불온출판물의 국내 수송 단속에 대하여 더욱 궁리할 것.
　(3) 과격한 우익 사회운동 단속에 관하여 법령 운용을 고려할 것.
2. 단속 법령 정비
　(1) 단체 변혁에 관한 죄에 대해서는 특히 입법을 고려할 것.
　(2) 사상범죄에 대한 특별재판수속법을 제정할 것.
　(3) 과격한 우익 사회운동 단속에 관한 적절한 입법을 고려할 것.
　(4) 결사 그 외의 단속에 관한 치안경찰법 개정을 고려할 것.

　이상과 같은 방대한 근본안을 중심으로 각 성이 여기에 살을 붙인 구체안을 작성하는 것이다. 지난 5월 경찰부장회의의 자문안도 공산주의 단속과 보조 경찰기관 설치 문제이며, 그 지시 사항도 과격 운동 단속과 총포·화약 단속에 관한 여러 조건이었다. 특히 보조 경찰기관 설치는 먼저 경시청에 설치된 특별 경비대와 함께 주목할 만하다. 전국 정규 경찰관의 3배 내외, 즉 15만 내지 20만의 심신이 건강한 일반 공민 및 퇴직 경찰관, 소방단, 청년 단체 등을 선발해서 각지 경찰서 및 부·현을 중심으로 조직하여 평소 단체 훈련을 통해 비상시·전시에 정규 경찰관의 지휘하에 활약할 수 있도록 하는 기관이다. 이 기관에 대해서는 찬비 양론이 있지만, 현재 정세로 보아 조만간 실현될 것으로 보인다.

　여기서 주의해야 할 것은 내무성은 한편으로 경보국을 통해 이러한 단속 통제를 도모함과 동시에 다른 한편으로 사회국의 실업대책위원회를 통해 일용 노동자의 실업구제 시설, 노동자 해고수당 제도 등 각종 노동자 시설을 만들고, 또한 탄광의 여자·소년 노동자의 심야업과 갱내 노동 폐지 등 언뜻 보면 사회정책적 시설을 만들고 있다는 점이다. 이는 노동자 구제 각종 시설 부담을 국가 및 자본가가 짐과 동시에 노동자 자신도 지고 있다. 이 시설로 구제되는 노동자에게 여러 조건이 부과되어 조금이라도 소위 '위험' 및 '불온'이라고 보이는 자는 제외되도록 한 점부터 또한 여자와 소년의 탄광 내 노동 금지 조항도 중소 탄광의 경우에는 예외로 인정하였다. 또 현재 실업(失業) 홍수 속에서 기존에 탄광 노동에 종사하던 여자와 소년이 이 법률에 의해 탄광에서 해방되기는커녕 갑자기 입에 풀칠하지도 못하게 되는 것은 필연적이다. 그러므로 이것은 이들 '해방된' 여자·소년을 법률에 의해 실업이라는 소용돌이 속으로 내던지는 꼴이다. 그리고 이들 사회 시설의 착수·입안에 즈음하여 야마모토

(山本) 내무대신이 특히 '과격한 사회사상 대책의 하나로' 실행하도록 훈시한 것을 상기하면, 일견 사회정책적으로 보이는 모든 시설도 필경 경보국안(案)의 여러 취체안(取締案)과 함께 양면적인 면을 가지고 있다는 것은 명백하다.

이리하여 현 내각과 같은 과도적인 정부는 그 존립 기초가 매우 박약한데도 한층 강력하고, 집중적이고, 통일적인 국가 방위책을 일단 완성함으로써 그 역할을 마치는 것이다. 바로 여기에 이 과도기적인 정부 존립의 의의가 있다. 또한 그 의의는 오로지 이 한 가지뿐이다. 다음에 올 강력한 정부의 밑거름으로 말이다.

〈자료 73〉 조참밀(朝參密) 제588호 사상 정황에 관한 건, 『1937년 전반기 조선사상운동 개관』

[朝鮮軍司令部, 1937.8, 「朝參密 第588号 思想情況ニ關スル件」, 『昭和12年前半期朝鮮思想運動槪觀』, 3~57쪽]

〈원본 누락〉
7. 해외와의 연락 책응(策應) 상황

(가) <제3인터내셔널>[17]과의 관계

재선 불령선인은 대부분 소련공산당 지도하에 있으면서 항상 조선 내 적화를 획책할 기회를 엿보고 있는데, 특히 현하의 국제 위기를 이용해 그 활동이 한층 활발해진 감이 있다. 즉,

- 경성의 백윤혁(白潤赫) 일파 〈콤 그룹〉 조직 사건
- 모스크바공산대학 졸업 이화영(李華永)의 조선 내 적화 사건
- 김광빈(金光斌) 일파의 소련 밀정 사건

등 상당히 주의를 요하는 측면이 있다.

---

17 코민테른(Comintern)의 별명. 제2인터내셔널이 1914년에 붕괴한 후 1919년에 결성되었다. 레닌을 중심으로 모스크바에서 창설된 국제 공산주의 운동의 지도 조직이다. 1943년 6월 소련의 정책 전환에 의해 해산되었다. 공산주의인터내셔널, 국제공산당 등으로 불리기도 한다.

(나) 만주성위원회(滿洲省委員會)[18]와의 관계

직접 만주성위원회와 관계가 있는 경우는 없지만 도주하여 만주로 들어간 후 아성현(阿城縣)위원회 책임이 되어 활동 중 전남 경찰부의 수배를 받아 주만(駐滿) 대사관 경찰부에서 검거된 김기영(金基泳)이 있다.

(다) 상해 기타와의 관계

중국공산당은 재중국 불령선인, 특히 민족주의자를 가르치고 지도하여 조선과 만주의 적화 공작에 사용하고 있어서 목하 경남 부산부 출신 장명상(張明相)은 고려공산당 중앙집행위원장, 대한임시정부 외무총장 대리 등에 취임하여 활동 중 상해 일본 총영사관 경찰부에 검거, 환송되어 현재 경남경찰부에서 수사 중이다.

(라) 내지와의 관계

조선 내 공산운동은 항상 내지에서 돌아온 조선인 유학생 및 노동자 등이 내지의 각종 실천운동 결과를 직접 조선에 응용하여 조선의 적화에 힘쓰고 있는 면이 있는데, 이 기간 내 내지와의 관계 사건 없음.

8. 공산주의자의 주된 언동

주의자 중에는 사상이 약화되어 일부에서는 총독정치를 구가하는 자도 있으나 대부분은 시국 문제와 그 밖의 것을 인식하는 데 있어 주의적 편견에 근거하여 비판하고 있어서 상당히 주의를 요하는 경우가 있다.

---

18 중국공산당 만주 지부의 명칭. 1928년 9월 정식으로 발족하여 조선공산당 만주총국과 긴밀한 관련을 맺고 활동했다. 코민테른 〈12월 테제〉에 의해 조선공산당이 해체된 데 이어 30년 조선공산당 만주총국도 해체되자, 만주의 조선인 공산주의자들은 1국1당 원칙에 따라 중국공산당에 가입하게 되었으며, 만주성위원회는 소수민족운동위원회를 설치, 조선인 공산주의 운동을 관할했다. 28년 6월의 장작림(張作霖) 폭사 사건 후, 아들 장학량(張學良)은 국민당 정부와 손을 잡고 소련과 충돌하는 한편 친미정책을 썼다. 이에 일제는 만주 침략을 더욱 서두르게 되었고, 만주성위원회는 이 같은 상황을 타개하기 위해 대규모 무장봉기를 일으켰다. 이것이 간도 5·30 사건이다.(출전: 한국근현대사사전, 2005, 한국사사전편찬회)

9. 사상전향자의 상황

이 기간 공산주의자가 사상전향을 한 것으로 인정되는 경우는 서너 명이 있다. 전향의 동기는 다종다양하여 정말로 시국을 인정하고 갱생의 길을 모색하는 자도 있지만 표면적으로는 전향을 가장하여 당국의 눈을 속이거나 세상의 동정을 받으려고 고의로 전향을 한 자 등, 저들의 동정에 관해서는 특히 경계 경찰상 주의를 요하는 경우가 있다고 판단된다.

10. 향후에 대한 고찰

최근 여러 차례에 걸친 당국의 검거 탄압과 사상 정화 공작에 의해 조선 내 공산운동은 점차 쇠퇴하여 표면상 평온하지만 이를 가지고 바로 사상운동이 괴멸되었다고 속단할 수는 없는 측면이 있다. 즉, 현재 핍박해진 국제 정세하에서는 일본과 소련과 중국이 개전(開戰), 더 나아가서는 제2차 세계대전 발발을 예상하여 그것을 계기로 일거에 조선 적화 혁명을 달성하고자 하는 주의자의 암약(暗躍)이 더욱 적극성을 띠게 되었는데, 현재 우려할 만한 사상이다. 또한 조선인은 원래 파벌적 대립 관념이 강한데 민족사상과 반파쇼적 사상에서 앞으로 어떠한 국면으로 전개될지 예측하기 어려워 향후 저들의 동정에 관해서는 한층 더 지엄한 경계와 방어가 필요하다.

제2절 민족운동

1. 전기(前期) 대강의 상황(概況)

민족 사건은 14건, 61명이 있으며, 그 대부분은 조선 밖 불령선인 단체와 관련된 사건이다. 그 외에는 해외에 파견되어 있는 일본 관헌에서 검거하여 조선 내로 이송한 경우는 7건, 11명이 있다. 사상전향자는 19명이다.

2. 본기(本期)의 개황(槪況)

조선 내 민족운동은 제국 국위(國威)의 중압과 관헌의 탄압에 의해 대개 침체되어 있는 정황을 보이는데, 특히 우익 사상의 대두로 인해 민족 단체도 점차 쇠퇴하여 표면적으로 주목할 만한 활동은 없지만, 저들의 가슴속에 잠재되어 있는 민족의식의 파동은 얼음 녹듯이 쉽게 풀리지 않아 기회를 엿보는 무리들이 여전히 적지 않은 상황이다. 즉 정치적·경제적·사회적으로 조선인의 지위를 향상시키고 실력을 배양하여 유사시 민족해방, 조선독립을 도모하고자 하는 점진적 합법운동이 각 방면에서 완곡·교묘하게 이루어지고 있는데, 더욱이 이들 일파는 해외 불령선인 단체와 몰래 연락하여 제국의 위기를 틈타 불령분자를 조선 내로 파견하여 조선 내 치안 교란을 획책하다 검거되는 등 그 활동은 여전히 활발한 정세에 있다.

이번 기간 동안 검거된 민족 사건은 13건, 107명이 있는데, 대부분 재중국 불령 단체와 관계 있는 사건이고, 조선 내의 사건은 기독교 및 삼도(三道) 교도가 관련된 2건, 13명뿐이다.

그리고 중지(中支) 방면에 근거를 두고 있는 김구(金九), 김지봉(金之鳳), 유자명(柳子明) 등 재중국 불령선인 단체는 국민정부의 지령하에 조선 내 치안 교란 공작을 획책 중이라는 정보가 있어, 일본과 중국의 긴박한 시국과 함께 저들의 향후 동정에는 특히 경계를 해야 할 필요성이 인정된다.

3. 본기의 특별한 변화 유무 및 그 개요

우익 사상의 대두에 의해 표면적으로 구체적 변화가 인정되지는 않으나 전술한 '올림픽'에서 우승한 손 선수의 일장기 말소 사건을 야기시켜 정간을 당한 조선 민족 유일의 대표 기관지 《동아일보》는 그 후 수차례에 걸쳐 종래의 편견·오류를 포기하겠다는 것을 이유로 당국에 해금을 출원하여, 결국 6월 2일 해제되어 종래대로 발간할 수 있게 되었다.

4. 주요 단체의 활동 및 소장(消長)

민족 단체 25건, 회원 6,421명으로, 지난 기간에 비해 약 3,000명이 감소되었다. 민족 단체

중 주된 것의 활동 상황을 들면 다음과 같다.

(가) 수양동우회

재미 흥사단의 조선 내 유일한 연락기관으로, 경성을 중심으로 평안남북도에 걸친 민족주의자의 거두를 망라하여 조직되었으나 간부 간에 기호(畿湖)파 및 서선(西鮮)파 두 파가 대립되고 있어 통제가 결여되어 표면상 주목할 만한 활동이 없다. 하지만 상해로 도피한 여운형, 안창호 등의 출옥과 재미 흥사단 간부 장덕이(張德李)가 조선으로 돌아온 후 양자가 자중하여 표면상 구체적 행동이 인정되지는 않는다. 평양 및 선천 지방 회원 46명은 흥사단 사건으로 6월 16일 경성 종로 경찰서에 검거되어 현재 조사 중이다.

(나) 조선물산장려회

민족주의의 거두에 의해 '국산애용·자급자족'을 지도 정신으로 하여, 민족 단일의 경제 통제에 따라 외래 세력을 구축(驅逐)할 목적으로 설립되어 한때 약 3000명의 회원을 보유하고, 경성을 중심으로 전 조선 차원에서 지도하고, 문서, 강연회, 시위운동 등으로 목적을 철저히 하기 위해 활동하였는데, 그 운동이 격렬하고 집요하여 회합을 중지당한 사례가 있다. 2월 19일 당국의 시정 방침에 배치되는 단체로 해산 명령을 받았다.

(다) 발명학회

민족주의의 거두 윤치호, 여운형, 이광수 등의 제창으로 조선 문화 발전·발명품 장려를 목적으로 설립되었다. 부속 단체로 과학조선과 과학지식보급회를 설치하고, 기관지 《발견》, 《과학조선》을 발간하는 것 외에 견학, 강연회, 전람회 등을 개최하고, 발명자를 표창하는 등 과학 지식을 보급하고, 활발한 활동을 하고 있어 일반 조선인으로부터 기대를 받고 있다.

(라) 대성학우회

한일병합까지 안창호를 교장으로 하는 항일을 목적으로 설립·경영되었던 대성학교 출신자로 조직된 단체이며, 회원은 40명이다. 합법, 비타협적 실력 양성에 의해 조선의 독립을 목적으로 하지만 이번 기간 동안 특별한 활동 없음.

(마) 평양상공회

회원이 일치단결함으로써 내지인 상공업자에 대항하고자 하는 것으로, 회원 114명이 있는데 이 기간 특별한 활동 없음.

그 외에 대구의 문학연구회는 기관지를 발행하여 평양관서체육협회, 평북강계석주체육회는 각종 운동 경기회를 개최하여 각각 얼마간의 활동을 했지만 그 외의 단체는 거의 주목할 만한 것은 없다. 개중에는 완전히 유명무실한 것도 있다.

각 단체의 개황은 다음의 표와 같다. 상세 부록은 제6과 같다.

⟨민족주의 단체 연명보 1937년 6월 말 조사⟩

도별	단체명	회원 수	대표 성명	소재지	비고
경기	수양동우회	122	이사장 주요한(朱耀翰)	경성	이사장 이하 20명 재미 흥사 관계 사건으로 관할서에(이하 판독 불가)
	발명학회	54	원익상(元翊常)	경성	주목할 만한 활동 없음
	조선교육회	240	유진태(俞鎭泰)	경성	주목할 만한 활동 없음
	근우회	4000	회장 조신성(趙信聖)	경성	주목할 만한 활동 없음
	계명구락부	280	이사 조동식(趙東植)	경성	주목할 만한 활동 없음
	조선어학연구회	110	간사 이긍종(李肯鍾)	경성	기관지 ⟨훈민정음⟩을 속간
	과학지식보급회	120	이사장 원익상(元翊常)	경성	각종 행사를 실시하고, 또 4월 20일부터 10일간 발명품 전람회 개최
황해	장연(長淵)청년회	83	박구변(朴九変)	장연	특이한 활동 없음
전남	광주교육보급회	61	위원 최종섭(崔鐘涉)	광주	상당히 활동하지만 용의점 없음
	계유구락부	35	동 김흥열(金興悅)	광주	상당히 활동하지만 용의점 없음
	여수청년회	57	위원장 정재원(鄭在院)	여수	유명무실
	해남청년회	73	회장 천진옥(千珍玉)	해남	유명무실
	목포협회	67	이사장 차남진(車南鎭)	목포	특이한 활동 없음
경북	문학연구회	10	동 김석종(金錫宗)	대구	월간 기관지를 발행
경남	경남기자동맹	14	동 하상청(河尙淸)	마산	주목할 만한 활동 없음
	함안기자동맹	8	동 조돈식(趙徵植)	함안	
	협천기자동맹	10	동 정순종(鄭淳鍾)	협천	

도별	단체명	회원 수	대표 성명	소재지	비고
평남	수양동우회 평양지방부	32	동 김동원(金東元)	평양	회원 13명 민족 사건 관계로 경기도 경찰부에 검거
	평양상공회	114	회장 오윤선(吳胤善)	평양	절약, 저금, 식산조합을 조직하여 조합원 상호 부조에 노력
평남	대성학우회	40	동 김찬종(金燦鐘)	평양	특이한 활동 없음
	관서체육학회	53	동 조만식(曺晩植)	평양	각종 체육 경기 실시
	조선과학지식보급회 평양지부	35	동 이훈구(李勳求)	평양	특이한 활동 없음
평북	강계석주체육회	170	동 김화현(金華鉉)	강계	특이한 활동 없음
	강계상무회	627	동 김화현(金華鉉)	강계	
	강계북진회	6	대표 유상우(劉相禹)	강계	
합계	25단체	6,421			

5. 민족운동 사건의 개요

이번 기간에 13건, 107명이 검거되었는데, 여전히 상해·남경 방면에 근거를 두고 있는 불령선인 관계 사건이 대부분을 차지한다.

- 한국민족혁명당원 검거 3건
- 동우회 사건 1건
- 조선독립단 조직 사건 1건
- 조선혁명군 대원 검거 1건
- 동북인민혁명 대원 검거
- 재만 민족주의자 조선 내 공작 1건
- 전 상해 가정부원 검거 1건
- 의열단 사건 1건
- 김구 특무대원 검거 1건
- 기독교도 보안법 위반 사건 1건
- 삼도교도 불온 계획 사건 1건

6. 해외의 연락 책응 상황

블라디보스토크, 만주, 상해, 남경 및 북미 방면인데, 이 기간 주요 사항을 들면 다음과 같다.

(가) 미국 방면

중앙시보사(언문 주보) 부사장 이재훈(李在薰) 앞으로 동사 지국장 김문청(金文淸)으로부터 하와이 불령선인 단체 동지회의 기관지 〈태평양주보〉, 〈국민법〉 등 내용이 불온한 출판물을 1936년 말경부터 2면에 걸쳐, 또한 3월 25일 전술한 출판물 외에 〈대한국민회 기관지〉 등을 우편으로 보내왔는데 모두 관할 경찰 당국에서 발견, 임의 제출하게 하여 특이한 반향 없음.

이 기간 재미 요주의 조선인(대한인국민회원) 옥종경, 이신명이 조선을 왕래. 주의자 등과 연락 책동 상황 등에 대해 사찰을 엄하게 했으나 특이한 동정은 인정되지 않음.

(나) 상해·남경 방면

호녕(滬寧) 방면은 재중국 불령선인의 민족운동의 책원지로, 조선 내와 책응 교섭이 가장 많고, 김구, 김원봉 등은 중국 정부의 지원·비호하에 투사를 양성하여 이들을 조선과 만주 각지로 파견하는 등 주의 목적 달성을 위해 광분(狂奔)하고 있다.

7. 민족주의자의 주요 언동

시국에 관하여 일부 주의자는 상당히 심각한 관심을 가지고 민족적 편견과 억측을 제멋대로 하고 있지만, 대세는 표면상 조용한 태도를 보이고 있는 것으로 파악된다.

헌병에서 파악한 주요 언동 상세 부록은 제8과 같다.

8. 사상전향자 상황

시국의 영향과 당국의 선처, 생활 안정, 구금 중 고통, 가족애 등에 의해 이 기간 사상전향을 한 것으로 인정되는 경우는 9명이다. 전향 후에는 대개 성실하게 처신하고 있다. 자세한 것은 〈부록 제9〉와 같다.

〈부록 제9〉 1937년 1월부터 6월까지 민족주의 사상전향자 조사표

지방별	주소 성명 연령 주의 계통	전향 원인 동기	전향 전의 상황	전향 후의 상황	당국자의 지도	영향 기타
경기도	경성부 서대문정 2정목 113 김광수(金光洙) 35세 민족계	만주사변 이후 일본의 실력 및 시국을 감안하여 판단.	항상 배일사상을 품고 정치에 관하여 논의를 하고 쉽게 타인을 사주하므로 언동에 주의가 필요했던 자.	언동을 삼가고 세브란스 병원 사무원이 되어 근무·저축하고 있음.	없음	없음
	경성부 신교정 49 배병헌(裵炳憲) 59세 민족계	일본 제국의 실력에 의한 반성.	상해 가정부원이 되어 항상 불령선인, 기타 주의자 등과 교제하는 혐의가 있음.	언동을 삼가고 주의자와 교제를 끊고, 오로지 사진업에 힘씀.	없음	없음
	경성 서대문 형무소 최창철(崔昌鉄) 38세 민족계	구금 고통에 의한 반성 및 가정애	1928년 6월경 당시 중국 환인현 지방에 근거지를 확보하고 세력을 떨치고 있는 조선 독립을 표방하는 정의단에 가입해 항일운동을 함.	순종하며 당국의 지도에 따라 노역에 힘쓰고 있음.	주 1회 교회사(敎誨師)의 훈유와 설교 외에 수양 서적을 읽게 함.	없음
	경성 서대문 형무소 안선국(安善國) 33세 민족계	구금 고통에 의한 반성	1928년 당시 중국 봉천성 유하현에서 농사에 종사하던 중 불령단체 정의단에 가입하여 항일운동 활동을 함.	상동	상동	없음
	경성 서대문 형무소 김홍섭(金弘燮) 42세 경성 서대문 형무소 이병렬(李炳烈) 31세 민족계	상동	1935년 3월경 자칭 삼도교주 김용환(金用煥)의 권유로 동교에 가입하여 1936년 9월경부터 천도교와 제휴하여 조선의 독립을 계획·획책하고 있던 자임.	상동	상동	없음
황해	황해읍 남본정 김종호(金鐘護) 62세 민족계	시대의 진화와 당국의 선도 및 지위의 안정에 의함	신간회 해주 지회장이었으나 그 후에도 민족주의적 언동이 있어 정치적 요인으로 시찰 중이던 자임.	특이 사항 없어 6월 22일 요시찰인에서 해제함.	요시찰인 해제 후에는 한층 본인의 지위를 존중하는 등 선도에 힘씀.	없음
경남	밀양군 밀양면내 2동 안병욱(安秉旭) 31세	생활난 및 시국 인식에 의함	주의자 등과 교유하고, 민족적 언동을 일삼아 다른 사람을 선동할 우려가 있음.			없음
평남	평양 형무소 박차석(朴且石) 29세 민족계	가정애	1930년 당시 재만 불령단 국민부에 가입하여 군자금 모집을 위해 함남 풍도군에서 강도 행위를 함.	몸가짐과 품행이 선량하고, 개전(改悛)의 정이 현저함.	잘 가르쳐 지난 날의 잘못을 깨닫게 하는 것 외에 적당한 독서 및 면접 허가, 지도에 힘씀.	전향 후 진면목인 태도는 타 수형자에게 좋은 영향을 주고 있음.

9. 조선 독립사상 상황

(가) 항상 독립을 몽상하는 경우

과거의 민족운동 영향으로 독립사상은 일반 조선인의 가슴속에 깊이 침윤되어 있었다. 하지만 시대의 추이와 국위의 앙양에 따라 이들 민족운동은 책동의 여지를 잃고, 민족주의자도 점차 이를 자각하게 되면서 직접적으로 표현하는 일이 없어 현재는 치안상 우려할만한 경향은 없으나, 다년간에 걸친 민족적 편견은 갑자기 낙관할 수 없는 면이 있다. 그리고 현재 제반 정세를 종합하여 관찰하면 항상 독립을 몽상하고 있는 것으로 인정되는 경우는 조선 내 총인구의 약 0.7%를 넘는다.

(나) 좋은 기회가 있으면 독립하려고 하는 경우

조선의 독립사상은 민족의 역사 및 전통적 심리상 용이하게 소각될 수 없으나 제국 내외의 정세로 보아 독립이 쉽지 않을 것이라는 점을 자각하고, 직접 운동 등의 행동에 나서지는 않은 채 표면상 당국의 시정에 순종하고는 있지만, 기회만 있으면 바로 책응하고자 하는 경향이 있다는 것은 쉽게 관찰되는 부분이다. 즉, 미국과 일본 내지, 소련과 일본 개전(開戰) 등을 예상하고, 국내의 동요 시기를 이용하여 행동에 나서려고 관망하고 있는 무리는 조선 내 총인구의 약 12% 내외로 관찰된다.

(다) 독립사상을 방기한 것으로 판단되는 경우

종래 독립운동 내지 독립사상을 품고 있는 자들 중에는 제국의 실력 발양(發揚)과 내외 정세에 순응하여 일본을 중심으로 하는 동아의 안정 세력 건설을 위해 일치단결하여 서양 국가에 대항해야 한다고 대국적으로 착안하여 점차 독립사상을 방기하는 경향이 있는데, 여기에 해당하는 경우는 조선 내 총인구의 약 28%로 관찰된다.

(라) 무관심한 경우

당국의 유효 적절한 지도 시설에 의해 제국의 국시(國是)를 믿고 따라 각각의 임무에 열심이지만 이들 대부분은 저급하고 몽매하여 경제계의 불황, 농·산·어촌의 궁핍 등으로 툭하면 일부 주의자 등의 선동에 부화뇌동하기 쉬워 지도하는 데 여전히 마음을 놓을 수 없는 부분이 있다. 그러나 이들은 독립에 무관심한 것으로 관찰되는데, 총인구의 약 50%가 넘는다. 자세한 것은 〈부록 제10〉과 같다.

〈부록 제10〉 1937년 1월부터 6월까지 조선 독립사상 상황 조사표

계급 \ 구분	관공리	유식자	노농민	종교가	학생	기타	합계
항상 독립을 몽상하며 살고 있는 경우	10	47	114	133	72	47	423
좋은 기회가 있으면 독립하려 하는 경우	25	139	212	159	87	86	708
독립을 포기한 것으로 판단되는 경우	332	351	316	132	301	179	1611
무관심한 경우	173	235	967	231	525	295	2426
조사인원 합계	540	772	1609	655	985	607	5168

종래의 관념에 입각한 종합 관찰					
도별	조선인 인구	항상 독립을 몽상하며 살고 있는 경우	좋은 기회가 있으면 독립하려 하는 경우	독립을 포기한 것으로 판단되는 경우	무관심한 경우
경기	2,225,379	2.00(할)	1.80(할)	3.00(할)	3.20(할)
충북	897,736	0.20	0.30	2.70	6.80
충남	14,54,830	0.40	0.60	2.70	6.30
전북	1,502,380	0.50	0.70	3.20	5.60
전남	2,370,853	0.50	1.00	3.00	5.50
경북	2,402,970	0.40	0.60	3.60	5.40
경남	2,115,553	0.40	0.80	2.80	6.00
황해	1,614,738	2.10	2.00	2.70	3.50
평남	1,390,298	0.70	2.30	3.10	3.90
평북	1,578,605	0.50	1.50	3.50	4.50

도별	조선인 인구	종래의 관념에 입각한 종합 관찰			
		항상 독립을 몽상하며 살고 있는 경우	좋은 기회가 있으면 독립하려 하는 경우	독립을 포기한 것으로 판단되는 경우	무관심한 경우
강원	1,513,276	1.00	2.00	3.00	4.00
함남	1,544,883	1.00	3.00	3.00	3.00
함북	762,071	0.03	0.13	0.11	9.73
합계	21,373,572	0.74	1.28	2.80	5.18

10. 향후에 대한 고찰

현재 조선 내 민족운동은 만주사변 발발 이후 일본 국위의 흥륭(興隆)과 사회 정세의 영향으로 표면상 위축되고 침체되었으며, 운동 방법도 전면적으로 전향하여 대개 합법적으로 변하고 있지만 이는 장래를 기다리는 침묵의 태도로, 궁극적인 목적은 여전히 왕성한 민족의식이 잠재되어 있는 것으로 판단된다. 만일 제국이 하루아침에 불리한 정세에 빠지게 되는 날이 온다면 이들 주의자들이 내외가 서로 하나로 힘을 합쳐 표면적 운동으로 전환하리라는 것은 쉽게 관찰되는 바이므로 이들을 지도·단속할 때는 한층 더 주의를 하여 만사에 실수가 없도록 만전을 기할 필요가 있다.

제3절 기타 사상운동

1. 이 기간의 대관(大觀)

조선 내 일반 민심이 시국의 영향과 당국의 지도에 의해 점차 정상화되어 제국 의존의 관념이 농후하게 된 것은 기쁜 현상이다. 특히 국방부인회는 당국의 적절한 지도와 회원 상호의 자각에 따라 그 활동이 가장 현저하여 조선 전체에 회세(會勢)가 신장하고, 장래 점점 발전하려는 경향이 엿보인다. 우익 단체는 대체로 볼만한 활동이 없지만 교화 단체는 각 부문에 걸쳐 그 활동이 현저하다.

2. 우익운동

(가) 군사 단체 상황

조선 내의 군사단체는 국방의회(國防義會) 및 국방부인회를 비롯하여 방호군(防護團) 군인후원회, 청훈(青訓)후원회 그 외 단체가 설립되어 모두 군부 및 관계 당국의 지도와 간부의 적절한 통솔, 회원의 자각에 의해 각각 그 주의·목적에 매진하여 상당한 업적을 올리고 있는데, 특히 우려할 내홍(內訌), 분요(紛擾) 등이 없이 순조롭게 발달하고 있다. 역시 일부 조선인 중에는 명예회원 등으로 재향군인회에 가맹한 자가 있다.

(나) 사상 단체 상황

녹기연맹(綠旗聯盟)

본 회는 사회 교화, 국가 중견 인물 양성을 목적으로 경성대학 교수 사와다 사카에(澤田榮) 등 국주회(國柱會)[19]계 인물로 창립(회원 1,250명 그중 조선인 200명), 기관지 《녹기》를 발행하여 그 취지 선전에 힘쓰고 있는데, 2월 11일 기원절을 택하여 봉축강연회를 개최, 〈동양사(東洋史) 위에서 본 현재의 비상시(非常時)〉라는 제목의 강연을 했다.

시중회(時中會)

천도교 신파를 통하여 회원 획득 및 자금 조달에 분주하고, 조선 각지에 지부를 설립하여 회원 약 1,000명을 거느리고 있다. 수령 최린은 몸소 각지에 출장하여 취지, 선전 및 회원 획득에 분주하지만 미나미(南) 총독은 시대에 뒤졌다고 단정하고 크게 기대하지 않아 물질적·정신적 원조를 하지 않는 모양인데, 최근 자금난에 빠져 그 활동 역시 부진하다.

대동민우회

잡지 신민사(新民社) 주간 이각종(李覺鍾)의 주창하에 1936년(昭和 11) 9월 사상전향자(55명)로 사상 선도 및 국가주의를 제창, 창립했다. 본기(本期)에는 예기한 당국의 물질적

---

19 니치렌(日蓮)의 승려였다가 환속한 다나카 지가쿠(田中智學)가 1880년에 요코하마에 조직한 연화회(蓮華會)를 시작으로 1884년에 결성된 입정안국회(立正安國會)를 거쳐 조직을 전국적으로 통일하여 1914년(大正 3)에 시즈오카(静岡)현 미호(三保)를 본거지로 하여 창설된 법화종계 재가 불교 단체다. 1945년 이전 일본의 우익에 큰 영향을 주었다.

지원이 없어 자금난에 빠져 겨우 〈인민 전선 신변혁 원리의 개요〉라는 제목의 팸플릿을 발행한 것 외에 주목할 만한 활동이 없고, 회원 역시 생활이 핍박하여 이탈, 사산(四散)하여 자멸 상태를 밟고 있다.

대동동지회

작년 가을 이래 회장 문제로 창립자 고 선우호(鮮于鎬)의 친아들 선우현(鮮于鉉) 및 선우형순(鮮于亨筍) 형제가 서로 싸워 내홍을 빚고 있었는데, 선우형순이 회장에 취임하는 것을 단념하고 만주로 감에 따라 5월 23일 총회를 개최하여 선우현을 회장에 추대하고, 새로 진용을 정돈하여 본 회 부흥에 관한 성명서를 발표했다.

그 외 대일본국수회(大日本國粹會), 동유회(東維會), 조선대아세아협회 등이 있지만 본기(本期)에 특별한 활동이 없다.

(다) 교화 단체 상황

경성교화연합단체

국민정신 작흥(作興), 공제협력(共濟協力)의 미풍 양성, 국민의 도덕적 의의 천명 등을 목적으로 경성부 내 약 68개 단체로 조직되었는데, 본기간 중 특수 사항은 없음.

조선교화단체연합회

본기간 중 특수 사항 없음.

조도회(照道會)

사상범 선도를 목적으로 경기도 경찰부 발기하에 내선 유력자의 찬조를 얻어 창립한 이래 좌담회, 강연회 등을 개최하여 취지 선전, 사상 전과자 취직 알선, 그 외 선도(善導)에 힘쓰고 있다.

(라) 수양단체

수양단체연합회 본부는 심신 단련, 동포 상애, 친화 노력 및 미풍 작흥을 목적으로 1920년(大正 9) 창립하여 현재 조선 내에 지부 80, 회원 약 5,500명을 보유하고 있지만, 본기간에 큰 활동이 없고, 그 외 단체 역시 특이 사항 없음.

3. 형평운동

형평운동은 전 조선 가맹 지부 91, 회원 약 1만 명이라고 하며, 대동사(大同社)로 개칭하여 총본부를 대전으로 이전하여 면목을 일신하여 활동하고 있지만, 파벌, 내홍이 일어나 2개 파가 서로 대립하여 세력 부식에 분주하고, 장래 남북 두 파로 분열할 조짐이 보인다.

본년 5월 경북도 대동사 지부원이 상민(常民)으로부터 차별적 언사를 들었다며 총본부에 구원 방법을 타전했지만 간부 사이에 아무런 대책이 없어 사건은 관할서의 위무(慰撫)로 원만히 해결하는 등 간부의 열의가 없음을 엿보이게 해서 장래 큰 활동이 없을 것으로 보인다.

4. 무정부주의 운동

무정부주의 운동은 공산·민족 운동에 압박당하여 점차 몰락 과정을 거치고, 이에 더하여 종래 여러 차례에 걸쳐 당국의 검거, 탄압에 의해 근래 지도자를 잃고 표면상 볼만한 활동이 없다.

제2장 노동 농민운동 (생략)

제3장. 학생 청년의 사상운동 상황

1. 전기(前期)의 개황

시국의 영향에 의해 점차 국체 관념에 각성하여 좌경 사상은 대개 침체 경향에 있지만, 역시 이런 운동에 관여하여 검거된 자는 3건, 7명이다. 동맹휴교 11건 476명이다.

2. 본기의 개황

일반 조선인 학생, 청년은 근년 우리 국운이 비약적 앙양과 시국의 중대성을 인식하고 눈에 띄게 국가 관념에 각성하면서 사상이 점차 온건·중용으로 향하여 국방애국 사상이 생겨나고 있으며, 감탄할 만한 국방헌금이 적지 않다. 그 외 군인 지원자 증가, 군사 기념일 연습 및 분열식 참가 등 수많은 좋은 현상이 나타나고 있다.

그렇지만 조선 내에는 기독교계 학교가 많고, 이들 생도는 민족 사상을 갖는 조선인 교사 혹은 배일 사상이 농후한 외국인 선교사 등의 감화와 그 종교적 훈육에 의해 민족의식이 농후하여 늘 비국민적 언동이 많고, 또한 종래의 사상 사건 관계자 대부분은 이들 학교 출신자라고 단정해도 과언이 아니다. 그 동정은 엄중히 감시할 필요가 있다. 또한 본기 중 고학생 갈돕회는 6월 20일 창립 제17주년 기념식 거행 계획을 준비하던 중 관할서에서 사전에 중지 명령을 받아 목적을 달성하지 못했다.

3. 전년도 같은 기간과 비교하여 변화한 개요

전년 같은 기간에는 5건 15명의 사상운동 관여자를 검거했는데, 본기에는 4건 20명으로 건수에서는 1건 감소했으나 인원에서는 5명이 증가하여 여전히 낙관할 수 없다.

4. 사상 동향을 고찰할 수 있는 구체적 현상

(가) 사상운동 관여 상황

본기 중 공산운동에 관여하여 검거된 것은 3건 19명으로 그중 1건은 공립보통학교 훈도의 스페인 인민전선구원기금 모집을 계획 중이던 것을 검거한 것이다. 민족운동에 관여하여 검거한 것은 1건 1명뿐이다. 〈부록 제15·16〉과 같다.

(나) 동맹휴교

본기 각 21건 2,877명 맹휴(동요를 포함)가 있다. 전년 동기와 비교해 5건 1,070명이 증가했다. 원인은 교유 사이의 파벌 대립을 불만으로 한 것, 교육시설 개선 요구, 기독교계 학교 폐지 반대이며, 그 외에는 모두 사상적 배경이 없을 뿐 아니라 그 행동 역시 불온한 것이 없고, 기독교계 학교 하나를 제외하면 모두 단시일에 원만히 해결되었다. 또한 기독교계 학교 하나도 그대로 여름휴가에 들어갔으니 자연히 해결될 것으로 판단된다. 〈부록 제17~19〉와 같다.

(다) 학생 회합 그 외 언동 중 치안에 관계한 것

본기간 중 학생의 치안에 관계한 회합으로 기독교 장로파계 평양숭실전문학교 생도의 학교 양도 촉진에 관하여 협의한 3건 외에, 경성 거주 고학생으로 조직된 갈돕회에서 6월 20일 창립 제17주년 기념식 계획을 관할 동대문 경찰서에 신고했지만 사전에 중지를 받아 그 목적을 달성하지 못했다. 또한 학생의 언동이 시국에 대한 인식이 높아지고 있음이 엿보이거나 치안상 우려할 언동이 없지만, 당국의 기독교계 학교 신사참배 요구를 비난하거나 조선 내 교육 시설 불비(不備)·결함을 비판하는 자 등은 〈부록 제20·21〉과 같다.

(라) 군인 지원 상황

국제 정세의 급박화, 특히 소련의 극동 군비 충실 또는 소만(蘇滿)국경 분쟁 사건은 저절로 조선에서 국방 사상 향상에 반영되어 각지에서 군사·국방 제 단체 결성에 의해 도시와 농촌을 불문하고 보급되면서 이에 대한 조선인 학생·청년의 관심이 점차 본격적으로 양성되려 하고 있어서 조선인 군인 지원자도 매년 증가 경향에 있다.

그렇지만 이들의 원인과 동기 등에 대해서는 반드시 일정하지 않고, 진실로 국가 의식에 불타고 있는지 아닌지는 그들의 처지와 평소의 언동 등에 비추어 의심의 여지가 있음이 엿보인다.

(마) 국방 사상 보급, 그 외 선량 방면 관찰

국제 정세, 특히 극동의 긴박한 제 현상은 조선인에게도 자극을 주어 일면 조선 내 재원에 대한 여러 기업의 발흥 및 일반 산업의 개발 혹은 교육제도 확립에서 내치 충실과 맞물려 조선인의 편견 사상은 정화되어 생활이 점차 안정되고, 국가적 견지에 서서 반도 옹호의 국방 사상 관념이 점차 진지해지고 있다. 이는 국방·군사 제 단체 결성 및 활동, 군대에 대한 존경심 증대, 조선인 중등학교 교련 실시, 청년 훈련소 입소자 증가, 연합 연습 참가, 통과 부대 영송, 부대 견학 및 숙박, 국방 기기·식품 헌납, 군대 위문 등으로 나타나 나날이 국방 사상 보급 철저를 도모함과 함께 다른 한편으로 내선융화는 자연스레 촉진되고 있다. 〈부록 제

22)와 같다.

(바) 학생 청년단 상황

학생 단체로 조선학우회, 조선학생과학연구회, 고학생 갈돕회 등이 있다. 고학생 갈돕회는 전기한 바와 같이 창립 제17주년 기념식 계획을 준비하던 중 관할서에서 중지를 명하였고, 그 외 학생 단체 중 특별한 활동은 없다.

청년 단체는 지방 중견 청년으로 조직된 온건 단체가 각지에 있고, 관민 지원을 얻어 자력갱생, 생활 개선 혹은 사상 선도 등에 힘써 순조로운 발전을 거두고 있어, 본기간 특기할 활동은 없다.

제4장 정치운동

1. 전기(前期)의 개황

갑자구락부에서는 간부 성송록(成松綠)에게 미나미 총독을 방문하도록 하여 동부의 취지 방침을 진정하고, 소화연맹은 시국강연회 개최 외에 특별히 볼만한 활동은 없지만, 고관이 왕래하는 것을 기회로 각지에서 정치적 사항을 진정하는 청원운동이 나타나고 있어, 기존 단체의 활동과 함께 향후 상당히 주의할 필요가 있다.

2. 본기(本期)의 개황

관내에는 정치단체로 참정권 획득을 목적으로 한 국민협회, 갑자구락부 및 소화연맹 등이 있지만 그 활동은 여전히 활발하지 않다. 그렇지만 도제(道制) 개정 후 5월에 조선에서 일제히 거행된 제2회 도회 의원 선거에서 각지에서 의원 정수의 3배가량의 입후보자가 등록했고, 기권율 역시 극히 적었다. 특히 국어(일본어-역주)를 해득하지 못한 입후보자나 당선자가 격감하였고, 당선자 연령도 종래에 비하여 소장자(少壯者)가 현저히 증가하여 새로운 의

원의 비약적 진출이 이루어졌다. 또 과거에 보인 고두전(叩頭戰)만을 쫓지 않고, 문서전(文書戰)이 현저히 증가하는 등 주목할 만한 현상이 적지 않다. 이에 더하여, 박춘금이 제2회 대의사에 당선된 것은 조선인 유식자의 정치열을 한층 조장시킨 경향이 농후하여 향후 각종 정치 운동이 발생할 것이 예상된다.

국민협회는 그 목적 달성을 위해 건백서와 청원서를 작성하고, 본기간 1월 이래 전 조선 유식자 및 회원 등 약 2만 5천 명의 찬동 서명 날인을 받아 동회 이사를 도쿄로 보냈는데, 모리야(守屋) 대의사의 알선으로 귀(貴)·중(衆) 양원(兩院), 그 외 요로(要路)에 제출하여 3월 15일 중의원에서 채택되어 여전히 활발한 활동을 벌이고 있지만, 미나미 총독의 보조금이 감액되어 자금난에 빠져 운동에 지장이 없을지 우려하고 있다.

갑자구락부, 소화연맹 그 외 단체는 본기간에 특이 활동을 보인 것은 없다.

3. 정치 단체 활동 및 소장(消長)

본기간 중 국민협회의 내지연장주의에 입각한 참정권 획득 운동이 있었지만 그 활동 중에 주목할 만한 것은 없다.

4. 조선 자치운동 상황

종래 민족적 편견에 사로잡혀 사사건건 제국의 시정에 반항적 태도를 지니고 있던 민족주의자 중 온건 분자는 종래 민족운동이 한결같이 효과가 없고, 오히려 자승자박을 초래하여 사회적 신용을 잃은 결과를 감안하여, 방향을 전환해 자치운동으로 가려는 경향이 있어 도(道)·부(府) 의회 등의 선거에는 상당히 치열한 경쟁을 벌이고 있다.

5. 내선(內鮮) 의원의 융화 및 소격(疏隔) 사례

본기간 중 특이한 사례 없음.

6. 치안에 관계 있는 청원·진정 운동 상황

본기간에 9건의 청원·진정 운동이 있다. 시장 이전에 반대한 면의(面議)의 연대 사직, 특별 요시찰 조선인이 개재한 부민(部民)의 도청 진정 등 불온한 행동을 하려고 한 것이 1건, 전 면장 1명이 인쇄물로 〈내선인 관리 차별 대우 및 군(郡) 행정 개선〉 방법을 도회(道會)에 요청하여, 출판물 위법으로 검거된 것 1건, 이밖에는 거의 항례적인 온건한 운동으로 시종하여 치안상 특별히 우려할 만한 것은 없다. 〈부록 제23〉과 같다.

구주(歐洲) 대전(大戰)은 전쟁의 규모 및 범위가 광대하여 세계적이라는 것보다 그 전쟁의 참화가 인류사상 공전(空前)의 대참화라는 말로 대신된다. 전쟁 이후를 보고 "우리 인류로서 참화를 통절히 깨달아 전쟁을 저주하고, 평화를 구가해야 한다"라고 반전(反戰) 기사를 게재한 주간(週刊)을 각 지국에 배포했다. (원문이 윗 문장과 이어지지 않음-역주)

- 반군(反軍) 상황 조사표는 〈부록 제24〉와 같다.
- 군부 이용 책동 상황

본기간 중 한일병합 당시 공로자 구제운동에 관하여 군부의 후원으로 성취를 도모하려 한 자, 만주에서 이권을 획득하기 위해 군부의 지원을 얻어 성취할 예정이라며 군에 접근하려고 책동을 부린 2건이 있다. 모두 헌병에서 주의를 주어 현지 시찰 중이다. 〈부록 제25〉와 같다.

제5장 반군운동의 상황 (생략)

제6장 종교 및 동 유사단체의 상황

1. 전기(前期)의 개황

(가) 기독교

신도 약 40만을 거느린 조선 내 종교 중 수위(首位)를 차지하고, 그 대부분은 외국인의 지도하에 있다. 포교 경영, 사업 방침 등 우리 국정(國情)과 맞지 않는 것이 있어서 반국가적 사례만 17건으로 많다. 기독교 자치운동은 아직 주류를 차지하지 않지만 외국인 선교사는 많은 위협이 되고 있다.

(나) 종교 유사 단체

천도교 이하 수십 개의 파로 나뉘었지만 전혀 교세를 펼치지 못한 채 포교 금지, 해산 등으로 쇠퇴 일로를 밟고 있어 볼만한 활동이 없다.

2. 본기(本期)의 개황

조선 내 종교는 신도·불교·기독교로 기독교가 그 수위를 차지한다. 신도·불교는 거의 내지인 사이에 포교되어 조선인 신도는 극히 적고, 기독교는 내선인 고루 분포하며 다수의 신도가 있다. 이들 중에게는 격렬한 배일 조선인이 많아 각종 불상 사건에 참여하므로 특별히 주의가 필요하다.

1935년(昭和 10) 일어난 장로파 학교의 신사 불참배 문제에 관련된 이 학교의 존폐 문제는 아직 해결의 서광을 보지 못하고 있다. 조선인 신도 등이 그 대책에 부심 중이다. 또 외국인 선교사의 지시에 순종하는 것을 바람직하지 않게 생각하여 자립을 목표로 일어선 조선인 야소교도 이후 특이한 진전을 보지 못하고 있다. 유사종교는 점점 쇠퇴일로를 밟고 있어서 볼만한 활동이 없을 뿐 아니라 그중에는 내지 불교로 종파를 옮기거나 혹은 불경·불온 행위로 인해 검거를 당하여 자멸한 경우 등이 있어서 완전히 침체되어 있다.

3. 기독교

(가) 일반 동향 추세

조선 내 기독교는 직접 외국 전도부의 지도를 받는 것이 대개 9개 파로 나뉘어 전 신도수는 40여만 명에 이른다. 그중 장로파가 가장 우세하며, 감리파, 천주교 등이 그 뒤를 잇고 있는데, 조선인 사이에서 공고한 세력을 부식하고 있다.

장로파는 신도 20여만 명, 평안남북도를 지반으로 하고, 천주교는 신도 약 10만, 전북·경북 지방에, 감리파는 경기·평남·강원 지방에 많은 신도를 거느리고 포교를 하면서 부속 단체를 설치하여 측면에서 이를 원조해 왔다. 또 학교, 병원 등의 사회사업을 경영하여 민심을 잡고, 신도 획득에 힘써 왔지만 신사 불참배 문제를 계기로 마침내 경영하는 학교의 폐지 방침을 취하게 되었다. 조선인 신도 등의 열렬한 존속 탄원에도 불구하고 이를 배척하여 여전히 폐지 방침으로 진행하고 있다. 이 때문에 외국인 의존주의를 지상의 신념으로 한 신도 등도 자력으로 존속을 시도하며 대책을 강구하지만 자금 획득 등의 소기의 목적을 달성하지 못하여 그저 걱정만 하고 있다가 결국 최근에 이르러 외국인 증오 감정을 양성하는 현황이어서 종래의 관념에 비하여 앞으로 그들의 동향 추세는 크게 주목할 만하다.

그리고 이 기회를 틈타 종래와 같은 반국가적 사상의 책원지로 인정된 기독교를 진정으로 우리 국체에 순응하는 종교로 만들어 조선인 신도 등의 잘못된 국가 관념을 일소하는 데 힘쓸 호기라고 생각된다.

(나) 전년 동기에 비하여 특히 변화 유무

전년 동기에 비하여 특별한 변화는 보이지 않지만, 기독교계가 경영하는 학교의 신사 불참배 문제에서 마침내 당국에 굴복한 기독교 장로파 선교사측 및 미국 외지 전도국은 "신사에 참배하는 학교는 경영할 수 없다"고 하여 작년 여름 이미 조선의 교육사업에서 점진적으로 철수할 방침을 결정했다. 우선 신사 불참배 문제에 관계된 학교인 평양부 숭실·숭실중·숭의 세 학교는 본기부터 신입생을 모집하지 않고, 재학생 졸업 후 폐교할 예정이다. 이 때문에 평양의 조선인 유력자 사이에 이 세 학교를 30만 원의 사례금으로 양도받아 경영하고자 미국 전도국에 청원서를 제출한 이래, 그 촉진을 위해 여러 차례에 걸쳐 교섭을 거듭하고 있지만, 아직 아무런 회답이 없어 성의 있는 해결은 기대하기 어려운 상황이다. 이들 문제는 향후 전 조선으로 파급될 것으로 예상되는데, 조선인들 사이에는 외국인 선교사의 태도를 유감스럽게 여기는 이들이 생겨나면서 종래 외국인 의존 정신을 일소하려는 기운을 양성하고 있는 점이 주목할만하다.

그리고 이들은 아직 구체적 현상은 없지만 전남 광주 소재 수피아여학교 직원이 폐교 문제에 기인하여 두 파로 나뉘어 대립하고 알력을 계속해오다가, 마침내 두 파가 난투를 벌여 사법 사건을 야기하기에 이른 것은 관련 사정을 여실이 드러내는 하나의 증표라고 판단된다.

(다) 부속 단체 및 사회사업 개황

각 파 모두 부속 단체로 기독교청년회 동 면려회, 동 부인회, 동 소년회 등을 조직하여 교리 연구 및 전도에 힘쓰는 일 외에 폐풍 타파, 금주·금연 운동을 추진한다. 또 일면 사회사업으로 학교·병원·양로원·유치원을 경영하는 등 민심 동향을 포착하고 시류에 부응해 교세 부식에 힘쓰고 있지만 신사 불참배 문제가 야기된 이래 미국 선교본부의 보조금도 종래와 같이 윤택하지 않아 경비 염출을 위해 각종 명목으로 의연금을 모집하고, 기금 조성에 힘쓰고 있다.

(라) 헌병이 파악한 기독교도의 반국책적 언동

본기 헌병이 파악한 반국가적 언동은 18건으로 전기(前期)[20]에 비하여 1건 증가하여 여전히 민족적 편견에 입각한 언동이 많고, 그들의 지도에는 역시 많은 노력이 필요하다. 〈부록 제26〉과 같다.

4. 천도교

(가) 일반 동향 추세

천도교는 신구 두 파의 반목이 여전하지만 신파 세력이 단연 구파를 압도하고 있다. 신파는 수령 최린의 시중회 운동을 지지하고, 그 깃발 아래 결속을 굳혀 신흥 조선 건설, 내선일가 결성을 창도, 당국의 자력갱생 및 농촌진흥운동 지원 등 시류와 민심에 따라 교세 확장에 힘쓴 결과 점차 교도 증가가 이루어지고 있다.

그렇지만 일반 조선인의 교육 보급 및 국가 관념 철저와 당국이 지도하는 농촌 중견 청년 양성 등에 의해 이들 유사종교의 계몽이 이루어짐으로써 예전과 같이 맹신하는 자는 감소하고 있다. 그리고 장래 본 운동이 정도를 걸어 당국의 기대에 부응할지 아닐지는 일률적으로 천도교 및 최린의 과거에 비추어 예단하기 어렵다. 특히 본년도부터 당국의 시중회에 대

---

20 원문에는 "前記"라고 되어 있으나 문맥상 "前期"의 오기로 판단되어 정정하여 번역함.

한 물질적 원조를 중지한 관계도 있어서 본교의 동향에 주의를 요한다.

구파는 여전히 낡은 껍질을 벗지 못하여 교도가 점차 감소하고, 유지 곤란에 빠져 각종 방책을 강구하여 교도에게 헌금을 종용하고 있다.

(나) 신구 두 파의 세력 소장(消長)

신파는 시중회의 강령인 신생활 건설, 신인생관 확립, 내선일가 결성 등 민족의 갱생 신흥을 창도하고 시류에 부응하여 민심을 잡았다. 이에 반하여 구파는 여전히 민도 향상을 무시하고, 황당무계한 말을 일삼으며, 미신적 포교 수단을 이용하여 새로운 맛이 없어 교세가 쇠퇴일로를 밟고 있다. 진흥책으로 30년 이상의 독실한 신자에 대해 암호(庵號)를 내려주고, 또 극도의 재정난에 봉착하고 있어서 왕성하게 통문을 발하여 교도의 헌금을 독촉하고 있다.

(다) 소속 단체 및 활동 상황

천도교 부속 단체로 신파에 청년당, 청(소)년회, 내성단(內誠團), 구파에 청년동맹, 내성단 등이 있다. 그중 신파의 청년당은 당원복을 제정하고, 제 단체의 중핵을 이뤄 순회 포교, 시중회 선전 등을 행하며 교세 신장을 위해 활약하고 있다.

(라) 헌병이 파악한 천도교도의 반국가적 언동

본기에 2건 있다. 천도교 간부의 총독정치를 기만정책이라고 비난한 것, 육군기념일에 시중 행진 및 폭격 연습을 보고 약소민족에 대한 시위라고 흘린 것. 〈부록 제27〉과 같다.

5. 그 외 종교 및 동 유사 단체

(가) 세계 홍만자회(紅卍字會) 조선주회(朝鮮主會)

1935년(昭和 10) 창립 이래 회원이 220명으로 증가하여, 동 7월 중순 부속 단체 세계부녀 홍만자회 조선주회를 설립하고, 사업으로 각 회원 도의(道義) 수양을 함과 함께 본회 주지(主旨)에 입각한 빈곤자 구제 및 기부행위를 함으로써 본회의 선전에 힘쓰고 있지만, 일면 당국의 유사 선교 단체에 대한 감시가 엄중하여 활발한 활동은 없다.

(나) 백백교

백백교는 유사종교 백도교(白道敎)의 일 분파로 1923년(大正 12) 7월 유불선(儒佛仙) 삼도를 신앙 귀의에 의해 "광명한 사회를 실현"을 종지(宗旨)로 하여 강원·경기·황해·평안남북도 지방의 산간벽지에서 무지한 신도를 획득, 활동하고 있다. 1937년(昭和 12) 2월 중순, 교주 김용해(金龍海)가 1934년(昭和 9)경부터 불경·불온 행위를 하여 무지한 신도를 능욕·학대한 것을 경성 동대문 경찰서에서 탐지하여 관계자를 일제히 검거하고 취조하였는데, 그들 일당은 비밀 누설을 우려하여 신도 300여 명을 살해하여 산야(山野)에 암매장함으로써 현재 관계자 백 수십 명을 동 서에 검거하여 취조 중이다.

(다) 미륵교

본기 1월 내지 불교 대곡파(大谷派)에 귀속하고, 이어 5월 홍룡사(興龍寺)라 개칭하여 오로지 불교에 전념하고 있다.

(라) 시천교

그 외 각 파는 여전히 조락한 경향이다. 최근 이들 작은 교파는 시천교에 합동을 도모하고 있지만, 당국의 보천교 탄압 이래 활동의 여지를 잃고 단지 공명(空名)을 유지하고 있는 데 불과하다. 자멸하는 도정을 밟고 있다.

(마) 인도교(人道敎)

조선 내 사람의 길 교 각 지부는 내지 본(이하 내용 결락-역주)

제7장 일본 국가에 대한 관념

1. 전기(前期)의 개황

진정으로 국가 관념에 각성한 자는 약 20%, 국가 관념에 각성한 것처럼 위장한 자 약

20%, 무관심인 자 약 56%로 관찰되며, 점차 국체 관념에 각성하고 있는 것으로 인정된다.

2. 본기(本期)의 개황

(가) 진정으로 국가 관념에 각성한 자

그 수는 조선 내 조선인의 약 24%로 관찰된다. 주로 관공리 및 유식자, 학생 사이에 많고, 이들은 모두 만주사변을 계기로 제국의 대외 강경 태도에 깊이 감동하여 협소한 민족 관념을 버리고 진실로 일본 국민임을 기뻐하게 된 자로, "소이(小異)를 버리고, 대동(大同)으로 나아가 일본을 맹주로 하여 동아의 단결을 도모하고, 구미의 정치적·경제적 침략을 배제하고, 동양 영원의 평화와 복지 증진을 기해야 한다"는 주장을 가지고 항상 우리 국책을 지지하며 국민정신 함양에 힘쓰거나, 혹은 자발적으로 신사참배, 축제일에 국기 게양 등을 실천하고, 혹은 사회봉사, 국방헌금, 농촌진흥운동 등 미성(美性) 발휘에 힘써 실로 국체 관념에 자각한 것을 보면 알 수 있다.

(나) 국가 관념에 각성한 것처럼 위장한 자

그 숫자는 총인구의 약 23%로 관찰되며, 이에 속한 자는 각 층에 걸쳐 있지만 비교적 유식자 사이에 많고, 집요한 민족적 편견에서 탈각하지 못하는 자로서 세계에 유례가 없는 우리 국체를 이해하지 못하고, 제국 신민이라는 행복을 알지 못할 뿐 아니라 내심 이를 달가워하지 않는다. 그러나 현 정세에서 독립운동은 실현 불가능하므로 오히려 표면상 온순을 위장하여 일본 통치하에 복종하는 것이 득책이라고 하지만, 실제로는 여전히 기회를 얻어 조선 독립을 몽상하거나 혹은 공산화를 염원하고 있는 자가 역시 적지 않은 상황임이 간취된다.

(다) 무관심한 자

그 숫자는 조선인 총인구의 약 54%로 보인다. 무지하고 저급한 노동자 및 농민층 대부분은 이런 부류에 속하고, 이들은 우리 국가가 어떤 것인지에 대한 이해 능력이 부족하여 사회제도에 대해서도 아무런 판단 능력이 없이 걸핏하면 주의자에게 기만·선동당하기 쉽고, 또일면 지도를 잘 하면 선량한 국민이 되는 자로, 오로지 자신의 생활 안정과 행복을 염원하여 이들에 대한 국가 관념의 보급은 긴요한 당면 과제다.

(라) 소견

상황은 이상과 같이 현하 시국의 반영 및 당국의 적절한 시설 등에 의해 점차 국가 관념에 각성하고 있다고 하더라도 과거로부터 이어져온 민족적 편견은 여전히 용이하게 일소하기 어려우므로 향후 한층 적절한 지도와 훈육이 필요하다.

이 관찰 자료는 〈부록 제28〉과 같다.

[원문(48쪽) 결락으로 인해 중략]

그리고 전자는 국민협회가 제창한 내지연장주의에 의한 참정권 획득 운동으로 1920년(大正 9) 창립 이래 매년 청원서를 제출함과 함께 조선 내 헌법 시행을 요망해 왔는데, 종래 단순히 회원만 하여 제출했던 청원서·건백서 서명을 전 조선 각 도 공직자 및 유식자층으로 연장하여 장래 한층 적극적 활동을 벌이고자 하는 것으로 판단된다. 후자는 최린 일파가 제창한 것으로 조선의 자치 확립에 의해 제국의 굴레에서 벗어나고자 하는 것이지만 1930년(昭和 5) 지방 제도 개정에 의해 일반 민중은 일제히 지방행정에 참여하게 됨에 따라 최린이 중추원 참의에 취임, 대동방주의로 전향했기 때문에 자치운동은 현재 사라질 정세다.

이상과 같이 통치 양식에 개선을 가하고자 하는 운동은 반드시 한 가지 모습이 아니지만, 그 수는 관내 총인구의 약 10%로 관찰된다.

3. 현 정세에 순응하는 자

구 한국 시대의 극단적인 전제 관료정치에 신음한 경험이 있는 일반 민중은 지방 제도를 개정함에 따라 점차 시정에 참여할 수 있는 것을 기뻐하고 있다. 그리고 조선 통치에 직접 내지는 간접으로 참여하는 조선인 대중은 민족적 편견에 입각하여 아전인수적 행동이 없다고 할 수 없지만, 대세는 지방자치 정신에 순응하여 조선 통치를 익찬하고자 힘쓰고 있는 상황이다. 본 항에 해당한다고 판단되는 자는 조선 내 총인구의 약 28%로 관찰된다.

4. 무관심한 자

조선 통치 방침에 무관심한 자는 비교적 무지한 계급에 속한 노동자, 농민 등 하층계급으로 이들 민중은 한일병합 전의 관료·독선·탄압 정치와 비교하여 병합 후는 일시동인의 성은을 입고, 또한 당국의 제 시설 개선에 의해 점차 일본 제국의 위력을 신뢰하고 있다.

그렇지만 그들 대부분은 무지몽매하여 주의자 등의 선동에 휩쓸리기 쉽고, 걸핏하면 현 정치에 반대하는 듯한 언동이 없다고 할 수 없으므로 한층 적절한 지도와 훈육이 필요한 바이다.

제9장[21] 기타

1. 전기(前期)의 개요

1) 내선융화(內鮮融和) 소격(疎隔)상황

(가) 전기(前期)의 개황

참으로 융화했다고 인정되는 자 약 21%, 일시적으로 융화한 자 26%, 융화되지 않은 자 7%, 무관심한 자 46%로 관찰되며, 점차 내선융화의 결실을 거두고 있는 것으로 인정된다.

(나) 본기(本期)의 개황

참으로 융화했다고 인정되는 상황은 시대의 추이와 당국의 적절한 지도에 의해 황군 위문, 국방헌금을 하는 등 점차 시국을 인식하고 화합하여 내선일체의 실적이 인정된다. 특히 조선인의 국체 관념 보급에 따라 친일 관념은 내지인에 대한 호감으로 나타나고, 일면 당국의 심전 개발 및 시중회의 내선일가 결성운동 등과 더불어 양자 사이의 대립 감정을 제거하고, 내선융화상 상당한 효과를 거두고 있다. 그렇지만 내선인은 각각 역사적 환경에 의해 풍

---

21 제8장의 원문 오기임.

속 습관이 다르고, 또한 민족적 편견에 사로잡혀 근저에 잠재한 감정은 쉽게 풀리지 않는 점이 있어서 실로 내선일여(內鮮一如)가 되기 위해서는 아직 멀었다는 것이 엿보인다. 실로 융화했다고 인정되는 것은 총인구의 약 22%로 관찰된다.

일시적 융화 상황은 조선 내 일반 대세는 표면상 융화한 것처럼 보여도 상세하게 검토하면 실로 융화한 자는 극히 소수라고 말할 수 있으며, 저의(底意)는 여전히 대립적 관념을 품고 있어 시류 여하에 따라 즉시 민족적 편견이 표현되는 사례가 없다고 할 수 없다. 즉 일시적으로 융화한 자 대부분은 혹은 개인의 이해관계에 얽매이고, 혹은 매명적으로 융화를 위장하는 경우여서 이해관계가 소멸하면 즉시 반대적 태도로 나올 것은 일상의 현상에 비추어 쉽게 추측할 수 있는 바다. 그리고 조선인 총인구 중 일시적으로 융화한 자는 약 25%로 관찰된다.

(다) 소격(疏隔) 상황(불융화 상황)

원래 내선인 소격(疏隔) 사례 대부분은 주로 내지인의 우월적 감정에서 기인한 것이라고 해도 반드시 일방적 문제에 그치는 것은 아니다. 조선인도 환경의 지배를 받은 과거의 풍속·습관으로부터 쉽게 벗어나지 못하고 여전히 내지인과 맞지 않은 부분이 있어서 역시 어쩔 수 없는 바이다. 이에 속한 자는 총인구의 약 8%로 관찰된다.

(라) 무관심한 자의 상황

무관심한 자의 대부분은 비교적 교섭이 없는 산간벽지 부락민 또는 비교적 하층 농민 등에 많다. 따라서 세상일에 관심이 없고, 오로지 자신의 이윤을 도모하는 것만 일삼기에 한번 이해가 상반하거나 혹은 주의자 등의 선동이 있으면 가장 선동되기 쉬우므로 예측할 수 없는 사태를 야기할 우려가 없다고 할 수 없다. 이들에 대한 지도는 특히 주의가 필요하다. 이에 속하는 자는 총인구의 약 44%로 관찰된다.

(마) 소견

상황은 이상과 같고 대세는 점차 내선융화의 영역으로 나아가고 있다고 해도 이를 자세히 검토하면 아직 그 영역에 도달하지 않은 점, 요원한 점이 있어서 장래 점점 적절한 시설

지도와 더불어 개인적·민족적 대립 관념을 제거하고, 참된 내선융화로 매진하는 것이 절실한 바이다.

이 관찰 자료의 상세는 〈부록 제30〉과 같다.

2. 국방의회(國防義會) 활동 상황

국방의회는 전 조선 각 도에 설치되어 현재 연합회 14개, 단체 지부에 172개 단체, 계 286단체, 회원 588,214명으로 각 회 모두 재향군인회, 도(道), 부(府), 읍(邑), 면(面) 등 각 관공서 그 외 제 단체와 밀접한 연락을 유지하고, 각종 기념일 그 외 기회를 포착하여 군사·국방 사상을 철저히 보급하는 일에 힘쓰고 있지만, 만주사변 발생 당시에 비하여 그 활동이 보수적이 되어 점차 쇠퇴하는 조짐이다. 이대로 진행되면 장래 유명무실한 단체로 변할 것이 우려되는 현황이다.

3. 병역에 관한 운동 상황

조선 내의 군사 보급과 국제 위국(危局)에 직면한 현황은 조선인에 대한 병역제도 시행을 요구하여 저절로 일반 여론화하려는 기운이 점차 농후해지고 있다. 이를 위하여 혹은 정치적으로 혹은 단체적으로 혹은 실질적으로 병역 지원을 하는 등 표면화하는 경향이 있는데, 본기간 중 주요 운동을 들면 다음의 3건이 있다.

① 재경성 구한국장로교회는 병역법을 조선에서 시행하는 전제로써 지원병제도 실시 방안을 각 요로에 자주 진정하고, 계속 운동 중인데, 본기간에 그 재원 획득 수단으로 육군 용지 불하 방법을 진정하고자 도쿄에 갈 계획이었지만 하야시(林) 내각 총사직의 정변에 의해 연기했다.
② 본년 3월 3일 함경북도회 석상에서 한 의원이 조선에 병역제도 실시에 노력해 주길 바란다고 제안했다. 당분간 실시 곤란의 이유로 각하되었다.
③ 나고야시 소재 애국청년단 본부에서 부산 수상서(水上署) 앞으로 조선인 병역법 실시방

안 탄원서를 우송했다.

4. 유언비어 낙서 등의 상황

본기간 군사에 관한 것 40건, 주의적 색채가 있는 것 15건, 미신 기타 5건, 계 60건을 헤아려 전기(前期)보다 다소 감소했지만, 내용적으로 민심에 불안·동요의 마음을 부여하여 치안상 간과하기 어려운 것이 있음은 주의를 요하는 바이다. 〈부록 제31~제34〉와 같다.

5. 지방 분요 상황

본기 9건의 지방 분요(紛擾)가 있는데, 금융조합 이전 반대에서 시작된 부락민 약 50명의 폭행·상해 사건을 제외하고, 그 외는 감정 문제, 농민간 이권 문제에 관한 분요 등으로 특별히 악질적인 것은 없다. 〈부록 제35〉와 같다.

6. 불경 사건에 관한 상황

본기간 불경 사건은 5건이다. 그중 3건은 정신병자에 의한 황실에 대한 불경 기사로 판단된다. 불경한 글을 투서하는 등의 경우는 〈부록 제36〉과 같다.

(이하 〈내지인의 부〉 생략)

⟨부록 제15⟩ 1937년(昭和 12) 1~6월 학생·청년의 공산운동 일람표[22]

지방별	학교명 및 소재지	사건명	참가인원	사건 개요	처치
경기도	사립 경성상공학원(경성부 흑석정) 사립 소화공과학교(경성 신당정) 사립 경성전기학교[경성부 고시정(古市町)] 사립 중앙기독교청년회(경성부 종로 3정목) 공립 경성농업학교(경성부 청량정)	학생의 조선 내 적화 공작 사건	12	본건의 수괴 이재유는 공산주의자 박인선(朴仁善) 등의 교양 지도에 의해 1935년(昭和 10) 5월경부터 점차 경성 준비 그룹에 가맹하고, 해당 그룹의 확대·강화를 도모하여 조선 적화 독립의 목적 달성을 위해 학생 부문을 담당하고, 활동해야 할 것을 결의. 이후 교내에 오르그부(部)를 조직, 책임자 아지프로부(部), 조직부의 각 부서를 두고, 다시 교외 오르그를 설치하여 본 사건의 일익으로 조선 내 적화에 활동함.	경기도 경찰부에서 5월 1일 치안유지법 위반으로 송국(送局)함.
경북	대구상업학교[대구부 대봉정(大鳳町)]	공산주의연구사건	생도 6	대구상업학교 5학년생 정문택(鄭文澤, 18)은 부친(普要)[23]에게 사상적 감화를 받아 공산주의 사상을 품게 되었는데, 급우와 자주 회합하여 생도 감독을 통해 탐지·취조한 결과, 실천운동 준비 공작으로 좌익 서적을 탐독, 주의 연구에 힘쓰며, 4월 하순부터 급우 5명을 동지로 획득하여 의식 양양, 주의 연구에 힘쓴 것이 판명됨.	학교 당국에서는 경찰 측과 연락하여 아직 실천운동의 영역에 도달하지 않은 상황에 비추어 장래를 엄중 경계하고 감시 중.
함북	청진 제일공립보통학교	스페인 좌익 인민전선 구원 기금 모집 사건	1	청진 공립보통학교 훈도 임학순(任學淳)은 1933년(昭和 8) 4월부터 교직에 재직한 것을 기화로, 장래의 전위분자 양성을 위해 비밀리에 아동에게 공산주의 사상을 주입했는데, 우연히 '에스어(에스페란토어-역주)' 연구를 위해 교류한 동지로부터 스페인 좌익 인민전선 구원기금 모집 의뢰장을 접수하고 모집 계획 중 검거	함남 경찰부로 이송.

---

22 이하의 부록은 조참밀(朝參密) 제588호 사상 정황에 관한 건 『1937년 전반기 조선사상운동 개관』(朝鮮軍司令部部, 朝參密第588号 思想 情況ニ關スル件 『昭和12年前半期朝鮮思想運動槪觀』), 1937년 8월, 아시아역사자료센터(アジア歷史資料センター)에서 제공하는 PDF 자료에 의했으며, 이 부록은 226~228쪽에 의한 것이다. 이하 부록의 출전은 편의상 PDF 번호만 제시한다.

23 일제는 요시찰 대상자를 특요(特要, 특별 요시찰 대상), 정요(政要, 정치 관련 요시찰 대상), 노요(勞要, 노동 관련 요시찰 대상), 보요(普要, 보통 요시찰 대상), 요주(要注, 요주의 대상) 등으로 구분을 짓고 있는데, 보요는 '보통 요시찰 대상'임을 나타내는 말이다.

〈부록 제16〉 1937년(昭和 12) 1～6월 학생의 민족운동 사건 일람표[24]

지방별	학교명 및 소재지	사건명	참가인원	사건 개요	처치
경기	금릉(金陵)신학교 (중국 남경)	치안유지법 위반 사건	생도 1	강원도 출생 김우종(金宇鍾)은 사립 연희전문학교 졸업 후 남경 금릉신학교에 재학중 1933년(昭和 8) 11월경 동향인 의열단원 김용기(金龍基)의 종용·소개에 의해 의열단에 가맹하고, 다시 1935년 9월경 동지 혁명 단체의 통일 기관인 조선민족혁명당에 가맹, 동지와 함께 당의 확대·강화를 위해 활동하다가 1936년(昭和 11) 동교 졸업 후 조선으로 돌아와 잠복 중 12월 12일 경성 서대문서에서 검거함.	1937년 1월 22일 송국.

〈부록 제17〉 1937년(昭和 12) 1～6월 동맹휴교(동요 포함) 일람표[25]

지방별	월일	공사립 학교명	참가인원	동맹휴업일수	원인	경과 개요	결과
경기	2.4	사립 경성 전기학교	540	5	학교 당국의 태도 및 시설 충실 쇄신을 관철하기 위해 함.	주모자 본과 1년생 십여 명은 2월 3일 동교 소사의 집에 집합하여 교무 쇄신 내용 충실 등 7항목에 걸친 진정서를 작성하여 본 거사에 대한 부서를 협의·결정하고, 다음 4일 정오 휴게 시간에 진정서에 각 반의 도장을 찍고, 주모자 십수 명이 이를 교장에게 제출함과 함께 각 반 과(科) 생도 약 200명을 선동하여 오후 수업을 회피하였고, 그 후는 등교 생도 저지, 선동을 계속하여 540명(재학생 838명)을 동맹휴업시켰다. 그 후 학교 당국 및 관할 본정서(本町署)가 주모자를 검거하여 2월 7일경부터 대부분 등교를 하게 되었는데, 그 사이에 학교 측에서는 바로 그 날 직원회의를 개최하고 대책을 강구하여 맹휴 생도의 등교를 종용하는 한편, 본건을 야기한 이면에 동교 교사·소사가 잠재한 것을 알고 내부적으로 경계를 함과 동시에, 주모한 생도를 엄벌로 임했는데, 본정서에서는 사건 발생과 함께 관계 생도 30여 명을 검속하고, 석방에 임해서는 경거망동을 훈계하는 서약서를 작성하게 함.	학교 측에서는 2월 20일 이사회를 개최하여 본건 책임자 교사 1 해직, 소사 1 해직, 생도 10 7일간 정학 처분하여 자연 해결이 이루어짐.

---

24 PDF 229~230쪽.
25 PDF 231~249쪽.

지방별	월일	공사립학교명	참가인원	동맹휴업일수	원인	경과 개요	결과
경기	발생 5.6, 종료 5.8	이천군 모가면(暮加面) 소재 신갈공립보통학교	66	3	후카타(深田) 교장이 실과(實科)에만 중점을 두고 학과를 등한시하여 유감이 있었다고 함.	후카타(深田) 교장이 실과만 중시하고 학과를 등한시한 감이 있다고 하여 제4학년 급장 곽영하(郭永夏) 외 5명은 5월 6일 오후 4시 방과후 남녀 생도 일동을 동교 뒷산에 집합시켜 후카타 교장의 교육 방침에 반대 의견을 말하고 반성을 촉구하고자 동맹휴교에 들어감.	훈계에 의해 8일에 전원 등교함. 급장 곽영하 외 1명을 무기 출석 정지하고, 그 외 관계자 4명을 1주일 출석 정지 처분을 함.
황해	5.28	사립 명신학교 고등과 여자부	24	1	결원 교원의 보충을 요망, 시설 개선을 요망했으나 받아들여지지 않아 분개함.	1936년(昭和 11) 4월 말 좌기 요구를 자주해 왔지만 본년에 들어와 결과(缺課)가 많고, 학력 향상을 기하기 어려워 신속히 보충 및 개선 방법을 요망했는데, 5월 26일 남자부에 낡은 중고품을 지급하게 한 것이 발단이 되어 5월 27일 4학년 대표가 교사를 면회하여 구두로 희망을 말하고 다시 설립자와 교섭했지만 일축당하자, 다음 날 4학년의 선동으로 각 학년 전원이 등교해도 수업을 받지 않고 동맹휴업에 들어감. 4학년은 스스로 동맹휴업이 불가함을 깨닫고 대표자가 교사에게 사과하고 통학생에게는 학교에서 부형에게 통지하여 등교를 촉구했기에 29일부터 통상으로 회복함.	주모자 4명에게 근신 처분을 함.
충북	6.5	청주고등보통학교	224	3	교유 사이에 파벌적 대립이 있음을 좋게 여기지 않던 생도 등이 불만을 품고 있던 중, 강원도 춘천농학교 생도의 동맹휴업 사건에 자극을 받음.	5학년생 윤병준(尹炳俊) 외 4명이 주모하여 6월 5·6일 양일간 결의문안을 작성하고, 실행 방법 및 수단으로 5개 항목 결의를 하고 3·4학년 278명 중 44명이 가맹하여 6월 7일 퇴학계를 취합하고자 준비 중에 학교 당국에 탐지됨.	각 가정을 방문하여 위무(慰撫)한 결과 6월 8일 전원 등교했지만 주모자 5명을 무기정학 처분하여 해결함.
전북	5.20	사립 군산양영학교	238	2	부형회에서 학교장의 교수 방법이 무통제라고 협의한 것에 의함.	교장은 교두(教頭)를 교금(教金) 소비로 고소하고, 역시 결원인 교사 보충을 하지 않고, 아동에게 교수 방법 무통제라고 부형회에서 협의하고, 교장의 반성을 촉구해도 들어주지 않아 각 자제를 휴교시킴.	경찰 측의 알선으로 부형회를 개최·간담, 양해하게 하여 해결함.
충북	6.11	고창군 아산면 석곡(石谷) 공립 보통학교	34	3	교수 방법이 엄격하여 이를 배척함.	동교 제4학년 담임 김훈도는 교수 방법이 엄격하여 아동 등이 이에 불만을 품고 있던 중 장시간에 걸쳐 대청소를 시킨 것에 분개하여 일제히 동맹휴교를 감행함.	학교 당국의 유시(諭示)에 의해 해결함.

지방별	월일	공사립학교명	참가인원	동맹휴업일수	원인	경과 개요	결과
충남	6.19	대전 공립공업 전수학교	30	3	전임 교사의 임명·배치 및 실습 시간 연장 요구.	토목과 2학년생 30명은 진작부터 전임 교사가 없음을 유감으로 여겼는데, 6월 19일 그 임명 배치 및 실습 시간 연장을 위해 맹휴하고, 당국의 반성을 촉구하고자 결의문을 교무 주임에게 제출하고 각각 귀가함.	학교 당국의 유시(諭示)에 의해 원만히 해결함.
전남	2.26	광주 사립 순피아(順彼亞) 여학교	150		기독교계 미순회(美順會)가 학교 폐지를 결의했기에 폐지 반대를 외치고 동요함.	교장 루트에 대하여 존속을 탄원하고, 만약 요망을 들어주지 않으면 사직하겠다는 등 강경한 요구를 하며, 교장실에 몰려가 장시간에 걸쳐 퇴거를 거절하고, 교장에게 회답을 윽박질렀지만 집합한 외인 등의 설득으로 해산함.	하기 휴가에 들어가 현재 휴가 중이므로 평온함.
전남	3.3	목포 사립 영흥학교	541	없음		학교 폐지 확정 보도로 불안을 품고 정해진 시간에 수업을 받지 않고 교정 혹은 기독교 기념각에 집합했으나 교장 카밍이 부재중이어서 외국인 선교사에 대해 구두로 학교 존속을 요망하고 귀가함.	자연 해산.
전남	3.3	목포 사립 정명여학교	381	없음			
경북	6.8~6.10	건천(乾川) 공립 보통학교	43	2	교정 설비 개선을 위해 매일 2시간씩 생도를 노동에 동원하고, 더욱이 6학년생에게 1일 학과를 3시간으로 줄이고 노동을 부과한 데 기인함.	6월 7일 6학년생 불평분자 등이 학교의 조치를 비난하고 동맹휴교를 제창하자 일동이 찬성하고 6월 8일부터 동맹휴교를 결행함.	노동 완화를 조건으로 해결함.
경북	6.22	사립 신명(信明) 여학교	35	1	가사 담임의 교육 방법이 엄격하고 보수적인 데다가 예고 없이 시험을 실시해서 분개함.	시험 종료 후 교정에 집합하여 교유의 태도를 비난하고, 동 교유의 파면 방안 요구를 결의했지만 다른 교유의 위무(慰撫)에 의해 학교 당국의 조치를 기다렸지만 학교 측에서 아무런 대책·조치를 강구하지 않아서 전원이 동맹휴교함.	학부형 등의 설득으로 원만히 해결함.
경북	6.24	순흥 공립보통학교	53	1	교사의 가혹한 조치에 분개함.	담임 훈도가 생도에게 주의 중 교관에게 욕을 하는 자가 있어서 훈도는 징계 목적으로 생도 일동을 교실에 남게 한 채로 다른 행동을 해서 분개하여 오후 2시부터 실습을 하지 않고 귀가함.	
경남	5.1	공립 하동농업 보습학교	9	3	학교 이전에 따라 학자금 염출이 곤란해진 것에 의함.	동교 2학년생 13명 중 9명은 좌기한 원인을 이유로 학교 당국을 무단으로 탈출, 전 동교 교장을 방문하여 퇴학을 의논함.	유시(諭示)하여 해결.

지방별	월일	공사립 학교명	참가 인원	동맹 휴업 일수	원인	경과 개요	결과
강원	발생 6.1 종료 6.18	공립 춘천 농학교	117	18	5월 19일 자로 생도의 신망이 있던 나가하마(長浜) 교유가 내지로 떠나고, 5월 30일 신문에 노나카(野中) 교장의 퇴직이 보도됨. 이는 생도 사이에 신망이 없던 나카노(中野) 교무 주임의 책동이라고 하여 교장을 동정하며 나카노 교유를 배척해야 한다고 함.	5월 30일 4학년생 한복성(韓福誠) 외 2~3명의 발의로 4학년생이 결속하여 교무 주임 나카노 교유 배척을 기도하였는데, 이에 2·3학년생이 합류하고, 도 학무과장 및 학교 당국에 대하여 진정서 및 학생 서약서를 제출함과 함께 동맹휴업에 들어감. 그 후 등교해도 학업에 임하지 않고, 부형회를 개최하여 완화책을 강구하고자 해도 성공하지 못함. 4일 미명 나카노 교유의 집을 습격하여 납치한 다음 사직을 강요할 것이라는 소문이 들렸지만 당국의 경계 단속에 의해 일이 발생하지는 않았으나 생도의 결속이 굳고 각 부형을 초치하여 동맹휴업 생도를 데리고 오도록 간청하여 11일 전 동맹휴업 생도의 귀성을 완료함. 대부분은 귀성·근신했지만 일부 학생은 나카노 교유의 수업을 받지 않겠다고 하여 15일 신임 교장 착임과 함께 18일 하기 인원의 처분을 결정, 부형이 동반하여 등교하도록 통첩하고 그 후 평온하게 학업에 임함.	• 18일 부로 유시(諭示) • 퇴학자 2학년 2명, 3학년 3명, 4학년 4명 합계 9명 • 무기 정학 29명 • 배후 관계가 있다고 인정되지 않아 퇴학·정학생의 동향을 시찰 중임. 또한 1·5학년생은 평상 시대로 취학하여 동요 상태 없음.

※ 이하 강원도 지곡보통학교(조선인 교사의 엄격한 교육에 항의한 동맹), 평안남도 사립 숭실전문학교·평양여자고등성경학교(학교 폐교 반대 운동), 공립 안주농학교(학용품 공동 구매 불만), 평안북도 공립 신의주보통학교(배속 장교의 생도 구타에 항의, 강계농림학교는 작업 시간 단축 요구로 인한 동맹휴학) 등은 상세 내용을 중략함.

〈부록 제21〉 1937년(昭和 12) 1~6월 치안에 관계 있는 학생 언동 일람표[26]

월일	장소	학교명	본적 및 주소	성명	언동 개요	처치
3.25	경성부	배재고등보통학교	평안북도 영변군 용산면 구장동/경성부 서대문정 3정목 67	박인수(朴仁洙)	의무교육 연장을 주창하는 금일, 우리 조선의 교육 시설 현상을 보면 중등 이상은 물론 초등학교조차 적령 아동 전부를 수용할 기관이 불충분한 것은 매우 유감.	

---

26 PDF 257~261쪽.

월일	장소	학교명	본적 및 주소	성명	언동 개요	처치
4.15		중동학교	황해도 곡산군 곡산면 능동리 /경성부 청진정 137	김병삼 (金炳三)	우리 조선 문화는 제 외국에 비해 현저히 뒤쳐짐. 따라서 우리는 솔선하여 무지무학인 농촌 문맹을 계발하여 생활 문제를 해결함으로써 건전한 사회를 건설하는 것은 현재의 급무임.	
5.3		보성전문학교	경기도 가평군 내면 읍내리 18/경성부 계동정 40-3	보성전문학교 학생	총선거에서 조선인 박춘금이 당선된 것은 일본 정계에 조선인의 지위를 인식하게 하는 것은 물론 정치적으로 간섭을 보게 되는 것임. 우리 조선인은 모두 매우 흔쾌한 상황임.	
5.15		경성 보육학교	전라남도 함평군 함평면 수호리 21/경성부 창신정 85	문금녀 (文金女) (여)	현재 조선의 경제 상태는 가난의 최절정에 달함. 따라서 우리는 우선 농촌의 문맹자 보호에 헌신적 봉공을 함으로써 이러한 신사회 건설을 지도해야 함.	
4.15	평양부	숭실 전문학교	평양부 신양리 168	명재억 (明在億)	우리 기독교계 학교는 종래 아무런 문제가 없었는데, 최근 신사참배 문제 때문에 선교사 등이 학교 경영을 중지하게 되어 결국 우리 조선 학생이 공부를 할 수 없게 되었음. 기회를 봐서 우리 학생은 당국에 시위운동을 할 필요가 없겠는가?	엄중 설득하여 경거망동하지 않도록 함.
6.20		사립 광성고등 보통학교	평양 고구정 37	김명진 (金明鎭)	신사참배 문제에 관하여 현재 조선인도 온건하게 나아가고 있음에도 사소한 문제에 대해서도 탄압을 가하여 자유를 허락하지 않는 것은 오히려 민족 감정을 자극하여 악영향을 초래할 것임.	신사의 본질과 일본 국체의 존엄을 설명하여 훈계함.
5.31		평양숭실 전문학교	평양부 신양리 평양숭실전문학교 기숙사 내	평양 숭전학교 생도 외 10명	5월 31일 평양신사 승격 봉고제에 임하여 "우리 신자는 기독교의 계명을 벗어날 수 없다"고 하여 당일 무단결석하여 참배하지 않음.	도 당국에서는 교장에게 퇴학 처분 방안을 지시했지만 결국 교장 모리는 시말서로 징계만 하고, 그대로 방치함.

〈부록 제22〉 1937년(昭和 12) 1~6월 국방 사상 보급 및 그 외 선량 방면 조사표[27]

지방별	행위자	사항	개요
경기	경성제일공립고등보통학교	국경경비 위문금	조선신문사 주최 위문 금품 모집이 발표되자, 교내 직원 일동이 각출한 위문금 100원을 1월 20일 신문사에 송부함.
	경성부 장교정 13 이병학(李秉學) 외 2명	애국경성호 기금 헌금	3월 9일 경성부청에서 부윤을 방문하여 금 4만 원을 애국경성호 기금으로 익명으로 헌금함.
	경성부 관훈정 자작 민충식(閔衝植) 외 형제 2명 동 84 이석구(李錫九) 동 어성정 34 원유수(元流洙)	애국경성 제2호 기금	민충식 형제 3명이 2만 원, 원유수·이석구는 각 1만 원 계 4만 원을 경성개국 제2호를 헌납하고자 6월 4일 경성부윤을 방문하여 익명으로 헌납 수속 방법을 의뢰함.
	경성지방전매국 의주통(義州通) 및 인의정(仁義町) 공장 직공	국방헌금	상기한 직공 약 1,600명이 서로 도모하여 각자 일급의 100분 1을 국방헌금 하기로 결정하고, 6월 19일 합계 1,660원을 방공(防空) 병기(兵器) 기금으로 헌금함.
황해	황주군 구락면 구락공립보통학교 생도 일동	국방헌금	평양 고사포대가 야영했을 때 황군의 엄정한 행동에 감격하여 10원 93전을 선금함.
충남	대덕공립보통학교 생도 일동	국방헌금	충남 대덕군 신탄진공립보통학교 생도 일동은 각기 휴가를 이용하여 가마니를 짜서 이를 매각하여 얻은 금 8원 40전을 헌금함.

※ 이하 전국에서 국방헌금 관련 내용 다수 생략

〈부록 제24〉 1937년(昭和 12) 1~6월 반군(反軍) 상황 조사표(조선 내의 책동)[28]

장소	운동자(단체) 소재지	월일	운동 종류	운동 개요	처치 반향
충남 논산군 강경읍 강경지국	경성부 광화문통 139 동아일보사	1.5	통신	정간 중인 동아일보사는 충남 논산군 강경지국장으로부터 "재간 기일 및 신년 광고 모집 여부 등에 관한 조회"에 대하여 "신년호부터 속간될 예정이지만 군부에서 기꺼이 들어주지 않을 상황이라 확답하기 어려움"이라고 군부를 오해받도록 하는 회답문을 발송함.	1월 5일 지배인 양원모(梁源模)를 타이름. 반향 없음.

---

27 PDF 262~291쪽.
28 PDF 312~314쪽.

장소	운동자(단체) 소재지	월일	운동 종류	운동 개요	처치 반향
함흥부 황금정 1 중앙시보사 지국	경성부 임정 8-2 중앙시보사 정요(政要) 이재훈(李在勳)	4.1	주간 《중앙시보》 기사 투고	"군비 확장(軍擴) 목소리 중에 지속하는 세계 평화"라는 제목으로 구주대전은 전쟁 규모 및 범위가 확대하여 세계적으로 되는 것보다 그 전쟁의 참화가 인류사상 공전의 대참화라 하는 말로 바꿈. 전쟁 후를 보면 우리 인류가 참화를 통절히 각오하고, 전쟁을 저주하고, 평화를 구가하지 않으면 안 됨.	
나남 향군(鄕軍)지부 나남 헌병대, 회령 헌병 각 부대	회령 이하 불상 (不祥)	6.3	반전적 기사 기재지 4부 우송	회중일기 종이에 연필로, 병사는 병사운동을 지속한다. 1. 살벌전을 방기, 2. 침약전(侵弱戰)을 폐기, 3. 전쟁을 제국주의 앞에 4. 참호의 병사 전쟁을 제국주의의 앞으로, 5. 노농 소련을 건설.	접수자는 헌병에 제출, 발신자 수사 중, 반향 없음

〈부록 제26〉 1937년(昭和 12) 1~6월 기독교도 반국가적 언동 조사표[29]

지방별	사건 발생 연월일	교파별	사건 개요	당국 처치	결과
경기도	5.12	야소교 장로파	부내 도화정(桃花町) 거주 야소교 장로파 장로 장학경(張學慶) 외 2명은 용산교회에서 개최한 경기도 노회 석상에서 신도 임장근(林長根)·김정룡(金正龍)을 전도사로 임명 추천함에 있어서 "본인 등은 독실한 신자로 지난해 철도국에 취로 중 국장으로부터 신사참배를 종용받아 야소교도의 신사참배는 교리에 배치되므로 사직한다고 하고 퇴장했는데, 그 행위에서 보면 전도사 적임자"라는 칭찬을 말함.	관할 용산서에서 본인 등을 검속·취조했지만 사상적 근거 없다는 것이 판명됨.	

---

29 PDF 318~332쪽.

지방별	사건 발생 연월일	교파별	사건 개요	당국 처치	결과
경기도	2.16	성결교	조선인 목사 배선균(裵善均) 충남 예산군 유교면 성결교회에서 "우리 조선 민족은 조상부터 안일하고, 특히 상층 계급자는 나태, 방일(放逸), 음주, 축첩은 물론이고, 공금·세금을 먹고 사는 자가 많고, 내지인 조상에 비해 큰 차이가 있었다. 그래서 조선인은 현재 비참한 상태에 있는 것에 비해 내지인은 현재 지위를 획득함. 특히 청일·러일 전쟁에서 흘린 피땀은 무엇을 이루었는가? 이러한 피로 씻었기에 현재 조선과 만주를 영유(領有)하게 된 것임.	즉시 중지를 명하고 엄중히 타일러 서약서를 징수함.	반향 없음.
황해	1.25	장로파	목사 이대홍(李大弘) 황주군 주내면 내성교회에서 "우리 조선 민족이 절대로 우상에 복종하지 말고, 담력을 갖고 단결하여 매진하면 반드시 하느님이 행복을 준다. (기도할 때)슬프다. 우리 조선민족은 일본의 지배하에서 종교도 제재를 받고 (중지)"	중지를 명하여 엄히 타이름.	특이한 반향 없음.
황해	2.3	주일교 (主日敎)	목사 김덕원(金德元) 이는 조선 독립사상을 선동하는 듯 애국가, 3·1가, 국가 등을 기재한 노트를 소지하여 신도에게 창화시킬 우려가 있음.	신체검사 결과, 노트를 발견했지만 교수한 적이 없다고 변명함.	특이한 반향 없음.
충남	1.13	남장로파	충남 예산면 예산리 기독교 신도 이근수(李根洙, 20) 일찍이 성노회(聖老會) 강습소 교사인 재만주 길림신학교 내 김상회(金相會) 앞으로 "기독교에 대한 경찰 단속의 가혹함을 비난하고, 극단에 이르러서는 혁명이 일어날 것이다"는 통신을 보냄.	관할서에서 이후의 동정을 내사 중.	엄중히 시찰 중임.
경북	6월 상순	북장로파	청도군 매전면 온막동 기독교회 신도 이중화(李重華)는 "1910년(明治 43) 마을 주둔 일본 수비대병에게 입교를 권유했지만 사살당했다고 전해지는 신도 모 씨를 순교자로 하여 그 공을 찬양하고 위령제 및 묘지 수리를 하고자 함.	관할서에서는 동 계획은 국군을 오인시킬 우려가 있다고 하여 엄중히 타이름.	그 잘못을 깨닫고 중지함.

지방별	사건 발생 연월일	교파별	사건 개요	당국 처치	결과
경북	1월 상순	동아기독 교대	영일군 송라면 조사리 및 영양군 석보면 소재 동아기독교 지대 목사 신도 등은 1. 성교(聖敎)에는 예수 그리스도 외에 신은 인정하지 않고, 장로파에서 신사참배를 하지 않는 것은 당연하다. 2. 천황이 우리 눈앞에 있을 때는 이에 예배해야 하지만 그렇지 않을 때는 절을 하는 것은 불필요하다. 3. 유형적 형벌보다도 무형적 천벌을 두려워하기 때문에 요배를 하지 않아 처치당해도 아무런 후회가 없다.		
평북	1월 상순	동아기독 교대	요배에 대하여, 요배는 교리에 반하는 우상예배이므로 국권으로 강요하고 극형에 처한다 해도 절대로 행할 수 없다. (교도의 말) 천황과 천부(天父)가 동일한 장소에 있는 경우에는 물론 천부를 우선하여 예배한다. 왜냐면 천부는 세계의 성주(聖主)로서 천황 위에 있기 때문이다. 천황 앞에 있을 때는 예배해도 지장이 없지만 그렇지 않을 때는 우상이므로 예배하기 어렵다. 존영(尊影)도 마찬가지다.	이후의 시찰에 그침.	
평북	4.5	북장로파	선천 여자부 사경회 강사 전재원(全載元)은 설교 중 유태인의 민족애를 예로 들어 조선민족과 연결지어 민족 사상을 고취하는 말을 일삼음.	임석 경찰관이 중지를 명하여 인치·취조 후 시말서를 받고 타일러 내보냄.	
평남	1.15	기독교자유파 동아기독대	동아기독대 원산부 파견 전도사 권병선(權秉善)은 평남 맹산 지방에서 동교도에 대해 천황을 어전에서 예배하는 것은 되지만 요배는 우상숭배로 우리는 그리스도 이외에 예배할 필요가 없다고 말함.	맹산 경찰서에서는 여러 번 권병선을 불러 타이름.	
평남	4.24	감리파	기독교 부흥회 개최 때 목사 김익두(金益斗)는 "현세는 죄악뿐이어서 조만간 신이 현세를 파멸할 것이다. 우리 기독교 신자는 관헌에게 어떤 압박을 받아도 굴하지 말고 예수가 십자가에서 희생된 것처럼 어떤 고통도 참고 선교에 종사해야 한다"고 함.	경찰관이 임석하지 않아 처치하지 못함.	

지방별	사건 발생 연월일	교파별	사건 개요	당국 처치	결과
평남	4.24	북장로파	야소교 북장로파 도제직회(都諸職會)에서는 종래 평양 숭상(崇商)·숭덕(崇德)·숭현(崇賢) 3교에 이사를 파견하여 감리시켰는데, 이들 학교가 대부분 신사참배를 하고, 우리 기독교 계명을 어겼다며 해당 학교와 절연하고자 평양 서문 밖 교회에서 도제직회를 개최하여 이사 파견을 중지하도록 결의하려 했으나 임석 경관의 제지에 의해 그대로 당분간 보류하게 됨.	평양경찰서에 주모자 3명을 불러 엄중히 타이르고 시말서를 부과함.	결의에 이르지 못함.
평남	4.28	북장로파	헌병대 밀정에게 "신교의 자유는 일본 헌법에서 인정하고 있다. 만약 정부가 종교 간섭을 한다면 신의 노여움으로 로마제국처럼 멸망하게 될 것이다"고 함.	계속하여 언동을 시찰중.	
청진	1.15	제7안식야소교 재림회	청진부 신암동에 있는 목사 임성원(任性元)은 신사참배 문제에 관하여 다음과 같이 말함. "당국은 우리 기독교도에게 신사참배를 강요하고 있지만 기독교 신자에게는 그리스도 이외에 아무것도 없는데, 당국이 신사참배를 강요하면 굳이 반대하지 않는다. 이에 순응하고 신사 앞에 머리를 조아려도 정신적으로 그리스도를 신앙하면 된다."		
웅기	2.11	성결교	웅기보통학교 한 생도가 기원절 당일, 전날에 신사에 참배하라고 주의를 받았음에도 불구하고 동인의 친부(동교 목사)가 "석비, 목상 등의 형상에 예배하는 것은 허례며, 이단적 행위이다"라고 하며, 신사참배를 기피하여 휴교시켰다.	학교 당국은 보호자에게 일단 반성을 촉구하고 동정을 주시했지만 반성하는 모습이 없어서 퇴학 처분함.	

⟨부록 제27⟩ 1937년(昭和 12) 1~6월 천도교 구파 교도의 반국가적 언동 조사표[30]

지방별	사건 발생 월일	교파별	사건 개요	당국의 처치	결과
경기	2.10	구파	천도교 구파 중앙교회 수령 박인호는 천도교 구파 간부 최경함(崔庚咸) 외 5명에게 다음과 같은 언동을 함. 역대 조선 총독의 통치 방침은 도의적이 않고 오로지 기만적이다. 즉 우가키(宇垣) 총독은 천도교 신파를 기만하여 매수하고, 미나미(南) 총독은 등한시하고, 무시하는 태도를 취한 것이 이를 입증하는 것이다. 따라서 우리는 그 기만책에 말려들지 말고, 시종일관 절개와 지조를 지키며 민족 갱생을 위해 투쟁해야 한다. 도의를 망각한 개인·사회·국가는 일시는 융성해도 반드시 멸망할 시기가 도래하는 것이 천리다.	시찰에 그침.	반향 없음.
평남	3.10	신파	육군 기념일 시내 행진 및 비륙(飛六) 폭격기 실탄 폭격 상황을 구경한 천도교 간부 오석능(吳錫能)은 "시내 행진 및 폭격 상황을 보면 모두 강자가 약소민족 침략의 수단 방법으로, 이른바 시위다. 우리는 인내천을 믿고, 무기가 없이 국가 또는 세계를 정복한다는 것을 믿는다" 운운.	들어서 알게 된 경찰관이 타이름.	

⟨부록 제28⟩ 1937년(昭和 12) 1~6월 국체 관념 조사표[31]

(1)

구분/계급층	관공리	유식자	노·농민	종교가	학생	기타	계
국가 관념 참각성자	857	628	309	139	619	221	2773
국가 관념 각성 위장자	182	462	409	295	201	270	1819
무관심한 자	175	284	1666	181	336	465	3107
조사 인원 합계	1214	1374	2384	615	1156	956	7699

---

30 PDF 333~335쪽.
31 PDF 336~344쪽.

(2) 종래의 관념에 입각한 종합 관찰 [단위: 할(割)]

도별	조선인 인구	국가 관념 참각성자	국가 관념 각성 위장자	무관심한 자
경기	2,225,379	3.00	3.20	3.80
충북	897,736	1.80	1.60	6.60
충남	1,454,830	3.00	1.40	5.60
전북	1,502,380	1.70	1.70	6.60
전남	2,370,853	2.00	2.50	5.50
경북	2,402,970	3.00	1.00	6.00
경남	2,115,553	2.50	1.50	6.00
황해	1,614,738	2.80	3.30	3.90
평남	1,390,298	2.00	3.00	5.00
평북	1,578,605	2.00	3.00	5.00
강원	1,513,276	2.00	2.00	6.00
함남	1,544,883	2.50	2.00	5.50
함북	762,071	2.50	3.20	4.30
합계 (평균)	21,373,572	2.37	2.26	5.37

※ 비고: 조선인 인구는 각대(各隊) 모두 구구하여 종합하기 어려워서 문서과 통계에 의함[1936년(昭和 11) 말 조사]

〈부록 제28〉 부표

구분	단체명·주소·씨명	언동 및 운동 개황
국가 관념 참각성자	경성부 중학정 1, 대동민우회 본부	본회는 내지와 조선(內鮮) 양 민족의 정신적 결합에 의해 대국가주의와 반국가주의를 배격한다는 취지하에 의상(意想) 전향자를 망라하여 1936년(昭和 11) 9월 창립하여 조선인에게 대국가 관념을 각성시키려는 목적으로 1년에 수차례에 걸쳐 민족 지도 원리를 골자로 하는 소책자를 발행하기로 하고, 창간호로 〈인민전선과 국민전선 신변혁 원리 개요〉 4천 부를 발행하고자 회원이 집필한 원고를 모집하였다. 3월 15일 경무국 도서과에 원고를 제출하고 검열을 받아 현재 인쇄하고자 자금 조달에 힘쓰는 중이다.

국가 관념 각성 위장자	박영철(朴榮喆), 한상룡(韓相龍), 김명준(金明濬), 신석린(申錫麟)	애국 사상을 함양하여 국체명징을 도모할 목적으로 신도(神道)연구회를 창립하고자, 5월 1일 오후 2시부터 부민관에서 부내 각계 유력자 22명을 초치하여 좌담회를 개최하였다. 출석자의 만장일치 찬성을 얻어 동회 취지서를 인쇄하고, 전 조선 각지의 내선관민에게 발송하여 발기인을 더 모집하고자 현재 준비 중이다.
	대구부 삼립정 149 김유수(金有守)	지론으로 내지와 조선은 서로 역사적·지리적으로 절대 불가분의 운명에 있으므로 일본의 위정자 및 내지인 전반은 한일병합의 심원한 이상에 입각하여 명실공히 내선융화라는 시정의 근본 방침으로 일치협력하여 국가 백년대계에 매진하지 않으면 안 된다.
	마산 조선인, 음식점 조합	육군 기념일에 임하여 우리는 제1선에 나갈 수 없는 것이 유감이다. 일본 국민으로서 국방을 완비하는 것이 현재의 급무라 하여 회원을 독려하고 기금에서 금 20원을 각출하여 국방헌금을 함.
	나남읍 본정 훈도 김홍한(金洪鵬)	아사히신문사의 유럽 방문 비행(訪歐飛行)이 성행하는 것은 전 일본의 자랑으로, 신국(神國) 일본에서 처음으로 성취한 것이다.
	경흥군 풍해면 농업 남청송(南靑松)	4월 11일 군마보충부 웅기지부 풍해출장소에서는 "실화하여 풍해면 면유지(面有地) 및 민유지(民有地) 약 600여 정보를 소실(피해 3천여 원)했지만 피해자가 군부의 일이므로 손해배상은 위로금의 다과를 논하는 것은 도리가 아니다"라고 하여 다른 피해자를 설득해 원만히 해결하도록 함.
	경성부 가회정 12 김형준(金亨俊)	조선은 예로부터 만세일계의 천황을 봉대할 수 없는 민족이므로 새삼 한일병합을 했다고 하여 불평불만을 품을 필요가 없고, 금상(今上) 천황에게 충군애국의 적성(赤誠)을 다하면 우리 민족은 번영하게 될 것이다. 그러므로 국가에 대해 국민적 권리와 의무를 다할 것을 요망하고, 그리하여 실행하여 국민의 임무와 행복을 향유하면 되는 것이다.
	주을온면 중평동 농업 현초득(玄初得)	관직에 나간 일부 조선인은 행복할지언정 나라가 없는 조선 민족 대중은 불행한 상황에 놓여 있다. 단지 억압을 당하기 때문에 수그리고 있을 뿐이다.
	나남읍 구리원(區吏員) 이의원(李義遠)	최근 청년들이 순수한 조선 문화의 장점도 돌보지 않고 함부로 서양사상을 뒤집어쓰고 있는 것은 유감스러운 일로, 조선인은 조선인의 정신을 영구히 버려서는 안 된다.
	청진부 포항동 중추원 참의 황종국(黃鐘國)	한일병합 전에는 약소국가로 세계 각국에게 경시를 당하던 조선 민족이 겨우 30여 년간에 교통, 그 외 제 시설이 다른 나라에 견주어 아무런 손색이 없고, 또한 이번 올림픽 대회 등에서도 출전할 수 있어서 세계에 손 선수의 이름을 올린 것은 완전히 일본의 은혜로 늘 감사하고 있다.
무관심한 자	경성부 충신정 서성달(徐成達)	조선인은 지나 문화를 수입하여 진보·발달한 탓에 지나인과 같이 국가관념이 박약하여 오로지 가족주의를 신봉함으로써 국가를 운운하는 인물은 모두 매명주의자(賣名主義者)다. 우리는 모름지기 민족·사회·국가보다 개인에서 사회로, 국가로 순서를 세워 우선 개인·가정을 위해 입신출세의 기초를 쌓아야 한다.

〈부록 제29〉 1937년(昭和 12) 1~6월 조선 통치에 관한 관념 조사표[32]

(1)

구분/계급층	관공리	유식자	노·농민	종교가	학생	기타	계
통치에 반감을 품은 자	51	132	233	305	110	99	930
통치 양식 개선 희망자	186	272	162	122	75	89	906
현 정치 순응자	579	422	621	209	336	305	2,472
무관심한 자	195	255	1,364	176	300	336	2,626
조사 인원 합계	1,011	1,081	2,380	812	821	829	6,934

(2) 종래의 관념에 입각한 종합 관찰 [단위: 할(割)]

도별	조선인 인구	통치에 반감을 품은 자	통치 양식 개선 희망자	현 정치 순응자	무관심한 자
경기	2,225,379	2.00	1.30	3.50	3.20
충북	897,736	1.20	0.50	1.90	6.40
충남	1,454,830	1.60	0.60	2.40	5.40
전북	1,502,380	1.80	1.20	2.60	4.40
전남	2,370,853	2.00	0.70	3.00	4.30
경북	2,402,970	0.60	0.90	4.00	4.50
경남	2,115,553	1.00	0.60	2.50	5.90
황해	1,614,738	2.00	1.30	3.50	3.20
평남	1,390,298	1.00	2.00	3.00	4.00
평북	1,578,605	0.70	2.00	3.00	4.30
강원	1,513,276	1.00	1.00	3.50	4.50
함남	1,544,883	1.50	2.00	3.00	3.50
함북	762,071	0.05	0.13	0.35	9.47
계 (평균)	21,373,572	1.30	1.00	2.80	4.90

---

[32] PDF 345~351쪽.

<부록 제(29)>

구분	단체 · 주소 · 성명	언동 및 운동 개황
통치에 반감을 품은 자	경성부 사직정 26-3	명치대제의 성지(聖旨)에 의해 조선 민족은 일시동인(一視同仁)이라는 선정의 은전을 받아야 할 권리가 있음에도 위정자는 자민족에게 유리한 통치를 하고 있으면서 산업·경제·교육은 물론 위생시설에 이르기까지 내지인 본위로 한다. 더욱이 조선인에 대한 내지인의 모든 착취와 모욕을 묵인하는 통치는 민족적 차별을 전제로 함으로써 조선 민족은 이러한 불공평한 통치에서 이탈하기 위해 민족적 노력을 다하지 않으면 안 된다.
	대구부 명치정 특별 요시찰 서학이(徐學伊)	당국은 문화정치를 표방해도 그 문화정치란 늘 무력을 배경으로 언론기관 억압, 조선인 자유 구속, 조선인 이익 행복을 도외시하는 등 오로지 내지인 본위의 시정 방침이다.
	웅기읍 상업 이청룡(李青龍)	관공서를 통하여 조선인 직원 감소는 여전히 차별 대우를 하는 증좌이다. 일시동인은 미명에 불과하다.
통치 양식 개선 희망자	경성부 태평통 2정목 366 국민협회	본회는 조선에 중의원 의원 선거법 시행 방안에 대해 1920년(大正 9) 이래 매 제국의회마다 청원운동을 해 왔는데, 1937년(昭和 12) 2월 21일 동회 이사 김부일(金富一)을 청원위원으로 하여 도쿄에 보내 제70회 의회에 이사장 김명준(金明濬) 이하 회원 그 외 유지 24,145명이 연서한 청원서를 제출한 결과 3월 15일 중의원에서 만장일치로 채택되었다.
	김천읍 성내정 도회의원 고덕환(高德煥)	한일병합 이래 이미 25년이 됨에도 불구하고 조선인이 국정에 참여할 수 없음은 실로 불합리하며 이해하기 어려운 바다. 한일병합은 병합이 아니고 내지 연장이라 입으로 말하는 위정자는 위망(僞妄)된 정치가로 아직 명치천황의 성지(聖旨)를 이해하지 못하는 패거리들이다.
	대구부 경정 변호사 김완섭(金完燮)	관선 의원은 자치제의 본지(本旨)에 배치할 뿐 아니라 당국의 시책에 영합할 기회에 불과하고, 오로지 자문기관 당시의 유물이므로 조선인의 정치적 지식이 향상하는 오늘날 함부로 구태에 얽매이지 말고 신속히 폐지해야 한다.
	대구 경정 1정목 최두환	위정자는 조선인의 학교 교육 문제에 대해서는 지금 다소 고려해 주길 바란다. 특히 조선 내 관립학교 생도의 채용상 차별 대우가 심한 것은 매우 유감이다.
	나남읍 초뢰정 공사(公使) 박영욱(朴英旭)	조선 민족도 지금은 민도가 향상함으로써 억압 일변도의 시정을 하는 것은 유감이며, 하루라도 빨리 개선할 것을 희망함.

구분	단체·주소·성명	언동 및 운동 개황
현 정치에 순응하는 자	경성부 연지동 236 보통요시찰(普要) 주희석(朱喜錫)	조선은 유사 이래 약소민족이므로 가령 독립국가를 형성했다고 해도 강대국의 침략을 받고, 게다가 민족 중의 특권계급에게 착취를 당하여 양민부가(良民富家)는 하루도 편안하게 지낼 수 없었다. 하지만 한일병합 후에는 대일본 제국 신민으로서 국제적 지위를 획득하였고, 내정적으로는 산업·경제·교육·위생에 이르기까지 장족의 진보를 하여 문화생활을 높일 수 있게 되어 우리는 더없는 영광과 행복을 누리는 것이다.
	전주부 풍남정 김봉철(金奉喆)	항상 솔선하여 독지 기부 등을 하여 일반에게 호평을 받고 있는데 전주사범학교 경찰협회, 한센병(癩病)예방협회, 초등학교 등에 대하여 3,400원을 기부함.
	김제군 진봉면 상궐리 백세권(白世權)	진봉공립보통학교의 1학급 증가에 따라 교실 증축 용지 100여 평을 무상 기부함.
	진안군 마령면 계서리 백윤석(白允碩)	빈약한 소방설비를 충실하게 하고자 동면 소방조(消防組)에 500원 및 마령보통학교 증축비로 2,500원을 기부하고, 다년 현안인 학급 증가를 가능하게 함.
	청진부 포항동 약종상(藥種商) 김형준(金炯俊)	조선이 만약 일본과 합방하지 않았다면 타국에 합병될 운명이었던 것은 불을 보듯 훤하다. (예를 들면 러일전쟁 때 전 조선에서 러시아의 세력 등을 추측하면 명백하다) 따라서 동종동족의 일본과 합병한 것은 조선 민족은 물론이고 동양 평화를 위해 기뻐할 일이다.
무관심한 자	경성부 청진정 127 보통 요시찰(普要) 유기원(柳基元)	현대는 황금만능 시대이므로 함부로 정치에 불평불만을 외치지 말고, 근면저축으로 가정경제의 완벽을 기하여 자신에서부터 자손까지의 행복과 번영을 도모하는 것이 현명하다.

〈부록 제30〉 1937년(昭和 12) 1~6월 내선융화(疏隔) 상황 조사표[33]

(1)

구분/계급층	관공리	유식자	노·농민	종교가	학생	기타	계
융화 인정	443	350	233	61	311	229	1,627
일시적 융화	176	297	256	115	202	194	1,240
비융화	16	67	192	71	102	104	552
무관심	76	120	572	119	269	354	1,510
조사 인원 합계	711	834	1253	366	884	881	4,929

---

33 PDF 354~358쪽.

(2) 종래의 관념에 입각한 종합 관찰 [단위: 할(割)]

도별	조선인 인구	융화 인정	일시적 융화	비융화	무관심
경기	2,225,379	3.00	3.00	0.40	3.60
충북	897,736	2.00	2.60	0.40	5.00
충남	1,454,830	2.60	2.10	0.80	4.50
전북	1,502,380	2.10	2.00	0.90	5.00
전남	2,370,853	2.00	2.50	1.00	4.50
경북	2,402,970	2.50	2.00	0.50	5.00
경남	2,115,553	2.20	2.00	0.40	5.40
황해	1,614,738	3.00	3.00	0.50	3.50
평남	1,390,298	2.00	3.50	1.50	3.00
평북	1,578,605	2.00	3.00	1.00	4.00
강원	1,513,276	3.00	4.00	2.00	1.00
함남	1,544,883	2.50	3.00	1.50	3.00
함북	762,071	0.10	0.15	0.02	9.73
계 (평균)	21,373,572	2.23	2.53	0.84	4.40

〈부록 제30〉 부표

구분	단체명·주소·성명	언동 및 운동 개황
융화인정	경성부 누하정 271 이시카와 지로(石川次郎)	좌기한 이시카와는 2월 10일 근린 거주 조선 여성 최간난(崔干蘭)이 남편이 돈벌이를 나가 부재중에 출산하였는데, 가난으로 인해 모자가 기아의 참상에 놓여 있음을 듣고 금 10원을 기부하여 이를 구제했다. 당시 조선인 등은 크게 감격하여 그 덕행에 대해 감사의 뜻을 표하지 않는 자가 없었다.
	여수읍 서정 김상룡(金相龍)	전남 재향군인 분회 대회 개최에 즈음하여 자금으로 여수 재향군인 분회에 금 50원을 기증하고, 대회 종료 후 다시 위로비로 금 50원을 기증함
	나남읍 본정	내지인·조선인이라는 편협심을 버리고, 일선인(日鮮人)이 혼연일체가 되어 읍정(邑政)에 즈음하여 내지인과 조선인이 모두 복리를 얻는 것이 한일병합의 참된 정신이다.
융화인정	나남읍 초뢰정 우편국원 이운상(李雲祥)	모 연대병이 일요일에 외출했다가 만취하여 민가에 난입해 방문, 창호 등을 파괴한 것을 알게 된 헌병이 헌병대로 동행시켰는데, 집주인이 평소 우리를 지키는 군인의 행위이니 이대로 불문에 부치고 싶다고 여러 차례 탄원함.
일시적융화	경성부 종로 3정목 181 마쓰이 나가고로 (松井長五郎)	좌의 마쓰이는 4월 28일 고용인인 조선인 유장국(柳長國)이 금 350원을 횡령·소비함으로써 종로서에 고소했는데, 유장국의 처 김씨가 매일같이 방문하여 고소 취하를 간청했기에 김씨의 지성에 감동하여 5월 3일 고소를 취하한 바, 일반 조선인은 마쓰이의 인정에 감격하여 조선인 사이에 화제가 됨.
비융화	경성부 운니동 78 무라카미 요시나오 (村上義治), 경성부 청진정 231 정태연(鄭泰連)	좌의 2명은 2월 20일 오후 8시경 부내 종로 2정목에 소재한 카페 종로회관에서 각각 따로 음주 중이었는데, 사소한 일로 싸우게 되어 마침내 동실의 내지인 손님과 조선인 손님의 쟁투를 야기하여 음식물과 기물을 파손하게 되었다. 이에 종로서에서 조선인 3명, 내지인 3명 합계 6명을 검속하고 엄중히 훈계하여 석방함.
	대전부 이하 미상 남 아무개	활동사진 구경 중 내지인 소방수로부터 담배꽁초를 제대로 처리하지 않은 것에 대해 주의를 받자, 그 언어가 적당하지 않다며 반항하다 마침내 소방수에게 떠밀려 넘어짐. 이를 목격한 조선인 10여 명이 "왜놈을 죽여라"라고 폭언을 하며 소동이 일어나 경찰관에게 제지를 당함.
	나남읍 전 순사 이상왕(李相旺)	군대가 연중 여러 차례 연습을 하느라 전답을 황폐하게 만들어 관청에 신고를 하자, "요보(ヨボ)[34]가 무슨 말을 해?"라는 등 난폭한 언동으로 거절하는 것은 개선이 필요함.
	청포읍 포항동 신문기자 김영찬(金榮纂)	아무리 당국이 내선융화에 노력해도 서로 민족성이 있고, 풍속과 민정(民情)이 다른 이상 진정한 융화는 불가능하다.

---

34 일제강점기에 조선인을 멸시하여 부르던 대표적인 명칭이다. 일본어의 '요보요보(よぼよぼ)'는 늙어서 쇠약해진 모양이나 위태롭게 걷는 모양을 일컫는 말인데, 일제강점기 《경성일보》 기자였던 우스다 잔운(薄田斬雲)이 1908년에 《요보기(ヨボ記)》에서 늙고 병든 조선인을 나타내는 데 '요보'라는 표현을 처음 썼다. 또한 비슷한 시기에 다른 일본인 저널리스트도 '요보'라는 표현 속에는 "불결, 파렴치, 비굴, 추한 고집, 음험 등의 의미가 포함

⟨부록 제31⟩ 1937년(昭和 12) 1~6월 유언(流言) 일람표(군사에 관한 것)[35]

지방별	월일	내용	처치
경기도	1.9	8일 인천 상공에 태양이 3개 나타난 것을 목격했다고 하는데, 옛날 천문학에 의하면 해는 군주를 가리키고, 별은 신하를 가리킴으로 태양이 3개 보이는 것은, 즉 국가의 영토를 삼분하는 전조로 병자년에는 서로 군비를 갖추어 다행히 대전이 일어나지 않았지만 올해는 있을 것이다.	헌병과 경찰이 연락 방지에 힘써 근절시킴.
	1.30	경기도 개풍군 토성리 광산업 이산봉(李山鳳)은 "최근 세계대전이 발발하므로 우리 대일본 제국에서는 군비가 충실하여 자산 400만 원 이상이 있는 자는 이를 국가에 납입하게 되었다"고 함.	관할 개풍경찰서에 사실 무근이라는 내용을 유시하여 엄중히 타이름.
	2월 초순	제20사단 병기부에서는 탄환 조제 연습을 실시한 것에 대하여 1. 현재 아국 내외의 비상국에 비추어 육군에서는 유시에 사용하고자 20세 이상 40세 이하의 건장한 자를 각 부락에서 수백 명씩 인부로 모집하고 있으므로 조만간 중국 또는 소련과 전쟁을 개시하는 것이 아닌가? 2. 일본이 타국과 전쟁을 할 경우는 조선인을 인부로 징발하고 군의 선두에 세워 군인보다 먼저 죽이려는 계획이다. 3. 당국에서는 조선 내에서의 내선인 자유노동자 중 실직하고 있는 자를 전부 만주국으로 이송하기 위해 준비 중이다.	사단 병기부에 연락함과 함께 헌경이 협력하여 엄중하게 취체하였지만 연습 종료와 함께 종식.
	3월 중순	일본 해군은 소(蘇)연방의 극동 군비 확충에 자극되어 그 공격을 방비하기 위해 조선 최북단에 위치하고 노령(露領)에 접촉한 섬에 해군 근거지를 건설하고 있는데, 그 내용과 구조 등은 군사상의 기밀(軍機)에 속하므로 자세히 알 수 없다. 하지만 항간에 전해지는 바에 의하면 지하에 돌 내지는 시멘트로 다수의 장병, 비행기, 대포 등 각종 병기를 수용할 수 있는 설비를 설치를 하고, 내부에는 병식(兵式) 훈련을 실시할 수 있을 정도로 광대하다고 하는데, 이 공사는 하자마구미(間組)[36] 경성지부에서 수만 명의 인부를 사용하여 공사를 완성했다. 공사 중에는 감독의 임무를 담당한 기사라 해도 안내를 하고, 현장 내에 출입하고 있는 상태에서는 공사 인부 등은 섬 안에서 거주하거나 혹은 살해당하게 되어 있어서 극력으로 비밀 누설을 방지하고 있는데, 인부들의 가족은 그들의 앞날을 우려하고 있는 것 같다고 한다.	헌병과 경찰이 협력하여 출처 규명에 힘씀과 동시에 소문 근절을 기한 결과, 특이 반향이 없고 소멸했는데, 출처는 판명되지 않음.

되어 있으며, 이상도 없고 희망도 없는 조선인을 나타낸다"라고 묘사했다.

35 PDF 359~376쪽.
36 건축 및 토목회사. 조선에 진출하여 경부선,경인선,경의선 철도공사, 압록강철교 공사에 참여했으며, 1941년

지방별	월일	내용	처치
	5.12	최근 소련과 만주(蘇滿) 국경에서 일본과 소련군의 충돌 사건이 빈발하여 언제 전쟁을 유발할지 몰라 일본 군부에서는 이에 대비하기 위해 수일 전에 나진, 대련항 및 경의선 등에서 극비밀리에 5개 사단의 병력을 만주로 수송하였다. 이로써 조만간 일본과 소련이 개전을 야기하게 될 것이다. 그 때문에 최근 부내의 금융기관에서는 일본과 소련의 개전이 임박했다고 예상하고, 토지 담보 대부를 일체를 줄이고 있는 상태에 있다.	헌병과 경찰이 연락하여 유포 방지에 힘써 근절함.
강원도	2월 상순	김화군(金化郡) 근동면(近東面) 면장 심의승(沈宜昇)은 조선인의 만주 이민에 대하여 다음과 같은 뜬소문을 퍼뜨림. "선만(鮮滿)척식회사가 1월 하순에 실시한 조선인 만주 이민 모집에 대하여 총독부에서 시달이 있어서 당국에서도 이민을 권유한 바, 다수의 응모자가 있었는데, 소문에 의하면 일본과 소련의 관계가 극도로 험악화하여 개전도 시일 문제라고 보아야 한다. 만약 개전하면 즉시 조선인의 만주 이민을 제1선으로 보내 우리 조선인 동포를 희생할 생각이다. 이러한 뜬소문이 각지에 유포되면 선만일여(鮮滿一如)의 국책을 크게 저해할 것이다" 운운	김화서에서 유시(諭示)함.
황해	1.25	평북 만포진 철도 개통과 함께 철도국에서는 조선철도 황해선 중 사해선(沙海線)을 매수하여 국철(局鐵)로 할 예정인데, 만주 방면의 물자를 만포진 철도로 조선으로 운반하고, 현재의 사해선의 해주항에서 수출입을 할 계획을 수립하고 있다. 그 중간인 사리원에 군대를 주둔시켜 철도 안전을 도모하기로 결정함.	시찰에 그침.
	3.19	앞서 이틀간에 걸쳐 경성 방면에서 지나 방면으로 향하여 비행기가 통과했는데, 작년 옹진군 동남면 인평리 부근을 중심으로 일본 해군이 비밀리에 해심 측량을 하고, 점점으로 산악에 적색 깃발을 세워 당시 비행기 항로의 표준이 되었다. 그런데 그 후 비행기 통과를 보지 못했는데 이번에 2기가 통과했으나 이를 전후하여 아무런 신문 보도가 없는 것은 종래 기차로 수송하던 황군을 앞으로 서서히 비행기로 수송하려는 것이다.	엄히 유시함.

에 수풍발전소를 준공했다. 2013년에 안도(安藤) 건설과 병합하여 현재는 안도하자마(安藤·間)라는 사명을 사용하고 있다.

지방별	월일	내용	처치
황해도 연백	4.20	증세 원인은 거의 군사비 증가에 의한 것이다. 각국 모두 국민을 곤경에 빠뜨리면서까지 군비 확장을 할 필요가 어디에 있는가? 우리 빈곤 농민은 점점 생활이 곤란해진다. 세계 각국 모두 참된 평화를 원하는데 군비 확장을 폐지하도록 상호 협조해야 한다.	경찰에서 방지에 힘씀.
황해도 연백	4.20	해군의 연안 측량은 조만간 황해를 중심으로 해전(海戰)이 벌어지는데 본 군(郡) 연안이 제국 해군의 근거지가 되기 때문에 그 준비를 위해서 하는 것이다. 조만간 본 군(郡) 연안에서 전쟁이 개시되므로 미리 피난 준비를 해둘 것. 대중국 작전상 본도 서해안 일대는 요새로 편입되게 되어 그 때문에 측량을 행하는 것이다.	위와 같음.
황해 조금포 일대	2.29	올해가 따뜻한 이유는 이변의 징조가 있어서다. 바야흐로 일본과 소련의 국교가 폭발하려는 상태이므로 2~3년 안에 전쟁이 있을 것이다. 그때는 조선독립당을 일으키는 자, 또한 조선인으로 소련 국내에 있는 공산당 일당 등이 활약하여 제국은 안팎으로 소란스러워 질 것이다.	뜬소문 유포자는 신원 불명이므로 인상 등을 각 서에 통보하여 수배 중.
황해 장연	4.10	《경성일보》의 보도에 의하면 인천에서 3개의 태양이 출현했다고 한다. 이 같은 해에는 국내가 어지러워진 사례가 있으니 어쩌면 그 조짐이 아니겠는가?	본인 등에게 주의를 줌.
충남	3월 하순	보병 제39여단 장교 40명이 현지 전술을 실시한 것을 오해하여 "일본과 소련의 개전 준비 공작에 임하여 밀의한 것이다" 혹은 "부여에 군영을 설치한 것이 아니냐" 운운하는 뜬소문이 있음.	관할서원이 사실을 설명하여 계몽에 힘씀.
	4월 중순	최근 전라도에서는 일소(日蘇) 전쟁이 발발하면 소련 비행기는 독가스를 산포할 것이므로 각 가옥은 빈틈이 있는 장소에 문풍지를 발라야 한다고 하여 경찰 및 면 당국에서 독려 중인데, 이것이 전쟁이 임박함을 말해 주는 것이다.	관할서에서 사실무근임을 설득하여 그 유포 방지에 힘씀.
전북	1월 하순	최근 철, 종이, 면, 모 등이 눈에 띄게 폭등했는데, 이는 일본 정부가 전쟁용에 사용하기 위해 축적한 데 기인하는 것으로 일소(日蘇) 대전도 마침내 시기의 문제다.	계몽함과 함께 유포하지 않도록 엄히 유시함.
	2월 하순	소련은 군용기 1천 대를 블라디보스토크에 배치하고 있는데, 최근 내지 및 조선에 비행하여 폭탄을 투하, 대도시를 격멸할 계획이라 이 공습을 방호하기 위해 군부가 각지 도시에 방호단(防護團)을 결성하는 것이다.	언동자를 엄히 유시하고, 경찰 측과 협력하여 유포 방지에 힘씀.
전남	4.28	여수항은 국비 1천만 원을 투자하여 5개년 계획으로 항만 시설을 증축하게 되는데, 일소(日蘇) 개전이 임박하여 3개년으로 단축함.	경찰 측에서 유포 방지에 힘씀.

지방별	월일	내용	처치
경북	1.14	최근 금속, 특히 철 종류가 폭등한 것은 전쟁 준비를 위해 군에서 사재기를 하고 있기 때문이며, 일본과 소련의 개전은 피할 수 없는 상황으로 일본 제국의 위기가 눈앞에 닥쳐왔다.	출처 불명. 억측 언동에 흔들리지 않도록 부락민 계몽. 유포 방지에 힘씀
	3.10	1. 군사 예산이 통과하면 4개 사단 증설이 실현될 것이며, 3개 사단은 만주로, 1개 사단은 대구 동촌 반야월 부근에 설치될 것이다. 2. 군부는 국제 형세의 핍박에 비추어 군용선인 중앙철도 완성을 서두르고 있는데, 조만간 용산 공병대가 출동하여 완성시킨다고 한다.	언동자를 엄히 훈계하고 유포 방지에 힘씀.
경북	3.10	군은 방대한 예산이 성립하여 드디어 준전시체제를 갖추고, 대소(對蘇) 작전 준비 강화를 위해 중앙철도 완성을 서두르고 있다. 그리고 본 철도의 중요성에 비추어 연선 주요지에 군대를 배치할 계획이며, 조만간 안동에는 헌병 분대를 설치할 계획이라고 한다.	사실무근이라는 것을 설시하고, 유포 방지에 힘씀.
	5.11	최근 국제 형세가 핍박한 사정에 몰림에 따라 국방 사상이 환기되어 군부의 권력이 커지면서 일부 군인은 이를 악용하여 횡포를 부리는 자가 있다. 대전 지방에서는 최근 군부가 절대적 권력을 갖고, 일반 부민(府民)의 토지 매매에 참견하여 군부의 의사에 반하는 매매를 할까 하여 헌병대에 유시한 것을 예로 드는 경향이다.	헌병은 사실무근임을 설명하고, 향후 이런 종류의 언동을 하지 않도록 타이름.
경남	1.24	최근 물가가 등귀하는 것은 군부가 여러 물품을 사들여 전비를 충실히 하기 때문이며, 조만간 일본과 소련의 전쟁이 야기될 것으로 예상된다. 전쟁이 발발하면 현재의 불경기가 일소되어 향후 유럽 대전 후와 같은 호경기를 맞게 될 것이다.	헌병은 사실무근이므로 이런 종류의 언동을 하면 처벌된다는 것을 유시함.
	1.27	최근 철 가격이 등귀한 원인은 군비 충실을 위해 다수의 철을 소비하기 때문이다. 조만간 제2의 세계대전이 일어날 것이다.	위와 같음.
	2.9	조선에서 공군 증강을 위해 부산부 데구치(出口) 철공소가 현재 부전리에 신축 중인 공장을 비행기 격납고로 매수하고, 경마장을 비행장으로 할 예정이다.	
	2.13	부산 거주 백인계 러시아인이 속속 이전하고 있는데, 이는 일본과 소련의 개전이 임박해졌다는 것을 말해 주는 것이다.	
	2.17	블라디보스토크항에서 일본기선을 소련이 억류하고 있는 것은 소련이 대일 전투 준비 상황의 비밀이 누설되는 것을 우려한 것이며, 일소(日蘇) 개전이 임박해졌음이리라.	

지방별	월일	내용	처치
평북	1월 중·하순	일소(日蘇) 관계가 마침내 핍박하여 개전 시기도 머지않아 1~2년이 되기에 정부는 일본군의 병력에 비추어 조선인도 출정하도록 청년단을 조직시켜 군사 교련을 시행하는 것이다. 그리고 우리를 제1선에 세워 제1번으로 전투하게 하고, 일본군은 그 후에 전투할 작전이므로 전쟁이 발발하면 우리는 당연히 전사하게 될 운명이다.	헌병은 언동자에 대해 청년단 창립 취지 및 사실무근의 유언비어라는 것을 설명하고, 유포 방지와 근절에 힘씀.
평북	2월 상·하순	압록강 철교에는 수만 마리의 헤아릴 수 없는 까마귀떼가 운집하여 우는 소리가 실로 이상하다. 까마귀는 신령의 운수를 예지하는 존재인데, 올해 안에 만주 문제가 원인이 되어 세계 대전이 발발할 것이므로 내지와 조선과 만주 주민의 생명은 어찌 되겠는가? 그러니 재산은 적당히 소비하고, 힘들여 저축할 필요는 없다.	헌병은 사실무근의 유언비어라고 설명하고 유포 방지와 근절에 힘씀.
평남	1월 중순~ 6월 중순	철재가 등귀하고, 철 기근이라고 절규하며, 고철 수집자가 격증하는 것은 군수 인플레이션에 기인한 것이지만, 과거 세계 전쟁 직전과 유사하다. 일소(日蘇) 개전이 코앞에 닥쳤다. 평양부 구시가 일대에 유포하고 있다.	유포하는 자를 엄중히 타이름.
원산	3.25	부내 여러 곳의 게시판에 "조선인에게 납세 의무가 있다면 당연히 병역 의무가 있어야 한다. 내지인의 조선인에 대한 나쁜 사상은 이 불평등에서 생기는 것이 아닌가?"	헌병이 발견함과 동시에 이를 제거하고, 연락하여 수사 중.
흥남	5월 상순	최근 송화강 하류 소련과 만주 국경 부근에서 일본군과 소련군이 크게 충돌하여 소련군의 손해는 불명이지만 일본군 약 1개 연대가 전멸했다. 이 때문에 마쓰에(松江) 연대 등은 급히 동 방면으로 출동했다.	내지 방면에서 선원이 가져온 내용인데 비웃는 태도를 취하여 10일 정도로 해소됨.
원산	6월 상순	소만 국경의 긴장으로 육군은 이에 대비하고자 북선에 1개 사단 증설을 계획하고, 원산에는 함흥 보병 74연대 일부가 원산부 외 갈마 부근에 나누어 주둔하게 되는 것 같다.	헌병이 5개 출처에 대해 극력 조사해도 불명하고, 시기상조로 인해 특수한 반향 없음.
서호	6월 하순	서호군에 해군 요항이 설치될 것임. 그 부지 등은 이미 매수가 끝남.	시국에 자극을 받아 잘못된 믿음에서 비롯된 것으로 즉시 소멸함.
나남	2월~ 3월까지	나남 주둔 기병 제27연대는 회령, 혹은 경성(鏡城)으로 이전하고 치중대(輜重隊)[37]가 기병대 터에 신설되는 것으로 되었다.	토지 브로커의 지가 상승책에 의해 발생한 것 같음. 자연히 소멸함.

---

37 군대의 식량, 피복, 무기, 탄약 등 수송을 담당한 부대

지방별	월일	내용	처치
나남	4월 중순	이진만에 해군 육전대 및 요새 그 외 해군 시설이 설치될 것이다.	상동
	6월 하순	나남 군용 수도 송수관 안에 군인(일설에는 지방 사람)의 익사체가 있고, 그 때문에 수도에서 냄새가 발생하여 위험하다.	수원지 상류에 전염병 발생 약물 소독 결과로 경찰과 연락하여 단속함.
회령	6월 하순	머지않아 회령에 기병대가 설치될 것인데 부지는 산성산 부근이다.	경찰에서 해소에 힘쓴 결과 점점 해소됨.
	6월 하순	건차자(乾岔子) 사건[38]에 즈음하여 혼춘(琿春) 지방에서 19사단 특수 연습을 위해 위수지역(衛戍地域) 부대가 출발한 것을 건차자 사건으로 연상하여 소련군에 대비하는 출동이라는 유언비어가 있음.	상동

〈부록 제32〉 1937년(昭和 12) 1~6월 유언낙서(流言落書) 일람표[민족(공산주의에 입각)], 대구헌병대[39]

지방별	월일	내용	처치
충남	1.13	대전부 공동변소 벽에 연필로 낙서 1. 삼천리 강산을(세 글자 불명) 먹어도 토지의 혼령은 그대로 있다. 2. 왜노(倭奴) 등 많이(세 글자 불명) 모자란다. 3. 대한만세 만만세.	헌병이 발견하여 말소하고 범인 수사 중.
	1.25	만주국에서는 지나인 등이 일본 경찰서에 들어가는 자가 있지만, 나오는 자를 한 사람도 본 적이 없어서 일본인을 두려워하고 있다. 또 만주국의 지가가 9두락 100원 내외로 구입할 수 있어도 조선인에게는 극한지인 북만주에만 토지매매권이 있다. 이것은 내지인을 남만주에, 조선인을 북만주에 식민하려는 계획일 것이다.	대만(對滿) 국책상 악영향을 끼칠 우려가 있어서 경찰에서 유시(諭示)함

---

38 1937년 6월 19일 흑룡강 유역의 흑하(黑河) 하류에 있는 건차자(乾岔子)와 금아목하(金阿穆河) 두 섬에서 일어난 소비에트연방과 만주국 간의 국경분쟁이다. 실질적으로는 일본과 소련의 국경분쟁이었다.
39 PDF 377~384쪽

지방별	월일	내용	처치
충남	2월 상순	대전부내 각 조선인 요리점 음식점의 여급 기생 사이에 유행함. 1. 삼천리강산은 어디에 있나? 때가 차면 또 온다. 아리랑 아리랑 아리랑 고개를 넘어간다. 2. 남쪽 전답은 누구에게 주고, 남부여대(男負女戴)[40] 북만으로 간다. 아리랑 아리랑 아리랑 고개를 넘어간다. 3. 어린 자식을 앞에, 병든 아내는 뒤에, 형제와 친척은 눈물로, 아리랑 아리랑 아리랑 고개를 넘어간다.	관할서에서 작자를 내사해도 미발견.
전남	6.29	조선의 천황은 정씨, 조선독립 만세 조선태극기.	관할 경찰서의 수사 결과 전남 강진군 강진면 동성리 김옥규(金玉奉, 17) 동 이봉환(李奉煥, 19)의 행위임이 판명하여 즉시 검거 취조 중.
	2.18	20세기 철혈 조선인 청년들이여, 우리의 힘으로 일본 제국주의를 타도하고 자유롭게 전진하자. 현재는 전국(戰國)시대이다. 우리는 단결하여 적국 일본과 일전(一戰)을 각오하자.	헌병이 발견하여 경찰측에 연락, 범인 수사 중.
	3.2	우리 모교는 폐지하기로 결정됐다. 우리 민족은 장래 어디에서 배울까? 우리는 모교가 폐쇄될 때 큰 소동을 결행하자. 폐교의 책임은 일본 관헌에게 있다.	
	4.8	전 일본인을 오늘밤 모두 태워 죽이자. 조선독립 만세.	
경북	3.22	달성군 논공면 면사무소 나무판자 담장에 낙서. 대동강을 건너 바라보면, 오호, 금수강산은 빛을 잃고, 두만강을 건너 바라보면, 오호, 슬프구나. 우리 한양이여, 어제는 천도한 우리 이태왕, 그놈의 철강으로 뒤덮였다. 경부선을 달리는 기차를 바라보고 만세를 외치는 우리 청년이여, 오호, 누가 알까 나의 마음을. 나의 마음에 불타오르는 생각을.	경찰관이 발견하여 범인 내사 중.
경남	1.3	언문으로 낙서. 지금 여기에 외국인은 각각 자국으로 돌아가 생업에 종사하고 자국을 보호하라. 조선은 보천교도가 다스리는 땅이므로 너희들이 관여할 바 아니다. 만약 믿고 따르지 않으면 후회해도 소용이 없을 것이다.	헌병이 발견하여 즉시 떼어 내고, 경찰측과 연락하여 범인을 수사 중.

---

40 "남자는 지고, 여자는 인다"라는 뜻으로, 가난한 사람이나 재난을 당한 사람들이 살 곳을 찾아 이리저리 떠돌아다니는 것을 이르는 말이다.

지방별	월일	내용	처치
함흥	3.17	유락정(有樂町) 공동변소 안에 연필로 쓴 언문으로 다음의 낙서가 있음. 자본주의의 시기는 몰락했다. 노동=공산주의.	말소. 행위자 탐사중.
원산	3.23	내지인의 조선인에 대한 민족적 차별을 도발하고자 사법보호와 동시에 조선인측 빈민 전과자 보호를 운운한 불온격문이 원산매일신문사 게시판에 부착되었다.	원산 사원이 연락하여 분대에서 거두어들여 반향 없음.
아오지	1.7	경흥군 회암(灰岩), 회광(灰鑛) 채광 광부 숙사 공동변소 안에 연필로 쓴 언문으로 다음의 낙서가 있음. 국제 정세는 무산자의 궐기를 재촉하고 있다. 압박을 받는 무산대중은 혁명전선에 매진, 분기하라. 운운.	헌병이 발견하여 글자체를 촬영한 다음 말소. 관계자를 수사해도 미발견.
나남	3.20	나남역 구내 변소 문에 한자문이 섞인 달필의 언문 낙서. 1. 자본주의 때문에 살 수가 없다. 공산주의 만세. 2. 노동자여 일치단결하라. 3 나남의 청년이여 술만 마시지 말고 공산주의를 선전하라.	헌병이 말소. 헌경이 연계하여 범인 수사 중.
나남	4.17	주을역 구내에 한문이 섞인 언문 낙서 "청년이여 오라, 조선독립 만세, 조선독립 만세"	역원에게 지우게 하고, 헌병은 관할서와 연계하여 범인 수사 중.
나남	6.10	나남읍 생구정 공동변소 벽에 한자가 섞인 언문 낙서 "우리 조선 민족의 8할 내외는 무직자로 빈궁하다. 그들을 누가 이끌고 구할까? 장래를 생각하는 조선 민족이여 일어나 단결하라. 각성하여 활동하라. 이제 때가 왔다. 1919년(大正 8) 만세 사건 이래 현재 평온하다고 해도 언제 일어날지 아느냐? 개새끼를 죽여라!"	헌병이 이를 말소하고, 관할서와 연계하여 범인 수사 중.

〈자료 74〉 중일전쟁 후 보안법 위반 사건에 관한 조사

[〈支那事変以後に於ける保安法違反事件に関する調査〉,《思想彙報》제19호, 朝鮮總督府 高等法院 檢事局 思想部, 1939.12. 61~83쪽]

이 조사는 1937년(昭和 12) 7월 이후부터 1939년(昭和 14) 4월 말까지 각 지방법원 검사정이 당국에 보고한 것을 기반으로 한 것임.

1. 보안법은 1907년(明治 40) 7월 구 한국법률 제2호로 발포한 법령으로 매우 오래된 법일 뿐 아니라 1919년(大正 8) 제령 제7호 「정치에 관한 범죄 처벌의 건」 및 치안유지법 시행에

따라 이 법령의 규정과 저촉되거나 혹은 중복되는 부분은 자연스럽게 폐지된 것으로 보아야 하므로 이것의 적용 범위는 매우 좁으며, 그렇지 않은 부분은 여전히 오늘날에도 유효하다는 점은 두말할 필요가 없다. 조선에서의 사상운동 동향은 치안유지법 위반 사건을 조사함으로써 파악할 수 있는데, 당연하게도 그것만으로는 완벽할 수 없다. 그런 의미에서 보안법 위반 사건에 관한 조사는 조선에서의 민족주의 색채를 띠는 사상운동의 동향을 파악함에 있어 가장 중요한 자료를 제공한다고 할 수 있다. 즉, 보안법은 앞서 언급한 것처럼 치안유지법에 저촉되지 않는 범위 내에서 모든 민족주의적 운동을 단속할 뿐만 아니라, '운동'이라 부를 수 있는 구체적이거나 집단적인 행동에 이르지 않은 부주의한 언동이라도, 그것이 정치와 관련되고 치안을 방해할 가능성이 있다면 단속 대상이 된다. 따라서 단속 범위가 매우 광범위하다. 특히 현재의 시국에서 이른바 주의자들은 시국의 중압 속에서 정관주의를 유지하며 가능한 치안유지법에 저촉되지 않도록 조직적이고 노골적인 운동을 피하는 경향이 다분하다. 그러므로 부주의하게 발각된 불온한 언동에서 그들의 사상 동향을 파악하는 것이 무엇보다 필요하다. 이는 주의자만이 아니라 반도의 일반 민중이 어떤 생각을 하고 무엇을 열망하고 있는지, 그 마음 깊은 곳에 흐르는 민족주의적인 사상 동향의 수수께끼를 풀 열쇠가 될 것이다.

2. 중일전쟁 발발 전 수년간의 보안법 위반 사건의 수리 건수는 다음과 같다.
  1933년(昭和 8) 18건 59명
  1934년(昭和 9) 9건 12명
  1935년(昭和 10) 5건 55명
  1936년(昭和 11) 11건 38명

그런데 1937년(昭和 12)에는 다음의 표와 같이 중일전쟁이 발발한 해의 7월부터 이미 19건, 54명에 달하고, 1938년(昭和 13)에는 41건, 226명이라는 경이적인 수치를 보이고 있다. 즉, 1938년의 수리 건수는 1933~1936년까지 4년간의 총 건수 43건에 비해 겨우 2건이 적을 뿐이고 총 인원수는 62명이 증가했다. 매우 놀라울 정도로 격증하는 양상을 나타낸다. 그 원인은 여러 가지겠지만 대체로 중일전쟁의 영향일 것이라 추측할 수 있다. 중일전쟁으로 인해 단속이 엄중해졌고 기존에는 방임상태였던 불온 언동에 대해 후방치안 확보라는 의미에서 검거 송국을 행하게 된 점, 중일전쟁의 영향에 따른 민심의 동요가 격렬해진 점, 이를 이용한 유사 종교단체의 암약 등을 주요한 원인으로 파악할 수 있다.

3. 수리 건수를 수리 청별로 관찰하면 건수는 대전(원래 공주)이 13건으로 가장 많고, 경성이 10건, 함흥, 부산이 각 9건, 광주가 7건으로 이에 필적한다. 청진, 신의주는 각 1건에 불과하다. 인원은 광주가 87명으로 가장 많고, 경성이 81명, 대전이 53명, 부산이 40명으로 이에 버금가는 숫자이다. 청진, 신의주는 각 1건에 1명이다. 일반적으로 북선(北鮮), 서선(西鮮) 지방은 보안법 위반 사건의 발생이 적고, 경기도와 이남의 남선(南鮮) 지방은 사건 발생이 많다고 할 수 있다. 원인은 뚜렷하지 않지만, 유사 종교단체의 관계자에 의한 보안법 위반 사건이 대부분을 차지하는 것으로 보아 북선 및 서선 지방에는 아직 유사 종교단체 활동의 마수가 뻗치지 않았기 때문일 것이다. 또 근래 공산주의 운동이 가장 격렬했던 함경북도 방면에 보안법 위반 사건이 발생하지 않은 것은 주목할 만한 현상이다.

4. 보안법 위반 사건 관계자를 남녀별로 조사해 보니 총 인원 301명 중 여자는 불과 8명이다. 정치 혹은 사상 문제에 조선의 농촌 여자들이 거의 무관심하다는 것을 나타낸다. 연령은 50세 이상이 132명, 거의 절반에 가깝다. 30세 이하는 37명에 불과하다. 치안유지법 위반 사건은 통상 30세 이하의 청소년이 압도적으로 다수를 차지하는데 보안법 위반 사건은 정반대로 40세 이상의 중년 노년이 압도적으로 다수를 차지한다는 점은 흥미로운 대조이다. 앞서 언급한 것처럼 유사 종교단체 관계자에 의한 보안법 위반 사건이 많은데 30세 전후의 젊은 층에게 유사 종교단체는 흥미를 끌 대상이 될 수 없으므로 그러한 의미에서 중년 노년층이 많다고 할 수 있다. 또 젊은 층에게 한일병합은 직접 체험한 일이 아니므로 중년 노년층처럼 병합에 대한 불만이 심각하지 않으며 오히려 공산주의 운동에 매료되는 것이 한 가지 원인이라 하겠다.

5. 직업별로 관찰하면 농업이 189명으로 압도적인 다수를 차지하고 상업이 15명, 종교가가 12명으로 이에 버금가는 숫자이다. 무직이 52명인데 이 중에 종교가라고 해도 무방한 유사 종교단체의 포교사 등이 포함되어 있다. 교육 정도는 조사표를 작성하지 못했지만 대다

수가 무학이고 학문이 있는 자라도 근대교육을 받은 자는 소수이고 한학(漢學)을 배운 정도에 불과하다. 대체로 무지한 농민이 다수를 차지한다고 할 수 있다.

6. 사상 배경은 민족주의 140명, 기타 135명인데 사범의 성격상 대부분이 적어도 민족주의 사상 경향을 띤 경우라고 해도 무방하다. 민족주의 140명이라는 숫자는 본인의 진술 등에 따라 민족주의를 신봉하는 것이 명백한 경우만을 포함한 것이다. 공산주의적 사상 배경을 가진 자는 한 명도 없었다.

7. 종교 관계는 기독교 21명, 무종교 69명을 뺀 나머지 221명 전부가 유사종교를 신봉하는 자이다. 이는 얼마나 유사 종교단체의 횡행이 치안을 어지럽히는지를 보여 주는 것이므로 이들에 대한 단속의 필요성을 소홀히 해서는 안 된다. 유사종교 중 무극대도교(無極大道敎)가 66명으로 가장 많고 천도교가 34명, 증산교(甑山敎)가 25명으로 이에 버금간다. 기독교 21명도 주목해야 할 숫자이다.

8. 범죄 동기는 유사 종교단체 관계자가 신도 획득의 수단으로 불온행동을 한 경우가 220건으로 다수를 차지한다. 그 양상을 보면 보통 "마침내 조선이 독립하여 교주가 국왕의 자리에 즉위하고 신도들은 고위고관에 등용될 것"이라 말하며 포교 수단으로 삼는다. 이러한 터무니없는 수단을 가지고 다수의 신도를 획득하는 데 성공한 점에서 볼 때 무지한 농민들 사이에 조선독립에 대한 기대와 희망이 상당히 뿌리 깊게 침투해 있음을 짐작할 수 있다. 한일병합에 대한 불만이 32명으로 이에 버금간다. 내지와 조선(內鮮)의 차별 및 대우 불만, 기타 동기 역시 그 원인에 한일병합에 불만이 있는 것이다. 이들은 민족주의에 의한 조선독립 사상이 근본에 뿌리내리고 있다고 봐야 한다. 또 신사참배 문제에 대한 불만에서 불온언동을 함으로써 검거된 자가 12명 있다는 점에도 주목해야 한다. 이 역시 순수한 종교적인 의미가 아니라 총독정치에 대한 불평과 반항의 대상으로 신사참배 문제를 일으켰다는 의미에서 근본적으로 민족주의 사상을 배경으로 하고 있는 것으로 보인다.

9. 형(刑)에 관해서는 기제(旣濟) 중 징역형을 받은 자가 43명이고, 금고형은 6명에 불과하

다. 형기는 6월 및 8월이 많고 그다음은 1년이 10명이다. 보안법 외에 불경죄를 포함한 자가 3명이다. 보안법 외에 육해군형법 위반(유언비어죄)을 포함하는 자가 37명이라는 점도 주목해야 한다. 중일전쟁 발발 후의 특이한 현상으로 보안법 위반 사건에 유언비어죄가 종종 포함된 것은 사안의 성격으로 볼 때 당연하다. 앞서 언급한 바와 같이 불경죄가 종종 포함되는 것도 보안법 위반 사건의 특징이다.

10. 이상을 요약하면 중일전쟁 발발 이후 보안법 위반 사건이 매우 증가했다는 점, 특히 경기 이남 지역에서 격증한 점, 대부분의 사안이 유사 종교단체 관계자가 자행했다는 점, 범인의 대부분이 40세 이상의 중년 노년층이고 무지한 농민이 차지한다는 점, 사상적 배경은 민족주의가 다수라는 점, 범죄 동기는 유사 종교단체가 신도 획득의 방법 및 수단으로 포교할 때 불온언동을 자행한 점이 가장 많다는 점, 유언비어죄를 동반하는 경우가 상당수에 달한다는 점 등이 특기할 만하다.

1937년(昭和 12) 7월~12월 보안법 위반 청별, 수리, 처분, 본적, 건수, 인원표

청명	본적		수리	기소			불기소				그 외	미제	합계
				예심청구	공판청구	계	혐의없음	기소유예	그 외 불기소	계			
경성	내지인	건수											
		인원											
	조선인	건수	2	1	1	2							2
		인원	11	5	1	6	4		1	5			11
	계	건수	2	1	1	2							2
		인원	11	5	1	6	4		1	5			11
대전(전 공주)	내지인	건수											
		인원											
	조선인	건수	4		4	4							4
		인원	28		6	6	20		2	22			28
	계	건수	4		4	4							4
		인원	28		6	6	20		2	22			28

청명	본적		수리	기소			불기소				그 외	미제	합계
				예심 청구	공판 청구	계	혐의 없음	기소 유예	그 외 불기소	계			
함흥	내지인	건수											
		인원											
	조선인	건수	2	1	1	2							2
		인원	2	1	1	2							2
	계	건수	2	1	1	2							2
		인원	2	1	1	2							2
청진	내지인	건수											
		인원											
	조선인	건수	1		1	1							1
		인원	1		1	1							1
	계	건수	1		1	1							1
		인원	1		1	1							1
평양	내지인	건수											
		인원											
	조선인	건수	1						1	1			1
		인원	1						1	1			1
	계	건수	1						1	1			1
		인원	1						1	1			1
신의주	내지인	건수											
		인원											
	조선인	건수	2		2	2							2
		인원	2		2	2							2
	계	건수	2		2	2							2
		인원	2		2	2							2

청명	본적		수리	기소			불기소				그 외	미제	합계
				예심청구	공판청구	계	혐의없음	기소유예	그 외 불기소	계			
부산	내지인	건수											
		인원											
	조선인	건수	2		1	1			1	1			2
		인원	2		1	1			1	1			2
	계	건수	2		1	1			1	1			2
		인원	2		1	1			1	1			2
광주	내지인	건수											
		인원											
	조선인	건수	4		3	3	1			1			4
		인원	6		4	4	1	1		2			6
	계	건수	4		3	3	1			1			4
		인원	6		4	4	1	1		2			6
전주	내지인	건수											
		인원											
	조선인	건수	1				1			1			1
		인원	1				1			1			1
	계	건수	1				1			1			1
		인원	1				1			1			1
합계	내지인	건수											
		인원											
	조선인	건수	19	2	13	15	3		1	4			19
		인원	54	6	16	22	27		4	32			54
	계	건수	19	2	13	15	3		1	4			19
		인원	54	6	16	22	27	1	4	32			54

1938년(昭和 13)년 보안법위반 청별, 수리, 처분, 본적, 건수, 인원표

청명	본적별		수리	기소			불기소				그 외	미제	합계
				예심청구	공판청구	계	혐의없음	기소유예	그 외 불기소	계			
경성	내지인	건수											
		인원	1				1						1
	조선인	건수	8	5	2	7	1			1			8
		인원	69	17	5	22	29	6	12	47			69
	계	건수	8	5	2	7	1			1			8
		인원	70	17	5	22	30	6	12	48			70
대전	내지인	건수											
		인원											
	조선인	건수	7	1	6	7							7
		인원	14	1	6	7	5		2	7			14
	계	건수	7	1	6	7							7
		인원	14	1	6	7	5		2	7			14
함흥	내지인	건수											
		인원											
	조선인	건수	7		7	7							7
		인원	7		7	7							7
	계	건수	7		7	7							7
		인원	7		7	7							7
평양	내지인	건수											
		인원											
	조선인	건수	3				3			3			3
		인원	3				3			3			3
	계	건수	3				3			3			3
		인원	3				3			3			3

청명	본적별		수리	기소			불기소				그 외	미제	합계
				예심청구	공판청구	계	혐의없음	기소유예	그 외 불기소	계			
신의주	내지인	건수											
		인원											
	조선인	건수	1		1	1							1
		인원	1		1	1							1
	계	건수	1		1	1							1
		인원	1		1	1							1
해주	내지인	건수											
		인원											
	조선인	건수	3		2	2		1		1			3
		인원	4		2	2	1	1		2			4
	계	건수	3		2	2		1		1			3
		인원	4		2	2	1	1		2			4
대구	내지인	건수											
		인원											
	조선인	건수	3	1	2	3							3
		인원	15	3	2	5	7		3	10			15
	계	건수	3	1	2	3							3
		인원	15	3	2	5	7		3	10			15
부산	내지인	건수											
		인원											
	조선인	건수	4		1	1	2	1		3			4
		인원	29		4	4	7	18		25			29
	계	건수	4		1	1	2	1		3			4
		인원	29		4	4	7	18		25			29

청명	본적별		수리	기소			불기소				그 외	미제	합계
				예심청구	공판청구	계	혐의없음	기소유예	그 외 불기소	계			
광주	내지인	건수											
		인원											
	조선인	건수	3	1	1	2		1		1			3
		인원	81	21	1	22	3	49	7	59			81
	계	건수	3	1	1	2		1		1			3
		인원	81	21	1	22	3	49	7	59			81
전주	내지인	건수											
		인원											
	조선인	건수	2		2	2							2
		인원	2		2	2							2
	계	건수	2		2	2							2
		인원	2		2	2							2
합계	내지인	건수											
		인원	1										1
	조선인	건수	41	8	24	32	3	6		9			41
		인원	225	42	30	72	52	77	24	153			225
	계	건수	41	8	24	32	3	6		9			41
		인원	225	42	30	72	52	77	24	153			225

1939년(昭和 14) 1월~4월 보안법 위반 청별, 수리, 본적, 건수, 인원표

청명	본적별		수리	기소			불기소				그 외	미제	합계
				예심청구	공판청구	계	혐의없음	기소유예	그 외 불기소	계			
대전	내지인	건수											
		인원											
	조선인	건수	2		2	2							2
		인원	11		2	2	8		1	9			11
	계	건수	2		2	2							2
		인원	11		2	2	8		1	9			11
평양	내지인	건수											
		인원											
	조선인	건수	1		1	1							1
		인원	1		1	1							1
	계	건수	1		1	1							1
		인원	1		1	1							1
부산	내지인	건수											
		인원											
	조선인	건수	3		2	2	1			1			3
		인원	9		2	2	7			7			9
	계	건수	3		2	2	1			1			3
		인원	9		2	2	7			7			9
합계	내지인	건수											
		인원											
	조선인	건수	6		5	5	1			1			6
		인원	21		5	5	15		1	16			21
	계	건수	6		5	5	1			1			6
		인원	21		5	5	15		1	16			21

청명	본적별		수리	기소			불기소				그 외	미제	합계
				예심청구	공판청구	계	혐의없음	기소유예	그 외 불기소	계			
총계	내지인	건수											
		인원	1				1			1			1
	조선인	건수	66	10	42	52	7	6	1	14			66
		인원	300	48	51	99	94	78	29	201			300
	계	건수	66	10	42	52	7	6	1	14			66
		인원	301	48	51	99	75	78	29	202			301

1937년(昭和 12) 7월~ 1939년(昭和 14) 4월 보안법 위반 연령별 인원표

연도 연령별	1937년 7월~12월	1938년	1939년 1월~4월	계
20세 이하	2	3	1	6
30세 이하	5	24	2	31
40세 이하	10	32	3	45
50세 이하	13	69	5	87
50세 이상	24	98	10	132
미상				
계	54	226	21	301

1937년(昭和 12)7월~ 1939년(昭和 14) 4월 보안법 위반 남녀별 인원표

연도 성별	1937년 7월~12월	1938년	1939년 1월~4월	계
남	52	224	17	293
여	2	2	4	8
계	54	226	21	301

1937년(昭和 12)7월~ 1939년(昭和 14) 4월보안법위반 직업별 인원표

직업별 \ 연도	1937년 7월~12월	1938년	1939년 1월~4월	계
상업	4	9	2	15
농업	32	146	11	189
종교가		12		12
교사	2	1		3
학생, 생도		1		1
신문기자		3	1	4
■■, 의대생		1		1
■업		4		4
광부		2		2
점원	1			1
자동차운전자		1		1
각종 직공 직인		1		1
산파조수		1		1
노동자(막일, 인부 등)	3	3		6
무직	11	36	5	52
미상		3		3
그 외	1	2	2	5
계	54	226	21	301

1937년(昭和 12)7월~ 1939년(昭和 14) 4월보안법 위반 사상배경 유무

종별 \ 연도	1937년 7월~12월	1938년	1939년 1월~4월	계
공산주의				
민족주의	34	105	1	140
그 외	13	115	7	135
없음	7	6	13	26
계	54	226	21	301

1937년(昭和 12)7월~ 1939년(昭和 14) 4월보안법 위반 종교 관계 조사

종별 \ 연도	1937년 7월~12월	1938년	1939년 1월~4월	계
기독교	2	19		21
백백교	10			10
천도교		27	7	34
천천교(天天敎)		18		18
태극교(太極敎)		16		16
수운교		4		4
천존신명도	1			1
미륵불도		2		2
미륵교	1	12		13
■도교(■道敎)		5		5
증산교	2	23		25
주신교		7		7
무극대도교		66		66
정도교			10	10
없음	38	27	4	69
합계	54	226	21	301

1937년(昭和 12)7월~ 1939년(昭和 14) 4월보안법 위반 형명 형기 조사

| 형명 \ 형기 | 징역4 | | | | | | | ■ | | | | 미제 | 계 |
	3월	4월	6월	8월	10월	1년	1년 6개월	3월	4월	8월	10월		
보안법위반			13	4	3	4						19	43
불경 보안법위반						1						1	2
불경 사기 보안법위반												1	1

형명 \ 형기	징역4							■				미제	계
	3월	4월	6월	8월	10월	1년	1년 6개월	3월	4월	8월	10월		
불경 보안법위반 육해군형법위반				1									1
사기 보안법위반			1			2	2					2	7
사기 보안법위반 육해군형법위반				1									1
사기 보안법위반 의사규칙위반												1	1
주거침입위반 보안법위반 육군형법위반						1							1
공갈 송수 보안법위반				1									1
횡령 보안법위반				1									1
보안법위반 육군형법위반			3	2	1	2		1		2	1	21	33
보안법위반 육해군형법위반											1		1
보안법위반 출판법위반				1									1
보안법위반 조선아편취체령위반				1									1
계	1	1	13	13	4	10	1	1	1	2	2	46	95

비고:
위 표에서
하나. 「보안법 위반, 사기」 징역 1년을 받은 2명은 보안법에서는 무죄
하나. 「보안법 위반, 육해군형법 위반」 금고 10월을 받은 1명은 보안법에서는 무죄
하나. 표에 기록되지 않은 무죄 1명, 예심 소송 면죄 3명이 있다.

범죄 동기 조사

동기 청별	한일합방 불만	신도확보 양성수단	신사참배 불만	내선차별 대우 불만	지원병 및 교육제도 불만	금주금연 운동	양력사용 반대	징세 불만	애국저금 반대	국민정신 작흥행사 실시반대	기독교 교도 검거 불만	불명	계
경성	17	55	7									2	81
대전	4	32		2	1		1					13	53
함흥	5	2		1	1								9
청진	1												1
평양	3		1	1									5
해주		2	1							1			4
신의주		1				1					1		3
대구	1	14											15
부산		31	2			2		1	1			3	40
광주		83	1									3	87
전주	1											2	3
계	32	220	12	4	2	3	1	1	1	1	1	23	301

2. 사법당국의 전향 정책

〈자료 75〉 전향자에 대한 처우에 대하여

[〈轉向者に對する處遇に就て〉, 《思想彙報》 제4호, 1935.9, 朝鮮総督府 高等法院 檢事局 思想部, 164~171쪽]

> 오는 9월 17일부터 개최 예정인 차석·상석 검사 회동에 〈사상범 중에 기소 후 개전(改悛)한 자에 대하여 집행유예를 청구하는 것에 대한 옳고 그름〉이라는 자문 사항이 있어 이와 관련한 문제로 이를 게재한다. [무라다(村田生)]

1933년(昭和 8) 6월 일본공산당의 거두 사노 마나부(佐野學), 나베야마 사다치카(鍋山貞親) 두 사람이 이치가야(市ヶ谷)형무소 안에서 사상전향 성명서를 발표한 이후 내지에서는 물론이고 조선에서도 뒤를 이어 속출하여 이제 전향은 개별적인 현상이라기보다는 사회적인 현상으로 바뀌었고 개인문제라기보다는 사회문제가 된 느낌이 있으므로 전향자에 대한 처우는 형사 정책상 연구해야 할 중점 문제가 되었다.

최근의 사상범은 대다수가 문서로 또는 구두로 전향 의사를 표명하고, 검사는 이를 참작하여 기소, 불기소를 결정하여 구형함으로써 재판소에서 형을 양정(量定)할 때도 이것이 큰 영향을 주고 있다.

물론 사상범의 경우에는 품고 있는 기존의 사상을 포기했는지 어떤지가 다른 일반범죄의 경우에 있어서의 피해 보전이 가능한지 어떤지, 화해가 성립되었는지 어떤지, 개전의 정이 현저한지 어떤지 하는 점 등과 비교하여 보다 고도로 평가될 필요가 있다는 점에는 이론이 없는 바일 것이다. 그러나 이른바 전향에도 여러 가지가 있어서 그 안에는 진정한 전향이라고 할 수 없는 경우도 있고, 특히 최근과 같이 전향이 유행하는 시대에는 전술적으로 전향을 표명하여 관대한 은전(寬典)[41]을 받고 장래의 활동을 기도하기 위하여 이를 가장하는 경우도

---

41 일왕이 은혜로 죄수를 사면하는 것을 말함.

적지 않다(註1). 더욱이 진정한 전향이라고 해도 그 동기 여하(註2)에 따라 혹은 그 정도 여하에 따라 이에 대한 처우도 자연히 차이를 낳기 때문에 전향의 종류와 그 진위, 그리고 동기 및 그 정도 등에 대하여 진중한 조사를 마친 후 이에 대한 처우를 결정해야 한다.

> (註1) 동경고등사범학교 졸업 후 경성사립동덕여자고등보통학교 교사로 근무하던 이관술(李觀述)[42]은 치안유지법 위반죄로 1933년(昭和 8) 3월 22일 기소, 경성지방법원 예심에 회부되었는데 예심 중이던 1934년(昭和 9) 3월 14일 신뢰할 만한 사상전향자로서 보석되었고, 이어 같은 해 12월 20일 공판에서도 사상전향을 한 자로서 집행유예라는 관대한 은전을 입었다. 그러나 이 사람은 위에서 서술한 바와 같이 보석이 되자마자 바로 운동에 몰두하여 활발하게 활약을 하고 있었다는 것이 이미 제1심 판결 확정 후 다른 사건의 조사에서 판명되었다. 더욱이 이 사람은 공판에서는 다른 동지로부터 배신자라고 매도당하면서 입으로는 진정한 전향을 가장했다. 이는 사실상 전향을 가장한 대표적인 사례이다.
> (註2) 전향의 동기에 대해서는 《사상휘보》 제3호 통계부에 있는 〈사상범 수형자의 전향동기 조사〉 및 역시 제3호 통계부의 〈사상전향자의 동기 조사〉 참조

소위 전향은

(가) 비합법 운동에서 합법 운동으로의 전환
(나) 일본의 특수성을 인식하고 인터내셔널리즘에서 내셔널리즘을 기조로 한 사회주의로의 전환
(다) 일본의 특수성을 인식하고 전위(前衛) 변경을 제창하기에 이른 전환
(라) 마르크시즘에 근본적 세계관의 차이를 느끼고 유물변증법적 세계관에서 정신생활을 기조로 하는 종교 세계로의 전환

---

42 이관술(李觀述 1902~1950) 일제강점기 사회주의 계열에서 활동한 노동운동가이자 독립운동가. 1931년 동덕여자고등보통학교에서 교사로 재직하면서 학생자치 및 교내 경찰 출입을 반대하는 동맹휴학을 지도하였다. 또한 이재유, 박영출과 함께 경성콤그룹의 지도자였다.

(마) 아직 적확하게 별개의 세계관을 파악하지 못하지만 공산주의에 불만을 느끼고 종래의 운동에서 이탈한 경우

등으로 분류할 수 있다. 이 경우 (가)에서 (다)까지는 앞으로 사회개조운동에 종사할 의사를 가지고 있는 경우로 이른바 적극적 전향이라고 할 수 있으며, (라)와 (마)는 위와 같은 의사를 가지고 있는 자로 이른바 소극적 전향이라고 할 수 있는 경우이다.

또한 전향은

(가) 이론적으로 완전히 마르크스주의를 포기한 경우
(나) 주의는 정당하다고 하면서도 성격, 건강 등을 고려하거나 형벌에 처해지는 것을 싫어하여 실천은 하지 않겠다고 하는 경우
(다) 혁명의 전망을 잃어 당분간 그 실현이 불가능하다는 것을 이유로 운동은 하지 않기로 하는 경우

등으로 분류할 수 있다. 이 경우 (가)는 공산주의 혁명사상의 완전한 포기이고, (나)와 (다)는 그렇지 않은 경우이다.

원래 사상범은 일정한 이념 위에 서는 법으로, 그 이념이 철학이며 철학임과 동시에 수단이다. 수단임과 동시에 인식이기도 하다. 말하자면 이론과 실천이 결합된 것이다. 이러한 일정한 이념(마르크시즘)에서 다른 쪽으로의 방향 전환-이것을 전향이라고 한다면, 진정한 전향은 마르크시즘의 포기이자 혁명사상의 완전한 포기여야 한다. 따라서 그 이외의 경우는 아직 진정한 전향이라고 할 수 없으며, 이들의 처우 가치에 대해서도 진정한 전향과 동일하게 논할 수는 없다. 하지만 이 중에도 진정한 전향의 맹아라고 인정할 수 있는 경우를 간과해서는 안 된다. 이러한 경우는 상응하는 적절한 가치를 매겨 진정한 전향을 달성할 수 있도록 지원해 나갈 필요가 있을 것이다.

전향의 진위 여부를 측정하는 것은 매우 어려운 문제이다. 소위 성명서는 상신서 등에 의한 전향 표시가 틀에 박힌 것이 많아 신뢰하기 어려운 점이 적지 않다. 결국 이를 측정하는 것은 취조자 자신이 범인과 친하게 접하면서 이런저런 이야기를 나누어 그가 품고 있는 사

상을 탐색해 내는 한편, 구속 중인 자에 대해서는 형무소에서의 몸가짐과 품행(行狀) 등에 대하여 상세한 보고를 입수하여 범인의 심경 변화 추이를 조사하고, 보석 중인 자에 대해서는 석방 후의 동정, 교유 관계 등에 대한 관할 경찰서의 수사 보고를 받아 이를 종합하여 결정하는 것밖에 방법은 없을 것으로 생각된다.

진정한 전향이라는 것에 관해 도쿄의 제국갱신회(帝國更新會) 보호위원(保護委員) 고바야시 모리토(小林杜人)라는 사람은 "세계관에 있어 종래의 마르크시즘에서 전환한 사람은 일본공산당이 일본 국체와 융합되지 않는 사상임을 명확하게 인식하고, 무엇보다도 일본 국민으로 살아갈 것을 결의한 사람들이다. 하지만 그것은 단순하고 편협한 배타적 국민주의가 아니어야 할 것이다. 그리고 그 사회적인 인식에서 단순한 정치적 경제 투쟁으로만 인류 사회의 행복을 기할 수 있는 것이 아니라 유물론적인 것 위에 인간으로서 더욱 소중한 다른 세계가 있다는 것을 깨닫고 종래의 세계관을 개선한 사람이어야 한다. 이러한 사람은 필연적으로 종교적 반성을 하는 사람일 것이다. 인간은 자기 생활을 총괄하고 사회에 대한 관계, 그리고 진실로 사회를 올바르게 이끌기 위해서는 당연히 종교를 추구해야 한다. 과거의 행동을 진정 청산하기 위해서는 합법주의로의 전향은 눈속임이다"《보호시보》17권 6호, 18쪽)라고 했지만, 우리가 전향의 진위 여부를 판단할 때 이를 하나의 근거 자료로 삼기에 충분하다고 생각한다.

> (註3) 위의 고바야시 모리토라는 사람은 3·15사건의 나가노(長野) 지방의 조직 설립자로, 완전한 종교적 전향자이다. 제국갱신회는 도쿄지방재판소 관내의 기소유예자, 형 집행 종료자, 집행유예자를 감찰·지도하는 기관으로, 상기 고바야시 모리토가 보호위원으로 이를 총괄하고 있다. 입회 희망자는 고바야시가 먼저 진정으로 전향한 것인지를 '테스트'하는데 이전에 공산주의 운동에 종사했던 본인의 경험상 입회 희망자의 전향 진위 여부를 확실하게 구분할 수 있다고 한다.
> 또한 원칙으로,
> (가) 장기 구금자가 단기 구금자보다
> (나) 처자가 있는 자가 없는 자보다
> (다) 연장자가 연소자보다
> (라) 완강한 성격의 소유자가 그렇지 않은 자보다

(마) 지도적 입장에 있는 자가 그렇지 않은 자보다
모두 전향의 진정성을 가지고 있어 믿을만하다고 일컬어지고 있다.

(註4) 단기적 구금자의 전향을 무조건 신뢰하기 어렵다고 할 수는 없다. 특히 일본인의 심정은 좀 특별하여 단기간이라도 어떠한 동기나 기회에 의해 진심으로 전향을 하는 경우가 있다. 전 경성제국대학 교수 미야케 시카노스케(三宅鹿之助)와 같은 경우는 아주 적절한 좋은 예이다. 이 사람은 1934년(昭和 9) 5월 25일에 구류되었는데 불과 만 4개월 남짓 지난 같은 해 10월 9일에는 재판장 앞으로 감상록을 제출하여 전향 사실을 고백했다. 당시 전향의 시기가 너무나 빠르다고 그 진정성을 의심한 사람들이 적지 않았던 듯하나, 오늘에 이르러 이 사람이 당시 완전히 전향했음을 확증할 수 있어서 나로서는 기쁘게 생각하는 바이다.

(註5) 사상범의 구류일수가 대략 어느 정도인지를 참고하기 위해 1925년(大正 14)부터 1934년(昭和 9)에 이르기까지의 치안유지법 위반자에 대하여 제1회 공판 개정(開廷)에 이르기까지의 구류 일수를 표로 게재한다.

치안유지법 위반 구류일수 조사(제1회 공판 개정까지)

	10일 이내	1월 이내	3월 이내	6월 이내	1년 이내	2년 이내	3년 미만	3년 이상	계
1925	-	-	4	-	-	-	-	-	4
1926	4	1	13	6	25	85	-	-	134
1927	-	1	1	27	31	25	-	-	85
1928	3	4	23	26	118	74	141	2	391
1929	2	14	30	16	137	110	4	-	313
1930	9	41	51	115	126	148	4	20	514
1931	11	42	44	13	177	98	202	34	621
1932	15	42	71	142	261	384	15	-	930
1933	-	68	69	89	62	17	17	-	322
1934	11	18	61	51	188	150	26	-	505
계	55	231	367	485	1,125	1,091	409	56	3,819

사상범이 완전히 전향한 경우는 물론 범인에게 순수하고 올바른 전향의 맹아를 인정할 만한 부분이 있는 경우에도 이에 대한 처우는 비교적 마땅히 관대해야 한다고 생각한다. 물론 전향했다고 해서 바로 기소유예 처분에 부치거나 혹은 집행유예 선고를 하는 것은 타당하지 않을 것이다. 진정으로 전향했다 하더라도 그 사람의 과거의 지위 활동에 따른 책임도 물론 경시할 수는 없기 때문이다. 그러나 진정성 있는 전향을 과소평가하는 것도 형사정책상 상당히 합당하지 않은 일이라고 생각한다. 결국 전향의 가치를 그 종류, 동기, 정도 등으로 충분히 판단하여 각 경우의 구체적 사안에 대하여 또 과거의 활동에 대한 책임에 대하여 이를 참작할 만한 척도를 정해야 할 것이다.

유명한 이른바 제2차 일본공산당 사건의 항소심에서 집행유예라는 관대한 은전(寬典)을 받은 피고인 등에게는

(1) 범한 죄가 경미한가
(2) 범죄의 정황에 비하여 매우 장기에 걸친 미결구류 결과 범한 죄에 대한 형 집행 목적이 달성되었는가
(3) 수용 중, 또 보석 후의 행동에 비추어 진정으로 전향하여 앞으로 적법한 생활을 할 자라고 확인할 수 있는가

등의 하나 또는 둘 이상의 사유가 있었기 때문에 집행유예에 회부된 것이다.

또한 현재 내지(內地) 사법부에는 "사상범에 대한 장기 미결 구금은 전향 의사를 강화시키므로, 필요하다면 제1심에서는 개전(改悛)의 정이 현저할 뿐 아니라 석방 후의 보호 관계가 충실하거나 범한 죄가 경미한 자에 대해서만 집행유예를 선고하고 그렇지 않은 자는 실형에 처함으로써, 나중에 항소심에서 관대한 은전(寬典)을 부여할지 어떨지를 결정해야 한다"고 주장하는 사람도 있다.

이상의 전부가 전향자 처우에 관해 참고가 될 만한 사항이라고 생각된다.

또한 마지막으로 참고삼아 1925년(大正 14)부터 1934년(昭和 9)에 이르기까지 연도별로 치안유지법 위반에 의한 검거 인원과 기소유예, 집행유예가 된 인원의 비율을 다음의 표로 나타내고 이 글을 마치기로 한다.

치안유지법 위반 검거, 기소유예, 집행유예인원 조사

	검거	기소 유예	집행 유예
1925	88	2	-
1926	380	41	-
1927	279	1	34
1928	1418	60	5
1929	1282	52	45
1930	2133	71	103
1931	1755	151	132
1932	4393	1110	88
1933	2039	678	166
1934	2067	706	220

〈자료 76〉 사상전향자로서 농촌진흥운동에 활동하는 자에 대한 조사

[〈思想轉向者ニシテ農村振興運動ニ活動セル者の調〉,《思想彙報》제4호, 1935.9, 朝鮮總督府 高等法院 檢事局 思想部, 178-179쪽]

1. 사상전향자의 도별 조사

도별	사상범 전과자	사상범 기소유예자	계	비고
경기도	1명	-	1명	전과자는 치안유지법 위반 1
충청북도	-	-	-	
충청남도	4	-	4	전과자는 치안유지법 위반 3 보안법 위반 1
전라북도	4	3	7	치안유지법 위반 2 보안법 위반 1 출판법 위반 1

도별	사상범 전과자	사상범 기소유예자	계	비고
전라남도	3	5	8	전과자는 치안유지법 위반 3
경상북도	3	5	8	전과자는 치안유지법 위반 1 보안법 위반 1 시국 표방 강도 1
경상남도	-	-	-	
황해도	7	1	8	전과자는 치안유지법 위반 3 보안법 위반 3 1919년(大正 8) 제령 제7호 위반 1
평안남도	2	-	2	전과자는 치안유지법 위반 1 보안법 위반 1
평안북도	2	-	2	전과자는 치안유지법 위반 2
강원도	-	9	9	
함경남도	20	8	28	전과자는 상해·사상범 1 치안유지법 위반 13 보안법 위반 2 폭력행위 등 처벌법위반 3 (사상)범인 은닉 1
함경북도	7	2	9	전과자는 치안유지법 위반 3 보안법 위반 1 폭력행위 등 처벌법 위반 3
합계	53	33	86	

2. 사상전향자의 동기(전향) 조사

동기	사상범 전과자	사상범 기소유예자	계	비고
자각	26	24	50	
관헌의 사상 선도	13	3	16	
관헌의 알선으로 취직	1	4	5	
가정에 대한 사랑(家庭愛)	7	1	8	
은사(恩赦) 감형을 받음	2	-	2	
기소유예 처분을 받음	-	1	1	
수형 중의 고통	1	-	1	
복역 중의 교육	1	-	1	
주의자 등에게 가산(家産)을 잠식당함	1	-	1	
회화(繪畵)에 뜻을 두고 선전(鮮展)에 입선(入選)	1	-	1	
계	53	33	86	

<자료 77> 치안유지법 위반 전향자 및 전향자 중 우익단체에 가입한 자 그리고 다시 공산운동에 종사하고 있는 자에 대한 조사

[〈治安維持法違反轉向者及轉向者中右翼団体ニ加入シタ者並ニ再ビ共産運動ニ携ハリタル者〉, 《思想彙報》제4호, 1935.9, 朝鮮總督府 高等法院 檢事局 思想部, 181쪽]

연도 \ 종별	전향자수	전향자중 우익단체에 가입한 자	전향자중 다시 공산운동에 종사하고 있는 자
1925	-	-	-
1926	-	-	-
1927	4	-	-
1928	15	-	-
1929	50	1	-

연도 \ 종별	전향자수	전향자중 우익단체에 가입한 자	전향자중 다시 공산운동에 종사하고 있는 자
1930	73	-	3
1931	122	1	-
1932	337	-	6
1933	313	-	4
1934	473	-	28
계	1,387	2	41

〈자료 78〉 치안유지법 위반 기결수의 비전향자 조사

[〈治安維持法違反既決囚の非轉向者調〉, 《思想彙報》제11호, 朝鮮總督府 高等法院 檢事局 思想部, 1937.6, 64~67쪽]

이 조사는 1937년(昭和 12) 4월 15일 현재 조선 내 각 형무소의 장래 석방되는 치안유지법 위반 기결수로 비전향자에 관한 것이다.

(1) 치안유지법 위반 기결수 중 향후 5년간의 석방예정자를 각 연도별 월별로 표시하면 다음과 같다.

〈표〉 치안유지법 위반 기결수의 비전향자 향후 5년간의 석방 예정자

연도 \ 월	1월	2월	3월	4월	5월	6월	7월	8월	9월	10월	11월	12월	계
1937	7	6	6	8	11	19	7	3	1	3	2	4	77
1938	5	5	1	4	8	5	4	1	6	2	5	3	49
1939	5	1	3	1	4	4	2	1	3	3	3	2	32
1940	2	2	1			2	1		1	-		3	12
1941	3	1								-	1	2	7
계	22	15	11	13	23	28	15	6	10	9	11	14	177

비고: 1937년도는 이미 석방된 자가 포함되어 있다.

치안유지법 위반 기결수의 비전향자의 석방 예정자를 각 복심법원 검사국 관내별로 나눠 보면 다음과 같다.

〈표〉 경성복심법원 검사국 관내 석방 예정자

연도\월	1월	2월	3월	4월	5월	6월	7월	8월	9월	10월	11월	12월	계
1937	5	6	5	6	8	15	6	2	-	3	1	3	60
1938	5	4	-	4	7	5	3	1	5	2	5	3	44
1939	5	1	3	1	4	4	2	1	3	-	3	2	29
1940	2	2	1	-	-	-	2	1	-	-	-	3	11
1941	3	1	-	-	-	-	-	-	-	-	1	2	7
계	20	14	9	11	19	24	13	5	8	5	10	13	151

〈표〉 평양복심법원 검사국 관내 석방 예정자

연도\월	1월	2월	3월	4월	5월	6월	7월	8월	9월	10월	11월	12월	계
1937	1	-	-	2	1	2	1	1	-	-	-	1	9
1938	-	-	1	-	-	-	-	-	-	-	-	-	1
1939	-	-	-	-	-	-	-	-	-	3	-	-	3
1940	-	-	-	-	-	-	-	-	-	-	-	-	-
1941	-	-	-	-	-	-	-	-	-	-	-	-	-
계	1	-	1	2	1	2	1	1	-	3	-	1	13

비고: 1937년도는 이미 석방된 자가 포함되어 있다.

〈표〉 대구복심법원 검사국 관내 석방 예정자

연도\월	1월	2월	3월	4월	5월	6월	7월	8월	9월	10월	11월	12월	계
1937	1	-	1	-	2	2	-	-	1	-	1	-	8
1938	-	1	-	-	1	-	1	-	1	-	-	-	4
1939	-	-	-	-	-	-	-	-	-	-	-	-	-
1940	-	-	-	-	-	-	-	-	-	1	-	-	1
1941	-	-	-	-	-	-	-	-	-	-	-	-	-
계	1	1	1	-	3	2	1	-	2	1	1	-	13

비고: 1937년도는 이미 석방된 자가 포함되어 있다.

(2) 1942년 이후 석방 예정자의 숫자는 다음과 같다.

　　1942년 5명

　　1943년 1명

　　1944년 1명

　　1945년 2명

　　무기징역 1명

　　계 10명

1942년 이후 석방 예정자를 각 복심법원 검사국 별로 나누어보면 다음과 같다.

〈경성복심법원 검사국 관내 석방 예정자〉

　　1942년 5명

　　1943년 1명

　　1945년 2명

　　계 9명

〈평양복심법원 검사국 관내 석방 예정자〉

    1944년 1명

    계 1명

대구복심법원 검사국 관내 석방 예정자는 없다.

〈자료 79〉 전향자 문제의 역사적 과정에 대한 전망

    [〈轉向者問題の歷史過程の展望〉,《思想彙報》 제10호 朝鮮總督府 高等法院 檢事局 思想部, 1937. 3. 326~340쪽]

이 원고는 갱신회[43] 보호위원 고바야시 모리토(小林杜人)[44] 씨가 쓴 것으로《國民思想》제2권 제12호에 게재된 글이다. 이 글은 전향의 본질 및 실천, 사상범보호관찰법에 대한 전향자의 요망, 보호관찰소와 보호단체와의 관계, 장래의 전향 문제 등에 관해 기술한 것이어서 참고가 되리라 판단하여 싣게 되었다.

일본의 현 상황과 전향 문제

현재의 일본은 정치, 사상적으로 일대 전환의 시기를 맞이하고 있음을 부정할 수 없다. 하지만 이러한 일본의 고난은 장래 한 단계 높게 발전하기 위한 과정이라고 생각한다. 메이지 유신 이래 일본은 급속하게 발전하는 가운데 1928년(昭和 3) 3·15사건이라는 공산주의 운동의 큰 파도에 직면하게 되었다. 오늘날 그 운동은 쇠락하였으나 일본의 사상계는 아직 안정되지 못하고 있다. 공산주의 이후 일어난 자유주의, 개인주의 사상에 대한 비판적 검토가

---

43 제국갱신회는 1926년 대심원 검사 미야기 초고로(宮城長五郎)와 승려 후지이 에쇼(藤井惠照)가 설립한 기소유예자, 집행유예자의 갱생보호단체인데 1931년부터 사상범보호사업을 시작했다.

44 고바야시 모리토(小林杜人, 1902~1984) 1925년 일본무산청년동맹에 참가하여 1927년 일본농민조합 나가노(長野) 현 소작조합연합회를 창립하고 1928년 일본공산당에 입당했는데 같은 해 3·15사건으로 검거된 후 전향하였다. 이 글은 제국갱신회의 사상부 주사(主事)가 되어 적극적인 활동을 할 당시에 발표한 것이다.

이른바 미노베(美濃部) 사건⁴⁵ 당시에는 최고조에 이르렀지만 그다음에 올 새로운 사상이 아직 수립되지 못하였다. 또 2·26사건에서 구체적으로 드러난 일부 청년 장교의 급진적 국가 혁신을 위한 직접행동은 군 스스로 시정했지만 이것이야말로 일본이 나아갈 중도(中道)의 올바른 길이라 부를 만한 대도(大道)를 발견한 것은 아니다. 의회정치를 혁신하라는 주장에도 직면해 있다. 오늘날의 정당은 질적 변화를 요구받고 있지만 진정한 대중을 기반으로 하는 국민적 정치운동이 전개되고 있지 못하다. 바야흐로 각 방면에서 일어나는 고뇌의 양상이 눈앞에 펼쳐지고 있는 것이다.

이러한 문제를 생각할 때 국민은 올바른 신념 속에 살아가며 장래 일본이 나아갈 길에 협력해야 함을 통감하는 바이다. 그래야 정치, 경제, 교육이 제대로 설 것이다. 이를 위한 길은 일본 민족이 본래 지닌 본질적인 좋은 정신을 가둔 외피를 걷어 내고 일본 국가의 세계사적 사명을 다하기 위해 국민이 일체가 되어야 한다.

그 기조가 되어야 할 것은 황실(당시 용어 그대로 번역함-역자)을 종가(宗家)로 삼아 국민 전체가 하나의 대가족이라는 정신을 자각하고 그러한 전제와 각도에서 현 상황을 비판하고 검토함으로써 다음 단계로 비약하는 것이다.

과거 운동에 종사했던 우리는 가장 극단적인 사상을 품었지만 오늘날 일본 국민으로서 새롭게 봉공의 길에 나서고자 한다. 이때 우리 앞에 놓인 현 단계를 인식하고 장래의 전망을 생각한다면 일본의 현 상황과 장래의 발전을 도모하는 일만이 정당할 것이다. 따라서 전향 문제는 장래 일본이 어디로 나아가야 하며, 또 국민 각자가 어떠한 신념으로 살아가야 하느냐 하는 문제와 무관하지 않다.

전향의 본질과 역사

먼저 간단히 전향의 역사와 본질에 대해서 서술하고자 한다. 《소덕회보(昭德會報)》 11월호

---

45 이른바 1935년의 '천황기관설' 사건이다. 일본의 법학자 미노베 다쓰키치(美濃部 達吉, 1873-1948)의 "통치권은 법인인 국가에 속하고 국가의 최고기관인 천황이 국무대신의 보필을 받아 행사한다"라는 주장이 일왕을 국가 그 자체가 아니라 일개 기관으로 폄하했다고 공격하고, 미노베를 불경죄로 고발했다. 또한 문부성은 이를 계기로 '국체명징에 관한 정부 성명'을 발표하고, 이어 〈국체의 본의〉를 제정하여 전국 교육기관에 배포했다.

에 오사베(長部) 검사의 귀중한 논문이 실려 있는데, 필자 또한 대체로 동의하는 바지만 이 글을 정리하기 위해 간단히 살펴보고자 한다.

3·15사건 이전의 노동자농민운동은 좌익단체 안에서 활발한 운동을 전개하고 있었는데 이들이 모두 공산주의 이념을 신봉했다고 보기는 어렵다. 오히려 대부분의 사람들이 경험하듯 처음에는 인도주의적 정의감에 사로잡히는 경우가 많고, 이념은 나중에 결합하는 것이다. 그러므로 이들 운동가들의 최초의 순수한 마음가짐은 오히려 본래 일본인이 가진 정신의 발로라고 여겨도 될 것이다. 단지 그 방향에서 중대한 오류를 범했을 뿐이다.

이렇게 3·15사건 검거를 계기로 사람들이 의식을 각성하고 자신을 비판하고 차분히 반성함으로써 자연히 일본 국민 의식이 되살아나고 공산주의 사상은 일본국에 도저히 받아들여질 수 없음을 각성하기에 이르렀다. 따라서 전향의 본질은 일본 국민으로서의 자각, 또는 일본 국민이라는 현실의 자신 속에 있었다. 이에 황실의 존엄을 존중하고 스스로 일본 국민이자 위대한 존재임을 비로소 깨닫는 것이다.

그러하기에 전향의 역사를 볼 때 집단에서 가장 처음인 해당파(害黨派)[46]의 전향도 사노(佐野), 나베야마(鍋山)의 전향도 모두 일본 민족의 특수성에 대한 인식이자 ×× 폐지라는 슬로건의 오류를 깨달은 일이었다. 다만 드러나는 형태가 당시의 객관적인 사회정세와 당세력의 관계에 따라 서서히 순차적으로 진행해 간 것이다. 사노와 나베야마의 시대에는 아직 일국사회주의의 환상에 사로잡혀 있었지만, 오늘날처럼 전면적인 전향의 시대가 되면 전향의 주류가 계급투쟁의 입장을 부정하고 일본 국민으로서의 자각은 물론 국민협력의 입장을 취하기에 이르렀다. 그리고 지금은 전향의 시대에서 그것이 완성되고 발전하는 시대로 향하고 있다는 것이다.

46　일본공산당 해당파를 말하는 것이고, 제국갱신회의 초기 회원 무라야마 도시로(村山藤四郞), 국문학연구자 아사노 아키라(淺野晃), 평론가 다카쿠라 데루(高倉テル), 수평운동가 사이코 만키치(西光萬吉) 등을 가리킨다. 萬田慶太, 2018, 「「轉向者の手記もの」における家族表象の編成:帝國更新會のジャーナリズム」, 『國文學攷』239, 참조.

전향자의 성장

이러한 전향의 역사와 함께 전향자의 성장이 있었다. 예컨대 해당파의 시대에는 이들이 보석으로 나와도 배신자라고 옛 동지에게 배척당하는 한편, 사회도 이들을 옹호하지 못했다. 그래서 전향자로서 정정당당하게 밝은 생활을 할 수 없었다. 1930~932년까지는 그러한 고난의 시대가 이어졌다. 당시에는 모플 활동이어서 전향자는 사회에 나가면 오히려 어려움을 겪어야 했다. 이에 제국갱신회가 일을 시작하게 되었고 구제 사업을 함께 시작한 것도 그러한 상황 때문이다. 미야기(宮城)[47] 회장이 앞장서서 전향자를 가족의 일원으로 맞이하자는 뜻으로 사업에 착수하게 되었다. 회장은 보호하는 이와 보호받는 이의 구분을 없애고 임원들도 동일한 가족의 일원으로 더불어 국가에 봉공하는 것을 첫 번째 지도정신으로 삼았다. 전향자 보호에 관한 근본적인 기조로 삼아 이것이 이념이 되어야 한다.

5년간의 갱신회 사상부의 역사를 돌아볼 때, 해를 거듭할수록 내용상으로나 숫자상으로나 성장해 왔음을 알 수 있다. 1931년도에는 신입 회원이 4명, 이듬해 28명, 1933년도 64명, 1934년도 197명, 1935년도 6월까지 340명이 새롭게 들어와 회원은 800여 명이 되었다.

초창기에는 가족주의적인 특징으로 갱신회 임원과 인연이 있는 사람이 먼저 입회했다. 이들을 중심으로 서서히 입회자가 증가했으며, 이런 경우에는 일반 보호단체 안에 동일 사무소를 두고 취급했는데, 그 방법이 기존에 해오던 사법보호의 관행과 본질적으로 다를 수밖에 없었던 것이다. 하지만 갱신회에서는 그것이 기본이념에 가장 부합했다. 그들을 똑같이 가족의 일원으로 대하고 자주적인 행동으로 스스로를 통제하게 했다. 이렇게 제1기를 거쳐 사노, 나베야마가 전향한다. 1933년(昭和 3) 말부터 3·15사건, 4·16사건의 공판이 있었고 전향하지 않던 사람들 대부분이 전향하게 되었다. 갱신회는 이들에게 가족적인 사랑의 손길을 내밀었다. 당시의 입회자 중에는 과거 운동의 중견 분자로 활동한 사람들이 있었는데 이때부터 회원 상호 간의 친목도 상당히 깊어졌다.

그런데 일반 사법보호와 동일하게 같은 사무소에서 취급할 경우, 범죄의 특징, 성격, 교

---

47 미야기 초고로(宮城長五郎 1878~1942) 일본의 사법관료, 법무대신 역임. 일본의 구 소년법 및 교정원법(소년원법의 전신) 성립시킨 인물이다. 근대 시기 주요 사상 사건을 담당한 검사이며 제국갱신회를 설립했다.

육, 사회적 지위 등이 전혀 다르기 때문에 별도로 사상부의 설치를 계획하게 되었고 1934년(昭和 9) 말 실현되었다.

기존 모임(會)에서 오늘날의 모습으로 발전하게 된 데에는 두 가지 특징이 있다. 첫째, 사상 문제에 대한 충분한 지식과 경험이 있으며 그들을 제대로 이해하는 히라타 가오루(平田勳),[48] 도사와 시게오(戶澤重雄), 후지이 에쇼(藤井惠照)[49]를 중심으로 지도했고 미야기 회장은 처음부터 대가족정신, 즉 일본정신을 내걸었다. 둘째, 회원 각자가 서로 신뢰하고 갱신회의 발전을 위해 협력했다.

보호관찰법의 사명

이제 본론으로 들어가 보호관찰법의 사명과 한계에 대해서 간단히 고찰해 보고자 한다. 이와 관련하여 미야기 회장의 말이 새겨볼 만한 내용이므로 그것을 인용하니 독자들이 참고하기 바란다.

"제국갱신회의 가장이 되어 1931년 이후 매년 증가하여 현재 600여 명이 된 전향자를 가족으로 맞이하게 되었는데, 늘 가족의 번영을 바라마지 않는다. 지금 새롭게 보호관찰법이 생겼다고 하는데 좀 더 일찍 만들었다면 하는 것 외에는 별다른 감상이 없지만 이 법이 실시됨으로써 우리 가족이 더욱 번영하기를 바란다.

먼저 가장의 경험에 비추어 한마디 하겠다. 사법보호에 있어 소년, 유예자, 출소자에게 보호관찰의 손을 내밀고자 하는 이는 구구한 설교(漫然說法)를 늘어놓기보다는 부처님처럼 사람을 돕는 설법(依人說法)을 하는 것이 필요하다. 또 자신이 생각하는 바를 억지로 상대에게 강요하는, 즉 관료적인 방식은 금물임을 잊지 말아야 한다. 특히 전향자의 보호관찰은 그렇게 하지 않으면 힘들여 전향한 사람을 재전향하게 만들 우려가 있다.

간단히 법에 대해서 생각해 보겠다. 이 법의 근본정신은 사법대신의 설명과 모리야마(森

---

48 초대 도쿄보호관찰소 소장 역임. 사상검찰로 3·15사건, 4·16사건을 지휘했다.
49 藤井惠照(1878~1952) 정토진종(淨土眞宗) 혼간지파(本願寺派)의 승려. 미야기 초고로와 함께 제국갱신회를 설립하고 이 기관의 경영책임자가 되었다.

山) 보호과장[50]의 주장(필자가 들은 강연)에 의하면, 다름 아닌 인애(仁愛) 정신에 기반을 둔다. 엄부자모(嚴父慈母)의 정신으로 성립된 사법성 최초의 사회입법이라는 점에서 매우 기쁘게 생각하며, 혹여 관찰을 중심에 둔다면 사랑(愛)의 법률이 아니게 될 것이므로 우려스럽다. 그러므로 보호관찰소의 사명, 보호단체의 활동은 당연하게도 여기에서 출발해야 한다. 국가는 인의(仁義)에 입각해야 한다. 이렇게 정의와 인애가 설 때 비로소 올바른 정치가 이루어진다. 과거 사법성은 정의를 중시하고 인애가 부족한 감이 있었다. 그러나 일본 국가의 건국정신에도 또 황실의 국민에 대한 마음에도 인애의 정신이 깃들어 있고 그것은 일본의 특수성과 마찬가지다.

그러한 의미에서 사상적으로 잘못된 길을 걸은 사람을 보호 선도하는 이 법은 성심(聖心)의 발현이자 일반 사람들에게 보다 빠르게 실시될 것을 염원하는 바이다. 그러나 아무리 훌륭한 법률이라도 그것이 일본 사정에 맞게 운용되지 않는다면 소기의 목적을 달성할 수 없을 것이다. 이하 조문에 대한 생각을 덧붙이고자 한다.

> 제1조: 치안유지법의 죄를 범한 자에 대하여 형의 집행유예 선고가 있는 경우 또는 소추(訴追)를 필요로 하지 않아 공소를 제기하지 않은 경우에는 보호관찰심사회의 결의에 의하여 본인을 보호관찰에 부칠 수 있다. 본인이 형 집행을 마치거나 또는 가출옥을 허락받았을 경우도 역시 동일하다.
> 제2조: 보호관찰은 본인을 보호하고 재차 죄를 범할 위험을 방지하기 위하여 사상 및 행동을 관찰하는 것으로 한다.
> 제3조: 보호관찰은 본인을 보호관찰소 보호사의 관찰에 부치거나 보호자에게 인도 혹은 보호단체, 사원, 교회, 병원 기타 적당한 자에게 위탁하여 이를 행한다.

제1조는 법의 적용을 받는 대상을 명시하고 있고 이는 전문에서 명백하다.

제2조에는 부여된 목적이 정해지고 제3조에는 방법이 표시되었다. 따라서 치안유지법 위반의 죄를 범한 자는 단순히 구류 검거에 처해진 자를 제외하고 대부분이 일단 그 대상이 되

---

50 모리야마 다케이치로(森山武市郎: 1891~1948). 일본의 검찰관, 사법성 보호과장, 보호국장 역임.

는 것이 분명하다. 제2조의 규정과 관련하여 조회를 받는 자와 조회를 받지 않는 자로 나뉜다. 즉 사상적으로 분명하게 전향했고 생활을 확보하고 있는 자는 이에 해당되지 않는다.

(1) 분명하게 사상전향을 했지만 아직 생활이 확보되지 않은 자, (2) 생활은 확보되어 있지만 사상적으로 동요하고 있는 자, (3) 사상적으로나 생활적으로나 안정되지 않은 자, 이상의 사람들이 보호관찰을 받게 된다고 예상할 수 있다.

이상에서 고찰한 바에 따르면 오늘날 훌륭하게 전향하고 견실한 사회생활을 하는 대부분의 사람들은 보호관찰을 받지 않는다. 또 법률에 따르면 보호관찰을 받는 사람들은 사회적으로는 올바른 전향자이므로 선량한 전향자를 보호지도하는 직능은 없다. 왜냐하면 법을 이해한다면 다시 죄를 범할 위험을 방지하기 위해 본인을 보호하고 사상과 행동을 관찰하는 것이 방침이기 때문이다. 그렇게 법을 있는 그대로 적용한다면 사상 문제의 해결이라는 측면에서도 많은 모순점이 있으며 법 정신이 편협해지지 않을까 우려스럽다.

법 적용에 대한 요망

이 법이 전향 문제가 있는 관찰소라면 이러한 범위 내에서 활용할 수 있겠지만, 오늘날 전향 문제는 매우 단계적으로 발전하였다. 따라서 사상 사건 관련자들의 보호와 지도를 생각해야 한다. 그러한 견지에서 볼 때 생활을 확립하고 사상을 확보하기 위해서는 광범위한 사회활동 없이는 불가능하다. 그러므로 보호관찰소는 사무적이고 관료적인 방침이 아니라 사회정책적인 견지에서 기존의 단순한 보호의 범위에서 벗어나 적극성을 띠고 활동을 전개함으로써 진정으로 법정신을 살리기를 바라마지 않는다. 그 이유는 다음과 같다.

(1) 사상범은 역사적이면서 사회적인 범죄이므로 이에 대한 대책도 개인을 대상으로 하는 것이 아니라 역사적이면서 전체적으로 관찰해야 한다. 사상운동의 발전과 쇠퇴라는 전체 속에서 한 개인을 생각해야 한다. 그러므로 사상과 생활을 확보하기 위해 기존에 있던 사람들부터 보다 나은 발전과 향상을 이뤄야 한다.
(2) 우선 보호라는 관념을 점검해야 한다. 우리는 원래 약한 사람을 돕는다는 관념을 머리에 떠올릴 것이다. 이런 경우 전향자 중에 일반 수준에 도달한 사람들은 범주에서 제

외된다. 진정으로 전향자의 갱생과 발전을 관찰할 때 일반 수준보다 높은 상위의 사람이 많아야 강력하고 유력한 것이 될 수 있고 일반의 사회적 수준을 높일 수 있다. 경제학의 원칙에 '악화가 양화를 구축한다'는 말이 있지만 이러한 경우에도 적용할 수 있다. 흔히 보통의 의미에서 보호를 필요로 하지 않는 사람, 그러한 회원이 단 한 사람도 없기를 바란다. 이제 기존의 보호라는 이데올로기는 완전히 바뀌어야 한다. 이것은 분명 가족주의가 대신해야 할 것이다.

그것은 훌륭한 회원은 자신의 완성만을 염원하는 것이 아니라 가족 전체의 번영을 바라기 때문이다. 그러므로 법 조항의 '사상 및 행동을 관찰한다'는 문구를 그대로 받아들인다면 아무래도 차가운 느낌이 든다. 보다 대승적인 마음에서 지도자는 부모이자 스승이고 형제며 친구라는 마음가짐으로 대하기를 바란다. 그렇지 않다면 관찰이 중심이 되고 말 것이다.

(3) 이 법의 조문처럼 보호관찰하고 보호함으로써 전향자 대부분이 선량한 국민으로 복귀한다면 보호관찰소는 자연스럽게 소멸할 것이다. 역사적으로 볼 때 진정한 보호관찰이 가장 필요했던 시기는 과거 2년간이었다. 그러나 사상 사건의 관련자를 다른 방법으로 적극적으로 지도한다면 진정 원대한 미래가 기다리고 있을 것이다. 오늘날 사회적으로 한 명의 시민이 되어 생활하는 사람들을 보다 발전시키려고 노력해 왔기에, 이 법의 사명은 축소되고 해를 거듭할수록 사회적 사명은 사라질 것이며 마침내 소수만을 위한 관찰기관이 될 것이다.

(4) 사회보호관찰소는 사상범의 보호관찰에만 만족하지 말고 보다 커다란 국가적 사명을 짊어져야 한다. 이를 위해 외곽 보호단체에 대한 지도 역시 그러한 견지에서 이뤄져야 한다. 장래 일반사법보호단체를 발전시키기 위해 준비하고 조사하며 일반 사법보호사업을 충실하게 완비하고 활동해야 한다. 보호관찰소의 사명은 다음과 같은 부분에 중점을 두기를 바란다.

① 법 조항에 구애받지 말고 넓은 견지에서 운용할 것. 법 정신에 따라 어떻게 하는 것이 대상이 되는 사람들을 위해 좋은 결과를 가져올 것인가, 또 국가를 위하는 것인가 하는 견지에서 운용되었으면 한다.

② 보호사, 위탁보호사를 사상범에 대한 이해가 깊은 사람들로 임명함으로써 사회

전체 사람들의 이해가 보다 깊어지기를 바란다. 특히 관 계통에 있는 사람들보다 일반 사람들을 더 많이 촉탁하고 임용하기 바란다.

③ 국가기관이 보호에 대한 적극적인 의사표시를 함으로써 전향자의 사회복귀를 위한 법적 옹호의 길이 열리기를 염원한다. 예를 들어 집행유예 중인 사람들은 관리로 임용되지 못하는데 법적인 이유가 아니라 내규적인 이유이므로 이것을 제거하여 길을 열고 되도록 관청에도 임용의 문이 열리기를 바란다. 왜냐하면 국가가 법으로 보호하면서 동시에 국가가 법으로 거부하는 것은 심각한 모순이기 때문이다.

형기를 마친 사람은 복권을 생각할 수 있는데 이때 폐하의 재가를 얻어야 하므로 이를 신청하는 경우 재가를 받는 절차의 번잡함으로 인해 실질적으로 이루어지기 어렵다. 그러므로 복권재판소가 설치되어 관련한 길이 열릴 수 있도록 노력해 주었으면 한다.

요컨대 이번 법은 사상범을 훌륭한 일본 국민으로 만들고 보다 적극적으로 국가에 봉공할 수 있도록 안내하는 것이 바람직하다. 법은 수단이고 목적은 성은을 입게 하는 것이므로 충분히 이해한 후 운용하기를 염원하는 바이다.

전향자의 현 단계와 장래의 전망

이제 전향자의 현 단계에 대해 고찰하고 보호관찰법과 어떤 관계에 있는지를 살피고자 한다. 사상범의 범죄는 조직, 혹은 단체의 범죄이므로 보호관찰소의 사업이 성과를 거두기 위해서는 전향자의 갱생단체와 같은 강력한 조직이 없이는 도저히 불가능하다는 것이 보호관찰법의 한계성을 고려해 보더라도 알 수 있다. 그러나 이 단체의 사업은 대체로 두 가지 임무를 띠고 있다.

첫째, 아직 생활을 확보하고 있지 않은 자에 대한 대책이다. 원래 보호단체의 조직 내에 들어오는 사람은 전향 성명을 한 경우라야 하는데 전향하려는 자(과정에 있는 자)를 준회원으로 맞이하여 전향을 완성하도록 해야 한다. 따라서 비전향자를 위한 옥중 교화 도서의 차입은 둘째이고 조직 밖에서 개별적으로 보호지도를 해야 하며 인원도 제한해야 한다. 이들이 전향을 완성했을 때 비로소 취직 보증을 해 줄 수 있다. 이 경우 전향자의 올바른 발전은 비전향자를 자연스럽게 전향하게 만들 것이다. 이러한 대책은 숙박, 요양, 직업 소개 및 알선, 생업의 조성, 공판 관련 안내 등 주로 보호를 중심으로 한 사업이다. 이미 상당한 성과를 거두어 사회적 신용이 쌓여 있다.

둘째, 사상범이라는 특징을 살려 적극성에 중점을 두는 방법이다. 일반 사법보호사업보다 더 적극적으로 전진시킨 분야이다. 이것은 매우 중요하고 장래 커다란 세계를 보여 줄 것이다. 기존의 일반적인 보호의 영역보다 더욱 전진시키기 위해 단체의 내용을 조직하고 활동을 강화시키기 위해 다음과 같이 종적 조직의 부문 활동 또한 필요하다.

공장노동자부 농촌부 일반노동부 부인부 상공업자부 관청사무원부 신문잡지기자부
신앙자부 교육관계부 회사원부 문화활동가부 학생부 내선부 특수기술자부

여러 부로 나누어 회원 간 담당자를 두고 전체 전향자의 공통적인 문제에 대한 다양한 방법을 강구한다. 앞서 언급한 각 부의 특징에 따라 방법을 세우고 갱신회가 대가족이자 유기체처럼 활동한다. 이것을 총합함으로써 국가에 봉공하는 길에서 만나는 것이다.

독자들은 위의 각 부별로 각각 지니고 있는 특수성을 이해했을 것이다. 예컨대 공장노동자부는 일본국 산업의 중견을 이루고 국가의 장래 동향을 결정한다. 그러므로 이들 회원의 좌담회, 연구회를 개최하고 인격도야와 수양, 기술의 연성을 도모하고 전향자 중 기술이 없는 자에게는 직업 선도를 해야 한다. 적극적으로 전체 노동자의 지위 향상과 국가에 대한 봉공을 위해 전향자가 무엇을 할 것인가 하는 방도에 힘써야 한다. 바야흐로 일본적 노동자의 자각이 요구되는 시기에 우리가 그 중심적인 역할을 할 것이다.

농촌부에 대해 생각해 보자. 현재 농촌은 토지가 협소하고 인구가 많으므로 소작쟁의와 같이 자기 몫을 경쟁하는 세계에서 한걸음 더 나아가야 한다. 이제 농촌은 하나가 되어 일어나야 한다. 산업조합, 협동조합과 같은 다양한 방법을 강구해야 하는데 국가적으로는 만주이민 문제와 같이 국가에 협력하는 길을 생각해 볼 수 있다.

특히 전향자 중 인텔리가 활동할 만한 부분을 보자. 공산주의가 망했다고 하지만 잡지 《개조(改造)》, 《중앙공론(中央公論)》, 《일본평론(日本評論)》의 주요 논문에는 마르크스주의 이념에 입각한 주장이 다수 게재되고 있다. 이들은 이른바 노농파의 잔당이다. 문화 활동에 종

사하는 전향자만큼 애매한 사람이 없다. 그들은 공판정에서는 전향을 맹세하지만 나가면 다시 펜으로 계급적인 내용을 표현한다. 요컨대 새로운 일본적 지도이념이 확립되지 않았기 때문에 그러하다. 물론 이론도 실천을 통해 확립해야 한다. 사상 사건에 연루된 사람들이 그저 틀렸다, 전향했다고 말하지만 그것만으로는 아무것도 될 수 없다. 오늘날 일어날 것이고 혹은 이미 일어나고 있는 일이다. 아직은 막연하지만 국민적 입장에서 계급투쟁을 부정하는 국민협력의 길이 되어야 할 것이다.

따라서 전향자 보호의 적극적인 장면은, 진정한 일본정신을 되찾은 각 개인이 강인한 신념으로 주어진 직능을 완수하고 발전시키기 위해 종합적으로 중심적 존재가 되어야 한다. 회원들이 각각의 방면에서 온전히 활동을 해내기 위한 가정이 되어야 한다. 근로자 중에 공장에서 일하는 사람이든, 농촌에 있는 동지든, 부인은 부인대로 종교적 신앙을 위해 사는 사람은 그 사람대로 더욱 정진해야 한다. 또 사상 이론의 확립을 도모했던 사람은 내선 동포의 행복을 위해 혹은 정치적으로 활동한 사람은 강한 신념으로 각각 정진해야 한다. 과거에 해온 국민 동포 속으로의 해소, 사회복귀의 슬로건은 이제 적극적인 봉공으로 발전시켜야 한다. 그리하여 우리들이 전력을 다하는 길은 각자 다르더라도 모두 일본 국가의 일원이며 우리의 활동이 전체 활동의 일부라는 점에서 모든 것이 일치하고, 장래 일본의 건전한 발전에 협력해야 한다. 우리는 과거와는 다른 입장에서 동포의 복리행복을 염원하고 이를 위해 노력해야 한다.

이에 회원 각자의 활동을 장려하고 일가족의 발전을 위해 노력해야 한다. 충분히 각 개인을 살리면서 단체는 넓은 포용력을 가지고 대승적인 입장을 견지해야 하므로 갱신회 자체가 정치적인 이념을 가지거나 종교적인 성격을 가져서는 안 된다(물론 개별 종교단체는 필요하다). 왜냐하면 매우 협소한 성격이 되기 때문이다. 통합적인 장소가 되어야 한다.

현 단계의 전향자를 생각할 때 보호관찰법의 실시를 계기로 사회적인 이해의 폭이 한층 깊어지고 우리들의 활동 부문도 더욱 넓어질 것이라 예상한다. 이럴 때일수록 타인에게 보호를 받거나 관찰을 받는 소극적인 자세가 아니라, 적극적인 자세로 자신을 구축하며 보호관찰법의 진정한 정신과 일체가 되어야 한다. 이른바 관찰을 받는다는 말을 가족을 따르고, 형제를 존중하며, 부모를 섬기는 진실한 일본적인 가치로 변화시키고자 염원해야 한다. 그렇게 할 때 법의 정신이 살아날 것이다. 전향자의 지도교화는 이런 방법이 아니면 성과를 낼 수 없다. 대립적인 자세는 일본적인 것이 아니라고 늘 생각한다. 일체의 자세야말로 전향 문제가 현재에 도달하게 만든 커다란 동력이다.

올바른 일본의 진로 방향은 맑은 하늘처럼 올려다볼 수 있다. 국가가 해결해야 할 여러 문제가 산적해 있지만 첫걸음을 내딛고 있는 것이다. 각 방면에서 국민적 자각이 요구된다. 오늘날 바야흐로 모든 것이 전향해 가야 한다. 군부, 관료, 정당, 국민 대중이 모두 일체가 되는 정신이 필요하다. 비상시에는 반드시 일본정신이 나타날 것이다. 그러한 자각이 국민 각자에게 요구될 때 우리들의 전향 또한 국민적 자각의 일환이며 그렇게 함으로써 전향자의 역사적 과정을 전망할 수 있다. 역사적이고자 하는 동우(同友)의 일원으로써 훌륭하게 발전해 갈 것을 바라마지 않는다.

3. 사상범 보호관찰제도의 도입

〈자료 80〉 후지이 에쇼, 〈사상범 보호사업의 전망〉
[藤井惠照, 1936, 〈思想犯保護事業の展望〉, 《保護時報》 20권 2호, 16~21쪽]

1.

예전에는 교화 가능성마저 의심스러울 정도로 견고했던 공산당 진영도 1933년(昭和 8) 무렵, 특히 사노(佐野)와 나베야마(鍋山) 등과 같은 무리의 거두에 의한 옥중 전향 성명이 세상에 충격을 던져준 이래 홍수가 제방을 무너뜨리는 기세로 전향자들이 범람하게 되었다. 소위 전향시대가 도래하였고 이에 따라 집행유예, 보석 등의 은전을 입은 전향자가 사회로 줄줄이 나오게 되면서 그 전향자들을 대상으로 한 보호활동이 사법보호사업 중 대단히 중요하면서도 주목받는 한 분야로 형성되기에 이르렀다.

필자가 관계를 맺고 있는 제국갱신회도 원래 일반 기소유예자 및 집행유예자의 보호를 임무로 하고 있었기에 솔선수범하여 전향자 보호에 일손을 돕게 되었다. 점차 경험이 쌓이며 그들을 보호하고 갱생시키기 위해서는 일반 석방자와는 다른 다양한 배려와 시설이 필요하다는 것을 깨닫게 되었다. 결국 1935년(昭和 10) 초에 사상부를 따로 설치하였고, 이곳에서는 오로지 사상범 전향자만 보호지도하게 되었다.

특히 작년 1935년은 갱신회 사상부가 가장 비약적인 발전을 이룬 한 해로, 새롭게 보호받은 회원의 총수가 실로 299명에 이르렀다. 새롭게 단장한 사상부를 본거지로 한 사상 지도, 취직 알선, 가정과의 융화, 요양보호 등의 제반 활동으로 하루하루가 부족할 지경이었다. 작년의 보호 인원수에서 보자면 필시 정점까지 찍었다고 해도 과언이 아닐 것으로, 사상범 검거 총수가 1933년에 1,200여 명이었던 것이 1935년에는 겨우 백여 명으로 1933년의 1개월 분에도 미치지 못하였다. 갱신회의 보호 인원수는

1931년 12월부터 1932년 11월까지 8명
1932년 12월부터 1933년 11월까지 43명

1933년 12월부터 1934년 11월까지 143명

1934년 12월부터 1935년 11월까지 278명

으로 격증(激增)하였다. 이치가야(市谷)형무소에서 1935년에 석방한 집행유예와 보석출소자의 총 인원이 약 250명에 달함으로써 현재 수용자 총 인원이 150명이 못 된다는 상태에 비추어 봐도 지난 1935년이 수적인 면에서 정점을 찍었다고 봐도 무리는 없을 것이다.

갱신회뿐만 아니라 국민정신문화연구소, 대효숙(大孝塾) 등에 의한 지난해의 보호지도 전향자 총 인원 또한 상당히 증가한 모습으로, 일본문화협회도 지난 1935년에 들어서부터는 더욱 새롭게 사상부를 설치하여 이쪽 방면 사업에 착수하였다. 특히 전국에 있는 교원 전향자를 모아 10월 강습회를 열고 그들에게 복직의 길을 새롭게 열어준 일은 대단한 의의가 있는 시도로 모두가 주목하였다. 또한 도쿄에는 새롭게 소화회(昭和會)가 설립되어 주로 도요타마(豊多摩)형무소의 전향석방자에 대한 보도(補導)교화를 담당함으로써 도쿄에서의 해당 사업은 점점 착실하게 발전하는 모습을 나타내고 있다.

한편 도쿄 이외에서도 교토의 백광회(白光會), 나고야의 명덕회(明德會), 오사카의 성공관(成功館), 아오모리의 자황회(慈晃會), 모지(門司)에서 니시아키(西明) 씨가 경영하는 보호회 등이 모두 이쪽 방면 사업으로서 활약하고 있다. 그 외 가나자와(金沢), 군마(群馬), 우쓰노미야(宇都宮), 나가노(長野), 히로시마(廣島), 후쿠오카(福岡) 등 각지에서도 전향자의 보호 문제에 대해 연구회와 좌담회를 열며 이 사업으로의 적극적인 진출을 꾀하고 있는 상황이다.

또한 주목할 만한 점으로는 민간보호단체의 이러한 눈부신 활약이 결국 사상범에 대한 검찰당국의 형사정책 전향을 초래하였다는 것이다. 즉, 지난 1935년 내무성이 개최한 전국 경찰부장 및 특고과장 회의에서는 종래의 검거주의에서 보호주의로 바꾸어 진출해야 한다고 결의하였고, 또 전국 사상계 판검사 회의에서도 전향자의 보호 문제에 오로지 중점을 두어 토의를 계속한 모양이다.

2.

작년의 이러한 눈부신 정세에 이어 올해 1936년의 사상범보호사업은 과연 어떤 발전을 기록하게 될 것인가. 우선 가장 주목하며 기다리는 것은 당연하게도 문제의 사상범 보호관찰제도의 시행이다. 일반 석방자의 보호를 법제화하려고 하는 사법보호법안이 이미 몇 번인가 하원(下院)을 통과하였지만, 귀족원에서 심의 완료되지 못하는 좌절을 겪고 당사자 일동은 애석해하고 있다. 결국 사상범 석방자와 관련된 법안만 우선 단독으로 이번 정부의 의회에 제출하였고, 이미 사법성에서 이에 필요한 경비 연액 33만 엔을 계상하여 이제 그 실시만 기다릴 뿐이다.

이것이 실시되면 본 사업도 드디어 국가적인 대규모의 정련된 조직과 질서 속에서 운용될 것이다. 올해부터는 사상범의 보호단체 기관인 재단법인 소덕회(昭德會)가 활동을 개시할 터이므로 올해가 드디어 사상범보호사업이라는 시대의 한 획을 긋게 될 것이라는 점은 상상하기에 어렵지 않다.

위 법안이 아직 요강을 측문(仄聞)하는 정도로 세칙 발표조차 없는 지금 경솔하게 이에 대한 의견을 개진할 수는 없지만, 그 실시를 목전에 두고 보호 실무를 담당하는 우리는 이에 대처하는 충분한 각오와 준비를 게을리해서는 안 될 것이다.

3.

사법보호사업이 정련된 법적 질서와 비교적 윤택한 국비로 운용되는 것이 이 사업을 위해서는 가장 축하할 일이지만, 한 번 상처 입은 인간의 영혼을 다시 치료하는 석방자보호와 같은 섬세한 작업이 차가운 법조문과 이론만으로 완전한 성과를 기대할 수 없다는 것은 말할 필요도 없다.

그들을 진심으로 안아 사회적으로 갱생시키는 근본적인 힘은 어디까지나 보호 실무를 담당하는 자의 따뜻한 사랑과 인격이어야만 한다.

특히 사상범의 보호교도에는 별도의 굉장한 건물이 필요한 것이 아니라 무엇보다 그들의 심정과 특질에 대한 깊은 이해와 따뜻한 동정이 불가결한 요건이다. 우리는 그들이 그렇게 해야만 했던 객관적인 사회정세와 주관적인 그들의 심리적인 조건을 인간적인 동감의 시선으로 관찰해 주어야 한다. 이러한 따뜻한 이해에 비추어 도출된 그들의 특성 중에는 일반 범죄자에게서는 볼 수 없는 다양한 특질을 발견할 수 있다. 예를 들면 그들은 보통 범죄자와는 달리 개인적인 이욕(利慾)이 아닌 '사회적인 정의감'이 범죄행위의 직접적 원인이다. 그들의 행위 원인이 사회적이라는 것은 바꿔 말하면 그들 본래의 사회성을 반영하는 것이고, 그에 따라 사회성이 충만한 그들에게 맞는 처우를 위해 보호활동에도 사회성을 충분히 이용해야 한다. 즉 일반 석방자에게 하듯이 되도록 격리하여 서로의 의사소통을 방해하는 것과는 반대로 오히려 적극적으로 좌담회와 기관지 등을 이용하여 서로 새로운 갱생의 길을 건설할 수 있도록 협력시키는 방법이 훌륭한 계책이 된다.

이 보호활동이 단순히 당사자의 종교적인 도그마[51]나 주관적인 신념에 의해서만 지도되지 않도록 항상 때와 장소의 객관적인 정세에 맞춰 검사국, 경찰당국, 직업소개소, 학교, 회사 등 각 방면의 사회적인 모든 시설과 광범위하게 연락하며 조직적으로 운영되어야 한다.

더욱이 그들은 대부분 정의감에 따라 운동하였기 때문에, 적어도 운동에 종사 중일 때는 어디까지나 양심이 명령하는 대로 충실하게 실천해 왔으므로 전향 후에 과거의 잘못된 행동을 깨우치고 참회하며 되돌아본다고 하더라도 운동 당시에는 진지하게 최대한의 노력을 기울이며 살아왔다는 스스로의 긍지를 가지고 있다. 이와 같은 그들의 심정을 이해하지 못하면 절대 그들의 마음을 파악하고 포옹하기 어렵다. 따라서 그들에게 일반 석방자를 대하듯이 보호자와 피보호자의 관계로 접하게 되면 그들의 자존심에 깊은 상처를 입히게 된다. 갱신회 등에서는 대승적인 가족주의를 표방하여 회장 이하 모든 자들이 함께 같은 자격을 가진 회원으로서 서로 대립적인 감정이 생기지 않도록 특별한 배려를 베풀고 있다.

이러한 점은 보호관찰제도 실시를 앞두고 그 운용을 위해 매우 깊이 고려되어야 한다. 만일 이 제도의 시행이 그들에게 '우리는 국가의 보호를 받아 그 감독 아래에 있다'는 관념을 적나라하게 심어준다면 애써서 일반사회로 돌아가 백지 상태의 한 사회인으로 갱생하려고 하는 그들에게 초조함을 안겨주는 결과가 될 수 있다. 그들은 좌우간 예전에는 현재의 국가 질서에 반항하던 자들이다. 이제 전향하였다고 직접 관변의 비호 아래에서 그 온정을 따르며 살고 있다는 것을 스스로가 느끼고 다른 사람들에게도 그렇게 보인다는 점 때문에 큰 고통을 느끼는 것은 인정(人情)상 자연스러운 일이다. 이것은 실제로 전향자와 긴밀하게 접촉하고 있는 우리들이 쉽게 접하는 그들의 두드러진 경향 중 하나이다. 갱신회가 아마 기관 시설이었다면 일반 회원에게 현재와 같은 친근함과 애틋함을 줄 수 없었으리라는 것은 상상

---

51 dogma: 독단적인 신념이나 학설.

하기 어렵지 않다.

이러한 점에서 생각하면 보호관찰제도의 실시 후에도 민간보호단체의 활동 범위는 넓어져야지 절대 좁아져서는 안 되고, 그 책임이 점점 크고 동시에 더욱 무거워져야 한다고 생각한다. 법안이 실시되면서 이 사업에 크고 강한 조직과 풍부한 자본력의 혜택을 받게되었다는 점에는 마음이 든든할 따름이다. 예를 들어 병든 전향자를 위한 요양기관과 학생 전향자를 위한 기숙사 설치처럼 우리가 실제 경험에서 반드시 필요하다고 생각되는 시설이 점차 완비되어 갈 것을 마음 깊이 바라마지 않는다. 이와 함께 공공법령과 시설이 그들을 사회적으로 일으키는 따뜻한 지팡이로 활용되고, 그 운용을 원활하게 하는 도르래 작용을 하도록 민간 보호사업가가 전력을 다해 주길 바라는 바가 지대하다. 이러한 점에서 공사(公私)가 공히 서로의 장점과 한계를 충분히 이해하고 화합 협력하여 본 사업에 유종의 미를 거두길 바라마지 않는다. (끝)

1936년(昭和 11).1.10

〈자료 81〉 마스나가 쇼이치, 〈조선에서의 사상범 보호관찰제도의 실시에 대하여〉

[增永正一, 1937, 〈資料 朝鮮に於ける思想犯保護觀察制度の實施について〉, 《司法協會雜誌》 16권 1호, 朝鮮司法協會, 85~90쪽]

마스나가 쇼이치(增永正一) 법무국장 담화

내지에서는 제69회 제국의회를 통과한 사상범보호관찰법이 지난(1936년) 5월 29일 법률 제29호로 공포되었다. 법 실시에 필요한 기관의 조직, 권한, 보호관찰 실행에 관한 세칙(細則) 등을 규정하는 칙령이 발포되었고 지난 11월 20일부터 제도를 실시하게 되었다. 일찍이 조선에도 그 필요성을 통감하고 있었기에 제도의 실시를 서두르고 있던바, 오늘 제령 제16호 조선사상범보호관찰령 및 조선총독부보호관찰소 관제, 조선총독부보호관찰심사회 관제에 관한 칙령을 공포하고 이달 21일부터 실시하게 되었다.

1. 제도 제정의 이유

공산주의 운동 및 기타 사상범죄가 국운의 발전에 심각한 폐해를 끼쳤음은 두말할 필요가 없다. 조선에서의 사상범은 1928년(昭和 3) 이후 매년 비약적으로 증가하는 추세로 매우 우려스러운 상황이었다. 그러나 준엄한 검거가 이루어짐과 동시에 만주사변 이후 사회정세가 변화함으로써, 국민정신의 고양과 여타 상황들로 인해 1932년(昭和 7) 정점의 시기를 지나 점차 감소하고 있으니 다행스러운 일이다. 하지만 이는 형사 사건의 숫자상에 나타난 흐름일 뿐이다. 작년 코민테른 제7차 대회의 운동 방침, 해외 공산당 활동, 조선의 지리적·내부적 특수사정, 그리고 현재의 제반 국내외 정세를 고려할 때 조선에서의 사상범죄 전망은 그다지 낙관적이지 않다.

더욱이 1928~1935년까지 치안유지법 위반 사건으로 검거된 자가 16,000명을 돌파했다. 그중 기소유예 처분, 형 집행유예의 언도, 형 집행 종료, 형 집행 중 가출옥은 6,400명이라는 다수를 차지한다. 이와 같이 이들의 심리는 매우 각양각색으로 그중에는 완전히 전향한 사람이 있는가 하면 전향 의사를 표명했지만 의지가 견고하지 않은 경우, 태도가 애매해서 전향 의사의 진위 여부를 판단할 수 없는 경우, 여전히 불령사상을 버리지 않고 열렬한 투쟁의지를 표명하는 경우 등이 있기 때문에 비전향자는 당연히 재범 위험성이 있고 그 밖의 경우도 이대로 방치한다면 환경과 사회정세에 좌지우지되어 재범을 저지를 우려가 충분하다.

그러므로 현재 내지와 조선을 아우르는 사상범에 대하여 만전의 방책을 수립해야 한다. 먼저 국민정신의 작흥을 도모함으로써 기타 여러 시설 및 방책을 강구하여 불령사상의 유입과 발생을 방지하고, 다른 한편으로는 일단 흉악한 사상에 침투당한 사상범을 선도하고 완전한 사상전향과 사회복귀를 확보하지 않는다면 일본에서 이러한 종류의 불령운동을 근절시킬 수 없다. 즉 사상범 중 전향자에 대해 전향을 확보하고 비전향자 및 준전향자에 대해 사상전향을 지도, 촉진함으로써 그들이 완전한 국민적 자각과 생활의 확립을 하도록 해야 한다. 그리하여 사회정세의 변화 여부와 상관없이 국민으로서의 정도(正道)를 확고하게 세우는 데 적합한 시설이 필요하고 그것이 제도 제정의 이유이다.

2. 조선사상범 보호관찰제도의 개관

(1) 보호관찰 목적

사상범 보호관찰의 목적은 보호관찰 대상이 된 자의 재범을 방지하기 위해 사상과 행동을 관찰하고 적절하게 보호하는 데 있다. 따라서 보호관찰은 내지에서 행해지는 과거 단순한 범죄방지를 위한 경찰감시와는 본질적으로 다르다. 적극적으로 당사자를 지도하고 도우며 국체에 대해 정확하게 인식하도록 만들고 생활을 확립하도록 함으로써 물심양면 충분히 보호하여 국민으로서의 정도(正道)에 복귀시키고 이를 확보하도록 만드는 것이 목적이다. 그러므로 사상범 보호관찰은 궁극적으로 사상범죄의 방지와 함께 적극적인 의미에서 장차 국체명징과 국민정신 강화를 가져와 국운 융성에 기여하도록 하는 것이다.

(2) 보호관찰 대상

보호관찰 대상은 우선

① 치안유지법의 죄를 범한 자에 한한다. 치안유지법에 저촉되지 않은 다른 범죄를 저지른 자는 이 제도의 적용을 받지 않는다.

② 치안유지법의 죄를 범한 자의 전부가 보호관찰의 대상이 되는 것은 아니다. 그중 검사의 기소유예 처분을 받은 자, 재판소에서 형 집행유예 언도를 받은 자, 형무소에 수용된 후 가출옥을 허가받은 자, 만기 출소한 자에 한해 적용된다.

③ 위의 조건을 구비한 자의 전부가 보호관찰 대상이 되는 것은 아니다. 그중 보호관찰소에서 당사자가 보호관찰 대상이 될 필요가 있다고 인정하고, 조선총독이 감독하는 보호관찰심사회의 심사 결과 보호관찰을 해야 한다는 취지의 결의가 이루어진 자에 한해 보호관찰 대상이 된다. 보호관찰소에서 보호관찰을 시행할 필요가 없다고 인정한 자, 보호관찰소에서 필요하다고 인정했지만 보호관찰심사회에서 필요없다고 인정하여 보호관찰 대상이 되지 않는다는 결의를 한 경우에는 보호관찰 대상이 되지 않는다.

(3) 보호관찰 방법

보호관찰을 위해서는 ① 보호관찰소의 보호사가 관찰한다, ② 보호자에게 인도한다, ③

보호단체, 사원, 교회, 병원, 기타 적당한 자에게 위탁한다는 세 가지 방법이 있다. 세 가지 방법은 당사자의 나이, 성격, 환경, 사상 정황, 기타 사정을 참작하여 특수성에 맞는 방법을 선택하는데 단일한 방법을 쓰거나 각 방법을 병합하여 적용할 수 있다. 또 필요하다고 인정되는 경우에는 부수적 처분으로 당사자에 대한 거주, 교우, 통신을 제한하고 기타 적당하다고 인정되는 조건을 엄수하도록 명령할 수 있다. 이 부수적 처분은 당사자가 전향하는 데 장애가 되는 환경에서 분리시켜 보호관찰의 목적을 더 쉽게 달성하기 위한 수단일 뿐이다. 만약 당사자가 이러한 제한과 조건에 복종하지 못하는 경우가 있더라도 제재나 기타 불이익을 가하지는 않는다. 따라서 보호관찰 방법과 부수적 처분은 언제든지 당사자의 상황에 따라 취소하거나 변경할 수 있다.

이상은 보호관찰의 형식적인 방법을 살펴본 것이며, 실질적인 부분을 논하자면, 보호대상자의 가정 관계, 생계 상태, 건강 상태, 교우 관계, 통신 상황, 사상의 변화, 부수적 처분의 준수 여부, 보호자나 보호 단체에 위탁했을 때의 감독 상황, 기타 제반 사정을 관찰하고 조사한다. 또한 사상지도와 생활 안정을 위해 필요한 훈육과 보호 조치를 취한다. 예를 들어 직접적인 훈계나 수양 기회의 제공, 직업의 보도(輔導), 취직, 취학, 복학, 결혼 알선, 가정과의 연락 등 보호관찰의 목적을 달성하기 위해 필요한 모든 조치를 강구한다.

(4) 보호관찰 기간

보호관찰은 앞서 언급했듯이 당사자의 보호지도를 목적으로 하는데 일종의 자유 제한을 동반하는 처분이므로 기간을 정할 필요가 있어서 2년으로 정했다. 이 기간은 일반범죄와 마찬가지로 사상범도 재범자의 약 70%가 석방 후 2년 이내에 죄를 범하기 때문에 그 점을 고려하여 정한 것이다. 앞서 언급했듯이 보호대상자의 상황에 따라 언제든지 보호관찰 처분을 취소할 수 있으며, 필요에 따라 보호관찰심사회의 결의에 따라 2년의 기간을 연장할 수도 있다. 이러한 기간의 탄력성을 인정한 것은 필요할 경우 충분한 보호관찰을 하기 위해서이다.

(5) 보호관찰 기관

보호관찰을 행하는 기관은 보호관찰소와 보호관찰심사회이다.
① 보호관찰소는 보호관찰을 행하는 독립 관청으로 전 조선에 7개소(경성, 평양, 대구, 신의

주, 청진, 함흥, 광주)가 설치되어 있다. 각 보호관찰소에는 보도관, 보호사, 서기, 통역이 있고 소장(보도관이 맡는다)이 이를 통괄한다.

보도관은 보호사를 독려하여 보호관찰의 필요성을 판단하기 위한 조사를 시킨다. 우선 보호관찰이 필요한지 여부를 단독으로 결정하고, 필요하다고 인정한 자에 대해 보호관찰심사회의 심사를 청구하고, 보호관찰을 해야 한다는 내용의 결의가 있을 때 보호관찰의 방법 및 부수적 처분을 단독으로 결정한다. 또 필요에 따라 보호관찰 및 부수적 처분을 취소 변경하고 보호사를 지휘하여 적정한 보호관찰 실행을 도모한다. 필요시에는 당사자에 대한 심사회의 결의 이전에 임시로 보호관찰 처분을 내릴 수 있으며, 또한 이후에 언급할 보급비 지급, 위탁비 징수 여부 및 금액을 결정하는 등 보호관찰소와 관련된 모든 행정 업무를 처리한다. 보호사는 보도관의 지휘 아래 보호관찰을 위한 사전 조사와 보호관찰 실행 업무를 담당한다. 서기는 상사의 명령을 받아 서무에 종사하고 통역은 통역 및 번역에 종사한다.

② 보호관찰심사회는 보호관찰의 필요 여부, 보호관찰의 기간 갱신 여부를 심사결의하는 관청으로 각 보호관찰소 소재지에 이를 설치한다. 앞의 각 심사사항은 모두 사람의 자유 제한과 관계되므로 특히 심사회의 결의를 요하는 사항으로 했다. 그러므로 심사회는 회장 1명, 위원 6명으로 조직하고 회장 및 위원은 사법부 내 고등관, 기타 학식과 경험이 있는 자로 구성한다.

(6) 위탁비의 보급 및 보급비의 징수

당사자를 보호단체, 사원, 교회, 병원, 적당한 자에게 위탁했을 때는 위탁자로 인해 발생한 비용의 전부 또는 일부를 국고에서 지급할 수 있다. 또 그 비용은 보호관찰소의 명령으로 당사자 혹은 당사자를 부양할 의무가 있는 자에게 전부 혹은 일부를 징수할 수 있다.

(7) 이 제도의 소급효(遡及效)

앞서 언급한 대로 1928년(昭和 3) 이후 치안유지법 위반 사건의 기소유예자, 형 집행유예자, 가출옥자, 만기석방자의 수는 6,400명에 달하는데 조선사상범보호관찰령[52] 제정 취지에

---

52 조선사상범보호관찰령은 조선총독부제령 제16호로 1936년 12월 1일 시행되었다. 법령은 『사상통제(1) 사상통제 관련 법규와 통제 주체』(2021)의 〈자료170〉에 실려 있다.

비추어 본령의 시행 전에 본령 소정의 사유가 생긴 전술한 자에 대해서도 이를 적용할 필요가 있으므로 특히 본령의 소급효를 인정했다.

맺음말

범죄방지의 방법으로써 범인에 대한 보호관찰이 중요하다는 점은 근래 형사정책상 일반적으로 확인할 수 있는 바인데, 검찰, 재판, 형행의 효과는 최종적으로 보호의 기능을 더할 때 비로소 완벽을 기할 수 있다. 반면 조선에서의 범인보호의 상황을 볼 때 일반범죄에 대한 보호단체가 각지에 설립은 되었지만 조선 전체에서 겨우 27개 단체에 불과하고 자산, 설비 면에서 매우 불충분하다. 특히 사상범에 대한 보호사업은 최근 경성의 소도회, 충청남도의 논산, 부여, 예산, 청양, 당진의 각 군에 사상선도위원이 설립되었을 뿐 매우 미미한 상황이다. 일반사회의 보호사업 발전과 국가적인 보호제도의 확립은 당장 급선무이다. 이에 바야흐로 사상범의 보호 분야에 국가적인 제도가 확립된 것은 형행 역사상 획기적인 일이니 이 제도의 의의에 대한 사회 전반의 폭넓은 이해와 지지를 바란다. 아울러 보호단체의 정비 및 확대를 도모하고 이 제도가 충분한 성과를 거두어 일반 범죄자에 대한 보호제도의 확립으로 나아가야 할 것이다. 이 제도의 운영 여하는 국가의 치안 확보, 국운의 진전에 중대한 영향을 주는 것이므로 관민 각위가 부디 충심으로 협력을 다해 운영해 줄 것을 바라마지 않는다.

〈자료 82〉 사상범보호관찰법 및 부록

[조선지방자치협회, 1936, 『思想犯保護觀察法:及府錄』, 조선지방자치협회출판부]

사상범보호관찰법(1936년 5월 29일 법률 제29호)

제국의회 협찬(協贊)[53]을 거친 사상범보호관찰법을 재가하여 여기에 이를 공포한다.

---

53 협찬(協贊)은 일본 제국의회에서 법률안·예산안을 성립시키기 위해 동의 의사표시를 하는 것을 말한다.

사상범보호관찰법

제1조 치안유지법 죄를 범한 자에게 형 집행유예 선고가 있는 경우 또는 소추(訴追)할 필요가 없어 공소를 제기하지 않은 경우에는 보호관찰심사회의 결의에 따라 본인을 보호관찰에 넘길 수 있다. 본인의 형 집행이 끝나거나 또는 가출옥 허가를 받은 경우도 마찬가지이다.

제2조 보호관찰은 본인을 보호하고 다시 죄를 범할 위험을 방지하기 위해 그 사상과 행동을 관찰한다.

제3조 보호관찰은 본인을 보호관찰소 보호사의 관찰에 맡기거나 보호자에게 인도하고 또는 보호단체, 사원, 교회, 병원 그 외 적당한 자에게 위탁하여 이를 행한다.

제4조 보호관찰에 맡겨진 자에게는 거주, 교우 또는 통신의 제한과 그 외 적당한 조건의 준수를 명할 수 있다.

제5조 보호관찰 기간은 2년으로 하되 특별히 계속할 필요가 있는 경우에는 보호관찰심사회의 결의에 따라 이를 갱신할 수 있다.

제6조 제1조에 정한 사유가 발생된 경우 필요에 따라서는 본인에 관한 보호관찰심사회의 결의 전에 임시로 제3조 처분을 내릴 수 있다.

제7조 제3조 또는 제4조 처분은 그 집행 중에 언제라도 이것을 취소하거나 변경할 수 있고 전조(前條)의 처분도 마찬가지이다.

제8조 보호관찰소는 필요할 때 보호사가 본인을 동행하게 할 수 있다.

제9조 보호관찰소와 보호사는 그 직무를 행함에 있어 공무소 또는 공무원에게 촉탁하고 그 외 필요한 보조를 요구할 수 있다.

제10조 본인을 보호단체, 사원, 교회, 병원 또는 적당한 자에게 위탁하는 때는 위탁을 받은 자에게 그에 의해 발생한 비용의 전부 또는 일부를 급부할 수 있다.

제11조 전조(前條)의 비용은 보호관찰소의 명령에 따라 본인 또는 본인을 부양할 의무가 있는 자에게 그 전부 또는 일부를 징수할 수 있다. 이 명령에 대해서는 비송(非訟)사건절차법 제208조의 규정을 준용한다. 전항(前項)의 명령에 불복하려는 자는 명

령 고지를 받은 날로부터 1개월 이내에 통상재판소에 출소(出訴)[54]할 수 있다. 이 출소는 집행정지 효력을 가지지 않는다.

제12조 소년으로 치안유지법 죄를 범한 자에게는 소년법 보호처분에 관한 규정을 적용하지 않는다.

제13조 본법은 육군형법 제8조, 제9조 및 해군형법 제8조, 제9조에 언급된 자에게는 이를 적용하지 않는다.

제14조 보호관찰소 및 보호관찰심사회의 조직과 권한 및 보호관찰의 실행에 관해 필요한 사항은 칙령으로 이를 정한다.

부칙

본법 시행의 기일은 칙령으로 정한다.

본법은 본법의 시행 전에 제1조에 정한 사유가 생긴 경우에도 이를 적용한다.

Ⅰ. 본법의 제정 이유

(1) 본법을 제정한 이유는 일반적으로 보호관찰제도를 수립할 필요가 있다는 점과 일본에서의 사상범 정세는 특히 그 영역에서 위의 제도를 필요로 한다는 점, 두 가지를 들 수 있다.

(2) 일반 범인의 보호관찰이 중요하다는 사실을 최근의 형사정책에서 모두 인정하는 바인데, 이것을 달리 이야기한다면 사법보호사업을 제도화하는 것이 매우 중요한 일이라는 것이다. 범죄 방지를 위한 방법으로는 검찰, 재판, 행형 및 보호 부문이 있고, 이 각 부문은 서로 순치보거(脣齒輔車)의 관계로 혼연일체가 되어 그 기능을 발휘함으로써 비로소 목적을 달성할 수 있다. 그리고 검찰, 재판 및 행형은 정연한 국가시설 아래에서 시행되고 있음에도 불구하고 보호만은 특별히 국가시설이라고 볼 만한 것 없이 그저 민간 독지가의 봉사사업에 맡기고, 정부는 소액의 장려금을 내주는 데 그치고 있다. 이러한 것은 대단히 불합리한 일로 천하의 기이한 일이라고도 할 만하니 하루라도 빨리 사법보호사업을 제도화해야만 한다. 이것이

---

54 소송을 제기한다는 의미.

본법 제정이 필요한 일반적인 이유이다.

(3) 일본의 종래의 사상범 대책 실적과 최근 사상범의 모든 정세에 비춰 보면 사상범의 보호관찰제도를 수립하는 것이 특히 필요하다는 것을 통감한다.

최근 몇 년간의 사상범죄 추이를 보면 대체로 4단계로 나눌 수 있을 것이다. 제1기는 1931년(昭和 6)부터 다음 해인 1932년 10월의 대검거까지로, 소위 좌익 범람 또는 좌익 융성 시대이다. 제2기는 대검거에서 1933년(昭和 8) 말 무렵까지로, 이 시기의 처음 무렵은 좌익운동의 내분과 정돈(停頓)이 생기고 그 후 1933년 6월에 이르러 제2차 일본공산당 수뇌부 사노(佐野), 나베야마(鍋山) 등의 전향 성명에 의해 공산당 내부에 큰 동요가 왔다. 당에 대한 비판과 재검토가 활발히 일어나고 위의 두 사람을 따라 탈당하는 자가 속출하여 당 세력과 위신이 거의 땅에 떨어졌다. 이 시기가 소위 전향 시대, 혹은 좌익운동의 침체, 재검토 시대이다. 제3기는 1933년(昭和 8) 말부터 1934년 중반까지로, 당의 자괴몰락(自壞沒落) 시대이다. 그리고 제4기로 현재에 이르고 있다.

이처럼 일본의 공산주의 운동도 한때는 엄청나게 창궐하였지만, 점차 쇠퇴하는 경향에 이르렀다. 그 원인은 지극히 복잡하여 여러 갈래로 나눌 수 있지만, 대체적으로는 내부적인 원인과 외부적인 원인으로 나눌 수 있다.

즉 내부적인 원인으로는 코민테른의 파산적인 현상, 일본공산당의 실천적인 오류, 공산당 수뇌부의 전향과 당내의 파벌투쟁 등을 들 수 있고, 외부적인 원인으로는 중일전쟁에 의한 민족정신의 고양, 1932년(昭和 7) 이후의 사회적·경제적인 모든 사정과 당국의 교묘하고 합리적인 좌익 검거의 성공 등을 들 수 있을 것이다. 이러한 원인으로 일본 공산주의 운동은 쇠퇴하였지만, 이 운동의 장래를 전망해 보면 반드시 낙관할 수만은 없는 면이 있다.

1928년(昭和 3) 이후, 치안유지법 위반으로 검거된 자의 숫자는 실로 6만 명을 넘고 그중 기소유예 처분이나 집행유예 선고, 형 집행을 끝내거나 가출옥 허가를 받은 자의 숫자도 만 명 이상에 달한다. 그리고 이러한 자들의 현재 심경은 지극히 제각각으로, 완전히 전향한 자도 있지만 계속해서 불령사상을 가지고 있는 자, 또는 그 태도가 상당히 애매하여 전향 의사 여부를 판명할 수 없는 자도 있다. 비전향자가 재범 위험성이 있다는 것은 물론이지만, 그 나머지 자들도 이대로 방치한다면 환경 또는 사회정세에 좌우되어 재범에 빠질 우려가 없지 않다. 특히 사상범이 사회정세에 좌우되는 경향이 심한 점은 되돌아보아야만 한다.

요즘 치안유지법 위반자로 출옥한 자가 점차 그 숫자가 증가하고 있는데, 그중에는 강한 위험성을 가진 자도 있다. 또 형 집행유예 선고를 받은 자 중에 그 유예기간이 만료된 자의 수도 최근에 갑자기 증가하였다. 그리고 강한 위험성을 가진 자의 출옥이 위험성이 약한 다른 석방자와 일반 사회에 미치는 영향에 대해서도 사상범의 특성상 깊이 고려할 필요가 있다. 더욱이 이것을 내외의 모든 정세-국제공산당 제7회 대회에서 정한 운동 방침, 미국 그 외 외국 공산당의 잠동, 좌우 양익 운동의 유사성(近邇性), 그 외 모든 사정을 종합하여 고찰하면 지금 사상범에 대한 철저한 방책을 수립하여 재발을 방지할 수 있는 거사를 단행해야 한다. 이것은 일본에서 이런 종류의 불령운동을 근절시키기 위해 아주 중요한 일이라고 말하지 않을 수 없다. 바꿔 말하면 비전향자와 준전향자에게는 전향을 촉진하고, 전향자에게는 전향을 확보하는 길을 만들어 주어 앞으로 사회정세 변화와 관계없이 그들이 적법하게 질서 있는 생활을 할 수 있게 하려면 보호관찰 시설을 만들 필요가 있다고 생각한다.

또 사상범에 대한 현재의 시찰제도는 미비한 결함이 많다. 무엇보다 사상 검사의 종래 활동이 크게 인정할 만한 점이 있기는 하나 공판 입회와 그 밖의 사무에 바쁜 나머지 보호관찰에 전념할 여유가 없고, 민간 보호단체는 그 규모가 협소하고 안타까운 점이 많다.

결국 모든 점에서 보아도 사상범의 보호관찰 목적에 맞지 않는 실정이므로 새롭게 보호관찰제도를 채용하여 보호관찰소를 만들고, 보호관찰심사회를 둠으로써 사상범이 다시 죄를 범하는 위험을 방지할 수 있도록 사상과 행동을 관찰하고 보호하기 위해 사상범보호관찰법을 제정할 필요가 있다고 판단하는 바이다. (사법성)

Ⅱ. 본법의 개요

1. 보호관찰

1) 보호관찰 목적

본법에 의한 보호관찰은 "본인을 보호하고 다시 죄를 범할 위험을 방지하기 위해 그 사상과 행동을 관찰하는" 것을 목적으로 한다(제2조). 바꿔 말하면 보호관찰의 목적은 보호관찰에 맡겨지는 자가 다시 죄를 범하는 위험을 방지하기 위해 그 사상과 행동을 관찰하여 보호하는 점에 있다. 따라서 본법에 의한 보호관찰은 구 형법의 경찰감시와 완전히 그 취지를 달리한다. 즉 앞의 감시(1881년 12월 19일 태정관 포고 제67호 형법부칙 제2장)는 "주형(主刑)이 끝난 뒤 다시 장래를 검속하기 위해 경찰 관리로 하여금 범인의 행동을 감시하게 한다"(동 제21조)고 하여 단순히 범죄 방지뿐인 감시이고, 적극적으로 본인을 보호지도하는 것을 예상하지 않았다. 그런데 본법의 보호관찰은 본인이 적법하게 질서 있는 생활로 순치(馴致)하게 하도록 보호지도하는 것을 주안점으로 두고 있는 보호에 중점을 두는 관찰인 것이다.

즉 사상범에 대한 보호관찰은 단순히 소극적으로 본인의 사상과 행동을 관찰하는 데 그치지 않고, 본인을 적극적으로 지도 교화하여 바른길로 복귀시키고 또 바른길에 계속 머무르게 하는 것을 목적으로 한다. 그리고 사상범에 대한 보호관찰의 적극적인 내용은 그 사상의 완성과 생활의 확립을 꾀하는 점에 있다. 사상을 완성시키기 위해서는 본인에게 국체 및 재산제도 등에 관한 정확한 인식을 갖게 해야 한다. 또 생활을 확립시키기 위해서는 본인이 바른 직업에 종사할 수 있는 기초를 줘야 하는데, 이 점에 대해서는 직업 선도·기술 재교육·직업 소개·취학 및 복교 배려 등이 고려된다.

앞에서도 말한 것처럼 보호관찰은 보호에 중점을 두는 관찰로, 보호와 관찰이 서로 분리된 관념은 아니지만, 보호관찰을 운용할 때는 보호적인 방면과 관찰적인 방면으로 구별하여 고찰하는 것도 반드시 부당하다고는 할 수 없다. 이 관점에서 보면 보호가 보호관찰의 적극적인 기능이고, 관찰은 소극적인 기능이라고 하는 것도 반드시 틀린 것은 아닐 것이다. 또 보호관찰 실행의 외형으로 보자면 비전향자, 준전향자는 관찰에 중점을 두고, 전향범은 보호에 중점을 두는 것처럼 보이지만 비전향자 또는 준전향자에 대한 관찰도 궁극적으로는 이들을 바른길로 복귀시키는 것을 목적으로 하므로 역시 보호에 중점을 둔다는 점에서 전향자의 경우와 동일하다. 단 비전향자·준전향자에 대한 전향 촉진은 사상의 완성을 가장 먼저 진행해야 하고, 전향자에 대한 전향 확보는 생활의 확립을 가장 우선적으로 진행해야 할 것이다.

2) 보호관찰에 맡길 수 없는 경우

본법에 의한 보호관찰은, '치안유지법 죄를 범한 자에게 형 집행유예 선고가 있는 경우 또는 소추(訴追)를 필요로 하지 않아 공소를 제기하지 않는 경우' 또는 '본인이 형 집행을 끝내거나 또는 가출옥 허가를 받은 경우'에 필요하다고 인정될 때 이것을 할 수 있다. 따라서 보보호관찰 처분의 요건은 다음과 같다.

① '치안유지법 죄를 범한 자'일 것. 본법에서의 사상범이란 단순히 치안유지법 위반인 경우로 한정되지만, 이 법이 정한 범죄인 이상은 그 종류 여하를 묻지 않는다.

이에 반해 그 소행이 치안유지법에 저촉되지 않는 이상은 본법은 이것에 적용 또는 준용되지 않는다. 예를 들면 단순한 불경죄에게 본법의 적용이 없음은 물론이고 노동운동, 농민운동 등의 소위 좌익적인 운동에 의한 범죄라 할지라도 치안유지법에 저촉되지 않는 한은 본법에 적용되지 않는다. 또한 소위 우익적인 운동에 의한 범죄라 할지라도 그 목적이 사유재산제도의 부인을 목적으로 하고 그에 따라 치안유지법으로 입건할 수 있는 경우에는 본법을 적용할 수도 있다.

② 전항에 열거한 자 중에서 '형 집행유예 선고가 있는 경우', '소추가 필요하지 않아 공소를 제소하지 않는 경우', 또는 본인이 '형 집행을 끝내거나' 또는 '가출옥 허가를 받은 경우'에 해당할 필요가 있다.

본법이 열거한 4가지 경우를 제외한 나머지는 사상범죄의 실정에 비추어 보호관찰의 실익이 없다고 보기 때문에 위의 4가지 경우는 한정적이고, 예시적이 아니다. 따라서 위의 경우에 해당하지 않을 때는 본법은 적용되지 않는다. 따라서 본인이 유보처분을 받아 형 집행정지 또는 형 집행면제를 받고, 무죄·면소(免訴) 선고를 받은 경우에 본법은 적용되지 않는다.

위의 소위 '소추가 필요하지 않아 공소를 제소하지 않는 경우'란 본인의 성격, 연령과 경우 및 범죄 정상(情狀)과 범죄 후의 정황에 의해 소추가 필요 없어 공소를 제기하지 않는 경우를 말하는 것으로 이른바 기소유예인 경우이다. 물론 그 기소유예가 형사소송법에 의해 이루어진 경우도 있지만, 육·해군 군법회의법에 따라 이루어진 경우도 있다. 그리하여 여기에서의 기소유예는 그 두 가지를 모두 포함한다.

③ 본인에게 보호관찰에 맡길 필요가 있을 것. 즉, 본인에게 장래적으로 범죄행위를 예상시키는 징후가 존재하는 경우에 한해 보호관찰에 맡길 필요가 있다. 이 점에 대해서는 소년법(제6조) 및 치안유지법 중 개정법률안(제22조)은 특히 '필요할 때' 또는 '필요하다고 인정될 때'라고 규정하였는데 본법은 자명한 일이므로 특별히 따로 이 요건을 들지 않는다.

본인에게 장래적으로 범죄행위를 예상시키는 징후, 즉 위험성에는 대소·강약의 정도는 있을 것이고 그에 따라 위험성은 변동할 수도 있겠지만, 위험성은 보호관찰의 필요 여부를 결정하는 당시에 존재할 필요가 있고 또 그것으로 충분하다. 그에 따라 위험성의 여부 및 정도를 인정하는 것은 보호관찰심사회이다. 그리고 보호관찰의 필요 여부는 본인의 의사 여하에 상관없이 이것을 결정해야 한다는 것은 말할 필요도 없다.

지금 보호관찰의 필요 여부에 관한 결정은 지극히 중요한 일이기 때문에 이에 관한 기준에 대해 한층 더 고찰해 보자.

우선, 사상범에게 가해지는 처분의 성질에 따라 본인을 보호관찰에 맡길 필요가 있는지 여부를 일단 판단하는 경우가 있다. 예를 들어 형 집행유예 선고를 받은 자에게는 그 유예기간은 보호관찰에 부쳐야 할 것이다. 원래 필연적으로 그 전부를 보호관찰에 부쳐야 하는 것은 아니지만, 처분 성질에 비추어 원칙적으로 보호관찰에 부치는 것이다.

다음으로 문제가 되는 것은 일반 기소유예자, 만기 출옥자, 형 집행유예 기간 경과 후의 집행유예자 및 가출옥 기간 경과 후의 가출옥자에 대한 것이다. 이들은 그 심경 변화의 양태와 그 밖의 모든 사정을 참작하여 보호관찰의 필요 여부를 결정해야만 한다. 그리고 대략적인 관찰에는 비전향자 또는 준전향자가 정상적인 사상으로 복귀하지 않은 자이거나 혹은 정상적인 사상으로의 복귀가 미확정인 자이기 때문에 모두 재범에 빠질 위험성이 있다. 또 전향자는 정상적인 사상으로 복귀는 하였지만, 실업과 그 밖의 개인적인 사정 또는 사회정세 여하에 따라 역전향할 위험이 있다.

따라서 비전향자와 준전향자는 오히려 보호관찰을 할 필요가 있고, 전향자도 때로는 보호관찰에 맡길 필요가 있다. 때에 따라서는 보호관찰에 맡기는 것이 유리하거나, 때로는 보호관찰에 맡길 필요가 없는 때도 있을 것이다. 그러나 전향자는 위의 필요한 때는 물론이고 유리한 경우라 할지라도 보호관찰에 맡기는 것이 합리적일 것이다.

특히 주의해야만 하는 것은 전향이라는 관념의 진화성(進化性)에 대해서이다. 지금까지는 대략 혁명사상의 포기 여부에 의해 전향과 비전향을 구별해 왔지만, 본법에서의 전향 개념은 약간 진화하여 정화된 자여야만 한다. 바꿔 말하면 전향이라는 개념은 사상범 대책의 중점 변천에 따라 스스로 변화해 가는 것이고 또 변화시켜 가야만 한다고 생각한다. 이 점에 대해서는 조만간 다른 기회에 상세히 논하겠다.

3) 보호관찰 방법

보호관찰 방법으로 본법은 3가지 방법을 예상하고 있다.

첫 번째는 본인을 보호관찰소의 보호사 - 사상보호사의 관찰에 맡길 것, 두 번째는 본인을 보호자에게 인도하는 것, 세 번째는 본인을 보호단체 사원, 교회, 병원 그 밖의 적당한 자에게 위탁하는 것이 그것이다.

병원송치 방법은 소년법이 인정하는 바이지만, 본법은 그것이 실익이 없으므로 인정하지 않았다. 따라서 적어도 보호관찰에 맡긴 이상은 반드시 위에서 언급한 방법으로 생각해야 한다. 무엇보다 그중 어느 방법을 택할 것인가, 위의 3가지 방법의 하나를 단독적으로 택할 것인지, 또는 2가지 이상의 방법을 중첩적으로 택할 것인지에 대해서는 본인의 연령, 사회적인 지위, 활동 경력, 사상 침투 정도, 심경 변화의 정도, 그 밖의 제반 사정을 참작하여 결정해야 한다.

여기에서 소위 보호자란 일반적으로 사실상, 법률상으로 본인을 보호하는 지위에 있는 자를 지칭하기 때문에 본인의 부모, 후견인, 고용주와 그 밖에 본인이 의존관계를 가지고 있는 자 등은 여기에서 말하는 보호자에 속한다.

위의 방법 외에 보호관찰을 위해 필요하다고 인정될 때는 다시 본인에게 거주, 교우 또는 통신에 관해 제한하고 그 밖에 적당하다고 인정되는 조건의 준수를 명령할 수 있다(제4조). 대략 앞에서 예시한 방법과 함께 보호관찰의 완벽함을 기하려는 것이지만, 본인이 이러한 제한 및 조건을 위반한다고 해서 이에 대해 특별히 불이익을 주는 것과 같은 것은 계획하고 있지 않다. 그러나 제4조의 운용에 관해서는 특별히 신중을 기할 필요가 있다.

또한 이러한 보호관찰 방법은 필요에 따라 수시로 변경할 수 있다(제7조).

4) 보호관찰 기간

보호관찰 기간은 일단 2년으로 한다(제5조). 이 기간은 각 사상범에게 획일적이지만, 2년으로 한 이유는 보호관찰의 성질 및 일반범죄와 사상범죄의 재범 기간 등을 고려하고, 더불어 기간 갱신에 관한 기술적인 간이화도 기대하였다.

본인의 사상 추이, 보호 관계와 그 밖의 사정 변화에 따라 위의 기간 중이라고 해도 수시로 처분 취소가 인정되지만(제7조), 동시에 다른 면에서는 기간 갱신도 무제한으로 인정할 수 있도록 하여(제5조) 그 사이에 탄력성을 갖게 하였다.

2. 보호관찰기관

1) 일반

본법에 의한 보호관찰 기관으로는 보호관찰소와 보호관찰심사회가 있다. 그런데 보호관찰제도를 운용하는 데는 보호관찰소만으로도 충분하고, 보호관찰심사회가 특별히 필요하지 않다는 논의가 없지 않고 심지어 그 논의가 상당히 유력하다. 하지만 돌이켜 생각하면 보호관찰 결정은 재판과 유사한 성질을 가지고 있어 이 결정에 따라 자주 피보호자의 자유를 제한하게 된다.

게다가 이것을 실질적인 관점에서 고찰해 보면, 보호관찰의 필요 여부를 몇 명이 가장 잘 판단할 수 있는지에 대한 문제는 단순히 한마디로 결정하기 어렵다. 그렇지만 일반적으로 보면 기소유예자에 대해서는 검사가 가장 정확하게 판단할 수 있을 것이고, 집행유예 선고를 받은 자에 대해서는 검사 또는 판사가, 더욱이 가출옥 또는 만기 출옥한 자에 대해서는 형무소장이 각각 정확하고 신속하게 판단할 수 있을 것이다. 또 사상범의 처우에 대해 학식과 경험이 있는 자로는 경찰관리, 보호사업가 등을 들 수 있다. 따라서 한쪽으로는 결정의 적정함과 타당함을 기하고, 다른 쪽으로는 인권 존중의 완벽함을 기하기 위해 보호관찰소 외에 판사·검사·기타를 구성원으로 하는 보호관찰심사회를 둔 것이다.

보호관찰소와 보호관찰심사회의 조직과 권한 등에 대해서는 칙령이 정한 바에 따르지만(제14조), 이하에서 보호관찰소와 보호관찰심사회의 윤곽을 분명히 하고 싶다.

2) 보호관찰소

보호관찰소는 보호관찰을 행하는 독립된 관청이고 이곳에는 사상보도관, 사상보호사와 관찰소 서기를 둔다.

사상보도관은 사상관찰에 맡기는 결정이 나기 이전 또는 이후에 단독으로 모든 보호관찰 사무의 지도통제를 담당하는 자이다. 따라서 사상보도관은 말하자면 보호관찰소의 중심이고, 그 대표를 맡은 자이다. 그 직무권한의 자세한 내용은 칙령에 의해 규정되고 있는데 대체로 ① 보호관찰 결정 이전에는 사상보호사를 독려하여 보호관찰 필요 여부 결정에 필요한 자료 준비를 하고, ② 보호관찰심사회의 일원으로서 심의에 참가하고, ③ 보호관찰 결정 이후에는 사상보호사를 지휘하여 보호관찰 실행의 적정함을 계산하고, ④ 보호관찰의 방법 특히 본인에게 준수시켜야 할 조건을 결정하고, ⑤ 보호관찰 처분의 취소, 변경을 담당하고, ⑥ 또한 보급비와 급여의 가부 및 급여액을 결정하는 한편 ⑦ 보호관찰소에 관한 모든 행정 사무도 하는 것이다.

사상보도관은 위와 같이 중요한 사무를 처리하기 때문에 항상 내외 공산주의 운동의 성쇠와 그 운동 방침의 변경에 유의하고, 사상정세의 추이에 따라 각각에 맞는 적절한 보호관찰상의 지도방침을 결정할 필요가 있어서 사상범의 사무에 숙달된 판·검사와 그 밖의 사람이 중요한 임무를 맡게 되는 것이다.

사상보호사는 사상보도관의 보좌로 그의 지휘를 받아 보호관찰의 필요 여부를 판단하는 자료를 조사하고, 또는 보호관찰을 실행하는 임무를 맡는다. 사상보호사는 사상보도관과 달리 보호관찰에 관한 최고의 지도 규준을 정하지는 않지만, 항상 보호관찰과 관계있는 모든 기관-사법보호단체, 경찰, 학교, 직업소개기관, 형무소, 재판소, 검사국 등과 밀접한 연락을 이어오는 동시에 본인과의 절충을 은밀히 한다. 항상 그 사상의 추이에 유의하며 훈육 지도를 맡는 것 외에 직업 보도, 기술 재교육에 관한 배려, 직업소개, 취학과 복교의 배려, 수양기회(예를 들어 강연, 좌담회) 공여, 가정과의 연락 등 보호관찰의 실행에 필요한 모든 사무를 담당하는 것이다.

그러나 피호자의 사회적 지위, 사상침윤의 정도와 심경변화의 양태 등은 지극히 제각각이어서 이러한 절충 자체가 어려운 데다가 외부적인 접촉범위도 지나치게 광범위하여 사상보호사의 지위는 상당히 중요하고 그 책임도 중대하다. 사상보호사는 전임과 촉탁으로 나뉘는데, 촉탁은 사상범의 보호관찰에 지식과 경험이 있는자, 열의가 있는 자, 그 외 적당한 자로 구성될 것이다.

보호관찰소 본소(本所)는 각 항소원 관내에 1개소당 설치되고, 그 외 필요하다고 인정되는 지방재판소 소재지에 출장소를 설치한다.

3) 보호관찰심사회

보호관찰심사회는 사상범보호관찰법 제1조 규정에 따라 보호관찰의 필요 여부와 동법

제5조 규정에 따라 보호관찰 기간갱신의 필요 여부에 관한 사항을 심사한다. 이 두 가지 사항은 모두 인간의 자유 제한에 관한 것이어서 특별히 심사회 결의사항으로 하였다.

3. 보호관찰에 관한 절차

1) 보호관찰에 관한 절차는 보호관찰에 맡기는 절차와 보호관찰의 실행에 관한 절차로 나눌 수 있다. 이 절차에 관한 자세한 내용은 칙령에 의거하여 규정되게 되어 있다(제14조).

2) 보호관찰에 맡기는 절차의 대강을 이야기하면, 사상범에게 기소유예를 처분하고, 형 집행유예 선고를 한 경우, 또는 만기 출옥 혹은 가출옥을 허가한 경우, 관계 관청은 이것을 보호관찰소에 통지한다. 보호관찰소는 각 관청 의견을 참작하면서 보호관찰의 필요 여부에 관한 조사를 끝내고, 필요하다고 사료된 경우에는 보호관찰심사회에 심사를 청구한다. 청구받은 심사회가 필요하다고 인정한 때는 그 취지대로 결의하여 이것을 보호관찰소에 통지한다.

이 점에서 보호관찰소는 본인에게 부여할 보호관찰 내용, 특히 본인에게 준수를 명할 적당한 조건을 정하고, 각각 그 내용에 따라 이것을 집행하게 된다.

이상은 보호관찰에 맡기는 절차의 원칙적인 대강이었다. 그런데 만일 기소유예 처분, 형 집행유예 선고, 가출옥 또는 만기출옥 등의 사유가 있는 경우나 필요한 경우에 보호관찰소는 보호관찰심사회의 결의 이전에 임시로 보호관찰 방법을 정하고 이를 집행할 수 있다(제6조). 이 가처분은 어쩔 수 없는 사유인 경우에 허락하는 것이므로 남용을 피해야 하는 것은 물론 사유의 소멸과 함께 이것을 취소해야 한다(제7조).

다음으로 보호관찰 실행에 대해서도 상세한 규정이 필요하지만 이에 대해서 본법은 두 가지 규정을 두었다. 먼저 하나는 강제동행에 관한 것이다(제8조). 강제동행은 보호관찰에 넘기는 절차인 경우는 물론이고 보호관찰을 실행할 때도 할 수 있다. 물론 보호관찰은 법에 의한 애호(愛護)사상의 한 전개로 강제력을 사용하지 않는 것을 원칙으로 하므로, 강제동행의 적용을 엄정하게 해야 한다는 것은 말할 필요도 없다. 또 하나는, 다른 공무소 또는 공무원에게 촉탁 그 외 필요한 보조를 구할 수 있다는 것이다(제9조). 이 점에 대해서는 특별히 설명할 필요도 없을 것이다.

또한 보호관찰에 맡긴다는 결정 및 보호관찰소가 행한 처분(예외 제11조)에 대해서는 불복신청을 인정하지 않는다.

4. 그 외

1) 위탁비 보급 및 보급비 징수

본인을 보호단체, 사원, 교회, 병원 또는 적당한 자에게 위탁했을 때는 위탁자에게 이에 따른 비용의 전부 또는 일부를 급부할 수 있다(제10조). 이 비용은, '보호관찰소의 명령에 의해 본인 또는 본인을 부양할 의무가 있는 자로부터 그 전액 또는 일부를 징수할 수 있다'라고 한다.

이 명령에 대해서는 비소(非訴)사건 절차법 제208조 규정이 준용된다(제11조 1항). 이상 위탁비 보급과 보급비 징수에 대해 기술한 점은 소년법과 같은 취지이지만, 여기에 현저한 차이가 하나 있다. 그것은 소년법과 달리 위의 징수 명령에 불복한 자에 대해 명령 고지를 받은 날로부터 1개월 내로 통상 재판소에 소송을 제기할 수 있게 한 점이다(동조 제2항). 결국은 인민의 권익 확보 주도를 기하는 동시에 권익 확보를 위한 불복 신청에 관한 재판계통의 정사(整査)를 파악하는 취지로 나온 것이다. 이 출소(出訴)는 집행정지 효력을 가지지 않는다.

2) 사상범 소년에 대한 소년법 배제

치안유지법 죄를 범한 소년에 대한 보호관찰에 대해서는 좀 자세히 살필 필요가 있다. 그것은 사상범 소년에 관해서는 소년법으로 임해야 할지, 아니면 소년법과 본법에 의한 선택적인 여지를 남겨야 할지에 관한 점인데, 본법은 소년법의 보호처분에 관한 규정을 적용하지 않고, 본법만을 적용하기로 했다(제12조). 아마 이런 종류의 소년에 대해서는 일반적인 범죄 소년과 그 교화 방법을 달리하는 경우가 많을 뿐만 아니라, 최근 사상운동에서의 소년 역할의 중요성을 참작하여 위와 같은 규정을 만들었을 것이다.

3) 군인·군촉 등에 대한 제외 사례

본법은 육군형법 제8조, 제9조, 해군형법 제8조, 제9조에 언급된 자에게는 이것을 적용하지 않는다(제13조). 이유는 특별히 설명할 필요도 없을 것이다.

4) 본법의 소급효(遡及效)

앞에서 말한 바와 같이 1928년(昭和 3) 이래, 치안유지법 위반 사건에 의해 기소유예 처분을 받거나, 형 집행유예 선고를 받거나, 가출옥 허가를 받거나, 또는 만기 출옥한 자의 수는 실로 만 명을 돌파하였다. 게다가 이들에 대한 취급은 일본의 사상범 대책으로 지극히 중요하기 때문에 특별히 본법에 소급효를 두게 한 것이다. 그러나 이 소급효를 인정한 결과 이러한 자들에 대해 보호관찰을 실행하는 절차에 대해서는 일반적인 경우와 다른 특별한 취급 방법을 규정할 필요가 있을 것이다.

III. 본법의 형정(刑政)적 의의

본법의 형정적인 의의로 논해야 할 것은 상당히 많지만, 그중 두세 가지에 대해 진술해 보겠다.

1. 석방자 보호사업의 국가성의 긍정

일본에서의 석방자 보호사업은 지금까지는 단순한 민간사업으로 보여 왔지만, 형사정책 이론에 있어 이것을 국가와 사회의 공동사업으로 해야 한다는 것이 논의되었다. 그런데 본법의 출현에 따라 사상범 석방자의 보호사업에 대해서는 그 국가성이 긍정되었다. 물론 정확하게 말하면 단순히 사상범에 한정되고 있지만, 석방자의 보호사업 자체가 국가성을 가진다는 것이 일반적으로 긍정된 일이라고 해도 과언은 아니다.

2. 석방자 보호사업의 제도화

위에서 진술하였듯이 사상범 석방자의 보호사업이 인정된 결과 그 반면에는 본법에 의해 석방자의 보호사업 일부가 제도화되었기 때문에 본법은 석방자 보호사업에 있어 획기적인 의의를 가진다. 그리고 본법을 선구로 하여 일반 석방자의 보호사업이 제도화되는 것은 당연한 귀결이 될 것이다.

요즘의 석방자 보호사업 이론은 보호대상의 확대화와 보호경영상의 합리화에 대한 필요가 외쳐지고 있다. 소위 보호대상의 확대화란 지금까지와 같은 단순히 가출옥자 및 만기 출옥자에만 그치지 않고, 기소유예자와 형 집행유예자도 보호대상으로 해야 한다는 주장이다. 또 소위 보호경영의 합리화란 보호대상의 확대화에 동반하여 보호적격성의 선택에 유의

함과 동시에 특종 보호사업의 발달에 힘을 쏟고, 또한 사업의 운영에 있어 교화적인 사업과 경리적인 사무의 분업을 꾀하고 동시에 보호를 함에 있어 재판소, 검사국, 형무소는 물론 경찰, 직업소개기관, 마을 관청의 복리 기관 등과 아주 밀접한 연계를 체결해야 한다는 것이 요점이다. 그런데 사상범 보호관찰제도 채용에 따라 위에서 언급한 보호사업의 진화 형태가 본법과 그 외의 부수적인 법규에 있어 법문화되는 점도 지극히 중요한 의의가 있다.

3. 일반 형사처분과의 관계

본법 제정이 일반 형사처분에 미치는 영향에 대해서는 반드시 명확하지는 않고, 또 여기에서 상세하게 논술할 수도 없다. 그러나 일반적으로 보아 기소유예 처분, 형 집행유예 선고를 하거나 가출옥 허가 여부는 본인에 대한 앞으로의 보호관계가 좋을지 그 여하에 따라 관계되는 점이 많기 때문에 본법 실시 후에는 이런 처분들이 지금까지에 비해 상당히 증가할 것으로 생각한다.

4. 경찰시찰과의 관계

본법 제정에 따라 사상범 석방자에 대한 보호관찰은 보호관찰소 관장하에 속한다는 것이 명백해졌다. 그래서 설사 그 사상범의 심경 변화가 있다 하더라도 그 상태의 여하에 상관없이 모두 보호관찰 대상으로 취급해야만 한다.

보통 비전향자에게 미온적인 보호관찰을 해서는 그 효과를 기대하기 어려우므로 더욱 경찰적인 시찰로 임해야만 한다는 이야기를 듣지 않는 것은 아니다. 이 논의는 상당히 연구할 만한 가치가 있는 것으로, 일찍이 독일에서 관습법 범인 등을 보호관찰하는 데 있어 격한 논쟁을 한 역사도 있다. 본법에 의한 보호관찰의 목적에서 볼 때는 준전향자 또는 비전향자라고 해도 보호관찰의 열외에 두어서는 안 되는 것은 물론, 오히려 그 대상으로 취급해야 할 존재에 속한다. 특히 종래의 경험에 비출 때는 이런 자라고 해도 이들을 인도하는 길로 데려가면 그 신념을 포기한 예가 반드시 적지 않았기에 이런 점에서 봐도 이들을 보호관찰 대상으로 해야만 한다. 물론 보호관찰 수행에 있어 경찰과 밀접한 연계를 유지해야만 하는 것은 당연한 일이고, 특히 성격적인 비전향자의 취급에 대해서는 경찰과의 협동이 필요한데, 이것이 필요하다는 한 가지의 사유로 비전향자를 보호관찰 열외로 구축해야 한다는 논의는 성립하지 않는다. 나는 오히려 본법의 성립을 계기로 사법보호 영역의 보호 관헌과 경찰 관헌의 관계가 밀접해져 협조가 원활해지는 것을 크게 기대하는 바이다. (사법성)

〈자료 83〉 사상범 보호관찰제도의 필요

[「思想犯保護觀察制度の必要」,[55] 國立公文書館, 1936.4.15. 21~26쪽]

제1. 우려해야 할 사상범의 정세

1. 전향을 받아들이지 않는 공산당 수뇌부의 존재

이치카와(市川),[56] 도쿠다(德田)[57]와 기타 공산당 수뇌부 또는 중심적인 정예분자였던 자 중에는 어떤 고난을 만나도 전향하지 않겠다며 치열한 투쟁의사를 표시하는 자가 있다. 외부에 대한 선동력이 커서 위험성이 상당하다.

2. 그 외 비전향 수용자의 존재

이자들은 수년에 걸친 구금생활에도 전혀 소신을 굽히지 않을 뿐 아니라, 출옥 후의 공산운동에 전력을 쏟아붓겠다는 의지를 고조시키고 있다.

---

55 「思想犯保護觀察法ヲ定ム」,『公文類聚・第六十編・昭和11(1936) 第五十七巻・地理・土地・都市計畫・觀象, 警察・治安警察・雜載』, 일본 국립공문서관.

56 이치카와 쇼이치(市川正一 1892~1945) 일본의 사회주의 운동가. 일본공산당 창립에 참가. 기관지《아카하타(赤旗)》의 편집책임자였다. 1929년 4·16사건으로 검거되었다가 옥중에서 사망했다. 전향하지 않았던 그의 재판 중 진술이 나중에『일본공산주의투쟁소사(日本共産主義闘爭小史)』(1954)로 출간되었다.

57 도쿠다 규이치(德田球一 1894~1953) 1922년 일본공산당 창립에 참가. 1928년 치안유지법 위반으로 검거되어 투옥되었으나 비전향을 관철했다. 패전 후 일본공산당을 재건하고 서기장에 취임했다. 맥아더의 지시로 공직추방을 당하고 북경(北京)에서 사망했다.

3. 소위 일국(一國)사회주의파의 존재

소위 사노(佐野),[58] 나베야마(鍋山),[59] 미타무라(三田村),[60] 그 외 과거 공산주의 운동의 중심이었던 자들도 1933년(昭和 8)에 이르러서는 소위 전향을 표명하였다.

그렇지만 이른바 일국사회주의파의 주장을 검토하면 사유재산제도 폐지를 주장하고 있고, 군주제도 철폐에 대해서도 그 주장 내용이 애매하다. 게다가 이 파(派)는 가까운 장래에 전쟁이 발발할 것을 예언하고, 그 기회를 이용하여 프롤레타리아의 무장 정비를 통해 일거에 국내개혁을 단행하겠다고 공공연히 외치고 있다.

일국사회주의파는 전향파라고는 하지만 실제 정말로 전향하였다고 인정하기는 어렵다. 그뿐만 아니라 이 파는 다른 전향파의 지도적인 입장에 있는 것으로 보이며 외부 사람들도 이들을 대단히 존경하고 있으므로 현재 위험성이 가장 높은 존재로 판단한다.

4. 소위 전향자들의 애매한 태도

소위 전향을 표명하였다고 하는 자들도 그 속내는 여러 가지여서 그중에는 전향을 위장한 자도 있고, 혹은 전향 후의 태도로 보아 후회하고 있는 자도 있다. 그렇지 않고 정말 전향한 자라 해도 그 대다수는 의지가 박약하여 만일 취직 기회를 얻지 못하거나 혹은 생활하는데 희망이 적거나 금후 사회정세의 추이에 따라서는 다시 역전향할 가능성이 매우 크다.

---

58 사노 마나부(佐野學 1892~1953) 일본의 사회주의 운동가로 쇼와(昭和) 초기 일본공산당(제2차공산당)의 중앙위원장을 역임하였다. 동경제국대학 법학부를 졸업한 후 대학원에서 농정학(農政學)을 배우고 동경제국대학을 중심으로 하는 학생운동단체 신인회(新人會) 창립에 참가했다. 1922년에 일본공산당(제1차공산당)에 입당, 제1차공산당사건에 의한 검거를 피해 소련으로 망명했다가 1925년 귀국하여 공산당을 재건(제2차공산당)하는 등 이후 일본공산당을 대표하여 활발한 활동을 전개했다. 1932년 동경지방법원에서 치안유지법 위반으로 무기징역형을 받았으나 1933년 나베야마 사다치카(鍋山貞親)와 함께 옥중에서 전향 성명을 발표하여 큰 반향을 불렀다.

59 나베야마 사다치카(鍋山貞親 1901~1979) 일본의 사회운동가이다. 소학교 졸업 후 선반공으로 일하다가 점차 사회운동에 경도되어 1914년에 결성된 일본의 노동자단체 우애회(友愛會)에 소속되어 활동하다가 일본공산당(제1차공산당)에 입당하여 일본노동조합평의회 결성에 참가하는 등의 활동을 했으며 비합법 정당 시대의 일본공산당(제2공산당) 간부를 역임했다.

60 미타무라 시로(三田村四郎 1896~1964) 일본의 노동운동가. 1926년 일본공산당 중앙위원이 되었고 1929년 4·16사건으로 검거되어 무기징역 판결을 받았으나 코민테른과의 결별 선언을 표명함으로써 징역 15년으로 감형되었다.

제2. 경계해야 할 객관적인 모든 정세

1. 피석방 사상범의 과다

(1) 현재까지의 기소유예, 집행유예, 가석방 또는 만기석방자 수는 약 만 명에 달한다. 또 검거된 자의 숫자는 5만 명이 넘을 것이다. 이들의 사상 경향이 다양하여 사회정세에 따라 좌우된다면 결국 그들을 하나로 통일시킬 수는 없을 것이다.

(2) 특히 비전향자 중에 형무소에서 석방된 자의 수는 매년 점차 늘어나고 있고, 집행유예 선고를 받은 자 중에서 유예기간이 만료된 자의 수도 최근에 갑자기 증가하고 있다. 이러한 현상은 가장 경계해야 할 일이라고 하지 않을 수 없다.

2. 지식계급, 학생층의 공산주의에 대한 애착

학생과 그 외 인텔리계급의 공산사상에 대한 집착은 여전히 강인하기 짝이 없고, 에스페란토회와 그 밖의 회동을 열며 오로지 좋은 기회가 찾아오기만을 기다리고 있다.

3. 비상시의 격화 또는 해소

중일전쟁 이래 소위 비상시는 공산주의 운동을 진압하는데 상당한 효과가 있었지만, 최근 사상범 또는 그 경향이 있는 자는 현재 시국이 더욱 첨예화되어 전쟁이나 기타 급격한 국내 개혁운동이 발발하게 되면 그 기회를 이용할 것이다. 또한 비상시국이 해소되고 민심이 이완되면, 자유주의 사조가 다시 부상할 수 있다. 이때 군수산업의 쇠퇴, 대외 환율 안정으로 인한 무역 감소 등으로 발생하는 사회적 불안을 기회로 삼아, 이를 노리는 자들도 호시탐탐 기회를 엿볼 것이다. 게다가 최근의 시국은 이러한 점에서 볼 때 매우 경계가 필요하다.

4. 최근의 사상범 현상(전향 표명자의 범죄)

이처럼 현재는 사상범이 대기하고 있는 시대라고 봐도 지당할 것이다. 게다가 요즘 사상범죄로 인해 검거된 자를 보면 그중의 많은 자가 전향자였던 것은 전기한 우려를 증명하고도 남는 현상이라고 판단된다.

5. 좌우 양익의 합류 가능성

일본에서의 공산주의 운동은 과거의 힘들었던 경험을 거울삼아 종래의 양립하던 두 가지 슬로건을 기만(欺瞞)적으로 변경하여 운동 방침을 사유재산제도 폐지의 한 가지 목표로 집중시키려는 태도를 보이고 있다. 다른 한편으로는 우익파의 모든 운동 목표와 매우 가깝게 상통하고 있어 좌우 양 계파의 운동이 이 점에서 합류할 우려가 있다. 우익파를 이용하려는 공산주의파의 계획은 상당히 경계할 필요가 있다.

6. 미국공산당의 지원

특히 경계해야 하는 것은 일본공산당이 최근 미국공산당의 지원을 받아 점차 활기를 띠고 있는 추세라는 점이다.

7. 코민테른대회 개최

한편 국제공산당은 작년 7월 모스크바에서 7년 만에 제7회 대회를 열어 새로운 운동 방침을 결정하며 크게 기세를 올렸다. 종래의 경험에 비추어 각국 공산당은 이 대회가 결정한 새 운동 방침에 따라 열렬하게 운동을 개시하는 것이 일반적이고, 실제 일본에 이미 그 징후가 없지 않다.

8. 중국에서의 공산주의 운동 상황

현재 세계의 사상정세를 훑어보면 소비에트, 러시아를 제외하면 공산주의 운동이 가장 왕성한 지역은 중국이다. 그래서 중국의 공산주의 운동은 러시아의 지원과 함께 그 기초도 상당히 강인한 듯하다. 이 점은 중국에 인접한 일본으로서는 가장 경계가 필요하다.

제3. 사상범 대책의 긴요성

이상 진술한 모든 현상을 종합하면 일본의 공산주의 운동은 우려해야 할 정세에 있으므로 이에 대해서 신속하게 각각 적절한 대책을 강구할 필요가 있다.

즉, 비전향자에 대해서는 전향을 촉진하는 방법을 강구함과 동시에 전향을 표명한 자에 대해서도 충분히 감시하고 지도편달함으로써, 그 전향을 확보하여 장래 사회정세의 변화 여부에 관계없이 일본에서 공산주의 운동이 다시 대두하는 일이 없도록 보호관찰 시설을 정비할 필요가 있다고 인정된다.

제4. 현재 사상범보호관찰의 미비 결함

그런데 사상범에 대한 현재의 시찰제도는 미비하고 결함(缺陷)이 많을 뿐 아니라 특히 피석방자에 대한 경찰시찰제도의 경우, 각 행정구역(府縣)에서의 단속 법규 내용이 제각기 달라서 그동안 통일되어 있지 않았다.

규정 자체도 상당히 불완전할 뿐만 아니라 운용된 흔적을 보면 경찰관의 감시 방법도 자주 타당성을 잃고 있어, 겨우 자력갱생의 길을 걸어가고 있는 피석방자의 생활 안정을 빼앗고 그럼으로써 자포자기에 빠지게 하였다. 그에 따라 다시 범행을 거듭하게 하는 실정에 있으니 경찰시찰이 오히려 피석방자의 원한의 대상이 되었다고밖에 볼 수 없다. 그래서 보호사업가는 항상 이런 상황의 개선을 외쳤고, 또 사법·내무당국이 수차례 경고하였음에도 불구하고 그 폐해는 여전히 제거되지 않았다.

일반 석방자에 대한 경찰시찰의 현재 상황이 이와 같고, 사상범 관계자에 대한 시찰은 약간 개선의 흔적이 없는 것은 아니지만 아직 충분하지 못하다. 그래서 각국의 입법 사례, 학자와 실무가는 모두 '경찰감시'를 배격하고 이를 대신할 적당한 보호관찰제도의 수립을 앞장서 주장하였으며 일본 형법의 개정안과 그 제도를 채용하려는 태도를 보이고 있다.

경찰시찰의 실정이 이와 같고, 게다가 사상검사는 공판 입회와 그 밖의 사무에 너무 바빠 보호관찰에 나설 여유가 없으므로, 민간의 여러 유지 중에서 사상범 보호에 종사할 자가 없지 않지만 그 규모가 협소하기 짝이 없다.

결국 모든 점에서 피석방자에 대한 보호관찰은 그 목적에서 벗어난 실정에 있으므로 새롭게 보호관찰제도를 채택하고 보호관찰소를 설치하며 사상보도관, 사상보호사 및 사상보호심사회를 둠으로써 피석방자가 다시 죄를 범할 위험을 방지하고 동시에 피석방자로 하여금 본업에 종사할 수 있도록 적당한 처치를 할 수 있게 하고자 이에 사상범보호관찰법을 제정하려는 것이다.

〈자료 84〉 사상범 보호에 관하여

[오사베 긴고(長部謹吾),[61] 1937.3, 「思想犯の保護に就て」, 『司法研究』 報告書 제21집 10, 司法省 調査課]

1장 본 법 제정에 이른 객관적 제(諸) 정세 (생략)

2장 외국 입법과 본 법 제정의 경과 (생략)

3장 좌익사상범의 발생 원인과 전향

1. 좌익사상범의 기인
2. 전향의 경과
3. 전향의 구체적 원인
4. 전향의 내용
5. 비전향의 원인
6. 부인, 소년소녀 및 식민지 민족의 운동과 전향
(1) 부인 운동과 전향
(2) 소년소녀에 관한 운동과 그 영향 (이상 생략)

(3) 식민지 민족의 운동과 그 전향

 식민지 민족의 공산당 운동은 조선, 대만, 류큐(琉球)에서 일어났다. 이 가운데 류큐는 비전향자 아무개(특별히 익명으로 함)가 스스로 나는 류큐인이지 일본인이 아니라고 주장하는 것이므로 문제 삼을 정도는 아니다. 대만도 5, 60명의 처분자가 있는데 모두 대단한 정도는 아니다. 가장 문제는 조선이다.

---

[61] 오사베 긴고(長部謹吾 1901~1991) 일본의 검찰관. 최고검찰청 차장검사, 최고재판소 판사 역임. 이 글을 쓸 당시에는 사법연구 제2부 제11회 연구원, 나고야(名古屋) 재판소에 검사로 재직 중이었다.

조선인

조선인의 좌익운동에 대해서는 내지의 조선인 운동과 조선반도 및 외국의 조선인 좌익운동을 나누어 살피는 것이 편리하다.

내지의 조선인 운동은 1929년(昭和 4) 말 일본조선노동총동맹이 전협조직 하 산업별 조합으로 각각 합류 및 해소를 발표한 이래, 일본공산당 지도하에 내지인과 공동투쟁을 해 왔다. 1932년(昭和 7) 만주사변, 상해사변 이후 내외정세의 긴박함을 파악하고 일본공산당은 제2차 세계전쟁의 불가피성을 주장하면서 대중화를 도모하였다. 이후 식민지 해방을 목표로 당과 동맹에 대한 가입자가 증가하였고 공산주의에 대한 확고한 인식이 없는 노동자들도 민족감정을 포착한 선전이 용이해짐에 따라 조직의 산하로 들어와 한때 비정상적으로 활기를 띠었다. 사노·나베야마 탈환계획, 조선공산당 재건 투쟁협의회 결성 등 조선인들만으로 행하는 불온 흉폭 계획이 끊임없이 일어나게 되었다.

그러나 1933년(昭和 8) 말 일본공산당 린치 사건을 계기로 점차 퇴조하는 기운이 일어나더니 1935년(昭和10)에는 조직 실체가 괴멸하는 상태에 처하게 되었고 활동도 종식을 맞이할 지경이 되었다. 그런데 그와 동시에 내선융화 표방 단체, 친목회, 동향회, 소신문 등 각종 그룹 결성의 형태로 극좌분자의 활동이 나타나고, 기타 일본총국 관계자의 출옥을 중심으로 혁명적 투쟁을 본위로 하는 계급투쟁단체의 결성운동이 일어난다. 또 언문신문 『조선신문』을 발행하여 도쿄 방면의 융화 단체, 친목 단체에 대한 독자망의 확립, 간사이(關西) 방면으로의 비밀 파견, 지방지국 확립 및 신문의 합법적 지면을 이용한 분산된 좌익전선의 통일, 조직결성 계획, 각 지방의 합법조합 등에서의 좌익전선통일운동이 일어나 오늘날에 이르고 있다. (생략)

조선반도에서 조선인 전향자는 일반적으로 넓은 의미에서 사상범으로 검거된 자가 1925년(大正 14)부터 1936년(昭和 10) 9월까지 34,210명이다. 그중 20,670명이 기소 및 기소유예의 사법처분을 받았다. 사상범이라 할 수 있는 자 중에서 치안유지법으로 검거된 자는 15,854명이고, 이 중에 사법처분을 받은 자는 4,938명이다. 기소유예는 2,428명, 기소는 2,510명이다(이 중 집행유예는 859명이다). 또 치안유지법 위반자의 석방자 중에 82%는 취업했고 13%는 생업이 없으며 5%는 미상(未詳)이다.

조선반도에서 조선인 전향자라 불리는 자는 조선 당국의 조사에 의하면 1930년(昭和 5)부터 1935년(昭和 10)까지 2,137명이고, 이 기간 동안 사법처분을 받은 총 인원의 약 25%에 불과하다. 게다가 전향자라고 불리는 자들 가운데 역전향(逆轉向)을 한 자는 221명으로 전향자의 약 1할에 해당한다. 이러한 사실은 내지에서 내지인 전향 비율 및 역전향 비율과 비교했을 때 느끼는 바가 크지 않을 수 없다.

전향 동기에 대해서 총독부의 농촌진흥운동의 활동을 하는 전향자 86명을 조사한바 다음과 같이 보고되었다.

자각 50
관의 사상선도 16
관의 알선에 의한 취직 5
가정애 8
은사(恩赦) 감형 2
기소유예 1
수형 고통 1
복역중 교화 1
가산 탕진 1
선전(鮮展)입선 1

역전향의 원인에 대한 조사에서는 221명 중에 다음과 같이 보고되었다.

주의자의 권유 및 선동 108
주의자의 압박 28
가정적 결함 22
환경에 대한 불평 21
공산주의 사회 실현을 재신봉 12
생활고 10
출옥 후의 취직난 5

자포자기 3

구동지의 권유 2

좌익서적의 구매 2

출옥 후 세인의 냉대 1

동지에 대한 책임감 1

위의 전향 원인 중 '자각'의 내용이 내지인의 경우와 다를 뿐 아니라, 전반적인 원인도 내지인과는 완전히 다른 경향을 보인다는 점에 주의해야 한다. 그런 의미에서 이번 항목의 말미에 대만인의 전향 상신서와 함께 조선인의 전향 상신서를 게재하고자 한다. 이러한 상신서 중에서 드러나는 공통적인 요소는 반도인과 기타 식민지 민족에 대한 일반 정치 방침 및 사상범 처우에 관한 일정한 실마리를 제공할 것이다.

조선인의 사상 문제는 내지인의 경우와 구별해서 생각해야 한다. 단적으로 말하면 내지인의 경우, 정의감에서 출발하여 개인주의적 자유주의에 기반을 두고 자본주의의 결함에 대해 분기함으로써 사회개조를 목표로 공산운동을 일으킨 자로서, 마르크시즘 이론 연구로부터 운동에 들어간 이들이 주류를 이룬다. 반면, 조선인의 경우 그 목표는 민족 독립과 개인적인 경제적 불만에 있으며, 마르크스주의 이론 연구 과정을 거치지 않고 곧바로 실천 운동에 뛰어든다. 즉, 조선인에게는 민족 문제가 철저히 중심에 있으며, 그 목적을 관철하기 위해 공산주의 운동을 실용적이고 편리한 수단으로 받아들인다. 다른 한편 개인적 경제생활의 불평을 채우는 도구로써 운동에 참가한 자가 많다고 판단된다. 따라서 조선인의 경우, 우선 조선민족의 성격, 역사, 습관을 연구하면서 접근하지 않는다면 진정한 대책은 어려울 것이다. 예컨대 전향 문제에 있어 동일한 만주사건의 객관적인 원인 및 영향을 둘러싸고 내지인의 경우와 조선인의 경우에 그 내용이 다를 수밖에 없다. 내지인의 경우는 자신의 민족 우수성을 자각하고 발전성을 파악하는 것에 있는 반면, 조선인의 경우는 의지하고 신뢰해야 할 일본을 인식하고 자각하는 것에 있는 것이 아니겠는가. 만약 내지인이 파악한 일본정신의 앙양이라는 내용 그대로를 조선인에 대해서도 부여한다면, 굶주린 이에게 옷을 건네는 식이 되고 말 것이다.

원래 조선민족은 결코 어리석지 않다. 수학, 물리 등의 형이하학 방면을 제외하고는 매우 영리한 요소를 겸비했다. 또 형이상학의 학문을 즐긴다. 이론투쟁도 선호한다. 경성제대의 법학·문학·경제학의 조선인 학생들은 우수한 성적을 거두는 이가 적지 않다. 그러나 이 학생들이 사회에 나와 일하게 되면 내지인보다 훨씬 뒤쳐진다. 물론 사회적으로 불리한 조건도 고려해 주어야 하지만 근본적인 이유가 거기에 있는 것이 아니라 그들의 민족적 결점에 있는 것이다. 첫번째 결점은 개인주의다. 두 번째는 협조심이 부족하다. 세 번째는 노력하지 않는다, 네 번째는 양심이 없다, 다섯 번째는 감사하는 마음이 없다. 개인주의 때문에 권리의 주장을 결코 양보하지 않으니 소송을 매우 좋아한다. 싸움과 언쟁도 마다하지 않는다. 반면 의무수행을 게을리하면서 태연하다. 협조심이 부족하기 때문에 단체생활과 공동사업을 조선인에게만 맡기면 어김없이 서로 파벌을 만들고 반발하여 공동의 목적을 이루는 생활에는 도달하지 못한다. 노력하지 않기 때문에 생활과 문화를 향상시키기 어려우며, 현실주의 및 유물주의로 흐르기 때문에 좀처럼 양심적으로 발달하는 활동이 되지 않는다. 감사하는 마음이 없으므로 겸양과 반성이 동반하지 않은 채 항상 자신의 노력을 돌아보지 않고 성과만을 바란다. 따라서 기회주의, 의존주의로 흐르기 쉽고 자존감과 자부심이 결여되었다고 보인다. 이러한 결점은 그들이 오랫동안 일본, 중국, 러시아와 같은 강국 사이에 끼어 현명한 통치자를 갖지 못한 채 늘 외국의 압력과 내부의 핍박을 받아온 불행한 역사의 소산임에 틀림없을 것이다. 만약 이러한 추론이 틀리지 않다면 조선인들의 민족적 결점을 교정하는 일이 결코 오십 년, 백 년으로는 될 수 없을 것이다. 그러나 이 불행한 민족을 세계문화의 표준으로 앙양시킬 능력을 겸비하고 또 그러한 위치에 있는 것이 다름 아닌 우리 일본이 아니겠는가. 만약 5백 년의 시간이 걸리고 또 그로 인해 일본 민족이 막대한 희생을 치른다 해도 이를 위해 노력한다면 한국을 병합한 의의가 있을 것이며, 일본 민족의 이상을 이루게 될 것이다.

 조선인 사상범의 전향 문제의 취급 또한 이러한 조선통치의 방침과 기조를 같이 한다. 그렇지 않다면 조선인 사상범의 지도보호는 성공하기 어렵다고 판단한다. 조선인 사상범은 민족문제를 중심으로 삼기 때문이다. 다시 말하자면, 일본 민족의 특수성의 자각은 조선인 전향의 경우에는 근본적인 요소가 될 수 없으며, 일본 민족의 새로운 사명이라는 문제가 전향의 내용이 되어야 하고 또 충분한 가능성이 있다고 믿는다.

 첫째, 그들 민족이 국제정세 속에서의 자신의 지위와 처지에 관한 올바른 자각을 촉구하고 독립운동의 가능성과 이해(利害)를 현실적으로 인식시킴으로써 그들에 대한 일본 민족의 위대한 이상을 이해시켜야 한다.

둘째, 사회조직, 특히 경제문제를 중심으로 하는 이론에 관해서는 내선(內鮮)에 대해 규칙을 달리하지 않으므로 유물론적 변증법, 유물사관을 청산시켜야 한다. 이를 위해 고려할 수 있는 방도가 두 가지 있다. 첫 번째는 종교 문제이고 두 번째는 교육 문제이다. 종교 문제를 볼 때 조선에는 거의 종교가 없다시피 하다. 불교는 사원이 있지만 민중 생활과 동떨어져 있고 사령(寺領)을 소유함으로써 계급적인 생활을 함에 불과하고 심각한 곳은 음식점을 경영하기도 한다. 민중 생활에 지도적 활동을 하지 못할 뿐 아니라 관혼상제도 또한 일부 부유층에 대해서만 행할 뿐 일반 민중에는 관여하지 않는다. 기독교가 가장 활발하지만 대체로 미국인 선교사가 지도하고 경영하는데, 관찰한 바에 따르면 과거 조선의 사상 사건 역사를 비추어볼 때 과연 순수하게 종교적 전도인지의 여부를 의심해볼 여지가 충분하다. 그 밖에 조선 특유의 종교는 모두 이른바 유사종교의 범주를 벗어나지 못하며, 조선인의 문화 향상에 전혀 기여하지 못한다는 것을 그들도 잘 알고 있는 바이다. 게다가 최근 미국 장로회 선교사들은 조선반도 내의 미션스쿨에서 물러나려고 한다. 이러한 때 일본에서 일본화한 일본기독교와 불교 등을 제시하여 진정한 종교 부활을 도모해야 할 것이다. 교육문제 또한 그러하다. 우선 총독부가 적극적으로 미국파 학교, 특히 중등전문학교(약 만 오천 명의 학생을 보유함)를 인수, 경영함으로써 앞서 언급한 조선의 민족적 결점을 교육을 통해 교정을 수행한다. 성인사회의 교육은 이처럼 역사적 민족적 영향이 있는 경우에는 매우 곤란하다. 유일한 방법은 어린아이때부터 키워가는 것이라고 믿는다.

셋째, 내지 거주 조선인의 처우와 반도의 통치 방침을 별도로 생각할 필요가 있다. 내지의 조선인은 최대한 내지인에 동화시켜야 한다. 절대 동화되기 어려운 자는 반도로 송환시키는 수밖에 없다. 그러나 반도 통치는 조선민족의 역사, 습관, 풍속에 따라 위대한 일본 민족의 신사명 실현에 의거하여 정책을 실시하는 것이 바람직하다. 따라서 전향 문제도 이러한 지도정신에 따라 내지와 반도를 나누어 판단하고 각각 지도보호가 이루어져야 할 것이다.

넷째, 조선민족의 사상범이 다른 한편에서 개인적인 경제생활의 불만에서 출발하는 자가 내지인과 비교되지 않는다는 점을 잊지 말아야 한다. 다시 말하면 조선인의 보호지도에 있어 사회복귀, 생활 안정의 문제는 내지인의 경우보다 훨씬 중요하게 평가되지 않으면 안 된다.

요컨대 조선인의 경우, 한편으로는 일본 민족의 위대한 포용력 있는 이상(理想) 정신의 국가적 실력 발현과 개인적 태도의 개량을 통해, 국제정세 속에서의 자신의 올바른 지위를 인식하게 만들어야 한다. 다른 한편으로는 경제조직에 관한 이론의 올바른 인식과 개인생활의 안정을 도모하는 것이 전향 및 보호지도의 근본정신이 되어야 할 것이다.

7. 전향의 본질과 기준

(1) 전향의 본질

전향에 대해서는 대체로 세 시기로 나뉘고 각 시기에 따라 특징적인 양상을 보인다는 점은 이미 언급한 바와 같다. 이렇게 세 가지로 시대에 따라 나타나는 양상이 상이한 이유는 주로 당시 일본사회가 놓인 정세, 그리고 전향자와 공산주의 운동 사이의 힘 관계에 따른 것이다. 즉, 이러한 힘 관계가 전향자의 의식 정도, 태도 표명의 형식에 커다란 제약을 주었기 때문인데 전향의 본질이 다르기 때문은 아니다. 나아가 각 시대를 통해 전향자들 사이에 일관되게 흐르는 정신을 인지하는 것은 어렵지 않다. 전체 전향자들에게 일관되게 흐르는 정신은 '일본인으로서의 자각'이다.

공산당원도 본래 일본인이라는 자각을 갖기 마련이다. 이 국토에서 태어나 이 나라의 전통 속에 자라고 이 나라의 교육을 받은 이상, 그들 역시 본래는 일반 국민과 마찬가지로 일본인임에 틀림없다. 다만, 충분한 비판 없이 열광적으로 신봉한 공산주의 이론이 그들의 의식 표면에서 이러한 민족성과 국가성을 말살한 것이다. 따라서 여기서 말하는 '일본인이라는 자각'은 일시적으로 망각하고 감추어졌던 의식의 부활, 또는 재인식이므로 원래 없던 것을 창조하는 것이 아니다.

민족의식을 감추고 상실시킨 힘은 이론적으로는 마르크스주의 이론의 초국경성(超國境性)에서 나오고, 또 실천적으로는 코민테른의 관념적 인터내셔널리즘에 의한 것이다. 즉 마르크스주의 이론에 의하면, 경제학 이론에 기초한 계급투쟁론은 자본주의 사회의 운동법칙으로 연구실 안에 갇힌 추상적 이론임에도 자본주의경제가 지배하는 한 어떤 민족이든 어떤 국가든 상관없이 꼭 들어맞게 되어 있다. 그래서 이 이론의 공식적인 이해에 따르면 실천에 있어 민족적 전통과 국가적 특수성을 무시하거나 적극적으로 부정하는 태도로 나타나게 되는 것이다. 코민테른은 프롤레타리아 승리를 위한 국제적 조직이며 각국 공산당의 독립성을 인정하지 않는다. '코민테른 일본지부 일본공산당'이라는 공식 명칭이 나타내듯 코민테른을 떠나서 일본공산당은 존재하지 않는 것이다. 이러한 실천에 있어 철저한 인터내셔널리즘은 세계적 관점에 서서 계급적 이익을 위해 일국의 노동자와 공산당의 이익을 희생해야 한다고 가르치고, 각국 공산당은 코민테른의 최고 지도부의 지령에 절대적으로 복종할 의무를 가진다. 이상과 같은 마르크스주의 이론의 초국경성과 코민테른이 인식하는 인터내셔널리즘은, 공산당원에게 '국가와 민족'에 대한 의식을 점차 희박하게 만들고 적극적으로 이러한 의식을 배척하고 청산하는 노력을 의식적으로 하게 한다.

이러한 '민족과 국가'의 특수성을 배제하는 이론 및 행동은 서구의 사회조직과 매우 상이한 일본에서는 모순을 낳고 실패를 초래할 것임이 명백하다. 이미 전향의 역사적 설명에서 언급했듯이 초기의 전향자는 먼저 어떻게 일본공산당이 실패했는가 하는 비판에서 시작하여 그다음에는 어떻게 공산주의 이론을 일본의 특수성에 적용할 것인가라는 노력으로 이어졌고, 수많은 고뇌의 결과로 코민테른에서 분리하여 군주제 폐지 슬로건을 철회하는 등의 결론에 도달하게 되었다. '군주제 폐지 슬로건 철회', '코민테른에서의 분리'라는 두 가지 항목은 공산주의 이론 중 가장 중요한 부분을 부인하는 것이자 세계공산주의 조직에 대한 반항을 포함하는 것이다. 이렇게 이론의 초국경성과 조직의 인터내셔널리즘을 포기하게 되었고 일본 민족과 일본 국가의 특수성에 대한 정당한 인식과 평가가 일어나게 되었다. 그다음 단계의 전향의 과정에서도 표면적으로 여러 가지 차이가 있었지만 거쳐 가는 심리적 과정은 이와 동일했다.

따라서 전향에 도달하는 과정을 요약하면, 일본의 특수정세 속에서 공산주의 운동에 대한 모순을 느끼면서 파탄이 생긴 것이 계기가 되었고, 지금까지 의식의 배후에 감춰져 있던 '일본인이라는 의식'을 각성하고 성장함으로써 마르크스주의의 초국경성과 코민테른의 추상적 인터내셔널리즘을 정복한 것이라고 할 수 있다. 그러므로 전향의 본질은 '일본인이라는 자각'과 마찬가지이다.

(2) 전향의 기준

전향자들이 일본인이라는 의식을 얼마나 뚜렷하게 파악했는가 하는 것은, 전향의 시대적 차이, 개인적 처지에 따라 천차만별이다. 앞서 언급한 바와 같이 실천적 실패로 인해 공산주의 이론에 대한 근본적인 비판으로 나아가 마침내 정신적 영향에서 완전히 탈피한 높은 단계에서부터 단순히 공산주의 운동에 혐오의 감정을 느끼고 지도자의 전향에 쪼르르 합류한 낮은 단계까지 그 사이에 위치하는 다양한 종류의 의식 단계가 존재한다.

그렇지만 이들 모두를 '전향'으로 인정해도 무방하다. 왜냐하면 가장 낮은 단계라 할 수 있는 공산주의 운동에 대한 감정적 혐오와 반발 또한 그 근저에 있는 '일본인이라는 자각'이 그렇게 만들었기 때문이다.

만약 그러한 자각이 지극히 애매하더라도 공산주의에 대한 혐오와 반발은 지금까지 가려져 있던 민족의식이 이미 생겨난 것으로 볼 수 있다. 그리고 한번 자라난 일본인이라는 자각의 맹아는 급속하게 성장하기 마련이다.

전향과 비전향을 구분하는 선은 '일본인이라는 자각'을 시작했는가 여부에 있다. 이밖에는 달리 판단할 방법이 없다. 구체적으로는 이론적이든 감정적이든 공산주의 운동에 반대 입장을 취하는 것으로써 표현된다. 공산주의에 대한 이론적 비판의 태도 여하로 전향과 비전향을 구분하자는 주장도 있지만, 어느 정도의 비판을 가지고 전향이라고 간주할 것인가 하는 표준을 이론적 비판 정도에 둔다는 것 자체가 불가능한 일이다.

특히, 지도적 위치에 있던 자와 일반 당원은 공산주의 이론을 파악하는 정도가 상당히 차이가 나고, 공산주의 이론을 몰라도 공산당 슬로건에 찬성한 자를 당원으로 받아들이던 시대에 일반 당원이던 전향자에게 명확한 이론적 비판을 요구하는 일은 무리일 것이다.

(3) 사법성의 전향 분류

1933년(昭和 3) 12월 형행국장 통첩, 행갑(行甲) 제1731호「치안유지법 위반 수형자에 관한 조사의 건」에서 개전 상태 분류 및 약호(略號)의 규정은 다음과 같다.

1) 전향자

전향자란 국체 변혁은 물론 현재 사회제도를 비합법 수단으로 변혁하려는 혁명사상을 포기한 자를 말한다.

(가) 혁명사상을 포기하고 일체의 사회운동에서 이탈할 것을 서약한 자[약호(가)]

(나) 혁명사상을 포기하고 장래 합법적 사회운동에 진출하려는 자[약호(나)]

(다) 혁명사상을 포기했지만 합법적 사회운동에 대한 태도는 미정인 자[약호(다)]

2) 준전향자

(라) 품은 혁명사상에 동요를 보이며 장래에 포기할 가능성이 있는 자[약호(라)]

(마) 혁명사상은 포기하지 않았지만 장래에 일체의 사회운동에서 이탈할 것을 서약한 자
   [약호(마)]

3) 비전향[약호(바)]

- 전향(준전향 포함)의 동기 분류 및 약호

  (1) 신앙 약호 ①

  (2) 친족애 및 기타 가족 관련 약호 ②

  (3) 공산주의 이론의 청산 약호 ③

  (4) 국민적 자각 약호 ④

  (5) 성격 건강 등 신분 관련 약호 ⑤

  (6) 구금에 따른 후회 약호 ⑥

  (7) 기타 약호 ⑦

- 구체적인 전향의 분류에 관한 견해

전향은 사상의 변환이다. 하나의 사상을 버린 것만으로 아직 전향이라고 할 수는 없다. 그것은 몰락에 지나지 않는다. 하나의 사상을 포기함과 동시에 그것과는 다른 방향의 사상으로 나아가야 한다. 그러므로 전향은 그 자체로 하나의 사상운동이다. 단순히 사상 상태의 정관적(靜觀的) 관찰에서 사용하는 용어가 아니다. 전향은 동적인 것이다. 적극성을 띤다. 사회적으로 국민 일반의 사상 상태와 관련성을 가지지 않을 수 없다. 국민 일반의 국체·국가·민족에 대한 구체적인 인식이 상승한다면 전향의 내용 또한 상승할 수밖에 없다. 따라서 공산주의에 대해서도 공산주의를 버렸다는 것만으로 전향이라고 할 수는 없다. 또 이를 전향이라고 할 수 있다고 해도 최하위의 전향에 지나지 않는다. 공산주의를 무엇인가로 대신하고, 또 그 무엇인가는 일본이 나아갈 길, 즉 일본적인 것이어야 한다. 공산주의를 신봉하고

운동에 참가했던 사람에게 일체의 사상과 사회운동에 대한 무관심을 명하는 것은 운동 참가 동기, 특징, 현재 일본의 사회정세 등에 비추어 볼 때 불가능을 강요하는 일이다. 그들은 과오를 청산하고 우수한 재능과 사회적 관심, 정의감, 인내심, 노력, 희생정신, 이타심(沒我心)을 국가와 사회를 위해 동원한다. 여기에 사상범 보호의 특수성과 의의가 존재하는 바이다. 결국 사상범 전향은 국민 지도와 사회 지도 분자를 양성하는 과정에까지 도달하는 것이 가장 이상적이고 발전적이다.

이렇게 전향에는 많은 단계가 있다. 여기서 한 가지 주의할 점은 전향의 기준을 사회운동과 사회활동의 유무에 두고 이를 가장 우선시하고, 사상의 지도 요소를 그다음으로 여기는 위험성이다. 객관적으로 볼 때 동일한 사회적 행동이지만 그 사람이 품은 사상에 따라 일본적인 것이 되기도 하고 반일본적인 것이 되기도 하는 것이다. 예컨대 노동조합 결성의 경우, 사상적 근거가 일본정신에 기초한 것인지 마르크스주의 지도이념에 기초한 것인지에 따라 외부에 나타나는 행동이 동일하더라도 그 내용과 장래의 진로는 전혀 정반대의 것이 된다. 또 학내 문화운동의 경우, 지도 정신에 따라 일본문화의 향상으로 이어지는 경우가 있고 마르크스주의 운동의 온상이 되기도 한다. 특히 근래 좌익운동이 신전술을 채택함에 따라 합법적 영역에서의 활동을 목표로 하는 이상 그러한 선별은 매우 중요하지 않을 수 없다.

따라서 전향과 비전향에 대해서는 일본정신에 대한 자각 여부에 따라 변별하고, 또 분류 순서에 대해서는 전향자의 적극성에 따라 우선 순위로 하고 준전향자, 비전향자에 대해서는 적극성에 따라 후순위로 해야 한다.

이와 같은 방식으로 생각할 때 전향의 분류에 관한 시안(試案)을 제시해 보고자 한다.

1) 전향자
(가) 혁명사상에 대해 이론적으로 주의 청산(이념 청산)을 하고 일본 국민정신을 자각하였으며 그러한 입장에서 국가사회를 위해 적극적으로 공헌할 것을 결의한 자.
(나) 혁명사상을 포기하고 일본 국민정신을 자각하였으며 장래의 일체 행동을 그러한 입장에서 규율로 삼을 것을 결의했으나 아직 적극적으로 국가사회에 공헌할 노력을 할지 여부가 불분명한 자.
(다) 혁명사상을 포기하고 일본 국민정신을 자각하였으며 일체의 사회운동에서 물러나

평화로운 일개 시민, 국민이 될 결의를 한 자.

2) 준전향자

혁명사상에 동요가 일어남으로써 향후 이를 포기할 가능성이 있지만 아직 일본 국민정신을 자각하지 못하고,

(라) 장래 일체의 사회운동에 참가하지 않을 것을 서약한 자.
(마) 장래 일체의 사회운동에 참가할지 여부가 불분명한 자.
(바) 장래 사회운동에 참가할 것을 결의한 자.

3) 비전향자

(사) 혁명사상의 정당성을 인정하지만 현재의 사회정세 또는 자신의 처지로 인해 장래 혁명운동에 참가하지 않을 것을 서약한 자.
(아) 혁명사상의 정당성을 인정하고 철저하게 혁명운동을 수행할 것을 결의한 자.

4장 본 법과 일본정신(생략)

5장 좌익사상범의 특질과 보호

1. 사상범 보호의 지도정신

사상범 보호는 전향을 중심으로 전개한다. 이미 전향의 현상(現象)이 있고 또 그것이 가능하기에 사상범 보호의 국가적 가치가 특히 강조되는 것이며, 전향을 완성시킴으로써 사상범은 그 보호의 목적을 달성하고 국가에 쓸모 있는 인재가 될 수 있기 때문이다. 전향 문제를 제외한 다른 구체적인 보호의 방법은 적어도 사상범에게 있어서 그들을 전향시키거나 전향을 향상·발전시키기 위해 필요한 방법에 지나지 않는다.

따라서 사상범 보호의 지도정신을 알기 위해서는 좌익운동의 동기와 발전, 전향의 동기와 내용, 그리고 기존 사상범에게 행해 온 보호 발생의 원인, 발전 및 장래의 전개를 조사할 필요가 있다. 좌익운동과 전향에 대해서는 이미 상세히 언급했다. 여기서는 보호의 역사와 장래의 전망을 서술하고 보호의 지도정신을 알아보고자 한다.

- 사상범 보호의 역사적 발전

일본의 공산주의 운동은 1928년(昭和 3) 3·15사건 이후 거대 세력으로 발전해 왔는데, 전향 현상은 검가 당시 때부터 이미 나타나고 있었음은 이미 언급한 바와 같다. 하지만 그에 대한 보호지도의 측면은 당시 일반적으로 사상범은 확신범이었기에 그 효과의 유무가 문제시되어 전혀 손댈 수가 없었다.

그러나 사상운동에 참가한 이들의 경로를 따라 상세히 들여다보면 현재 자본주의 및 사회조직의 다양한 결함을 젊은이들이 시정하려고 한 의도를 발견하게 된다. 또 그들이 애초에 바란 것은 인도주의적인 것이었고 일본적인 요소도 다분히 포함되어 있었음을 발견한다. 그런데 그들은 사상과 운동의 발전에 따라 점차 마르크스주의의 공식을 충분히 민족적 특수 사정에 따른 비판을 거치지 않은 채 받아들이게 된 것이다. 그러므로 일본의 공산주의는 벼락치기를 면할 수 없었다. 이에 일본에서는 전향 문제가 공산주의 운동의 발전과 함께 발생하고 성장했으며 마침내 오늘날에는 전면적인 전향의 시대가 되어 한편으로는 공산주의 운동이 하나의 힘으로써 패배하기에 이르렀음은 앞서 언급한 바와 같다. (중략)

- 보호자의 태도

사상범 보호의 지도 정신은 일본정신이며 이 법 또한 이러한 정신에 기초해서 제정된 것임은 이미 상세하게 밝힌 바와 같다. 그러므로 사상범 보호를 담당하는 이는 일본정신에 기초하여 보호관찰을 실시한다.

일본정신에 기초한 보호관찰이란 무엇을 의미하는가. 그것은 첫째, 보호자가 먼저 올바른 모습의 일본인으로 돌아가야 한다. 그렇다면 어떻게 올바른 일본인의 모습으로 돌아갈 수 있는가. 방법은 간단하다. 즉, 반성과 실천밖에 없다. 사상범은 스스로 자기비판하고 그것을 일상의 실천에 옮김으로써 일본인이 되고 또는 되고자 하는 것이다. 이러한 명료한 사실이 우리들에게 보호자로서 지녀야 할 기본적인 태도를 가르쳐 준다. 반성이 없는 곳에 자각은 없다. 사람은 타인의 결점은 잘 안다. 그러면서도 자신의 결점은 전혀 알지 못한다. 자기비판을 하는 사람은 어떻게든 자기 결점을 자각한다. 그것이 진보의 첫걸음이다. 자만과 교만 앞에 양심은 머물지 않는다. 반성했을 때 비로소 겸허해진다. 겸허해질 때 비로소 사물의 진상이 눈에 들어오고 귀에 머무는 것이다. 보호하고 관찰할 상대의 특성과 사상 상황, 또 그에게 행할 구체적인 보호 방법도 그러한 경지에 이르렀을 때 비로소 이해할 수 있다. 스스로 관념적으로 쌓아 올린 사상의 해석과 대책을 가지고 게다가 그것은 종종 독단적인 요소가 다분하여 상대의 구체적인 경우를 이해하지 않은 채 강요함으로써 수많은 실패의 원인이 될 수 있다. 먼저 상대가 모든 것을 다 말하게 하라. 그리고 상대의 입장에서 그것을 경청하라. 그러할 때 상대가 무엇을 바라는지 가장 잘 이해할 수 있을 것이다. 그때까지 말을 막지 마라. 보호의 실패자 대다수는 상대가 일을 말하는데 열을 말함으로써 상대의 말을 막는다. 그리고 그가 바라는 것이 일본적인 것이라면 전력을 다해 이를 제공하라. 만약 불행하게도 그것이 비일본적인 것이라면 그와 더불어 슬퍼하라. 그리고 비일본적인 것을 바라게 된 원인을 그와 함께 고민하라. 알 때까지 알게 할 때까지 고민하라. 이렇게 할 때 비로소 그는 자신의 비일본적인 부분을 자각할 것이다. 야유하고 질책하고 정정한다면 그것은 결렬되고 말 것이다.

둘째, 보호자의 실천이다. 보호자가 아무리 일본정신, 인도(人道), 도덕을 설파한다 해도 그가 공사(公私)를 불문한 모든 부분에서 비일본적인 행위를 한다면 비보호자는 그의 말에 귀를 기울이지 않을 것이다. 사람의 마음을 움직이는 것은 말이 아니다. 그 사람의 실행이다. 그들은 민감하다. 세상에 얼마나 많은 위선자가 존재하는가를 지적한 그들이다. 그러니 행동으로 인도하는 마음가짐이 절대적으로 필요하다. 그러나 보호자는 신이 아니다. 반드시 잘못이 있을 것이다. 그 때는 그들에게 솔직하게 사죄하라. 마음으로부터 참회하라. 그것이 잘못에서 벗어나려고 하는 그들의 마음을 붙잡을 유일한 방법이다. 그렇게 함으로써 오히려 그들이 보호자에게 친숙하게 만들고 마음을 열게 할 것이다.

셋째, 항상 동기가 순수해야 한다. 아무리 잘 관찰하고 행위에 잘못이 없더라도 동기가 불순하다면 일본적이지 않다. 목적과 수단의 정당함은 많은 행위를 정의롭게 보도록 할 것이다. 게다가 진정 일본적인 것이 되기 위해서는 동기 또한 올바른 것이 되어야 한다. 동기의 올바름은 순수함이다. 순수함은 모든 것을 이긴다. 순수함을 기만하는 자는 고뇌가 깊을 수밖에 없다. 그러한 고뇌는 결국 참회를 초래하는 방편이 될 것이다. 교활함과 불순함을 무색하게 만들었을 때 사람은 후회보다는 승리의 만족감을 느낄 것이다. 항상 순수해야 한다.

넷째, 보호자의 피보호자를 대하는 태도이다. 해당 보호자가 보호관찰소의 직원, 즉 보도관, 심사회 위원, 보호사, 서기인 경우, 특히 관료적인 태도를 버려야 한다. 그들의 대다수는 아마 현재 검사, 판사, 재판소 서기, 경찰 관리, 형무관 등의 관리이거나 관리였다. 그들은 범죄의 수사, 재판 또는 형행의 임무를 담당하던 사람들이다. 그럼에도 지금 그들에게 주어진 일은 수사도 아니요, 형행도 아니다. 이미 수사를 받고 형행의 책임을 마친 사람들을 접하는 일이다. 그 목적이 결코 수사나 형행이 아니라 어디까지나 보호인 것이다. 따라서 피보호자에 대한 구체적인 태도가 인애의 정신에서 출발하는 애호(愛護)의 정신에 기초한 것이어야 한다. 피보호자에 대해 '취조를 한다'거나 '너 말이야'하는 식의 태도를 취한다면 가령 보호자가 어떤 정신을 가지든 피보호자는 수사를 받거나 형행 또는 경찰감시를 받는 느낌을 받지 않을 수 없고, 나아가 보호자에게 기대는 일도 없어 보호지도 실적을 올릴 수 없을 것이다. 이러한 관리는 오랜 습관 때문에 의식적이지 않더라도 분명 잘못을 저지를 위험이 있다. 이 점에 특히 주의한다. 이는 보호관찰소의 관리뿐만이 아니다. 보호회 직원도 주의한다. 어쨌거나 무언가를 부여하는 사람은 그것으로 기쁨을 얻는데 그것이 자신과 자신의 고뇌를 구원하는 기쁨이라면 바람직하다. 만약 그 기쁨 속에 조금이라도 우월감이 들어 있고 은혜에 대한 감사를 기대한다면 이미 그 행위는 보호와 구조라는 이상에서 벗어난 것이다. 이것이 보호가 겸양 정신을 기초로 하는 이유이다. 만약 자신이 물질적 원조를 한 경우든 정신적 원조를 한 경우든 자신이 해 주었다고 생각해서는 안 된다. 자신에게 숭고한 일을 하도록 해 주었다고 생각하라. 상대를 위해 해 준 것이라고 생각해서는 안 된다. 자신이 스스로의 내면을 풍요롭게 만들기 위해, 자기 인격을 향상시키기 위해 남에게 도움이 되는 일을 했다고 생각하라. 그렇지 않다면 진정한 보호를 할 수 없다.

만약 피보호자를 조사할 필요가 있는 경우가 있더라도 다른 방법으로 조사가 가능하다면 직접적으로 본인의 오래된 상처를 건드리는 어리석음은 피한다. 보호자가 아무리 능력이 있더라도 본인의 운동 경과 및 사상 추이에 관해서는 과거 검사국이 보관한 형사기록, 특고의 조사 서류, 형무소의 보관 서류, 보호단체의 작성 서류에서 조사한 것 이상이 나오리라고 보지 않는다. 이러한 조사 서류는 빠짐없이 이용한다. 본인을 직접 면접해서 알아야 할 것은 현재 피보호자의 사상 상태와 심경이다. 현재의 사상 상태는 세상 이야기에서 시작해서 일반적인 대화를 통해 제대로 파악해야 하는데, 그러한 능력이 없다면 보호자 자격이 있는 두뇌의 소유자인지 어떤지 의심하지 않을 수 없다. 불필요하게 무엇이든 직접 청취하지 않으면 납득하지 못하는 형식주의는 관료의 폐해이다. 누구든 오래된 상처를 건드리는 것은 고통스럽다. 이미 전향을 완성하는 단계까지 도달한 사람은 괜찮지만, 그 과정에 있는 사람, 특히 대중적 전향을 한 사람은 마르크스주의와 당 운동을 혐오하게 되어 전향한 경우이다. 그러한 혐오의 기억을 들쑤신다면 비록 일시적이긴 하나 보호의 기회를 부여하는 것이 아니라 고통을 주는 일이 될 것이다. 입장을 바꿔 생각한다면 금방 알 수 있다. 실연의 고민을 경험한 사람이라면 자신이 잊고 싶은 싫은 기억을 불러일으키는 것을 상상하면 된다.

　이러한 것은 보호자의 태도에 관한 일례에 지나지 않는다. 그 밖에 주의할 사항이 많다. 그러나 항상 먼저 상대의 입장에 자신을 놓고 생각함으로써 배려하는 것이 모든 보호자의 태도를 정하는 방침이 될 것이다.

　다섯째, 연구심을 가져야 한다. 사상 문제를 모르고 사상범을 보호하기 어렵다. 물론 이것이 보호의 본질적인 요소는 아니다. 위의 세 번째까지의 기본적인 마음가짐이 있다면 보호자로서의 보호의 목표는 대체로 방향성이 틀리지 않다고 믿는다. 그보다 더욱 효과적으로 목적을 달성하기 위해서는 네 번째 이하의 마음가짐이 필요하다. 연구는 흥미를 낳는다. 흥미는 열의를 가져온다. 흥미와 열의가 없으면 일에 추진력이 없다. 추진력이 없는 일은 결과에서 좋은 성적을 거둘 수 없다. 연구하고 잘 모르는 부분은 그들에게 질문하라. 그렇게 겸양의 미덕이 쌓이고 지식을 얻으면 그들과 친해질 것이다.

　여섯째, 이상과 같은 마음가짐을 가지고 먼저 전향자, 준전향자, 비전향자의 구별에 대해 충분한 이해에 기초하여 주의 깊게 판단한다. 전향, 준전향, 비전향을 구분하는 심리상태에 대해서는 이미 상세히 언급한 바와 같다. 만약 전향자를 비전향자로 취급하고 비전향자를 전향자로 취급하는 오류가 일어난다면, 보호지도는 틀림없이 실패라고 봐도 될 것이기 때문이다.

　일곱째, 전향자에 대해서는 그들이 언젠가 공산주의 운동에 복귀할 위험분자라는 입장이 아니라 그들의 전향을 확보함으로써 사상적 방벽이 될 것이라는 인식을 가지고 임할 필요가 있다. 이해와 신뢰, 사랑이 없이는 사상범 보호는 불가능하다.

여덟째, 어느 전향 단계에 있는가를 확인하고 이에 상응하는 지도를 한다. 각각의 경우에 따라 임상적 대책을 마련할 수밖에 없다. 그리고 전향의 맹아를 키우고 촉진시키며 전향을 확보한 상태로 이끌어야 한다. 구체적인 대책은 과거 5년간 해 온 전향자 보호지도의 경험과 실천에 비추어 보는 것이 가장 타당한 결과를 얻을 수 있을 것이다. 그 밖에는 이 법의 부속 법규 중에 「보호관찰소 보호사 집무 규범」에 의거하여 보호관찰을 하는 것이 마땅하다. 보호 임무를 맡은 이는 단순히 법규와 훈시를 통독하는 데에 머무르는 것이 아니라 자신의 실제 체험을 통해 정정할 바를 본 사법성으로 진언한다는 각오로 숙독하고 음미해야 할 것이다.

- 보호의 내용과 방법

보호의 구체적 실행에서 주의할 점은 다음과 같다.

첫째, 어떤 이를 실질적으로 보호관찰할 것인가, 둘째, 어떤 보호기관이 보호할 것인가, 셋째, 보호 내용을 어떻게 할 것인가, 넷째, 보호의 구체적인 방법은 무엇인가 하는 문제이다.

(1) 피보호관찰자의 범위

보호관찰에서 어떤 자를 지정하고 목표로 삼아야 하는가는 매우 중요한 문제이다. 실제로 정확한 것은 법 운용을 실시해 보지 않고는 제대로 정하기 어려울지 모른다. 단지 현재 추정할 수 있는 범위 내에서 언급하도록 하겠다. 그 이상은 법을 실시한 경험을 통해 개선해야 할 점은 개선해야 하는데, 법을 실시하는 오늘날 결정된 규준(規準)은 어떤 구체적인 문제나 불편함이 있어도 유지한다는 형식주의에서 벗어나야 한다. 특히 이 법은 이러한 중요한 부분에 대해서 성문 규정을 두지 않고 모두 보도관과 심사위원회에 맡기고 있어 매우 바람직하다. 법의 구체적인 모순을 구제할 수 있기 때문이다. 그런 만큼 보도관과 심사위원의 책임은 막중하다. 실질적인 입법적 임무까지 위탁받은 것이고 그렇기에 기존 규준에 의한 느슨한 법 적용으로 만족해서는 안 된다. 실질적으로 신중한 결정을 내리고 결정에 대해서는 충분한 책임을 져야 하며 그 결과를 직시하고 연구해야 할 것이다.

첫째, 피보호관찰자로 지정해야 하는 자는 다음과 같다.

- 비전향자 전부.
- 준전향자 전부.
- 전향자 중에서 취직, 복교, 가정 또는 감독자에게 복귀하지 못한 자.
- 사상 완성 등을 위해 스스로 보호관찰을 희망하는 자.

형 집행유예자와 가석방자는 원칙적으로 유예 기간 및 가석방 기간 동안 보호관찰에 부치는 것이 타당할 것이다. 하지만 이것은 원칙이지 반드시 그래야 하는 것은 아니다. 구체적인 타당성을 잘 살펴야 한다. 비전향자, 준전향자가 취직을 하면 보호감독자의 유무, 본인 희망 여하를 막론하고 모두 보호관찰에 부쳐야 한다. 왜냐하면 그들은 일본인으로의 복귀를 마치지 않았기 때문이다. 일본인이라는 자각을 하지 않은 자는 정신적으로 영아(嬰兒)이다. 방치하면 일본인으로 성장하지 않을 우려가 있으므로 보호하고 관찰한다. 부모가 갓난아기에게 하는 것과 마찬가지로 국가가 그들에게 해야 한다.

전향자 중에 아직 생활이 확립되지 않은 자에 대해서도 국가가 보호지도를 해야 한다. 부차적인 문제이기는 해도 생활이 확립되지 않으면 성격이 나약한 경우에 자포자기 혹은 유혹과 회의에 빠지는 원인이 될 수 있기 때문이다. 또 인물의 성격이 확고하게 강한 경우, 즉 앞에서 말한 위험이 없는 경우라 하더라도 이것은 유익한 인물인 만큼 사회적 활동과 그 활동의 기초가 될 학업을 못하는 상태로 방치하는 것은 본인은 물론이요, 국가를 위해서 취할 바가 아니기 때문이다. 전향자 중에 사상확립 등에 보호관찰을 희망하는 자는 당연히 국가가 보호지도를 해야 한다. 그러한 희망자가 있을까 하고 웃을지도 모르겠다. 대부분의 독자도 웃을 것이다. 그러나 이 점을 생각해 주기 바란다. 국가의 보호관찰이 일본인의 완성을 위해 일본정신으로 시행해 온 일들은, 이러한 희망자가 출현함으로써 그 실적이 증명되는 것이다. 다시 말하면 이러한 희망자가 출현함으로써 비로소 보호관찰이 이상적으로 시행되었다고 할 수 있는 것이다. 보호관찰에 부쳐지는 것을 불명예로 여기고 불안을 느끼며 이를 혐오하는 상태라면 아직 보호관찰이 이상적으로 이루어지고 있지 않는 것이며, 따라서 피보호자가 보호관찰의 본질과 이상을 이해하지 못하는 것이다. 마찬가지로 사회가 보호관찰에 부쳐지는 것을 경원시한다면 아직 보호관찰은 이상적이지 않으며 동시에 사회적 인식이 부족한 탓인 것이다. 보호관찰에 부쳐지는 것은 '빨간 딱지를 붙이는' 일이 아니다. 이미 붙여진 '빨간 딱지를 벗기는' 일이다. 보호관찰에 부쳐졌기 때문에 당사자는 사회적 신용과 장래 활동의 기초를 보장받는 것이라고 안심하고, 사회는 보호관찰에 부쳐졌기 때문에 그 사람을 안심할 수 있다고 판단할 수 있어야 한다. 이것이 보호관찰 실시의 이상이다.

그러므로 이러한 희망자가 없음을 이유로 분류에 대해서 비판하는 사람이 있다면, 그 사람을 보호관찰 하는 기본적인 이상은 무엇이고 필요성은 무엇인가를 묻고 싶다. 실제 이렇게 희망자가 있다고 보고하는 것이야말로 그러한 사람들의 무지를 계몽시키는데 충분하지 않을까. 물론 그러한 사례가 앞에서 말한 이상에서 출발한 것이 아니지만 말이다. 이미 언급한 바와 같이 당 조직이 미미하던 시절 학창(學窓)과 문화를 영위하는 영역에서 한 사람의 마르크스주의 학자, 지식인, 사상연구자는 매우 중요한 역할을 담당했을 것이다. 그 당사자는 어떤 적극적인 활동을 하지 않아도 공산당 운동으로서는 매우 중요한 사회적 영향력을 가진다. 그들이 운동으로서의 적극성을 띠지 않아도 적극적인 분자들이 그들에게 사상적, 금전적 원조를 강요할 것이다. 그들은 공산주의 사상을 품고 운동에 참가하는 것을 두려워한다. 두려워하지만 요구에 의해서 결국에는 가두에 나서게 되는 것이다. 그러한 의미에서 그들은 보호관찰에 부쳐지는 것을 반긴다. 국가의 보호관찰로 그러한 유혹과 협박에서 벗어날 수 있다고 생각하기 때문이다.

둘째, 보호관찰소의 임무를 앞의 지정자에 대한 조치만으로 종료할 것인가 하는 문제이다. 당연히 이 법은 적용 범위를 치안유지법 위반자, 제1조 소정의 네 가지 사법처분을 받은 자로 제한하고, 또 관찰소는 그중 보호관찰에 부쳐지는 자를 지정하여 심사위원회에 회부하도록 되어 있다. 그러므로 제1조 소정 이외의 치안유지법 위반자, 즉 경찰 석방자인데 실직자, 환자, 질병으로 형 집행정지를 받은 자, 관찰소에서 보호관찰에 부치지 않는다는 결정을 받은 자는 법규상 표면적으로 전혀 관련이 없다. 그러나 현재까지 사상 사건을 무수하게 취급한 경험에서 볼 때, 이러한 경찰석방 정도의 조사를 받은 자가 다시 지하로 잠입할 위험이 가장 높을 뿐 아니라 사회적 보호를 필요로 하는 경우가 적지 않다. 이런 경우 관찰소가 직무 책임을 협소하게 이해하고 나 몰라라 하는 태도를 취한다면 벌써 첫 단추를 잘못 끼웠다고 하지 않을 수 없다. 이런 경우에는 관찰소가 보호단체를 지도함으로써 보호단체가 적극적으로 보호지도를 하도록 한다. 다시금 보호관찰에 부치지 않는 결정을 한 자도 보호를 필요로 하는 상태에 이른다면 당장 절차를 밟아야 한다. 누군가 요구하기를 기다리는 마음가짐으로는 될 수가 없다. 곤경에 처한 사람을 거리에서 찾아다니는 심정이기를 기대한다.

그렇게 함으로써 법규의 결함을 보완할 수 있을 것이다. 이 법이 관찰소 또는 기타 국가기관에 보호단체의 일반적인 지도직무를 명시하지 않은 것은 유감인데, 오늘날 관찰소의 광범위한 임무와 기초적인 사업의 확립을 서둘렀기 때문에 어쩔 수 없었을 것이다. 근간에 정부가 보호단체법안을 제출한다고 알고 있고 민간에서도 지방보호국 설립 법안을 제안한다고 하니 장래에는 국가가 보호단체의 지도통제에 주의를 기울일 것이라고 믿어 의심치 않는다.

셋째, 보호관찰에 부치는 절차의 신중함에 대해서이다. 보도관이 전향·비전향의 식별 및 보호관찰심사위원회에 부칠지 여부를 판단하는 것의 신중함, 심사위원의 보호관찰에 부칠지 여부를 판단하는 신중함, 보호사의 앞의 판단에 기초가 될 자료수집의 신중함, 정확성의 문제이다. 이러한 절차가 신중하고 정확하게 이루어지지 않는다면 모든 보호관찰의 구체적인 방법은 어긋나게 될 것이다. 또 이러한 절차가 이른바 관공서 업무로써 그저 사무적으로 다루어질 뿐 실체에 접근하지 않는다면 보호관찰의 효과는 기대하기 어렵다.

(2) 보호단체의 기구

보호기관의 기구와 관련해서 특히 고려할 점은 다음과 같다.

(가) 전향자의 활용

그들은 과거 운동에서 단독행동을 한 적이 없다. 늘 조직과 단체가 있었고 역사가 있다. 즉, 시간적으로 종적인 연락을 유지함과 동시에 단체의 측면에서 횡적인 조직을 가지고 활동해 왔다. 그러므로 역으로 그들을 사상적으로 지도하기 위해서는 같은 방법을 취하는 것이 가장 바람직하다. 종적인 연락은 사상적으로 고도(高度)의 청산을 마친 전향자를 그들의 지도자로 활용한다. 가장 적절하고 구체적인 보호방법을 발견하는 일, 또 심경을 간파하는 일은 고도의 전향자만이 가진 특기이다.

그들은 과거의 운동과 심정에 대해 잘 알고, 더욱이 이것을 전환한 경험자이므로 이것을 활용한다. 어떤 이는 전향자가 당 운동에서 간부였던 사람이 아니라면 다른 전향자에 대해 정신적인 지도력을 가지지 못할 것이라고 말한다. 그럴듯하게 들리지만, 이는 좀 나은 상대적인 가치를 가졌을 뿐 절대적인 것은 아니다. 요컨대 사람의 인격의 문제이다. 지도자가 겸양을 가지고 포용력이 있으며 일본인으로서의 인식이 높다면 비록 당에서 높은 지위에 있던 사람이 있더라도 지도자의 통제에 기꺼이 복종할 것이다. 또 지도자의 좋은 보조자, 충고자로 활동하는 사례 또한 현실에서 보아 왔다. 제국갱신회의 사상부는 좋은 사례가 될 것이다. 이곳의 보호위원 고바야시 모리토(小林杜人) 씨는 당의 고위직은 아니었다. 최고의 교육을 받은 사람도 아니라고 한다. 그러나 그의 열의와 노력, 인격, 종교적 신앙은 당의 고위직에 있던 많은 사람들을 완전한 조력자로 포용함으로써 오늘날 어려운 사업을 훌륭히 해낼 수 있었다. 보호관찰소 보호사는 이러한 지도적인 전향자를 채용해야 한다고 생각한다. 가장 잘 알고 있는 사람이 가장 좋은 대처법을 알고 있는 법이다. 전향자를 활용하는데 반대하는 두 가지 의견이 있다. 첫째는 형여자(刑餘者)라는 점, 둘째는 역전향을 우려하는 심리이다. 그러나 이러한 반대론은 모두 전향의 본질을 알지 못하거나 진정한 보호의 정신을 이해하지 못하기 때문이다. 그들이 범한 범죄의 동기를 먼저 생각해야 한다. 그들의 죄질을 생각해야 한다. 그리고 그들이 한 전향의 내용과 동기를 검토할 필요가 있다. 마지막으로 그들의 인간성을 알 필요가 있다. 앞서 이미 상세하게 밝혔으므로 다시 언급하지 않겠다. 나름대로 전향을 생각해 볼 때 전향의 내용을 이해한다면 전혀 불안을 느낄 필요가 없다. 전향은 역전향이 이루어지는 성격의 것이 아니다. 역전향은 지극히 예외적인 사정에서 생기거나 전향의 측정을 잘못한 것에 지나지 않는다. 이러한 전향자를 현 상황 속에서 가치를 따지는 것이 일본적인 조치가 아니겠는가.

일시동인(一視同仁)의 일본정신은 거리에서 메가폰을 들고 외치고 강단에서, 라디오에서 설파한다고 한들 그것만으로 국민의 관심을 환기시키기에는 충분하지 않은 것이 현실이다. 한 사람의 전향자를 채용함으로써 수만의 전향자를 감격시킬 것이다. 수백만의 국민에게 반성을 촉구하는 설득력을 지닐 것이다. 하물며 국민에게 전향자의 보호를 요구하기에 앞서 정부가 스스로 모범을 보이지 않으면 아무 의미가 없다. 실업가에게 전향자의 사회 복귀에 대한 조력을 요청할 때 항상 미안한 마음이 있다. 만약 이러한 훌륭한 전향자를 정부는 왜 채용하지 않느냐고 상대가 물으면 뭐라고 해야 할지 답이 궁색해서 초조하기 짝이 없다. 정부가 모범을 보이려면 보호관찰소야말로 가장 적당하고 유효한 기회라고 생각한다. 만약 장래 관찰소의 업무가 불행히도 예상과 달리 마찰과 무능력을 드러내는 경우가 생긴다면 다시금 이러한 점을 고려해 주기를 희망하는 바이다. 보호단체에서는 이러한 전향자를 활용하는 것이 훨씬 자유롭고 또 절대적으로 필요한 일이다. 만약 지도적 전향자를 활용하지 않고 보호사업을 완수한다고 생각하는 이가 있다면 이를 활용하고 있는 중앙의 보호단체에 본인이 한 달 정도 거주해 보기를 추천한다. 반드시 전향자 활용의 필요성을 깨닫게 될 것이다.

(나) 단체생활

그들은 조직적인 단체생활을 해 왔기에 조직과 단체 훈련은 어떤 각도에서 보더라도 바람직하다. 그들의 본질은 개인주의적이지 않고 사회적이다. 일반 보호사업의 목표는 '직접 보호보다 간접 보호로'라고 한다. 이는 사회 복귀와 사업경영의 편의 문제에서 시작된 목표이다. 그러나 사상범에게 가장 중요한 것은 사상의 완성이다. 사상의 완성은 사상이 왜곡된 경로를 따져 처치해야 하며, 그들의 특성을 이해하면서 시행한다. 수많은 좌담회에서 경험한 바에 의하면 많은 전향자에게 다음과 같은 고백을 듣게 된다.

자신들이 사회에서 활동할 때 보면 주변 사람들은 온통 돈과 여자에만 관심이 있거나 혹은 개인적 영달의 방법에만 관심이 있다. 사상 문제를 논하고 일본의 장래를 생각하는 사람이 아무도 없다. 만약 자신이 굳이 말을 꺼내면 동료와 상사의 눈총을 받는다. 겐코 호시(兼好法師)[62]가 말하는 불만이 쌓여가는 일을 반복하며 살아간다. 그러니 우울해질 수밖에 없고 또 전향이 발전할 기회가 없다. 오늘과 같이 좌담회에 와서 자신이 생각하는 바를 말하고 충분한 비판을 받으면 자신이 나아갈 전향의 길을 알게 될 뿐 아니라 성격이 밝아질 것이다.

사상은 침묵으로는 발전할 수 없다. 발표와 비판을 통해 비로소 발전한다. 발표와 비판의 기회를 많이 얻기 위해서는 공동생활이 가장 바람직하다. 그들은 형무소의 구금생활을 통해 처음 전향해야 하는 조건에 놓였고, 그러한 생활을 자발적으로 활용함으로써 놀랄만한 전향을 해낸 것이다. 그러므로 사상완성을 위해 이러한 집단생활은 반드시 필요하다.

또한 사회 복귀를 위해서도 수양생활이 바람직하다. 사회로 보내줄 한 사람의 소개자를 획득하기 위해서는 숙(塾)[63]에서 얼마 동안 생활을 했고 숙(塾)이 어느 정도까지 보증해 줄 수 있는가 라는 문제는 커다란 관심사이기 때문이다. 하지만 그러한 기간은 각각의 모두에

---

62 요시다 겐코(吉田兼好)이다. 일본의 중세시대 가마쿠라시대 말기에서 남북조시대에 걸쳐 활동한 시인이자 수필가. 그가 쓴 수필집 『도연초(徒然草)』에서 '할 말을 못하여 불만이 쌓이다'는 뜻의 구절을 인용한 것이다.
63 대화숙 등 사상교화수용시설을 가리킴.

게 구체적인 결정을 해야 할 사안임과 동시에 기간이 장기화되는 것은 피한다. 그것은 권태를 초래함으로써 사회 복귀의 희망이 낮아질 우려가 있기 때문이다. 전향을 향한 걸음이 확실성을 띨 때까지로 충분하고 또 그럴 필요가 있다. 사상 완성을 위한 노력을 하는 사이에 사회질서로 복귀하는 준비와 직업적인 준비를 해야 하고, 취직 및 복교에 대한 보증인적인 지위를 얻는 데 도움이 될 것이다. 단체의 신진대사는 끊임없이 이루어져야 한다. 신진대사라는 것은 취직, 복교, 가정복귀 등을 통해 구(舊) 인물이 나가면 사회, 형무소, 경찰유치장에서 신인을 맞이하는 식이다. 이 신진대사는 신인 모집과 취직알선 등의 노력을 기다려야 한다.

이러한 신진대사를 위해 단체에 머물며 중심을 이루고 기풍과 질서를 전달하는 자가 필요하다. 이는 당연히 주사, 보호위원 등의 직함을 가진 고도(高度)의 지도적인 전향자에게 부여하는 업무이다. 구(舊)인물로 사회로 나간 단체원은 단체와 무관해지면 안 된다. 종종 회합을 하여 단체의 현재 및 장래에 대해 주사의 상담 상대가 되거나 신인의 좋은 원조자가 되며, 좌담회, 수양회, 강연회 등에서 자신의 사상 및 생활의 발전을 도모한다. 특히 이러한 기숙 생활을 기대할 수 없는 사정이 있을 때는 물론, 사회에 돌아간 후에도 가끔 단기, 예를 들어 2, 3, 4, 5일의 수양 기숙생활을 하는 것이 가장 효과적일 것이다. 그리하여 권태를 느끼지 않으면서 항상 새로운 자극과 희망을 충분하게 쏟을 수 있기 때문이다. 이렇게 함으로써 비로소 단체를 중심으로 한 그룹의 전향자가 발전하게 된다. 사상범 보호는 수용보호와 간접보호를 나눠서 생각해야 하고, 앞서 말한 과정을 거치는 것이 이상적일 것이다.

둘째, 단체는 출감자의 보호단체 같은 느낌이 나서는 안 된다. 어떤 면에서는 숙(塾) 혹은 도장(道場)이면서 어떤 면에서는 가족적인 데가 있어야 한다. 그들이 사상을 자기비판하고 수련하며 향상·발전시키는 것이 첫 번째 의의이므로 단체는 숙(塾) 혹은 도장이 되어야 한다. 그와 동시에 가족국가라는 인식에서 전향했듯이 일상생활의 질서와 위안, 희망이 가족적인 것이 되어야 한다. 자치, 양보, 우애가 실천적으로 인식되어야 한다. 주어짐으로써 비굴해지거나 감독을 당함으로써 음험해지거나 규율이 주어짐으로써 형식화하고 기만하는 것이 되어서는 안 된다.

셋째, 일반 보호단체와 설비 및 장소를 함께 사용하는 것은 매우 바람직하지 못하다. 단체원의 성격이 전혀 다를 뿐 아니라 보호의 방법에도 상당한 차이가 있기 때문이다. 이는 서로에게 바람직하지 못한 인상을 줄 것이다. 사상범에게는 모멸감과 질서유지의 곤란함을 줄 것이며 일반 출감자에게는 불평을 심어줄 것이다. 독일의 콘젠트라죤스·라거의 사례를 봐도 알 수 있듯 또 갱신회 농장의 사례를 통해서도 알 수 있다. 갱신회 농장은 일반 출감자와 사상범의 휴양소로 제공된다. 사상범 중에 그곳에 머무는 자는 일시적이다. 즉, 오랜 구금생활로 인한 체력 회복과 환자를 위한 요양소이다. 그럼에도 양자 간의 조화를 이루는 일이 매우 곤란하다고 한다. 앞으로 전국에 설립되는 사상범 보호단체는 일반 보호단체와 시설을 꼭 독립시켜야 한다. 갱신회 사상부가 독립하는 최대 요점과 성공은 모두 이러한 원인에 귀착되는 바이다.

넷째, 단체는 단순한 전향자의 집합이 되어서는 안 된다. 전향자의 단순한 집합이 될 경우에는 사회적 신용을 얻을 수 없다. 특고경찰의 입장에서도 불안감을 느끼지 않을 수 없다. 그런 점에서 경찰시찰이라는 트러블이 생기고, 비전향자, 준전향자 활동의 온상으로 이용될 우려가 있는 것이다. 또 자금획득이 곤란해진다. 혹여 자금을 얻어 생산적인 사업을 하더라도 제품을 살 사람이 없을 것이다. 빨간 물건을 사는 일은 심파(シンパ)[64]라고 눈총을 받을 우려가 있어 사회적으로 받아들이기 쉽기 때문이다. 또 단체에서 하는 수양이 사회에 대한 신용보증을 얻기 어렵기 때문에 사회생활로의 복귀에도 유리하지 않다. 과거 오사카, 가나자와(金澤)의 사례를 보면 충분히 이해할 수 있다. 전향자는 어쨌거나 자기들끼리 모이고 싶어 한다. 과거 단체가 없던 시절에는 어쩔 수 없었지만, 이 법 시행 이후에는 이러한 오류를 반복할 수 없다. 전향자들만의 단체 결성의 움직임이 있다면 가급적 그것의 불이익과 불합리를 설명하고 저지시켜야 한다. 그리고 이러한 보호단체에는 사상검사, 특고경찰관, 이해력 있는 실업가, 학교당국자, 공공단체이사, 직업소개소장 등을 조직에 포함시켜야 한다. 이는 사회적 신용, 내부질서, 경영자금, 취직알선, 복교 등을 위해 반드시 필요한 부분이다.

다섯째, 이러한 단체는 전향자 전원조직(全員組織)이 바람직하다. 자신들의 단체라는 관념을 지속·강화시키기 위해 필요하다. 자신들의 모임이라는 점은 구성원으로서의 책임을 강화시킨다. 또 회(會)[65]를 향상시키고자 헌신하고 모임으로서의 전향자의 발전을 위해 노력

---

64 sympathizer의 줄임말로 '(특히 정치적 대의·정당 등의) 동조자'를 뜻한다.
65 전향자의 소속 단체를 가리킴. 이하에서는 굳이 번역하지 않음.

하는 근본이 되는 것이다. 자신의 실패가 자신에게만 머물지 않고 회(會)의 명예와 신용에 영향을 미칠 뿐만 아니라 회(會)에 소속한 후배의 진로를 막게 됨으로써 책임이 막중하다.

여섯째, 단체는 같은 종류의 보호단체와 서로 충분한 연락을 취할 필요가 있다. 또 그저 사무적인 연락이 아니라 인간적인 연락이 되어야 한다. 특히 단체의 주사 등과 같은 지도자들이 상호 인간적으로 연락하는 일은 사실상 보호의 목적에 부합하는 것이다. 예컨대 도쿄 모 보호단체의 회원이 가정적 사회적 이유로 나고야(名古屋)에 거주하는 것이 편한 사정이 생겼을 경우, 도쿄의 주사는 나고야의 주사에게 상세한 사정을 전달하여 의뢰한다. 이러한 경우 회(會) 상호 간에 인적인 연락이 있다면 교섭과 연락이 원만하게 이루어지고, 피보호자는 편안하게 나고야에 갈 수 있을 것이다. 이 점은 보호관찰소가 생겨도 마찬가지다. 촉탁서 한 장으로 이전한 경우와는 비교가 되지 않는 차이가 생긴다.

또 전향자로 위장하여 보호단체를 이용하거나 기생하는 생활을 통해 악의적인 혼란을 일으킬 목적으로 흘러들어오는 악한을 긴밀한 연락을 통해 충분히 방지할 수 있다. 보호단체가 서로 쓸데없는 경쟁의식에 사로잡혀 서로 비방하고 자만하여 결과적으로 피보호자의 경멸을 삼으로써 전체적으로 보호의 목적을 달성하지 못하는 어리석은 추태를 피할 수 있을 것이다. 과거에 있었던 일반석방자의 보호단체에 관한 일부의 비난은 이렇게 사람과 사람 간의 완전한 연락으로 면할 수 있을 것이다. 이러한 긴밀한 연락을 위해서는 각 보호단체의 주사가 이따금 서로 방문하여 보호방법 등의 연구 정보를 교환함과 더불어, 사상범보호단체들의 공소원 관내 또는 전국 회합을 연 1회 개최하여 의견교환과 새로운 지식과 고안을 공유할 필요가 있다. 이러한 지도 활동은 보호관찰소 및 검사국 사상부가 해야 할 장면이다.

일곱째, 보호단체는 수치상으로 형식적인 성적을 올리는데 혈안이 되어서는 안 된다. 그렇게 되면 반드시 보호의 본질을 잃고 피보호자를 위한 보호가 아니라 회(會) 및 이사를 위한 보호로 끝나고 말 것이다. 따라서 관찰소와 법무성은 보호단체의 감독지도를 할 때, 수치상의 보고를 요구하거나 서면에만 의지하는 지휘 및 지도를 가급적 하지 않는다. 보호회의 실적을 알고자 한다면 수시로 회를 방문하여 시찰하고 좌담회에 출석하며 피보호자가 하는 말을 직접 들어야 한다. 종래의 일반 석방자 보호단체를 향한 최대의 비난은 이러한 점에 있었다. 사상범의 경우 피보호자가 다른 석방자와 달리 일반적인 레벨 이상인 사람을 상대하는 것이므로 동일한 오류를 반복하지 않도록 유념한다.

이상 주로 사상범보호단체에 대해서 언급했다. 보호관찰소는 관내의 보호단체를 앞의 취지에 맞게 실질적으로 지도해야 할 것이다.

(3) 보호 내용

사상범의 보호 내용은 사상지도와 생활 안정으로 크게 나뉜다. 이 두 가지 내용은 사회적, 국가적인 약진을 목표로 행해진다. 이들 내용 중에 먼저 첫 번째로 사상지도가 주류가 될 것이다. 사상지도가 첫 번째 의미를 가진다는 점에서 사상범 보호가 다른 형여자의 보호에 비해 특수성을 지닌다고 할 것이다.

사상의 지도보호 기본은 비전향자, 준전향자에게 '일본인으로서의 자각'을 갖게 하는 것이며, 전향자가 이미 자각한 일본인의 내용과 본질에서 '일본 민족의 특수성 인식과 사명'을 이해하도록 하는 것이다. 보호관찰의 사상지도라는 측면에서 그 대상이 전향자인가 아닌가에 따라 내용이 본질적으로 달라지는 것은 아니다. 일시동인(一視同仁)이라는 일본 민족성에 기초하여 모든 것이 이루어진다. 다만, 그 정신과 내용을 시행함에 있어 구체적인 방법이 달라질 뿐이다. 그러한 의미에서 식민지인과 내지인도 동일하다고 할 수 있다. 식민지인에게 일본 민족의 특수성을 자각하도록 하는 것은 힘든 일이지만, 식민지 민족의 세계적 지위에 대한 인식에서 출발하여 일본 국민의 세계사적 사명을 인식하게 하는 것은 결코 어렵지 않다. 또 그것이 식민지인에 대한 유일한 사상지도라고 할 것이다. 다시 말하면 내부를 자각한다는 것과 외부를 깨닫는다는 차이는 있지만 자각하고 깨닫는 대상은 동일한 것이다. 단, 방법과 입장을 달리할 뿐이다.

생활 안정은 대상의 사회적 진출을 확보하는 데 있다. 그러므로 구체적으로 요구하는 지점은 각 사람에 따라 달라질 수밖에 없다. 생활 안정은 단순히 생활 방편의 정착만을 의미하지 않는다. 일차적으로는 당연히 생활 방편을 정착시키는 것이고, 다음으로 일본인으로서 일본 민족의 사회 및 국가에 합당하게 유효한 활약을 펼칠 수 있도록 약진하는 것이어야 한다. 그럼으로써 사상지도와 함께 약진성이 확립되는 것이다. 보다 구체적으로는 수많은 사회사업, 사회정책적인 사업, 특히 사회교육사업, 사회복리사업, 사회보호사업, 산업조합 등에서 그들의 활약을 기대할 수 있을 것이다.

(4) 보호 방법

보호의 구체적인 방법은 폭넓게 존재한다. 먼저 일반적인 방법과 특수한 방법으로 나누어 쉽게 설명해 보겠다.

(가) 일반적인 보호 방법

일반적 보호의 방법에는 사상지도, 생활 안정, 기타 방법으로 나눌 수 있다.

(ㄱ) 사상지도 방면

사상지도 방면에서는 다음과 같은 점을 고려한다.

첫째, 단체생활이 바람직하지만 동시에 그 단체가 일정한 사상의 틀에 갇히는 위험에서 벗어나야 한다. 개인이 설립한 단체에서는 그 개인이 일정한 형태를 취한다면 아무래도 이에 영합하려고 사색(思索) 및 연구에서 그 형태를 강요하게 되어 결국 사상발전을 저해할 위험이 있다. 그러한 경우에 이에 만족하지 않는 사람은 단체를 떠나게 되는 것이다. 단체에서 하는 수도(修道)는 각자에게 자유롭게 맡겨야 한다. 그 방향이 잘못된 것이 아니라면 오르는 길이 달라도 도착하게 될 정상은 한 곳이다. 종교, 유교, 철학, 예술 등 어느 길을 걸어도 상관없다. 특히 연구발표회의 경우 지도자는 이 점을 충분히 주의한다. 발표한 연구를 비판하는 경우, 지도자는 자신의 입장에서 비판하는 것은 잘못이다. 항상 연구자의 입장에 서서 비판한다. 단, 한 가지 모든 입장에 공통적인 것이 있다. 즉 일본인이라는 입장이 있을 뿐이다. 그 이상의 분류에서는 상대가 진종(眞宗)의 입장에서 연구를 한다면 진종에 들어간 입장에서 비판해야 한다.

둘째, 단체생활의 중심적인 표징(表徵)이 필요하다. 단체는 규율을 필요로 한다. 규율은 모두의 자유를 규제하는 것이 아니라 전체 속에서 살아가는 개인의 발견을 위한 것이다. 그 전체는 일본이다. 일본이라는 관념을 떠난 생활은 전향자의 생활이 아니다. 또한 범속(凡俗)이 도(道)를 얻고자 한다면 내수(內修)만으로는 도달할 수 없다. 외수(外修)를 이루고 내수(內修)에 도달하는 것이 정도(正道)이다. 노자는 외수를 극단적으로 멸시했다. 이에 대한 반동(反動)으로는 괜찮으나 만인이 걸어갈 길은 아니다. 그러므로 전체가 되는 표징(表徵)이 필요하다. 그것은 일본 그 자체이기를 바란다. 그런 의미에서 국기를 표징(表徵)으로 삼았으면 한다. 나고야의 명덕숙(明德塾)은 거실 정면에 국기와 칙어를 벽에 걸었다. 모든 회합 의식에서 의복을 단정히 하고 예배함으로써 외수(外修)를 이룬다. 대효숙(大孝塾)에서는 멀리서부터 마당에서 휘날리는 국기를 올려다볼 수 있다. 내가 방문했을 때 젊은 심장의 약동이 느껴졌음을 기억한다.

셋째, 앉는 것을 추천한다. 앉는 행위는 정신적 수양의 기회가 된다. 틀림없이 종합하여 통일하는 힘을 키운다. 분파와 개별의 폐해를 제거하는 힘이 있다. 편협한 지식의 폐해를 없애기 위함이다. 즉, 인간을 만들기 위함이다. 말보다 침묵이다. 활동보다 사색이다. 주어짐보다 스스로 끌어냄이다. 구하기보다 깊이 파고들 일이다. 선(禪)이든 기도(祈禱)든 형식은 상관없다.

넷째, 사상의 연마이다. 사상 연마는 읽고, 듣고, 생각하고, 말하고, 씀으로써 이루어진다. 하루 중 오랫동안 읽는 시간이 필요하다. 종교, 도덕, 철학, 윤리, 예술, 역사, 사상, 시사, 처세에 관한 강화를 들을 기회가 필요하다. 게다가 내용이 훌륭하다면 더욱 좋다. 내용보다 그 사람의 인격을 만나고 싶다. 직업적 종교가에게는 반감을 가진다. 위선자는 경멸한다. 지적 기술자에게는 줄 것은 있어도 얻을 것은 없다. 요는 사람의 인격이다. 읽고 듣는 것은 사색을 위한 자료, 비판의 대상이 되어야 한다. 사색과 비판이 없는 독서와 청강은 오히려 없느니만 못하다. 또 사색하고 비판한 결과는 다른 이에게 비판을 받아야 발전성이 있다. 비판을 받기 위해 말하고 쓰는 것이 필요하다. 사상을 정리하기 위해서도 필요하다. 다만 주의할 점은 읽고 듣고 생각하고 말하고 쓰는 모든 것에 적절한 지도자가 필요하다는 것이다. 독서의 범위는 가급적 자유로운 편이 좋다. 문제는 독서와 책 내용에 있는 것이 아니다. 책을 어떻게 읽고 어떻게 비판하는가의 문제이다. 그것을 지도할 사람이 있으면 한다. 들은 이야기에 대해서 비판을 재촉하는 것이 지도자의 역할이다. 사색하고 고민할 때 상담 상대의 입장에서 지도해 줄 사람을 원한다. 말하는 것은 연구 발표이다. 그때가 가장 지도자를 필요로 하는 장면인데, 지도자가 가장 주의할 점은 앞서 언급한 바와 같다. 쓰는 경우에도 주의해 주는 것, 상담 상대가 되는 것이 지도자의 역할이다.

그리고 연구 방법에는 두 종류가 있다. 하나는 스스로 단독으로 한 가지 주제를 정리하는 것이고, 다른 하나는 여러 명이 공동으로 큰 주제를 분담해서 연구하는 것이다. 후자는 동일한 정도의 학력과 사상을 가진 이들을 선택하는 편이 타당하고 첫 미팅에서 근본정신을 충분히 의논하고 결정한 후 접근하고 의견교환을 여러 번 한다. 이러한 방법은 운용에 따라 훌륭한 결과를 얻을 뿐 아니라 인간적인 깊이를 더해 갈 것이므로, 진정한 의미의 공동(共同)수사(搜査) 경험을 가진 이는 이해할 수 있을 것이다. 사상 연마를 위해 서적, 독서실, 강화실(이곳은 다다미방이고 단체 표징이 걸려있는 방이면 좋다)의 설비, 기관잡지의 소유가 필요하고, 좌담회, 윤독회, 연구발표회, 강화회 등을 열 필요가 있다. 또 단체는 사색하면서 산책할 수 있는 밭, 산림 속에 위치하면 좋을 것이다. 재즈와 사이렌 소리를 들으면서 생각하는 것은 제대로 될 리 없다.

다섯째, 노동이다. 그들은 일하지 않는 자 먹지도 말라고 외쳤다. 그러한 생각은 전향 후에도 변함이 없다. 그들이 말한 지적 중 제일 좋은 것 중의 하나이다. 육체노동이다. 일이 없으면 취사, 청소, 풀뽑기, 뭐든 좋다. 농장, 화원, 축사가 있다면 가장 좋다. 일은 사람을 밝게 만든다. 살아가는 희망을 낳는다. 건강해지기도 한다. 그러나 지도자가 막 부린다면 정신적인 요소를 상실할 것이다. 만약 지도자가 솔선하여 변소 청소를 시작한다면 어떨까. 그들은 명령 한 마디 없어도 당장 일을 할 것이다. 그리고 겸양과 감사, 참회라는 커다란 수확을 하리라. 만약 노동시간이 다음에 언급할 사회 복귀 방법, 즉 취업 준비에 이용된다면 일석삼조라 하지 않을 수 없다.

여섯째, 위안이다. 인간은 때로 제멋대로 하는 것이 좋다. 좋은 의미로 자유롭게 벗어나는 것이 좋다. 구메(久米)의 신선[66]처럼 되면 위험하다. 위안이 없는 곳에서 명랑할 수 없다. 명랑함이 없으면 비일본적인 세계이다. 절대 제멋대로 굴게 내버려 둘 수 없다는 곳에서 당치 않은 일이 일어나는 것이다. 안전하게 미리 자유를 주는 편이 낫다. 그리고 평온하게 지나가는 편이 좋다. 무엇이 안전한 자유인가. 스포츠, 소풍, 운동회, 와카, 하이쿠 등이다. 이를 위해 테니스 코트와 궁도도장 등의 설비가 필요하다. 특히 궁도는 가장 정신적인 요소를 포함한다.

---

66 久米仙人(くめのせんにん): 전설상의 신선인. 야마토국(大和國)의 류몬지(竜門寺)에 틀어박혀 공중 비행 기술을 체득했지만, 요시노가와(吉野川)에서 옷을 빠는 여자의 흰 정강이에 눈이 멀어 추락. 그 여자를 아내로 맞아 세속으로 돌아갔다. 후에 천도(遷都) 시에 목재의 공공중운반에 성공하여 천황으로부터 논을 받아 구미사(久米寺)를 건립하였다고 한다.

(ㄴ) 생활 안정의 방면

일반 보호의 방법으로 생활 안정은 다음과 같은 점을 고려한다.

첫째, 직업 알선이다. 이미 직능을 가진 자는 그 방면에서 직업을 개척한다. 직업의 소개 알선은 직업소개소, 부현시정촌의 사회과, 각 공장회사의 인사과, 신문사의 사회사업부, 유력실업가, 독지가의 협력이 필요하다. 이러한 사람들의 협력이 필요한 이유는 두 가지다. 첫째, 이들의 직접적인 조력으로 취직할 수 있는 점, 둘째, 이들의 협력으로 단체 회원에 대한 증명력 증대이다. 사실상 이러한 보호단체가 필요한 최대 이유는 전향하는 자의 취직을 위한 증명을 부여하는 것이다. 아무리 훌륭하게 전향해도 이를 인정해 줄 사람이 없으면 사회 복귀도 활동도 할 수 없다. 사회, 특히 다수의 종업원을 둔 회사 공장은 과거의 쓴 경험으로 인해 백 명의 태만한 사람보다 한 사람의 선동가를 두려워한다. 그렇기에 전향자의 본질을 모르는 회사 공장 사람들은 과거에 적색운동을 한 사람을 절도범보다도 경원시한다. 따라서 이들 협력자를 얻기 위해서는 명의상의 성명을 의뢰하는 것만으로 소용이 없다. 가장 유효하고 적절한 방법은 전향자의 좌담회에 출석하게 하거나 고장 사람들을 중심으로 하는 전향자 좌담회를 개최하는 것이다. 한 번만으로는 효과가 없다. 왜냐하면 전향자라고 해도 모두 사회 복귀에 적합한 것은 아니다. 그들은 운동할 때 당규율 이외에는 사람에게 경의를 표하는 일이 없었다. 대체로 사회적인 의미에서 예의를 모른다. 담화는 솔직하고 불온하며 예민하고 압도적이다. 그러므로 처음 그들을 접하는 사람은 일종의 불안을 느낀다. 그 불안은 미지의 세계에서 오는 불안이다. 이런 사람이 전향자인가 하는 불안이다. 내용보다 형식에 놀라게 된다. 그런데 한 번, 두 번 회를 거듭해서 접촉하면 그들의 순진하고 진지한 아름다움, 정의, 우정, 친밀한 점을 잘 알게 된다. 그리고 비로소 그들이 하는 말의 내용을 충분히 이해하고 전향의 유무, 본질을 납득하게 되고, 그리하여 그들에 대해 신용을 부여하게 된다. 이렇게 협력자를 회의 조직 안으로 끌어들일 필요가 있다. 만약 그것이 불가능해도 협력자가 되는 일은 꼭 필요하다. 기존의 설립기관인 직업소개소를 당연히 최우선적으로 이용해야 하는데 그것만으로는 부족하고 적극적이며 조직적으로 직업 획득망을 펼쳐야 한다. 이를 위해 사회의 모든 방면에서 일하는 기업가를 직접적, 간접적으로 후원자, 협력자로 만들 필요가 있다.

회(會)에서는 특히 고도전향자인 지도자 중에서 사회 복귀 적응 확인을 거친 자를 회(會)

의 책임으로 하고, 이들 협력자를 거쳐서 사회로 내보내게 한다. 이런 경우 지도자는 보내는 사람에게 회(會)의 책임과 본인의 의무를 충분하게 전달할 필요가 있다. 회(會)의 명예, 회(會) 이사(理事者)로서의 책임이라는 이기적이고 형식적인 입장에서 말한다면 그것은 긁어 부스럼이 될 것이다. 그의 다음으로 사회로 나갈 사람 즉 후배를 위해, 또 다른 전향자를 위해 책임과 의무를 통감하는 것이 되어야 한다. 전향자의 개척자로서 사회에 나간 사람은 사용주에게 놀라울 정도의 만족과 감격을 안겨줄 것이다. 나고야의 명덕숙의 경험에서 어느 사업주는 장래 전향자들만 채용하겠다고 한다. 또 어떤 공공단체의 이사는 전향자 사용에 반대한 다른 이사에게 우쭐했다고 기뻐한다. 다만, 전향자 측에서 주의할 점은 높은 데를 바라는 마음을 고쳐먹는 일이다. 특히 노동자 출신에게 그러한 필요성을 느낀다. 과거 운동의 실패 원인이 발밑을 제대로 디디지 못하고 공허하게 비약했던 것을 비판하고, 사회 복귀에는 가장 낮은 단계에서 노력할 것을 자각하도록 만들어야 한다. 현재의 일반 청년들의 결점이 그들에게도 없지 않다. 먼저 변소 청소에서 시작하려는 마음가짐이다. 또 업무는 가급적 항구적인 일이었으면 한다. 그러나 당장 바라기 어려운 현재의 사회상태이므로 우선 임시고용 또는 견습생으로 사용자측의 시험 기간을 주고 사용자의 만족과 안심을 얻은 후 항구적인 지위 부여를 기대할 수 있도록 노력한다.

둘째, 수산(授産)[67]이다. 전향자 중에는 아직 직능이 없는 이가 있다. 그들에게는 기술을 제공한다. 가장 바람직한 방법은 이해심이 있는 사업주가 견습생으로 채용하는 것이다. 그렇게 기술을 습득하도록 한다. 이런 경우 견습 기간에 사용주에게 임금, 수당을 받는 것은 기대할 수 없다. 회(會)가 부담해야 한다. 이에 대해서는 관찰소에 보조를 청구하는 방법이 있다. 그러나 수료자는 반드시 회(會)가 사회 복귀에 완전히 적합하다고 인정하는 자로 제한할 수 없기에 자격을 쌓는 동안 기술을 습득해야 하므로 일반적인 사회 기업가에게 요청하는 방법으로는 안된다. 이것을 일반적인 방법으로 하려면 다음의 공작이 필요하다. 즉, 첫째는 이러한 이해심이 있는 사업가를 얻기 위해 보호위원제도를 설치하는 것이다. 공장 등의 사업주이면서 깊은 이해를 가지는 사람을 회의 보호위원으로 추천하여 조력을 받으며 공장에서 수산하는 것이다. 둘째는 보호단체 내에 수산공장, 수산교실을 두는 일이다. 그러나 후자

---

67 실업자에게 일자리를 부여하고 생활의 방도를 마련해 주는 것.

의 경우 대규모 시설을 기대할 수는 없다. 비교적 조작이 간단하고 단기습득이 가능하며 기계 등에 큰 자본이 들지 않을 뿐 아니라 재료의 허비가 없고 취직판로가 확실하고 항구적인 것을 선택한다. 예컨대 속기, 타이프라이터, 필경, 등사, 제도, 미싱, 부기 등이다. 다만, 신문광고에 있는 신규 내직은 단지 기계를 사게 한다거나 착수금을 뺏거나 하는 부정한 일이 많으므로 충분히 주의를 기울여야 한다. 셋째는 형무소 작업과의 연계이다. 구체적인 방법은 사실 필자가 형무소 작업에 대한 지식이 없기에 묘안이 없지만 저만큼의 큰 생산작업을 하고 있으므로 기계기술재료 등의 대여, 수여 지도의 가능성은 있다고 생각한다. 이것은 행형 당국과 형무소 직원이 고려해 주기를 당부하고 싶다.

셋째, 농원 온실, 가축 경영이다. 회(會)가 소유하고 있는 것으로 일종의 수산이다. 당연히 농원 등을 이해하여 사용하고 기술 전수를 해 줄 사람이 있다면 이보다 더 좋은 일은 없다. 그러나 모든 도시 근처에서 이것을 바라는 것은 곤란하기 때문에 먼저 회의 내부에 다각적인 농업의 형태를 습득할 설비를 만든다. 꽃, 과일, 야채 특히 제철이 지난 것을 온실에서 재배하고 양토(養兎), 양계, 양돈, 양양(養羊)의 경영에 집중함으로써 단지 기술습득뿐만 아니라 그 자체로 하나의 생산적인 일이 될 수 있다. 예컨대 도맥(稻麥) 등의 주요 농업의 개량 개작에 대해서 연구할 여지는 상당하다. 특히 쇼와(昭和) 도작법은 매우 그러하다. 이러한 취미를 가지고 기술을 습득한 이는 우선 농가의 자제라면 귀가하여 실시하면 된다. 그들은 마을의 기술적이며 정신적인 중심이 되기에 충분하다. 일본 국내의 최대 문제는 농촌문제이다. 이 문제는 식량정책이든 물가조절의 측면이든 국민의 대다수인 농민에 관한 일반 사상의 측면에서도 농촌과 도시의 대립, 농촌에서 도시로의 도피 등 가장 어려운 문제인 것이다. 지금까지 일어난 소동 중에서 쌀소동이 가장 두려웠다. 이 문제를 해결할 지점이 곳곳에 있을 것이다. 예컨대 소작법의 제정(농경지 사용권과 소작료 문제), 농촌부채정리문제, 금비(金肥)[68] 문제, 판매조합 문제, 모범촌 설정 문제, 지조 과세 문제 등 일본의 가장 중요한 경제정책이 모두 농촌 문제와 관련되어 있다. 그러나 농촌의 최대 문제는 농촌에 중심이 될 인물이 전무하다는 점이다. 농촌의 쓸모 있는 청년들은 모두 떠나 도시에 집중해 버렸다. 농촌의 대표자인 국회의원이 진심으로 농촌을 위해 온 힘을 다해 건투하고 있다고는 보기 어렵다.

---

68 돈을 주고 사서 쓰는 거름을 뜻한다.

남은 농민들은 불만 속에서 기력을 잃고 하루하루를 지내고 있을 뿐이다. 내일의 농촌을 생각하는 사람이 농촌에는 없다. 그러므로 갱생의 길을 걷는 농촌을 생각해 보라! 촌장과 기타 정당적인 일과는 무관하게 순수하게 농촌의 내일을 생각하고 실행하는 자가 있는 것을! 먼저 이러한 농촌의 중심인물을 만들어야 한다. 전향자들에게는 이것이 가장 적합한 일이다. 갱신회원인 모 씨가 군마(群馬)의 산간 농촌에 돌아가 수년 동안 마을에서의 농업기술, 농가경영, 농촌진흥에 기여한 것은 괄목할 만한 일이다. 다음으로 농촌의 신용조합, 농업조합의 기술원, 사무원으로 보내야 한다. 또 농원경영자가 있다면 그곳을 취직처로 고려해야 할 것이다. 이 일은 농촌문제와 연계하여 소관 관청과의 연락 및 협력을 구한다. 먼저 중앙관청 간 우선적으로 완수해야 할 일이다. 하지만 지방에서도 지방관청 간에 할 수 있는 범위에서 연락과 협조를 해야 하는 사항임은 당연하다.

넷째, 이민 문제이다. 세 번째 농촌 문제와 관련해서 고려되어야 할 사안이다. 우선 내지의 미경작지 개간문제에서 시작한다. 개간 문제는 농업기술과 관계가 깊다. 미개척지의 개간이 경제적 가치가 있는지 여부를 고려해야 하는데 이와 동시에 농업기술의 진보가 개간의 가치를 높이는지 여부의 문제이기도 하다. 갱신회의 객원인 후지모토(藤本) 씨는 자신이 고안한 소화도작법을 이용하여 아라카와(荒川) 및 도네가와(利根川) 연안의 황무지 수백 정보(町步)의 개간을 연구하고 있다. 이러한 연구는 모두 원조해야 한다. 전향자가 가장 적합한 원조자이다. 따라서 보호단체도 원조해야 한다. 받는 것만이 능사는 아니다. 제공해서 얻는 것도 필요하다. 내지 개간의 문제와 나란히 이민문제가 있다. 국가의 이민정책과 병행하여 전향자도 생각해야 한다. 식민지 기타 외국의 지도적인 이민자는 소질을 선택해야 한다. 헌신적이고 공공적인 사람이 필요하다. 전향자에게 주어진 한 가지 길이 아니겠는가. 현재 갱신회원 중에 만주 들판에서 일하는 이가 여럿 있다. 식민회사, 이민회사, 척무성 등과 연락을 도모할 필요성을 절감한다.

다섯째, 생업자금 대출이다. 대체로 기존 일본의 대학교육은 직업교육에 지나지 않는다. 게다가 그 직업교육은 스스로 회사를 세우는 종류가 아니고 타인에게 고용되는 직업교육이었다. 그러므로 대학이나 전문학교를 졸업하고 구두가게, 음식점 등 직접 경영하는 경우는 전무하다. 간혹 그러한 사례가 있더라도 진심으로 먹고 살기 위한 일이 아니라 오히려 부잣집 아들의 도락에 지나지 않았다. 이러한 교육이 대학생을 타락하게 만들었다. 같은 직업

교육도 맨몸으로 독립해서 일하는 종류의 것이라면 정신적인 교육 또한 상당히 기대되었을 것이다. 남에게 고용되기 위해서 받는 교육은 어떻게 잘 보일까 하는 맞선을 보는 심리이고 여성적인 근성이다. 이것이 우리를 타락시켰다. (중략)

이를 위해 전향자에게 생업지도와 자금대출을 한다. 명덕회도 인텔리 한 사람을 원조하여 '어묵집' 경영을 하게 하였는데 꽤 성공적이다. 동업자 등의 원조를 위해 관내 경찰의 특고, 보안의 협력을 구하고 보호회는 자금을 남김없이 유효하게 사용한다. 원금을 예금하여 이자를 대출하는 소극적인 것이 되어서는 안 된다. '항상' 그리고 '전부'가 보호단체의 자금을 사용하는 방식이다. 그렇지 않다면 기존의 일반 석방자 보호의 경우와 마찬가지로 '기금보호', '건물보호'로 끝나고 말 것이다.

(ㄷ) 기타 보호 방면

위에서 일반적 보호 방법을 언급했는데 다음과 같은 보호 부문도 존재한다는 것을 잊지 말아야 한다.

첫째, 가족 보호이다.

그들은 가족애로 인해 전향했다. 가족애가 발전하여 국가애, 국민애가 된 것이다. 그들이 검거되었을 때 가족이 곤란에 빠지는 것을 방치하는 일은 전향이 국가애, 국민애로 발전하는 것을 저해할 위험이 있다. 그러므로 그들이 구금되어 있을 때, 구금되지 않더라도 독립생계를 꾸릴 수 없는 동안에는 가족의 생활을 원조한다. 이를 위해 보호자는 이 방면의 위원 및 기타 사회사업가와 연락을 취할 필요가 있다. 이렇게 가족의 생계보조, 가족의 직업알선, 기타 위안, 상담상대가 되어 줄 필요가 있다. 이는 본인의 전향을 확보하고 발전시키기 위함이며 또 사회적 빈곤문제의 해결을 위한 원조이다.

둘째, 피고인 보호이다.

본인에 대한 보호는 구금 중일 때부터 개시한다. 이에 관찰소는 형무소와 밀접한 연락이 필요하고 보호회도 형무소와 밀접한 연락을 요한다. 이때 형무소의 담당자는 교도관이어야 한다. 피고인에 대한 보호는 변호사의 알선, 보석청구에 대한 노력, 서적, 필지 등 필요용품의 차입, 본인에 대한 위로 등이다.

셋째, 요양 보호이다.

장기구금 후에는 체력이 현저하게 떨어진다. 구금에서 해방된 자는 한적한 농원 등에서 충분한 체력을 회복해야 한다. 또 결핵 등의 질병에 걸린 자에 대해서는 특약병원과 연락을 취하여 충분한 요양이 이루어지게 한다. 당연히 질병은 좌경의 원인이 되는 것은 아니다. 그렇지만 전향의 적극성을 유지하기 위해 건강은 절대 필요하다. 사회생활의 안정을 얻기 위해서도 정신적인 건전한 활동을 위해서도 그러하다.

여성 전향자의 보호에 있어 결혼문제는 나중에 상술하겠다. 그러나 남성전향자도 결혼은 바람직하다. 아버지가 되는 것은 특히 그러하다. 본인의 처지가 허락하는 한 가급적 빨리 결혼을 주선하고 가정을 가지도록 지도한다. 이는 한 사람의 선배, 친족이 돌보는 것과 같은 마음가짐과 방법으로 행한다.

(나) 특수보호의 방법[69]

특수 방법은 앞서 언급한 좌익사상범 분류에서의 보호 특수성을 말한다.

(ㄱ) 전향자와 비전향자

전향자에 대한 보호의 사상적 방면은 지도적인 요소가 거의 대부분이다. 준전향자, 비전향자에 대해서도 물론 지도적인 요소가 주가 되지만, 지도의 목적 달성을 위해서는 관찰적인 요소를 다분히 가져야 한다. 철저한 관찰을 통해 상대방의 심경, 즉 사상 상황, 미묘한 마음의 움직임을 포착함으로써 비로소 전향시킬 기회와 지도할 구체적인 방법을 알 수 있기 때문이다. 관찰의 의미는 이와같이 해석되어야 한다. 만약 관찰의 의미를 경찰시찰과 같은 의미로 생각한다면, 대부분의사상범이 앞서 우려했던 사중시찰, 즉 특고, 보안, 헌병관찰이라는 중복시찰의 폐해를 견디지 못하고 보호관찰에서 벗어나려고 고심하게 될 것이다.

비전향자, 준전향자에게 행하는 사상지도의 구체적인 방법은 매우 어려움이 있다. 왜냐하면 첫째, 사상보호단체가 비전향, 준전향자의 입소를 받아들이지 않고 또한 입소시키는 것이 타당하지 않기 때문이다. 만약 전향의 정도가 낮은 자가 모이는 숙(塾)에 비전향, 준전향자를 섞어 놓으면 혼란과 무질서를 초래함으로써 비전향자, 준전향자의 사상을 지도할 수

---

69 346~369쪽.

없을 뿐 아니라 숙(塾) 내부 전향자의 사상지도에도 방해가 될 것이다. 둘째, 비전향자, 준전향자만을 모으는 단체를 만드는 일도 곤란한 점이 있다. 그들이 전향하지 않던 이전에도 집단을 이뤄 기세등등하게 떠들썩했고 또 다른 동지에게 견제를 받아 전향을 하지 않았거나 혹은 전향을 하려고 해도 하지 못했다. 그러므로 준전향, 비전향자는 가정에 거주시키거나 환경이 좋은 사원에 거주시키는 수밖에 없다. 이때 사원은 가능한 한 좌선(坐禪)할 수 있는 절[예를 들어 영평사(永平寺)와 같은]로 정숙한 장소가 바람직하다. 전향을 시키기 위해서는 우선 '반성'과 '구도심'을 일으키기 쉬운 환경에 놓아야 한다. 그러한 환경에 놓인 그를 가족애와 지도자의 자애로움으로 감싸야 한다. 그 경우 가장 유효한 방법은 가정 또는 사원에서 좋은 지도자를 얻는 것이다. 이때 한 사람, 한 사람에 대한 보호가 이루어지게 된다. 미국의 Ones system 또는 Big Brother(or Sister) System[70]이 이용될 수 있다. 그러나 그것은 기대하기 어려운 바이고 대부분의 경우 보호단체 주사 등의 높은 정도의 전향자가 종종 방문하는 수밖에 없다. 그러나 가정은 어떠한 경우에도 최대한 그들과 접하고 위로해야 한다. 그를 꾸짖고 훈계하는 역할을 담당하는 이는 따로 있다. 그 사람을 통해서 행하면 된다. 그러나 그를 방문하는 높은 정도의 전향자 또는 사원 승려는 매우 예리한 관찰력을 동원해야 한다. 그가 지금 무엇을 생각하고 무엇을 요구하는지를 간파한다. 요구하는 것이 어떤 정신적인 요소라면 기회를 놓치지 말고 종교서나 철학서를 제공한다. 그리고 그러한 행동은 민첩할 필요가 있으면서 결코 집요해서는 안 된다. 오히려 담담해야 한다. 예컨대 제공한 불교서적에 대해 설명을 요구했을 때 비로소 설명을 해줘야 하며 그 정도 인내하는 노력이 필요하다.

또 비전향자, 준전향자는 거주지, 교우, 통신에 관한 제한이 관찰소에서 명하는 경우가 많을 것이다. 하지만 항상 현실적인 필요에 따라 구체적인 효과를 예견하고 행한다. 예를 들어 비전향자라거나 준전향자라고 해서 상대와 환경을 살피지 않고 한꺼번에 모든 제한을 형식적으로 부과하는 식의 사무적인 결정이어서는 안 된다.

나아가 준전향자만을 목적으로 하는 사상지도의 국가기관, 비전향자만을 목적으로 하는 사

---

70 빅브라더스 빅시스터즈(Big Brothers Big Sisters of America). 1904년 미국인 어니스트 켄트 콜터(Ernest Kent Coulter)가 설립한 청소년 멘토링 기관. 1916년까지 미국 전국의 96개 도시로 확산되었다.

상지도의 국가기관을 설치할 필요성을 인정한다. 국민정신문화연구소[71]나 일본문화협회[72]는 이미 감정적으로 전향한 자를 이론적으로 전향시키는 역할을 대체로 하고 있는 형편이므로 비전향, 준전향자를 상대로 하지는 않는다. 물론 감정 전향자를 이론 전향자로 향상 발전시키는 일은 앞서 언급한 바와 같이 필요하고 바람직한 보호의 방면이지만, 감정 전향조차 어떤 사정으로 인해 할 수 없는 자도 방치해서는 안 된다. 감정전향자 내에 준전향, 비전향자를 포함시키는 위험성, 불리한 점에 대해서는 이미 언급한 바와 같다. 준전향, 비전향자는 별도의 기관을 만들어야 한다. 나아가 준전향자와 비전향자도 각각 기관을 만드는 것이 바람직하다. 전향지도를 함에 있어 준전향자와 비전향자 사이에는 정도의 차이 이상으로 개인적인 성격의 차이가 나타나므로 사상지도 효과에 있어서도 차이가 있다고 보기 때문이다.

그들은 학문과 연구를 좋아한다. 정의를 탐구하는 것에 상당한 흥미를 느낀다. 혹시 가족 및 민족적 감정에 기반하는 원칙적인 수순으로는 전향의 기회를 얻지 못한 자이더라도, 연구와 지도에 의해 역으로 자신의 이론적 오류를 발견하고 이를 계기로 가족 및 국민적 감정으로 전향하는 계기를 만들 수도 있고 그럴 가능성도 충분히 있다. 특히 현재 비전향 혹은 준전향의 상태에 있는 사람은 대체로 이론 및 의식에 있어 깊이 있는 사람이 많기 때문이다. 즉 이러한 경우의 사상지도는 그 자체가 완전하게 마음과 머리가 일본인으로서의 전향을 완성하지 않더라도 괜찮다. 우선 마음의 전향, 즉 감정적 전향이 이루어진다면 충분하다. 이렇게 감정적 전향이 이루진 자는 보통의 전향자와 마찬가지로 혹은 그 이상으로 이번에는 머릿속의 전향을 완성하는 것, 즉 이미 일본인이라는 입장에 선 이론적 전향의 향상으로 인도할 필요가 있고 꼭 완수해야 한다. 두 번째 단계의 지도는 현재의 국민정신문화연구소의 설비로 충분할 것이다. 이렇게 완성된 사람은 분명 감정적 전향만 하고 그 이상의 지도는 받

---

[71] 전시체제에 일본문부성이 설립한 사상통제기관이다. 1932년 '학생사상 문제조사위원회'의 "국체·일본정신의 원리를 천명하고 국민문화를 발양하며 외래사상을 비판하고 마르크스주의에 대항하기에 충분한 이론체계의 건설을 목적으로 하는 유력한 연구기관을 설립할 것"이라는 답신을 받고 설립하였다. '황도교학의 지도자로서의 신념과 식견을 순화(醇化)'하는 것을 지도방침으로 하고 역사과, 국문학과, 철학과, 법정과, 경제과, 사상과 등을 두었다. 전후 GHQ에 의해 초국가주의조직으로 해산 당했고 강사진은 공직 추방되었다.
[72] 1934년 일본문부성 주도로 설립된 일본의 문화단체로 국민정신문화연구소의 협력기관이었다. 연구회·좌담회, 강연회·강습회의 개최, 잡지·팸플릿·도서의 출판 등의 사업을 하였다. '사상부'를 설치하여 전향자에 관한 대응을 하였다. 전후 GHQ에 의해 해산되었다.

지 않은 사람보다 훨씬 훌륭하게 지도적인 일본인이 될 수 있을 것이다. 그러니 열 명 중 한 명이든 백 명 중 한 명이든 상관없다. 이렇게 비전향, 준전향자를 전향자로 획득한다면 이를 위해 국가가 설치한 시설이 무용지물이 아닌 것이다. 이러한 기관은 경제기관처럼 채산성이 있을 수 없으며 또 있어서도 안 된다. 경제인이나 개인의 힘으로는 할 수 없는 일이므로 국가가 나서서 실시할 가치가 있는 것이다.

생각해 보라, 만약 이들 비전향자, 준전향자가 다시 지하로 잠입하여 당 운동을 일으킨다면 국가와 국민이 입을 정신적, 물질적 손해가 얼마나 막대할 것인가. 만약 이를 방지할 수 있다면 경제적으로나 공리적으로 따져도 결코 소용없는 일이 아니다. 하물며 국가와 국민의 관계, 일본 국민성에서 볼 때 이러한 보호지도는 마땅히 해야 하는 도리가 아니겠는가.

그렇다면 이러한 비전향, 준전향자에 대한 사상지도의 국가기관을 어떠한 조직형태로 할 것인가 하는 문제인데, 이는 어려운 문제이고 충분한 연구가 필요하다. 그러나 그 가능성을 충분히 인정하는 바이며 다음과 같은 부분을 생각할 수 있을 것이다. 첫째, 전향자의 경우와 달리 가급적 공동생활을 피한다. 전향자는 집단생활에 의한 사상 및 생활의 지도로 전향의 상태를 향상시키게 되지만, 비전향, 준전향자는 반대로 집단생활이 전향을 어렵게 만든다. 그들이 처한 입장과 군중심리의 영향에 의해서 그러하다. 따라서 비전향, 준전향자에 대한 국가적 사상지도기관은 기숙형 공동생활의 형식을 취해서는 안 된다. 가정 또는 사원, 기타 장소에서 통학하게 한다. 통학은 강요하는 것이 아니라 그들의 연구심을 역이용해서 하도록 한다. 그들의 특징으로 인해 효과를 충분히 보게 될 것이다. 다만 이를 위해 연구소 내의 지도가 충분히 그들의 흥미를 끌도록 한다. 둘째, 소(所) 내부에서의 지도는 전향자의 경우보다 더 강의식이어서는 안 된다. 개인적으로 자유롭게 연구하게 만들고 결과를 비판하고 모순을 느끼고 번뇌를 하게 만들면 되는 것이다. 그러한 과정을 거친 후 지도적 요구가 나오기를 기다렸다가 비로소 지도적 태도에 나서야 한다. 셋째, 소(所) 내부의 생활 및 질서유지도 전향자의 경우처럼 간단하지 않다. 소(所) 내에서의 단체 협의와 집단은 피한다. 항상 개인적이어야 한다. 연구 방법도 기타 생활도 마찬가지다. 소(所) 내에서 오로지 개인적 연구에 모든 것을 집중하도록 하고 다른 것을 일체 돌아보지 않게 하는 것이 유일한 방법이다. 넷째, 지도자는 전향자의 경우보다 훨씬 학자 같지 않은, 인간적이고 인격적인 인물일 것을 요한다. 이론의 완성이 일차적인 목적이 아니라 자신의 이론의 모순을 자발적으로 발견하는 것이 당면의 목적이기 때문이다.

　이상과 같은 사항을 비전향자 기관에 대해서는 엄격하게, 준전향자 기관에 대해서는 일정하게, 전향자 기관과의 조화를 이루면서 시행하는 것이 바람직하다. 일반 민간보호단체는 간접보호 외에는 준전향, 비전향자의 보호에 적합하지 않으며 사실상 대응하기도 어렵다. 게다가 간접보호의 구체적 방법 또한 대안이 거의 없다시피 한 것이 현실이다. 필히 국가기관의 관련 시책을 요망하는 바이다.

　비전향자, 준전향자의 사회 복귀, 즉 생활 안정 문제와 관련해서 직업·수산(授産)과 같은 준비 행위는 해야겠지만, 보호회에서 직접 사회로 직업을 알선하는 것은 일정한 주의를 기울여야 한다. 아직 사회에 복귀하는 근본조건이 되는 전향을 하지 않은 이들이기 때문이다. 따라서 전향자와 비전향자를 동일하게 취급한다면 전향자의 실직을 초래하게 될 것임은 명약관화하다. 이에 비전향자, 준전향자와 관련해서 특히 사회생활의 안정 문제는 중대한 사안이 아닌 것이다. 다만, 전향자가 거치는 과정을 그들이 잘 알 수 있도록 한다. 전향자가 사회적으로 복귀해가는 상황은 그들에게 어떤 시사점을 줄 수 있을 것이다.

　(ㄴ) 인텔리와 노동자

　사상 지도 측면에서 볼 때, 운동의식의 수준이 높은 만큼 인텔리 전향자는 보다 깊이 있고 이론적으로 청산할 수 있는 요소를 가진다. 그러므로 가능한 한 사상지도를 심도 깊게 함으로써 이론적 전향의 지도자로 끌어올려야 한다. 그러나 사회 복귀 측면에서 볼 때, 노동자 출신이 취직하기 쉽고 생활 안정을 도모하기 쉽다. 여기서 주의할 점은 노동자 출신이 취직을 하게 되면 힘이 들고 아무래도 여가가 부족하다. 애초에 당 운동의 이론 방면에서 고도의 의식이 없던 그들에게 굳이 고도의 이론 청산을 요구하는 무리한 일이 간혹 일어나기도 한다. 그들이 한 사람의 선량한 시민으로 변화해 갔을 때, 인텔리 같은 필요 이상의 높은 전향 발전은 강요하지 않도록 주의하지 않으면 오히려 그들을 고통스럽게 하는 결과가 될 것이다. 앞서 언급한 반인텔리 노동자 출신은 모든 것이 어중간해서 보호하는 것이 가장 곤란하다. 사상지도 측면에서는 인텔리만큼 이해와 진보가 빠르지 않으면서 단순한 노동자처럼 담백한 구석도 없다. 생활 안정 측면에서도 취직과 희망 사이에 간격이 너무 크다. 이들에 대해서는 사상적으로는 가급적 친절하게 지도해야 함과 동시에, 생활적으로는 불가피한 생업자금을 대출해 주어 독립적인 영업을 하도록 하는 것이 첩경이다.

(ㄷ) 내지인과 식민지인

식민지인의 사상 및 지도에 대해서는 이미 전향 항목에서 상세히 서술했으므로 다시 언급하지 않겠다. 다만 그들에 대한 내지 일반인의 편협한 태도는 사상범 문제에 관해서는 물론이요 일반 식민지 정책으로도 개선해야 한다는 점에 주의해야 한다. 생활 안정을 내지인의 경우에 비해 전향에서든 보호에서든 매우 높게 평가해야 함은 앞서 지적한 바와 같다. 이는 1935년(昭和 10) 4월 말에 조사한 조선 각도 경찰관의 사상전향을 도모한 성적 보고를 통해 알 수 있으며 다음과 같다.

	생활 안정	접촉 명예심 충족	훈계	은혜	계
경기도	5	4	2	1	12
충청북도	15	4	0	0	19
충청남도	10	2	2	3	17
전라북도	10	3	5	4	22
전라남도	3	0	1	0	4
경상북도	19	0	0	1	20
경상남도	11	1	0	4	16
황해도	22	2	17	3	44
평안남도	13	6	2	1	22
평안북도	8	0	4	2	14
강원도	12	0	8	3	23
함경남도	18	0	1	2	21
함경북도	12	2	0	0	14
계	158	24	42	24	248

즉, 생활 안정이 전향 원인의 절대 다수를 차지한다. 이유는 민족성에 근거하는 것이다. 조선반도에서는 생활 안정에서 내지와 상이한 사정이 있는데 사회적 배척이 적다는 점이

다. 그들의 공산당 운동은 본질적으로 마르크스주의 운동이라기보다 반도독립운동의 방법론이므로, 고향에서 개선장군처럼 맞이하는 일은 있어도 증오하고 배척하는 일은 드물다. 따라서 관계(官界)를 제외하면 오히려 유능하다고 채용되는 경우가 적지 않다. 취직 알선도 그렇게 어렵지 않다. 또 그들의 민족성으로 미루어 수용 보호의 경우는 독립심을 잃고 은혜에 익숙해짐으로써 자력갱생의 힘을 저버리고 보호단체를 이용하는 자가 적지 않으므로, 가급적 귀농하여 취직하게 함으로써 생활 안정을 도모하는 것이 필요하다.

내지에서 조선인 노동자들이 모여 있는 도시의 상황을 들어봐도[예컨대 세토(瀬戸)시의 도기업(陶器業)] 직업이 풍부하여 생활 안정을 얻을 수 있는 경우에는 비교적 평온하게 생활하고 범죄도 적은 것을 보면 내지에서의 조선사상범도 먼저 취직을 우선 도모하는 것이 필요할 것이다. 즉, 나는 조선인의 경우 사상 지도가 주된 목적이 아니라, 내지인과 달리 생활 안정이 1차적인 과제라고 결론 내린다.

또 조선사상범보호단체를 만드는 경우, 주의할 점이 두 가지 있다. 첫째, 우리의 예상과는 달리 단체의 지도자는 반드시 조선인일 필요는 없다는 점이다. 오히려 내지인이 낫다고 한다. 그들 조선인사상범이 요구하는 지도자는 인격자이기만 하다면 내선인을 가리지 않는다고 한다. 지금껏 조선인이 대중이나 단체를 발판으로 삼아 자신의 명예심을 채우거나 사회적 지위를 얻는데 이용한 수많은 사례가 있었기 때문이다. 둘째, 그들은 매우 파벌적이고 반발하기 쉽다. 단체를 만들면 곧바로 내부논쟁이 일어난다. 그러므로 사상범보호단체를 만드는 자는 이 두 가지 점에 주의해야 한다. 그렇기에 내지에서 조선인 전향자를 취급할 때는 반드시 조선인 전문보호단체를 만들 필요 없이 오히려 내지인단체 안에 놓는 편이 낫다. 요컨대 지도자의 이해심 있는 태도가 중요하다. 실제로 갱신회는 수십 명의 조선인을 맡고 있지만 그 점에서는 전혀 문제를 일으킨 적이 없다.

다음, 경성 서대문 형무소의 조선인 전향자의 희망을 임의로 수기한 결과를 요약하여 게시한다.

① 장기연부상환(長期年賦償還)으로 사업자금을 빌려주기를 바란다.
② 관청 알선으로 복직 또는 복교시켜 주기를 바란다.

③ 은행·회사·관청·상점의 문호를 개방해 주기를 바란다.

④ 사상연구소 또는 갱생문화연구소를 설치해 전향자의 교화 선도를 맡겨 주기를 바란다.

⑤ 강력한 보호단체를 만듦으로써,

- 당국과 사회가 전향자에 대해 충분히 이해하고 원조하도록 올바른 여론의 환기를 위해 노력해 주기 바란다.
- 재감 전향자에 대해 모든 편의를 제공하고 가족을 위로하고 돌봐 주기를 바란다.
- 전향자가 가출옥 또는 집행유예의 은전을 받을 수 있도록 당국의 주의를 환기시킬 정당한 방법을 강구하기 바란다.
- 직업·결혼의 알선, 요양 지원, 필요한 자금을 융통해 주기를 바란다.

⑥ 재감 전향자를 위해 가출옥의 은전을 법이 허락하는 최대한도로 허용해 주기를 바란다.

⑦ 옛 동지의 빨치산 행동으로부터 전향자의 생명·재산을 보호해 주기를 바란다.

⑧ 정치적 지반을 보호양성해 주기를 바란다.

이상.

다만 내선인 간 결혼문제에 관하여 조선인 남자가 내지 부인과 결혼을 하면 매우 원만하고 성공적인 경우가 많은데, 반대는 거의 예외 없이 실패하는 경우가 다반사다. 이는 부부간의 여러 가지 민감한 문제도 있겠지만, 근본적으로 조선인 남자가 일본 민족문화에 대한 동경과 무의식적인 동화 희망으로 인해 내지 여성을 소중하게 여기지만, 이와는 반대로 조선 여성의 결혼은 그 일가가 기생충처럼 의존하면서 초래하는 조선의 악습관에서 기인하는 결과일 것이다.

마지막으로 조선반도에서도 조선사상범보호관찰령이 제정·시행됨을 보고한다. 즉, 1936년(昭和 11) 12월 12일 제령 제16호로 공포된 관찰령은 같은 달 21일부터 시행됨으로써 경성, 평양, 대구, 함흥, 청진, 광주, 신의주에 7개소의 보호관찰소를 설립하게 되었다. 법규의 내용은 내지의 보호관찰법과 거의 변함이 없다. 1928~1936년까지 조선반도에서 검거된 사상범은 약 만 6천 명에 달하고 그중 이 법령을 적용받는 자는 약 6천여 명이다. 그러나 예산 관계상 먼저 약 2천여 명에 대해 우선 이 법령을 적용하고 순차적으로 적용 범위를 넓혀 간다고 한다. 그러므로 반도에서도 내지와 병행하여 사상범 보호관찰이 합리적으로 실시되고 있다고 판단한다.

대만, 류큐에서의 사상범의 지도보호 방침에 대해서는 전향의 항목에서 언급한 바와 같다.

(ㄹ) 남성과 여성

여성의 보호는 반드시 가정에서 행할 필요가 있다. 그러한 의미에서 남성은 일차적으로 숙(塾)에서 보호하는 것과 상반된다. 여성은 결국 가정으로 돌아가야 하기 때문이다. 다만 여성도 돌아갈 가정이 없는 자가 있다. 또 특수하게 가정에 돌아가는 것이 본인에게 도움이 되지 않는 부적절한 가정인 경우가 있다. 이런 경우 자신의 가정에 받아들여 보살피겠다고 신청하는 독지가가 없는 한 여성 전문 보호단체에 기댈 수밖에 없다. 그러한 단체가 남자의 단체와 독립적이어야 함은 당연하다. 여성 단체는 무엇보다 가정적이어야 한다. 단체의 지도자는 보호사와 함께 여성이어야 한다. 여성에게는 여성만이 아는 세계가 있기 때문이다.

가정 또는 단체에서의 여성에 대한 사상지도는 가정 및 주부를 통해 이루어지는 '일본여성으로서의 자각'에서 출발하여 '일본인의 어머니로서의 인식'으로 발전한다. 가정을 떠난 일본의 여성은 물을 떠난 물고기와 같다. 아이를 떠난 일본의 여성은 육지에 남겨진 배와 마찬가지다. 그러므로 사상 지도는 물론 보호의 모든 것이 가정과 여성의 입장에서 이루어져야 한다. 따라서 여성에게 행하는 생활 안정의 보호 방법은 결혼을 지향하고 있는 것이 당연하다. 단체 또는 가정의 사회 복귀 준비는 직업 지도보다 가정부인으로서의 예의범절, 기술 습득에 중점을 두게 될 것이다. 다름 아닌 여성사상범은 일반 여성에 비해 그러한 점에서 가장 뒤떨어져 있기 때문이다. 직업을 얻는 일은 마지막 수단임을 기억한다. 그런데 결혼에 대해서도 세 가지 난관이 있다. 첫째는 적색 운동을 했다는 것이고, 둘째는 연령이고, 셋째는 정조의 문제이다. 그들은 운동을 하고 검거되고 전향하는 사이에 결혼의 적령기를 넘겼다. 운동 중에는 연락원, 하우스키퍼 역할 등을 하면서 정조를 잃는 경우가 많다. 연애를 동반해서 정조를 바치는 경우도 있지만 그중에는 전혀 상상을 뛰어넘는, 연애를 동반하지 않는 경우도 있다. 연애를 동반하지 않는 남녀관계라는 말이 어폐가 있지만, 당을 애인이라 생각하고 정조를 바치는 경우, 극단적인 유물사상의 결과로써 단순한 관능적 작용인 경우, 또는 단순하게 생활방편으로서의 관계 등을 말한다. 이러한 세 가지 난관을 어떻게 해결할 것인가.

애초에 부부생활(호적에 입적했든 내연관계이든 상관없이)을 하는 부인이 남편의 영향을 받아

남편과 함께 운동을 시작한 자는 당연히 남편에게 돌아가야 한다. 이 경우 남편의 전향, 비전향을 가지고 아내와의 동거를 허락할지 여부를 결정하는 것은 아니다. 남편이 전향하지 않는 한 아내가 적극적으로 전향하는 경우는 예외적이다. 부창부수의 도덕이 방향은 틀렸어도 여러 장면에서 나타나는 것이다. 이러한 경우 아내는 남편의 품에 돌아가야 하며 보호를 위해 우선 남편 스스로 전향과 생활 안정을 기한다. 그럼으로써 아내인 여성도 남편의 행동을 함께 할 것이기 때문이다. 단, 운동과 전향 등의 문제를 떠나 인간의 성격적인 문제로 부부생활을 이어갈 수 없는 사정이 있을 경우에는 이혼 문제를 생각해야 하지만, 전향을 확보하는 보호 방법으로 이혼은 결코 허락할 수 없다. 이런 경우 남편을 중심으로 사상 지도를 함과 동시에 부부의 생활 안정을 도모할 수 있도록 남편의 취직, 기타 부부의 생활 확보를 위한 보호방법이 취해져야 할 것이다.

운동 중에 부부생활을 한 것이 아닌 경우, 예컨대 하우스키퍼라는 형식의 생활을 했지만 부부라는 생활의식을 가지지 않는 여성의 경우에는 상대방 남자와의 사이에 연애 혹은 부부관계를 맺을 존경과 사랑의 요소 유무에 따라 장래가 결정되어야 하는 것이다. 즉, 이러한 애정 관계에 있는 자는 상대방의 전향, 비전향을 불문하고 부부생활을 영위하는 것이 마땅하다. 어쨌든 부부의식이 없더라도 연애의 요소가 있다면 혹시 두 사람을 격리하더라도 관찰과 시찰을 위해 차단할 수 있는 것은 아니다. 무리한 저지는 비밀스러운 방법을 만들어 내게 하고 운동의 측면에서 보더라도 더욱 위험한 경우가 있을 수 있다. 남자가 비전향인 경우에는 이전의 부부관계의 경우와 마찬가지로 부인은 반드시 이를 따르지만, 별거, 이별의 생활을 하게 하더라도 남자의 영향을 받지 않을 수 없으므로 별거 생활이 여성의 전향 확보에 아무런 의미를 갖지 못한다. 국가권력이 행하는 가장 엄격한 형무소의 별거 생활, 예컨대 남편은 도요타마(豊多摩)형무소에, 부인은 도치기(栃木)형무소에 수용되는 경우에도 남자의 영향을 받지 않을 수 없는 것이다. 반대로 남자가 전향하고 여자가 비전향인 경우에는 부부생활로 여자가 남자의 영향을 받고 전향하는 법이다. 당연히 그들 사이에 아이가 생긴다면 전향의 진행은 보다 가속화한다. 이러한 여성의 남성에 대한 종속 관계는 사랑이 있는 한 당연한 일이므로 부부로 있도록 보호자는 노력하고 남편의 사상 지도와 가정의 생활 확보를 보호해 주어야 한다.

다음으로 사랑이 없는 남녀생활을 한 자의 보호 방법은 전혀 달라야 한다. 그들이 함께 할지 아닐지의 여부는 쌍방의 사상 상태, 성격, 처지, 희망을 검토하여 새롭게 부부생활을 맺는 것이 타당한지 아닌지를 다시 판단한다. 만약 타당하지 않거나 희망하지 않는 경우 두 사람 사이의 연락을 차단한다. 왜냐하면 그러한 연락은 사랑이라는 본질에서 출발한 것이 아니라 옛 동지로서의 교류이며 한쪽이 비전향자인 경우 상대는 사상적 혼란을 겪을 우려가 있을 뿐 아니라 장래의 갱생(특히 여성의 경우에는 장래의 결혼문제)에도 뜻밖의 저해 요인이 될 우려가 있기 때문이다. 이것은 남자 상호 간의 교류와는 구별하여 보다 엄격하게 생각해야 한다.

이렇게 여성의 결혼문제는 앞서 언급한 것처럼 가장 어렵다. 전향자 여성들은 영리하며 사회문제, 국제문제 등에 대해 현재의 일반여성들과 비교할 수 없을 정도의 지식과 판단력을 지니고 있다. 그녀들이 전향하여 일본 여성으로서의 자각을 획득한다면 아내로서, 어머니로서 실로 훌륭한 인물이 될 것이다. 그러나 사회는 그녀들을 '피사용인(被使用人)'으로서보다 '아내'로서의 본질을 알기 어렵다고 생각할 것임이 틀림없다. 따라서 보호자는 남자 전향자 중에 적당한 배우자를 발견하여 결혼하도록 알선에 힘써야 한다. 그것은 '흠이 있는 사람은 흠이 있는 사람에게'라는 사고방식이 아니라 '그녀들을 이해할 수 있는 사람에게'라는 의미에서 행하는 보호이다. 그러나 운동을 한 사람 이외에는 보호자로서 그녀들을 이해하는 자가 없을 것이라고 속단해서는 안 된다. 드물지만 진심으로 심기일전하여 인생을 재출발하고자 하는 사람으로 그녀들을 이해하는 남성이 없다고 할 수 없고 또 '사랑은 뜻밖의 일'인 경우가 있기 때문이다.

끝으로 아내로서 가정에 들어간 여성에 대한 보호관찰은 남성의 경우와 달리 매우 주의 깊게 다루어져야 한다. 특히 미혼여성의 경우, 혹은 사상범과 관계없는 사람과 결혼한 경우에는 부인의 갱생의 길을 차단하고 행복한 생활을 오히려 망칠 우려가 충분히 있을 수 있기 때문에 보호관찰소의 직원 및 보호단체의 지도원은 외부에서 봤을 때 친구로 여길만한 태도와 관계로 접한다. 만약 급박한 필요가 아니라면 사상범 이외의 사람과 결혼한 부인에 대해서는 직접적인 접촉을 피한다. 관찰자는 자연스럽게 남편이 담당하게 되지 않겠는가.

또 미혼여성이 가정으로 돌아갔을 때 부모, 자매와 관계가 원만하지 않은 경우가 종종 있다. 이러한 경우에 보호자는 항상 부모에 대해 가정복귀가 완전하게 이루어지도록 작업을 해야 한다. 그렇지 않으면 결국 가정 복귀를 하지 못한 채 여성 전향자로서의 길을 걸어갈 수 없기 때문이다.

이러한 여성 보호의 구체적인 방법은 생각하면 할수록 보호사 및 보호단체의 지도자 가운데 여성이 있어야 함을 통감하는 바이다.

(ㅁ) 소년과 교원

소년의 사상적 영향에 대해서는 앞서 언급한 바와 같이 가정이 양호하다면 학교를 중심으로 하는 운동의 나쁜 결과는 거의 없다고 봐도 좋을 것이다. 따라서 소년의 사상적 보호는 어디까지나 가정중심으로 이루어져야 한다. 소년사상범을 숙(塾) 또는 도장(道場)에 수용하는 것은 원칙적으로 찬성할 수 없다. 다만, 사상 지도는 어린이 자신보다 가정에 중점을 두어야 한다. 가정에 어린이를 이용할 어떤 나쁜 요소가 있지 않은지를 충분히 조사하고 부모의 사상 지도를 한다. 가정이 따뜻하고 이해심이 있다면 어린이의 사상 지도는 용이하다. 교유관계나 통신에 대해서는 지나칠 정도로 제한을 두어야 한다. 소년의 사회 복귀는 논할 여지가 없다. 대체로 가정 복귀를 통해서 자연스럽게 해결될 것이기 때문이다. 단, 복귀할 가정이 없는 경우에는 가급적 독지가를 구해서 그 가정에 기숙하며 일하게 하여 사회생활의 첫걸음을 내딛도록 한다.

이 항목에 관해 생각할 점은 교원, 특히 소학교의 적화교사에 대한 지도이다. 그들은 특히 달리 전직을 희망하는 자는 별도로 하고(어쩔 수 없이 전직한 자가 있지만 전직을 희망하는 자는 적다), 가급적 국가적 사상 지도를 하여 복귀시켜야 한다. 다행히 일본문화협회와 같은 유력한 보호단체가 상당수 활동을 하고 좋은 성적을 거두고 있으니 국가 특히 보호관찰소는 관내의 전향자 교사를 현(縣)학무부, 시(市)학무과와 연락을 취함으로써 문화협회로 보내어 충분한 사상 지도를 거친 후 복직시키도록 노력한다. 기소유예 처분을 받았는지, 집행유예 처분을 받았는지, 실형을 받았는지에 따라 복직의 허가 여부를 나중으로 미루는 식의 편협하고 형식적인 사고방식을 한다면, 전향자 교사의 본질을 알지도 못할 뿐 아니라 사상 문제를 더불어 논할 수가 없다.

현(縣) 혹은 시(市)의 내규에 형여자(刑餘者), 집행유예 중인 자를 채용할 수 없다는 조항이 있다면 이를 타파하는 운동을 해야 한다. 더욱 유연하게 내규를 개정하기 바란다. 사상범 교사가 발생하는 원인의 가장 큰 요소는 이러한 형식적인 교육제도의 폐해에 있다는 점을 깊이 인식한다. 중대 처분을 받은 자일수록 더 낫다는 점은 지금까지 거듭 언급한 바와 같다.

또 일본문화협회의 전향자 교사에 대한 사상 지도는 현재 2개월에서 길게는 3개월 혹은 6개월의 기간 동안 시행하기를 바란다. 사상 지도와 비용은 국가, 특히 문부성에서 보다 적극적으로 원조해야 한다. 그럼으로써 전향자 교사 중에 복직하지 않는 자가 없어질 때까지 그들의 보호를 완수함과 더불어 그들에 의해서 현대교육계의 적폐인 형식주의, 편지주의(偏知主義),[73] 개인주의를 일소하고 진정한 국민교육을 개척할 수 있을 것이다. 바야흐로 다가올 다음 시대를 위한 국민이 완성될 것이다.

(ㅂ) 학생

학생 보호의 중심은 복교문제이다. 사상운동의 검거로 퇴학 처분을 받은 자는 복교를 하지 않으면 사회적 부활의 방법이 없다. 전부 어중간해지기 때문이다. 많은 학교가 학생 또는 생도 주사(主事)를 두는데 그 학생주사가 복교문제에 대해 활동할 수 있도록 충분한 힘을 부여하는 데가 적다.

첫째, 학생과(課) 혹은 학생주사의 지위와 대우를 개선해야 한다. 그 대우는 대학에서조차 칙임(勅任)이 될 길을 열어주지 않고 있는 것이다. 그러므로 학생생도 주사의 지위가 교수회에서 결코 우위에 있지 않다. 학생의 복교문제는 학생주사의 조사제안에 기초하여 교수회가 결정하는 것이 대부분인데, 주사의 지위가 낮고 중요인물의 배치가 없을 때는 주사의 의견이 경시되어 버린다. 인간이 가장 안전한 길을 선택할 때는 모든 것을 소극적으로 결정하면 되기 때문이다. 당연한 말이지만 주사를 엄호하고자 하는 것이 아니다. 사무의 중대성을 인정하고 역할에 맞는 훌륭한 인물을 얻기 위해 지위에 맞는 대우를 주장하는 것이다. 훌륭한 인물을 얻지 못한다면 복교를 허가해야 할 많은 학생을 희생시키는 현재의 어리석은 상황이 계속될 것이며, 복교를 허가해서는 안 되는 자를 복교시켜서 학내의 혼란을 초래할 우려가 있기 때문이다.

둘째, 제도의 변경이다. 고등학교에는 휴학 1년 후에는 복교를 허가하지 않는다는 규칙

---

[73] 교육론의 '주지주의(主知主義)'를 가리킨다. 메이지시대에 서구의 근대교육론이 도입되면서 처음에 지식습득을 중시한 교육 방법이라는 의미로 편지주의를 사용하다가, 일제강점 말기부터 주지주의라는 용어와 혼용되다가 현재는 '주지주의'로 통일되어 있다. 편지주의에 대해서는 德富猪一郞, 1887, 『新日本之青年』, 集成社 참조.

이 있다고 한다. 이 제도는 교장의 의사와 상관없이 전향자 학생에게 복교의 철문을 닫고 있는 것이다. 지금까지 사법처분을 받은 전향자 고등학교 학생 중, 복교한 자는 한 명밖에 없다. 물론 실질적으로 이 제도만이 아니라 고등학교 당국의 전향자 학생 지도에 관한 소극성의 결과라고 보지만, 적어도 그러한 소극성에 이용당하는 제도는 바람직하지 않다. 문부성도 이 점에 착안하여 올해부터 기간을 2년으로 연장하고 고등학교 교장회의에서 전향자 학생 복교에 대한 관심을 환기시켰다. 이러한 제도의 필요성을 의심하는 바이다. 휴학은 사법처분으로 말하면 중지, 또는 휴지처분이고 그것을 정리하는 방법은 반드시 이렇게 단기간으로 정할 필요가 없다. 보다 자유롭게 융통성을 띤 규정으로 해도 좋을 것이다. 고등학교 학생은 가장 순진하고 가장 좋은 전향자의 요소를 가지고 있다. 고등학교 당국이 이러한 점에 충분하게 관심과 노력을 기울이기를 바란다. 또 다른 학교에서도 위와 같은 부당하고 부자유스러운 내규가 있다면 개정하기를 바라마지 않는다.

셋째, 학생생도 주사의 전담 업무이다. 많은 학교에서 학생생도 주사는 전담이 아니라 교수과목의 여가에 일을 하는데 불과하다. 인원도 한 명 혹은 두 명 정도로 소박하다. 현대 학교교육의 폐해가 대량생산, 형식적 교육주의, 주지적 교육이라는 점은 두말할 필요 없다. 현재처럼 다수의 학생을 한꺼번에 가르치는 일이 현재의 재정 상태와 사회정세에서 피할 수 없다면 학생주사의 학생에 대한 개인적 접촉의 기회를 늘리는 일 말고 다른 방법이 없을 것이다. 학생 개인을 접하며 사상을 지도하고 상담 상대가 되어 가정에서의 부모의 역할을 하는 것이 학내에서 학생주사 이외에는 없다. 공산당 운동이 화려하던 당시에 준비가 제대로 되어 있었다면 적어도 그만큼의 학내 희생자를 만들지 않고 끝났을 것이다. 우선 학생생도 주사의 진용을 정비함으로써 진정한 교육의 첫걸음을 내딛는 것이 최고의 지름길이다. 이를 위해서는 각 학교에 상당수의 전담자를 두고 적어도 소학교 교사가 생도의 성격, 소행, 학업을 잘 파악하는 정도 만큼 학생생도의 사상, 성격, 생활, 처지, 교우 관계를 알아야 한다. 그리고 각 학생생도에 대해 교실 교육에서 빠진 부분을 보완해 가야 한다. 동시에 사상범죄를 접하는 자가 있다면 사상지도를 하고 그를 전향시켜 복교시킴으로써 사회에 필요한 청년으로 사회로 내보낼 때까지 보살펴야 한다.

행형의 힘든 점은 사회적 패배자에 대한 교육 계호(戒護)이기 때문이다. 의술의 힘든 점은 단순히 건강인에 대한 건강진단을 하는 것만이 아니라 병자를 완치시켜야 하기 때문이다. 종교가의 힘든 점은 선남선녀에게 감사를 알게 할 뿐 아니라 악한을 선인으로 만들어야 하기 때문이다. 그리스도는 '나를 따르는 아흔 아홉 마리의 양보다 길을 잃은 한 마리의 양을 위해 들판을 찾아 헤맸다'고 한다. 군신 히로세(廣瀨) 중좌는 스기노(杉野) 병조장 한 명을 구하기 위해 희생했다. 이것이 일본정신이다. 교육 또한 많은 선량한 자제를 가르치는 것만으로 만족해서는 안 된다. 어리석은 자, 길을 잃은 자를 가르치고 인도하는 것이 교육이고 교육자라 할 수 있다. 그러므로 학생생도 주사를 잘 대우하여 진정으로 인격자이자 재능이 뛰어난 일본인다운 인물을 얻음과 동시에 이를 전담하게 하고, 그 밑에 수 명의 보조자를 둠으로써 일반 학생의 진정한 교육을 도모하고 더불어 전향자 학생의 지도 복교의 임무를 담당한다.

실제로 전향자 학생이 가장 많이 복교하고 사회적 실적을 거두고 있는 도쿄제국대학 학생과에는 학생과장 밑에 학생 주사 6, 7명을 두고 그 임무를 담당하고 있다. 그들의 업무는 다망하다. 학생에 대한 여러 지원은 물론 개별 학생을 만나서 얘기를 나눠야 하기 때문이다. 결코 교수과목의 여가를 내서 할 수 있는 일이 아니다.

넷째, 학생생도 주사의 선택이다. 이 일을 차석 교수에게 맡기는 형식적인 곳도 상당하다. 이렇게 형식적인 선임이라면 차라리 주사를 두지 않는 편이 낫다. 주사는 학생을 직접 접하고 지도, 훈련해야 하므로 학생생도의 사상과 청년의 기풍을 이해하는 머리와 가슴을 소유하고 그들을 지도할 열의를 가진 사람이어야 하기 때문이다. 만약 학내에서 촉탁 보호사를 의뢰하는 경우, 학생생도 주사가 사상적인 이해가 너무 부족해서 하는 수 없이 다른 교수에게 의뢰한 사실이 있었다고 한다면 이런 주사는 관 또는 자리에 의한 선임이지 인간에 의한 선임이라고 할 수 없다.

다섯째, 주사의 외부적 연락이다. 주사는 복교의 가부를 결정하기 위해 직접 수개월 또는 반 년 정도 해당인과 해당 시기에 접촉하는 것이 좋다. 그동안 당사자의 사상 상황을 잘 파악할 수 있을 것이다. 그동안 주제를 주어 쓰도록 하는 것도 좋다. 함께 산책을 하는 것도 좋다. 그러나 그 것 이외의 외부적인 연락을 빠뜨리는 것은 타당하지 않다. 사상검사, 특고경찰관과의 연락은 말할 것도 없고 보호단체, 보호관찰소와도 항상 완전한 연락을 유지하면서 당사자에 대한 판단 자료를 풍부하게 가져야 한다. 이러한 연락과 관련해서 주의할 점은 어떤 관청의 어떤 업무도 마찬가지겠지만, 자신이 가진 자료를 감추거나 혹은 감추지 않더라도 상대방에게 제공하지 않은 채 상대방에게 자료를 얻으려는 태도는 버려야 한다.

여섯째, 주사의 복교에 관한 전반 업무에 대해서이다. 앞서 언급했듯이 주사는 가능한 한 전향자학생을 면접하고 복교 준비를 한다. 그 사람 자체를 샅샅이 알 정도로 친해져야 한다. 그것을 완수했을 때 당사자를 복교시켜도 좋을지 어떨지 라는 명확한 판단이 설 것이다. 그러한 판단을 할 때 외부적인 연락에 문제가 없는 한 복교에 매진한다. 또 사법처분의 경중에 따라 복교 허가 여부를 생각해서는 안 된다. 그 이유는 앞서 언급한 바와 같다. 지금까지 수형한 자를 한 사람도 복교시키지 않는 것은 유감스러운 일이다. 주사 자신이 당사자에 대해 의문점이 남는다면 다른 교수가 복교를 찬성할 리가 없다. 이미 복교를 허가했다면 당사자와의 연락을 끊으면 안 된다. 간혹 종전처럼 면접하고 지도보호를 마땅히 해야 한다. 그것이 당사자에 대한 보호지도일 뿐 아니라 새로운 복교자에 대한 준비가 될 것이다.

학내에서 전향자들만의 모임을 만드는 일에 대해 방치해서는 안 된다. 이러한 모임은 마땅히 주사가 중심이 되어 공공연하게 열려야 한다. 비밀회합은 바람직하지 않다. 주사는 그런 종류의 회합을 지도할 수 있는 사상적 힘을 가져야 한다. 전향자를 쫓아갈 수 없는 두뇌라면 그들에게 뒤쳐질 수밖에 없고 비밀이 아니더라도 주사의 출석을 피하는 회합은 얼마든지 가질 것이다. 근래의 학생은 매우 무기력하다고 비난한다. 우익도 좌익도 아닌 새로운 일본인의 입장에서 모든 학문을 연구하는 진정한 문화운동이야말로 이들 전향자에게 주어진 적합한 역할이다. 그러므로 끝까지 진정한 일본적 발전을 거둘 수 있도록, 사회운동, 실행운동에 뛰어들어 뜻밖의 상처를 입지 않도록 주사가 충분히 지도한다.

취직을 할 때는 이력서에 처벌을 써서는 안 된다. 사회가 아직 그들을 이해하지 못하므로 불가피하다. 그러나 문의가 오면 처벌을 받은 사실을 통지해야 하지만 그때는 당사자의 전향, 복교, 그 후의 사상상태를 가능한 상세하게 적어서 보증해 주어야 한다. 희망하건대 이러한 문의와 회답은 서로 문서로 하지 않고 질의문서를 일단 돌려보낸 후 주사가 직접 직장으로 찾아가서 상대 책임자를 만나 위의 사정 전반을 상세하게 알리고 당사자를 보증해 줄 정도의 노력을 바란다. 그런 경우에 학생은 상당히 감사와 책임을 느끼게 될 것이다. 청년을 인도함은 감격시키는 일에 있다. 감격에는 감사함을 주는 것보다 더 큰 것은 없다. 주지 않고 감사하라, 감격하라, 따라오라는 것은 무리다. 굳이 사상범에 국한된 것이 아니다.

어느 학교에서는 "전향자가 취직을 목적으로 복교를 희망하기 때문에 허가하기 어렵다. 학문을 연구할 생각이 없다면 허가하지 않겠다"고 한다. 혹시 전향자를 복교시킬 수 없다는 생각에 구실을 붙여 이렇게 말한다면 모르되 진심으로 이러한 생각을 가지고 있다면 학장은 우선 전체 학생을 퇴학시켜야 할 것이다. 학생에게 이러한 생각을 하게 한다면 그것은 학생이 아니라 먼저 학교의 책임일 것이며 나아가 원인을 추궁한다면 사회의 책임일 것이다.

〈자료 85〉 이종모, 「보호관찰령의 적용 범위」

[李鐘模, 1937.2, 〈保護觀察令의 適用範圍〉, 《朝光》 3권 2호, 352~356쪽]

◆ 보호관찰령의 적용 범위: 어떤 사람에게 적용하게 되는가

(1) 사상운동의 과거와 현재

제69회 의회에서 통과된 사상범보호관찰법은 일본 내지에서는 1936년(昭和 11) 11월 21일부터 실시되었고, 조선에서는 조선사상범보호관찰령으로 일본 내지보다 한 달 늦게 동년 12월 21일부터 실시되었다. 돌이켜보면 공산주의 운동은 일본 내지에서는 일찍이 1923년경에 발각된 사카이 도시히코(堺利彦) 일당의 공산당조직 사건이 있고 나서 1928년 3월 15일에 후쿠모토 가즈오(福本和夫), 사노 마나부(佐野學) 등을 중심으로 한 일본공산당이 대량으로 또한 일본 전국적으로 검거됨에 따라 그 세력이 비밀리에 광범위한 범위로 퍼져 있었음을 알 수 있었다. 그에따라 검찰 당국은 계속해서 후계 잔당을 연속적으로 검거하여 이제 일본 안에서는 공산당 근거지는 남김없이 다 소탕해 버린 것처럼 당국 측에서도 말하였고 또 일반 민중도 공산주의 운동은 거의 근절된 것같이 생각하게 되었다.

그러나 그 뒤 불과 수년 만에 소위 갱생일본공산당사건과 같은 공산당 사건이 그 철저한 탄압 가운데에서 또다시 발생하게 되어 다시금 검찰 당국자의 신경이 한층 더 날카롭게 되는 동시에 무시무시한 검거 선풍(旋風)이 동에서 서로 혹은 남에서 북으로 닥치는 곳마다 일어나게 되었던 것이다. 그러다가 만주사변이 한 번 일어난 뒤 일본 정세는 내외적으로 급격한 변화를 일으키게 되어 군국주의와 애국사상의 조류가 갑자기 팽창하게 되었다. 이에 따라 재옥 사상범에 대한 전향 장려와 기타 그 운동의 침체 등으로 근년에 이르러서는 왕년에 보던 그런 자취는 전혀 찾아볼 수 없게 되었다.

그런데 사법성이 조사한 숫자에 의하면 1928년 이래 1935년까지 치안유지법 위반으로 검거된 사람의 수효는 6만여 명으로 그 가운데 기소유예 처분 혹은 집행유예 언도를 받고 또는 형기만료 및 가출옥으로 석방된 사람도 만 명 이상에 달하였다. 이 놀라운 숫자를 보아 전성시대의 공산주의 운동이 일본 천지를 얼마나 뒤흔들었는가를 예측할 수 있다.

이제 조선의 그 상황을 살펴보면 1925년에는 고려공산당사건이 탄로되어 대량의 노동운동자가 검거되었고, 또 당의 검거 이후, 뒤를 이어 다시 종합적으로 조직되었던 조선공산당도 1928년에 역시 총검거되며 다수의 공산주의 운동가가 투옥되었다. 그 이후에는 연차로 적색노동조합조직 준비 중에 검거된 것이 누차 있었으나 모두 부분적 혹은 지방적인 사건에 그치고 전 지역적으로 통일 조직된 '당'으로서 검거된 것은 없었다. 말하자면 조선 안에는 안광천(安光泉), 김준연(金俊淵) 등으로 조직되었던 조선공산당이 검거된 뒤로는 공산당의 존재는 아주 자취를 감춰 버렸다. 그리고 또한 형을 마치고 나온 사람의 대다수는 취직하였거나 혹은 연화(軟化)되어 따로 검찰 당국을 수고롭게 하는 자가 극히 적다. 조선의 형세는 일본 내지에 비해 훨씬 경계할 필요가 없을 정도까지 이르렀다. 그런데 조선에서 치안유지법 위반으로 검거된 사람의 수효는 1928년 이래 1935년까지 만 6천여 명이었는데 그중 기소유예 처분을 받거나 형의 집행유예 언도를 받고, 혹은 형의 집행을 마치고 또는 가출옥된 사람의 수효는 약 6,400명에 달하였다. 일본 내지에서 만 명, 조선에서 6,400명이나 되는 다수의 감옥을 거쳐 나온 사상범이 있다는 것이 당국자로 하여금 두통거리가 되는 동시에 이들이 다시 그 운동에 투신하지 못하도록 방비할 목적으로 사상범보호관찰법이라는 것을 제정해 낸 것 같다.

(2) 보호관찰법 실시의 목적

이제 사법성 당국자의 사상범보호관찰법의 실시에 대한 석명(釋明)을 들어보면 다음과 같다. 공산주의 운동을 철저히 막아 아주 없애는 것은 국운(國運)이 진전하는데 가장 중요한 일이다. 일본의 공산주의 운동은 준엄한 검거 이행과 만주사변 이래의 국민정신의 고양 기타 내외부적인 모든 요인에 의해 요즘 2, 3년에 몰락하고 쇠퇴하여 침체된 길을 걷고 있지만, 현재의 제반 정세를 살펴볼 때 그 운동의 장래는 국가를 위하여 반드시 낙관할 수 없다.

1928년 이후 치안유지법 위반으로 검거된 자의 수는 실제 6만 명을 넘고 그중에서 기소유예 처분과 집행유예 언도를 받고 또는 형 집행을 마치고 혹은 가출옥된 자의 수도 만 명

이상에 달하였다. 그리고 이 사람들의 현재의 심경은 극히 제각기여서 완전히 전향한 자도 있으나 여전히 불령사상을 가진 자, 또는 그 태도가 극히 애매하여 전향 의사의 여부가 판명되지 않는 자도 있다. 비전향자가 재범할 위험성이 있는 것은 물론이지만, 이외의 다른 사람들도 그냥 방치해 두면 환경 또는 사회정세에 좌우되어 재범에 빠질 우려가 없다고 할 수 없다. 더욱이 사상범은 사회정세에 좌우되는 일이 심하다는 점을 주의해야 한다. 이것을 내외의 모든 정세와 종합하여 고찰할 때 지금 사상범에 대한 만전의 방책을 수립해서 재범 방지를 하는 것은 일본에서 이런 종류의 불령운동을 근절시키는 데 긴요한 일이라고 하지 않으면 안 된다. 바꿔 말하면 비전향자 및 준전향자에 대해서는 사상전향을 촉진하고 전향자에 대해서는 사상전향을 확보할 방도를 강구하여 장래의 사회정세의 변화 여하에도 불구하고 그들로 하여금 적법하고 질서 있는 생활을 하도록 하기 위하여 적절한 시설을 할 필요를 통감한다. 그래서 여기에 새로 보호관찰제도를 채용하여 보호관찰소를 설치하고, 보호관찰심사회를 두어 사상범이 다시 죄를 범할 위험을 방지하도록 사상과 행동을 관찰하여 보호하게 된 것이다.

이상 사법 당국자가 말한 바에 따르면, 사상범을 보호관찰하는 목적은 두말할 필요 없이, 그들의 사상과 행동을 감시하여 재범의 위험을 방지하고, 본인을 보호하는 데 있다. (제2조) 바꿔 말하면 다만 소극적으로 본인의 사상행동을 관찰할 뿐만 아니라 본인이 누차 치안유지법 죄를 범하지 않도록 적극적으로 지도한다는 것이다.

(3) 보호관찰법 적용 범위

보호관찰법을 어떤 사람에게 적용하면 되는가 하면 첫째로 치안유지법 죄를 범한 자에게만 한정한다. 치안유지법에 저촉되지 않은 범죄에 대해서는 물론 이 법은 적용하지 않는다. 치안유지법 죄를 범한 자가 검사로부터 기소유예의 처분을 받았거나 혹은 재판소로부터 형의 집행유예의 언도를 받았거나 또는 가출옥되었거나 만기출옥된 자에게 적용하게 된다. 가령 기소유보 처분을 받았거나 또는 형의 집행면제를 받은 자에게는 보호관찰을 하더라도 실효가 없다는 이유로 적용하지 않게 되었다. 그러면 치안유지법죄를 범하여 기소유예 처분 혹은 집행유예 언도를 받았거나 또는 가출옥이 되었거나 만기출옥한 자는 전부 보호관찰에 부치느냐 라고 한다면 그렇지는 않다. 그것은 보호관찰심사회의 결의로 정하게 되는 것인데 그 심사회에서 보호관찰에 부칠 필요가 없다고 결의된 때는 전기(前記)한 경우일지라도 보호관찰에 부치지 않게 된다.

(4) 보호관찰소와 보호관찰심사회

보호관찰을 행하는 기관으로서는 보호관찰소와 보호관찰심사회가 있다. 보호관찰소는 보호관찰을 행하는 독립 관청인데 일본 내지에는 도쿄(東京), 요코하마(橫浜), 미토(水戶), 마에바시(前橋), 시즈오카(靜岡), 나가노(長野), 니가타(新潟), 오사카(大阪), 교토(京都), 고베(神戶), 다카마쓰(高松), 나고야(名古屋), 가나자와(金澤), 히로시마(廣島), 오카야마(岡山), 후쿠오카(福岡), 구마모토(熊本), 센다이(仙臺), 아키타(秋田), 아오모리(靑森), 삿포로(札幌), 하코다테(函館) 등 22개소가 설치되어 있으며 조선에는 경성, 함흥, 청진, 평양, 신의주, 대구, 광주 등 7개소가 설치되어 있다. 각 보호관찰소에는 보도관 보호사 및 서기를 두고 소장이 이들을 모두 관할하여 감독하게 되며 소장은 보도관으로 충당한다. 보도관은 보호관찰사무의 통제를 하는데 말하자면 보호관찰의 중심기관이다. 보호사는 소장의 명을 받들어 조사 및 관찰 사무를 담당한다. 보호소는 일본 내지의 전임자가 전부 33인이지만 사상범의 보호관찰에 경험을 가진 자 기타 적당한 자에 대하여 사법대신은 보호사의 직무를 촉탁할 수 있도록 되어 있다. 그리고 조선에는 7개소의 보호관찰소에 소장 7인, 보도관 전임 3인(주임)[74] 보호사 전임1인(판임)[75], 이 중에서 3인을 주임으로 할 수 있다. 서기 통역생 전임 15인(판임)을 두었다. 그리고 서기는 상사의 지도를 받아서 서무에 종사하며 통역생은 번역과 통역에 종사한다.

(5) 관찰 여부의 심의 결정

사상범에 대해 기소유예 처분을 하였거나 형의 집행유예를 언도하였거나 또는 만기출옥이나 가출옥을 허락하였을 때는 관계 관청은 이것을 보호관찰소에 통지하게 된다. 그 통지를 받은 보호관찰소에서는 곧 본인의 경력과 경우, 성품과 행실, 심신 상황, 사상의 추이, 기

---

74 과장급 관리
75 주임관 아래 하위 관리

타 필요한 사상을 조사하게 되며 조사할 때는 본인의 심경 변화 유무, 만약 심경 변화가 있을 때는 그 동기, 정도 및 사회 운동에 종사할 의사 유무에 대해 유의하는 동시에 보호자의 성격과 자산, 가정의 좋고 나쁨, 가정과 해당자와의 감정 관계 및 본인의 장래 생계 희망 등의 사항을 명백하게 해야 된다.

그와 같이 조사한 결과 해당자를 보호관찰에 붙여야 된다고 생각할 때는 보호관찰심사회의 심의를 청구하게 된다. 그리고 보호관찰소에서는 이 뜻을 해당인에게 통지해야 한다. 보호관찰심사회의 심의는 공개하지 않고 다만 해당인의 보호자와 기타 적당하다고 인정하는 자만 자리에 있을 수 있다. 보호관찰심사회는 심사한 결과로 보호관찰에 붙일 것이냐 아니냐를 결의하여 이유를 붙여서 서면으로 보호관찰소에 통지하게 된다. 보호관찰소에서는 보호관찰에 붙여야 되겠다는 통지를 받은 때는 해당자를 보호관찰에 붙인다.

(6) 보호관찰의 실행 방법

보호관찰은 해당자를 보호관찰소의 보호사 관찰에 붙이거나 또는 해당자의 보호자에게 인도하거나 혹은 보호단체 사원 교회 병원 그 외 적당한 자에게 위탁하여 하게 한다. 그리고 해당자에게는 보호관찰 처분의 의의를 설명하여 나타내고 또한 장래를 경계하기 위한 적당한 훈유를 한다. 그리하여 보호관찰에 붙인 자에게 필요에 따라서는 거주, 교우 또는 통신의 제한, 기타 적당한 조건의 준수를 명할 수 있다. 보호관찰의 기간은 2년으로 정하였으나 특히 계속할 필요가 있는 때는 보호관찰심사회의 결의로 이것을 갱신할 수 있게 되어 있다.

보호관찰을 할 때는 온건 타당을 주요 취지로 하여 타인의 명예를 훼손하지 않고 또한 취직 또는 업무에 지장이 생기지 않도록 유의해야 한다는 것으로 규정되어 있다. 그리고 보호관찰에 붙인 자를 보호단체, 사원, 교회, 병원 또는 적당한 자에게 위탁할 때는 위탁받은 자에게 그로 인해 생기는 비용의 전부 또는 일부를 급부할 수 있으며 이 비용은 보호관찰소의 명령으로 해당인 또는 해당인을 부양할 의무가 있는 자로부터 전부 또는 그 일부를 징수할 수 있다. 이 명령에 대해 불복할 때는 1개월 이내에 재판소에 소송을 제기할 수 있다. (끝)

〈자료 86〉 조선에서의 사상범보호기관

[「朝鮮における思想犯保護機關」, 『司法硏究』 21輯, 1937.3, 司法省調査課, 431~437쪽]

4) 조선에서의 사상범보호기관

조선에서의 사상보호기관은 대체로 소도회(昭道會), 충청남도사상선도위원회, 백악회(白岳會), 각 주재 순사 4가지로 나눌 수 있다.

(1) 소도회

소도회는 경기도 내의 사상범을 보호, 선도한다는 목적으로 1935년(昭和 10) 11월 26일 설립된 것으로, 그 사무소는 경성부 장곡천정(長谷川町) 84번지에 두고 있다.

본회의 목적은 「우리나라 현재 세태를 돌아보고 사회연대의 관념에 입각하여 서로 협력하여 경기도 내의 국민사상을 선도 보호한다」는 것에 있고, 그 목적 달성을 위해서

① 사상선도보호에 관한 대책을 연구함.
② 사상범 중 형 집행유예자, 기소유예자, 훈계석방자에 대해
   ㄱ. 교화선도
   ㄴ. 신상상담
   ㄷ. 취직 알선과 직업 지도
   ㄹ. 출소 혹은 석방 시에 인수인이 없는 경우의 일시적 보호
   ㅁ. 생산자에게는 영업에 필요한 소액자금을 대여함.
   ㅂ. 의료 자본이 없는 자에 대한 일시적 보호
   ㅅ. 앞에 나온 것 외 선도 구제에 적절한 사업
③ 강연 또는 인쇄물 등에 의한 교화 선도
④ 그 외 사상선도 보호에 적절하고 긴급한 시설에 관한 사항

을 행하려고 한다.

그 조직은 다음과 같이 정하였다. 회원은 「본회의 취지에 찬성하며, 상당한 액수를 갹금(醵金)하고, 기존회원 2명 이상의 추천에 의해 임원회의 승인을 거친 자」이고, 103명 있다.

회장1명
부회장2명(조선인 1명)
이사 겸 상무이사 20명(조선인 7명)
이사 17명(조선인 5명)
주사1명
주보좌1명

이고, 고문 32명은 경기도지사, 총독부 각 국장, 각 법원 사업장관, 경성제 대총장, 조선군 참모장, 동 헌병사령관, 경성부윤(京城府尹), 중추원 참의, 각 대(大)은행, 대(大)회사, 신문사의 장(長)이다. (조선인 2명)

참여 80명에는 마찬가지로 각 관아(官衙), 회사, 신문사 관계 관리 또는 장(長)을 임명한다.(조선인 13명) 경기도 경찰부장, 고등경무과장은 당연이사에 취임하도록 되어 있다. 임원은 회원 총회의 선거에 의해 선임되고, 주사 및 주사보는 임원회의 승인을 거쳐 회장이 임면한다. 현재 주사는 원래 경찰서장이라고 한다. 고문은 회무(會務)의 중요사항에 관해 자문에 응하고, 참여는 본회의 필요에 따라 회의에 참석하여 의견을 제시하거나 또는 사업 수행에 대해 지도 원조를 요구받는다. 또한 본회는 도내에서 매우 중요한 곳에 지부를 설치할 수 있다.

그러나 본회의 실제 활동은 경성뿐으로 다른 곳으로는 아직 손이 뻗쳐있지 않아 그 보호 활동에 대해서도 아직 크게 구체적인 것을 볼 수 없다.

(2) 충청남도 사상선도위원

충청남도에는 각 군을 단위로 사상선도위원이라는 것을 만들었다.

이 위원을 만들게 된 동기는 다음과 같다. 즉 충청남도의 사상 사건 관계자는 치안유지법 위반자 117명, 보안법 위반자 632명, 그 외 사상 관계 범죄자 244명, 합계 993명이다. 아직 형벌에 처하지 않은 일반 주의자를 합하면 그 수는 실로 상당하다. 게다가 그중에는 이미 전향한 자가 58%, 치안유지법 위반자만으로도 23%, 또한 장차 보호, 선도를 하게 되면 전향할 가능성이 보이는 자가 38%이기 때문에 이들을 보호지도할 필요가 인정된다. 1935년(昭和 10) 6월 경찰서장 회의, 같은 해 9월의 고등주임 회의에서 사상 사건 관계자가 많다는 지역적 이유에 의해 우선 세 군을 골라 군을 단위로 하는 사상선도위원을 설치하기로 결정하였다.

그 결과 같은 해 11월 관계 경찰서장회의에 의해 조직에 착수하여 논산군은 같은 해 12월 2일, 부여군은 1936년(昭和 11) 1월 15일, 예산군은 18일, 청양군은 같은 해 2월 18일에 각각 발회(發會)하게 되었다.

그런데, 위원제를 채용한 이유는 정신상·물질상으로 갱생을 도모하기 위해서는 소수의 실행기관으로는 충분히 그 목적을 달성하기 어렵고, 또 회(會)를 조직하게 되면 주사(主事)와 이사(理事) 등 유급(有給) 실행기관이 필요하게 되는데, 그에 따른 많은 액수의 기금을 얻기가 어려우므로 당연직책으로서 선도에 종사해야 할 경찰관과 유식자 중에서 사상선도에 협력할 수 있는 자를 골라 위원으로 촉탁하고, 이들이 서로 협력하여 실효를 올릴 수 있도록 하기 위함이었다.

사상선도위원 규정준칙에 의하면 다음과 같이 규정되었다.

즉, 기구는 사상선도위원은 경찰서에 설치하고, 위원장은 경찰서장이 담당하며, 위원은 경찰서장이 다음과 같은 자 중에서 촉탁 또는 임명한다.

① 경찰서 경무 주임, 사법 주임, 고등 주임
② 군수
③ 군내무 주임, 서무 주임
④ 각 관공서 소장
⑤ 지방유력자

또한 위원 중에서 이사와 간사 약간 명을 두고, 또 필요에 따라서는 이사 중에서 상임이사 약간 명을 두어 사무의 진척을 꾀할 수 있다.

위원회, 이사회는 임시 필요에 따라 위원장을 소집하고 의사를 진행시킨다. 그 목적 달성을 위한 방법으로는,

위원의 목적은 사상선도에 관한 사항을 연구하고 이것을 실행하는 데 있으며, 그 연구와 실행해야 할 사항은 다음과 같다.

① 직업 소개, 취직 알선
② 사업 또는 생업 자금의 알선
③ 영업 허가 그 외 편의 제공
④ 해당 검사의 의촉(依囑)에 따라 보호자가 없는 자를 인수할 것.
⑤ 재감 중의 차입
⑥ 금품을 대여하고 자기 고향으로 귀주시키는 것
⑦ 신상의 모든 것에 관한 상담
⑧ 가정, 이웃과의 융화
⑨ 그 외 경제적인 원조를 주는 사항
⑩ 결혼 소개
⑪ 복교(復校) 및 재취업 알선

그리고 이 목적을 달성하기 위해 필요한 비용은 독지가의 기부에 의하고, 해당 자금은 위원장이 관리한다, 라는 내용이다.

이러한 규정 준칙에 의해 조직된 위원은 현황은 다음과 같다.

	논산군	부여군	예산군	청양군
관공리(官公吏)	48명	18명	28명	11명
지방유력자	110명	42명 (내지인17명)	39명 (내지인7명)	46명 (내지인17명)
사업자금	15,000원	5,600원	1,600원	2,700원

그리고 충청남도 경찰부에서 사상선도위원 설치취의서로 발표된 보호, 선도에 관한 구체적인 방법은 다음과 같다.

① 위원의 구체적인 임무

　ㄱ. 위원회, 이사회에 출석하여 자문에 응하고, 결의에 참여하는 것 외에 본 사업 수행상의 연구사항, 실행사항에 대해 제안 및 심의할 것.

　ㄴ. 위원장의 촉탁에 의해 특정한 피지도자(被道者)를 담당하여 그 지도자가 되고, 보호자가 되고, 혹은 후견인이 될 것.

　ㄷ. 특정자의 선도를 담당할 때는 본인과 그 가족을 방문하고, 혹은 고용주와 연락하여 항상 지도와 독려할 것.

　ㄹ. 고용인 사무원이나 그 외 구인(求人) 시에는 될 수 있는 한 다른 곳에서 구하려 하지 말고 위원장에게 신청하여 선도할 만한 자를 고용해 이 자의 보호 선도를 담당할 것.

　ㅁ. 위원장의 촉탁으로 구인자에게 소개하여 될 수 있는 한 사용하도록 알선하고, 그 신원을 인수하여 선도할 것.

　ㅂ. 담당한 전향자가 취직할 경우 혹은 소작지 또는 사업자금을 대여받을 경우에는 그 보증인이 되어 음으로 양으로 보호, 선도할 것.

　ㅅ. 기타 보호 선도에 필요한 사항 또는 그 수단으로서 적절한 사항을 알았을 때(예를 들면 취직처 또는 보호가 필요한 인물을 발견했을 때)는 위원장에게 신청하여 위원기구의 발동을 재촉할 것.

② 일반적인 보호, 선도의 원칙적인 방법

　ㄱ. 역전향 또는 재범 방지에 가장 적절하고 타당한 수단, 방법일 것. 그것을 위해 범죄의 동기와 원인, 현재 환경에서 보호, 방법을 찾아낼 것.

　ㄴ. 경제적인 보호는 자력갱생을 본뜻으로 하고 타력본원(他力本願)적이 되지 않도록 할 것. 예를 들면 사업자금도 증여하지 말고 대여하여 연부(年賦), 월부(月賦)로 갚게 하고, 그 액수도 자력으로 분발할 수 있는 기초구축이 가능한 범위일 것.

　ㄷ. 일반 선량한 자로 하여금 선망질시(羨望嫉視)하게 할 우려가 없을 방법과 정도일 것.

　ㄹ. 위험사상을 선전하고 또는 그 선전의 실행에 필요한 금품을 획득하기에 좋은 직업(예를 들면 농촌진흥중심인물, 관리, 면리(面吏)원, 노동감독자, 은행, 금융조합사용인, 총포화약류 취급인 등)에 취직시키지 말 것.

③ 직업 소개, 취직 알선

ㄱ. 피지도자의 성격과 행실, 내력, 특수기능을 감안하고, 특히 특수기능이 있는 자는 될 수 있는 한 그 기능을 좋은 쪽으로 발휘할 수 있는 직업을 알선해야 한다. 쓸데없이 본인의 희망을 수용하여 선량한 일반인조차도 쉽게 취직할 수 없는 봉급생활자로 알선하여, 사상범 또는 주의자이었기 때문에 고생하지 않고 좋은 직장을 가진 결과가 되지 않도록 할 것.

ㄴ. 위의 관점에서 봉급생활자보다 농공자 등 독립된 업무 또는 그 고용인으로 자력갱생의 결실을 얻을 수 있는 직업을 알선할 것.

ㄷ. 농민은 귀농하도록 하는 것이 본 취지이고, 소작을 잃은 자에 대해서는 소작지를 알선하고, 노력에 따라 자작농이 되도록 지도, 알선할 것. 소작지의 알선, 자작농의 설정은 농지령과의 관계를 고려하여 소작지의 철수(引揚)문제를 일으킬 우려가 있는 것은 피하여 되도록 넓은 지역을 가지고 있는 위원의 소유지를 알선할 것.

ㄹ. 알선할 때는 고용주에게 경찰 혹은 위원주가 그 취지를 설명하여 이해시키고, 주의를 촉구해 둘 것.

ㅁ. 직업을 알선할 때는 피지도자가 거주하는 부근에 피지도자가 숭배하는 인물, 이해관계가 깊은 자, 옛 스승, 선배 등에서 위원이 된 자가 있다면 되도록 이들 위원 2명 정도를 특정하여 보증인으로 하게 할 것.

ㅂ. 취직과 소작지를 알선할 때는 위원장이 적당하다고 인정하는 자에게 피지도자로 하여금 보증을 간청하게 하여 되도록 위원의 신청에 의해 알선한 형식을 취하고, 본인에게 보증인에 대한 감사와 은혜 보답과 책임관념을 가지게 하고, 보증인인 위원을 지도 담임 위원으로 두어 보호자 후견인의 입장에서 지도하도록 의뢰할 것.

ㅅ. 담임 위원은 항상 고용주, 피지도자 및 그 가정을 방문하여 지도, 격려하고 본인은 물론 가정 내에 액재나 기타 일신, 가정상의 사고가 발생했을 때는 되도록 위문과 구제 방법을 강구할 것.

ㅇ. 기술이 직업인 경우에는 그 방면에 상당한 기능과 경험이 있는 인물, 예를 들면 군, 도의 기사(技師), 기수(技手) 혹은 해당하는 업자를 소개하는 편의를 도모할 것.

④ 생산자금의 알선

ㄱ. 전술한 바와 같이 자금은 증여하지 말고 박리 또는 무이자로 대여하여 월부, 연부로

상환하게 하고, 그 액수를 자력조달 부족분, 또 최소사업기금의 정도 그치게 하는 것 외에

ㄴ. 전향자에 한해 경제적인 원조를 할 것.

ㄷ. 본인의 경력, 종래의 성격과 행실, 기타 지방적 상황 등으로 해당 사업이 적당한지 여부를 고려하고, 연구한 뒤에 자금대여를 할 것.

ㄹ. 근로, 애호(愛好) 정신에 눈뜨고 해당 사업에 대해 끝까지 그 정신을 수행하려는 열의 유무에 유의할 것.

ㅁ. 자금을 대여할 경우에는 위원 그 외 적당한 자가 있으면 2명 정도를 보증인으로 하고, 계약증을 증거로 둘 것.

ㅂ. 물품을 구입하고 대여할 때에는 대가를 월부나 연부로 상환하게 할 것.

⑤ 영업 허가 기타 편의 제공

ㄱ. 영업 허가권은 경찰 권한 하에 있으므로 그 허가와 함께 생업자금을 대여하는 것이 적절한 보호이다.

ㄴ. 그러나 본인의 성격과 행실, 내력, 지방적인 상황에 따라서는 물론, 영업 종류에 따라서는 특수한 범죄형여자 및 그들과 교우(交友)가 있는 소행 불량자에게는 허가할 수 없으므로 그러한 영업은 허가해서는 안 된다.

ㄷ. 지방적인 영향과 당국 방침에 반하는 불가능하거나 또는 곤란한 영업(요리점, 자동차 운수업 등) 허가는 안 된다. 전향자라고 해서 일반적으로 허용되지 않는 것을 허가해서는 안 된다.

ㄹ. 경찰서 이외의 관서(예를 들면 담배 소매, 비료 소매) 영업 허가를 하는 경우에는 그 관서에 위원이 있으면 그에게 부탁하고, 위원이 없을 때는 허가관청과 연락 협조하여 알선에 힘을 써야 한다.

⑥ 재감 중의 차입과 위문

ㄱ. 가족, 친족, 지기(知己), 선배, 본인이 숭배하는 인물, 그 외 이해관계가 깊은 자에게 때때로 차입과 위문을 하게 하고 그 비용은 전부 또는 일부를 혜여(惠與)할 것.

ㄴ. 재감자의 가정을 방문, 위로하고 어느 정도 생활 원조를 할 것.

ㄷ. 재감자와 면식 있는 위원 또는 부근에 거주하는 위원은 위의 알선을 하는 것과 동시

에 자신도 차입과 위문, 교도할 것.

ㄹ. 때때로 가정상황과 기타 향토 사정을 자세히 적은 통신을 위원 또는 가족에게 발송하게 할 것.

ㅁ. 의류, 침구, 서적, 자양제 등의 차입을 해 줄 것.

⑦ 신변 인수

ㄱ. 위원은 가족, 친척과 함께 검사국, 형무소에 출두하여 본인의 신변을 인수해 올 것.

ㄴ. 보호자와 인수자가 없어서, 혹은 생활 곤란 그 외의 사정으로 귀향을 원하지 않는 자는 위원이 인수한다.

ㄷ. 인수한 석방자에게 취직을 알선해 주고, 독립된 생업을 꾸리려고 하는 자에게는 사업자금을 대여하는 것이 좋다.

이상의 주의사항은 특별히 새로운 것은 아니지만, 곳곳에 조선의 특수성이 번뜩이고 있는 점이 재미있다.

(3) 백악회(白岳會)

본회는 1936년(昭和 11) 2월 11일 경성에서 전향자가 스스로 만든 모임(會)이다. 즉 잡지 「신민(新民)」의 사장 이각종(李覺鍾) 군이 주창하였고, 일찍이 좌익운동으로 쟁쟁한 인물이였던 이항발(李恒發), 한진교(韓鎭敎)외 열 몇 명의 전향자가 '전향자 상호부조'를 내걸고 순연한 전향자 자체의 모임으로서 발회(發會)한 것이다. 그 목적은 널리 조선 전향자를 입회시켜 그 보도(輔導), 구호(救護)를 이루려고 하는 데 있다.

그 실제 성적은 보고 자료를 입수하지 못하였다. 그러나 이것은 주목할 만한 단체로 총독부 당국의 이해심 있는 좋은 지도를 받는다면 좋은 결과를 얻을지도 모른다고 생각한다. 조선에서 돌아온 조선인 전향자에게 물었더니 대체로 잘 진행되고 있다고 말하였다.

(4) 개인적인 경찰관리 활동

조선의 사상범 보호지도 중심은 단연코 경찰부에 있고, 특히 하급 각 주재 순사가 상당히 활동하고 있다. 필시 현재까지 반도에서 유일하게 실제적인 보호를 해 온 것이다. 경찰 관리에게 있어 사상범의 보호, 지도는 당연한 직책으로 관념되어 온 것이다.

1935년(昭和 10) 4월 조사에 의하면 각 도(道)의 경찰관리가 직접 보호, 지도한 결과, 전향하게 된 사상범은 합계 248명에 달하였다고 보고되었다. 그 보고서에 실로 노력한 그 내용이 담겨 있어 잘 알 수 있지만, 장황하므로 결론만을 말하려고 한다.

조선의 경찰서(署) 이외의 주재소에는 한 곳에 순사가 5, 6인이 있고, 경찰보(補)가 있는 곳도 있다. 이곳이 민중과 접촉하는 제일선으로 여기에서 개인적으로 사상범의 보호를 해오고 있던 것이다. 그것을 발전시킨 것이 충청남도의 사상선도위원 제도라고 생각한다.

사상범의 보호사업도 그 지방적인 특질과 더불어 사상범의 특질을 충분히 이해한다면, 각 지방마다의 특수성이 충분히 있어도 된다고 생각하고, 또 그래야 한다고 생각한다. 조선 경찰관은 내지와는 또 다른 특수성을 가지고 있을 지도 모른다. 금후 조선에서 사상범보호단체가 점점 증설되어도 개인적인 경찰관위원제 보호기관 등은 조선에서 흥미로운 발전을 볼 수 있는 것이 아닐까 라고 마음속으로 몰래 기대하고 있는 바이다.

4. 예방구금제도의 도입

〈자료 87〉 아이하라 히로시, 논설 예방구금제도론2

[相原宏[76], 1942, 〈論說 豫防拘禁制度論2〉, 《司法協會雜誌》 21권 7호, 朝鮮司法協會, 31~50쪽]

서론

국가체제를 국방요청에 따라 고도로 혁신하는 일이 중요함은 새삼스럽지 않다. 무엇보다 4년여 간 중일전쟁이라는 전투가 전개되고 있고 다른 한편 국제정세가 동아에 일촉즉발의 위기가 임박한 가운데 이제야 고도 국방 국가건설이라는 목소리를 높인다는 것은 사실 개탄을 금할 수 없는 미흡한 처사라 하지 않을 수 없다.

더구나 국방 요청에 따른 국가체제의 혁신은 말이 쉽지 실행은 어렵다. 소련혁명, 이탈리아 파시즘 정권의 수립, 독일 나치 정권의 수립은 애초 세계사에 한 획을 긋는 일대 사업이었다. 이들은 모두 사상적 사회적 현상이 아니라 근본적으로 바탕이 된 것은 해당 국가의 국방요청에 기초한 국가체제의 혁신이라고 봐야 할 것이다.

생각건대 국방국가체제의 건설에 일익을 담당하는 것은 사법 정비이다. 1941년(昭和 16) 제76 제국의회는 이에 응한 것이다. 당시 간과할 수 없는 특징은 형사입법의 획기적인 진전이었다. 즉, 국방보안법, 치안유지법 개정, 형법중개정, 국가총동원법, 수출입품 등 임시조치법, 군기보호법 등의 비상시 입법은 모두 그러한 특징을 가진 것으로 국방국가 체제의 강화라는 측면에서 전적으로 형사정책이 표출된 것이다. 그러므로 이러한 형사입법이 제76 제국의회를 시발점으로 비약적으로 발전한 것은 일본 형제(刑制) 역사에서 좀처럼 보기 드문 일이다.

형사법 영역에서 두드러진 현상은 형법에서 형사정책 및 형행법으로 그 중심이 옮겨가고 변천을 거듭하고 있다는 점이다. 사회정책이 범죄와 관련한 사회적 조건의 제거 및 제한을

---

76 이 글을 쓸 당시 장흥(長興)지청 판사로 재직 중이었다.

목적으로 하는 것에 반해, 형사정책은 개개의 범인과 관련한 범죄적 조건의 제거 및 제한을 강구하는 것이라고 할 수 있다. 형사정책, 일반의 요구는 형벌이란 목적이 아니라 목적에 도달하는 수단이라는 견지에서 볼 때 각 범인의 특징에 따라 고통을 부과함으로써 장래 다시 범죄를 저지르는 것을 방지하려 함이다. 또 이러한 요구는 한편으로는 현행법을 비판하고 그 진가를 판정함에 있어 확실한 표준이 되며, 다른 한편으로는 장래의 입법을 위한 지침이 된다.

앙시앵 레짐[77] 시대의 위협적인 형법은 18세기 계몽운동(campaign of education)에 의해 그 형태가 완전히 바뀌었다. 즉 몽테스키외,[78] 루소[79]의 자유민권론에서 시작된 개인의 권리존중 사상은 형법 영역에서 베카리아[80] 이후 죄형법정주의의 형태를 취하게 되었고, 또 자유의사론[81]을 근거로 삼는 구파(舊派)(école classique)가 대두했다. 구파의 이론은 위혁(威嚇)[82] 형법의 전횡과 가혹함을 완화시키고 형법을 체계화하는데 기여했음은 부정할 수 없는 공적이다. 그러나 이 이념의 내용을 이루는 범죄필벌과 단기 자유형주의는 누범의 급증이라는 바람직하지 못한 결과를 낳았다. 그리하여 이 이념은 비판을 받기에 이르렀다. 특히 범죄가 자유의사의 소산이라는 이론에 대해 롬브로소[83]가 인류학적 측면에서 범죄의 원인을 검토하는 운동을 통해 반박하였고, 페리,[84] 가로팔로[85] 등의 실증학파(Scuola positivo), 이른바 이

---

77 ancien régime(프랑스어) 1789년 프랑스혁명 이전의 봉건적 왕정 하의 정치·사회제도를 이르는 말에서 유래하여 구제도 혹은 구체제를 의미한다.
78 몽테스키외(Montesquieu 1689~1755) 프랑스의 계몽사상가. 법리학자. 『법의 정신(De l'Esprit des Lois)』(1748)을 발표, 삼권분립을 주장하였고 법률 제도의 원리를 실증적으로 추구하여 사회과학연구의 방법론을 개척했다.
79 루소(Rousseau 1712~1778) 프랑스의 계몽사상가. 『사회계약론(Du contrat social)』(1762), 『인간불평등기원론』(1755)를 발표, 그의 사상은 근대사회개혁을 이루는 바탕이 되었다.
80 체사레 베카리아(Cesare Beccaria 1738~1794) 이탈리아의 계몽사상가, 형법학자. 『범죄와 형벌(Dei delitti e delle pene)』(1764)에서 죄형법정주의를 주장했다.
81 인간은 자유의사를 가지고 자신의 행동을 자율적으로 규율할 수 있는 이성적 존재이며 범죄인도 일반인과 동일한 자유의사를 가진다는 의미의 법률용어로 '비결정론'이라고 한다.
82 힘으로 으르고 협박한다는 뜻이다.
83 C. 롬브로소(Cesare Lombroso 1836~1909) 범죄학에 실증주의적 방법론을 도입한 이탈리아의 의학자이자 형사인류학파의 창시자이다. 주요 저서에 『천재와 광기(狂氣) Genio e follia』(1864), 『범죄인론 L'uomo delinquente』(1876)이 있다.
84 E. 페리(Enrico Ferri 1856~1929) 형법에서의 실증주의학파를 창설한 이탈리아의 형법학자이자 범죄사회학자이다. 『범죄사회학(La sociologia criminale)』(1884), 『이탈리아형법초안』(1919)이 있다.

탈리아학파가 등장했다. 롬브로소는 범죄인을 생물학적으로 연구한 결과, 범죄인에게는 생물학적 특징이 있다고 하고 이른바 선천적 범죄인(delinquente nàto) 이론을 주장했다. 이에 대해 페리는 일부를 수정하여 범죄 발생 원인을 개인적인 것, 자연적인 것 및 사회적인 것으로 분류했다. 이들 이탈리아학파는 범인론에 중점을 두고 형법에 실증적인 연구 방법을 도입함으로써 형사학의 진보에 위대한 공적을 남겼다. (주1)

다음으로 리스트[86]는 범죄 원인을 개인적 원인과 사회적 원인으로 구별하고 나아가 후자를 인종적 원인과 국민적, 종교적, 정치적, 경제적 원인으로 나누었다. 특히 리스트는 경제적 원인을 중시하고 노동계급의 실업, 임금, 노동시간, 주택 등의 모든 문제가 범죄현상에 나쁜 영향을 주는 가장 유력한 원인이라고 주장한다. 나아가 수많은 형법 조문의 개정 보다 현대사회의 범죄 원인인 노동자 계급의 불량한 상태를 근본적으로 개선하는 편이 범죄방지를 위해 한층 유효한 수단이라고 주장한다.(주2)

이처럼 범죄의 사회학적 연구는 생물학적 연구와 마찬가지로 자유의사의 부정에 도달한다. 아마도 일정한 사회적 환경이 범죄의 원인이라는 당연한 귀결일 것이다. 이렇게 범죄 원인의 실증적 연구는 인간의 자유의사를 부정하고 의사결정론에 도달한다. 그리하여 한편에서는 자유의사를 기초로 하는 응보주의(應報主義)를 배제하고 목적형주의(目的刑主義)를 주장한다. 다른 한편에서는 범죄가 개인적 사회적 조건에 의해 결정되므로 범인의 악성(惡性)이 행위로써 외부로 표현되는 것임을 발견하고 형벌이 행위 자체가 아니라 행위자, 즉 반사회적 성격을 대상으로 해야 한다고 주장한다. 형벌은 사회방위를 목적으로 하는 것이고 범죄의 중점은 범인의 악성에 있다고 한다면 범죄를 방지하기 위해 범인의 성격을 교육하고 개선하는 것이 중요해진다. 따라서 특별예방주의, 형벌개별주의를 주장함과 더불어 특히 형사정책을 고려하게 되는데 이로써 근대형법학의 신파(école Nouvelle)가 등장하게 되었다.(주

---

85 R. 가로팔로(Raffaele Garofalo 1851~1934) C.롬브로소, E.페리와 함께 이탈리아의 형사학파를 대표하는 이탈리아의 법학자. 변호사·판사를 거쳐 나폴리대학에서 형법을 강의하였다. 자연범과 법정범을 구별하여 형벌은 자연범에 대한 사회 보호를 본질로 한다고 설명하였다. 저서로 『범죄학』(1885)이 있다.
86 프란츠 폰 리스트(Franz von Liszt 1851~1919) 사회학적 형법학파 및 형사입법을 제창한 독일의 형법학자. 빈대학 재학 중 예링과 발베르크의 영향을 받아 실증주의 형법학을 정립하였다. '마르부르크대학 강령'이라 불리는 '형법에 있어서의 목적사상', 26판이나 중판된 『독일형법 교과서』 등은 그의 명저이다.

3) 이렇게 20세기 형사법 개정사업은 이러한 점에 중점을 두게 되었다.(주4)

이와 같은 형사학에 관한 사조의 변천을 통해 작금의 중대 시국 속에 개최한 제76의회는 치안유지법을 개정하였다. 그리고 제3장은 국가의 필요와 사회의 실정에 맞추어 예방구금(preventive detention)이라는 새로운 형행제도를 탄생시켰다(주5). 나는 신제도가 어떠한 의미를 가지는지 생각하면서 그것의 운영을 논하고자 한다(주6).

1. 예방구금의 본질

국가가 법률질서에 대한 침략자와의 범죄투쟁에서 자기이익보전을 위해 형벌 및 기타 필요한 모든 수단을 취할 권리와 의무를 가진다는 것은 아무도 부정할 수 없다.

그러므로 국가의 이러한 권리와 의무는 엄격한 의미에서 범죄가 구성되었음을 반드시 기본적 절대적 조건으로 할 필요는 없다. 다시 말하면 범죄의 과거 침해사실에 대한 사회적 반동, 즉 국가의 진압처분의 형식인 이상 국가를 위협하는 장래의 위험사실에 대한 사회방위, 곧 국가의 예방처분으로 행해지는 바이므로 중대한 진보적 의의가 있는 것이다(주7). 따라서 범죄의 완성을 기다렸다 행하는 형벌보다 사전에 개선과 치료, 격리 등의 보안처분(Lesmesures de sureté)을 하는 존재가치가 인정되는 것이며 이를 국가에 의해 조직되고 발전시킴으로써 형사법의 국가적 문화적 목적이 발휘되는 것이다. 프랑스의 아네트유가 말한 바와 같이 "재판의 이익은 신성하다. 범인의 이익은 2배로 신성하다. 그렇지만 사회의 이익은 3배로 신성하다." 이른바 형사책임의 양의 문제에 구속당함으로써 우리 생활에 불안을 느끼고 사회 질서를 희생해야 하는 것이다. 관습범인 및 비전향사상범 등에 대한 기존의 형벌은 이처럼 사회방위에 무기력한 점을 안고 있다. 이를 타개하지 않는다면 형법에 의한 범죄방지의 효과는 기대할 수 없다. 형법은 죽은 법이 되는 것이다(주8). 그리하여 롬브로소, 리스트, 페리 등에 의한 신운동이 일어나고 이러한 개량사상이 발전함으로써 형사법을 사회방위, 즉 범죄의 보안 및 예방적 목적으로 방침을 정한 것은 이미 밝힌 바와 같다(주9).

예방구금(preventive detention)이 보안처분의 하나라는 점은 자명하다(주10). 해당 처분은 치안유지법의 죄를 범하고 형의 집행을 마치고 출옥하는, 형의 집행 종료 또는 형의 집행유예의 언도를 이유로 사상범보호관찰법에 의해 보호관찰중인 자로서 재범의 우려가 현저한 자에 대해 시행하는 범죄예방조치이다(주11). 이 조치는 국가치안에 관한 위험을 방지함과 동시에 위험한 범죄를 예방하는 효과를 완벽하게 하고자 함으로써 대상자를 사회로부터 격리시키고 교화, 개선의 수단(erziehende oder bessernde massnahme)을 통해 충량한 황국신민으로 복귀시키는 것이다(주12).

예방구금의 법률상 본질은 무엇이고 특히 형벌과의 차이는 무엇인가 하는 문제가 있다. 형벌의 본질을 해석할 때 응보(retribution)와 예방(prevention), 어느 쪽을 취하는가에 따라 문제의 해답에 차이가 생긴다. 그러므로 이러한 대립은 오랫동안 학파의 논쟁에도 불구하고 근본적이고 최종적인 통일에 도달하지 못했다. 응보론에 의하면 양자는 본질적으로 상이하다. 즉, 형벌은 도덕적인 성격의 것이며 범죄 행위에 대한 법률적 반발로써 행위자에 부과하는 징벌적 의미를 내용으로 하는 해악(übel)이다. 예방구금은 완전히 정책적 공리주의, 즉 위험성이 있는 행위자의 존재를 이유로 이를 배제하는 것이다.

다음으로 예방론에 의하면 형벌과 예방구금 사이에 본질적인 구분은 없다. 형벌 자체가 사회방위를 위한 처분이며 범인의 사회적합 및 사회격리를 목적으로 하는 광의의 보안처분이다(주13). 예방구금은 형벌이 합목적화된 것이며 범인에 대해 개별화된 것에 지나지 않는다(주14).

생각컨대 감옥에 높은 장벽을 세우고 감방에 철창이 있는 한, 형벌은 일반사회를 위협하기에 충분하고 이를 부정하기는 어려울 것이다. 하지만 그것은 형벌의 집행으로 동반되는 부작용이 아니겠는가. 자유형제도를 인정하고 가출옥을 허용하는 오늘날, 가령 범인이 개선 불가한 자라고 해도 최종적인 목적은 사회에 적응시키는 데 있다고 할 수 있을 것이다. 예방구금제도를 승인하게 된 근거는 첫째, 범인을 감화시키는 수단, 둘째, 개선되기까지의 격리 수단이라는 것에 있다(주15). 그렇기에 형벌은 제도상으로 볼 때 응보(應報)의 작용을 동반하고 고통을 수반하지만, 그 관념은 개선시켜 무해하게 만드는 것(unschädlichmachung 위험성 제거)이 본질이 되어야 한다(주16). 이렇게 생각한다면 예방구금과 형벌 사이에는 그 성격을 구분할 만한 어떠한 근거도 사라진다. 예방구금과 형벌 사이에는 본질적인 차이를 발견할 수 없다.

다음은 예방구금이 행정처분인가 하는 문제이다. 야스히라 마사키치(安平政吉) 판사는 저서『보안처분법의 이론(保安處分法の理論)』에서 "보안처분이란 범죄 또는 이와 유사한 행위를 하려고 하는 특수한 위험성이 있는 자에 대해, 장래의 위험을 방지하고 사회질서의 침해를 예방할 목적으로 행하는 행정적 처분을 말한다"라고 서술했다(주17). 그러나 예방구금과 형벌 사이에 본질적인 구분을 인정하지 않는다면 이를 행정처분으로 볼 수는 없다. 예방구금과 형벌은 그 목적(사회적 방위)이 동일하므로 사법처분과 다른 것이 아니다(주18).

2. 영국의 예방구금제도

현재 다수의 세계 각국에서 현저한 누범 증가라는 현상은 영국 또한 예외일 수 없다. 케니 교수[87]에 의하면 1930년 유죄판결을 받은 자 39,000명 중에 전과자가 28,000명이었다. 그리고 전과자 중 3,382명은 6회에서 10회, 2,622명은 11회에서 12회, 2, 125명은 20회 이상 복역한 적이 있는 자였다고 한다(주19).

생각해 보면 정기형(定期刑)이 상습범의 범죄예방에 결함이 많다는 점은 명백하다. 그렇지만 정기형제도는 도의적 책임론에 의거한 대도(大道)이다. 그러므로 책임론은 오랜 전통으로 유지해 왔다. 사실 이러한 전통은 국민에게 일정량의 범행에 대해 일정량의 책임을 부담시키는 것은 당연하다고 생각하게 만듦으로써 형벌 정의에 합당한 요점이 있다고 믿게 한다.

애당초 정기형(定期刑)은 일정한 범행과 그것의 결과를 기초로 그에 응당하게 부과한다는 반동(反動)기간이므로 범죄인의 악성(惡性)을 제거하는데 필요한 기간으로는 충분하지 않다. 이런 경우 형법이 범죄에 대한 반동(反動) 목적에 도달했다고 만족하고 범인을 그대로 사회에 석방해도 될 것인가. 여기에 정기형이 내포한 형사정책상의 결점이 있으며 이것을 해결하고자 형행과 관련하여 각국마다 동일한 고민이 있는 것이다.

그래서인지 영국은 특종범죄인, 즉 상습범(habitual criminal)에 대한 새로운 투쟁의 수단으로 예방구금제도를 설치했다(주20). 예방구금은 유형(流刑)(punishment of transportation)에서 발전한 것이라고 한다. 영국은 이미 1827년 법률(7 and 8 George, 4c. 28) 제11조에 중죄(felony)의 재범에 대한 형 언도를 할 경우에 만약 재범의 죄가 사형에 해당하지 않는 때는 무기유

---

[87] 코트니 케니(Courtney Kenny, 1847~1930) 영국의 법학자. 케임브리지대 교수. Outlines of Criminal Law의 저자.

형의 언도를 할 수 있게 했다. 그렇지만 이러한 엄벌주의는 재판관의 반대가 있고 1853년과 1857년의 Penal Servitude Act는 유형을 대신하여 중징역(penal servitude)을 설치했다(주21). 이렇게 중징역법이 영국 본국에서 시행되고 재범 위험이 있는 범인을 국내에 석방하게 되자 사회는 위협을 강하게 느끼게 되었다. 1854년 중징역법 제2조는 중징역에 처하는 범죄에 의해 유죄선고를 받은 자로 이미 1회 중죄로 유죄선고를 받은 자는 7년 이상의 중징역을 부과한다고 규정했다. 또 1869년에는 상습범법(Habitual criminal Act)에 이어 1871년에는 범죄예방법(Prevention of crime Act)을 제정하여 상습범에 대한 정책을 새롭게 전개했다. 특히 범죄예방법은 제8조에서 중죄의 재범자에 대해 형 이외에 7년 미만의 경찰감시(Police supervision)(주22)를 언도할 수 있게 했다. 처음으로 일종의 보안처분을 규정하고 제7조에 중죄의 누범자에 대해 형기만료 후 7년 이내의 기간 일정한 조건 아래 범죄혐의가 인정될 때에는 1년 미만의 금고(imprisonment)에 처할 수 있도록 규정했다.

그런데 1895년의 Departmental Committee on prisons는 누범 문제와 상습범 문제를 구분하여 특히 형 집행 후 재범 위험이 있는 자에 대해 장기간 구금함으로써 범인에게 위협이 되고 사회의 방위수단으로 삼아야 한다고 제안했다. 이리하여 상습범에 대한 대책은 각 방면의 주의를 환기시키게 되었고, 정부는 1904년 의회에 상습범 구역(Habitual offender Division)에 관한 법률안을 제출했다. 이 법은 중죄로 2회 이상 유죄선고를 받은 자가 다시 중징역에 해당하는 죄로 형의 언도를 받은 경우, 만약 재판소가 해당 범인이 범죄 당시 계속적으로 불성실하거나 범죄적인 생활을 했다고 인정하고, 또 사회방위를 위한 장기간의 구금을 필요로 한다고 믿는 경우에는 7년 이상의 중징역을 언도하고, 또 형기의 일부에 대해 통상의 중징역을 복역하게 하며 남은 일부에 대해서는 상습범 구역(Habitual offender Division)에 수용하도록 언도할 수 있도록 규정했는데 이 법률은 의회에서 부결되었다. 그러나 상습범에 대한 대책의 필요성으로 인해 1908년 마침내 범죄예방법(Prevention of Crime Act, 1908)을 제정한다. 이 법률에 기초하여 예방구금제도가 만들어졌다(주23).

영국에서 예방구금을 언도받은 자는 통상 소송절차(ordinary procedure)에서 중범으로 인한 징역(penal servitude) 선고를 받아 상습범(habitual criminal)이라고 인정된 자이다. 상습범은 만 16세 이후 적어도 세 번의 유죄가 결정되었고 또 불성실하거나 범죄적인 생활을 보내는 자이어야 한다. 상습범으로의 기소는 검사장(Director of Public Presecution)(주24)의 동의를 얻은 경우에만 허가한다. 범죄적 생활상태의 지속은 피고인의 마지막 체포일까지 증명되어야 한다. 그리고 피고인이 마지막 감옥에서 석방된 후 생업에 종사하고 있었다면 상습범으로의 소(訴)는 허용되지 않는다. 상습범으로의 소(訴)는 피고인이 과거 상습범으로 인정되었다고 나타내는 것으로도 증명할 수 있다. 그러나 이 경우에도 사실 피고인을 상습범으로 인정할지 여부는 배심(陪審)이 결정할 바이다. 예방구금기간은 5년 이상 10년 이하이다. 피고인이 배심원에 의해 상습범으로 인정되었을 경우, 먼저 피고인은 유죄로 인정된 새로운 범죄에 대해 형을 언도받는다. 이 형이 중징역 중 하나인 경우, 피고인은 동시에 중징역 형기의 종료 후 상습범으로서 개시하는 5년에서 10년의 예방구금을 언도받는다. 예방구금집행 장소는 이 목적을 위해 특별히 마련된 구금소 혹은 감옥의 일부이다. 그리고 개선, 훈련, 노동이 주어진다. 처우는 감옥보다 관대하다. 예컨대 시간, 식사, 접견, 위안, 임금 등에 있어 실제적으로는 농업식민지(Farm colony)의 생활이다. 정기적으로 석방 고려가 행해진다(주25). 누진제가 채택되어 3계급으로 나뉜다. 계급상승의 조건은 기간 경과와 선행, 근면이다. 가석방을 허가한 후 5년이 경과하면 확정적으로 석방할 필요가 있다. 석방의 권한은 내무대신에게 있다(주26).

케니 교수는 예방구금의 성과에 대해 예방구금소에서 방면된 자 중에 개선된 자의 비율이 매우 낮다고 한다(주27). 단지 사회는 범인이 구금되어 있는 기간동안 해당 범인의 해악으로부터 보호되는 배해(排害 해악의 배제-역자) 작용이 있을 뿐이다. 알렉산더 씨는 "어떤 자가 상습범가의 여부를 과거 그 사람에게 유죄판결을 한 적이 있는 배심이 결정하는 일은 부적절하다. 이 배심은 대부분 다소의 편견을 해당 범인에 대해 가지고 있을 것이므로"라고 비판했다(주28). 그리고 오늘날 판사가 예방구금을 선고하는 일은 매우 드물다. 1933년 보고에 의하면 1년간 합계 21명이 예방구금의 선고를 받았다. 그중 19명은 남자이고 2명이 여자이다. 같은 해 12월 31일 현재 인원은 합계 121명이고 그중 118명이 남자이고 3명이 여자이다(주29).

또한 노르웨이 형법 제65조는 범인의 성질이 특히 위험한 경우에는 필요에 한해 감옥에 구금할 수 있다. 단, 형기의 3배 또는 15년을 넘기지 않는다. 독일의 현행 형법은 상습범에 대해 경죄(輕罪)라면 5년까지, 중죄라면 15년까지의 범위 내에서 정기형을 언도하는데, 공안상의 필요가 있는 경우, 재판소는 이 형에 부과해서 처형자를 보안구금에 부치는 취지의 언도를 할 수 있다. 그리고 보안구금은 그 목적 달성을 위해 필요에 한해서는 완전히 무제한으로 집행된다. 스위스 형법은 이러한 종류의 범인에 대해서 재판소가 부정기의 보안, 구금을 명할 수 있다. 이 처분은 선고받은 형을 대신하여 집행된다.

또 스위스 형법 초안 제40조, 독일 1927년 초안 제59조, 오스트리아 1912년 초안 제38조 참조.

3. 일본 예방구금법의 역사적 배경

일본 예방구금제도가 영국과 달리 사상범에 대한 대책으로 생겨난 것임은 이미 밝힌 바와 같다. 일본에서도 이 제도에 대해 과거 전혀 논의가 없었던 것은 아니다. 1934년(昭和 9) 당시 정부는 치안유지법 개정법률안에 예방구금제도를 포함시켜 제65 제국의회에 제출한 바가 있다(주30). 형법위원회 또한 예방구금제도의 문제를 제기하고 제안을 도모한 적이 있다(주31).

우리는 예방구금이라는 신제도가 다른 많은 비상시 입법과 함께 중대시기에 순응하여 고도국방국가 확립을 위한 사법적 참여라고 서술했다. 사법대신은 제76 제국의회에 치안유지법 개정법률안을 제출할 당시 다음과 같이 그 이유를 설명하였다.

방금 상정한 치안유지법 개정법률안을 제출하게 된 이유를 설명하겠습니다. 아시는 바와 같이 일본은 바야흐로 내외 모두 실로 중대한 시국에 직면해 있습니다. 이러한 중대 시국을 헤쳐나가기 위해서는 관민이 함께 더욱 조국(肇國)의 정신을 발양하고 일치협력하여 국체를 옹호하고 성업익찬의 신념을 견지하고 나아가야 함은 당연한 말일 것입니다. 그런데 오랜 기간 당국이 엄중히 검거를 이어갔음에도 불구하고 이러한 중대 시국 하에서 공산주의 및 기타 위험사상운동이 여전히 종식되지 않을 뿐 아니라 최근에는 다시 대두하고 있음을 볼 때 참으로 유감이 아닐 수 없습니다. 현하 일본 국정은 관민일치의 노력에도 불구하고 사변의 장기화와 국제정세의 변화에 따라 각종 경제 현상이 점차 복잡해지고 있는데, 이러한 사회정세는 자칫 위험사상을 조성하고 위험사상을 품은 자들이 이용할 기회를 주게 될 것입니다. 따라서 이들 불령사상운동에 대해 현재만큼 강력한 시책을 요구하는 시기는 없을 것입니다. 그러므로 그러한 대책은 교육 및 기타 방면의 제반 시설을 필요로 할 뿐 아니라 형벌로써 이를 근절시키고자 하는 것은 상당히 지난한 일임은 틀림없습니다만, 국체 변혁을 기도하는 것과 같은 불령하기 짝이 없는 위험사상을 품은 자에 대해서는 이를 철저하게 검거처벌하고, 그들이 준동할 여지가 없도록 하는 것이 또한 필요한 일이 아닐 수 없습니다 ….

또한 최근 공산주의 운동의 실정을 보면 활동의 중심을 이루는 자의 다수가 비전향의 형여자(刑餘者) 또는 집행유예자일 뿐 아니라 사상범의 특질로써 일단 감염된 위험사상은 쉽게 불식하기 어렵고 형의 집행에 의해서도 개전하지 않는 자가 적지 않습니다. 이러한 실정을 돌아볼 때 사상범죄의 진압과 예방의 효과를 완벽하게 이루기 위해서는 일정한 조건과 절차를 거쳐 이른바 비전향자를 사회에서 격리시키고, 또 개전의 촉진을 목적으로 하는 예방구금제도를 설치할 필요가 있습니다. 요컨대 현행 치안유지법을 전반적으로 개정하고 벌칙을 정비 강화하여 완벽을 기하고, 특별형사정차를 창설하여 검거에서 재판까지 절차를 신속하고 적정하게 만들어 예방구금제도를 확립하고 비전향분자가 활동하지 못하게 하는 것이 현재의 긴급한 급무이며 국체를 옹호하고 대의를 바로잡는 것입니다. 그것이 고도 국방국가 체제의 완벽을 기하는 방법이라고 믿으며 이에 본안을 제출하는 바입니다.(주32)

※법무국장의 조선사상범예방구금령 실시 통첩(생략)

이제 보호관찰제도와의 관계에 대해서 잠시 언급하겠다.

1936년(昭和 11) 창설된 사상범보호관찰법(조선사상범보호관찰령)은 예방구금제도와 마찬가지로 사상범에 대한 형사대책으로 수립된 일종의 보안처분이다.

생각건대 범죄방지 및 재범방지를 위해서는 검찰, 재판, 행형, 보호의 네 가지 기능이 각각 정비되어 각 기능이 유기적 연계를 유지하면서 운용되어야 한다. 그리고 이러한 네 가지 기능 중 시대에 따라 검찰에 중점을 두거나 재판에 중점을 두었는데, 근래에는 행형 및 보호에 중점을 두게 되었음은 모두에서 밝힌 바와 같다. 이러한 경향은 최근의 사회정세 변화와 형사 사조의 중점 변천에 기인하는 것이라고 할 수 있다(주33).

만주사변 및 이번의 중일전쟁을 계기로 국가의 모든 활동이 고도국방국가의 확립으로 향하게 되었고 아울러 사상범에 대한 정책 또한 이에 발을 맞추어 전진하였다. 즉, 사상범을 특별 취급하여 경원하기보다 후방국민의 일원으로서 적극적으로 전시국책에 협력하게 만들고 나아가 후방의 사상국방의 일익을 담당하도록 동원하는 일은 그들을 국민으로서의 사상을 확립시킬 뿐 아니라 사상국방에 공헌하게 만드는 것이다. 그러므로 보호관찰의 필요와 그 활동의 개척지가 여기에 있는 것이다(주34). 보호관찰법은 소극적으로 본인의 사상과 행동을 보호하는 것에 머무르지 않고 본인을 적극적으로 지도 편달하여 올바른 길(正道)로 복귀시키며 정도(正道)에 머무르게 하는 것이 그 목적이다. 그리고 범인의 사상 완성과 생활 확립을 도모할 것을 요한다. 그렇다면 단체관념 및 재산제도에 관한 정확한 인식을 체득하게 만들고, 마땅한 생업을 얻게 해야 한다. 그리하여 보호관찰은 사상범을 사회생활 속에 포용하면서 그들을 사회화해야 한다.

원래 사상범은 확신범(Ueberzeugungsverbrechen)에 속한다. 그 특징은 보통범인(Der gemeine Verbrecher)과 달리 도덕적 의식의 결함이 없으며 오히려 사회를 혁신할 수 있다고 믿는 이른바 혁명가적 순정(Đingenuité revolutionaire)을 가지고 있다. 즉, 도덕적· 종교적, 또는 정치적·민족적 의무의 확신이 결정적인 동기가 되어 행한 범죄이다. 보통범은 가치의식이 부패한 범인의 행위인데 확신범은 이상적 혁명의식에 불타는 이상주의자의 범죄이다. 그러므로 확신범의 주체는 선구자, 영웅, 위인이라는 가치평가를 받을 가능성을 지닌다(주35).

이러한 주체의 개선 및 교화는 가능할 것인가. 이 점에 대하여 라도르루프는 다음과 같은 소극설의 입장이다. "광정(匡正)이란 형벌권을 가진 국가가 피광정자 보다 도덕적으로 우월할 것을 조건으로 한다. 국가는 보통 범인보다 선량하고 현명한 자아를 대표하므로 그러한 필연적 결과로서 보통범인에 대해 도덕적 우위성을 가진다. 그런데 확신범은 교정을 필요로 하는 자가 아니다. 오로지 반박할 수 있는가의 여부를 떠나 그저 다른 사상을 가진 자일뿐이다. 달리 말하면 그는 현대의 도덕적, 종교적, 정치적 권력에 대한 적대자일 뿐이다. 따라서 현존 권력은 자기보존을 위해 확신범에 대해 투쟁하는 것은 허가되지만, 교정 또는 응보적 방책을 부가해서는 안 된다"(주36). 교정 및 교화되기 위해서는 적어도 범인이 행위에 대해 책임감을 가지는 것이 요건이다. 형벌의 임무는 범인에게 책임감을 각성시키고 이를 존속시키는 일이다. 그런데 확신범은 의무적 확신에 기초하여 행동하므로 이러한 책임감을 가질 수 없다. 그러한 자에 대해 다른 행위를 하거나 할 수 있다는 기대 가능

(Zumutbarkeit der Nichtbegehung)이 없다(주37).

그러나 볼프[88]도 지적한 바와 같이 개인적인 윤리에 기대할 수 없는 경우에도 사회적인 윤리에는 기대가 가능하다. 책임은 단순한 의무위배가 아니라 국가의무 위배에 있다. 그렇다면 확신범이 가진 개인적 의무확신이 사회적 의무를 위배했다는 사실을 용서하는 것은 아니다(주38).

형사책임의 근거를 인간이 사회생활을 행하는 것 안에서 구하고자 하는 사회책임론이 형사 사조(思潮)에서 중요해졌음은 설명이 필요 없다. 그러므로 사회는 현존 국가질서로서의 법률 속에 표현되는 사회를 의미한다. 따라서 확신범의 책임을 부정할 수 없는 것이다. 마키노(牧野) 박사[89]는 "인류의 절대부동의 확신이라는 관념이 있다고 단정할 수 없다. 그러므로 이러한 미지의 대상을 개선불능이라기보다 개선 곤란이라고 취급해야 하며 교육이 가능하다고 믿고 싶다"라고 확신범 인도 개선 및 교화할 수 있음을 인정한다(주39).

개선불능자(Unverbesserliche)가 현실에 존재하는지 여부를 결론짓기는 어렵다. 하지만 사법관으로서는 적어도 존재하지 않는다는 이념을 가지고 범인에게 사회적 적응성을 부여하는 노력을 행하고자 한다(주40).

전향을 수긍하지 않는 사상범을 보호관찰 대상으로 해야 하는가. 과거 독일에서는 상습범(Gewohnheitsverbrecher)에 대한 보호관찰의 실행에 대해 격렬한 논쟁이 있었다. 이러한 개전이 어려운 범인에 대해 미온적인 보호관찰을 해서는 효과를 기대하기 어렵기 때문이다. 한스 바이스[90]도 다음과 같이 지적한다.

"처음부터 교화 불능의 대상을 보호관찰에 부치는 일, 보호관찰 중에 교화 불능이 명백해진 자를 재범에 이르기까지 보호사에게 맡기는 일은 모두 지나치게 책임을 보호사에게 부과하는 것이 됨으로써 오히려 보호관찰제도의 진보를 저해하며 사회방위에도 결함이 생긴다."(주41)

그러므로 비전향 출옥자는 보호관찰제도에서 버릴 것, 그리고 이들에 대해서는 경찰시찰

---

88 Erik Wolf(1902~1977) 독일의 법철학자.
89 마키노 에이치(牧野 英一, 1878~1970년) 일본의 형법 학자.
90 Hans Weiss

에 의거해야 한다는 의견이 있다(주42). 그렇지만 보호관찰의 목적으로 볼 때 비전향자라 해도 보호관찰의 범주 바깥에 둬서는 안 될뿐더러 오히려 보호관찰의 대상으로서의 가치가 크다고 취급해야 한다(주43). 그럼에도 불구하고 현실 문제로 비전향자는 올바른 사상에 복귀하지 않고 여전히 불령사상을 품는 자, 혹은 태도가 애매하여 전향 의사가 있는지 여부를 판명할 수 없는 자로서 재범 위험성이 크다. 그래서 사상범에 전과자가 많음을 겪게 되는 것이다. 그들이 급속한 운동을 전개하기 위해서는 경험이 없는 아마추어보다 경험이 있는 전과자, 나아가 비전향자를 동지로 획득하는 것이 용이하고 또 효과적이기 때문이다. 그러므로 비전향자를 사회에 방임하거나 미온적으로 보호관찰에만 위임한다면 사회 방위에 결함이 생기는 것이다.

더구나 1928년 이래 치안유지법 위반으로 검거된 자의 숫자가 내지 외지를 통틀어 10만 명에 달한다. 그 가운데 기소유예 처분, 형의 집행유예를 받거나 형의 집행을 마친 자, 가출옥을 허가받은 자의 숫자 또한 3만 명을 웃돈다. 이들의 현재 심경은 제각각으로 완전히 전향한 자, 전향이 불투명한 자 등이 있다. 또한 사상범은 사회정세에 크게 좌우됨을 고려할 때 근래 시국의 진전으로 내외정세가 심각하고 미묘해짐으로써 사상 대책이 보다 중요해지게 되었다. 이에 예방구금제도를 창설하고 재범의 우려가 있는 비전향자를 사회에서 격리함과 동시에 그들을 교도하기 위한 예방구금에 부치는 강제수단이 만들어진 것은 생각건대 당연한 일일 것이다.

(주1) Kenny, Outlines of Criminal Law, 1936. p.613. 이하 참조.
(주2) 기무라 가메지(木村龜二), 『刑事政策の諸問題』, 15쪽 참조.
(주3) 고케 요시오(江家義男), 『近代刑事思想發生史』, 「法律における思想と論理」, 『牧野先生還曆祝賀論文集』, 317쪽 이하. 고이즈미 에이치(小泉英一), 『刑法要論(總論)』, 13쪽 이하.
(주4) 오카하라 요시오(岡原昌男), 「假釋放制度の運用に就いて」, 『司法研究報告書』 제24집, 5, 4쪽 참조.

(주5) 현행 치안유지법은 과격 사상운동 단속을 목적으로 1925년(大正 14) 제정되었고 그 후 1928년(昭和 3) 긴급 칙령으로 일부 개정하여 오늘날에 이른다. 이 법은 대정(大正) 말기에서 쇼와(昭和) 초기, 즉 1920년대의 사상운동 정세를 배경으로 규정한 관계로 인해 공산주의 운동, 특히 일본공산당 활동을 주요 대상으로 했다. 그러므로 운동 정세의 변화에 맞추어 치안유지의 목적을 달성하기 위해 한편에서는 공산주의 운동만이 아니라 무정부주의 운동, 민족독립운동, 유사종교운동 등 각종 과격사상운동에도 이를 적용해야 한다. 또 다른 한편에서는 공산주의 운동이 정세변화 특히 인민전선방책을 채용함에 따라 운동의 형태가 이 법의 제정 당시에 비해 매우 복잡해졌다. 이로 인해 기존의 법률로는 사안을 처리함에 있어 미비한 점이 많았다. 그래서 이번 제국의회의 협찬을 거쳐 지난 3월 10일 공포하고 5월 15일부터 시행하는 개정법률은 새로운 정세에 대응하는 개정을 이룬 것이다[이상과 같은 취지를 야나가와(柳川) 사법대신이 해당 법률안 제출이유로 중의원에서 설명했다(제76 제국의회 중의원 의사 속기록 제12호)]. 여기에 개정의 요점을 정리하면, (1)국체의 개변 및 사유재산제도의 부인에 관한 범죄에 대해 기존에는 결사조직을 중심으로 처단했지만, 최근의 코민테른 활동방침의 변화를 반영하여 결사조직만이 아니라 집단의 결성, 혹은 개인이 협의, 선동, 선전, 기타 행위를 한 경우도 처벌할 것. (2)벌칙을 강화할 것. (3)범죄조사의 신속, 적정을 도모하기 위해 검사 및 사법경찰관에게 강제권을 부여할 것(조선에서는 형사령 제12조에 의해 검사 및 사법경찰관은 금고 이상의 형에 해당하는 신속한 처분을 요하는 사건에 대해 공소제기 전에 한해 강제권이 부여되어 있어서 수사에 신속, 적정을 기할 수 있다).(4) 예방구금제도를 설치한 것 등이다.

(주6) 예방구금제도는 영국에서 특히 발달했다. 두, 세 가지 문헌을 들겠다.

마키노 에이치(牧野英一),『刑法に於ける重點の變遷』, 342쪽 이하

(마키노 박사는 이 책에서 preventive detention를 보안감치(保安監置)라고 번역했다).

마키노 에이치(牧野英一),『刑事學の新思潮と新刑法』, 213쪽 이하.

마사키 아키라(正木亮),『刑事政策汎論』, 270쪽 이하.

마사키 아키라(正木亮),『新監獄學』, 55쪽.

기무라 가메지(木村龜二),『刑事政策の諸問題』, 287쪽 이하. (생략)

(주7) Kenny, Outlines of Criminal Law, 1936. p.596.

(주8) 마사키 아키라(正木亮),『新監獄學』, 45쪽.

(주9) 오노 세이치로(小野清一郎),『刑法講義』, 215쪽.

(주10) 마키노 에이치(牧野英一),『刑法に於ける重點の變遷』, 272쪽. 마사키 아키라(正木亮), 앞의 책, 50쪽.

(주11) 治安維持法改正法律 제1조

(주12) 마사키 아키라(正木亮),『刑事政策汎論』, 270쪽. 오타 다이조(太田耐造), 앞의 책, 18쪽.

(주13) 예방구금과 형벌은 모두 국가가 형법상 범죄현상을 원인 또는 근거로 그 행위자에 대해 사법재판소에 의해 언도하는 처우라는 점에서 형식관념이라기보다 동일한 형사처분(la sanction criminelle ou pénale)이다.

(주15) 마사키 아키라(正木亮),『行刑上の諸問題』, 11쪽.

(주16) 마키노 박사는 예방론의 입장에서 '형벌에 의해 범인을 사회로 포용하고, 이것을 사회화시키려 한다'라고 진술하였다(마키노박사,『法律と生存權』, 415쪽). 이 형벌로 정말 효과가 있도록 계속 노력하는 것이 목적이다. 그렇다고 해도 이러한 효과를 이러한 목적에서 떼어낸 응보라는 개념과 확신을 가지고 형벌의 본질을 보는 생각은 적어도 과학적으로는 오류이고, 실제적으로는 유해하다. 형벌은 어디까지나 목적에 대한 수단이고, 효과로서 가치를 실증하는 것이라야만 한다.(기무라 가메지(木村亀二),『刑事政策の諸問題』, 46쪽)

그렇다, 장래 사회 인지(人智)개발, 과학력의 진보는 범죄가 있은 다음을 기다리는 대책적인 형벌보다는 사전의 예방 처분을 가능하게 할 것이다. 그리고 범죄가 일어나기 전에 방지하는 것은 개인에게 사회에나 이미 일어나버린 행위를 벌하는 것보다 훨씬 중요하고 가치가 큰 점이 있다고 말할 수 있을 것이다. 그러면 장래의 이상적인 형법은 형벌을 모르는 보안처분 일원(一元)시대에 있다고 하는 것도 잘못된 판단은 아닐 것이다. 또한 보안처분에 관해서는 사카모토 히데오(坂本 英雄) 씨,「保安處分の本質」,『法曹會雜誌』제15권 제2호. 사토 쇼조(佐藤昌三) 씨,「保安處分論」,『法曹會雜誌』제13권 제7호, 제8호. 사토 쇼조,「刑罰法定主義の保安處分に於ける思想的展開」,『法曹會雜誌』제14권 제3호부터 제5호.

(주17) 야스히라 마사키치(安平 政吉),『保安處分法の理論』, 25쪽 이하.

(주18) 사카모토 히데오(坂本 英雄), 앞의 잡지, 48쪽.

(주19) Kenny, Outlines of Criminal Law. p.596.

(주20) Kenny, Outlines of Criminal Law, p.597. G.G. Alexander, ibid. p.183.

(주21) Police supervision 제도는 중죄 또는 재산사취와 같은 범죄에 대해 유죄로 인정된 자로 같은 정도의 죄에 전과가 있음이 증명된 경우, 판사는 형기완료 후 7년을 넘지 않는 기간 동안 경찰의 감시를 받을 취지를 언도한다. 이 명령을 받은 자는 감시 기간 만료까지 가출옥 허가자와 같은 방법으로 자신의 주소를 보고하기 때문에 매달 경찰에 출두해야 한다. 이러한 의무를 위반할 시 1년의 금고에 처한다.(Prevention of Crime Act, 1871, s. 8; 1879, s. 2)

(주22) 경찰 감시와 예방구금이 다른 점은 전자는 오로지 범죄 수사의 편의를 위한 것이다. 이 제도는 졸렬한 경찰관리의 간섭으로 인해 석방자의 전과를 이웃이 알게 되고 그들의 사회적 복귀를 곤란하게 만들며 누범이 증가하는 원인이 되어 폐지하기에 이르렀다(島保, 『형사정책학대강(刑事政策學大綱)』, 232쪽. 사토(佐藤豁), 「보호사의 역할과 방법(保護司の役割と方法)」, 『司法協會雜誌』 제16권 제6호, 33쪽 참조).

(주23) 영국의 예방구금의 역사적 배경에 대해서는 기무라 교수의 상세한 논문이 있다. 木村龜二, 『刑事政策の諸問題』, 288쪽 이하.

(주24) 검사장에 대해서는 졸고, 「英國刑事證據法上の諸問題」, 『司法協會雜誌』 제19권, 제10호, 제11호, 280쪽 참조.

(주25) Kenny, ibid, p.597. G.G. Alexander, ibid. p.189.

(주26) 석방은 내무대신이 임명하는 방문위원(Board of Visitors) 등으로 구성된 심사위원회(Advisory Commitee)의 의견에 따라 형무위원(Prison Commissioner)의 보고를 기초로 결정된다. 내무대신은 언제든 석방을 취소할 수 있다(木村龜二, 앞의 책, 295쪽 참조).

(주27) Kenny, ibid, p.598.

(주28) G.G. Alexander, ibid. p.190.

(주29) 마사키 아키라(正木亮), 『刑事政策汎論』, 271쪽. 또, 영국의 예방구금의 실적에 대해서는 木村龜二, 앞의 책, 29쪽 이하 참조.

(주30) 제65 의회 제출 치안유지법 개정법률안 제26조에는 "제3조 및 제4조 (사상범죄) 죄를 범하고 형에 처해진 자는 그 집행이 끝나고 석방되는 경우에 석방 후 다시 제3조 또는 제4조의 죄를 범할 우려가 있음이 현저한 때는 재판소가 검사의 청구에 의해 본인을 예방구금에 부친다"라고 되어 있다. 해당 법률안은 의회의 반대로 부결되었다.

(주31) 형법위원회 초안 제139조, 징역 종료로 석방되는 자가 석방 후에 다시 방화, 살인, 또는 강도를 범할 우려가 있음이 현저한 때는 재판소가 예방처분에 부치는 취지를 명할 수 있다. 그 집행의 목적은 구금자를 개전시키기 위한 처치를 함에 있다. 동 초안 제140조 참조.

(주32) 제76회 제국의회 중의원 의사속기록 제10호

(주33) 히가시 구니히코(東邦彦), 「刑行制度論」, 『刑政論集』, 35쪽 이하 참조.

(주34) 일본에서의 과거 사실을 비추어 보면 1931~1932년의 좌익 전성기도 1933~1934년에는 내리막이 되고 이른바 전향의 시대가 되자 공산주의 운동은 완전히 몰락과 침체의 길을 걷게 되었다. 지금 그 이유를 검토해 보건대 한편으로는 코민테른의 파산적 현상, 일본공산당의 실천적 오류, 공산당 수뇌부의 전향, 특히 1933년의 제2차공산당 수령 사노, 나베야마의 전향, 공산당 내 파벌투쟁 등이다. 다른 한편으로는 만주사변을 계기로 전면적인 일본정신의 고양, 나아가 조선에서는 반도 민중의 일본 국력에 대한 인식, 내선일체운동의 성공, 당시 끊임없는 좌익사건 검거의 적절함 등에 기인한다고 할 수 있다.(森山武市郎, 司法保護法制の指導原理, 法律論叢, 제19권 제3호-4호, 2쪽 이하 참조)

(주35) 기무라 가메지(木村龜二), 「確信犯」 『法律學辭典』 제1권, 220쪽 이하.

(주36) 기무라 가케지(木村龜二), 『刑事政策の諸問題』, 236쪽 이하 참조.

(주37) 가키가와 유키토기(瀧川幸辰), 「確信犯人と教育刑」, 『法學論叢』 제25권 제4호, 19쪽.

(주38) Erik Wolf, Verbrechen aus 「berzeugung, s.13, 21.

(주39) 마키노 에이치(牧野英一), 「教育刑と確信犯」, 『法學志林』 제33권 제7호.

(주40) 확신범에 관한 상세한 논설은 木村龜二, 앞의 책, 165쪽 이하. 또 마사키 아키라(正木亮), 『刑事政策汎論』, 94쪽 이하 참조.

(주41) Hans Weiss, Probation and Criminal justice, p.193(1932).

(주42) 사토 히로시(佐藤豁), 「保護司の役割と方法」, 『司法協會雜誌』 제16권 제6호, 34쪽.

(주43) 모리야마 다케이치로(森山武市郎), 「思想犯保護觀察法に就て」, 『法曹會雜誌』 제14권 제9호, 22쪽.

⟨자료 88⟩ 아이하라 히로시, 논설 예방구금제도론2

[相原宏, 1942년, ⟨論說 豫防拘禁制度論2⟩, 《司法協會雜誌》 21권 8호, 朝鮮司法協會, 19~38쪽]

4. 법의 개요

이 법에 의거한 예방구금은 "치안유지법의 죄를 범하여 형에 처한 자가 그 집행을 마치고 석방되고 나서 석방 후에 다시 동 법의 죄를 범할 우려가 있는 것이 현저한 때"(동 법 제39조 제1항), 또는 "치안유지법의 죄를 범하여 형에 처하고 그 집행을 마친 자 또는 형의 집행유예의 언도를 받은 자가 사상범보호관찰법(조선사상범보호관찰령)에 의하여 보호관찰에 부쳐져 있는 경우에 보호관찰에 의해서도 동 법의 죄를 범할 위험을 방지하기가 곤란하고 다시 이를 범할 우려가 있는 것이 현저한 때"(동 조 제2항)에 이를 행할 수 있다.

(1) 예방구금의 요건

① 치안유지법의 죄를 범한 자일 것

이 법에서 사상범(delinguants d'idée)이란 단지 치안유지법 위반의 경우에 한정해야 한다(주1). 이 점은 보호관찰법의 대상도 동일하다.

그리고 이 법이 정한 범죄인 이상 종류 여하를 묻지 않는다. 누범자 및 상습자임을 요하지 않는다. 그렇지만 행하는 바가 치안유지법에 저촉되지 않는 이상 본법은 이를 적용 또는 준용하지 않는다. 따라서 단순한 불경죄 또는 보안법(조선)에 대해 본법은 적용하지 않는다. 여기서 주의할 점은 본법 제7조와 형법 제74조와의 관계이다. 형법 제74조는 신궁(神宮) 또는 황실의 존엄을 해치는 일체의 불경행위에 대해 규정한다(주2). 하지만 본법은 불경이 되는 사항을 유포하는 것을 목적으로 결사를 조직하는 자로 그 범위를 한정하며 단순한 불경행위를 대상으로 하는 것이 아니다. 또 동 법 제5조에는 새롭게 선전이라는 용어가 있다. 선전은 일정한 사항을 불특정 또는 다수인에게 설명하고 또 호소하며 그 이해와 공명을 구하는 행위이다. 동 법 제7조의 유포와 다른 점은 후자는 일정한 사항을 불특정 또는 다수인에게 전파하려는 것으로써 족하고 반드시 상대방의 이해와 공명을 구할 의사를 요하지 않는다. 다음으로 노동운동 농민운동 등의 이른바 좌익운동에 의한 범죄라도 치안유지법에 저촉되지 않는 한 예방구금의 대상이 되지 않는다. 하지만 우익운동에 의한 범죄라도 목적이 사유재산제도의 부인과 같이 동 법에 관한 것이 되는 이상 예방구금의 대상이 된다.

② 앞의 항에서 열거한 자로 '형의 집행을 마치고 석방되는 경우'일 것.

여기서 형은 치안유지법이 정한 각종 형을 말한다. 사형 및 무기형에 처하여도 은사령(恩赦令) 제6조에 의하여 감형되어 유기형으로 변경된 경우, 그 형의 집행을 마친 자도 또한 포함된다. 형의 집행이므로 선고의 유예는 물론 집행의 유예를 얻은 경우는 제외된다. 형의 집행을 받았지만 가출옥자에게는 이 법을 적용하지 않는다. 가출옥이 허가되는 것은 개전의 정이 있다고 인정하는(형법 제28조) 것이므로 재범의 우려가 있다고 할 수 없기 때문이다.

③ 보호관찰에 부쳐지는 경우

사상범보호관찰법에 의해 보호관찰에 부치는 경우는 "치안유지법의 죄를 범한 자에 대해 형의 집행유예 언도가 있는 경우, 또는 소추를 필요로 하지 않기 때문에 공소를 제기하지 않는 경우", 또는 "본인의 형 집행을 마치고 또는 가출옥이 허가된 경우"(동 법 제1조)에 필요가 있다고 인정할 때이다. 그러므로 치안유지법 제39조 제2항에 의해 예방구금에 부치는 경우는 앞의 네 가지 경우 중, 1)형의 집행을 마친 자 2)형의 집행유예 언도를 받은 자이다. 그리고 이는 한정적이지 예시적이지 않다. 따라서 가령 보호관찰에 부쳐지는 자라도 가출옥을 허가받은 자, 기소유예 처분(주3)을 받은 자는 이 제도에 적용되지 않는다. 앞의 두 가지를 제외한 이유는 가출옥자, 기소유예자는 모두 개전의 정이 현저하므로 보호관찰 처분에 의해 충분히 전향을 기대하고 그 목적을 달성할 수 있기 때문에 특별히 예방구금과 같은 강제수단을 쓸 필요가 없기 때문이다.

④ 재범의 우려가 현저할 것

본인이 장래 치안유지법에 해당하는 죄를 다시 범할 위험성이 있는 경우에 한해 예방구금에 부친다. 그리고 그 위험성은 현저할 것을 요한다. 장래의 범죄행위를 범할 우려, 이른바 위험성에는 크고 작음, 강약의 정도가 있을 것이다. 이 위험성은 변동하는 일도 있을 것이다. 그 위험성은 예방구금의 필요 여부를 결정할 당시에 존재할 것을 요하고, 또 이로써 충분하다고 간주한다 (주4). 그리고 그 위험성의 존재 여부, 정도를 인정하는 것은 재판소(주5)이다. 다음으로 이 위험성의 존재 여부를 인정함에 한 가지 기준이 있다. 즉, 위험성이 현저할 것을 조건으로 한다. 현저한지 아닌지 또한 재판소가 판단하는 것이다. 이러한 기준을 설정한 이유는 원래 예방구금제도의 실시가 인권에 영향을 미치는 바가 지대하다. 그러므로 이를 운용함에 있어 보호관찰제도를 고려에 넣고 보호관찰에 의해 사상전향을 기대할 수 있는 자, 또는 재범을 방치할 수 있는 가능성이 있는 자 등은 가능한 보호관찰제도를 이용해야 한다. 함부로 예방구금을 청구하고 혹은 예방구금에 부치는 결정을 하지 않도록 주의하는 한편, 보호관찰로는 도저히 개전을 기대할 수 없고 재범의 우려가 있는 자에 대해서는 단호한 조치를 취할 것을 요청한다. 이 경우 고려할 것은 대상자의 소년, 성년, 초범자, 부인, 노인, 내지인, 조선인의 여부, 개전의 정도, 개전의 전망이 있는가, 대상자의 심경, 개인적 사정, 나아가 사회정세 등을 종합하여 고려함으로써 예방구금에 부쳐지는 것이 합리적인가의 여부이다. 특히 이 법이 재판소의 재량 처분에 위임되고 있다는 점을 주의해야 한다.

(2) 예방구금의 방법

보호관찰의 방법으로 1)보호관찰소 보호사의 관찰에 부친다, 2)보호자, 예컨대 부모, 후견인, 고용주 등에 인도한다, 3)보호단체, 사원, 교회, 기타 적당한 자에게 위탁하는 방법이 있다. 예방구금은 제1의 목적이 위험성 있는 자를 사회에서 격리하는 데 있으므로 그 목적을 위해 특히 설치된 예방구금소(Institntion of Prevention Deten-tion)에 대상자를 수용한다(동법 제53조 제1항). 예방구금 대상자는 수인이 아니므로 감옥에 수용하는 것은 부당하다. 또 예방구금소에서의 대상자 처우는 감옥의 그것과는 구별되어야 한다. 상세한 것에 대해 조선에서는 '조선사상범예방구금규칙(선총독부령 제140호)'이 규정하고 있다. 즉, 수용자는 법령의 범위 내에서 자유롭게 타인과 접견하고 또는 서신(信書)과 기타 물건수수를 할 수 있다(치안유지법 제54조 제1항, 조선사상범예방구금규칙 제44조 및 제47조). 감옥법 제45조는 접견 허가를 친족으로 제한했다.

생각건대 예방구금의 목적은 구금자를 사회에서 격리하는 것이므로 그러한 의미에서 접견은 허락할 수 없지만, 예방구금은 다른 한편 구금자를 개과천선시켜야 한다(동 규칙 제37조 이하). 그리고 교화목적을 달성하기 위해서 적극적으로 접견하게 할 필요가 있다. 그러한 의미에서 접견의 자유를 인정하였다. 접견 횟수는 제한이 없다. 장소는 마련된 면회실이다(동 규칙 제45조 제1항). 수용자는 의류, 잡품, 음식물 및 일상필수품의 자기 부담이 허가된다(동 규칙 제52조 제1항). 감옥법 제32조는 자기부담을 인정하지 않는다. 관급(官給) 원칙을 채택하고 있는데 동 규칙은 자기부담을 채택했다. 이는 구금자의 독립독행의 정신을 함양시키는 의도에서 그러하다(주6). 또 구금자는 작업을 통해 훈련하는데, 원칙적으로 농업훈련이다(동 규칙 제38조 및 제42조 제1항). 이에 대해 장려금을 지급한다(동 규칙 제 43조). 생각건대 작업의 본질은 이를 윤리적으로 볼 때 사람이 취할 도덕적인 권리이다. 동시에 이를 취하는 것은 인류의 의무이다. 그러므로 구금자는 일을 함으로써 훈련되고 수양되어야 한다(주7). 작업을 시행하는 목적은 구금자에게 노동의 존엄(dignity of work), 자력독행(Self-reliance), 또는 타인에 대한 책임을 가르치는 것이며, 그 수단은 그들에게 보수를 줌으로써 분명히 할 수 있다(주8). 농업을 원칙으로 한 것은 일본국의 특수사정에 기인한 것이다. 그런데 구금자는 모두 반국가주의자이다. 따라서 교화는 그들에게 국체 관념을 명징한 것으로 만들어야 하고 이를 실천으로 옮기도록 해야 한다(동 규칙 제37조). 그 수단은 교양과 훈련을 통해서이다. 교양은 학술, 덕망이 있는 자의 강연을 듣도록 하고 유익한 도서를 읽게 한다(동 규칙 제39조 제1항). 훈련에 대해서는 이미 언급한 바와 같다.

구금자의 처우 방법은 누진제에 의해 세 계급으로 나뉜다(동 규칙 제26조). 제3급부터 순차적으로 진급한다(동 규칙 제27조 제1항). 제3급은 독거구금이고 정신적 개선에 주력하며 제2급은 사회적 개선에 중점을 두기 때문에 잡거구금을 허락하고 제1급은 자유사회에 들어가는 준비를 하도록 한다. 원래 독거구금은 누진제도의 전제로써 이를 이용하는 것이 근래의 일반 원칙이 되고 있다. 독거구금은 독방의 적막, 과거에 대한 통한과 후회, 장래에 대한 생각, 자기반성 등으로 구금자의 정신적 개선에 도움을 주고, 열등한 처우에서 벗어나고자 하는 노력으로 가장 유효하고 중요한 누진의 첫 단계로 생각되어 왔다(주9). 그렇지만 독거구금제도는 구금자의 교육과 훈련이라는 방면에서는 불편하다며 반대하는 주장이 있다(주10).

그렇지만 독거구금은 누진제도의 전제로 가치가 있다. 누진제도는 도구로써 구금자를 개선시키는 특징을 가진다. 독거구금에서 석방에 이르기까지의 배열이 점차 사회적 책임에 대한 인식을 향상시킬 수 있는 것을 조건으로 한다. 다시 말하면 고독한 생활에서 공동생활로의 추이 과정으로 정해져 있다. 그리하여 누진의 진행 과정에서 개성의 철저한 발견을 이루는 것이다. 그 개성의 발견을 위해 독거구금이 필요하다. 이러한 의미에서 누진제도와 관련한 독거구금은 개선 그 자체의 수단이 아니라 오히려 구금자의 숨길 수 없는 인격을 드러내는 수단으로 그 가치가 드러난다(주11). 예방구금법에 독거구금제도를 인정한 것은 다름 아닌 이러한 점에서이다.

진급은 사상 상태를 심사하고 이를 정한다(동 규칙 제27조 제2항). 제2급 이상은 잡거구금이 허락된다(동 규칙 제29조 제2항). 잡거구금은 구금자를 여러 종류의 조건에 기초해서 분류하고 특히 분류한 결과, 서로 공통점이 있는 자를 한 방에 구금하는 방법이 있다. 그리고 그 가치는 공동생활의 양성을 토대로 정해진다. 잡거구금에서는 대화가 금지되지 않는다. 현실적으로 사회교육을 목적으로 하는 공동생활에 대화 금지는 불합리하기 때문이다(주12).

(3) 예방구금의 기간

예방구금의 기간은 2년이다(동 법 제55조 제1항). 이 기간은 사상범의 종별에 관계없이 획일적이다. 형법 개정안은 상습누범자에 대해 부정기형(개정형법 가안(假案) 제91조 참조)을 인정했는데 외국의 입법 사례는 아직 부정기형을 인정하기에 이르지 않았다. 우선 이 기간을 2년으로 하고 갱신을 허용했다(동 규칙 제55조 제2항). 기간을 2년으로 한 까닭은 예방구금의 특징 및 일반범죄, 사상범죄의 재범 기간 등을 고려했기 때문이다. 또 갱신은 무제한으로 인정한다. 그렇지만 본인의 사상 추이 및 기타 객관적인 사정의 변화에 따라 행정청(예방구금소 소장)의 처분으로 앞의 기간 내라고 해도 수시로 본인을 구금소에서 퇴소시킬 수 있도록 하여 탄력적으로 하게 했다(동 법 제58조 제1항). 또 앞의 2년의 기간은 본인을 예방구금처분에 부치는 결정 확정일로부터 계산한다(동 법 제56조 제1항). 단, 구금되지 않는 일수, 또는 형의 집행을 위해 구금된 일수는 결정확정 후라도 앞의 2년의 기간에 산입되지 않는다(동 56조 제2항). 이처럼 이 법이 상대정기제를 채택한 이유는 예방구금이 비전향 사상범을 대상으로 하는 것이기 때문으로, 이상적인 형태로는 위의 기간을 절대부정기(絶對不定期)로 해 두고, 개전하여 사회적 위험이 없는 경우에 수시로 퇴소할 수 있는 제도로 해야 했다. 하지만 예방구금은 한편 개인의 자유의 중대한 구속이므로 이에 일정한 기간을 정해서 그 기간 내에 본인을 개과천선으로 인도하기 위해 모든 노력을 다해야 하며, 아울러 다른 한편으로는 기간을 절대부정기로 하면 수형자 또는 대상자가 불안과 공포의 심리를 품거나 자포자기할 우려가 있으므로 원칙적으로 예방구금 기간을 2년으로 정하고 그 기간에 전향을 촉진해도 전향을 받아들이지 않는 자에 대해 기간을 갱신할 수 있게 하는 것이 마땅하다고 인식했기 때문이다(주13).

(4) 예방구금의 기관
이 법에 의한 예방구금 기관은 예방구금소, 예방구금위원회가 있다.

① 예방구금소
예방구금소는 예방구금을 행하는 독립 관청이다. 조선에서는 조선총독부 예방구금소관제(칙령 166호)가 정하고 있다. 여기는 소장, 교도관, 교도관보, 서기 및 통역생이 있다(동 관제 제2호). 소장은 조선총독의 지휘를 받아 일체의 예방구금사무를 관리하고 부하직원을 지휘감독한다(동 관제 제3조 제1항). 따라서 소장은 예방구금소의 중심이고 대표자이다. 즉, 예방구금의 결정확정 이후에는 교도관을 지휘하여 실행의 적정을 도모하고 또 구금의 집행, 정지 및 퇴소, 기간의 갱신, 기타 일체 행정사무를 집행한다. 교도관 및 교도관보는 소장의 지휘를 받아 예방구금 실행의 임무를 담당한다(동 관제 제4, 5조). 즉, 소장을 보좌하는 한편, 대상자를 개과천선시키기 위해 조용히 그들과 접촉하고 항상 사상의 추이에 유의하며 그들을 훈육, 지도, 훈련하는 등의 교화의 사무를 맡는다.

소장 및 교도관은 앞에 언급한 중요한 지위에 있으므로 항상 안팎의 사상운동 방침, 공산주의 및 민족주의 운동 등에 유의하고 사상 정세의 추이에 따라 각각 적절한 예방구금상의 지도방침을 수립할 것을 요한다. 구금자의 사회적 지위, 사상침윤의 정도, 그리고 심경의 변화 등은 매우 제각각이므로 이들과 절충하는 일이 매우 힘들 것이다. 따라서 소장 및 교도관은 사상범 사무에 뛰어날 뿐 아니라 열의가 있는 판사 또는 검사가 중요 부분을 담당해야 한다.

② 예방구금위원회
예방구금위원회는 조선총독부 예방구금위원회 관제가 규정한다(칙령 167호). 동 위원회는 동 법 제40조 제3항, 동 법 제55조 제4항, 동 법 제58조 제2항, 동 법 제59조 제2항에 의해 의견 요구를 받는 경우 예방구금의 청구 여부, 구금 기간의 갱신 여부, 구금자의 퇴소 여부, 구금집행의 면제 여부에 대해 의견을 답신하는 기관이다. 따라서 보호관찰법의 보호관찰심사회와 같은 결정기관은 아니다(동 법 제11조 참조). 그리고 결정기관은 예방구금에 부치는 경우 및 예방구금 기간을 갱신하는 경우 지방재판소(조선에서는 지방법원합의부)이고, 퇴소 처분은 예방구금소 소장이며, 구금집행의 면제는 결정을 한 재판소의 검사 또는 본인의 현재 지역을 관할하는 지방재판소(조선에서는 지방법원)의 검사이다. 위의 네 가지 경우에 한해 예방구금위원회의 의견을 구하도록 한 것은 앞의 4개 사항 등이 모두 사람의 자유 제한에 관한 것이므로 특히 위원회의 참여를 희망한 것이다.

또한 예방구금제도를 운영함에 있어 예방구금소의 외부에 예방구금위원회를 둔 것에 대해 반대하는 이도 있을 것이다. 하지만 앞의 네 가지 사항은 앞서 언급한 바와 같이 인권과 중대한 관련이 있을 뿐 아니라 실질적인 견지에서 볼 때 예방구금의 필요 여부를 누가 가장 잘 감별할 수 있는가는 일률적으로 결정하기는 어렵지만, 일반적으로 볼 때 수사, 재판, 형행 등에 직접 관여한 판사, 검사, 형무소장, 보호사, 경찰관 등이 각각 대상자의 성격, 사상, 심경 등에 대해서 정확하고 신속하게 판단할 수 있다. 그러므로 예방구금에 관한 처분을 내릴 때 이들의 의견을 모으는 것은 인권 존중에 완벽을 기할 뿐 아니라 그 처분이 합리적으로 이루어질 수 있기 때문이다.

5. 예방구금에 관한 절차

예방구금에 관한 절차 및 구금 집행절차는 조선사상범예방구금규칙(조선총독부령 제140호)이 규정한다.

(1) 구금에 관한 절차

① 치안유지법의 죄를 범하고 형에 처해진 자, 그 집행을 마치고 석방되는 경우는 형무소장이 석방 전(적어도 1개월 전, 만약 1개월 전에 통지할 겨를이 없는 경우에는 앞의 사유 발생 직후에 한다. 앞의 법무국장 통첩 참조) 본인의 현 거주지를 관할하는 지방법원의 검사가 이를 통지한다.

보호관찰 중인 자가 다시 사상범죄를 범할 우려가 있을 경우, 보호관찰소장은 본인의 현 거주지, 또는 보호관찰소 소재지를 관할하는 지방법원의 검사에게 통지한다. 그리고 이 경우 검사 또는 재판소의 취조 편의상 되도록 본인의 현 거주지를 관할하는 지방법원의 검사에게 통지해야 한다.

② 검사는 앞의 통지를 받았을 때 또는 예방구금에 부쳐질 자가 있음을 인지했을 때, 본인의 경력, 처지, 성품, 심신의 상태, 사상 추이, 기타 필요사항을 조사한다(동 규칙 제2조 제1항). 검사는 필요에 따라 취조를 다른 검사 또는 사법경찰관에게 명령하거나 촉탁할 수 있다(동조 제2항). 동 규칙에 규정되지 않더라도 경우에 따라서는 원적(原籍)을 다른 데로 옮기는 것을 허가해야 한다. 취조 결과에 따라 예방구금을 해야 한다고 사료될 때에는 관계 서류 및 자료를 예방구금위원회에 송부하고 의견을 구한다(동 규칙 제3조).

③ 예방구금위원회는 서류 및 자료를 송부받았을 때, 신속하게 예방구금에 부치는 사유가 있는지 여부를 심의하고 의견을 첨부하여 이를 검사에게 환부한다(동 규칙 제5조). 위원회는 필요시 심의종결 전에 일정한 사항의 취조를 검사에게 다시 청구할 수 있다(동 규칙 제4조 제1항). 검사는 예방구금위원회의 답신에 기초하여 재판소에 예방구금의 청구를 한다(치안유지법 제39조). 이 청구는 서면으로 한다(동 규칙 제6조 제1항). 또 예방구금청구서에는 이유를 첨부하고 예방구금위원회의 의견서 및 기타 서류와 자료를 첨부한다(동 규칙 제6조 제2항).

④ 지방법원 합의부는 예방구금 청구가 있었을 때 예방구금에 부칠지를 결정한다(치안유지법 제44조 제1항). 재판소는 예방구금에 부치기 전에 일단 본인의 의견을 청취한다. 이 경우 본인의 출두를 명령할 수 있다. 하지만 본인이 진술에 응하지 않거나 도주했을 때는 그대로 결정한다(동 조 제2항). 형의 집행 종료 전에 예방구금 청구가 있는 경우는 형의 집행 종료 후라 하더라도 예방구금에 부치는 취지의 결정을 할 수 있다(동 조 제3항). 재판소는 사실 취조를 함에 있어 필요한 경우에는 참고인에게 출두를 명하여 사실의 진술 또는 감정(鑑定)을 하도록 할 수 있다. 또 때에 따라서는 공무소에 필요한 사항의 보고를 청구할 수 있다(동 법 제45조). 재판소는 본인의 진술을 청취했을 때 또는 참고인에게 사실의 진술 또는 감정을 하

도록 했을 때 조서를 작성한다(조선사상범예방구금규칙 제10조).

다음으로 재판소의 심리는 당사자 공개제도를 채택하고 일반공개를 금지했다. 입회가 허가되는 것은 검사, 보좌인으로 제한한다(치안유지법 제46조, 제47조 참조). 이들은 심리에 입회하여 의견 개진, 또는 참고자료를 제출할 수 있다(동 조). 외국의 입법 사례를 보면 공개주의를 채택하는 경우가 많다. 이 법이 이처럼 비공개주의를 채택한 것은 재판소가 비전향 사상범에게 성품, 사상 추이, 사상 상태 등을 진술하도록 하여 심리, 재판하는 것이므로 그들이 진술하는 내용이 안녕질서를 해하는 내용일 것이다. 따라서 이 재판을 공판정에서 행하는 것은 적절하지 않기 때문이다. 보좌인이 심리에 참여하도록 허락한 것은 예방구금이 인권에 중대한 제한을 가하기 때문이다. 그래서 심리에 신중을 기하고 암흑재판이라는 의심을 일소하고, 아울러 육친의 애정으로 본인의 개전을 촉구하는 기회를 만들기 위해 본인이 속한 집안의 호주, 배우자, 4촌 친족, 혹은 3촌 친족 등에 한해 재판소의 허가를 얻어 보좌인으로 심리에 입회하도록 허용했다. 또 변호사의 관여는 거부했다. 아마 예방구금의 심리 및 재판은 통상의 형사 절차의 그것과는 다르고 절차가 대체로 간소하며 난해한 법률문제가 생길 일이 없기 때문일 것이다(주15).

이 법에서 재판소는 강제권을 인정받는다. 즉 재판소는 다음의 경우에 본인을 구인할 수 있다(동 법 제46조).

Ⓐ 본인이 정한 주소가 없는 때.
Ⓑ 본인이 도망했을 때 또는 도망할 우려가 있을 때.
본인이 정당하지 않게 제44조 제1항의 출두명령에 응하지 않을 때.

이 경우, 구인장은 지방법원합의부(지방재판소) 재판장, 혹은 수명(受命)판사가 이를 발부한다(동 법 제50조 참조). 그리고 구인장의 집행은 형사소송법 구인장의 규정을 준용한다(동 법 제50조). 다음으로 재판소는 예방구금에 부치는 취지의 결정확정 전에 앞의 (a) 및 (b)의 사유가 있을 때 본인의 진술을 청취한 후 일시적으로 그를 예방구금소에 수용할 수 있다(동 법 제49조 제1항). 단, 불가피한 사유가 있을 경우, 이를 위해 감옥을 일시 대용할 수 있다(동 항). 이러한 가처분은 검사의 가처분과 마찬가지로 특별한 경우에 허용되는 것이므로 남용을 피해야 한다(동 법 제42조 제1항 참조).

재판소는 본인에 관한 각종 자료에 기초하여 심리한 결과, 예방구금에 부치는 것이 마땅하다고 판단했을 때 예방구금에 부치는 취지의 결정을 한다. 이 결정에 대해 본인과 보좌인은 즉시 항고(抗告)할 수 있다(동 법 제51조 제2항). 즉시항고에 대해서는 형사소송법 중 즉시항고의 규정을 준용한다(동 법 제52조). 따라서 항고재판소는 복심법원 형사부이다. 또 검사의 가수용 및 재판소의 가수용의 경우, 형사소송법 중 구류에 관한 규정을 준용한다(동 법 제50조 본문). 단, 보석 및 책부(責付)는 허락되지 않는다(동 조의 단서조항). 다음으로 예방구금에 부치지 않는 결정이 있었을 경우, 검사는 이에 대해 즉시항고를 할 수 있다(동 법 제51조 제1항). 이 즉시항고도 또한 앞과 마찬가지로 형사소송법 중 즉시항고의 규정을 준용한다(동 법 제52조).

(2) 예방구금의 집행절차

예방구금의 집행은 검사의 지휘에 따라 예방구금소장이 행한다(동 규칙 제13조 제1항).

① 검사의 조치

Ⓐ 구금 중인 자

재판소가 예방구금에 부치는 취지로 결정확정했을 때, 검사는 구금 중인 당사자에 관하여 신속하게 예방구금소장에게 집행을 지휘한다. 또 결정이 있을 경우 확정 전에 검사가 조건부 집행을 할 수 있다(동 조 제2항). 이 조건부 집행은 결정기간 내에 즉시항고가 있었을 경우에는 그 효력을 잃게 된다(동 규칙 제14조). 만약 본인이 감옥에 있을 때는 검사가 형무소장을 통해 집행을 지휘한다(동 규칙 제13조 제3항). 형무소는 신속하게 집행지휘에 관한 서류를 첨부하여 본인을 예방구금소로 이송한다(동 규칙 제15조 제1항). 본인이 현재 형 집행 중일 때는 그 집행 종료 후에 앞의 조치를 한다(동 조 제2항).

Ⓑ 비구금중인 자

구금을 받고 있지 아니한 자에 대해서 재판소가 예방구금에 부치는 취지로 결정확정했을 때, 검사는 신속하게 당사자를 검사국에 소환하여 집행에 관한 서류를 첨부하고 사법경찰관에 명하여 예방구금소로 이송시킨다(동 규칙 제16조 제1항). 본인을 체포영장에 의해 인치(引致)한 경우에도 또한 마찬가지다(동 조 제2항).

또, 본인에 관해 구금기간을 갱신하는 취지로 재판소가 결정확정했을 때, 검사는 앞과 마찬가지의 절차를 한다(동 규칙 제13조 제1항, 제16조 제1항).

또, 예방구금의 집행정지가 취소된 자, 또는 예방구금에 부쳐졌으나 도주한 자에 대해 예방구금의 잔여기간을 집행할 때, 검사는 신속하게 이를 검사국에 소환하여 집행에 관한 서류를 첨부하고 사법경찰관에 명하여 예방구금소로 호송시킨다. 또 이러한 자를 체포영장에 의해 인치한 경우에도 또한 동일한 절차를 행한다(동 규칙 제18조, 제16조 제1, 2항).

Ⓒ 또, 본인에 대해 예방구금의 집행을 하지 않은 것이 2년에 도달한 때에는 결정을 한 재판소의 검사, 또는 본인의 현 거주지를 관할하는 지방재판소의 검사가 그 구금의 집행을 면제할 경우, 본인의 경력, 처지, 성품, 심신의 상태, 사상의 추이, 기타 참고할 사항에 관한 조사서 및 자료를 예방구금위원회에 송부하고 그 의견을 구한다. 이 경우 동 위원회에서 지시사항에 관해 취조를 청구해 왔을 경우, 검사가 이에 따랐을 때는 그 취조에 관한 서류 및 자료를 다시 동 위원회에 송부하고 이에 따르지 않을 때는 신속하게 그 취지의 통지를 한다(동 규칙 제22조, 제20조, 제4조 참조). 검사는 또 이 경우 조선총독부에 품의(稟議)해야 한다(동 규칙 제22조 제21조).

Ⓓ 또한 검사는 예방구금에 부치는 자에 대해 예방구금소장이 형사소송법 제544조 혹은 제546조에 의해 예방구금 집행을 정지할 사유가 있다는 취지의 통지가 있을 경우, 전자의 사유가 있을 때는 심신상실이 완치되기까지 집행을 정지해야하고, 후자의 사유가 있을 때는 집행정지를 할 수 있다(주16).

② 예방구금소장의 조치

Ⓐ 예방구금소장은 예방구금에 부쳐진 자에 대해 다음의 사유가 있어서 그 집행을 정지하는 것이 마땅하다고 인정했을 때, 결정한 재판소의 검사, 또는 본인의 현 거주지를 관할하는 지방법원 검사에 대해 그 취지를 통지한다(동 규칙 제17조).

ⓐ 구금에 부쳐진 자가 심신상실의 상태에 있을 때(형사소송법 제544조).
ⓑ 구금에 부쳐진 자가 1)형 집행에 의해 현저히 건강을 해칠 때 또는 생명을 보전할 수 없을 때, 2)70세 이상이 될 때, 3)임신 후 150일 이상이 될 때, 4)분만 후 60일을 경과하지 않을 때, 5)형 집행에 의해 회복할 수 없는 불이익이 있을 때, 6)조부모 또는 부모가 70세 이상 또는 병환 중으로 부양할 자손이 없을 때, 7)기타 중대한 사유가 있을 때(동 법 제546조).
Ⓑ 예방구금소장은 구금에 부쳐진 자를 2년 기간 만료 전에 수용할 필요가 없다고 인정하고 퇴소시킬 때, 이에 관해 예방구금위원회의 의견을 구한 후, 조선총독에 품의해야 한다. 이 경우, 예방구금소장은 해당인의 경력, 처지, 성품, 심신의 상태, 사상의 추이, 기타 참고가 될 사항에 관한 조사서류 및 자료를 예방구금위원회에 송부한다(동 규칙 제20조). 동 위원회로부터 지시사항에 관해 취조를 청구해 온 경우, 예방구금소장이 이에 응한 때는 취조에 관한 서류 및 자료를 다시 동 위원회에 송부하고 이에 응하지 않을 때는 신속하게 그 취지를 통지한다(동 규칙 제20조 제2항, 제4조 참조). 그리고 예방구금소장은 퇴소처분을 한다(동 규칙 제19조, 동 법 제58조 제1항).

6. 기타

Ⓐ 예방구금자의 처우에 대해서는 조선사상범 예방구금규칙 제2장의 상세에 규정하는 바이고 앞에서 중요한 점은 언급했으므로 여기서는 생략한다.
Ⓑ 벌칙, 본법은 두 가지 벌칙을 두었다. 취지는 형법 제97조 및 제98조와 동일한다. 그렇지만 예방구금자는 확정판결에 의해 형 집행을 받고 또는 형사피고인으로 구류 상태에 의해 구금되는 자가 아니다. 따라서 형법 제97조에 해당되지 않는다. 동 법 제98조에 대해 일부 본법과 중복되는 점이 있지만 예방구금에 관계가 있는 이러한 종류의 행위에 관해서는 일률적으로 본법에 의거한다. 무엇보다 개정형법 가안 제216조 및 동 제217조가 시행되면 특히 본법에서 벌칙을 둘 필요가 없다고 보지만 이는 별도의 문제이다.

(1) 단순도주죄(제61조)

본법 제3장의 규정에 의해 예방구금소 또는 감옥에 수용된 자 또는 구인장 또는 체포영장이 집행된 자가 도주하는 것으로 성립한다. 도주란 지배를 벗어나는 것을 말한다(주17). 그리고 지배를 벗어났을 때 기수(既遂) 즉, 범죄요건이 충족된다(주18). 구금소 또는 감옥의 외벽을 벗어났지만 추적을 받고 곧바로 체포된 경우에는 미수(未遂)이다. 그러나 추적해도 이미 체포될 가망이 없을 때 비로소 기수가 된다(주19).

천재지변으로 풀려난 구금자는 예방구금소 또는 경찰이 출두할 것을 요구하고 24시간 내에 출두하지 않을 때는 해당 조항에 의해 처벌한다(제60조 참조). 이 경우는 일종의 부작위범(不作爲犯)이다.

처분은 1년 이하의 징역이다.

(2) 가중적 도주죄(제62조)

이 조항은 수용설비 또는 기구를 파손하고 폭행 또는 협박을 행하거나, 또는 2인 이상 공모하여 도주하는 것으로 성립한다.

처분은 3개월 이상 5년 이하의 징역이다. 또 제62조의 미수죄는 벌한다(제63조).

Ⓒ 군인 및 군속의 제외

이 법은 육군형법 제8조, 제9조, 해군형법 제8조, 제9조에 열거하는 자에는 이를 적용하지 않는다. 그 이유는 특히 설명할 필요 없을 것이다.

Ⓓ 본법의 소급효(遡及效)

본법 부칙 제4항이 규정하는 바이다. 소급효를 인정한 이유는 이미 언급한 바와 같이 1928년 이후 치안유지법 위반 사건에 의해 처벌되고 현재 재감 중인 자 또는 보호관찰에 부쳐진 자는 내외지를 통틀어 상당한 숫자에 이른다. 그리고 이들에 대한 취급은 사상범 대책으로 매우 중요하기 때문이다.

Ⓔ 이 제도와 사법권의 독립

예방구금이 보안처분의 일종에 속함은 이미 언급한 바와 같다. 그렇다면 이는 헌법상 협의의 사법권에 속하지 않는다. 그렇지만 재판소가 행하는 작용이므로 광의의 사법권에 속한다.

재판소의 행위인 이상 협의의 사법권이든 광의의 사법권이든 불문하고, 사법권 독립의 원칙을 적용받는다. 이러한 범위의 사법권 독립은 법규범이 명하는 바이고, 이를 사실의 영역에서 구하는 것 또한 긍정해 온 바이다. 따라서 재판소는 어떤 사람을 예방구금에 부칠지 말지에 대해, 또는 예방구금 기간을 갱신할 것인지 여부에 대해 외부 세력의 실력 지배를 받거나 어떤 이의 지휘명령을 받아서는 안 될 것이다.

맺음말

중일전쟁 발발 이후 일본에서의 범죄는 일반적인 관찰에 의하면 감소 경향을 보이고 있다. 이는 전시와 범죄의 관계를 검토할 때 나타나는 공통적인 현상이라고 할 수 있는데, 제1차세계대전 당시 각국의 범죄통계가 분명하게 나타내준다. 그러나 전쟁이 장기화하는 경우에는 전쟁 말기 및 종료 직후에는 범죄가 격증하는 것 또한 세계적 공통 현상이라 할 수 있다. 이러한 사실은 특히 독일과 오스트리아에서 현저하게 나타났다(주20).

이번 중일전쟁 또한 예외일 수는 없다. 그렇다면 이에 대비하지 않으면 안 된다. 논의할 필요도 없이 근대전쟁이 무력전임과 동시에 사상전이며 국력의 총합과의 전쟁이라는 점에 있어 국내 사상의 건실한 지도는 현 시국에서 매우 중요한 국책이 되어야 한다. 그리고 성전 5년째인 작금에 탄생한 예방구금제도는 이미 말한 바와 같이 사상범에 대한 형사법 영역에서 지극히 흥미로운 과제를 제공해 준다. 그 성과에 관해서는 앞으로 기대해야 할 것이다. 이제 이 법에 관한 두세 가지를 언급하고자 한다.

먼저 부정기형에 대해서이다. 이 법이 이를 채택하지 않은 것은 이미 밝힌 바와 같다. 원래 부정기형(Indeterminate sentence)은 아메리카의 여러 주가 채택한 바 있다. 그것의 정신은 응보형의 폐해를 피하면서 사회방위의 목적을 달성하기 위해 재판에서 형기를 정하지 않고 구금을 명함으로써 오로지 개선의 시기를 가지고 방면을 행하는 데 있다. 그렇다면 그 목표는 범인 개선과 폐해 배제에 의한 사회방위라는 두 가지 효과의 결합이다. 예방구금은 비전향 사상범에 대한 제도이다. 구금처분에 부칠 당시, 특징상 정지된 시기의 측정할 수 없는 위험상태에 대응하기 위한 투쟁을 목적으로 한다. 그러므로 한편으로는 처분자의 개선을 달성하고 다른 한편으로는 사회적 격리를 확보함으로써 사회방위를 완수하기 위해서 이러한 위험상태가 존속하는 한 구금을 계속하는 것이 목적에 부합한다는 입장에서 요청하게 되는 것이다. 그렇다면 예방구금이 부정기제가 아니면 그 합리성을 인정할 수 없을 것이다. 나아가 퇴소 및 기간 갱신이 인정되는 것은 상대정기제가 사회방위를 위해 결함이 있음을 인정한 것이라고 할 수 있다.

우리들은 형벌과 예방구금 간의 차이를 부정한 바 있다. 전자는 형(刑)이고 후자는 행정처분이라는 논의는 쓸데없는 개념논쟁에 불과하고 양자 사이에 실질적인 차이를 인정할 수 없다고 언급했다. 그렇다면 양자의 결합은 결국 격리와 개선이라는 영역을 확대한 것이 된다. 그리하여 이는 부정기형의 채택으로 나아가야 한다(주21). 형사정책은 범죄방지 및 범죄투쟁의 견지에서 법률의 불합리를 발견했을 때 가차 없이 이를 비판하고 개정하도록 노력해야 한다.

다음은 퇴소에 대해서이다. 이 법에서는 가석방에 해당하는 퇴소제도를 인정한다. 그리고 이는 누진제와 연결되어 있다. 퇴소 및 누진은 예방구금소장이 장악하고 있다. 본인에게 퇴소 및 누진의 신청이 허락되지 않는다. 퇴소 및 누진 제도를 인정하는 이상, 이 제도의 근간에 있는 본인의 향상심 및 향상의 양식이 되는 권리는 어떤 경우에도 부정할 수 없다. 본인이 자기 운명을 스스로 개척해야 한다고 의식함으로써 끊임없이 새로운 정신력으로 good conduct를 위해 노력하는 것이다. 퇴소제도 및 누진제도를 인정함에도 불구하고 이러한 권리를 부인하는 것은, 해당 제도를 외형적으로 인정한 것에 지나지 않는 것은 아닌가. Garraud가 "가석방은 수인의 손에 감방 열쇠를 쥐어주는 것"이라고 했는데, 마찬가지로 구금자의 손에 예방구금소 열쇠를 주어야 한다고 생각한다. 위험한 시기에는 사회와 격리시키되, 개선자는 신속하게 사회로 보낸다. 개선한 자는 스스로 사회에 나간다. 이것이 형행의 이념이 되어야 한다. 이러한 의미에서 이 법은 누진과 퇴소에 관해 본인의 신청권을 인정해야 했다(주22).

다음은 퇴소처분의 결정권자에 대해서이다. 구금자를 퇴소시킬 때 그 권한을 예방구금소장에게 줄 것인가, 또는 예방구금위원회에 줄 것인가는 논의의 여지가 있다. 보호관찰법에서는 보호관찰심사회가 그 가부를 결정한다고 이미 언급하였다(동 법 제1조 참조). 그런데 이 법에서는 예방구금소장의 처분에 위임했다(치안유지법 제58조 제1항, 조선사상범예방구금규칙 제19조). 생각건대 구금자의 개성 및 기타 행형 성적의 심사에 관해서는 가능한 여러 지식을 동원할 필요가 있지만 행형이 사람과 사람과의 문제로 예방구금소장에게 맡겨진 이상 예방구금소장을 마지막 결정권자로 남기지 않는다면 행형은 정신적인 것이 되지 않고 기계적인 것으로 될 것이다. 이러한 의미에서 이 법의 규정은 인정할 만한다.

예방구금의 운용을 완수하려면 판사 및 예방구금위원회의 각 위원이 예방구금제도 및 형사정책 일반을 이해해 주기를 바란다. 나아가 예방구금소의 직원들 모두가 덕망 있고 수양을 쌓은 학식과 경험이 풍부한 사람이기를 바란다. 행형관리는 그저 구금자가 구금소를 부수고 도망하지 않도록 감시하는 것만이 그 역할이라고 생각해서는 안 된다. 국가사회에 저항하는 자를 덕망과 학식, 경험으로 감화시키고 개과천선시킬 교사이자 인도자여야 한다. 그러한 마음가짐으로 대상자를 접할 때, 자기수양에 의한 무언의 감화력이 필시 상대방의 마음에 맑고 새로운 기운을 불어넣어 개전시킬 것임에 틀림없다. 그러기 위해 행형관리는

좀 더 여유 있는 수양의 시간을 가질 수 있도록 해야 한다. 또 처우도 더욱 개선되어야 한다. 사상범의 재범 증가를 예방구금으로 막을 수 있는지 여부는 제도 자체와 함께 그 운영을 담당하는 행형관리가 그 사람을 얻을 수 있는가에 달려 있다고 생각한다.

예방구금제도에 대해서는 보다 연구해야 할 점이 있지만 향후의 과제로 삼고자 한다.

[1941년 4월 8일, 초하(初夏)의 소리를 들으며]

(주1) 일반적으로 사상범은 치안유지법 위반 행위와 같이 국체 변혁, 사유재산제도의 부인, 민족독립운동 등의 죄, 그리고 앞서 서술한 국가조직에 대해 엄연히 지지하나 현재 행하는 법률제도, 사회제도 및 제반 정부기구에 불만을 품고 이를 개혁하는 것이 바람직하다고 확신하고 비합법 행위에 나서는 것과 같은 범죄의 동기, 원인이 사상적 종교적 정치적 신념에 기초한 범죄를 총칭한다[마사키 아키라(正木亮), 『刑事政策汎論』, 94쪽]. 또 사법대신 오야마(小山) 박사는 1932년 6월 사법관 회동에서 "대체로 사상은 일방에 편향되고 중정(中正)을 결함에 이르면 과격하고 위험해지므로 과격한 사상에 기초하는 흉포한 행위를 철두철미 허용해서는 안 된다는 것은 동기의 배경을 이루는 사상이 좌익이든 우익이든 전혀 경중이 없습니다" 하고 훈시하고 우익범죄 또한 사상범죄임을 설명하였다.

(주2) 오노 세이치로(小野清一郎), 『刑法講義』, 315쪽. 미야모토 히데나가(宮本英脩), 『刑法大綱』, 480쪽.

(주3) 소추를 필요로 하지 않으므로 공소를 제기하지 않는 경우란, 본인의 성격, 연령, 경우 및 범죄의 정상(情狀), 범죄 후 정황에 의해 소추가 필요 없어 공소를 제기하지 않는 경우이다.(형사소송법 2제79조)

(주4) 영국의 예방구금(Prevention of Act, 1908)의 경우, 범죄적 생활상태가 피고인의 마지막 체포일까지 지속될 것, 그리고 피고인이 마지막 석방 이후 생업에 종사하고 있다면 상습범이라고 판단할 수 없다고 한다. 일본의 법보다 구체적으로 조건을 규정하고 있다. 이 점은 이미 언급하였다. 다무라 유타카(田村豊), 『英國刑事裁判の研究』, 315쪽 참조.

(주5) 재판소는 내지의 경우는 지방재판소, 조선의 경우는 지방법원 합의부를 가리킨다.(치안유지법 제65조 제1항)

(주6) 마사키 아키라(正木亮), 『刑行法』(『新法學全集』 제23권), 53쪽.

(주7) 마키노 에이치(牧野 英一)·마사키 아키라(正木亮), 「序文」, 『刑行上の諸問題』, 4쪽 이하 참조.

(주8) 마사키 아키라(正木亮), 앞의 책, 148쪽. 영국의 범죄예방법(Prevention of Crime act, 1908)에 의하면 수용자는 일정한 업무에 종사하고 이에 따라 임금을 받아 가족의 생활비로 제공하며, 매점(Canteen)에서 음식물 구매하는 것이 허락된다(G.G. Alexander, ibid. p.191).

(주9) 마사키 아키라(正木亮), 『新監獄學』, 55쪽.

(주10) 소비에트 노동개선법은 수인에 대한 작업과 훈련의 방면에서 고찰한 결과 독방제도를 부정했다. 즉, 1933년 신노동개선법 제26조 제108조에 의해 동 국의 누진제도에서는 종래와 같이 독거기간이라는 형태를 볼 수 없게 되었다. 노동개선법 제26조(생략). 동 제108조(생략). 고케 요시오(江家義男) 역, 『ソビエット刑法 刑事訴訟法 改善勞動法』, 早稻田法學 別冊 제5권.

(주11) 마사키 아키라(正木亮), 앞의 책, 247쪽.

(주12) 감옥법 시행규칙 제36조는 대화를 엄금한다. 또 영국에서도 누진제에 의해 세 가지 계급과 하나의 징벌급으로 된 계급의 상승 조건은 기간 경과와 선행 및 근면이다.

(주13) 오타 다이조(太田耐造), 앞의 책, 19쪽. 참조.

(주14) 영국에서는 가석방 권한이 내무대신에게 있다. Board Visitors 등으로 구성하는 Advisory Committee의 의견에 따라 Prison commissioners가 제출하는 보고서에 기초하여 결정한다는 점은 앞서 설명한 바와 같다.

(주15) 오타 다이조(太田耐造), 앞의 잡지, 19쪽 참조.

(주16) 형사소송법 제546조는 검사의 재량처분이다.

(주17) 오노 세이치로(小野清一郎), 『刑法講義』, 337쪽.

(주18) 오노 세이치로(小野清一郎), 앞의 책, 337쪽.

(주19) 미야모토 히데나가(宮本英脩), 『刑法大綱』, 498쪽.

(주20) 「戰爭と犯罪」, 『司法資料』 제267호, 15쪽 이하 참조.
소에지마 지로(副島次郎), 『司法研究報告書』 제28집, 18쪽 참조.
모토지 신쿠마(泉二新熊), 『刑事學研究』, 87쪽 이하 참조.

(주21) 기무라 가메지(木村龜二), 앞의 책, 309쪽.

(주22) 마사키 아키라(正木亮), 『新監獄學』, 266쪽.

IV

'전향' 유도 및
'사상범' 보호관찰제도의 운용

해제

제4장에서는 이 시기 사상탄압의 현저한 특징인 이른바 '전향' 정책과 그 연장선상에서 이루어진 사상범 관찰제도의 운용과 관련된 사법당국 측의 자료로 구성했다.

먼저 1935년 9월에 발간한 《사상휘보》 제4호의 〈전향자에 대한 처우에 대하여〉를 주목했다. 먼저 전향자 처우에 대한 본격적 논의가 필요한 이유는 역시 사노 마나부(佐野學), 나베야마 사다치카(鍋山貞親)의 사상전향성명서 발표를 꼽았다. 그리하여 진정한 전향인지 위장인지의 문제, 그 정도에 따라 처우를 결정해야 한다는 것을 지적한다. 그 예로 동덕여자고등보통학교 교사 이관술(李觀述)이 위장 전향했던 사례를 들었다. 전향의 진위를 파악하기 위해 지속적인 사상관찰이 필요하다는 것이다. 그를 위해 전향 동기에 대한 조사, 사상범의 도별 조사 등 전향자에 대한 추적 조사도 수행했음을 알 수 있다.

〈치안유지법 위반 전향자 및 전향자 중 우익단체에 가입한 자 및 다시 공산운동에 종사하고 있는 자에 대한 조사〉(《사상휘보》 제4호, 1935.9)는 1934년에 전향자 473명 중 다시 좌익운동에 종사한 이가 28명이라는 조사표이다. 또한 치안유지법 위반 기결수로서 비전향자(《사상휘보》 제11호, 1937.6)는 1937년에 77명, 1938년에 49명, 1939년에 32명에 달했다.

이러한 상황에서 사상범 보호관찰제도를 정비하여 위장 전향을 단속하고 계속적인 사상감시 시스템을 구축해 나가는 과정에 대한 자료를 수록했다. 이 제도의 핵심은 일본에 고유한 효와 충을 일체화한 천황제사상으로 사상범을 '선도(善導)'하는 것이었다.

일본의 소년법 제도와 사상범보호관찰소 사업을 지도한 미야기 초고로(宮城長五郎)는 〈사상범보호관찰법의 실시에 즈음하여 보호사업 보편화를 희망함〉[1]에서 고대일본의 천황 전설, 신사를 신성시하는 태도 등을 드러내는 한편, 메이지일왕의 '인(仁)'이라는 단가(短歌)를 인용하여 '자비로움'을 최고의 덕목으로 해야 한다고 강조한다. 사상범 보호관찰제도의

---

1 宮城長五郎, 1936, 〈思想犯保護觀察法の實施に際し保護事業の普遍化を望む〉, 《保護時報》 20권 12호.

사명을 보면 "원래 만민일가, 동포 해화(諧和)는 3천 년 일본 역사를 관통하는 사실이자, 수천만 동포 중 한 사람이라도 불행에 빠진 자가 있다면 이를 구할 방법을 생각하고, 한 사람이라도 오염에 물든 자가 있다면 그를 정결하게 만들기를 바라고, 일치 협력하여 이 국토를 정화하고 서로 이끌고 서로 도와 국민생활의 번영을 바라는 것은 역사적으로 배양된 국민적 성정이다. 사상범 보호관찰제도는 이 역사적 사실을 기초로 하고 이 국민적 성정을 정신으로 한다. 잘못하여 비난받아 마땅한 죄를 범한 자라도 관계를 끊지 않고 본연의 길로 돌아오게 하려고 지도하고 (중략) 그 갱생을 위해서 원조의 손을 내밀어 마침내 서로 손잡고 충군보국의 길에 오르는 것은 정말로 인의(仁義)가 하나가 된 일본정신의 발로임에 틀림없다"[2]고 하였다. 이러한 의도는 전향정책에 그대로 반영된 것으로 보인다. 그 이유는 제2장에 전향한 조선 지식인들이 쓴 글과 제5장에서 소개된 조선 지식인의 전향서에 그러한 영향이 강하게 나타나기 때문이다. 미야기 초고로는 "사상범보호관찰법은 보호사업 국영화(國營化)의 시작"이라고 평가했다. 사상범보호관찰법이 시행되면서 곧바로 일본과 조선 전국에 보호관찰소가 설치된다. 그 운용방식에 대한 자료로 나가노 보호관찰소에서 기술한 『사상범보호개요』(1938)를 번역하여 실었다.

조선에서의 실시 실태에 대한 자료로는 마스나가 쇼이치(增永正一) 법무국장의 〈조선에서의 사상범 보호관찰제도의 실시에 관하여(朝鮮に於ける思想犯保護觀察制度の實施について)〉(《사법협회잡지》 16권 1호, 1937)를 번역하였다. 이 자료에 의하면

> 1928년부터 1935년까지 치안유지법 위반 사건으로 검거된 자가 16,000명을 돌파했다. 그 중 기소유예 처분, 형 집행유예의 언도, 형 집행 종료, 형 집행 중 가출옥은 6,400명이라는 다

---

2 長野保護觀察所, 1938.6, 『思想犯保護槪要』, 일본국회도서관 소장.

수를 차지한다. 따라서 이들의 심리는 매우 각양각색이어서 그중에는 완전히 전향한 사람이 있는가 하면 전향 의사를 표명했지만 의지가 견고하지 않은 경우, 태도가 애매해서 전향 의사의 진위 여부를 판단할 수 없는 경우, 여전히 불령사상을 버리지 않고 열렬한 투쟁의지를 표명하는 경우 등이 있기 때문에 비전향자는 당연히 재범 위험성이 있고 그 밖의 경우도 이대로 방치한다면 환경과 사회정세에 좌지우지되어 재범을 저지를 우려가 충분하다.

고 지적하고 "사상범 중 전향자에 대해 전향을 확보하고 비전향자 및 준전향자에 대해 사상 전향을 지도, 촉진"하여 "완전한 국민적 자각", 즉 국체명징과 국민정신 강화를 통한 국운 융성을 이룩해야 한다는 것이다. 보호관찰 대상은 어디까지나 치안유지법 위반자이다. 요컨대 사상범을 대상으로 보호관찰을 실시하고, 이를 위해 보호관찰소를 운영한다. 결국 형을 마치고 출소한 후에도 계속적으로 사상 감시 대상이 되는 것을 의미한다. 보호관찰기간은 2년이지만 보호관찰심사회를 거쳐 다시 갱신할 수 있다. 이를 위해 전 조선에 7개소(경성, 평양, 대구, 신의주, 청진, 함흥, 광주)의 보호관찰소를 설치하여 운영했다. 일제 사법당국은 이 사상범 보호관찰법 실시에 대한 국내 여론 동향을 주목하고 이에 비판적인 《조선일보》의 기사 2편을 《사상휘보》 9호(1936.12)에 실어 관계자들이 정보를 공유하도록 하였다.

한편 이 제도에 대한 관계자 각각의 견해를 피력한 글을 소개했다. 먼저 전향자이며 제국갱신회에서 활동하는 고바야시 모리토(小林杜人)는 "완전 전향자에게는 감시제도를 없애고 특고경찰이 보호에 협력하고, 비전향자에 대해서는 특고기관과의 협력이 필요"하다는 의견을 피력했다. 제국갱신회 이사 후지이 에쇼(藤井惠照)는 〈사상범보호관찰법에 대한 약간의 고찰〉[《보호시보(保護時報)》 20권 7호, 1936]에서 실무자의 입장을 개진했다. 보호관찰심사회가 보호관찰소 입소와 출소를 결정하는데 과연 전향자의 갖가지 다양한 사례에 대처하기에 보호관찰심사회는 한계가 있다는 지적이다. 나스 노부미치(那須信道)의 〈사상범 처우와 보호

단체에 대한 요망〈思想犯の処遇と保護団体への要望〉〉《보호시보(保護時報)》20권 12호, 1936]에서는 수형자들이 감옥에서 '행형누진처우령'에 따라 행실, 활동, 사상 등을 평가받아 누진점수를 획득하는 제도가 존재한다고 설명한다. 이 제도는 비전향자에게 지나치게 엄격하게 적용되어 오히려 역효과를 초래한다고 지적했다. 또한 전향의 첫 번째 동기는 가족애라고 강조하며, 사상범에게도 접견이나 서신 교환과 같은 가족과의 소통 기회를 더 많이 제공할 필요가 있다고 하였다. 보호사가 사상범에게 '범(犯)'이라고 부르는 것도 주의해야 한다고 충고한다. 전향자들이 일본정신을 깨닫고 생활 안정을 도모할 수 있도록 방향지우는 것이 보호관찰에서 중요한 점이라고 지적하고 있다.

다음으로는 보호관찰소의 대표적인 기관인 대화숙과 관련된 자료를 모았다. 대화숙은 시국대응전선사상보국연맹(時局對應全鮮思想保國聯盟)을 개조하여 발족한 내선일체 사상교화 교육시설이다. 다카하라 가쓰미(高原克己)의 〈대화숙의 설립과 그 활동〉에는 이 단체의 목적이 "국민 총력, 총기립(總立)의 시국에 눈을 떠 국민적 자각을 회복한 반도의, 지금까지 반(反)국가 사상을 품어온 자가 심기일전한 사상보국, 내선일체의 실천 단체"로서 반도의 모든 사상 사건 관계자를 보호, 교화하고 국가가 총력을 발휘하도록 하여 "신도(臣道)를 실천하는 국민 전사를 육성"하는 것이라고 하였다.[3] 이 글에 의하면 조선 전체에 대화숙이 운영하는 국어(일본어)강습소는 경성대화숙 12개소 2,094명, 함흥대화숙 2개소 140명, 청진대화숙 1개소 160명, 평양대화숙 2개소 254명, 신의주대화숙 7개소 1,172명, 대구대화숙 1개소 100명, 광주대화숙 3개소 250명으로, 합계는 전국에 28개소 4,170명이라고 한다. 또한 1941년 8월 20일 현재 본 강습회를 수료한 사람이 2천여 명에 달한다고 하였다. 경성대화숙의 경우, 1941년 두 차례 각 30명씩 1개월간 수련 프로그램을 운영했는데,

---

3 다카하라 가쓰미(高原克己), 1941.10, 〈大和塾の設立とその活動〉, 《朝鮮》 317호.

처음에는 다분히 불안한 마음으로 입숙한 이들도 엄격한 규율 속에 넘쳐흐르는 큰 사랑을 느끼고 모든 아집을 떠난 대화숙의 생활 속에 이루 다 맛볼 수 없는 묘미를 감득하여 훈련의 효과가 나날이 나타나 언제부터인지 새벽에 일어나 몰래 변소 청소를 하는 자가 나타나더니 그것이 두 사람이 되고 세 사람이 되고 결국에는 각 반이 경쟁적으로 이에 열심히 힘쓰게 되었고, 도장 입구 복도에 벗어 놓은 슬리퍼는 보기에도 기분 좋을 정도로 가지런해졌다. 이러한 행위를 통해 이들로 하여금 일본정신은 이론이 아니라 실천을 통해서만 체득할 수 있다는 신념이며, 진정한 내선일체는 반도인이 천황폐하의 적자로서 기꺼이 죽겠다는 철저한 신념을 가질 때 이루어지는 것이라고 외치게 만들었고, 그 결과 그 신념이나 태도에서 입숙 전과 사뭇 다른 모습을 보게 되었다.

고 전하며 수련회의 효과를 극찬하고 있다.

경성지방법원 검사 스기모토 가쿠이치(杉本覺一)의 〈사상전향에 대한 일 고찰〉(《조선사법보호》제2권 12호, 1942)은 예방구금제도가 시행된 후의 글인데 전향, 준전향, 비전향을 나누는 기준을 잘 관리하도록 주의를 요하고 있다.

끝으로 소개한 자료는 마스나가 쇼이치 고등법원 검사장의 1940년 10월 훈시이다. 이 자료는 공산주의 사상이나 민족주의 사상에 의한 독립운동가들의 전향 문제뿐 아니라 다른 한편으로는 종교단체의 불경죄와 불온언동 단속에 힘써 주길 바라는 내용이다. 일제의 입장에서 본다면, 그야말로 조선에서의 사상단속이 '첩첩산중'으로 느껴졌을 자료이다. 이와 관련한 사건들은 자료집의 제6장 판결문에서 소개하고 있다.

윤소영

1. 전향 정책의 운용

〈자료 89〉 동우회의 진상

[〈同友會の眞相〉,《思想彙報》제12호, 朝鮮總督府 高等法院 檢事局 思想部, 1937.9. 46~73쪽]

경성부 청운정(淸雲町) 108번지에 소재하는 동우회는 지금껏 수양단체로 여겨져 왔지만 이 단체가 북미 로스앤젤레스에 본거지를 둔 흥사단과 이름만 다른 동일 단체이고, 표면적으로는 수양단체를 가장하여 교묘하게 당국의 단속을 피하고 내부적으로는 조선독립을 목적으로 집요하게 운동을 지속해 왔음이 이번에 밝혀졌다. 이들의 운동은 상해임시정부와 다른 민족주의 단체와 같이 급진적이지는 않지만 조선독립을 열망하는 동지들을 모아 갖은 방법을 동원한 실력 양성과 영구적인 사업으로 활동을 이어 왔고 현재 국내외를 통틀어 회원 6백 명이 넘는다고 한다.

근래 조선과 일본에서의 공산주의 운동 침체와 중일전쟁의 악화로 인해 이러한 민족주의 운동은 앞으로 더욱 증가하고 노골적으로 될 우려가 적지 않다. 단속과 사찰에 엄중한 주의를 기울여야 할 것이다. 동우회의 연혁과 기타 사항에 관해 밝혀진 내용은 다음과 같다.

1. 흥사단

이 단체는 동우회의 모체로 1912년(大正 1)(혹은 1914년이라고도 함) 북미 샌프란시스코에서 평안도 출신 안창호(安昌浩), 경기도 출신 하상옥(河相玉), 충청도 출신 홍언(洪焉), 전라도 출신 정원도(鄭源道), 강원도 출신 염만석(廉萬石), 함경도 출신 김종림(金鐘林), 황해도 출신 문영운(文英雲), 경상도 출신 송종익(宋鐘翊) 등의 민족주의자가 조직하여 1914년 본부를 북미 로스앤젤레스에 두었다. 1921년(혹은 1922년 봄이라고도 함) 중국 상해에 요동(遼東)위원부를 설치하고 프랑스 조계 하비로(霞飛路) 1270호에 사무소를 두었다. 단체의 목적은 조직자인 안창호가 1929년 2월 흥사단의 지도방침을 발표한 '미국에 거주하는 동지 여러분에게'라는 제목의 다음 문서에 잘 나타나 있다. 즉, 조선독립을 목표로 이를 실현하기 위해 혁명투사의 양성과 훈련을 목적으로 한다. 단체의 약법(約法) 제2조 중 '우리 민족의 앞날을 위한 대업의 기초를 준비한다'는 것은 조선민족독립의 대업을 위한 기초를 준비한다는 뜻이라고 안창호가 직접 취조관에게 분명하게 자백했다.

- 미국에 거주하는 동지 여러분에게

여러분에게 저의 의견을 진술하려고 한 것은 이전부터였으나, 구체적이고 원만하게 기술하여 송부하려다 보니 늦어졌습니다. 저는 지금 필리핀에 재류하고 있는 동포들에게 초청을 받아 내일 정오에 출발하기 때문에 바쁘고 정신이 없는 탓에 의견을 구체적으로 상세히 써 보내지 못하고 간단하게 대략적으로 표하니 자세히 살펴본 뒤 만약 이해할 수 없는 점이 있거든 물어 주십시오.

우리 흥사단은 건전한 인격과 신성한 단결을 이룩하는 것에 목표를 두고 여러 동지들이 맹약(盟約)하여 성립하였습니다. 왜 우리들은 이와 같은 목표 아래 굳게 맹약하고 모였을까요.

오로지 우리 한국의 혁명의 원기(元氣)를 알차게 하여 역량을 증진시키기 위해서입니다. 그러기에 우리 흥사단은 평범한 수양주의로 성립된 수양단체가 아니라 한국의 혁명을 중심으로 투사(鬪士)의 자격을 양성하고자 하는 혁명 훈련 단체인 것입니다. 최초로 맹약하여 발기(發起)한 동지들이 품고 있던 정신과 의견을 헤아리고 그 후 가입한 일반 동지의 뜻을 헤아려 보자면, 한국이 이민족에게 침탈되어 2천만 동포가 압박을 받고 있는 것을 뼈아프게 원망하며 조국을 광복하고자 하는 의미에서 시작했던 것입니다. 우리들의 정신과 마음이 이렇게 문자에 나타난 것을 보더라도 첫째 목적에 우리 민족의 전도대업(前途大業)의 기초를 준비한다고 쓰여 있으므로 그 전도대업은 다름 아닌 구국광복(救國光復)하는 혁명의 대업인 것입니다. 또한 흥사단 단가(團歌)[4]를

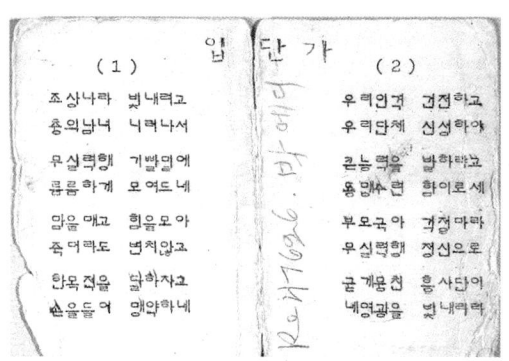

<그림 11> 독립기념관 소장 <흥사단 입단가>

---

[4] 일본어 원문에서 '흥사단 단가'로 소개되고 있는데, 가사의 내용상 독립기념관 소장 <흥사단 입단가>와 같은 가사인 것이 확인되어 이 가사를 참고하여 번역함.

보면 "조상 나라 빛내려고", "한 목적을 달하자고", "부모국아 걱정마라", "네 영광을 빛내리라"라고 하였습니다. 또는 서약에 "나는 동지와 더불어 위태로울 때 함께 조국을 구제하는 데 노력하겠습니다"라고 되어 있으므로, 우리들의 가장 주된 목적에 우리들이 엄중히 여기는 서약에, 날마다 진심으로 노래 부르는 단가(團歌)에 담고 있는 것들이 모두 혁명을 목표로 하고 있습니다.

그러므로 우리 흥사단은 혁명을 중심으로 한 투사의 인격을 훈련하고 혁명투사의 결합을 위해 설립한 단체라고 해야 할 것입니다.

이와 같은 위대한 목적을 가지고 성립된 우리 단체가 수십 년이 다 되었지만 특별한 업적을 이루지 못한 것을 우리 모두 유감으로 생각하는 바입니다. 그러면 우리가 소망하는 대로 발휘하지 못하는 것은 어떤 원인 때문일까요.

(1) 동지의 수가 적은 점, (2) 경제력이 부족한 점, (3) 환경이 혼란하다는 점, (4) 동지 중에 정신적으로 방황하고 타락한 자가 있기 때문입니다. 첫째, 동지의 수가 왜 적을까. 동포의 숫자 면에서 근본적으로 미주(美洲)에 설립한 단체이므로 동지를 선발함에 있어 다수를 확보하기란 사실상 불가능하고, 원동(遠東)에 산재한 청년 중에서 동지 자격자를 찾는 일이 지극히 어렵다. 또 본국에서는 각종 요언(妖言)과 중상 때문에 청년들을 이해시키기가 곤란하다는 데 이유가 있습니다. 둘째, 경제력은 왜 부족할까. 소수의 고학생을 중심으로 한 단체가 경제력이 부족하다는 것은 불가피한 일입니다. 셋째, 환경의 혼란 상태는 왜 그런가. 우리 흥사단이 맹렬한 기세로 진흥할 즈음 3·1운동이 일어났습니다. 3·1운동은 오래전부터 잘 단결된 혁명과 결합한 단체로부터 일어난 것이 아니라 소수 유지(有志)들의 일시적인 창거(創擧)에 대해 온 민중이 한꺼번에 호응한 것입니다. 우리 민중이 그처럼 떨쳐 일어난 것은 대단히 위대한 일이며 잘 기념해야 할 일입니다. 하지만 조직체가 아닌 것이 유감일 뿐 아니라 3·1운동 후 운동의 계통이 없어졌습니다. 그리하여 일반 민중은 모일 곳, 지향할 바를 찾지 못하고 방황하며 혼란스러웠습니다.

각 파와 각 급이 멋대로 제각기 활동함에 있어 서로 의심하고 시기하게 되자 각 파가 서로 요언비어(妖言蜚語)로써 상대 파(他派)에 대항함으로 인하여 우리 사회는 극도로 문란해져 무엇이 옳고 무엇이 그른지를 판별하기 어렵게 되어 버렸습니다. 그런 경우를 우리들은 원치 않았지만 우리 흥사단도 어지러운 파도의 소용돌이 속에 빠져들었습니다. 이런 환경이 우리 흥사단의 발전에 방해가 된 바가 적지 않습니다. 넷째, 동지들의 방황과 타락이 어떠했는가. 혹은 위에서 말한 것처럼 혼란스러운 환경에 마음이 동요하고 혹은 시간이 오래 지나면서 부지불식간에 최초에 맹약할 때 간직했던 열정이 식어 버렸고, 혹은 우리 단(團)에 대하여 가지고 있는 역량(力量) 이상의 바람을 기대하고 있다가 그 바람을 이루지 못하자 불평과 비관이 생겨 방황하고 퇴락(退落)하는 지경에 이르게 된 것입니다. 본래부터 적은 수의 단체에 방황하고 퇴락한 자가 많으면 사실상 진흥의 장애를 면할 수 없는 법입니다.

상술(上述)한 바와 같이 우리 단(團)이 우리들이 바라는 대로 크게 진흥하여 우리가 기대하는 혁명의 원기(元氣)가 충실해지고 역량이 증진하는 형편에 이르지 못한 것을 유감으로 여기지만 그러나 조금도 비관하지 않습니다. 어떠한 사회, 어떠한 단체를 불문하고 힘이 있다고 자부하는 단체가 창건된 그날부터 힘이 있는 것은 아니며, 위대한 단체일수록 장구한 시간에 걸쳐 파란과 곤란을 겪으며 성장하기 마련입니다. 어찌하여 우리 단체만 아무런 곤란과 장애도 없이 빨리 진흥되기를 바랄 수 있겠습니까. 더구나 우리들은 정치적 훈련과 사회적 훈련, 단체적 훈련, 과학적 수양 등이 모두 부족하기 때문에 한 단체생활을 영위하는데 남보다 몇 배 이상의 곤란과 장애를 받는 것은 자연스러운 형세인 것입니다. 다른 사람은 그렇다 치고 우리 단(團)을 사랑하는 동지가 우리 단에 대하여 수십 년 동안 한 일이 무엇이냐고 하며 비관하기에 이르렀지만, 흥사단 이외에 흥사단의 주의(主義)와 정책이 시대에 맞지 않는다고 비관하고 반항적 기분으로 일어난 단체와 우리 단에 대해 하등 관심을 갖지 않고 일어난 각종 다른 단체들의 업적은 어떻습니까. 제가 살펴본 바로는 나라 안팎을 불문하고 우리 사회에서 일어난 단체로서 5년 이상 생명을 유지한 단체는 몇 개밖에 없으니 그 업적 여하는 말할 여지도 없습니다. 이것은 우리 민족이 열등하기 때문은 결코 아닙니다. 문화 수준이 낮은 민족이 새로 일어서려고 할 때 이런 과정을 거칠 수밖에 없는 것은 역사적 원칙입니다. 따라서 이럴 때 우리들이 단단히 각오해야 할 것은 우리의 진로가 어렵다고 해서 주저하거나 걸음을 멈추지 말고 굳세게 매진한다면 성공하게 된다는 것을 확신하고 전보다 더욱 힘과 열정을 쏟겠다는 것입니다.

우리 단(團)이 진흥하지 못함을 걱정하는 여러 동지들 중에 우리 단을 새롭게 개혁하여 진흥케 하려는 뜻을 가지고 미주(美洲), 원동(遠東) 및 국내에서 우리 단의 개조 문제에 대하여 여러 의견을 제기해 준 분들이 있었습니다. 개조를 주장하는 동지들 중에는 언동이 과격하다거나, 또는 행동에 대하여 불평하는 태도를 취하는 경우가 있어 안정을 바라는 동지들 중에는 이를 싫어하는 사람도 있지만, 언동과 태도가 어떠하든 그것은 별개의 문제입니다. 나라 안팎에 있는 다수 동지들이 우리 단에 대하여 다른 단체의 구성분자처럼 무책임하거나 무관심하지 않고, 우리 단에 대하여 구성분자다운 책임감에서 제각기 일어나 새롭게 진흥시키려고 분투·노력한 것에 대한 여러 동지들의 성의에 감복함과 함께 우리 홍사단이 부흥할 운(運)이 도래했으니 단(團)의 전도(前途)에 대하여 기쁨을 금할 수 없습니다. 단체란 어느 한두 사람의 소유가 아니라 그 단체의 전체 구성분자의 소유인 것입니다. 그러므로 누구나 성의로써 자기의 의견을 단에 제공하면 결국은 다수의 의견으로 해결되는 것입니다.

이제부터 나의 의견을 간단히 진술할 터이니 이것을 본 뒤의 선택 여하는 여러 동지에게 일임하겠습니다. 1) 우리 홍사단을 개조하여 혁명당으로 형체나 체제를 바꿀 것인가. 종전부터 주장한 훈련단체의 성격을 바꾸지 않고 다만 규약과 방법만을 개선할 것인가. 또는 혁명당과 훈련단체의 성격을 동시에 가지며 진행 방법을 새로이 개정할 것인가 등의 세 가지 중요한 문제점이 대두되었습니다. 나는 홍사단은 혁명을 중심으로 하는 훈련단체가 되고, 혁명당은 별도로 조직하는 편이 옳다고 생각합니다. 지금 우리들은 혁명에 전력해야 할 때입니다. 오늘날 한국 사람으로서는 혁명밖에 할 것이 없다고 나는 생각합니다. 오늘날 한국인의 생존, 위안(慰安), 장래의 번영은 오로지 혁명에서 찾지 않으면 안 됩니다. 우리들은 혁명이 없으면 지옥에서 영멸(永滅)할 입장에 있을 것입니다. 그렇기 때문에 우리들은 대소를 불문하고 오직 혁명을 중심으로 하지 않으면 안 됩니다. 단체사업은 차치하고 한 개인이 입고 먹는 일도 혁명 그 자체를 위해 입고 먹어야 합니다. 그러므로 우리 홍사단은 평범한 수양을 위한 수양단체로 흘러서는 대단히 위험한 것입니다. 그러므로 혁명을 중심으로 한 투사의 인격을 훈련하는 훈련기관임을 분명히 밝히지 않으면 안 됩니다. 그렇다면 어찌해서 우리 단을 혁명당으로 형체나 체제를 바꾸지 않으려고 하는가.

첫째, 우리들이 본 단의 형체나 체제를 바꾸어 혁명당으로 개조한 뒤에도 훈련기관을 두지 않으면 안 되기 때문입니다. 우리 단원(團員)보다 사회적·혁명적 훈련을 많이 받는 사람이라 하더라도 혁명사업의 훈련기관을 조직하여 투사 양성에 특히 주력하기 마련입니다. 이것은 혁명을 추진하려고 한다면 무엇보다도 투사 양성이 필요하기 때문입니다. 우리 입장으로서는 남보다 이것에 대하여 더욱 힘을 다하지 않으면 안 되므로 훈련기관을 설치해야 합니다. 그렇다면 이미 있는 훈련기관을 말살하고 다시 조직하는 중복된 일을 할 필요 없이 훈련기관은 훈련기관대로 두고 다만 정신을 전보다 더욱 명확히 하고 방법을 전보다 개선해야 합니다.

둘째, 우리는 혁명의 이해관계로 보아 흥사단을 혁명당으로 체제를 바꾸는 것보다 별도로 혁명당을 조직하는 편이 적절합니다. 지금 만약 흥사단이 혁명당으로 체제를 바꾸고 많은 당원을 모집하여 혁명세력을 확장하려고 했다면 절대로 불가능하다고 말하는 것은 아니지만, 사실상 신속히 단기간 내에 큰 세력을 결집한 커다란 당(黨)을 성립시키는 일은 불가능했을 것이라고 생각합니다.

흥사단 이외의 무수한 단체가 각각 주관적으로 혁명조직체인 이상 종래의 자기 단체를 버리고 변화된 흥사단의 혁명당으로 모이게 하는 것은 용이한 일이 아닙니다. 따라서 혁명당은 흥사단우·비흥사단우를 불문하고 누구든지 혁명 의식이 있는 혁명 투사를 총망라하여 결집한 후가 아니면 혁명세력은 커질 수 없습니다. 이같이 말하는 것은 일시에 갑자기 온 나라의 혁명 투사를 망라하자는 것은 아닙니다. 그 조직의 기초가 어떤 국부적(局部的) 소수 단체의 변형으로 이루어지지 않고, 대다수를 망라할 만한 각 방면의 핵심 분자들의 결합으로 성립되어 앞으로 점차적으로 모든 혁명 투사를 망라하여 결집시켜 보자는 뜻입니다.

혹자는 말하기를, 우리 단이 훈련을 주장하는 것이 잘못된 것은 아니지만 요즈음 청년들이 이것을 환영하지 않기 때문에 단의 운명이 위태로우므로 정치적 태도를 변형해야 한다고 말합니다. 그것은 흥사단의 이해(利害)를 본위로 한 동지들의 생각입니다. 우리 흥사단의 이해를 생각하는 것이 당연합니다. 그러나 혁명의 이해관계를 떠나 흥사단의 이해관계를 생각한다는 것은 옳지 않습니다. 만약 흥사단이 있으면 혁명이 불리해지고 흥사단이 없으면 혁명이 유리해진다고 보면, 흥사단이 희생하는 것이 정당하며 조금도 아까울 것이 없을 것입니다. 그런 까닭에 나는 별도로 혁명당을 조직하여 다수의 역량을 결집시키는 것이 혁명에 유리하다고 여겨 혁명당을 별도로 조직해서 투사의 인격을 적극적으로 양성하는 일이 우리 혁명에 유리하다고 봅니다. 훈련기관인 흥사단을 그대로 두고, 다만 그 정신을 명확히 해서 그 방법을 개선하자고 말한 것입니다.

이상의 주의(主義)를 기초로 우선 목적·훈련·원칙 사업 및 공약에 관한 개정안을 원동(遠東)에 있는 동지들, 그리고 본국에 있는 동지들과 누차 협의하고, 마지막으로 주요한(朱耀翰) 동지가 안건을 수정해서 원동(遠東) 동지들에게 의견을 요청하자 모두 동의했으며 국내에 있는 동지들도 역시 동의할 것 같습니다. 그 안건을 아래와 같이 기술(記述)하오니 참조하여 주십시오.

제1장 명칭 및 목적
제1조 본 단의 명칭은 신흥동우회(新興同友會)라고 한다.

> (註) 이것은 본국(本國) 때문에 아직 가정적(假定的)이며 확정하지 않았습니다. 제2조 본 단의 목적은 온 민족의 행복을 위해서 헌신하고 신의(信義) 있는 청년을 규합하여 단결하고 신체 훈련 민중 교양 및 경제적 협동운동을 역행(力行)하여 신흥역량(新興力量)을 증장(增長)하는 데 있다.
>
> (註) "온 민족의 행복을 위해 헌신한다"라는 문구의 속뜻은 한국혁명에 헌신한다는 뜻입니다. 이것은 본국의 표현단체로서는 노골적인 표시가 불가능하므로 그 내용의 참뜻을 구실로 삼지 못할 만한 문구로 표시했습니다. 신흥역량(新興力量)의 속뜻은 혁명역량을 말합니다. 이것도 위의 이유때문에 변형한 형식입니다. 그래서 국내에서는 위와 같은 방식을 취하고 국외에서는 혁명 두 글자를 노골적으로 표시하자고 하는 사람이 있으나, 만약 국외에서 그렇게 하면 국내에서는 설령 그 문구를 사용하지 않더라도 영향을 똑같이 받게 되므로 국외에서도 사용하지 않는 편이 좋고, 다만 동지를 모집할 때 그 내용의 참뜻을 이해시키는데 사용하자는 말입니다.

이상으로 혁명의 헌신 및 혁명 역량의 증진의 의의를 목적에 적어 넣은 것은 전보다 정신을 한층 명확히 표시한 것이므로 목적 안에서 굳은 단결, 신체 훈련, 민중교양, 경제적 협동운동 등 4개 조건이 우리들의 중요한 강령(綱領)이 되는 것입니다. 이것은 우리 단이 혁명전선의 한 지대(地帶)로서 부분 운동을 하는데 특별히 이 4개 조건을 강령으로 채택한 것을 단적으로 말하면 혁명의 원기(元氣)를 충실케 하고 역량을 증진시키고자 하는 데 있습니다.

제2장 훈련원칙 및 사업
제3조 자체 훈련 원칙은 아래와 같다.
1. 대중의 이상을 체득하여 사회와 민중해방을 위해 희생 분투하는 투사의 정신을 배양한다.

2. 신의를 지키고 정의를 기르며 규율을 엄격히 하고 단결의 정신을 배양한다.
3. 상식과 전문지식 또는 기술을 수련하고 특히 사회진화의 과정과 조선에 대한 이해를 철저히 하면 범사에 대하여 과학적 자세를 배양한다.
4. 사회의 제반 공작에 스스로 참가하여 실제로 공작함과 동시에 체험적 역량을 증진 배양한다.
5. 심신을 단련하여 체력을 증진하고 용감한 정신을 배양한다.

제4조 민중교양의 원칙은 아래와 같다.
1. 소년 학생·부녀 노동자 등 일반 민중에 대하여 각각 적절한 방법으로 그 각성을 촉구한다.

(註) 내용의 본뜻은 소년·부녀 노동자·학생 등 일반 민중에게 혁명정신을 고취한다는 뜻

2. 미취학 아동과 문맹(文盲) 성인에 대하여 식자 운동을 적극 추진한다.
3. 미주(美洲)가 조직단결의 생활을 경영케 하고 상식을 닦아서 인습을 개혁하도록 시도한다.

제5조 경제협동의 원칙은 아래와 같다.
1. 생산·소비·구매·금융 등의 협동운동을 경영 지도한다.
2. 협동적 새 농촌을 건설한다.

제6조 이상의 훈련, 교양 및 협동운동의 필요에 따라 강연 강습·출판 도서 열람·순회 문고·체육·사교·오락·민속교육 동자군학교(童子軍學校) 등 뜻있는 사업을 중점 실시한다.

제7조 단우(園友)는 하기 공약을 맹세하며 지킨다.
1. 나는 범사에 무실역행(務實力行)을 생명으로 삼고 끊임없이 수련하여 일하는 사람의 자격을 향상시킬 것을 맹약(盟約)한다.

(註) 일하는 사람의 자격의 본뜻은 투사의 자격을 말합니다.

2. 나는 동지를 자신과 같이 사랑하고 신의를 엄수할 것을 맹약한다.
3. 나는 단(團)에 대하여 절대복종하고 단을 위해서 희생할 것을 맹약한다.
4. 나는 민중의 행복을 위해서 분투·노력할 것을 맹약한다.
5. 나는 대중의 정신을 적극 발휘할 것을 맹약한다.

이상 훈련 원칙부터 공약까지의 6개 조문(條文)은 실행방법의 원칙을 의미한 것입니다. 이 원칙을 실행하기 위해서 기관조직과 개정 방법과 단우(團友)의 복무 등의 규약을 전보다 좋게 개선해야 합니다. 이에 대한 조문은 후일 보내 드리겠습니다.

기관잡지의 간행 문제에 대하여 현재 활자로 월간잡지를 발간한다는 것은 우리 자체의 역량이 허락지 않습니다. 역량 이상의 일을 시작하면 절대로 진행되지 않고, 도리어 자체의 원기만을 잃게 됩니다. 또한 아무런 사업도 할 수가 없기 때문에 밖에 있는 사람들이 좀처럼 호응하여 가입하지 않을 뿐만 아니라 단내(團內)의 동지들까지도 정신이 해이해지므로 잡지나 신문을 조속히 시작해야 한다고 말들 하지만, 일찍이 「동광(東光)」 잡지를 시작할 때도 그 같은 이론으로 역량에 맞지 않는 일을 시작하고부터 주요한·김한두(金漢斗) 등 동지들이 정신적 노력을 한 것 외에 물질적으로 수천 원을 희생하면서 노력했지만 결국은 중지하게 되었습니다. 혹자는 잡지를 발간하게 되면 돈을 출연할 동지가 많이 있을 거라고 말하지만, 힘이 없는 동지들이 한때의 열정으로 그 힘을 다해서 거액의 기부금을 모은다. 한동안 창간할 수는 있지만 계속할 힘이 없기 때문에 사업이 망가져 동지들의 원기(元氣)를 손상할 뿐입니다. 그러므로 활자로 월간잡지를 발간한다는 것은 좀 더 기다렸다가 실행하고, 현시점에서는 본 단의 개조운동에 다 같이 합심하여 본 단이 원만하게 개조된 연후에 그 개조 정신을 기초로 모든 일을 순차적으로 진행하는 편이 적절하다고 생각합니다.

이제 기관잡지 간행에 대하여 특별히 성의가 있는 여러 동지들은 이사부(理事部)에서 통과되지 않았다고 해서 불평이나 낙심할 필요는 없고, 잡지를 간행할 만한 역량과 저축 운동을 지속적으로 함양하여 충분한 역량이 생기면 이사부의 누구든 동의하지 않는 사람은 없을 것이라고 생각합니다. 내 생각으로는 보기에 시시하겠지만 그저 단(團)의 행정을 발표하고 단우(團友)의 소식을 서로 알리기 위해 간행해 왔던 등사판 단보(團報)를 그대로 지속하고, 월간잡지가 생길 무렵까지 계속 간행할 예정입니다. 시시하다고 해서 무시하는 것은 잘못된 생각입니다. 월간잡지는 장차 힘이 있을 때 실현하기로 하고 우선 미주(美洲)·원동(遠東)·국내 세 방면의 동지들이 협력하여 1년에 한 번씩 활자로 단보(團報)를 간행하여 우리 단의 주의(主義)와 정신에 관한 이론과 시대사조(時代思潮) 연구에 관한 논문, 또는 국내정세에 관한 통제적 지식, 혁명운동에 관한 방침을 저술하여 일반 동포에게 이로움을 주기로 하고, 진행 순서(定序)를 1년간으로 하여 반년에 한 번 간행, 계절에 한 번 계간, 월간, 반 월간에서 주간까지 간행할 수 있도록 힘을 배양하면서 진행하는 방법이 적절하다고 생각합니다.

이 밖에 여러 동지들에게 말씀드리고 싶은 것이 많고 또한 특별히 몇 동지들에게만 말씀드리고 싶은 것도 많지만, 시간 관계로 일일이 적어 보낼 수가 없기에 진심으로 유감스럽게 생각합니다. 특히 몇 동지들로부터는 정성스러운 편지를 받고 아직 답장도 하지 못했기에 죄송스럽습니다.

끝으로 몇 가지 조건을 말씀드리겠습니다.

1. 우리 한국의 혁명을 위해서 단연코 희생이 될 것을 결심하고 실제로 혁명공작에 착수합시다.
2. 혁명의 대당(大黨)을 조직하기 위해 한결같이 노력합시다.
3. 본 단은 혁명전선의 유력한 한 지대(枝隊)로서 부분 운동에 전력하여 혁명을 적극적으로 조력(助力)합시다.
4. 혁명을 위해서 제각기 지성으로 의견을 토론할지언정 감정적 투쟁은 하지 않기로 합시다.
5. 본 단의 개조(改組)와 사업 추진 방침 등을 토론하다가 일시적 의견 불일치로 인하여 탈퇴하는 것과 같은 단체생활에 부적당한 태도는 버리기로 합시다.
6. 단(團)에 대한 의무를 전보다 더욱 충실히 이행합시다. 이것이 우리 단을 진흥케 하는 최대의 조건입니다.
7. 의무 이행의 게으름을 고치고 단에서는 아무것도 하는 일이 없다고 해서 냉정한 평만을 일삼는 것을 고쳐 주십시오.

8. 동지와 동지간에 서로 사랑하는 정의(情誼)를 전보다 더 두텁게 합시다.
9. 우리 단의 기관을 급작스럽게 확장하려 들지 말고 제각기 힘을 다하여 현상을 유지시킵시다. 사무원 한 명을 두고 사무를 보게 하는 것이 충분치 않다는 것은 사실이나 이것을 잘 지속하지 않으면 장래의 확장은 불가능한 것입니다.
10. 어떤 단체, 어떤 사람을 불문하고 우리 동족 자체 간에는 절대로 감정적 투쟁, 저항적 행동, 무례한 대우 등은 하지 말고, 오직 겸손·사랑·동정·화목으로써 상대할 것을 성실히 노력합시다.

이것들이 내가 가장 절규하는 조건입니다. 우리들을 이해하지 못한다고 해서 악평하고 중상하는 사람에 대해서는 더욱 사랑으로써 대우하도록 노력합시다. 현재 우리들은 민족혁명의 운동자이므로 오직 우리들의 적은 일본뿐입니다. 이런 시기에 동족간의 애정이 강렬해지는 것은 도덕상 당연할 뿐만 아니라 혁명역량을 결집하여 큰 세력을 완성코자 한다면 압박 밑에서 함께 고통을 받고 있는 동포 간에는 호애상조(互愛相助)의 정신을 먼저 양성해야 합니다. 우리들은 저들의 모든 협의를 잊어버리고 오로지 우리 동포들을 진심으로 사랑합시다.

이 글을 명백히 등사기로 인쇄하여 각 동지들에게 나누어 보내되 절대로 적에게 입수되지 않도록 해주십시오.

단기 4262년(1929) 2월 8일

2. 사상범 보호관찰제도의 운용

〈자료 90〉 사상범보호관찰법 실시에 대한 조선문 신문의 논조
[〈思想犯保護觀察法實施に対する朝鮮文新聞の論調〉,《思想彙報》9호, 朝鮮總督府 高等]

사상범보호관찰법 적용문제 (《조선일보》1936년 6월 2일 자)

당국에서는 이번 의회를 통과한 사상범보호관찰법을 우리 조선에도 실시하려고 현재 그 방법을 강구하는 중이라고 한다. 이미 예산도 통과했다고 하니 이것을 실시하는데 아무런 불편함이 없을 것이다. 다만, 그 절차의 문제이기는 하지만, 총독부 제령으로 발포하여 우선 경성, 평양, 대구의 3곳에 보호관찰소를 세우고, 오는 10월 1일부터 실시할 예정이라고 한다.

사상범보호관찰법은 의회에 제출된 당시부터 무산당(無産黨)의 맹렬한 반대에 부딪혔고 악법이라는 비난을 받았다. 그런데 이러한 법을 조선에서 적용하게 되면 도대체 어느 정도의 효과를 얻을 수 있을 것인가, 혹은 오히려 예기치 못한 성과를 얻는 것이 아닌가 하는 생각을 하게 된다.

이 사상범보호관찰법은 사상범으로 일단 형무소에서 형 집행을 받거나 혹은 형 집행을 유예받은 자 중에서 뉘우치는 빛이 옅은 자를 수용하여 보호, 지도한다고 하지만 그곳에는 많은 부자연스러움이 있는 듯하다.

우선 첫째, 사상범을 보호관찰하기 위해서는 일정한 수용소를 만들고 그곳에서 숙박을 하게 해야 하는데, 형 집행을 받고 출소한 자가 자신의 신체의 자유를 느끼는 것은 보통 사람의 몇 배이다. 이것을 어떤 특정한 숙소에 수용하여 독서에서 출입, 그 밖의 것들을 감시하려고 하면 오히려 부자유와 구속감을 가질 것이다. 이것은 종래 사상범에게 미행을 붙여 감시하던 것만으로도 불쾌감을 느끼게 하여 오히려 원한을 샀던 일이 많았던 것에 비추어 보아 예상할 수 있는 것이다.

둘째, 사상의 보호, 지도라는 것이 단순한 감시에 의해 잘 이루어질 수 있는 것이 아니라 사상의 뿌리를 이루는 사회제도의 개선에 의해 비로소 그 효과를 거둘 수 있다는 것을 잊은 점이다. 대략 사상은 그 시대상의 표현으로서 기근이 있는 곳에는 도적이 횡행하고, 음탕한 사회에는 타락한 자가 계속 나타나는 것이다. 반기근(半飢饉)의 상태에 있는 중국에 마적이 유행하고, 음탕한 프랑스 사회에 타락한 자가 많은 것이 최근의 근황을 알리는 것이 아니면 무엇이겠는가. 소위 불온사상의 근거도 대부분 그 사회의 정치, 경제, 교육 등 모든 기구의 결함에 의거한다. 그러므로 전제정치시대에 사상이 격화하여 진시황이 갱유분서(坑儒焚書)의 폭거를 감행했음에도 불구하고 당시의 유학인(儒學人)은 이를 겁내지 않고 자신의 사상을 후세에 전하였다.

그러므로 사상범을 보호관찰한다는 것은 말로는 그럴 듯해 보이지만 그 효과를 따지면 예측과 어긋나는 일이 많을 것이다. 물론 대다수 방법 여하에 따르겠지만 보호관찰 당하는 인물의 대부분은 뉘우칠 가능성이 적은 자로서, 그런 인물인 만큼 한층 자신의 보호관찰에 대해 반감을 가질 가능성이 많지 않을까. 이러한 견지에서 우리는 그 예산으로 보호관찰을 중지하고 사회제도 개선을 위한 부분에 이것을 충당하는 편이 훨씬 효과적일 것이라고 믿는다.

사상범보호관찰법에 대해 (《조선일보》 1936년 11월 14일 자)

사상범보호관찰법은 의회에 법안을 제출했을 때부터 이미 일부 정당에게 비판과 반대를 받았고, 이전에 본 지면에서도 그 결함을 지적한 바가 있다. 우리는 여기에 동(同) 법령의 조선에서의 시행에 앞서 그 운용에 대해 당국자를 향해 몇 가지 주의를 환기하고자 한다.

사상범보호관찰법은 일단 치안유지법의 죄를 범하여 기소유예, 형 집행유예 또는 체형(體刑)의 선고를 받거나 또는 형 집행을 끝낸 자, 가출옥 허가를 받은 자로 여전히 위험사상을 품은 비전향자, 그 외 전향했지만 환경에 지배되어 재범 위험성이 있는 전향자에 대해 각각의 처지에 따라 보호관찰과 사상의 선도를 꾀하려는 것이다. 그리고 그들 사상범을 보호관찰하기 위해 경성, 평양, 대구에 보호관찰소를, 또 신의주, 청진, 광주(光州), 함흥에는 그 지소를 세우고, 여기에 사상전도관과 사상보호사를 둔다. 보호관찰에 붙여진 자 중에서 보호자가 있는 자는 보호자에게 인도하고, 보호자가 없는 자이거나 있어도 부적당하다고 인정될 때에는 일정한 장소에 수용하여 거주, 교우, 통신의 제한과 그 외 적당한 조항의 준수를 명하는 동시에 사상의 추이에 유의하며 훈육지도에 노력한다는 것인데 여기에는 부자연스러운 점이 많은 것 같다.

인간생활에서 자유는 의식주와 마찬가지로 필요한 것이다. 특히 형 집행을 받아 출소한 자가 신체의 자유를 희구(希求)하는 정도는 일반사회인보다 몇 배나 강할 터이다. 그런데 여기에 거주, 교우, 통신의 제한을 더하고 그리고 일반 사생활에 이르기까지 엄중하게 감시한다고 하면 그것은 오히려 행형(行刑)의 의의를 감소시킬 우려가 있다. 그와 동시에 출소자에게 갱생의 길을 가로막고 새 출발의 희망에 불타올라 석방되는 날을 손가락 꼽으며 기다린 보람도 없이 그들에게 헛되이 실망과 자포자기라는 나쁜 결과를 가져오는 것이 아닐지 걱정스럽다.

특히 사상범은 파렴치죄와 폭력범과는 달라 사물에 대한 이해와 판단력을 가지고 사회제도를 기저로 삼은 사상체계를 신봉하고 있기 때문에 그들에 대한 사상선도는 단순한 구속과 감시만으로는 소기의 목적을 달성할 수 없다. 오히려 사상의 뿌리를 이루고 있는 사회제도의 개선을 기약할 때 비로소 발본색원하는 효과를 거둘 수 있을 것이다.

사상범보호관찰법의 입법 정신은 '사상의 완성, 생활의 확립'에 있다고 하지만, 법령 그 자체에 이러한 모순을 내포하고 있는 이상, 그 운용 여하에 따라서는 예기한 것과는 전혀 다른 결과를 유치할 수도 있다. 보호관찰에 붙여진 인물은 대부분이 전향 가능성이 적은 사람이라고 인정되기 때문이라고는 하지만, 이러한 인물일수록 반감을 품을 가능성이 높다고 할 수 있지 않겠는가.

그래서 이 법을 실시하는데 그저 구속과 감시라는 소극적인 방면으로만 힘을 쏟아서는 안 된다. 특히 피보호자의 인권, 명예를 존중하고 갱생의 의지를 조장함과 동시에 직업이 있는 자에게는 그 직업에 영향을 주지 않도록 주의하고, 또 직업을 가지지 못한 자에게는 직업에 종사할 수 있도록 기초를 주선하여 그에 따라 생활의 안정을 제공하는 일에 신중하게 노력해야 할 것이다.

〈자료 91〉 고바야시 모리토, 사상범보호관찰법에 대한 약간의 고찰 – 전향자의 한 사람으로서

[小林杜人, 1936, 〈思想犯保護觀察法に対する若干の考察〉, 《保護時報》 20권 7호, 16~21쪽]

1.

이번에 의회를 통과한 사상범보호관찰법에 대해 이야기해달라고 하는데, 이 법은 매우 중요한 법이지만 아직은 확실하게 말할 자격이 없습니다. 왜냐하면 그것은 제가 활동하고 있는 갱신회에서도 아직 구체적인 방침이 정해지지 않았기 때문입니다. 또 여러 가지 의견이 있다고 해도 갱신회 방침이 결정되고 나면 회장 이에나가(家長) 씨와 임원 다미(田見) 씨의 명령에 따라 행동해야 하는 것이 갱신회 가족의 정신이기 때문입니다.

그렇다면 갱신회는 어떤 점을 문제로 보고 있는가, 그것은 보호단체의 한계에 대해서입니다. 비전향자(반성하지 않는 자)는 보호단체가 맡을 수 없다, 본 회는 반성하고 있는 선인(善人)만 전향자로서 가족의 일원으로 받아들인다, 따라서 비전향자와 같이 반성하지 않는 자는 보호 영역에서 논할 수 없는 자이기 때문에 갱신회 가족은 될 수 없다는 문제입니다.

2.

저는 《갱신(更新)》 7월호에서 다음과 같은 의견을 발표했습니다.

1) 법 내용을 조항에 따라 차례로 보면 관찰 과정에서 보호하게 되어 있으므로 아무래도 적극성이 부족하다는 점을 말하지 않을 수 없다. 이러한 면 외에 전향자를 지도함에 더욱 중요한 부문은 오히려 완전하게 전향한 자, 혹은 그 과정에 있는 자를 보다 적극적으로 원조함으로써 이런 자들을 일본의 유능한 인재로 만들어야 한다는 것이다. 따라서 관찰이 필요하지 않은 자들에 대한 적극적인 보호도 더욱 중요하다.
2) 보호관찰심사회의 결정에서 신중하게 다루지 않으면 사회복귀를 완성한 자들에게 다시 빨간 낙인을 찍어 국민 사이에 차별을 두게 되는 것이다.

3) 종래 본회에서는 전향한 자를 회원(가족)으로 하고, 전향 과정에 있는 자를 준회원으로 간주해 세상으로부터 아주 큰 신용을 얻고 있었다. 비전향자에게는 보호의 한 단계 앞에서 전향의 기운으로 돌려주는 것이 필요하다.

4) 정말로 완벽한 보호를 위해서는 보호관찰심사회의 결정 이전(즉 옥중의 위문이나 차입)부터 보호의 손을 내밀어야 한다. 그렇지 않으면 마음과 마음의 연결이 불가능하다.

5) 사상범은 단체적인 범죄이기 때문에 그 보호지도를 위해서도 조직적이고, 강력한 것이 필요하므로 본회와 같은 단체가 한층 강화되지 않으면 보호사의 활동은 불가능하다.

6) 사상범의 보호교화를 위해서는 특고경찰과 대립할 것이 아니라 이들과 협력하는 조직이 되어야만 그 성과를 거둘 수 있다.

이것을 요약하면 이 법의 사활을 쥔 열쇠는 실제 기관의 담당자가 사상 문제에 대해 잘 알고 있는 사람으로, 사상범에 대한 깊은 이해가 있고, 인격과 식견이 높으면서도 경험이 풍부한 사람을 얻을 수 있느냐의 여부와 이것을 운용하는 지도정신이 일본적으로 이루어질지에 달려 있다. 운용 방법을 틀리지 않고, 관계 당국 및 단체 등과 협조를 긴밀히 할 좋은 적임자를 찾을 수 있도록 당국에게 진실로 바라는 바이다.

게다가 보호교화를 철저히 관철하기 위해 사상지도, 직업 알선, 생업 조성, 철저한 요양을 위한 많은 액수의 비용이 필요하고, 이를 위해서는 현재 보호단체의 발달 및 조성이 이루어져야 이 법의 원활한 운용을 기약할 수 있다.

3.

지금 이러한 입장에서 전향자의 한 사람으로서 이 법에 직면하였을 때 어떻게 생각하는지, 단순히 저의 주관만이 아닌 전향자들에게서 흘러나오는 생각을 조사하여 말씀드려 보겠습니다.

처음에는 전향자가 솔직히 이 법률을 좋은 마음으로 맞이할 수 없었던 것 같습니다. 그것은 여러 가지의 오해도 있고, 또 이 법이 상당히 추상적이어서 구체적인 것은 세칙 등에 따라야 하므로 도대체 어떤 식으로 적용될 것인지 불안해하는 의견을 들었습니다.

이것을 구체적으로 말하면 본인은 이미 사회에 나와 성실한 사람이 되었다고 생각하는데 이 법을 적용받게 된다는 것인가.—다른 이야기가 되겠지만, 1934년(昭和 9)에 군마(群馬)에서 대연습(大演習)5이 있었을 때 전향자 열 몇 명이 구속되어 갱신회가 신병을 인수하고 보살핀 적이 있습니다. 그중에는 원래 저와 도요타마(豊多摩)형무소에 같이 지낸 모범수 야마구치 하야오(山口隼郞)가 있었습니다. 이 사람은 훌륭하게 전향하여 종교적인 신념으로 살고, 고향에 돌아가 그곳을 위해 여러 가지로 활동하여 산업조합 서기가 되었고, 또 본회 회원도 보살피며 촉탁보호위원으로 있었음에도 불구하고 아직 불충분한 전향자로 보인 것입니다. 야마구치 군 뿐만 아니라 다른 사람들도 전향하여 폐하의 적자로 돌아가 자신들이 존숭(尊崇)하는 큰 부모인 천황의 행차를 진심으로 맞이하고 있는데 이것을 믿어주지 않고 검거하다니…. 이것은 국민으로서 너무 고통스러운 일입니다. 이런 것이 이 사람들에게 대단히 비관적인 생각을 하게 합니다.

이것과는 다르지만 원래 보호관찰이 한 단어이기 때문에 보호라고 해도 관찰이 금방 연상되어서(의회에서도 전향이 불완전하다고 생각되는 자에게 보호관찰에 부치도록 설명하고 있습니다) 본인은 분명히 전향했는데 보호관찰심사회에서 아직 불충분하다고 법의 적용을 받게 하다면 이 사람들의 마음은 어떠할까요.

사상범 중 전향이 충분하지 못한 자, 또는 비전향자에 대해 국가가 국책상 대책을 세우는 것은 물론 필요하겠지요. 그렇지만 우리 입장에서 생각하면 보호대상이 되는 것은 확실히 청산한 자, 또는 전향 과정에 있는 자이고, 비전향자는 보호하기 전에 이들을 어떻게 전향시킬 것인지, 또 이러한 자들이 운동에 들어가는 것을 어떻게 방지할 것인지가 필요합니다. 전자와 후자는 구별해야 하는데 현재 보호단체의 역할은 전자에 대해서만 힘을 쓰고, 후자는 국가의 사상대책으로 연구되고 있어서, 감시제도로부터 독립한 보호관찰소 또는 촉탁보호사의 힘만으로는 불가능하다고 생각합니다.

이것을 전향자의 입장에서 생각하자면 완전 전향자에게는 감시제도를 없애고 특고경찰이 보호에 협력하고, 비전향자에 대한 대처는 특고기관과의 협력이 반드시 필요합니다. 이

---

5 대연습(大演習)이란 실제 전쟁을 모방해서 지상 또는 도상에서 실시하는 전술적 연습으로 대치하는 양군의 하나는 가상적군이 된다.

것은 당국자가 반드시 생각해야 합니다. 진실로 전향한 자가 기분 좋게 받아들일 수 있는, 요컨대 보호받는 자와 보호하는 자가 잘 융합하기 위해서는 이것이 필요합니다.

4.

그렇다면 전향자는 어떻게 생각했을까요.
갑, 이것은 비전향한 자를 단속하기 위한 법률이다. (비뚤어진 견해이지만)
을, 보호는 부수적이고 관찰이 주(主)다.
병, 보호와 관찰을 하나의 개념으로 취급해서는 안 된다.
정, 비전향인 자를 왜 다루나. 전향자 속으로 비전향자가 모여들면 곤란하지 않은가.
이렇게 다양한 의견이 있었습니다.
그러나 일반적인 전향자의 생각은 이 법에 반대한다는 뜻은 아니고, 이 법을 정말로 잘 운용하길 바란다, 그리고 기관 담당자가 적임자이길 바란다, 이런 생각을 가지고 있습니다.
그래서 이 법의 운용에 대해 전향자가 바라는 희망을 여기에서 진술해 보겠습니다.

1) 운용상의 지도정신에 대해
  원래 보호관찰자라는 말은 독일어를 번역한 것인데 이것의 운용은 일본적이길 바랍니다. 일본 실상에 따른 정신 아래 운용되지 않으면 오히려 역효과를 낳습니다.
2) 공식적·원칙적이어서는 안 된다.
  공식(公式)에 빠진 운용으로 무슨 무슨 원칙이 아니면 안 된다는 식은 금물이다. 폭을 넓게 가지고 융통성 있게 운용하길 바랍니다.
3) 기관 담당자는 적임자를 둘 것
  전향자는 이것을 가장 걱정하고 있습니다. 소년심판소에서의 보호사와는 다르게, 위압적이면 오히려 반발하지 않을까 생각됩니다. 전향자에 대한 이해가 있는 사람, 또 사상범의 성격 등에 대해 잘 이해하고 있는 사람을 원합니다. 특히 비전향자를 담당하는 사람은 상당히 성실한 보호사이어야 한다고 생각합니다.
4) 어떻게 마음을 얻을 것인가.

결국 실적이 오를지는 당국자와 사상범(전향자라고 쓰지 않고 사상범이라고 쓰는 것은 비전향자의 경우도 포함하기 때문입니다) 사이의 정신적인 유대관계에 달려 있습니다. 이것은 충분히 생각하길 바랍니다.

5) 비전향자인 경우

비전향자는 원칙적으로는 개별적으로 하는 편이 효과가 있겠지요. 그렇지만 비전향자 중에도,

① 운동은 하지 않지만 사상은 청산하지 않는다.

② 운동을 하려는 자.

③ 내심은 전향하였는데도 표면상 전향을 고백하는 것이 싫다.

이런 종류가 있습니다. 비전향자에 대해서는 운동에 관한 상당한 지식을 가지고, 또 객관적인 사회사상의 흐름을 잘 파악할 수 있는 자가 아니면 안 된다고 생각합니다.

작년 코민테른 대회에서는 사회민주주의자와의 협력, 합법단체로의 잠입이 결정되었습니다. 최근 프랑스, 스페인의 각국에서 인민전선의 확대는 제2인터내셔널[6]과 제3인터내셔널[7]의 공동입니다. 또 최근에 일본에서도 특히 2·26사건 이후 문화운동 영역에서는 좌익 세력이 늘어난 것 같습니다. 이것을 생각하면 이러한 것들은 보호사업의 영역 밖이라고 생각됩니다. 물론 사상범의 보호에 종사하는 자는 이러한 사상의 흐름을 파악하고 있어야 하지만 이것은 오히려 검찰당국과 치안유지 내무당국의 임무가 아니겠는지요.

6) 특고와의 관계에 대해

제가 반복적으로 걱정하고 있듯이 보호관찰소가 독립하였다고 하여 경찰시찰을 배제하는 것 같이 이야기하고 있는데, 입장이 다른 내무성은 이것을 허용하지 않겠지요. 그렇다면 특고·방범·헌병·보호관찰소의 4중으로 감독을 받게 됩니다. 따라서 특고를 방치하지 말고 반드시 특고에게 적극적인 보호로 협력시키지 않으면 운용은 불가능합니다.

---

6 1889년 7월 14일 프랑스 파리에서 마르크스주의에 입각한 사회주의 운동의 국제기구. 1916년에 해체함.
7 1919년 소련공산당에 의해 설립. 공산주의 인터내셔널, 코민테른.

7) 전향자의 적극성에 대해서

사상범의 보호지도에 있어 전향자의 적극성을 인정해 주길 바라는 것이 일반인들의 생각이다.

오늘날 전향자 중에는 이미 사회복귀를 완성하고 그보다 한발 앞선 사상의 발전과 완성을 향해 나아가고 있는 사람도 상당수 있다. 마르크스주의와 바꿀 수 있는 새로운 사상의 발전과 건설은 전향자가 해야만 하는 사회적인 임무입니다.

이러한 사상은 일본의 현실과 동떨어진 것이 아니라 일본의 장래 발전과 대응해야 할 것입니다. 단, 사상범죄는 개인적, 성격적인 범죄가 아니고 일본의 메이지(明治) 이후의 거대한 흐름과 사상발전에 따라 생긴 역사적·사회적인 범죄이기 때문에 이 사상에 대한 지도가 없다면 전향의 발전은 있을 수 없습니다. 그저 보호받는 영역에서 더욱 전진하여 국민의 중견적인 분자로서 장차 일본이 나아가야 할 큰 사상적인 흐름, 또 그 업적을 위해 역사적인 역할을 달성해야 합니다.

8) 보호단체와의 관계에 대해

예산을 보면 인건비와 사무비에 많은 비용이 필요할 것입니다. 이 법의 손발이 되어 움직일 보호회가 만일 완벽한 보호를 목표로 한다면 정부의 보급비만으로는 부족합니다. 정부는 이러한 기관의 조성 및 발달에도 신경써야 한다고 생각합니다.

맺는말

이 법이 일반 사법보호법의 선구적인 역할로서 의의가 있다는 점을 인정해야 합니다. 국가기관이 스스로 보호를 표명하였다-그 점에 의의가 있습니다. 그렇지만 반성한 자와 반성하지 않는 자에 대해 명확하게 방침을 정하지 않고 동일하게 취급하려는 본 법은 사법보호법으로서 아직 연구해야 할 점이 많이 남아 있다고 생각합니다.

법이 잘 운용되기를 바라며 우리 전향자도 더욱 자중하고 경계하겠습니다.

⟨자료 92⟩ 후지이 에쇼, 사상범보호관찰법에 대해

[藤井惠照, 1936, ⟨思想犯保護觀察法に就いて⟩, 《保護時報》 20권 7호, 13~16쪽]

제국갱신회 이사 후지이 에쇼(藤井惠照)

1.

일본의 사상범보호사업이 획기적인 신기원을 이루고, 나아가 일반 사법보호사업 제도화에 있어 선구적인 의의를 가진다는 점에서 해당 사업 관계자들로부터 비상한 기대와 관심을 모았다. 또, 지난 임시 의회에 상정된 사상범 보호관찰법안이 당국자의 열의와 현명한 양원 의원의 협찬으로 무사히 통과하여 드디어 오는 11월 1일부터 실시되게 되었다.

이제까지 사상범 보호교화를 위해 미력을 다해 온 우리로서는 이 법의 실시로 인해 장차 우리 사업에 던져질 수많은 파문에 대해 여러 가지로 생각을 확대하면서 그 동향에 주의를 기울이고 있는 참이다. 아직 시행세칙이 발포되지 않은 현재, 경솔하게 이것을 비판하고 검토하는 일은 삼가야겠지만 다만 법문에 관한 두세 가지 감상과 그 운용에 대해 약간의 희망과 의문점을 피력하고자 한다.

2.

본법의 정신은 하야시(林) 법무상과 모리야마(森山) 보호과장이 의회에서 자주 강조하듯이 아버지와 같은 엄격함과 어머니와 같은 사랑으로 길을 잘못 들어선 자를 바른 길로 인도하려는 데 있다. 하지만 지금 전 조항을 통독한 일반적인 느낌으로는 관찰 과정에 보호를 추가하려는 것으로 보이는데 유감스럽게도 소위 보호의 적극성을 확인할 어떤 조항도 찾아볼 수가 없다. 이것은 원래부터 본법의 제정이유가 형사정책적인 견지에 있다는 점에서 어쩔 수 없는 바이지만, 일반 전향자는 그것 때문에 이 법의 실시로 인해 부당한 구속을 받는 것이 아니겠느냐고 많은 췌마억측(揣摩臆測)[8]이 있다. 그들에게 이러한 오해를 주는 것은 이 법

---

8   남의 생각을 자기 나름대로 추측함

의 시행에 대단히 나쁜 영향을 주게 되니 당국에서는 하루라도 빨리 시행세칙을 발령하여 그들이 안고 있는 불안과 의구심을 불식시켜야 한다. 그리고 이것이 마침내 실시되면 피적용자가 이 법이야말로 사랑의 법률이라는 근거를 실제적으로 체득할 수 있도록 하고, 나아가서는 일반 국민도 이것을 계기로 이제까지 백안시되고 있던 사업보호사업에 대한 진정한 이유와 동정을 납득할 준비가 필요할 것이다.

3.

새삼 운운할 필요도 없이 법은 죽은 것이고 이것을 살리는 것은 사람이다. 그렇다면 본법도 운용의 제일선에서 일하는 보호사가 그런 사람인지 아닌지가 본법의 사활을 결정해 줄 중대한 문제인 것이다. 우리는 이 중요한 사명을 짊어질 담당자가 사상 문제에 깊은 이해가 있으면서 동시에 사상범의 성격과 행동을 잘 알고, 진심으로 일을 맡아 해낼 인격과 식견이 풍부한 사람이기를, 그로 인해 유종의 미를 거둘 수 있기를 간절히 바라마지 않는다.

또 사상보호사에 대해 우리가 주의해야 할 것은 이번 제도가 대체로 소년보호사의 직제에 준거하고 있는데, 실제 활동은 소년보호사와 완전히 다른 배려가 필요하다는 점이다. 이것은 말할 것도 없이 보호대상의 특성이 서로 다르다는 점에 기인한다. 미숙하고 방자한 소년을 다룰 경우는 소위 은위(恩威)를 더불어 실시하면서 훈육 교화해야 하므로 그에 맞는 위광(威光)과 구속을 추가하는 일도 필요하다. 그렇지만 사상범같이 독립된 자주 의식이 가득 차고 관헌과 관료에 대해 특별히 혐오심이 강한 자에게는 보다 깊은 배려가 이루어지는 것이 필요하다.

또한 보호관찰법 시행에 있어 가장 큰 난관은 종래 우리가 다뤄온 소위 피보호인이 모두 스스로 나서서 보호를 원했기 때문에 그런 점에서 마음이 서로 연결될 수 있었다. 그런데 이 법이 규정하는 보호관찰은 법의 표면적인 입장에서도 그것을 원하는 자에만 가해지는 것이 아니라 오히려 보호관찰의 망에서 자칫하면 탈출하려는 자에게 이것을 강요하고 강제하려는 것이다. 형무소와 교정원에 있는 것과는 달리, 아무런 구속력이 없는 소위 자유 천지에서 생활하는 자에게 어떤 종류의 강요와 강제를 가한다는 것은 지극히 어려운 일이고, 이 난관을 타개할 유일한 힘이 되는 것은 보호사의 위대한 포용력과 인격 외에는 달리 없는 것이다.

게다가 지금 보호사의 활동에서 주의해야 할 점은 일반 범죄자의 경우, 개개의 보호자가 각각의 인격과 행동에 따라 개별적으로 지도 교화하는 것이 가능할 뿐만 아니라 오히려 절대적인 진리이므로, 소위 보호단체에 의해 집단으로 보호하는 일은 편의적으로 생겨난 것이라는 점이다. 하지만 사상범의 경우, 이와는 반대로 일찍이 강고한 통제 아래 세포조직을 가지고 수많은 고초와 난관을 함께한 자들이다. 따라서 전향자들은 서로 매우 기맥상통하고 동시에 같은 배를 탄 사람끼리의 친밀한 교분이 상당히 깊다. 따라서 이들을 보호하는 담당자 측에서도 반드시 강력한 조직을 만들어 일사불란하게 공동적인 동작을 취할 필요가 있다.

이와 관련하여 실제적으로 염려되는 문제는 대도시에서 본법이 시행될 경우, 반드시 여러 개의 보호단체, 수십 명의 보호사가 실제 활동에 종사할 터인데, 이 경우 자칫 일단 보호관찰에 회부된 자가 갑이라는 보호단체 또는 보호사를 기피하고 을이라는 보호단체와 보호사 아래로 들어가려고 하는 사태가 생기지 않겠느냐는 점이다. 이럴 때 일괄적으로 그러한 희망을 거부하게 되면 그들의 감정을 자극하여 사상 악화를 초래할 수 있는 우려가 있고, 그렇다고 해서 그들의 신청대로 자유롭게 인용하여 방임하게 되면 이때는 보호자 간의 감정적 대립이 일어날 가능성이 없지 않을 것이다. 이러한 사태에 대응하기 위해 각 지역의 보호사업연합회는 더욱 분발하여, 통제와 연락의 기능을 충분히 발휘하고 그 사명을 완수해야 한다.

4.

마지막으로 본법 운용에 관한 의문에 대해 이야기하고자 한다. 사상범을 보호관찰에 맡길지의 결정은, 즉 제1조에 정해진 형 집행유예, 불기소, 만기석방, 가출옥인 경우에 각각의 관청으로부터 받은 보고를 기반으로 하여 보호관찰심사회의 결의에 따라 그 필요 여부가 결정된다고 한다.

그런데 우리가 종래 자주 마주하는 사례는 출옥 당시에는 상당히 확고한 신념을 가진 소위 명랑한 전향자가 출옥 후 날짜가 경과함에 따라 전개되는 생활환경이 자신의 뜻과 다른 경우, 또는 예전 동지의 집요한 공작을 받아 다시 심경의 동요가 일어나 변화하는 경우도 간간이 있다. 또 이와 반대로 감옥 안에서는 완강하게 전향을 거부해 온 자가 형기가 만료되어 출소한 후, 사회정세의 추이를 달관하여 얼른 태도를 바꿔 전향을 결의하고 바른길로 되돌아옴으로써 충량한 국민생활을 누리는 자도 적지 않다.

보호관찰법은 이 2가지 사실 중 후자의 경우를 예상하여, 제7조에 "이것을 취소하고 또는 변경할 수 있다"라고 규정하였지만, 전자의 경우, 즉 보호관찰심사회의 결의에 따라 일단 '보호관찰 필요 없음'이 되어 범위 밖에 놓인 자가 다시 생활의 궁핍함과 심경변화 등의 제반 사정으로 그럴 필요가 생긴 경우에는 이것을 어떻게 처리할 것인가가 법문상으로는 명료하지 않다.

또한 만약 임시로 소급 조항을 적용하여 다시 보호관찰심사회에 맡긴다고 하면 그 경우에는 어떤 기관의 누가 신고(申告)의 임무를 담당할 것인가. 만약 본법이 위와 같은 경우를 포용하지 않는다면 이 법령이 사상범의 보호관찰을 전체적으로 철저히 하고 있지 않다는 치명적인 난점에 봉착하게 되는 것이 아니겠는가.

바라건대 당국에서 주도면밀한 지시를 내려 본법 제정의 취지를 잘 관철하고 그에 따라 유종의 미를 거둠으로써, 방황하는 사상범이 각각 제자리를 찾을 수 있도록 해 주기를 바라 마지 않는다..

〈자료 93〉 나스 노부미치, 사상범 처우와 보호단체에 대한 요망

[那須信道, 1936, 〈思想犯の處遇と保護団體への要望〉, 《保護時報》 20권 12호, 19~25쪽]

마쓰에(松江)형무소 교무 나스 노부미치(那須信道)

1.

현재 일반수형자 및 사상 수형자는 형무소에 입소하게 되면 행형누진처우령(行刑累進處遇令)[9]에 따라 처우를 받고 있는데 우선 입소 당시부터 2개월 동안은 조사급(調査級)에 편입시

---

9 1933년 10월 25일 공포. 사법성령(司法省令) 35호. 교도소 내 수형자의 활동사항에 대해 누진점수제를 도입하

켜 독거구금에 붙인다. 본인의 개성과 심신 상태, 경우, 경력, 교육 정도, 가족과 친척, 친구 관계, 기타 본인의 신상을 모두 조사하고, 이 신상 조사가 끝났을 때 형무관 회의에 부쳐 본인에게 처우령을 적용할 것인가 여부를 결정하게 된다. 그리고 사상 수형자이면서 과격사상을 포기하지 않는 자는 그 누진처우령 제2조에

'본령(슈)은 다음 각 호의 하나라도 해당하지 않는 그 밖의 징역 수형자에게 적용한다.'
① 형기 1년 미만인 자.
② 65세 이상으로 서서 하는 작업을 하지 못하는 자.
③ 임산부.
④ 불구, 불치병, 기타 심신 장애에 의해 작업에 적합하지 않은 자.
⑤ 과격사상의 포회자(抱懷者)이면서 그 사상을 포기하지 못한 자.

라고 규정되어 있는데, 사상 수형자 가운데 비전향자는 위의 조령 5항에 해당하므로 과격사상을 포기하지 않는 이상, 몇 개월 몇 년이 지나도 여전히 조사급에 멈춰 누진처우령의 은혜를 입을 수 없다. 다른 대부분의 일반 수형자가 2개월 후에는 처우령 적용을 받는 데 반해 사상 수형자 중 비전향자만 홀로 조사급에 멈춰 감옥법 시행규칙에 의거하여 취급받고 있다. 이러한 처우에 대해 비전향자들은 큰 불만을 품고, 항상 형무소장을 비롯한 우리에게 면회를 요구하고 그 부당함과 불평불만을 호소하고 있다.

향후 일반 수형자와 다르게 특히 주의할 점은, 읽는 서적, 서신 교신, 접견에 관한 건 등에 대해서이다. 서적에 관해서는 누진처우령 제57조에 '제2급 이상의 수형자에게는 형무소 규율과 다르지 않은 범위에서 사본(私本) 열람을 허락한다. 제3급 이하의 수형자에게 교화상 특별히 필요할 때 역시 마찬가지이다.' 또 수형자의 읽는 서적에 관한 본성(本省)의 통첩을 토대로 처리하는데 사상 수형자들은 비전향, 전향에 상관없이 지식욕이 왕성하고, 또 고등교육을 받은 자가 많으므로 본성이 허가하는 형무소에 비치된 서적으로는 도저히 만족하지 못한다.

여 이에 따라 처우를 달리하고, 나아가 가출옥 대상자를 산정할 때 근거자료로 활용했다. 감옥 내에서 죄수를 통제 관리하기 위한 방책으로 활용되었다.

또한 종래의 사상계통상 법이 정한 경제, 특히 마르크스 이론 철학에 관한 문헌의 열람 허가를 강하게 요구한다. 이런 경우 우리는 개별적으로 본인의 경력, 환경, 입소 후의 품행, 정신 사상 동향 및 열람을 요청한 서적의 저자 경력, 사상, 서적 내용 특히 저술에 대한 저자의 태도를 충분히 조사하고 반추한 후, 본 성의 심사를 거쳐 차입과 하부(下付)[10] 허가 또는 대여 및 구입의 허가 여부를 결정한다. 이것의 적합성은 본인의 교화 지도에 중대한 영향을 미친다.

다음, 접견·서신에 관해서는 누진처우령 제7장의 규정에 얽매이지 않고, 제66조 '형무소장이 교화상 기타로 특별히 필요하다고 인정할 때는 이 장(章)의 예에 따르지 않을 수 있다'는 조문을 활용하여 되도록 가족, 친척, 보호자와의 접견 기회를 많게 주고 서신 교신을 많이 할 수 있도록 노력해야 한다. 이것은 일반 수형자에게도 그렇지만 사상 수형자에게는 특별히 우리 쪽에서 접견, 서신 교신의 기회를 많이 만들어줘 그들의 이론과 이치로 냉각된 두뇌를 감정적으로 함양시키는 것이 전향으로 유도하는데 가장 효과가 크다. 그 실제적인 증거는 전국의 치안유지법 위반 수형자의 전향동기조사(1936년 8월 31일 현재)에 의하면, 전향·준전향자 중 근친애 및 기타 가정관계가 전향의 동기인 자가 289명 중 120명으로 가장 많고 총 인원의 4할 1부가 넘는다. 다음은 국민적인 자각이 67명, 공산주의 이론 청산이 36명(이하 생략)의 순으로 되어 있는 것을 봐도 쉽게 알 수 있다.

다음, 우리가 그들을 교회(敎誨)[11]하는 태도에서, 일반 수형자를 대할 때는 대체로 교화자의 품위를 가지고 설득해야 하지만, 사상 수형자는 이와 반대로 되도록 친구 같은 태도와 열의로 대하여 어느 정도 그들이 친숙함을 느끼도록 해야 한다. 만약 그들에게 교화자의 태도나 말투를 쓰면 어떻겠는가. 설령 그들의 심금을 울리는 말이라고 하더라도 그렇게 하면 공든 탑이 무너지듯 저들은 전혀 움직일 수 없고 오히려 반감을 품게 한다. 더욱이 그들의 학설이나 이론에 대해 이쪽의 학설과 이론으로 마주하여 논쟁하는 것은 다툼이고 평화가 없다. 게다가 그러한 수단으로 나가려면 이쪽의 학설과 이론이 진리이고 상대방의 것은 허위라는 명백하게 확실한 전제가 필요하다. 따라서 이런 식으로 학설과 이론을 가지고 설복시킬 수는 없으므로 되도록 피해야 한다.

---

10 청에서 주민에게 증명·허가·인가·면허 따위를 내주던 일. 윗사람이 아랫사람에게 물건을 내려보내는 것.
11 수형자에게 자신의 범죄를 반성하도록 가르쳐 깨닫도록 하는 것.

2. 사상범 보호에 관해 보호단체를 향한 요망

일반 수형자와 사상 수형자는 심정과 성격에 큰 차이가 있는데, 전자는 염치심이 부족하고 대략 나약하고 교활한 데 반해 사상 수형자는 심정이 순진하고 정의심이 강하며 성격이 이지적이다. 그러한 점에 따라 범행도 전자는 이기적이며 단독의 것이 많고, 후자는 사회적이고 행동이 단체 조직이다. 그들은 사회적 결함에 대한 정치적 미비를 향해 정의로운 관념에서 일으킨 행동이었다는 것을 스스로 확신하고 있으므로 그들에게 '사상범 석방자'와 '사상범' 등과 같은 언사를 되도록 사용하지 않아야 한다.

그들 전향자가 말하길, "우리 전향자의 과거 행동은 사회에 대한 정의 관념에서 마르크스 이론 또는 유물사관을 실행에 옮긴 것인데 그것이 우리 국체와 서로 용납되지 않았던 것이고 이제 석방되어 전향한 우리를 부르길 지금까지 '사상범'이라든가 '사상범 석방자'라든가 '범(犯)'이라는 말을 사용하는 것을 보면 일종의 반감과 불쾌감이 든다"라고 하였다. 그렇다. 일반 방면자도 단순히 '석방자'라고 부르는데 그들에게만 '사상범 석방자'나 '사상범 보호' 등의 언사를 사용하는 것은 도리에 맞지 않는다고 생각한다. 이 점은 관계자와 보호단체 분들의 주의가 필요하고 고려해야 할 점이다.

3. 관헌과의 교섭을 밀접하게 할 것

관헌 중 검사국 사상계 검사, 현(縣)특고과 직원, 형무소 교회사, 직업소개소 직원 등과 평소 친밀하게 연락을 취해 두어야 한다. 특히 사상 관련 보호기관에서 이들 관헌을 임원으로 두는 것은 필수 요건이다. 나의 짧은 경험에 비추어 보자면, 현재의 피보호자와 비합법단체와의 관계 여부, 또는 사상적인 교우관계, 가족, 취직처의 사상 관계 등은 사상계 검사와 특고과가 가장 제대로 조사해 왔다. 특히 특고과는 현내(縣內) 사상인 동향은 물론 위의 모든 점을 면밀하게 조사하였기에 그들을 보호할 경우 또는 보호 중 적합 여부를 상담하는데 가장 편의를 얻을 수 있다. 게다가 요즘 사상계 검사와 특고과의 전향자·비전향자에 대한 심상(心象)과 태도는 근래 몇 년 전과는 완전히 달라져서 작년 초에 이러한 사상전향자 보호기관을 설립하는데 사상계 검사, 현특고 과장, 직업소개소장에게 후견과 회(會)의 임원이 되어 줄 것을 교섭하였더니 흔쾌히 찬성하였다. 특히 특고과장은 첫 대면 당시 나에게 실은 자기들 쪽에서 이러한 기관을 세우고 싶었던 참이어서 아주 온 힘을 다하겠다고 하였다. 그 후 창설 이래 오늘까지 이런 분들은 매달 열리는 전향자 집합에 빠짐없이 출석하여 취직, 가정, 기타 건수에 대해 항상 전력을 다해 주신다. 따라서 보호회 분들은 이러한 관헌 분들과 평소에도 친밀한 연락과 협조를 이어가길 깊이 바라고 있고, 또한 그렇게 하는 것이 적은 힘으로도 효과가 크다.

4. 보호의 기본 조건

마침내 사상범보호관찰소가 개설됨에 따라 그 법령에 기반하는 보호대상자는 종래의 각 보호단체가 해온 대로 단순히 전향자에 한정하는 것이 아니라, 비전향자와 준전향자도 함께 보호대상이 된다. 따라서 보호의 기본 조건도 넓은 범위에 걸친다.

첫 번째 기본 조건은 사상범보호관찰소의 사상관찰이 비전향·준전향자도 대상으로 하는 이상, 위탁을 받은 각 보호단체는 항상 그들의 사상을 관찰하며 사상 전환에 힘쓰고 그들이 독서와 사색하는 경향을 내탐할 필요가 있다.

작년 각 보호단체에서 사상적 석방자들에게 사상 전환을 유도하기 위한 서적을 배포했다. 그 방법으로 우선 이들에게 서양 철학을 체계적으로 읽도록 권장하고 있다. 아리스토텔레스와 플라톤을 비롯한 유심철학과 유물철학의 학설이 고대부터 현대까지 서로 교차하고 모순되며, 영구한 진리나 진실을 찾기 어렵다는 사실을 깨닫게 하려는 것이다. 이 고금의 서양철학사 또는 경제학사에서 그들이 진리라고 신봉하는 마르크스의 유물철학이 어떤 지위에 놓였는지를 인식하게 되면 마르크스의 철학도 완전무결하지는 않다는 점에서 진리라는 것도 다른 면에서는 결함이 있다는 것을 발견한다. 또한 그 진리도 수십, 수백 년 후에는 진리가 아닐 수도 있다는 것을 인식하면 자연스럽게 마르크스 철학이론에 대한 열정도 식고 신념도 옅어져 사상적 동요가 일어날 것이다.

다음은 사상보호의 근본적인 조건인 일본정신으로 돌아가게 하는 것, 그것을 위해서는 일본 민족사와 일본국사 문헌을 계통적으로 숙독시켜 일본의 특이성과 그들이 일본인이라는 것을 자각시켜 일본주의 사상으로 유도하는 데 있다.

게다가 동양철학 특히 불교 철리(哲理)를 개론부터 입문시키고 이어서 계통적으로 연구하도록 권한다. 이에 따라 그들은 미지의 세계를 발견하듯이 불교 철리를 몇 명 정도는 믿게 된다.

이상과 같은 방법은 비전향에서 전향으로의 이론적인 전향 방법의 하나지만 전향자의 전향 동기가 근친애 또는 가정 관계 때문에 자각한 자가 많으므로, 비전향에서 전향으로 돌리는 방법으로서는 친척, 가족과의 융화와 친밀을 꾀하는 것, 또, 가족의 물적 보호 등은 보호 조건 중 가장 중요한 것이다. 그렇게 해서 전향한 자는 좌익단체와 비합법운동으로부터의 유혹 여부에 주의하고 그 절연을 위해 관헌과 협력하여 노력해야 하는 것은 물론이다.

지금의 전향자 다수는 사회적으로 '우리는 무엇을 해야 하는가'에 정체되어 있다. 그들은 "우리는 공산주의를 완전히 포기하였지만 정당한 국가혁신의 뜻을 버린 것은 아니다. 스스로 시대의 선각자라고 으스대는 자부심을 가진 것은 아니지만, 어찌할 수 없는 일본적인 혼이 모든 사회조직의 결함에 주의를 기울이게 만든다. 우리 전향자는 쉽게 자기 만족하면서 밥만 먹으면 된다거나 옆 사람이 굶어 죽어도 나만 편하면 된다고 가만히 있지 못한다"라고 말한다. 일본정신을 자각하여 일본인으로서 일본의 개혁을 생각하는 것은 자연스럽고 정의감이 강한 전향자가 그 신념을 파악하는 것도 당연한 일이다. 사상은 단순히 사상으로 멈추지 않고 반드시 사회 실현으로 나타나는 것을 생각하면 사상보호는 일본주의를 내세워 사회의 진화를 위해 가능한 힘을 써서 그 책임을 다하는 방향으로 전진해야만 한다. 정당하고 온건한 사상을 키우고 그것을 기초로 하여 사회활동의 진로를 개척해 주려는 방향까지 사상보호의 중심점이 변해가야 한다.

보호의 기본 조건 중 첫 번째가 사상보호라는 정신적 중요 조건이라면, 두 번째 조건은 생활보호라는 물적인 방면이 중요하다. 의식(衣食)이 충분하면 불평하지 않는 것이 인간성의 한 면인 이상, 사상인의 생활보호 여부는 나아가 그 사상에 큰 영향을 미치는 것이다.

그들의 생활보호란, 즉 취직 및 생활 안정의 문제이다. 이 문제는 오늘날 각 방면으로 논제가 되고 있는데 이에 대한 해결은 다음과 같은 장애로 저지되고 있다.

1) 일반 대중이 취직난에 빠져 생활이 궁핍하다.
2) 전향자에 대해 세상 사람의 이해가 아직 충분하지 않다.

3) 전향자의 직업 체험이 별로 없어 바로 유능한 실무자가 되기 어렵다.

위와 같은 사회정세와 전향자를 대상으로 그들의 생활보호를 하는 것은 상당히 어려운 문제이며 상응하는 자금이 필요하다. 이에 취직 및 생활 안정을 위한 방법을 약간의 경험에 따라 나열해 보면,

1) 보증 방침의 확립: 앞에서 언급한 바와 같이 사상인의 심정과 성격, 범행은 일반 범죄자와는 완전히 상이하므로 그들의 생활보호는 일반 형여자(刑餘者)와 같이 배신당할 걱정은 없다. 따라서 보호단체가 종래 기피하고 있었던 신분 보증 또는 보증금 문제는 보증할 것.
2) 봉급생활 경험자에게는 관헌과 제휴하여 관공회사 방면으로 취직할 수 있도록 운동할 것: 관헌가의 이해와 촉진을 위해 노력하고 시험적인 채용보다 본격적인 채용으로의 길을 열어줄 것.
3) 이전(前)직업으로 취직하게 할 것: 다년간 종사한 직업을 없애고 전업하는 것은 그것만으로도 이미 크나큰 손실이기 때문에 종전의 직업을 알선하기 위해 보호사와 보호회원은 그 사유를 조사하여 생업자금의 대여, 단골처의 협력 개척, 새로운 경영법의 아이디어 제시 등으로 전업을 단념시키고 원래 직업으로 도와 격려할 것.
4) 자립하여 자영업을 시작하는 자에게는 생업자금을 대여할 것: 요즘처럼 봉급생활자의 구직이 힘든 시대는 없다. 그 사이에 끼어들어 과연 취직할 수 있겠는가. 설령 취직할 수 있더라도 긴 옥중생활에 상당한 연령에 달한 본인, 가족의 생계를 지지할 정도의 봉급을 얻을 수 있을까. 취직해도 일시적으로 끝나지 않을까 등의 여러 가지에 대해 전향자 본인 스스로 이것을 자각하고, 대개는 자립하여 자영업을 희망하고 있기에 보호회는 상당한 생업자금을 준비하여 종래의 일반 형여(刑餘) 보호자에게 대여할 때와 같은 제한을 철폐하고 개인당 백 엔에서 오백 엔 정도까지 대여하는 방법을 강구해야 한다. 그리고 대여 방법은 여러 가지가 있지만 최저 금리로 대여하고, 보증인은 본인의 친척과 오래된 지인 중 독립하여 일가를 이룬 세대주 또는 전향자 유자격자, 이해심 있는 후원자로 할 것.

〈자료 94〉 미야기 초고로, 사상범보호관찰법 실시에 즈음하여 보호사업 보편화를 바란다

[宮城長五郎, 1936, 〈思想犯保護觀察法の實施に際し保護事業の普遍化を望む〉, 《保護時報》 20권 12호, 4~14쪽]

미야기 초고로(宮城長五郎)[12]

1. 파쇄(碎破)와 자비(慈悲), 이것이 일본정신의 표현이다

메이지(明治)천황 지음

인(仁)

나라를 위해, 해(害)가 되는 원수를 무찌른다(破碎) 해도

자비(慈悲)를 베풀어야 함도 잊지 말라.

왕의 시가를 읊고 있자니 왠지 이즈모(出雲)의 구니유즈리(국토 양도)[13]에 관한 고사(故事)가 떠오른다. 아마테라스오미카미(天照皇大神)가 오쿠니누시노미코토(大國主命)가 영유하고 있던 곳을 통합하고 이즈모족을 귀순시키기 위해 다케미카즈치(建御雷命)를 보내셨을 때, 오쿠니누시노 미코토는 모든 것을 자식들의 의견에 맡겼다. 장자인 고토시로누시노 미코토(言代主命)는 바로 귀순하였지만, 차남인 다케미나가타노 미코토(建御名方命)는 이에 반대하여 다케미카즈치에게 힘겨루기를 도전하였다가 패배하여 결국 시나노(信濃)의 스와코(諏訪湖)까지 쫓겨났으나 막상 목숨을 거둬들이려 하자 이 땅 밖으로는 어디에도 가지 않겠다고 항복하며 목숨을 구걸하였다. 이렇게 두 아들이 귀순하자 오쿠니누시노미코토는 명령하신 대로 이 나라를 바치지만, 영주할 곳은 이즈모 지역에서 받고 싶다고 청하므로 원하는 대로 조처해 주고 그 일의 상황을 아마테라스오미카미에게 엎드리어 아뢰었다.

---

12 미야기 초고로(宮城長五郎 1878~1942) 근대시기 일본의 재판관, 검찰관. 법무대신과 귀족원 의원을 역임. 구 소년법 및 교정원법(소년원법의 전신)의 통과에 힘쓴 인물로 알려져 있다.
13 구니유즈리(國讓り)는 일본 신화에서 아마쓰카미(天津神)가 구니쓰카미(國津神)로부터 국토(葦原中國) 이양을 받은 것을 말한다.

이것이 이즈모의 구니유즈리(국토 양도)라는 고사인데, 지금 현재 시나노(信濃)[14]의 스와신사(諏訪神社)는 다케미나가타노미코토(建御名方命)를, 이즈모타이샤(出雲大社)[15]는 오쿠니누시노미코토(大國主命)를 각각 신으로 모시고 모두 관폐대사(官弊大社)[16]로서 국민의 존경과 숭배가 두터운 신사가 되었다. 특히 스와신사는 전쟁의 신이라고 칭해져, 일본이 외적과 싸울 때는 군인을 수호해 준다고까지 이야기되고 있다.

외국의 모든 사례를 보면, 전쟁에 진 성주나 국주(國主)가 항복하더라도 장래의 화근을 자르기 위함인지 복수 때문인지 모르지만 무자비하게 이들을 살육한다. 루이14세[17]가 단두대의 이슬로 흩어져 버린 것은 오래된 참사이지만 가깝게는 러시아의 황제도 난폭한 백성들 때문에 가문과 함께 살육당했다. 정치가 패도(覇道)[18]로 이루어지는 나라에서는 패자 살육이 항상 변함없이 실행되고 있었던 듯하다.

패도정치, 즉 힘으로 천하를 다스리기 때문에 모든 것들이 살벌하기 짝이 없다. 이에 반해 왕도정치에서는 천하를 덕으로 다스리기 때문에 살벌한 형상은 없다. 필요 이상으로 헛되게 힘을 사용하지 않는다. 그 때문에 일단 귀순하기로 한다면 적의 주군이라 할지라도 함부로 살육하지 않는다. 오히려 그를 애호함으로써 이로 인해 감사와 은혜를 보답하는 마음에서 자연스럽게 충의를 다해 섬기게 되는 것이다.

이즈모의 구니유즈리(국토양도) 고사는 일본 정치가 신대(神代)부터 덕을 기본으로 하였다는 좋은 증좌가 되는 것으로, 황송하게도 메이지(明治)천황의 시는 짧지만 그러한 것을 말씀하신 것이라고 생각되는 바이다.

힘과 덕, 파쇄와 자비, 이것은 일본정신의 한 표현이다. 나라를 위해, 해(害)를 끼치는 원수가 있을 때 전후 사정을 따지지 않고 철저히 파쇄(破碎)해야만 일본정신을 실행한 것은 아니다. 그러나 파쇄가 잘되어 그 효과가 좋을 때 또 철저하게 자비를 베풀어 주지 않으면 이것

---

14 현재의 나가노(長野)현.
15 시마네(島根)현 이즈모시(出雲市)에 있는 신사.
16 국가에서 지정한 신사로 조정이나 나라로부터 공물을 받는 신사를 뜻한다.
17 프랑스 역사상 처음이자 마지막으로 단두대에서 처형된 사건은 루이 16세이지만, 원문대로 '루이 14세'로 표기함.
18 권모나 무력으로 천하를 지배하는 일. 반대는 왕도(王道).

도 마찬가지로 일본정신을 잘 실행했다고 말할 수 없다. 파쇄와 자비, 국민은 삼가 명심하여 지키며 한시도 잊어서는 안 된다.

2. 검찰, 재판, 행형 이것이 내부의 적(敵)을 파쇄하는 힘이다

세계가 통일되면 나라에 해를 끼칠 원수가 국외에는 없어진다. 그러나 오늘날과 같이 열국들이 대치하고 있는 상황에서는 국외에 원수와 적이 있음을 잊어서는 안 된다. 우리는 반드시 국내외에 원수와 적이 있음을 각오하고, 경계를 엄중히 해야 한다.

외부의 적이 어떤 것인가에 대해서는 설명할 필요도 없지만, 내부의 적이라는 것은 범죄인을 말한다. 범죄인이 안녕질서를 무너뜨리고 천하태평의 꿈을 깨는 것은 외부의 적, 즉 외적(外敵)과 다름이 없으므로 내적(內敵)이라고 부른다. 외적 파쇄(破碎)에 대해서는 충성스럽고 용맹하며 의열(義烈)하기가 세계 어디에도 비할 바가 없는 육해군의 장군과 병사들을 전적으로 신뢰하므로 우리는 안심하고 나날을 지낸다. 반면 우리는 후방의 원호(援護)를 위해 충분히 주의를 기울임으로써 일단 일이 생기면 육해군 장군과 병사들이 아무런 걱정 없이 모든 힘을 외적 파쇄에 바칠 수 있도록 안심시키고 해외에서 국위(國威)를 빛내기를 바라야 한다. 지극히 충의심이 강한 장군과 병사들이 전혀 후방 걱정을 하지 않도록 국내 치안을 완전하게 유지하는 것이 필요하다. 치안이 흐트러지고, 국체를 비롯하여 생명, 신체, 재산 등이 해를 입는 위험에 직면하게 되면 충성스러운 장군과 병사일수록 후방에 대한 걱정이 깊어진다.

국내 치안을 유지하기 위해서는 각종 범죄인의 파쇄가 가장 긴급하다. 범죄인은 나라에 해로운 미워해야 할 국내의 적이다. '배은망덕한 자'[19]라는 것은 그들을 말한다. 보라! 독일제국은 전쟁에 패하지 않았음에도 불구하고 러시아의 선전(宣傳)에 의해 장군과 병사, 국민에게 만연한 공산주의 사상으로 화를 입어 결국 멸망하기에 이르지 않았는가.

불행하게도 일본에도 공산사상이 침투하여 그 사상을 품은 자가 등장하고 결국에는 그

---

19 원문은 '獅子身中の虫(사자 몸 안의 벌레)'라고 되어 있다. 사자의 몸 안에 살며 그 덕을 입는 벌레가 오히려 사자의 살을 먹고 그를 해친다는 말에서 유래하여 '내부에서 분쟁을 일으키는 자'를 뜻한다.

사상을 실현하려는 자들이 존재하게 되었으니, 치안유지법을 제정함으로써 새롭게 공산주의 실행자들을 국내의 원수로 간주하고 파쇄하기로 하였다. 독일제국의 사례를 근거로 그들을 가장 무서운 내적(內敵)으로 본다. 국체를 옹호하고 사유재산제도를 유지하기 위해 3·15사건, 4·16사건 등의 기회를 노려 대대적인 검거를 결행하였다. 그러나 검거를 거듭해도 남은 잔불들이 다시 불타오를 세력으로 충분하니 머지않아 불길이 치솟을 형국이므로 상하를 불문하고 나라의 모든 이들이 깊은 우려를 금할 수 없게 되었다.

1932년(昭和 7) 초 무렵 폐하의 존엄한 위세에 제국 수도의 검찰 당국은 공산당에 당비를 공급하는 자금망이 퍼져 있는 것을 알아채고 마음을 단단히 먹고 자금망 파괴를 기획하였다. 이 새로운 전술로 적의 돈줄을 끊어 내니, 마침내 그들은 도둑질, 절도부터 남녀가 공모하여 공갈과 사기를 저지르는 파렴치한 범죄로 자금을 얻을 수밖에 없는 궁지에 내몰리게 되었고, 결국은 조직폭력배로까지 전락하여 자금을 확보할 수밖에 없게 되었다. 이리하여 국민 대중에게 반감을 사게 되자 이를 기회로 10월 30일 대검거를 결행하였다. 이어 1933년(昭和 8) 6월 사노(佐野)와 나베야마(鍋山)의 두 우두머리가 단행한 전향 성명을 능수능란하게 활용하여 전향의 시대를 만들어 냈다. 그리고 신속하게 검거를 이어가자 잔류 당원들 사이에 서로 의심암귀(疑心暗鬼)[20]가 일어나 결국 당원 간의 린치가 발생하고 끝내 자멸하기에 이른 것은 모두가 아는 바이니 황국을 위해 경하(慶賀)해 마지않는다.

공산당이 나라에 해로운 원수임은 당연하지만, 그 밖에도 예컨대 상해, 절도, 강도, 방화, 노상강도, 사기, 횡령, 공갈 등 어떤 종류의 범죄도 그것을 범한 자는 사회의 치안을 방해하고 양민을 괴롭히며 산업경제의 발전을 저해함으로써 나라에 상당히 해를 끼치는 원수들이다. 국가에 해를 끼치는 원수는 어떤 부류이든 그들을 파쇄함으로써 앞으로 생길 피해를 없애고 천하를 태평하게 만들지 않으면, 외부에 일이 있을 때 거국일치(擧國一致)의 강고한 단결력으로 후방 엄호에 온전히 매진할 수 없을 것임은 분명하다.

검찰, 재판, 행형은 이러한 내적 파쇄를 위해 강고한 힘을 발휘하고 각각의 직분 속에서 치안을 확보하기 위해 노력하였다. 검찰당국인 검사와 사법경찰관은 더위와 추위에 아랑곳

---

20 「의심이 생기면 귀신(鬼神)이 보인다」는 뜻으로, 의심하는 마음이 있으면 대수롭지 않은 일까지 두려워서 불안해 한다는 뜻이다.

하지 않고 권문세가를 불문하고 계속 검거를 이행함으로써 원수를 파쇄하는 일에 전혀 게을리하지 않는다. 특히 사법경찰관은 이따금 원수들의 악독한 만행으로 인해 불구가 되거나 불치병자가 될 뿐 아니라 심각한 경우에는 생명을 잃기도 한다. 그야말로 양민을 위해 원수를 파쇄하는 직무에 목숨을 걸고 종사하는 자라고 하지 않을 수 없다.

재판소에서의 심리와 판결, 형무소에서의 형 집행, 모두 기소할 필요가 있는 흉악한 원수를 파쇄하기 위한 활동으로, 이에 종사하는 직사(職司)는 원수 파쇄에 애쓰느라 하루도 마음 편한 날이 없다.

3. 유예와 가출옥, 이것이 자비의 시작이다.

유예는 기소유예와 집행유예로 나눌 수 있다. 전자는 검사가 관장하는 것이고 후자는 판사가 주관하는 것이다.

형벌은 검거와 마찬가지로 파쇄의 무기가 되고, 자징타계(自懲他戒)[21]의 수단이 된다. 검거만으로도 충분히 자징타계의 목적이 달성될 때가 있고, 대부분의 범죄자는 이 부류에 속한다. 이 부류의 범죄자는 더는 형벌을 가할 필요가 없기 때문에 검사는 공소를 제기하지 않는다. 즉, 기소를 유예하는 것이다.

검거만으로 충분히 자징타계의 목적이 달성되지 않는 흉악한 범죄자가 있다. 이 부류에 속한 자는 소수지만 검사는 이들에게 단호하게 공소를 제기하여 재판소의 심리와 판결을 요구한다. 이러한 흉악한 범죄인도 천황(이대로?)의 이름으로 실시되는 판사의 취조를 받고는 태도가 빠르게 바뀌며 회개하여 타계(他戒)라는 목적이 충분히 달성되는 경우가 있다. 이러한 경우가 물론 소수이기는 하지만, 그 경우에는 더 형벌을 부과하며 집행할 필요가 조금도 없다. 그런 경우 판사는 형을 부여하고 난 뒤, 형 집행을 일정 기간 유예한다는 선고를 한다. 그 기간 계속 회개하여 유예 선고가 취소되지 않으면 선고된 형벌은 소멸하게 된다. 즉 처음에는 조건부로 일정한 기간에 형 집행을 양보하고, 조건이 완성되면 형은 면제되는 것이다.

---

21 자신을 징계하여 타인의 경계(警戒)로 삼는다. 유사어는 일벌백계(一罰百戒).

천황의 이름으로 실시되는 판사의 취조를 받았는데도 자징타계의 목적을 달성하지 못한 경우에는 단호하게 집행될 형이 부여된다. 이러한 자는 형무소에서 참회할 수 있도록 교육을 베푼다. 교육 효과가 좋아 판사가 지정한 기간을 채우기 전에 일찌감치 참회하고 반성하게 된 자는 임시로 출옥 허가를 받는다. 형량이 남은 동안 계속해서 반성할 때는 잔형 집행은 면제받지만, 이와 반대로 반성의 빛이 없을 때는 남은 형량이 집행된다. 이것을 가출옥이라고 하는 것이다.

범죄인에게 검사는 기소권을 가진다. 그러나 자징타계의 실익이 있을 때는 기소권을 행사하지 않는다. 검사가 기소한 범죄인에 대해서 판사는 과형(科刑)권을 가진다. 그러나 자징타계의 실익이 있고, 형벌을 집행할 필요가 없을 때는 집행을 유예한다. 집행유예가 없는 경우에 형무소는 집행권을 가진다. 그러나 반성과 개선이 빨라 계속해서 집행할 필요가 없을 때는 일시적으로 집행을 정지하고 임시로 출옥을 허락하고 있다.

유예도 가출옥도 당연히 행사할 수 있는 권리를 행사하는 것이 아니라 일시적으로 그 권리를 양보하고 있다는 점에서 성립된다. 권리 양보는 자비이다. 검사, 판사, 형무소의 눈물이다. 즉 국가의 눈물이다. 그러나 권리를 양보하는 것만으로는 아직 철저하게 자비를 베푼 것은 아니다. 그저 자비의 단서(端緖)를 보인 데 지나지 않는다. 그래서 유예와 가출옥이란 자비의 시작이라고 하는 것이다.

4. 보호는 자비를 철저히 하는 것이다.

유예와 가출옥을 실행한 현재까지 국가로서는 자비의 첫 부분을 보여 준 것에 지나지 않았다. 형벌 집행을 봐준 것뿐으로, 범죄인에게 앞으로의 생활을 지도, 보좌, 원조하여 다시 죄를 범하지 않을 수 있는 길을 강구해 주지는 않았다. 그러면 힘들게 자비를 베풀기 시작했어도 그 효과가 옅어서 반드시 다시 범죄를 저지르는 자가 있을 것이라는 점을 우려해 독지가와 종교가가 나서서 유예자와 가출옥자의 생활을 지도하고 보좌하며 원조한다. 그렇게 함으로써 될 수 있는 한 재범 감소를 위해 노력해 왔고 이것이 사법보호사업이라고 칭해져 형사정책에 입각한 사회사업이 되었다. 이 사업은 국가가 가납(嘉納)하도록 되어 있지만, 명색뿐이어서 액수는 지극히 적고 그래도 매년 장려금 명의로 각 보호회에 제공되고 있었다.

국가는 벌금과 형무소의 노동 수입으로 매년 막대한 국고 수입을 거두고 있음에도 불구하고 극소한 액수의 장려금을 지출하며, 보호사업가의 자비심을 부추겨 형사정책상 빼놓을 수 없는 보호사업을 수행시키고 있는 상황이다. 보호사업가는 국가가 자비심을 부추기고 있다는 것을 알고 있지만, 부득불 범죄방지라는 고상한 국가적 관념을 위해 어떤 이는 사재를 던지고 어떤 이는 기부금을 모으거나 사업자금을 끌어다 쓰면서 오늘날까지 보호사업을 실행해 왔다.

그러나 자금 부족으로 사업을 이상적으로 전개할 수 없기 때문에 범죄방지의 목적도 생각대로 달성하지 못하여 주지하는 바와 같이 범죄는 매년 증가해 왔다. 재판소와 검사국이 과감하게 유예실행을 하고 있으나 형무소의 수용인원은 매년 증가 추세에 있고, 현재 내지에서만 5만 명을 돌파하여 6만 명대에 근접했다. 얼마나 흉악 범죄자가 많은지 놀라울 정도이다. 나라를 걱정하는 식자로서 고통스럽지 않을 수 없다.

대략 범죄인이 되는 원인은 과학적 조사에 의하면 다양한데, 개괄적으로 말하면 평범하지 않은 자가 범죄인이 되는 것이다. 보통 사람보다 열등해서 범죄인이 되는 자도 있고, 보통 사람보다 우수해서 범죄인이 되는 자도 있다. 보통 사람보다 처진 열등한 자가 보통 사람을 흉내 내려고 하는 데서 자연스럽게 무리가 생기는 것이다. 그 무리함을 계속 끌고 나가려 하면 그것이 국법에 저촉되어 범죄인이 될 수 있다. 보통 사람보다 뛰어난 자가 보통 사람보다 이하인 자를 보면 자연히 내려다보게 되어 옳지 못한 짓을 하게 된다. 그 옳지 못한 짓이 국법에 저촉되어 범죄인이 되는 일도 있다.

유예자와 가출옥자는 참회하고 반성한 사람이지만, 인간의 우열은 어찌할 도리가 없이 엄연히 존재하는 것이다. 선고된 형기의 집행을 모두 마치고 반성하고 출옥한 만기석방자도 마찬가지일 것이다. 우열이 존재하는 이상 언제 어떤 기회에 이것이 원인이 되어 다시 죄를 범하게 될지 모른다. 참으로 위험하기 짝이 없다. 지금까지의 방법으로는 유예자, 가출옥자가 만약 이러한 자비를 배신하고 나쁜 짓을 저지른다면, 기소유예자는 유예를 취소하여 공소 제기를 하며, 또 형 집행유예자와 가출옥자는 유예 또는 가출옥을 취소하고 형 집행을 하게 된다. 또 반성한 만기석방자가 다시 죄를 지으면 이번에는 형이 무거워지게 된다. 그러니 앞으로 절대 불성실한 생활을 해서는 안 된다. 끊임없이 신체를 수양하고 성실하게 행동해야 한다고 훈계하는 것만으로 국가의 통제에서 벗어나 복잡한 사회로 내보냈다. 자비의 손을 내밀었으되 그 자비를 관철함으로써 우수한 자는 우수한 자로, 열등한 자는 열등한 자로, 각각 그에 알맞은 지도와 보좌, 원조를 하지 않은 채, 다시 나쁜 짓을 저지르면 가차 없이 검거하거나 형 집행을 하거나 공소 제기를 할 뿐이라는 식이라면 국가는 수수방관하며 지켜보는 데 지나지 않는 것이다.

파손된 기물을 붙이기 위해서는 접착제가 건조하여 단단해지기까지 현재 상태 그대로 보호하고 있어야만 파손된 곳을 완전히 수선할 수 있다는 것은 모두가 잘 알고 있다. 일본인은 어릴 때부터 교육칙어에 나오는 "국헌을 중시하고 국법을 준수해야 한다"는 말이 박혀 있다. 교육칙어가 가르치는 대로 생활하는 자는 충량한 신민(臣民)이다. 국헌을 소홀이 여기고 국법에 어긋난 행동을 한 탓에 범죄인이 되는 것이다. 범죄인은 일본인으로서는 불충불량(不忠不良)한 무리이고, 파손된 기물과 마찬가지인 자들이다. 접착제를 발라 수선해 주지 않으면 일본인으로서 아무런 쓸모가 없는 가련한 자들이다. 사법경찰관, 검사, 판사, 형무관은 검거에 의해, 심리에 의해, 형 집행에 의해 기물이 파손된 곳에 접착제를 바르고 있다. 바꿔 말하면 범죄인에게 회개를 독려하고 있다. 접착제를 바르고 나서는 건조를 시켜야만 굳어진다. 접착제가 굳지 않으면 기물로써 쓸데가 없다. 그리하여 보호사업은 접착제가 건조하여 굳기까지 기물을 돌보는 귀중한 작업이다. 재범 방지를 위해 필요한 사업인 것이다.

보호사업은 검찰, 재판, 행형에 의해 시작된 자비를 철저히 관철하여 재범을 방지하고 범죄를 감소시키는 귀중하고 필요한 형사정책적인 사회사업이다. 그런데 현재까지 국가는 이에 직접 손을 대지 않았다. 이제까지 실행한 형사정책은 범죄인 파쇄에 급급하여 유감스럽게도 자비를 무심하게 버려두고 있었다. 이것은 패도(覇道)의 형사정책으로 왕도(王道)의 형사정책은 아니었다. 애초부터 일본정신이 담기지 않았던 것이다.

종교가와 독지가는 억누를 길 없는 자비심에서, 또 국가를 위하는 마음에서 오랜 세월 보호사업에 노력해 왔다.[22] 그러나 범죄라는 거친 파도를 헤쳐 나가기 어려운 정세 속에서 매년 범죄는 증가하고 있다. 시급히 검찰, 재판, 행형과 함께 보호사업도 국영(國營)화시켜 현재 거칠게 요동치는 범죄의 파도를 진정시켜 세상을 태평하게 만드는 것이 보호사업가로서 다년간의 소망이었다.

---

22 원문에는 이 부분에 강조 표시를 넣고 있다.

5. 사상범보호관찰법은 보호사업 국영(國營)화의 시작이다

1936년(昭和 11) 법률 제29호에서 사상범보호관찰법이 공포되어, 11월 20일부터 실시되기에 이르렀다. 사상범 중 형 집행유예 선고를 받은 자, 소추가 필요 없어 공소제기를 받지 않은 자, 가출옥을 받은 자, 또는 형 집행을 끝낸 자를 보호하며 그 사상과 행동을 관찰함으로써 다시 죄를 범할 위험을 방지하는 것이 이 법률이 달성하려는 목적이다.

사상범이 어떤 경우에 형 집행유예 선고를 받고 어떤 경우에 가출옥을 허락받는가를 물으니, 그 첫째 조건은 전향했다고 말하는 것, 바꿔 말하면 반성하고 개심했다고 말하지 않으면 안 된다. 소추를 필요로 하지 않는 경우도 역시 마찬가지이다.

오늘날의 형벌은 정기(定期)형이기 때문에 형기가 일정하다. 그 기간이 만료하고 출옥한 자 중에는 전향한 자도 있고 또 전향하지 않은 자도 있을 것이다. 형 집행을 끝낸 자를 전부 보호한다고 하면 비전향자도 보호하게 되지만 비전향자는 충량한 신민이 아니다. 악인이다. 유예자와 가출옥자와 같이 참회하고 회개하여 선인이 된 자를 보호하는 것은 선인을 보호하는 것이 되므로 국민도 잘 이해하고 원조를 아끼지 않을 것이다. 그러나 악인까지 보호한다고 하면 국민은 절대 납득하지 않을 것이다. 이 '납득하지 않는다'는 국민적 감정이 선인 보호의 측면에서 나쁜 영향을 미치게 된다면 보호사업상 간과할 수 없는 문제가 된다.

사상범은 검거하고 탄압해야만 한다. 비전향자에게는 공소를 제기해야만 하고, 형을 부여해야만 한다, 그 형을 집행해야만 한다. 그리하여 형 집행 중 전향하지 않는 자는 만기까지 형무소에 구금해 둬야만 한다. 즉, 비전향자는 검거부터 형기를 채울 때까지 일관되게 사상범으로 취급되어 보호선상으로 올라오는 기회를 얻지 못한 자이다. 그것이 형기를 채우고 출옥하게 되면 전향자와 마찬가지로 보호선상으로 올라오게 된다니 도저히 상식적으로 이해할 수 없지 않은가.

신란쇼닌(親鸞上人)[23]은 "착한 사람은 당연히 극락왕생한다, 하물며 악인은 말할 것이 있

---

23 신란쇼닌(親鸞上人, 1173~1263)은 일본 가마쿠라(鎌倉) 중세시대의 불교가로 정토진종(浄土真宗)의 교조이다. 원문에는 親鸞上人이라고 되어 있지만 親鸞聖人이라고 표기하는 경우도 있다.

겠는가?"[24]라는 깨우침을 주셨다. 그렇지만 그것은 왕생의 문제로 종교상의 일이다. 보호는 사회정책 특히 형사정책의 문제이다. 악인을 보호해도 이득이 있고 해가 없다는 것이 적극적으로 명료하다면 악인이라 해도 보호하는 것이 정책상 당연한 일이다. 그러나 십몇 년 동안 내가 체험한 바에 의하면 보호회를 망가뜨리는 짓을 하는 자는 악인이고, 또 각 보호회 모두가 피보호자의 취직난에 빠져 있는 것도, 보호사업이 사회에서 이해받지 못하고 있는 것도, 모두 악인, 즉 반성과 개심하지 않은 자를 보호하는 것에서부터 시작되었다. 그렇다면 보호하지 않는 편이 좋을 것이다.

그러나 출옥한 비전향자에게도 적절한 길을 강구하여 사회 불안을 없애도록 무엇인가 궁리해야 한다. 그에 대해서는 보안처분을 내리는 것이 가장 적절한 길이라고 생각하지만, 보안처분은 신체를 구속하는 일도 있기 때문에 헌법상 법률을 필요로 한다. 그러한 법률이 없는 오늘날에는 그것도 안 되니 할 수 없이 경찰관이 보호사업가와 밀접한 연계를 유지하며 미행과 그 외 특별한 시찰을 하고, 생활을 안정시켜 재범을 방지하는 것 외에는 달리 치안유지를 위한 최선의 길은 없을 것이다. 법률 목적을 달성하기 위해 새롭게 보호관찰심사회를 만들고 여기에 심사위원을 두고, 보호관찰소를 만들어 여기에 보도관, 보호사, 서기를 두고, 모두 국가의 공무원으로 직무를 하는 것이다. 심사회는 결의기관이고 관찰소는 실행기관이다. 물론 국비로 지불하지만 보호단체, 사원, 교회, 병원 또는 적당한 자에게 위탁하여 보호한 경우에는 그 보호에 의해 발생한 비용의 전부 또는 일부를 국고에서 지불하게 되었다. 즉, 보호사업이 이 부분에 한해 국영(國營)이 된 것이다.

보호사업이 국영화되고 보호사업의 숙원을 이루게 된 것은 경사스러운 일이지만, 아직 사상범으로 제한되어 있고, 유예를 받거나 가출옥 허가가 되었거나 반성하고 개심한 만기 출옥자이든 간에 그 외의 범인은 포함되지 않기 때문에, 이 법률은 보호사업의 일부만을 국영화시킨 데 지나지 않는다. 참으로 불철저한 일이라고 생각된다.

파쇄는 패도이다. 그것에 자비가 더해지면 왕도가 되고, 왕도는 일본정신에 적합하다. 요즘의 검찰, 재판, 행형은 나라에 해를 끼치는 범죄인의 파쇄를 잘하고 있지만, 한 가닥의 자

---

24 원문은 "善人なおもて往生を遂ぐ, 況んや悪人をや." 일본의 불교 가르침을 담은 〈탄이초(歎異抄)〉에 나오는 구절로 아미타불의 서원(誓願)으로 악인도 극락왕생할 수 있다는 뜻.

비를 베풀고 있는 데 지나지 않는다. 여기에 보호가 합쳐져야 비로소 자비를 철저히 할 수 있고, 그렇게 되어야 형사정책이 왕도정치에 따라 진행되는 것이다.

이미 옳고 그름은 명료하다. 또 이미 사상범을 보호하기로 했다. 과거 우리의 불구대천의 원수였던 사상범도 검찰, 재판, 행형에 의해 자신의 죄를 깨닫고 전향하여 충량한 신민이 될 것이며, 또 보호에 의해 그 능력을 발휘하여 나라를 위해 내외로 활약하게 될 것은 필연적이다. 바라건대 신속히 국영화된 보호를 철저히 관철하여 일반범죄인에 이르기까지 선인을 권장하고 악인을 징계하는 성과를 얻음으로써 거세게 요동치는 범죄의 파도를 진정시키고자 한다.

3. 사상범 보호관찰소의 운영

〈자료 95〉 사상범 보호관찰에 관한 이야기

[「思想犯保護觀察の話」, 『思想犯保護槪要』, 長野保護觀察所, 1938.6, 1~15쪽]

1. 사상범 보호의 기초 관념-보호관찰이란 무엇인가 -

1936년 11월 20일 도쿄·오사카·나고야(名古屋) 그 외 전국 22개 도시에 보호관찰소가 설치되었다.

보호관찰소는 사상범에 대한 보호관찰을 하는 관청이다. 잘못된 주의 사상을 신봉하다가 치안유지법을 위반한 사람들 또, 그 죄로 인해 사상적·생활적으로 혼미·고뇌하고 있는 사람들을 따뜻한 동포의 품에 포옹하여 여러모로 돌봄으로써 진정한 일본 국민으로 회귀하게 만들고 진정한 일본 국민의 길을 굳건히 지켜나가도록 만드는 것이 보호관찰소의 역할이다.

국가가 사상범을 보호한다고 하면 일단 기이하게 여기는 사람들이 있을지 모르겠지만, 사상범죄의 과거와 현재 상황을 살피고 다시 일본의 국정을 생각해 보면 과연 사상범 보호관찰이 필요하다는 것을 이해할 수 있을 것이다.

일본에서 공산주의 문제가 일반인에게 관심을 끈 것은 다이쇼(大正) 말기에서 쇼와(昭和) 초엽에 실시된 수차례의 대대적인 공산당 검거인데, 이들의 검거를 계기로 국민 대중은 공산주의 운동의 가공할 만한 실정을 알게 되었고, 또한 우국지사는 이러한 방어의 중요성을 통감하게 된 것이다. 당시의 이 가공할 만한 사상은 노동자, 농민, 학생, 그 밖의 사회층에 거침없이 파고들어 그들을 몽유병자와도 같이 운동으로 몰아넣었고, 한때는 공산주의 운동이 일본에서는 성공하지 못할 것이라고 확신하면서도 그 세력이 매우 강력해서 당시 사람들은 근심하지 않을 수 없었다.

그러나 그토록 기세등등하던 공산주의 운동도 결국 3천 년 이상 이어 온 강인한 국풍(國風)에 대항하지 못하고 저절로 몰락하기에 이르는 시기가 도래했다. 이는 검찰 당국이 준엄한 사찰과 검거에 힘씀으로써 공산주의 운동을 방지하고 억눌렀을 뿐 아니라 만주사변 이후 발흥한 국민주의 정신, 또는 공산주의자의 근친(近親)이나 관계자들이 보여준 애정이 그들을 갑자기 전향하게 하는 등 기타 여러 사정으로 인해 최근 일본의 공산주의 진영은 추풍낙엽처럼 갑자기 세력이 기울어 과거의 흔적이 전혀 남아 있지 않은 상태가 되었다. 일본국을 위해 참으로 반가운 일이 아닐 수 없다.

그럼에도 불구하고 화근이 완전히 해소된 것은 아니다. 1928년(昭和 3) 이후 치안유지법 위반으로 검거된 자의 수는 6만 명을 넘는데, 그중에서 기소유예 처분 혹은 집행유예 선고를 받거나 형 집행을 마치거나 가출옥 허락을 받은 자의 수는 1만 명 이상에 달하고 있다. 그리고 이 사람들의 현재의 심경은 제각각으로, 완전히 전향한 사람도 있지만 여전히 전향하지 않고 불령 사상을 품고 있는 자도 있다. 또, 그 태도가 애매하여 전향 의지가 있는지 없는지 판명되지 않는 사람도 있다. 비전향자가 재범 위험성을 가지고 있는 것은 물론이지만, 준전향의 영역에 달한 사람들도 - 지난날의 과오로 인해 현재도 생활적으로나 사회적으로 매우 불안정한 지위에 있기 때문에 - 이대로 이들을 방치하면 그 환경이나 사회정세에 좌우되어 재범에 빠질 우려가 없다고는 할 수 없는 상황이다. 이를 내외 여러 정세와 종합하여 고찰해 보면 비전향자 및 준전향자에 대하여 그 사상의 전향을 촉진하여 앞으로의 사회정세의 변화가 어떻든지 간에 저들이 결코 다시 사상범죄를 저지르지 않도록 하는 것은 현재 매우 긴급하고 중요한 일이다.

또한 이미 완전히 전향한 사람들에 대해 그들의 국민적 갱생의 노력을 지원하고 서로 협력하여 국민 사상을 확립하는 일에 매진하고 국난 타개에 힘쓰는 일은, 실로 국가를 태산 같은 반석 위에 올려놓아 일본을 진정 위대하게 만드는 방법이다.

이와 같이 비전향자 및 준전향자에게 전향을 촉진하고, 전향자에 대해 그 전향을 확고히 하는 최선의 방법은 이들 사상범에 대한 보호관찰을 빼놓아서는 안 되는 것이다. 즉, 이 사람들을 따뜻한 동포의 품으로 안아 여러 가지로 돌봐 주고 적법하고 질서 있는 생활을 하게 한다. -진정한 일본 국민으로 되돌려 진정한 일본 국민의 길을 굳건히 지키게 하는 것 외에 좋은 방법은 없다. 이것이 사상범 보호관찰의 근본 관념이자, 국가가 사상범 보호관찰법을 제정하고 보호관찰소를 설치한 이유이다.

2. 보호관찰 대상 - 누구를 보호관찰에 부치나 -

사상범 보호관찰법에 의한 보호관찰은 어떤 사람에게 어떠한 경우에 적용되는가 하면

(가) 이 법의 적용은 치안유지법 죄를 저지른 자에 한정된다. 치안유지법 죄를 범한 자라면 공산주의 운동에 의한 치안유지법 위반자이든, 다른 주의 방침에 의한 치안유지법 위반자이든 상관없이 이 법에 적용받게 되는데 실정상 현재 이 법의 대상이 되는 것은 주로 공산주의 관계자이다. 이에 반해 치안유지법에 저촉되지 않는 범죄에 대해서는 이 법은 적용되지 않는다.

(나) 이 법에 의한 보호관찰은 치안유지법 죄를 범한 자가 검찰에 의해 기소유예 처분을 받은 경우, 재판에서 형 집행유예 선고를 받은 경우, 형무소에 수용된 후에 가출옥을 허가받은 경우, 혹은 만기 출옥한 경우에 한하여 적용된다. 그 외의 경우에는 예를 들어 기소보류 처분을 받아 형 집행정지를 받았거나 형 집행 면제를 받은 경우 등에는 이 법에 의한 보호관찰을 하더라도 실효가 없기 때문에 적용하지 않기로 했다.

(다) 그렇다면 치안유지법 죄를 범하고 기소유예 처분 혹은 집행유예 선고를 받았거나 가출옥을 허가받았거나 만기 출소한 자는 모두가 보호관찰에 부치느냐 하면 그렇지는 않다. 보호관찰 여부는 보호관찰심사회의 결의로 결정되는데, 이 심사회에서 보호관찰에 부칠 필요가 없다는 결의를 한 경우에는 앞의 2항의 해당자라 하더라도 보호관찰에 부치지 않는다.

3. 보호관찰의 기관 - 누구를 보호관찰 하나 -

보호관찰 기관으로는 보호관찰소와 보호관찰심사회가 있다.

보호관찰소

보호관찰소는 사법대신의 관리하에 사상범 보호관찰 사무를 관장하는 독립된 관청으로, 전국에 22개소 - 도쿄, 요코하마(橫浜), 미토(水戶), 마에바시(前橋), 시즈오카(靜岡), 나가노(長野), 니가타(新潟), 오사카, 교토, 고베(神戶), 다카마쓰(高松), 나고야(名古屋), 가나자와(金澤), 히로시마(廣島), 오카야마(岡山), 후쿠오카(福岡), 구마모토(熊本), 센다이(仙臺), 아키타(秋田),

아오모리(青森), 삿포로(札幌), 하코다테(函館) - 에 설치되었다. 각 보호관찰소에는 보도관, 보호사 및 서기가 있고, 소장(보도관으로 이를 충당한다)이 이를 통할하여 감독한다.

보도관은 보호관찰사무의 지도통제를 담당하는데, 이른바 보호관찰소의 중심기관이다.

보호사는 소장의 명을 받아 조사 및 관찰 사무를 관장한다. 보호사는 전담자가 전국 22개소에 총 33명으로, 1개소에 1인 또는 여러 명이 있는데 이 정도로는 도저히 조사 및 관찰 사무를 충분히 수행할 수 없기 때문에 사법대신은 사상범의 보호관찰에 경험이 있는 자, 그 외의 적당한 자에게 보호사 직무를 촉탁할 수 있게 되어 있다(즉, 촉탁보호사). 이 촉탁보호사는 주로 관찰에 종사하게 되는데 이미 전국적으로 수백 명의 명사에게 촉탁을 했다.

서기는 서무에 종사하는 자이다.

보호관찰심사회

보호관찰심사회는 각 보호관찰소에 마련되어 있다. 즉, 도쿄보호관찰소에는 도쿄 보호관찰심사회가 있으며, 오사카 보호관찰소에는 오사카 보호관찰심사회가 있는 것과 같이 전국 22개 보호관찰소에 각각 보호관찰심사회가 마련되어 있다. 이것을 보면 보호관찰심사회는 보호관찰소의 부속기관처럼 보이지만 양자는 관제상 전혀 별개의 조직으로, 보호관찰심사회는 사법대신의 직접 감독을 받는 독립 관청이다. 보호관찰심사회는 아무개를 보호관찰에 부칠 것인가 말 것인가 등을 심사, 결정하는 결의기관이며, 보호관찰소는 보호관찰 사무를 집행하는 기관이다.

보호관찰심사회는 회장 1명, 위원 6명, 모두 7명으로 구성되는데, 여기에 4명의 예비위원을 두고, 서기 1명도 딸려 있다. 회장, 위원 및 예비위원은 사법부내에서뿐만 아니라 널리 일반 사회의 학식, 경험이 풍부한 사람들중에서 사법대신이 임명하게 되어 있다.

4. 보호관찰에 부치는 절차 - 어떤 순서로 보호관찰에 부치나 -

검사국이 치안유지법 위반자에 대하여 기소유예 처분을 한 경우, 재판소가 치안유지법 위반자에 대하여 형 집행유예 선고를 한 경우, 또는 형무소가 치안유지법 위반자에 대하여 가출옥을 허가한 경우, 또는 만기출소의 경우에는 검사국 또는 재판소, 또는 형무소는 이를 보호관찰소(본인의 현주소 또는 귀임지를 관할하는 보호관찰소)에 통지한다.

통지를 받은 보호관찰소는 바로 본인의 경력, 처지, 천성과 품행, 심신 상황, 사상의 추이, 그 외에 필요한 사항에 대하여 조사를 실시한다. 조사는 주로 보호사가 하는데, 조사를 할 때에는 당사자와 그 외의 사람의 명예를 해치지 않도록 유의하고, 특히 당사자의 심경 변화의 유무, 혹은 심경 변화가 있을 때는 그 동기, 정도 및 사회운동에 따르는 의사의 유무, 나아가 보호자의 성격, 자산, 가정의 좋고 나쁨, 가정과 당사자와의 감정 관계 및 본인의 장래의 생계 전망 등도 분명히 한다.

보호관찰소는 이상과 같이 검사국, 재판소 혹은 형무소로부터 통지를 받은 경우가 아니더라도 보호관찰소의 독자적 입장에서 보호관찰에 부칠 필요가 있는 자가 있음을 인지한 경우에는 위에서 서술한 바와 같이 조사를 실시한다.

그리고 이 조사 결과, 보호관찰소의 의견으로 당사자를 보호관찰에 부쳐야 할 자라고 판단되는 경우에는 보호관찰소는 보호관찰심사회에 심사를 청구해야 한다.

청구를 받은 보호관찰심사회는 당사자를 보호관찰에 부칠 것인지 말 것인지에 대하여 심의를 하고 이에 관한 결의를 하는데, 그 결의는 서면으로 이를 보호관찰소에 통지한다.

보호관찰소는 상기 보호관찰심사회로부터 당사자를 보호관찰에 부쳐야 한다는 결의 내용을 통지받은 경우에는 당사자를 보호관찰에 부친다.

가처분

이상은 사상범을 정식으로 보호관찰에 부치는 절차를 대략적으로 서술한 것인데, 사상범이 기소유예, 집행유예, 만기출소, 또는 가석방 처분을 받은 경우에 보호관찰소의 의견으로 즉각 당사자를 보호관찰에 부칠 필요가 있다고 생각하는 경우에는 보호관찰심사회의 결의 전에 임시로 보호관찰에 부칠 수가 있다.

5. 보호관찰 내용–보호관찰은 실제로 어떻게 이루어지나–

보호관찰은 실제로 어떻게 이루어지는지, 어떤 구체적인 방법에 의해 실시되는지를 보면, (가) 보호사의 관찰에 부치든지 또는, (나) 당사자의 보호자에 인도하든지 혹은, (다) 보호단체·사원·교회·병원 기타 적당한 자에게 위탁하든지 하여 이를 실시한다. 어떤 경우라 할지라도 보호관찰소는 당사자에게는 보호관찰 처분의 의의를 설명하고 향후 언행을 삼가도록 적절히 가르쳐 타이른다.

그리고 상기 3가지 방법은 당사자의 성격, 사상 상황, 그 밖의 사정을 참작하여 단일 또는 병합하여 실시할 수 있으며, 필요하다고 인정되는 경우에는 거주, 교우 또는 통신에 관해 제한하고 그 밖에 적당하다고 인정되는 조건의 준수를 명령할 수 있다.

상기의 경우에서 보호관찰의 구체적 방법이나 당사자에게 준수하게 할 조건은 보호관찰소가 이를 결정한다.

보호관찰 기간

일단 2년으로 정해져 있으나 당사자의 사상 추이의 상황, 처지의 변화, 기타 사정에 따라 이를 단축할 수도 있고, 연장할 수도 있다(연장의 경우에는 다시 보호관찰심사회의 결의에 의할 필요가 있다). 이렇게 기간에 탄력성을 부여한 것은 필요 충분한 보호관찰을 수행하여 보호관찰의 목적을 완전히 달성하기 위함이다.

보호관찰의 목적과 내용

보호관찰에서는 당사자의 사상전향을 촉진하거나 이를 확보하는 것이 주안점이 되어 있어 그를 위해 당사자의 사상지도와 생활 확립에 대하여 적절한 처치를 하는 것이다.

그리고 사상을 지도할 때는 사상범죄자의 특수성에 비추어 특히 본인의 사회적 양심과 정의적 관념을 존중하면서 진정한 일본정신을 체득하게 하는 데에 힘쓰고, 생활 확립에 대해서는 생활의 안정이 전향 확보와 밀접한 관계를 가지고 있다는 것을 고려하여 항상 당사자의 적성과 능력에 맞는 직업과 지위를 부여하는 일에 힘써야 한다. 만일 당사자가 가정생활을 영위하는데 적절한 것이라고 인정된다면 지원해 주어 가정을 이루게 한다. 세대를 훈련하여 가족제도의 미풍을 체득하도록 힘쓰고 또 필요에 따라서는 취학, 복학 등의 배려도 하면서 때에 따라 타이르고 가르치고 장려를 하는 등, 피보호자의 일본인으로서의 갱생을 위해 모든 지도와 원조를 하는 것이다. 그리고 보호관찰 중에는 항상 당사자의 언동 및 사상의 추이에 유의한다. 비전향자 및 준전향자에 대해서는 특히 교우관계, 통신 상황, 조건 준수 여부를 면밀히 관찰해야 하며, 만약 주거, 생활 여건, 보호자와의 관계 등 당사자에게 부적절한 사정이 있다고 판단될 경우, 보호자나 관련 기관과 협력하여 적절한 조치를 취해야 한다. 이러한 조치들은 모두 온건하고 타당하게 이루어져야 하며, 당사자의 명예를 훼손하지 않도록, 또한 취업이나 업무에 지장을 주지 않도록 특별히 유의해야 한다.

6. 사상범 보호관찰제도의 사명

전술한 바와 같이 사상범 보호관찰은 치안유지법의 죄를 저지른 사람들을 보호하고 다시 죄를 범할 위험을 방지하기 위해 그 사상 및 행동을 관찰하는 것이다. 즉, 보호관찰은 그 효과로 한쪽에서는 사회를 사상범죄의 위험에서 방어함과 동시에 다른 면에서는 당사자를 적극적으로 지도하고 이끌어 도와줌으로써 일본인으로서의 올바른 길로 복귀시키고 올바른 길을 굳건히 지키게 하는 것을 목적으로 한다. 여기에 이 제도가 갖는 정의와 인애의 융합통일이라는 의미 깊은 가치가 존재하는 것이다.

원래 만민일가(萬民一家), 동포해화(同胞諧和)는 3천 년 일본 역사를 관통하는 사실이자, 수천만 동포 중 한 사람이라도 불행에 빠진 자가 있다면 이를 구할 방법을 생각하고, 한 사람이라도 오염에 물든 자가 있다면 그를 정결하게 만들기를 바라고, 일치 협력하여 이 국토를 정화하고 서로 이끌고 서로 도와 국민생활의 번영을 바라는 역사적으로 배양된 국민적 성정이다. 사상범 보호관찰제도는 이 역사적 사실을 기초로 하고 이 국민적 성정을 정신으로 한다. 잘못하여 비난받아 마땅한 죄를 범한 자라도 관계를 끊지 않고 본연의 길로 돌아오게 하려고 지도하고 이끌어 도와주어 미몽에서 깨어나 다시 충량한 국민으로 되돌아온 자, 혹은 그 과정에 있는 자에게는 흔쾌히 이를 포옹하고 관용을 베풀고, 자진하여 그 갱생을 위해서 원조의 손을 내밀어 마침내 서로 손잡고 충군보국의 길에 오르는 것은 정말로 인의(仁義)가 하나가 된 일본정신의 발로임에 틀림없다.

이 일본정신의 구체화로서의 사상범 보호관찰제도는 당연히 일본정신의 실천과 선양을 그 임무로 해야 한다. 비전향자, 준전향자에 대한 보호도 역시 일본적 사상과 일본적 행동의 순화를 그들과 함께 성취하는 데에 궁극적 목표를 두는 것으로, 여기에 사상범 보호관찰제도는 사상 국방 전선의 일환으로서의 늠름한 자태를 드러내는 것이다.

7. 사상범 보호관찰제도의 형정사(刑政史)적 의의

사상범 보호관찰제도가 담당하는 직접적으로 당면한 사명은 그야말로 전술한 점에 있는데, 여기에서 간단히 이 제도가 가지는 형정사적 의의에 대해 한마디 하겠다.

범죄를 방어할 목적을 달성하는 데에 있어서 검찰, 재판, 행형과 나란히 보호 – 이른바 석방자 보호사업의 기능이 충분히 발휘될 필요가 있는 것은 형사정책의 이론상 이미 확인되고 있는 바인데, 석방자보호사업 – 사법보호사업은 국가와 사회와의 공동책임으로 수행되어야 할 것이라는 주장은 오래도록 주창되어 왔다. 그런데 일본에서는 종래 석방자보호사업은 민간 독지가의 손에 일임되어 겨우 소년에 대한 보호관찰만이 소년법에 의해 국가사업으로 인정되고 있는 상태였다. 그런데 이제는 사상범보호관찰법이 실시됨에 따라 성인석방자에 대한 보호사업도 국가사업으로 실시되는 것이 사실상 확인된 것이므로, 이러한 의미에서 사상범 보호관찰제도는 사법보호사업의 역사상 획기적 의의를 지니는 것이다. 이 제도를 선구로 드디어 일반 석방자 보호사업이 국가성을 인정받아 법제화되는 것은 당연한 귀결이라고 해야 할 것이다.

또, 최근 석방자 보호 이론에 대해서는 보호대상의 확대와 보호 경영의 합리화가 필요하다는 주장이 일고 있다. 이른바 보호대상의 확대란 종래와 같이 단순히 가출옥자 및 만기출소자에만 그치는 것이 아니라 기소유예자 및 형 집행유예자도 보호대상으로 해야 한다는 주장이다. 다음으로 이른바 보호 경영의 합리화란 보호대상의 확대에 따라 보호 적격성의 선택에 유의하고, 특수보호사업의 발달에 힘을 쏟아 사업 운영상 사무의 분업화를 도모하고 재판소, 검사국, 형무소 외에 경찰, 직업 소개 기관, 시정촌(市町村)의 복리 기관 등과 밀접한 연결을 취해야 한다는 주장을 요점으로 하는 것이다. 그러나 사상범 보호관찰제에서는 전술한 바와 같은 보호사업의 진화 형태가 법제상으로 확립된 것이므로, 이 또한 사법보호사업 역사상 특기할 만한 일이라고 할 것이다.

이리하여 이 제도는 사법보호사업 전반을 보다 전진시키고, 이에 따라 사법보호사업 전반에서 범죄 방어 기능을 잘 수행하게 하는 사명도 가지는 것이므로, 부디 사회 일반의 이해와 협력을 얻어 그 사명을 수행하는 데 차질이 없기를 바라는 바이다.

– 이상은 재단법인 소덕회(昭德會)가 발행한 사상범 보호 개요에서 발췌한 것이다.

〈자료 96〉 다카하라 가쓰미, 대화숙의 설립과 그 활동

[高原克己, 1941.10, 〈大和塾の設立とその活動〉, 《朝鮮》 317호]

구질서 붕괴라는 세계적 변화 속에서 일본은 금세기의 신질서 대동아공영권의 확립을 목표로 거국적으로 싸우고 있다. 정치, 경제, 문화, 사상, 국가의 모든 부문, 모든 기관은 국방국가 체제로 재편성되어 이윤 추구, 자아 공리(巧利)[25]라는 개인주의적, 자유주의적인 구태의연한 낡은 관념을 철저히 바로잡음으로써 3천 년 전통을 이어 온 일본정신이 1억 국민의 핏속에 끊임없이 면면히 흘러 신세계의 여 명을 불러와 1억 명이 한마음으로 힘찬 거보(巨步)를 떼어 놓고 있다. 이미 4년 동안 계속된 성전(聖戰)으로 우리가 체험한 고난에 가로놓인 모든 장애와 어려움은 모두 다시 태어나고자 하는 고통이며, 이를 극복, 돌파하는 우리들의 마음의 준비는 이미 되어 있다. 이러한 체제 가운데 내선(內鮮)에 한 치의 빈틈도 있어서는 안 된다. 이러한 마음 자세에 내지인과 조선인 사이에 차이가 있어서는 안 될 것이다. 대륙 전진 병참기지로서 중대한 사명을 짊어지고 있는 반도 2천 4백만 민중은 지금이야말로 동아의 맹주 일본의 신민으로서 그 참된 적성(赤誠)을 피력하고 공존공영의 신질서 건설에 매진해야 할 가을이다.

대화숙은 이러한 국민 총력, 총립(總立)의 시국에 눈을 떠 국민적 자각을 회복한 반도의, 지금까지 반국가 사상을 품어온 자가 심기일전한 사상보국, 내선일체의 실천 단체이다. 또한 반도의 모든 사상 사건 관계자를 보호, 교화하고 국가가 총력을 발휘하는 데 있어 한 점의 장애가 없기를 기하고, 나아가 기꺼이 신하로서 마땅히 지켜야 할 신도(臣道)를 실천하는 국민 전사를 육성하고자 하는 바이다. 역사적으로는 조선 전역에 있는 전향자의 애국 단체로, 반도 사상계에 지대한 공헌을 한 시국대응전선사상보국연맹(時局對應全鮮思想保國聯盟)[26]의 발전적 개조에 따라 새로이 발족된 것이다.

즉 시국대응전선사상보국연맹은 사상범 보호관찰제도 실시 이후 조선 내 다수의 사상사범자의 선도, 보호를 담당해 온 보호관찰소 직원이 밤낮 구분 없이 헌신적으로 노력하여 동

---

25 어떤 일을 행할 때 효과나 이익만을 중시하는 모습을 말함.
26 조선사상범 보호관찰소의 외곽단체로 1938년 7월 24일에 조직되었고 1940년 12월 대화숙(大和塾)으로 통합되었다.

(同)제도 운영의 획기적인 성과로 1938년(昭和 13) 7월 전조선의 사상전향자를 하나로 통일하여 결성한 것이다. 결성 이후 각 보호관찰소의 지도에 따라 모든 총후애국운동에 활발한 활동을 전개하고, 연맹원도 적극적으로 황국신민으로서의 적성(赤誠)을 피력하여 수많은 미담가화(美談佳話)를 만들어 내면서 그 사상은 한층 더 순화되고, 동(同)연맹에 대한 사회적 이해와 원조 역시 적지 않아 1940년(昭和 15) 말에는 7개 지부 83분회, 3천 3백여 명의 연맹원을 거느리게 되었다. 그리고 나아가 그 기구에 근본적 개혁을 가하여 명실 공히 보호관찰소의 외곽 단체로서 사상보국운동의 합리화와 사상범보호사업의 진전을 기함과 동시에 내선일체의 철저한 구현에 기여하고자 하는 당국의 방침에 순응하여 사상보국연맹은 올해 1월 발전적 해소를 이루어 기존의 경성, 함흥, 청진, 평양, 신의주, 대구, 광주의 각 지부는 각각 독립재단법인 대화숙으로 반도 사상계에 새롭게 발족을 하게 된 것이다.

대화숙은 보호관찰소장을 회장으로 보호관찰대상자 및 대화숙의 취지에 찬동하여 그 사업에 봉사, 협력하고자 하는 자를 회원으로 하며, 황도정신의 진기앙양(振起昻揚)과 내선일체의 심화 및 철저화를 기함과 함께 사상 사건 관계자를 선도, 보호하는 것을 목적으로 황도정신 수련도장 시설, 국어[27] 보급, 강습회, 강연회, 좌담회 등의 개최, 기관지 그 밖의 출판물의 간행, 수산(授産) 경영 등을 그 사업으로 한다. 또한 각 대화숙 모두 이미 수련도장 시설 운영, 기관지 간행 및 국어강습회 개최, 수산장 경영 등을 통해 대화숙에 의한 황국신민의 연성(鍊成)[28] 교화가 끊임없이 실천되고 있으며 그 열렬하고 진지한 활동은 사회 각 방면에 커다란 감동을 주고 있다. 현재 각 대화숙의 활동 중 중요한 것을 꼽아보겠다.

(가) 국어강습회

전 조선에 있는 각 대화숙에서는 내선일체를 심화시키고 철저히 하는 방책으로 국어강습회를 각지에 개설하고 있다. 강사는 멋지게 황국신민으로 갱생을 한 대화숙 회원이다. 강습생은 모두 취학의 기회를 누리지 못한 불행한 자제(子弟), 혹은 국어를 이해하지 못하는 가정주부이다. 본 강습회에서는 국어 외에 산술, 수공(手工), 창가, 유희 등도 가르치고 있는데 본

---

27 원문에는 '국어(國語)'라고 되어 있음. 여기서는 '일본어'를 지칭함.
28 몸과 마음을 닦아 어떤 일을 이룬다는 의미.

강습회는 단순히 국어 등의 습득만을 목적으로 하는 것은 아니라 정신 도야, 훈련에 중점을 두고 있으며, 황국신민으로서의 연성, 교화를 근본이 되는 첫 번째 의의로 삼고 있다. 대화숙은 이러한 강습 대상과 목적을 감안하여 일절 수업료를 징수하지 않고, 학용품은 모두 지급 또는 대여하고 있다.

직접 대화숙 회원에 의한 국어강습에 누구보다 먼저 착수한 것은 신의주대화숙(당시 사상보국연맹 신의주 지부)이다. 세상의 이목을 집중시킨 그 백백교(白白敎)[29] 사건의 주임검사였던 신의주 보호관찰소장 나가사키(長崎) 씨(현재 경성보호관찰소장)는 사교의 함정에 빠져 그 마수에 걸려 목숨을 잃은 다수의 사람들의 무학, 문맹이 초래한 이 불행에 깊이 깨달은 바가 있어 아직 교화의 혜택을 누리지 못하는 사람들을 이러한 불행으로부터 구해냄과 함께 반도 통치의 근본이념인 내선일체의 철저한 구현을 도모하고, 동시에 사상전향자가 수강함으로써 사상 선도에 이바지하고자 일석삼조의 국어강습에 착안하여 1939년(昭和 14) 3월 당시의 사상보국연맹 신의주 지부원이 직접 먼저 인근 부녀자를 대상으로 강습이 시작되었던 것이다. 이후 강습을 담당하는 연맹원의 진지한 노력과 반도인 자제의 열렬한 국어열 덕에 본 강습회가 짧은 시간 내에 비약적인 발전을 이루게 되면서 설비 내용의 개선, 충실과 함께 뜻밖에 국경 도시 신의주의 하나의 훌륭한 특색이 되었고, 뒤이어 전조선 각지에 요원지화(燎原之火)와 같은 발전을 보게 된 것이다.

현재 전 조선에 있는 각 대화숙이 주최하는 국어강습 및 강습 장소는 다음과 같다.
경성대화숙 12개소 2,094명
함흥대화숙 2개소 140명
청진대화숙 1개소 160명
평양대화숙 2개소 254명

---

29 백백교는 1923년 우광현(禹光鉉)이 기존의 백도교라는 단체를 개명하여 세운 신흥종교이다. 백도교의 교주가 사망하자 우광현과 전용해가 이를 숨기고 시신을 암매장하였고 사실이 알려지자 명칭을 바꾸고 활동을 이어갔다. 교단에서는 전용해를 천부의 아들로 삼고 세상의 임박한 종말을 주장했으며, 피난소를 설치하기도 했다. 이 교단이 사회에 알려진 것은 1940년 교단 내에서 살인 사건이 발생하면서인데, 전용해가 교단 관련 인물 300여 명을 살해한 혐의로 사형선고를 받았으며 간부들도 무기징역 및 사형에 처해졌다.

신의주대화숙 7개소 1,172명

　　대구대화숙 1개소, 100명

　　광주대화숙 3개소, 250명

　　합계 28개소 4,170명

1941년(昭和16) 8월 20일 현재 본 강습회를 수료한 사람도 2천여 명에 달하고 있다.

그렇다면 이들 국어강습회에서는 어떤 강습이 실시되어 교화가 이루어지고 있는 것일까. 경성역을 출발한 대륙행 국제열차가 이윽고 접어드는 터널 우측에, 우거진 여름 나무들 속으로 서양식 건물의 뾰족한 끝이 엿보이는 약간 높다란 언덕이 있다. 집이나 상점들이 즐비하게 늘어서 있는 언덕 아래에서 나무들 사이로 난 길을 크게 돌아 끝까지 올라가면 회색의 넓고 크고 으리으리한 4층짜리 서양식 건물에 다다른다. 전조선의 7개 대화숙 중의 하나인 경성대화숙이다. 서양식 건물 정면에는 '경성대화숙'이라는 석골 문자가 하얗게 도드라져 초가을의 한적한 햇살을 받고 있다. 백만 대도시의 소음도 희미한, 마음 편안해지는 조용한 곳이다. 작년 말까지 미국감리회 여자신학교였던 곳인데 군(軍)의 알선과 민간 유지들의 독지(篤志)에 의해 새롭게 경성대화숙이라는 간판이 시국의 기운에 힘입어 내걸리게 된 것이다.

이 대화숙은 경성대화숙 회원의 세심(洗心) 수신(修身)의 도장임과 동시에 또한 반도인의 내선일체의 실천 도장이다. 이곳에서 경성대화숙이 경영하는 국어강습회가 경성대화숙 회원에 의해 오전, 오후, 야간을 통해 약 600명의 반도인 아동 및 가정주부를 대상으로 열심히 진행되고 있다.

주간은 미취학 아동을 주로 한 것이고, 야간은 가정주부 또는 주간 노무에 종사하는 남녀공(男女工)을 주로 한 것이다. 아침저녁으로 보자기에 싼 보따리를 들고 대화숙으로 향하는 길을 오르내리는 이들 강습생의 모습에는 총후 반도의 새로운 숨결 속에 황도(皇道) 일본의 길을 추구하고, 빛을 추구하며 노력하고 정진하는 귀한 모습이 있는데 마음 탓인지 하루하루 황국신민으로서의 성장이 느껴진다.

대화숙 안팎은 이들 생도들의 봉사로 청소가 잘 되어 있고 교실 안팎도 먼지 하나 없다. 강사실에는 생도들이 직접 꽂아놓은 사은(謝恩)의 꽃향기가 그윽하게 풍기고 있으며, 벽에 걸린 강사가 직접 쓴 '직원훈(職員訓)'이 눈길을 사로잡는다.

우리는 지성일관(至誠一貫) 신명(身命)을 바쳐 황국신민 육성을 위해 밤낮으로 몸과 마음을 다하여 부지런히 노력하여 모범을 보임으로써 사표(師表)[30]로서의 본분을 다할 것을 맹세한다.

이것이 직원훈인데 4명의 강사는 매일 함께 이 직원훈을 입으로 소리 내어 제창하여 날마다 결의를 새롭게 다지며 강습에 임하고 있다. 교실에 들어가기 전에는 직원과 생도 일동이 강당에 모여 엄숙한 조례가 거행된다. 정면 국기에 대하여 경례를 하고 궁성(宮城)을 향해 절을 하고 나서 엄숙한 마음으로 국가를 부른다. 그리고 황군장사(皇軍將士)에게 감사의 묵도를 드린 후 황국신민의 서사를 제창하고 학동훈(學童訓)을 제창한다.

우리는 일본에 태어난 것을 기쁨으로 여기며, 폐하의 자녀로서 훌륭한 일본의 어린이가 되겠습니다.

(중략)

조례를 마친 생도는 애국행진곡에 보조를 맞춰 질서정연하게 강당 정면에 있는 국기에 경례를 하고 차례차례 각자의 교실로 내려간다. 4개로 나누어져 있는 교실에서는 이윽고 각 교실에서 국어독본을 읽는 힘찬 생도의 목소리가 흘러나온다. 숙장(塾長)의 안내에 따라 교실에 들어가자, 생도들이 "기립! 경례!"라는 호령에 맞춰 일제히 숙장에게 경례를 한다. 정면에 있는 교단 위에는 니주바시(二重橋)[31] 사진이 걸려 있고, 한쪽 벽면에는 학동훈이 걸려 있다. 생도들의 책상 위에는 학무국이 기증한 국어독본이 펼쳐져 있고, 납세가 국민의 의무로써 얼마나 중요한 일인가에 대하여 교사가 몇 번이고 반복하여 설명하고 있다. 이미 국어독본도 술술 읽을 수 있는 데다가 교사의 질문에 대한 대답도 힘차고 활발하다.(중략)

그리고 국어강습회는 황국신민으로 전향한 대화숙 회원의 강인한 정신력과 발전적 의욕에 의한 새로운 기획 창조에 의해 날이 갈수록 합리화되고, 능률화되고, 철저화되어 발전해 나가서 강사 자신도 이러한 숭고한 사업에 대한 철저한 봉사에 의해 그 정신이 더욱 순화, 단련되어 가는 것이다. 한때 공산주의 운동에 열심이었던 사람들에 의한 국어강습은 위험

---

30 학식과 덕행이 높아, 세상 사람의 표적(標的)이 될 만한 모범적인 인물이라는 뜻.
31 일본 도쿄 지요다구(千代田区)에 있는 황거 정문에 놓여 있는 철제 다리의 속칭이다.

하지 않겠느냐는 말을 듣는 경우가 있다. 그러나 대화숙의 불길과도 같은 강습 상황을 한번 보면 그러한 기우는 그 자리에서 날아가고 결국 깊은 감격에 휩싸이게 될 것이다.

(중략)

경성대화숙이 경영하는 국어강습회는 이곳뿐이 아니다. 경성부내 8개소, 수원, 개성, 평택, 대전 각 1개소, 합계 12개소에서 열리고 있다. 그 밖에 각 대화숙에서 경영하고 있는 국어강습회도 모두 이상과 같은 훈련교화가 이루어지고 있다.

이렇게 대화숙에서는 다수의 반도인 자제 및 가정주부가 황국신민으로서 연성, 훈화되고 있다, 한편 각 방면의 이해, 원조도 점차 증가했는데, 특히 녹기연맹(綠旗聯盟)[32] 부인부의 적극적인 원조는 본 강습회의 강점이다. 그러나 모든 것이 유지들의 독지와 강사의 희생적인 봉사에 의해 이어지고 있는 본 강습회의 전도가 마냥 순탄하지만은 않다. 아마도 반도에 국어를 모르는 사람이 모두 사라질 때까지 계속될 본 강습회에 대하여 사회 각 방면의 더 많은 원조를 기대하는 바이다.

(나) 대화가정숙(大和家政塾)

이 외에 신의주대화숙에서는 반도부인에게 일본부인으로서의 교양을 가르쳐 내선일체를 일상 가정생활에 구현하게 하고자 지난 7월 1일부터 평안북도 용암포에 대화가정숙을 개설하여 소학교를 나온 미혼의 반도부인 45명을 입숙시켰다. 고등여학교 교원 자격이 있는 내지인 부인 3명을 전임강사로 하고, 여기에 신의주 보호관찰소 직원도 강의 일부를 담당하여 국어, 예절, 다도, 음악, 황민과(皇民科), 가사, 서도, 체조 각 과목이 주 24시간에 걸쳐 교육된다. 수업 연한은 1년인데, 대화숙으로서는 물론이고 전 조선에서도 처음 시도되는 것이어서 각 방면으로부터 그 성과에 대한 기대가 모아지고 있다.

---

32 1933년 2월에 설립된 일제강점기의 친일단체. 그 모태는 1925년 2월에 창립된 경성천업청년단(京城天業青年團)이다. 창설 당시에는 일본인들만의 조직이었으나 중일전쟁 이후부터는 한국인에게도 조직을 개방하였다.

(다) 수산장(授産場)[33] 경영

생활의 안정 여부가 개인의 사상에 매우 큰 영향을 미친다는 것은 새삼스럽게 거론할 필요도 없다. 그렇기 때문에 사상범 보호관찰에서는 대상자 본인이때로는 그 가족의 생활 보도(輔導) 또는 확립이 사상의 지도와 함께 매우 중시되고 있는 것이다.

물론 생활의 보도, 확립이라는 것도 당사자 본인의 사상 발전에 가장 효과적인 방법이 고려되어야 하며, 당사자의 사상 상태, 처지, 경력, 건강 등 당사자가 가진 조건, 사정에 따라 취해야 할 구체적인 수단과 방법은 다양하다.

대화숙에서의 수산(授産) 사업은 주로 기술이 없거나 당장 취업할 길이 없으며, 취업을 하더라도 그 수입으로는 가족의 생계를 꾸리기 어려운 사람들을 대상으로 한다. 이들을 가족과 함께 수용하여 생활의 기반을 마련해 주고, 동시에 필요한 기술을 가르치며, 대화숙 시설을 통해 일상생활 속에서 일본정신을 체득하고 실천하도록 돕고 있다.

현재 대화숙에서 경영되고 있는 수산사업에는 경성대화숙의 응용미술 간판 포스터 제작, 종이상자 제조, 명함 인쇄가 있고, 광주대화숙의 양재, 신의주대화숙의 도시락, 나무젓가락, 얇은 판자 제조 등이 있는데 모두 상당한 실적과 성과를 올리고 있다. 특히 신의주대화숙의 도시락, 나무젓가락, 얇은 판자 제조는 이미 1939년(昭和14) 봄 신의주대화숙 산업부로 경영되어 군부, 경찰 및 신의주 영림서(營林署)[34] 당국의 후의와 원조에 의해 원료 입수, 제품 소화와 함께 순조로운 경영 발전을 거쳐 이 대화숙의 공장에서는 대화숙생과 그 가족 30여 명이 부지런히 시국 물자 증산의 한 역할을 맡아 생산에 힘쓰고 있다. 경성대화숙 수산사업은 올해 5월에 막 개시되어 얼마 되지는 않았으나 응용미술부의 독특한 기술 의장(意匠)과, 제함부(製函部)의 우수한 제품과 저렴한 가격으로 바로 시중에 알려지면서 주문이 쇄도하는 성황을 보이고 있다. 제함부에서는 그날의 강습을 마친 일부 국어강습생에게도 마무리 작업의 일부를 돕게 함으로써 제품이 연이어 반출되고 있어 수산장은 나날이 활황을 띠고 있다.

(중략)

---

33 실업자나 빈민, 신체 부자유자 등을 대상으로 생계를 영위할 수 있도록 취업 능력 향상과 기능 습득을 지원하는 시설.
34 국유임야를 관리하고 민간임야의 관리를 지도하는 산림 관련 지방 관청.

또한 이 외에도 경성대화숙에서는 경성부내 신촌에 4천 평의 밭을 경작하여 채소를 재배하고 있는데 대상자들을 늘 흙과 접촉해서 익숙해지게 함으로써 근로정신의 함양과 농업 실습에 공헌하고 있다. 광주대화숙도 내부에 양잠, 표고버섯, 약초, 채소 등의 재배장을 마련하여 농촌회원의 부업연구에 이바지하고 있다. 또한 청진대화숙에서는 함경북도 내의 사상정화와 농촌진흥에 앞장서서 나아가 기여할 농촌 중견인물을 양성하는 것을 목적으로 하는 농민도장 설립을 기획하고 준비를 추진하고 있다. 평양, 대구, 함흥 각 대화숙 역시 지방의 특수사정을 고려하여 적절한 수산사업 경영에 대하여 검토 중이며, 머지않아 실현될 것이다.

대상자 훈련

보호관찰제도의 직접적인 목적은 사상범죄의 방지에 있지만 궁극적인 목적은 사상적 미몽에서 헤매던 자를 교화, 선도하여 황국신민으로서의 바른 길로 복귀하게 하고, 그들의 왕성한 활동력과 유용한 재간을 국가공공사업 시설에 적극적으로 경주하여 봉사하게 함으로써 국가 총력의 실적을 올려 황국의 흥륭(興隆) 발전에 기여하고자 하는 것이다.

따라서 대상자의 지도 목표는 자나 깨나 항상 '천황귀일(天皇歸一)의 정신'이 구현되는 진정한 황국신민의 연성에 있으며, 이 정신의 체득 구현에 따라 비로소 진정한 전향자라고 말할 수 있는 것이다.

이러한 의미에서 전향을 필요로 하는 자는 대상자 이외에 상당히 많다. 그러나 이들의 일은 잠시 차치하고 대상자는 진정한 황국신민으로 거듭나기 위해 철저한 훈련, 교화가 펼쳐지고 있으며, 지도를 담당하고 있는 보호관찰소 직원의 투철한 신념, 불타오르는 듯한 열의에 의한 지도와 이들 대상자의 자각, 노력에 따라 다대한 성과를 올려 전향자들이 떼지어 나오게 하고 있다.

대화숙에 수용되어 수산사업에 종사하는 대상자 및 그 가족이 아침저녁으로 궁성요배, 국가봉창, 신전예배, 황군장사에 대한 감사 묵도 등의 행사를 반복하여 일상생활에 황민도를 실천하고 있는 것은 물론이거니와 일반 대상자를 적절히 적당한 기간 대화숙에 입숙시켜 군대식 규율하에 불언실행(不言實行)을 맹훈련을 하여 심신을 단련하는 것이다.

경성대화숙에서는 최근의 사례로 올해 3월 10일부터 1개월간, 4월 29일부터 1개월간 두 차례에 걸쳐 각각 30여 명의 대상자를 선발, 입숙시켜 보호관찰소 직원이 이들과 침식을 같이 하면서 함께 행동하고 함께 노력하며 지도자, 피지도자가 하나가 되어 훈련을 했다. 처음에는 다분히 불안한 마음으로 입숙한 이들도 엄격한 규율 속에 넘쳐흐르는 큰 사랑을 느끼고 모든 아집을 버린 대화숙의 생활 속에서 이루 다 맛볼 수 없는 묘미를 감득하여 훈련 효과가 나날이 나타나 언제부터인지 새벽에 일어나 몰래 변소 청소를 하는 자가 나타나더니 그것이 두 사람이 되고 세 사람이 되고 결국에는 각 반이 경쟁적으로 이에 열심히 힘쓰게 되었고, 도장 입구 복도에 벗어 놓은 슬리퍼는 보기에도 기분 좋을 정도로 가지런해졌다. 이러한 행위를 통해 이들로 하여금 일본정신은 이론이 아니라 실천을 통해서만 체득할 수 있다는 신념이며, 진정한 내선일체는 반도인이 천황 폐하의 적자로서 기꺼이 죽겠다는 철저한 신념을 가질 때 이루어지는 것이라고 외치게 만들었고, 그 결과 그 신념이나 태도에서 입숙 전과 사뭇 다른 모습을 보게 되었다.

올해 5월 전조선의 대화숙 대표자 90여 명이 부여신궁 어조영(御造營) 근로봉사대를 결성하여 부여에서 3일간 근로봉사를 했는데 이곳에서도 이들은 훈련의 체험을 살려 봉사 기간 중 매일 자발적으로 휴식 시간을 이용하여 숙소인 백강료(白江寮)는 물론 타 단체의 숙사인 반월료(半月寮)에 이르기까지 숙사 내외를 빠짐없이 구석구석 청소했다. 특히 누구나 싫어하는 더럽고 불결한 변소 청소에 솔선해 임하거나 백강료 부속 미개간 땅을 여러 명의 농촌 출신 대원이 언제든지 파종할 수 있도록 땅을 갈아놓았다. 또한 부근에 있는 사적 견학에 즈음해서는 대오를 정렬하여 대원이 각자 양동이, 걸레, 작업용 소형 삽, 괭이 등을 들고 견학을 하는 한편, 크고 작은 집과 건물 등의 낙서를 지우고 쌓여 있는 먼지를 치우고 부근의 잡초를 제거하고 열심히 공동변소를 청소하였다. 이렇게 그들은 시종 묵묵히 성심성의를 다해 열심히 봉공했다. 이러한 이들의 행동은 다른 봉사 단체에 커다란 감화를 미쳐 다른 단체원도 자진해서 협력하여 이들의 청소를 돕기에 이르러 부여의 모든 봉사단에 이러한 기운이 넘쳐 주최자 국민총력연맹(國民總力聯盟)[35] 당국은 물론 그 지역 부여 관민에 지대한 감격을 주었다.

대화숙에서는 이 외에 매월 애국일에는 회원이 모두 모여 신사참배를 하고 종종 강습회, 좌담회를 개최하여 수양에 이바지하거나 혹은 기관지를 발행하여 문서에 의한 사상 선도를

---

35 일제강점기 말기에 결성된 관제 단체로, 1937년 중일전쟁을 일으키면서 내선일체, 황국신민화 등을 명분으로 한국인을 전쟁에 동원하기 위해 만든 조직이다.

하는 등 모든 방법을 동원하여 교화, 선도에 힘쓰고 있다. 전향자 역시 적극적으로 애국운동에 힘씀으로써 사상보국연맹을 잇는 대화숙의 활동은 이제는 대화숙정신, 대화숙운동과 같은 사상전향의 커다란 물결을 만들어 내고 있다. 이 물결은 앞으로 더욱 발전, 확대될 것이며, 단순히 사상 사건 관계자에 그치지 않고 모든 사회인에게 깊은 반성과 분발을 가져올 것이라고 확신하는 바이다.

〈자료 97〉 스기모토 가쿠이치,[36] 사상전향에 관한 고찰

[杉本覺一, 1942, 〈思想転向に対する一考察〉,《朝鮮司法保護》 2卷12号, 26~32쪽]

서언

1936년(昭和 11) 12월 21일 조선에 사상범 보호관찰제도를 실시한 지 만 6년을 맞이하게 되었다. 그동안 전 조선에서 7개소의 보호관찰소 직원이 말 그대로 헌신적인 노력을 기울인 결과, 조선에서의 사상전향 촉진 확보의 성적은 매우 양호하며 조선 사상계를 정화하고 엄격하게 바로잡는데 기여한 공적이 혁혁함은 누구나 인정하는 바이다.

그러나 대동아전쟁(大東亞戰爭)하의 조선사상계 동향이 더 이상 낙관할 수 없음을 통감하지 않을 수 없다는 점을 되돌아보고, 사상 전력자(前歷者)의 동향과 관련하여 한층 고려해 볼 여지가 있으리라 생각하며, 사상전향 문제에 대해서 재검토할 필요가 있겠다.

사상전향의 촉진확보는 그것이 보호관찰소 특히 보호사(保護司)에게 부과된 중책임과 동시에 전향의 진위를 뚜렷하게 구별하는 것은 비전향자에 대한 예방구금제도의 활용과 관련하여 보호관찰소·형무소·검사국·재판소·예방구금소를 통해 매우 신중해야 하며 절대 과오가 있어서는 안 되는 중대한 문제이다.

만약 앞서 언급한 기관에서 사상전향자와 비전향자의 진위를 오인해 그에 대한 처우를 그르치는 일이 있다면 사상범 보호관찰제도와 예방구금제도의 근본취지를 해칠 우려가 있다.

---

36 이 글을 쓴 스기모토 가쿠이치는 당시 경성지방법원 소속 검사.

최근 사상전향의 상황

1933년(昭和 8) 사노 마나부(佐野學)·나베야마 사다치카(鍋山貞親)가 「공동 피고에게 고하는 글」이라는 전향성명서를 발표한 이후 최근까지 전향성명이 계속 이어지고 조선에서의 사상전향도 나날이 증가하고 있다.

최근 경찰에 검거된 지 얼마 지나지 않아 전향을 표명하는 자가 있다. 검사국·예심·재판소의 취조 또는 심리 단계에서는 대부분이 전향을 표명하며, 심지어 형무소 재소자로서 전향을 표명하는 사람 또한 적지 않은 것이 현 상황이다. 게다가 1941년 3월 15일 조선에 예방구금제도가 실시된 이후 특히 그러한 감이 있다.

또 보호관찰소 대상자 중에 종래 관찰소의 지도를 달갑지 않게 여겼던 이들도 예방구금제도 실시 이후 관찰소에 접근해 영합적인 태도로 나오는 이들이 급격히 많아졌다.

이렇듯 최근에 비전향을 표명하는 이는 사상범 또는 사상전력자 중 일부에 그치고 나머지는 대부분 사상전향을 표명하고 있다고 할 수 있다. 이는 나라를 위해 반가운 현상이지만 그러나 또한 우리에게 생각하게 만드는 바가 없지 않다.

우리는 이러한 사상전향의 표명이 모두 거짓이라고 볼 수 없지만 동시에 모든 것을 진실이라고 보는 것 또한 매우 위험한 일이 아닐까 생각한다. 이점에 대해 종래 검찰·재판·행형(行刑)·보호의 각 부문에서 당사자의 전향성명서 한 장만을 가지고 곧바로 전향을 긍정하는 일은 없었는가. 또는 이와 반대로 당사자의 진지한 사상전향의 싹을 분별없이 제거해 버리는 결과를 초래한 조치는 없었는가. 우리는 이러한 점에 관하여 보다 많은 반성이 필요한 것이 아닌지 물어야 한다.

사상전향의 본질

하야시 후사오(林房雄)[37]의 「전향에 대하여」의 서설에, "당(黨)과 단체에서 벗어나는 것, 검

---

37 하야시 후사오(林房雄 1903~1975) 본명 고토 도시오(後藤壽夫). 도쿄대 법학부를 중퇴, 재학 중 1923년 '신인회(新人會)'에 참가하며 마르크스주의에 접근했다. 프롤레타리아 문학작품 『사과(林檎)』(1926)를 발표하고, 몇

사국에 사과하는 것, 혹은 전향자보호단체에 적(籍)을 두는 것이 전향이라 한다면 그보다 간단한 일이 없다. 하지만 전향은 단순한 방향 전환이 아니다. 인간의 갱생이다. 발가벗는 것만으로 부족하다. 냉수로 몸을 씻는 것만으로 부족하다. 뼛속까지 씻어 내고 다시 탄생하는 것이다. 외관이 아니다. 내면의 문제다"[38]라고 기술하고 있는데, 사상전향의 본질을 언급하고 있다고 생각한다.

사상전향의 진정한 모습은 과거에 품었던 공산주의, 기타 반국가적 사상을 완전히 극복하고 배격하며 한층 적극적으로 자신의 모든 활동력을 바쳐 충성스럽고 선량한 황국신민으로 부활 갱생한 모습이다. 이러한 경지에 이르렀을 때 비로소 사상전향자라 할 수 있다. 이것이 사상전향의 본질적인 문제이며 그곳에 다다르기까지는 가시밭길이 놓여있다. 특히 조선인 사상범의 전향은 내지인 보다 한층 정진이 필요한 이유라고 생각한다.

사상 추이의 단계

종래 보호관찰소에서는 대상자를 크게 비전향, 준전향, 전향 세 가지로 나누어 각각 적절한 관찰과 보호를 부과하고 있는데, 이러한 구분에 한층 유의하기 바란다. 우리가 형사사건 또는 예방구금사건으로 대상자의 사상추이 혹은 심경을 관찰하는 경우에 다음과 같은 몇 단계가 있음을 발견하게 된다.

① 기왕에 가슴에 품고 있던 주의사상을 끝까지 신봉하고 장래에도 이러한 주의사상을 위해 적극적으로 활동하는 자.
② 기왕에 품고 있던 주의사상을 진리라고 확신하고 있으나 가정과 여러 사정을 고려하여 장래에 적극적으로 활동할 의사가 없는 자.
③ 기왕의 주의사상에 대해 진리 여부를 비판하려 하지 않고, 그저 앞으로 사상 문제와 관

차례 검거된 후 전향했다. 당시 법정에서 한 그의 전향성명은 1933년 11월 29일 《東京日日新聞》에 실렸다. 1933년 고바야시 히데오(小林秀雄) 등과 『문학계(文學界)』를 창간했다.
38 여기서 인용한 그의 글은 〈전향에 대하여(転向について)〉(《文學界》, 1941.3월호)에 실린 내용이다.

계하지 않으며 오로지 성실한 생활을 하려는 자.

④ 기왕의 주의사상이 오류가 있음을 자각하고 장래에 실천적 행동에 나서지 않고 성실하게 생활하려는 자.

⑤ 기왕의 주의사상의 오류를 자각하고 장래에 적극적으로 황국신민으로서 갱생의 결의가 있는 자.

그리하여 전향성명을 한 자 중 ②, ③, ④의 단계에 있는 자가 상당히 많은 것으로 보인다.

위의 단계에서 ①의 단계가 비전향자인 것은 논의의 여지가 없으며, ②의 단계도 비전향자로 보아야 할 것이다. 하지만 기존에 준전향으로 취급한 경우도 전혀 없지 않다. ③의 단계를 보통 준전향으로 취급하는 것이라 생각한다. ④, ⑤의 단계는 모두 전향으로 취급하는 것 같다. 이상의 경우를 과연 그렇게 취급해도 되는지 여부는 의구심이 든다. 적어도 ③의 단계는 매우 위험하다. ④의 단계도 이제 전향의 기운이 있다고 볼 수는 있지만 전향으로 취급할 수는 없을 것이다. ⑤의 단계도 전향의 순화 완성까지는 몇 해의 정진이 필요하다고 하지 않을 수 없다.

하지만 이와 같이 관찰하더라도 전향이 완성된 자 이외의 모든 이를 즉시 예방구금 해야 한다는 취지는 아니다. 요점은 전향의 촉진 확보에 의해 전향의 완성을 이룰 수 있는 자와 그렇지 않은 자를 확실히 구별하여 예방구금 할 것인지 여부를 정해야 할 것이다.

최근의 두세 가지 사례

필자가 사건을 통해 경험한 두세 가지 사례를 들면, 어떤 사건의 피고인은 이전 모 형무소 재소 중 한 차례 전향성명을 발표했다. 전향하면 형무소 대우가 좋아진다는 이유였는데 그 후에도 대우가 좋지 않자 1년 정도 지나 전향 성명을 취소했다고 진술하였다. 또 어떤 사건의 피고인 세 명은 예심(豫審) 계속(繫屬)[39] 중에 전향 성명을 하고 보석 출소한 직후 학교 당국으로부터 사건에 관한 감상문 제출을 명령받았다. 예심판사에게는 전향을 성명했음에도

---

39 계속(繫屬)은 사건이 법원의 재판 대상이 돼 있는 상태.

끝까지 사상 이념을 견지하고 사상 이념에 저항하는 감상문을 작성하지 않은 사례도 있다. 기타 이와 유사한 사례는 자주 직면한다. 그들에게 사상전향이란 형무소 내에서 한 편의 성명서를 쓰는 것이고, 검사, 예심판사, 재판소에 대해 머리를 조아리고 과거의 행동을 사죄하지만, 형무소 밖에서는 관찰소로 접근한 후 영합적인 태도로 나오는 그러한 얄팍한 의식을 가지고 있는 것은 아닌가 생각하게 된다.

최근 사례 가운데 이러한 종류의 관찰소 대상자가 재범 경위를 적나라하게 고백한 상신서(上申書)는 우리에게 시사해 주는 바가 크다. 특히 보호관찰소 직원에게 장래의 업무에 참고가 될 만하여 다음에 제시한다.

갑(甲)이라는 여성은 두뇌가 명석하여 고등여학교 재학 중 뛰어난 성적을 거두기도 했다. 그러나 재학 당시부터 공산주의 사상에 공명하여 수차례 검거되었고, 그중 두 번은 실형에 처했다. 형기를 마치고 출소한 후 관찰소의 지도에 순응하여 준전향을 인정받았지만 또다시 이념운동에 투신하게 된다. 그 경위에 대한 그녀의 고백을 검토해 보자.

① 출옥 당시의 심경

출옥 당시의 심경을 "노모의 헌신적인 사랑에 보답하고자 큰 고통을 안겨준 과거 생활을 뉘우치고, 모든 것을 바쳐 노모에 대한 효도와 부양하는 삶을 살 생각으로 새로운 생활에 희망을 품고 있었습니다. 다만, 오래도록 사랑하고 믿어 준 과거의 동지들에 대한 의리와 정, 그리고 청춘 시절 가슴에 이상으로 삼은 신념을 저버리는 것이 의지박약과도 같아서 지난날의 양심에 견딜 수 없는 심정이 되었습니다. 하지만 그렇다고 노모에 대한 효도와 부양해야 하는 삶의 책임과 보람을 대신하지는 못했습니다"라고 했다. 이념에 대해서 아직 청산하지 않았을 뿐 아니라 과거 동지에 대한 경애와 의리의 유대감이 단절되지 않은 것은 틀림없는 사실이다. 다만 노모에 대한 효도와 부양이라는 입장 때문에 소극적일 수밖에 없었던 것이며, 이는 항상 경험하는 소극적 분자의 공통적인 심리이며 여전히 전환을 기대하기에는 매우 위태로운 상태에 있다고 보인다.

② 보호관찰소에 대한 심경

그러나 그녀는 "보호관찰소의 지도에 따라 어머니와의 생활에 전부를 바칠 예정으로 담임 보호사를 방문했을 당시, 담임 보호사가 나를 데리고 여러 회사에 갔는데 회사 사장으로부터 거절당하고 돌아왔을 때의 고마움과 미안함은 잊을 수 없으며, 보호사 선생의 따뜻한 마음에 진심으로 감사드립니다"라고 말한다. 출소 당시의 마음가짐으로 보호관찰소의 지도에 따라 삶을 다시 세우려고 노력한 것은 사실이고, 담임 보호사의 온정에 감격해하고 있던 것이다. 하지만 "그런 가운데 마음속에는 고통이 있었습니다. 가끔 보호사가 농담이었겠지만, 취직할 때만 관찰소에 와서 머리를 조아린다고 해서 여유롭지 않은 자신이 매우 슬펐습니다. 그래서 직업을 구할 때까지는 관찰소에 가는 것이 불편했습니다. 여자인 제게 가장 힘들었어요"라고 말하였다. 이 역시 그녀의 거짓 없는 고백이다.

이러한 심리는 여성 특유의 섬세한 감정에 의한 것으로 생각한다. 하지만 남자에게도 이와 같은 비뚤어진 마음이 없지 않을 것이다. 관찰소 직원은 한 번쯤 생각해 볼 필요가 있다.

그러던 중 그녀는 담임 보호사의 노력 덕분에 ○○에 취직할 수 있었고 성실하게 일하고 있다. 이에 대해서 그녀는 "1년간의 ○○생활은 관찰소의 친절 때문에 열심히 일할 생각이었다. 과거의 삶과 동지들을 떠난 생활이었습니다"라고 하였다. 만약 그녀가 그대로 이어갔다면 또다시 영어의 몸이 되지는 않았을 것이다.

그런데 이때 과거 동지 또는 실천활동 분자가 그녀를 찾아와 실천운동에 참가하도록 권유하였다. 과거의 여자 동지와 면식이 있는 동지들이었다. 처음 대면하는 이도 두 명 있었다. 그녀는 아무런 거리낌 없이 동지들과 만났다.

그녀는, "차례차례 과거의 동지들이 방문했을 때 실천3운동을 할 생각은 없었지만, 친한 여자동지와 지내며 간혹 마음이 움직이고 그들과 헤어지는데 쓸쓸함을 느꼈어요. 찾아오는 동지들에게 내 심경을 털어놓았습니다. 그들이 나를 무시하고 운동 일선에서 떠난 나를 돌아보지 않도록 하고 싶었습니다. 그것이 깨끗이 끝내는 태도라고 생각했습니다"라고 말했다.

하야시 후사오(林房雄)는 전향에 관한 글에서 "쓰키지 소극장(築地小劇場)의 극단원이 히지카타 요시(土方與志)[40]의 초상을 복도에 장식한 것은 그에 대한 감사의 보답이지 사상적인 이

---

40 히지카타 요시(土方與志, 1898~1959) 일본의 연극 연출가. 본명은 히지카타 히사요시(土方久敬). 도쿄대 졸업. 1920년 오사나이 가오루(小山内薰) 문하생이 되었고 1922년 연극연구를 위해 유럽에 유학. 관동대지진 후 귀국하여 쓰키지소극장(築地小劇場)을 설립했다. 1929년 분열 후 신쓰키지극단(新築地劇団)을 결성했고 이후 마르크스주의에 경도했다. 1933년 러시아에 다녀온 후 투옥되었다. 1946년 일본공산당에 입당, 1949년 이후에

유는 없다고 했지만, 이는 의식은 전향했을지 몰라도 아직 미련이 남아 있기 때문"이라고 설명했다. 그녀의 소극적인 태도의 바탕에도 과거 동지들에 대한 미련이 남아 있는 것이다. 그러므로 "이런 일이 있고도 보호사에게 털어놓지 못하는 심정은 당연하다고 생각했습니다. 동지들과 만나도 특별히 운동을 도모할 생각도 아니고 내 심경에 아무런 변화가 생긴 것도 아니고 확고하게 새로운 삶을 받아들인 상태였기 때문에 보호사도 그다지 의심하지 않았습니다 … 특히 경찰에게 감시당하는 그들을 지금까지 존경하고 사랑해 온 의리를 저버리고 경찰에 넘기는 일은 인간의 도리에 어긋나는 죄스러운 일이라고 믿었기 때문에 별로 양심의 가책은 없었습니다"라고 말한다. 이처럼 그녀는 담임 보호사에게 과거 동지와의 모임을 숨기고 있었을 뿐 아니라 동지에 대해 알리는 것은 도리에 어긋난다고 믿고 있었던 것이다. 여기에서 분명하게 비전향의 특징을 알 수 있다.

그렇지만 그동안 그녀는 관찰소의 여러 행사에 참가하고 신궁참배를 거르지 않았으며, 담임 보호사와 자주 연락을 취하고 있었다. 그러다 도저히 이대로 있을 수 없는 심경이 되었다. "이렇게 변화해가는 가운데 일본과 소련의 전쟁이 시작되었다는 소문이 나고, 1941년(昭和16) 6월 하순 즈음, ○○의 증인으로 ○○경찰서에서 심문을 받았다. ○○와의 회합 사실이 발각이 나자 관찰소와 경찰들이 ○○의 내방을 알리라고 하면서 줄곧 숨겨왔던 사실이 알려지고 그분들이 매우 화가 났을 거라고 생각했기 때문에 불안함과 미안함을 느끼며 더욱 복잡한 마음이 되었습니다. 예방구금에 대한 두려움을 안고 주위의 주의자(主意者)들과 일본과 소련의 개전이 어떻게 되는지 걱정하며 당국으로부터 도망쳐 비극적인 검거를 피할 방법을 상담하게 되었습니다… 그렇다고 해도 반동적이 될 수 없고 마음에 없는 결혼을 할 수도 없는 제가 예방구금에서 헤어날 길은 달리 보이지 않았습니다. 몇 번씩이나 형무소에 들어왔던 제가 칠순의 노모를 두고 또다시 교도소에 가는 것은 죽기보다 고통스러웠습니다."

이러한 그녀의 소극적 태도는 일본과 소련의 전쟁이 시작되었다는 소문에 전전긍긍하며 예방구금을 두려워하다 점점 실천분자와의 교류가 되살아나고 끝내 적극적인 활동으로 나아가게 만든 것이다.

는 후진양성에 힘썼다. 대표적인 연극 연출작으로 『해전(海戰)』, 『아침부터 밤까지(朝から夜中まで)』, 『게공선(蟹工船)』, 『서부전선 이상 없음(西部戰線異狀なし)』 등이 있다.

"6월 이후에 일어난 심경 변화는 의연한 신념을 가지지 못했기 때문이라고 생각합니다. 결국 이념운동에 대한 미련은 없었지만 생활의 관념과 감정이 과거에서 완전하게 벗어나지 못했기 때문이라는 것을 깨달았습니다"라고 술회하고 있듯이, 확고한 신념이 없는 전향의 정진은 좋은 결과를 낳지 않는다는 것을 보여 준다.

이렇게 고의로 당국을 속이는 거짓 전향과, 악의는 없지만 속으로 반대의식을 품으면서 표면적으로 전향의 태도를 보이는 것과는 위험성에서 큰 차이가 없음을 알 수 있다.

맺음말

사상전향의 순화(醇化), 완성은 관찰소 직원과 대상자가 혼연일체를 이루어 부단한 정진을 하지 않으면 기대할 수 없다. 그리고 이를 위해 외부로부터의 유혹은 지도자와 피지도자가 협력해 배격하지 않으면 안 된다.

최근의 공산주의 운동은 종래의 파벌 싸움의 배격, 인텔리겐차의 역할 재검토, 국제노선을 지키는 전조선 운동전선의 통일 등을 강하게 외치고 있으며, 운동의 전술 전략도 매우 교묘해지고 있다. 또 종래의 각파의 우수분자에게 집요하게 공작하는 것이 상례임을 고려하면 여성 갑(甲)과 같은 심경의 사람은 쉽게 재범에 빠질 우려가 있다. 전향의 순화 완성에 적극적인 열의가 없는 자에 대해서는 예방구금에 처하는 등 응당한 조치를 취해야 할 것이다.

(경성지방법원 검사)

〈자료 98〉 마스나가 고등법원 검사장 훈시

[〈增永高等法院檢事長訓示〉,《思想彙報》25号, 朝鮮總督府 高等法院 檢事局 思想部, 1940. 12, 1~8쪽]

1940년(昭和 15) 10월 사법관회의에서

오늘 여러분의 회동을 맞이하여 말씀드릴 기회를 얻은 것을 아주 다행스러우면서도 기쁘게 생각하는 바입니다.

1. 신체제 하 검찰관의 태도에 대해

중일전쟁 발발 이래 이미 3년이 지나고 순조롭게 진척해가고는 있으나 아직 완수하지 못하였고, 게다가 제2차 세계대전으로 인한 세계의 변국(變局)에 대한 제국의 국책은 대동아의 신질서를 건설하여 공영권(共榮圈)을 확립하는 데 있다. 이 목적을 관철하기 위해 제3국과의 전쟁도 불사한다는 것은 이전에 체결된 일독이(日獨伊) 삼국조약에 의해서도 명백합니다. 이와 같은 국제정세 속에서 제국으로서는 고도국방국가를 완성하기 위해 점점 국민사상의 강화를 철저하게 하고 경제통제를 고도화하는 것이 중요하다는 것을 통감하는 바입니다.

생각건대 중일전쟁의 유효적절한 해결도, 대동아공영권의 건설도, 궁극적으로는 세계의 신질서 건설이라는 크나큰 이상을 향한 것으로, 이것을 위해서는 일억일심(一億一心)으로 관민이 잘 일치협력하여 총력을 올리고 황모(皇謨)를 도와 바르게 이끌어야만 하고, 이것이 국내에서 신체제가 필요하고 수립해야 하는 이유이기도 합니다. 이러한 신체제의 확립에 따라 정치적 또는 경제적 질서에서 변동을 피할 수 없으니, 혹은 사상 방면에서 준동을 일으키려는 자가 있기도 하고, 혹은 경제 방면에서의 통제 강화에 따른 사회적인 불안이 생길 우려 또한 없다고는 할 수 없기 때문입니다.

이러한 상황 아래에서 우리 검찰 당국의 태도는 처음부터 전통을 따라 위무(威武)에 굴하지 않고, 사회에 아첨하지 않는 의연한 태도를 보이며 시국을 잘 인식하여 국가의 안녕과 국민 복지를 잘 유지해야 할 책임을 가지고 있다는 것을 자각하여야 합니다. 신체제 조직에 따라 일어나는 정세를 통찰하고, 국가의 요구에 즉응하며 세도인심(世道人心)을 스스로 이끌어간다는 기개와 대비로 매사에 응하고, 사건의 대소경중에 관계없이 주도면밀한 주의와 민첩한 행동으로 사범(事犯)방지에 만전의 방책을 강구함으로써 치안유지라는 중요한 임무를 해내어 만민보익(萬民輔翼)[41]의 열매를 거둬들이도록 노력하고 매진해야 한다고 생각합니다.

---

41 모든 국민이 일왕을 보필하는 것.

2. 종교단체 단속에 대해

사변 이래 반도에서 기독교와 그 외 종교단체 관계자 중 불경, 치안유지법, 보안법 혹은 군형법 위반 등의 죄로 검거 및 처벌되는 자가 계속 이어지며, 현저하게 후방 치안이 문란해져 가는 것은 실로 유감스럽지 않을 수 없다. 원래 반도의 각종 종교운동은 대략 민족의식의 색채가 농후하여 순수 종교운동이라기보다는 오히려 일종의 정치운동 내지 사회운동으로 봐야 할 점이 많다. 반도 통치에서의 많은 불상사건과 관련된 것이 많다는 것은 이미 여러분도 모두 아시는 바와 같고, 가장 간절하게 총후의 치안확보가 요구되는 지금 이러한 종교단체에 대한 단속은 하루도 소홀히 할 수 없습니다. 이에 따라 기독교계 모든 단체는 요즘 국민정신 앙양(昂揚)에 자극을 받아, 당국의 적절한 계몽지도에 따라 시국을 잘 인식하게 되었고, 그에 따라 점차 일본적인 기독교로 전환하고 있는 추세로 그 열매를 착착 거두고 있다는 점에 경하해 마지않는 바입니다.

또 일부 우매한 교도 중에는 아직도 예부터의 미몽(迷夢)을 버리지 못하고 불경, 불온한 언동으로 반국가적 준동을 감행하는 자가 적지 않습니다. 그럴 뿐만 아니라 이에 더해 반도의 기독교계 여러 단체는 인적과 물적 양 방면에서 외국에 의존하려는 경향이 강하여 종래부터 외국 선교사를 이용하였고, 교도의 민족의식을 자극하며 흥분시키는 것을 포교 수단으로 해 왔기 때문에 기독교는 민족주의 운동의 온상과도 같다는 선입관을 가지게 된 것입니다. 이러한 폐단은 아직도 뿌리 깊게 남아 있어서 사상적으로는 물론 방첩(防諜)의 견지에서도 다대한 경계를 할 필요가 있다고 생각합니다.

지난번 경기도 경찰부에서 검거한 등대사(燈臺社)[42]사건은 주목해야 할 사안으로, 수사 결과에 의하면 통치권의 주체를 부정하여 국민의 국체관념을 혼란시키고, 이 틈을 타 지상신(地上神)의 나라를 건설하려고 기도한 불경하고 불령스러운 목적을 내포하고 있는 결사라는 것이 명백하였기 때문입니다. 또한 지난달 조선 전역에서 일제 검거를 감행한 신사불참배를 표방하는 장로파 기독교도의 불온사건은 현재 아직 그 전모를 분명하게 밝히지 못했지만, 이들 관계자가 포회하고 있는 사상 경향이 등대사 관계자 등의 그것과 일맥상통하는 것

---

42 1939년 6월 '여호와의 증인' 신도들이 천황숭배와 징병거부를 이유로 치안유지법 위반 및 불경죄로 체포된 사건이다. 등대사(燈臺社)는 여호와의 증인 법인체인 '워치타워(watchtower)'의 번역 표현이다.

이 있음을 확실히 알 수 있으니 이 취조에 대해서는 더욱 세세한 주의를 기울여 사안의 본질 규명에 전혀 유감스러운 일이 남지 않도록 기하기 바랍니다.

즉 이러한 불경, 불령의 목적을 가지는 종교단체 운동은 그 해(害)가 일반 좌익운동과 큰 차이가 전혀 없기 때문에 이러한 단체에 대해서는 한층 더 엄밀한 사찰과 내탐을 가하고, 특히 그 이면의 동향에 주의하고 만일 법에 저촉되는 불온한 언동을 발견한 경우에는 속히 검거 탄압을 가해야 한다. 또한 동시에, 신앙이란 한번 그것을 맹신하는 경우에는 포기하기 어려운 실정이므로 검거 후라도 일반 교도의 계몽 지도와 병행하여 사찰의 손을 늦추어서는 안 되며, 사안의 재발 방지에 만전책을 강구하여야 할 것입니다.

또한 반도 재래의 유사종교단체의 단속에 대해서는 이미 작년도 본 회의 석상에서 여러분들에게 유의하도록 한 바 있습니다만, 보천교 등은 이미 탄압에 의하여 괴멸되어 교단 관계자는 지하로 잠입하여 재건운동을 기도하고 있습니다. 그 밖에 호남 방면에서 급격히 교세를 신장하고 있는 불교연구회와 같은 신흥 유사종교 단체의 최고 간부가 불경죄로 처벌받은 사안 등이 발생하였으니 합법적인 단체의 교리·교설 및 이면의 사상 동향에 대해서도 재검토를 가할 필요가 있다고 생각되므로 거듭해서 유사종교 단체에 대한 단속에 여러분의 주의를 환기하는 바입니다.

〈자료 99〉 야마나 미키오, 조선인을 중심으로(내각총력전연구소의 강의 요지)

[山名酒喜男, 1942.8.20, 『朝鮮人を中心として(內閣總力戦研究所に於ける講義要旨)』, 4~15쪽]

1. 사상계의 추이에 대하여

먼저 반도의 치안, 또는 사상의 추이에 대하여 개관하겠습니다.

한일병합 당시에는 조선인은 이조 중엽 이후의 학정으로 민심은 극도로 자포자기 상태가 되어 있었고, 오랜 세월에 걸쳐 중국을 종주국으로 삼아 온 사대주의 사상계의 지배를 받아 민중은 상하를 막론하고 감격성도 분발심도 사라졌으며, 근검·저축할 마음도 상실되어 스스로 진보·향상할 희망도 용기도 없이 헛되이 시대착오적 환경에 머물며 배회하고 있었습니다.

이것이 한일병합 후에도 계속 이어져 하나의 민족성이 되었는데, 거기에 덧붙여 동아의 대세, 자기 실력 등에 맹목적이던 민중은 병합이 가지는 숭고한 정치윤리도 이해하지 못한 채 감정적·무비판적으로 제국의 통치와 제반 시설을 혐오하고, 관의 친절한 지도 노력도 나와는 상관 없는 일이라고 흘려넘겨 버리는가 하면 개중에는 민도에 걸맞지 않는 정치의 직역적 이입이라며 귀찮고 성가시게 여기며 반발하거나 하는 경향도 있었습니다.

또, 그 밖에 조선인을 접촉하는 내지인들이 걸핏하면 교만한 태도로 저들을 멸시하며 경박하고 저급한 우월감을 드러내고, 타관에 돈벌이하러 나온 사람들에게 보이는 그런 습성을 가지고 고리대금 행위를 하여 착취하는 등의 사려분별이 없는 언동도 있었습니다. 그 결과 조선인은 대체로 내지인에 대하여 무시하고, 편견·협량(狹量)에 사로잡혀 제국 전반의 시정에 공명하지 않는 심경에 빠지게 되어 1919년(大正 8)에 민족자결주의에 의한 조선 독립 만세 소동 사건을 일으킨 것입니다.

×　×　×

이 1919년(大正 8)의 만세 소동 사건은 정말이지 불상사였는데, 조선인들이 일본의 실력을 생각하고, 또 자신들의 실력을 생각하여 비교하니 이러한 국제적인 하나의 주의, 하나의 슬로건을 기본으로 한 운동만으로 조선 독립을 다투는 것은 불가능하다는 것을 깨닫게 된 것입니다. 그중 상당한 지식계급자는 지하로 숨어들어 공산주의 사상으로 일본을 모조리 뒤집어엎어 새로운 사회를 만들어야 하고, 또 조선인은 좀 더 실력을 함양해야 하는데, 그 실력 양성은 교육 진흥과 산업 발달에 있다고 하면서 공산주의 운동과 병행하여 이른바 실력 양성 운동으로 전환한 것입니다.

이 실력 양성 운동은 한편으로는 조선의 독립은 정치적으로 허락될 것 같지 않으니 오히려 합법적으로 서서히 권리를 신장시켜 내정 독립에 도달하고자 하는 자치운동으로 기울어, 아주 최근에서야 내선일가(內鮮一家) 공존주의, 동아 제민족의 연결, 결합 등을 표방하고 대동방주의(大東方主義)라는 주의를 확실하게 주장하고 있는데 그 저류에는 주의할 필요가 있습니다. 한편, '실력 양성 운동'이라는 일파는 자치운동은 부지불식간에 당국의 동화정책이라는 함정에 빠지는 것이므로, 비폭력 수단에 의한 비타협 정신을 양성하여 정치와 시사에 민족이 부단한 투쟁을 감행하여 조선 독립이라는 목적을 달성하고자 하는 비타협운동으로 분별(分別)하였습니다.

× × ×

그러던 차에 세계대전 이후에 갑자기 세계를 풍미하는 사상계 변동의 파동을 받아 독립이라든가, 민족자결이라든가, 공산주의라는 사상이 고조되었고, 더욱이 이것이 한때는 맹렬한 기세로 전 조선을 풍미하여 1929년(昭和 4)에는 전조선 학생 사건을 야기시킨 광주 학생 소동 사건이 발생하는 시기도 있었습니다.

광주학생사건은 전라남도 광주부에서 내지인 중등학교 학생과 조선인 중등학교 학생 간의 개인적인 논쟁에서 시작되었으며, 이후 단체적인 폭행과 투쟁으로 발전했습니다. 여기에 비타협운동주의자가 개입하면서 내지인과 조선인 사이의 민족적 융화를 저해하려는 책동과 불온한 전단 살포 등이 일어나, 다른 학교들로도 시위 운동이 확산되었습니다. 이 검거 과정에서 "조선인을 모욕했다"든가, "조선인을 학살했다"든가 하는 소문이 퍼지면서 결국 식민지 강압 정치에 반항해야 한다는 인식 아래 조선 전역으로 시위가 확산되었습니다.. 마치 개 한 마리가 공연히 짖으면, 다른 개들도 큰일이 난 것처럼 덩달아 짖듯이 한 사람의 거짓말이 많은 사람에 의해 진실인 것처럼 전해지는 것이, 마치 1919년의 소동 당시에 만세를 부르지 않으면 조선인이 아니라는 생각을 가지게 만들었던 마음으로 선전 전단을 뿌리며 또 계속해서 소문을 퍼뜨렸던 것입니다.

× × ×

그런데 1931년(昭和 6)에 만주사변이 발발하고 사건이 국제연맹 관련 일이 되자, 분위기를 돌아보면서 귀추에 갈피를 못 잡는 사람이 있었는데 그 후 제국이 정정당당하게 소신을 내외에 분명하게 밝히고 동양의 영원한 평화 확보라는 이상을 향하여 미동조차 하지 않고 매진하는 한편, 만주의 재류 조선 동포를 보호하는 일에도 세심하게 애쓰고, 만주 건국의 위업이 일본의 보도(補導)에 의해 착실히 진척되니 일반 민중은 새삼 일본의 위대함을 깨닫게 되었습니다. 이에 더해 역대 통치자들의 축적된 노력과, 1932년(昭和 7)경부터 전조선에서 총동원적으로 자력갱생, 지방 진흥과 농촌의 구석구석까지 관이 지도하여 민중이 일어설 수 있는 용기를 고무해 온 결과 상부상조하는 민심에 위대한 충격·감화를 주어 점차 종전의 편견을 물리치고 백안시하던 것에서 벗어나 매사를 똑바로 정시하고 정부의 노력과 친절을 받아들이고자 하는 아량을 가지게 된 것입니다.

1932년(昭和 7)에 나는 광주학생사건이 있었던 전라남도에 학무과장으로 임관하여 짚신 발로자전거를 타고 다니면서 모내기를 독려하고 퇴비 증산을 장려했으며, 소학교 졸업생의 가정까지 농사 활동을 지도하고 다녔습니다. 아이 엄마가 이렇게까지 아이에 관하여 걱정을 해 주셔서 감사하다는 감사의 말과 함께 좁쌀 한 되를 숙소까지 가지고 오기도 하고, 또 그 당시 농업학교 졸업생이 졸업증서를 가지고 학무과장 관사로 인사를 하러 오던 모습 등, 이러한 이들의 티 없이 순진한 마음을 접했을 때는 고생한 보람이 느껴져 기뻤습니다.

조선의 대중은 이 무렵 마침내 비로소 총독부의 정치는 친절한 정치이고, 관의 지도에 따르면 자신들의 생활이 향상될 것이라는 희망에 차게 되었습니다. 당시 조선인 측의 혹독한 비평을 받던 역대 총독정치를 한 번 훑어보면 조선 민중을 위한 정치는 전라남도의 나병 요양소 설치와 농촌진흥운동의 두 가지뿐이라고 일컬어질 정도였습니다.

× × ×

한때 제도(帝都)에 발발한 2·26사건은 조선 민중에게 일본국이라는 나라의 기초가 흔들리고 있는 느낌을 주어, 민족주의자의 활발한 운동을 자극하여 역사적으로 조선의 저명한 인물(이순신 등)의 사우비탑(祠宇碑塔)[43]의 건립 등이 이른바 복고운동의 한 형태로 속출한다거나 또는 1936년(昭和 11) 8월에 제11회 베를린 올림픽대회에서 손기정, 남승룡 선수가 마라톤에서 제1위 및 제3위를 획득하자, 조선민족은 세계적으로 우수성을 가진다며 언문(한글) 신문지 등이 선정적인 보도를 하였습니다. 이로 인해 각지에서 축하회, 운동회관 건설 등의 영예로운

---

43 사우(祠宇)란 '신주(神主)를 두기 위해 따로 지은 집'을 뜻한다.

행사가 열렸는데, 결국에는 내지와 조선의 대립적 감정을 조성하고 동아, 중앙 두 언문(한글) 신문지가 일부러 두 선수의 흉부 일장기 마크를 지우고 신문지에 게재하는 광태를 부려 마침내 정휴간 처분을 받았다. 그리고 그 후 민심은 단속에 의해 점차 진정되었습니다.

여하튼 이와 같은 사소한 기복은 있었지만, 이 만주사변을 계기로 조선의 대세는 정부에 대한 신뢰도가 높아져 공산주의, 민족주의 운동도 점차 잦아들게 되었습니다.

× × ×

이어서 1936년(昭和 11)에 중일전쟁이 발발하자 조선에서는 합병 이후 전대미문의 대규모 자재 징발, 내지 대부대의 조선 내 통과 등을 통해 일반 민중은 사변이 의외로 크다는 것을 감지함과 동시에 철도 수송의 제한, 금융기관 융자 기준의 엄격화 그리고 물가의 자연 급등 등으로 인해 막연한 불안을 느꼈는데, 일본군이 결정적으로 대승을 거두며 각국의 준동을 물리치고 단호히 소신에 매진하고 있는 의연한 제국의 태도에 직면하며, 그 실력을 재확인하게 되면서 더욱더 황국을 믿고 의지하는 마음을 굳건히 하게 되었습니다.

× × ×

또한 1938년(昭和 13) 장고봉(張鼓峰)[44] 사건, 1939년(昭和 14) 국경에서 노몬한 사건[45] 등이 발생하였는데, 이 사이 1938년(昭和 13) 4월부터 실시된 조선인 특별지원병 출신의 출정 병사도 용감하게 전투하여 이인석(李仁錫), 이형수(李亨洙) 등의 전사 등으로 일반도 크게 감

---

44 1938년 7월 29일부터 8월 11일까지 만주국 훈춘(琿春) 근처 장고봉(張鼓峰)에서 일어난 소련과 일본 간의 국경 분쟁이다. 장고산의 귀속은 이전부터 소련과 일본의 현안 문제였는데, 소련군이 산꼭대기에 진지(陣地) 공사를 시작하면서 사건이 발생하게 되었다. 이 전투에서 일본군은 종래의 국경선을 유지하면서도 큰 타격을 입어 소련 측에 정전 교섭을 요구하여 8월 11일 모스크바에서 정전협정이 체결되었다.
45 1939년 5월부터 9월에 걸쳐 만주국과 몽고인민공화국 간의 국경지대인 노몬한에서 일어난 일본군과 몽골·소련군 간의 대규모 충돌사건을 말한다. 이 전투에서 소련은 기계화 부대를 투입해 일본군을 전멸시켰으며, 그 결과, 일본은 소련의 요구대로 할하강을 경계로 만주국과 몽골의 국경선이 확정되었다. 할힌골 전투라고도 불린다.

격하였고, 대중은 지식계급의 동향은 차치하고 급속도로 일본 신민이라는 자각을 마음속에 품게 되었습니다. 이로써 먼저 사건 발발 당시 매우 소극적이었던 언문(한글) 신문 등도 주위 상황을 살피게 되면서 성업익찬(聖業翊贊)을 위한 적극적인 논조로 전환하였습니다. 그리고 두 번째로 종래 걸핏하면 민족의식의 편견을 부추기고, 정치적으로 불온 행동으로 나오거나 미신적 포교 활동을 하여 원활한 시정을 저해하는 경향을 보이던 기독교 각 파와 천도교, 시천교 등의 종교 단체 및 유사 단체도 점차 각성하여 자진하여 애국적 행사를 계획하거나 혹은 여기에 합류하는 경우 등이 속출했습니다. 또 세 번째로 청년 학생층의 경우에도 원래 조선 내의 사상적 중대 사건의 흔적을 보면 그 대부분이 청년학생에 의해 집요하면서도 과감하게 전개되어 왔기 때문에 그 동정에 대해서는 특히 심심한 주의를 할 필요가 있었는데, 대략 이상과 같은 양호한 일반 민심을 반영하여 휴가·귀향중인 학생 등에게 예년과 같은 강연 행각이나 집회 등을 하지 않고 스스로 학생근로보국운동에 참가하는 등 긴장된 분위기가 엿보였습니다. 이를 만주사변 당시 경성제국대학생 등의 반제 동맹 사건을 비롯하여 각 중등학교 생도의 반감 운동을 각처에 야기시킨 사실과 대비시켜 보면 당시 수년간의 일반 사상계의 추이는 실로 주목할 만한 부분이 있었습니다.

× × ×

그러나 긴 세월에 걸쳐 배양되어 온 전통적 민족 잠재의식과 편견이 하루아침에 없어지는 것을 바랄 수는 없는 일이어서 대부분은 거국일치 태세로 전환했습니다. 하지만 중일전쟁의 장기화와 이에 따른 통제 경제의 강화, 물가 폭등에 대한 곡해로 인해 개중에는 불평불만의 마음을 품고 있는 자를 낳아 민심도 자칫하면 나태해지고 이완되는 경향을 면치 못했습니다. 다른 면에서는 국외에서 하는 사상 교란 공작이 격화되면서 사변 발발 후 조용히 사태의 추이를 관찰하는 정관적(靜觀的)인 태도를 보이거나 방관적인 태도를 보이게 된 민족주의, 공산주의자 등은 주의 운동 전개에 좋은 시기가 도래했다고 생각하고 1941년(昭和 16) 가을 무렵 이후 책동을 개시했습니다. 특히 민족협화주의를 주장하는 동아연맹운동에 대하여 특별한 관심을 가지고 이 운동에 편승하여 조선의 자치 독립을 몽상하고, 암암리에 책동하여 사상 사건도 다소 증가하였다. 또 다른 한편으로는 민중 지도에 의해 조선 내의 대세를 따라 내선일체적 방면으로 추진하여 민간 제단체도 국체 연구, 일본문화 연구, 황민화를 위한 실천 운동에 전념하도록 해왔습니다.

× × ×

그런데 여기에 커다란 전기가 된 것은 대동아전쟁의 발발입니다. 1941년(昭和 16) 12월 대동아 전쟁 발발 후에는 종전에 걸핏하면 이완·권태의 경향도 보였던 조선 내 민중에게 큰 자극과 발랄한 생기를 주었고, 혁혁한 전과(戰果)는 나라의 무력 및 일반 국력에 대한 신의의 마음을 더욱 깊이 있게 하여 마음속에 일본 신민으로서의 긍지를 품게 되었습니다. 다른 한편으로는 미국과 영국의 비윤리적 정치를 깨닫고 만일 조선이 제국에 합병되지 않고 영국과 미국, 소련 등의 지배 하에 있었다면 어떠한 운명의 물결에 휩싸였을지를 돌이켜 생각해 보고 동양에서 미국과 영국을 격멸·구축시키지 않고서는 중일전쟁의 최종 목적인 대동아 공영권의 확립이 지난하다는 것을 확실히 자각하게 되었습니다.

이러한 추이 하에 개전 직후부터 각종 단체 혹은 개인의 경우에는 자발적으로 성전 관철 기원, 선언결의, 시국의연회, 좌담회 등을 실시하고 성전 목적 완수에 매진하는 기백을 드러내 왔습니다. 또한 비행기 헌납, 그 밖의 각종 애국 운동에 관한 미담가화도 많이 있고, 국방휼병헌금(國防恤兵獻金)을 보아도 중일전쟁 발생 후 1941년(昭和 16) 11월 말까지의 4년여의 헌금 1천백 십여만 엔에 비해 이번 대동아전쟁 발발 후에는 불과 4개월 반인 1942년(昭和 17) 4월 20일까지 종전의 배 이상의 금액인 2천 4백만 엔이라는 고액에 달하고 있어서 조선 내 민중 사이에 일고 있는 애국심의 지정(至情)이 중일전쟁 발생 당시의 그것에 비해 어떻게 변화하고 있는지 이 한 가지를 가지고도 충분히 엿볼 수 있는 바입니다.

× × ×

요컨대 현재에 이르기까지의 이러한 추이를 3기로 나눌 수 있습니다.

제1기는 1934년(昭和 9), 1935년(昭和 10)경을 계기로 반도 민중은 처음으로 정부를 신뢰하는 분위기가 생성되었고, 반도의 천지는 명랑한 분위기가 되었습니다. 제2기는 1937년(昭

和 12)경부터 민중이 일본 신민이라는 자각을 회복하였고, 제3기는 대동아전쟁에 의해 일본 신민으로서의 긍지를 느끼기에 이르렀습니다.

그러나 현재 단계에서는

1. 대중의 생각은 다음과 같다고 할 수 있을 것입니다.
   - 전란이라는 하늘 아래 일본 이외에 자신들을 보살펴 주는 나라는 없다, 일본은 강하다, 자신들은 일본인으로서 행복을 느낀다.
   - 조선의 이조 정치에 비교하면 여하튼 일본의 지금 정치는 매일 평화롭게 살 수 있다, 생활물자가 부족한 것은 곤란하지만 이것도 전쟁 중이기 때문에 어쩔 수 없다.
   - 만일 자신들이 일본 외 다른 곳에 붙어 있었다면 조선은 반드시 전장터가 되었을 것이다.

이와 같은 상황이기 때문에 1919년(大正 8) 사건이나 1929년(昭和 4) 당시의 부화뇌동적인 반항 사건은 거의 발생할 우려가 없습니다.

2. 지식계급의 생각은 다음과 같다고 할 수 있을 것입니다.
   - 일본의 정치는 어쨌든 도덕적이다, 무사도적이다, 다른 외국보다 뛰어난 일본의 기본은 국체의 본의에 있다고 하는데 우리는 여기서 국체의 본의를 연구해야 한다, 만일 이번에 지금까지와 마찬가지로 조선 독립이라든가 자립이라든가 하는 어설픈 언동을 하면 조선은 상하를 막론하고 틀림없이 일본으로부터 버림을 받을 것이다. 따라서 이번 기회에 어떻게 해서든지 전쟁에 붙어가야 하고 또 일본인이 되는 노력을 해야만 한다.
   - 그렇다 해도 정치적 슬로건으로는 내선일체를 표방하면서도 차별대우가 존재한다.
   - 취직 면에서나 대우 면에서나 여하튼 내지인과 다르다, 이것이 철폐되지 않으면 만족할 수 없다.

3. 주의자들의 생각은 다음과 같다고 할 수 있을 것입니다.
   - 우선 어떻게 될지 모른다. 학생층을 대상으로 조선의 의식을 잊어버리지 않도록 하고, 그리고 일본의 국력이 쇠해져 외부로부터 원조를 받을 가능성이 유력해질 때까지 기

필코 버텨야 한다.

나는 경찰 관계자가 아니기 때문에 이런 말들이 틀렸을 수도 있겠지만 대체로 이런 방향으로 흐르고 있습니다.

하긴 어떤 일이 발생하면 대중은 아직 교육상 계몽이 되어 있지 않은 상태이기 때문에 유언비어가 퍼지고 모략 등에 속아 넘어가는 일도 있을 것입니다. 그리고 창고, 기타 중요 건물에 방화 사건이라든가 철도 노선 방해 사건 등이 발생하는 것은 상당히 각오해야 하겠지만 이러한 불길은 진화될 것입니다. 적어도 현재 상황에서는 세력이 대단해서 막을 수 없다는 요원의 불길이 될 리는 없습니다.

사상 사건의 누계 분포를 보면 건수로는, 1937년(昭和 12) 134건, 1938년(昭和 13) 145건, 1939년(昭和 14) 74건으로 줄어들고 있었으나 중일전쟁의 장기화로 인한 해이해진 민심에 의해 1940년(昭和 15)에는 111건, 1941년(昭和 16)에는 257건이 되어 건수는 1937년의 134건을 능가합니다. 그러나 관련자 수는 1937년 1,637명에 대하여 1941년에는 898명이 되어 있지만 한 사건당 관련자 수가 1937년 134분의 1637, 12명인 것에 반하여 1941년에는 257분의 898, 3.5명으로 감소하여 사건의 전파력이 없는 점, 그리고 사건이 커지기 전에 검거 손길이 뻗쳐지는 환경으로 정화되었다는 점을 나타내고 있습니다.

× × ×

그런데 저는 이처럼 우려할 상황은 아니라고 설명드렸습니다만 덮어놓고 낙관할 수는 없습니다.

첫째, 학생의 사상 동향입니다.

학생층에 대하여 주의자들은 "조선인이 우수하기 때문에 지원병제도도 실시되고, 창씨제도도 있고, 징병제도 실시했다"고 선전하며 대립적 관념을 자극하고, 특히 순진한 아동에 대하여 교직원이 민족의식을 배양하는 사건도 있고, 내지에서의 나가노(長野)현 교육 불상사 사건의 선례도 있어서 방심할 수는 없습니다.

또한 전문학교 이상의 내지인과 조선인 학생의 융화는 종전보다 어려움의 정도가 커진

듯합니다.

학생 사건	교사 사건
1937년(昭和 12) 2건	1건
1938년(昭和 13) 10	5
1939년(昭和 14) 6	1
1940년(昭和 15) 20	4
1941년(昭和 16) 21	9

둘째, 농부들의 염농적(厭農的) 분위기입니다.

이것은 1941년(昭和 16) 겨울부터 1942년(昭和 17) 4, 5월경에 거쳐 내지 식량 사정이 매우 절박한 상황이라 이에 따른 대책으로 조선에서 쌀을 내지로 송출하는 것이 총후의 봉공이라는 슬로건을 내걸고 대대적으로 쌀의 공출 운동을 벌였는데, 이 공출 운동은 자연히 쌀의 강제 매상이 되어 민중의 생활에 압박을 가한 것으로 보이고, 농부들은 "내가 만든 것은 쌀이고 목화고 뭐든지 전부 관에 징발되고, 잡곡조차도 받지 못해서 먹을 것이 없지 않느냐"라는 반관적(反官的), 염농적 경향이 생겨났는데 경미하기는 하지만 농사업에 관해서이니 조선 전역의 징후라고 생각되기 때문에 유의할 필요가 있고, 농부들을 너무 막다른 곳으로 몰아세워 자포자기하는 기분이 들지 않도록 유의할 필요가 있습니다.

여하튼 농부의 정신을 건강한 상태로 두고 이들을 황국신민으로 변하게 만드는 것이 중요합니다. 농부들이 등을 돌려서는 관이 지도를 할 방법이 없습니다.

우리는 조선 민중이 '일본인으로서의 생활에 행복을 느낀다, 일본인으로서의 긍지를 느낀다, 그런데 조선인은 조선 내에서도 내지, 만주, 북지에서도 내지인과 동등하게 대우받지 못한다'라고 마음속 깊은 곳에 불평불만을 가지고 있는 것을 조선, 내지, 만주, 북지를 통틀어 모두 해소시켜서 조선의 대중을 밝게 마음속 깊은 곳에서부터 조국 일본을 위해서 라는 분투적 정신으로 헌신적 노력을 하게 만들고 싶다고 희망하는 바입니다.

V

개인과 단체의 '전향' 양상

해제

제5장에서는 이 시기의 대표적 현상인 사상전향을 둘러싸고 각 개인과 전향단체를 중심으로 그 양상이 어떻게 나타나고 있는지와 관련된 자료를 모았다.

앞장에서 자주 언급된 사건이 1933년 6월 8일 도쿄 이치가야형무소에서 나베야마 사다치카(鍋山貞親)와 함께 발표한 사노 마나부의 전향선언이다. 1957년 간행된 『사노 마나부 저작집』 1권에서 사노 마나부는 자신의 전향서, 즉 「공동피고 동지에게 보내는 글(共同被告同志に告ぐる書)」은 결코 정부에 매수되어 일어난 것이 아니라고 강변했다. 그 사실은 자신이 10년간 수형생활을 했고, 1943년 10월 형기 만료로 출옥한 후에도 특고와 헌병의 엄중한 감시에 있었다는 점이 증명한다고 하였다.[1]

사노 마나부는 오이타현의 시의(侍醫) 가문에서 태어났으며, 메이지 유신 이후 민권운동가로 활동했다. 그는 남만주철도 초대 총재이자 내무대신을 지낸 고토 신페이(後藤新平, 1857~1929)의 사위인 사노 효타(佐野彪太)의 동생으로도 잘 알려져 있다. 도쿄제국대학 법학부를 졸업하고, 고토 신페이의 연줄로 1919년 만철동아경제조사국 촉탁사원이 되었다가 1920년 와세다대학 상학부 강사로 경제사 등을 강의했다. 1922년 일본공산당에 입당하고 1923년에 집행위원에 선출되었으며 제1차 공산당사건으로 도피하여 소련에 망명했다. 1925년에 귀국하여 코민테른의 자금을 받아 《무산자신문》의 주필이 되었으며, 1926년 제1차 공산당사건으로 금고 10개월형을 받았다. 1928년 코민테른 제6회 대회에 일본공산당 대표로 출석하고 코민테른 상임집행위원에 선임되어 일본공산당 대표로서 활동했다. 1929년 3월 상해에서 피체되어 1932년 도쿄지방법원에서 치안유지법 위반으로 무기징역형을 선고받고 상고했으며 옥중 전향서를 발표하고 공산당에서 탈당했다. 1934년 5월 도쿄공소원에서 징역15년형이 확정되었다.

---

1 佐野學, 1957, 「共同被告同志に告ぐる書」, 『佐野學著作集』 1권, 佐野學著作集刊行會, 3쪽.

이렇게 화려한 이력을 갖는 인물이기에 그의 전향 성명의 파장은 클 수밖에 없었다. 《적기(赤旗)》 1933년 6월 16일 자는 사노와 나베야마를 제명 처분하고 당 파괴행위를 규탄했다. 그러나 그 파장에 대해 『일본공산당의 60년』에는 "당의 최고지도부의 일원이었던 사노, 나베야마의 배반은 (중략) 저널리즘의 정치적 대선전에 힘입어 당의 내외에 패배주의 기분과 조류를 크게 낳는 계기가 되었다"[2]고 적어 그 영향 관계를 인정했다. 사노 등의 전향이 끼친 사회적 영향은 앞서 소개한 일제 사법당국의 분석자료에서도 이미 인정한 점이기도 하다. 사노 마나부는 이 전향서에서 코민테른을 강력하게 규탄하는 한편, 일본의 특수성의 '발견'에 대해 기술하고 있다. 즉,

<그림 12> "천황제 정부의 테러정책과 밀통하여 당파괴에 광분하는 스파이적 배반자 사노 나베야마를 대중적 분격으로 단죄하라"는 『赤旗』1933년 6월 16일 자의 보도.

"일본 민족이 고대에서 현대에 이르기까지 인류사회의 발달 단계를 순조롭고 충실하게 또한 외적에 의한 중단 없이 지나온 것은 우리 민족의 이상하리만큼 강한 내적인 발전력을 증명하고 있다. 또 일본 민족이 단 한 번도 다른 민족의 노예가 된 경험이 없고 계속 독립불기(獨立不羈)의 생활을 해왔다는 것의 의의는 매우 크다. (중략) 민족적인 범주를 무시하고 계급에 충실한 조건을 공상하는 것은 소 부르주아적인 사고이다."[3]

---

2 『日本共産党の60年: 1922~1982』, 日本共産党中央委員會出版局, 1982.12 참조.
3 「共同被告同志に告ぐる書」, 『佐野學著作集』 1권, 佐野學著作集刊行會 編, 1957년, 3~20쪽.

라고 하였다. 이와 유사한 '일본의 특수성에 대한 발견과 상찬'은 여타 전향자의 전향서에 공통적으로 나오는 구절이 된다.

　사노 마나부의 전향은 국내에도 적지 않은 영향을 끼쳤다. 이 점은 후일 사노 마나부가 1953년 사망한 후 보도된《마산일보》기사에서 "이 전향 풍조는 이 나라에까지 나부끼어 종래의 고절적(苦節的) 사상가 대부분이 일본의 황도(皇道) 정신으로 전향 몰락한 것도 당시 하나의 병적 기현상이었다"[4]고 회고한 데에서도 찾아볼 수 있다.

　이 장에서는 이렇게 파장을 몰고 온 사노 마나부의 전향서를 1957년에 출판된 『사노 마나부 저작집』 1권에서 번역하여 인용했다.

　제2절에서는 사상정책 당국자가 '전향' 양상을 어떻게 관찰하고 있었는지, 이를 분석한 자료를 모았다. 일본에서의 그 영향을 알 수 있는 자료로는 일본공산당에서 전향한 고바야시 모리토(小林杜人)의 〈전향자는 일어서고 있다〉(《보호시보》 제19권 제9호, 1935)를 번역 소개했다. 이 글에는 조선인 전향자로 김연학(金練學)과 최무혁(崔武爀)을 언급하고 있는데, 전협(일본노동조합전국협의회)에서 활동했던 최무혁의 주장도 일본정신을 강조하는 것임을 전했다.

　1936년 12월《사상휘보》 9호에 실린 〈사상범 보호관찰에 관한 법률 실시에 즈음하여 조선인 사상전향자의 감상과 희망〉에는 김두정, 강문수의 글을 싣고 있다. 1년 뒤 1937년 12월에 간행된 《사상휘보》 13호에는 경성의 조선인 전향자의 상황을 보고한 글이 실려 있다. 역시 사노와 나베야마의 전향 성명이 "일본공산당 및 내외 공산주의자에게 상당한 충격을 주었고, 옥중 옥외를 통틀어 내지인 공산주의자들이 연달아 전향을 표방하게 되었지만," 당시 조선에서는 전향자가 한 명도 없었다고 한다. 1934년의 경우 경성에서는 검거되기 전의 전향자는 전혀 없고, 검거된 후 검찰에 이송되거나 형무소에서 수감생활 중에 전향을 표

4　H生, 1953.3.12, 〈전향파 거두 佐野學의 주검〉,《마산일보》.

명하는 상황이고, 일본처럼 좌익의 이론적 지도자의 전향은 극히 드물다고 그 특징을 지적한 점이 주목된다. 그 이유는 조선의 경우 공산주의도 "조선민족의 해방을 도모하는 이른바 민족적 공산주의"라는 점을 지적했다. 일본의 공산주의자는 일본 국체와 국민성에 대한 각성과 국가 비상시국에서 공산혁명이 불가능함을 자각함으로써 전향으로 나아가는데, 조선의 경우는 이와 다르다는 것이다. 또한 그들의 전향서에는 '일본 국체'에 대한 언급이 없다는 점도 특징으로 꼽았다. 나아가 경성의 경우 "경성의 7천 명 넘는 학생층의 사상적 경향을 보건대 아직 과거의 비타협적 태도를 버리지 못하고 일본정책에 반항적 태도"를 보인다고 지적하여 일반조선인의 동정에 상당히 주의를 기울여야 함을 강조했다. 조선총독부 고등법원 사상부는 전향서를 작성한 이른바 '주의자'의 사례를 공유하며 그들에 대한 대책 강구의 참고자료로 삼았다.

이러한 상황 속에서 조선에서는 공산주의자뿐만 아니라 온건한 민족주의자들에 대한 탄압도 이루어졌다. 1930년대 후반의 수양동우회 사건과 흥업구락부 사건으로 체포된 민족주의 운동가들뿐만 아니라, 공산주의 사상운동으로 검거된 좌익 인사들도 수형을 마치거나 집행유예형을 받으면 전향서를 작성하는 것이 관례였다.

제3절에서는 대동민우회의 전향 활동과 관련된 자료를 소개했다. 조선총독부의 사상전향 정책에서 필수적인 요소는, 전향한 조선인 사상가들에게 친일 단체를 조직하게 하여 그들이 활동하도록 유도하고, 이를 통해 대내외적으로 영향력을 확산시키는 것이었다. 그 대표적인 단체가 1936년에 조직된 대동민우회이다. 대동민우회는 1936년에 설립되어 1942년까지 신문지상에 친일활동이 나타나고 있는데, 무엇보다 조선총독부의 강력한 재정적 원조가 뒷받침된 단체였다. 이 자료집에는 대동민우회에 대한 일제측의 사찰자료와 민우회 회칙, 대동민우회가 작성한 「전향 문제의 검토」(일본어본)를 번역하여 수록했다. 이 글에서는 전향을 "사상적 방향 전환을 의미하며, 그 단어 자체가 나타내듯이 하나의 사상에서 다른 사

상으로 전환하는 것"이라고 정의하고 있다. 이 점은 앞장에서 소개한 바와 같이 일제 사법 당국이 정의한 것으로, 전향은 단순히 기존 사상을 버리는 것뿐만 아니라 다른 사상, 즉 일본정신으로 귀속하여 이를 실천하는 것까지 포함되어야 한다는 인식이 있었음을 보여 주는 대목이다. 이 글에서는 "대국가주의는 공산주의와 민족자결주의를 함께 청산하는 것을 조건으로 하며" 이는 대민족주의이고, 대문화주의로서 내선(內鮮) 양 민족이 혼연일체가 되어야 한다고 역설한다.

제4절에서는 연희전문학교 경제연구회 사건으로 피체된 연희전문학교 상과 과장 이순탁(李順鐸)의 옥중 사상전향록(1939.6.23)[5]과 끝까지 전향을 거부한 이재유의 감상록을 대비하여 수록했다.

이순탁은 일본이 한국병합 이래 표방한 일시동인(一視同仁) 정신에 반하여 정치적·경제적·교육적 및 사회적 차별에 대한 불만에서 비롯된 공산주의 사상이 잘못되었다고 주장했다. 자신은 "충량한 황국신민이 되어 과거의 잘못된 민족관과 정의관을 깨끗이 청산하고 내선일체(內鮮一體)와 적화방지(赤化防止), 동양평화 확립이라는 대업의 결실을 이루기 위해 헌신할 각오이다"[6]라고 하였다. 그는 전향서에서 자신이 일본정신에 대해 얼마나 잘 인식하고 있는지를 공들여 서술했다. 그는 일본 고대의 '화(和)'와 '성(誠)'의 정신을 언급하고 메이지일왕이 지은 『와카나 만요집』의 시를 인용하여 '시키시마(敷島)의 일본정신(大和心)'을 설명한다. 이순탁은 마무리로써 자신의 향후 일본정신을 확고히 파악하고 일본인적 감정 수용에 전력을 기울이겠다고 약속하고 있다. 이 약속은 오히려 이 부분이 그에게 가장 어

---

5 이순탁의 사상전향록은 국사편찬위원회 전자사료관에서 원문을 열람할 수 있는데, 페이지 순서가 뒤죽박죽되어 있어서 일반열람자는 열람하기 어렵게 되어 있다. 이 자료를 번역하면서 독자의 편의를 도모하기 위해 국사편찬위원회 소장자료 페이지를 표시했다.

6 이순탁, 1938.11.21,「회오록」, 연희전문학교 동지회 흥업구락부 관계보고, 국사편찬위원회 한국사데이터베이스

려운 점임을 토로하는 것으로도 읽힌다. 이순탁은 해방 후 남한의 농지개혁을 위해 헌신하다가 한국전쟁 당시 납북되었다. 현재 그의 묘는 평양에 있는 것으로 알려져 있다.

끝까지 전향을 거부하고 1944년에 옥중에서 사망한 이재유의 감상록은 《사상휘보》 11호(1937.6)에 소개된 것이다. 이재유는 일제 치하에서 노동자와 농민의 극한적인 생활상을 비판하고 공산주의운동은 먼저 조선의 절대 독립을 지향해야 한다고 역설하였다. 또한 사상범 보호관찰제도에 대한 소감을 밝히며 "한 번 희생을 겪은 사람은 두 번, 세 번의 희생을 크게 두려워하지 않는다. 한 번 경험한 길은 더 수월하며, 사경을 헤매다 살아남은 사람은 죽음에 대한 공포가 비교적 옅어지기 때문에, 퇴역 군인이 결사적인 행동을 잘하는 법이다"라고 말했다. 그는 경찰 폭력이 강화될수록 일반 공산주의자들이 더욱 결사적으로 각성할 것이라고 주장하며, 굴하지 않는 태도를 보였다.

나아가 이재유는 "신치안유지법의 실시와 경찰 폭력의 강화를 어용의 관점에서 피상적으로 살핀다면, 마치 법 제창자 및 위정자의 본연의 의도와 임무가 어느 정도 실현된 것처럼 보일지도 모른다. (중략) (그러나-인용주) 사물의 반작용 법칙에 따라 제창자와 위정자가 예상한 것과는 반대의 결과가 될 것이다. 나아가 10년이라는 오랜 기간 국가권력을 동원한 노력과 막대한 경비, 그리고 무수한 희생을 치렀음에도 불구하고 오히려 위에서 열거한 조목처럼 반비례하는 결과를 낳을 것이다"라고 하여 일제의 끝을 모르는 사상 탄압이 겉으로는 효과가 나타나는 것처럼 보이겠지만, 그 반대의 결과를 초래하게 될 것임을 경고했다. 그리고 그의 경고는 현실이 되어 그가 옥중에서 순국한 지 10개월 뒤에 한국은 마침내 광복을 맞이하게 되었다.

윤소영

1. 사노 마나부의 전향서

〈자료 100〉 사노 마나부, 공동피고 동지에게 고하는 글(1933년)
[佐野學著作集刊行會, 1957, 「共同被告同志に告ぐる書」, 『佐野學著作集』 1권, 3~20쪽]

一. 이 「공동피고에게 고하는 글」은 내가 1933년 6월 8일 일본공산당을 탈당하며 이치가야(市ヶ谷)형무소에서 동지인 나베야마 사다치카(鍋山貞親)와 함께 기초하여, 당시 같은 법정에서 심리(審理)받았던 200여 명의 공동피고에게 보낸 성명서 전문이다.

一. 나는 1922년 6월 일본공산당 창립에 참여하고 1929년 6월 투옥되었다. 1933년 6월 이 성명서를 보내 탈당하고 그 후 계속해서 10년간 수감되었다가 1943년 10월 형기 만료로 석방되었고, 1945년 패전에 이르기까지 사상범보호관찰법에 따라 감시를 받았다.

一. 나의 탈당으로 막대한 타격을 받은 공산당은 내가 정부로부터 매수되었다는 불결한 허구선전을 거세게 하였다. 그렇지만 절대로 그러한 사실은 없다. 그것은 내가 탈당 이후 형기만료까지 10년간을 계속 옥중에서 보낸 것과 출옥한 후에도 특고 및 헌병의 엄중한 감시 아래 있었던 것이 증명한다.

一. 이 성명서에 표명된 나의 일부 사상이 오류였다는 점은 성명서 이후 13년간의 역사적인 사실이 증명한다. 나는 이러한 사상을 현재는 갖고 있지 않다.

一. 이 성명서에 있는 공산당, 코민테른, 소련에 대한 나의 평가는 바뀌지 않았다.

一. 공산당은 모든 수단으로 나를 공격하고 중상(中傷)하고 있다. 나도 공산당을 적대시한다.

一. 나는 와세다(早稲田)대학 상학(商學)부에서 「사회사상사」 및 「사회정책」을 1주일에 각 1시간씩 강의하고 있다. 나는 1920년 무렵 본 학부의 강사였다. 나와 공산당과의 적대관계가 최근 불유쾌할 정도로 심해졌기 때문에 강사에 불과한 내가 위대한 민주주의자인 오쿠마 후작(大隈候)이 창립한 와세다대학에 폐를 끼칠 것을 염려하여 강사를 사직하고자 하였지만, 학생들의 요구로 여전히 강의를 계속하고 있다. (1947년 6월 2일 일기)

공동피고에게 보낸 성명서 전문

우리가 옥중에 유거(幽居)한 지 이미 4년, 주어진 조건 아래 모든 힘을 다해 투쟁을 계속해 오며 수많은 불편함과 위험을 무릅쓰고 외부의 일반 정세를 주목해 왔다. 그런데 최근 일본민족의 운명과 노동계급 운명과의 관련, 또 일본 프롤레타리아 전위와 코민테른과의 관계에 대해 깊이 생각하는 바가 있어 오랜 생각 끝에 우리의 종래의 주장과 행동에 대한 중요한 변경을 결의하기에 이르렀다.

지금 일본은 밖으로는 일찍이 볼 수 없었던 곤란과 마주하고 있고, 안으로는 이전에 없던 대변혁이 박두하고 있다. 전쟁과 내부 개혁을 잉태한 내외 정세에 대해 모든 계급과 당파는 과제 해결을 위한 준비와 대책으로 바쁘다. 이때, 노동계급의 전위를 담당해야 할 일본공산당이 많은 결함을 노정하고 있다. 당의 기초는 현실적으로도 가능성 면에서도 눈에 띄게 확대하였지만, 당원의 사회적인 구성도, 당 기구도, 행동도 마치 급진적인 소부르주아의 정치기관화되고 있다. 당은 최근의 공황 및 그와 관련하여 폭로된 자본주의 기구의 부패에 대한 대중의 격분을 지도할 수 없었다.

만주사변 및 그에 따른 일련의 전쟁 정세에 대한 당의 공식적인 대책은 완벽히 파탄하였고, 당의 반전투쟁은 중국신문의 유언비어 기사와 코민테른의 선동문서에서만 화려했을 뿐이다. 중요한 스트라이크 지도도, 심각해져 가는 농민투쟁의 권위 있는 지도도 당에 의해 이루어지지 않았다. 일찍이 어떤 시대의 일본공산당은 무장 데모를 호소하고, 소규모이지만 실제 그것을 조직했다. 그것은 결정적으로 오류였지만 그래도 여전히 이 오류는 대중의 지지를 확신했고, 대중 안으로 돌진하여 들어간 사상을 보여 주고 있다. 그에 비해 작년 이후의 여러 사실은 블랑키즘[7]의 나쁜 요소만 다 모아 놓은 것 같은 모습으로, 프롤레타리아트와는 전혀 인연 없는 부패 경향마저 나타냈다. 당은 객관적으로 보아 노동계급의 당이라고 말할 수 없다.

---

7   Blanquism. 프랑스대혁명의 바뵈프가 주장한 혁명적 공산주의의 전통을 계승한 프랑스의 사회주의자 블랑키의 정치사상을 말한다. 무장한 노동자가 쿠데타를 일으켜 정부를 타도하고 프롤레타리아의 권력을 장악하여 독재정치를 실시해야 한다는 내용이다. 블랑키즘은 생디칼리즘의 형성에 큰 영향을 미쳤다.

우리는 감옥 안에서 거의 침묵하고 있어야 한다. 또 우리는 개개 당원 모두가 성실하고 용감하게 활동하고 있는 것, 투쟁이 지극히 힘들고 또 심각해졌다는 것, 일반적인 모든 조건이 유리하게 긴장하고 있는 것 등을 충분히 알고 있다. 그럼에도 불구하고 당으로서, 조직으로서, 전체로서 프롤레타리아 전위의 결합대(結合隊)로서 바르게 발전하고 있다고 여러분은 단언할 수 있을까? 사회의 생산기구에 직접 참가하지 않는 소부르주아지의 첨단적 분자인 인텔리층이 노동계급을 발판으로 하여 그 의욕을 발산시키려고 한 것은 종래에도 여러 번 있었지만, 그들은 지금 연속적인 탄압 때문에 생긴 공산당의 약점과 갈등을 틈타 노동계급 중의 진보 분자인 전위도 발판으로 삼으려 한다.

원래부터 각각의 동지는 그런 당치도 않은 일은 꿈에도 생각하지 않았겠지만, 계급이 개개인의 의사에서 독립하여 결정된 자기의 목적을 추구하는 것은 소부르주아도 마찬가지이다. 이러한 이유로 탄압에 굴하지 않고 진격하는 동지들의 용기와 열정에도 불구하고 당 자체의 방향이 왜곡되어 저널리즘의 갈채를 받아도 정작 중요한 노동자 대중의 관심에서 멀어지는 것이다. 빼놓을 수 없는 프롤레타리아적인 자기비판은 내던지고, 순진한 청년 동지와 노동자 당원은 더 이상 대중적인 투쟁 가운데에서 훈련받지 못한다.

우리는 이러한 현재 정세에 큰 유감을 가지지 않을 수 없다. 물론 이러한 사태는 최근의 당 지도자 개인적인 자질과 능력에 그 본질적인 원인이 있는 것은 아니다. 그들의 대부분이 주어진 조건 아래에서 가장 성실하고 우수한 인물이었던 것을 충분히 믿는다. 그럼에도 불구하고 당이 프롤레타리아 전위의 결합이 될 수 없는 것이 근본적인 문제이다. 우리는 숙고한 끝에 이러한 사태를 필연적이게 한 근본 원인의 하나는 우리가 무한한 신뢰를 보내고 있었던 코민테른의 정치 및 조직원칙, 그 안에 있다는 것을 깨달았다.

우리는 종래 최고 권위가 있다고 생각한 코민테른 자신을 비판에 올려야 할 필요가 있다는 것을 인정한다. 우리는 코민테른이 최근 현저하게 섹트(Sect)화,[8] 관료화되고, 너무 지나치게 소연방(蘇聯邦) 일국(一國)의 기관화하여, 21개조의 가맹조건이 엄격한 프롤레타리아 전위 결합 정신을 잃어버리고 각국의 소부르주아에 영합하여 나쁜 선동적인 경향마저 생겼다고 단정한다. 그것은 일본의 당에 대하여 기골 있는 노동자보다도 필설적(筆舌的)이고 요

---

8 SECT化. 분파, 종파를 의미한다.

설적(饒舌的)인 소부르주아를 환영하고, 희망과 상황 정세를 혼동하여 방자한 전술을 고안하고, 뻔한 거짓말로 무책임한 선동을 하고 있다.

1926년부터 그다음 해에 걸쳐 일본공산당 진영 내에 최초의 소부르주아적 범람 현상이 있었을 때 코민테른은 준열하게 이것을 비판하고 당내의 우수한 노동자 당원과 함께 그 편곡(偏曲)됨을 극복하였다. 그런데 현재 소부르주아 요소가 그 당시와 비교가 되지 않을 만큼 압도적으로 당내에서 우세를 차지하여 유형·무형의 손해를 일본의 좌익적 노동자 운동에 가하고 있는데도, 코민테른은 일언반구도 이러한 편곡(偏曲)을 언급하지 않고 오히려 낯간지러운 문구로 당을 칭찬하고 있다. 최근의 세계공황 및 그 후 첨예화된 모든 정세에 대한 코민테른의 이론적인 비판은 항상 심각하고 예리하게 사람을 경청하게 했으나, 코민테른이 이 정세 속에서 국제적인 혁명조직으로 여러 나라 노동자의 현실투쟁을 지도하기에는 너무나 무능력하다는 점을 폭로했다. 각국 노동자는 코민테른 및 그 지부와 거의 무관계로 자국의 자본주의와 싸우고 있다. 코민테른 지부는 세계에 골고루 있다고 해도 그 실세는 그 말처럼 발전하지는 않았다. 단적인 예를 들겠다. 코민테른의 큰 당인 독일공산당이 히틀러의 반동 앞에서 아무런 저항을 하지 못한 것은 어떠한가. 실제 혁명의 소용돌이 속에서 이미 2년이 경과한 스페인 당의 허약함과 그에 대해 코민테른이 질책적인 고등 비판만 거듭하고 있는 무책임은 어떠한가. 중국공산당은 소비에트 지역의 대중운동을 기초로 하기 때문에 강한 것이지, 코민테른지부라는 점 때문에 그런 것이 아니다. 오히려 코민테른지부이기 때문에 이 당은 때때로 섹트적인 어두운 그림자를 가진다. 국제적인 대중투쟁도 임시 방편적인 것일 뿐이다. (국제실업대책투쟁, 반전 데이 등)

코민테른 대회는 이미 5년에 걸쳐 개최되지 않는다. 당과 조합을 불문하고 대회를 무시하는 것은 그 지도조직이 관료화한 것을 의미한다. 코민테른은 각국에 대두한 국민주의적인 경향에 대해서는 그저 배외(排外)주의라고 비방할 뿐, 그 안에서 움직이는 살아있는 힘을 과학적으로 해부하는 것을 경원하고 있다. 소연방(蘇聯邦)의 이상한 발달과 국제적인 위기 정세가 필연적으로 코민테른을 소연방의 국책 수행 기관화하는 경향을 띠게 한 것은 수긍하지만, 최근 그 경향이 극단적이 되어 소비에트연방을 옹호하는 한마디가 각국 공산당의 둘도 없는 최고 슬로건이 되고, 또 각국 노동계급의 이익도 이것의 희생이 되도록 요구하고 있는 것은 세계적인 노동운동의 발전에 있어 절대 바른 일이 아니다. 사실상 일본공산당은 우리 노동계급의 해방을 목표로 한 당이라기보다 일본에서의 소연방의 방위대 또는 그 여론 기관이라는 점에 더욱 많은 의의를 두었던 것으로 보인다. 코민테른이 일본공산당의 현재 상태에 어떤 비평을 가하지 않고, 오히려 무책임하게 선동하는 것은 이러한 의미가 없다고 할 수 없다. 우리는 원래 소연방 및 중국 소비에트 정부와의 결합을 우리 노동계급의 중요임무 중 하나라고 주장하였지만, 그것은 어디까지나 자주적 입장에서의 임무이어야만 한다.

오늘날 일본공산당이 이미 내면적으로 변화된 코민테른 결의에 사사건건 무조건 복종을 요구받고 일본노동계급의 창의로운 분방함을 방해하고 있는 것은 우리 노동운동의 일대 불행이 되었다. 우리는 과거 11년간, 충실하게 모든 고락을 코민테른에게 맡겨 왔지만 지금 모든 비난을 감수할 결의로 본 성명서에 언급하는 모든 이유를 토대로 일본 좌익적인 노동자 운동이 당이든 조합이든 간에 코민테른의 모든 관계에서 단연코 분리하여, 다가오는 사회적 변화에 적응하도록 새로운 기준에서 근본적으로 재편성되어야 한다는 것을 주장한다.

코민테른이 일본의 특수성을 근본적으로 연구하지 않고, 유럽의 계급 투쟁 경험, 특히 러시아혁명의 경험을 적용하여 일본 현실을 끌고 가는 경향은 우리가 이전부터 지적하던 바이다. 그런데 작년 5월에 발표한 일본문제 신강령은 이러한 경향의 정점을 보이고 있다. 그 현저한 방법론적 오류의 두세 가지를 이야기하겠다. 해당 강령의 첫머리는 일본 자본주의의 '특별히 공격적인 강도(强盜)성'이라는 점에 대한 자유주의적인 분개로 시작되고 있다. 자본주의는 비유적으로 말해 어디에서나 '강도적'이었다. 역사는 영국, 프랑스, 미국, 과거의 러시아가 해 온 것은 신사적이었지만, 일본 것은 강도적이었다고는 가르치고 있지 않다. 문제는 19세기 후반에 일본이 다른 나라의 식민지가 되지 않고, 스스로 자본주의 국가로 발전한 것이 당시 사정에서는 막대한 혁명적인 의의를 가지고 있다. 그것은 서구자본의 중압에 신음하는 아시아 제(諸) 민족의 각성과 혁명적인 투쟁을 앞당김으로써 세계사적 진보의 유리한 조건을 창조하였다. 이 역사적 필연, 이 세계사적인 의의를 빼놓고 일본 자본주의의 전 발달 과정을 그저 '강도'라고 매도해 봐도 전혀 과학적이지 않다. 이것은 소련 연방 리트비노프 외교[9]가 일본과 중국 문제에 있어서 국제연맹의 부르주아 제국들과 입장을 같이 했던

---

9   막심 리트비노프는 소련의 외교관이다. 1930년부터 1939년까지 소련 외무인민위원을 역임했으며, 1918년부터 1919년, 1941년부터 1943년까지 주미 소련대사를 역임했다. 미국의 소련정부 승인, 소련의 국제연맹 가입

것과 유사하다. 코민테른의 지도자들 또한 만주사변 이후 일본에 대해 유럽의 자유주의자들과 마찬가지로 강한 반발과 흥분을 보였다는 점을 시사하는 것일까? 또한 이 테제는 일본에서 군주제 반대 대중투쟁이 소용돌이치고 있다든가, 반동적 대중운동이 격화하고 있다고 하는, 중국 및 유럽에서 날조된 허구 사실을 기초로 하여 모든 테제를 만들어 내고 있다. 주관적인 희망으로 객관적인 사실을 왜곡하고, 이것을 전술의 기준으로 하는 것은 혁명가로서 부끄러워해야 할 일이며, 이 테제의 작성자는 시인일지 모르나 프롤레타리아적인 전술가는 아니다.

　최근의 세계적 현실(소련 연방의 사회주의를 포함하여)은 우리에게 중요한 교훈을 주고 있다. 세계 사회주의의 실현은 형식적인 국제주의에 의존하지 않고, 각국의 특수한 조건에 맞춰 그 민족의 정력(精力)을 대표하는 노동계급이 주도적으로 나아가는 일국 사회주의 건설을 통해 이루어진다는 것이다.

　민족과 계급을 반발시키는 코민테른의 정치 원칙은 민족적인 통일의 강고함을 사회적인 특질로 하는 일본에서 특히 통하지 않는 추상(抽象)이다. 무엇보다 진보적인 계급이 민족 발전을 대표하는 과정은 특히 일본에서 자주 일어날 것이다. 세계혁명의 달성을 위해 자국을 희생해도 두려워하지 않는 것은 코민테른적인 국제주의의 극치이고, 우리도 또한 실로 이것을 받들고 있다. 그러나 우리는 지금 일본의 우수한 모든 조건을 각성하였기 때문에 일본혁명을 그 누구를 위한 희생으로 바치지 않겠다는 결심을 하였다. 우리는 세계 프롤레타리아 간의 국제주의, 그것을 부정하는 것이 아니다. 그러나 금후 더 높은 국제주의는 오히려 세계의 주요지에서의 일국적 사회주의 건설의 노력으로 구축될 것이다. 세계 모든 민족이 이러한 능력을 현재 가지고 있는 것은 아니지만 일본은 현재 도달한 고도의 문화에서 볼 때 이 능력을 풍부히 갖추고 있다. 종래 부르주아가 그들의 방위를 위해 마음대로 일본을 사용하였기 때문에 계급의식이 있는 노동자는 오히려 자국에 대한 큰 관심을 잃게 되었다. 그러나 일본 노동자가 일본을 중심에 놓고 고려하는 것만큼 자연스럽고도 필요한 것은 없다. 일본 민족이 고대에서 현대에 이르기까지 인류사회의 발달 단계를 순조롭고 충실하게 또한 외적(外敵)에 의한 중단 없이 경과해 온 것은 우리 민족의 매우 강한 내적 발전력을 증명

등에 성공하여 외교적 수완을 높이 평가받았으며 '리트비노프 외교'라는 친(親)서방정책을 채용하였다.

하고 있다. 또 일본 민족이 단 한 번도 다른 민족의 노예가 된 경험이 없고 늘 독립불기(獨立不羈)[10]의 생활을 해왔다는 것의 의의는 매우 크다. 이로 인해 형성된 강력한 민족적 통합과 국가 질서적인 생활 경험은 서로 깊이 연관되어 있다. 이는 일본 역사에서 여러 차례의 계급 세력 교체가 있었음에도 불구하고, 다른 이민족의 지배나 경제적 착취, 정치적 억압이 얽히는 국가에서 나타나는 원시적이고 절망적이며 참혹한 계급투쟁 과정과는 현저히 다른 양상을 보인다는 점에서 특징적이다. 이 역사적으로 축적된 경험은 오늘날 발달한 문화와 더불어 새로운 시대의 대표 계급인 노동계급이 사회주의로 향하는 길을 일본적으로, 독창적으로, 개성적으로, 또한 지극히 질서 있게 개척할 수 있도록 할 것이다. 민족적인 범주의 무시를 계급에 충실한 조건이라고 공상하는 것은 소부르주아적인 사고이다. 일본 민족의 강고한 통일성이 일본에서의 사회주의를 우수하게 만드는 가장 큰 조건의 하나인 것을 파악할 수 없는 자는 혁명가가 아니다. 민족이란 다수 즉 근로자임에 틀림없다. 우리는 우리 노동계급 및 일반에게 근로인민 대중의 창조적인 능력에 강한 신념을 가진다.

일본공산당은 코민테른의 지시에 따라 "군주제 폐지" 슬로건을 내걸었다. 전기(前記)한 테제의 모티브 중 하나는, 더욱 한 걸음 나아가, 반 군주투쟁이 현재 계급 투쟁의 주요 임무라는 등 멍청한 규정을 한 것에 있다. 코민테른은 일본 군주제를 완전하게 러시아의 차리즘과 동일시하여 그에 대항하여 행한 투쟁을 그대로 일본지부에 부과하고 있다. 일본공산당의 이 대중투쟁은 최근 점점 더 극단적으로 쏠리고 있다. (아마도 코민테른 지도자도 매우 만족시킬 정도로) 당은 정치적인 슬로건으로 "천황제 타도"를 마치 염불하듯이 반복하고, 모든 경우에 적용하여 천박한 저주의 말을 함부로 휘두르고 있다. 자본가 지주 정권이라는 계급적 어휘조차 최근의 당 기관지에서는 볼 수 없다. 노동자 계급 투쟁을 이러한 제목 하나로 단순화시켜 버리고 '내가 할 일은 모두 끝났다'라고 하는 것은 상당한 정치적 무능이든가, 아니면 정말로 구체적으로는 아무것도 하지 않든가이다. 당의 이러한 대중투쟁은 급진적인 소부르주아 사이에 공소(空疎)하고 또 관념적인 자유주의적인 흥분을 환기함과 동시에 다른 한편으로는 노동자의 생활 정서에는 점점 더 다가가기 어려운 상태로 자신들을 두고 있다. 우리는 일본공산당이 코민테른 지시에 따라 외관만 혁명적으로 하고, 실질상으로는 유해한 군주제 폐지 슬로

---

10 독립하여 남에게 속박되지 아니함.

건을 앞세우고 있던 것이 근본적인 오류였다고 인정한다. 그것은 군주를 자신의 몸을 지키는 방패로 삼는 부르주아와 지주를 기쁘게 한 대신에 대중을 당에서 점점 멀리 떼어 놓았다.

일본 황실의 연면(連綿)하는 역사적인 존속, 일본 민족의 독립불기의 순리적인 발전은 세계적으로 유례가 드물다. 이를 사물적으로 표현하면, 황실이 민족적 통합의 중심으로 자리 잡고 있다는 사회적 감정이 근로자 대중의 가슴 깊숙이 자리하고 있음을 알 수 있다. 우리는 이 사실을 있는 그대로 이해할 필요가 있다.

나아가 일본의 군주제가 구 러시아의 차르, 구 독일의 카이젤 등과 달리 메이지유신 이래로 진보의 선두에 서 있던 사실은 부르주아 사이에서도 프롤레타리아 사이에서도, 반 군주투쟁은 현실적인 문제가 되지 않았다. 다수의 희생자를 낸 고토쿠(幸德)사건[11]은 부르주아 자유주의자의 섹트적인 테러리즘으로 기억될 뿐, 조금도 노동계급의 혁명적인 전통의 일부를 형성하고 있지 않다. 급진적인 소부르주아는 그 본질에서 단순한 반군주제 코스로 흥분하기 쉽다. 현재 공산당이 거의 아나키즘과 구분되지 않는 반 군주단체의 가치관을 노정하고 있는 것은 이러한 요소가 범람하고 있기 때문이다. 그렇지만 노동계급은 계급적인 생활에 따라 자본주의 기구 변혁을 본능적으로 원하고 있지만, 단순히 자유주의적인 또는 러시아의 반차리즘 그대로인 군주타도론에 동조하는 것은 아니다.

코민테른이 반 군주투쟁과 함께 일본공산당에 부과하고 있는, 지금 가장 큰 과제는 전쟁 반대, 특히 패전주의(敗戰主義)이다. 우리는 여기에서도 심각하게 지독한 소부르주아적 성질을 본다. 원래 낡은 구습을 고치지 못하고, 비겁한 평화주의를 사랑하는 소부르주아는 현재 이것을 적당히 표현할 수단이 없기 때문에, 그 첨단인 급진적인 소부르주아는 코민테른의 전쟁 절대 반대론에 대해 아무런 비판도 하지 못하고 끌려다닌다. 일반적으로 전쟁에 반대하는 소부르주아적 비전론(非戰論)과 평화주의는 우리가 취해야 할 태도가 아니다. 우리가 전쟁에 참여할지 반대할지는 그 전쟁이 진보적이냐 아니냐에 따라 결정된다. 중국 국민당 군벌에 대한 전쟁은 객관적으로는 오히려 진보적인 의의를 가지고 있다. 또 현재 국제정세 아래에서 영국과 싸울 경우, 그것은 상호 간의 제국주의 전쟁에서 일본 측의 국민적인 해

---

11 1910년 일왕을 암살하려고 했다는 이른바 대역(大逆)사건으로 고토쿠 슈스이(幸德秋水) 등 26명의 사회주의자들이 사형당하거나 감옥에 갇힌 사건이다.

방전쟁으로 급속하게 전환할 수 있다. 또한 태평양의 세계 전쟁은 후진 아시아의 근로 인민을 서구자본의 억압으로부터 해방하는 세계사적인 진보 전쟁으로 전환할 수 있다. 우리는 소련 연방 및 중국 소비에트 정부에 대한 전쟁은 반동(反動)적인 전쟁으로서 반대한다. 우리는 결코 호전적인 주전론(主戰論)에 동조하는 것은 아니지만, 지금 불가피한 전쟁 위기를 이렇게 인식하고 이것을 국내 개혁과의 결합에 진보적인 것으로 전환시키는 것이야말로 우리 노동계급이 취해야 할 유일한 길이라고 믿는다.

민족의 이해와 노동계급의 이해를 서로 충돌하도록 하는 것은 오류이다. 우리는 일본의 부르주아가 일본을 영원히 아시아의 헌병으로 만들어 서구자본과 공동으로 아시아 민족을 착취하려는 것을 배척한다. 동시에 코민테른이 소련 연방의 '목전의 이해'라는 입장에서 일본공산당에게 함부로 무턱대고 패전주의를 부과하는 것은 일본 노동계급에게 유해하다는 점을 역설한다. 중국 군벌이나 영국에 대해 패전할 필요는 어디에도 없다. 부패가 극에 달해 있던 전제주의 러시아에서는 아이나 심부름꾼도 자국의 패전을 희망하였다. 러시아의 모든 경험을 때와 장소, 조건을 무시하고 보편적인 가르침으로 바꾸는 것은 코민테른의 근본적인 오류의 하나인데, 오늘날 일본은 당시의 러시아와 비교하여 훨씬 건전하고, 훨씬 문화가 높아서, 원시적인 패전주의는 절대 대중의 가슴에 호소할 수 없다. 일본이 패배하여 물러서면 아시아가 수십 년 후퇴하게 될 것은 자명한 일이다. 일본에서의 패전주의는 일본 민족의 패배를 희망한다는 것을 의미할 수 있다. 우리는 대중이 본능적으로 드러내는 민족의식에 충실할 필요가 있다. 노동계급 대중은 배외주의적 입장에서 흥분하고 있는 것이 아니다. 그들은 불가피하게 다가오는 전쟁에는 이겨야만 한다고 결의하고, 이것을 필연적으로 국내 개혁과 결합시키고자 결의하고 있다. 이것을 대중 의식이 뒤처져서라고 정리해 버리는 것은 대중을 모욕하는 것일 뿐 아니라 스스로 하늘에 침을 뱉는 것이다.

우리는 코민테른이 일본공산당에게 요구하는 공식적인 식민지 민족의 국가적인 분리 정책이 일본에게 타당하지 않다는 것을 지적한다. 코민테른의 민족 자결 원칙은 민족의 감옥이라고 불린 전제주의 러시아에서 이것을 인정하지 않으면, 20여 개의 여러 민족의 반란으로 러시아혁명, 그 자체의 성공을 불가능하게 했기 때문에 성립한 원칙이다. 그 내용은 윌슨적인 국제연맹적인 부르주아 민주주의적 성격, 형식적인 소국주의적 성격을 내포하고 있다. 그것은 언제나 어디에서나 타당한 원칙이 아니라, 프롤레타리아트의 원칙으로서도 러시아

혁명 당시에 가진 혁명성을 이미 잃었다. 이제 진부해진 원칙이다. 사실, 러시아혁명에서의 민족 자결의 실천 결과는 반동적인 폴란드 성립과 발트해 연안 제국이 영국과 프랑스 자본의 괴뢰화된 점, 그리고 베르사유 조약의 민족 자결 실천 결과로 중부 유럽에 중세적인 분열 상태가 형성된 것 등 모두 반동적인 효과를 가져왔다.

이 원칙은 모국의 프롤레타리아트와 식민지 노동자 대중과의 결합으로 건설할 수 있는 대국적인 일국사회주의(一國社會主義)의 가능성을 무시하고 있다. 모든 민족의 생활의 권리에 갑과 을은 없다. 우리는 조선·대만 양 민족에 대한 자본주의적인 착취 및 탄압을 무엇보다도 일본 민족 자신에 대한 최대 모욕으로 배척한다. 우리는 일본·대만·조선 각 민족의 완전히 동등한 권리를 위해 싸운다. 그러나 민족동권(民族同權)의 구체적인 표현은 형식적인 국가적 분리가 아니다. 경제적, 문화적, 역사적으로 근접한 여러 민족의 근로자 대중이 한 개의 큰 국가로 결합하고, 인민적·계급적으로 융합하여 사회주의 건설에 노력하는 것이 훨씬 현실적인 세계사적인 방향이다. 긴밀한 동일 경제체계 속에서 생활하는 일본·대만·조선 근로자 대중의 공동 임무는 착취자와의 투쟁을 통해 그 국가를 근로자 자신의 국가로 만드는 데 있다. 만약 일본·대만·조선의 제민족이 코민테른이 희망하듯이 기계적으로 민족 자결 원칙에 따라 국가적으로 분리했다면 그것은 여전히 부르주아가 지배하는 반동적인 소국군(小國群)을 성립하는 데 그치고, 아시아 제민족의 더욱 보수적인 분열의 제1보가 될 것이다.

유럽 제국주의 모국과 그 식민지(예를 들어 영국과 인도, 프랑스와 인도 중국)는 경제적, 문화적, 역사적으로 격차가 너무 심하여 같은 근로자라고 해도 서로 쉽게 결합하기 어렵다. 따라서 하나의 사회주의 체계를 산출하는 것은 거의 불가능하다. 일본과 조선, 대만은 그들과는 범주적으로 완전히 다르다. 우리는 장래에 일본, 조선, 대만뿐 아니라 만주, 중국 본토를 포함한 1개의 거대한 사회주의국가의 성립을 예상한다.

코민테른은 지금까지 수많은 눈부신 일을 해왔기에 당연히 근로자 및 약소 민족에게 매력을 가지고 있다. 이 때문에 코민테른을 떠난 인간이, 떠난 후까지도 스스로 코민테른의 지지자처럼 불분명하고 미련이 남아 보이는 교활한 태도를 보이는 자가 일본에도 외국에도 적지 않다. 이렇게 대중을 기만하는 수서양단(首鼠兩端)[12]의 태도를 취하는 무리를 코민테른

---

12 쥐가 구멍에서 나갈까 말까 망설이는 모습. 진퇴, 거취를 결정하지 못하는 모습을 비유함.

이 항상 경멸하고, 신랄하게 조매(嘲罵)[13]하는 것은 정말 당연한 일이다. 우리는 조매(嘲罵) 당하지 않기 위해서 장차 선명한 태도를 취할 것이다. 우리는 중국 소비에트 정부와 그 공산당에 활동하는 동국(同國)의 동지들이 코민테른의 섹트화, 관료화, 소련 연방의 일국 기관화 등에 관해서 우리와 같은 의견이되는 것은 시기 문제에 불과하다고 생각한다. 코민테른은 아마 세계전쟁의 발발과 함께 첨예하게 와해될 것이다. 각국의 가장 적극적인 프롤레타리아트를 포함하고 있는 공산당에서는 전쟁과 혁명 간의 상관관계를 현재의 코민테른과 같이 소극적으로 이해하지 말고, 전쟁으로의 적극적인 참가를 통해 문제를 해결하려고 하는 자를 많이 배출할 것이다.

11년 동안 코민테른 깃발 아래 교육받고, 전력을 다해 그 진영을 위해 싸운 우리였지만, 지금 서로 받아들일 수 없는 것이 많아지게 되었으므로 미련 없이 깨끗하게 이 진영을 떠나 새로운 도정으로 나아가겠다. 우리는 코민테른의 역사적 의의와 혁명적 업적과 방침 등에 대해 앞으로도 일정한 경의를 잃어버리지는 않을 것이다.

우리는 또한 자본 착취에 대한 노동자의 이익 옹호(7시간 근로 기타)나 농업혁명의 여러 문제(기생적인 토지소유의 폐지 기타)에 대해 이야기할 것이 많이 있지만, 그것에 관해서는 근본적으로 종래의 태도를 바꿀 필요를 인정하지 않으므로 여기에서는 생략한다. 또 노동계급 전위의 지도적 역할과 그 결합의 필요에 대한 확신에 대해서도 조금도 변함없다. 우리는 코민테른 일본지부라는 조직이 전위의 결합 형태라는 공식적인 가정(假定)을 버려야 한다. 실제 절대로 그렇지 않고 그렇게 될 수 없다. 우리는 일본, 조선, 대만, 또 만주를 포함한 프롤레타리아 전위의 독자적인 결합대의 가능성을 믿는다. 좌익 노동자 운동의 모든 영역에 과도하게 파고든 소부르주아 요소 및 이데올로기는 집요하게 소탕해야만 한다. 일본의 노동계급은 타인을 착취하지 않는 소부르주아 근로 대중을 획득하지 않고는 그 역할을 달성할 수 없지만, 노동계급의 주도적 지위가 확립된 후에만 소부르주아 근로자는 동맹자가 될 수 있다.

우리는 코민테른을 비난하고, 당을 비난하고, 급진 소부르주아를 비난했다. 우리는 깊은 아픔을 느끼면서 고통스러운 자기비판으로 이것을 인정했다. 물론 우리는 모든 책임을 코민테른과 소부르주아에 전가하지 않을 것이고 또 전가할 수도 없다. 일본공산당이 오늘날

---

13 비웃고 꾸짖음.

첨예하게 나타나고 있는 결함이나 모순에 대해 우리 자신도 강한 연대책임이 있다. 여기에 진술한 것은 말이 너무 간단하여 그 의미를 충분히 나타내지 못한 점이 많다. 그러나 우리는 이 짧은 내용을 감옥 바깥으로 내보내는 것도 몹시 고생하였다. 만일 가능하다면 보다 더 상세한 견해를 알리고 싶다. 그러나 여기에 진술한 것만으로도 불완전하지만 문제의 핵심을 제시할 수 있었다고 믿는다. 공식적 이론으로 우리 견해를 반박하는 것은 외부인을 기다리지 않아도 우리 내부에서 충분하다. 그렇지만 움직이기 어려운 현실은 일본의 좌익노동자 운동의 급격한 재편성을 요구하고 있다. 프롤레타리아 전위 당의 권위는 코민테른의 결의나 논문을 신성시하여 반복 학습하는 것이나 소연방(蘇聯邦) 사회주의 성공을 선전하는 것만으로는 생기지 않는다. 권위는 내면에서, 당의 활동에서, 분출하고 발양(發揚)되어 형성되어야만 하는 것이다. 이러한 창의가 얼마나 부족한가! 코민테른의 원칙 및 조직그 자체가 전승되어 온 일본사회의 변혁에 결정적으로 부적합하다는 것, 이것은 대략 11년을 소비하여 실증된 문제의 핵심이다.

코민테른의 지도를 따르고 있으면 언젠가는 어떻게든 될 거라는 기회주의를 배척한다. 당의 동지는 물론 많은 진지한 당 외부의 노동자와 중국, 조선, 대만 동지는 우리 성명에 경악하여 분개할지도 모른다. 우리는 그 분개하는 양심적 태도를 신뢰하고, 근본적인 광범위한 토의가 실행되기를 바란다. 우리에 대해 추잡스러운 태도를 취하는 자가 있을지도 모른다. 그러나 우리가 여기에 문제를 제시한 것은 경력 짧은 일개 당원의 단순한 심경 변화와는 완전히 그 맥락이 다르다. 우리도 옥중에서 이러한 의견 발표가 부적당하다는 것을 충분히 이해하고 있지만, 더 이상 침묵하는 것은 오히려 우리의 의무에 반(反)한다. 우리 견해는 종래와는 다른 대척(對蹠)적인 것으로 보이지만, 자유로운 내적 발전임이 틀림없다. 누구나 우리를 자유롭게 비판하고, 혹은 찬성하고, 혹은 반도(叛徒)라고 공격해도 좋다. 우리는, 우리 견해는, 우리 입을 통해 나온 일본 프롤레타리아트 자각 분자의 의견이라는 확신을 고수한다. 노동계급에 온몸을 바치는 우리의 기본 태도는 과거와 같으며 조금의 변함도 없다. 설령 이대로 옥중에서 끝날지라도 프롤레타리아 전위의 긍지를 갖고 죽음에 임하는 것도 변함없다. 우리는 일본 노동자 운동에 진지한 관심을 가지는 그 누구라도 여기에서 제시한 문제에 대해 엄숙하게 주의를 기울여 달라고 요청한다.

2. 정책 당국자의 '전향' 관찰담

〈자료 101〉 고바야시 모리토, 전향자는 일어서고 있다
[小林杜人, 1935, 〈轉向者は立ち上がっている〉, 《保護時報》 제19권 제9호, 29~32쪽]

제국갱신회 사상부 고바야시 모리토(小林杜人)[14]

1928년(昭和 3) 3·15사건 이후 오늘까지 사상 사건으로 검거된 사람은 무려 5만 7,500명이라는 다수에 이르지만, 지금 그들의 대부분은 모두 일본정신에 눈을 떠 전향에 이르게 되니 이른바 전향시대가 등장하게 되었다.

이에 따라 전향자는 오늘날 어떻게 갱생해 나가고 있는지 지금 그 실제 사례를 들어 보겠다.

가. 명랑한 배신자

내가 존경하는 오노(小野義次) 군은 순수한 노동자 출신으로 선반(旋盤)[15] 숙련공이었다. 기나긴 노동운동 후 4·16사건[16]에 연좌되어 치바(千葉)형무소에 수형되었다가 작년 4월 가석방의 은전을 입고 출소하였다. 3명의 어린아이를 떠안은 채 가난한 시골에서 남편의 귀가를 애타게 기다리던 부인의 마중을 받고 집에 돌아온 오노 군은 출소하자마자 이해심 있는 현재의 고용주 품에서 일할 수 있게 되었다. 우리들의 모임에서 오노 군이 감상을 말하길, "내가 지금 가장 생각하고 있는 것은 명랑한 배신자라는 것이다. 나는 4·16사건에 연좌되었는데, 오랫동안 노동자로 지내 온 체험을 바탕으로 운동에 참여하였기에 아무래도 전향할

14　고바야시 모리토(小林杜人, 1902~1984). 나가노(長野) 현 출신. 구세군(救世軍)에서 활동하다가 사회운동에 뛰어들었고 1925년 전일본무산청년동맹(全日本無産青年同盟)에 참가, 1927년 일본농민조합 나가노(長野)현 소작조합연합회를 창립하였다. 1928년 공산당에 입당하여 같은 해 3·15사건으로 검거되어 징역 3년 6개월형을 선고받았다. 전향. 석방되었고 이후 사상전향자 보호단체인 제국갱신회에서 활동했다.

15　각종 금속 소재를 회전시켜서 갈거나 파내거나 도려내는 데 쓰는 금속 공작 기계를 뜻한다.

16　1928년 3월 15일 제1차 일본공산당사건에 이어 1929년 4월 16일에 전개된 제2차 일본공산당에 대한 검거사건을 가리킴.

수 없었다. 그렇지만 보석이 취소되고 치바(千葉)에 있는 동안 비로소 자신을 스스로 돌아보고 진짜 자신의 모습을 깨달아 전향하였을 때 무엇보다 나의 가슴에 떠오른 것은 "비겁자! 떠나려면 떠나라"라는 말이었다. 이때 나는 생각했다. 그렇다. 비겁자라도 괜찮다, 배신자라도 괜찮다. 비겁자·배신자라고 불리고 어둠을 느낀다면 진짜 전향이 아니다. 오늘 여기저기에서 창백한 전향자를 보았는데 이것은 아직 근본적으로 자기청산을 하지 않았기 때문이다. '국가의, 사회의'라고 말하기 전에 우선 인간적으로 자신을 완성하라 - 이것이 참된 전향자의 입장이다. 명랑한 배신자 - 나는 1935년(昭和10) 초에 이 말을 여러분께 보낸다."

이러했던 오노 군은 현재 30명 정도의 어느 공장에서 공장감독 같은 위치에 있어 망치를 쥐고는 있지만 공장 노동자의 인격 향상을 위해 진지하게 노력하고 있다. 또 작년 이래 본회 회원의 취직을 6명이나 도와주고, 친절하게 지도해 주며 본회 사업에 협력하고 있으며, 본회 중공업 방면에서 활동하는 사람들의 선배로서 존경을 받고 있다.

나는 출소 당시 오노 군 가정을 아는 한 사람으로서 한 집안에서 아버지라는 존재가 얼마나 큰 역할을 하는 존재인가를, 직접 눈으로 보았다. 현재 그 일가는 정말 밝고 또 올해는 자녀 한 명을 더 얻어 명랑한 가정생활을 유지하고 있다. " 내가 돌아오고 나서 아이들의 안색이 점점 좋아지고, 특히 학교 성적도 훨씬 좋아지게 되어 담임선생님도 놀라셨다. 이렇게나 다른 것인가 하고 생각하니 무서울 정도다"라는 술회를 들은 나는 일본정신의 질적인 힘이 가정 안으로 구현될 수 있다는 것을 정말 뼈저리게 느꼈다.

나. 원한의 세계를 넘어서

나는 현재 전향자의 사회 복귀를 위해 모든 것을 바쳐 일하고 있다. 무엇보다 생활에서 가장 감사하게 생각하는 것은 도쿄시 사회국의 하야시(林) 과장님을 비롯한 당국이 쏟는 전향자에 대한 두터운 정이다. 이것은 도저히 글로 다 쓸 수 없는 감격 가운데, 뭐라 표현할 수 없는 감사의 마음을 가슴에 품고 있는데, 이에 관해 떠오르는 것은 오리메 시게루(折目茂) 군이 현재 갱생하게 된 것에 대한 배려이다.

오리메 군은 작년 12월 도쿄 공소원(控訴院)에서 집행유예 은전(恩典)으로 출소하였는데, 전협(全協) 토목건축노동조합의 집행위원장으로서 오랫동안 시(市) 사회국을 대상으로 과감한 투쟁을 감행하고 있었다. 당시 학무계장으로 그 투쟁이 벌어지는 진두에 서 있던 하야시 과장은, 그 운동에 참여하고 있는 자가 잘못된 길을 걷고는 있지만 한 인간으로서 보자면 좋은 사람도 많으니 이런 사람들을 선도하여 일본 국민으로 자각시킬 필요가 있다는 것을 통감하게 되었다.

출소 후 나는 오리메 군을 데리고 하야시 과장님을 방문하여 이제까지의 잘못된 생각 때문에 계장으로 재직하시는 중에 여러 가지로 폐를 끼쳤던 것을 사과하고, 옥중에서 반성하며 깊게 생각한 결과 과거의 잘못된 사상을 명확하게 인식하게 되어 일본 국민으로서의 자각을 되찾았다고 말씀드렸다. 그랬더니 하야시 과장님은 자신 일처럼 기뻐하시고, 그의 장래에 대해 여러 가지로 걱정해 주시며 직업소개소의 보조사무원으로 채용해 주셨다. 그에 따라 오리메 군은 현재 작으나마 일가를 이루고, 오로지 가정을 건설하기 위해 매진하고 있다. 예전에는 서로 적대시한 자라도 일단 본인이 전향하게 되면 이를 우리의 따뜻한 품으로 안아 갱생하도록 도와준 것은 일본정신의 구체적인 표현으로서 매우 감격하고 있는 바이다.

이렇게 원한을 넘어 융합하는 장면을 통해 나는 실로 우리나라다운 모습에 감사함을 몸으로 체험한 바이다.

그 외

이와 같은 시(市) 사회국 직업과(職業課) 당국의 따뜻한 손은 오리메 군에게 미치고, 현재 전향자의 직업지도에, 직업기술과 지식 재교육에 여러 가지로 배려를 받아 전향이 많이 일어나고 있는데, ① 전직 재판소 서기로 기소 유보된 이다 다케시(井田猛) 군은 도쿄시 고용직 고원(雇員)시험에 합격하고 채용되어 생활의 안정을 얻을 수 있게 되었다. ② 우라와(浦和)고등학교를 중퇴한 고바야시 에이치로(小林榮一郎) 군은 작년부터 도쿄시 지식계급 응급부(知識階級應急部)에 채용되어 사회국의 통계 방면을 돕고 있었는데 이 자도 고용직 고원시험에 합격하여 전향자의 우수성을 여실히 드러냈다. ③ 원래 니가타(新潟)현에서 초등학교 교원이었던 하라 소코(原素行) 군은 3·15사건에 연좌된 후 시(市) 직업과의 도움으로 모 연대(聯隊) 구사령부(區司令部)의 임시사무 보조로 취직했다. 처음에는 그런 과거를 가진 인간은 곤란하다고 하였지만, 계속 일해나가며 신용을 얻게 되어 이번에는 자신이 집에서 가까운 곳으로 바꾸고 싶다고 신청하였더니 제발 있어 달라고 간청하기에 이르렀다. 특히 최근에는 부관이 자기 아이의 예습을 부탁할 정도로 신용을 얻게 되었다. 하라 군은 오랫동안 가난의 고통 속에 있었지만, 본래의 교육을 잊지 않고 여러 해 동안 자기 집에서 아이들 예습을 시키고 있었더니 부근의 대단한 사람들의 자식도 하라 군이 낮 근무에서 돌아오는 것을 기다렸다가 야간교습을 받고 있다.

조선인으로서

작년 12월, 나는 니시쿠보(西久保) 재판장에게 불려가 두 사람의 조선 출신 전향자를 떠맡게 되었다. 그것은 김연학(金練學) 군, 최무혁(崔武爀) 군이었다. 그리고서 8개월 정도 두 사람이 걷고 있는 길이야말로 나에게 커다란 감격을 주고 있다. 현재 갱신회 사상부에서 도움을 준 조선 출신 전향자는 약 40인으로, 그중 20명은 고향으로 돌아가고 다른 20명은 각각 도쿄에서 한 걸음 한 걸음 갱생의 길을 걸어가고 있다.

작년 말 신문을 주목해서 읽은 사람은 다음과 같은 기사를 알 것이다.

'옥중에서 얻은 작업 상여금 전액을 도호쿠(東北) 냉해지 동포에게 기부 –
전향한 조선 출신 최무혁 군'

최 군을 도요타마(豊多摩) 형무소에서 데려온 나도 기사가 발표될 때까지 이 사실을 몰랐다.

조선 강원도에서 태어난 최 군은 겨우 13세 때 면학 목적으로 상경하여 의지할 곳 없는 도쿄에 정착하여 모든 곤란을 경험하고 초등학교도 도쿄에 와서 처음으로 일하면서 밤에 다니게 되어 웬만한 일본어도 배우고 와세다 공수학교(工手學校)[17] 야학도 다니게 되었다. 하지만 학비를 계속 대지 못하여 중도 퇴학해야만 했다. 그 무렵부터 바로 노농당에 가맹하고 점점 실천운동에 참여하게 되어 1931년 11월 결국 일본공산당에 가입하고, 전협(全協)과 청년동맹에도 관련하여 검거되기에 이르렀다. 감옥 안에서 깊이 반성하고 전향한 최 군은 그

---

17 공수학교(工手學校)란 1887년 기술자 양성을 위해 설립된 학교로, 공학원대학(工學院大學)의 전신을 가리키는 것으로 후에 와세다공수학교(早稻田工手學校)등이 설립되었다.

저 아무것도 하지 않고 감옥에 있는 것이 무엇보다 고통스러웠다. 그래서 청원 작업을 했는데, 1년간의 결정체가 3원 50전이었다.

감옥에서는 달랑 1장의 엽서마저 곤궁했던 최 군이 도호쿠지방 동포가 냉해 때문에 고생하고 있다는 기사를 보고 자신의 작업상여금 전액을 에노모토(榎本) 내선(內鮮)과장 쪽으로 기부를 신청하였기에 일동은 몹시 감격하였다.

그 후 최 군은 정월 초하루부터 우에노(上野)역에 나타나 쇠망치 한 자루로 구두 수선공을 시작하여 현재는 간다(神田) 메이지(明治)대학 앞에서 본회의 원조 아래 작은 점포를 갖고 간다를 중심으로 학생을 상대로 구두 수선에 여념이 없다. 그리고 남은 시간에는 조선 출신의 본회 회원의 신변에 대해 동분서주하며 내 일을 도우며 눈물겨운 노력을 바치고 있다.

"조선 전향자는 좀처럼 민족의식을 청산하는 것이 어렵지만 거기까지 전향자를 도달시켜야만 한다. 일본과 조선이 다른 나라가 아니다."

이것이 최 군의 신조이다.

나는 옛날 고려국에서 일본 내지에 들어와 귀화한 사람들이 현재 사이타마(埼玉)현 이루마(入間)군에 '고려촌'으로 남아 있지만, 그 사람들이 이미 일본 민족에 융합한 것을 생각하면 조선과 일본 문화는 반드시 융합할 수 있다는 것을 믿고, 진정한 일본정신은 조선동포의 좋은 발전을 도모하는 것이라는 것을 새기고 싶다.

출생지에서 고등예비교를 4년 수료한 김연학 군은 21세 봄에 면학 목적으로 상경하여 바로 공산청년동맹에 가맹하고, 1933년 2월에는 결국 검거되기에 이르렀다. 작년 섣달 최 군과 같은 날에 본회에서 김 군을 맞이한 나는 1월 9일에 생부의 품으로 돌아가는 그를 도쿄역에서 배웅하였다.

그 후 김 군은 몇 번이나 본회에 편지를 보냈고, 올해 5월에는 함경남도에서 경성으로 집을 옮기고 서대문형무소 슈도(首藤) 교무주임 지도로 조선의 사상범 보호선도기관인 '광풍회(光風會)' 조직에 참가하였는데, 머지않아 발회식을 앞두고 있다.

이에 대해서도 생각나는 것은 에노모토 내선과장의 이야기이다.

"예전에는 조선인이 내선과에 오기만 해도 스파이라고 불렀다. 그러던 것이 이제는 많은 전향자가 우리와 그 심경을 서로 나누고, 또 고향으로 돌아간 사람들이 연락을 끊이지 않고 해오는 것이 더할 나위 없이 기쁘다."

마찬가지로 아베(安倍) 특고부장이 내선(內鮮) 전향자의 좌담회에서 "다른 길에 있더라도 함께 나라를 위해 힘껏 노력하자"라는 개회사를 하신 것을 생각하고, 우리는 조선 출신 전향자 동포의 좋은 발전을 마음으로 염원하는 것이다.

〈자료 102〉 재경성 조선인 전향자의 상황

[〈在京鮮人轉向者の情況〉 1937년(昭和 12) 11월 현재, 《思想彙報》 제13호, 朝鮮總督府 高等法院 檢事局 思想部, 1937.12, 197~206쪽]

1. 일반 전향의 상황

만주사변을 계기로 국제정세는 긴박해지고 5·15사건[18]을 중심으로 국내정세가 심각해짐에 따라, 이른바 비상시국 하에서 일본 국민 사이에 전반적으로 애국적 열정을 비등하게 하였고, 그 반영하에 급격한 국가주의 운동의 대두를 촉구했다.

일본공산당은 평소 제2차세계대전이 불가피하다고 강조하였고 만주사변이 발발하자 전쟁이 시작되었다고 주장하며 '제국주의 전쟁을 내란으로'라는 슬로건을 내걸고 이른바 비상시 공산당 진용을 정비하였다. 또한 혁명 수행의 구체적인 준비로써 무기 탄약의 수집 및 자금획득을 노린 비상수단을 사용하였는데 그것은 바야흐로 오모리(大森)갱사건[19]과 같은 탈선적인 행위를 감행하기에 이르렀다. 그렇지 않아도 비국민이라고 지탄받아 온 일본공산당은 이러한 잔학한 행동을 자행하고 나아가 천황제 폐지와 패전주의를 표방함으로써 국민적 공분의 대상이 되었다.

이러한 정세 하에 3·15사건 이후 이치가야(市ヶ谷)형무소에서 고뇌하기를 4년, 비상시 일본의 국민성을 묵묵히 지켜본 일본공산당 우두머리 사노 마사부(佐野學)와 나베야마 사다치

---

18 1932년 해군청년장교를 중심으로 일어난 쿠데타 사건. 일본 파시즘 대두의 계기가 됨.
19 1932년 10월 도쿄 오모리(大森) 구에서 발생한 일본공산당 당원에 의한 은행강도사건. 적색갱사건이라고도 한다. 일본공산당에 잠입한 스파이 이즈카 미쓰노부(飯塚盈延)가 특고경찰의 지시를 받고 자금활동의 일환으로 실행했으며 이 사건을 계기로 일반인들에게 공산당에 대한 공포심과 반감을 일으켰다고 알려져 있다.

카(鍋山貞親)는 크게 깨달은 바가 있어 마침내 1933년(昭和 8) 6월 7일 「긴박한 내외 정세와 일본 민족 및 노동자 계급」,[20] 「공동피고에게 고하는 글」[21]이라는 제목의 글을 발표했다. 일본공산당이 일본 국민성과 맞지 않는다는 점, 코민테른 지령을 금과옥조로 여기고 맹신했던 일본공산당의 오류를 통렬하게 비판하고 배격하는 전향 성명을 발표한 것이다. 두 사람의 전향 성명은 일본공산당 및 내외 공산주의자에게 상당한 충격을 주었고, 옥중(獄中) 옥외(獄外)를 통틀어 내지인 공산주의자들이 연달아 전향을 표방하게 되었다.

당시 재경성 조선인 공산주의자의 상황을 보면 전향자가 한 명도 없는 것은 물론, 내지인의 전향에 대하여 계급적 타락 혹은 배신으로 보고 맹렬하게 활동을 개시하였다. 전향과 검거로 인해 조직 진용 내에서 내지인 구성분자는 감소했지만 이와 반비례하여 조선인은 점차 조직 내에서 무게감을 가지게 되었다.

1930년(昭和 5) 말 재일본조선노동자동맹은 전협 조직 산하의 각 조합에 합류함으로써 조직을 해소하고 동시에 내지인과 공동투쟁을 전개한 이래, 동일 조직 내에서 조선인의 지위는 비교적 낮았으며 대다수가 외곽단체에 머물러 있었다. 또 당원이더라도 하부 세포원에 지나지 않는 상황이었지만 1933년 이후에는 내지인 전향자가 속출함에 따라 조선인의 당내 진출이 크게 두드러졌다. 본 경시청의 송치 인원별 표에 제시한 것처럼 1932년에는 48명에 지나지 않았지만 1933년에는 단숨에 159명, 1935년에는 113명으로 늘었다. 그 사이에 조선공산당 재건 음모사건이 일어나는 등 일시적으로 좌익운동의 중심세력을 이루는 경향이었다. 그 후 일본이 국제연맹을 탈퇴하고 정정당당하게 내외에 소신을 천명함에 따라 동양의 영원한 평화확보라는 이상 실현을 향해 매진하는 한편, 만주 건국의 위업이 순조롭게 진척되고 거국적으로 비상시 타개를 향해 나아가는 등 제반 객관적인 정세가 점차 좌익 진영에게 불리해졌다. 나아가 본 경시청의 엄중한 검거와 탄압으로 인해 1934년 말에는 조직이 완전히 괴멸되었고 비로소 조선인 중에도 전향자가 나오게 되었다. 또한 내지처럼 검거되기 전의 전향자가 전혀 없었으며 대부분 예외 없이 검거된 후 혹은 송국 후 상당 기간 형무소 생활을 거친 결과로 전향을 표명하는 상황이다.

---

20 원 제목은 「緊迫せる内外情勢と日本民族及び其労働者階級」이다.
21 원 제목은 「共同被告同志に告ぐる書」이다.

게다가 이들 전향자 대부분은 노동자 계급에 속하며 종래 재경성 조선인 좌익운동의 이론적 지도자로 지목된 자 중에서 전향을 표명하는 자는 극히 드물었다.

2. 재경성 조선인의 전향 이유

이처럼 민족적, 정치적 환경의 차이로 인해 조선인의 전향은 내지인의 그것과 동일하게 논할 수 없다는 점을 인식해야 한다. 조선인이 공산주의를 신봉하기에 이른 동기는 순전히 경제적 계급관념에 기초한 내지인과는 근본적으로 차이가 있다. 조선인 공산주의자는 의식적이든 아니든 상관없이 근본적으로 다분히 민족적 반감을 품고 공산주의 혁명에 의한 조선민족의 해방을 도모하는 이른바 민족적 공산주의라고 해야 할 것이다. 따라서 전향 이유와 주장을 보면 내지인 공산주의자는 국가 비상시국에 직면하여 유례없는 일본 국체와 국민성을 각성하고 공산혁명이 도저히 불가능함을 자각하기에 이른다. 이에 반해 조선인 공산주의자는 조선민족의 현 상황에 비추어 수단 여하를 막론하고 일본에 저항하여 민족해방을 기도하는 것이 현 정세에서 도저히 불가능할 뿐 아니라, 이러한 운동이 오히려 조선민족의 행복을 가져오는 요인이 아니라고 보았다.

관내의 이른바 전향자는 대체로 노동자 계급에 속하기 때문에 자기 보신의 입장에서 하는 경우가 많고 그러한 사정을 이론적으로 표명하도록 요구해도 어려움이 있다. 다음에 게재하는 어느 전향자의 수기는 그러한 사정을 대체로 토로하고 있다. 조선인 공산주의자의 상황과 전향의 동기 및 이유 등에 관해 그 일면을 들여다볼 수 있다고 생각한다.

수기(발췌)
내가 전향하는 중요한 원인은 다음 두 가지 동기에 있습니다.

① 자기청산(自己淸算)에 따른 전향 동기
저는 어릴 적부터 가정적으로 혜택 받지 못한 생활을 이어갔기 때문에 내지로 건너가 여러 곳을 전전하며 직공, 자유노동자, 잡업, 신문 배달 등을 하는 동안 주변에 수많은 자칭 민족주의자, 공산주의자들에게 선동당한 바 있습니다. 현존 사회가 건설되기까지의 긴 역사

에 대하여 아무런 지식을 가지지 못한 저는 정의감에 사로잡혀 일본의 현 사회제도 전체가 일부 사람들을 위해 존재하고 나머지 대다수의 사람들은 그 밑에 깔려 항상 고통받도록 만들어졌다는 왜곡된 인식을 가지게 되었습니다. 그래서 자신을 희생해서라도 사회제도를 개혁해야겠다고 생각하고 공산주의 운동에 몰두하게 되었습니다. 그로 인해 자신을 돌아볼 겨를 없이 약 10년을 보내고 체포되어 취조를 받기에 이르렀는데 처음에는 자신이 한 일이 정의로운 행동이고 전혀 부끄러움이 없다고 자신하며 자신의 과거를 강하게 주장하였습니다. 그런데 영어(囹圄)의 몸이 된 후 1년 반 동안 비로소 자기반성을 위한 시간적 여유와 공간적 혜택을 얻어 조용히 과거를 돌아보니 나는 왜 세상 사람들처럼 생활하지 못하고 남보다 고통을 받아야 하는가? 또 내가 하는 일이 진정 사회를 위하고 사람들을 위한 것이라 하더라도 자기 자신이 없는 사회란 과연 무슨 소용인가? 그것을 위해 스스로를 포기하고 고통을 받아야 하는가를 생각해 보며 긴 운동 생활로 인한 피로와 권태로 신체는 쇠약해지고 자기 생존조차 지킬 수 없다는데 비애를 느끼고 깊이 반성하게 되었습니다. 예컨대 현재의 사회제도에 많은 결함이 있고 나와 같은 사람이 그것을 개혁하고자 자신을 희생하며 투쟁하더라도 만사가 되는 대로 될 수밖에 없는 것이 사회발전의 자연적인 법칙이라면 저도 과거의 모든 것을 청산하고 남들처럼 가정을 이루고 지금껏 누려보지 못한 보통사람의 생활을 하며 평범하게 사회가 흘러가는 대로 살아보려는 것이 전향의 동기입니다.

② 공산주의 사회에 대한 의구심에 따른 전향 동기

지금부터 말하는 공산주의 사회에 대한 의구심은 막연하나마 저의 느낌 그대로를 간단하게 말씀드리고자 합니다. 다 그렇다고 할 수는 없지만 대체로 우리 조선인들 가운데 이른바 공산주의 운동가들은 공산주의의 진리를 제대로 파악하지 못한 점도 있어서 그렇습니다만 그보다 민족 심리가 발동하여 민족 독립을 전제로 공산주의 운동의 형태를 취했다고 봅니다.

따라서 민족문제를 충분히 검토하지 않고 공산주의 운동에서의 전향은 매우 어렵다고 생각합니다. 혹은 이와 같은 견해를 갖지 않는 자도 있을지 모르지만 제가 영어의 몸이 된 후 깊이 사고하고 자신감을 가지게 된, 인류사회의 적자생존의 법칙을 보더라도 그러합니다. 과거의 우리가 속한 하나의 조선민족, 그들만으로 구성된 사회를 모체로 하는 자기만족에 머무는 정치투쟁은 참으로 올바르지 않다고 생각합니다. 왜냐하면 모든 점에서 문화가 뒤쳐진 조선민족이 자신의 실력을 돌아보지 않고 독자적인 정치생활을 얻고자 하는 것은 도저히 불가능한 일이기 때문입니다. 우선 자기 문화의 향상과 발전에 전력을 다하고 그 수준이 남들과 같은 정도가 되었을 때 비로소 여러 정치생활의 문제 또한 적자생존의 원칙에 의해 이루어질 것이며 그렇게 되지 않는다면 결국 부적응이 될 것입니다.

지면이 부족하여 생각하는 바를 다 말씀드릴 수는 없지만, 현재 일본 민족은 조선민족과 문화 수준에서 상당한 격차가 있습니다. 그러므로 조선민족이 독립하여 정치생활을 할 수 없음은 물론, 만약 그렇게 된다 해도 그 결과 조선민족이 인류 생존의 수평선상에서 낙오하게 된다면 실제적으로 볼 때 일본 민족에게도 상당히 불행한 운명을 맞이하는 결과가 될 것입니다. 그러므로 조선민족의 문화 수준을 높이고 일본 민족과 굳게 통합해야 한다는 국면에서 바라볼 때, 오늘날까지 우리들이 일본 민족으로부터 독립하는 것을 목적으로 했던 모든 정치투쟁이 백해무익한 일이라 믿습니다.

민족문제를 근본적으로 다시 생각하지 않고는 공산주의 운동에서의 전향은 하려고 해도 불가능한 일입니다. 이렇게 생각하기 때문에 조선 독립을 전제로 하는 공산주의 운동을 포기하기로 결심했습니다. 동시에 공산주의 사회에 대해서도 많은 의구심이 생겼습니다. 즉, 인류사회의 진보는 무한하다고 믿습니다만 현재의 자본주의 사회가 많은 결함을 내포하고 인류사회로서 불충분한 사회라면 그다음에 올 인류에 적합한 사회는 자연적으로 생겨날 것입니다.

그러므로 예컨대 공산주의 사회가 자본주의 사회의 다음에 올 사회로 등장하더라도 그곳에 도달하고 나면 다시금 여러 가지 인류 생존의 결함이 생기고 또다시 새로운 사회를 희망하게 되어 새로운 사회를 건설하게 되지 않을까 생각합니다. 만약 그렇다면 끊임없이 무한대로 변하는 인류사회의 최후의 단계를 폭력혁명으로 많은 사람들이 피를 흘리면서까지 다음 사회의 건설을 위해 광분할 필요도 없을 것이고, 만약 굳이 하려고 한다면 결국 인류의 행복을 쟁취하기 위해 인류를 불행하게 만드는 것이기 때문에 아무런 의미가 없을 것입니다.

그러므로 우리는 인류사회의 일원으로서 자신이 생존하는 시대의 사회제도에 결함이 있다면 평화적으로 점진적인 정책 수단을 통해 다음 시대의 행복으로 이끌어 갈 책임이 있습니다. 이렇게 생각하면 과거 자신을 희생하며 공산주의 운동을 해 온 일이 아무런 의미가 없는 것이 되어야 합니다. 과거의 신념을 버리고 다시 태어난 이상 오늘날까지의 언동을 완전히 청산하고 새로운 생활로 전향해야 한다고 믿고 공산주의 운동을 떠난 것입니다.

이상은 출소 후 다시 좌익운동에 들어간 어느 피의자의 수기 중 일부인데 그의 주장 중에 국체에 대해서는 한마디도 언급하지 않은 것은 주목할 만한 점이다.

3. 재경성 조선인 전향자의 상황

1932년(昭和 7) 이후 치안유지법 위반으로, 본 경시청에 검거 송국된 조선인은 별표와 같이 390명이다. 이 중에 범행이 경미하거나 공산주의 운동 포기를 서약하여 처분 보류 혹은 기소유예 처분을 받은 자가 256명, 기소 수용자 134명이다. 그중 분명하게 사상전향을 표명하고 사상범보호단체 제국갱신회에 가입한 자가 1935년(昭和 10) 34명, 1936년(昭和 11) 9명으로 총 43명이다. 그 밖에 사상전향을 표명한 후 집행유예의 은전을 받고 출소한 자가 있는데 이들은 막연하게 공산주의를 포기하고 침묵을 지킬 뿐 순수한 전향이라고 볼 수 없다. 특히 다음의 제국갱신회에 속한 순수 전향자라고 인정되는 이들이 그러하다.

① 함경남도 출생 오태신(吳泰信 26세)

1935년 1월 22일 도쿄형사지방재판소에서 치안유지법 위반으로 징역 2년, 집행유예 4년의 판결을 선고받고 사상전향을 서약한 후 즉시 도요타마(豊多摩)형무소를 출소하여 사상전향자 보호단체 제국갱신회에 가입을 표명했다. 사상전향자로 같은 해 4월 초순부터 이전에 운동 관계로 알던 내지인 미우라 시게미치(三浦重道), 야마모토 기사부로(山本喜三郞) 등과 연락을 취하여 공산당원의 그룹 관계를 유지하며 일본재생공산당 조직을 도모하고 당원 양성 및 좌익서적 공급을 목적으로 하는 좌익서점 경영을 계획하였다. 메이지대(明治大) 예과 1학년 이홍식(李鴻植), 와세다대(早稻田大) 경제학부 3학년 쓰카무라(塚村正二)의 공동출자로 같은 해 5월 초부터 시부야구(渋谷區) 요요기(代々木) 도미가야(富ヶ谷) 1396번지에 구레타케서방(吳竹書房)이라는 서점을 경영하였다. 주로 좌익방면 고서적을 판매하고 근처에 이전해 올 예정인 제1고등학교 학생들을 선전, 선동하여 장래에 당원으로 획득할 계획을 세운 바 검거하였다.

② 평안북도 출생 김인서(金仁瑞 25세)

1932년 6월 전협 일본출판노동조합을 거쳐 일본공산당에 가입하고 조난(城南) 지구 가두 세포에서 중앙기관지부로 진출하여 활동 중이다가 이듬해 1933년 4월 검거 송국되어 1934년 8월 31일 표면적으로 사상전향을 서약하고 징역 2년 집행유예 4년의 판결을 선고받았다. 도요타마(豊多摩)형무소를 출소한 후 다시 운동 참가를 결의하고 동지와의 연락에 힘쓰던 중 우연히 원래 쇄신동맹(刷新同盟) 지도자 가미야마 시게오(神山茂夫)[22] 등을 통해 일본공산당 재조직 운동을 알게 된다. 같은 해 9월 하순 운동 관계로 알고 지내는 당원 가와시마(河島治作)를 통해 연락을 취하고 나아가 다카노(高野治郎), 이소베(磯部彰介) 등과 연락을 도모한다. 1935년 4월 하순 표면적으로 전협 재조직을 위장하여 우선 관동지방 당 조직을 재건하기로 하고 6월 초순 가미야마 시게오를 최고지도부로 하는 관동지방위원회 조직을 확립하고 위원이 되었다. 또 자신의 직장을 중심으로 정노말(鄭老末), 주재북(朱在北) 등을 포섭하여 조난(城南)지구를 결성하고 활동하다 1935년 7월 9일 검거되었다.

③ 경상남도 출생 최무신(崔茂信 28세)

1933년 8월 치안유지법 위반으로 검거 송국되어 1935년 3월 22일 사상전향을 서약하고 도쿄공소원에서 징역 2년 집행유예 5년 판결을 선고받았다. 사상전향자 보호단체 제국갱신회에 가입하여 표면적으로는 사상전향자이다. 고물상을 경영하던 중 평소 운동 관계로 알고 지내던 당원 다바타(田畑宗一)와 연락을 취하며 일본공산당 재건을 계획하고 지바(千葉)현 가모가와정(鴨川町)에서 문화써클을 조직하여 비밀리에 지도를 담당하고 있다가 1935년 10월 30일 검거되었다.

④ 평안남도 출생 이창정(李昌鼎 30세)

1935년 5월 사상전향을 서약하고 집행유예 은전을 받아 이치가야를 나왔다. 표면적인 사상전향자로 잡일에 종사하던 중 평소 운동 관계로 알고 지내던 김무영(金武英), 박태을(朴台

---

[22] 가미야마 시게오(神山茂夫 1905~1974) 일본의 좌익 사회운동가. 국회의원 역임. 야마구치(山口) 현 시모노세키(下關) 시 출생. 1929년 일본공산당에 입당, 1930년에 전협 쇄신동맹을 조직한다.

乙) 등과 함께 좌익조직의 재건을 위해 활동하여 1936년(昭和 11) 12월 21일 검거 송국했다.

⑤ 경상북도 출생 엄광호(嚴鑛鎬 31세)

1935년 10월 사상전향을 하고 보석 출소하였다. 1936년 3월 집행유예의 은전을 입고 제국갱신회에 가입했다. 표면적으로 사상전향자를 위장하고 잡업에 종사하던 중 이전 동지 이창정(李昌鼎), 김무영, 송이돌(宋二乭)과 몰래 연락을 취하고 좌익조직 재건에 암약하던 중 검거되었다. 1936년 12월 7일 치안유지법 위반으로 송국되었다.

이상의 사례는 다음에 수록한 재범자의 진술과 대비해 볼 때 그들 중 일부가 전향을 방편으로 삼는다는 점을 부정할 수 없다. 그뿐만 아니라 그 밖의 사람 중에도 전향을 하나의 특권처럼 여기고 취직 등 기타에 관한 자신의 능력을 돌아보지 않은 채 노력 없이 대가를 바라는 경향이 있다. 갱생의 의지가 있는 자는 극히 드물고 그간의 실제 상황은 내지인의 경우와 현저한 격차가 있음을 부정할 수 없으며 그들에게 많은 기대를 바랄 수 없는 것이 현실이다.

1) 이창정의 진술

제가 작년 5월 8일 이치가야형무소를 출소했을 당시에는 두 번 다시 공산주의 운동에 관계하지 않겠다고 서약하고 집행유예 5년으로 석방되었습니다만, 이치가야형무소에서 출소하자마자 저보다 5개월 먼저 집행유예로 석방된 김무영과 같이 살게 되었습니다. 애초 함께 운동을 한 류원삼(柳源三), 박태을, 김창하(金昶夏), 이태호(李泰鎬) 등을 만나 여러 이야기를 나눈 결과, 공산주의 사상을 절대 버릴 수 없었기 때문에 점차 원래로 돌아가 좌익운동을 다시 시작하려는 생각이 들었습니다. 아마 형무소 안의 고통을 하루라도 빨리 면하고자 한다면 전향이라는 가면을 쓰는 것만 한 게 없으므로 그렇게 출소한 것입니다.

2) 엄광호의 진술

1931년(昭和 6) 1월 일본공산당에, 그리고 같은 해 9월 조선공산당재건협의회에 가맹하고 당의 목적 수행을 위해 활동하다 검거 송국되어 도요타마(豊多摩)형무소에 미결수로 수용되었고 금년 3월, 징역 2년 집행유예 5년의 선고를 받았습니다. 사상전향을 서약하고 1935년 (昭和 10) 10월 13일 보석 출소 후 제국갱신회 사상부 학술회원이 되어 갱생을 위해 노력했습니다. 과거 친구들인 공산주의자 박태을, 이창정, 이일우(李日雨), 송이돌(宋二乭), 김무영, 나가시마(長島乾司) 등과 교류하게 되었는데 이들 동지들은 나의 전향을 공격하기보다 동정하였고 사회정세를 상세히 알려 주었기 때문에 인정에 끌려 원래로 돌아가 그들과 깊은 친교를 나누게 되었고 마침내 공산주의 사상에 복귀하게 되었습니다.

4. 맺음말

작년 11월 만들어진 일독방공협회(日獨防共協會)에 올해 11월 6일 이탈리아가 가맹함으로써 유럽과 아시아를 관통하는 완전한 방공 진영이 정비되었다. 이제 일본은 동양 평화의 이상 실현을 목표로 이웃 중국에 뻗은 붉은 마수를 몰아낼 것이다. 이른바 '왕의 군대 백만 필승(王師百萬必勝)'을 각오하고 대륙에 온 힘을 다하고 있다. 거국적 비상체제를 갖춰 국민정신 총동원을 강조하고 후방을 견고히 함으로써 작금의 긴박한 내외의 객관적 정세는 점차 상승하고 있다. 과거 좌익 및 민족주의 분자를 침묵시키고 재경성 일반 조선인들은 대체로 편협한 민족감정을 버리고 일본신민의 광영과 은혜를 충심으로 자각하여 거국일치 풍조에 자극받아 내지인과 나란히 황군 위문, 국방헌금 등의 거사에 참여함으로써 뜻밖에도 내선일체라는 성과를 거두고 있다. 표면적으로는 전에 볼 수 없던 평온한 상태가 나타나고 있지만 일부는 민족적 반감으로 반군적(反軍的) 언사를 하다 검거당하는 일이 있다. 게다가 경성의 7천 명 넘는 학생층의 사상적 경향을 보건대 아직 과거의 비타협적 태도를 버리지 못하고 일본 정책에 반항적 태도로 나서거나 관공서와 가까이 지내는 것을 수치로 여기고 고의로 회피하는 것을 일종의 긍지로 여기는 편협한 기풍이 지속되는 등 낙관할 수만은 없다. 앞서 언급한 전향자의 상황 또한 이른바 전향의 동기가 감형 및 기타 처분의 경감을 요구하는 보상적인 것이거나, 혹은 취직 및 기타 개인적 이익을 목표로 하는 불순한 영합적 전향이 아닌가 하는 의구심을 고려할 때, 이른바 전향자를 지도하기 위해서는 일반 조선인의 동정에 상당히 주의를 기울여야 한다고 판단한다.

⟨표⟩ 치안유지법 위반 조선인 송국자 결과 조사

연도별	송치 수	기소자 수	유보계류자 수	비고
1932	37	18	19	
1933	159	67	92	
1934	113	37	76	
1935	42	4	38	
1936	39	8	31	
계	390	134	256	

⟨자료 103⟩ 사상범보호관찰에 관한 법률 실시에 대한 조선인 사상전향자의 감상과 희망

[⟨思想犯保護觀察に関する法律の實施に際し朝鮮人思想轉向者の感想と希望⟩, 《思想彙報》 9호, 1936.12, 89~110쪽]

내지에서는 이미 올해 11월 20일부터 사상범보호관찰법이 시행되었다. 우리 조선에서도 이 법과 대략 같은 내용을 가진 법령을 제정하여 머지않아 실시하기로 하였다. 현재 이 법의 실시에 즈음하여 조선인 사상전향자는 어떤 감상을 품고 어떤 희망을 가지고 있을까? 이 점에 대해 서대문형무소에서 현재 복역 중인 조선인 치안유지법 위반자 중 두세 명에게 그들의 감상과 희망을 임의로 쓰게 하였다. 기록 중에 참고될 만한 것으로 추정되는 것이 다소 있어 여기에 싣기로 하였다.

• 서대문형무소 기결수 김두정(金斗禎)[23]

국가적으로 대단히 중요성을 띤 사상범보호관찰법이라는 법률이 드디어 전국적으로 실시된다는 것은 우리 국민의 가장 큰 기쁨이면서 일본법의 운용에 기대하는 바가 아주 크다. 나는 한 사람의 전향자로서 이 법에 관심을 가지는 것이 아니라, 제국 신민이라는 공정한 입

---

23 이 부분은 원문 훼손으로 식별이 곤란한 부분이 많다. 그 부분은 ■으로 처리했다. 원문은 국가보훈부 공훈전자사료관에서 열람 가능하다.

장에 입각하여 완전한 성과를 기대해 마지않는다.

한 집안의 부흥이 가족 전체의 질서 있는 엄숙함과 평화적인 생활을 통해 기약할 수 있는 바와 같이, 한 나라의 융성 발전도 국가의 치안 확보와 동포의 융합 평화와 국민의 거국적인 협력을 통해야 비로소 소기의 목적에 도달할 수 있는 것이다. 그러나 사상범은 이런 규칙에는 소원하다. 그들은 가정적으로도 국가적으로도 파문자(破門者)이고 반역자이다.

그들이 범한 죄과는 단연코 용서할 수는 없다. 그와 동시에 그들은 큰 죄과를 범했다고는 하나, 대일본제국의 신민이다. ■■■■■■■■, 그들이 선택한 방법이 근본적으로 잘못되었다고는 하나, 그들은 일찍이 그 한 몸을 대중의 이익을 위해 바치고 ■■■■■■■■ 함부로 날뛴 것이다. 사상범보호관찰법 제정의 필요도 이러한 모든 조건에 근거를 두고 있는 것은 아니겠느냐고 나는 생각한다. 환언하자면, 국가의 치안을 확보하고, 사상범을 충성스럽고 좋은 제국 신민으로 환원하게 하는 동시에 그들이 가지고 있는 에너지와 양심을 국가에 유용하게 흡수,이용하는 데에 이 법의 사명이 있다.

따라서 나는 이러한 주된 뜻에 근거하여 약간의 사견을 약술하고, 직접 사상 방면에 관계한 국민의 ■■로 하는 바이다.

첫째로 보호관찰심사회의 심사는 가장 신중하게 이루어질 필요가 있다. 자료수집은 가장 ■■하게 이루어져야 한다.

본법 제1조에 의하면 치안법 위반에 의한 형의 종료자, 가출옥자, 집행유예자, 기소유예자 등은 보호관찰심사회의 결정을 거쳐 보호관찰에 붙이게 되지만 만일 인정이 잘못되어 전향자를 비전향자로 할 경우에는 인권을 부당하게 유린하는 결과에 빠질 위험이 있다. 물론 법무상(法相)이 말씀하신 바와 같이 본인의 심경 변화에 따라 ■■■■■ 유무를 ■■■하는 것이 될 거라고 생각하지만 전향자 중에는 다소 적극성이 부당하게 발휘되거나 성격상의 결함이 있는 자가 있는 경우가 없다고도 할 수 없기 때문에 자칫하면 심사를 그르칠 위험이 있다. 그리고 출옥 후 여러 해가 경과하여 사회적으로 안정된 자에게 빨간 딱지를 붙여 버리면 본인은 번뇌로 동요하게 되어 자포자기에 빠지거나, 본인의 반감으로 반항까지 초래하는 결과도 될 수 있다. 또 이미 취직하여 열심히 생활하고 있는 자를 관찰에 붙이고 그 결과 고용주의 몰이해로 인해 해당인이 실직되어 버리면 겨우 안정을 얻는 자를 실망하게 하는 일도 없지 않을 것으로 생각된다. 만사 신중하게 처리해야만 한다.

두 번째로 직접적으로 임무를 담당할 지도자 선임에 특별한 고려가 필요하다. 심사회의 간부, 사상전도관, 보호사 등은 사상범 및 보호 문제에 가장 이해가 깊은 인물을 기용하고 동시에 견실한 전향자를 기용하는 것이 가장 중요하다.

세 번째로 관찰이 단순히 감찰로 일관되면 효과보다는 폐해가 많을 것으로 생각한다. 내지에서 일부 사람들이 "특고(特高), 헌병, 방범의 삼중 감시를 받고 있는데 감시가 또 중복되면 곤란하다"라고 하는 것은 국민적 입장에서 말할 수 있는 것은 아니다. 비전향자는 4중으로도 8중으로도 감시하여 지도할 필요가 있다. 다만, 문제는 견실한 국민으로 돌아간 자를 위험시하고 '요시찰'로 일관하면 결국에는 피감시자를 국민으로부터 분리하게 되고 그에 따라 생활에서도 정신적으로도 상당한 불안을 주게 된다. 동시에 이 법이 감시에만 그치게 되면 사상적 전과자를 어느 특수사회로 봉쇄하게 되어 국민 전체의 기대를 배신할 뿐만 아니라 부분적으로 반작용을 일으키게도 된다. 철두철미 보호에 중점을 두어야만 한다.

네 번째로 보호는 협의(狹義)의 보호가 아니라 광의(廣義)의 보호여야 한다.

본법 제2조에는 "보호관찰은 본인을 보호하고 또한 죄를 범하는 위험을 방지하기 위해"라고 되어 있지만, 단순히 재범 방지에 그치는 것이 아니라 광의의 보호, 적극적인 보호로 특별히 노력해야 비로소 국민으로서의 안정을 확보하게 되는 것이라고 확신한다.

다섯 번째로 보호 방법은 생명 재산상의 보호에서 복직, 복교, 취직 도움, 영업자금의 대여 및 산업, 국방, 보안 등의 영역에 걸친 문호 개방, 나아가 국가 정치 집행기구 참여 등에 이르기까지 진전해 나가야만 한다. 그래야 전향자의 아까운 역량을 국가사회에서 충분히 발휘하도록 할 수 있는 것이다. 내지에는 사상범만의 전문적인 보호단체가 15개나 있고, 그 업적도 실로 주목할 만하지만, 조선에는 아직 보호단체가 1개도 존재하고 있지 않은 실정이다. 따라서 전향자에 대한 보호도 국가가 전적으로 해서 내지보다도 한층 더 적극적으로 보호에 임할 필요가 있다.

여섯 번째로 사상범보호단체를 신속하게 확립하고 관찰소와 보호단체와 고등계는 항상 유기적인 관계 아래 협력해야 하지만, 그렇다고 해서 사상범 보호지도를 보호단체에 일임하거나 전향자를 무턱대고 고등계의 손을 빌려 구속하거나 해서는 본법의 제정 취지에 맞지 않는다. 그저 보호단체는 본법을 시행하는 데 있어 보조적인 역할을 하게 하면 되고, 고등계는 비전향자의 온당치 못한 행동을 제지하는 경우에 협력하여 활동하는 것으로 충분하다고 생각한다.

일곱 번째로, 사상적인 지도에 특별히 힘을 쏟아야 한다.

사상범으로 취급되는 자 중에는 생활적인 면의 불안으로 부화뇌동한 자도 있지만, 대체로 정도의 차이는 있지만, 사상적으로 어느 정도 근본적인 토대를 가지고 있거나 혹은 영향을 받은 것은 사실이다. 따라서 그들의 정신적인 안정은 사상적인 지도로 해결하지 않으면 안 된다. 사회에는 사상선도단체 혹은 교화단체는 많지만, 사상적인 지도는 절대 그런 단체에만 의뢰해서는 안 된다. 보호사는 항상 사상범의 개인적인 고통을 해결해 주거나 혹은 여러 가지 도움을 주거나 해서 우선은 인간적으로 호의를 가지게 하고, 그리고 보호사라는 국가적인 역할에 절대적으로 신뢰하게 하는 동시에 모든 기회에 자연스러운 방법, 즉 기술적으로 선동과 선전을 해나가야 한다. 또 다른 쪽으로는 잡지, 뉴스, 영화 등의 발행과 제작에 의한 사상적인 지도와 사상적인 통일을 꾀하고 궁극적으로는 일본정신의 파악과 체득(體得)을 완성하게 해야 한다.

여덟 번째로, 관계 지도자는 대승적 정신을 지도 정신으로 하여 감정과 사사로운 정에 절대 지배되어서는 안 된다.

전향자이든 비전향자이든, 좌익이든 우익이든, 또 공산주의자이든 무정부주의자이든 항상 이런 자들을 포용하고 끌어안아 구제해야만 한다. 지도 보호라는 지위에 있는 자가 함부로 감정에 지배되거나, 관료적으로 방만한 태도를 취하거나, 기계적으로 억압하거나, 사사로운 감정에서 국가정책을 굽히거나, 또는 성심성의가 없는 태도로 사상범을 대하거나 하면 사상범으로부터 신뢰를 한 몸에 받는 것은 지극히 어려울 뿐만 아니라 관찰소의 위신도 실추하게 된다.

또 비전향자 중에는 적개심을 가지고 보호사를 대하거나 무모한 반역심으로 폭력을 사용하여 보호사에게 위해를 가하는 자가 없지는 않다. 따라서 보호사는 신명(身命)을 건다는 각오 아래, 그리고 자비의 광명으로 상대를 신복(信服)시키겠다는 태도이어야 하고, 오랜 세월에 걸쳐 집요하게 계속 활동하며 상대를 내버리는 일이 있어서는 안 된다.

아홉 번째로는 본법을 운용하는 과정에서 그 공식화된 경향을 극복하는 것에 유의할 필요가 있다.

본법을 공식적으로 운용하거나 법문 해석을 잘못하거나 촉탁을 받은 사람의 무리한 대책 등으로 멀리 떨어진 외진 지방 또는 먼 장래에, 본법의 제정 취지에서 다소 벗어나는 일이 전혀 없다고는 말하기 어렵다. 따라서 지도보호를 담당하는 사람들은 항상 성상(聖上)의 마음을 본인의 부모 마음에 기반하여 쓸모있는 국민에게 유능한 앞날을 개척해 주고, 또 온정주의와 대가족주의적 정신으로 명랑한 생활 건설을 선도해 가야만 한다.

열 번째로는 본법의 실시와 동시에 가출옥, 집행유예, 기소유예 등의 은혜를 광범위하게 베푸는 것이 절대적으로 필요하다.

특히 가출옥은 질적으로도 양적으로도 크게 고려할 필요가 있다. 서대문형무소의 예에 의하면 과거에 비해 가출옥 은전은 양적으로 훨씬 증가하였고, 이것은 약진 일본행형(行刑)정책으로 상당히 기뻐할 일이지만, 다른 편으로 보자면 질적으로는 저하되었다는 평가가 있다. 물론 죄수로서는 다소라도 은전을 받으면 감사하는 것이 당연하고, 또 죄수의 처지에서 은전에 대해 논평한다는 것도 조심스럽지 못하기 짝이 없을 뿐 아니라 진정한 전향자라면 가출옥 은전을 기대한다는 것조차 잘못된 것이라고 말할 수 있다. 그러나 국책적 견지에서 볼 경우, 진짜 전향을 완성한 사상범은 보호지도 및 재범 방지에 관한 국가적인 시설기관이 확립한 이후는 점점 조건부 석방을 하도록 해야만 한다.

전향 정도 여하에 따라서는 법이 허용하는 최대한도까지 은전을 허용함으로써 성은의 무궁함에 감읍하게 하고 국가의 진보적인 정책에 굴복하게 해야만 한다. 그리고 모든 조건이 성숙해짐에 따라 복죄(服罪) 중인 전향자 전반에 걸친 특별 사방령(敕放令) 반포도 필요하고, 또 수용 중인 전향자를 부모 상(喪), 가정 경사와 같은 경우에 집행정지로 임시석방 하는 것도 본인의 가정애를 배양하게 한다는 점에서 대단히 바람직한 일이다.

원래 사상범보호관찰법은 사상적 전환기이고, 국가적 비상시인 현재 단계에서의 과도기적인 변법이라고 할 수 있다. 지금 국민 전체는 외래사상에 대해 확고한 비판력을 가질 수 있게 되었고, 동시에 일본 국정(國情)의 특수성을 적확하게 인식하여 일본정신의 진가를 확인 체득하게 되었다. 그리하여 일본은 점점 사상적인 안정기에 접어들었다. 동시에 국력의 큰 발전과 신장은 포화상태의 국민 실력을 해외 웅비와 세계제패로 집중 발휘하게 하였다. 그리하여 밖으로는 세계평화 확보를 영도하고 안으로는 경제적 문화적 실력의 충실에 매진함으로써 점점 국가적인 안정기를 지나고 있다. 국제적인 위기, 비상시(非常時)적인 모든 조건은 오로지 국민훈련을 위한 하나의 자극이 될 뿐이고, 국민 전체는 이런 모든 문제에 대한 최선의 방법 즉 일본적 방법을 숙지하고 있다. 일부 사람들 게다가 상당한 지위에 있는 사람 중에서 오늘날의 사상적인 안정의 원인을 국가의 계속적인 탄압에 의한 것으로 생각하는 사람들이 상당히 있어 보이는데, 그보다는 위에서 언급한 제반 사정에 기인하는 점이 크다고 나는 믿는다.

진실로 일본정신을 체득하고, 동시에 진실로 종교적인 자각에 의해 갱생한 전향자, 게다가 과학적인 신념을 확립한 전향자는 객관적인 정세 변화 여하에 의해 절대로 동요하지 않는다. 따라서 완전한 전향자를 국가는 절대적으로 신용할 수가 있다. 그리고 모든 전향자, 아니 모든 사상범을 국가가 절대로 신용할 수 있는 시기, 즉 전향 완료 시기가 필연적으로 도래할 것임에 틀림없다. 본법을 과도적인 변법이라고 보는 이유이다. 미래의 일을 운운하는 것은 이르지만, 본법이 역사적인 역할을 완료한 때는 당연히 자연 소멸하게 될지 또는 법문만이 법전에 잔존한다고 해도 그것은 조선에서의 보안법과 같이 미래의 사명을 완료하였다는 것을 의미한다.

그리고 본법을 진실로 활용한다는 것은 국민 전체의 본법 운용에 관한 지지 여하에 달려 있다. 국민 전체는 사상범의 보호와 관찰에 항상 관심을 가지고, 그리고 항상 당국과 협력 일치하여 국가적인 대사업을 후원한다. 다른 편에서는 위대한 국민적인 흡인력으로 사상범을 제자리에 복귀시키도록 노력해야 본법은 그 중대한 사명을 충분히 발휘할 수 있고, 그에 따라 성지(聖旨)에 부합하게 되는 것이다.

본법에 관한 구체적인 의견은 본법의 세칙이 발표되고, 또 실제적으로 운용되는 과정에서 다시 이야기하기로 하고 소견은 여기에서 맺기로 한다.

1936년(昭和 11) 11월 20일 적다

• 서대문형무소 기결수 강문수(姜文秀)

사상범의 보호에 대한 사회적 관심은 이번에 실시하게 된 사상범보호관찰법에 따라 구체적으로 발현되었다고 생각합니다. 현 단계에서 사회조직의 근본 개념 위에 절대적인 변혁을 추가하려고 하는 공산주의, 그 사상에 대한 국가의 법제적인 제약이 발휘될 수밖에 없었던 것은 오히려 당연한 일이었습니다. 그 이후 좌경세력에 대한 국가의 탄압적인 방침과 동반되어 나타난 국민개념의 각성은 사상전향의 동기가 되었고, 현재 상태로 보면 전국적으로 좌익적인 운동은 퇴조 경향으로 가는 모습입니다.

　이제 사상범에 대한 사회적인 보호와 사상선도가 당면한 문제로 남겨져 일반 사회인의 주의를 환기하고 있는 듯합니다. 잠시 혼란한 사상의 세례를 받아 인생의 길을 잘못 들어선 우리 사상범들에 대해 국가 및 사회가 새로운 인식을 가지게 된 것, 그리고 그에 대한 따뜻한 인정이 담긴 애무와 보호의 손을 내미는 것 등은 실로 감격해 마지않을 수 없는 기쁜 축복입니다.

　생각하면, 인간의 훈도(薰陶)에서 뺄 수 없는 것은 따뜻한 애정입니다. 아버지와 같은 준엄함과 함께 어머니와 같은 자애가 어느 정도 현저한 성과를 맺을 것인가라는 것은 나의 체험에 비추어도 중요한 사실이라고 생각합니다.

　이 의미로 보아 이미 임시의회를 통과하여 실시되고 있는 사상범보호관찰법은 의미 깊은 것이라고 생각합니다. 왜냐하면 그 법안은 어느 정도 강제성을 띤 법제적 조문으로만 그치는 것이 아니라, 나아가 사상범에 대한 바른 사회적인 인식과 원조를 구하며 넓은 범위에 걸쳐 그들의 보호와 지도를 강구하고 있기 때문입니다. 이미 전향을 표명하고, 인생 궤도를 성실하게 가려고 하는 우리 전향자들에게는 국가적이고 사회적인 든든한 원조이고, 악성 사상에 대한 사회인의 혐오심 때문에 사회생활에 대단히 고립적인 경우에 처하게 되는 전향자에게, 국가가 스스로 선두에 서서 사회적으로 깊이 이해하고 어루만져주며 또 보호를 요청하면 그것을 줄 것입니다. 지금도 여전히 종래의 편파적인 자신의 사상을 견고히 지키고, 그것에 교착되어 있는 소위 강경분자에게도 이 법은 그들의 언행을 관찰하고 지도하여 그들에게 반성할 여유를 주어, 그 오류와 불가능성을 실질적으로 인식시킴으로써 나아가서는 국민적인 자각을 환기하는 중요한 역할을 할 것이기 때문입니다.

◆ ◆

　이 법의 실시에 대해 제가 가지고 있는 작은 희망은 다음과 같습니다.

　1. 이 법을 적용하는 경우 다소 차가운 법적 정신에 입각하기보다는 오히려 온정이 담긴 지도 방법을 취한다. 사상범의 경우, 그 동기 및 인생에 대한 그들의 희망과 목적관을 상세하게 조사하고 정감 있는 가정적 편달을 줌으로써 그 반성과 자각을 촉구하고 그리고 충실한 국민 생활대열에 함께 할 수 있는 자격을 체득시키는 보호방법을 원합니다.

　2. 사상범이 그 주의(主義)에서 벗어나는 것만으로 만족하지 않고 한층 나아가 그들로 하여금 인생적으로, 인격적으로 진실한 인생관을 가질 수 있도록, 될 수 있는 한 종교적인 신

앙생활로 인도해야 합니다. 그것은 민간에서의 사회사업단체, 혹은 종교단체와 밀접한 제휴를 가지고 그 적극적인 협력을 얻어야 비로소 예기한 수확을 완전하게 얻을 수 있습니다.

3. '법을 살리는 것은 사람이다' 라는 것은 예로부터의 철칙입니다. 아무리 완전한 법률이라도 그것을 실시하는 중요한 위치에 있는 사람에 의해 소기의 성과를 얻지 못한 예는 얼마든지 있습니다. 그래서 이 법의 실시를 담당하는 보호사, 혹은 공무원 등 관리의 인선에 상당한 고려와 고심을 기울이지 않으면 안 됩니다. 그 중요한 자리에 있는 사람은 사상운동에 대한 넓은 지식과 바른 인식을 함께 가지고 있는 사람이면 좋겠습니다. 이 법의 제4조와 같이 가장 적용하기 어려운 사항에서는 운용을 맡은 담당자의 현명한 처치와 아량이 절대적으로 요구되게 됩니다.

4. 확실한 전향자에게는 그의 희망 또는 소질에 따라 적당한 일을 주어, 사회 일반인과의 조화를 꾀하고 그 능률을 원하는 만큼 발휘하게 해야 합니다. 혹은 농촌갱생운동으로, 노자(勞資) 협조를 필요로 하는 협력운동으로, 혹은 종교 영역에서의 모든 운동 등 전체적으로 국가적 혹은 사회적인 사업에 필요한 역할을 찾아 그것을 전향자의 도장(道場)으로 만들어야 합니다.

5. 특히 전향자가 서로 심경 피력, 의사 교환, 연구 가담을 도모하는 데 필요한 중개기관의 설립을 원합니다. 그것은 내지의 갱신회와 같은 사립적이고 자치적인 단체입니다. 그것에 의해 전향자의 능률을 집중시키고 동일한 지도정신으로 활동하게 됨으로써 비전향자의 교화에 전력을 기울이게되기 때문입니다.

1936년(昭和 11) 11월 19일 쓰다. (후략)

〈자료 104〉 조선인 사상범 전향자는 어떤 보호를 희망하는가

[〈鮮人思想犯轉向者は如何なる保護を希望するか〉, 《思想彙報》 6 , 1936.3, 朝鮮總督府 高等法院 檢事局 思想部, 97~108쪽]

사상범죄 전향자를 어떻게 보호하고 선도해 가야 하는가는 현재의 가장 중요한 사회문제 중 하나이다. 따라서 그 방법 등에 대해서 모든 방면에서 논의하며 연구하고는 있지만, 도대체 전향자들이 어떤 보호를 절실하게 희망하고 있는지, 그것을 아는 것은 그들을 보호하고 선도해 가는 자에게 있어 놓칠 수 없는 중요사항일 것이다. 이러한 의미에서 지난 경성(京城) 서대문형무소에서 현재 형 집행을 받는 조선인 치안유지법 위반자 중 전향했다고 인정되는 자들로부터 그들이 희망하는 점을 임의로 적게 하였다. 그 결과

- (ㄱ) 장기 연부상환(年賦償還)[24]으로 사업자금을 대여받고 싶다.
- (ㄴ) 관청의 알선으로 복직 또는 복교(復校)하고 싶다.
- (ㄷ) 은행, 회사, 관청, 상점 등의 문호를 열어 주었으면 좋겠다.
- (ㄹ) 사상연구소 또는 경정(更正) 문화연구소와 같은 것을 설치하여 전향자 등의 교화 선도에 임하게 하고 싶다.
- (ㅁ) 강력한 보호단체를 만들고, (1) 전향자에 대한 당국과 사회의 충분한 이해와 원조가 베풀어질 수 있는 여론으로 올바르게 환기되도록 힘썼으면 좋겠다 (2) 재감 전향자에 대해 모든 편의를 도모하고, 그 가족의 위문과 보살핌 등을 받고 싶다 (3) 전향자가 가출옥 또는 집행유예의 은전을 받을 수 있도록 당국의 주의를 환기시킬 수 있는 정당한 방법을 찾고 싶다 (4) 직업과 결혼의 알선, 부양에 필요한 자금의 융통 등을 받고 싶다.
- (ㅂ) 재감 전향자를 위한 가출옥의 은전을 법이 허락하는 최대한도로 허용받고 싶다.
- (ㅅ) 옛 동지들의 빨치산적 행동으로부터 전향자의 생명과 재산을 완전하게 보호받고 싶다.

등의 희망 사항이 기술되었다. 이 외에 정치적 활동을 위한 지반을 보호하고 양성하고 싶다는 취지의 희망이 있었다. 이것은 특히 참고될 점이 있기에 이하 그 전문을 싣는다.

치안유지법 위반 출판법 위반 서대문형무소 기결수 황순봉(黃舜鳳)

조선에서의 전향자는 그 숫자가 상당히 적고 게다가 질적으로도 비전향자에 비해 매우 우수하다고는 말할 수 없을 것이다. 하지만 조선의 사상전향자는 단순히 사회적인 유행에

---

24 일정한 이율로 빌린 일정액의 부채를 일정기간에 걸쳐 매기(每期)에 원리금합계로 일정액을 분리 상환하는 방법을 말한다.

따른 전향자가 아니다. 조선에서의 혁명운동이 상당히 긴 역사를 가지는 것과 동시에 다대한 희생을 치러 온 것을 생각해야만 한다. 조선에서의 사상전향자는 권력 앞의 굴복자가 아니라, 과거의 기나긴 정치운동의 필연적인 운명으로서의 전향이라고 봐야 한다. 과거의 모든 형태의 혁명적인 정치운동이 조선의 민중을 구하지 못하였다면 다른 형태의 정치운동이 추구되어야 한다는 점에서 조선의 사상전향자는 일종의 정치적인 현상으로 보아야 할 것이다.

이러한 의미의 전향자는 도대체 어떠한 보호시설이 필요할 것인가가 문제이다. 전술하였듯이 조선의 전향자가 만일 정치적인 의미를 가진 자라고 한다면 그들은 빵만을 위한 보호시설을 희망하는 것은 아닐 것이다. 그들은 정치적 활동을 위한 지반을 보호하고, 양성하여 줄 시설을 요망할 것이다. 그렇다면 그들이 어떤 정치적인 코스를 취할 것인가에 대해서는 연구할 만한 가치가 있는 문제인데, 나는 간단하게 다음과 같이 결론지으려 한다.

조선에는 민족감정에 지배되어 당분간 공산주의 운동은 파멸되지는 않을 것이고 상당히 뿌리 깊을 것이지만, 그것만이 문제가 아니다. 조선인 대부분이 민족감정이라는 요괴에 둘러싸여 농촌이건 도시이건 저도 모르게 무기력 상태에서 '민족'인 불만을 토로하고 있음이 분명하다. 이 두 방향의 반항은 점차 실현될 조선의 정당한 자치(自治)로 이어질 정치문화운동의 주류를 수시로 교란하려 한다. 따라서 이러한 반항에 대한 깊은 대립자로서 전향자가 등장해야만 한다. 그들은 정치적 주류의 흐름을 원활하게 하는 역할을 해야 한다!

여기에서 전향자 단체의 성질이 분명해지고, 전향자의 단체 활동을 보호할 시설의 특질이 나타날 것으로 생각된다. 조선의 전향자 단체는 단순히 사회 사업적인 색채를 가진 것이어서는 안 된다. 가난한 전향자에게 빵을 구해 주고, 재능있는 전향자에게 사회적인 활동을 구해 주고, 그 활동을 어렵게 하는 여러 법률상의 제한을 없애달라는 청원을 할 뿐인 단체이어서는 안 된다. 나는 이런 의미의 활동을 조금도 등한시하려는 것은 아니다. 이러한 활동은 의무적인 활동이기는 하다. 그렇다고 해서 전향자의 활동이 그것만 계속되어서는 안 되고, 그 밖에 정치적인 사명을 다해야 한다는 점에 중대한 임무가 존재하는 것이다. 도시에서 글을 써대고 잡지를 발간하여 그것을 민중에게 알리는 것만으로 만족하는 것이 그들의 사명이어서는 안 된다. 그들은 도시와 지방에 분포하여 전향자의 견고한 분견대(分遣隊)를 만들고, 그 지역의 청년들을 지도하며 그들의 사상적인 고민을 자신들의 경험으로 해결해 주고, 농촌과 도시의 청년을 중견 간부로 임명하여 조선 민중이 앞으로 나아가야 할 길을 지시하고, 청년의 참된 친구가 돼야 하는 사명이 있다. 바로 이것이 가장 어려우면서도 복잡한 전향자의 임무라고 생각된다.

지금 조선 정치가 약진적인 고민을 표현하고 있다. 젊은 청년들은 정신적이고 정치적인 모든 요괴에 현혹되어, 그 나아갈 바를 잃어가고 있다. 바로 그것 때문에 해결해야 할 문제가 있다.

이러한 때에 나는 전술한 임무를 완수할 수 있는 전향자 단체를 간절히 바란다. 그 단체는 사상단체이어서는 안 된다. 실천적인 단체이길 바란다. 그러나 조선에 어느 정도의 전향자가 있을까? 하지만 어느 정도이든 간에 모인 자는 주저하지 말고 집결해야 한다고 생각한다.

그러나 그 단체가 전체적으로 효과 있는 활동을 해야 한다는 그 전제로써 다음과 같은 사항을 제기한다. 그것은 사상전향자의 정치적이고 사상적인 교육의 문제이다. 누가 뭐래도 조선의 공산주의자는 정치적으로도 사상적으로도 또는 문화적으로도 레벨이 낮았다. 그 낮은 레벨이 장차 그들의 전향 후의 활동에도 따라다닐 것임이 틀림없다. 그래서 조선 전향자의 지위를 향상시키기 위해 더욱 철저한 정치적, 사상적, 문화교육이 필요하므로 그에 대한 특수한 시설과 보호가 바람직하다고 생각된다.

오늘날 조선 전향자 단체가 결여(缺如)됨으로써 전향자는 각지에서 고립, 분산되어 있다. 그들의 앞날은 지극히 소극적이고 개인적인 불안함이 있다고 생각된다. 그래서 적어도 확실한 전향자보호단체가 조직되어야 하고, 그리고 지방에까지 조직망을 확장할 수 있도록 지방의 경찰기관과 행정기관은 그들의 활동을 원조해 주기를 바란다. 자칫하면 달팽이같이 껍질 속으로 숨어 버리려는 그들의 퇴영(退嬰)적이고 낙오자적인 기질을 일소(一掃)할 수 있도록 지나가는 일개 전과자로서가 아니라 사회에 유익한 양민(良民)이 되었다는 인정을 받아 자유로운 사회적 활동을 할 수 있는 여지가 열리길 바란다.

치안유지법 위반 서대문형무소 기결수 강문수

조선 사상전향자의 경향을 관찰할 때 일본 전향자와는 완전히 다른 색채가 눈에 띈다. 그리고 조선 사상전향자의 독특한 경향에 대하여 주의를 기울이게 될 것이다. 내지의 공산주의자와 조선의 공산주의자는 그 발단, 성장과정에서 다른 방향으로 진행되었듯이 사상전향의 동기와 미래 전망에 대해서도 완전히 다른 현상을 보이고 있다. 내지의 공산주의자는 비상시의 국민적 긴장, 사회적 여론의 큰 파도에 휩쓸리지 않을 수는 없었다. 하지만 조선의 전향자는 사회적인 박력(迫力)에 엎드린 것이 아니라 그동안의 피투성이의 자기 경험과 객관적인 정세로부터의 결론에 봉착한 자이다. 그들은 공산주의를 버리지 않았어도 여전히 민족적 감정에 지배되는 민족의 대중으로부터는 어떤 종류의 호의와 지지를 받고 있었을지도 모른다. 이와 같은 조선 사상전향자의 특수성을 파악하는 것은 그들의 장래를 전망할 때, 그들을 이끌고 보호하고자 할 때 가장 중요한 부분이라고 생각한다.

그렇다면 조선의 전향자가 어디로 가게 될지, 이것은 현 단계에서 조선의 동향과 함께 대단히 중대한 문제이다. 조선의 동향이 일본제국의 발전에 큰 영향을 끼치는 것이라면, 그럴수록 사상전향자의 장래에 주목하고, 그들을 이끌고 보호해야만 한다. 왜냐하면 그들이 종래의 사상을 포기했다고 해도 그들의 사회적 존재에서 보면 여전히 민족적 관심을 망각하고 있지 않기 때문이다. 혼탁한 조선 민족의 일반적인 관념을 바른길로 인도하고, 일선(日鮮) 양 민족의 최전선에서 공존공영(共存共榮)을 위해 매진하는 것은 우리 전향자에게 부과된 가장 큰 역할일 것이다. 사회적으로나 문화적으로나 격리될 수 없는 두 민족이 서로 이해하고 서로 돕는 재인식의 공작에 전향자들이 가야 할 길이 있다.

다음은 경제적으로, 정신적으로 지극히 황폐한 조선 농촌의 진흥과 갱생 등이 현재 전향자들의 앞에 가로놓여 있는 커다란 과업이 아닐 수 없다. 그것은 전향자들이 확실한 발걸음으로 나아갈 수 있는 현실의 토대이기 때문이다.

그리고 특히 눈여겨보아야 할 것은 재만(在滿) 조선인의 생활 안정, 사상 선도 등의 사업이다. 이미 만주에는 백만 동포가 살고 있고, 들리는 바에 의하면 총독부는 앞으로 대규모 이민을 계획하고 있는 듯하니 만주국의 치안 공작 회복과 함께 그 이민은 더욱 늘어날 것이다. 만주는 러시아 및 중국과 접경하고 있는 지리적인 관계로 인해 언제나 재만조선인의 생활은 위협받고, 그들의 사상은 불안정한 위험에 처해 있다. 이러한 현실은 오직 만주국의 건전한 발전에 커다란 장애일 뿐만 아니라 조선의 통치에 있어서도 막대한 영향을 미칠 것이다. 그것은 이제까지의 사실이 증명한다.

따라서 만주에 있는 조선인의 사상을 선도하고, 그들의 생활을 안정하게 이끌고, 그리고 선량한 만주국의 국민으로서 만주국의 성장과 발전에 크게 힘을 쏟도록 하는 것은 우리 전향자가 가장 큰 관심을 가져야 할 대사업이어야 한다고 생각한다.

이상으로 나는 추상적이지만 우리 전향자가 나아가야 할 길을 간단하게 논하였다. 그러나 그것이 평탄한 길이라고는 결코 단언할 수 없다. 전향자들의 노력으로는 이룰 수 없을 정도로 그 사업은 중대하고도 난관이 많을 것이기 때문이다.

이러한 어려운 공사를 성공시키기 위해서는 무엇보다도 현재의 전향자들은 동일한 지도 정신으로 움직일 수 있고 그 행동의 통제에 따라 모든 노력과 정력을 집중할 수 있는 어떤 단체 조직이 가장 필요하다. 그 조직은 넓은 범위에서 큰 사회의 원조와 보호가 없으면 불가능하다. 그것은 민간 유력자와 위정(爲政) 당국의 유지 제씨(諸氏)의 적극적인 원조, 격려, 편달, 보호 등에 의해 생성되고 성장하는 것이다.

최근 내지(內地)에서는 제국갱신회가 조직되어 넓은 범위에 걸쳐 활동을 전개하고 있는 듯하고, 요새 조선에서도 유력한 방면에서 그러한 조직의 발의(發意)가 충분히 무르익고 있는 것은 전향자에게 있어 환희하지 않을 수 없는 사실이다. 그렇지만 이러한 조직은 전술한 조선 사상전향자의 특수성을 인정하고, 내지의 갱신회와 독립한 별개의 것이어야 한다. 그리고 조선의 전향자 보호기관에서 주로 활동하는 자는 과거 조선운동에서의 상당한 체험자, 일반 대중으로부터 신뢰를 상당히 가진 자가 아니면 예기한 성과를 거두기 어렵다고 생각한다.

마지막으로 전향자에 대한 보호기관의 역할은 이런 것이어야 한다고 생각한다.

(ㄱ) 전향자의 전반적인 조직을 촉성하고, 그 지도 정신을 확립시킬 것.
(ㄴ) 당국과 사회의 전향자에 대한 충분한 이해와 원조를 베풀기 위해 여론을 바르게 환기할 것.
(ㄷ) 일선(日鮮) 두 민족의 공존공영, 또한 조선농민 갱생 등의 사업에 그들의 진출을 조장하고 적극적으로 원조할 것.
(ㄹ) 재만조선인의 생활 안정, 사상 선도 및 이민사업에 대한 그들의 활동을 촉진, 원조하고 또는 그들의 정치적·문화적인 활동을 원활하게 할 것.

<자료 105> 김성수[25], 어느 불령선인의 고백서

[金聖壽, 1937.9, 〈或る不逞鮮人の告白書〉, 《思想彙報》 제12호, 朝鮮總督府 高等法院 檢事局 思想部, 195~200쪽]

이 고백서는 1926년(大正 15)부터 오랜 기간 중국 상해, 광동, 천진, 만주 등 각지에서 불령단체에 가입하고 흉포한 행위를 감행한 김원홍(金元紅), 채천민(蔡天民), 주열(朱烈), 즉 김성수(金聖壽)가 당년 38세를 결산한 글이다. 해당 인물은 올해 2월 18일 재상해 일본 총영사관 경찰에 체포되어 조선 송치 후 황해도 경무부에서 취조를 받고 현재 해주지방법원에 계류 중이다. 그의 고백은 해외의 불령선인들 대부분이 느끼는 감출 수 없는 심정일 것이다.

일개 치안유지법 위반범으로서, 아니, 치안유지법 위반범이라고 말하면 너무나 평범하게 들리는 것 같다. 또한 적절하게 표현하면, 비밀결사 가입, 살인음모 참가, 시체 암매장, 강도, 비밀출판 등을 저지른 중대범인으로서 귀순(歸順)에 대해 쓴다고 하면, 한편으로는 비웃음 당하고, 다른 한편으로는 의심하는 감정을 불러일으킬지 모르겠다. 그러나 나는 10여 년간의 해외생활에서 경험한 것을 일부라도 기록함으로써 이것이 해외에 산재한 조선인을 다루고자 하는 위정 당국에 다소 참고가 될 수 있다면 무한한 기쁨이자 이 글의 본래 역할을 다하는 것이라고 위안할 수 있겠다.

3·1소요사건 이후 해외에 산재한 조선인은 수백, 수천을 헤아린다. 이렇게 많은 조선인이 해외로 건너간 데는 저마다 이유가 있고 다양한 사정이 있을 것이다. 어떤 사람은 공부를 하러 갔고, 어떤 사람은 운동을 하러 갔으며, 어떤 사람은 호기심에, 어떤 사람은 삶을 헤쳐 나가려고, 혹은 법을 위반한 후 형을 피하려고 해외로 나간 사람도 있을 것이다. 해외로 나갔을 때 어떤 느낌이 들었는지를 주저 없이 말한다면 낙심과 비관이었다. 실망스럽고 비관적인 상황에 부딪힌 이들은 어떻게 했는가? 방향을 전환하여 조선으로 돌아온 사람도 있고 자신의 기술로 직업을 가진 사람도 있다. 그러나 다시 조선으로 돌아올 수 없는 사람, 직업을 가질 수 없는 사람, 혹은 형세를 관망하는 사람, 이런 사람들은 유혹, 위협, 기대 등 갖가지 사정으로 인해 기존의 단체나 신생 결사에 가입하지 않을 수 없었다. 그리하여 그들의 의

---

25 1900~1969. 경남 밀양 출신으로 1919년 중국으로 망명하여 황포군관학교를 거쳐 의열단에서 활동한 독립운동가. 1938년 해주지방법원에서 징역 18년형을 선고받고 복역했다.

지 박약과 주위 환경은 범법자가 되게 만들었고 굶주림, 추위, 가난의 고통은 위험한 범죄자가 되게 하였다.

이러한 비밀결사에 가입한 조선인들이 강철 같은 의지와 명확한 이론을 가지고 있었는가 하면 그렇지 않다. 물론 그들 중에는 그러한 조건을 갖춘 사람이 없지 않았다. 하지만 극히 소수에 지나지 않았다. 대부분(거의 전부)이 기아의 위협, 의심의 회피, 호기심 때문에 그 길로 들어섰다는 것은 그들이 직접 한 말에서도 충분히 알 수 있다.

민족주의자와 공산주의자, 무정부주의자들은 입만 열면 반드시 민중을 말하고 펜을 잡으면 으레 폭동을 논한다. "민중은 우리의 대본영이다. 폭동은 혁명의 유일한 무기다"라고 한다.

그렇다면 어떤 방법으로 실행할 것인가를 물으면 모두 민중을 교양하고 선전해야 한다고 말한다. 교양과 선전은 어떤 방법으로 할 것인가를 물으면 아무런 대답이 없다. 대답하려 해도 할 도리가 없는 것이다.

만약 진정한 혁명가라면 자신들이 항상 말하는 민중 속으로 파고들어야 한다. 모든 노력을 다해야 한다. 이와는 반대로 당파싸움(투쟁)을 할 때는 불꽃이 튀지만 이론을 규명할 때는 꿀 먹은 벙어리 같고, 상대방의 허물을 찾을 때는 매의 눈처럼 번득이다가도 그들의 조력이 필요할 때는 뒷걸음친다.

내 말을 신뢰할 수 없다면 실제 모습을 보라. 독립운동이 일어나고 20여 년이 지난 오늘날, 권위 있는 단체가 하나라도 있는가? 또 개인이라도 단체를 통솔할 조직적인 이론이 하나라도 제창되었는가? 그렇기에 그들을 운동자라기보다 일시적, 감정적, 생활적인 면에서의 조건이 모두 결합된 것이라고 인식하며, 나 또한 마찬가지 처지에 있었음은 감출 수 없는 사실이다. 그뿐이 아니다. 내가 소속한 단체에 간혹 일어난 슬픈 사실을 여기에 소개하겠다. 모두가 한자리에 모이면 우리는 다음과 같이 담화를 풀어놓았다.

세상에 불쌍한 사람들이 있다면 바로 우리들이다. 그들과 우리 모두(똑같이) 불쌍하고 참담한 처지의 사람들이다. 얼마나 부모와 처자가 그립고 형제와 친구가 보고 싶은지, 누군들 부모를 사모하지 않고 고향을 그리워하지 않는 이가 있으랴마는 이러한 환경과 처지에 놓였을 때 솟아오르는 감정을 형용할 길이 없다.

'화개화락 타향루(花開花落 他鄕淚) 운거운래 고국사(雲去雲來故國思)', 이 시는 지금의 우리 상황을 잘 표현해 주지 않는가? 꽃피는 봄이 오는 동쪽 산을 보면 고향이 그리워 애간장을 녹이고 한숨이 흘러나온다. 달이 뜨는 가을밤에는 부모가 그리워 얼마나 단장의 눈물을 흘렸는가? 그럴 때마다 모든 것을 무시하고 단숨에 조선으로 날아가 그리운 부모의 품에 머리를 묻고 가슴 절절한 슬픔을 웃음과 눈물로 호소하고 이 몸에 남은 힘을 다해 부모를 만난다면 여한이 없을 텐데… 하지만 이 또한 꿈이다. 우리가 기대할 수 없는 헛된 꿈이다. 무서운 법률은 결코 허락할 리 없고 국가의 경찰은 한 치의 사사로운 정을 인정할 리 없다. 이제 우리에게는 죽음밖에 없다. 조선에 가도 사형과 무기한의 감옥이 우리를 기다리고, 이곳에 있어도 기아와 질병이 우리를 기다릴 뿐이다. 이 모든 것을 생각하면 당장 자살을 결행함으로써 모든 문제를 해결해야겠다는 마음이 불길처럼 솟아오른다. 이런 얘기를 서로 나누며 얼싸안고 우는 것이다. 아무리 몸부림치고 통곡을 해봐도 소용이 없고 몸도 마음도 고통스러울 뿐이다. 울음을 멈추고 이런 말을 한다.

5, 6년의 형으로 우리의 범죄를 용서받는다면 모든 것을 포기하고 기꺼이 형무소로 가겠지만, 그런데 그것은 지구의 자전을 멈추게 하는 것보다 더 기대하기 어려운 것이 아닌가. 그러니 우리는 죽든 살든 이 길을 가지 않을 수 없으니 운명으로 받아들이자. 자, 이런 일들을 자꾸 생각하지 말고 술이나 마시자. 콜야르(술 이름)나 맘껏 마시고 잊어버리자.

이렇게 우리는 술을 마시고 또 마시며 눈물을 흘린다.

민족주의자도 공산주의자도 마찬가지다. 그들 중 개인적으로 친한 이들을 조용히 만나 "어떤가. 독립이든 혁명이든 전망이 어떤가?" 물으면, "그걸 어찌 알겠는가? 그걸 알면 일을 안 해도 밥 벌어 먹겠지."

"아니, 다는 몰라도 대체로…"

"전혀 모른다오. 그냥 배운 가락이니 목탁이라도 두드려 염불을 외는 거지."

"그게 무슨 말인가?"

"자네, 생각해 보게. 이런 일을 하고 싶어서 하겠는가? 조선에 돌아가려 해도 갈 수 없고 달리 아무것도 없으니 어쩔 수 없이 죽든 살든 달려든 것이라오, 자네 생각은 어떤가?"

"내 생각이라고 특별할 것이 있나? 그저 마찬가지일세."

이렇게 해외에 있는 조선인들은 대체로 조선에 돌아오고 싶어 한다. 운동이나 선전을 하려는 것이 아니라 정반대로 그러한 것을 버리고 참회하고 개선하여 귀순의 길을 걷고자 한다. 그들을 매우 주저하게 만들고 심히 실망스럽게 하는 것은 법률과 형벌이다.

국법은 신성하고 엄정하다. 만약 그렇지 않다면 국가의 치안과 사회질서를 유지할 수 없다. 그러한 점에서 그들은 국가의 치안을 문란하게 하였으니 엄정한 법률의 제재를 받아야 할 것이다. 그러나 만약 사회정책의 측면에서 혹은 조선 통치의 측면에서 이러한 한 가지 방법만을 고집한다면, 저들은 영원히 암담한 엄동설한에 실의에 찬 무리가 되어 방황하다 온갖 악행과 범죄를 저질러 조선 통치에 심각한 불행을 초래하게 하리라는 사실은 명약관화하다.

앞서 말한 바와 같이 그들은 귀순을 원한다. 그렇다고 완전히 형벌을 피하려 하는가 하면 그렇지 않다. 그들은 일정하게 형벌을 감수함으로써 각자의 범죄를 씻은 후 전과자의 신분으로 하나의 의무를 다하고자 그저 기회를 기다리고 있는 것이다. 이 기회를 포착하여 형벌과 묵인을 함께 시행하고 그들을 포용하고 교화한다면 일선융화의 대사업은 완성의 길로 나아갈 것이며, 동양평화의 국책은 강고한 기초 위에 서게 될 것이라 믿는다.

천하가 황국이 아닌 데가 없고, 온 나라의 백성이 황국신민이 아닌 자가 없는데 오로지 그들만이 끝없는 동굴 속에서 슬픔을 견디게 한다면 쇼와(昭和) 시대에 얼마나 불행한 일이겠는가? 이 불행의 원인을 자신들이 만들었다면 오늘의 결과를 받아들이는 것도 당연할 것이다. 하지만 인간은 자신이 사는 사회와 환경에 지배받는 동물이므로 그들이 처한 기구한 환경을 생각할 때 이는 그들을 교화시킴에 있어 중요한 조건이 될 것이다. 이렇게 교화와 선도를 받음으로써 그들은 다른 어떤 사람, 즉 법에 저촉되지 않았던 사람보다, 또 형벌을 받은 전과자보다 더욱 국민 도덕의 훈도와 사회질서의 유지에 현저한 성과를 거둘 것이다. 왜냐하면 그들은 자신들의 체험을 통해 모든 것을 명확하게 깨닫고 인민을(자신을) 보호하는 국가의 은덕에 깊이 감복함으로써 다시금 어긋난 길로 가지 않을 것이기 때문이다. 이렇게 귀순한 그들에게 직업을 주고 자신의 분수와 위치를 지키게 하고 폐하의 은덕을 베풀어 국가의 혜택을 받게 한다면, 마침내 지상 천국은 여기에 건설되고 ■■의 일민(逸民)[26]을 이 땅에서 보게 될 것이다.

---

26 공자는 『논어』 미자편(微子篇)에서 일민(逸民)을 '난세에서 자신의 뜻을 굽히지 않고, 자신의 몸을 더럽히지 않는 사람'이라고 말했다. 즉 덕행과 학문이 있으면서 세상에 나오지 않고 파묻혀 사는 사람을 뜻한다.

3. 대동민우회의 '전향' 활동

〈자료 106〉 민우회 조직에 관한 건

[「民友會組織에 關한 件」,[27] 1936.8.12. 『警察情報綴(昭和 11年)』, 京城地方法院 檢事正, 2-24번. 국사편찬위원회 한국사데이터베이스 제공]

경성부 체부정(體府町) 43번지 소재 대동민우회 조직준비위원회에서는 지난 7월 5일 발기인대회를 개최하여 앞으로 1개월 이내에 창립총회를 개최하기로 결정한 것은 이미 보고한 대로인데, 동월 13일 창립준비위원회에서 창립대회를 8월 2일에 개최하기로 결정하고, 계속하여 전후 2회 준비위원회를 개최하여 그 제반 준비를 진행하였고, 마침내 예정대로 8월 2일 경성부민관 소강당에서 본회 창립대회를 개최하고 회의 명칭을 민우회라 개칭하게 되었다. 이보다 앞서 창립준비위원인 김경식(金瓊植), 이방(李芳) 등은 본회의 패권을 자신들의 수중에 장악하고자 비밀리에 암약하여 창립대회 개최 직전에 자파의 회원 약 50명을 일거에 입회시키려 하여 개회 구두(口頭)에서 신입회원의 심사 문제에 발단하여 김경식파 대 이각종파의 의견이 충돌하여 마침내 이각종파 30여 명은 의사(議事)가 진행 중에 퇴장하기에 이르렀다.

이리하여 김경식 측의 책략으로 본회는 완전히 독점하게 되었는데, 이각종파에서는 동일 오후 8시경 부내 견지정(堅志町) 소재 중국요리점 동해루에서 회원 25명이 집합하여 그 대책에 대해 협의한 결과 안준(安浚), 이승원(李承元), 유공삼(柳公三), 차재정(車載貞), 박형남(朴亨南), 김수산(金濤山), 주련(朱鍊)의 7명을 위원으로 들여 부정 입회 문제에 관하여 김경식파와 교섭하기로 결정하였다. 해당 위원들은 이번 창립대회가 부정하게 성립된 것은 준비회의 결함 때문이라고 주장하며, 준비회를 재소집할 필요가 있다고 결정했다. 그래서 다음 날 3일 전기한 동해루에서 대동민우회 준비위원회를 소집하기로 했다. 김경식 측에도 통고했으나, 그쪽에서는 대회 종료 후인 이날 다시 준비회를 소집할 필요가 없다고 주장하여, 결국 1명의 출

---

27 경고특비(京高特秘) 제1371호의 5.

석자도 없이 유회되었다. 이각종파에서는 이와 같이 불법으로 성립한 창립대회는 절대로 시인하지 않고, 동회를 준비회로 되돌려 8월 2일 이후의 부정 입회자를 실격으로 함과 함께, 심사원을 해임하고 입회 심사권은 대동민우회 준비회에서 집행하기로 하고 8월 중순쯤 다시 창립대회를 개최할 계획인 것 같다.

한편 김경식파에서도 백악회 성립 당시부터있던 회원 대부분을 잃은데다가 대회가 사실상 불법으로 성립할 우려가 있어 해당 창립대회를 인정하는 범위 내에서 이각종파와 타협하고 8월 5일 검사회 석상에서 이항발(李恒發), 임낙빈(林洛彬), 윤병혁(尹炳赫) 3인은 양자의 분쟁의 원인을 엄밀히 조사함과 함께 타협방법을 이사회에 요망하였다. 또한 앞으로 신입회원에 대해서는 엄격히 심사할 것 등을 결정했는데, 동일 이사회에서 이사장 김경식으로부터 양자의 타협 성립까지 이사회의 부서 분담을 보류해야 한다고 제의하자, 이방, 한보순(韓普淳), 유봉현(兪奉賢), 윤준마(尹浚麻) 등은 부서 결정과 타협 공작은 전혀 결을 달리하는 것이라 하여 반대하였다. 하지만 배상하(裵相河), 이창환(李昌煥) 등은 김경식의 의견에 따라 결국 보류로 결정하고, 타협 교섭위원으로서 김경식, 이항발 두 명을 선거했다.

상술한 바와 같이 김경식 측은 일거에 본회 탈취책에는 성공했지만, 이각종파가 없는 본회는 몇 명을 제외하고 거의 통제와 교양이 없는 오합지졸이라 강령에 나타난 대사업은 물론, 그 외 아무것도 할 일이 없으리라는 것은 상상하기에 어렵지 않다. 하지만 현재 운동 추세에 비추어 혹은 왕년의 신간회같은 역할을 할 수도 있을 것으로 생각되므로, 본회 및 이각종파의 동향에 대해서는 계속하여 엄중 주의 중인데, 8월 2일 창립대회 상황은 별지와 같이 보고 통보함.

하기(下記)

집회일시: 8월 2일 오전 10시부터 오후 5시 20분

집회장소: 부민관 소강당

주최자: 민우회

사회자: 안준, 김경식

집회목적: 민우회 창립총회

주요 집회자: 김경식, 이각종, 안준

집회인원 및 종별: 회원 126명

감독경찰관 경기도 경부보 마쓰오 도메기치(松尾留吉)

순사 김극남(金克南)

경찰 단속 상황: 아무런 제한 등을 가한 것이 없음.

1. 개회

정각에서 1시간이 지난 오전 11시 일동 착석, 안준 등단, 개회를 선언하고 우리는 이번에 새롭게 생(生)을 구하고자 하여 그 기초를 세우기 위해 토론할 기회를 얻은 것은 기쁜 일이다. 과거를 되돌아보면, 우리가 대일본제국주의를 배척하여 사사건건 비국민적 행동을 취한 것은 완전히 공상이었음을 자각하고, 이에 대일본제국 국민으로서의 의무를 다하고 앞 길을 개척하고자 하여 다섯 개의 강령을 외치고 출발했다. 이상 수많은 중상 비판이 있지만, 이를 배격하고 전진하여 사회의 기대에 부응하도록 국민정신을 발휘함으로써 의무 이행에 노력할 각오라고 말하고 일동은 기립하여 황거를 향하여 요배하였다.

1. 출석자 호명

윤귀영(尹貴榮)이 호명하였으며, 출석자는 별지와 같이 126명임

1. 집행부 선거

안준이 집행부 선거 방법과 인원 등을 회의장에서 자문하자 의장 1명을 호천(呼薦)하여 의장이 서기 2명과 각 사찰 5명을 호천하자는 제의가 있어서 가부를 거수한 결과 호천에 의함.

　　　　의장 김경식

　　　　서기 윤귀영, 유봉현

　　　　사찰 박승만(朴勝萬), 조승환(曺昇煥), 박건호(朴健鎬), 박명렬(朴命烈), 조진우(趙鎭羽)

8명이 당선하여 김경식이 의장석에 착석함.

1. 경과 보고

서기 윤귀영이 본년 5월 10일 발기인회를 개최한 이래 사무소를 부내 체부정 43번지에 이

전한 것 및 부민관에서 발기인회 개최 상황, 회원모집상황(발기인 72명)을 보고하고, 이어서 1936년(昭和 11) 5월 26일부터 동년 7월 31일까지 회계보고로 수입 395원, 지출 386원 45전이라고 보고했는데 아무런 이의 없이 통과함.

1. 선언 강령 규칙 통과

선언 강령 규칙은 전부 두 번 독회(讀會)하여 종료하기로 하고 선언(이미 보고한 것과 동일이므로 생략)을 낭독하자 회의장에서 본 선언 중에는 민족주의만을 논하고, 공산주의는 불가함을 논하지 않은 것은 무슨 이유인가라고 질문하는 자가 있었는데, 의장이 우리는 공산주의, 민족주의 구별없이 국민주의를 존중할 결심으로 전환한 것이므로, 단지 현실에 비추어 실행하면 된다. 만약 금후 기회가 있을 때는 우리는 걸어온 공산주의의 불가함을 발표할 예정이라고 답변, 이의 없이 통과하고, 별첨 규칙의 낭독에 앞서 의장이 본회의 명칭을 이번에 수정위원에서 민우회로 칭하기로 결정했다고 말하고, 이어서 규약 제1조부터 각 조를 심의하고 제8조를 심의 중에 회의장에서 돌연 이효진(李孝鎭)이 기립하여 긴급동의가 있다고 하며, 본 회원은 일정한 자격을 갖고 입회시에는 상당한 절차를 밟은 다음, 엄밀한 심사 후가 아니면 입회할 수 없는 것이라고 되어 있음에도 불구하고, 오늘 아침 본 대회 개최 직전에 50명의 신입회원이 본 석에 참가한 것은 어떤 방법으로 이렇게 많은 회원을 극히 짧은 시간에 심사 입회시켰는지, 이에 심사에 불순한 점이 있다고 생각되는데 어떠한가?라고 질문하자 심사위원 이방, 윤귀영, 유공삼 3명은 교대로 "회원 모집은 권유위원이 엄격히 조사한 다음 본회에서 요구하는 자격이 있는 자만을 권유 입회시킴으로써 심사에 불순은 결코 없다", "극히 짧은 시간에 다수의 사람을 심사한 것이 문제로 되어 있으나 심사문제는 시간문제와는 전혀 별개로, 단시간이라도 우리 심사위원이 엄밀한 심사를 해서 입회시킨 것은 아무런 지장이 없다고 인정하여 입회를 승인했다"고 말했다. 다시 유공삼은 "본건 50명 신입회의 심사에는 전혀 참석한 사실이 없다"고 언명하고, 심사위원간의 불통을 폭로하고여 심사위원 사이에 입씨름이 있었다. 이에 이각종파와 김경식파의 대립이 표면화하여 이각종파는 격렬하게 김경식파가 암중비약하여 50명의 회원을 불순하게 입회시켰다고 논박하여 상당히 장시간에 걸쳐 격론이 있었다. 한때는 의장 불신임을 주장하여 회의당이 상당히 소란스러웠지만 사찰원이 진정시켜 마침내 진정된 후, 신입회원 50명의 회의장에서의 권리행사의 가부에 대해 거수로 채결한 결과, 가 67, 부 3으로 채결하자, 안준이 기립하여 그 불합리함을 주장했는데 사찰원이 무리하게 제지할 뿐 아니라 의장도 발언권을 부여하지 않아서 안준, 유공삼, 이승원 외 10여 명은 불합리한 총회에서 퇴장할 것이라고 주장하고 퇴장했다.

계속하여 일사천리로 규칙을 낭독하자 아무런 이의 없이 통과했다.

1. 행동 강령 제정

본 건은 신임 간부에게 일임할 것으로 결정함.

1. 임원 선거

임원선거는 전형위원 5명을 호천(互薦)한 다음, 전형위원이 이사 15명, 검사 3명을 선거하기로 동기[28] 요청이 있어서 호천한 결과 배상하, 박승만, 임낙빈, 윤귀영, 이방의 5명이 전형위원에 당선. 오후 3시 30분 일단 휴게를 선언하고 일동은 2층 식당에서 점심을 함께 (퇴장자 함께)하고, 오후 5시 10분 재회했는데, 퇴장자는 여전히 입장하지 않고, 복도에서 방관하고 있었다. 오후 5시 10분 김경식이 의장석에 착석하여 속회를 선언하고 전형위원의 전형결과를 발표하자 다음의 사람이 당선했다.

    이사장 김경식

    이사 이동락, 이창환, 윤귀영, 한보순, 배상하, 차재정, 송재철, 김덕선(金德善), 윤준혁, 이방, 조진우, 유봉현, 주련, 조승환

    검사장 이항발

    검사 임낙빈, 윤병혁

1. 예산안 통과

1936년(昭和 11) 8월부터 1937년(昭和 12) 3월 본회 예산안으로 수입 17,000원, 지출 17,000원으로 낭독하자 이의 없이 통과함.

---

28 의사결정의 원인

1. 폐회

오후 5시 25분

천황폐하, 대일본제국민우회의 만세를 삼창한 후 부민관 입구 계단에서 일동 기념촬영을 하고 산회했다.

〈역문〉

민우회 회칙

제1장 총칙

제1조 본회는 민우회라 칭한다.

제2조 본회는 본회의 강령을 실현하는 것을 목적으로 한다.

제3조 본회는 본부를 경성에 두고 필요한 지방에 지부를 설치한다.

제4조 본회의 회원은 본회의 강령을 승인하는 자로 다음 자격을 갖는 자에 한정한다.

    1. 만 20세 이상 조선인 남녀

    2. 정치적 경제적 소양이 있는 자

제5조 본회의 회원은 다음 권리 및 의무를 갖는다.

    1. 대회에서 의결권

    2. 임원의 선거권 및 피선거권

    3. 강령 회칙 및 제 결의에 복종할 의무

    4. 경비를 부담할 의무

제6조 본회의 사업을 원조하는 자를 찬조회원으로 한다.

제2장 기관 및 임원

제7조 회무의 결의 및 집행을 위해 다음 기관을 둔다.

    1. 이사회

    2. 검사회

    3. 평의원회

4. 대회

제8조 전 조의 여러 기관을 구성하기 위해 다음 임원을 둔다.

1. 총재 1인

2. 이사장 1인

3. 이사 약간명

4. 검사장 1인

5. 검사 약간명

6. 평의원 약간명

제9조 총재, 이사장, 이사, 검사장, 검사는 대회에서 선거하고 평의원은 이사회에서 찬조회원 중에 선정한다.

본회의 회무를 통괄하여 대회의 의장이 되어 회를 대표한다.

제10조 총재는 본회를 대표하여 회무 일체를 통괄한다.

단, 총재 사고가 있을 때는 이사장이 이를 대리한다.

제11조 이사장 및 이사는 이사회를 조직하고 일반회무를 토의하고 총재의 결의를 거쳐 이를 집행한다. 단, 정책 수립권 그 외 중요사항은 필요하다고 인정할 때 평의원의 자문을 거친다.

제12조 검사장 및 검사는 검사회를 조직하고 회조의 감시 및 그 외 일체 검찰에 관한 사항을 결정하여 총재의 결의를 거친 후에 이를 처리한다.

제13조 평의원은 평의원회를 조직하고 총재 이사회의 자문에 응한다. 단, 호선에 의해 평의원장 1인을 선임한다.

제14조 이사회는 이사장이 검사회는 검사장이 각각 필요하다고 인정할 때 총재의 지휘 또는 승인에 의해 수시로 소집한다.

단, 이사 절반 이상의 요구가 있을 대, 이사장은 이사회를 소집한다.

제15조 평의원회는 총재 또는 이사회의 요구에 의해 평의원장이 이를 소집한다.

제16조 대회는 정기 및 임시 두 종류로 나누어 정기대회는 매년 1회(4월중) 임시대회는 이사회가 필요하다고 인정할 때 총재가 이를 소집한다. 단, 대회의 의장은 총재로 한다.

제17조 대회는 다음 사항을 의결한다.

예산 및 결산

  임원 선거

  이사회 및 회원 5인 이상의 연서 제의안

제18조 총재, 이사장 및 이사, 검사장, 검사의 임기는 만 3년, 평의원의 임기는 만 1년으로 정한다.

제19조 이사회, 검사회, 평의원회는 각 그 2/3 이상 출석에 의해 개회하고 모두 출석원의 과반수로 의결한다.

제20조 본회원 10인 이상이 주거하는 지방에 지부를 둘 수 있다.

제21조 각 지부에는 지부장 1인, 지부 이사 약간명을 두고 본회칙 제21조에 의해 지부 分務를 집행한다.

제22조 본회칙 제12조는 지부에 적용할 수 있다.

제23조 지부는 본회칙 제16조에 의해 지부 구역내 회무를 집행한다.

제24조 지부임원은 이사회에서 이를 임면한다.

제3장 分務 分掌

제25조 이사회는 회무를 집행하기 위해 다음 부서를 둔다.

   1. 총무부, 2. 정경부, 3. 재정부, 4. 조직부, 5. 선전부, 6. 조사부, 7. 구호부

제26조 이사회의 사무분장은 다음과 같다.

   1. 총무부

     1) 서무에 관한 사항

     2) 인사에 관한 사항

     3) 기밀에 관한 사항

     4) 그 외 다른 부에 속하지 않는 사항

   2. 정경부

     1) 정치에 관한 사항

     2) 경제에 관한 사항

     3) 산업에 관한 일반사항

     4) 노자(勞資)문제에 관한 사항

5) 교육 및 문화에 관한 사항

3. 재정부

    1) 기본재산에 관한 사항

    2) 회계에 관한 사항

    3) 예산 및 결산에 관한 사항

    4) 경리 및 조도(調度)에 관한 사항

4. 조직부

    1) 지부조직에 관한 사항

    2) 연락 통제에 관한 사항

    3) 청년, 노동, 농민, 학생, 여성 및 그 외 국체 조직 지도에 관한 사항

5. 선전부

    1) 회의 정강 및 정책 선전에 관한 사항

    2) 회세(會勢) 확장에 관한 사항

    3) 기관지 및 출판에 관한 사항

    4) 사상지도에 관한 사항

    5) 강연 및 강좌에 관한 사항

6. 조사부

    1) 일반 정세조사에 관한 사항

    2) 일반 통계에 관한 사항

    3) 도서 및 참고재료 수집에 관한 사항

7. 구호부

    1) 회원 및 일반 구호 요양에 관한 사항

    2) 취직 상담 및 일반 구제에 관한 사항

제27조 검사회는 회무를 검찰하기 위해 다음 부서를 둔다

  1. 감찰부

    1) 회무 감시에 관한 사항

    2) 회의 재정 및 회계 감사에 관한 사항

2. 검사부

    1) 회원 행동 검찰에 관한 사항

    2) 반회(反會)사상에 관한 사항

    3) 회원 및 임원 징벌에 관한 사항

제29조 총재는 필요하다고 인정할 때는 이사회의 협찬을 거쳐 고문 또는 상담역 약간명을 선정할 수 있다.

제30조 이사회 및 검사회는 간사 약간 명을 채용하여 업무에 종사한다.

제4장 입회 탈회 및 상벌

제31조 본회에 입회하고자 하는 자는 회원 2인 이상의 추천으로 본부 또는 지부에 원서를 제출한다.

제32조 전조의 입회원서를 접수한 때는 이를 검사부에 회부하여 심사 후 이사회는 이를 결정한다.

제33조 회원이 탈회하고자 할 때는 이유를 구신하여 본부 또는 지부에 제출한다.

제34조 본회의 체면을 훼손 또는 회의 통제를 문란하게 할 때는 검사회는 총재의 결재를 거쳐 징벌 또는 제명한다.

제35조 제명처분을 받은 회원이 복회하고자 할 때는 회원 7인 이상의 동의(動議)[29]로 복회 신청서를 본부 또는 지부에 제출한다.

제36조 전조의 복회 신청서를 접수할 때는 검사부에 회부하여 심사 후 이사회가 이를 결정한다.

제37조 본회의 회원으로 현저한 공로가 있을 때는 이사회의 의결을 거쳐 이를 포상한다.

제5장 회계

제38조 본회의 회계연도는 4월 1일부터 익년 3월 31일까지로 한다.

제39조 본회의 경비는 회원 의무금 및 독지가의 의연금으로 한다.

---

29 회의 수행이나 절차에 관하여 의원(위원)이 의회(위원회)에 대하여 행하는 제의를 말함.

제6장 부칙

제40조 본 회칙은 대회 결의가 아니면 이를 변경할 수 없다.

       단 회칙 해석권은 이사회에 있다.

제41조 회칙시행세칙 및 임원의 복무 규정은 이사회에서 별도로 이를 정한다.

이상

⟨자료 107⟩ '전향 문제의 검토'라는 인쇄물 발송에 관한 건

[「轉向問題의 檢討라고 題한 印刷物 發送에 關한 件」,[30] 『思想에 關한 情報綴 3』, 1937.1.9, 1-26번, 국사편찬위원회 한국사데이터베이스 제공]

경성부 중학정(中學町) 소재 대동민우회에서는 작년 12월 7일 동회 종신 고문인 이각종 및 조직선전부장 차재정의 합작인 「전향 문제의 검토」라는 사상전향의 유형을 해부한 별지와 같은 논문을 하기(下記) 각처에 발송하였다. 그 내용에서 대동민우회야말로 진정한 의미의 전향이라고 기술한 것은 소위 아전인수격의 혐의가 있지만, 또 일단 수긍되는 점이 없다고 하지 않을 수 없으므로 참고로 이 보고를 통보함.

하기

경성복심법원 오카모토(岡本)검사장

경성고등법원 무라타(村田)검사

본부법무국 모리우라(森浦)행형과장

본부법무국 나카야마(中山)법무과장

본부경무국 마루야마(円山)보안과장

본부경무국 후루카와(古川)도서과장

조선헌병대사령부

---

30 경고특비(京高特秘)제15호 문건

「전향 문제의 검토」

A. 전향의 궁극적 의미(極意)

여기에서 말하는 '전향'이란 사상적 방향 전환을 의미하는 것으로, 그 글자가 나타내는 것처럼 하나의 사상에서 다른 하나의 사상으로 전환하는 것을 가리킨다. 그러므로 금일 일반적으로 인식되고 있는 소위 '전향'이 지시하는 내용에는 엄밀히 말해 진정한 의미의 전향이라고 할 수 없는 점이 많다. 특히 공산주의자의 전향에 이르러서는 그 한계가 매우 애매하고, 조선에서의 공산주의자의 전향 실정에 비추어 그 진상을 파악하기 어려운 점이 있다.

공산주의 운동의 실천적 및 조직적 진영에서 일시 절연(絶緣) 상태에 있는 사정만을 보고, 즉시 사상적으로 방향을 전환했다고는 할 수 없는 것이다. 내지의 공산당 및 조선의 그것은 당국의 단속이 엄중하여 최근에는 거의 궤멸 상태에 있어서 당원의 활동은 강제적으로 중단하지 않을 수 없게 되고 당의 영향 아래 있던 여러 대중조직은 혹은 궤멸하고, 혹은 겨우 합법 영역에서 존재를 이어 나가는 현상이기는 하나, 그렇다고 하여 그들 단체 및 개인의 이데올로기가 공산주의에서 국민주의로 전환했다는 것을 의미하지는 않을 것이다. 오늘날은 소위 '반동시대'여서 이러한 시기에 대처하는 공산당의 전술은 이 '퇴각'과 '수비'로 대형을 전환할 수밖에 없는 것이다. 일반적으로 말하여 내지 조선에서의 금일의 공산주의 운동은 이 퇴각과 수비의 잠복 상태에 있고 진정한 전향을 했다고는 할 수 없는 실정이다. 우연히 단체 또는 개인이 비합법에서 합법으로 전환을 표명하는 자가 있어도 이것도 역시 좌익적 합법 전술의 표현에 불과한 것이고 결코 근본적 이데올로기의 전환은 아니다. 대개 공산주의 전략 전술만큼 탄력성이 뛰어나고 신축성을 보유하고 있는 것은 없기 때문이다. 그 구닥다리 리프크네히트[31]는 말하지 않았는가? "필요에 따라서는 24시간 이내라 해도 당의 강령을 변경할 수 있다"고 한다면 공산주의자의 전향을 논함에 있어서 가장 조심해야 하는 점은 그 겉모습에 현혹되지 않는 것으로, 그들의 소위 적응 전술에 놀아나서는 안 된다는 것이다. 공산주의자의 전향을 인식하기 위한 필요조건으로서는 우선 공산주의 이데올로기 파악 과정에 대한 인심(人心)의 고찰이 중요하다.

---

31 독일 사회민주당(사민당)의 혁명적 좌파 카를 리프크네히트(1872-1919)를 말한다.

공산주의 사상의 체계는 하나의 사회과학 체계이다. 즉, 철학, 경제학, 역사학, 정치학 등 다양한 형이상학적 분야의 과학이 서로 엮여 하나의 종합체계를 이루는 것이다. 특히 마르크스주의는 영국의 경제학과 프랑스의 유물론과 독일의 헤겔철학 등에 대한 검토와 비판을 통해 종합적으로 이루어진 것으로, 근일 인류가 갖는 최신 첨단의 사회과학체계인 것이다. 그러므로 금일의 공산주의자 중에서도 인텔리층에 속한 자의 공산주의 파악 과정은 매우 과학적인 태도에서 출발하고 있다. 그들은 우선 공산주의 사상을 과학으로서 연구하고, 과학적 진리로서 파악한다. 이 사상의 과학적 체계를 숨기고 있다는 점은 진리 추구의 열정에 불타는 젊은 학도들을 전면적으로 사로잡는 최대의 매력인 것이다. 그러므로 한번 이 사상체계에 대하여 과학적 파악을 시도한 자는 그 비판적 노력이 관념의 영역에 멈추게 되는 한, 그 사상적 청산 극복은 대개 극히 어려운 일이다. 그러므로 그 계층에 속하는 자는 우연히 전향을 표명해도 단지 '활동 중지'에 그치고, 그 이상의 적극적 태도는 기대할 수 없다. 그 대표적 사례는 내지에서 이론적 연구의 전향 표명 내용에서 많이 발견되는 바이다.

그러나 실천적인 체험을 풍부히 갖고 진실로 구체적인 사회개혁의 노력을 계속해 온 자 중에 참된 의미의 사상적 전환이 가능한 이유는 그들의 추상적 진리를 어떤 구체적 조건과 구체물 위에서 전면적 실천을 시도함으로써 진리의 구체적 평가의 표준을 얻었기 때문이다. 대개 모든 진리의 표준은 실천이다. 실천과 이론이 일치하지 않을 때는 그것은 진리가 아니다.

이런 형태의 전향자에는 내지에서 사노 마나부(佐野學)를 중심으로 한 일파가 있고, 조선에 대동민우회가 있다. 그들은 공산주의 운동의 활동 중지 표명을 관헌의 취체와 추궁을 면할 방편으로 삼는 비겁한 태도에서 나온 소위 '전향'이 아니라, 어디까지나 진리 추구의 태도와 사회개혁의 정념에 불타 과거의 공산주의적 실천 경험에 비추어 그 오류와 결함에서 벗어나 구체적 국정(國情)에 적응한 바의 새로운 목표를 발견하여 이론적 실천적 발전, 비약을 시도한 것이다. 이러한 형태의 '전향'이야말로 참된 의미의 사상적 방향 전환을 이루었다고 해야 한다. 즉 공산주의적 사회개혁사상에서 국가주의적 사회개혁사상으로 하나의 사상에서 다른 사상으로 비약한 것이다. "특히 조선인으로서는 계급성과 민족 감정의 이중 청산의 어려움을 안고 있으므로 저 내지에서 취업한 시민으로 사회에 복귀함으로써 전향 완성을 이루는 쪽과는 저절로 선택을 달리 하지 않으면 안 된다." 이하 조선에서의 공산주의 및 민족주의자의 '전향상태'를 분해하고 전향의 한계를 천명하는 데 이바지하겠다.

B. 전향자의 유형

이에 통칭 사상전향자를 크게 구별하여 다음과 같은 유형으로 나누어 보겠다.

1. 잠행 운동자

당국의 엄중한 단속과 좌익진영의 궤멸로 인해 종래와 같은 표현전법(表現戰法)으로는 도저히 그 유지와 발전을 기도할 수 없으므로 표면에는 좌익운동을 일단 청산한 것처럼 꾸미고, 교묘하게 위장한 잠행전법(潛行戰法)으로, 혹은 개인적 연락이나 대중에 선전 조직을 행하면서 전위(前衛)의 결속과 당의 경정(更正)을 위해 획책 활동하는 자이다. 외견은 소극형의 전향자와 일상 행동에서 다름 없이 일반시민으로서의 생활 형태 아래 보호색을 구한다. 그들은 단지 정세가 유리해지는 때와 활동 시기 도래를 기다리고 있는 자이지 애당초 전향자가 아니다. 우연히 관헌에게 전향을 맹세해도 이를 절대로 비밀로 하기를 일삼는다. 오히려 관헌의 호의와 편의를 연락 레포를 위해 역이용하는 자조차 있음이 보인다. 이러한 종류의 사람은 명목은 전향자라도 오히려 잠행 운동자로 보는 쪽이 맞는 것이다.

2. 중간파적 기회주의형

이런 형태의 전향자는 전항(前項)과 다음에 설명하는 제3의 유형의 중간에 위치하는 자로서, 실천적 활동은 의식적으로 경원(敬遠), 회피하는 태도를 취하면서 사상으로는 계속 공산주의적인 이데올로기 분위기 가운데 호흡하면서 제약을 피할 정도로 사상적으로 자유로운 영역에 머물러 있는 자로, 기회가 있을 때마다 필설을 통하여 그 이데올로기의 발산을 시도하고, 은연중에 공산주의 운동의 정신적 동정자(同情者, 심퍼사이저)의 지위를 고수하는 유형이다. 그들은 이렇게 함으로써 일반 민중의 명망과 신뢰를 유지하고 또 관헌의 회유 가치를 높이고자 하는 자로 그 사회에 끼치는 해독이 적지 않은 것은 물론이다.

이러한 자는 형세가 유리하게 바뀌게 되면 과감히 실천운동의 궤도로 옮겨타야 한다는 생각을 갖고 있는 자로, 이런 유형의 일상생활은 극히 평온하고 지식층의 문필가가 이에 속한다. 이런 부류에서 참된 전향자를 찾기 어려운 것은 물론이다.

3. 시민형

이런 유형의 전향자는 대개 지식층에 속하지 않는 실천가 중에 많고, 조선 특유의 형태라고도 할 수 있으며, 민족주의에서 공산주의로 전입하여 활동하고 있던 자, 또는 깊은 이론의 근거를 파악하지 않고, 함부로 민중운동에 광분한 자 등이 최근 정세가 불리하고 자신의 정력 쇠퇴, 가정과 관련된 생활난 등 사방의 환경에 몰려 별다른 이론적 비판 과정도 경험하지 않고 단지 평범한 일 시민으로 돌아가 개인생활을 위해 영위하며 여생을 도모하는 유형이다. 그렇다고 하여 공산주의 사상을 대신할 어떤 신 목표로 향하여 나아가려는 의지나 기개도 갖고 있지 않다. 전향자라고 하기보다는 오히려 자연 탈락자이다. 이들은 관헌이 잘 지도하고 이끌어 도와줌으로써 점차 생활의 안정을 얻게 되면, 장래에도 그다지 위험은 품지 않을 자이다. 이들은 중년 이상의 자들 중에 많다. 단, 젊은 층으로 이런 유형에 속하는 자는 그 장래를 보증하기 어렵다. 왜냐하면 자기의식에 의해 비판력이 약하여 교사(敎唆)당하고 선동되기 쉽기 때문이다. 또한 종교에 귀의하여 새롭게 정신생활에 들어간 자, 또는 여성으로서 결혼하여 가정생활에 안주한 자 등은 대체로 이런 유형의 전향으로 봐도 지장이 없다.

4. 위장 시민형

외견상 앞서 언급한 세 가지 유형과 유사하지만, 실질적으로는 전혀 다른 경우가 있다. 즉, 중간파가 활동적이었다면, 위장 시민형은 상대적으로 소극적으로 활동하는 경향이 있다.

(1) 관헌에 대해서는 굳게 전향을 약속하여 그 보호 구제를 받고, 일상생활에서도 일단 성실한 모습을 보여 주지만, 종래의 이데올로기가 완전히 청산되지 않고 새로운 이상 목표를 파악할 수 없기 때문에 정신적으로 고뇌하고, 마침내 본래의 의욕에 제어되어 암암리에 대기하는 자세를 지속하여 대중의 우익화 방지에 힘쓰고, 대중에 대해서는 여전히 공산주의자로서의 영향력을 유지하면서, 정세가 불리하여 활동 중지라는 여유를 이용하여 후일을 준비하기 위해, 가정생활의 안정과 후환을 줄이고자 힘쓰는 자이다.

(2) 심경(心境)은 이미 주의를 청산하고, 오히려 전기(前記)한 시민형에 가깝지만, 행동에서 전향을 표명할 용기가 없어 변함없이 그 입장을 지속하는 자이다. 바꾸어 말하면, 주의자로서 시민으로 위장한 자, 시민으로서 주의자로 위장한 자 등이라고 하겠다. 대개 전향 표명을 기

피하고 이미 획득한 대중적 기반에서 늘 무언(無言)의 명령과 지도 영향을 끼치고 있는 자이다. 그 인심의 귀추를 잘못 판단하는 것은 물론이며, 일단 변화한 상황에 부딪히면 그들의 향배(向背)를 알 수 있을 뿐이다. 이들 유형은 대개 지방운동자에게 보이는 바로써, 종래 관헌의 지도 보호는 오히려 그들에게 이익이 되는 것이다. 이해심 있는 지도 보호는 그 심경을 호전시키겠지만, 일단 생활이 안정하면 오히려 사상이 굳어져 쉽게 바뀌기 어려운 경우가 많다.

5. 청산파적 합법주의형

이 유형은 다분히 사상적으로 동요를 초래하여 다소 적극성을 띤 자, 즉 과거에 비합법성을 완전하게 청산하고 현재의 정세에 적응한 합법 영역의 활동에 만족하려는 자이다. 이 유형에도 두 종류가 있다. 그 사상적 정치적 근저를 여전히 공산주의에 두면서 한때의 전술적으로 합법성을 유지하고자 하는 자와 합법사회주의, 즉 사회민주주의로 이행하려는 자가 있다.

전자는 물론 설명할 필요도 없지만, 후자라고 해도 인민전선인 것 같다는 설이 있다. 금일에는 그 내용이 점차 혁명적으로 험악화하고 있다는 점은 최근 스페인, 프랑스 등에서 사회당이 현저히 나타나고 있는 데에서 헤아려볼 수 있을 것이다. 조선에서는 민족주의자 분야에도 같은 현상이 보이고 있다. 즉 표면적으로 자치를 주장해도 독립에 대한 과정적 단계로써 자치를 주장하는 자가 있고, 국민적 자치(내선 양 민족 합동)를 주장하는 자가 있다. 양자 모두 사회민주주의의 경우에서와 마찬가지로 앞으로의 귀추가 예상된다. 즉, 일단 변국면이 도래하면 이 양자의 향배는 스페인과 프랑스에서 나타나는 금일의 사회당의 그것과 유사할 것이라는 것은 상상하기 어렵지 않다.

6. 신사회 개혁 체계로서 적극형

위에 적은 극의론(極意論)[32]에서 서술한 바와 같이 공산주의 사상은 하나의 사회과학체계임과 동시에 생존 약동하고 있는 자본주의 사회에 대한 전면적 개혁투쟁의 학문이다. 따라서 공산주의를 외치고 또한 이를 주장하는 곳에는 일단 그럴듯한 주장이 있다. 그러나 일반적 공산주의 사상이라는 것은 하나의 추상적인 사상체계이며, 구체적 사회, 예를 들면 일본

---

32 사물의 본질. 핵심

의 자본주의에 대한 개혁사상으로 주장한 것 같은 구체성을 결여하고 있다는 점은 대체로 감출 수 없는 결함이다. 자본주의 발달의 양상은 '세계를 자신의 영상(影像)을 본따서 만들었다'고는 해도 상세하게 검토해 보면, 각국 자본주의에는 각각 그 나라의 실정과 국민적 특징에 의해 혹은 독특한 발굴 경로와 양상을 갖추고 있는 것이다. 이는 즉 구체물이 갖는 구체성인 것이다. 그런데 공산주의라는 일반적 사상개념은 일반 자본주의의 추상개념을 토대로 구축된 체계이고, 일반 자본주의에 대한 비판으로서는 보통 타당성은 있다고 해도 구체적 적용 단계에 도달하면 금방 구체사회의 현실과 공산주의의 추상개념과의 사이에 중대한 어긋남이 초래되는 것이다. 그러므로 각국 공산주의 운동의 지도자는 이 결함을 해결하고자 여러 가지 노력을 한 바가 있지만, 특히 일본이나 조선과 같이 유럽과 실정이 다른 나라의 지도에 임하여 코민테른은 완전히 실패의 고배를 맛보지 않을 수 없는 것이다.

일국의 공산주의 운동이 단순한 사상 선전 시기에 처하여 구체적인 정치행동의 영역까지 도달하지 않은 동안은 항상 순조롭게 성장한다. 하지만 일단 구체적 행동의 전개 단계에 도달하면 대단한 곤란에 부딪힌다. 그 원인은 대개 그 나라의 사회실정을 너무나도 무시해서, 추상적 공식을 무조건으로 적용하려는 과오 때문이다. 즉 현실조건은 공산주의의 개념이 그 사회가 필요로 하는 부분에만 흡수된다는 점을 생각하지 못하고, 단지 일률적으로 공산주의 개념에 현실을 끼워맞추려고 했던 것이다. 그래서 공산주의 운동의 실천에 종사하다 심각하게 그 결함을 체험한 자로서는 그것에 만족하지 않고 공산주의를 비판하면서 오류를 청산, 극복하여 새롭게 개혁 체계를 발견하고자 하는 데에서 이 유형이 생겨난 것이다.

이들 유형은 자본주의의 결함도, 공산주의의 장점도, 단점도 잘 이해하여 그 국가의 실정이 필요로 하고 그 사회의 체질에 가장 잘 맞는 부분만을 취하고자 시도함으로써, 하나의 새로운 구체적 체계를 구성한다. 예를 들면, 사노 마나부의 최초의 전향성명의 요지 또는 대동민우회의 선언강령의 경우 내용에서는 완전히 별개의 것이지만, 그 본질에서 일본이라는 사회를 개혁하려는 방략이므로 사상이라는 것은 궤를 같이 한다. 그러나 그것은 일본이라는 구체사회에만 적용하려는 것으로, 일본사회 실정과 국민의 전통 그 외 일본의 특수성에 입각한 사회개혁안인 점에서 나머지 모든 전향형과는 그 범주를 달리 하고 있는 것이다.

대동민우회의 주장에 따르면 "'금일의 일본'은 '내일의 일본' 건설에 의해 구원받고 동양적 왕도주의를 기조로 하는 대국가의 실현은 모든 민족적, 계급적인 여러 모순 알력을 극복하는 것으로, 일본은 제국주의 국가가 아니게 되며, 조선은 피정복 민족이 아니게 되는, 이 공동의 목표에 의해 내선(內鮮) 양 민족은 비로소 도의적으로 서로 신뢰하며 국가의 각 부분은 왕도정신의 한단계 높은 발양에 의해서 포섭되는 것이다. 이 대국가주의 사상이야말로 모든 개혁사상을 대신할 수 있는 유일한 신 체계라고 하는 것이다."

이 사상체계는 공산주의와 민족자결주의를 함께 청산하는 것을 조건으로 한다. 즉 그 선언 약법(約法)에서 명시한 것처럼 대국가주의는 일면 대민족주의이며, 대문화주의이다. 환언하면, 근상일가(槿桑一家)의 이상은 내선(內鮮) 양 민족이 혼연일체가 되어 마침내 대민족을 결성하고, 대문화를 창조 발양하여 세계인류의 복지를 위해 공헌한다는 것이 궁극의 목적인 것이다. " '내일의 일본'의 영광과 일본 국민의 발전과 아시아 제민족의 행복은 일본을 중심으로 하는 모든 개혁사상의 근저가 되고 기조가 되지 않으면 안 되는 것이다." 이러한 공산주의 사상을 대신할 새로운 사상, 즉 대국가주의 이상을 품고, 공산주의 운동에 바쳐온 것과 같은 열정과 희생적 정신으로 국가의 번영과 동포 민족의 행복을 염원하는 태도야말로 시대의 요구와 국민의 기대에 부응하는 전향이라고 하지 않으면 안 된다.

C. 결어

이상 살펴본 바에 의해 어느 정도의 것을 전향이라고 인정할 수 있는지는 문제이지만, 그 중 적극형, 즉 대동민우회 유형과 같은 전향은 공산주의에 대한 이론적 실천적 비판과 자기반성의 과정을 경험한 새로운 목표의 건립이며 과학적 사상의 전환과정으로서 가장 정상적인 경로이다. 특히 조선의 사회운동의 역사적 귀결은 자연히 여기에서 진로를 구하지 않으면 안 되는 것이 필연적인 것이다. 또한 대동민우회가 아니어도 전향을 사회에 표현하여 적극적으로 다음 행동을 하는 소위 전향행동파는 대개 이런 유형에 속한다. 따라서 이 유형의 전향자는 새로운 사상 방향 즉 새로운 인생관, 민족관, 사회관, 국가관 또는 세계관에서 살고자 하는 자이기 때문에 자연히 구래의 기성 좌익세력에 대항, 투쟁하고, 이를 극복하는 것으로 비로소 자신을 주장하고, 자신의 성장 발달을 거둘 수 있는 것이다. 그렇기 때문에 그 전향의 발걸음은 대담 명료하고 더욱 의심할 여지 없이 일보 나아가 공산주의 그 외 모든 반국가적 사상계열을 배격하여 종래 좌익의 영향 아래에 있는 대중을 정상적 길로 되돌린다는 적극적인 효과마저 기대되는 이유이다. 이러한 염원과 순정에 입각하여 분기해야만 바른길을 걸어 후회하지 않을 밑바닥으로부터의 용기도 나오는 것이다.

음험한 위장을 한 채 기회를 엿보는 위장 전향자나 전향을 팔아 생활을 돌보려는 룸펜적 탈락자, 그 외 명성을 팔아 좌익을 치켜들어 민중을 현혹하는 것을 상습적으로 하는 무리의 발호는 오히려 성실한 전향자에게 화를 미치고, 나아가 국민의 선량한 부분에 해독을 끼치는 것은 비전향자보다 더하면 더했지 모자라지 않다.

단, 이들의 존재는 주관적 원인 즉 종래의 사상이 완전히 청산되지 않고 도의심을 만족시킬 새로운 목표, 이상을 파악하지 못해서임은 물론이지만, 또한 객관적 정세가 전향에 불리하다는 것도 원인의 일부일 것이다. 세상에서 말하는 출옥(出獄) 명사로서 한때는 신문도 크게 보도하고 민중은 마치 개선장군처럼 환영하고 향당(鄕黨)은 이를 지사(志士)로 존경했다. 최근 관헌의 단속이 엄중해져 이 경향은 점차 감퇴했다고는 해도, 그들은 은연중에 그 기반을 보유하고 득의(得意)를 유지하고자 애쓰고 있다. 만약 이 태도와 상태를 고치지 않고 이에 관헌이 보호해 준다면 그들은 무엇이 괴로워 전향을 표명하겠는가? 보호에 따르는 약간의 간섭이 있다고 해도 그것은 오히려 일면의 동정을 불러올 뿐이니 전향의 비애를 한탄하는 것과 둘 중에 어느 쪽이 나을지 생각하게 만든다.

그저 두렵다. 사상보호관찰법의 실시가 만약 한걸음 운용을 잘못하여 위와 같은 폐해를 낳게 되는 일이 없기를. 이상

〈자료 108〉 신국민의식을 고취 - 시중회(時中會)와 대동민우회(大東民友會)의 성명 -

[『新國民意識을 鼓吹-時中會와 大東民友會의 聲明-』,『在滿朝鮮人通信』34·35호, 흥아협회 1937.9.1. 24~27쪽]

조선 내 신국민 운동의 본영인 시중회와 대동민우회에서는 다음과 같이 시국에 관한 성명서를 발표하였다.

시중회(時中會)성명서

북지(北支)의 풍운은 험상(險狀)을 노정하고 비상시국은 드디어 안전(眼前)의 사실이 되

었다. 융통성이 없고 고집이 세어 사리에 어둡고 도리에 벗어나[완명폭려(頑冥暴戾)] 대국(大局)을 성찰치 못하는 지나는 이제 전 동양의 영원 평화와 대동복리(大同福利)의 반역자로 황군의 응징을 받게 되었다. 제국의 출사(出師)³³가 자리적(自利的) 또 호전적 동기에서 나온 것이 아니라 오로지 동양 전체를 파멸(破滅)로 이끄는 지나 군벌(支那軍閥)을 배제하며 또는 4억 대중을 잔학(殘虐)과 기만(欺瞞)의 오랜 질곡(桎梏)으로부터 해방함으로써 동양인의 동양 실현을 기도(期圖)함임은 우리 당국자의 누차 성명(聲明)이 명백하여 일성(日星)과 같으니 의기(義旗)-한번 동(動)하매 안으로 거국일치(擧國一致)로 급히 달려나가고 밖으로 세계의 인식이 나날이 개신(改新)을 더하여 옴은 결코 우연한 일이 아니다. 우리들은 일본제국의 신민으로 곤란에 분충(奮忠)함을 진실로 그 분의(分義)³⁴로 하는 바이거니와 황국의 굉원(宏遠)³⁵ 함이 굉우(紘宇)³⁶를 포복(包覆)³⁷하는 바에 사변의 전도는 예측을 허하지 아니하는 바 있으니 일민일사(一民一事)의 혹시 긴장(緊張)을 결여함도 대국에 영향함이 없지 않을 것을 생각하면 우리들은 모름지기 아침저녁(日夕) 척려(惕勵)³⁸하야 국민된 조수(操守)³⁹에 어그러짐이 없는 동시에 수시응분(隨時應分)⁴⁰으로 진심갈력(盡心竭力)⁴¹하야 이 천추(千秋)의 의전(義戰)과 일대의 성직(聖職)에 가장 유력 유효한 협동자 되기를 기할 것이다. 보라 생각하라! 이 비상시국의 너머에 제국의 명백(明白)이 있으며 동양의 명백이 있으며, 또 조선의 명백이 있다. 분발하자! 거룩한 책무의 위에 빛나는 희망을! 온전히 하자!

1937년 8월 1일

시중회

---

33 군대를 싸움터로 내보내는 일.
34 분수에 알맞게 지켜 나가는 도리.
35 넓고도 심오함. 헤아릴 수 없이 규모가 크고 원대함.
36 팔굉일우(八紘一宇)의 줄임말. 팔굉은 사방(四方)과 사우(四隅)를, 우(宇)는 집을 말한다. 즉, 세계를 '천황'의 통치 아래 하나의 집으로 만든다는 것으로 일본의 침략전쟁의 모토였다.
37 덮음. 감춤. 에워쌈.
38 근심하여 힘씀.
39 지조나 정조 따위를 굳건히 지킴.
40 수시로 어떠한 분수나 정도에 맞도록
41 마음과 힘을 있는 대로 다함.

대동민우회(大東民友會) 성명서

지난 7월 7일 지나군대의 불법행위에 의하여 야기된 북지사변(北支事變)은 허다한 배일행위(排日行爲) 중에서도 종류가 다른 모일적(侮日的) 배일행위라 하겠으니 그 후의 지나 측의 불신과 나날이 심해지는 전면적 배전태도는 이 점을 더욱 명백히 밝히고 남음이 있다. 금일 일본이 북지(北支)에서 유지하고 있는 특수지위(特殊地位)는 반세기에 가까운 세월을 통하야 여러 차례의 사변을 경험하고 수억의 물자와 수십만의 생령(生靈)을 희생하여 책성(策成)한 바 권익으로서 결코 하루아침에 성립된 수월한 것은 아니다. 그런데 지나(支那)는 걸핏하면 이 혈과 명예의 결정으로 된 북지의 모든 협정을 침범 유린하며 항일 모일(侮日)을 일삼음으로써 동양의 평화를 교란하야 돌보지 않는 광포(狂暴)를 감행하니 어찌 일본 정부와 일본 국민의 견디어 묵과(默過)할 바이랴. 이제야 제국은 상하(上下) 일심 최후적 중대 결의로써 사변의 해결에 당해야 할 시기는 도래하였으니 이는 금일의 객관적이고 주관적인 모든 조건이 그렇게 하도록 한 바로서 날이면 날마다 위기를 증대하고 있는 세계 정국의 불안과 긴박한 동아의 정세가 일본이 이번 사변을 계기 삼아 대지(對支) 국책의 전면적이고 근본적인 관철을 결의케 한 것에 불외(不外)[42]한 것이다. 근년 일본의 국가적 흥륭 발전은 종래의 국제 세력 균형상 중대 변화를 초래하였으니 장구한 세계 각국의 두상에 군림하고 있는 바 백인의 개인주의적 자본주의적 문명은 과반의 구주대전(歐洲大戰)에 의하야 그 근본적 결함과 파탄을 폭로하였으며 최근 만주국의 발흥과 일본의 제국연맹의 탈퇴에 의하야 동아에서의 구미인(歐米人)의 제국주의적 침략 체계는 드디어 그 근본적 파경을 보기에 이르렀다. 이리하여 일본이 일러(日露)전쟁 이래 동아 제민족에 규호(叫呼)[43]하는 바 동아인의 동아의 이상은 착착 그 실현의 발걸음을 내어놓고 있다. 즉 오늘날의 일본은 건국 3천 년 이래의 전통에 고감(顧鑑)하야 동아 문명의 진수를 지어 잇고 동아 각 민족생활의 정신적 근간을 이루어 가지고 있는 바 황도정신을 환기하야 신일본 건설의 기운은 팽배하야 전국에 창일(漲溢)하고 내정 상에도 약진적인 개혁과 확충을 보게 되었으며 일면 내선만(內鮮滿) 일체의 경륜(經綸)은

---

42 어떤 범위나 한계에서 벗어나지 아니함.
43 크게 외치다. 부르짖다.

급속도로 구현되어 여기에 동아 제민족의 공동제휴와 공존공영의 기초는 확립하기에 이르렀다. 이제 일본이 동아의 안정세력으로서 평화 확보의 임무를 수행하기 위해서는 먼저 간단없이 동아를 위협하는 외적을 방어함과 함께 팽창하는 인구와 각각으로 충일(充溢)[44]하는 국력 발전의 신천지를 개척하여 경제 자원의 획득과 생산력의 확충에 의하야 내선만(內鮮滿)을 일체로 한 민중 생활의 향상, 충실을 기도치 않으면 아니 될 것이다.

이는 실로 일본대륙정책의 정신적 국방적 정치적 경제적 근거의 정당성이니 팔굉일우(八紘一宇) 동아를 일가(一家)로 한 공동의 안녕복리(安寧福利)를 염원하는 바인즉 지나로서 만약 참으로 사백여주(四百餘州)[45]의 화평통일을 기도하며 외국으로부터 받는 모멸(外侮)을 막아 국민운동의 완성을 바랄진대 흔연히 일본과 제휴하여 그 공동한 사명에 매진할지며 이로써 신주광복(神州光復) 동아인의 동아를 실현하는 각오가 있어야만 한다.

그런데도 지나는 아직도 구미의존의 전통적 미몽에서 깨지 못하고 소위 이이제이(以夷制夷)[46]적 수단에 의하여 동아 자신의 문제에 즐겨 구미 열강의 간섭을 유치함으로써 일관하여 끝끝내 지나는 구미의 반식민지적 지위에서 해탈하지 못하고 지나 민중은 구미 자본의 염포(厭飽)[47]할 줄을 모르는 강렬한 착취에 내어 맡겨졌으며 지나 민중의 자유와 행복은 백인에 의하여 완전히 유린되어 있다. 오늘날 일본이 응징하고자 하는 것은 저들이 완명(頑冥)[48] 불의(不義)의 항일 도배(徒輩)로써 이러한 무자각한 지도배(指導輩)의 응징에 따라 지나 4억의 양민이 구출되기를 바라마지 않는 바이다. 이번 사변을 통하여 볼지라도 지나 정부는 구미의 간섭을 유치하고자 백방 노력하고 있다. 그러나 일본은 문제가 동아에 관하는 한 단호히 구미인의 용훼(容喙)를 불허할 것은 물론 구미라 한들 동아의 실정에 맹목이 아닌 한 지나 정부의 농간에 빠져 소위 간섭적인 경솔을 감행하는 사태가 유치된다고 할지라도 동아에서 일본의 지위 및 동아의 실상에 하등 불리한 변화가 일어남과 같은 일은 단정코 있을

---

44 가득 차서 넘침.
45 중국 전토(全土)를 일컫는 말.
46 오랑캐를 이용하여 다른 오랑캐를 제어한다는 뜻으로, 적을 이용하여 다른 적을 통제하고 부림을 비유적으로 표현한 말.
47 배가 불러서 질리다.
48 완고하고 사리에 어두움.

수 없을 것을 확신하는 바이다.

황군은 이미 출동하였다. 이것을 계기로 일본은 지나의 각성을 촉진치 않으면 안 된다. 만성화한 지나 정권자의 항일태도는 심상다반(尋常茶飯)[49]의 소극적 방법으로는 도저히 근절을 기하기 어려운 바 있으니 동아 장래의 안정과 평화를 위하여 선량한 지나 민중의 장래의 행복을 위하여 철저히 이를 응징함은 동아의 안정세력으로서, 동양 평화의 확보자로서, 동아의 지도자로서, 일본의 당연한 임무이며 사명이 아니면 안 된다.

이번 사변에 대한 적극적 전면적 해결 과정은 동시에 일본의 동아 대륙정책 완성의 과정이며 동아 민족의 연계와 친선을 한층 강화하는 과정이다. 조선은 바야흐로 완전하게 일본 제국의 동아 안정세력의 핵심을 구성하고 있으며 동양 평화의 확보자로서, 동아의 지도자로서, 일익적(一翼的) 임무를 분담해 가지고 있음으로써 오인(吾人)은 이 기회에 지나의 철저한 응징과 사변의 적극적 전면적 해결을 주장하여 마지않는 바이다. 이 계기는 곧 조선 민중이 동아의 우수민족으로서 그 사명과 임무를 수행할 시기이며 의기와 기개(氣慨)를 나타낼 때이다. 조선 민중의 이해휴척(利害休戚)[50]과 흥망성쇠는 실로 일본 전체의 그것에 엄밀하게 되어 있나니 어찌 편안히 대안화시(對岸火視)[51]할 것이냐. 비록 조선 민중에게는 담총(擔銃)[52]의 의무는 아직 없다 할지라도 후방(銃後)에 있는 국민으로서의 의무는 평등하게 가지고 있다. 이제! 우리는 국가적 전체의식에 의거하여 국민적 감분(感奮)[53]과 동포적 순정을 비등(沸騰)시키지 않으면 아니된다. 그리고 사변 극복의 결과가 일본에 승리를 가져오도록 때에 순응하고 분에 응한 국민적 지원과 동포적 협력을 바치지 않으면 아니된다. 이러한 각오와 의무의 수행은 곧 조선 민중의 향상과 행복을 의미하는 것이니 오인이 이에 조선 민중의 국민적 지원과 동포적 협력을 부르짖는 까닭은 내선인 이해휴척의 필연적 공통성을 인식함과 동시에 대국의 견지에서 공동의 사명을 자각한 데 의거하여 당연히 요구되는 바 국민적 순종의 발로에 있는 것이니 이리해서야만 비로소 국민적 의기와 희생적 정신을 앙양시킬 수

---

49 '평소 먹고 마시는 음식'을 가리켜서 당연하고 일상적인 것을 의미함.
50 이익과 손해, 행복과 불행
51 강 건너 불구경이라는 의미.
52 어깨에 총을 메다라는 의미.
53 감격하여 분발함.

있기 때문이다.

△ 우리의 구호
천주로써 지나의 각성을 촉구하라!
사변 와중의 동포를 보호하라!
거국일치 동포적 협력을 받들라!
항일은 지나를 망하고 동아를 해독한다!
일본은 동아의 지도자요 침략자가 아니다!
지나를 응징하라 그리고 동아를 백인의 침략에서 보호하라!

△총후의 의무
유언비어를 격퇴하라!
외첩(外諜)을 방지 박멸하라!
입영 장병과 그 가족을 위문하라!
우리의 향토를 보호하라!
공중을 보호하라!

1937년 7월 30일
대동민우회

4. 이순탁의 사상전향록과 이재유의 감상록

〈자료 109〉 이순탁 사상전향록

[李順鐸 思想轉向錄,[54] 1939.6.2, 『연희전문학교 경제연구회 사건』, 경성지방법원 검사국 문서 형사사건기록, 국사편찬위원회 전자사료관 제공]

(72) 피고 이순탁은 과거 십수 년 이래 증오할 만한 민족 공산주의자로서 혹은 반국가적 사상을 품고, 혹은 비국민적 태도를 표시하여 왔습니다. 그리고 피고가 1923년(大正 12) 봄 연희전문학교에서 교편을 잡게 되어서는 오로지 이 나쁜 사상에 기초하여 생도 지도의 원리를 세워 이에 의해(83) 그들을 지도하고 때로는 일반 조선 민중에 대해서도, 신문 잡지 강연 등을 통하여 직접·간접으로 그들을 지도해 왔습니다.

이와 같이 피고가 우선 민족주의자가 되기에 이른 동기는 멀리 한일병합 당시로 거슬러 올라갑니다만, 당시 피고는 나이가 겨우 13세의 유소년기였음에도 불구하고 한국(韓國)(94) 말기의 비분강개한 무리의 애국적 선동적 교육을 받았습니다. 이것이 많은 원인이 되어 배일적 사상이 피고의 감정을 상당히 강하게 지배했습니다. 그런데 곧이어 발표된 한일병합의 대정신은 내선(內鮮) 양 민족의 일시동인(一視同仁)과 동양 평화의 확고에 있다고 하므로 이에 피고는 조선인의 장래에 대해 기대(105)하였으며 그 후 공립학교 교육을 받고 관청에 봉직하게 되면서부터 의식적으로도, 무의식적으로도 충량한 대일본제국의 신민이 되었다고 생각했습니다.

그런데 병합 후 조선총독부의 조선인에 대한 시정(施政)을 보니, 걸핏하면 정치적 경제적 사회적 또는 교육적 모든 방면에서 일시동인의 위대한 (116) 정신에 배치되는 차별적인 것이 나타나는 점이 많다고 생각되어 유소년기의 피고는 부지불식간에 과거의 감정으로 되돌

---

54 「사상전향록」(이순탁),국사편찬위원회 전자사료관 제공의 『연희전문학교 경제연구회사건』 형사사건기록 편철 원문 페이지가 뒤죽박죽이어서, 올바른 페이지 순서를 밝히기 위해 괄호 안에 국사편찬위원회 전자도서관 원문 페이지를 적어 연구자 및 독자의 편의를 도모했다.

아가서 일본의 조선통치에 대해 불평불만을 품게 된 것입니다. 이에는 물론 조선인으로서의 편견도 상당히 작용하여 불평한 무리의 선동적 언설에 다분히 기울어졌고 또한 어린 피고의 무지함에 의거한 바도 많았을 것이라고 생각합니다만,(2) 아무튼 저의 감정은 평온하지 않았습니다. 이와 같은 감정의 소유자였던 피고는 1915년(大正 4) 19세 때 어떤 친구의 호의로 도쿄에 적(籍)을 두게 되었는데, 당시 도쿄에는 조선인 유학생 대부분이 민족주의적 경향으로, 도쿄는 마치 조선의 민족적 영웅 양성소와 같은 모습이어서 피고의 사상은 (13) 어느새 민족주의적으로 고양되었습니다.

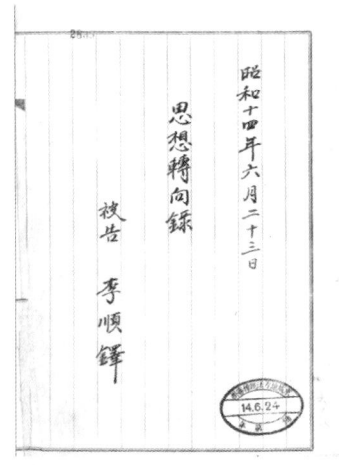

<그림 13> 이순탁, 사상전향록 표지, 국사편찬위원회 전자사료관 소장본

다음으로 피고가 공산주의자가 된 동기가 무엇인지 말씀드리면, 유럽대전 후 사회주의, 공산주의, 무정부주의 등 각종 반국가적 사상은 둑이 무너진 것처럼 국내로 유입되어 당시의 사상계는 실로 전에 없던 혼란기를 맞이하였는데, 그중 '마르크시즘' 학설은 가장 (24) 교묘하게 선전되어 소위 신사조로서 상하 각층의 계급 사이에 급속히 파고들어 마침내 합법적, 비합법인 실천정치운동으로까지 진전하게 된 것입니다. 피고도 1919년(大正 8) 교토제국대학 경제학부에 적을 둔 이래 점차 마르크시즘에 공명하게 되어 왕성히 이 방면의 출판물을 섭렵하고 특히 가와카미 하지메(河上肇)의 저서(32) 및[55] 논문을 탐독했습니다. 그리고 지금 회고하면 사상적으로는 매우 미숙하지만 어느 틈에 피고는 민족주의자에서 공산주의자로 변한 것입니다. 원래 피고는 시골의 자작 농가에서 태어나 7세 때 부친과 사별했습니다. 얼마 후 가세가 기울어 일개 소작농으로 전락하여 모친이 고심하던 살림살이를 일일이 보고 들으면서, 자신도 고생하며 성장해 왔습니다. 이렇게 자신이 어릴 때부터 빈곤의 고통을 겪은 것, 또한 당시 시골에서 극심한 빈부격차의 실상을 견문한 것은 사회의 불공평한 모습을 저주하는 현대 청년의 잠재의식을 피고에게도 갖도록 했습니다. 첫째, 당시의 사회 사조에 감염되고, 둘째, 현대자본주의 경제조직의 진상을 발견한, 즉 위에서 가장 궤변적으로 설

---

55 원문 32쪽부터 72쪽까지 순번 방향으로 내용이 연결되므로 페이지 표시는 생략.

명을 한 마르크시즘 학설을 습득하면서 사회의 빈부 원인, 빈부 양 계급 형성과 그 투쟁에 의한 빈자(貧者) 계급의 승리 등을 거의 맹목적으로 믿고 사회의 정의관을 마르크시즘으로 세운 것입니다.

이와 같이 저는 민족주의자가 되고, 이어 공산주의자가 되었습니다만. 1922년(大正 11) 봄 피고가 졸업 후 조선으로 돌아와서도 마르크시즘의 연구는 여전히 계속하였습니다. 특히 1923년(大正 12) 봄 연희전문학교에 봉직하게 되면서부터는 이에 의거하여 생도를 지도하고 때로는 또 일반 조선 민중도 지도해 온 것은 전에 말씀드린 대로입니다. 그러나 당시는 조선에도 공산주의 및 무정부주의 등의 실천 정치운동이 왕성했음에도 불구하고 피고는 실천운동으로 까지는 참가할 용기도 없고, 사정도 허락하지 않고, 또 조선에서의 공산혁명운동에 대한 견해도 당시 제3인터내셔널의 세계혁명정책과는 서로 용납되지 않아서 실천 정치운동으로서는 단지 당시 비교적 온건시된 민족주의단체인 민우회, 신간회 등의 회원이 된 것에 불과합니다.

이에 용기가 없다고 말하는 것은 피고의 성격이 불법적 과격적인 정치운동에는 적합하지 않다고 하는 것이고, 사정이 허락하지 않는다고 한 것은 연희전문학교가 기독교학교여서 공산주의와 같은 기독교 교육주의에 반하는 사상은 그 연구는 제쳐두고, 이를 공공연히 선전하고 실천운동으로 하는 것은 용인하지 않았다는 의미입니다. 조선에서의 공산혁명운동에 대한 견해 차이는, 피고가 조선의 특수한 상황을 반영하여 지배계급인 내지인과 피지배계급인 조선인의 투쟁으로 보아야 한다는 입장을 취했다는 것을 의미합니다. 그는 조선의 공산혁명운동이 우선 민족적 정치혁명으로부터 시작되어야 한다고 주장한 것입니다.

생각건대, 피고가 조선의 특수한 상황에 기반한 이러한 혁명적 견해를 가진 이유는 첫째로, 당시 조선 농촌에서 급속히 몰락한 조선인 지주의 토지가 거의 전부 내지인의 손에 넘어갔고, 이로 인해 조선에서는 내지인이 지주가 되고 조선인은 소작인 또는 농업 노동자로 전락하게 된 점입니다. 둘째로, 도시에서도 대소 상공업의 경영은 거의 내지인이 독점하고, 조선인은 점차 도시의 중심에서 벗어나 무산자로 전락했습니다. 자본이 내지인의 손에 집적됨에 따라 조선에서는 결국 내지인이 자본가가 되고, 조선인이 노동자가 되는 양 민족 간의 빈부 양극화가 형성될 것이라고 보았기 때문입니다. 그리고 이후 전개된 조선사회의 현실은 당시 피고의 이러한 견해가 기우에 불과했음을 보여 주었지만, 그 당시에는 이러한 견해를 가지고 있었기에 민족적 감정이 더욱 고조되었습니다. 이에 피고는 소위 민족공산주의자가 되고, 조선의 공산혁명은 우선 민족적 정치혁명 단계를 거쳐 나중에 사회혁명의 단계로 들어가지 않으면 안 된다는 견해를 갖게 되었습니다.

이상에서 말씀드린 내용은 피고가 과거에 민족공산주의자가 된 동기와 이후 취해온 태도의 개요입니다. 피고는 여러 현실적, 객관적 정세의 변화와 마르크스주의 이론에 대한 다년간의 사색과 경험을 통해 민족주의적, 공산주의적으로 여러 난점을 깨닫고 자기반성과 비판을 거듭했습니다. 그 결과, 그는 사상과 태도에서 과거의 잘못을 뉘우치고 청산하여, 황국신민으로서 본연의 모습으로 돌아가 사회적으로 복귀하게 되었습니다. 이제 그는 여생을 천황 폐하를 받들고, 동포와 협심육력(協心戮力)하여 지성봉공(至誠奉公)으로 천양무궁(天壤無窮)한 황운(皇運)을 부익(扶翼)하고, 신민으로서 본분을 다하기 위한 호기를 만나게 된 것입니다.

따라서 다음에는 청산 과정에 관하여 약간 상세히 말씀드리고자 합니다만, 순서상 우선 피고에게 반국가적 사상의 청산을 촉구한 현실적 객관적 모든 정세를 말씀드리고, 이어서 공산주의의 이론상의 난점으로 생각되는 여러 가지 점에 대해 밝힐 생각입니다. 그리고 이에 소위 현실적이며 객관적인 정세란 다음과 같습니다.

첫째, 각국의 국민주의의 대두입니다. 즉, 제1차 세계대전 이후 제3인터내셔널의 세계혁명정책은 유럽제국의 적화(赤化)에 주력을 기울이는 것처럼 보였지만 전후(戰後)의 신흥제국 및 패전국의 민족주의의 재연, 특히 이태리에서의 파시즘, 독일에서의 나치스의 대두는 공산주의에 대한 철저한 탄압으로 나타나, 이에 유럽에서의 적화의 진로는 차단당하고, 유럽 적화의 마수는 느슨해지지 않을 수 없었습니다. 그리고 이것이 피고의 사상에 어떤 영향을 미쳤는가 하면, 자본주의가 고도로 발달하고 노동운동이 그 정도로 발달한 유럽제국에서 한 나라도 적화시키지 못하고 후퇴한다는 사실은 애당초 공산주의 이론에서, 혹은 공산주의 정치의 전형인 소비에트연방의 실상에서 무언가의 결함이 있는 것이 아닌가 라는 의문을 갖게 했습니다. 이러한 것이 이하에서 점점 명백해지듯이, 피고에게 결국 한편에서는 소비에트연방의 실상을 주시하도록 하고 다른 편에서는 이론상 결점을 지적하도록 했습니다.

둘째, 만주국의 출현입니다. 유럽에서 실패한 제3인터내셔널의 적화정책은 이번은 동양제국의 적화에 주력하고, 특히 지나(支那)의 적화에 전력을 기울였지만 그 적화의 주요 루트는 만주였기 때문에 만주국 출현은 그들의 적화 정책에 치명상을 부여했습니다. 그래서 극동의 정국은 이 때문에 전쟁에까지 이르지 않았지만 매우 혼란하여 공산주의자 및 민족주의자에게 기회를 엿보게 하지는 않을까 라고 생각되었습니다. 하지만, 소비에트연방은 의외로 소극적이어서 결국 만주제국이 성립하고, 적화정책은 또 그 진로가 좌절되고 동양 적화의 마수는 위축되지 않을 수 없었습니다. 적어도 내지 및 조선은 이 때문에 적화 루트가 차단되어 공산주의적 실천 정치운동은 이제는 의심스럽게 되었고 그 후의 국내 적화운동은 급속히 쇠퇴한 것입니다. 이에 피고는 동양, 적어도 극동 제국은 전혀 적화의 가능성이 없다고 보고 이것은 또 자기반성을 촉구하게 한 것입니다.

셋째, 소비에트연방의 국정(國情) 폭로입니다. 소련은 공산혁명 후 거의 쇄국 상태여서 국정에 대해 도저히 알 수 없었는데, 점차 각국의 노력으로 그 진상을 엿보게 되었습니다. 이에 드디어 비밀정치가 폭로되어 그 나라에서 얼마나 많은 민중이 가혹한 독재정치에 신음하고 전율할 기아에 울고, 과도한 중노동에 괴로워하고 있는지 명백해졌습니다. 이와 동시에 이른바 제1차 5개년 계획, 제2차 5개년계획의 성공에 의한 소련 발달을 운운한 선전이 얼마나 양두구육적이었는지 여실히 폭로되어 각국 공산주의자가 오랫동안 동경해 온 천국 소비에트연방도 이제는 완전히 그들의 기대에서 벗어나 오히려 일종의 인간의 생지옥인 것처럼 비추이고 있습니다. 그러므로 피고도 마침내 공산주의 이론이 아무리 마르크스, 레닌 등의 천재적 궤변술로 전개되어도 그것은 그들의 감정적, 독단적, 이지적인 것이며 보편적인 것은 아니라는 의문이 가슴 깊이 생겨나 그것을 재음미하게 되었습니다.

넷째, 국체명징(國體明徵)의 철저입니다. 우리 대일본제국은 오랜 옛날부터 만세일계의 천황, 황조(皇祖) 아마테라스오미카미(天照大神)의 천양무궁(天壤無窮)의 신칙(神勅)을 받들어 영원히 이를 통치하시는 바, 만고불역의 국체이며 국민은 이 대의에 입각하여 일대 가족국가로서, 억조일심(億兆一心) 성지(聖旨)를 받들어 충효의 미덕을 잘 발휘해야 하는데, 국민은 걸핏하면 시대의 신사조를 동경하여 그들이 얼마나 반국체적인지도 잊고 경솔하게 무비판적으로 이를 받아들이기 때문에 과격한 공산주의 사상과 같은 것이 한때 매우 유행한 것입니다. 그러나 이것은 하나는 시대적 유행이었던 것이며, 특히 만주사변 이후 정부는 여러 가지 방법으로 모든 방면에서 국체를 명징하여 힘써 국민정신을 함양 진작했기 때문에 공산주의는 우리 국체와는 절대로 서로 용납할 수 없는 것이라고 국민이 분명히 깨달은 것입니다. 피고 또한 국민 지도자의 한 사람으로서, 이 기회에 국체를 재검토하고 국민으로서 자기반성

반국가적 사상을 청산하고자 했습니다. 마침 그때 조선 내에서는 기독교 학교의 신사참배 문제가 논란이 되었기 때문에, 피고는 신사참배가 황조(皇祖)의 신령을 숭경하고 국가의 발전과 번영을 기원하는 국가 의식으로, 기독교 신앙과 충돌하지 않는다는 이유로, 솔선하여 연희전문학교 교원 및 학생들의 신사참배를 주장하고 실행에 옮긴 인물 중 한 사람입니다.

다섯째, 일독방공협정의 성립입니다. 제3인터내셔널은 이미 말씀드린 대로 적화를 목표로 한 활동을 때로는 주로 유럽에서, 또 때로는 동양에서 전개했으나 대부분 실패로 끝났습니다. 이를 깨달은 후, 그들은 전술을 바꾸어, 소위 '인민전선'이라는 이름 아래 국내의 모든 반동적 분자를 포괄하는 보다 넓은 전선을 형성했습니다. 이를 통해 반자본주의, 반제국주의 혁명을 조장하고, 세계 각지에서 그 마수를 펼쳤습니다. 따라서 이 넓은 전선을 파괴하기 위해서는 이번에는 국제적인 협력이 필요하여 이해관계가 가장 깊은 일본과 독일 두 강국은 협력하여 이를 방지 파괴하기 위해 1936년(昭和 11) 가을 방공협정을 체결한 것입니다. 이 형세를 보고 피고는 일본이 얼마나 진실로 전력을 다하여 국내와 동양에서 세계 적화를 방지함으로써 안으로는 국체 존엄을 지키고 국리민복을 도모하고, 밖으로는 동양 및 세계의 평화를 지켜 인류의 복지를 도모하고자 하는지를 통감했습니다. 이에 피고는 과거의 잘못된 사상과 태도를 또다시 후회하게 되었지만, 이 사건은 실로 피고의 사상 청산을 위해서 극히 유력한 기회를 부여한 것입니다. 그리고 이후는 특히 태도를 일변하여 일반 민중에 대해서는 물론 생도에 대해서도 나쁜 사상에 의한 모든 지도를 될 수 있는 한 중지한 것입니다.

여섯째, 중일전쟁의 발발입니다. 제국(帝國)은 위와 같이 진지하게 적화 방지에 힘쓰고 동양의 평화를 수립하기 위해서 수많은 희생을 지불하면서 한편에서는 만주국의 건설 및 육성을 돕고 다른 한편으로는 국제적 방공협정을 체결하여 그 진영을 굳게 하고 있음에도 불구하고 장개석 정권에 의해 조종 당하는 지나(支那)는 전혀 제국의 진의를 이해하지 못하고 제국의 정당한 방침에 반하는 행동 즉 용공배일책과 구미 의존주의와 이이제이(以夷制夷) 정책을 점점 노골적으로 표현하고 있습니다. 제국은 최후까지 성의로 그들의 잘못을 깨닫도록 노력했음에도 불구하고 그 효과가 없음을 알자 마침내 참고 있을 수가 없어서 자위(自衛) 및 동양 평화를 위해 어쩔 수 없이 무기를 들고 전 국력을 쏟아 지나에게 성전(聖戰)의 무보(武步)를 내딛게 된 것입니다. 그리고 이는 우리 정부의 여러 차례 대내외 성명과 조선총독부의 적극적인 해명을 통해 조선인들도 이 사변의 진의를 이해하게 되었다는 점을 보여 줍니다. 조선인들은 이제 최후의 목적을 달성하기까지 총력을 다하겠다는 각오로 활약하고 있습니다. 피고도 이 기회에 과거의 비국민적 태도를 버리고 국민적 협력을 조금도 아끼지 않을 것입니다. 실로 이 사건도 피고에게는 사상 청산 면에서도 하나의 유력한 기회를 부여했습니다.

일곱째, 조선총독부의 시정 개선입니다. 피고가 민족주의적 사상을 품게 된 동기는 앞서 서술한 대로입니다만, 소위 만세사건을 계기로 하여 조선총독부의 정치는 무단정치에서 문화정치로 변하고, 조선인에 대한 대우는 정치·경제·사회·교육 각 방면에 걸쳐 점차 개선되어 사이토(齋藤), 우가키(宇垣) 양 조선총독시대에도 일시동인의 결실을 크게 거두었습니다. 현재 미나미(南) 조선총독시대에 들어와서 특히 내선일체를 시정의 한 방침으로 하여 한일병합의 대정신인 일시동인의 결실로 철저한 구현을 도모하여 내선인 사이의 (중략)[원문 72쪽은 이어지지 않는 내용임-역주]

(73)[56] 감정 소격(疏隔)을 초래한 모든 원인을 배제하도록 노력함과 함께 획기적 시정이라고 할 만한 교육제도의 근본적 개정, 지원병제도의 실시 등 적어도 조선인을 문화적으로 점점 내지인의 '레벨'로 올리기 위해 성의 있는 노력을 해왔습니다. 이것은 얘기한 대로 조선민중의 마음에서 우러나오는 감사로 이어졌습니다. 그들에게는 새삼스럽게 황국신민으로서의 자기반성의 기회를 부여하고, 마침내 그들을 감읍하도록 했습니다. 이에 더하여 이어서 일어난 중일전쟁은 위의 내선일체의 결실을 구체적으로 거두기 위한 유일한 기회가 되어 이제 조선인도 황국신민의 일원으로서 전력을 쏟음으로써 사변은 실로 일사불란하게 우리 목적 달성을 위해 유리하게 전개되고 있습니다. 이때 피고는 조선인도 충성스러운 황국신민의 일원으로서 동양의 영원한 평화 수립과 신질서 건설을 위해 자신의 모든 힘을 다하는 명예로운 전사가 되었다고 느꼈습니다. 이를 통해 기쁨을 함께하고 과거의 사상을 청산하기 위해 자기반성과 자기비판을 거듭하며 황국신민으로서 자기완성의 길을 서둘러 나아가기 위해 노력해 왔습니다.

생각건대, 민족주의적 사상은 주로 감정 문제에서 생기는 것이어서 민족적으로 감정을

---

56 73쪽부터 82쪽까지 순번 방향으로 내용이 연결되므로 페이지 표시는 생략.

도발하는 외부적 자극제만 제거한다면 발생할 일이 아니라고 생각됩니다. 따라서 일본과 조선 두 민족은 첫째, 인류학적으로 함께 '히말라야' 산록에서 발생한 동북으로 뻗은 몽고족의 일족이며, 둘째, 언어학적으로는 동일한 문법 형태를 가지고 사상과 감정의 표현 방식이 유사합니다. 셋째, 토속학적으로는 동일하거나 유사한 습관과 풍속을 많이 가지고 있고, 넷째, 문화적으로는 함께 고대 인도와 중국의 정신, 예술, 문명을 흡수했습니다. 다섯째, 역사적으로 신공황후 이래 수천 년 동안 국교를 맺고 서로 왕래하며 생존과 발전을 도왔던 사실이 있습니다. 여섯째, 민족의 흥망성쇠는 고대 이래 중국을 참고하고, 민족의 혼성은 현대 국가인 북미 합중국을 보면 알 수 있습니다. 이러한 이유로, 현재 문화적으로 열등하고 민족적으로 약한 조선인이 굳이 자립적으로 생존을 도모하려 할 필요가 없고 그렇게 할 경우 이득이 되지 않으며, 목적 달성도 불가능하다고 생각할 수밖에 없습니다. 오히려 문화적으로 우수하고 민족적으로 강한 일본 민족의 지도 아래에서 생존하고 발전하여 세계에서 어깨를 나란히 할 수 있는 민족이 되는 것이 불합리하지 않으며, 오히려 유리하다고 깨달은 것입니다. 그러므로 피고는 단지 민족적으로 감정을 도발하는 모든 외래적 나쁜 재료를 제거하도록 지도적인 지위에 있는 내선인이 한층 분발해야 한다고 생각합니다.

여덟째로 일본정신의 이해입니다. 일본의 국체는 전에 서술한 대로입니다만, 이 국체에서 저절로 발로하는 일본정신은 여러 가지 형태로 나타나는 것이기 때문에 역시나 여러 가지로 길게 설명할 수 있다고 생각합니다. 그러나 이 국체 하에서의 역사발전의 흔적을 쫓아가면 실로 거기에는 '화(和)'와 '성(誠)'의 정신이 일본역사 생성의 원동력이 된 것을 발견할 수 있습니다. 그리고 이 '화(和)'의 정신에서 일본은 신과 인간과의 '화(和)', 군주와 신하와의 '화(和)', 국민 상호간의 '화(和)', 인간과 자연과의 '화(和)'가 실현되고 전체 중에 상호 경애, 순종, 애무(愛撫), 국육(鞠育)[57]이 이루어져 하나의 세계로 잘 조화 (중략)[83쪽은 다른 내용임]

(84)[58] 함으로써 국가의 창조 발전을 거둔 것이다. 또한 이 '성(誠)'의 정신에서 일본은 자아 및 아집에서 벗어난 순수한 마음과 순수한 행동이 이루어져 무애자재(無礙自在)했으며,

---

57 어린아이를 사랑하여 기른다는 뜻이다.
58 84쪽부터 93쪽까지 순번 방향으로 내용이 연결되므로 페이지 표시는 생략.

이것이 예술로 나타나 미(美)가 되고, 도덕으로 발현하여 선(善)이 되고, 지식으로 발현되어 진(眞)이 되어 오늘날 찬란한 일본문화의 진선미를 자랑하는 것입니다. 그리고 이 '화(和)'와 '성(誠)'의 일본정신의 발로는 구체적으로 많은 사례를 지적할 수 있지만, 그 일부가 가장 잘 발현된 사례로서 피고가 통절히 느끼는 두 세가지를 서술하면, 그것은 피고가 1937년(昭和 12) 여름 도쿄에서 열린 제8회 세계교육회의에 연희전문학교를 대표하여 참석했을 때 제국교육회장 나가타 히데지로(永田秀次郎) 씨가 외국대표 환영 연설 중에서 지적한 사례입니다. 그 대의를 요약하면 다음과 같습니다.

一. 금일 일본은 세계에서 호전국으로 불리지만 일본은 결코 호전국이 아닙니다. 물론 일본은 상무(尚武)의 나라입니다만, 그 무는 결코 무(武) 자체를 위해서가 아니라 '화(和)'를 위한 무이며, 소위 신무(神武)입니다. 즉 우리 무의 정신은 살인을 목적으로 하지 않고 사람을 살릴 목적으로 하며, 그 무는 생성을 위한 무로, 파괴를 위한 무가 아닙니다. 요컨대 우리 무는 건설 평화를 위한 무이지 파괴 정복을 위한 무가 아닙니다. 일본은 근세에 들어와 일청전쟁을 하고, 일로전쟁도 하고 일독전쟁도 했습니다만, 이것은 모두 자위와 동양 또는 세계평화를 위한 것이었습니다. 그리고 이러한 전쟁에 의해 적도, 아군도 많은 병사를 잃었는데, 전쟁이 '화(和)'를 위해서 실로 어쩔 수 없다고는 해도 잘 생각해 보면 일반 인민은 실로 가여운 것이므로, 우리 일본정신은 적과 아군의 구별 없이 전사자는 모두 이를 초혼 위령을 하고 있습니다. 실제로 고야산(高野山)에는 멀리는 조선 침략(文祿慶長), 가깝게는 일청, 일로 두 전쟁의 적과 아군 모두 전몰한 이들의 납골당이 있고, 매년 위령제를 행하고 있습니다. 이것은 세계에 사례가 없는 일본정신의 발로 사례의 하나입니다. 메이지천황이 지으신

"나라를 위해 적대하는 적은 쳐부수지만 (인간으로서) 가련히 여기는 마음은 잊지 말아 주길"[59]이라고 노래한 것은, 즉 이런 정신을 나타낸 것입니다.

二. 일본인이 전쟁에서 한 것은 자위와 평화를 위해 어쩔 수 없어서 하는 것이므로, 전시

---

59 원문은 '國のため,あだなす仇は,くだくとも,いつくしむべき事,な忘れそ'

(戰時)에는 평화보다도 '성(誠)'의 정신이 가장 강하게 나타나고, 국민은 잘 일치 협력하여 목숨을 바쳐 나라에 바칠 각오를 갖고 있으므로, 전시 중이라고 해도 유유자적하는 것입니다. 따라서 전시와 평시가 그다지 변함이 없고, 평화적인 연중행사를 계속하여 상하 모두 즐기는 것입니다. 실제로 1904, 1905년의 일로전쟁은 일본의 존망을 건 유례없는 대전쟁이었지만 매년 궁에서 열린 가회(歌會)는 1905년(明治 38) 신정(新正)에도 여전히 개최되어 전 국민이 응모하였는데, 당시 당선의 광영을 입은 자는 출정 중인 육군 삼등병 보병이라는 일개 무명 병졸의 아내가 지은 것이었습니다. 이와 같이 일본인이 전시 중이라도 상하 일반이 유유자적하여 평화적인 문학적인 행사를 하고 있는 것은 이를 단순히 파괴와 정복을 목적으로 하는 호전국민의 행동이라고는 할 수 없는 것이며, 이것은 일본정신이 가장 잘 드러난 사례입니다. (중략) [94쪽은 다른 내용임]

(95)[60] 또 외국인이 이해할 수 없는 것입니다.

　　三. 금일 세계 각국은 개인과 개인, 단체와 단체, 계급과 계급의 상극 알력 투쟁이 있는 감이 있어서 한순간의 방심도 허락되지 않는데 우리 일본은 전혀 경향이 다릅니다. 즉 현재 일본은 예를 들면 '라디오'가 마을과 포구까지 보급되어 있는데, 매일 아침 6시에는 라디오체조의 실연 방송이 있어서 이 시각에는 마을의 공터에서는 남녀노소 구별 없이 귀천빈부의 구별 없이 또 고용주와 피고용자의 구별 없이 모두 한자리에 모여 화기애애하게 함께 춤추고 함께 뛰고 함께 이야기하고 함께 웃는 광경은 너무나 평화적이며, 너무나 온정적으로 보여 우리 일본은 실로 계급이 없는 재미있는 나라입니다. 이것도 금일 외국에는 사례가 없는 것입니다. 이 일치와 평화 온정과 성의의 정신은 금일 일본에게 계급투쟁이 없도록 하고 정신적으로도 물질적으로도 문화를 고양시켜 특히 물질적으로는 번영을 가져오고, 일본의 상품이 세계 도처에 진출하여 호평을 거두게 한 원동력입니다. 이것도 요컨대 '화(和)'와 '성(誠)'의 일본정신 발로의 한 사례로서, 외국에서는 상상할 수 없는 것입니다. 운운

이상은 피고가 황국신민으로서 자기반성 중에 나가타 씨의 연설에 감동을 받아 오늘날

60　95쪽부터 99쪽은 페이지 순번 방향으로 내용이 연결되므로 페이지 표시는 생략.

역시 명심하고 있는 것인데 적과 아군의 구별없이 위령한다는 것, 전시 중에도 유유자적하다는 것과 계급투쟁이 없고 잘 협조한다고 한 것은 피고에게 깊이 일본정신을 이해하도록 만들어 주어 사상청산을 위해 무엇보다 힘을 얻게 한 대목입니다.

(17)[61] 생각건대, 일본정신은 이미 말씀드린대로 만세일계(萬世一系)의 천황, 황조 정신을 받들고 영원히 제국의 통치를 받는 만고불역의 국체와 그 대의에 입각하여 일대 가족국가로서 많은 신민의 마음을 하나로 하라는 성지를 받들어 충효의 미덕을 잘 발휘한 국체의 정화입니다. 이 정신은 국가의 발전과 함께, 더욱 굳게 하늘과 땅과 함께 끝나는 날이 없습니다. 이 국사(國史)를 일관하는 정신이며, 국사의 발전은 즉 이 건국정신의 전개입니다. 게다가 그것은 영원을 향해 전개되는 것입니다. 그리고 이 정신의 전개를 위해 나타난 형태는 여러 가지로서 셀 수 없을 정도인데, 요컨대 '화(和)'와 '성(誠)'의 마음은 그 대표적인 것으로, 이것은 실로 시키시마(敷島)의 일본정신입니다. 그리고 그것은 혹은 메이지천황이 지은

일본인의 야마토 다마시의 용맹스러움은 '지금이다'라고 할 때 나타난다.[62]

라고 하신 것처럼, 또는 만요(萬葉) 시인이

바다에 가면 물에 빠진 주검이 되고, 산에 가면 풀을 키우는 주검이 되어, 천황의 발밑에서 죽자. 뒤를 돌아보는 것일랑 하지 않아.[63]

라고 노래한 것처럼 자아의 이기적 마음은 버리고, 몰아무사(沒我無事)하는 의용봉공 정신으로 발현하고 혹은 라이산요(賴山陽)[64]가

---

61 여기부터 원문페이지는 17쪽으로 연결되며 이후 23쪽까지 페이지 번호는 순번이므로 표시를 생략함.
62 원문은 '敷島の大和心のをゝしさは ことある時ぞ あらはれにける'
63 이순탁이 적은 일본문은 '海行かば水漬くかはね,山行かば草むすかはね,大皇の辺にこそ死なめ,かへりみはせし.'이나 원래 시구절은 '海行かば水漬く屍 山行かば草生す屍 大君の辺にこそ死なめ 顧みはせぬ'이다.
64 라이산요(賴山陽 1781-1832). 에도시대 후기의 역사가·사상가·한시인·문인. 오사카 출신으로 주저서인 『일본

꽃보다 아름다운 요시노의 봄을 본다면, 당나라 사람도 고려 사람도 야마토다마시를 갖게 될 것이다.[65]

라고 노래한 것처럼 일본의 풍토와 더불어 포용 동화의 정신이 되어 찬연한 오늘날의 일본문화가 형성되어 온 것입니다. 그렇다면 피고는 이와 같이 실감한 이 존귀한 일본정신을 확고하게 파악하여 그 가운데 살면서 미력이지만 앞으로 국가 발전에 공헌하고 싶다고 생각합니다.

피고는 일본정신을 이와 같이 파악했습니다만, 그렇지만 진실로 황국신민으로서 단단한 불퇴전(不退轉)[66]의 위치에 서기 위해서는 이 이상으로 일본인의 감정을 받아들여야 합니다. 그리고 이것은 상당히 힘들 것으로 생각합니다. 즉 조선인에게는 전래한 조선인의 감정이 있어서 그것은 오랫동안 역사, 언어 풍속, 습관에서 자연적 환경 등에 의해 이루어진 현실에서 자연히 양성된 것이므로 그것을 일시에 제거하고 대신하여 즉시 일본인다운 감정을 받아들이는 것은 쉬운 일이 아닐 것입니다.

아홉 번째로, 개인적인 사정의 변화입니다. 피고는 연희전문학교에 취직 중으로 첫 번째는 사상에서도(100)[67] 행동에서도 걸핏하면 감정적이 되기 쉬운 청년시대를 지나왔을 뿐 아니라, 사색도 점점 유물론적에서 유심론적으로 기울어져 인간생활상 사물의 세계는 답답하며 편파적이고, 부자유, 무향상이며 마음의 세계는 활발, 공평, 자유, 향상이라는 것을 느끼고, 생활도 종교적이 되어 실제로 피고는 조선 기독교 장로교회 집사의 교직에 있습니다. 두 번째로, 생활 보장과 지위 유지를 위해서는 동교의 교육 정신과 양립할 수 없는 공산주의 사상을 포기하지 않을 수 없다는 자위적이고 공리적인 사정도 분명히 존재합니다. 세 번째로는 부양 의무가 있는 가족 수도 점차 늘어나서 그들에 대한 정은 점점 깊어지고 또 자녀

외사(日本外史)』가 있는데, 이는 막부 말기 존황양이운동(尊皇攘夷運動)에 영향을 미쳐 일본 역사상 베스트셀러가 되었다.
65 원문은 '花より明くるに吉野の春の曙見わたせば もろこし人も高麗人も 大和心にありぬへし'
66 수행의 경지가 후퇴하지 않는 것을 가리키는 불교교리로, 굳게 믿어서 움직이지 않음을 뜻한다.
67 100쪽이며 이후 104쪽까지 순번 방향으로 내용이 연결되므로 페이지 표시는 생략.

를 양육하여 장래 그들을 훌륭한 국민으로 키우기 위해서는 생활 및 교육 자금을 열심히 모아 적립해야 하는 책임 관념이 절실합니다. 네 번째로는 과거의 실생활상의 체험에서 금욕에 의한 저축을 통해 현재 개인 생활의 부유함을 가져와서, 장래 그것을 자본으로서도 이용할 수 있으므로 인간의 빈곤의 원인은 반드시 사유재산과 자본가적 착취는 아니라는 확신을 얻게 되었고 그것이 동기가 되어 과거의 사상을 청산하게 되었습니다. 피고는 현재 14세의 자녀를 필두로 하여 다섯 명의 자녀를 둔 대가족을 이루고 있습니다만, 피고에게는 부모로부터의 유산이 없고 재산 축적도 거의 없기 때문에 피고의 부재는 일가 유지 및 자녀교육상 큰일이며, 이들 어린 자녀들의 앞날은 실로 비참해질 것입니다. 따라서 이 정도의 실정에서라도 완전히 전향할 수밖에 없는 처지에 있다고 말씀드리는 것은 그야말로 거짓 없는 고백입니다.

이상은 여러 가지 현실적이며 객관적인 모든 정세의 변천(중략)[105쪽은 다른 내용임]

(106)[68]에 의해 피고가 과거의 반국가적 사상을 청산하게 된 과정의 대략입니다만, 이하는 약간, 공산주의 이론에 관한 근본적 오류라고 생각하는 것을 두세 가지 들어 피고가 이론적 측면에서도 청산, 전향을 했는지에 대해 서술하고자 합니다.

그런데 공산주의(마르크시즘)의 기초는 유물변증법입니다만, 변증법이란 요컨대 역사상의 모든 사상(事象)은 고정불변의 것이 아니라 모두 발전 과정상에 있는 것으로, 그 발전은 모순(矛盾)의 지양, 즉 정반합의 단계로 이루어지는 것이라는 사유방법입니다. 그리고 이 변증법의 창시자 헤겔은 모든 사상의 발전은 절대적 존재인 인간의 이념 혹은 의식의 자유 발전에서 일어나는 모습이라고 하였는데, 마르크스는 이 이념 혹은 의식의 절대적 존재 또는 그 자유 발전을 부인하고, 반대의 이념 그 자체는 물질계의 인간 두뇌에 반영되는 것으로 그 발전은 물질적 생산력의 변화에서 일어난다고 한 것입니다.

환언하면 인류 역사 발전의 근본 동력에 대해 헤겔은 인간의 절대적 자유 의식의 실현을 위한 노력이라고 하고, 마르크스는 각 시대의 물질적 생산력의 발전이라는 것입니다. 따라서 인간의 의식이 물질적 존재를 결정하는 것이 아니라 반대로 물질적 존재가 인간의 의식

---

68 106쪽부터 115쪽은 순번 방향으로 내용이 연결되므로 페이지 표시는 생략.

을 결정하는 것이라고 결론지어 이 지점에서 헤겔의 유심변증법은 이념의 위치에서 물질적 생산력으로 치환되어 마르크스의 유물변증법이 된 것입니다. 마르크스는 그의 유물변증법에서, 오늘날의 자본주의 조직이 내재된 여러 모순으로 인해 필연적으로 붕괴하고, 그 결과 더 고차원적인 발전 형태인 공산주의로 전환될 것이라고 주장했습니다. 즉, 공산주의는 필연적으로 도래한다고 단정한 것입니다.

이 변증법의 근본을 이룬 심·물(心物) 중 어느 것이 타당성을 갖는지는 철학론이므로 여기에서는 논외로 하고, 가령 유물변증법의 사색 과정이 올바른 것이라고 해도 잘 생각해 보면, 유물변증법과 공산주의와의 사이에는 애당초 논리적이고 필연적 관계는 없는 것입니다. 왜냐하면 극도로 발달된 자본주의는 그 가운데 수많은 모순을 내포하고 결국 새로운 형태로 통일되어 역사가 발전한다고 해도 그 발전은 반드시 보다 고차원의 발전, 즉 진보라고는 생각하기 어려운 것입니다. 물론 헤겔의 경우에는 역사의 발전은 모두 보다 고차원의 발전 즉 진보입니다. 왜냐하면 모든 사상의 발전은 이념의 발전에서 일어나고, 이념 발전의 종점은 자유의식의 실현이며, 자유의식은 진선미를 생명으로 하기 때문입니다. 그러나 마르크스는 이념이 물질계에서의 인간 두뇌의 반영에 불과하다고 주장했습니다. 따라서 물질적 생산력의 발전은 반영된 인간의 이념을 제약하고 그 자유로운 발전을 자연스럽게 속박하게 되므로, 이 경우의 역사 발전은 고차원적인 발전, 즉 진보라고 볼 수 없다고 말했습니다.

그런데 한걸음 양보해서 가령 이 경우에 반드시 고차원의 발전을 이루는 것이라고 해도 그 형태는 반드시 공산주의의 형태를 취할 이유는 없는 것입니다. 왜냐하면 현재의 상황에서 추측하면, 오늘날 자본주의적으로 가장 발달한 국가가 공산주의 형태를 취할 것이라고는 결코 생각되지 않는 현상 및 소비에트연방에서의 공산주의가 역사상 보다 고차원적인 발전형태 (중략) [116쪽은 다른내용임]

(117)[69]가 아니라 그 실상을 보면, 반대로 인류를 퇴보시키는 최악의 제도라는 것을 목격하는 데에는 말할 것도 없습니다. 요컨대 공산주의가 이상적인 사회조직으로서 역사발전상 필연적으로 도래할 것이므로 각국 무산자는 단결하여 그 실현을 앞당기기 위해서 노력하라

---

69 117쪽부터 126쪽까지 순번 방향으로 내용이 연결되므로 페이지 표시는 생략.

고 하는 것은 실로 마르크스의 하나의 낙천적 독단이며 감정적 광기이며, 경솔한 예언으로 공산주의 혁명의 정신적 무기로 믿는 유물변증법은 이에 이르러서는 붕괴하지 않을 수 없는 것입니다.

다음으로 마르크스는 자본주의적 경제조직을 해부하여 오늘날의 자본주의적 생산 방법은 그 발전과정에서 반드시 고용할 수 없는 노동자, 즉 실업자와 판매될 수 없는 상품, 즉 과잉생산물을 만들어 냄으로써 그 자체의 존립을 불가능하게 한다고 하는 것입니다. 즉 한편에서 생산수단의 발달은 많은 인간의 노동을 빼앗아 실업자군을 만들어 내고, 다른 편에서 대규모의 생산조직은 다량의 상품을 생산하여 생산물은 쌓임에도 불구하고 이들 상품은 결국 구매자를 발견할 수 없으므로 자본주의 조직 그 자체 내에서는 이러한 근본적 모순이 있어서 존립할 수 없다는 것입니다. 하지만 일찍이 오펜하이머도 지적한 대로 장기간에 걸쳐 통계적으로 각국의 (실상)을 관찰하면 생산수단의 발달은 오히려 많은 노동자를 흡수하여 그들에게 직업을 부여할 뿐 아니라 이전보다도 높은 임금을 지불하도록 하여 노동자의 생활은 점점 향상한다는 현실의 사정이 있습니다.

즉 상공업이 발달한 각국은 도시를 향하여 많은 인구가 유입하고 도회 및 상공업국에서의 노동자의 생활 정도가 높은 것은 이를 증명하고도 남음이 있습니다. 또한 대규모 생산은 경쟁의 범위를 좁게 하여 용이하게 수요가 없는 상품의 양을 예측하여 생산에 통제를 행하기 쉬우므로 생산 상품이 구매자를 발견하도록 하는 것은 옛날에 경쟁 범위가 넓고 무정부적 생산으로 쏠리기 쉬운 중소 규모의 생산시대에 비하여 용이해진 것입니다.

유심론적으로 설명할 수 있는 경기 순환의 이론상에서 어느 때는 실업자도 많이 나타나고 또 어느 때는 과잉생산물도 많이 쌓이게 되는 것은 실로 일시적인 현상입니다. 한때 자본주의적으로 가장 발달한 세계의 각 선진국이 실업자군으로 고민하여 과잉상품 처분에 고심한 것도 일시적인 세계 경기 순환 현상의 산물이었고 그것은 얼마 되지 않아 제자리를 회복하여 공산주의자가 지적한 자본주의의 최후의 종말은 아니었던 것입니다.

또한 마르크스는 자본주의의 궁극적인 결과로 대중의 무산화와 궁핍, 중산계급의 몰락, 그리고 자본가에 대한 자본 집중이 필연적으로 무산자에 의한 국가권력 장악으로 이어질 것이라고 예측했습니다. 그는 이러한 과정에서 무산자 국가에서 자본의 박탈이 이루어지지 않으면 안 된다고 주장하며, 이를 통해 공산주의의 도래가 필연적임을 변증법적으로 설명했습니다. (126) 그러나 전에 말씀드린 대로 현실상 오늘날 자본주의적으로 발달한 각국의 실상을 통계적으로 보면 대중의 무산자화는 마르크스가 예상한 것처럼 그렇게 급속하지 않고 또한 무산자의 생활은 궁박하기는커녕 점점 향상하고 중산계급은 도회에서도 농촌에서도 점점 증가하는 경향을 보여 온정주의의 발로, 사회정책

(3)[70]의 실시, 통제경제의 강화는 반드시 무산자의 혁명적 단결을 조장시키는 것이 아니고, 또한 무산자의 교양 보급 발달과 그에 의한 자각은 그들로 하여금 단순히 감정적 맹목적으로 달리게 하지 않으므로 공산주의의 필연적 도래와 그 합리성을 경신(輕信)하는 데에 만족하도록 하지 않습니다. 러시아혁명 및 그 후의 실상은 오히려 혁명이 얼마나 인류사회에 참화를 끼치고 공산주의가 얼마나 잔학무도한 것인지 깨닫게 해 준 것에 대해서는 말할 것도 없습니다.

이렇게 생각하면 공산주의 혁명의 물질적 무기로 믿은 대중의 무산자화 및 혁명적 단결은 여지없이 그 파괴성을 잃은 것입니다. 요컨대 '마르크스'의 자본주의 사회의 해부는 가장 정수를 쏟은 것임에도 불구하고 그의 어떤 선입적 감정은 마침내 그로 하여금 부지불식간에 이론적으로는 결함을 동반하게 하여 현실적으로는 괴리를 초래한 것입니다.

또한 그 외에도 인간의 경제적 행동의 근본적 충동은 뭐니뭐니 해도 제1차적으로 이기적이며 영리를 도모하는 것으로, 이것은 실로 인류 역사의 일관적인 동력입니다. 이 점을 등한시하여 사유재산을 부인하려 하는 사회조직은 아마도 지속성을 결여할 것이라고 예상되며, 생산물 및 생산수단의 시장가격의 형성을 철폐하는 것은 생산력의 경제적 이용을 불가능하게 할 것입니다. '마르크스'의 가치론에서 상품의 가치는 그 생산에 필요한 사회적 노동의 분량에 따라 정해지므로 동일 분량의 노동에 의해 생산된 상품은 동일가치를 가질 것입니다. 또한 이러한 상품은 수요의 강약에는 관계없이 항상 동일가치를 갖고 교환되어야 함에도 불구하고, 현실사회의 사실은 이 이론과는 거의 관계없이 동일량의 노동으로 생산된 상품도 항상 동일가치를 갖지 않고, 또한 상품의 가치는 단순히 수요공급의 관계로 정해지므로 그 노동가치설은 현실사회를 무시하는 일종의 이론적 유희입니다. 이를 바탕으로 성립

---

70 페이지는 3쪽으로 이어진다. 이후 페이지는 16쪽까지 순번대로 연결된다.

한 잉여가치설은 거의 정당성을 결여하고, 따라서 자본가의 노동 착취 이론 역시 일종의 궤변에 불과하다고 할 수 있습니다. 그 결과 가난의 원인을 주로 노동 착취로 귀결시키려는 이론은 결국 붕괴될 수밖에 없습니다.

그 외에도 개개의 이론에서는 논의할만한 많은 것이 있음에도 불구하고, 피고를 비롯하여 마르크시즘에 많은 공명자를 갖게 한 이유는 첫째, 확실히 시대의 영향이며, 둘째, 공산주의자의 교묘한 궤변술과 묘한 선동술이 가장 열정적으로 사람들의 감정을 사로잡았기 때문이라고 생각합니다. 이상 피고는 이론적 및 현실적 이유에 의해 과거의 반국가적 사상을 청산하게 된 과정을 서술했습니다만, 피고의 사상이 이와 같이 내부적으로는 점차 청산되고 있었음에도 불구하고 대외적으로는 완전히 청산 전향을 표시할 수 없었던 것은 실은 저의 인간성의 하나의 약점이며, 미련이며, 전래된 사정이었던 것입니다.

그런데 이에 내부적으로는 조금의 잔재도 없이, 청산을 하루 빨리 하고 대외적으로 실로 획기적으로 전향을 서두르게 한 것은 1938년(昭和 13) 4월 사건의 검거입니다. 회고하면 피고의 사상은 상술한 현실적이고 객관적인 여러 정세의 변천과 이론적 관점에서 대부분 변화했다고 하더라도, 내부적으로는 과거의 반국가적 사상이나 그에 따른 지도력이 적극적이지 않거나 방관적이었다는 점을 부인할 수 없는 상태에 머물러 있었습니다. 그래서 피고는 "나는 완전히 전향했다"고 주장하기에는 이르지 못했고, 충성스러운 황국신민의 본연의 모습으로 돌아갔다는 확언조차 하기 어려운 상황이었습니다. 그러나 이번에 검사는 피고에게 자기반성과 자기비판의 기회를 충분히 부여하여, 모든 미련과 약점, 과거의 상황에서 벗어나 나쁜 사상을 완전히 포기하고 나쁜 태도에서 전향하도록 하여, 적극적으로 충성스러운 황국신민으로서 본연의 모습으로 돌아가게 했습니다.

따라서 (16) 앞으로 피고의 일신상에 남았던 유일한 일은 피고가 충량한 황국신민으로서 자기완성의 길로 수양을 쌓음으로써 불퇴전의 위치에 서는 것입니다만, 그를 위해서는 더욱 일본정신의 확고한 파악과 일본인다운 감정을 수용하는 두 가지 점에서 전력을 기울이겠습니다.

〈자료 110〉 이재유, 조선 공산주의 운동의 특수성과 발전 여부 (부록) 사상범 보호관찰제도에 대한 소감

[〈朝鮮に於ける共産主義運動の特殊性と其の發展の能否(附)思想犯保護觀察制度に對する所感〉,《思想彙報》11, 1937.6, 朝鮮總督府 高等法院 檢事局 思想部, 128~145쪽]

이 글은 조선인 공산주의 운동가 거물 이재유(李載裕)가 쓴 수기이다.

이재유는 지난해(1936년) 12월 25일 체포되어 올해(1937년) 5월 10일 기소 예심에 부쳐졌다. 현재 경성지방법원 제1예심에서 계류 중이다. (예심청구서 생략)

조선 공산주의 운동의 특수성과 발전 여부

1. 전 인류 역사의 근본 원리(법칙)로서의 마르크스주의에 의해 명확하게 규정된 공산주의는 머지않은 장래에 반드시 자신의 최대 적으로서, 또한 억압과 압박으로 인해 최대한의 노력을 거듭하지 않을 수 없는 자본주의를 모체(母體)로 하여 그 내부에서 내적 필연성에 따라 발생한다. 이것은 자본주의 발전 속도와 함께 성장하고, 자본주의가 노쇠한 (최고) 단계인 제국주의 단계에 들어서면, 그 필연적인 법칙에 따라 지금까지 자신을 키워온 모체로서의 의무와는 정반대로 전화(轉化)해 버린다. 이제는 그 자식을 압살함으로써만 자기 생명을 연장하려는 자본주의(사멸해 가는)를 근본적으로 부정하고, 혁명에 의해서만 역사적 단계의 필연적인 주인공으로서 자신의 위대한 광명적 출생을 이 극한의 암흑세계에 알린다. 그리하여 생생한 호흡을 멋지게 연출하며 자신의 역사적 사명을 충실하게 실행하고자 하는 존재이다.

즉, 공산주의는 현 역사단계의 경제적 진리이며, 진정한 자유와 평화, 평등, 행복을 세상에 실현하기 위해 노쇠한 흡혈귀 자본주의가 가진 온갖 근대적 무기로 무장하고 의연히 대치하고 있다. 나아가 이제 세계의 6분의 1의 지역에서 실현되었으며 세계 인구의 절대다수가 궐기하여 참여하고 있다. '현재는 과거의 자식이자 미래의 어머니'이다.

2. 세계 각국이 발전 단계의 차이에 따라 정치, 경제, 사회, 의식이 원시적, 아시아적, 봉건적, 자본주의적인 형태로 각각 동일하지 않다. 하지만 세계 각국이 사멸해 가는 자본주의인 제국주의(극히 소수)에 의해 통치 및 지도하게 됨으로써 필연적으로 모두 자본주의에 물들

고, 세계는 제국주의 단계로 전체성을 띠게 될 것이다. 이러한 전체성은 세계 각국의 상대적 차이, 즉 정상적으로 발전한 자본주의국과 기형적으로 발전한 자본주의국, 그리고 반식민지와 식민지라는 차이 및 특수성을 결코 무시할 수 없다. 마찬가지로 시대적 절대 진리로서 그것을 대체할 공산주의는 필연적으로 세계의 보편적인 것이 됨과 동시에, 보편적인 공산주의는 또 각국의 특수성에 따라 각각 발전하지 않을 수 없다. 그러므로 세계는 양대 계급의 첨예한 대립, 즉 인류의 계급투쟁사에서 최종적인 비극을 연출함으로써 암흑에서 광명을 향해 나아가며 자본가 계급과 노동자 계급, 제국주의와 공산주의가 첨예하게 대립하고 있는 것이다. 바야흐로 전 세계 구석구석에서 각각의 형태로 선혈이 낭자한 투쟁이 집요하고 지속적으로 일어날 것이다. 이것은 육(肉)과 육의 투쟁이다. 부화한 병아리는 껍질을 깨야만 나올 수 있기 때문이다.

3. 공산주의 운동이라고 하면 영국, 미국, 독일, 프랑스 등의 선진 자본주의국에서의 '프롤레타리아독재', '일체의 생산기관의 국유' '일체의 사유재산의 부정'을 실현하는 운동으로 이해한다. 사실 공산사회가 실현되기 위해서는 일정한 과정을 거쳐야 한다. 진정한 공산주의 사회는 다음과 같다.

(1) 사회적 생산력이 고도화하여 지극히 소량의 사회적 노동으로 생산한 풍부한 생산물을 각자의 희망에 따라 사회적으로 소비한다. 이러한 생산적 노동은 예술의 경지에 도달하므로 피로를 느끼지 않는다. 그곳에는 착취도 없고 공장주의 착취에 의한 사유재산도 없으므로 고도의 물질적 삶을 사회구성원 전체가 평등하고 자유롭게 누릴 수 있다.
(2) 사회적 생산과 고도의 사회적 교육이 사회구성원 전체에게 실시됨으로써 지배와 피지배, 압박과 피압박의 관계가 없어지고, 압박하는 국가권력은 필연적으로 소멸하며 오로지 사회구성원의 자유의지에 따라 필요한 정치위원회가 있을 따름이다. 그곳에는 압박, 법률, 병역이 없으므로 진정한 인간의 자유, 평등, 평화의 삶이 지속될 것이다. '진정으로 사회화된 인간이다'
(3) 예술, 과학의 고도화에 따라 미신, 종교가 소멸하고 사회구성원은 보다 나은 삶을 살기 때문에 자연을 정복하기 위한 연구와 발명에 동원될 것이다.

이렇게 지금까지의 인간과 인간의 투쟁은 소멸하고 인간과 자연의 투쟁이 전개됨으로써 진정으로 새로운 인간의 역사가 시작될 것이다. 그것이 성숙할 때 가장 고도의 예술적인 삶을 자유롭게 선택하고 행복하게 살 것이다. '고도화된 인공은 보다 높은 차원의 자연이므로 자연의 창조자는 인간이다'

(4) 특히 사회관계로서의 남녀문제는 생산, 정치, 교육, 연구, 발명, 기타 모든 문제에서 차별이 없으므로 오로지 성적 대립자로 존재할 뿐이다. 확고한 개성이 사회화된 남녀이므로 진정한 자유와 평등으로 인해 물질, 정신, 예술, 기타 모든 생활에서 통합 과정으로서의 남녀의 연애는 끊으려 해도 끊을 수 없는 통일체로 성립하게 될 것이다. 현재의 사고로는 상상할 수 없을 정도의 진정한 일부일처제의 엄격함이 있고 진정한 자유, 평화, 평등, 행복이 가득한 부부생활이 비로소 역사에 등장하게 될 것이다. '변증법적인 통일이다'

즉, 사회구성원이 생산의 물질적 노동과 과학·예술의 정신적 노동뿐만 아니라 이들 노동을 대신하여 각자의 희망과 선택에 따라 일련의 예술적 오락으로 사회생활을 영위할 수 있으므로 한 단위의 사회가 자연을 정복하기 위해 매진하고 자유, 평등, 평화, 행복의 사회생활이 비약적인 단계로 향상하면서 무한의 역사로 끊임없이 발전하게 될 것이다.

그리하여 칠, 팔천 년의 장구한 인류의 역사 속에 무한히 존재했던 착취와 압박, 약탈, 전쟁, 살인, 강도, 절도, 강간, 화간(和姦), 매음, 차별, 불평, 고통, 질병 등은 공자, 그리스도, 석가모니 등 모든 성인군자의 유훈 및 성경과 함께 영원히 지구의 중심점에 단단히 매장될 것이다. 오로지 진리만이 영원히 인류를 위해 살아남는다.

보라, 만고의 천문학자 코페르니쿠스를 사형시킨 국가도 이듬해 그에게 굴복하지 않았는가. 죽음으로 답한 코페르니쿠스는 영원하다. 권력이여, 무슨 운명의 장난인가. 과연 새로운 사회를 반기지 않을 자 있겠는가. 진정한 공산주의 사회가 당장 내일 실현된다면 얼마나 기쁘겠는가. 그러나 역사는 순서대로 발전하는 법이다. 선진자본주의 국가의 공산주의 운동은 과도적 사회주의 시대로 가는 운동이자 공산주의 사회로 가는 준비과정에 지나지 않는다. 그러니 식민지 조선의 공산주의 운동은 오죽하겠는가.

4. 조선은 일본제국주의의 유일한 식민지이므로 조선의 정치, 경제, 사회의 특수성은 조

선을 지배하는 일본제국주의의 발전과 정책에 의해 결정되는 것이다. 먼저 조선의 지배자로서 일본제국주의는, 1870년대 세계자본주의는 바야흐로 제국주의 단계에 들어가 세계 곳곳에서 식민지 각축전을 벌였다. 제국주의적 무력에 위협당한 봉건국가 일본은 문호를 개방하고 자본주의 문명을 받아들이는 한편, 국내 봉건적 지주 및 귀족계급의 기성세력과 근대적 자본주의로 성장하고 있는 신진세력의 결탁으로 신권력을 수립하였다. 그것이 이른바 '메이지유신'이다. 이러한 기형적인 일본 국가는 자본주의 발전과 열강제국주의와 어깨를 나란히 할 유일한 조건으로 원료 공급과 상품 판매를 수행할 수 있는 식민지, 즉 아시아대륙으로의 유일한 통로인 조선 획득이 중요한 문제가 되었다. 그러나 조선 획득과 만주 진출에 있어 거대한 장애물은 중국과 러시아였다. 따라서 일본 국가는 대만정벌 이후 청일전쟁과 러일전쟁을 통해 조선을 완전히 획득함과 동시에 세계열강과 나란히 서고 또 세계대전을 통해 급속하게 발전하였다. 이러한 과정을 거쳐 기형적인 일본 자본주의는 급속도로 제국주의화하였고 국내 노농대중의 분노 앞에 봉건적인 제 세력을 청산하기보다 오히려 그들과 결탁하여 노농대중의 분노를 압살하는 것을 공동의 임무로 삼고 있다. 이에 일본공산주의 운동은 당면 임무를 부르주아 민주주의 혁명의 전취(戰取)라고 규정하였다.

5. 조선은 일본제국주의의 원료 공급, 상품 판매지로서 유일한 식민지이자 또 아시아대륙으로의 교두보로서 유일한 식민지이다. 조선은 경제적 착취에 있어 일본제국주의에 기여할 뿐 아니라 비경제적인 착취에서도 상당히 기여한다.

(1) 조선은 처음에는 일본제국주의의 단순한 제1의 식민지로 착취당했지만, 세계대전을 통해 반제품 공장의 증설, 교통·운송·항만 등의 개발이나 광업의 증진, 금융·토지·상공회사의 증설 등으로 인해 필연적으로 제2의 식민지로 변화할 수밖에 없었다. 또 만주 획득으로 인해 조선 내의 정치적 불안의 상대적 안정과 기아적인 임금, 노동의 숙련, 운반비 절감 등은 이윤만을 추구하는 일본자본가 계급에게 반제품 공장의 증설에 동원되지 않을 수 없었다. 특히 최근의 긴급한 전쟁 준비의 군수품 생산은 조선 내에 공장공업, 광업, 어업, 임업, 교통 등에 있어 비약적으로 팽창시켰다. 이렇게 조선은 완전한 제3식민지로 전환하였는데 조선의 노동대중은 무공장법의 황무지에서 방황한다. 최저임금(생활적)과 최장노동시간(생

리적)이라는 비인간적 피착취 상태에 놓여 핍박을 받을 뿐 아니라 그들에게는 파업의 자유는 물론 자살할 자유조차 없다. 단지 있는 것이라곤 기아로 죽을 자유와 과로로 급사할 자유 밖에 주어지지 않았다.

또 조선의 농업은 여전히 조선 산업의 중심으로 농산물의 대부분이 일본제국주의 식량문제 해결과 함께 공업 원료와 전쟁 준비를 위한 저장미가 되었다. 토지의 수탈은 실로 비약적인 속도로 이루어졌고 한일합병 25, 26년이 되는 오늘날, 조선인의 토지소유는 겨우 3할에 지나지 않는 것을 봐도 알 수 있다(이 역시 대부분 저당 잡혀서 착취 당하고 있다고 봐도 무방하다). 이는 모두 동양척식주식회사, 후지(不二), 토지개량조합, 미쓰비시(三菱), 미쓰이(三井), 식산은행, 금융조합, 기타 일본인 개인 등에게 자본주의적 토지수탈이 이루어졌다. 그들은 묘하게도 수탈 방법에서는 소유관계와는 정반대로 봉건적 영세적 소작방법을 강요하였는데 지대의 이윤, 임금의 일부, 독점적 상업 이윤, 고리대금 이자, 부역(賦役) 노동, 세금의 전가 등을 아울러 행함으로써 농민의 농산물 전부를 지주에게 제공하는 상태이다. 다음 날부터 지주에게 빌려 목숨을 부지해 왔다. 빌려주는 방식이 이듬해 배로 지불할 것을 약속하고 장리(長利)[71] 전 가족을 동원하게 된다. 조선농민들은 기아의 삶에 떨어져 대부분 초근목피로 연명하는데 그조차 산림 간수에게 쫓겨나니 삶과 죽음의 갈림길에 놓이게 된다. 그리고 조선 내 극소수의 민족부르주아를 제외한 전 민중이 파산과 몰락에 처하게 되는데 그들의 생활은 25, 26년 전 한일합병 이전의 생활보다 더욱 나빠지니 만주의 썩은 좁쌀이 그들이 평소 먹는 식량이 되었다.

조선 민중의 경제생활의 소급적 발전은 실로 백골난망의 은혜로 인하여 그들의 가슴에 깊게 새겨질 것이다. 이러한 사실은 조선의 경제적 제반 관계가 반봉건적, 반자본주의적 관계임을 증명한다.

(2) 조선에서의 일본제국주의 통치방법은 1919년 3·1운동 이후 무단정치에서 군사적 경찰정치로 전환했다고 하나 그 본질, 즉 절대 전제정치 권력에 의한 것인 만큼 변할 리 없다. 더욱 교묘하게 바뀌었을 뿐이다.

---

71 돈이나 곡식을 꾸어주고 받을 때에는 한 해 이자로 본디 곡식의 절반 이상을 받는 변리(邊利). 흔히 봄에 꾸어주고 가을에 받는 것을 뜻한다.

봉건적 귀족과 인텔리계층으로 이루어진 중추원과 관청, 친일파로 이루어진 도평의원회, 기타 부·면·읍 협의회 등은 조선인의 일부를 생활에 참여시키고 있는 듯하나, 사실 조선인의 일부를 예속시키기 위한 수단이다. 민중을 기만하는 방법이기에 이들은 그저 상담기관에 지나지 않는다. 조선인을 정치에 참여시키지 않을 뿐 아니라 조선인은 어떠한 정치적 자유도 완전히 박탈되었고 일체의 언론·출판·집회·결사의 자유도 박탈되었다. 2사단의 상비군과 2만 이상의 경관, 15, 16만의 재향군인, 기타 청년단을 동원하여 조선 전토를 항상 전시상태처럼 에워싸고 경계하고 있다. 또 부분적으로 통치상의 필요에 따라 조선인을 관리로 채용한다고 하나 이 또한 철저하게 차별을 두어 봉급의 반을 지급하는 상태이다(6할의 가봉(加俸)을 이유로 함). 조선 고유의 4천년 역사와 문화, 혈통을 약탈할 뿐 아니라 언어, 풍속, 습관의 동화를 강화하고 있다. 노농대중의 자연발생적인 경제요구와 스트라이크도 모두 경찰의 죽검과 총검으로 완전히 유린한다. 전투적 노농대중은 치안유지법, 제령제7호, 출판법, 보안법 등으로 수천 명이 투옥되었고, 최근에는 사상보호관찰법으로 두뇌까지 억압하고 있다. 이러한 절대전제적 통치관계에서 전조선의 민중은 반제, 반파쇼 전선에 궐기하지 않을 수 있겠는가. 생사의 기로에 선 조선 민중에게 반발이 없을 수 있겠는가.

(3) 조선의 기형적인 경제적, 정치적 조건은 사회적 관계조차도 그것에 적응하도록 형성되었다. 조선총독부 및 각 지방관청의 '생명수'인 사회정책은 진정으로 조선 민중을 근대적 생활로 인도하고 있는가. 아니다. 그것은 반대방향으로 돌진하도록 하는 것일 뿐이다. 숭신조합(崇神組合)을 조직하여 미신을 장려하는 일, 명륜회(明倫會)를 조직하여 기존의 유교사상을 부흥시키는 일, 쇠락하는 종교들을 부흥시키기 위해 물질·정신·권력의 면에서 원조하고 장려하는 일, 일반 민중을 보수화시키기 위해 관혼상제(冠婚喪祭)를 장려하고 사설묘지를 인정하고 장려하는 일, 내선통혼으로 융화의 장려, 남존여비, 애국, 배외사상을 고취시키는 일 등은 전 조선의 민중을 보다 근대적으로 발전시키는 것이 아니라 반대로 과거로 후퇴시키는 활동이다. 이는 피압박대중을 제국주의 전쟁 찬미로 몰고 가는 활동이다. "한 시대의 지배적 이데올로기는 지배계급의 이데올로기"이므로 자본가 및 지주 계층은 막다른 길에 부딪혀 그들의 경제행동이 반영된 비관적 염세사상과 순간적인 향락생활이 조선의 도시를 지배하고 있다. 예술적인 유행은 대체로 자멸적이며 타락했다. 공장 근처의 카페에서 유행하는 것은 현 세상을 저주하는 음악이다. 다른 것이 있다면 '죽을 때까지 싸우자' 하는 전투

적인 음악이다. 노동자의 적이 누군지는 몰라도! 이런 소용돌이에서 생활하는 노동대중이 또 다른 살아있는 희망의 신사회의 제도를 요구하지 않을 수 있겠는가. 그들이 가야 할 길은 이 길이 있을 뿐, 그들은 희망으로 살아갈 뿐이다!

5의 부록
노동자·농민·기타 일반에서의 인신매매제도 및 그들의 생활상황과 그 실태

(1) 조선총독부 및 각 지방관청은 공장법을 제정했지만 오히려 봉건사회의 인신매매제를 장려한다. 그렇게 함으로써 자본가 계급은 자유롭게 착취할 수 있기 때문이다. 그것은 연기계약제(年期契約制)이다. 이 제도는 특히 부인노동자에게 자주 적용된다. 실례로 군시제사(郡是製絲),[72] 가네보(鐘紡),[73] 동양방(東洋紡), 조선방적(朝鮮紡績), 가타쿠라(片倉)[74] 등의 대공장으로 일금 10엔, 17,8엔으로 6년, 10년의 계약을 맺어 한 번 입사하면 기간이 끝날 때까지 절대 나올 수 없다. 처음 1, 2년은 먹여주는 것만으로 무보수에 18, 19시간 노동을 강요당하고 그 후에는 20전, 30전으로 10년간 일해도 40전의 임금을 받는 사례가 없다. 벌금제가 있어서 부채가 한 달에 2엔이 될 때도 있다. 또 감옥과 다름없는 기숙사에서 지내고 한 달에 한 번 밖에 외출을 할 수 없고 외출 시에도 감독자가 따라다닌다. 음식은 좁쌀로 만든 마치 감옥에서 먹는 밥이다. 일체 행동에 대한 감시, 구타, 고문, 징벌 등이 있는 감옥과 다르지만 위생에서는 감옥 보다 못하다. 그녀들은 언제나 80도 넘는 뜨거운 곳에서 일하고 통풍구조차 없는 곳에서 혹사당하기 때문인지 내가 아는 사람 중에 5년 이상이 된 직공 8명 중에서 지금은 2명만 남았고 다른 6명은 사망했다. 내가 단명인 사람만 아는 것인지 모르겠지만, 죽은 사람들이 모두 폐병, 뇌빈혈이다. 아, 감사하기 그지없는 공장주, 관청. 그들을 일찍 천국으로 보내다니 고맙다고 종교 신자는 말하겠지. 백골난망으로 감사한가? 그들의 친구와 가족들은 피눈물을 흘리는데!

---

72 일본어음으로는 '군제(ぐんぜ)'라고 읽는다. 1896년 하타노 쓰루키치(波多野鶴吉)가 교토(京都)에 설립한 섬유제품제조회사로 조선의 여러 지역에 공장이 있었다.
73 1887년 미쓰이 다카노부(三井高信, 이명 三井得右衞門)가 도쿄(東京)에 설립된 방적회사.
74 가타쿠라 겐타로(片倉兼太郎)가 1878년 나가노에 설립한 제사회사. 1919년 대구에 제사공장을 세웠다.

세계열강과 어깨를 나란히 하는 일본이 공공연히 자행하지는 않을 것이다. 과거 내가 도쿄에서 48명의 조선인 부인을 그들의 소굴에서 구해 낸 적이 있다. 남선(南鮮)에서 유인하여 일본방적회사에서 일인당 5엔의 돈을 주고 산 일이 발각된 것이다.

(2) 인신매매가 공공연히 이루어지는 것은 물론 경찰이 조장하고 또 한 사람 매매에 얼마간의 세금을 걷고 있는 것은 아닌가. 신마치(新町), 모모야마초(桃山町), 나미키초(並木町) 등지에서 젊은 여자들이 부모를 살릴 작정으로 자신을 몇 년간 파는 것이다. 그녀들은 얼마나 괴롭겠는가. 특히 인신매매시장에 막 들어갔을 때는 마치 젊은 그녀들의 육신을 산산이 팔아치우는 것 같다. 조선은 최근에 크게 발전했다. 그들의 숫자가 기하급수적으로 증가하는 것을 보면서 그들의 젊은 가슴은 언제나 그 은혜를 영원히 잊지 않을 것이다, 그것을 갚을 때까지.

(3) 농민의 삶은 어떤가. 총독부는 농촌 가구마다 부채가 180엔이고 빈민의 수가 전체 농민의 89%라고 통계표를 발표했다. 그러나 그들에게는 아직 빌릴 것이 있으니 부채도 있을 것이다. 참으로 감사한 일이다. 소작령의 발표에 의하면 2만을 돌파했다. 소작쟁의! 감사하다! 내가 양주(楊州) 군에서 직접 조사한 바에 의하면 그곳의 토지는 모두 이왕직과 동척의 것이었다. 모두 소작농이고 최고 경작 면적은 20마지기(1마지기는 2백평), 최저 경작면적은 1마지기 반, 평균 4마지기이다.

그 4마지기를 중심으로 그들의 생산 방법과 생산비를 조사해 보니 생산 방법은 어느 정도까지 발전해서 공동노동이 널리 행해지고 탈곡기를 사용한다. 모심기 방법은 정조식(正租式)이다. 근대적인 금비(金肥-화학비료)를 사용하지만 영세한 노동착취의 방법임에는 틀림없다. 생산비는 4마지기를 기준으로 계산했다(동척 표준).

(표 생략)

농촌의 농업이 이러한 상태이다. 그들에게 아무리 농사를 지어도 부족한 것은 어떻게 하는지 물으면 농업을 하는 것은 농산물을 상대로 하는 것이 아니라 농사를 짓지 않으면 동척이 빚을 주지 않고 이웃에도 신용이 없어지기 때문에 어쩔 수 없다고 대답한다. 그렇다. 그렇기에 농가의 부인은 강가에 나와 풀뿌리를 캐는 일이 본업이 되기도 한다. 그들은 삶에 대한 애착을 포기하고 있다. 언제 어떻게 할지 모른다.

6. 조선에서의 공산주의 운동의 특수성

현재의 이러한 조건(정치, 경제, 사회)은 필연적으로 조선의 공산주의 운동에도 적용되어 그 특수성을 부여한다. 만약 그렇지 않다면 공산주의 운동은 현실성이 떨어지는 몽상이자 비과학적인 미신이며 화석화된 유골일 수밖에 없다. 그러므로 다른 모든 조건을 배제하고 오로지 현재 조선의 역사적 발전 단계에서 관찰한다면, 일본제국주의의 절대전제적 억압, 토지의 자본주의적 수탈, 봉건적 영세적 착취, 공장에서의 반봉건적 고혈노동제에 의한 착취, 특히 역사·문화·혈통·풍속·습관 등의 수탈로 인해 조선의 민족 부르주아와 인텔리가 전체 조선 민중의 선두에 서서 반일본제국주의운동을 선동할 뿐 아니라 민족 부르주아를 중심으로 하는 민족혁명운동이 전개될 것이다. 그리하여 민족혁명이 성공함으로써 완전한 독립국가 조선이 근대적 자본주의 역사단계로 나아갈 것이다. 즉, 반봉건적 형태에서 완전한 자본주의적 형태로 일보 전진한다(이러한 조선에서의 경향은 1919년 3·1운동의 33인에 나타나는데, 그들은 선진 부르주아국가의 부르주아 혁명가처럼 발전하지는 않았다. 그러하기에 당시 조선 민중을 궐기시키고 마지막까지 투쟁을 이끌기 위해서는 무엇보다 '농민에게 토지를'이라는 구호가 절대 필요했음에도 불구하고 그렇게 하지 못했다. 대중적인 조직도, 지도부도, 아무것도 없었다. 이 운동은 패배할 수밖에 없었고 격앙된 민중은 다음 기회를 기다리며 각자의 위치에 있었지만, 33인은 대부분 일본제국주의의 앞잡이가 되기로 약속하고 그들의 품에 안겼다. 그 후 경찰정치에 의한 살인적 억압은 민족부르주아와 자유주의적 인텔리의 궐기하는 혼백을 소멸시켰다. 중국혁명운동에 나타난 국민당의 반동에서 그들은 무한한 교훈을 얻었다. 즉, 그들은 눈앞의 제국주의적 철퇴보다 첨예한 노농대중의 혁명세력이 가로놓여 있음을 알았다. 꿈과도 같았던 그들의 혼백은 영원히 지하로 깊게 숨어들어 사라지고 말았다). 그러나 '안타깝게도' 조선을 발전시킬 수 있는 역사적 사명을 가진 민족 부르주아와 인텔리층은 조선의 민족독립, 즉 부르주아 민주주의 혁명의 주체적 임무를 포기했을 뿐 아니라 오히려 일본제국주의에 의한 조선에서의 반혁명적 임무를 수행했다. 그렇다고 조선이 일정한 발전 단계로서의 민족혁명, 즉 부르주아 민주주의 혁명이 없어지는 것인가. 아니다. 부르주아 민주주의적 성격을 띤 혁명이 아니어도 되는가. 조선민족의 입장에서 정치·경제·사회 제방면의 부르주아 민주주의적 혁명이 없어도 되는가. 아니다. 반드시 혁명, 민족혁명이 일어나야 한다. 만약 일어나지 않는다면 역사는 멈추고 역전하는 것이다. 어떤 영웅이든 위인이든 인류역사에서 역사를 멈추게 한 적이 없으며 또 인류역사는 멈춘 적 없이 항상 객관적으로 발전해 왔다. 그

것이 무한대로 보다 높은 단계로 전진하기 때문에 인간도 더불어 전진해 가야 한다. 혁명의 주체부대가 반동이 될 때, 항상 역사는 그 혁명적 임무를 다른 부대에게 명령한다. 그렇다면 조선에서 민족혁명의 임무는 어떤 계급에게 맡겨지는가. 단, 반동이 되지 않는 것은 노동자, 농민, 무산시민, 즉 피압박계급뿐이다. 그렇다면 농민인가, 노동자인가, 무산시민대중인가. 이들 중에 있는 것은 틀림없다.

그러나 이를 상세히 알기 위해서는, 조선의 모든 계급 계층의 일본제국주의를 향한 투쟁력과 추진력을 보면 명확해질 것이다

〈대조표〉

각 계급의 투쟁력과 추진력							
계급		부르주아	귀족지주	무산시민	농민대중	노동자대중	학생인텔리
정치불평	상			○	○	○	○
	중			○			○
	하	○	○				
경제불평	상			○	○	○	
	중			○			
	하	○	○	○			
사회불평	상	-	-	○		○	○
	중	-	-	○	○		○
	하	-	-	-			
생산 수준	상	-	-	○	○	○	-
	중	-	-	○			
	하	-	-	-			-
소유재산 정도	상	○	○			-	
	중			○		-	
	하			○	○	-	
적요		민족적으로 재벌 억압에 다소 불평 있음	토지수탈에 불평 있음	불평이 上에도 下에도 있음	약간 소유함	재산 없음	과학적 정의심, 의식적 투쟁력 있음

위의 대조표에 나타난 것처럼 투쟁력은 노동자가 1위고 농민이 2위, 무산시민이 3위, 학생 및 인텔리가 4위이다(학생 및 인텔리는 주로 의식방면에서). 투쟁력의 강약으로 추진력이 결정되므로 투쟁력과 추진력이 동일할 것이다.

이에 조선의 민족혁명 주체부대는 노동자이고 농민을 동맹으로 무산시민과 학생, 인텔리층을 포용해야 한다. 그렇게 되면 노동자는 자신의 혁명, 즉 프롤레타리아 혁명을 해야 하고 민족혁명을 할 필요가 없지 않은가라는 의문이 들 것이다. 그렇다. 봉건사회에서 직접 프롤레타리아 혁명을 할 수 있는가. 불가능하다. 앞서 언급했듯이 역사는 반드시 단계를 밟는 원칙에 의해 진행되기 때문이다. 이는 물론 인간의 노력으로 일정하게 단축시킬 수 있음을 부정하는 것은 아니다.

현재 조선의 역사적 단계는 민족혁명, 즉 부르주와민주주의 혁명의 단계임에도 불구하고 민족부르주아가 모두 반동이 되었기 때문에 보다 혁명적 투쟁력을 지닌 노동대중은 자기혁명을 위해 전단계의 민족혁명을 민족부르주아를 대신해서 하지 않으면 안 되게 되었다. 그것은 조선의 프롤레타리아 혁명이 일본제국주의로부터 조선을 독립시키지 않고서는 노동자농민의 정부를 수립하지 않고서는 할 수 없기 때문이다. 따라서 현재 조선에서의 혁명은 노동자농민을 주력부대로 민족혁명, 즉 부르주아 민주주의의 성격을 띤 혁명 = 캐피탈데모크라시(자본성 민주주의) 혁명이다. 이러한 성격의 혁명은 현재 조선이 요구하는 당면한 중대 문제이자 이 혁명의 주체부대인 프롤레타리아 계급의 당면한 긴급임무이다. 노농대중의 전위운동으로서 공산주의 운동은 민족혁명운동의 주체부대일 뿐 아니라 프롤레타리아 혁명의 주체부대이기도 하다. 노농대중에 강력하게 뿌리를 내리고 강철 같은 조직을 만들지 않는다면, 또 조선 내의 모든 반제적 요소를 민족혁명전선에 동원함과 동시에 강력한 지도를 수행하지 않는다면, 또 민족혁명운동의 헤게모니를 최후까지 확보하지 않는다면 역사에 따라 발전하는 민족혁명의 진정한 주체가 될 수 없고 나아가 혁명을 급속히 성취할 수 없으며 프롤레타리아 혁명을 급속히 전개하여 강력한 성공을 수행할 수 없을 것이다. 그러므로 당면임무를 부여받은 공산주의 운동은,

1) 조선 절대 독립!
2) 노동자 농민 소비에트 정부의 수립!

3) 토지 소유의 몰수로 농민에게 토지분배!
4) 노농소비에트 정부에 의한 금융 및 생산기관의 직접 관리!
5) 노동자 상태의 철저한 개선 및 7시간 노동제 실시!

위 사항을 강력하게 수행하기 위해 우선 노농대중에 기초한 볼셰비키당을 재건할 것, 전 민중적 반제 반파쇼 전선을 공고히 수립할 것 등의 실력을 획득하기 위해 전력을 다하고 있다.

7. 3·1운동 이후 그 당시에도 이미 노동자의 파업, 태업과 농민의 소작쟁의 등 경제투쟁은 여기저기에서 시작되었고, 자유주의 인텔리, 청년, 학생 등은 근대사상 문제에 분주해 있었다. 때마침 국제공산당의 하향공작운동이 전개됨에 따라 조선에서의 공산주의 운동의 출발점이 되었다. 그러나 이 운동은 조선내 제반 조건의 특수성으로 인해 매우 기형적인 형태를 띠었고 이루 말할 수 없는 고통과 고민, 즉 조선의 독특한 '태생적 고민'을 안고 전진하고 있었다.

(1) 제국주의적 토지 수탈이 강행되었지만 농업에서 봉건적 생산관계가 온존한 점(자본주의적 소유관계와 봉건주의적 영세적 착취 방법이 대척을 이룸). 농촌에 소규모 수공업생산이 상당히 존재한 점.
(2) 제국주의적 식민정책에 의해 공업생산이 ■■■■■ 노동자가 적지 않고 또 몇 년 정도밖에 되지 않는 당대의 노동자라는 점. 동시에 노동자의 대중적 파업 경험이 적다는 점.
(3) 제국주의적 경찰 폭력이 거대한 까닭에 감히 투쟁을 시도하기가 어렵고, 투쟁방침의 불명확함과 초기의 비합법성으로 인해 반발적으로 작용함으로써 투쟁력이 자체 내부로 향한 점. 이 또한 제국주의적 스파이정책으로 인해 조장된 점.
(4) 과거 봉건시대의 당파성(노론 소론 남인 북인 등)이라는 전통이 상당히 있었던 점. 직접, 간접으로 당파전에 참가한 이들이 많은 점.
(5) 자본주의적 고등교육과 과학적 연구가 불충분한 점. 따라서 마르크스레닌주의 이론도 명확하게 파악하지 못한 점과 보급도 충분하지 않은 점.
(6) 일반 민중 특히 노농대중의 문맹이 퇴치되지 않아서 그들 내에 이론(혁명적)이 침투되

기 어려운 점.

(7) 초기운동가들이 거의 반봉건적인 인텔리, 학생, 청년층이므로 자신의 결사적 문제로서가 아니라 일시적인 영웅심, 정의감, 의분에서 출발하여 타락, 반동, 스파이가 되기 쉬웠던 점.

이상의 제반 조건이 조선에서의 과거 공산주의 운동전선에 특수한 봉건적 파벌투쟁을 지속하게 만들었다. 게다가 이는 상당 기간 동안 공산주의 운동전선에 커다란 해악을 끼쳤을 뿐 아니라 헤아릴 수 없을 만큼의 반동적 결과를 초래했다. 이 파벌적 경향 속에서도 공산주의적 조류는 끊임없이 발전을 위한 투쟁을 내외의 적에 대항하며 지속해 왔다. 그러나 일정한 기초적 조건 속에서 탄생한 것인 만큼 금방 사라지지 않는다. 그 조건이 소멸될 때까지가 아니면 소멸한 뒤에도 얼마간 남는 법이다. 특히 그것이 이데올로기이기에 더욱 그러하다. 조선공산주의 운동의 일대 난제로 가로놓인 파벌문제는 노농대중의 혁명적 투쟁과 파벌의 기초적 조건의 소멸에 의해 최근에는 공장노동대중과 농촌에서 점점 그 그림자가 뚜렷이 사라지고 있다.

1) 농촌은 반봉건적인 관계로 전화함. 농업노동의 속출. 수공업도 소멸함.
2) 광공업의 증진에 따라 노동자가 증가하고 숙련화함. 파업의 경험도 상당히 증가함.
3) 투쟁방침이 명확해 짐. 비합법기술이 발전함. 스파이정책에 이용당하지 않게 됨.
4) 장기적인 투쟁에 의해 파벌적 전통이 청산됨.
5) 과학의 보급에 따라 마르크스·레닌주의의 이론이 보급됨.
6) 노동자, 농민의 문맹이 퇴치되고 있으므로 혁명이론이 침투함.
7) 노동자, 농민층에서 결사각오로 나서는 이가 많음.
8) 노농대중의 투쟁이 고도화됨.

관헌의 억압이 과열됨으로써 파벌분자가 운동에서 제외된다. 그러한 자가 있다고 해도 노농대중의 압력으로 청산되지 않을 수 없다. 지금의 운동은 목숨을 건 것이기 때문이다.

이러한 파벌적 경향은 오로지 조선프롤레타리아의 확고한 투쟁으로 완전히 그 그림자를 소멸시킬 것이다. 그들은 이를 위해 앞으로도 명확한 방침으로 투쟁할 것이다. 조선에서의 공산주의 운동의 발전 여부에 대해 이상에서 대체로 전망했는데 일괄해서 정리해 보겠다.

1) 공산주의 운동 내부의 적인 파벌적 섹트주의는 대중의 피의 투쟁으로 청산됨.
2) 근대적 대경영의 ■■적 증설로 노동대중이 격증함과 동시에 전시비상착취로 인해 노동자 생활이 야만의 상태가 됨으로써 대중적 파업이 격증함.
3) 임금인상, 전시 인플레에 따른 물가폭등과 소작료의 인상 등에 의해 농민대중이 기아 상태에 놓이게 되자 소작쟁의, 기타 반대투쟁이 격화됨.
4) 관헌의 폭압이 과열되고 마르크스·레닌주의 이론의 보급, 노농층에 대한 혁명이론의 침투, 비합법전술의 고급화, 구체적 운동 방침의 대중화 등이 강행되고 있는 점.
5) 노동자, 농민 출신의 지도자가 결사적으로 다수가 등장하는 점.
6) 비상시 운운하는 부르주아 정치투쟁으로 지금까지 신성시되었던 국가권력의 추태가 대중적으로 알려짐.
7) 국내 정치불안이 나날이 증가하고 전세계적 계급투쟁의 파도가 나날이 증가하는 것이 대중 앞에 여실히 드러남. 특히 내외 인민전선이 확대 강화되고 있음.

이상과 같이 제반 조건은 노농대중의 정치적 각성과 전투적 고양을 비약적으로 촉진할 뿐 아니라 반드시 공산주의 운동을 빠르게 발전시킬 것이다.

이상.

(附)
1. 사상범 보호관찰제도에 대한 소감[75]
나는 과거 공산주의 운동을 했고 사상범으로 징역을 살았으며 현재 미결수 감옥에 수감 중이다. 향후 복역 후에는 반드시 직접적인 적용을 받게 될 것이므로 사상범보호관찰법 및 제도에 대하여 일정한 소감과 연구에 기초한 의견을 품고 있다. 그러나 사회에 있을 때 신문을 통해 사상범보호관찰법의 제정을 위한 정치 당국자의 활동과 그에 대한 일반 민중의 정

---

75 원문의 문체는 ~합니다 체와 ~하다 체가 혼용되어 있는데 ~하다 체로 통일하였다.

치적 여론을 어느 정도 알 뿐 법조문을 상세히 검토해 보지 않았고 법 집행의 구체적인 사례를 아직 알지 못하며 법 집행 당사자의 세세한 의견을 들은 적이 없기 때문에, 그 제도에 대한 감상을 제대로 말하기 어렵다. 직관적인 소감을 말하자면, 1928년(昭和 3) 당시 모든 '반대'와 '고려'의 주장을 돌파하고 긴급칙령으로 신치안유지법을 발표함으로써 일반 공산주의자를 협박했던 것과 거의 동일하지 않은가 하는 생각이 바로 들었다. 치안유지법이 주로 공산주의자를 무력으로 섬멸시키기 위해 실시되었던 것과 마찬가지로, 사상범보호관찰법 역시 주로 공산주의 운동가들을 선도, 회유하고 나아가 형기를 연장시킴으로써 그들을 소탕하려는 것이 아닌가 생각한다.

만약 사실이 그러하다면 신치안유지법 실시 후 10년이 지난 지금, 실제적인 성과가 어떤지를 과학적으로 고려해봐야 하고, 또 이후의 구체적인 사실을 하나하나 검토해야 한다. 그렇지 않다면 피상적인 관찰에 머물러 진정한 사실적 성과를 제대로 파악하지 못하기 때문이다. 이러한 점을 깊이 고려하고 검토한 결과 다음과 같은 결론을 얻게 되었다.

다시 말하건대 치안유지법과 사상범보호관찰법은 동일한 성격의 것이고, 기존에 이미 시행하여 일정하게 경험을 축적하였으므로 어느 정도 미래의 전망을 예견할 수 있기에 먼저 치안유지법에 대해서 언급해 보기로 하겠다.

즉, 신치안유지법의 공포는,

1) 전 유럽을 배회하던 공산주의라는 괴물이 세계 구석구석을 또 우리 조선에서도 거대한 존재가 되어 국가권력을 총동원하여 억압하게 되었다. 학자들은 연구주제로 삼았고 정의에 불타는 자유주의자도 뛰어들었을 뿐 아니라 노동대중들에게도 널리 퍼지게 되었다.

2) 이 법의 실시로 과도한 희생을 낳아 그들 주변의 일반인과 일반 민중은 불안감에 떨며 준동하고 분개함으로써 민중과 국가권력이 급속하게 분리되었다. 일반 민중들은 그들을 깊이 동정하고 그 가운데 격분한 사람들은 결국 공산주의 운동에 뛰어들었다.

3) 과도한 희생을 겪은 이들은 국가권력에 반감을 가짐으로써 오히려 전투적으로 각성되었다.

4) 한 번 희생을 겪은 사람은 전과자가 되기 때문에 다른 길을 포기하고 또다시 결사 각오로 활동하게 된다.

5) 한 번 희생을 겪은 사람은 공산주의 이론을 정확하게 파악하고 있지 않더라도 다른 사람의 공격으로부터 운동을 보호하고 변호하려 하며(무의식적으로 그렇게 된다), 그것에 대해 알고자 한다는 점이 심리학적으로 설명되기도 한다.

6) 한 번 희생을 겪은 사람은 두 번, 세 번의 희생에 대해서는 크게 두려워하지 않는다. 한 번 경험한 길은 수월하고, 사경을 헤매다 살아남은 사람은 죽음에 대한 공포가 비교적 엷어지기 때문에 퇴역 군인이 결사적인 행동을 잘 하는 법이다.

7) 한 번 징역을 산 사람은 관념적으로만 알던 노동대중의 피압박과 피착취의 정도를 복역 중에 체험한 것과 동일시하여 더욱 분개하는 경우가 많다. 또 복역 중에 겪은 고통의 체험은 그 보다 더한 고통을 참게 만들고 공장노동, 육체노동에 직접 뛰어들기 쉬워진다. 따라서 감옥은 공산주의자에게 훈련소이자 단련장이라 할 수 있다.

8) 이 법의 실시와 더불어 동반하게 될 경찰 폭력의 강화는 일반 공산주의자의 결사적 각성과 눈에 보이지 않는 전술, 그리고 단기간 내 최대의 능률적인 활동을 초래하게 될 것이다.

9) 노농대중의 경제적 요구운동마저 억압당하고 있기에 그들이 요구운동에 나설 때는 일정한 희생과 전투력으로 나서게 된다. 즉, 이미 반(半) 공산주의자가 될 뿐 아니라 일정하게 비합법 활동이라는 방법을 택하게 될 것이다.

10) 경찰 폭력에 쫓긴 적이 있는 사람은 다양하게 변장한 모습으로 각 지방과 대중 속에 분포할 것이기 때문에, 경찰당국도 그렇고 자신들조차 예기치 못한 혁명적 선전이 대중들에게 광범위하게 전달됨으로써 계획적으로 파견한 것 이상의 성과를 거두게 될 지도 모른다.

11) 과거 합법의 시대에는 비교적 활동적인 분자들조차 빈둥빈둥 지내다가 천지를 뒤흔드는 거센 탄압이 불어 닥치면, 그들은 물론이고 환경이 좋지 않은 사람, 의지가 강한 자, 감정이 격한 자, 모던보이 모던걸들까지 급속도로 비합법으로 들어가게 된다. 비합법은 일정하게 제약은 있지만 희생을 각오하고 활동하기 때문에 동일 기간에 능률이 상당히 배가되는 것이다.

12) 진정한 공산주의 운동■라면 이를 환영하지 않을뿐더러 강하게 반대할 것이므로 필연적으로 후퇴하거나 몰락할 수밖에 없다. 그런데 환경이 좋고 의지가 약한 모던보이 모던걸은 우익활동을 함으로써 전투적 노농대중을 우익으로 만들어 방황하게 만들고 지배계급에 대한 충복의 임무(객관적으로 그렇게 됨)조차 포기하게 만들 것이다. 즉, 전투적 노농대중을

지배계급의 하급 부대로 전락시킬 것이다.

　13) 그리하여 모든 중간적인 운동을 몰락시킬 뿐 아니라 조선 내의 정치적 정세를 전환시켜 양대 계급대립을 보다 첨예하게 만들 것이다.

　이상에서 말한 바와 같이 신치안유지법의 실시와 경찰 폭력의 강화를 어용의 관점에서 피상적으로 살핀다면, 마치 법 제창자 및 위정자의 본연의 의도와 임무가 어느 정도 실현된 것처럼 보일지도 모른다. 특히 스스로를 변호하고 싶은 위정 당국자라면 더욱 그럴 것이다. 그러나 위정자는 냉철하게 장막을 걷어 내고 베일을 벗어 대담하고 정당한 일을 해야 한다. 모든 사물을 부분적이고 일면적으로 본다면 정당하게 있는 그대로의 본질을 알 수 없다. 전체성에 의해 전면적으로 관찰함으로써 사물의 본질을 실제적으로 파악해야 한다. 그러한 관점에서 볼 때 사물의 반작용 법칙에 따라 제창자와 위정자가 예상한 것과는 반대의 결과가 될 것이다. 나아가 10년이라는 오랜 기간 국가권력을 동원한 노력과 막대한 경비, 그리고 무수한 희생을 치렀음에도 불구하고 오히려 위에서 열거한 조목처럼 반비례하는 결과를 낳을 것이다. 그러한 상황에 도달하는 과정에 대해서는 어느 정도 확인할 수 있었다. 예컨대 간혹 다음과 같은 얘기를 듣곤 한다.

　"나는 실제 별것도 아닌 일로 ××경찰의 추궁을 받았고 결국에는 어엿하게 한 사람 몫을 하게 되었다"
　"처음에는 그놈들의 횡포에 분개해서 일어선 것이다"
　"나는 징역을 통해 진정한 압박과 착취의 고통을 알게 되었다"
　"진짜 무서운 것은 놈들의 회유정책이라고 생각했지만 놈들의 압박은 아무것도 아니었어, 압박에는 반드시 반작용이 생기니까."
　"내가 이렇게 된 것은 실은 자네가 고문당하는 것을 본 다음이지. 네가 겪은 고문이 진가를 발휘했어."
　"인간은 환경의 산물임에 틀림없어. 내가 실제 그런 생활을 겪지 않았다면 지금 어떻게 되었을지 모르지. 아마 놈들의 충복이 되었을지도 몰라. 그런 점에서는 경찰 덕분이지…"
　"나는 스무 살 때 하루에 겨우 10전을 받고 밤 12시까지 일했기 때문에 파업을 시작했는데 경찰이 강제로 끌고 가서 고문을 했어. 그래서 진정으로 각성되었지"

이상과 같은 여러 가지 결함에 대해서 1928년의 위정당국자도 어느 정도는 예상했을 것이다. 당시 해당 문제를 토론하는 추밀원 회의석상에서 어느 고문관이 공산주의자를 근본적으로 퇴치하는 유일한 방법은 태평양 한 가운데 지치지마(父島)의 외딴 섬 무인도로 유형을 보낸 후, 비행기폭탄투하훈련 지역으로 설정하는 방법뿐이라고 당당하게 주장을 쏟아낸 적이 있다. 그래서 한때는 비인도적이라고 세간에 논쟁이 일어났다고 알고 있다. 이렇게 단순한 고문관이야말로 감정에 치우치는 일본 정치인답다.

정치 담화를 나눌 때 얼굴을 붉히는 프랑스 정치인을 모방한 느낌이 나는데, 신사답게 냉정하게 정치 담화를 나누는 영국 정치가를 따라잡지는 못한 것 같다. 세간에 이런저런 많은 주장이 있었음을 10년이 지난 오늘날에도 선명하게 기억한다. 그중에는 중간 감옥제, 사상범의 예비 감옥제, 고등경찰 보충 감옥제 등이 있었다. 여태 치안유지법 문제를 언급해 왔는데 궤도에서 벗어난 것이 아닌가 하겠으나, 이 제도가 갑자기 출현한 것도 아니고 또 치안유지법을 보충하는 제도라는 점에서도 그렇지 않다. 과거에서 현재에 이르는 과정을 파악하는 것은 어느 정도 미래의 진로를 보여 주기 때문이다.

즉, 사상범 보호관찰제도는,

1) 과거의 경험에 비추어 볼 때 주로 공산주의 사상범은 노농대중과 접촉하여 곧바로 대중을 전투적으로 만들고 그들 대부분을 공산주의자로 만듦으로써 국가의 자본주의적 위기를 첨예하게 한다. 따라서 그들과 대중을 영원히 분리시키는 것이 위정자에게는 절대적으로 필요했다. 그러나 현재의 치안유지법은 실제적인 범죄 사실에 기초하여 처벌할 뿐 그들의 내재적 사상에 대해 과한 형벌을 집행하는 것은 일반 세간의 여론도 있고 법률의 형식상으로도 불가능하다. 따라서 이 제도는 치안유지법의 결점을 보완하는 사상박멸의 제도이다.

2) 법의 표면에 드러나는 적극적인 부분은 치안유지법으로 징역을 마친 후 개전(改悛)하지 않은 자, 집행유예 중인 자, 기소유예 중인 자, 기타 그에 준하는 비전향자, 전향 중인 자 등을 일정한 수용소에 넣어 철저하게 자유를 억압함과 동시에 확실하게 전향하지 않은 자는 무제한적 즉 무기감옥을 집행하는 것, 즉 치안유지법에 의한 실형을 다른 형식으로 가장

길게 연장하는 것, 공산주의 사상의 소유자 및 같은 경향을 보이는 자에 대한 무기징역 제도이다.

3) 법의 이면에 드러나는 소극적인 부분은 그들의 사상을 징역으로 압살시킴과 동시에 그들의 직업, 결혼, 교유, 독서, 편지 등을 관리 감독함으로써 기타 회유적인 정책으로 그들의 사상을 전락시키고 선도하려고 노력하는 것, 즉 회유적인 고급 교화기관을 설치하는 제도이다.

4) 또 다른 측면은 고등경찰의 사상규찰(思想糾察) 임무를 과거에는 사상 인물을 요시찰인물로 정하여 고등경찰의 중대한 임무로 활동했는데, 그 일부를 기관이 인계받음으로써 고등경찰의 활동을 단순화시킬 뿐 아니라 구체적이고 실질적인 보조 활동을 수행한다. 그러한 의미에서 고등경찰의 별동대와 같은 활동을 이어받는 제도이다. 일괄해서 말하면 치안유지법의 결점을 보완하고 연장시킨 제도이자 사상범 종형자, 그 밖의 비전향자의 자유를 억압하는 기관이다. 사상을 전향 또는 계도하는 회유적인 고급교화기관이고 고등경찰의 사상규찰 별동대 기관이라고 생각한다. 그렇다면 먼저 위의 1), 2), 3), 4)를 하나씩 검토해 봄으로써 이 제도의 앞길이 태양처럼 광명이 비출지 아니면 단테의 지옥처럼 암흑이 드리울지 분명해질 것이다.

위의 1), 2), 3), 4)를 설정함으로써 필연적으로 맺게 될 결론은 다음과 같다.

1) 당연히 공산주의자를 대중과 분리시킨다면 노동대중은 전투적으로 되지 않을 것이며 국가의 자본주의 위기를 첨예화시키지 않을 지 모른다. 자신의 경험에 비추어 볼 때 노농대중은 공산주의자의 선전선동에 의해 격화되기보다 일상의 참담한 생활로 인해 격화되는 것이 분명하다. 실제 사례를 봐도 일본 노동자는 파업을 자주 일으키지만, 조선에 온 일본인 노동자는 비교적 높은 임금으로 생활이 안정적이고 특별한 대우를 받기 때문에 좀처럼 파업을 일으키지 않고 좌익화하는 경우도 많지 않다. 또, 미국 포드 공장과 스워프(シュワップ) 제철공장에도 파업이 거의 없다. 즉 불평불만이 적은 곳에는 파업도 좌익화도 없다는 것이 명약관화하다. 그래서 조선공산주의자의 활동에서 곤란한 문제는 재조선일본인 노동자라고 할 정도이다. 마찬가지로 미국도 비교적 노동조건이 좋아서 공장 내로 침투하기가 어렵

다고 하는데 이것은 한, 두 나라의 사례가 아니라 전 세계적인 문제이다. 최근의 호황기(인플레 경기, 군수품 경기, 전쟁 준비 경기)에는 파업이 적은데 공황인 불경기(1920년, 1929년, 1930년)에는 파업이 많았다. 즉, 노동자가 공산주의를 이해하고 자기 것으로 할 때는 공산주의자의 선전선동 보다 오히려 생활하는 과정에서 필연적으로 그렇게 되는 것이다. 이러한 사실은 노동자의 실제 사례를 통해서도 충분히 확인할 수 있다. 과거 한 노동자를 접촉한 적이 있는데 공장 안에서 불평불만을 주장하는 중심인물인 것을 보고 훌륭한 지도자라고 판단했다. 과거의 경험을 물으니 그는 아무렇지 않게 다음과 같이 대답했던 것을 기억한다.

"나는 공장에서 8년 일하고 지금은 78전을 받고 있소. 어머니와 다섯 살 난 남동생은 3년 전에 굶어 죽었소. 그때는 35전으로 네 명이 살고 있었는데 당시 생활이 이루 말할 수 없었다오. 그때부터다. 머리가 아팠다. 세상은 왜 이런가. 어떻게 나아질 수 없는가. 일생을 이렇게 살아야 하는가. 빌어먹을. 병에 걸리면 굶어 죽기 십상이지. 그렇게 생각하고 콘크리트처럼 딱딱한 머리를 굴려 궁리해 보니 처음에는 이런 엄청난 생각을 시작했지. '강도가 되자'고. 공장에서 임금을 2할 인하한다는 말을 듣고 크게 분개하여 '이웃 첼트 공장처럼 우리도 파업을 해보자'고 하니 나도 좋다! 강도는 그만두자, 나 혼자 잘 사는 것보다 동료들 전체를 위해 죽을 때까지 해보자고 결심하고 파업을 시작하여 25일 동안 싸워서 결국 이겼다. 그때 대여섯 명은 경찰에 끌려갔지. 그리고 모두 함께 했는데 아무것도 모르니까 이번에는 함께 돈을 내서 소설과 신문을 읽었지. 하지만 취미는 여전히 변함이 없었지. 어느 날 저녁 공장에서 돌아가는 길에 '노동공제조합 개회식' 광고를 보고 달려갔더니 이미 시작하고 있었어. 방청석에서 열심히 보고 있는데 어떤 47, 48세 정도의 뚱뚱한 남자가 연단에서 이렇게 말했어. '요즘 아무것도 모르는 것들이 적색노동조합, 공산주의, 러시아가 좋다는 등 지껄이고 자신들을 고용하는 공장주와 자신들을 보호하는 경찰에 반대하고 투옥되는 자들이 많다. 우리는 놈들과 달리 노사협조다. 노동자와 자본가는 서로 도와야 우리 생활이 좋아지는 것이다.' 귀가 길에 나는 도무지 알 수 없어서 친구들과 상의하고, 노동공제조합 사람들과 접촉하는 한편, 신문과 잡지에서 러시아, 적색노동조합, 공산당과 같은 것을 찾아보았다. 그 때 비로소 알게 되었고 이번에는 적색노동조합운동과 공산주의 운동을 하려고 결심했다. 어머니가 돌아가셨을 때 나 역시 죽은 목숨이라고 생각하고 결사적으로 할 작정이요. 이것만큼은 우리의 생명이다. 진정으로 우리를 살게 한다."

어떤가. 그들의 실생활을 볼 때 필연적인 것임을 잘 알 수 있다.

치안유지법이 이러한 결함을 초래하는 모순투성이 법률이라는 사실을 근본적으로 청산하지 않은 채 반대로 모순을 감춤으로써 결함이 더욱 심각해지지 않았는가 생각한다. 그것은 마치 고장 난 시계나 자전거를 수리하는 비용이 원래 가격보다 더 비싼 것과 같고, 낡은 옷을 아무리 수선해 봐도 입을 수 없는 것과 같다.

2) 즉 ■■ 및 ■■■에서 ■■한 공산주의적 이상의 소유자와 그에 준하는 모든 이들을 일정하게 수용소에 가두고 그들의 자유를 억압하며 모든 것을 감독하는 것, 즉 구체적인 범죄를 저지르지 않아도 그들 머릿속에 있는 내재적 사상에 대해 과도한 형벌을 무기한으로 집행하는 것, 그것은 인류역사상 처음 있는 일이다. 또 현행 형법의 근본정신과도 모순될 뿐 아니라 현행 형법의 개정 문제가 거론되고 있는 작금에는 더욱 그러하다. 사상범이 전향 개전하지 않는다는 이유로 형벌을 가한다면 다른 모든 범인에 대해서도 동일하게 적용해야 할 것이다. 또 전향 개전한 사람은 가출옥제가 아니라 남은 형(刑)의 많고 적음에 상관없이 전과자도 방면하지 않으면 안 될 것이다. 또 어떤 중범이라도 전향만 하면 곧바로 수용소에 넣어 일정하게 가정생활을 시켜야 할 것이다. 그렇게 된다면 이번에는 형법과 대립하게 될 것이며 치안유지법의 존재를 불필요하게 만들고 현재의 일본제국헌법과 공존할 수 없는 불가입성(不可入性)을 띠게 된다. 범죄를 저지르지 않은 자에 대한 형벌과 자유의 속박(무제한적)을 함부로 집행하는 것이기 때문이다.

잠재적인 사상에 대해 무기한의 감금을 실행함으로써 당연히 그들을 대중과 분리시킬 수 있겠지만, 그것은 인도적인 문제를 일으켜 그들과 관계된 모든 사람, 나아가 일반 대중을 국가권력과 분리시키는 요인이 될 것이다. 사회생활을 하는 인간이므로 틀림없이 주변 지인과 친척이 있을 것이기 때문이다.

3) 회유적인 고급 교화운동, 이것은 엄청난 효과가 있을지는 모르나 그 효과를 얻기까지는 먼저 신의 조화처럼 대단한 수완과 신기한 기술, 그리고 그들이 지닌 이론 보다 고도화된 전향이론, 그들을 안주하게 만들 방면의 제공(여타의 희망하는 방면의 선도), 정열적인 노력, 적절한 설비, 막대한 경비 등이 절대적으로 필요하다. 왜냐하면 그들은 대부분 비교적 고급 두

뇌의 소유자들이며 대체로 정치활동무대에 등장하고자 했고 또 생활적으로는 충분한 자유와 행복을 바라기 때문이다.

또 그들은 정치기구와 분리되어 정치적 자유를 완전히 박탈당했으며, 농촌의 굶주린 환경과 공장노동자의 힘든 생활이 누적되었다. 그뿐만 아니라 고유 역사와 문화가 말살된 지금의 조선에서 사상전향은 특히 어려우며, 공산주의의 근본적인 퇴치와 박멸은 더욱 곤란하다. 내가 아는 한 농민대중은 이미 생사의 기로에 놓여 있으므로 그들은 늘상 어차피 죽을 거라면 조용히 죽지 않겠다고 말한다. 농촌을 순시하고 돌아온 경찰부장(경기도) 아무개는 농민들이 4전으로 생활하고 있으니 유치장에서도 4전의 밥이면 된다고 호령하여 순사들에게 웃음꺼리가 되었다. 사실 농민들은 4전의 생활도 보장되지 않는다. 대부분 기아 상태에 있으니 앞으로 3, 4년 정도 경과하면 틀림없이 인구가 줄어들 것이다. 어떤 동지는 말한다. 농민으로 굶어죽느니 차라리 죽을 각오로 운동을 하겠다고.

아울러 교화운동의 사례를 들어보지요. 조선총독부의 위대한 사업이라는 총독부 재생원 양육부 근처에서 약 2년간 생활하며 그곳 선생 및 아이들과 친해져서 그 내용을 상세히 알아보았어요. 아이들은 내게 다가와 "선생님, 안녕하세요" 인사를 건네며 재생원 선생들의 나쁜 점을 말하고 나를 선생 이상으로 친부모처럼 믿어주었습니다. 그들은 ■■적 고문을 받는 도중에 내가 있는 곳으로 도망쳐온 경우도 몇 명 있었습니다. 인근 주민들이 그 아이들을 도둑이라 부르고 선생들을 애비도둑이라고 부르며 재생원을 도둑 양육소라고 말하기에 물어보았어요. 어느 노인이 말하길,

"나는 재생원이 만들어지고 나서 지금까지 20여 년 동안 총독부가 무엇을 하는지 모르겠어요. 그 정도의 토지와 매년 5, 6만 엔의 비용을 들여 20년이 되었지만, 그곳을 나와 어엿한 성인이 된 사람은 오로지 두 명 정도밖에 없어요. 한 사람은 지금 2천 엔 규모의 가게를 하고 있고, 또 한 사람은 총독부 관저에서 ■■로 월급 30엔을 받고 있습니다. 거기 선생들도 그렇게 말합니다. 아이들에게는 감옥처럼 만주 조밥을 먹이고 선생들은 같은 곳에서 좋은 것을 먹습니다. 여름에 아이들이 열심히 재배한 쌀과 야채, 과일을 전혀 먹이지 않고 선생들이 들고 가고 나머지는 경성으로 가지고 갑니다. 그러니 아이들은 자기들이 재배한 참외와 토

마토를 훔쳐 먹는 일에 익숙하고 인근의 야채와 과일도 그렇게 훔치니 어찌할 도리가 없지요. 선생들은 나오는 아이들이 대부분 도둑이고 늘 신분조사장이 날라 와서 어쩔 수 없다고 합니다. 많은 경비를 들여 도둑을 양성하는 일이 되는 거지요."

나 역시 직접 드나들며 선생들에게 가볍게 그러한 내용을 물어보면 그곳에는 인도적인 문제와 법률적인 문제 등 모든 문제들이 감춰져 있고 사회 교화사업이라기보다 악화사업이 되어 있었다. 급료를 받고 눈에 보이는 것만 그럴싸하게 하면 지나가는, 자신과 상관없는 일이기 때문이다. 이러한 법칙은 지금 세상 어디서건 적용될 것이다.

현실은 간단하고 쉬운 일이 아니다. 하지만 하나를 가지고 전부를 규정할 수는 없다. 저급 교화운동과 고급 교화운동은 다르므로 매사가 그럴 거라고 생각하지는 않지만, 상당한 성과를 거두려면 상당한 노력이 필요하다. 쉽지 않을 거라 생각한다.

4) 고등경찰의 사상범 규찰 임무를 떠맡아 활동한다는 것, 말하자면 별동대 기관으로 독립시키는 것은 조직의 성격, 활동 편의, 경비 절약, 인원 편성, 유기적인 능률 등의 면에서 아무런 의미가 없을 뿐 아니라 커다란 폐해를 낳을 수밖에 없을 것이다. 사족인데, 독립적인 특별기관을 설치하기보다 현재의 고등경찰 사찰계를 확대시키면 충분하지 않은가 생각한다.

물론 공산주의자에게 위협적일지도 모르지만 그 밖에는 별다른 의미가 없다. 그러한 점은 부담하기 어려운 세금에 허덕이는 일반 민중을 격분시킬 뿐이다. 이러한 분노의 정도를 평소에는 잘 알 수 없어도 폭발할 때는 명확하게 알 수 있다. 마치 실을 당길 때 어느 지점에서 끊어질지 알 수 없어도 막상 끊어질 때는 가장 약한 지점을 쉽게 알 수 있다는 점과 같다. 특히 위정자는 이 점에 주의할 필요가 있을 것이다.

이상과 같이 여러 측면을 생각할 때 이 제도의 앞날에는 장차 광명이 깃들기보다 지옥 같은 암흑이 기다리고 있다. 이 제도에 관한 이론을 전개하기에는 이미 시기적으로 늦은 감이 있어서 거대한 국가권력의 일부가 되어 공산주의자의 머리에 가시면류관을 씌울 것이다. 그렇기에 사족을 덧붙인다면, 적극적인 의미는 차치하고라도 소극적인 의미에서 위정당국자에게 미약하나마 참고가 될 것이라 여겨 말하는 바이다. 마침 옛날 일을 거론하게 되는데, 1928년 당시 중간감옥제가 문제가 되었을 때 준 공산주의자가 다음과 같이 한 말을 아직도 희미하게 기억한다.

"중간감옥제가 되든 안 되든 상관 없지만 우리가 체포된다면 감옥까지 살아서 갈 수 있나? 경찰에게 살해당하겠지."

"이제부터 우리는 징역 몇 년, 몇 년이 아니라 무기형이라는 거지. 어차피 무기형에 처해질 거라면 제대로 하자. 우물쭈물하다 무기수가 되면 우스운 꼴이니까 말야."

"결국 비등점(沸騰點)에 도달했군. 죽느냐 사느냐. 전에는 감옥에서 나와 다시 운동할 거라고는 생각하지 않았는데 별거 아니더군."

"전과자는 물론이고 놈들이 주목하는 사람은 이제 틀렸어. 적의 손아귀에 있지. 언제든지 멋대로 잡아갈 테니 오히려 위험하다고 보고 그럴듯한 전망도 세우지 못했어. 비합법 활동가와 아직 저들이 모르는 사람들만 활동할 수 있어. 이전처럼 느슨하게 할 수 없으니 능률은 오르겠어. 그런 제도는 우리의 활동을 더욱 자극시킬 뿐이다."

"그런 제도가 있으면 금방 출옥한 사람도 신속하게 지하로 들어가고 전술적으로 그것에 적응하는 사람이 나오겠지. 일단 지하로 들어가면 체포될 때까지 열심히 하거든. 체포되면 개인에는 큰일이지만 전체 운동에는 전쟁에서 희생 없는 승리가 없는 것과 마찬가지다. 처음부터 각오한 일이 아닌가. 하지만 우리는 항상 희생자에게 경의를 표한다. 그들은 혁명의 거름이 되었다. 한 명의 희생은 만 명의 전사와 맞먹는다."

"그런 제도는 우리 운동을 억압하기 위해 만들어진 것이므로 전혀 피해가 없다고 할 수는 없다. 많은 희생자를 낼 것이기 때문이다. 그러나 이와 반비례해서 기하급수적인 전사자를 만들게 될 것이다."

"운동이 부분적으로 침체될 지도 모르나 전체적인 과정에서 본다면 침체든 아니든 상관 없다. 신치안유지법이 생겨도 마찬가지 아니던가. 오히려 이전보다 발전했다."

1933년(昭和 8) 세상에 충격을 던져준 사노 마나부, 나베야마의 전향에 대해 막 출옥한 수준 낮은 이들이 다음과 같이 말하는 것을 들은 적이 있다.

"정말일까. 그렇게 대단한 사람이 죽음이 두려워 전향하다니, 아닐 거야. 그만큼 대중의 지지를 받는 사람이 전술적으로 그런 일을 저지르거나 하지 않겠지. 진짜 전향했단 말인가. 나쁜 놈. 노농대중은 크게 영향을 받지 않겠지만 학생과 인텔리 층은 어느 정도 영향이 있을 테지. 놈들이 나오면 죽도록 패주겠어."

"그러게. 다른 방법이 없는 노동자만 끝까지 하는 거야. 우리 같은 사람은 전향을 해도 혼자니 문제없지만. 그러니까 놈들은 필사적으로 대중적 신임을 받는 자를 전향시키려고 애쓰는 거지."

"전향은 징역과 상관있는가. 가출옥, 집행유예는 가능할지 모르지만 형(刑)은 동일하지. 범죄 사실로 언도받는 거니까. 상관있다면 정상참작에 의한 감형이다."

"만약 투옥된 자가 전향 성명을 내지 않았다고 해도 그대로 믿지는 않을 것이다. 나와서 하는 것을 보고 비로소 신뢰하게 될 것이다. 이전에 아무리 대단한 사람일지라도 운동과 오래 분리되었으니 모르는 일이다. 그러니 전향, 비전향의 구분은 실제적인 운동이야."

또 사상범보호관찰법이 공포되었을 때 어떤 동지는 다음과 같은 말을 했다.

"합법적 존재로 느슨하게 하던 사람들도 어쩔 수 없이 비합법으로 들어가는 수밖에 없어. 조금이라도 움직이면 수용소에 갇히게 되고, 저들의 날카로운 감시하에서는 아무것도 할 수 없으니 말이야. 조금이라도 양심이 있는 사람은 반드시 지하로 들어가겠지."

"수형자의 전향, 비전향은 각자의 자유다. 전쟁에서 포로에게 마치 자살을 선택하라고 명령하는 것과 같기 때문이다. 인간인 이상 살고 싶겠지. 하지만 대중적 영향력이 있는 자가 문제야. 대장은 죽을 때까지 버텨야 한다. 자백한다고 안 죽이겠는가, 어차피 죽임을 당할 뿐이다. 이것 또한 마찬가지다. 그러한 사람들은 여간해서는 전향하거나 하지 않겠지."

"이 제도는 치안유지법의 연장이니 그 전과 달라질게 뭔가. 다만 전보다 비합법이 많아지고 전술이 달라질 것이다."

"전향 성명을 한 후 '전술상' 그렇게 했다고 말하는 자가 있는가 하면, 일반인도 '전술상' 그랬겠지 라고 생각하는 경우가 있는 것 같다. 하지만 이것은 틀렸다. 그만큼 어리석은 일도 없다. 전향이란 지금까지 가지고 있던 이론적 세계관과 그에 기초한 모든 실천적 행동을 이론적, 근본적으로 부정하고, 그것을 다른 이론적 세계관과 그 진로를 향한 실천적 행동으로 바꾸어 서약하고 대중적으로 표현하는 일이다. 즉, 자기 역사에 대한 죽음의 선언이자 공산주의 운동을 향한 선전포고를 대중적으로 서약하는 일이다. 만약 이것을 두고 전술이라고 한다면 전쟁에서 포로가 적을 인도하여 아군에게 손해를 끼치는 일조차 전술이라고 해야 할 것이다. 말도 안 되는 얘기다. 무지한 일반인들이 추측하는 것은 아무래도 상관없지만, 전향자가 이러쿵저러쿵 늘어놓는 것은 스파이가 되기 위한 자기변명에 지나지 않는다. 적들도 그렇게 바보는 아닐 것이다."

이상과 같이 여러 방면에서 그들의 태도와 의견을 접해 보면 일방적인 억압과 제재가 효과를 거둘 수 없음은 명백하다. 일본 공산주의 운동이 1920년 공황기를 일대 기회로 삼아 기초를 다졌고, 1927년 금융공황과 1929년, 1930년의 세계공황을 중심으로 비약적인 발전을 거뒀다는 것은 삼척동자도 아는 일이다. 조선의 경우도 마찬가지로 무엇보다 노농대중의 생활 상태가 공산주의 운동의 급속한 발전을 결정한다는 명약관화한 사실이 충분히 입증해 준다.

모든 사물이 정적인 존재일 따름이라면 위정 당사자들이 예상한 바와 같이 현재의 내외 정세 하에 이렇게 천둥 번개처럼 엄청난 기세로 법과 제도가 만들어지고 상당한 성과를 손쉽게 거두겠지만, 그와는 반대로 모든 사물이 동적이면서 비약적인 존재이기 때문에 늘 예상과는 다른 결과를 얻기도 하는 것이다.

언제나 문제는 전체성으로 갑이 죽든 병이 살든 을이 어떻게 되든 상관없이 객관적인 진리로써 나아갈 길로 나아갈 것이기 때문이다. 객관적 진리가 명령한다. "사람들이 말하는 대로 두라. 그리고 네 갈 길을 가라." 조선의 현정세, 즉 노농대중의 비참한 생활이 어느 정도 개선되지 않고 일반 민중의 정치적 자유가 어느 정도 보호되지 않는 한 아무리 법률적 권력을 행사한다고 해도 공산주의 운동의 비약적 발전을 부분적, 일시적으로 억압하고 말살할 수 없을 것이다. 이것은 마치 만성 매독환자에게 생긴 심각한 부스럼을 임시방편의 연고를 발라 치료하려는 것과 무슨 차이가 있는가. 이 제도를 확립하려고 들인 많은 경비와 노력을 다음과 같이 사용한다면 가장 나은 효과를 거둘 것이다.

1) 빈농 생활의 보호를 위해 무경지 농민의 토지 분배와 무이자 대출로 농경자금의 융통.
2) 노동자 생활의 보호를 위해 근대적 공장법의 제정과 7시간 노동제 실시, 최저임금제 (표준생활에 기초한)의 실시.

3) 민중의 정치적 자유를 보장하는 언론 출판 결사의 자유, 악법의 철폐.

현재의 자본주의 위기를 일시적으로 안정시킬 유일한 방법이다. 위정 당국은 이러한 점을 충분히 고려해야 할 것이다.

VI

신문조서 및 판결문

해제

　제6장에서는 이 시기의 사상탄압 사건의 신문조서와 예심종결결정 또는 판결문을 수록했다. 대상으로 삼은 사건은 중일전쟁 전후부터 해방 직전까지의 중국의 상해(上海), 국내, 일본 지역에서 일어난 민족주의, 무정부주의, 공산주의 계열의 사건과 비밀결사 독서회 사건, 일제 말기의 군 관련 유언비어를 유포하여 육해군형법 위반으로 처벌한 사건 등이다.

　먼저 수록한 자료는 1938년 연희전문 경제연구회 사건으로 피체된 이순탁(李順鐸)의 피의자 소행조서, 예심종결결정, 판결문이다. 이순탁은 전남 해남 출신으로, 1923년 목포공립보통학교를 졸업하고, 김연수(金秊洙)의 학비 지원으로 1917년 교토제국대학 경제학부에 유학하여 가와카미 하지메(河上肇) 교수에게 사사한 인물이다. 1922년 귀국하여 연희전문학교 상과 교수로 부임하여 활동하면서 조선의 가와카미로 불렸다. 부임 후에는 도쿄대학교 출신의 백남운과 교토제국대학교 출신의 노동규 등을 영입하여 마르크스주의 경제학 연구 학풍을 구축했다. 1923년에는 조선물산장려회의 창립 발기인으로 참여하고, 신간회 등에서 활동했으며, 1933년에는 조선경제학회에도 참여했다.[1] 경제연구회 사건은 1938년 2월부터 서대문경찰서 고등계가 연희전문학교 도서관을 수색하여 이른바 불온출판물을 압수한 다음 학생들을 검거하면서 시작되어되었다. 3월 말부터 백남운, 이순탁, 노동규 교수를 치안유지법 위반으로 연행했다. 이들은 미결수로서 서대문형무소에 구금된 채 취조를 받았으며 예심 종결 결정이 이루어진 날짜는 1940년 7월 15일로 매우 늦은 편이다. 마르크스주의 이론에 공명하여 조선에 공산주의 사회 실현을 희망함으로써 치안유지법 제3조 제1조 제2항을 위반했다는 것이다. 이들은 형무소 내에서 수십 페이지의 전향서를 작성해야 했다.

1　이순탁은 해방 후 연희전문 상과 교수로 복직하고, 남조선과도입법의원 관선의원으로 토지개혁법 입안과정에 참여하고, 1948년 이승만정부의 초대기획처장으로 정부의 농지개혁법안을 만들었다. 한국전쟁 당시 북한으로 끌려간 후 행적을 알지 못했으나, 2005년에 1950년 10월 20일에 평양에서 사망한 것이 알려졌다. 이재승, 2007.2, 「좌우합작운동에 일생을 바친 국내 마르크스주의경제학의 거장」, 『민족21』 71 참조.

1940년 12월 19일 징역 2년 집행유예 4년형을 받고 출감되었다.

판결문에는 백남운[2]과 노동규[3] 관련 내용도 확인할 수 있다. 연희전문학교에 재직 중이던 당시 그들의 모습과 서대문형무소에서 1938년 촬영된 모습을 비교하면 언어 너머에서 그들이 겪었을 고초를 엿볼 수 있다. 실옥고 기간은 2년이 넘었다. 출감 후에도 앞장에서 살펴본 것처럼 대화숙 등에서 갖은 수모를 겪었을 것이다. 노동규는 1940년 출옥 후 얼마 후 사망했다고 한다. 자세한 사항은 아직도 전해지지 않고 있지만 북한의 언어학자 김수경(1918~2000)의 글에는 노동규가 "일본제국주의에 반대하는 비밀조직의 멤버로서 활동하여 희생된 된 열사"라고 하고, 그의 동생인 노대규(盧大奎)는 1936년 경성제국대학 철학과를 졸업하고 해방 후 1946년 김일성종합대학 창립멤버로서 영어를 가르쳤다고 한다.[4] 이 판결문은 국사편찬위원회 전자사료관의 경성지방법원 검사국 문서에 수록된 것을 번역했다.

두 번째로 수록한 자료는 상해에서 무정부주의와 민족주의 입장에서 독립운동을 벌인 맹혈단원(猛血團員) 오면직 외 4인에 대한 1937년 4월 16일 해주지방법원의 판결문이다. 이 판결문도 국사편찬위원회 전자사료관 경성지방법원 검사국 문서에 수록된 것이다. 오면직은

---

[2] 1895년 전남 고창에서 출생. 수원고등농림학교와 도쿄상과대학(현 히토츠바시대학)을 졸업하고 1925년부터 연희전문학교 교수로 재직했다. 대표적 연구는 『조선사회경제사』이다. 경제연구회사건으로 옥고를 치르고, 해방 후 민주주의민족전선에 참여했다. 1947년 여운형과 함께 근로인민당 창당에 참여하여 부위원장을 지냈다. 월북 후 북한에서 최고인민회의 대의원, 교육상 등을 역임하고 1974년에 사망했다.

[3] 1904년 평남 용강군에서 출생.1921년 연희전문학교 상과에 입학하여, 이순탁 교수 및 1925년에 부임해 온 백남운 교수의 지도를 받았다. 1924년 이순탁의 추천으로 교토제국대학 경제학부에 입학하였고 1927년 졸업 후 1928년부터 연희전문학교 상과 강사가 되었고, 1930년에 전임강사가 되었다. 1938년 경제연구회사건으로 옥고를 치르고 1940년 출옥 후 얼마되지 않아 사망했다. 홍성찬, 「노동규의 생애와 학문」, 『한국경제학보』 22, 2015 참조.

[4] 板垣龍太, 2021, 「戰場の知識人たち—越北言語學者金寿卿の朝鮮戰爭手記より」, 『同志社社會學研究』 25, 54~55쪽.

<그림 14>
노동규(盧東奎)
연희전문학교졸업앨범,1933

<그림 15>
백남운(白南雲)
연희전문학교 졸업앨범 1927

<그림 16>
이순탁(李順鐸)
연희전문학교 졸업앨범 1927

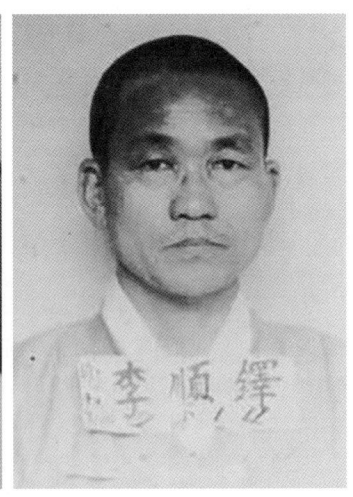

<그림 17>
일제감시대상인물카드
1938.12.24.서대문형무소 촬영

<그림 18>
일제감시대상인물카드
1938.12.21.서대문형무소 촬영

<그림 19>
일제감시대상인물카드
1938.12.28. 서대문형무소 촬영

무정부주의 및 민족주의의 입장에서 밀정 처단, 1936년 상해 육삼정에서 아리요시(有吉) 공사 처단 의거를 실패한 후 상해에서 피체되어 김창근 등과 함께 그의 고향인 황해도로 압송되었다. 오면직에게 적용된 죄명은 치안유지법 위반 및 살인 및 살인예비였다.[5] 이들이 조직한 결사는 "대한민국임시정부의 사명인 조선을 일본제국의 굴레에서 이탈시키고 일본제국의 국체 변혁을 목적으로 하여 그 목적 관철을 위해 일본 측 요인 암살 등 무력 활동을 했다"는 것이다. 오면직과 김창근은 사형 선고를 받았다. 이에 대해 오면직 등은 항소하였으나 1937년 7월 20일 평양복심법원의 판결은 이를 기각했다. 오면직과 김창근은 다시 고등법원에 상고하였는데, 1937년 12월 28일 고등법원은 상고를 기각하고 원심을 확정했다. 오면직은 1938년 5월 16일 평양형무소에서 순국했다.

위의 두 자료는 지식인의 학술 연구에 대한 탄압과 국외에서의 임시정부의 끈질긴 항일 활동의 모습을 엿볼 수 있다는 점에서 이 시기의 특징적인 사건으로 판단된다. 그 외에 이 시기의 특징은 소규모의 독서회 사건이나 개인 간의 담화까지도 '세심하게' 처벌해 나간 시기라는 점이다. 이러한 사실은 앞장에서 살펴본 것처럼 이 시기에는 사상범의 전향을 유도하고, 친일사상단체와 조선인 명망가를 동원하여 '외형적'으로는 일사분란한 천황주의적 '내선일체' 체제가 구축된 것처럼 보였지만, 조선인의 내면에는 이에 대한 저항과 독립을 지향한 활동이 끊이지 않았음을 확인하게 한다.

이와 관련하여 수록한 판결문은 먼저 배상권(裵祥權)의 신문조서와 예심종결결정(1940)이다. 이 자료는 현재 교토대학에 소장된 것으로 국내의 관련 데이터베이스에서 접할 수 없는 자료로서 가치가 있다. 배상권은 경남 진해 출신으로 1931년 노동과 면학을 목적으로 고베에 도항하여 우편국 집배원, 신문배달원 등을 하며 호쿠신(北神)상업학교에 진학했다. 조선

---

5 〈上海에서 押來한 猛血團 5명 반년만에 예심종결, 해주서 공판에 회부〉, 《매일신보》 1937.1.10.

기독교 고베교회를 다니며 일본인의 조선인 차별에 분개하여 호쿠신상업학교 조선인 유학생들을 모아 독서회를 조직하며 민족의식 고취에 힘썼다. 일본 사법당국은 이러한 단체활동이 '일본의 국체 변혁을 목적으로, 이 목적사항 실행을 선동'한 것이라고 하여 치안유지법 제2조와 제3조를 적용하여 재판에 회부했다(1940.8.23). 배상권은 1940년 12월 6일 고베지방재판소에서 치안유지법 위반으로 징역 3년형을 받고 1942년 6월 16일 석방되었으나 석방된 다음 날 27세로 요절했다.

그 외에 함경북도 출신으로 일본어 상용에 반감을 품은 불온한 언동으로 치안유지법 및 육해군형법 위반으로 재판을 받은 최태섭 사건, 황해도 출신으로 안주읍내에서 "조선독립만세"라는 낙서를 보고 고무되어 본인도 독립과 관련된 낙서를 했다는 혐의로 재판을 받은 임윤걸 사건(1943), 민족주의 정서가 담긴 창작을 통해 독립사상을 품은 서택균 사건(1943), 평안북도 용천의 서당 교사로서 학생들에게 민족의식을 계몽한 최준범 사건(1943), 제주도에서 공산주의 계열의 단체활동을 통해 민족의식을 고취하던 송전창보는 일본 도쿄로 건너가 여기에서 만난 방효동, 전윤필 등과 함께 조선문제시국연구회를 조직하여 민족의식 고취를 위해 활동하다가 피체된 사건의 판결문을 소개했다. 1943년의 오형선 사건은 평양에서 일제 패망을 예상하여 독립의식을 고취하고 변소에 조선 학생의 궐기를 촉구하는 낙서를 한 것이 '국체 변혁' 목적을 가진 행동이라고 확대 해석당하여 단기 1년, 장기 3년형을 선고 받은 사건이다.

그 외에 아직 학계의 연구가 부족한 독립운동 사건으로 심재인, 이상만 등 나가사키 조선인유학생 비밀결사 사건 판결문을 번역 소개했다. 이 사건에 연루된 이들은 1918~1921년 사이에 태어났으며, 경북 고성 및 경남 울산 출신자들이 많았다. 식민지 조선에서 태어난 이들은 나가사키현 이사하야농학교(諫早農學校)에 유학하면서 일본인의 조선인 차별에 분개하여 비밀결사를 만들어 민족의식 앙양 활동을 벌였고, 졸업 후 고국에 돌아와 각각 활동하다

과거의 비밀결사 활동이 발각되어 줄줄이 피체된 사건이다. 이들은 1942년에 국내에서 체포되어 치안유지법과 육군형법 위반 등으로 투옥되었는데, 1944년 이상만, 심재인 등은 옥중에서 사망하고, 박윤수(朴允守)는 취조 중에 사망했고, 손병주(孫炳柱)는 출옥 후 4개월 만에 요절했다. 일제 말기의 일제 사법당국자들의 잔혹한 행태를 여실히 보여 준 사건이다. 이 판결문은 고려대학교 도서관에서 소장하고 웹으로 원문 서비스를 하고 있는 검사국 문서 컬렉션에서 입수하여 번역했다.

마지막으로 소개한 여운형의 조선독립운동 사건은 1943년에 그가 일제 패망과 관련한 유언비어를 유포했다는 혐의로 피체되어 재판을 받은 사건이다. 일제 말기에 내밀하게 이루어지는 개인 사이의 담화까지도 사찰당하고, 처단되었던 대표적인 사례가 아닐 수 없다.

1930년대 후반부터 1940년대에 걸쳐 전국 각지와 중국의 상해, 일본 등지에서 발생한 독립운동 관련 판결문을 통해 일제 말기에 사소한 민족의식조차도 처벌되고, 잔혹한 고문으로 옥중 순국하거나 석방 후 고문 후유증으로 병고에 시달리다 사망하는 등, 일제 만행이 극에 달했던 정황을 이해할 수 있을 것이다. 다른 한편으로는 앞장에서 살펴본 것처럼 조선총독부 사법당국은 치안유지법 개정과 사상보호관찰법 도입, 전향 장려 및 전향자를 이용한 대중 선전 등을 적극적으로 전개하며 사상을 탄압하고자 했지만, 결코 그 목적 달성이 쉽지 않았다는 것을 보여 주고 있다. 그 부조리하고 억지스러웠던 사상 탄압의 결과는 1945년 8월 15일 이후의 풍경에서 선명하게 확인해 볼 수 있다.

윤소영

1. 연희전문학교 경제연구회 이순탁 조서 및 판결문

〈자료 111〉 (이순탁) 피의자 소행조서

[京城西大門警察署 司法警察官事務取扱 朝鮮總督府 京畿道巡査 朴英道, 1938.12.7, 『被疑者素行調書』, 국사편찬위원회 전자사료관]

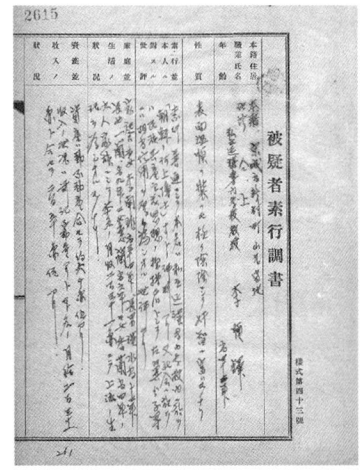

〈그림 20〉 이순탁 피의자 소행조서

본적/주거/직업/씨명/연령

- 본적 경성부 신촌정 산 9번지
- 주소 동상
- 사립연희전문학교 교수
- 이순탁(李順鐸, 당 43세)
- 성격: 표면적으로 온순함을 가장하나 지극히 음험하고 간사한 지혜가 뛰어나다.
- 소행 및 본인에 대한 세평: 소행은 보통이며 본인은 사립 연희전문학교 내에서 '조선의 가와카미 하지메(河上肇)[6] 박사'라는 평가가 있고 민족공산주의 사상의 지도자로 좌익분자 등에게 상당히 신용이 두텁다는 세평이다.
- 가정 및 생활 상황: 가정에는 처 이남조(李南兆, 당 34세), 장남 한수(漢水, 당 12세), 장녀 일난(一蘭, 당 9세), 2녀 혜란(惠蘭, 당 6세), 3녀 향란(香蘭, 당 4세)의 6인 가족으로 본인의 월수 231원으로 상류의 생활을 하고 있는 자이다.
- 자산 및 수입 상황: 자산은 동산 부동산 합하여 약 6,000원 정도이다. 수입 상황은 전기한 부동산과 본인의 월급 231원을 합하여 250원 정도이다.

---

6   가와카미 하지메(河上肇 1879~1946). 일본의 경제학자. 교토제국대학에서 마르크스 경제학을 연구했으나 교수직을 그만두고 공산주의 실천 활동에 참여했으며, 일본공산당 당원이 되었다가 검거되어 수감되기도 하였다.

⟨자료 112⟩ 이순탁 예심종결결정

[京城西大門警察署 司法警察官事務取扱 朝鮮總督府 京畿道巡査 朴英道, 1938.12.7, 「李順鐸豫審終決決定」, 국사편찬위원회 전자사료관]

1938년(昭和 13) 예 제53호

- 본적 및 주소: 경기도 경성부 신촌정 산 9번지
- 무직 이순탁(44세)
- 본적 전라북도 고창군 아산면 반암리 602번지
- 주거 경기도 경성부 신촌정 산 9번지
- 무직 백남운(당 47세)
- 본적 평안남도 용강군 용강면 의산리 424번지
- 주거 경기도 경성부 신촌정 산9번지
- 무직 노동규(당 37세)

위 이순탁, 백남운, 노동규에 대한 치안유지법 위반 피고사건에 대해 예심을 거쳐 결정함이 다음과 같다.

주문
피고인 이순탁, 동 백남운, 동 노동규에 대한 본건을 경성지방법원의 공판에 부침

이유
피고인 이순탁은 1922년(大正 11) 3월 교토제국대학 경제학부를 졸업하고 1923년 4월경 성부 내 소재 사립 연희전문학교 상과 교수가 되어 이어 1924년 10월 동 상과 과장이 되었고, 이어 1938년(昭和 13) 3월까지 근무했는데, 위 교토제국대학 시절 동 대학교수 가와카미 하지메로부터의 감화와 좌익서적을 다수 탐독하여 공산주의를 신봉하기에 이른 자.

피고인 백남운은 1925년(大正 14) 3월 도쿄상과대학을 졸업하고 동년 4월 위 사립 연희전

문학교 상과교수가 된이래 1938년(昭和 13) 3월까지 근무했는데, 위 상과대학 재학 중 위의 가와카미 하지메의 저서 등을 섭렵하고 공산주의를 신봉하기에 이른 자.

피고인 노동규는 1927년(昭和 2) 3월 교토제국대학 경제학부를 졸업하고 1928년 4월 위 사립 연희전문학교 상과 강사가 되고 1929년 4월 동 과 교수가 되었고 1938년 3월까지 근무했는데 위 교토제국대학 시절 위 가와카미 하지메의 저서 등을 탐독하고 공산주의를 신봉하기에 이른 자이다.

피고인 이순탁은 1929년(昭和 4) 4월부터 1933년(昭和 8) 3월까지, 1934년(昭和 9) 4월부터 1938년(昭和 13) 3월까지 위 연희전문학교 내에서 매년 동교의 1학년 약 50명 정도에 대해 자신의 담당과목 경제원론을 강의함에 있어서, 피고인 백남운은 동교에서 1929년(昭和 4) 4월부터 1938년(昭和 13) 3월까지 동교의 1학년 약 50~60명에 대해 상업통론, 동교의 2학년 약 50~60명에게 상업사, 1929년(昭和 4) 4월부터 1934년(昭和 9) 3월까지 동교의 1학년 약 50~60명에게 경제원론, 1934년 4월부터 1938년(昭和 13) 3월까지 동교의 3학년 약 50~60명에게 동양경제사를 각각 매년 강의함에 있어서, 피고인 노동규는 동 교내에서 1924년(昭和 9) 4월부터 1938년(昭和 13) 3월까지 동교의 2학년 약 20~30명에게 농업경제, 1932년(昭和 7) 4월부터 1938년(昭和 13) 3월까지 동교의 2학년 약 50명에서 80명 정도에 대해 은행론, 1930년(昭和 5) 4월부터 1938년(昭和 13) 3월까지 동교의 3학년 약 50~60명에게 상업정책, 1932년(昭和 7) 4월부터 1938년(昭和 13) 3월까지 동교의 3학년 약 50~60명에게 화폐론을 각각 매년 강의함에 있어서, 모두 조선에서 사유재산제도를 부인하고 공산주의 사회 건설을 목적으로 마르크스주의 경제 이론에 입각하여 이론을 전개하였으며, 현재의 자본주의 경제 구조에 대해 분석하고 비판하며 그 모순과 결함을 폭로하였다. 또한 마르크스주의 사회를 찬미함으로써 장래에 역사적으로 필연적으로 마르크스주의 사회로 전환될 것이라는 취지를 역설하였다. 또 장래 졸업 후 각종 산업 부문 등에 취직할 때 마르크스주의 이론에 입각하여 경제기구를 분석·비판하고 지도적 입장에 서서 마르크스주의 사회의 실현을 조성하기 위해 활동해야 한다는 취지를 암암리에 종용함으로써 '범의(犯意) 계속'하여 전기 목적 사항의 실행에 관하여 선동한 자이다.

법률에 비추어 보았을 때, 피고인 등의 앞서 제시한 행위는 치안유지법 제3조와 형법 제55조에 해당하며, 또한 공판에 부치기에 충분한 범죄 혐의가 있으므로, 형사소송법 제312조

제1항에 따라 주문과 같이 언도해야 할 것으로 판단된다.

다음으로 본건 공소사실 중 피고인 이순탁은 (1) 1933년(昭和 8) 6월 〈세계일주기행〉이라는 제목으로 1934년(昭和 9) 9월경 〈미국에서의 국민산업운동에 대하여〉라는 제목으로 《조선일보》에, 1935년(昭和 10) 9월 〈세계 석유 쟁패전〉이라는 제목으로 《동아일보》에 모두 마르크스주의적 입장에서 분석·비판하여 이를 집필하고 일반에게 읽도록 한 정황이 있는 바, (2) 1934년 5월 하순경 경성부 종로 2정목 중앙기독교청년회관에서 연희전문학교 상과 생도로 구성회는 경제연구회 주최의 강연회에서 약 400명의 청중에게 「나치스 독일의 견문담」이라는 제목으로 마르크스주의적 입장에서 독일의 정치경제상황을 강연하고, 공산주의 반대국가를 반동국가라 하여 배척하고 암암리에 공산주의 사회를 찬양했다. (3) 1935년 10월경 위 연희전문학교 내에서 동교 교사생도 약 70명 정도가 참석한 자리에서 「세계경제의 종횡관」이라는 제목으로 세계의 정치경제 정세에 대하여 마르크스주의적 분석·비판을 하고, 현재의 자본주의 사회가 공산주의 사회로 전환하고 있으므로 이를 추종하지 않으면 안 된다는 것을 암시함으로써 전기 목적사항의 실행에 관하여 선동하였다.

피고인 백남운은 (1) 1930년(昭和 5) 8월 20일경 《조선일보》에 〈사회학의 성립과 그 ■■〉, 그 무렵 《동아일보》에 〈루스벨트 대통령의 신경제정책 비판〉, 1933년(昭和 8) 3월 잡지 《개조》에 〈조선경제의 현단계〉, 1935년(昭和 10) 11월 ■■■■■ 입장에서 조선의 경제정황 등을 분석·비판하고 집필하여, 이를 일반에게 읽게 한 정황이 있는 바, (2) 1934년(昭和 9) 4월 경성부 장곡천정 경성공회당 신동아사 주최의 강연회에서 약 400명 정도의 청중에게 「조선경제사의 방법론」이라는 제목으로 원시공산사회에서 노예사회로, 다시 봉건사회를 거쳐 현재 자본주의 사회로 전환하고, 작금의 자본주의 사회도 이제 내재적 모순에 의해 장차 몰락하고 공산제사회의 실현이 가까워지고 있음을 암시하는 강연을 하였다. (3) 1935년 11월 29일 연희전문학교에서 동교의 교사와 학생 약 80명에게 「아시아적 생산양식 문제와 조선사 적용」이라는 제목으로 강연하면서, 마르크스주의적 견지에서 아시아적 생산양식을 분석하고 비판하였다. 그는 장래 조선도 공산주의 사회로 이행할 필요가 있다고 주장하며, 이에 추종하지 않으면 안 된다는 점을 암시하여 전기 목적사항의 실행에 관해 선동하였다.

피고인 노동규는 (1) 1933년 2월 경성부 종로 2정목 중앙기독교청년회관에서 경성상공협회가 주최하는 강연회에서 약 400명의 청중에게 「산업합리화」라는 제목으로 강연함에 있어서 마르크스주의의 입장에서 논평하고, 결국 산업 합리화하는 것은 자본가가 자기의 잉여가치를 보다 많이 노동자로부터 착취하고 생산비 저하를 도모하는 사기수법에 틀림없음을 강연하고, 고의로 자본주의 사회를 비방하고 암암리에 공산제 사회를 상찬하였다. (2) 동년 8월 인천공립보통학교에서 개최된 동아일보 주최의 하기 대학 강좌에서 청중 약 150명 정도에게 「조선 농촌경제 문제」라는 제목으로 조선농촌의 경제정황을 마르크스주의의 입장에서 분석·비판하고 일본 자본주의적 조선 농촌의 지배 강화와 함께 조선 영세농민은 기아선상에서 방황하고 있음을 강연하여 암암리에 자본주의 사회를 비방하였다. (3) 1931년(昭和 6) 4~7월까지 《신동아》에 〈조선 경제문제 개관〉, 〈세계 경제의 현 단계〉, 〈아세아 생산양식〉이라는 제목으로, 또 1935년 1월 《조선일보》 신년호에 〈조선 경제와 통제 문제〉라는 제목으로 모두 마르크스주의의 입장에서 주장하며 집필하였고, 일반 대중이 이를 읽을 수 있도록 한 점에 대해, 전기 목적 사항의 실행에 관한 선동으로 볼 수는 있지만, 이를 공판에 회부하기에 충분한 범죄의 혐의는 없다고 판단된다. 그러나 앞서 제시한 사실과 연속하여 1죄로 기소된 것으로 인정해야 하므로, 이 점에 대해 특별히 주문에서 면소(免訴)의 언도를 하지 않음.

따라서 주문(主文)에서 제기(提記)한 바와 같이 결정함.

1940년(昭和 15) 7월 15일

경성지방법원

예심계 조선총독부 판사

〈자료 113〉 (이순탁) 판결

[「昭和15 刑公 第1304號 (李順鐸) 判決」, 국가기록원 소장 독립운동 관련 판결문]

1940년(昭和 15) 형공 제1304호

판결
- 본적: 경성부 신촌정 산 9번지

- 주거: 상동
- 무직(전 사립연희전문학교 교수)
- 이순탁
- 44세

- 본적: 전라북도 고창군 아산면 반암리 602번지
- 주거: 경성부 신촌정 산 9번지
- 무직(전 사립 연희전문학교 교수)
- 백남운(白南雲, 47세)

- 본적: 평안남도 용강군 용강면 의산리 424번지
- 주거: 경성부 신촌정 107번지
- 무직(전 사립 연희전문학교 교수)
- 노동규(盧東奎, 37세)

상기인들에 대한 치안유지법 위반 피고 사건에 대하여 조선총독부 검사 스기모토 가쿠이치(杉本覺一)가 관여하여 심리·판결한 바는 다음과 같다.

주문
피고인들을 각각 징역 2년에 처한다.
미결 구류일수 중 400일을 위 본형에 산입한다.
단, 피고인들에 대하여 4년간 위 형의 집행을 유예한다.

이유
제1. 피고인 이순탁은 1913년(大正 2) 3월 목포 공립보통학교를 졸업한 후 약 2년간 해남군청 고용직 공무원(雇員)으로 근무하였고, 1916년(大正 5) 8월 면학을 목적으로 상경하여 친구 김연수[金秊洙, 현 경성방직주식회사 전무이사(取締役)]로부터 학비 보조를 받아 1917년

(大正 6) 4월 성성중학(成城中學) 3학년에 입학했다가 4학년 2학기 때 중도 퇴학하고 이듬해인 1919년(大正 8) 4월 고베(神戶) 고등상업학교 예과에 입학하였다. 1920년(大正 9) 4월 동교 본과 1학년에 진학하였으나 동년 9월 중도 퇴학하고 교토(京都)제국대학 경제학부 선과(選科)에 입학하여 1921년(大正 10) 3월 무시험으로 이 학부 본과에 편입을 허락받아 1922년(大正 11) 3월 이 학부를 졸업한 후 한 때 경성방직주식회사, 조선상업은행에 근무하였으나 1923년(大正 12) 4월 사립연희전문학교 상과 교수가 되었고, 이어 1924년(大正 13) 10월 이 학교 상과 과장이 된 이래 1938년(昭和 13) 3월까지 근무하였는데, 교토제국대학 경제학부 재학 중 이 대학 교수 가와카미 하지메(河上肇)의 경제학 강의를 청강하는 한편, 다수의 좌익 문헌을 계속 읽다가 끝내 공산주의를 신봉하게 되었다. 1929년(昭和 4) 4월부터 1933년(昭和 8) 3월까지, 1934년(昭和 9) 4월부터 1938년(昭和 13) 3월까지 수십 회에 걸쳐 위 연희전문학교 내에서 매년 이 학교 상과 1학년생 약 50명 정도에게 자신 담당 과목인 〈경제원론〉을 강의할 때 "조선에서 사유재산제도를 부인하고 공산주의 사회건설을 목적으로 마르크스주의 경제이론에 입각하여 이론을 전개하면서 자본주의 경제기구에 대하여 분석·비판을 하고 그 모순과 결함을 폭로하며 가까운 장래에 역사적·필연적으로 현재의 자본주의 경제조직은 붕괴하고 공산주의 사회로 전환된다"는 취지의 내용을 설명하였다. 또한 장래 졸업 후 각종 산업 부문 등에 취직해서도 마르크스주의 이론에 입각하여 경제기구를 분석·비판하고 지도자적 입장에 서서 마르크스주의 사회 실현을 조성하기 위한 활동을 해야 한다는 취지의 내용을 암암리에 종용함으로써 전술한 목적의 사항을 실행하는 것에 관하여 선동하였다.

제2. 피고인 백남운은 7세 무렵부터 14세까지 본적지에 있는 사설 학교(私塾)에서 한문을 배운 후, 1912년(明治 45) 4월 수원공립농림학교에 입학하여 1915년(大正 4) 3월 이 학교를 졸업한 후 약 2년간 강화군 강화 간이농학교 훈도 및 강화공립보통학교 훈도로 봉직한 후 강화군 삼림조합 기수(技手)로 전직했으나 1918년(大正 7) 8월 사직하고 면학을 목적으로 상경하였다. 이듬해인 1921년(大正 10) 4월 도쿄상과대학에 입학하여 1925년(大正 14) 3월 우등생으로 이 대학을 졸업하고 같은 해 4월 사립연희전문학교 상과 교수가 되었으며, 이후 1938년(昭和 13) 3월까지 근무하였다. 도쿄상과대학 재학 중 좌익 문헌을 탐독하다가 공산주의에 흥미를 가지게 되었으며, 그 후 1930년(昭和 5)경부터 유물사관의 입장에서 조선경제사에 관한 연구에 뜻을 둠과 동시에 유물변증법 이론을 연구하기에 이르면서 공산주의를 깊이 신봉하게 되었다. 상기 이 학교 상과 1학년생 약 50, 60명에게 〈상업통론〉, 같은 과 2학년생 약 50, 60명에게 〈상업사〉, 1929년(昭和 4) 4월부터 1933(昭和 8) 3월까지, 같은 과 3학년생 약 50, 60명에게 〈상품학〉, 1933(昭和 8) 4월부터 1934(昭和 9) 3월까지 같은 과 1학년생 약 50, 60명에게 〈경제원론〉, 1934년(昭和 9) 4월부터 1938년(昭和 13) 3월까지 같은 과 3학년생 약 50, 60명에게 〈동양경제사〉를 각각 매년 강의할 때 조선에서 사유재산제도를 부인하고 공산주의 사회를 건설할 목적으로 마르크스주의 경제이론에 입각한 이론을 전개하고 현재 자본주의 경제기구에 대한 분석·비판을 하고 그 모순, 결함을 폭로하며 공산주의 사회를 찬미하고 멀지 않은 장래에 역사적, 필연적으로 공산주의 사회로 바뀔 것"이라고 역설하였다. 또 장래 졸업 후 각종 산업 부문 등에 취직하게 되면 "마르크스주의 이론에 입각하여 경제기구를 분석·비판하고 지도자적 입장에 서서 마르크스 공산주의 사회 실현 조성을 위하여 활동하라"는 취지로 은근히 종용함으로써 위의 목적의 사항을 실행하는 것에 관하여 선동하였다.

제3. 피고인 노동규는 1917년(大正 6) 3월 본적지에 있는 공립보통학교를 졸업하고 같은 해 4월 평양공립고등보통학교에 입학하여 이 학교를 3학년 수료 후에 질병으로 중도 퇴학하였다. 1921년(大正 10) 4월 사립 연희전문학교 상과에 입학하여 1924년(大正 13) 3월 졸업하고 같은 해 4월 교토제국대학 경제학부 선과(選科)에 입학하여 1925년(大正 14) 6월 본과 편입 시험에 합격, 동 학부 본과에 편입, 1927년(昭和 2) 3월 이 학부를 졸업하고 같은 해 4월부터 1년간 전주읍 소재 사립 신흥학교 교사로 근무한 후 1928년(昭和 3) 4월 상기 연희전문학교 상과 강사에 이어 1929년(昭和 4) 4월 이 과의 교수가 되었다.

이후 1938년(昭和 13) 3월까지 근무했는데, 교토제국대학 경제학과 재학 중 이 대학 교수 가와카미 하지메에게 감화되어 이 교수의 저서 『유물사관 연구』, 『사회문제 연구』, 기타 좌익 서적을 섭렵하기에 이르렀으며, 결국 공산주의를 신봉하게 되었다. 상기 연희전문학교 내에서 1934년(昭和 9) 4월부터 1938년(昭和 13) 3월까지 사이에 수십 회에 걸쳐 이 학교 상과 2학년생 약 20, 30명에게 〈농업경제〉, 1932년(昭和 7) 4월부터 1938년(昭和 13) 3월까지 같은 과 2학년 약 50명 내지 80명 정도에게 〈은행론〉, 1930년(昭和 5) 4월부터 1938년(昭和

13) 3월까지 같은 과 3학년생 약 50, 60명에게 〈상업정책〉, 1932년(昭和 7) 4월부터 1938년 (昭和 13) 3월까지 이 과 3학년 약 50, 60명에게 〈화폐론〉을 각각 매년 강의할 때 조선에서의 사유재산제도를 부인하고 공산주의 사회 건설을 목적으로 마르크스주의 경제이론에 입각하여 현재의 자본주의 경제기구에 대한 분석·비판을 하고 그 모순과 결함을 폭로하면서 마르크스주의 사회를 찬미하고 멀지 않은 장래에 역사적, 필연적으로 공산주의 사회로 바뀌게 될 것이라는 취지를 설명하였다. 또 앞으로 졸업 후 각종 산업 부문 등에 취직하게 되면 마르크스주의 이론에 입각하여 경제기구를 분석, 비판하고 지도자적 입장에 서서 마르크스주의 사회 실현을 조성하기 위하여 활동해야 한다는 취지의 내용을 은근히 종용함으로써 전술한 목적의 사항을 실행하는 일에 관하여 선동하였다.

피고인들의 상기 소위(所爲)는 범의(犯意) 계속에서 나온 것이다.

증거를 살펴보건대,

판시 제1의 사실 중 범죄 사실을 제외한 그 나머지 사실은 피고인 이순탁의 당 공판정에서 한 판시와 동일한 취지의 진술에 의해 인정되는 바이다. 판시 범죄 사실에 대해서는 동 피고인이 당 법정에서 부인한 바이나, 동 피고인에 대한 검사의 제2회 피의자 신문조서 중 동 피고인의 진술로 자신이 담당한 과목인 〈경제원론〉 강의에서 "일반적으로 자본가사회의 부는 상품의 집적으로 나타난다. 그리고 부는 노동자의 노동에 의해 생산되는데 그 생산물인 부는 전부 자본가 계급의 손으로 귀속된다. 즉, 잉여가치는 자본가 계급이 이를 탐하고 노동자에게는 겨우 최저생활비를 임금으로 지급하는 것에 불과하다. 따라서 자본가사회는 부의 분배가 불공평하여 부를 소유한 자본가 계급과 부를 소유하지 못한 노동자 계급의 현격한 빈부격차가 심화되는 것이다. 이 때문에 두 계급의 계급투쟁은 자본주의 발달과 함께 격하되게 된다. 그러므로 나는 착취가 없고, 더욱이 합리적인 사회주의적 공산주의 사회를 실현하기 위해서는 적어도 현재의 사유재산으로의 부의 생산 요소인 일체의 생산수단 및 토지를 계급투쟁에 의해 자본가 계급의 손에서 사회의 공유로 귀속시킴으로써 부의 분배를 공평하게 하려면 정치적으로 노동자 계급독재의 소비에트 정권을 수립해야 한다"고 말하였다.

또 항상 상과 학생에게 "오늘날의 사회는 자본가사회이다. 정치는 소수의 자본가가 지배하고 있다. 따라서 사회의 제사상(諸事象), 특히 경제사상(事象)은 자본가 계급에 유리하도록 복잡 다기에 걸쳐 나타난다. 젊은 제군은 올바른 사상(事象)을 보지 못하는 경우가 많으므로 자본가사회를 정당하게 이해하기 위해서는 속류적 견해(부르주아경제학)로는 불가능하므로 나는 제군에게 진리의 탐구는 사회과학, 즉 유물변증법적 견해로 연구를 해야 한다. 이러한 견해에 서야만 오늘날의 상품의 생산조직, 분배조직, 교환조직을 이해할 수 있고 일본 제국주의적 자본주의의 압박과 착취에 의한 조선경제의 현단계를 정당하게 인식·파악할 수 있다"라고 설명하였다는 취지의 기재가 있는 점,

예심에서의 증인 조은상(趙殷相)에 대한 신문조서 중 조은상의 진술에 "나는 연희전문학교 상과에 1934년(昭和 9) 4월 입학하여 1937년(昭和 12) 3월 졸업하였는데, 이 과 재학 중에 이순탁, 백남운 및 노동규 등으로부터 마르크스주의 이론에 관한 강의를 들었고, 또 가르침을 받은 참고서를 읽으면서 마르크스주의 이론에 공명하여 조선에 공산주의 사회의 실현을 희망하게 되었다. 그리고 위 3명은 졸업 후 현재의 경제기구를 마르크스주의 이론의 견지에서 분석·비판하고 활동하라고 말했다"는 취지의 기재가 있는 점,

예심에서의 증인 박선옥(朴先玉)에 대한 신문조서 중 그 진술 내용에 "나는 연희전문학교 상과에 1934년(昭和 9) 4월에 입학하여 1937년(昭和 12) 3월에 졸업하였는데, 이 과 1학년 때 이순탁에게 경제원론이라는 강의를 들었다. 그런데 이순탁의 강의는 마르크스주의 경제이론의 견지에 입각하여 현재의 자본주의 사회를 분석·비판함으로써 암암리에 마르크스주의 사회가 가장 정당한 것으로 느껴지게 만들었다"는 취지의 기재가 있는 점,

예심에서의 증인 김창식(金昌植)에 대한 신문조서 중 그의 진술에 "나는 연희전문학교 상과에 1935년(昭和 10) 4월에 입학하여 1938년(昭和 13) 3월에 졸업하였는데, 재학 중 이순탁, 백남운 및 노동규 등의 강의를 들었다. 그런데 이들은 모두 강의 때 열심히 마르크스주의 이론의 입장에서 현대 자본주의 사회의 모순과 결함을 폭로하고 자본주의 사회기구를 분석·비판하는 데에는 마르크스주의가 가장 타당하다고 하여 이들이 암암리에 마르크스주의 사회를 찬미하고 있는 것처럼 느껴졌는데 졸업이 가까워지자 여러분들은 조선의 최고 학부를 졸업하게 되는 것이니 졸업 후에는 각자의 산업 부문에서 활동해야 한다며 은근히 공산혁명의 지도자가 되도록 종용했다는 취지의 기재가 있는 점을 종합해 보면 마땅히 이를 인정하지 않을 수 없다.

판시 제2의 사실 중 범죄 사실을 제외한 나머지 사실은 피고인 백남운의 본 법정에서 한 판시와 동일한 취지의 진술에 의해 인정된다. 판시된 범죄 사실은 백남운이 본 법정에서 부

인한 바 있으나, 동 피고인에 대한 검사의 제2회 피의자 신문 조서 중 그의 진술에는 "나는 〈경제원론〉 강의에서 경제원론의 방법론을 생산, 교환, 분배, 소비의 4원론, 생산과 유통의 2원론, 생산 중심의 1원론으로 나눌 수 있다. 그러나 그중 4원론이 불충분하다는 것은 로자 룩셈부르크[7]의 국민경제학 비판에 의해 알려져 있다"는 내용이 포함되어 있다.

다음으로 2원론은 독일역사학파에 속하는 경제학자가 주장한 바인데, 상품의 유통과정을 상세하게 분석하는 반면 자칫하면 생산의 사회적 특질을 간과할 우려가 있다. 이에 비하면 마르크스주의의 생산중심론의 방법이 자본주의적 상품생산의 특질을 규명하기에 가장 정확하다. 즉, 현재의 사회적 부는 상품에 의해 대표되는데 그 상품은 자본 증식 과정에서 노동자의 창조적인 노동력으로 생산되는 것이며, 그 상품의 가치는 노동력의 결정(結晶)인데, 그 본질적 내용은 노동자의 생산비에 해당하는 필요 노동과 자본가가 거두어들여 제 것으로 하는 미지불 잉여노동으로 구성되는 것이다.

또한 그 내재적인 대립 관계를 표명하고 있는 것이 상품으로, 자본주의적 생산은 모두가 상품생산이며, 자본축적 과정이다. 즉 어떠한 상품생산에서도 노동자가 받는 임금은 최저생활비에 해당하는 단순한 노동력의 대가에 불과한 것에 반해, 자본가는 미지불 잉여노동의 결정인 잉여가치를 전부 거두어들여 제 것으로 삼음으로써 자본증식이 이루어지는 것이다. 이러한 까닭으로 상품생산 과정에서의 내재적인 대립관계에 의해 현재의 자본주의 사회는 자본가와 노동자라는 2대 계급으로 나뉘게 된 것이다. 게다가 거의 모든 생산수단으로부터 분리되어 있는 자본가가 각 생산수단을 소유함으로써 그 상품의 처분권을 완전히 장악할 수 있는 것도 필연적인 추세다. 이리하여 자본이 증식됨에 따라 노동자와 자본가의 계급 대립이 더욱 격화되어 결국 자본주의는 몰락하고 새로운 노동자 독재의 사회주의 사회가 실현되는 것이 역사적 필연성이다"라고 한 점,

〈동양경제사〉 강의에서 "종래 지나의 역사는 단순한 문화사관의 입장에서 평가되어 왔으나 마르크스주의적 유물사관의 입장에서 지나 역사를 사회구성 또는 생산 기관의 변천 관

---

[7] 로자 룩셈부르크(Rosa Luxemburg, 1871~1919) 독일에서 활동한 폴란드 출신의 사회주의 이론가이자 혁명가로서 폴란드사회민주당과 스파르타쿠스단, 독일공산당의 조직에서 핵심적인 역할을 했다. 사회주의 정권의 수립을 위해서 대중운동의 중요성을 역설하였는데, 1919년 1월에 발생한 2차 독일혁명 때 체포되어 처형되었다. 대표적인 저서로는 『자본축적론』, 『러시아 혁명』 등이 있다.

계를 기준으로 각 시대의 사회성을 인식할 필요성이 요구되고 있다. 그리고 지나의 역사적 사회와 현재 사회를 어떻게 규정할 것인가 하는 문제는 단순히 하나의 국제적 학술 문제로 중요시될 뿐만 아니라 오늘날의 지나(支那) 사회의 동향을 응시하는 데 있어서 높이 평가되고 있는 바이다.

우선 첫째로 지나의 역사적 사회는 마르크스의 『경제학 비판』 서문 중에 규정되어 있는, 이른바 아시아적 생산양식의 문제와 관련된 문제이다. 즉, 지나 역사는 아시아적 생산양식의 단계에서 시작되는데, 그것이 최근 아편전쟁에 이르기까지 단지 아시아적 봉건 경제의 역사였느냐 아니면 아시아적 생산양식의 단계에서 아시아적 노예경제의 단계를 경과한 아시아적 대립경제의 역사였느냐 하는 문제에 귀착하게 된다. 어느 쪽이든 간에 아시아적 생산양식의 옛 관습이나 제도(遺制)로서 연대책임을 짊어지고 있는 촌락공동체가 오래도록 생명을 유지하는 것은 물론 벼농사를 위한 수리 관개(水利灌漑), 동성(同姓) 부락 내에서의 가내수공업의 강인성 및 그 자치제의 생명 등을 주요한 특징으로 하는데, 대체로 사회체제로서는 농노적 농민을 버팀목으로 하는 농노적 경제가 지나 역사의 대부분을 차지하고 있었기에 역사적 발전 과정이 정체되어 있었던 것에 비해 각 시대가 모두 줄곧 사회 각층에 있어 상업자본에 의해 현저하게 침식되어 있었던 것이 역사적 특징일 것이다.

둘째로 현재의 지나 사회가 단지 봉건경제의 잔재인지 혹은 단순하게 자본주의화된 사회인지 혹은 아직 봉건경제의 비중이 많은지 아니면 봉건적 잔재를 내포하고 있는 자본주의적 사회인지 이들에 대한 사회과학적 규정 여하에 따라 현재 지나 사회의 변화 과정을 정당하게 평가할 수 있음과 동시에 열강 제국주의적 자본주의의 침입 과정 내지 지나 자체의 분해 작용을 충분히 이해할 수 있다. 그리고 나의 견해로는 지나의 현 사회는 봉건적 잔존 조건을 다분히 내포하고 있는 변태적이거나 기형적인 자본주의화 사회이다. 즉 열강 자본주의의 침입 관계와 관련하여 생각할 경우에는 오늘날의 지나는 열강 제국주의적 자본주의에 대한 반식민지로서 재분할의 과정을 거치고 있는 것으로 보아야 할 것이다"라고 한 점,

〈상업통론〉 강의에서는 "원시시대의 이른바, '침묵 상고(商賈)', 고대의 물물교환 등은 차치하더라도 근세 이래 오늘날에 이르기까지의 상업이라는 개념은 사용 가치의 교환을 목적으로 하는 중세적 자족적 상업과는 의미가 다른, 어디까지나 상업 이윤 추구를 위한 상업, 즉 자본주의적 상업이다. 따라서 생산자와 소비자 사이에서의 상품 매매라는 형식이 다

종다기(多種多岐)하고, 소매가격이 자연히 증대한다. 그리고 자본주의적 상업 경영의 형태로 가장 두드러지는 것은 백화점, 연쇄점, 통신판매점 등인데, 그 자본주의적 상업의 사회적 근거는 사유재산제도 및 자유주의 계약이라는 2대 요건이며, 현대의 시장경제는 그것에 의해 유지되는 것이다. 그러나 다른 면에서 소비조합의 합리화를 위해서 중간상인 배척운동으로 소비조합운동이 각 공공기관과 기타에 의해 일어나고 있다. 따라서 상품을 보존하는 운반기관이 통제적으로 발전된다면 향후의 상업은 자본주의적 상품 배급을 주안으로 하는 사회적 상업으로 일변할 것이다. 그리고 상품매매조합의 중간 기관인 시장체계의 통제 관계가 어떻게 진전되는지에 주목해야 한다"고 한 점,

〈상업사〉 강의에서는 "무릇 역사적 방법론으로 헤겔의 이념사관과 마르크스의 유물 사관과 다카타 야스마(高田保馬)[8] 선생의 제3사관, 기타 지리사관, 문화사관 등을 지적할 수 있는데, 경제사회의 발전상을 본질적으로 이해하기 위해서는 유물사관이 올바르다. 그리고 상업의 역사적 발전 관계는 모든 방면에서 논할 수 있지만 상업의 주체인 상인과 그 객체인 상품을 사회적으로 결부시켜 고찰하면 상업발전사는 곧 상업자본의 발전사이다. 즉 그리스 로마 시대의 상업은 이른바 도시 상업인데, 내면적으로는 노예 노동에 의해 생산된 초과 상품인 화폐로의 전환, 환언하면 귀족 지배에 의한 상업자본의 축적이다. 다음으로 중세 시대의 상업은 대체로 사용가치의 교환을 목적으로 하는 자족적 상업인데 그 상품은 농노의 소산(所産)으로, 상품의 내용은 봉건영주, 귀족, 승려 등의 향락을 만족시킴과 동시에 일면에서는 사장(死藏) 화폐의 획득이었다. 더욱이 중세 초기의 상업은 대개 유태인이 좌지우지하였고, 10세기 이후에는 유럽에서의 이른바 도시경제 시대가 되었다. 더욱이 농노경제의 붕괴와 함께 십자군전쟁 이후의 상업 발전에 의해 상업자본의 축적이 조금이나마 근세 자본주의적 상업자본의 근원이 되었다. 그리고 그 선구가 되는 것은 아메리카대륙의 스페인, 동인도의 포르투갈, 네덜란드, 영국, 프랑스 등인데, 이들 제국의 상업자본이 결국 동양에도 군림하게 되면서 서구자본주의적 제국주의의 동양 지배가 시작된 것이다"라고 한 점,

〈상품학〉 강의에서는 "자본주의 사회에서의 사회적 부는 상품의 집성에 의해 형성되며,

---

[8] 다카타 야스마(高田保馬 1883~1972) 일본의 경제학자·사회학자·시인이다. 교토대학 명예교수·오사카대학 명예교수 등을 역임하였다.

그 상품의 유통과정은 현재 사회의 기본적 관계를 구성하는 것이므로 오늘날의 상품은 실로 사회적 인식의 통일적 대상인 지위를 차지하는 것이다. 오늘날 모든 생산물은 사회 수급 관계보다도 오히려 자본가의 주관적 입장에서 그 영리 목적에 합치하는 경우에만 상품으로 생산되기 때문에, 영리적 매매의 목적물일 때보다 상품의 자격을 향유하고 소비자 혹은 사용자의 손으로 이행됨으로써 상품으로서의 생명은 끝나는 것이다. 그리고 본질적으로 생각하면 상품은 노동자가 생산한 바로서 화폐를 추종하여 노동력의 결정인 가치를 가격으로 전화시키고자 하는 ■화물(■化物)이다"라고 말했다는 취지의 기재가 있는 점,

예심의 증인 이용(李墉)에 대한 신문조서 중에 이 사람의 진술 내용에 "나는 1933년(昭和 8) 4월에 연희전문학교 상과에 입학하여 1937년(昭和 12) 3월에 졸업하였는데, 이 과에 재학 중에 백남운에게 〈경제원론〉이라는 강의를 들었다. 그런데 동인은 이 강의에서 마르크스주의 이론의 입장에서 현대 자본주의 사회를 비판하고 그 모순과 결함을 지적하면서 자본주의 사회는 그 모순에 의해 역사적 과정으로 필연적으로 붕괴하고 공산주의 사회가 실현된다"고 설명했다는 취지의 기재가 있는 점,

예심의 증인 김진수(金珍洙)에 대한 신문조서 중 동인의 진술에, "나는 연희전문학교 상과에 1933년(昭和 8) 4월에 입학하여 1936년(昭和 11) 3월에 졸업하였는데, 이 과 재학 중에 백남운과 노동규에게 각 담당 과목의 강의를 들었다. 그런데 이들은 강의 때 마르크스주의 이론의 견지에서 현대자본주의 사회의 기구를 비판하고 그 모순과 결함을 지적하여 은근히 마르크스주의사회를 찬미하는 듯한 설명을 하였다. 또한 졸업 후에는 각자의 사회관과 경제관을 만들어 사회에서 활동하라고 말했는데 내심은 이들의 경제관에 따라 활동하라고 말하고 있는 것으로 느껴졌다"는 취지의 기재가 있는 점,

판시 제1의 피고인 이순탁의 범죄 사실의 증거로 적기된 예심의 증인 김창식 및 증인 조은상에 대한 신문조서 중에 있는 각 진술 기재를 종합해 보면 이는 마땅히 인정되며,

판시 제3의 사실 중 범죄 사실을 제외한 기타 나머지 사실은 피고인 노동규의 당 법정에서의 판시와 동일한 취지의 진술에 의해 명백하고, 판시 범죄 사실은 동 피고인이 당 법정에서 부인하는 바이지만 검사의 동 피고인에 대한 제2회 피의자 신문조서 중에 동 피고인의 진술에 자신이 〈농업경제〉 강의에서 "농업경제학은 농업경제학에 관한 유물론적 사적(史的) 고찰 하에 사회과학적으로 연구하는 학문이다. 바야흐로 일본제국주의적 자본주의는 조

선 식민지화를 위해 어떠한 역사적 단계에 있는데, 소농경제에서의 조선의 현 단계는 봉건적 지배의 잔존물로서 존재하고 있다. 그리고 소농경제를 분석하면 그 중심 문제는 반봉건적 지대(地代) 관계로, 조선에서의 지대는 자본주의적 착취에 의한 고율의 소작료가 지배적일 뿐 아니라 소농경제의 유통 과정, 금융 과정에서 어떤 식으로든 자본가 계급, 지주계급에게 착취·강탈을 당하고 있는데, 이러한 일본제국주의적 자본주의의 조선인 소농경제에 대한 지배·수탈이야말로 식민지 조선 농업의 특질이다"라고 한 점,

〈은행론〉이라는 강의에서 "은행 업무를 오늘날의 자본주의 경제조직의 기능 측면에서 요약하면 은행은 화폐자본의 유통과정으로, 금융자본의 중추를 이루고 있다. 그리고 자본주의 제도하에서 은행은 총유(總有)[9] 휴게(休憩) 화폐자본을 예금, 기타의 형식으로 이를 받아들여 상업자본가에게 대부하여 상업자본을 지배하기 때문에 필연적으로 정치적으로도 금융과두정치를 출현시키는 중추기관이 되는데, 은행은 금융자본의 참모본부이다"라고 한 점,

〈상업정책〉이라는 강의에서 "상업정책이라는 것은 경제정책의 일부이며, 경제정책은 결국 일국(一國)의 지배계급의 이익, 즉 실천적 요구를 구체화한 것이기 때문에 경제정책 또는 상업정책의 최고 목표를 결정하는 것이 아니라 그저 주어진 지배계급의 의사, 즉 정책의 효과 및 영향을 연구하는 학문이다. 따라서 사회과학으로서의 상업정책은 목적론적 연구가 주이고, 인과론적 연구는 그 보조에 지나지 않는 것이라는 주장 하에 무역론, 관세정책 등에 대하여 설명을 덧붙인 후, 세계공황은 자본주의 제3기의 말초적 단계인데, 현재 각국 자본주의는 최후의 독점자본주의 시대로 들어가 대외무역은 독점보호무역정책을 채택하여 이른바 관세전(關稅戰)에 열광하고 있다. 어쩌면 이러한 경향은 자본주의 최후의 단계인 공황의 결과로 국내 시장이 협소화하고 그 결과 자연히 외국시장을 획득하기 위해 관세전과 식민지 재분할 전쟁이 된다. 바야흐로 일본제국주의적 자본주의도 이러한 제3기의 하향선을 더듬어가고 있다"라고 한 점,

〈화폐론〉 강의에서 "화폐는 상품생산사회, 즉 자유주의적 자본주의 사회에서 필연적으로 발전하는 상품가치의 결정(結晶), 즉 상품의 반대성이라는 전제하에 마르크스 자본론 제1권 상품가치로부터 화폐의 본질 또는 화폐학설을 비판하고, 자본주의 사회에서의 화폐제

---

9 공동소유의 일종으로 공동체 구성원의 연대로 구속받는 재산.

도는 결국 금본위제를 채용할 수밖에 없는데 세계대전 후 자본주의 제3기에서의 금본위제도는 자본주의의 내재적 모순과 세계공황의 영향하에 붕괴되고 있으니 어쩌면 역사적 필연성이다. 바야흐로 자본주의에 근거한 금본위제의 붕괴는 그 특징으로 하고 있는 인플레이션이라는 경제현상이 나타나고 있는데, 인플레이션 과정에서도 결국 자본가 계급은 물가고에 의한 잉여가치를 착취함으로써 막대한 불로소득을 얻고 있는 반면에 노동자, 소시민 등의 무산계급은 한층 더 생활고를 겪게 될 것이다"라고 설명한 취지의 기록이 있는 점, 판시 제1의 피고인 이순탁의 범죄 사실의 증거로 적기된 예심에서의 증인 조은상 및 김창식에 대한 신문조서 중에 있는 각 진술 기재, 판시 제2의 피고인 백남운의 범죄 사실의 증거로 적기된 예심에서의 증인 김진수에 대한 신문조서 중에 있는 진술 기재를 종합해 보면 이는 인정되는 바이며, 피고인들의 범의 계속의 부분은 모두 단기간에 동종의 행위를 반복한 사적에 비추어 볼 때 이는 마땅히 인정되는 바이다. 이로써 판시 사실은 모두가 충분히 증명되었다.

법률에 비추어 보건대, 피고인들의 판시 소위는 각각 치안유지법 제3조 제1조 제2항, 형법 제55조에 해당하므로 소정형 중 징역형을 선택하여 그 형기 범위 내에서 피고인들을 각각 징역 2년에 처하고, 동법 제21조에 따라 미결구류일수 중 각각 400일을 상기 본형에 산입한다. 아울러 상기 형의 집행을 유예할 정상이 있다고 판단되어 동법 제25조에 의해 4년간 위 형 집행을 유예하기로 한다.

이에 주문과 같이 판결한다.

1940년(昭和 15) 12월 19일
경성지방법원 형사 제2부
재판장 조선총독부 판사 가마야 에스케(釜屋英介)
조선총독부 판사 마쓰다 가즈마(松田数馬)
조선총독부 판사 와키 기요카쓰(和気清勝)

2. 오면직 판결문

〈자료 114〉 오면직[10] 등 판결

[海州地方法院刑事部, 「昭和11年刑公合第119號 (吳冕稙等)判決」 刑事第1審訴訟記錄(1939), 국사편찬위원회 전자사료관]

1936년(昭和 11) 형공합(刑公合) 제119호

판결
- 본적 황해도 안악군 은홍면(銀紅面) 상홍리(上紅里) 226번지
- 주거 부정(不定)
- 무직
- 양여주(楊汝舟), 마중량(馬仲良), 주효춘(朱曉春), 오철(吳哲) 즉 오면직(吳冕稙, 당 45세) (이외 3인 명단 생략)

위의 자에 대한 각 치안유지법 위반, 오면직에 대한 살인 및 동 예비(중략) 피고사건에 대하여 조선총독부 검사 나카무라 나오히사(中村尙久)가 관여(關與), 심리(審理)를 거쳐 판결함이 다음과 같다.

주문
피고인 오면직, 김창근을 각 사형에 처함(중략)

---

10 오면직(吳冕稙, 1894~1937) 일제강점기 한국독립군 특무대장 비서, 맹혈단 단장 등을 역임한 독립운동가. 1935년에 맹혈단(猛血團)을 조직하여 단장이 되고 이듬해 3월에 단원 10여 명과 함께 상해주재 일본영사관을 습격하여 아리요시(有吉明) 공사를 사살하려다가 붙잡혀 1937년 4월 해주지방법원에서 사형을 언도받았다.

이유

피고인 오면직은 본적지 소재 사립 양산(楊山)학교 중학부를 중도 퇴학하고 경성측량강습소에서 3개월 강습 후 평양 대성중학에 들어갔지만 그 역시 중도에 퇴학하고 1911년(明治 44) 6월에 이르러 평양 사동(寺洞) 광업소 고방(高坊)출장소에서 측량기술 견습으로 채용되었다. 약 1년 만에 사직 귀향하여 구장(區長)에 취임하고 겸하여 농업에 종사했는데, 1917년(大正 6)경 재차 전시(前示)한 광업소에 취직을 지망하여 평양에 갔으며, 1919년(大正 8) 1월경 귀향하여 체재 중 동년 3월 발생한 만세소요사건에 자극을 받고 조선 독립을 염원하여 실천운동에 종사할 것을 기도하여 조선일보 안악지국 기자, 이어서 동아일보 안악지국 기자가 되었다. 민족주의자인 노종균(盧鍾均) 및 한정교(韓貞敎), 후자는 데라우치 총독 암살음모 사건 관계자와 교유하고 해외에서 송부해 온 독립신문을 탐독하고 있던 중 1921년(大正 10) 음력 7월 중순 상해 대한임시정부(일명 가정부)에서 독립운동자금 모집을 위해 파견된 홍완기(洪完基)라는 자가 황해도 은율군 운율면에 잠복 중임으로 알고 동인과 회합하여 임무달성을 원조하기로 약속하였다. 관헌이 동인이 조선에 들어온 것을 탐지하자 노종균과 함께 관헌의 활동 상황을 정찰하면서 홍완기를 경성부로 피신시켰지만 동인이 동지에서 체포되었기 때문에 마침내 자신의 신변의 위험을 느끼고 노종균과 함께 인천 및 신의주 등으로 도피하고 신의주에서 안동역, 봉천, 천진을 거쳐 1921년(大正 10) 11월 20일경 상해로 건너감과 동시에 옛 스승이며 민족운동의 거두인 김구(金九), 즉 김구(金龜)와 해후하였다. 동인 및 재상해 민족주의자와 교유함에 이르러 마침내 조선 독립의 실천운동에 전념하게 되었다.(중략)

제1. 피고인 오면직은

1. 1922년(大正 11) 1월 초순 경 당시 대한임시정부 경무국장인 김구로부터 동 정부의 비서장 김립(金立)은 러시아에서 입수한 위 정부운동자금 40만 원을 자기의 용도(用途)로 소비한 부도덕한 자이므로 임시정부 강화를 위해 동인을 살해하라고 명받고 위 정부가 조선을 일본의 굴레(羈絆)에서 이탈시킴으로써 일본제국의 국체 변혁을 목적으로 하는 결사임을 모두 알면서 동 결사의 목적 수행을 위해 김동우(金東宇), 즉 노종균과 함께 이를 수락하고, 동인과 공모한 다음 각자 김구로부터 교부받은 권총을 소지하고 며칠 동안 김립의 소재를 찾아낸 후 동월 13일 오후 2시경 상해(上海) 갑북(閘北) 보통로(寶通路) 부근 가옥에서 나오는 동인을 발견하

자 즉시 미행하고 부근 노상에서 약 2간 후방에서 권총으로 동인을 사격하여 즉사시키고,

2. 동년 10월경 상해에서 김구, 조상섭(曺尙燮) 등의 권유로 한국노병회(韓國勞兵會)가 1922년(大正 11) 중 이유필, 김구, 조상섭, 등이 조직한 한국 광복, 즉 조선을 일본제국의 굴레에서 이탈, 독립시킴으로써 일본제국의 국체 변혁을 목적으로 한 것이며, 이와 동일한 목적에 의한 대한임시정부의 모병(募兵) 및 자금모집기관으로서 10개년 계획하에 1만 이상의 노병(勞兵)을 양성하고 백만 원 이상의 전비(戰費)를 집성(集成)할 것이며, 완성한 다음에는 의용혁명군을 편성함으로써 조선독립전쟁 개시를 기도할 결사임을 숙지하면서 이에 가입하고, 당해 결사의 파견원으로서 하남성(河南省) 개봉(開封) 소재 왕상(王祥)이 경영하는 군관학교, 또는 육군병공창(陸軍兵工廠) 좌도부(銼刀部)에 들어감으로써 그 목적 수행을 위한 행위를 하고,

3. (1) 1925년(大正 14) 1월경 위 좌도부(銼刀部)를 그만두고 광동(廣東) 사천성(四川省)[11] 성도(成都)를 거쳐 1929년(昭和 4) 여름경 상해로 돌아와 다음 해 1930년(昭和 5) 10월경 이래 천진(天津), 만주국 길림성 해림(海林), 빈강성(濱江省), 하얼빈 등을 배회하고 무정부주의자인 정화암(鄭華岩), 주열(朱烈), 차고동(車鼓東), 백정기(白貞基) 즉 백구파(白鳩波), 김야봉(金野烽), 엄순봉(嚴舜奉), 즉 엄형순(嚴亨淳) 및 이달(李達), 이회영(李會榮), 이규호(李圭虎), 천리방(千里放), 원심창(元心昌), 정해리(鄭海理) 등의 조선인 무정부주의자 및 각국 무정부주의자와 교유함에 이르렀다. 당시 정화암, 이달, 주열, 원심창 및 이수현(李守鉉) 등이 간부인 한인(韓人)무정부주의자 상해연맹 및 그 세포체인 남화한인청년연맹(南華韓人靑年聯盟)이 사유재산제도 부인 및 일본제국 국체 변혁을 목적으로 하는 결사임을 모두 알면서 그 무렵 상해에서 위 양 결사에 가입하고,

(2) 위 양 결사의 목적 수행을 위해

(가) 1932년(昭和 7) 음력 7월 중 정화암으로부터 무정부주의자 이회영이 일본 관헌에게 체포된 것은 이규서(李圭瑞) 및 연충렬(延忠烈)의 두 명의 밀고에 의한 것이라고 하고, 두 명 살해의 협력을 요청받자 이를 승낙하고 정화암과 함께 남상(南翔) 입달농학원(立達農學院)에

---

11 泗川省의 오기

도착하여 이달, 백구파, 원심창, 주열 및 이수현과 회합하여 이상의 자들과 공모하였다. 이달로부터 무정부주의 운동의 특별공작을 공동 실행해야 한다는 내용을 듣고, 이규서와 연충렬 두명을 동 학원에 불러내었다. 더욱 공작자금 입수를 위해 상해로 가야 한다고 거짓으로 말하고 두명을 남상(南翔) 역 부근으로 동반하여 가다가 동소 철교 부근에 도착했을 때 두 명을 밭 가운데로 끌고 가 각각 밀정 사실을 힐문하고 이를 인정하자 소지한 밧줄로 두 명을 교수(絞首)하여 각각 질식사에 이르게 하고

(나) 1933년(昭和 8) 3월 5일 상해 프랑스조계 복리리로(福履理路) 정원방(亭元坊)의 백구파의 집에서 위 연맹원 또는 각국 무정부주의자 등의 단체인 흑색공포단의 단원 백구파, 정화암, 원심창, 엄형순, 이강훈, 이달, 이수현, 정해리 및 오세민[吳世民, 본명 불상(不詳), 내지인]과 함께 회합하여 원심창이 "주중일본공사 아리요시 아키라(有吉明)는 일본정부 아라키(荒木) 육군대신의 명으로 국민정부 군사위원회장 장개석(蔣介石)을 4천만 원에 매수하여 만주 및 열하(熱河)에서 무저항주의를 채택하게 하고자 하니 사태가 긴박하다. 우리 무정부주의자는 그 운동의 근거를 상실하게 되고 있으므로 기회를 봐서 동 공사를 살해할 필요가 있다"는 주장에 찬동하여 위 회합자 등과 동 공사를 살해할 것을 공모하였다. 이강훈 및 백구파 두 명에게 그 실행을 담당하게 하고자 살해용 흉기, 장소, 방법, 살해 후의 처치 등을 수차례 회합한 다음 결정하고, 동 공사의 사진 입수, 승용자동차 번호 조사, 살해 예정 장소인 상해 공동조계 문로(文路) 요정(料亭)인 육삼정(六三亭) 부근의 지형 그 외의 정찰 등을 하고, 동월 17일 동 공사가 위 육삼정 연회에 출석하고, 동일 오후 9시 30분경 돌아간다는 통보를 접하자 피고인은 미리 준비해둔 폭탄을 프랑스 조계 민국로 서쪽 자동차부 앞에서 백구파 및 이강훈에게 교부하고, 위 두 명은 각자 권총 및 폭탄을 휴대하고 위 요정 부근에 도착하여 위 각 흉기를 사용하여 동 공사를 살해하고자 대기 중, 일이 발각하여 아직 이를 실행에 착수하지 못하고 체포되어 살인 예비를 하고,

(다) 1933년(昭和 8) 5월 일 불상(不詳) 정화암과 동행하여 전시(前示)한 남상 입달농학원에 가서 엄형순, 주열, 안경근(安敬根) 등과 회합하여 이종홍(李鍾洪)이라는 자를 일본총영사관의 밀정이라고 하여 살해하고자 공모하고 동일 오후 3시경 안경근이 위 이종홍을 전시(前示)한 학원 부근의 학생 상이강(常爾康, 창얼캉)의 집에 데리고 와서 밧줄로 동인을 후수(後手)를 결박한 다음 심문하여 동인이 일본총영사관원 밑에서 일하고 있다는 것을 자백하자 동

인의 가슴을 움켜잡고 목을 졸라 질식사하게 하고,

(라) 1933년(昭和 8) 7월 22, 23일경 정화암으로부터 일찍이 각 혁명단체로부터 일본 관헌의 밀정으로 인정되고 있던 옥관빈(玉觀彬)이 일본군대를 위해 약 2만 원의 재목을 제공한 것 및 일본 관헌에게 혁명운동에 관한 밀보 행위를 한 것이 판명되었다는 이유로 엄형순과 협력하여 옥관빈을 살해할 뜻을 각각 명받고 이를 승낙하고 이에 세 명이 공모하였다. 이 무렵 엄형순은 옥관빈이 평소 출입하는 그의 종형 상해 프랑스조계 망지로(望志路) 남영길리(南永吉里)의 옥성빈(玉成彬) 집 앞의 중국인 집 2층에 이사했다. 옥관빈이 옥성빈의 집에 출입할 때 동인을 총살하고자 대기하고 피고인은 정화암과 엄형순과 연락하고 또한 위 중국인 집에 도착하여 함께 옥관빈의 출입을 엿보고 있던 중, 동년 8월 1일 오후 9시경 옥관빈이 자동차로 위 옥성빈 집 앞에 오자 엄형순은 갑자기 그 자동차에 다가가 소지한 권총으로 동인을 사격하여 즉사시키고,

4. 1933년(昭和 8) 10, 11월 김구의 초청으로 가흥(嘉興)에 가서 이래 재차 김구일파에 들어가 민족주의에 전념하고 있던 중, 1934년(昭和 9) 12월 말 남경성(南京城) 내, 목장영(木匠營) 고안리(高安里) 1호에서 김구파에 속하는 안공근(安恭根), 안경근(安敬根), 노태연(盧泰然) 및 이의흥(李義興) 및 그 외 군관학교 졸업자 약 30명 정도와 함께 집합하여 김구가 발안하여 무력적 직접행동으로 조선을 일본제국의 굴레(羈絆)에서 이탈시킴으로써 일본제국의 국체 변혁을 목적으로 한 한국독립군 특무대라는 비밀결사를 조직하고자 즉시 그 규약을 결의하고 김구가 직접 특무대장이 되어 안공근을 참모장, 피고인을 비서에 임명하고 그 외 재무차장, 대대장, 중대장, 소대장 등 각각 임원을 정하고, 이에 위 비밀결사를 조직하고 위 결사의 목적 수행을 위해 1935년(昭和 10) 1월 이래 군관학교 졸업생을 위 결사에 가입시키기 위해 김구파에서 모집한 동교 입학 예비생 약 30명에게 중국어 및 수학 등의 교수를 하고, 이들을 인솔하여 동교에 입학시키고, 동교 졸업식에 참석하고 김구파의 졸업생을 인솔하여 전시(前示)한 고안리에서 합숙시키는 등 그 지도와 부액(扶腋)을 하고 (중략)

법률에 비추어 보니, 피고인 오면직(吳冕稙)의 판시(判示)한 행위 중 제1의 1과 2, 제6의 국체 변혁을 목적으로 한 결사에, 그 내용을 알고 가입한 점 및 위 결사의 목적 수행을 위한 행위를 한 점은 각 치안유지법 제1조 제1항 후단(後段)에, 제1의 3의 국체 변혁 및 사유재산제

도 부인을 목적으로 한 결사에 가입하고, 또한 위 결사의 목적 수행을 위한 행위를 한 점은 동법 제1조 제1항 후단과 제2항에, 제1의 4 및 제4의 결사를 조직하고 또는 임원인 임무에 종사한 점은 동법 제1조 제1항 전단(前段)에 해당하고, 또한 제1의 3의 (2)의 (가), (다),(라)의 각 살인의 점은 형법 제199조에, 동 (나)의 살인예비의 점은 동법 제201조에 해당하는 바, 이상 치안유지법 위반의 행위 및 제1의 1의 살인을 제외한 나머지의 살인과 살인예비의 행위는 각각 연속범에 관계하며, 또한 제1의 3의 국체 변혁 및 사유재산제도 부인을 목적으로 하는 결사에 가입하고 또한 위 결사의 목적 수행을 위해 한 행위 및 제1의 1의 살인과 치안유지법 위반의 행위 및 위 살인을 제외한 나머지의 살인과 치안유지법 위반의 행위는 각각 한 개의 행위로써 여러 개의 죄명에 저촉하는 경우이므로 형법 제54조 제1항 전단, 제55조 제10조를 적용하고, 그 가장 무거운 제1의 3의 (2)의 (라)의 살인죄의 형에 따라 정해진 형 중 사형을 선택하고, 동 피고인을 사형에 처해야 한다.(중략)

1937년(昭和 12) 4월 16일
해주지방법원형사부
재판장 조선총독부 판사 이주인 분고(伊集院 文吾)
조선총독부 판사 이정준(李楨準)[12]
조선총독부 판사 니카와 다케시(二川武)

---

12 해주지방법원에서 조선인 판사로 참여한 이정준(李楨準)은 함경남도 북청 출신으로 1915년부터 부산지방법원 진주지청 판임관 견습, 통역생 등을 거쳐 1920년 공주지방법원 판사에 임명되고 이후 각지 지방법원의 판사를 두루 거쳤다. 『친일인명사전』(민족문제연구소)에 등재되어 있다.

3. 배상권 재일유학생 독립운동 사건

〈자료 115〉 조선독립운동 관계 피고인 배상권(裵祥權)[13]에 대한 예심조서

[神戶地方裁判所, 1940, 「朝鮮獨立運動關係被告人裵祥權に関する豫審調書」, 京都大學소장본]

제3회 신문조서(피고인 배상권)

위의 자에 대한 치안유지법 위반 피고사건에 대해 1940년(昭和 15) 6월 28일 고베(神戶)지방재판소에서 예심판사 나카가와 다네지로(中川種次郎)는 재판소 서기 아나다(穴田) 등의 입회하에 전회(前回)에 이어 피고인에 대해 신문한 것은 다음과 같다.

문: 지금까지 말한 것은 틀림없는가?
답: 전부 틀림없습니다.
문: 피고인은 조선 독립을 목적으로 한 혁명사상을 품고 있는가?
답: 나는 이번에 경찰에 검거되어 자신이 잘못된 사상을 품고 있던 것을 깨닫고 전향을 결의했는데, 경찰에 검거되기까지는 태어난 나라인 조선의 독립을 목적으로 혁명사상을 품고 있었습니다. 이번에 검거된 사건은 모두 나의 사상을 행위의 근저로 하여 활동한 사건입니다.
문: 피고인이 품은 조선 독립을 목적으로 하는 혁명사상의 내용은 무엇인가?
답: 내가 품은 조선 독립을 목적으로 한 혁명사상이란, 세계 각 민족은 동종(同種) 민족 중에서 통치자가 나오고 그 통치자가 동종 민족을 통치하고 동종 민족의 국가를 형성하

---

13 배상권(1915~1942)은 일제강점기 경남 진해 출신의 독립운동가. 1931년 일본으로 건너가 고베(神戶)에 정착, 호쿠신상업학교(北神商業學校)에서 수학하며 한인유학생회를 결성, 독립운동을 하였다. 1940년 3월에 동지 8명과 함께 일본 경찰에 체포되어 1940년 12월 고베지방재판소에서 치안유지법 위반으로 징역 3년을 받고 옥고를 치렀다.

지 않으면 안 된다고 생각하고 있었습니다. 조선에 대해서도 마찬가지로 조선 민족은 조선 민족 자체에서 통치자가 나와 조선국가를 통치하지 않으면 안 된다고 생각했습니다. 그런데 현재 조선 민족은 한일병합의 결과, 일본의 통치에 복종하고 일본의 천황에 의해 통치되고 있습니다. 조선 민족은 일본 민족과 다르므로, 전술한 나의 민족국가 형성의 견해에서 말하면 잘못되어 있는 것입니다. 따라서 조선 민족은 일본 천황제의 통치권에서 이탈하지 않으면 안 된다고 생각하는 것입니다. 내가 조선독립을 목적으로 하는 혁명사상은 이 점에 근거를 갖고 있습니다. 그리고 조선이 일본 천황제의 통치권에서 이탈하여 조선 민족만의 국가를 형성하고 조선 민족에서 나온 통치자가 통치해 나가기 위해서는 현재의 상태에서는 일본 천황제의 통치권에서 이탈하는 것을 목적으로 한 조선 독립운동이 완수되지 않으면 안 됩니다. 조선이 일본 천황제의 통치권에서 이탈하여 독립하기 위해서는 현재의 일본은 한일병합 전의 일본과 조선이 합체하여 일본의 천황제 통치하에 일본제국을 형성하고 있으므로 이 일본 천황제를 타도하고 천황제를 부인하지 않으면 안 되는 것입니다. 따라서 조선독립을 목적으로 하는 혁명을 수행하기 위해서 현재 일본 천황제 타도를 향해 활동하지 않으면 안 됩니다. 그것은 일본 천황제에 의한 통치권 타도, 즉 현 일본의 국체 변혁을 동반하는 것입니다. 이렇게 일본의 현 국체를 변혁하고 일본의 통치권에서 완전히 이탈했을 때 비로소 조선 독립이 완수되는 것입니다. 내가 품은 조선 독립을 목적으로 한 혁명사상은 전술한 바와 같은 혁명내용을 갖고 그동안 이 사상을 행동의 근저로 활동하고 그 궁극의 목적 실현을 위해 우선 호쿠신(北神)상업학교의 조선인유학생회를 만들어 활동한 것입니다.

문: 피고인이 조선독립을 목적으로 한 혁명사상을 품게 된 시기, 동기, 원인 및 사상의 추이 과정은 어떠한가?

답: 내가 조선독립을 목적으로 한 혁명사상을 품게 된 것은 내가 내지(內地)에 와서 공부하고 내지의 사정을 다소 알게 된 무렵부터 사상적 맹아를 갖고 1937년(昭和 12) 4월경에는 다소 완성된 사상을 품고, 동년 말경에 조선 독립을 위해 자신의 몸을 희생하여 활동하지 않으면 안 된다고 결의하고 확고한 독립을 위한 혁명사상을 품게 되었습니다. 나는 전술한 조선 독립을 목적으로 한 혁명사상을 품게 되어 민족운동을 하게 되었습니다. 동기 원인에 대해서는 대체로 다음과 같습니다.

1. 내지에서 조선인의 생활 환경의 관찰
2. 조선기독교 입신(入信)에 의한 영향
3. 상해, 하와이의 조선 독립단체에 의한 감화
4. 문헌 특히 간디에 관한 저서 탐독에 의한 계몽
5. 중일전쟁에 대한 전망

그 동기 및 원인과 관련해서 내가 조선독립의 혁명사상을 품게 된 사상의 추이 과정을 말씀드리면, 내지에서의 조선인의 생활환경의 관찰에 있어 고베에 와서 공부를 하며 내지의 사정을 알게 되고 고베에 살고 있는 조선인의 생활 상태를 상세히 관찰해 보니, 가와사키(川崎)■■, 고베제강(神戶製鋼) 등의 대공장은 매우 많은 내지인을 직공으로 고용하고 있으면서 조선인은 절대로 고용하지 않는다는 상황을 알았습니다. 이를 보고 말로는 조선인도 같은 일본인이라고 하면서 민족적 차별대우하는 것을 깨달았고, 또 조선인에게는 주택을 빌려주지 않는다는 것을 여러 번 듣고 이 역시 차별적 핍박이라고 생각했습니다. 또 1937년(昭和 12) 8월경, 고베의 시간 급수 때 물을 받으러 내지인도 조선인도 모여 있었을 때, 담당 일본청년이 조선인의 모습을 한 이가 양동이를 내밀자 조선인은 뒤로 가라고 하고 양동이를 내던지는 것을 본적이 있는데 이 역시 민족을 바보 취급하는 예라고 생각했습니다. 이런 일을 관찰하고 고베시 신카와(新川) 방면, 簡井町 방면에 살고 있는 조선인의 불쌍한 생활 상태를 현실에서 보고 조선 민족의 행복을 위해서는 아무래도 우리가 조선 독립을 하지 않으면 안 된다고 자각했습니다.

조선기독교 입신에 의한 영향에 대해서는 1934년(昭和 9) 9월 아버지가 병사(病死)했을 때, 임종도 지키지 못하여 마음으로 죄송하고 괴로워하고 있었는데, 그때 무언가 위안을 구하는 마음이 일어나 고베시 후키아이구(葺合區) 미야모토 도오리(宮本通)에 있는 조선기독교 고베교회의 간판을 보고 찾아간 이래 기독교 신자가 되어 1936년(昭和 11) 9월경 L.L. 영이라는 선교사에게 신을 신앙한다고 맹세하고 포도주를 마시고 세례를 받았습니다. L.L. 영이라는 선교사는 캐나다 장로파 일본선교부 주재자로 영국인이었습니다. 이 일본선교부의 본부는 고베시 나다구(灘區) 롯코나가미네산(六甲長峯山)에 있는데 일본의 조선기독교를 모두 지도 통제하고 있었습니다. 고베교회는 이 일본선교부 산하에 속하며 내지 조선기독교의 관서중회(關西中會)에 속해 있었습니다. 나는 ■■인 조선기독교 신자가 되어 고베교회 등에서 목사의 설교를 듣거나 기도를 듣는 가운데 조선기독교는 신자가 모두 조선인이고 목사도 조선인 신자 중에서 나오며 영이라는 훌륭한 선교사도 조선어를 배워 캐나다 본국에서 거액의 비용을 받아 불쌍한 조선 민족을 구제하기 위해 파견되었음을 알게 되었고, 또 조선기독교의 목적은 암암리에 조선의 민족정신을 앙양한다는 것을 알게 되었습니다. 나는 설교와 기도로 또 자신이 읽은 신약구약성서의 일부를 해설한 인쇄물 등에서 얻은 지식을 통해 조선기독교가 이스라엘 민족과 같은 처지에 있는 약소 피압박민족인 조선 민족을 구제하는 것은 신을 믿음으로써 모세가 신의 뜻에 맞는 역사적 일을 한 것처럼, 우리 민족을 구하는 것이 그 목적이라고 생각했습니다.(중략)

문: 호쿠신(北神)상업학교 유학생회의 본래 목적은 무엇인가?

답: 호쿠신상업학교 유학생회는 앞서 말한 사정에서 그 결성을 생각했는데, 통학하고 있던 호쿠신상업학교의 주변 조선 청년학도를 규합하여 표면적으로는 학술연구와 상호부조를 도모하는 것을 목적으로 하였지만, 사실은 조선독립 달성을 목적으로 했다. 또 호쿠신상업학교에서 다른 학교로 파급시킴으로써 더욱 일반 조선인 대중에까지 확대할 중심 지도세력이 되기 위해서 결성한 것입니다. 그리고 조선 독립이라는 것은 앞에 말한 것처럼 현재 조선의 토지와 민족은 일본 천황제에 의해 통치되고 있으므로 일본 천황제를 타도하고 부인함으로써, 즉 현 일본국체를 변혁하여 조선을 일본 천황제의 통치권에서 완전히 이탈시켜 조선의 토지와 민족만으로 하나의 독립국가를 만든다. 그리고 주재자는 종래의 이왕조가 아니라 시대에 순응하여 조선민족 중에서 가장 훌륭한 사람을 내서 주재자로 하고, 경우에 따라서는 공화제 등의 국체로 하여 조선인이 행복을 얻고 핍박도 차별도 없는 평등한 국가를 만들고자 한 것이다. 그러므로 호쿠신상업학교유학생회는 그 내실에서 일본 천황제의 부인, 즉 일본 국체의 변혁을 궁극의 목적으로 하여 비밀리에 이루어진 일종의 비밀결사라고 할 수 있습니다.

이를 읽어 들려 준 바 틀림없음을 말하고 서명 날인했다.

피고인 배상권

즉일

고베지방재판소 재판소 서기 아나다(穴田 等)

예심판사 나카가와 다네지로(中川種次郎)

예심종결결정

- 본적: 조선 경상남도 창원군 진해읍 석리(石里) 374번지
- 주거: 고베시 후키아이구(葺合區) 와키노하마초(脇濱町) 1정목 18번, 28번 주택(屋敷)
- 무직
- 배상권(裵祥權) [1915년(大正 4) 6월 28일생]

- 본적: 조선 경상남도 창원군 웅천면 북부리 836번지
- 주소: 효고(兵庫)현 무코군(武庫郡) 혼조무라(本庄村) 아오키(靑木) 166번지 야마시카 가즈오(山下一男) 댁
- 정목정언(正木政言), 즉 조정규(趙正奎) [1914년(大正 3) 2월 29일생]

- 본적: 조선 경상북도 성주군 초전면(草田面) 용봉동(龍鳳洞) 1058번지
- 주소: 고베시 우키아이구(葺合區) 시노노메도리(東雲通) 2정목 34번 주택 이형구(李亨九) 댁
- 신문배달부
- 최창현(崔昌鉉) [1914년(大正 3) 3월 25일생]

- 본적: 조선 경상남도 창녕군 대합면(大合面) 등창리(燈昌里) 125번지
- 주거: 고베시 스마구(須磨區) 후루카와초(古川町) 1정목 3번지 문종풍(文鍾風) 댁
- 신문배달부
- 산구건치(山口健治) 즉, 문규영(文奎泳) [1917년(大正 6) 2월 12일생]

위의 자 등에 대한 각 치안유지법 위반 피고사건에 대해 예심을 거쳐 결정함이 다음과 같다.

주문

본 건을 고베지방재판소 공판에 부침

이유

피고인 등은 다음 사실에 대해 공판에 회부하기에 충분한 범죄 혐의가 있는 것으로 한다.

피고인 배상권은 1931년(昭和 6) 노동 및 면학 목적으로 고베시에 온 후 동시(同市) 나다구(灘區) 다카오카■마술연구소(高岡■馬術研究所)의 급사, 다이마루(大丸)백화점 취사부, 고베 중앙우편국 집배원, 세탁소 직원, 요미우리신문 배달원 등의 노동에 종사하는 한편, 후카이이상공(葺合商工)실습학교를 거쳐 사립 호쿠신상업학교 야간부 2년에 편입하고 동 1939년(昭和 14) 3월 동교를 졸업한 자인데,

당시 일본은 내지의 조선동포에 대해 겉으로는 내선일체 융화를 표방하면서 안으로는 극단적인 민족적 차별대우를 하고 있다고 하며 그들의 비참한 생활환경을 관찰한 점, 캐나다 장로파 일본선교부 관서중회 부속 조선기독교 고베교회에 입신하여 동교(同敎)에서 신은 항상 약자의 편으로 신앙에 입각하여 이를 구제하는 자이므로 모세를 통해 이스라엘 민족의 해방을 도모한 것처럼 동 민족과 마찬가지로 약소피압박 민족인 조선 민족 또한 기독교 신앙에 입각하여 활동함으로써 자민족의 해방을 달성할 수 있다는 시사를 받은 점, 하와이 상해 등에서 조선독립을 기도한 단체의 활동에 의해 감화를 받은 점, 『간디의 혁명운동과 종교』등의 문헌을 탐독하여 계몽된 점, 그리고 중일전쟁을 전망하여 장개석은 영·미·프·소의 지원을 받아 장기항전을 계속함으로써 경제적 고립무원인 일본은 경제적 파탄에 입각한 내란 등이 일어나 패전하게 될 것이라고 생각한 점 등을 통하여 동 1937년(昭和 12)말 경부터 조선독립의 혁명사상을 품게 되었다.

조선민족의 행복과 해방을 도모하기 위해 해외의 조선독립을 기도하는 단체와 연락 제휴하고 이들 단체 및 조선기독교를 통하여 영미 등으로부터 군사 및 경제상 원조를 받아 전기한 일본 패배의 시기가 도래하면 내외가 서로 호응하여 폭력혁명의 수단으로 천황을 타도하고 국체를 변혁함으로써 조선을 일본 지배에서 이탈시켜 조선민족의 독립국가를 건설하는 것이 옳다고 하여 그 목적 하에 당면 조선인학생 등 일반 조선인대중을 민족적으로 계몽 지도하는 중심세력이 될 단체를 결성하여 그 목적 달성을 위해 활동할 것을 결의하고,

제1

(1) 동 1938년(昭和 13) 7월 하순 고베시 호쿠구(北區) 야마다초(山田町) 6정목 호쿠신상업학교(北神商業學校) 부근 거리에서 비교적 민족의식이 농후한 동교 재학생 최창현, 조정규에게 먼저 하와이·상해 등지의 조선독립을 기도하는 단체의 활동상황을 말하고, 이어 "우리는 이들 해외에서 조선독립을 기도하는 단체와 제휴하여 조선민족의 단결을 공고히 하고 이들 단체 및 조선인 목사 다수를 포함하는 조선기독교의 신앙을 통하여 영미 등 외국의 군사적·경제적 원조를 받아 이번 중일전쟁 장기화로 인한 일본의 경제적 파탄과 패전을 호기로 삼아 일제히 봉기하여 조선민족해방을 위해 조선독립을 도모하려면 우리는 미리 이러한 경우에 대처하기 위해 일반 조선인대중을 솔선 지휘할 중심세력을 결성해둘 필요가 있으므로 호쿠신상업학교 재학 조선인유학생을 결집시켜 표면적으로는 학술연찬 및 상호부조친목의 이름을 빌리고 실상은 조선독립의 궁극적인 목적을 위한 유학생회를 결성하여 조선인학생 및 일반 조선인대중의 민족정신과 독립의식을 계몽함으로써 조선독립 달성에 힘써야 한다"는 취지를 제안하여 두 명의 찬동을 얻음.

(2) 동년 10월 초순 동시 산노미야 역(三宮驛) 부근 거리에서 전기(前記)한 상업학교 재학생 중 비교적 민족의식이 농후한 문규영에게 우선 조선에서의 만세사건이 철저하지 못했기 때문에 목적을 달성하지 못하였고 일본놈들에게 항상 박해받게 되었다는 것, 그 실패의 원인을 설명하고 이어 전기한 (1)과 대략 동일한 취지로 조선독립 달성에 힘써야 한다는 내용의 제안을 하고 동인의 찬동을 얻음으로써 모두 국체 변혁을 목적으로 그 목적사항의 실행에 관하여 서로 협력할 것을 협의함.

제2

(1) 동년 10월 초순 (중략) '호쿠신상업학교 유학생회'를 결성하여 자신이 회장이 되고 임원으로 최창현을 문예부장, 조정규를 회계부장, 문규영을 체육부장에 직접 지명 추천하고, 동 장소의 출석자 전원에게 "우리 조선민족이 나라를 빼앗기고 차별대우를 받아 비참한 상황에 있는 것은 민족독립정신이 결여했기 때문이다. 영웅 히틀러, 무솔리니가 성공한 것은 미천한 몸을 희생하여 민족운동에 투신한 결과이므로 히틀러와 무솔리니의 의기와 열정을 계승하여 조선민족을 위해 서로 단결을 공고히 하고 본회 활동을 통하여 조선독립의 목적 달성을 위해

노력하길 바란다"는 취지로 연설하였다. 또 조선독립 만세를 삼창하며 동인 등을 고무 격려하였고 조선독립을 위해 궐기할 것을 선동함.

(2) 동년 10월 초순부터 동 1939년(昭和 14) 2월 26일경에 이르기까지 전후 십여 회에 걸쳐 전기한 친형 집 외 고베 시내에서 각각 호쿠신상업학교 재학생 최창현, 조정규, 문금영, 석도열, 박영석, 유태열, 김낙곤 등에게 조선보통학교의 조선어과를 폐지한 것, 또 신사참배에 순응하지 않음을 이유로 조선기독교계의 숭실전문학교 등을 폐교한 것은 일본당국이 조선인 가운데 뛰어난 인물이 나오지 못하게 하려고 조선민족을 차별·압박한 사례라고 설명함. 또 바이야스만(灣)·항주만(杭州灣)에 무혈상륙하여 ■■함락했다는 보도는 엉터리이며 일본군 측 손실도 심각한 사실을 숨기고 날조한 것이고, 또 마라톤선수 손기정이 국제올림픽대회에서 우승하여 일본대표로 히틀러 총통과 악수했는데 조선대표가 아님이 안타깝다고 하며 이렇게 조선민족이 일본인보다 우수하다는 것을 외국에 알려야 한다고 함. 또 간디가 런던에서 공부하고 변호사로 일하는 동안에 인도독립운동에 헌신했기에 영국관헌에 의해 투옥되었지만 3개월간 단식항쟁을 계속하자 영국관헌도 곤란하여 결국 석방시켰고 인도민중의 절대적인 숭배를 받게 되었다고 하며 이러한 기백을 조선민족도 계승해야 한다고 함. 또 장개석은 패배했지만 중국공산파가 소련과 연락하기 위해 일소(日蘇)전을 유발하게 될 것이므로 결국 일본이 패전할 것인바, 일본은 블라디보스토크에서 도쿄 공습을 계획하고 있는 소련을 극도로 두려워하여 현재 석유문제, 어업문제에 대해서도 소련의 도전적 태도를 회피하여 머리를 조아리며 교섭으로 해결하려 하면서도 중일전쟁에 관해서는 사소한 사항도 무력으로 해결하려 하는 것은 상대방이 약자면 강하게 나가고 상대가 강자면 손을 대지 못한다는 일본의 약점을 폭로한 것이며, 또 일본이 현재 동아신질서 건설을 왕성히 주창해도 이 역시 하나의 수단에 불과하고, 만주국 및 지나도 장래는 조선과 같이 일본의 속국으로 할 생각이라고 말하여 일본을 비방함. 또 조선에서의 가장 유력한 종교단체는 기독교로 우수한 인텔리 목사가 다수 존재하므로 조선민족 해방을 위해서는 반드시 교회에 가서 이들의 지도계몽을 받아야 한다고 종용함과 더불어 우리 조선민족이 일본인의 민족적 차별대우의 압박에서 벗어나 진정한 행복을 가져오기 위해서는 우선 민족단결을 공고히 하고 조선기독교의 지도 및 해외의 조선독립을 기도하는 단체와의 연계 등을 통하여 미·영으로부터 군사적·경제적 원조를 받아 일본 패전의 호기를 틈타 일제히 봉기함으로써 조선독립을 위

해 장차 서로 연락하고 단결하여 호쿠신상업학교유학생회의 발전을 도모하고 조선민족해방을 위해 노력하자고 연설하여 동인 등을 고무 격려하여 조선독립을 위해 궐기할 것을 선동함.

(3) 동 1939년(昭和 149) 2월 26일경 동 시 후키아이구(葺合區) 와키하마초(脇濱町) 1정목 37의 37 권봉문 집에서 호쿠신상업학교유학생회 주최로 개최한 간담회 겸 송별다회 석상에서 최창현, 조정규, 문규영, 박영수 등 13명의 출석자에 대하여 민족의 단결을 공고히 하여 성공한 히틀러의 독일정신, 무솔리니의 이탈리아정신, 체임벌린[14]의 영국정신을 설명하고, 이어서 우리 조선청년도 이를 모범으로 조선민족의 조선정신을 함양하여 단결을 공고히 하고 조선기독교를 통하여 영미의 원조를 받아 조선독립을 위해 활동하자는 내용을 연설함. 또 조선독립 만세를 삼창하여 동인 등을 고무 격려하고 조선독립을 위해 궐기할 것을 선동함.

이로써 모두 일본국의 국체 변혁을 목적으로 이 목적사항의 실행을 선동하고, (중략) 피고인 배상권, 최창현의 각 행위는 각각 '범의(犯意) 계속'에 관한 것이라고 하겠다. 피고인 배상권, 최창현의 각 행위는 각각 치안유지법 제2조 제3조, 형법 제55조 제10조를, 피고인 조정규, 문규영의 각 행위는 각각 치안유지법 제2조를 각각 적용하여 처단할 범죄라고 사료함.

따라서 형사소송법 제312조에 의해 주문과 같이 결정함.

1940년(昭和 15) 8월 23일
고베지방재판소
예심판사 나카가와 다네지로(中川種次郎)

---

14 네빌 체임벌린(Arthur Neville Chamberlain, 1869~1940) 영국의 정치가. 1937년부터 1940년까지 영국 총리를 지냈다.

4. 그 외 공판 기록

〈자료 116〉 최태섭(崔泰燮) 판결

[「昭和17刑公第36號 判決」, 『鮮內檢事局情報』 6, 1943, 京城地方法院檢事局思想部, 고려대학교도서관 경성지방법원 검사국 컬렉션, 461~473쪽]

1942년(昭和 17) 형공(刑公) 제36호

판결
- 본적 및 주거: 함경북도 학성군 학서면 원평동1 301번지
- 무직: 최 개명 산원 태섭(山原泰燮)
- 1926년(大正 15) 1월 10일생

상기인에 대한 치안유지법, 육해군형법, 보안법 각 위반 피고 사건에 대하여 조선총독부 검사 오쿠니 마사오(大國正夫)가 관여하여 심리한 결과 다음과 같이 판결한다.

주문
피고인을 단기 2년, 장기 5년의 징역에 처한다.

이유
피고인은 본적지에서 중농의 집안에 태어나 부모 슬하에서 성장하였으며 9세 때 학서공립보통학교에 입학 후 4학년 2학기부터 길주군 덕산면 소재 덕산공립보통학교로 전학하여 15세에 이 학교 6학년을 졸업하였고, 같은 해 길주공립농림학교의 입학시험에 실패하여 1년간 자택에서 지내며 공부하여 이듬해 동군 길주읍 소재 사립공업보습학교에 입학하였으나 1942년(昭和 17) 6월 30일 본건으로 인해 동학교 2학년을 퇴학 처분된 자이다. 일찍이 민족주의 의식에 눈떠 상기 보통학교 4학년 시절 농민조합사건 관계로 검거된 거동(居洞)

청년들 다수가 경찰관에 연행되는 것을 목격하고 청년의 우국지정에 의한 조선 독립운동을 당국이 부당하게 탄압한 것이라고 해석함. 이들 청년들을 깊이 동정하고 동학당 난의 김옥균(金玉均), 박영효 등의 행동을 평가하여 그들을 민족 영웅으로 숭배하고 점차 열렬한 민족주의 사상을 품게 됨. 이에 조선을 일본제국의 속박에서 벗어나 완전한 독립국으로 만들고자 하는 열망을 가지고 이 목적을 달성하기 위해,

(1) 1942년(昭和 17) 5월 2일 전술한 길주공업보습학교에서 2교시 쉬는 시간에 교실에서 운동장으로 나가던 중 급장 서원호준(西原豪俊)이 동급생에게 "국어(일본어) 상용에 힘쓰자"라고 주의하자 피고인이 "국어 상용이 뭐냐 조선어 상용이다"라고 말함으로써 내선일체의 실천사항인 국어상용운동에 반대하는 정치에 관한 불온한 언동을 함으로써 치안을 방해함.

(2) 같은 해 5월 중순 동교 2학년 교실에서 수업 시작 전 잡기장 쪽지에 '조선독립운동'이라고 기재하고 이를 동급생 소림청산(小林靑山)에게 몰래 건네 동인을 조선독립운동의 동지답게 하려는 그 목적 사항을 선전함.

(3) 같은 해 5월 23일 조회 시간에 동교 교장으로부터 머지않아 조선에 시행되기로 결정된 징병제에 대한 감상을 작문숙제로 받자 징병제는 조선독립에 대한 커다란 장해라고 생각하고 동일 점심시간에 운동장에서 동급생 소림청산, 김원정무(金原正武), 경김중충(慶金重忠) 외 다수 학생이 들을 수 있는 장소에서 "징병제는 터무니없다. 누가 일본의 군인 따위 되겠는가. 징병제 절대 반대"라고 외침으로써 정치적으로 불온한 언동을 하여 치안을 방해함.

(4) 동일 학교에서 귀가하는 길에 조선독립에 큰 장해가 되는 징병제 및 국어상용에 대하여 전조선에서 반대운동을 전개할 필요가 있는데 이를 위해서는 먼저 학생층이 궐기하고 선구가 되어 점차 대중적으로 확대해 나갈 것을 결의하고 학생들에게 호소하기 위해 경성 경복, 개성, 군산, 광주, 경성(鏡城)의 각 중학교 5학년 앞으로 문서를 보내 선전하고자 관제우편엽서 5장을 구입하여 자택으로 돌아가 같은 날 오후 7시경 학성군 학서면 원평동 1,301번지 자택에서 본인 소유의 잉크와 펜을 사용하여 발송처 학교에 따라 문면에는 다소 차이가 있으나 대체로,

① 조선독립을 위한 민족주의 사상을 선전하는 다음 글귀를 씀.
 (가) 우리 이왕 폐하의 시대를 생각해 보라, 인류를 차별하는 사고는 지구가 존재하는 한 끝까지 마음에 남아 있을 것이다.
 (나) 우리가 조국 조선을 신흥국으로 건설해야 하지 않겠습니까.
 (다) 여러분 우리의 본국, 한국은 지금 얼마나 흩어져 있는가, 참으로 우리에게 안타까운 일이 아니겠습니까.
 (라) 조국을 위해 일어서는 우리 조선 내 학생들은 각성하라. 현재 경성의 경복궁에는 누가 있습니까. 조선백성으로서 참으로 슬프지 않습니까.
 (마) 여러분 조국 조선반도를 위해 분투하시오.

② 징병제도를 반대하는 글귀를 다음과 같이 씀.
 (가) 우리 한국에 징병령이 시행되었는데 여러분은 지금 반대합니까. 여기 우리 함북사람들은 밤낮으로 걱정입니다. 속히 사상 문제를 일으켜 징병령에 반대합시다.
 (나) 최근 우리 한국에 징병령이 시행되었지요. 여러분 이것은 정말 잘못된 것이 아닙니까, 징병제에 반대합시다.
 (다) 이번에 우리 조선에 징병제가 시행되었다고 합니다. 이에 대하여 우리 함북사람들은 적극적으로 반대하고 있습니다. 여러분도 이 제도에 반대하도록 조선의 모든 학교 학생들에게 선전을 부탁드립니다.

③ 국어(일본어)상용운동을 반대하는 글귀를 다음과 같이 씀.
 (가) 국어상용이 웬 말인가, 조선어를 상용하라.
 (나) 국어상용은 안 된다. 국어를 폐지하라. 조선어 상용.

④ 내선일체를 부인하여 다음과 같은 글귀를 씀.
 (가) 내선일체가 웬 말인가. 믿어서는 안 됩니다.
 (나) 인류의 차별을 생각해 보시오. 도대체 내선일체가 무슨 소리입니까. 외국인들의 웃음거리가 됩니다.

전술한 관제 우편엽서에 각각 기재하여 답신자를 전술한 각 중학교 5학년 일동으로 하였고(증 제5 내지 제9호), 이 엽서들을 5월 25일 등교 도중에 함경선 원평역 앞과 길주읍내 수원약국 앞에 있는 우편함에 투함하여 각각 전술한 중학교에 도달하게 함으로써 조선독립이라는 목적을 가지고 그 목적사항을 선전함과 함께 정치에 관한 불온한 언동을 하여 치안을 방해함.

(5) 같은 해 5월 29일 전술한 공업보습학교에서 학생의 이름은 미상이나 어떤 학생이 일전에 충청남도 부여로 근로봉사를 하러 갔을 때 실제로 유적을 보고 고대조선의 문화를 회상하며 유적에 이마가 닿을 정도로 정중한 절을 하며 눈물 흘린 이야기를 듣고, 옛날 조선은 문화가 꽃피는 시대였으나 지금은 쇠퇴하여 황혼에 서 있는 쓸쓸함이 있다는 착상을 한 후 동일 귀가하여 잡기장에 "쇠퇴해 사라져 가는 조선을 구출하라"는 비분강개의 심정을 적었고, 이튿날 5월 30일 상기 2학년 교실에서 동급생 소림청산에게 보여 주며 동인으로 하여금 조선독립운동에 공명하도록 선전함.

이상의 행위는 각각 범의 계속에 관계되는 것으로 간주한다.

증거를 살펴보면 범의 계속인 점, 동학당난의 김옥균, 박영효 등의 행동을 평가하여 민족영웅이라고 숭배한 점을 제외한 나머지 판시 사실은 피고인의 당 법정에서의 각 판시와 같은 취지의 자백을 하고, 피고인에 대한 검사의 신문조서 중 피고인이 동학당난의 김옥균 등의 행동은 민족영웅이라고 생각하고 동인 등을 숭배해 온 내용의 진술을 기재함.

판시 (1)의 사실에 대하여 각 검사의 증인 모리모토 기사부로(森本喜三郎)에 대한 신문조서 중 증인은 판시 사립공업보습학교 교장으로 작년[1941년(昭和 16)] 4월부터 학생들에게 국어상용을 강조해 왔다는 취지의 진술 기재. 증인 서원(西原豪俊)에 대한 신문조서 중 동인의 해당 판시와 동일한 취지의 진술 기재.

판시 (2)의 사실에 대하여 검사의 증인 고바야시 아오야마에 대한 신문조서 중 동인의 해당 판시와 동일 취지의 진술 기재.

판시 (3)의 사실에 대하여 사법경찰관 서리 증인 경김중충(慶金重忠)에 대한 신문조서 중 해당 판시와 동일한 취지의 진술 기재.

판시 (4)의 사실에 대하여 사법경찰관 증인 스즈키 시게오(鈴木重男)에 대한 신문조서 중

동인의 진술로 증인은 군산공립중학교의 교유 당시 판시 일시 무렵 판시와 동일 취지의 불온문서 증제5호를 받은 내용의 기재, 사법경찰관 증인 오오마가리 이사무(大曲勇)에 대한 신문조서 중 동인의 진술로 동인은 경복중학교의 교유 당시 판시 일시 무렵 판시와 동일 취지의 불온 문서 증제6호를 받은 내용의 기재, 사법경찰관 증인 가바야마 히로시(樺山寬)에 대한 신문조서중 동인의 진술로 증인은 개성공립중학교의 교유 당시 판시일 무렵 판시와 같은 취지의 불온문서 증제7호를 받은 내용의 기재, 사법경찰관 증인 사이토 히로시(齊藤寬)에 대한 신문조서 중 동인의 진술로 증인은 광주공립중학교의 교유 당시 판시 일시 무렵 같은 취지의 불온문서 증제8호를 받은 내용의 기재, 사법경찰관 증인 오오타 나가아마(太田長天)에 대한 신문조서 중 동인의 진술로 증인은 경성(鏡城)공립중학교의 교유 당시 판시 무렵 판시와 동일 취지의 불온문서 증제9호를 받은 내용의 기재, 판시 불온문서에 상당하는 증제5호 내지 제9호의 존재.

판시 (5)의 사실에 대하여 검사의 증인 소림청산에 대한 신문조서 중 해당 판시와 동일 취지의 진술 기재.

이상을 모두 종합하여 인정할 만하고, 또한 범의 계속이라는 점은 단기간 내에 동종 행위를 반복한 사실을 비추어 볼 때 명백하다.

따라서 판시 사실은 그 증명이 충분한 것으로 간주한다.

법률에 비추어 피고인의 판시 소위 중 국체 변혁을 목적으로 그 목적과 관련된 사항을 선전하거나 그 목적 수행 행위를 한 점은 치안유지법 개정 제5조에, 보안법 위반사항은 보안법 제7조에 각각 해당하는 바, 후자의 형에 대하여 조선형사령 제42조를 적용하고 그 형명을 변경하기 위해 이상의 목적 수행 행위와 보안법위반 소위는 1개의 행위이므로 여러 개의 죄명에 저촉되는 경우에 해당하며 동시에 치안유지법, 보안법 각 위반 소위는 각각 연속범에 관계되므로 형법 제54조 제1항 앞의 단, 제55조 제10조에 의거하여 가장 무거운 치안유지법 소정형에 따라 처단해야 마땅한 바, 피고인은 조선소년령에 이른바 소년이므로 동령 제8조 제1항에 따라 피고인을 단기 2년, 장기 5년의 징역에 처하기로 한다.

따라서 주문과 같이 판결한다.

1942년(昭和 17) 12월 15일

청진지방법원 형사부

재판장조선총독부 판사 　　　아마노 하루키치(天野春吉)
조선총독부 판사 　　　　　　다마이 히데오(玉井 秀夫)
조선총독부 판사 　　　　　　다나카 마모루(田中護)

〈자료 117〉 임윤걸(林允傑) 공판청구서

[『地檢秘第59號 昭和18年2月 公判請求書』, 『鮮內檢事局情報』 6, 1943, 京城地方法院檢事局思想部, 고려대학교 도서관 경성지방법원 검사국 컬렉션]

1943년(昭和 18) 2월 지검비(地檢秘) 제59호
평양지방법원 검사정

경성, 대구 복심법원검사장 귀하
각 지방법원 검사정 귀하
평안남도지사 귀하
조선군사령관 귀하
조선헌병사령관 귀하
평양헌병대장 귀하
각 합의지청 검사 귀하
평양보호관찰소장 귀하
고등법원검사국 사상부 귀중

치안유지법 위반 피고 사건 기소장 사본 송부 건
임윤걸(林允傑)에 대한 치안유지법 위반 피고 사건 기소장 사본 및 참고 별지를 송부한다.
공판 청구서(사본)
죄명 치안유지법 위반

피고인 임윤걸(林允傑)

상기인에 대한 하기 범죄 사실에 대하여 공판을 청구하는 바이다.
1943년(昭和 18) 1월 26일
평양지방법원 검사국
조선총독부 검사   모리 도라기치(森寅吉)
평양지방법원 귀중

범죄 사실

피고인 임윤걸은 황해도 축안군 이하 불상(不詳)에서 태어나 당시 사립학교 교원이던 아버지를 따라 평안남도 중화군, 평안북도 박천군, 평안남도 안주군 등을 전전하다 1937년(昭和 12) 3월 안주공립보통학교 6학년 졸업 후, 1939년 10월 부모와 함께 현주소 평양부 대신정(大新町)으로 이주하여 평양부 선교정(船橋町) 소재 대일본제당(大日本製糖) 주식회사 평양공장의 일용인부가 되었다. 이어 1940년 5월 평양부 팔천대정(八千代町) 소재 본정(本町) 마켓 내 스기모토(杉本) 채소가게 점원이 되었는데 같은 해 12월에 해고되어 한때 토목건축공사장 인부로 취로, 1941년 10월 다시 상기 스기모토 채소가게에 점원으로 고용되어 현재에 이른다. 1939년경부터 언문소설 등을 섭렵하면서 점차 민족의식을 키웠고 안주읍내 백상루에 '조선독립 만세'라는 낙서를 목격한 후 유년시절을 회상하며 자신이 품고 있던 내지인과 조선인 간에 심각한 차별 대우가 있다는 편견과 결부시킴으로써 결국 조선인의 행복은 조선을 일본으로부터 독립시키지 않는 한 바랄 수 없다는 사상을 품게 된 자로 조선을 일본제국의 굴레에서 벗어나 독립시킬 목적을 가짐.

1. 1941년(昭和 16) 9월 날짜 불상. 평양부 대신정 3번지 청원진희(淸原眞熙)를 자택으로 찾아가 동인에게 "조선인은 내지인에게 경멸을 당하는데다 관헌과 사회의 대우 또한 불공평하다. 그러니 조선을 일본으로부터 독립시켜 참으로 조선인의 행복을 추구해야 한다"고 말함.

2. 이튿날 상기 청원진희(淸原眞熙)를 주거지로 찾아가 동인이 소지한 조선어 유행가 레코드 '오동나무 잎의 맹세'를 연주하고, "오오 사라져간 열아홉 살의 꿈. 나도 서약하노라 오동

나무 잎의 맹세를"이라고 되어 있는 가사를 "나는 항상 조선독립을 열망해 왔는데 이러한 열정을 조금도 이루지 못한 채 속절없이 세월만 흘렀다. 그러나 우리는 오동나무의 푸른 잎처럼 젊고, 또 우리의 결의는 오동나무처럼 곧고 단단하며 예전처럼 강하고 견고하다. 우리도 조선독립을 위해 다시금 새롭게 각오하자"라고 해석하고 비평하며 조선독립의 필요성을 역설함.

3. 약 이틀 후 상기 청원진희(清原眞熙)를 주거지로 찾아가 동인이 소지한 조선어 유행가 레코드 '여인행로'를 연주하고 "돌아가신 부모의 자애는 험난한 세상 속에 무너져도 눈보라가 그치고 봄이 오면 또다시 꽃은 핀다"라는 가사를 "일찍이 조선은 조선인이 직접 통치해 왔는데 그 당시에는 마치 자애로운 친부모에게 양육되는 것과 같았지만 한일병합의 결과 일본의 통치를 받게 되니 흡사 양부모 밑에서 구박받는 일상을 보내고 있다. 하지만 눈보라가 그치고 봄을 맞이하여 꽃피는 때가 도래하면 이 고통도 사라지고 행복한 봄을 기뻐한다는 뜻이니 조선도 반드시 독립할 수 있다"라고 해석하고 비평하였다.

그다음에 조선어 유행가 레코드 '복지만리'를 연주하고, "저 언덕을 넘으면 새로운 신세계의 문이 있다. 어서 가자"라고 되어 있는 가사를 "이 노래는 우리 조선동포가 떨쳐 일어나라고 촉구하는 것으로, 우리는 일치단결하여 조선독립을 위해 매진해야 한다"는 해석으로 비평한 후 역시 조선독립을 위하여 활동해야 한다고 말함.

그 목적사항을 실행할 것을 선동하고,

4. 같은 해 10월 날짜 불상. 상기 청원진희(清原眞熙)의 집에서 동인에게 "만주에 조선독립을 목적으로 하는 독립단이 있는데 실제로 지금 해당 목적 아래 활약 중인데 조선인 중에는 우리와 동일한 사상을 가지고 있는 이들이 많다. 그러니 우리도 이에 가입하여 상기 목적을 위해 활동하자"라고 제의하고 즉시 "좋다. 젊었을 때 해보자"라는 동의를 얻음.

5. 1942년(昭和 17) 5월 날짜 불상. 상기 청원진희(清原眞熙)를 집으로 찾아가 동인이 소지한 조선 유행가 '코스모스의 탄식'에 "코스모스 필 무렵 맺은 인연, 코스모스가 지면 그만이다. 국경 없는 사랑은 말뿐이다. 웃으며 헤어진 두만강 다리"라는 가사를 알려 주며, "코스모스는 서리가 내릴 때까지 피는 꽃이다. 지난날의 조선은 기세와 힘으로 상호 협력 공존할 목적으로 일본과 병합했지만 현재의 조선은 마치 서리 맞은 코스모스처럼 기세와 힘을 잃었다. 그래서 일찍이 일본과 맺은 약속은 아무런 효력이 없고 국경 없는 사랑은 내지와 조선을

차별 없이 사랑한다는 이른바 내선일체를 지칭하지만 이 역시 결국 입 발린 말에 지나지 않는다. 따라서 조선이 떳떳하게 깨끗이 독립하려면 우리가 조선을 위해 적극적으로 힘쓸 필요가 있다"라고 해석하고 비평하여 즉시 동인에게 모든 취지에 찬성의 뜻을 얻어 이 목적과 관련된 사항의 실행을 협의함.

6. 1942년(昭和 17) 4월 초순 날짜 불상. 본정 마켓 내에서 조선인 점원 정학보, 통칭 이치로(一郎), 통칭 쇼이치(正一), 통칭 다로(太郎), 통칭 명길(命吉), 통칭 호길(浩吉) 등에게 "만주에는 조선독립단이 있는데 지금도 조선독립을 위해 활발하게 활약 중이다. 모두 이것을 잘 기억해 두게"라고 말함.

7. 1942년(昭和 17) 4월부터 같은 해 10월에 이르는 사이에 120회 정도에 걸쳐 상기 본정 마켓 내에서 전항에 적시한 자 등에게 "억압당하는 조선동포를 위해 나는 복수의 화신이 되어 내지인의 목을 칠 것이다. 그러면 피가 철철 흐르고 틀림없이 통쾌하겠지"라는 의미를 언외에 함축하여 "내가 너희의 목을 치겠어. 그럼 붉은 피가 철철 흐르겠지"라고 말함.

8. 1942년(昭和 17) 8월부터 같은 해 10월에 이르는 사이에 약 40회에 걸쳐 상기 본정 마켓 내에서 7에 적시한 자 등에게 "조선에 다수 청년이 있으나 독립운동에 나서고자 하는 이가 한 사람도 없다. 모두 헛되이 나이만 먹고 있을 따름이다. 어찌 목숨 바쳐 조선을 구하려 하지 않는가"라는 의미를 언외에 함축하여 "산천초목은 젊어가지만 우리의 인생은 늙어간다"고 말함.

9. 1942년(昭和 17) 9월부터 같은 해 10월에 이르는 사이에 17회 정도에 걸쳐 역시 상기 본정 마켓 내에서 전술한 자 등에게 만주 소재 조선독립단에 가입할 것을 촉구할 목적으로 "너희가 성공을 바란다면 그곳으로 가는 북행열차를 타게. 그곳에 자네들의 희망이 있네"라는 취지의 말을 함.

10. 1942년(昭和 17) 10월 22일 본정 마켓 공동변소 내 판자벽에 불특정 다수의 조선인을 계몽할 목적으로 언문으로 백묵을 사용하여 "나는 동포를 형제자매라고 부른다. 우리가 아픈 가슴을 안고 슬픔을 밥으로 눈물을 반찬으로 먹는 이유는 젊은이가 부족하기 때문이며 우리들이 행복을 빼앗긴 탓이다. 북지로 가는 무영자(無影者) 일언(一言)"이라고 낙서를 쓰고 당시의 공중의 눈에 띄게 함으로써,

목적이 되는 사항을 선전한 자이다.

〈자료 118〉 서택균(徐澤均) 판결

[「昭和17 刑公合第112號 判決」, 『鮮內檢事局情報』 6(1942~1943), 京城地方法院檢事局思想部, 고려대학교도서관 경성지방법원 검사국 컬렉션, 370~380쪽]

1942년(昭和 17) 형공합 제112호

판결

- 본적 황해도 봉산군 사리원읍 동리 18번지
- 주거 평안남도 진남포부(鎭南浦府) 원정 18번지 오훈(吳勳)의 집
- 직공 서택균(徐澤均) 이명 이원영무(利原永茂)
- 당 22세

상기인에 대한 치안유지법 위반 피고사건에 대하여 조선총독부 검사 마쓰모토 다카요시(松本孝義)가 관여한 심리를 마치고 다음과 같이 판결하는 바이다.

주문

피고인을 징역 1년 6월에 처한다.

이유

피고인은 동양척식주식회사 사리원 지점에 근무하는 사원 이원상길(利原相吉)의 차남으로 태어나 1933년(昭和 8) 3월 사리원 부도(敷島)공립보통학교를 졸업하고 1934년(昭和 9) 3월 재령 사립 명신중학교에 입학했다. 그러나 학업에 정진하지 않고 1학년만 재학을 하고 도중에 학교를 그만두고 가정에서 무위도식하던 중 1939년(昭和 14) 9월경 함경북도 고무산(古茂山) 소재 아사노(淺野) 시멘트주식회사의 분석공으로 고용되었다. 하지만 노동을 싫어한 그는 고향으로 돌아와 무위도식하며 지내던 중 1941년(昭和 16) 3월 28일 해주지방법원 사리원지청에서 절도사기죄로 징역 1년에 처해져 해주형무소 서흥지소에서 복역하고 만기 출소한 자이다. 명신중학교 퇴학 후 무위도식할 때부터 이광수의 『토지』, 『애욕의 피안』, 『사

랑』,『무정』그 밖에 민족주의 소설을 탐독하는 사이에 민족주의 사상에 공명하게 된다. 총독정치에 대한 불만을 품고 일본은 조선인에 대하여 일시동인(一視同仁)이라고 하지만 조선인 관리는 내지인 관리에 비해 가봉(加俸)[15]을 지급하지 않고 승급도 늦을 뿐 아니라 하급공무원으로 부리고, 조선 내 중요 지위에는 모두 내지인이 독차지한다. 또한 조선인도 일본인임에도 내지도항을 제한하고 정치적 사회적으로 압박을 받아 비참한 생활을 하고 있는 것은 틀림없이 일본의 속국이 된 탓이다. 조선인의 행복은 일본제국의 속박에서 벗어나 독립을 해야만 얻을 수 있다고 생각하고 조선독립을 열망하기에 이르렀다. 전술한 바와 같이 해주형무소 서흥지소를 출소한 후 최신안이라는 여성을 연모하여 이 여성에게 결혼을 신청했으나 피고인에게 전과가 있는 것을 알고 거절당하였다. 이에 자포자기하여 평생을 조선독립을 위해 헌신하고 조선민족을 의식적으로 훈련하여 조선독립 실현을 도모할 목적을 가지고 범의 계속함.

(1) 1942년(昭和 17) 7월 25일 오전 11시경 사리원읍 북리에 있을 당시 피고인은 자택에서 친구 풍원윤순(豊原潤淳)에게 "어차피 나는 전과자라서 세상에 받아들여지지 않으므로 앞으로 이 한 몸 희생하여 조선독립을 위하여 바칠 작정이다. 현재의 조선민족의 실정을 보면 실로 비참하다. 조선은 일본의 속국으로 있는 이상 우리 조선인에게는 자유도 행복도 영원히 오지 않는다. 머지않아 만주로 건너가 김일성의 수하가 되어 평생을 민족해방 조선독립을 위해 일할 생각"이라고 말하면서 동인(同人)의 공명을 구한 후 미리 창작해 온 "자유롭게 해방된 세상, 평등한 자격은 누구에게나 있으려나. 자본과 지식의 썩은 냄새, 마당의 노송은 얼어붙어 깊은 한숨만 짓고 있네. 슬프도다. 반만년의 역사를 자랑하던 무궁화 삼천리는 흔적도 없다. 월도(越渡) 지국원들이여, 잠에서 깨어나라. 무산계급이 단결하면 마침내 명예를 되찾으리니. 조선독립 만세, 만세"라는 시를 보여 주고 읽어보도록 했다. 또 같은 달 31일 진남포부 원정 18번지 오훈의 집에서 "친구여. 우리는 왜 태어났는가. 재산, 명예, 지위를 얻으려고 산 것 보다 눈물을 흘리려고 인생을 살아온 것 같다. 부모형제, 지위, 명예, 진리, 연애, 이런 것들을 모두 잊어버리고 죽을 몸이기에 항상 얘기했던 민족주의를 향해 나아갈 따름

---

15 정규봉급 외에 특별히 따로 더 주거나 그러한 봉급을 이르는 말로, 감봉(減俸)의 반대말이다.

이다. 북만(北滿)의 광야를 무대로 내가 가야할 최후의 본도(本道)를 힘껏 걸을 작정이다"라고 적은 편지를 상기의 풍원윤순 앞으로 발송하였다. 그리고 이를 동인에게 도달한 후 읽게 함으로써 그 목적 사항을 실행하도록 선동하였다.

　(2) 같은 달 26일 오전 11시경 전술한 자택에서 같은 마을 친구 임시정(林時正)에게 "나는 지금까지 자네에게 전과자라는 사실을 숨겨왔는데, 실은 전과자이다. 오늘날과 같은 세상에 받아들여지지 않은 사람이 된 내가 이렇게 된 것도 아마도 조선이 일본의 속국이기 때문이다. 우리는 그들의 압박을 받아 비참한 생활을 할 수밖에 없는 것이다. 조선민족이 행복을 얻는 것은 독립만이 방법이다. 나는 전과자로 버려진 몸을 희생하여 머지않아 만주로 건너가 평생을 조선독립운동을 위해 바칠 생각이다. 조선이 일본의 속국으로 있는 한 조선인의 자유도 행복도 있을 수 없다. 나는 독립운동에 헌신할 생각인데 자네는 어떻게 생각하는가?"라고 말하며 동인의 공명을 구하였다. 그리고 미리 창작한 "자유롭게 해방된 이 세상, 평등이라는 자격은 누구에게나 있으려나. 오, 우리에게는 자유가 없다. 운명의 기로란 이런 것인가. 일시적인 착각이 멸망을 부르다니. 될 대로 되라, 미약한 나의 영혼이여, 무궁화 향기가 가득하고 면면히 이어져온 강산이여, 너는 어찌하여 시들어 버렸는가. 우리에게 재생의 기회가 온다면 멋진 화분에 심어주리라. 그때는 향기 가득한 꽃을 피워다오. 조선독립 만세, 만세"라는 시를 읽게 함으로써 그 목적 사항을 실행하도록 선동하였다.

　증거를 종합해 판단하건대 판시 소위(所爲)는 범의(犯意) 계속의 증거를 제외하고 피고인의 당 법정에서 그 취지 내용을 스스로 진술함에 따라 이를 인정하고, 범의 계속의 증거는 단시간 내에 동일한 행위를 반복하여 행한 사정에 비추어 볼 때 분명하므로 그 증명은 충분히 이루어진 것으로 한다.

　법률에 비추어 보건대 피고인의 판시 소위는 치안유지법 제5조 제1조 형법 제55조에 해당하는바, 전술한 전과가 있어 형법 제56조, 제57조를 적용하여 법정 가중을 하여 형기 범위 내에서 피고인을 징역 1년 6월에 처하기로 한다.

　따라서 주문과 같이 판결한다.

1942년 12월 26일

해주지방법원 형사부

재판장 조선총독부 판사 와타나베(渡邊■衛)

조선총독부 판사 히라카와 도이치(平川斗一)

조선총독부 판사 가쓰라 마사미(桂昌美)

〈자료 119〉 최준범(崔駿範) 공판청구서

[「地檢秘第64號公判請求書」, 『鮮內檢事局情報』 6(1942~1943), 京城地方法院檢事局思想部, 고려대학교도서관 경성지방법원 검사국 컬렉션, 403~406쪽]

지검비(地檢秘) 제64호

1943년(昭和 18) 1월 28일

신의주지방법원 검사정

경성, 대구복심법원 검사장 귀하

각 지방법원 검사정 귀하

각 내 지청검사 귀하

신의주 보호관찰소장 귀하

조선군사령관 귀하

평안북도 경찰부장 귀하

신의주 헌병분대장 귀하

고등법원 검사국 사상부 귀중

치안유지법 위반 피고사건 기소장 사본 송부에 관한 건

구룡 최준범에 대한 표제 사건 기소장 사본과 참고 별지를 송부한다.

(별지) 공판청구서

죄명	치안유지법 위반	피고인	구룡(龜龍) 최준범(崔駿範)

신의주지방법원 검사국

조선총독부검사 다나카 세이치(田中誠一)

신의주지방법원 귀중

범죄 사항

피고인은 소년 시절 서당에서 한문을 배우고 보통학교 2년을 수학하다 빈곤으로 인해 학교를 퇴학하고 잡지 《청춘》과 《소년》을 애독하며 민족주의를 품게 되었다. 19세 무렵부터 평안북도 용천군과 철산군 내의 곳곳에서 서당 선생으로 활동하며 일본의 속박에서 벗어나 조선인의 조선국가를 건설하는 것을 목표로 삼았다. 이를 실현하고자 서당 아동에게 민족주의 의식을 주입하기 위해, 1940년(昭和 15) 8월경부터 1940년(昭和 17) 8월 상순까지 수차례에 걸쳐 평안북도 용천군내 중면 연곡동 서당에서 5세에서 14, 5세 정도의 아동 약 50명 가운데 조선인아동을 지목하여 한국의 국화인 무궁화에 비유하면서 일본에는 일본정신이 있지만 조선에는 조선정신이 있음을 설명하고 피고인이 만든 "문명시대의 정기를 받은 연곡제의 친구들이여, 반도의 무궁화여, 두 손을 높이 들어 연곡 만만세라고 큰소리로 우리의 성공을 축복합시다"라는 문구가 포함된 연곡학원 원가가 있다. 또 "백두산맥에서 뻗어 나와 이어지는 반도강산에 무궁화 꽃. 고요하게 피어나는 꽃이여, 청룡산의 맑은 샘물은 흘러 아름다운 꽃나무에 물을 준다. 사랑스러운 무궁화여, 아름답게 피어 꽃마다 탐스러운 열매를 맺으라"라는 문구가 포함된 문천가(文泉歌)가 있고, 또 "삼천리 무궁화 우리들의 친구여, 배움 없이 늙는 것은 한스러운 일이다"라는 문구가 들어 있는 야학가 등을 가르치고 합창하게 함으로써 그 목적사항의 실현을 선동하였다.

⟨자료 120⟩ 송전창보(松田昌輔)[16] 공판 청구서

[「地檢秘第28號 公判請求書」, 『鮮內檢事局情報』6(1942~1943), 京城地方法院檢事局思想部, 고려대학교도서관 경성지방법원 검사국 컬렉션, 417~449쪽]

지검비(地檢秘) 제28호
1943년(昭和 18) 1월 26일
청진지방법원 검사정

(중략)

치안유지법 위반 등 피고사건 기소 사본 송부에 관한 건

송전창보(松田昌輔) 외 10명에 대한 치안유지법 위반 등 피고사건 기소장 사본, 참고별지를 송부함.

공판청구서

죄명: (가) 치안유지법 위반 (나) 군기보호법 위반

피고인: 안전정치(安田正治), 안동수환(安東洙煥) 이칭 강을 변경.
　　　(가) 송전창보(松田昌輔) (이외 9명의 인명 등 생략)

범죄 사실

제1. 피고인 송전창보는 중농의 농가에서 태어나 8~18세까지 서당에서 한문을 배우고 19세 봄에 사립 명신학교에 입학, 22세 봄 경성기독교청년학관 영어과에 입학, 동교(同校) 1년 수료 후 가정 사정으로 동교를 퇴학했다. 소년시절 정규 소학교 교육을 받지 못한 것은 내선(內鮮) 차별대우의 결과라며 그릇된 단정을 하고 민족주의 사상을 품게 되었다. 때마침 고향마을 선배 등으로부터 공산주의 지도교육을 받음으로써 조선독립과 공산주의 사회 실

16　강창보(姜昌輔, 1902~1945) 제주도에서 활동한 사회주의 독립운동가. 2015년 대한민국 건국훈장 애국장이 추서되었다.

현을 희망하게 되었다. 1925년경부터 1928년경 사이에 신입회 제주도청년동맹, 제주도소년연맹 등에 관계하며 임원이 되어 제주도내 청소년을 지도하에 모아 오로지 민족주의, 공산주의 사상 주입에 힘썼다. 1928년(昭和 3) 제4차 조선공산당 제주도야체이카를 조직하여 1930년(昭和 5) 12월 22일 경성지방법원에서 치안유지법 위반으로 징역 2년, 집행유예 5년의 판결을 받았다. 1931년(昭和 6) 1월 본적지로 돌아왔으나 전혀 뉘우침이 없었다. 이 사건으로 인해 지도자를 잃고 괴멸에 직면한 제주도 사상운동전선을 통일 지도하고 조선을 일본제국의 속박에서 벗어나 독립시키고 조선에서 사유재산제도를 부정하며 공산사회를 실현하고자 함.

(1) 1931년(昭和 6) 음력 1월 초순 밤 전라남도 제주도 제주읍 부태환(夫泰煥)의 집에서 동인 및 신재홍(申才弘), 장종식(張鍾植), 김유환(金璾煥), 김민화(金玟華), 김한정(金漢貞) 등(모두 기판결)과 회합하여 제주도사상운동자 비밀간담회를 개최하고 조선청년동맹, 신간회 등의 해소문제, 여성문제 등에 관하여 여러 가지 협의함으로써 조선독립과 공산화라는 목적을 가지고 그 목적사항의 실행에 관하여 협의하고,

(2) 동년 5월 16일 새벽 제주도 신우면 애월리 김원희(金元熙)의 집에서 신재홍, 오대진(吳大進), 이익우(李益雨), 김한정 등(모두 기판결)과 회합하여 여러 협의상 조선독립, 공산화의 목적을 가지고 조선공산당 제주도야체이카를 조직하여 그 책임 분담 지역을

　　　　책임 겸 제주읍 신좌면 송전창보
　　　　구좌면, 정의면, 서중면, 동중면 신재홍
　　　　신우면, 구우면 이익우
　　　　대정면, 우면 오대진
　　　　좌면 중면 김한정

과 결정하고 또 동일 김원희 집에서 돌아오는 길에 동도 신우면 애월리에서 한림리로 통하는 도로 측 초원에서 신재홍, 이우익, 오대진, 김한정 등과 상기 조선공산당 제주도야체이카의 규율 및 가입자격 등에 대하여 협의함.

(3) 상기 결사의 목적 수행을 위해

① 1931년(昭和 6) 7월 날짜 미상. 제주도 제주읍 이태윤 집에서 부태환을 권유하여 상기

야체이카에 가입시키고

② 동년 11월 25일 피고인 자택에서 김유환을 권유하고 상기 야체이카에 가입시키고

③ 동월 날짜 미상. 피고인 자택에서 신재홍, 이익우와 만나 청년 문제, 소년 문제, 농민 문제, 여성 문제 등에 대하여 여러 협의를 하고

④ 동년 12월 상순경 전술한 부태환의 집에서 동인과 문재진(文在珍), 김태륜(金台崙)(모두 기판결) 등과 회합하여 경찰에 검거된 자, 또는 형무소에 수용된 자의 구원에 관하여 협의를 하고

1932년(昭和 7) 3월 일당과 함께 제주도 경찰서에서 조사를 받기에 이르렀다. 동년 5월 초 도주하여 오사카(大阪)로 밀항한 이래 사이타마현(埼玉縣), 가나가와현(神奈川縣), 도쿄시 등을 전전하며 운동을 펼칠 기회를 엿보다가 1935년(昭和 10) 8월 중순 도쿄시에서 고향에 있을 당시 피고인의 수하로 활동하던 송성철(宋性澈)과 만나 동인의 소개로 박은철(朴恩哲)과 알게 되면서 다시 운동을 계속할 것을 결의함.

(4) 1939년(昭和 14) 8월 중순 도쿄시 가쓰시카구(葛飾區) 호리키리초(堀切町)에 있는 피고인의 자택에서 송성철, 박은철과 회합하고 박은철로부터 아라카와(荒川) 고이시카와(小石川), 오오모리,(大森), 가마타(蒲田) 방면의 중소 공장의 직공을 대상으로 공산주의 운동을 하려 하자 피고인과 송성철은 이에 찬성하여 사유재산제도를 부정할 목적으로 그 목적사항을 실행하기 위해 협의함.

(5) 1939년(昭和 14) 11월 중순, 날짜 미상. 밤에 도쿄시 고이시카와구(小石川區) 히카와시타마치(永川下町) 공동피고인 방효동(方孝銅)[17]의 집에서 동인 및 공동피고인 김산위출(金山渭出), 공동피고인 궁본동보(宮本東甫)와 송성철, 박은철과 회합·협의 결과, 조선독립·공산화의 목적을 가지고 조선문제, 시국문제 등을 연구하기 위해 '조선문제시국연구회'라는 비밀결사를 조직함. 그 부서를,

총책임 송성철

---

17 방효동(方孝銅, 1905 ~ ?)은 강원도 회양군(淮陽郡) 난곡면(蘭谷面) 출신, 1930년 9월에서 1931년 3월까지 회양에서 동아일보 기자를 역임했으며, 1930년대 초 난곡청년회가 빈민층과 문맹자에게 시행한 야학의 강사를 맡기도 했다. 이후 도쿄로 출국 고물상을 운영하며 1939년 결성된 도쿄의 비밀결사 '조선문제시국연구회(時局研究會)'에 참여하여 일경에 의해 체포, 재판을 받았다.

자금부 책임 　　송전창보

연락부 책임 　　방효동

으로 결정함과 동시에 동지획득방법 문제 등에 관하여 여러 협의를 함.

(6) 상기 결사의 목적 수행을 위해

① 1940년(昭和 15) 1월 말부터 1941년(昭和 16) 8월 초순까지 전후 8회에 걸쳐 공동피고인 방효동 또는 피고인 자택에서 상기 연구회의 회합을 열어 시국 문제 등의 연구를 함.

② 동년 10월 12일경 도쿄시 고이시카와구 히사가타초(久堅町) 공동피고인 방산상봉(方山祥鳳)의 집에서 동인 및 공동피고인 김산위출(金山渭出), 동 덕산병기(德山丙基), 동 방효동, 동 태원용(太原勇), 동 진천순모(鎭川淳模), 동 궁본동보(宮本東甫), 동 풍목계익(豊木桂翊) 및 송성철과 회합하여 일찍이 조선민족해방운동을 하다 검거된 후 사망한 이운수(李雲洙)[상기 풍목계[18]익(豊木桂翊)의 부친]의 추도회를 개최함.

③ 동월 하순 도쿄시 나카노구(中野區) 시로야마초(城山町) 공동피고인 오하라 이사무의 집에서 동인 및 공동피고인 김산위출(金山渭出), 동 방효동, 동 봉곡태을(蜂谷台乙) 및 송성철과 회합하고 봉곡태을(蜂谷台乙)의 출옥위로회를 개최함.

④ 1941년(昭和 16) 3월 하순 도쿄시 다키노가와구(瀧野川區) 다바타(田端) 신마치(新町), 니혼바시(日本橋)에서 공동피고인 김산(金山渭出), 동 오하라, 동 방효동, 동 궁본(宮本東甫), 동 봉곡(蜂谷台乙), 동 전윤필(全允弼) 및 송성철과 회합해 전윤필 출옥위로회를 개최함.

제2. 피고인 궁본동보(宮本東甫)는 빈농의 가정에 태어나 21세 봄 보통학교를 졸업한 후 사립 광두학교 교원을 하였다. 25세 7월, 몰래 도항하여 북해도 ■■■ 등을 전전하며 탄광 노동에 종사하였으며 28세 때 도쿄시로 가서 자유노동, 양산제조직공 등에 종사하다 교우의 감화 및 좌익 문헌 탐독으로 공산주의에 공명하여 1932년(昭和 7) 1월 일본노동조합 전국협의회 토목건축조합에 가입하고 이어 동년 4월 일본공산당에 가입하고 동당 도쿄시위원회 북부지구 닛포리(日暮里) 세포의 책임으로 활동했기 때문에 1933년(昭和 8) 2월 검거되어 1935년(昭和 10) 3월 12일 도쿄공소원에서 치안유지법 위반으로 징역 2년에 처해져 당시 그 집행을 마친 자이다. 출옥 후 공동피고인 송전창보, 송성철 등과 교유하며 점점 강고한 공산주의 사상을 품게 되면서 이를 조선에 실현하기 위해서는 먼저 조선을 일본의 굴레에서 벗어나 독립시켜야 한다고 생각하고 조선독립을 희망하게 됨.

(1) 전술한 첫 번째의 (5)에 기재한 바와 같이 1939년(昭和 14) 11월 중순 날짜 미상. 밤에 피고인 방효동의 집에서 동인 및 공동피고인 송전창보와 함께 조선독립·공산화의 목적을 가지고 '조선문제시국연구회' 비밀결사를 조직함.
(2) 상기 결사의 목적 수행을 위해
① 1940년(昭和 15) 1월 말부터 1941년(昭和 16) 8월까지의 전후 8회에 걸쳐 상기 연구회의 회합에 출석함.
② 전술한 첫 번째 (6)의 ② 혹은 기재한 바와 같이 공동피고인 송전창보 등과 이운수의 추도회 및 봉곡태을(蜂谷台乙), 전윤필(全允弼) 두 사람의 출옥위로회를 개최함.

제3. 피고인 김산위출은 가난한 농가에 태어나 20세 봄에 보통학교를 졸업하고, 1929년(昭和 4) 2월 도쿄로 가서 셀룰로이드공장의 직공이 되었고 나중에 직접 유리공장, 양산 손잡이 제조 등을 경영했으나 마음대로 되지 않아서 1942년(昭和 17) 4월경부터 고물상으로 전환한다. 상경 후 교우의 감화로 공산주의에 공감하게 되어 국제반제동맹 일본지부 도쿄지방역 북(北)지구 닛포리반에 가입하여 활동하던 중 1931년(昭和 6) 11월 7일경 미카와시마(三河島) 경찰서에서 구류 29일에 처해져 1933년(昭和 8) 1월경 다시 일본노동조합전국협의회 도쿄시역 남(南)지구 시나가와(品川)반에 가입하여 활동하던 중, 같은 해 8월경 ■■■에서 구류 20일에 처해짐.

(1) 전술한 첫 번째의 (5)에 기재한 바와 같이 1939년(昭和 14) 11월 중순 날짜 미상. 공동피고인 방효동의 집에서 동인 및 공동피고인 송전창보 등과 함께 조선독립·공산화라는 목적을 가지고 '조선문제시국연구회' 비밀결사를 조직함.
(2) 상기 결사의 목적 수행을 위해
① 1940년(昭和 15) 1월 말부터 1941년(昭和 16) 8월경까지 전후 8회에 걸쳐 상기 연구회의

회합에 출석하고

② 전술한 첫 번째 (6)의 ② 혹은 기재한 바와 같이 공동피고인 송전창보 등과 함께 이운수의 추도회 및 봉곡태을(蜂谷台乙), 전윤필(全允弼) 두 사람의 출옥위로회를 개최함.

제4. 피고인 방효동은 빈농의 가정에 태어나 24세 봄 보통학교를 졸업하고, 29세 4월 도쿄로 나가 이와쿠라(岩倉)철도학교에 입학, 32세 9월 학교를 졸업하고 호세(法政)대학 전문부 정치경제과에 입학했으나 학비가 없어서 한 달 만에 퇴학하고 그 후 도쿄 시내를 전전하며 고물상을 하던 자이다.

(1) 전술한 첫 번째의 (5)에 기재한 바와 같이 1939년(昭和 14) 11월 중순 날짜 미상의 어느 밤에 피고인 ■■에서 공동피고인 송전창보 등과 함께 조선독립·공산화라는 목적을 가지고 '조선문제시국연구회'라는 비밀결사를 조직하여 그 연락책임이 됨.
(2) 상기 결사의 목적 수행을 위해
① 1940년(昭和 15) 1월 말부터 1941년(昭和 16) 8월까지의 사이에 전후 8회에 걸쳐 상기 연구회의 회합에 출석하고
② 전술한 첫 번째 (6)의 ②와 ④에 기재한 바와 같이 공동피고인 송전창보 등과 함께 이운수의 추도회 및 봉곡태을(蜂谷台乙), 전윤필(全允弼) 두 사람의 출옥위로회를 개최함.

제5. 피고인 진천순모(鎭川淳模)는 본적지에서 태어나 8세 봄 함흥 제2공립보통학교에 입학했으나 그 후 관리인 아버지를 따라 각지를 전전하다 14세 3월 풍산공립보통학교를 졸업하고 동년 4월 북청공립농업학교에 입학, 17세의 3월 동교를 졸업하고 한때 함흥부 임시 고용직 공무원(雇員), 함흥세무서 고용직 공무원 등으로 근무한 적이 있으나 1938년(昭和 13) 4월 도쿄로 가서 호세(法政)대학 전문부 경제과에 입학했으나 학자금이 없어 결과적으로 같은 해 9월 퇴학하고 그 후, 도쿄시 가나가와현, 지바현 등을 전전하며 직공으로 지냈다. 1938년(昭和 13) 7월경부터 공동피고인 송전창보 및 송성철 등의 지도·교육을 받아 민족주의, 공산주의에 공명하기에 이르러

(1) 1939년(昭和 14) 2월 초순 날짜 미상. 밤 도쿄시 아라카와구 닛포리초 송성철의 집에서 동인 및 정동문(鄭東文), 전촌용우(田村溶雨), 이일우(李日雨) 등과 함께 조선을 일본의 굴레에서 벗어나 독립시킴과 동시에 조선에서 사유재산제도를 부정하고 공산주의 사회를 건설하는 것을 목표로 '조선문제시국연구회' 비밀결사를 조직하고 그 책임 부서를

   총책임 송성철
   자금부 전촌용우(田村溶雨)
   선전부 이일우
   정동문
   진천순모(鎭川淳模)

로 정하고 또 향후 운동 방침 등에 대하여 논의를 하고 그 목적 수행을 위해 동년 3월 상순부터 같은 해 7월 상순까지의 사이 전후 3회에 걸쳐 송성철의 집과 그 외의 곳에서 상기 연구회 회합을 열고 상기 연구회의 회의를 개최함.

(2) 1940년(昭和 15) 1월 말 밤에 공동피고인 방효동의 집에서 송성철의 권유로 전술한 '조선문제시국연구회'가 조선 독립 및 공산화 목적을 가지고 조직된 것이라는 취지를 알고도 가입함.

(3) 상기 결사의 목적 수행을 위해

① 1940년(昭和 15) 3월 상순부터 같은 해 11월 하순까지의 사이에 전후 3회 상기 연구회의 회합에 출석하고

② 전술한 첫 번째 (6)의 ②에 기재한 바와 같이

공동피고인 송전창보 등과 함께 이운수의 추도회를 개최함.

제6. 피고인 태원용(太原勇)은 중농(中農)의 가정에 태어나 보통학교 졸업 후 16세 4월에 경성 사립 중동(中東)학교에 입학, 21세 봄 학교를 졸업하고 한때 농업에 종사하다가 24세 봄 도쿄로 건너가 와세다(早稻田)대학 전문부(專門部) 정치경제과에 입학했다. 그러나 학자금이 떨어져 일 년 만에 이 학교를 퇴학한 이후 도쿄 시내를 전전하며 노동이나 고물상 등을 해오던 자인데, 함경남도 북청군 출신 민족공산주의자 이운수(사망)의 감화와 좌익문헌을 탐독하여 공산주의에 공명함과 동시에 조선독립을 갈망하기에 이르렀다.

(1) 1940년(昭和 15) 9월 중순경 밤에 공동피고인 방효동의 집에서 송성철의 권유로 전술한 '조선문제시국연구회'가 조선독립 및 공산화라는 목적을 가지고 조직된 것이라는 취지를 알면서도 이에 가입하여,
(2) 상기 결사의 목적 수행을 위해
① 1940년(昭和 15) 11월 하순부터 1941년(昭和 16) 8월 초순까지 사이에 전후 5회에 걸쳐 상기 연구회의 회합에 출석하고
② 전술한 첫 번째 (6)의 ② 또는 ④의 기재와 같이 이운수의 추도회 및 봉곡(蜂谷台乙), 전윤필의 출옥위로회를 개최함.

제7. 피고인 덕산병기(德山丙基)는 빈농의 집에 태어나 8세부터 15세까지 조부에게 한문을 배우고 18세 때 사립 덕산학교에 입학하여 이듬해 이를 수료하고 이후 농업에 종사하다 1928년(昭和 3) 1월 내지에 도항하여 효고현(兵庫縣), 가나가와현 등을 거쳐 같은 해 7월 도쿄시로 가서 알루미늄식기제조 견습공을 한 후 1929년(昭和 4) 겨울 무렵부터 양산제조에 종사해 왔으나 내지 도항 후 조선인이라는 이유로 종종 취직을 거부당했기 때문에 이 과정에서 자연스레 불평을 가지게 되었다. 마침 1929년 가을경 조선노동총동맹 도쿄조합 북부지부에 가입하여 이 조합 간부의 감화를 받은 결과 공산주의에 공명하여 조선의 독립을 희망하게 됨.

(1) 1940년(昭和 15) 9월 중순 날짜 미상. 밤에 공동피고인 방효동의 집에서 송성철의 권유로 전술한 '조선문제시국연구회'가 조선독립, 공산화라는 목적을 가지고 조직된 것이라는 취지를 알고도 이에 가입하여,
(2) 상기 결사의 목적 수행을 위해
① 1940년(昭和 15) 11월 하순부터 1941년(昭和 16) 6월 중순까지 사이에 전후 3회에 걸쳐 상기 연구회의 회합에 출석하고
② 전술한 첫 번째 (6)의 ② 기재와 같이 공동피고인 송전창보 등과 함께 이운수추도회를 개최함.

제8. 피고인 방산상봉(方山祥鳳)은 보통학교 졸업 후 1937년(昭和 12) 4월 경성부 사립 한영(漢榮)중학교에 입학하여 1939년(昭和 14) 3월 졸업한다. 같은 해 6월 도쿄시에 가서 고물상, ■■업, 과일봉투 및 고정구 제조 등의 일을 하다 1941년(昭和 16) 10월경부터 운반업을 하고 있던 자로, 1940년(昭和 15) 9월경부터 송성철 등의 지도로 공산주의에 공명하고 조선독립을 희망하게 됨.

(1) 1940년(昭和 15) 9월 중순 공동피고인 방효동의 집에서 송성철의 권유로 전술한 '조선문제시국연구회'가 조선독립, 공산화라는 목적을 가지고 조직된 것이라는 취지를 알면서도 이에 가입하여,
(2) 상기 결사의 목적 수행을 위해
① 1940년(昭和 15) 11월 하순부터 1941년(昭和 16) 6월 중순까지 사이에 전후 3회에 걸쳐 상기 연구회의 회합에 출석하고
② 전술한 첫 번째 (6)의 ② 기재와 같이 공동피고인 송전창보 등과 함께 이운수추도회를 개최함.

제9. 피고인 봉곡태을(蜂谷台乙)은 중농의 농가에 태어나 19세 3월 보통학교를 졸업하고 같은 해 4월 경성부 사립배재학당에 입학, 21세 3월 집안 사정으로 이 학교를 퇴학하고, 22세 4월 도쿄로 가서 니혼(日本)대학 전문부 경제과에 입학하여 23세 4월 이 학교를 퇴학한 자이다. 배재학당 재학 당시부터 교우의 감화로 민족주의 사상을 품게 되었는데, 도쿄시에 가서 교우의 감화로 공산주의에 공명하게 되어 고려공산당청년회 일본지부에 가입, 활동한다. 이로 인해 1932년(昭和 7) 8월 30일 도쿄공소원에서 치안유지법 위반으로 징역 2년 6월에 처해졌다가 출옥 후 1936년(昭和 11) 조선신문사(고 이운수 발행)에 입사하여 신문을 통해 민족의식 고취에 힘써 1938년(昭和 13) 11월 17일 이 법원에서 같은 죄로 징역 3년에 처해져 당시 그 집행을 마쳤는데 그 후도 여전히 주의·사상을 포기하지 않고

(1) 1940년(昭和 15) 11월경 공동피고인 태원용(太原勇)의 집에서 공동피고인 풍목계익(豊木桂翊)에게 "자네의 아버지 이운수와 친교가 있었는데, 이운수는 조선독립을 위해 활동하

다 검거된 후 사망한 사람으로 해당 사망 사실은 내가 형무소 내에서 들어 알고 있다. 그런데 오늘 우연히 이운수의 아들과 한 방에서 취침을 할 수 있다니 마치 이운수를 만난 것 같아 정말 기쁘다. 자네도 부모님에 뒤지지 않는 훌륭한 사람이 되어 부모님과 같은 일을 해주게"라고 열띤 어조로 말하다 말을 마치자 감회가 복받쳤는지 통곡을 하며 동인을 매우 감동시켰으며, 동인이 눈물을 흘리며 암암리에 승낙하게 함으로써 조선독립이라는 목적을 가지고 그 목적사항을 실행하는 것을 협의함.

(2) 같은 달 하순 공동피고인 방효동의 집에서 송성철의 권유로 전술한 '조선문제시국연구회'가 조선독립, 공산화라는 목적을 가지고 조직된 것임을 알면서도 이에 가입하여

(3) 상기 결사의 목적 수행을 위해

① 1941년(昭和 16) 2월 초순부터 같은 해 8월 초순까지 사이에 전후 4회에 걸쳐 상기 연구회의 회합에 출석하고

② 전술한 첫 번째 (6)의 ④ 기재와 같이 공동피고인 송전창보 등과 공동피고인 전윤필의 출옥위로회를 개최함.

제10. 피고인 전윤필은 가난한 농가에서 태어나 6살 때 아버지와 사별한 직후 만주국 간도성 연길현 장인구로 이주하여 18살 봄 이 지역의 사립학교(4년제)를 졸업하고 1928년(昭和 3) 4월 도쿄로 가서 건설업하청, 과자제조업, 사진업 등을 해오다가 1932년(昭和 7)경부터 교우의 감화로 공산주의에 공명하기에 이르렀다. 1932년부터 일본적색구원회(日本赤色救援會)에 가입하여 조사이(城西) 지구 나가사키(長崎)반 재정부 책임이 되어 활동한 탓에 1938년(昭和 13) 11월 25일 도쿄공소원에서 치안유지법 위반으로 징역 3년에 처해졌는데 당시 집행이 끝나고 출옥한 후 바로 공동피고인 송전창보 등이 출옥위로회를 개최해 주는 등의 관계도 있어 출옥 후에도 주의 사상을 포기하지 않음.

(1) 1941년(昭和 16) 4월 중순 공동피고인 방효동의 집에서 송성철의 권유로 전술한 '조선문제시국연구회'가 조선독립, 공산화라는 목적을 가지고 조직된 것임을 알고도 여기에 가입하여 같은 해 6월 중순 한 차례 상기 연구회의 회합에 출석함.

제11. 피고인 풍목은 1938년(昭和 13) 3월 양화공립보통학교를 졸업하고 1939년(昭和 14) 7월 나진세관 청진지서에 고용되었으나 입신출세하고자 하는 마음이 강렬하여 면학을 목적으로 1940년(昭和 15) 2월경 지서를 그만두고 같은 해 4월경 도쿄로 가서 망부(亡父) 이운수의 친구 공동피고인 태원용을 기이한 인연으로 집에서 만나 넝마주이를 하는 한편, 연수학관(研數學館)에 통학했다. 그러나 게으른 탓에 금방 이 학교를 퇴학하고 넝마주이를 하고 있었는데 품행이 바르지 못해 1941년(昭和 16) 4월경 가구라자카(神樂坂)경찰서에 검거되어 같은 해 5월 하순 조선으로 송치된 자이다.

(1) 전술한 제9의 (1) 기재와 같이 1940년(昭和 15) 11월 초순 공동피고인 태원용의 집에서 공동피고인 팔봉태을(八蜂台乙)에게 "나는 아버지 이운수와 친교가 있는 사람인데 이운수는 조선독립을 위해 활동하다 검거된 후 사망했는데 이 사망 사실을 나는 형무소에서 들어 알고 있었다. 그런데 오늘 우연히 이운수의 아들과 같은 방에서 취침하는 것은 이운수를 만난 것 같아 정말 기쁘다. 자네도 부모님에게 뒤지지 않는 훌륭한 사람이 되어 부모님과 같은 역할을 해 주게"라는 말을 듣고 암묵리에 이를 승낙함으로써 조선독립을 목적으로 그 목적 사항을 실행하는 것에 관하여 협의를 함.

(2) 그 후 전술한 바와 같이 1941년(昭和 16) 5월 말 본적지로 송환되어 같은 해 8월 말까지 폐결핵으로 앓고 있었는데 그 사이에 지난번에 팔봉이 격려한 것을 상기하고 망부 이운수의 유지를 이어 조선독립을 위해 활동할 결의를 굳게 다짐했다. 그러나 조선에서는 지도를 받을 만한 자가 없어서 소련으로 건너가 공산주의를 연구하고 소련의 원조를 얻어 조선을 독립시켜 조선에 공산제사회 실현을 기도했으나 소련에 입국하려다 검거되어 처음에 품은 목적을 달성하지 못하고 조선에서 군사상의 비밀을 탐지하여 이를 소련 관헌에 제보함으로써 환심을 사고자 소련제보 목적의 군사상 비밀을 탐지하고자 기도함.

① 1941년(昭和 16) 12월 8일 오후 8시경부터 이튿날 9시까지의 사이에 함경남도 함주군 흥남읍 용흥리 김본명륵(金本命玏)의 집에서 동인에게 자신은 망부 이운수의 유지를 이어 조선독립을 위해 활동할 생각인데 그를 위해 흥남공장의 내부 사정을 알 필요가 있으니 알고 있는 범위 내에서 이 공장의 사정을 알려 주어 자신의 운동을 도와주면 좋겠다는 말을 하고 조선독립, 공산화라는 목적을 가지고 그 목적과 관련된 사항을 실행하

는 것에 관하여 동인을 선동함.
② (가)함흥부내의 주둔 군대의 병종(兵種) 인원이 가까운 시일 내 동 군대의 다른 곳으로 이동 하는지 여부와 함흥부내에 진지 구축 여부 등의 군사상의 비밀을 탐지할 목적으로 동월 9일 정오 무렵 상기 김본의 집을 출발하여 자동차를 함께 타고 함흥부로 가서 함흥부 내를 배회했으나 지리를 안내받지 못해 결국 그 목적을 이루지 못함.
③ 영흥만 요새지대 내 군대의 주둔 상황, 포대수, 기타 요새의 방어시설을 탐지할 목적으로 동월 10일 이른 아침 상기 김본의 집을 출발하여 기차로 같은 날 오전 11시경 원산부에 도착하여 원산부 내를 일주한 후 정기선으로 부근 섬에 가서 전망했지만 이 역시 지리를 안내받지 못해 그 목적을 달성하지 못함.

〈자료 121〉 오형선(吳亨善) 공판청구서

[「地檢秘第60號 公判請求書」, 『鮮內檢事局情報』 6, 1942~1943, 京城地方法院檢事局思想部, 고려대학교도서관 경성지방법원 검사국 컬렉션, 485~498쪽]

지검비 제60호
1943년(昭和 18) 2월 10일
평양지방법원 검사정

경성, 대구 복심법원검사장 귀하
각 지방법원 검사정 귀하
평안남도지사 귀하
조선군사령관 귀하
조선헌병사령관 귀하
평양헌병대장 귀하
각 합의지청 검사 귀하
평양보호관찰소장 귀하
고등법원검사국 사상부 귀중

치안유지법 위반 피고 사건 기소장 사본 송부 건

반준호(潘俊浩) 외 2명에 대한 치안유지법 위반 피고 사건 기소장 사본 및 참고 별지를 송부한다.

공판청구서

죄명	(가)치안유지법 위반 (나)육군형법 위반	피고인	(가) (나) 반준호(潘俊浩) (가) 삼간용일(杉間龍一) (가) 오형선(吳亨善)

상기인에 대한 하기의 범죄 사실에 대하여 공판청구를 한다.
1943년(昭和 18) 2월 5일
평양지방법원검사국
조선총독부 검사　　모리 도라기치(森寅吉)
평양지방법원 귀중

범죄 사실

1. 피고인 반준호는 본적지에서 자동차 운전수 반복룡(潘福龍)의 장남으로 태어나 경성부 소재 교동보통학교를 거쳐 1935년(昭和 10) 3월 경성중앙고등보통학교를 졸업하고 그 후 당시 아버지가 경영하던 운송업을 도와 1937년(昭和 12) 2월 경성부 내 강륙(江陸)운수주식회사 사무원이 되었다. 이어 같은 해 12월 경춘철도주식회사 사무원으로 옮겨 1941년(昭和 16) 4월까지 근무했으나 동사를 그만두고 한때 경성부 관수정(觀水町)에서 미곡상을 경영했다. 그러나 마음대로 되지 않아 같은 해 6월 평양부에 와서 평양자동차주식회사 사무원이 되었으나 이것도 1942년(昭和 17) 8월 사직하고 이후 무위도식하던 자이다. 경춘철도주식회사에 재직 중이던 1937년(昭和 12)경부터 조선인에 대한 일반적인 사회시책이 내지인에 비해 열악할 뿐 아니라 내지인에 비해 등용문도 매우 제한되어 있어 심각한 차별대우가 있다는 편견을 품는다. 원래 내선인은 역사, 풍속, 습관, 언어, 종교 등을 달리하는 별개의 민족으로 도저히 하나가 될 수 없다는 확신에서 조선인의 행복은 조선을 일본제국으로부터 벗어나게 하여 '조선인의 조선'을 건설하지 않으면 얻을 수 없다고 여겼다. 또 과거 민족운동이 실패

로 끝난 것은 오직 비합법운동에만 의존한 것에 기인하므로 마땅히 합법적 수단으로 조선인의 실력을 양성하고 기회를 보아 궐기해야 한다는 사상을 품기에 이르러 조선을 일본제국통치의 굴레에서 벗어나 독립시킬 목적을 가지고

(1) 1941년(昭和 16) 10월 날짜 불상. 평양부 대화정 찻집 '세르팡'에서 피고인 오형선에게 조선을 독립시켜야 한다는 의미를 내포하여 "조선통치의 현 상황을 보건대 입으로는 내선일체를 말하나 실상은 이와 반대로 심각하게 내지인과 조선인을 차별대우하니 이대로는 도저히 조선인의 행복을 추구할 수 없다. 원래 내지인과 조선인은 전혀 별개의 민족이므로 아무리 노력해도 한 몸이 될 수 없다"라고 말함.

(2) 같은 해 11월 날짜 불상. 상기 '세르팡'에서 피고인 오형선과 회합하여 동인에게 앞서 서술한 취지로 논하기를 "조선을 일본제국으로부터 독립시켜야 한다"고 말하고, 이어 "과거 사례에 비추어 볼 때 분명하듯 비합법 수단의 독립운동은 목적 달성을 이루지 못하고 끝나는 바 오로지 합법적 수단으로 조선인의 실력을 배양해야 하는데, 최근 경성에서 결성된 임전보국단은 우리와 마찬가지로 조선독립을 목적으로 하는 합법을 가장한 민족주의 단체이며, 우리는 이번 대동아전쟁에서 일본이 패전하는 시점을 노려 궐기할 필요가 있다"라는 취지를 제의하여 즉각 동인의 동의를 얻음.

(3) 같은 해 12월 상순 날짜 불상. 평양부 신리정 하숙집 동명료에서 피고인 삼간용일(杉間龍一)에게 내지인과 조선인 사이에는 심각한 차별대우가 있다고 하면서 이 점을 논의하며 "현재 일본의 조선통치로 인해 우리 동포는 불우한 상태에 빠져 있다. 이 책임은 젊은 지식인에게 있으니 마땅히 우리는 조선을 독립시켜 조선동포를 구할 사명을 지녔다. 자네도 자기 영달에만 급급하지 말고 조선독립을 위해 일하게"라고 말하고, 즉시 동인에게 찬동을 얻음.

(4) 같은 달 하순 날짜 불상. 전술한 동명료에서 상기 삼간용일(杉間龍一)에게 "비합법운동으로는 조선독립이라는 목적을 달성하는 것이 불가능하다. 따라서 우리는 합법적으로 먼저 조선인의 실력을 배양함으로써 목적을 달성하게 해야 한다. 지난번에 결성된 임전보국단도 우리와 의견을 같이 하는 합법을 가장한 민족운동단체이다"라고 하고 동인과 함께 이 내용에 대하여 함께 이야기함.

(5) 1942년(昭和 17) 1월 27일 상기 동명료에서 삼간용일(杉間龍一)에게 전술한 임전보국

단에 가입하여 조선독립을 위해 노력해야 한다고 하며 "경성으로 가서 동 단장 최린을 면회하고 동인 지도하에 조선독립을 위해 활동하고 싶다"고 제의를 받자 "자신의 이해(利害)를 버리고 동포를 위해 진력하는 것은 참으로 반가운 기쁜 일이다"라며 즉각 동의하고 동인에게 상기 최린의 주소와 경력 등을 가르쳐줌.

(6) 같은 해 5월 날짜 불상. 평양부 수정(壽町) 찻집 '히노토리(불새)'에서 피고인 오형선에게 "대동아전쟁은 일본의 제국주의적 야심에 입각한 침략전쟁으로, 최후의 승리는 물자력이 우세한 미국과 영국에게 돌아갈 것이다. 그리고 과거의 사례에 의하면 약소민족의 독립은 대전 후에 실현되는 법이므로 조선독립도 일본이 대동아전쟁에 패전할 때 실현될 것이다"라는 의견을 표하고 동인으로부터 "그렇게 되면 좋겠다"라는 취지의 의사를 표함.

(7) 같은 해 9월 12일 평양부 문■정(紋■町) 44번지 길부순(吉富淳)을 자택으로 찾아가 동인에게 "대동아전쟁은 일본의 제국주의적 야심에 입각한 침략전쟁으로 필연적으로 미국과 영국 측의 승리로 돌아갈 것이므로 이를 기회로 삼아 독립을 달성할 수 있도록 하고, 따라서 조선청년은 더욱 시국을 인식하고 조선을 위해 노력할 필요가 있다. 이번의 징병제도를 조선인청년의 군사능력 증진에 이용함으로써 상기의 목적 달성을 준비해야 한다. 그리고 이번에 결성된 임전보국단도 조선독립을 목적으로 합법적으로 가장한 민족단체이다"라는 내용의 말을 하고, 그 목적사항의 실행에 대하여 협의와 선동을 하고, 또 대동아전쟁에 즈음하여 군사에 관하여 유언비어를 말함.

2. 피고인 삼간용일(杉間龍一)은 경상북도 칠곡군 인동면 인의동에서 지주였던 서현주(徐顯周)의 4남으로 태어나 1932년(昭和 7) 3월 이 지역 공립보통학교를 졸업, 같은 해 4월 대구부 소재 가타쿠라(片倉)방적주식회사 잠종부 강습생이 되어 같은 해 7월 이를 수료, 이어 동 회사에 근무했다. 같은 해 11월 당시 오사카(大阪)시 니시나리(西成)구 다마테신마치(玉手新町) 우에무라(上村) 공장에 직공이던 죽은 형 서성용(徐聖龍)의 연줄로 모친과 함께 오사카로 도항하여 이후 동 지방에서 공장, 회사 등의 직공을 하는 한편, 1940년(昭和 15) 3월 기시와다(岸和田)시 상업학교를 졸업한다. 1941년(昭和 16) 2월 조선으로 돌아와 1941년 4월부터 이듬해 1942년 2월 강원북도 삼면 삼화철산 사무원으로 취직했다가 같은 해 8월 부산부 소재 남선(南鮮)전기공판주식회사로 전직하여 현재에 이른다. 1941년(昭和 16) 9월경부터 피고

인 반준호와 함께 평양부 신리정 동명료에서 하숙하던 중 여러 차례에 걸쳐 동인에게 민족의식을 주입당해 마침내 반준호가 품고 있는 전술한 바와 같은 사상을 지니고 조선독립을 희망하기에 이르게 된 바, 조선을 일본제국에서 독립시킬 목적으로

(1) 앞의 항 (3)에 적시한 바와 같은 피고인 반준호의 말에 즉시 찬동하여
(2) 상기 반준호와의 사이에 앞의 항 (4)에 적시한 바와 같은 사항을 함께 이야기하고
(3) 동인과의 사이에 앞의 항 (5)에 적시한 바와 같은 협의를 하고

이로써 이 목적과 관련한 사항의 실행을 협의함.

3. 피고인 오형선은 본적지에서 소작농을 하는 오상■(吳尙■)의 장남으로 태어나 1925년(大正 14) 3월 이 지역 소재 횡성보통학교를 졸업, 1927년(昭和 2) 3월부터 1930년 12월에 이르는 동안 죽은 형 지선(智善)과 함께 잡화상을 경영하고, 그 후 한때 소작농을 했지만 1935년(昭和 10) 12월 경성부 종로 5정목 소재 사카이(酒井) 운수 사무소에 사무원으로 고용되어 1936년(昭和 11) 2월 경강육운(京江陸運) 주식회사로 옮겨 같은 해 10월 동사가 경춘철도 주식회사에 매수되자 동사로 전직, 1937년(昭和 12)경부터 강원도내 소재 동사 출장소에 근무했으나 1939년(昭和 14) 2월 이곳을 그만두고 평양부 소재 평남육운 주식회사 사무원이 되어 현재에 이르는 자이다. 1941년(昭和 16) 10월경부터 일찍이 경춘철도 주식회사 시절의 지인인 반준호와 교유하게 되어 동인으로부터 여러 차례에 걸친 민족의식을 주입받아 결국 조선의 독립을 희망하기에 이르러 조선을 일본제국에서 독립시킬 목적을 가지고

(1) 1.의 (2)에 적시한 바와 같은 피고인 반준호의 말에 대하여 즉시 동항에 적시한 바와 같은 동의를 하고
(2) 상기 반준호와의 사이에 1의 (6)에 적시한 바와 같은 사항을 함께 이야기하고

이로써 이 목적과 관계되는 사항을 실행하는 것에 대하여 협의한 사건이다.

〈자료 122〉 장본박공(長本博公)판결

[「昭和17刑公第56號 判決」, 『鮮內檢事局情報』6(1942~1943), 京城地方法院檢事局思想部, 고려대학교도서관 경성지방법원 검사국 컬렉션, 551~555쪽]

1942년(昭和 17) 형공 제56호

판결

- 본적 청진부 포항정 128번지
- 주거 청진부 포항정 116번지
- 자동차 수리업 장본박공(長本博公) 1933년(大正 12) 12월 27일생

상기인에 대한 치안유지법, 보안법 각 위반 피고사건에 대하여 조선총독부 검사 쓰보야 히사쓰구(坪谷久次) 관여로 심리하여 다음과 같이 판결한다.

주문

피고인을 단기 1년, 장기 3년 징역에 처한다.

이유

피고인은 1937년(昭和 12) 3월 청진 공립 천마보통학교를 졸업하고 같은 해 9월 청진부 포항정 선만(鮮滿)차체합자회사에 자동차 수리 견습공으로 고용되어 그 후 자동차 수리 등에 종사해 온 인물이다. 일찍이 만주국에서 반만(反滿) 항일을 표방하며 조선독립을 위해 활동 중인 괴수 김일성을 평가하여 민족적 영웅이라고 숭배하여 점차 민족주의적 사상을 품게 되었는데 1942년(昭和 17) 1월 제국의회에서 도조(東條) 수상의 남방 제민족 처우에 관한 연설을 듣고 그 후 전 인도민족이 궐기하여 반영(反英) 독립운동이 점차 치열해지자 점점 조선 독립의 희망에 부풀게 되었는데, 조선을 독립시키기 위해서는 조선민족에게 독립사상을 고취하고 전민중이 이를 희망하게 되었을 때 궐기가 일어날 것이라고 생각하고 1942년(昭和 17) 9월 25일 청진부 항정(港町) 소재 부립 도서관으로 도서를 열람하러 갔을 때 같은 날 오

후 2시경 도서관내 제3호 변소 내 흰 벽에 본인 소유의 샤프펜으로 히라가나가 섞인 국문으로 "2천 4백만 조선청년이여 우리 한국도 일으켜 세우지 않겠는가. 일어나라 지금이다. 조선 독립은 지금이다. 자진해서 지원병이나 군대에 들어가는 놈은 바보 멍청이다. 생각해 보라. 인도를 보라. 큰 희생을 치르면서도 싸우는 정신을 보라. 우리도 일어나 조선을 위해 해야 하지 않겠는가"라는 글귀를 기재하였다. 동월 26일 오후 6시경까지의 사이에 동 변소에 간 에무라 류지로(江村竜次郎) 외 2명에게 이것을 죽 훑어 읽게(閱讀)하고 조선독립이라는 목적을 가지고 그 목적에 관련된 사항을 실행하는 것에 관하여 선동함과 동시에 정치에 관하여 불온한 언동을 함으로써 치안을 방해한 자이다.

증거를 살펴보면 판시 사실은 피고인이 당 법정에서의 그 내용에 대한 진술, 사법 경찰관의 검증조서 첨부, 판시 불온문서를 촬영한 사진(18장), 증인 에무라 류지로, 증인 다다모토 하루네(忠本春根), 요시모토 후미오(吉本文男)에 대한 사법경찰관의 각 신문조서 중 동인 등이 판시한 시간에 판시한 변소에 갔을 때 동 변소 내에 판시한 바와 같은 불온 낙서가 기재되어 있었던 내용에 대한 각 진술 기재를 여러 가지로 종합해 보면 충분히 증명되었다고 간주된다.

법률에 비추어 보건대 국체 변혁이라는 목적을 가지고 그 목적이 되는 사항을 실행하는 것에 관하여 선동한 점은 개정 치안유지법 제5조에, 정치에 관하여 불온한 언동을 함으로써 치안을 방해한 점은 보안법 제7조에 각각 해당한다. 후자에 대하여 형사령 제42조에 의거하여 형명을 변경하는 것이 마땅하며, 이상은 1개의 행위로 여러 개의 죄명에 저촉되는 경우에 해당함으로써 형법 제54조 제1항의 앞의 단, 제10조에 의거하여 가장 무거운 전자의 형에 의거하여 처단하는바, 피고인은 조선소년령에 이른바 소년이므로 조선소년령 제8조 제1항을 적용하여 피고인을 단기 1년, 장기 3년의 징역에 처하는 것으로 한다.

따라서 주문과 같이 판결한다.

1943년(昭和 18) 1월 30일
청진지방법원 판사부
재판장 조선총독부 판사 아마노 하루키치
조선총독부 판사 다마이 히데오
조선총독부 판사 다나카 마모루

〈자료 123〉 심재인(沈載仁)[19] 등 나가사키 이사하야농학교 비밀결사 예심종결결정

[「昭和17 豫第7號 豫審終決決定」, 『鮮內檢事局情報』6(1942~1943), 京城地方法院檢事局思想部, 고려대학교도서관 경성지방법원 검사국 컬렉션]

1942년(昭和 17) 예(豫) 제7호

예심종결 결정

- 본적: 경상남도 고성군 고성읍 성내동 336번지
- 주거: 도치기현(栃木縣) 우쓰노미야시(宇都宮市) 고등농림학교 학교 교사
- 학생 심재인(沈載仁) 이칭 청산충정(青山忠正)
- 당 25세

- 본적: 경상남도 울산군 대현면 여천리 206번지
- 주거: 미에현(三重縣) 쓰시(津市) 시모베타초(下部田町) 후지료(不二寮)
- 학생 박근철(朴根澈) 이칭 광정근철(光井根澈)
- 당 23세

- 본적: 경상남도 고성군 고성읍 우산리 762번지
- 주거: 경상북도 예천군 예천읍 남본동 222번지 박승진의 집
- 곡물검사소 조수 이상만(李相晩) 이칭 파산지웅(巴山智雄)
- 당 24세

---

19 심재인(沈載仁 1918~1950) 경남 고성 출신의 독립운동가이다. 1938년 4월 일본 나가사키현 이사하야농학교(諫早農學校)와 1941년 3월 우쓰노미야고등농림학교(宇都宮高等農林學校) 재학중 식민지 정책에 항거하고 민족해방과 독립 정신 고취를 위한 '재일학생단'을 조직하고 활동중 피체되어 징역4년을 받아 옥고를 치른 사실이 확인됨. 1990년에 건국훈장 애국장을 추서하였다.

- 본적: 함경남도 북청군 속후면 서도리 424번지
- 주거: 함경남도 함주군 옥남읍 서호리 56번지
- 조선농회 고용직 공무원(雇員) 이호(李虎) 이칭 청본호(青本虎)
- 당 27세

- 본적 주거: 모두 충청남도 아산군 선장면 신동리 145번지
- 학생 박응구(朴應九) 이칭 신정국정(新井國正)
- 당 22세

- 본적: 전라남도 제주도 성산면 성산리 163번지 2
- 주거: 나가사키현(長崎縣) 이사하야시(諫早市) 히가시코지마치(東小路町) 168번지
- 학생 고운하(高雲河) 이칭 고원통년(高原通年)
- 당 20세

- 본적 및 주거: 경상남도 고성군 하이면 와룡리 346번지
- 학생 박윤수(朴允守) 이칭 신정윤수(新井允守)
- 당 22세

- 본적: 전라남도 제주도 구좌면 월정리 440번지
- 주거: 나가사키현(長崎縣) 이사하야시(諫早市) 후나코시마치(船越町) 쓰치하시(土橋) 이토(イト)의 집
- 학생 김상훈(金相勳) 이칭 김택상훈(金澤相勳)
- 당 21세

- 본적: 충청남도 아산군 신창면 수장리 249번지
- 주거: 나가사키현(長崎縣) 이사하야시(諫早市) 니시고마치(西郷町) (埋津)
- 학생 김용중(金瑢(瀋?)中) 이칭 김광민남(金光敏男)

- 당 21세

- 본적 주거: 모두 경상남도 고성군 거류면 은월리 197번지
- 학생 이재관(李在官), 번부(繁夫) 이칭 안본재관(安本在官)
- 당 23세

- 본적 주거: 모두 경상남도 울산군 두서면 전읍리 885번지
- 면기수(面技手)정진근(鄭鎭根) 이칭 동본승치(東本昇治)
- 당 22세

- 본적: 경상남도 울산군 언양면 반송리 381번지
- 주거: 도쿄시(東京市) 가마타구(蒲田區) 야구치마치(矢口町) 394번지
- 활동사진 영사기사 송병홍(宋柄虹) 이칭 우촌홍길(宇村鴻吉)
- 당 22세

- 본적: 경상남도 울산군 울산읍 지형리 106번지
- 주거: 도쿄시(東京市) 시나가와구(品川區) 기타시나가와마치(北品川町) 1정목 80번지
- 신문배달 겸 학생 손병주(孫炳柱) 이칭 무촌병주(茂村炳柱)
- 당 22세

- 본적 주거: 모두 경상남도 고성군 거룡면(巨龍面)[20] 은월리 337번지
- 군농회 기수 이상호(李相浩) 이칭 파산상호(巴山相浩)
- 당 21세

- 본적: 전라남도 제주도 한림면 고산리 2049번지

---

20 원문대로임. 거룡면(巨龍面)은 거류면의 오류로 판단됨.

- 주거: 오사카부(大板府) 히가시나리구(東成區) 히가시오바세(東小橋) 기타마치(北町) 1정목 36번지
- 학생 강성준(姜成俊) 이칭 신농실(神農實)
- 당 18세

- 본적: 경상남도 상주군 사벌면 원흥리1 119번지
- 주거: 경성부 영등포정 542번지
- 곡물검사소 조수 박영진(朴永振) 이칭 송본청효(松本淸孝)
- 당 21세

- 본적: 전라남도 나주군 다도면 풍산리 4번지
- 주거: 경상북도 고령군 고령면 지산동 이하 미상
- 곡물검사소 조수 홍건희(洪建憙) 이칭 풍산건희(豊山建憙)
- 당 21세

- 본적 주거 모두: 경상북도 상주군 상주읍 남정 157-6
- 곡물검사소 조수 조형호(趙瀅昊) 이칭 송강무웅(松岡茂雄)
- 당 21세

상기 피고인 청산충정(靑山忠正), 광정근철(光井根澈), 파산지웅(巴山智雄) 3명에 대한 치안유지법 위반, 육군 형법 위반, 해군 형법 위반 및 기타 피고인 등에 대한 치안유지법 위반, 각 피고 사건에 대하여 예심을 마치고 다음과 같이 결정한다.

주문

피고인 청산충정(靑山忠正), 피고인 광정근철(光井根澈), 피고인 파산지웅(巴山智雄), 피고인 청본호(靑本虎), 피고인 신정국정(新井國正), 피고인 고원통년(高原通年), 피고인 김택상훈(金澤相勳), 피고인 김광민남(金光敏男), 피고인 안본재관(安本在官), 피고인 동본승치(東本昇治), 피

고인 우촌홍길(宇村鴻吉), 피고인 무촌병주(茂村炳柱), 및 피고인 파산상호(巴山相浩)에 대한 본건을 대구지방법원 합의부의 공판에 회부한다.

피고인 신정윤수(新井允守)에 관한 본건 소송을 기각한다.

피고인 신경실, 피고인 송본청효(松本淸孝), 피고인 풍산건희(豊山建憙) 및 피고인 송강무웅(松岡茂雄)을 면소한다.

이유

제1. 피고인 청산충정(靑山忠正)은 본적지의 중류 농가에 태어나 경상남도 고성군 고성공립보통학교 및 고성 공립농업실습학교를 졸업하고 1938년(昭和 13) 4월 나가사키현립 이사하야농학교(諫早農學校)에 입학하여 1941년 3월 이 학교를 졸업하고 같은 해 4월 우쓰노미야(宇都宮)고등농림학교에 입학했으나 일찍이 내지로 도항하기 전부터 이미 면 지도원의 지도 모습에 대한 불만, 내지인 교사에 대한 반감, 조선인의 내지 도항 제도에 대한 불평, 조선 내 보통교육제도의 불완전에 대한 불만 등을 느낀 적이 있었다. 그런데 이사하야농학교에 입학하자마자 먼저 내지에서의 교육설비가 완비되어 있고 문화가 보급되어 있는 것을 눈여겨봄과 동시에 조선민족의 문화, 재력 모두 빈약함을 느끼고 이는 한일병합 이후 총독정치의 문맹정책, 착취정책의 결과라고 오해·맹신하고 내지인 학생의 반도 출신 학생에 대한 호칭, 태도 등 때때로 마음에 들지 않는 부분이 있었다. 점점 그 감정이 자극되어 조선독립이라는 희망을 품기에 이르게 되었다.

1) 1939년(昭和 14) 11월경 당시 공동피고인 광정근철(光井根澈)은 공동피고인 파산지웅(巴山智雄)과 함께 하숙을 하고 있었다. 나가사키현 이사하야시 히가시코지마치 진노 마사(陣野正)의 집 2층에서 위의 두 사람과 마침 그 자리에 있을 때 공동피고인 광정근철로부터 동인이 동일 상급생 내지인 데라사키 유키오(寺崎行雄)에게 조선인인 주제에 건방지다는 이유로 구타, 발길질 등의 폭행을 당한 것을 듣고 크게 격노하여 조선 독립을 목적으로 동인 등에게 우리 조선인이 이와 같이 내지인들에게 멸시를 당하는 것은 반도가 내지에 비해 문화 수준이 낮기 때문이며, 반도가 일본의 식민지이기 때문에 반도인에 대해서는 충분한 교육도 하지 않고 반도인에 대해 차별을 하는 것이다. 이를 타파하기 위해서는 조선을 독립시

켜야 한다. 이를 실행하는 방법으로 우리 조선 청년은 일신의 영달을 꿈꾸지 말고 반도 전체의 이익을 공부의 목표로 삼아 문맹한 반도 민족 갱생을 위해 진력을 다하고 문화 수준 향상과 무술 연마에 힘써야 한다. 그리고 현재 일본은 중일전쟁이 한창인데 상당히 장기전에 이르고 있어 국력이 약해져 있다. 따라서 조선독립의 기회도 전혀 없지는 않을 것이므로 이 절호의 기회가 오기까지 열심히 노력할 것을 제안하고 공동피고인 등의 동의를 얻어 그 목적이 되는 사항의 실현에 관하여 협의하고

2) 1939년(昭和 14) 11월경 전술한 목적을 가지고 이사하야 시내에서 당시 경성부 효자정에 거주하던 공동피고인 청본호(靑本虎)에게 "내지에 와서 보니 상상 이상으로 내지인과 조선인의 차별 대우가 심하고 현재 중일전쟁이 확대되고 있으나 세계전쟁은 불가피한데 일본이 상대할 나라는 대국이므로 일본의 승산(勝算)은 확실하지 않다. 일본이 무너질 때가 곧 조선이 부흥할 때이다. 우리는 그 기회를 잡아 분발해 일어나 조선의 독립을 기해야 한다"는 취지의 우편 통신을 발송하였고, 그 무렵 동인으로부터 동의한다는 취지의 답장을 받고 그 목적 사항을 실행하는 일에 관하여 협의를 함과 동시에 중일전쟁에 즈음하여 군사에 대하여 유언비어를 유포하였다.

3) 1940년(昭和 15) 2월경 진노 마사(陣野正)의 집에서 전술한 목적을 가지고 공동피고인 신정국정(新井國正)에게 "우리가 멀리 내지로 건너와 공부를 하는 것은 개인적 영달을 목표로 하는 것이 아니라 조선민족의 영달을 위해 진력을 다하기 위함이다. 조선의 현 상황을 보면 문화가 매우 뒤떨어져 있는데 그로 인해 우리들 조선민족은 내지인들로부터 멸시당하고 갖은 압박을 받는 것이다. 내지와 마찬가지로 문화가 향상되어 있다면 이러한 차별적 대우를 받지 않을 것이다. 따라서 우리는 하루라도 빨리 조선문화의 향상을 도모해야 한다. 방법으로는 우리 조선인 학생이 더욱더 공부에 힘써 지식을 넓히고 무지한 조선 농민을 지도하여 문화 향상을 도모함으로써 장차 조선독립을 위해 진력을 다해야 한다"는 취지를 설명하고 동인의 동의를 얻어 그 목적이 되는 사항을 실행하는 것에 관하여 협의하였다.

4) 1941년(昭和 16) 1월 20일경 진노 마사의 집에서 전술한 목적을 가지고 공동피고인 고원통년(高原通年)에게 전술한 〈제1항의 3 괄호 안의 기재와 동일 내용〉의 것을 설명·주장하고 동인의 동의를 얻어 그 목적이 되는 사항을 실행하는 것에 대해 협의하였다.

5) 1941년(昭和 16) 3월경 경상남도 고성군 대가면 연지리 피고인 청산충정(靑山忠正)의 집

에서 공동피고인 파산지웅(巴山智雄)과 함께 전술한 목적을 가지고 신정윤수(新井允守)에게 "자신들이 내지 나가사키현 이사하야시에 재학중에 조선인은 매우 모멸을 당하고 차별대우를 받으며 고생하면서 공부를 했는데 학교를 나와 취직을 해도 내지인은 정규 봉급 외에 특별히 따로 주는 가봉(加俸)이 있지만 조선인에게는 이것이 없다. 또한 관청, 회사의 수뇌자는 전부 내지인으로 조선인은 아무리 두뇌가 좋아도 출세의 길이 없다. 또한 반도는 문화가 매우 뒤떨어져 있는데, 이는 일본이 식민지 정책을 펼치기 위해서이다. 따라서 반도는 독립되어야 한다. 우리는 일신일가(一身一家)의 이익, 영달을 위해 공부하는 것이 아니라 마땅히 반도의 독립을 목표로 공부를 하는 것"이라는 취지를 권유하고 동인의 동의를 얻어 목적이 되는 사항을 실행하는 것에 대하여 협의하였다.

6) 1940년(昭和 15) 4월 중순경 이사하야시 후나코시마치에 거주하는 사이키 마타시치(才木又七)의 집에서 전술한 이사하야농학교 조선인 신입생 입학 자축회가 개최된 석상에서 공동피고인 파산지웅(巴山智雄), 공동피고인 광정근철(光井根澈)과 함께 출석하여 동인 등과 함께 전술한 목적을 가지고 당시 2학년이었던 공동피고인 신정국정(新井國正), 신입생이었던 공동피고인 김택상훈(金澤相勳), 공동피고인 김광민웅(金光敏男) 및 이천영일(利川榮一), 금강이길(金岡利吉)(후자 2명은 기소유예) 등에게 "우리 반도 학생은 반도문화의 향상과 반도 동포를 위해 공부하는 것이므로 면학의 목표를 일신일가의 영달과 행복에 둘 수 없다. 근래 조선에서 내선일체를 외치지만 그것은 그저 입에 발린 말에 불과하고, 실제로는 내선의 차별이 매우 극심하다. 또한 내지로 도항하여 처음으로 느낀 점은 내지인의 조선인에 대한 모멸이다. 그리고 그 원인은 반도문화의 저급함에 있다. 그러나 만일 조선이 일본의 식민지가 아니라면 문화도 이와 같이 저급하지 않을 것이며, 현재와같은 차별적 모멸을 당하지 않을 것이다. 그러니 무엇보다도 우선 먼저 조선을 일본의 식민지로부터 벗어나게 하는 것이 중요하다. 하지만 조선의 독립은 쉬운 일이 아니다. 반도인은 조선인 정신을 잘 견지하고 앙양함과 동시에 반도의 독립을 목표로 서서히 시기가 도래하는 것을 기다려야 한다"는 취지의 말을 권하고 동인 등의 동의를 얻고 그 목적인 사항을 실행하는 것에 대하여 협의하였다.

7) 1941년(昭和 16) 10월경 공동피고인 신정윤수(新井允守), 공동피고인 안본재관(安本在官)

두 사람과 도쿄시 시모야구(下谷區) 오카치마치(御徒町) 우에노(上野)역 부근의 모 "밀크 홀"[21]에서 만나 전술한 목적을 가지고 동인들에게 "일본은 지나와 오랫동안 전쟁을 하느라 상당히 병력을 낭비했는데, 앞으로는 점점 영국과 미국과도 교전을 하게 될 것이다. 그렇게 되면 상대는 대국이라 국력이 강대하기 때문에 일본은 패배할 것이다. 그 호기를 틈타 종래 일본에게 학대를 받아온 조선 민족은 일치단결하여 조선민족 독립을 위해 일어서야 한다"는 취지를 권유하여 동인 등의 동의를 얻어 그 목적이 되는 사항을 실행하는 것에 관하여 협의함과 동시에 중일전쟁에 즈음하여 군사에 관하여 유언비어를 퍼뜨렸다.

제2. 피고인 광정근철(光井根澈)은 본적지의 중류 농가에서 태어나 공립 보통학교 및 울산농업실습학교를 졸업한 후 1년간 부모 밑에서 농업을 돕다가 1938년(昭和 13) 4월 나가사키 현립 이사하야농학교에 입학하여 1941년(昭和 16) 3월 이 학교를 졸업, 동년 4월 미에(三重) 고등농림학교에 입학했는데, 이 기간 전술한 이사하야농학교 재학중이던 1939년(昭和 14) 11월 중순경 이사하야 시내에서 이 학교의 내지인 상급생 데라사키 유키오로부터 조선인 주제에 건방지다는 말을 듣고 구타와 발길질 등의 폭행을 당했기 때문에 내지인에 대한 악감정을 품게 되었다.

1) 전술한 제1의 1)에 기재한 바와 같이 협의하고
2) 1940년(昭和 15) 3월경 이사하야시 코지마치 진노 마사의 집에서 조선독립이라는 목적을 가지고 당시 이사하야농학교 입학시험을 치르기 위해 와 있던 공동피고인 신농실(神農實)에게 "자네도 입학해서 상기 농학교에 다니면 알겠지만 내지에서 우리가 조선에 있을 때 상상했던 것 이상으로 내지와 조선의 차별이 극심하고, 학생들 사이에서도 직접 조선인 주제에라고 말할 정도로 모멸을 당하고, 또 조선인 학생이 상급생에 대하여 약간의 결례가 있으면 바로 폭행을 당하는 상황이어서 조선 학생은 정말로 비참하다. 같은 인간으로 태어나 내지인은 모두 행복하고, 조선인은 학대를 당한다. 이를 감수할 수밖에 없는 현재의 상황은

---

21 근대시기에 일본의 시가지에 많았는데, 주로 우유와 가벼운 음식을 제공하는 것을 목적으로 한 간이음식점 형태이다. 당시의 일본정부가 일본인의 체질 개선을 목적으로 우유를 마시는 것을 권장하면서 다수 출현했다.

실로 분개하지 않을 수 없다. 만일 조선이 옛날부터 일본의 식민지가 아니라 독립되어 있었다면 이러한 모멸을 당하는 일은 없었을 것이다. 따라서 우리 반도민이 이러한 경우에서 벗어나기 위해서는 오로지 일국으로서 독립하는 수밖에 없다. 그러기 위해서는 우리 조선인 학생은 열심히 면학에 힘써 미래의 반도민족을 위해 진력을 다할 각오를 할 필요가 있다"는 취지를 설명·제안함으로써 그 목적이 되는 사항을 실행하는 것에 관하여 협의하였다.

3) 동년 12월 말경 전술한 목적을 가지고 나가사키현 이사하야 시내에서 당시 황해도 옹진군 옹진읍에 거주하는 공동피고인 동본승치(東本昇治)에 대하여 전술한 제1의 3) 괄호 안에 기재한 것과 같은 취지의 우편통신을 보냈다. 1942년(昭和 17) 1월 18일경 경상남도 울산군 두서면에 거주하는 공동피고인에게 미에현 쓰시에서 세계정세는 점점 조선에게 유리해져 반도민족이 독립을 위해 일어설 시기가 바야흐로 도래하고자 한다. 우리는 서로 자중하여 그 때가 도래하기를 기다리자는 취지의 통신을 보냈다. 그즈음 동인으로부터 이에 찬동하는 취지의 답장을 받고 그 목적이 되는 사항을 실행하는 것에 관하여 협의하였다.

4) 전술한 제1의 6)에 기재한 바와 같이 협의하였다.

5) 1941년(昭和 16) 9월 상순경 도쿄시 우시고메구(牛込區) 쓰루마키초(鶴巻町) 아파트 규쿄칸(鳩居館)에서 공동피고인 우촌홍길(宇村鴻吉), 공동피고인 무촌병주(茂村炳柱) 두 사람과 만나 전술한 목적을 가지고 동인 등에 대하여 "우리가 나가사키현 이사하야농학교 재학 당시에는 내지인 학생으로부터 상당한 압박을 받았고, 조선인이기 때문에 엄청난 고생을 했다. 또한 졸업 후 취직을 해도 내지인과 조선인의 차별이 매우 심하며, 조선내의 현황을 보아도 관공서 회사 등의 장은 내지인들이 이를 차지하고 조선인은 아무리 두뇌가 명석해도 늘 그 밑에만 있고 출세를 하지 못하니 불쌍하다. 이러한 고통에서 벗어나기 위해서는 조선 독립밖에는 길이 없다. 그 시기는 현재 싸우고 있는 중일전쟁도 앞으로 일본이 세계대전에 휘말려들면 종국에는 경제적으로 파멸을 초래하여 패전할 것이므로 그때를 기다려 반도 민족은 일제히 봉기해야 한다"는 취지를 제안하고 동인 등의 동의를 얻어 그 목적이 되는 사항을 실행하는 것에 관하여 협의함과 동시에 중일전쟁에 즈음하여 군사에 관하여 유언비어를 퍼뜨렸다.

제3. 피고인 파산지웅(巴山智雄)은 본적지의 농가에서 태어나 공립 보통학교 및 고성농업실습학교를 졸업하고, 1938년(昭和 13) 4월 나가사키현립 이사하야농학교에 입학하여 1941년(昭和 16) 3월 동교를 졸업한 후 동년 4월 조선총독부 곡물검사소 부산지소 검사조수로 임명되어 동년 7월 28일 예천출장소로 전근 명령을 받았으나 그 사이에 전술한 이사하야농학교 입학 당시부터 내지인 학생이 조선인 학생에 대하여 모멸적 태도로 나오는 것에 불만을 느끼고 점차 민족적 의식을 강하게 품게 되었다.

1) 전술한 제1항의 1에 기재되어 있는 바와 같이 협의하였다.
2) 전술한 제1항의 5에 기재되어 있는 바와 같이 협의하였다.
3) 전술한 제1항의 6에 기재되어 있는 바와 같이 협의하였다.
4) 1941년(昭和 16) 6월경 부산부 대청정 1정목 시장주식회사 2층 합숙소에서 조선 독립이라는 목적을 가지고 공동피고인 송본청효(松本淸孝), 공동피고인 풍산건희(豊山建憙)에게 "내지에서는 내지인 학생과 조선인 학생간에 차별대우가 아주 심해서 갖은 고생을 했다. 실로 분개를 참지 못하고 어느 때에는 청송 등과 함께 밤새도록 울면서 이야기를 나눈 적도 있었을 정도이다. 또한 내지인은 우리들 조선인 학생에게 대놓고 '조선인 주제에' 라고 하거나 '조센징' 운운하면서 멸시했다. 이와 같은 쓰라린 고초를 겪으면서도 내지에 가서 공부를 하는 것은 바로 조선 내에 충분한 교육기관이 없기 때문이다. 또한 이와 같은 모멸을 당하는 것은 조선의 문화 수준이 낮아서인데, 일본 정부는 특히 조선에 교육시책을 펼치지 않는 정책을 취하고 있어서 이대로 경과하면 조선인은 점점 지식이 뒤처지고 무지한 자들이 많아질 것이다. 또한 관청 방면에서도 장관의 지위는 전부 내지인이 차지하고 있어서 조선인은 아무리 두뇌가 명석해도 늘 출세를 하지 못하고 그 밑에 있을 수밖에 없다. 그렇기 때문에 어떻게 해서든지 독립을 해야 한다. 그 시기는 현재 일본은 중일전쟁으로 상당히 장기에 걸쳐 싸우고 있는데 만일 일본이 세계대전에 휘말리게 되면 패전하게 될 것이므로 그 호기를 노려야 한다"라는 취지의 말을 제안하고 그 목적이 되는 사항을 실행하는 것에 관하여 협의를 함과 동시에 중일전쟁에 즈음하여 군사에 대하여 유언비어를 퍼뜨렸다.
5) 동년 10월경 경상남도 고성군 고성읍에 있는 상호 미상의 음식점에서 전술한 목적을 가지고 공동피고인 파산상호(巴山相浩)에게 전술한 제3항의 4) 괄호 안에 기재한 것과 동일한 취지의 사항을 제언하고 동인의 동의를 얻어 그 목적이 되는 사항을 실행하는 것에 관하

여 협의를 함과 동시에 중일전쟁에 즈음하여 군사에 관하여 유언비어를 퍼뜨렸다.

제4. 피고인 청본호(靑本虎)는 공립보통학교를 졸업한 후 자택에서 5년간 농업을 돕다가 1936년(昭和 11) 4월 고성농업실습학교에 입학하여 1938(昭和 13) 3월 학교를 졸업하고 동년 6월 경성부 황금정 2정목 조선농회(朝鮮農會)[22] 기념사업 기성■■■ 보조원으로 채용되었으며, 1941년(昭和 16) 4월 사업이 종료됨과 동시에 이를 그만두고 다음달 동 농회의 홍남읍 소재 비료과 고용직 공무원(雇員)이 되어 동회 서호진 비료 배급소에 근무하고 있었는데 전술한 제1의 2)에 기재한 바와 같이 협의하였다.

제5. 피고인 신정국정(新井國正)은 본적지 공립 보통학교 등을 졸업한 후 1939년(昭和 14) 4월 나가사키현립 이사하야농학교에 입학하여 1941년(昭和 16) 12월 27일 이 학교를 졸업하고, 1942년(昭和 17) 2월 우쓰노미야 고등학교에 입학했는데 전술한 제1의 3) 및 제1의 6)에 기재한 바와 같이 협의하였다.

제6. 피고인 고원통년(高原通年)은 공립 보통학교 및 공립 심상고등소학교 고등과를 졸업하고 1938년(昭和 13) 4월 나가사키현립 고토(五島) 중학교에 입학했다가 1940년(昭和 15) 12월 나가사키현립 이사하야농학교로 전학하였는데 전술한 제1의 4)에 기재한 바와 같이 협의하였다.

제7. 피고인 김택상훈(金澤相勳), 피고인 김광민남(金光敏男)은 모두 공립 심상고등소학교를 졸업하고 1940년(昭和 15) 4월 나가사키현립 이사하야농학교에 입학했는데 전술한 제1의 6)에 기재한 바와 같이 협의하였다.

---

22 1906년 한국통감부에서 설치한 한국중앙농회가 전신(前身)으로서 1910년 일제의 한국 강점 후 조선농회로 개칭된 일제강점기 관변 농업단체이다. 1926년에 조선농회령이 제정 반포되면서 본격적으로 식민지 농정(農政) 추진의 모체가 되어 전국을 촌락 단위까지 계통화시켜 농촌 수탈의 첨병 역할을 했다.

제8. 피고인 안본재관(安本在官)은 공립보통학교 및 고성농업실습학교를 졸업하고 1937년(昭和 12) 3월 도쿄로 건너가 약국 점원 등을 하면서 상업 야학교와 농업공예학교에 다니고 있었는데 전술한 제1의 7)에 기재한 바와 같이 협의하였다.

제9. 피고인 동본승치(東本昇治)는 울산 공립 농업실습학교를 졸업하고 1939년(昭和 14) 3월 경상남도 울산군 두서면 면작(棉作) 지도원이 되었다가 동년 8월 울산군 대현면 추계 양잠 교사로 임명되어 동년 11월 해직되었다. 1940년(昭和 15) 2월 황해도 옹진군 옹진읍 임시 고용직 공무원(雇員)이 되었고, 1941년(昭和 16) 3월 황해도 장연군 농회 기수보(技手補)에 임명되었다가 동년 5월 경상남도 울산군 두서면 기수(技手)로 임명되었는데 전술한 제2의 3)에 기재한 바와 같이 협의하였다.

제10. 피고인 우촌홍길(宇村鴻吉)은 공립보통학교 및 울산공립농업실습학교를 졸업하고 1938년(昭和 13) 4월 도쿄로 건너가 신문 배달을 하면서 연수학관(硏數學館)[23] 영사기술학교 등에 다니면서 고학을 하여 영사기사로 일하고 있었다.
피고인 무촌병주(茂村炳柱)는 공립 보통학교 및 울산 공립 농업실습학교를 졸업하고, 1937년(昭和 12) 9월 도쿄로 건너가 신물 배달을 하는 한편 연수학관에 다니면서 고학을 했다.
상기 피고인 두 명은 모두 전술한 제2의 5)에 기재한 바와 같이 협의하였다.

제11. 피고인 파산상호(巴山相浩)는 공립 보통학교 및 고성 농업실습학교를 졸업한 후 1938년(昭和 13) 4월 시마네(島根) 현립 마스다(益田)농림학교에 입학하여 1941년(昭和 16) 3월 이 학교를 졸업한 후 바로 경상남도 고성군 농회 기수로 임명되었는데 전술한 제3의 5)에 기재한 바와 같이 협의한 자로, 피고인 청송, 광정(光井根澈), 파산(巴山智雄), 신정(新井國正)의 각 소행(所爲)은 범의의 계속에 의한 것이다.

---

23 오쿠다이라 나미타로(奧平浪太郎)에 의해 1897년에 개설한 수학 전문 사설 교육 시설이다. 1941년에는 문부대신에 의해 재단법인 연수학관 설립 허가를 받아 이학과 수학계 전문학교인 〈연수전문학교(硏数專門學校)〉가 되었다.

법에 비추어 볼 때, 상기 협의 소행중 피고인 청송의 상기 제1의 1) 내지 6), 피고인 신정(新井國正), 피고인 고원(高原通年), 피고인 김택(金澤相勳), 피고인 김광(金光敏男)의 각 소행은 치안유지법(1941년(昭和 16) 개정전) 제2조(또한 신정국정(新井國正)에 대하여 형법 제55조도 적용)에, 피고인 청송. 피고인 광정(光井根澈), 피고인 파산(巴山智雄)의 각각 그 밖의 소행 및 피고인 안본(安本在官), 피고인 동본, 피고인 우촌(宇村鴻吉), 피고인 무촌(茂村炳柱), 피고인 파산(巴山相浩)의 각각의 소행은 치안유지법 제5조[1941년(昭和 16) 5월 15일 시행 개정법]에 해당하는 바, 피고인 청송, 피고인 광정(光井根澈), 피고인 파산(巴山智雄)의 각각의 소행은 연속범에 관계되므로 형법 제55조, 제10조에 의거하여 상기 개정 법조를 적용하고, 피고인 청송, 피고인 광정(光井根澈), 피고인 파산(巴山智雄)의 군사에 관한 유언비어 부분은 육군형법 제99조, 해군형법 제100조(청송, 파산에 대하여 형법 제55조도 적용)에 해당하는 바, 해당 소행과 전술한 치안유지법 위반의 각 소행은 관념적 경합(觀念的競合)[24]에 해당하므로 각각 형법 제54조 제1항 앞의 단, 제10조에 의거하여 무거운 후자의 죄형에 의거하여 처단해야 하는 경우이므로 이상 모두 공판에 회부하기에 충분한 범죄 혐의이기 때문에 이를 공판에 회부하기로 한다.

또한 피고인 파산지웅(巴山智雄)에 대한 공소 사실 중 1941년(昭和 16) 8월 경상북도 예천군 예천읍 문화여관에서 피고인 송강무웅(松岡茂雄)에 대하여 조선의 독립을 도모할 목적으로 이를 실행하는 일에 관하여 협의를 했다는 점은 공판에 회부하기에 충분할 만한 범죄 혐의가 없다고 인정되는 바, 해당 기소 사실은 동 피고인에 대한 앞 단의 인정 사실과 함께 응당 연속범의 일부로 기소되어야 할 것으로 이해됨으로 이에 대하여 주문에서 특별히 면소 선고를 할 정도는 아니다.

피고인 신정윤수(新井允守)는 본건 기소 이후인 1942년(昭和 17) 10월 19일에 사망함에 따라 동인에 대한 공소는 이를 기각하는 것으로 한다.

다음으로 피고인 신농, 피고인 송본(松本淸孝), 피고인 풍산(豊山建憲) 및 피고인 송강(松岡茂雄)에 대한 본건 공판 사실은,

---

24 1개의 행위가 여러 가지 죄에 해당하는 경우를 이르는 말이다. 예를 들면 하나의 돌을 던져 재물을 파괴하고 사람에게 상처를 입힌 경우를 말하는데, 상상적 경합(想像的競合)이라고도 한다.

제1. 피고인 신농실은 공립 보통학교 및 공립 심상고등소학교를 졸업하고, 1940년(昭和 15) 3월 오사카시 히가시구(東區) 기노초(木野町)에서 철물점을 운영하는 아버지 밑으로 가서 1941년 오사카시 소재 동아 전기통신공학교에 입학하였으나 전술한 앞단에 기재되어 있는 제2의 2에 적시한 바와 같은 제안을 접하고 여기에 동의함으로써 조선독립이라는 목적을 가지고 그 목적 사항을 실행하는 것에 관하여 협의하였다.

제1. 피고인 송본청효(松本淸孝)는 공립 보통학교 및 공립 심상고등소학교 고등과를 졸업하고 1938년(昭和 13) 4월 가가와(香川) 현립 기타(木田) 농림학교에 입학하여 1941년(昭和 16) 3월 이 학교를 졸업하고 4개월간 조선곡물검사소 부산지소에서 강습을 받고 곡물검사소 조수에 임명되었고, 1941년(昭和 16) 12월 경상북도 영주 곡물검사출장소 근무를 명령받았다.

상기 피고인 두 명은 모두 전술한 제3의 4)에 기재한 바와 같은 제안을 접하고 찬동하여 협의하였다.

제1. 피고인 송강무웅(松岡茂雄)은 공립 보통학교를 졸업한 후 조선곡물검사소 상주 출장소 급사가 되었고, 1939년(昭和 14) 10월 동 출장소 부수(副手)로 승진했는데, 1941년(昭和 16) 8월 경상북도 예천군 예천읍 남본동 문화여관에서 파산지웅(巴山智雄)으로부터 조선의 독립에 관한 제안을 받자마자 이에 동의하고 조선 독립이라는 목적을 가지고 그 목적이 되는 사항을 실행하는 것에 관하여 협의하였다.

이상과 같으나 이를 공판에 회부하기에 충분한 범죄 혐의가 없으므로 모두 면소하기로 한다.

따라서 피고인 신정윤수(新井允守)에 대하여 형사소송법 제315조, 피고인 신농, 피고인 송본(松本淸孝), 피고인 풍산(豊山建憲) 및 피고인 송강(松岡茂雄)에 대하여 동법 제313조, 그 밖의 피고인에 대하여 동법 제312조를 각각 적용하여 주문과 같이 결정하였다.

1942년(昭和 17) 11월 13일
대구지방법원
예심계 조선총독부 판사 아키타 쇼자부로(秋田章三郎)

〈자료 124〉 조선사상 사건 판결 여운형의 조선독립운동 사건

[〈朝鮮思想事件判決 呂運亨の朝鮮獨立運動事件〉, 《思想彙報》續刊26, 1943, 朝鮮總督府 高等法院 檢事局 事相部, 182~186쪽]

사실의 개요: 대동아전쟁에서 일본의 승리는 곤란하다고 하여 일본 패전 때에는 전쟁 종료 후 평화회의에서 조선독립문제가 다루어져 그 실현 가능성이 있다며 여러 명의 친구에게 불온한 언동을 함.

1. 경과
- 수리: 1942년(昭和 17) 11월 28일, 경성지방법원 검사국
- 처분: 1943년(昭和 18) 2월 20일, 경성지방법원 공판청구
- 제1심: 1943년(昭和 18) 7월 2일, 경성지방법원 유죄(확정)

2. 판결 결과
- 죄명: 치안유지법 위반, 육해군형법 위반, 조선임시보안령 위반
- 형명형기: 징역1년, 집행유예 3년
- 직업: 동아회 고문
- 씨명: 여운형
- 연령: 58
- 비고 보안법 위반, 육해군형법 위반, 안녕질서에 대한 죄로 처단

3. 범죄 사실

피고인은 경기도 양평군 양서면 신원리 이른바 양반의 가문에서 성장하여 어릴 때 한문을 수득한 후 경성 소재 사립 배재학당 및 우무학당(郵務學堂), 이어서 평양소재 기독교 장로회파 신학교 등에서 수학하고 사립학교의 교사 또는 기독교 전도사를 하고 있었는데, 1913년(大正 2) 10월경 중국으로 건너가 남경(南京) 금릉대학(金陵大學) 영문과에 입학하고, 1916년(大正 5) 6월 동 대학을 졸업한 후, 상해로 가 동지에서 서점, 철공장, 잡지사 등에서 사무원으로 고용되어 있었는데, 일찍부터 한일병합에 불만을 품고, 조선 독립을 희망하고

있던 중, 1918년(大正 7) 11월경 동지와 함께 조선독립을 목적으로 한 신한청년당을 조직하여 활동 중, 1919년(大正 8) 3월 조선에서 조선독립운동이 발발하자, 이에 호응하여 상해에서 대한민국임시정부라는 것을 조직하고, 그 외무부 위원장으로서 조선독립 목적 달성을 위해 여러가지 획책하는 바가 있는 등으로 1929년(昭和 4)년 7월, 상해 일본총영사관 경찰에 체포되어, 조선으로 압송되고, 1930년(昭和 5) 6월 9일 경성복심법원에서 대정8년 제령제7호 및 치안유지법 위반으로 징역3년에 처해졌다.

1932년(昭和 7) 7월 26일 형무소에서 가출옥된 후 1933년(昭和 8) 2월, 조선중앙일보 사장에 취임하고, 1937년(昭和 12) 10월경, 동 신문지 폐간 후는 경성부 계동정 140번지 8의 자택에서 무위도식하였는데, 1940년(昭和 15) 3월 도쿄에 가 오카와 슈메이(大川周明)와 친교를 거듭하고, 1941년(昭和 16) 가을경부터 동인 주재한 동아문제연구단체인 동아회 고문에 취임하여 금일에 이른 자인 바,

피고인은 이미 전기한 수형(受刑) 전부터 조선 민족의 폭력혁명 또는 타국의 원조 등에 의한 조선독립이 도저히 불가능하다는 것을 깨달았지만, 민족적 감정이 강하고 여전히 내심 조선의 독립을 기대하고 있었기 때문에 표면적으로는 총독부 당국에 협력하는 태도를 갖고 있었지만, 한일병합의 진의를 깨닫지 못하고, 병합 후의 일본의 조선 통치정책은 서구식의 식민지정책과 거의 궤를 같이 한다고 간주하고, 내지 자본가가 조선 내에 침입하여 경제적 착취를 일삼고 또 행정 부문에서도 내선인 관공리 사이에 차별대우 그 외 산업, 교육, 문화 등 제 영역에서 내지인의 조선인 압박은 점점 강화하고, 특히 미나미 총독정치인 창씨제도 및 국어 사용 장의 장려와 강요는 점점 조선인을 압박하여 곤경에 빠지게 하는 것이라고 함부로 단정하고 있다가 1941년(昭和 16) 12월 8일 대동아전쟁 개시 이래 우리 육해 장병이 혁혁한 전과를 거두고 제국의 이상인 대동아공영권의 확립이 마침내 그 목적대로 나아가고, 도조(東條) 수상 역시 1942년(昭和 17) 1월 제국의회에서 남방 제민족 해방에 관한 제국의 태도를 천명하고, 남방 제민족 중 문화, 경제 등 고도로 발전한 국가에 대해서는 장래 독립을 허용되어야 한다고 하였으니, 제국이 최후의 승리를 획득하여 대동아공영권 확립이 이루어지면, 일본 정부가 조선 민족에게 참정권을 부여하고 또한 나아가서 조선에 자치제를 시행하고, 최후에는 일본의 보호지도 하에 독립을 부여할 가능성이 있다고 대망(待望)하게 되었다.

일면 피고인은 이번 대동아전쟁에서 일본이 전쟁 시작에서 혁혁한 전과를 거두었다고 해

도, 만약 장개석 정권과의 전면적 화평을 강구하지 않으면 현상대로 장기전으로 이행할 것인데, 결국 일본은 패전으로 끝날 것이며 따라서 일본으로서 이러한 패전의 우려를 피하고자 한다면 신속히 일본의 중국에 대한 종래의 태도를 버리고, 중국과의 전면적 화평의 전제조건인 장개석 정권하의 민중 사이에 존재하는 '일본은 지나를 제2의 조선으로 하고자 한다'는 오해를 일소할 필요가 있다.

이를 위해서 우선 조선민족에게 참정권을 부여함과 함께 조선에 자치제를 시행하지 않으면 안 된다고 하여 그 취지 아래 중앙정부 또는 조선총독부 당국에게 중국문제 해결방책 등을 진언함과 함께 다른 한편으로 피고인은 대동아전쟁에서 궁극적으로 일본의 승리는 도저히 곤란하다고 관찰하고 일본이 패전한 경우에는 제1차 유럽대전 후의 평화회의의 예에 따라 금차 전쟁후의 평화회의에서 당연히 조선 독립문제가 다루어지고 그 실현 가능성이 있다고 사유하였다.

즉 피고인은 이번 대동아전쟁에서 일본의 승패 여하라고 하는 점에서도 오히려 조선 민족의 이익 행복을 첫 번째로 삼아, 이를 위해 결국 일본 또는 평화회의 등의 알선으로 조선 독립이 실현될 것을 내심 기대하고 있는 자이다.

요컨대, 피고인은 자신들 조선민족의 책동에 의해서는 조선독립이 도저히 불가능하다는 것을 깨달으면서 민족적 감정이 왕성하여 내심 조선독립을 완전히 단념할 수 없는 데에서 경솔하게도,

(1) 1942년(昭和 17) 6월 상순경 도쿄에서 귀가할 때 전기 피고인의 자택에서 우연히 방문한 옛친구 기독교 목사 오건영(吳建泳) 및 무직 대산재형(大山載馨) 두 사람에게 "지난 4월 18일 미국 비행기가 도쿄 공습을 실현했는데, 미국기의 성능은 일본기에 비해 우수하여 일본기가 미국기를 따라가지 못하고, 도쿄에서 미국의 방송을 들으면, 미국도 전쟁 준비에 광분하여 최후의 승리는 미영에 있다는 것인데, 미영이 승리하면 조선 독립이 확실히 가능하다. 전쟁이 끝나면 미국에 있는 조선인은 독립운동을 할 것이다. 이 전쟁은 장기전이 될지 모르지만, 자신의 생각은 일본의 물자 부족으로 의외로 빨리 끝날지 모른다. 미국에 있는 조선인이 미국과 함께 일본에 선전포고했다. 자신도 조선 독립을 희망하고 있다"는 뜻을 말하여 정치에 관한 불온한 언사를 함으로써 치안을 방해함과 함께 전시하 육해군사(陸海軍事)에

관한 유언비어를 하고, 또한 시국에 관한 인심을 어지럽게 할 사항을 유포했다.

(2) 다음으로 1942년(昭和 17) 8월 말경 도쿄에서 귀가 중 전기 피고인의 자택에서 옛친구 광산업자 홍회식(洪澮植)에게 "루스벨트 미국 대통령은 일본이 인도나 버마를 해방한다는 뜻을 성명한 것에 대해 미국은 조선도 독립시킨다는 뜻을 방송한 것을 들었는데, 만약 대동아전쟁에서 일본이 지면, 조선은 독립할지 모른다. 이승만은 미국에서 조선독립운동을 하고 있고, 조선대통령 대우를 받고 있다. 자신도 중경이 미국에 있다면, 조선독립운동을 하고 있지 않겠는가?"라고 말하여 정치에 관한 불온한 언론을 함으로써 치안을 방해함과 함께 시국에 관한 인심을 어지럽힐 사항을 유포한 것이다. 그리고 동종의 행위는 범의(犯意) 계속에 관계하는 것이라고 하겠다.

4. 법률 적용

법에 비추어 보니, 피고인의 판시 행위 중 정치에 관한 불온한 언론을 함으로써 치안을 방해한 점은 보안법 제7조 형법 제55조에, 육군군사에 관한 조언비어(造言飛語)에 관한 점은 육군형법 제99조에, 해군군사에 관한 조언비어를 한 점은 해군형법 제100조에, 시국에 관하여 인심을 혹란할 사항을 유포한 점은 조선임시보안령 제21조, 형법 제55조에 각각 해당하는 바, 이상은 1개의 행위로 여러 개의 죄명에 저촉되는 것이므로 형법 제54조 제1항 전단(前段)을 적용하고, 보안법 제7조에 대한 조선형사령 제42조에 입각하여 그 형명(刑名)을 변경한 다음, 형법 제20조에 입각하여 가장 무거운 육군형법위반죄의 형에 따라 처단해야 하며, 그 소정의 형(刑) 중, 징역형을 선택한 형기 범위 내에서 피고인을 징역 1년에 처해야 하는 바, 피고인은 현재 완전히 민족주의적 감정을 청산하고 금후 완전한 황국신민으로서 적극적으로 국가에 봉공할 것을 굳게 기약할 뿐 아니라, 시국이 실로 중대한 시절인만큼, 피고인이 이러한 행동을 한다면, 일부 반도 청년 학생층에게 대체로 중대한 좋은 영향을 끼치게 되리라는 점, 그 외 제반 정상(情狀)에 따라 형 집행유예의 은전을 베푸는 것이 상당하다고 인정되어 형법 제25조 형사소송법 제358조 제2항에 입각하여 본 재판 확정일로부터 3년간 이 형의 집행을 유예하기로 한다.

VII

사상 탄압 그 후, 해방 공간

해제

　제7장은 그동안 한국 학계에 공개되지 않았던 해방 직후 일본인 사법관들의 상황과 그들의 회고담, 그리고 일제강점기에 전향을 거부한 이재유, 김천해 등 독립운동가의 해방 후 관련 자료를 수록했다.

　맨 처음에 소개한 글은 1978년, 일본 사법관들의 잡지인 《법조(法曹)》에 337~342호까지 5회에 걸쳐 연재된 것으로, 조선에서 경성지방법원 검사국 서기 등을 역임한 모토하시 도요하치(本橋豊八)가 해방 직후부터 12월까지 4개월간을 기록한 일기이다. 국내에는 아직 소개되지 않은 자료여서 전문(全文)을 완역하여 수록했다. 해방 직후 일제 사법관들이 하루아침에 입장이 전도된 상황에 부딪쳐 착종하던 모습이 생생하게 전달되는 자료이다. 모토하시는 이 자료를 소개하며,

> 이 글은 그 당시 경성에서 맞은 종전일부터 그해 12월 9일 도쿄 도착까지 약 4개월간의 일기를 그대로 옮긴 것이다. 이 기간에 2, 3일은 종로경찰서 유치장에서 보냈는데 그때도 호주머니에 숨겨둔 8cm 크기의 연필로 쉬지 않고 일기를 써내려갔다. 그러므로 이 내용은 어떤 과장도 꾸밈도 없는 본 대로 들은 대로 보고한 경성에서의 종전 실황이다.[1]

라고 하였다. 8월 15일 조선이 해방되었다고 해서 하루아침에 일본의 통치시스템이 무너진 것이 아니라, 점차적으로 미군정에 이양되었으며, 그 사이에 일본인 사법관들은 바로 일본으로 철수할 수 없어서 12월까지 대기하며 일본으로 철수할 방도를 모색했던 상황, 서대문형무소나 대전형무소에서 수형자의 집단 탈옥, 악명 높았던 사이가 시치로(齋賀七郞) 경부의 암살 소식, 사법관의 잇단 체포 관련 내용 등이 나타나 있다.

1　本橋豊八, 1978, 〈在鮮終戰日誌(1)〉, 《法曹》 337, 法曹會出版部, 30쪽.

제2절에서는 광복 후 조선총독부 관계자가 남긴 기록을 통해 해방 공간의 전국 상황은 어떠했는지를 알 수 있는 자료를 모았다.

1942년 강연을 통해 내선일체의 이상을 설파했던 야마나 미키오(山名酒喜男)는 1944년 비서관 겸 관방총무과장으로 임명되어 재임 중 일본 패망을 맞이하였다. 패망 직후 조선총독부 관료로서 종전 처리를 담당하고 1945년 11월 귀국했다. 귀국 후 그가 제출한 보고서를 1956년 우방협회가 『조선총독부 종정 기록(朝鮮總督府終政の記錄)』(1)으로 간행했다. 보고서 제목은 「종전 전후의 조선 사정 개요(終戰前後における朝鮮事情槪要)」(1945.12.24)이다. 이 자료에는 해방 직후 조선 전국 상황이 생생하게 묘사되어 있다. 해방 직후 각지에서 조선인의 폭행 사건이 일어났는데 그 대상은 대개 경찰 및 군면(郡面)의 관공리를 대상으로 한 것이었다. 특히 전시(戰時) 중 민중이 가장 고통으로 여긴 노무와 식량 공출을 담당했던 관리들이 주로 공격당했다. 이는 일제강점기 통치에 대한 반작용을 여실히 보여 주는 대목이다. 이 자료에는 1945년 9월 이후 경성보호관찰소장 나가사키 유조, 경성형무소장이었던 와타나베 유타카, 대구복심법원 검사장 고이 세쓰조 등 일본인 관공리와 유력자가 체포되는 상황, 미군정의 지시에 따라 정부의 주요한 기록과 문서가 소각 금지되는 정황도 나타나고 있다. 그러나 이미 8월 15일 직후부터 각 관공서에서 제일 먼저 한 일이 문서 소각이었다는 것도 드러나고 있다.

또한 『조선 종전의 기록(朝鮮終戰の記錄)』 자료편에 수록된 해방 직후 각 도의 보고서를 토대로 정리한 부분을 번역하여 소개했다. 이 자료집은 재조일본인으로서 해방 후 경성 일본인세화회(日本人世話會)에서 일했던 모리타 후사오(森田芳夫)가 펴낸 것이다. 그는 1946년에 일본으로 귀국 후에도 1949년 일본 인양원호청 임시직원, 1950년 일본 외무성 인양과 조사원으로 근무하며 8년간 구술을 녹음하며 메모한 자료를 모아두었다고 한다.[2] 이 자료들은

---

2 森田芳夫, 『朝鮮終戰の記錄』 (資料編第一卷 日本統治の終焉) 巖南堂書店, 1~2쪽.

당시 후생성에 제출하여 『인양원호의 기록(引揚援護の記錄)』의 기초자료가 되었고 외무성에서는 미귀국자나 사망자 조사의 기초자료로 활용했다고 한다. 이 자료집 제1권은 관청과 군의 기록, 총독부 관직 역임자의 글을 모은 것이다. 이 장에서는 모리타가 1950년에 일본에서 인터뷰한 자료 중 조선 각지 도지사나 경찰부장 등 고위층의 해방 직후 모습을 술회한 부분을 모아 번역했다. 소련이 진주하게 된 북한과 미국이 진주하게 된 남한의 상황, 조만식과 여운형 등 민족지도자들이 추대되는 상황에 대한 보고, 일왕의 항복 방송에 대한 소회, 친일인사의 황망해하던 모습 등에 대해서도 기록되어 있다.

또 일제강점기 사상검사로 이름을 날렸던 이토 노리오(伊藤憲郎)의 글 〈조선의 사람들〉(《조선연구》 52호, 1950.9)은 부산에서 귀국선을 타고 일본으로 향하면서 "그때 나는 마음속 몰래 두 번 다시 조선의 산천도 조선의 그 누구도 만나지 않겠다고 생각하고, 솔직히 말하면 조선-조선인…이라는 문제조차도 연을 끊겠다"라고 결심했던 일화가 적혀 있다.

제3절에서는 일제강점기 인권변호사로서 박열·가네코 후미코 사건 및 조선공산당 사건 등을 변호하여 식민지 조선 민중의 큰 사랑을 받았던 후세 다쓰지(布施辰治)가 종전 감사 국민대회에서 발표한 '일본의 전쟁 책임 촉구 선언'을 비롯하여 그가 해방 후 저술한 『운명의 승리자 박열』의 서문을 번역하여 소개했다. 여기에는 후세가 공저자로서 장상중(張祥重)과 정태성(鄭泰成)의 이름을 올려 일본제국주의와 함께 투쟁한 동지로서의 우정을 기억하고자 한 일화도 들어 있다.

해방되자 그동안 말하지 못했던 일화가 다수 잡지에 수록되는 모습이 나타난다. 후세 다쓰지와 더불어 인권변호사로서 조선과 인연을 맺은 변호사 야마자키 게사야(山崎今朝彌)의 글 〈실화 대역 사건 3대기(實說 大逆事件三代記)〉(《眞相》 6, 東京, 人民社, 1946)도 그중 하나다. 또한 야마자키 게사야와 더불어 인권변호사로 제2차 조선공산당 사건을 변호했던 후루야 사다오(古屋貞雄)의 권오설 관련 일화 소개, 이재유를 집안 마루 아래에 숨겨준 경성제대 교수 출신 미야케 시카노스케(三宅鹿之助)의 회고 내용도 있다. 후루야의 회고에는 권오술이 법정에서 재판장을 오히려 재판했던 일화를 소개하여, 역사의 뒤안에 숨겨진 이야기를 흥미롭게 전해 준다.

제4절에는 일제강점기 사상 사건의 관계자로서 누구보다도 해방의 감격을 느꼈을 세 명에 대한 자료를 모았다. 첫 번째 자료는 해방 후 도요타마형무소에서 출옥한 김천해(金天海)의 감상을 전한 〈4·17기념일, 피어린 발자국을 회고〉(《大衆新報》 1947.4.17)이다. 김천해는 강원도 울진 출신으로 1920년대 이후 일본에서 활동한 독립운동가이다. 조선공산당 일본총국 책임비서로 활동 중 1928년 제2차 일본공산당 사건에 연루되어 검거되었다. 아키타(秋田)형무소 수감 중에 일제당국이 사노, 나베야마의 전향서를 보여 주며 전향을 권고했으나, 전향을 거부했다. 출옥 후 《조선신문》 발간 활동으로 1936년에 다시 체포되어 미결구류 16개월이 지나 4년형을 선고받고 복역했으나, 1941년 개정치안유지법 성립과 함께 예방구금소관제가 공포되면서 석방되지 못하였다. 그는 이어 도요타마(豊多摩) 예방구금소로 이송되었으며 이곳에서 해방을 맞이했다.[3] 《대중신보》 기자에 답변하기를 "조선은 반드시 독립될 줄 알았다"고 말했다. 온갖 고난 속에서도 끝까지 신념을 굽히지 않은 그의 발언이기에 더욱 묵직하게 다가온다. 아울러 그를 통하여 파란만장한 일제강점기 독립운동가의 고난의 역사도 고스란히 묻어난다.

일제강점기 내내 사상 사건 변호사로 노고를 마다하지 않았던 김병로, 이인 변호사와 관련된 기사로, 주요한이 저술한 〈칼럼/논단 가인(街人) 김병로(金炳魯) 선생의 추억〉(《경향신문》 1964.1.17)과 〈기획연재 내가 겪은 20세기(二十世紀)-제자(題字)·애산(愛山) 이인(李仁) 씨〉(《경향신문》 1972.1.22)를 소개했다.

---

[3] 이에 대해서는 樋口雄一, 2014, 『金天海-在日朝鮮人社會運動家の生涯』, 社會評論社 참조.

제7장은 일제침탈사 자료총서로 기획된 사상통제(3)의 결론에 해당하는 부분이라고 할 수 있다. 그런 점에서 해방 공간에서 일제 사법당국의 상황이 어떠했는지를 알 수 있는 자료 수집이 중요하다고 보았다. 마침, 최근에 시작된 일본국회도서관 웹 원문자료 제공에 힘입어 이 장에서 소개한 새로운 자료를 다수 찾을 수 있었던 점은 작은 성과가 아닐까 한다.

35년간 집요하고 혹독했던 일제 사상 탄압이 일제 측의 입장에서 아무런 성과를 거두지 못했다는 것을 해방 공간의 역사상(歷史像)은 여실히 보여 주고 있다. 역사가 어떤 결과를 드러냈을 때, 후대 사람들은 '사필귀정'이라는둥, '역사의 순리'라는둥의 이야기를 한다. 그러나 일제강점하에서 사상 탄압이 날로 강도를 더해 가고 있을 때 대부분의 사람들은 일제 권력에 타협하고 총칼 앞에 숨죽이며, 일제강점이 영속할 것이며, '사필귀정'이란 현실에서는 일어나지 않는다고 포기하고 있었다. 그럼에도 불구하고 같은 상황 속에서, 끝까지 일제에 타협하지 않고, 일제에 저항하며 자신의 신념을 관철했던 독립운동가들이 존재했기 때문에 '사필귀정'의 역사적 실재를 이야기할 수 있게 되었다.

그러나 한국의 역사는 해방을 맞이했음에도 해피엔딩과 희망에 찬 '새 출발'이 되지 못하고, 잠시 숨을 고르고는, 다시 험난하고 혼돈의 역사적 과정을 걸어야 했다. 해방이 독립운동가에게 영광이 되지 못했고, 일제 잔재를 청산하려는 반민특위의 활동은 흐지부지되었다. 종식되어야 할 일제강점기의 사법 시스템과 이를 운용한 인적 기반은 그대로 계승되었다. 그래서 여전히 우리는 일제 잔재 미청산의 현실에 놓여 있다는 사실을 자각하게 되고, 이를 정리·해결하는 것이 이 시대를 살아가는 우리들의 과제임도 아울러 깨닫게 된다.

윤소영

1. 모토하시 도요하치의 《종전일지(終戰日誌)》

〈자료 125〉 모토하시 도요하치(本橋豊八), 재선종전일지(1)

[本橋豊八, 1978, 〈在鮮終戰日誌(1)〉,《法曹》No.337, 法曹會出版部, 30~35쪽]

머리말

이 글은 당시 경성에서 맞은 종전일부터 그해 12월 9일 도쿄 도착까지 약 4개월간의 일기를 그대로 옮긴 것이다. 이 기간에 2, 3일은 종로경찰서 유치장에서 보냈는데 그때도 호주머니에 숨겨둔 8cm 크기의 연필로 쉬지 않고 일기를 써내려갔다. 그러므로 이 내용은 어떤 과장도 꾸밈도 없는 본 대로 들은 대로 보고한 경성에서의 종전 실황이다(한자, 가나표기 등은 원문을 따랐으므로 신, 구 표기가 혼재되어 있다).

경성에 머문 기간은 태평양전쟁에서 일본군 옥쇄철수(玉碎撤收)의 연속이 시작된 1943년(昭和 18) 10월 초순부터 약 2년간인데, 그동안 신세를 진 사람은 헤아릴 수 없고 도움을 준 사람도 꽤 있었다. 지금 그들을 생각하면 호불호나 선악을 떠나 그저 만나보고 싶을 따름이다. 그 후 삼십여 년이 지났으니 이미 흙이 된 사람도 있을 터인데 흙이라도 좋으니 만나서 쌓인 이야기를 나누고 싶다.

그런데 만약 만나게 된다면 무슨 얘기부터 시작해야 할까. "지구는 인구가 늘어 참 살기 힘들어졌어. 어딘가는 전쟁을 하고 있고 공해라는 문제도 생겼어. 힘들기는 했지만 그땐 체온이 전해질 정도로 가까이에서 같은 공기를 맡았지…"라고 감개무량하게 여기며 이야기를 시작해 볼까. 그러면 흙은 뭐라고 대답할까. "뭐, 이 몸은 흙이 되어 버렸으니 아무 상관이 없지. 그렇지만 이렇게 봐도 분명 지구가 이상하기는 해. 과학이 발달해서 달에 가느니 화성이 어떠니 하는데 나라의 정치와 국가 간에는 조금도 진전이 없는 것 같군. 비밀인데 이쪽은 지금 지나치게 아이가 울거나 하면 그렇게 울면 당장 사람 사는 지구로 보내 버릴 거야 하고 으름장을 놓지. 그럼 대체로 아이들은 무서워하며 입을 다물거든"이라는 말을 들을 것 같다.

관계 기관의 이름은 각각 다음의 약칭을 사용했다.

고등법원: 고등

동 검사국: 고검

복심법원: 복심

동 검사국: 복검

지방법원: 지방

동 검사국: 지검(地檢)

지청: 지청

동 검사분국: 지검(支檢)

8월 15일 [1945년(昭和 10)]

8월 13일 낮 요네하라(米原先) 차석검사[경성지검(地檢)] 장남이 경성대 수영장에서 익사하여 이날 밤 유지들이 장례식에 모여 철야를 했다. 호탕한 차석의 어깨가 처져 있는 모습이 차마 보기 힘들었다.

한숨도 못 잔 채 14일 아침이 되었고, 그날도 잡무에 쫓기다 밤 11시쯤 잠시 잠이 들었는데 오전 0시 미즈노(水野重功) 검사장(고검)에게 전화를 받았다. "급한 용무가 있으니 가네모리 후지(金森富士) 군(경성복검 서기장)을 데리고 곧바로 집으로 오라"고 한다. 지난달 수인 파옥(破獄) 살상사건이 있었는데 이에 준하는 대사건이 일어난 것임에 틀림없다고 보고 허둥지둥 이웃에 사는 가네모리 씨와 함께 달려갔다. 댁에는 이미 하야타(早田) 법무국장, 후쿠다(福田) 검사장(경성복검), 모리우라(森浦藤郎) 검사정(경성지검), 무라타(村田左文) 검사(고검), 구로세(黑瀨正三郞) 차석검사(경성복검), 아사오(淺生平次郎) 서기장(고검)이 모여 있었고, '15일 정오 종전 발표가 있음'을 알고 크게 놀랐다.

이와 관련해서 검찰당국의 태도 방침 등을 논의하고 1시간 남짓 회의를 한 결과는 다음과 같다.

1. 모든 정치범 경제사범의 즉각 석방
2. 동종 범죄의 향후 검거 중지

이상이 결정되었고 초안을 만들어 하야타(早田) 법무국장이 엔도(遠藤) 정무총감 댁을 방문하여 승낙을 얻고 돌아왔다. 명령을 받은 세 명의 서기장이 곧바로 약부(略符)로 번역하여 작성한 후 15일 이른 아침, 전도(全道)로 발신했다. 아침 7시였다.

당연히 종전 발표에 따른 민심 동향, 치안 변화, 연합군 진주의 시기 및 대응방식 등이 화제에 올랐는데 대체적인 예상은 다음과 같다.

1. 첫날, 둘째 날 중에 미국과 소련 양쪽 혼성군이 진주할 것이다.
2. 종전 발표와 동시에 과거의 '만세사건'(주)과 같은 불상사가 발생할 것이다.
3. 일본인은 자기 몸 하나에 일가족이 무사히 본토에 도달할 수 있다면 다행일 것이다.

이상이 전원이 일치한 추론이었다.

일찍 등청하여 곧장 책상, 서랍, 서가 등을 정리하고 서류를 필요, 불필요, 파기로 구분하여 순위를 매기고 메모를 해둔다. 전 직원에게 "오늘 정오 중대발표가 있으니 전원 라디오 앞에 모여 듣도록" 지시했다.

정오 방송은 처음에 잡음이 많아서 겨우 취지를 알 수 있을 정도였는데 방송이 끝나자 금방 청 내는 어수선해지고 안절부절못하는 상황이 되었다. 서기과의 분위기를 안정시키려고 검사정에게 '직원이 나아갈 방향'이라는 훈화를 부탁했지만 이 역시 거의 형식적인 말로 끝났다. 게다가 실무에 관한 언급이 없었기 때문에 내가 이어서 다음과 같은 사항을 첨부했다.

1. 경찰 송치사건은 기존과 같이 수리한다.
2. 징수 관계는 적극적인 호출을 하지 않고 지참해서 찾아온 경우만 기존과 같이 대응한다.
3. 담당보관 기록, 서류, 물건 등은 각 담당이 분실하지 않도록 책임지고 정리하여 일괄 보관하고, 언제든 제시해서 설명할 수 있도록 해 둔다.
4. 기타 사무 취급 시 의문이 있는 경우에는 반드시 상사의 지시를 얻어 처리한다.

그리고 "일본이 패전하고 10년, 20년이 지난 후에 아, 옛날이 좋았다고 생각하지 않도록 진심으로 여러분을 위해 기도하겠노라"라고 말을 맺었다.

서기과에서는 당장 조선인 측 직원이 방에 모여 조선인으로서 향후의 대응방식, 방침 등을 정하고 서기 후지무라(藤村寬一)(조선전문학교 출신)를 서기장으로 하고 싶다는 의사를 표시하였기에 임명권 문제가 있었지만 일단 내 나름대로 정리해 둔 인사 기밀문서를 오후에 인계하기로 했다.

직원 중에는 내일 있을지도 모르는 나와의 갑작스러운 이별을 슬퍼하는 이가 꽤 있었다. 그들은 하급직원 또는 여자가 많았고 여러 명의 직원은 복도에서 울고 있었다. 특히 소리를 내어 우는 아라키(新木)라는 직원(조선인)을 하야시(林) 직원이 달래고 있던 것이 강하게 인상에 남았다.

같은 날 낮 시 일각에서 '만세, 만세' 하는 소리가 들리고 점차 커지다가 마침내 '만세' 소리는 전 경성부를 감싸게 되었다. 2, 3시 즈음에는 조선인 관공서 공무원을 중심으로 '종전행진'이 경성부 내에서 일어났다. 이것은 일장기를 개조하여 임시로 만든 한국 깃발을 들고 하는 행진인데 숫자가 점차 많아졌다. 일본인 측은 불안해지자 대부분 귀중품을 챙기고 신변을 정리하여 언제든 탈출 및 도망칠 수 있도록 했다. 그러나 아무도 탈출할 목적지가 있는 사람은 없었다.

오후 6시 총독부에서 전화로 전 직원에게 50할의 임시상여를 지급하라는 지시가 있었기에 다시 등청해서 남아 있던 후지무라 씨에게 그 내용을 전달하고 돌아왔다.

오후 9시 조장[도나리구미(隣組)[4]]에게 "조선인들이 일본인 거리를 습격할 우려가 있다. 시급히 배재중학교로 피난하라"는 연락이 있었고, 일본인은 맨몸으로 당시 병사로 쓰이던 교정에 모여 책상 위에 등걸잠을 자게 되었다. 일부 남자들로 순찰대를 꾸려 두 명씩 한 조로 1시간 교대해 가며 비어 있는 일본인 주택가를 순회하기로 했다.

거리에는 칼을 빼어든 일본군이 10명, 15명 씩 부대를 이루어 시가를 행진하며 순찰하고 있었다.

밤이 되자 '만세' 소리도 그치고 아무것도 깔지 않은 책상 위에서 한숨도 못 잔 채 밤을 새웠다. 빈 집이 걱정되어 오전 4시 즈음 말을 하고 집으로 돌아왔다.

---

4 제2차세계대전 당시 일본 및 식민지에 국민을 통제하기 위해서 만들어진 최말단의 지역조직. 町內會·部落會 밑에 속하고 주변 몇 집이 한 단위가 되어 호조, 자경, 배급 등의 일을 맡았다. 1947년에 폐지됨.

당일 경성지검 직원은 검사정 이하 검사 13명(이 중 조선인 5명), 서기장, 겸무(兼務)와 응소(應召)로 인한 휴직자를 포함하여 서기 41명(이 중 조선인 25명), 고용인 20명(이 중 조선인 18명), 급사 5명(조선인 5명), 그 밖에 개성, 여주, 수원, 인천, 춘천, 철원, 원주(支廳)를 관할하고 여기에 검사 이하 60명 정도가 근무하고 있었다.

> (주) 만세사건(3·1독립운동) 1919년(大正 8) 고종 장례식이 거행되자 조선의 독립을 선언하고 독립만세를 외치며 행진함으로써 그것이 전국으로 확산한 사건. 폭동에 가담한 인원은 총독 발표에서는 4월 말까지 587,691명, 사망 7,909명, 부상 15,961명이고, 다른 곳에서는 참가 136만 명 혹은 200만 명, 연인원 2,000만 명이라고도 한다.

8월 16일

평상시와 같이 출근했다. 저금 인출 금지가 있을 것 같으니 검사정에게 상의해서 보관 중인 경성보호위원회의 예금 약 2만 엔과 경제사정연구회의 예금을 약간 지출 받아서 내선의 전 직원에게 인원수대로 할당하여 지급했다.

8월 17일

지난밤 서대문 형무소 수인 500명이 탈옥했다. 수인을 석방한다는 소문을 듣고 가족들이 형무소 문 앞에 모여 내부 수인들과 소통하면서 거의 무방비 상태에 놓인 각 형무소에서 탈옥했다는 것이다.

종전을 발표한 지 이틀째, 이미 각종 유명무명의 정당들이 난립하고 정계는 혼돈의 도를 더해갔다. 법무 관계의 요직에 앉을 작정이던 청의 직원들은 점차 기대가 부풀어 올라 법무의 요직에서 이제는 중앙에 진출해 국무를 맡으려는 방향으로 확대되었다. 정치단체와 신국가의 형체, 인물들에 관심을 가지게 되자 청 내에서는 격론 끝에 전원이 다음과 같은 결의를 내렸다.

고등법원 검사장 가네무라(金村良平)(경성지검 검사)

　　동 차석검사 이와무라(岩村重雄)(동 청 서기전문학교 출신)

　　동 삼석검사 구니모토(國本安雄)(동 청 촉탁)

　　경성복심법원 검사장 나가오카(長岡弘純)[동 청 서기 고문(高文) 합격자]

　　동 차석검사 가네미야(金宮德文)[동 고전(高專) 졸업]

　　동 삼석검사 도쿠하라(德原吉)(동 서기)

　　경성지방법원 검사정 마에다(前田某)(동 청 예비검사)

　　동 차석검사 민병성(閔丙晟)(경성복검 검사)

　　동 삼석검사 히라야마(平山) 시보(試補)(경성지검 시보 도쿄대 졸업)

　　동 사석검사 도쿠야마(德山高史)[동 서기 고문(高文) 합격자]

이상(전원 조선인)과 같은데, 다만 민병성 한 사람의 지위가 하락한 것이 눈에 띈다.

애초 우려한 바와 같은 집단적인 봉기는 보고되지 않았는데, 매일 밤 약간의 구타폭행 사건, 한두 건의 발포 사건이 있었으며 일본 헌병의 경계가 매우 엄중했다.

8월 18일

아침 일찍 희락관(극장)에 하야부사(隼) 전투기가 한 대 추락하여 극장이 전소했다. 사고가 아니라 고의로 일어난 자폭이라는 추측이 우세했다.

오전 중에 처음으로 성조기가 그려진 비행기가 날고 비로소 절실하게 "패전의 결과 이곳은 이국이 되었구나" 실감이 들었다.

23일 제1차 일본행 배편이 뜬다는 소식에 사람들은 돌아가야 할지 남아야 할지 혼란스러워했다. 치안을 전망하기 어렵고 재산이 어떻게 될지 몰랐기 때문이다.

제안이 있어서 일단 넘겨준 서기장 자리가 다시 돌아왔다. 이유는 집무 능력의 문제도 있겠지만 그보다 지금은 제삼자적인 위치에 있다가 정치정세의 변화를 지켜본 후 기회를 틈타 편승할 시기를 기다리기로 생각을 고쳐먹은 모양이다. 인계받는다고 해도 아무런 이득이 없고 그저 책임지게 될 뿐임을 깨달은 듯하다. 다만 돌려받은 증거, 물건, 약품 중에 이미 여러 점이 부족하거나 불명확한 물건이 있었다.

오후 4시 퇴청하기 전에 국기와 칙어, 그리고 이미 누군가가 치워서 파손한 재판소 문장을 청사 앞마당에서 소각했다. 여섯 장관과 여섯 서기장 외에 고등법원의 야마모토(山本), 스에마쓰(末松) 두 여성이 함께했고 역시 여자들은 거듭 눈물을 훔쳤다.

유형무형의 정치단체가 점점 우후죽순처럼 출현하고 정치책임자로 여운형, 김일성, 이승만, 김구 등의 이름이 많은 사람의 입에 오르내렸다.

8월 19일

경성의 관찰소가 여운형에게 수십만 엔의 군자금을 건네 조선인 좌익계 학생층의 선무(宣撫)를 부탁했다는 풍문이 떠돌았다.

오후 여주 지검의 가네코(金子憲)(감독서기) 부인이 찾아왔다. 이 지역에서 주민이 면장(조선인) 집에 방화를 하고 지금도 인근 가옥들이 불타고 있다. 일본인은 제정신이 아니고 삼삼오오 경성 방면으로 귀환하고 있다고 한다.

23일의 귀환선은 선박 배정 사정으로 인해 중지되었다. "일본인은 침착하게 대기하라"라는 라디오방송이 있었지만 아울러 치안 악화를 증명이라도 하듯 언제나 조선인 측의 봉기, 습격설을 덧붙였고 일본인들은 신변정리를 하느라 정신이 없었다.

한편 조선 주둔 일본군은 타격이 없었기 때문에 점차 강경론으로 기울어 미국 소련과 일전을 불사함으로써 옥쇄(玉碎)하기로 결정했다는 설도 있었다.

8월 20일

14일 이후 처음으로 잠을 좀 잤다. 미국 비행기가 하늘에서 민심 안정의 삐라를 뿌렸다.

오후 검사정이 직원 일동에게 "어떤 지시가 있을 때까지 냉정하게 평소대로 집무를 하도록"이라는 훈시를 내렸지만, 대부분의 직원들은 출근하지 않고 우왕좌왕하며 정치정세의 파악과 오로지 시류 편승을 생각하는 듯이 보였다.

15일 시행한 조선변호사 시험은 수험자 전원을 합격으로 결정했다고 하고 재야법조단이 이들을 포함하는 회의를 열어 "사법부는 우리 법조단이 담당한다. 안심하라"는 건백서를 법무부에 제출했다. 이승만이 세웠다는 조선임시정부의 귀국 소식이 전해지자 새롭게 '임시정부 환영준비위원회'가 생겼다.

8월 21일

경성헌병대와 트럭 준비에 여념이 없었다.

우에노(上野義淸) 씨(청진지방원장), 쓰지우치(辻內義隆)(청진지검 검사) 씨를 포함한 청진의 사법부 직원 30~40명이 우에노 씨의 이전 부임청인 경성소년심판소를 의지하여 피난해 왔다. 우에노 씨는 이전에 애국반원이고 쓰지우치 씨는 최근 관내 원주지청에서 온 전출자이다.

쓰지우치 씨는 임신 중인 아내, 젖먹이, 그 밖에 두 아이를 데리고 있었고, 손에 든 약간의 짐과 부인의 맨발이 애처롭게 느껴졌다. 가네모리(金森) 서기장과 술과 안주를 지참하고 그를 초대해 종전 이후 소련군에 쫓기며 방황하고 유랑한 이야기를 들었다.

8월 22일

뚝섬(纛島)에서 대피 화물이 도착했고 이것을 배송하느라 정신이 없었다.

8월 23일

'조선건국단'이 화신(和信)(백화점) 3층에 생겼다. 김성수, 송진우, 김구 등이 주역으로 활약한다고 하고 김구가 대통령, 이승만이 총리대신, 김일성이 육군대신, 여운형이 외무대신에 내정되었다는 항간의 소문도 들렸다.

오무라(大村太基)(경성지검 서기)의 퇴직 문제로 알게 된 야기(八木正明)는 부하 230명을 거느린 '조선의용정신대'가 평가받아 경성의 치안을 맡게 되었다고 한다. 극우의 안재홍은 '건국동지회', 또는 '대한민주당'을 이끌고 여운형 밑에 들어가 새롭게 '조선건국본부 부위원장'이 되었다고 한다. 종전 직후 형무소에서 석방된 치안유지법 위반자들은 길에서 열광적인 환영을 받고 집회를 열었으며 최근 장안빌딩에 '공산당동지회'를 창설했다. 이 극좌정치단체가 일본계 요인암살을 모의하고 있다는 소문이 자자했다. 또 여운형은 총독부에서 4백만 엔의 활동자금을 받았다는 항간의 소문도 돌았다.

8월 24일

미군이 인천에 상륙했다는 라디오방송이 있고 갑자기 민심이 동요했다. 저녁나절 나가오카(長岡弘純) 서기가 찾아와 잡담을 하고 돌아갔다. 일반적으로 일본인에게 식량을 팔지 않게 될 것이므로 자신이 어떻게든 식량 보급만큼은 계속될 수 있도록 하겠다는 것이 얘기의 골자였다. 고마운 말이었지만 그 말을 그대로 믿고만 있을 수 없다는 점이 그에게는 있었다. 그러나 배급의 정체는 현실문제로 나타나고 있었고 일본인에 대한 집단적인 약탈이 자주 일어나고 있다. 가지고 도망칠 목적지가 있는 것도 아니건만 짐가방 두 개를 챙겨 마루 밑에 숨겨두었다.

8월 25일

다음 날 26일 드디어 미군이 진주한다고 한다. 민중의 열광으로 인해 치안은 내일, 모레 정도가 고비가 될 것이라는 시각이 우세했다.
니시(西眞金) 군과 처자, 야나기다(柳田昭隆), 사카구치(坂口昻雄) 군을 포함한 제1차 귀환가족 20명이 경성을 출발했다. 반도(坂東義局) 군(이상은 전부 경성지검 서기)도 함께였는데 역에서 짐 접수를 거절당했다며 되돌아왔다. 수화물은 한 사람에 두 개까지라고 한다.
밤에 다시 나가오카 군(서기)이 와서 정치정세와 만일의 경우를 위한 피난처, 그리고 식량 입수 방법에 대해 이야기를 나누고 돌아갔다. (계속)

(특별회원)

〈자료 126〉 모토하시 도요하치(本橋豊八), 재선종전일지(2)

[本橋豊八, 1979, 〈在鮮終戰日誌(2)〉, 《法曹》 No.339, 法曹會出版部, 38~44쪽]

8월 26일

　미군 진주는 결국 데마에 불과했고 정세는 혼란스럽기만 했다. 여전히 일본인을 괴롭히고 배척하는 내용의 삐라가 곳곳에 붙어 있었고, 짐을 분리해서 상자에 넣거나 다시 쌓거나 하였다.
　춘천(지검)에서 구니모토(國本) 촉탁(조선인)이 찾아와 경성 전근을 희망한다고 신청했는데 지금 자신에게 그런 권한이 있는지 모르겠다고 거절했다.
　대전지검의 다우에 데루히코(田上輝彦) 차석검사가 중앙의 정세 청취를 위해 찾아왔다. 대전형무소에서는 17일 오후 7시 수인 천여 명이 문을 부수고 사다리를 꺼내 탈옥을 기도했는데 결국 군대가 출동을 요청받고 발포함으로써 두세 명의 사상자를 내고 저지되었다고 한다. 수인 탈옥은 당시 전 조선에서 일어나 광주형무소에서는 162명, 서대문형무소에서는 거의 전원이 파옥하여 탈출했다고 한다.
　소련 진주 아래 남선(南鮮)으로 탈출한 피난민들을 통해 북선(北鮮)의 정세도 차츰 알게 되었다. 이 지방에서는 소련군을 선구로 하는 극좌 공산당계 조선인들이 유산계급, 일본인과 조선인 공직자, 그리고 일본인에 대한 약탈과 박해를 비롯하여 재산몰수, 부녀에 대한 폭행, 배일가두연설 등을 행하며 잔학함이 이를 데 없으며, 일본인들은 남녀로 나뉘어 국민학교 등에 억류되어 있다고 한다.

8월 27일

　소련이 원산에서 평양으로 진주한다는 공보가 있었다. 종전의 혼란을 틈타 가네모토(金本高明)(보호관찰소 직원, 조선인)가 관찰소에서 운반해 간 보호위원회 관계의 잡화가 반환되었다.

8월 28일

잡화를 팔았다. 치안이 악화되자 오히려 미군의 조기 진주를 바라는 목소리가 높아졌다. B23 여러 대가 치안과 관련한 삐라를 뿌리고 사라졌다.

직원들은 거의 출근하지 않고 겨우 정도(丁道), 이야마(伊山), 구니모토(國本) 등의 직원(조선인)만 등청해서 당면한 사무를 처리하고 있다.

배급은 거의 중지되었고 경성부 내의 쌀도 수일 내에 동이 날 것이라고 한다. 다른 루트로 건빵 두 봉지 배급이 있었다.

경성의 검사 중에 이번 혼란을 틈타 백만 엔을 벌어들인 자가 있다는 소문을 들었다. 누군지는 알 수 없다.

8월 29일

일본인 직원들은 경제검사실에 모여 정보 교환을 하는 것이 상례가 되었다.

종전 후 처음으로 본정통(本町通), 남대문 등의 번화가를 걸어 보았다. 부 내의 곳곳에 은닉물자의 암시장이 섰다. 필요한 물건은 무엇이든 있었다. 쌀 한 가마니 1,300엔, 작업화 한 켤레 40엔, 설탕 한 근 43엔이다.

통조림 2개 특별배급이 있었다.

8월 30일

일촉즉발이라 할 느낌의 치안에 대한 악선전은 끊이지 않았다.

한편 미군포로수용소에 낙하산으로 물자를 투하하는 것이 멀리 보였다. 빨강, 파랑, 하얀색 등 색색의 수십 대 비행기에 의해 하늘을 덮을 정도의 화려한 물자가 투하되는 것을 홀린 듯 바라보았다. 상상을 초월하는 물량의 차이를 보란 듯이 드러내 주었다.

8월 31일

하시다(橋田政雄) 검사는 철원(북선)에서 탈출했다. 이 지역 관공서 직원들이 일본계 관리라는 이유만으로 일반인, 특히 지역 보안대의 박해를 받음으로써 남자들은 가까스로 도망치고 지붕 밑에 숨어 있던 부녀자들은 늦은 밤을 틈타 삼삼오오 도망치고 있다고 한다.

9월 1일

'조선건국준비위원회'는 미국의 정치 의도에 반한다는 이유로 해소 명령을 받고 따로 '연합군환영준비위원회'가 발족하게 되었다. 위원장에 천도교 권동진(權東鎭), 부위원장에 김성수를 앉혔다.
B29가 또 삐라를 뿌리는데 내용이 매우 온건하고 전혀 이상한 구석이 없다.
오무라(大村太基)(경성지검 서기)와 가네모토(金本高明)(경성보호관찰소 직원·조선인)가 내방하였고 경성부 구구(久具) 사무관도 사무적인 일로 찾아왔다.

9월 2일

검사정은 등청하지 않고 약탈설은 끊이지 않는다.
가나모리(金森孝彬)(조선인) 고용인과 최근 제주도에서 도망해 온 기요하라(淸原勝雄)(조선인) 서기에게 부탁해서 짐 세 개를 가네무라(金村) 상점 창고로 옮겼다.
가시마 구미(加島組: 운수·토건)의 심복 다루마쓰(樽松) 씨가 와서 가네모토(金本高明)가 돌려준 위원회의 잡화를 반출했다. 이것은 검사실 일부를 떼어 보관해 둔 송치사건의 증거물건이었는데 연달아 도난을 당했기 때문에 궁여지책으로 이관해 둔 것이다.
춘천구위원회의 야시마(矢島) 촉탁(조선인)은 구니모토(國本) 서기(춘천지검)가 흰쌀을 맡겼다고 찾아왔다. 수일 전에 소련군 30명 정도가 춘천에 왔는데 지역민들이 여기는 38도선 이남이라고 하니 철수했다고 한다.
마쓰에(松江), 이야마(伊山) 외 한두 명(조선인)이 임관을 희망한다고 했지만 대응하지 않았다.

사무인계를 위한 서류를 작성했다.

9월 4일

처음으로 미군 선발대 군인 14명 정도가 경성에 당도했다.

저녁 즈음 중경(重慶)에 있다는 한국임시정부 명의의 격정적인 라디오방송이 나왔고 매일 밤 총성과 함께 재경일본인을 불안하게 만들었다.

작업화 25엔, 설탕 한 근 15엔, 쌀 한 가마니 320엔, 달걀 한 개는 2엔 50전까지 떨어졌다. 조선은 근래 없던 쌀 풍작으로 총 수량 2,500만 석이다. 500만 석은 남는다고 한다.

9월 5일

오전 중에 집으로 다루마쓰(樽松) 씨가 찾아와 위원회의 자전거를 반출했다. 도쿠나가(德永要) 씨[전(前) 인조(隣組) 회원 다카하시(高橋) 씨의 여조카 경성부 소속]가 제대해서 귀국하게 되었다고 들었다.

니시(西) 군(경성지검 서기)의 숙소 '은월장(銀月莊)'은 Ⅰ검사(경성지검) 등에 의한 아편 은닉 혐의로 헌병경찰이 가택 수택을 했다고 한다.

수원지검 미야자키(宮崎忠義) 검사가 치안이 악화된 여주에서 찾아와 하루를 머물렀다.

9월 6일

수명의 소련군이 의정부로 와서 일본인 전원은 두 시간 내로 지역에서 철수하라는 명령을 내렸기에 이 지역의 등기소 주임이 단신으로 경성에 귀환했다. 여주에서는 민중의 반감이 처음에는 군수(조선인)를 향하다가 점차 일본인, 조선인을 불문하고 경찰 등의 관공서 관리를 향하게 되었다. 군수가 벌거벗은 채 구타당해 빈사의 중상을 입었고, 읍장(조선인), 경찰서장 및 이하 일개 순사에 이르기까지 가옥을 파손당하거나 방화, 약탈 등을 당하였다고 한다.

Ⅰ검사(경성지검)의 아편 사건은 해군 무관부를 중심으로 일본인이 향후의 대륙활동 자금

을 마련하기 위해 전매국에서 수백만 엔어치의 아편을 반출하여 은닉했다고 하는데 진위는 알 수 없다.

다루마쓰 씨가 인천에서 불하(拂下)된 작업복을 옮기던 중 지방 치안대에 압류당해 차를 내버리고 도망쳤다기에 경제 담당 쪽으로 넘겼다. 치안대라는 이들의 집단적 횡포가 일본, 조선을 불문하고 이루어져 조선 측에서도 곤란한 모양이었다.

보안대라는 이들도 있어서 나무총에 검을 붙여 곳곳을 지키며 검문하고 통행인에게 금품을 뺏는다고 한다.

9월 7일

일본에서는 임시의회를 열어 처음으로 전쟁 경과를 공표하였다고 한다. 실상을 알게 된 우리는 그저 기가 막혀서 할 말이 없었다. 어제까지 전쟁은 이기고 있었다. "히로시마(廣島)에 신형폭탄이 떨어져 약간 피해를 입었다"는 것이 당시 신문이 쓴 두세 줄의 기사였다.

명륜정(明倫町),[5] 신정(新町)에서 이른 아침부터 살인사건이 일어났다. 전자는 보안대원이 화물자동차를 불러 세웠는데 돌연 탑승자가 저격당했다는 사건이고, 후자는 한 일본인이 조선인의 태도에 격앙하여 찔러 살해했다는 사건이다. 살상사건은 연일 각지에서 일어났지만 전혀 손을 대지 못한 채 방치되고 있었다.

종전 직후 경성형무소에서 634명의 형 집행정지 석방이 있었는데, 그 범위와 절차에 검사와 형무소 사이에 서명 가부를 둘러싼 견해차가 있어서 격론이 일었다고 한다.

자포자기에 가까운 검사들이 이따금 '환은(丸銀)' 근처에서 먹고 마시고 있었다. 조선인 직원들은 전혀 출근을 하지 않는다. 사무는 거의 일본인 직원들이 메우고 있다.

저녁나절 술 취한 가네다(金田圭弘) 고용인이 찾아와 임관시켜 달라고 한다. 인간적으로나 사무적으로나 항상 남들보다 못 미치는 사람이라서 중간에 얘기를 딴 데로 돌렸더니 알아들었는지 못 알아들었는지 그대로 납득하고 돌아갔다.

선박이 부족해서 일본인 귀환을 당분간 기대하기 어렵다는 공식발표가 있어 실망이 컸다.

---

5   원문에는 明偸町로 되어 있으나 오기로 보임.

9월 8일

20시부터 이튿날 아침 5시까지 일반인 통행이 금지되었다. 미군이 일본헌병에게 맡겼던 치안유지가 조선경찰관에게로 전면 이관되었다.

일본인의 귀환은 이듬해 봄 6, 7월쯤이 되지 않겠는가 하는 설이 우세했다.

쓰다 유사부로(津田雄三郎) 심판관이 제대하고 청을 방문했다.

9월 9일

본 부(府)에서 항복조인식이 있었고 한동안 거리는 사람들의 발길로 혼잡했다. 이른 아침부터 비행기는 경성 상공을 어지럽게 날고 웰컴이라는 글자가 범람하고 미국기가 곳곳에 휘날리고 여기저기서 환성이 일어났으며 거리의 풍경은 시시각각 변해갔다. 고등법원에도 미군 네 명이 와서 청사 견문을 하고 갔다. 나(경성지검 서기장), 가네모리(경성복검 서기장), 가와노 사부로(川野三郎, 경성법원 서기장), 마에다(前田良輝, 경성지법 서기장) 네 명이 입회했다. 뜻밖에도 적국으로서 머릿속에 그려온 미군이 매우 담담한 태도의 전혀 전승국 같지 않은 모습이었기 때문에, 겨우 몇 시간 접촉한 것에 불과했지만 진심으로 호감이 갔다.

종전 후 처음 교회종이 울리고 미국인들이 투숙한 조선호텔에는 당장 호기심 많은 구경꾼으로 울타리가 쳐졌다.

9월 10일

이른 아침 영등포서에서 전화가 걸려왔다. 지난밤 보안대와 경찰관이 충돌하여 한두 명의 사상자가 발생했는데 어떻게 할지 지시를 요청해 왔다. 이미 사건 처리는 조선인 측에 이관되었을 터이지만 일단 차석검사의 지휘를 요청하라고 응답하고 곧바로 등청했다.

지난밤 동대문, 서대문, 종로 등 여러 경성부 내의 각 경찰서에 조선인의 접수 움직임이 일어났는데 미군들이 거의 물리쳤고 종로서만 지금도 점거된 채라고 한다. 발포 소동이 각지에서 일어나고 종로 3정목에서는 조선인이 통행 일본인을 검문하여 일부를 트럭에 태워

어딘가로 데려갔다고 한다.

친일 집안으로 알려진 화신백화점 박흥식(朴興植)이 장정의 습격으로 중상을 입고 입원했다.

9월 11일

평양에 있는 야마사와(山澤) 검사장(평양복검)의 자녀(경성거주)가 평양의 안부가 궁금해서 찾아왔다. 이 지방의 상황은 전문(傳聞)에 지나지 않아서 확신할 수 없지만, 일본계 관공서 관리들이 직무에서 쫓겨나 대기하고 있다는 풍문만을 전해 주었다.

조선 독립 허용, 치안 확보, 금융에 관한 잠정조치 등 당면한 현안에 관해 군정청의 제1회 포고가 나왔다. 일본인에게 불리하지 않은 것이 무엇 하나 없었다.

9월 12일

지난 밤 성북경찰서에 다시금 조선인의 접수소동이 있었고 경찰 측이 발포하여 사상자가 두, 세 명 발생했다. 고검 서기 야마시타(山下) 군의 빈집에 보안대가 가택수색을 하여 일본 도 등을 탈취했다고 한다.

경성구호회의 상무이사 모리 도쿠지로(森德次郎) 씨(전 서대문형무소장)는 원래 피구호자들에게 빈번하게 협박을 당해 궁여지책으로 순사를 배치했는데 전혀 효과가 없고 오히려 안팎으로 호응하여 물품을 도둑질당한다는 불만을 말하고 돌아갔다.

13일 출범하는 승선 티켓 배당이 39장분 들어왔는데 탁송하물은 취급하지 않는다는 단서가 붙어 있어서 일본인들의 실망을 샀다. 남겨진 사람들의 생명이 반드시 위험하다고 정해진 것은 아니지만 거주가 길어지면 길어질수록 토지, 가옥, 재산 등을 버리고 맨몸으로 떠나기에는 누구나 견디기 힘든 고통이 있다.

부민관에서 하지 중장[6]과 조선정당 대표와의 회견이 있었고 이 장소를 중심으로 대중적인 데모가 일어났다. 학생들이 참가하는 극좌계열이 암약하여 대중을 폭동으로 이끌 공산

6　존 리드 하지(John Reed Hodge)

이 커졌다. 오후에는 비가 와서 부 내의 환성이 그대로 잠잠해졌다. 그러나 '조선인민공화국 만세', '일본제국주의 타도', '전쟁책임자 엄벌' 등의 입간판, 포스터가 곳곳에 나타나고 이것을 처음 본 사람들은 자신이 당면한 책임자라도 되는 듯한 생각이 드는 모양이었다.

동맹통신사가 '해방통신사'로 간판을 바꾸었다.

9월 13일

부(府) 내 각 서(署)의 접수(接收)소동이 계속 끊이지 않아 그로 인한 살상사건도 빈번하게 보도되었다. 계속 제압당해 오던 일반 민중의 울분이 처음에는 경찰관을 향하였고, 그 보복을 당하지 않은 자가 없었다. 업무 불능으로 인해 경찰관은 거의 직무를 포기하고 그와 반비례해서 매일 범죄는 증가해 갔다.

지난밤 하지 중장과 정당 대표 간의 만남에는 두세 명의 정당대표가 갈 것으로 예상했지만 실제로는 600 내지 700명이나 되었다고 한다. "조선 정계의 장래가 혼돈스러워 포착(捕捉)하기 어렵다"라는 군정청의 정식 발표가 있었다. 대한민주당의 안재홍, 조선인민공화국의 여운형, 조선공산당의 김일성 등이 여전히 조선정치의 중핵이 되고 있는데, 그밖에는 크고 작은 무수한 정당이 이합집산을 거듭하고 있었다.

> (주) 미국의 추정으로 조선의 정당 수는 205개 [1949년(昭和 25)]라고 하지만, 경성에서 열린 미소공동위원회에 등록된 정당단체 수는 남 425(5,200만 명), 북 38(1,330만 명)으로, 당시 남북을 통틀어 인구는 3,000만 명이니 이중, 삼중으로 가입해서 계산한 것이 된다.

9월 14일

검사정은 질병으로 계속해서 나올 수 없었다.

총독, 정무총감의 파면(罷免)이 공표되었다.

약탈, 폭행, 협박 등 보안대는 끊임없이 물의를 일으켰고 지난밤 조선인에 의한 미군 사살 사건이 일어났다.

아놀드 소장이 군정장관에 임명되었다. 경무국장이 해임 경질되었다.

9월 15일

보안대의 해산과 총독 이하 각국 과장의 파면이 발표되었다.

경성의전 생도 25명이 동교(同校) 일본인 생도 백 수십 명을 속여 집합시킨 후 구타 폭행하는 사건이 일어났다.

법원 관계기구 인사의 개편에서는 민(閔), 가네무라(金村) 검사가 경성부에 줄줄이 초치되어 그들의 의향을 타진했다. 한편 검사국 측 서기과 직원회의는 매일 열렸고 14일에 직원이 신임투표한 결과는 다음과 같다.

당 청 서기 나가오카(長岡弘純), 기도(木戶容善), 도쿠야마(德山高史), 송본(松本忠亮)[이상은 고등문관(高文) 합격자]를 필두로, 이와무라(岩村重雄), 김기현(金錡現), 구레모토(吳本周泳), 가네미야(金宮德文), 오하라(小原恩威) 등을 검사 적격자로서 추천하였다. 이하 이에 따른 각 담임을 정하여 인명부서를 인쇄한 것을 배부하기도 했다.

대일감정이 나빠지는 한편, 성북(城北)에서는 일본인시전(市電) 승차방해사건이 빈발하였고 복심법원의 모리카와(森川正己) 서기가 일본적십자사의 대합실에서 신체검사를 받는 일도 있었다.

밤에 수원(지검)의 미야자키(宮崎) 검사가 전화 와서 내지인이 점차 귀환하여 쓸쓸해지고 치안은 더욱 문란해져서 이윽고 신변이 위험해지고 있다고 한다. 게다가 모리 씨(전 서대문형무소장)는 짐 일부를 옮겨와서 맡아 달라고 한다. 짐은 이쪽이 맡기고 싶을 정도로 맡겨둘 곳이 없는데….

배급은 완전히 끊겼고 뒷마당 채소도 거의 없다. 물건을 살 수 있는 데는 암시장밖에 없다.

오늘 보안대가 해산되었다.

9월 16일

고등법원의 접수(接收)[7]가 있었다. 법원 측 새로운 장관 진용은 다음과 같은데 미리 청 내에서 예상하고 기대하던 인사와는 전혀 딴판인 허를 찌르는 내용이었다.

고등법원은 대법원으로 개칭한다.
원장 심상직(沈相直, 52세, 전 서기에서 판사가 되었고 이번 변호사회 회장)
고등법원 검사장 이상성(李相聖, 57세, 보성전문학교 졸업·변호사)
경성복심법원은 경성공소원으로 개칭한다.
원장 소완규(蘇完奎, 44세)
동 법원 검사장 구자관(具滋觀, 52세, 경성전문학교 졸업·판사가 되었고 현재는 변호사)
경성지방법원장 나가야마(長山環根, 판사)
동 법원 검사장 가네무라(金村良平, 검사, 지방도 검사장으로 개칭함)

이상은 법원 게시판 등에 본 부(府)의 발표로 게재된 것이다. 가네무라(金村良平)라는 이름이 이전에도 빠진 적이 없었던 만큼 다행이었다.

일본인의 수하물, 통화의 반출금지가 신문지상에 발표되었다. 니시(西)(지검 서기), 가쿠(加來國康)(경성지검 서무주임, 당시 소집 중) 두 사람이 상세한 정보를 알기 위해 일본인세화회(日本人世話會)로 나갔다. 모리 씨(전 서대문형무소장)도 가만히 있지 못하고 짐을 들고 오거나 가지고 나가기를 반복했다.

변소는 퍼내지 못하여 분뇨는 넘치고 수도는 때때로 단수가 되었다. 가스가 나오지 않는 경우도 있다. 방송국이 접수되었다고 하고, 결국 일본어 방송은 끊겼다.

---

[7] 여기에서의 접수(接收)란 '권력 기관이 필요상 국민의 소유물을 일방적으로 수용함'을 뜻한다.

9월 17일

조선인에 의한 서투른 일본어 방송이 시작되었다. 일본인에게 뭐 하나 유리한 사항은 없다. 신문만이 아직 일본인의 손에 있다.

9월 18일

하야타 법무국장이 공문서 소각 혐의로 구치되었다는 군정청의 발표가 있었다. 한편 총독부의 사무인계가 계속되고 있다.

모리 씨(전 서대문형무소장)가 왕래하고 밤에 두 발의 총성이 들린다.

9월 19일

사무인계서를 작성한다. 모리(전 서대문형무소장), 니시, 야부키(矢吹)(지검 서기) 씨 등은 아침 8시 발 열차로 떠날 예정이었는데 부산에서 밀린 화물 때문에 운행중지라며 되돌아왔다. 북선 방면 거주자들이 걱정되는 추위였다. 원주(지검) 하야시야마(林山政鎬) 서기가 왔다.

9월 20일

미군에 의한 지방법원 접수(接收)가 있다고 하여 늦은 시간까지 기다렸는데 갑자기 경성형무소 부정사건이 발각되어 주력을 그곳에 집중하기로 하면서 중지되었다.

본 부(府) 소속의 요네하마(米浜滿治), 경성소년심판소 쌍엽숙(双葉塾)(소년범 보호시설) 관련 소문이 시끄럽다. 본 부에서 북선귀환자용 술의 부정유출이 있다는 소문이 있었다.

(계속)

(특별회원)

〈자료 127〉 모토하시 도요하치(本橋豊八), 재선종전일지(3)

[本橋豊八, 1979, 〈在鮮終戰日誌(3)〉, 《法曹》 No.340, 法曹會出版部, 33~39쪽]

9월 21일

위원회의 해산, 서류 소각 이유서 등을 작성했다. 서류 소각은 검사정(正)으로부터 내려온 지시로 내가 각 주임에게 시켜야 했다. 하지만 검사국은 설령 주권(主權)에 이동이 있다고 해도 그때문에 특별히 필요 없거나 숨겨야 하는 것은 하나도 없는데, 그보다 오히려 개인이 임의로 편승(便乘) 처리가 이루어질 우려가 다분히 있는 데다 또 필요하면 언제든 간단하게 처리할 수 있기 때문에 그대로 손대지 않고 두었다. 따라서 이유서는 겨우 5줄 정도의 기술로 끝났다.

20일 소집되었던 나가타(長田漢周, 조선인) 서기가 만주에서 도망쳐 왔다. 그 방면의 치안 상황은 종래 들어 알고 있던 것과 큰 차이는 없었다.

일부 검사가 어딘가에서 송별회를 한다.

미군의 엄벌 방침에 의해 강·절도의 송치사건이 조금씩 늘어났다. 오후 헌병대 사령관이 내방하여 가네무라(金村) 검사정에게 경성형무소의 부정사건 취조를 위해 계수(計數) 능력이 뛰어난 검사를 출장 보내 달라는 요구가 있었지만, 사건이 너무 몰려들어 그럴 수 없다고 하니 그대로 돌아갔다.

9월 22일

나가사키 유조(長崎裕三, 경성보호관찰소장) 씨와 길에서 만났다. 대화숙의 경리 관계에 대해 본부(本府)에서 초치하였고, 계산서를 들고 재출두하라고 했다고 한다. 춘천지청의 가토(加藤利之) 서기가 왔다. 일본인에 대한 그 지역민의 박해는 상당히 심한 듯 짐 이동도 할 수 없게 되었다고 한다.

일본인 관리는 군정청(軍政廳)의 허가 없이 아무 때나 그 직무를 벗어나면 안 된다는 통첩이 나와 일단 발을 묶어두기는 했지만, 한편 8월 15일 이후의 소집해제자는 신속하게 헌병대로 출두하라는 벽보가 있어 귀환(復員)군인들 사이에 여러 억측이 난무했다. 가쿠(加來), 야부키(矢吹) 두 사람(지검 서기)이 어느 쪽으로 택할지 몰라서 상담하러 왔다.

9월 23일

연합군 환영을 위한 기부금 모집의 마을 회람이 왔다. 반(班)내의 일본인들만 모였고, 장래를 위해 이번 갹출에는 응해두는 편이 좋을 것이라고 하여 내가 마을회장인 히로세(廣瀬 晉,변호사)댁으로 가서 다른 조합의 상황을 물어보고 왔다.

부재중이던 모리우라(森浦)검사정이 오셨다고 심부름꾼이 왔길래 가보니, 본부에서 사무인계의 관계 서류를 지참하라고 했다고 한다. 걱정하고 있었더니, 인사관계에 대해 의견을 물어봤을 뿐이라며 한두 시간 만에 돌아왔다.

지방법원의 마쓰모토(松本) 순사(조선인)가 근처 중고품을 사고 있다고 하기에 그에게 부탁하여 거의 남아 있었던 모든 가재도구를 헐값에 팔았다.

검사정 댁의 일본도 3자루를 서대문서에 보내도록 하였다. 1자루는 명도(銘刀)였기에 어떤 증명서를 줄 것인가 하였더니 '일본도 수령'이라고 쓴 작은 조각을 주었을 뿐이었다.

저녁에 또 가쿠(지검 서기)군이 왔다. 22일의 그 모순된 공지 중 어느 쪽으로 따르는 편이 좋냐고 한다. 마찬가지로 같은 입장인 쓰다(津田) 심판관을 방문하여 상담해 봤지만 역시 결론을 얻을 수 없었다고 하기에 아무것도 몰랐다 치고 그냥 돌아가 버리면 어떠냐고 하고 돌려보냈다.

본부에서 온 인양 표가 3장 있다. 나도 오쿠라(大倉), 시미즈(清水) 두 운전사(조선인)에게 맡겨둔 짐을 가져오게 하여 다시 짐 정리를 해 보았다.

내지로 돌아간 아베(阿部)총감 체포가 발표되었다.

9월 24일

두 형무소의 외곽단체에 대한 조사가 개시되었다. 본부에서는 새로운 법무국장(미국인)이 취임 인사 중에 아주 잠깐 책상에 올려 두었던 회중시계를 도둑맞는 사고가 있었다. 국장조차도 역시 이것만은 깜짝 놀란 듯 조선인을 비꼬는 명언을 흘렸다. 그러나 시계는 결국 해결이 나지 않은 채 끝났다.

종전 후의 혼란에 섞여 공사(公私)도서관의 책들도 대부분 도둑맞고, 그것이 일본인의 소행으로 전가되고 있었다.

가네모리(金森,복검 서기장) 씨와 함께 옮겨 살려고 했던 상도정(上道町)에 엊그제 밤에는 7인조의 강도가 쳐들어왔고, 이것과는 별개로 그날 밤 부근 일본인이 집단으로 모두 구타당했다는 이야기도 전해져 왔다.

구호회의 야스이(安井) 씨가 평양에서 도망쳐 와 그곳 상황이 화제가 되었다. 그곳은 지역 출신인 좌익분자와 보안대라고 칭하는 수상한 자들이 소련군을 배경으로 삼고 약탈과 폭행을 거듭하고 있어, 조선인 중산계급까지 소련군에는 반항하고 있다고 한다. 일반 민중, 신문 논조 등도 그저 배타일색으로 신변은 항상 위험에 노출되어 있다는 이야기이다.

처음으로 미군 외출이 허락되었다. 가쿠군(지검 서기)은 아무래도 귀국할 수 있을 것 같다.

9월 25일

구로가와(黑川衛. 지검 검사) 씨가 본인이 성명불상인 자로부터 독직(瀆職)사건이 있다며 협박을 받았다는 전화가 왔다.

아내가 경성역까지 인양 열차 출발 상황을 보러 갔다. 나가사키(長崎,경성보호관찰소)소장은 대화숙 회원에게 배부한 미회수금이 5만 엔 남아 있는데 그 회수에 곤란을 겪고 있는 듯하다.

시즈나가(静永世策,지검 경제주임)검사가 3, 4천 엔을 대신 내주게 되어 내가 통장을 맡고 있던 경제연구회의 변상은 낙착하였다. 전 직원에게 나눠줬으니 그 검사 개인의 책임은 아니지만, 지금은 그런 논리가 통하지 않는다.

9월 26일

철원지청의 다카야마(高山錫福, 조선인)서기가 도망쳐 왔다. 소련군의 포악 때문에 부인, 여자와 헤어지고 강을 따라 미군 밑으로 도망쳐 왔지만, 도중에 시계를 착취당했다고 한다. 매일 수십 명에 이르는 만지(滿支)에서 오는 피난자는 사원과 그 외 다른 곳에서 가박(假泊)시키고 있다.

매일 새로 들어오는 사건은 40건 정도이고, 경무국 위생과의 독직사건은 가네무라(金村) 검사에 의해 취조가 시작되었다.

복심법원의 쓰카모토(塚本)서기의 부인이, 말을 불하받으려고 모여들어 소란 피우던 조선인 군집을 향한 소총 위협 사격에 맞아 어깨에 중상을 입고 입원했다.

9월 27일

가네코(金子秀顯, 지방법원) 원장이 자택 거실에서 현금과 시계를 도둑맞았는데, 여종이 외부자와 통모하고 있었던 듯하다. 그래도 예금통장만은 삼판통(三坂通)[8]에서 발견되어 신고했다고 한다.

검사정 가족은 일시적으로 가지마쿠미(加島組)로 거처를 옮겼다.

원래 청내(庁内) 급사였지만 절도사건을 일으켜 그만두게 하고, 군청에 넣어준 마쓰무라(松村)가 찾아왔다. 조선인 귀환자의 마중을 나가기 위해 군청 대표로 경성에 왔다고 한다. 아무래도 거짓말 같다. 이 자는 전에 청내 작업 현장에서 시멘트자루를 짊어지고 나오다가 현행범으로 체포된 자로, 당시 경찰에서 가택수사를 하니 청내 책상 서랍 등에서 손에 닿는 대로 가위, 중고 노트, 모든 용지, 쓰다만 연필, 중고 육법전서 등부터 지노[9]까지 들어 있었다고 한다. 나이가 어리고 경미죄(微罪)로 불기소가 되었지만, 무엇보다 집도 가난하고 이제 혼나서 됐을 테니 재범 걱정도 없으리라고 생각하여 각 방면에 전화를 돌려 간신히 군청 급사로 넣어 주었다. 말하자면 은혜를 베풀어준 셈인데 언제 어떻게 훔쳤는지 내 집 경대 위에 놓아두었던 면도기를 훔쳐 간 것에는 아연실색할 수밖에 없었다.

---

8   삼판통은 현 용산구 후암동의 일제강점기 명칭이다.
9   종이를 가늘게 꼰 끈, 지노, 지승(紙繩)

9월 28일

미군 환영회 날짜가 정식으로 발표되었다. 만주 소련군은 일선(日鮮)인을 뒤돌려 세워 정강이털이 있는 자는 일본인이라고 간주하고 그대로 사살한다는 이야기가 전해졌다.

9월 29일

치안은 점점 혼탁해져 인양표를 구하려는 목소리는 더욱 커졌다. 하루 이틀 전에 소련군은 개성까지 진격해 와서 조선은행에서 현금 800만 엔과 트럭 1대에 약 3천만 엔 상당의 인삼을 싣고 갔다고 한다.

미법무국장이 처음으로 내청하였다. 한편 곽(廓)사무관 초청으로 본부에 나가 위원회 관계의 설명을 하고 왔다. 그곳에 나를 좋게 생각하고 있던 히라마쓰(平松忠明, 조선전문학교 출신)군이 있어서 여러 가지로 나에게 조언해 주며 도와주었다.

위생과장이 유치되었다. 마포에 강도 살인사건 발생. 경성형무소의 부정은 1,800만 엔에 이른다고 한다.

9월 30일

위원회의 사업 정황을 설명하기 위해 다시 본부로 가서 곽사무관을 만났다. 히라마쓰 군 덕분에 이야기는 순조롭게 진행되어 회수한 1만 7천 엔을 제출하니 담당관이 한동안 다른 자와 이야기를 나누고는 의외로 우리 쪽에서 보관하라며 다시 돌려주었다. 요네하마(米浜)의 부정사용은 20만 엔이라는 이야기가 나왔다.

오쿠라(大倉)운전수가 왔기에 가네모리(金森, 복검서기장)도 함께 마셨다. 쌀 한 말에 120엔, 설탕 1근 42엔, 작업화 1켤레에 12엔, 된장 백돈[10]에 3엔 정도이다.

---

10 돈(匁)은 질량의 단위로 일본 메이지(明治)시대 이후 1돈은 정확하게 3.75g이므로 백돈은 375g을 뜻한다.

10월 1일

위원회 관계 경위서를 만들어 본부로 보냈다. 일독(日獨) 양 국기와 백골을 밟고 누르며 "조선독립 만세"를 외치는 포스터가 각처에 붙어 있다. "신속하게 일본인을 쫓아내라"라는 전단지가 많다. 정치단체는 20개 정도로 통합되었다고 한다.

10월 2일

지난밤 미 헌병이 은월장(銀月莊)에 와 여자를 요구하여 여자들이 2층에서 마당으로 뛰어내려 도망쳤다고 한다. 은월장의 여주인은 여자에게 미군의 접대를 시키고 접대비 일부를 가로채고 있다는 소문이 있어, 이것은 여주인이 꾸민 연극이 아니겠느냐고 보는 사람들도 있다.
계속해서 명륜정에서 미군의 강간사건이 일어난다. 그것 때문에 증인이 될 일본인이 끌려갔다.

10월 3일

일본인 인양자의 섬유품 반출금지가 발표되었다.
저녁에 모리(森, 전 서대문형무소장) 씨 부처가 내방하였다.
지난밤 미군 6, 7명이 또 은월장에 와서 이번에는 가택수사를 하고, 권총을 들이대며 그곳에 사는 니시(西, 지검 서기)군에게 무언가를 추문하였다고 한다.
오후 2시 이케다(池田)병원에서 사이토(斎藤五郎, 고검)검사 서거. 부인은 특공대원으로 나간 장남을 배웅하기 위해 내지로 돌아간 뒤여서 연락할 현재 거처도 모른다고 한다. 18세인 장녀와 그 여동생 한 명이 집을 지키고 있었다. 손을 쓸 수가 없다.

10월 4일

은월장 여주인이 이번에는 길거리에서 원래 고용하고 있었던 요리사에게 만 엔을 갈취당했다고 한다.

　다시 가토(加藤利之, 춘천지청 서기)군이 왔다. 처자를 부산까지 보내고 오는 길이라고 한다. 부산에서는 쌀 1말에 300엔, 일본인은 현금은 한사람 1,000엔까지, 옷감은 소지 금지라는 게시가 있다고 한다. 오카(岡)경찰장은 유치되었다.

10월 5일

　서대문형무소에서 소장 이하 6명, 경성형무소에서 소장 이하 12명, 구호회의 아오마쓰(靑松), 김(조선인) 등이 유치되었다.
　종로의 묘심사(妙心寺)에서 사이토 검사의 고별식이 있었다. 뼈가 된 아버지를 안고 돌아가야만 하는 자매의 가늘고 하얀 팔만 눈에 띄었다.
　일본인에게서 나온 가재는 길거리에 쌓아 올려져 '한 차에 얼마'라는 식의 연료비나 마찬가지인 헐값에 난매(亂賣)되고 있다.
　14, 5세부터 16, 7세 정도까지의 어린아이들이 만든 '조선의용병'이라고 칭하는 자가 이상한 옷을 입고, 모자를 쓰고, 묘심사의 토담 위에서 놀며 앞을 지나가는 사람에게 자꾸 시비를 걸고 있었다.
　"어이! 너는 일본인이냐?"
　수도 단수가 계속되어 치아키(千秋, 장남 용산중 1)가 우물이 있는 심판소까지 물을 받으러 갔다가 중국인 소년이 돌을 던졌다고 말하며 돌아왔다. 심판소장의 집 안은 중국인 아이들의 좋은 놀이터가 되어서 가끔은 우리 집 뒤 정원까지 찾아오는 일이 있다. 나는 조선, 중국, 일본과 상하 구별을 하지 않는 신념을 갖고 있었다. 뒤 정원에서 놀고 있던 아이들(중국)이 문득 나의 얼굴을 보더니 "뭐야 여기는, 이 아저씨 집이었어?"라고 하며 다시는 오지 않게 되었다.
　관사에서 관청으로 가는 도중에 조금 중국인 거리가 있고 그 통로에서 아이들은 자주 끝을 뾰족하게 깎은 대나무같은 것으로 내기놀이를 하고 있었다. 한 번 "뭐하고 있는 거니?"라며 한참 얼굴을 들이밀고 지켜본 적이 있다. 아이들은 웃으며 답은 하지 않았지만, 그 후 왠지 친근감이 생긴 듯 느꼈다.
　귀환군인의 우선을 위해 일반인의 인양 열차 운행정지가 발표되었다.

밤에 오쿠라 운전수가 왔다. 마쓰무라(9월 27일 페이지 참조)가 어쩐 일인지 일본은행권(日銀券)을 가져왔기에 교환해 둔다. 수수료는 2할 가깝게 먼저 떼였다.

10월 6일

퇴청 후 니시, 야부키 두 사람(지검 서기)과 남산에는 식용버섯이 많이 있다고 하기에 가보았다. 하나도 없다. 출입금지라는 고사포(高射砲)의 진지(陣地)만 있다.

"여름 풀만 자란 이곳은 무기들 흔적뿐으로 아무것도 없구나."[11] 완전히 잡초로 뒤덮여 포탑(砲塔)같은 것과 미완성인 퇴진호(退陣濠)만 남아 있다. 종전도 가까워진 무렵 개성에 비행장을 만들기 위해 직원도 조금씩 동원된 적이 있었는데, 삽이 없어져서 중지된 적이 있었다.

여기에서는 경성이 한눈 아래에 있다. 미국 비행기가 몇 번인가 날아온 적은 있지만, 경성에는 폭탄 1발도 떨어뜨리지 않았고, 고사포 1발도 맞지 않았다.

지난밤 또 은월장에 절도가 들어 의류, 위스키는 그렇다 치고 장롱까지 가져가 버렸다고 하니, 그곳에 임시 기거하던 니시군(지검 서기)은 전혀 편하지 않아 도중에 돌아갔다.

10월 7일

소지금은 예금, 현금을 합쳐 1인당 천 엔이 되었다고 한다.

38선 이북에서는 일본 부인은 누구든 구분 없이 교대로 강제로 소련군 접대에 나서야 한다고 한다. 그것 때문에 자살한 여인도 있다고 하는데 비밀스러운 일이기 때문에 인명이나 인원수 등은 아무래도 파악하기 어렵다. 고급관리의 부인 등이 많았다는 이야기가 흘러나왔다.

> (주) 북조선은 8월 8일 선전포고, 20일에는 평양해방, 26일에는 38선 이북을 누르고 무장해제하였다.

---

11 원문에서는 '夏草や強物共の夢の跡'로 표기되어 있지만, 원래는 바쇼(芭蕉)가 46세 무렵에 지은 하이쿠 '夏草や兵どもが夢の跡'에서 따온 것으로 보인다.

미국은 9월 2일 항복(降伏)문서에 조인, 7일 맥아더의 포고로 남조선을 미국 군정하에 두게 되었고, 8일 존 하지 중장이 이끄는 제24군단이 상륙하여 9일에 비로소 서울에 진주(進駐)하여 같은 날 강복조인식이 이루어졌다.

조선인은 미군을 맞이하는데 아침은 실례다, 연미복으로 해야 한다는 등의 이야기가 나올 정도였지만, 실제 상륙은 조선인의 의표를 완전히 찌르며, 적전(敵前)상륙하는 모습으로 게다가 하늘을 제압하는 글레먼 전투기로 호위받으며 완전 무장인 채로 군중을 향해 총을 겨누고, 위협발사를 하는 상륙이었기 때문에 연미복을 주장하던 자 등 뿔뿔이 흩어져 갈팡질팡하여 떠들어댔다.

현실적으로 38도선의 분할 점령은 맥아더 최고사령관의 일반 포고 제1호에 근거하는 것으로, 그것은 8월 20일 강복수리를 위해 마닐라로 날아간 아베(阿部虎四郎) 전권(全權)에게 맥아더가 직접 건네어 9월 24일부로 공표하였다.

10월 8일

관리의 파면은 아직 없다. 그저 '장(長)'이라고 붙은 자의 유치가 머지않아 있을 것이라는 소문은 계속되고 있다.

하늘을 본다. 남산은 날씨가 좋아 하얀 구름이 유유하게 달려가고 있다. 무릇 냉혹한 세상의 싸움과 고뇌 등이 이 세상에 있다고 생각할 수 없는 유구장대한 하늘의 채색이다. 그러나 지상은 다르다. 힘과 이해와의 상극은 소용돌이치고, 사람은 계속해서 그 소용돌이에 말려들고, 발버둥치고 괴로워하거나 혹은 상처 입고 혹은 죽어간다.

"일본인은 빨리 돌아가라!"라고 매일 반복해서 외치고는 있지만, 인양을 위한 배, 차가 움직이고 있지도 않다. 건국 몇천 년 동안 지리적인 악조건에 끼어 학대당하고 고통당해 온 조선이 지금 또 이렇게 분단된 형태로 독립의 꿈에서 깨어났다. 게다가 그것이 일본 역사의 커다란 한순간이고 한 장면이기도 하다는 점이 슬프다.

잘못된 전화가 자주 걸려온다. 대답이 "여보세요"가 아니면 상대는 바로 기분이 나빠져 뭔가 조선어로 화내며 소리치곤 한다. 그것이 너무 심해지면 이쪽도 감정에 맡기고 갑자기 엉터리 영어를 써 준다. 그러면 상대는 바로 응답 태도를 바꾸고 조용해진다. 그들은 미국(米

國)을 아름다운 나라(美國)로 부르고 있어 이것은 절대적이다.

가메카와(龜川, 지법) 판사댁에서 이토(伊藤, 고검) 검사, 니시(西), 가네무라(金村, 조선인), 그 집 운전수(조선인), 나가오카(長岡, 조선인)가 종로서에 유치되었다. 아편에 관련된 사건이라고 한다.

김성수(金性洙), 여운형(呂運亨)외 10명이 미군 군정고문이 되었다고 한다.

남아 있던 잡품을 헐값에 넘겼다. 저녁에 모리(森, 전직 서대문형무소장) 씨가 왔다. 유치될 것을 각오하고 훈도시(褌)[12]를 새로 맞췄다고 한다.

현금의 반출 제한 발표로 일본인의 암매가 활발해지고, 가지고 갈 수도 없다고 하니 우리 집도 진수성찬을 실컷 먹기로 방침을 바꾸었다.

먼저 내정(內定)내시(內示)가 있었다는 법원 측 장관 이하의 얼굴 소개는 변호사단의 반대로 재출발이 되었다고 한다.

경성이 '서울'이라고 불리게 되었다.

10월 9일

신문에서 일본 자산 동결이 발표되었다. 식량이 떨어져 가고 한기도 매일 더해져 갔다.
내지에서의 각료 얼굴이 모두 나왔다.
이쿠타(生田)지사, 사고야 도메오(佐郷屋留雄), 은월장의 야마다(山田)가 억류되었다고 한다.

10월 10일

일다운 일은 없지만 그래도 매일 출근만은 빠지지 않고 있다.
맡겨둔 도장(預け判)[13]이라는 것이 있으니 실제 직원의 출결은 잘 모른다. 출근부 도장만

---

12 일본 남성의 전통적 속옷. 폭이 좁고 긴 천의 형태이다.
13 편의상 기관 및 단체 등에서 맡아두고 사용하는 개인 도장을 말한다. 본문에서는 출근부 도장용으로 많이 사용되는데 본인이 없더라도 대리 날인할 가능성이 있으므로 직원의 실제 출근 여부를 알 수 없다는 뜻이다.

은 찍어 둔다. 다만 조선인과 일본인을 통틀어 성실하게 출근해서 근무하고 있는 일부 직원에게는 마음속에서 손을 모아 그들을 격려한다.

이토 검사(고검) 등의 범죄가 과장되게 「인민보(人民報)」[14]에 실렸다.

경성을 벗어나는 것이(退城) 등록할당제가 되어 합쳐서 100리 이상의 조선 내 여행이 금지되었다. 다케우치(竹內至, 복검)검사 옆집에 10인조 강도가 들었다고 한다. 여전히 불온한 벽지는 끊이지 않는다.

(특별회원)

〈자료 128〉 모토하시 도요하치(本橋豊八), 재선종전일지(4)

[本橋豊八, 1979, 〈在鮮終戰日誌(4)〉, 《法曹》 No.341, 法曹會出版部, 44~49쪽]

10월 11일

생면부지인 '오카조노(岡園)'라는 자에게서 니시군(지검서기)이 종로서에 유치되었다는 전화가 왔다. 노무라(野村) 검사가 부산까지 가서 대합실에서 소지품 전부를 도둑맞았다는 소식이 검사정 쪽으로 왔다. 요네하라(米原), 미야시타(宮下良雄), 후지(藤直道), 기시카와(岸川敬喜) 각 검사(지검)와 함께 니시군의 지인을 대화헌(大和軒)으로 보내 영치물과 그 밖을 부탁했다. 돌아오는 길에 구치된 나가오카(長岡, 지검 서기) 군 집을 방문해 보려고 2시간 넘게 찾으며 걸었지만 결국 찾지 못하고 포기하고 돌아왔다.

야스이(安井) 씨가 내방하여 만주권 50만 엔을 가지고 있는데 일본과 조선의 은행권(日鮮券)과 교환할 연고가 없겠느냐는 상담을 한다. 갑자기 마쓰무라(9월 27일 자에 나옴)가 생각났다. 하지만, 이전에 왔을 때 면도기를 잃어버리고 그다음에 왔을 때 갑자기 "자네 그 면도기를 어떻게 했는가?"라고 물었더니 "그건 좀… 상황이 그렇지 않나요?"라며 죄책감도 없이

---

14 서울에서 《경성일보》의 좌파기자들이 국문으로 1945년에 창간한 일간신문. 이념적으로 이른바 진보적 민주주의를 표방하는 좌익적 성향을 띠었으며 조선인민공화국의 기관지임을 자처하고 나섰다.

대답하던 것이 생각나서 그만두었다.

일본인 부동산의 매각 절차 등이 결정되었다.

의류를 만들기 위한 가봉 또는 겹쳐 꿰매기 등을 한다. 복검 검사장이 결정되어 그냥 발표되었을 뿐인데 벌써 계속해서 새로운 장관에 대한 불신 투서가 왔다.

가네무라(金村) 서기가 농업학교 교사가 된다며 퇴관을 신청하러 왔다. 미야이(宮井近浩) 검사정은 4년형이 확정되었다는 이야기가 전해졌다. 신의주 사와지(沢路)지사 부인이 소련군 접대를 기피하여 자살했다는 이야기도 전해졌다.

송월(松月)의 후지사키(藤崎) 씨는 전 재산을 120만 엔으로 바꿔 부산까지 갔다가 그곳에서 그 사실이 발각되어 검거되었다고 한다.

미야자키(宮崎速任, 변호사) 씨가 벌건 대낮에 강도가 쳐들어와 뒷문으로 도망쳤다가 뒤에서 저격되었다고도 한다.

일본인이 밀집하고 있는 남산방면은 특히 강·절도가 심하고, 집집마다 불량한 무리들의 공갈협박에 괴롭힘을 당하고 있다.

10월 12일

오후에 새로운 법무국장(미국인)이 와서 모든 전 판·검사의 파면을 통고하였다. 11일 부이다.

책임에서 벗어난 편안함과 일개 낭인이 된 묘한 쓸쓸함이 교차했다. 계속해서 신임자에 대한 발표가 있었는데 이것이 또 예상외의 인물로, 종래 재직자는 그만두고 오직 한 사람 가네무라(金村) 검사만이 모두의 신망을 얻어 남게 되었다.

일본인으로는 여섯 장관 외에, 하세가와(長谷川), 다카하시(高橋)의 두 부장(고등), 구로세(黒瀬正三郎, 복검 차석)검사, 세 서기장만이 지도의 의미 등으로 해임을 유보받았다.

가네모리(金森, 복검 서기장) 씨가 발병하여 몸져누웠다.

10월 13일

검사 일행이 전원 등청했다. 목적은 정보 교환에 있다. 얼핏 활발한 거 같지만, 지금은 무관(無官)으로 그걸 의식하고 보면 아무래도 무관 같은 얼굴을 하고 있다.

　나가사키(長崎, 경성보호관찰소장), 유키모리(行森, 법무국 서기), 마쓰모토(松本, 지방서기), 요네하마(米浜, 법무국속) 등이 유치되었다. 오후 새로운 검사장[정(正)]이 된 박승유(朴勝維)가 등청하여 모리우라(森浦, 지검 검사정) 씨의 내청을 요구하며 일단 사무인계를 끝냈다. 이와무라(岩村, 지검서기)가 서기장 대리를 한다고 한다. 조금 우스운 기분이 들었다.

　드디어 신임자가 정해졌으니 관사 인계도 있을 것이다. 시즈나가(静永, 지검검사) 씨 처제가 용산 인양열차에 탔다가 여행허가증이 없어서 끌어내려지고, 게다가 1만 엔과 짐 2개는 빼앗겼다고 하며 돌아왔다고 한다.

　북청지청(함흥지검)의 쓰보타니(坪谷) 검사가 1살, 4살 아이를 데리고 경성에 도착했다. 걸어서 1달이 걸렸다고 한다. 밤에 오쿠라(大倉)가 왔다.

10월 14일

　'이불 반출금지, 들고 가는 짐은 2개'라는 발표는 이전부터 있었지만, 그건 조선인 측의 발표이기 때문에 어디까지 믿어도 좋은지 전혀 알 수 없다.

　부인이 출발한 후에 후지모토(藤本) 검사가 중태에 빠졌다. 장소는 춘천, 일본인에게 의사는 와주지 않는다고 한다.

10월 15일

　법무부의 일본인은 총퇴진하였다. 그다음은 바로 지위와 권세의 쟁탈전이 시작되었다. 변호사에서 채용된 자도 순위와 지위가 다르다고 분개하고 있고, 서기과 직원도 곧 검사 정도는 될 생각이었는데 계속해서 서기 그대로인 채에, 게다가 아무것도 모르는 미경험자인 신임자가 부리고 있으니, 위에서 말하는 것을 전혀 듣지 않는다. 신임자도 재미가 없으니 급여를 받으러 오는 것일 뿐 점차 나오지 않게 된다. 장래의 전망이 서지 않으니 변호사 간판은 걸어둔 채이다. 전에 임명된 군정고문(軍政顧問)이라는 것도 아무런 권익도 없다는 것을 알고 모두 사임해 버렸다.

본부 이시다(石田) 회계과장, 니시히로 형무국장, 미즈타(水田) 재무국장이 유치되었다.

10월 16일

이와무라(신 지검서기장)에게 구체적인 사무인계를 끝냈다.

친일적인 자에 대한 일반 사람의 반응이 안 좋은 듯, 일본인에게 호감을 보내던 일부가 특히 반일적인 태도를 꾸미는 경향이 있다. 구레모토(吳本), 후지무라(藤村) 등의 태도 격변이 눈에 띈다.

10월 17일

피스톨사건의 검거자가 늘어났다. 고등법원을 몸통으로 두고 군사특별재판소가 설치되었다. 기구는 판·검사를 닥치는 대로 모아 둔 오합지졸이다.

13일부로 새롭게 임명된 판·검사는 여전히 출근하지 않는다.

약간 반미(反米)적인 전단지를 보았다. 그만큼 떠들어댄 독립국인데 그게 되지 못하였으니 무리도 아니다.

이승만의 귀국 방송이 있었다. 군정부에 의한 노동임금이 결정되었다. 1일 10엔 또는 20엔.

10월 18일

검사 파면 후에는 언제라고 할 것도 없이 우리 집이 법무 관계자의 모임터가 되어 매일 대여섯 명의 사람이 모이게 되었다. 조선의 모든 정보가 전해지기는 하지만 경향은 나빠질 뿐이어서 어두운 이야기뿐이다.

북조선에서 경성으로 도망쳐 온 피난자는 조선인을 포함해 매일 수백 명에 달하고, 그들을 사원 등에 임시 숙박시키며 경성에 있는 자를 우선하여 선발(先發)시키고 있다. 폭행을 피하려고 머리를 산발한 젊은 여자, 유방을 드러내고 팬티 한 장을 걸쳤을 뿐인 부녀자, 벌써 4, 50회 정도 간음하였다고 지금은 아무렇지도 않게 대답하는 소녀 등이 계속 나온다.

마에다(前田, 지방) 서기장 집에서 귀중품을 도난당했다.

하루 이틀 전부터 조선인에 의한 구호회의 조사가 시작되었다. 매일 밤 9시경까지 추문(推問)되고 있다고 한다. 후지이(藤井尚三) 재판소장에 의해 이루어진 쌍엽숙(双葉塾)의 미회수품은 여전히 4만 엔 부족하다며 당황해서 어쩔 줄 모른다. 밖에서 잤다가 안에서 잤다가, 짐을 끌어 내놨다가 들여놨다가 하고 있다 (이것은 일본인 공통이기는 하다). 가네모리(金森. 복검 서기장) 씨가 드물게 후쿠다(福田) 검사장의 타산적인 태도를 비난했다.

10월 19일

니시군(지검 서기)의 상태를 듣기 위해 대화헌(大和軒)에 갔다. 세화회(世話會)[15]에 들러 철수 정황을 물어보았다.

하지 중장에 반대하는 전단지가 각처에 붙어 있다. 신임 검사는 한 사람도 등청하는 자가 없어서 임용이 취소되고, 다시 임명하여 새롭게 시작하게 되었다고 한다.

10월 20일

종전 후 처음으로 결근했다. 연합군 진주에 따른 정식 환영회가 있었다. 이것을 동기로 할 조선인의 탈선 폭동이 이전부터 걱정되었는데 아무 일 없이 끝났다.

오후 경성 부내를 둘러보았다. 광화문에서 조선은행 앞으로 나갔다. 너무 혼잡하여 몸도 제대로 움직일 수 없다. 임시 무대를 만들어 조선무용을 하고 있다.

MP와 경찰 경계, 장갑 탱크 '일본제국주의 타도!!', '조선독립 만세!!' 등등의 깃발, 그 광기어린 분위기에서 '상가집 개'라는 단어의 의미를 음미하면서 걸었다.

나가사키 소장(보호관찰소장)이 20만 엔을 내줬다고 하는 여운형은 최근 그 세력이 갑자기

---

15 일본 패망 후, 조선에 거주하던 일본인들이 일본으로 잘 철수할 수 있도록 만든 귀국 지원 단체. 주로 재계인, 매스컴 관계자, 대학관계자 등 유식자들이 중심이 되어 '생활의 원호, 철수 관련 서비스, 미군 및 조선측 관계자와의 교섭' 목적으로 1945년 8월 18일 경성 세화회가 발족되었으며 이에 따라 조선 각지의 주요 지역에 동일한 조직이 만들어졌다. '世話(せわ)'란 도움, 보살핌을 의미한다.

쇠퇴하여 극좌소련계 분자의 습격을 받아 중상을 입었다는 소식이 전해졌다.

하야타(早田) 국장의 탄원운동을 하려는 움직임이 있었지만, 책임자로 나서는 자가 없어 취소되었다고 한다.

10월 21일

검사는 2명, 수원에서 스나무라(砂村定進)서기가 왔을 뿐인 평범한 하루를 보냈다. 모리씨(전 서대문형무소장)는 2만 엔의 구멍을 메우라는 명령을 받았다며 풀이 죽어서 들어왔다. 경제사무실의 무리(조선인)가 사건 관계의 물자를 움직이고 있다는 게 문제가 되었다. 이토검사(지검)가 "조선인 직원의 부정사건에 한번 휘말려 들면, 사건은 중대한 문제로 발전해 수습할 수 없게 된다"라고 호언장담하였다는 이야기도 전해졌다.

평양의 여섯 장관(3 소장, 3 검사정)의 총살설이 전해졌다. 복심 서기장에 덕전(德田), 고검 서기장에 이가충신(李家忠臣)이 임명되었다. 두 사람 모두 인물이고 특히 전쟁 전이나 후나 조금도 태도가 바뀌지 않은 것은 이가(李家) 한사람 정도이지 않을까 생각한다. 나는 깊이 이 인물에 빠져서 조선인 처음으로 원주지청 감독을 시켜 보았다. 당시 신문이 '조선인 출신 감독 출현'이라는 커다란 표제를 달아 상당한 지면을 할애해 이 인물을 보도했다.

10월 22일

법무국 내의 새 장관 이하 신임자에 대한 반대운동이 부 안팎에서 거세게 불타고 있다. 그것과 함께 일본인 중요 지위자 체포설이 방송되어 한바탕 긴급 귀국론이 고조되었지만, 열차 운행, 승차 할당 등은 저쪽 편 손에 있다. 20일 연합국 군환영회에서는 미국계, 소련계가 대립하여 종로에서 난투가 벌어져, 두세 명의 사상자가 나왔다고 하고, 18일 이래 소련계에 의해 기획된 그라운드에서의 인민회의 개최가 미군 측의 저지를 당해 한바탕 물의를 빚었다고도 한다. 반일반미책동을 위해 극좌분자가 경성으로 들어와 일, 미, 조선의 요직자 암살을 꾸미는 것은 그저 시간문제일 뿐이라고 한다.

10월 23일

직장 귀국은 제1차, 제2차로 나눠 이루어진다고 하기에 등청해 보았다. 밤에 오쿠라(운전수)가 약주를 가져 왔기에 가네모리(복검 서기장) 씨도 불러 마셨다. 치아키(장남 중1)가 친구와 남대문까지 신문을 사러 갔더니 조선인 학생이 뒤쫓아 와서 도망쳐 왔는데 함께 간 친구가 걱정이라고 하기에 그 아버지와 함께 또 보러 나섰다. 다행히 친구는 반대 방향으로 도망쳐 돌아왔다고 인사하러 왔다.

10월 24일

며칠 전 히로세(廣瀨晋, 변호사) 씨가 아이 둘과 함께 검거되었다는 이야기를 들었다. 이유는 헌병을 재웠기 때문이라는 소문이다.

"일본인은 이번 달 말까지 귀국해야 한다. 귀국하지 않는 자는 학살해야 한다. 기차가 없으면 걸어서 가라. 배가 없으면 헤엄쳐 가라!!"

이런 전단지가 뿌려지고, 또 전봇대 등에 붙여져 거기에 사람이 몰려들어 읽고 있다. 또, "천황을 전쟁범죄인으로 체포하라. 일본은 아편으로 동아(東亞)침략을 책동하고 있었다"라는 전단지도 보았다.

"일본인이 귀국할 때 소지금은 천 엔까지, 저금통장의 반출은 허락하지 않는다"라는 신문 발표도 있었다. 경성 내에 극좌분자가 잠입하여 일선(日鮮) 요인의 암살을 꾸미고 있다는 소문은 이전부터 있어서 친일계 요인의 도피 등도 시작되고 있는 듯하다. 또 미국, 소련 간의 충돌은 가까워져 피할 수 없으리라는 것도 사람들 입에 오르내리고 있다.

치과의전 일본인 학생이 반일학생에게 학살되었다. 그러나 범인을 수사할 수는 없다.

모포를 사러 나갔다. 돌아오다가 야부키(矢吹, 지검 서기) 군 집에 들러 본다. 미국 새 경찰부장이 산부인과 병원에 입원 명목으로 첩을 두고 있다는 이야기를 들었다. "사고야(佐鄕屋留雄) 무관부(武官府) 일당 반란 운운"이라는 기사가 크게 「신민보(新民報)」에 게재되었다.

10월 25일

"왜놈은 빨리 돌아가라!!"
라는 벽보가 각처에 있는데 명문(名文)이었기에 가져와 읽었다.

좌익의 선전선동이 현저해졌다. 평양 검사는 사살이 아니고 박살(撲殺)이었다고 말하는 자도 있다.

10월 26일

낮에 대여섯 명의 남자가 문 앞에 와서 히사미(久實, 차남 초3)에게 "이 근처에 일본인이 있으면 알려줘"라고 하여 "여기에 일본인은 없어요" 라고 대답했더니, "아냐, 분명히 이 근처에 있을 텐데"라고 하면서 돌아갔다고 한다.

오쿠라 운전수의 뒤 창고(검사국용)에 23일 밤에 이어, 지난밤에 또 뒤 창문 쇠붙이를 잘라내고 도둑이 들어와서, 법원 숙직 순사를 불러왔더니 순사는 "만약 아직 이 안에 도둑이 들어 있기라도 하면 위험하니까…"라고 하며 안을 들여다보려고 하지도 않고 돌아갔다고 한다.

치안은 군정부에 의해 지켜지고 있는 셈이지만 강도·절도·폭행 종류는 매일매일 늘기만 하고, 거의 방임상태이다.

전시 중 관(官) 때문에 시달려 온 민중은 처음에는 조선경찰관을 향하고, 일단 분이 가시면 일본인에게 화풀이하고, 그다음은 무 경찰 상태가 되어 오히려 경찰관이 민중의 비위를 맞추게 되었다. 형무소에서 도망친 강절도의 죄수 등이 임시 채용 순사가 되고, 이자가 사복을 입고 순사 겸 도둑 노릇을 잘하고 있다고 한다.

쓰다(津田) 심판관이 귀환군인으로 출발. 모리우라(지검 검사정) 씨를 방문해 보았다. 그는 제1차 철수에서 우선 가족만 보내두었다고 한다. 우리도 아직 해임은 되지 않은 상태지만 떠나버릴까 라고 가네모리 씨(복검 서기장)와 이야기를 나누었다. 그러나 이것도 탈 수 있는 배가 있어야 되는 이야기이다.

오쿠라 운전수는 지난 밤에는 부인과 교대로 창고 망을 보았다고 한다.

농무국장이 유치되었다.

10월 27일

귀환군인이 우선이기 때문에 일반인 철수은 그보다 5, 6일 늦어진다고 한다. 저금통장 반출이 금지되었다고 하여 우체국은 다시 일본인으로 몹시 북적였다. 장사꾼 같은 아내 중에 울고 있는 자도 있다. 인출도 1주일에 500엔 이상은 허가되지 않는다는 우체국 이야기이다.

이리타니(入谷, 지방) 판사 집은 강도가 빈발하여 무섭다고 누군가 묵을 사람이 없느냐는 이야기가 나왔다. 남산에 22인조 강도가 있어 그중 4명을 체포하여 동행하고 왔길래 드문 일이라고 생각하고 있었더니 아이들 조직이었다.

밤에 도요야마(豊山, 조선인)서기가 찾아와, 조선은 소련군에게 독일은 미국에 총괄될 것이라고 이야기하였다.

10월 28일

30일에 중대 발표가 있다고 조선어 방송이 있어, 일본인이 동요하였다. 소련군이 전 조선으로 진주하게 되었다는 것이다.

'소련군은 불법'이라는 선입견은 일본과 조선 모두 강하게 심어 있고, 그 무법적인 소행은 북조선에서 도망쳐 온 사람들에 의해서도 수많은 예증(例證)으로 익히 들어온 바다.

다니구치(谷口義弘, 지검), 미야시타(宮下, 지검) 검사도 함께 와서 미야시타검사는 각별하게 친한 조선인이 있다고 하여 미국, 소련에 대한 의견을 들어보자고 동행하여 대림정(大林亭)을 찾아갔지만, 부재였다. 되돌아오며 모리우라(지검 검사장)씨 댁으로 방향을 돌려 정보를 얻으려고 했지만 여기도 마찬가지여서 자료 같은 게 있지도 않아, 그저 인천에서 출발하는 특별편선을 빨리 마련하고 싶다고 하며 헤어졌다.

이른 아침 또 모포를 샀다. 밤에 시미즈(淸水) 운전수(조선인, 지검 소속)가 와서 처음으로 그냥 들어와 잡담을 나누고 돌아갔다.

다카하시[高橋淸蔵, 전(前) 인조(隣組)[16] 회원]가 내일 출발하게 되었다고 인사하러 왔다.

---

16 전시체제기에 일본 각 마을에서 관 주도로 조직된 후방 말단 조직. 근세의 5인조, 10인조로 마을 내 상호부

10월 29일

그저께 밤 방송은 소련군의 진주(進駐)가 아니라는 것을 알고 일동이 안심했다. 본부에 승선 신청의 수배 간청, 직역(職域) 접종 의뢰, 모리우라(지검검사정) 씨의 의뢰로 요코야마(横山) 상점에 물품판매 의탁, 온종일 뭘 할 틈도 없었다.

아이들이 옆집 아이들과 함께 다른 예를 흉내 내 큰 길가로 비누를 팔러 나갔다. 한 개 1엔이다. 선물 받은 물건과 배급품 등으로 아직 비축품은 남아 있다.

중경에 있던 김구(金九) 정권이 11월 중에 경성으로 옮긴다고 하니, 그 이후의 치안이 지금부터 염려되기 시작하였다.

10월 30일

함께 철수하는 조(組)가 모여 천리교(天理敎) 회당에서 티푸스 예방주사를 맞고 왔다.

중대 발표라는 것은 미국 측이 국내 정치의 통일을 권고한다는 것으로 조선 국민 간의 문제였다.

아이들은 가네모리씨(복검 서기장) 아이와 함께 계속 비누를 팔러 나갔다. (계속)

(특별회원)

조조직을 활용하여 1940년 9월 11일 내무성이 「부락회(部落會)町內会(정내회) 등 정비요령 (내무성 훈령 제17호)에 의해 물자공출, 주민동원, 통제물 배급, 공습에 대한 공동대처를 하도록 한 조직이다. 일제강점기 조선의 애국반과 유사한 조직이다.

〈자료 129〉 모토하시 도요하치(本橋豊八), 재선종전일지(5)

[本橋豊八, 1979, 〈在鮮終戰日誌(5)〉, 《法曹》No.342, 法曹會出版部, 43~52쪽]

10월 31일

검사들은 변함없이 매일 모이고 있다. 얼굴을 본 적도 없는 판사와 본부(本府) 동료들도 섞여 있는 경우도 있다. 정보를 얻을 수 있기는 하지만 자기의 용무는 아무것도 볼 수 없다.

미야자키(宮崎) 검사가 수원에서 아예 짐을 싸 들고 왔다며 물어왔다. 젊은 부인은 젖먹이 어린아이를 안고 짐이라고는 손에 든 것뿐이어서 정말이지 패전한 모습 그 자체이다.

탁송(託送)이라는 제도는 있지만 이것은 맡기기(託)만 있을 뿐이고 보내기(送)는 없다. 철도의 화물취급소에는 늘 매수자가 대기하고 있다가 접수된 물건은 그대로 오른쪽에서 왼쪽으로 보고 있는 앞에서 거래되어 밖으로 운반되어 사라진다.

처음으로 아사오(淺生) 씨(고검서기장)와 고검 서기과 직원이 해임되었다. 저녁 무렵 아사오씨 집에서 사람이 와서 해임 축하를 한다고 하길래 가 보았다. 가네모리(金森), 마쓰모토 준지(松本諄治), 아카마쓰 슌이치(赤松俊一) 군(고등서기)들이 와 있었는데 술김에 미즈노(水野) 검사장의 집으로 몰려가 술을 아주 많이 마셨다. 미즈노 씨 집에서는 간밤에 부엌 출입구 쪽으로 짐을 다 싸놓은 트렁크 5개를 도난당했다고 하는데, "아이고 뭘요. 가져가기 쉬우라고 싸 준 거에요"라고 농담을 하고 계셨다.

미야자키 씨 일가는 내 집에 묵는다.

11월 1일

체납자에게는 철수를 위한 차표를 주지 않는다고 하여 서대문 세무서에 갔다. 담당자가 내년 3월분까지 미리 납부하지 않으면 안 된다고 한다. 부당하다고 생각했지만 논리가 통하는 상황이 아니라 말하는 대로 납부하고 왔다.

관청에 들러 해임 상황을 물어본다.

박이라는 신임 검사장이 서류 소각, 위원회의 돈 배부, 회수 물품(증거품)의 처리 등에 대하여 물어서 있는 그대로를 말했더니 시말서를 제출해 달라고 한다. 일단 문안을 작성해 보고 모리우라(森浦)(지검 검사정) 씨의 집에까지 가서 양해를 얻어 그 복사본을 제출하고 왔다.

미야자키 씨 일가는 미안해하며 다른 곳으로 옮겨 갔다.

11월 2일

검사들은 여전히 인천발 특별 편선의 준비를 계획하고 있다. 희망은 있는 듯하다.

위원회 관계 시말서 작성, 가네모리 씨(복검 서기장)가 해임되었다.

거듭 저금통장 반출 금지 방송이 있었는데, 밤에 가네모리 씨도 의기소침해져 찾아왔다.

11월 3일

반출 불허가가 된 저금을 인출하러 가 본다. 5일에 한 번씩 5만 엔 지불한다고 한다.

여기에도 쓰러져 울고 있는 상인 풍의 여성이 많았다.

작성한 시말서를 제출하고 온다.

어제 아침 6시경 사이가(雜賀)[17] 경부가 자택 부근에서 누군가에게 살해당했다. 시신을 인수할 사람이 없어서 지금도 길가에 방치된 채로 있다고 한다. 총탄은 2발.

《경성일보》가 조선인 손에 들어가고 기사 내용이 완전히 일변했다. 지아키(千秋)가 편도선염을 앓아 누웠다.

11월 4일

대화헌(大和軒)의 이지마(飯島) 씨가 와서 니시(西) 군(지검 서기)이 방안에서 죽었다는 보고서를 건네주었다. 안타깝지만 손 쓸 방도가 없다.

---

17 齋賀의 오기. 사이가 시치로(齋賀七郞)로 경기도경찰부 고등경찰과 경부로써 독립운동가 검거로 악명이 놓았던 자이다.

두 번째 주사가 끝난다. 아울러 본격적으로 짐 정리. 짐 정리라고 해도 짐은 이미 다 정리가 되어 있어서 더 할 것도 없지만….

11월 5일

"사이가 경부의 살해는 참으로 영웅적인 행위이다"라는 큰 표제어로 사이가 씨에 관한 기사가 신문에 게재되었다. 또 다른 면에 광주학생사건의 추억담 등이 실려 있는데,《경성일보》는 하룻밤 사이에 선동 기관지가 되어 버렸다. 더욱이 제3면 탑 기사에 "빨리 일본인을 쫓아내라!!"라고 되어 있다. 오늘 아침에는 돌아가고 싶어도 돌아갈 수 없는 조선에 있는 일본인(在鮮日本人)의 대부분이 이 신문을 읽고 있을 터이다.

용산, 수원 간 귀환 열차를 습격하여 현금 수만 엔을 강취하는 사건이 발생했다.

다음 귀환 열차는 8일이라고 하는데, 그 수는 희망자의 10분의 1도 안 된다. 더욱이 인천에서 출발하는 용선(傭船)은 수하물 휴대가 전혀 허락되지 않는다고 하여 중지되었다.

4, 50일 전에 이체를 해약하려다가 거절당하여 포기하고 있던 것을 확실하게 해두기 위해 저금 관리소까지 가서 물어보았더니 "이미 그것은 지불 명령이 났다"고 한다. 그 의미를 잘 모르겠다. 발에 물집이 생겼다.

구내 관사의 일본인은 대부분 조선을 떠났고 남아 있는 것은 우리 집과 가네모리 씨(복검 서기장)네뿐이다.

김구 정부는 5일에 중경을 출발했다고 하는데, 그 측근자의 이야기로 "일본인 관리는 보는 것도 불쾌하다"라고 말했다는 기사가 실려 있다.

5만 엔을 인출한다. 재임 검사가 다소 나오게 되었는데 아직 변호사 간판을 떼어낸 사람은 없다고 한다. 형사 재판에서는 집행유예가 급속하게 증가했다.

부내 전철이 편도 50전이 된다.

11월 6일

아내가 서대문 우체국에 이체 환불 청구에 가 보았더니 국원으로부터 "얼마간 사례금을 주면 마감 후지만 환불해 주겠다"는 말을 확실히 들었다고 하는데, 그대로 돌아왔다고 한다. 아사오 씨(고검 서기장)는 부산에 있는 가옥을 처분하기 위해 승차권을 차서 홈으로 들어갔는데 열차 앞에서 500엔을 내지 않으면 승차시키지 않겠다는 말을 듣고 어이가 없어서 돌아왔다고 한다.

11월 7일

아침에 용산으로 귀환 열차의 상황을 보러 간다. 열차는 곧 출발한다고 하는데, 어디에서 온 귀환자인지 플랫폼 가에 있는 노상에 멍석을 깔고 그것을 동행인 듯한 2, 3인이 모포로 가려준 상태로 출산을 하고 있다. 바람이 강해서 모래 먼지가 일고 있었다. 앞으로 어떻게 되는 건지.

승차권 13장이 도착했다. 그 배분을 고민하는 중에 모리우라(森浦) 씨의 차남이라는 분이 오셔서 "방금 아버지가 관사에서 종로서로 연행되었다"라고 말했다. 우선 바로 이전 간수부장으로 모리우라 씨를 잘 알고 있는 사람 집으로 아내를 보내고, 나는 후지(藤) 검사를 찾아가 승차권 배분 방법을 정하고 나서 모리우라 씨 문제에 대하여 후지 씨와 시미즈(淸水)(지검 검사) 씨 집으로 돌았다. 결국 내일 우리 집에서 요네하라(米原)(지검 차석 검사) 씨 이하의 지인을 모아 어떤 방법이든 생각해 보기로 하고 밤 9시경에 돌아왔다.

11월 8일

이른 아침 모리우라 부인이 남편의 억류에 대하여 상담하러 오셨다. 기시카와(岸川)(지검 검사) 씨가 아무런 사정도 모른 채 와 있었는데, 거기에 2, 3명의 형사가 종로서에서 왔다고 하면서 법원 앞마당에 차를 대기시켜 두었으니 함께 경찰서까지 가 달라고 하여 자동 삼륜차로 종로서에 연행되었다[나중에 들은 이야기이지만 그 후 후지 검사와 야부키(矢吹) 군(지검 서기)이 왔는데 후지 씨는 형세가 심상치 않은 것을 알고 허둥지둥 돌아가고, 야부키 군은 그 충격때문인지 그 자리에서 각혈을 했다고 한다].

어디를 어떻게 파더라도 조금도 양심에 거리낄 일은 하나도 없기 때문에 특히 놀랄 일도 없었는데 형사를 15분이나 기다리게 하고, 만일에 대비하여 충분히 옷을 입고 연행에 응했다.

아마 1, 2시간의 조사 정도면 돌려보내 줄 것이라고 가볍게 생각했는데 제대로 성명 확인도 하지 않고 갑자기 감방으로 넣어 버려서 당황했다. "그렇지. 여기는 지금은 무정부 상태의 무법 타국으로, 죄의 유무 등은 별문제였다"라는 것을 비로소 깨닫게 된 것이다.

저녁밥이 나왔는데, 현미 주먹밥 하나, 새우젓 한 젓가락으로 이것을 가슴에 품고 있던 휴지로 받아먹었지만 역시나 목구멍으로 넘어가지는 않았다.

같은 방에는 8명 정도. 각종 범죄가 섞여 있는 잡거 감방이었는데, 다만 이(李)라는 인상이 좋지 않은, 보기에도 난폭해 보이는 자가 혼자서 거들먹거리고 있었다. 이는 스스로 "나는 살인 전과가 몇 개나 있는데, 이번에도 사람을 죽이고 왔다. 첩의 집에서 말을 타고 다른 첩의 집으로 가다가 도중에 붙잡히고 말았다"라고 자랑스러운 듯이 말을 했다.

새로 들어온 사람이 있으면 그 상대를 이가 했다. 지위가 높은 자일수록 바람이 거세고, 아무런 득도 되지 않아서 나는 일개 서기라고 하고 감방 내 상황을 파악하려고 노력했다. 같은 방에 형사과 차석 이와나가 다카시(岩永隆) 경부가 있었는데 처음부터 나를 감싸주며 주의를 주었다. 서기라고 한 것도 이의 질문에 이와나가 씨가 아무렇지도 않게 "으음 서기라네"라고 가볍게 받아넘겨 준 덕이었다. 감방 내의 관습 등에 대해서도 이와나가 씨가 가르쳐 주었다. 이와나가 씨는 전부터 이름은 들어 알고 있었지만 만난 것은 처음이다.

저녁 무렵 시미즈(지검 검사) 씨가 다른 감방으로 가는 것이 보였다. 추위가 몸에 사무친다.

11월 9일

위생과 니고리카와(濁川) 박사가 같은 방으로 들어왔다. 니고리카와 씨와는 어느 연회 자리에서 만나 함께 바둑을 둔 적이 있는 정도의 아는 사이였지만, 장소가 장소인 만큼 손을 맞잡을 듯한 기쁨이었다. 더욱이 모리우라 부인이 여자 감방으로 들어가셨다. 이어 야마구치(山口) 경부의 얼굴도 보였다.

니고리카와 씨와의 이야기는 끝이 없었지만, 밤이 늦어지고 이유는 모르겠지만 니고리카와 씨는 다른 방으로 옮겨 갔다. 나와의 친밀함이 눈에 띈 것일지도 모르겠다.

감방은 전체 24개인데 그것이 상하 2단으로 되어 반부채꼴 모양으로 되어 있고, 중앙이 간수대, 그곳이 입구이기 때문에 사람의 출입은 모든 방에서 잘 보인다. 사람들의 출입이 우리의 유일한 일과이자 흥미이다.

11월 10일

이쿠타(生田) 지사, 내무, 재무 두 부장, 그 밖에 부(府)의 6과장, 에토(江藤) 경부, 이토(伊藤) 검사, 니시(西), 나가오카(長岡) 군(지검 서기) 등이, 각각 다른 방에 있다는 것을 점차 알게 되었다.

11월 11일

다른 방에 농무과장, 요시카와(吉川) 경부가 들어와 있었다.

11월 12일

4일째 처음으로 아내가 면회를 왔다. 10일부터 면회를 요청했지만 허가가 내리지 않았다고 한다. 10일에 넣은 모포가 있다고 해서 집요하게 재촉했더니 겨우 꺼내 주었다. 모리우라(지점 검사정) 씨의 집은 9일에 가택수색을 당했는데, 다수의 증거품이 있다는 이유로 부인이 조사를 받게 되었다고 한다. 모리우라 씨는 후임자도 정해져 관사도 비워 주어야 해서 내 아내와 모리우라 씨의 장남 다이스케(泰輔) 군들과 상의하여 막 남산 쪽으로 셋집을 찾아 이사 가기로 한 참이었다. 그런데 오후가 되어 모리우라 부인과 야마구치 경부는 석방되었다.

니고리카와 씨의 혐의라는 것은 조선인에게 도난당한 위생과 비품의 책임 문제라고 전해졌다.

11월 13일

와세다(早田) 국장, 전매 국장, 재무 국장, 유키모리(行森)[미코토(孛)] 서기관, 요네하마(米浜) 속(屬) 등은 서대문서에 유치되어 있다고 한다.

11월 14일

6일째 처음으로 2시간 정도의 조사가 있었다. "너는 무언가 나쁜 일을 하고 있었을 테니까 그것을 모두 불어…"와 같은 아이를 속이는 것 같은 조사이며, 유치를 한 것에 대한 그 나름대로의 근거와 자료 등이 없는 것은 금방 알 수 있었다. 그러나 그뿐이라고 웃어 버리며 끝나지는 않을 본질적인 연약함, 외고집과 같은 부분이 있었다. 조선인의 자질은 잘 알고 있어서 아무래도 친밀감(情誼)만으로는 무너뜨릴 수 없는 일점, 일선이 있다.

11월 15일

같은 방에서 3명의 석방자가 있었다. 이(李)의 존재감이 어느샌가 희미해져 같은 방 사람들이 서서히 나에 대하여 경의를 표하는 이가 나왔다. 새로 들어온 입소자들은 언제부터랄 것도 없이 나를 선생님이라고 부르게 되었고, 신 입소자는 일단 내 앞에서 죄상을 말하고 그것이 무슨 죄에 해당하는지 어떻게 말하면 좋은지 어떻게든 도망갈 방법은 없는지, 어느 정도의 형을 받는지 모두 그런 상담을 해 왔다. 그중에는 출소하고 나서의 생활과 복잡한 가정 내 관계에 대하여 말하는 자도 있었다.

메틸사건의 입소자는 거의 요정 관계자로 차입물이 많아서 모두에게 환영을 받았다. 소지 금품은 입소 때에 일단 압수되는데 몽땅 압수해 버리면 다른 것을 윤택하게 하는 자원이 없어지기 때문에 어느 정도는 일부러 눈감아 주기도 하고 교묘하게 몸에 지닌 채 들어오는 경우도 있었다.

더욱이 저녁이 되면 어김없이 간수 순사가 단골에게 주문을 받으러 왔다. 자택에서 돈을 가지고 오는 것도 음식물과 담배를 가지고 오는 것도 자유였다. 다만, 대체로 의뢰 금품의 대략 절반은 수수료로 나가는 것으로 생각하고 있어야 했다.

유독 자주 눈에 띄게 찹쌀떡이나 엿을 사 달라는 이가 있었다. 아침에 한 잔 입을 헹구는 물을 주는데, 그 입을 헹군 물을 손바닥에 받아 매일 아침 얼굴을 씻는 결벽남도 있었다. 여러 가지 절도 전과가 있다는 피부병 환자가 한 명 있었는데 그 입을 헹구는 결벽남과 피부병 환자는 어쩐지 마음이 맞지 않은 듯 자주 말다툼을 했다. 무척 험악한 상황이 되기도 했지만 감방내 흉기가 될만한 물건은 요강 뚜껑 정도였기 때문에 별로 신경을 쓰는 사람은 없었다.

공장 비품을 팔아서 붙잡혔다는 젊은이가 들어왔는데 생각을 떠올려가며 꺼이꺼이 계속 울어서 난처했다. 새로운 입소자가 나의 법률적 판단을 구하는 것은 완전히 전례가 되었고, 나의 의견을 아주 존중했다.

피스톨사건[헌병 오장(伍長) 사이토 마코토(斎藤實)를 중심으로 하는 패전 불평분자가 군의 기관총과 권총을 모 카바레에 숨겨 두고 궐기를 시도한 사건인데, 여자 8명을 포함해 전원 41명이었다]이라는 것이 있어 7, 8명의 여자가 위 층에 수감되었는데 가끔 명랑한 목소리로 합창을 하였다. 그런데 옆방에 이의 지인인 아오키(青木)라는 상습 절도범이 있었는데, 이 사람이 또 보기 드문 미성으로 가끔 잡가를 소리높여 불러서 온 방에 들렸다. 방 전체 200여 명의 박수가 언제까지고 멈추지 않은 적도 있었다.

11월 16일

아내가 또 면회를 왔다. 차입은 좀처럼 허락해 주지 않는다. 후쿠다(福田) 검사장이 나의 석방운동을 해 주고 있다는 것과 가네모리(복검 서기장) 씨가 조선을 떠난 사실이 알려지고 서소문정 지역은 마침내 우리 집만 남게 되었다. 아내에게는 먼저 귀국하라고 권하고 있지만 먼저 떠날 생각은 없는 모양이다. 하긴 아이 둘과 짐, 정착할 곳 등을 생각하면 먼저 떠나는 것도 불가능하다는 것을 알 수 있다.

모리우라(지검 검사정) 씨를 위해 도모하던 남산으로의 이전은 모리우라 부인이 석방된 것과 이전을 하려면 집만도 800엔이나 들여야 해서 보류하기로 했다고 한다.

감방에서 사람을 잘못 오인하여 석방되는 인원수가 많아졌다.

이 잡기는 대체로 하루걸러 한 번씩 한다. 방안이 어두컴컴하여 잘 보이지 않지만 그래도 한 번에 열 마리 정도는 잡는다. 그렇다고 열 마리 있다는 것이 아니라 불특정 다수 마리 가운데 운 나쁘게 잡힌 것이 열 마리라는 것이다. 아들과 손자들은 옷의 솔기같은 곳에 줄줄이 달려 있다. 조선인은 잡은 이를 먹어 버리는 사람이 많았다. 처음에는 이상한 사람이라고 생각했지만 생각해 보니 나의 피를 먹고 자라 살찐 순수한 단백질이니 버리는 것은 아까운 일이다.

편도선이 좀 아팠는데 충분한 시간을 들여 지압을 해줬더니 운 좋게 나았다.

11월 17일

오전 중에 호출이 있어 구호회에서 받은 200엔을 중심으로 질문을 받았다. 조사실에서 모리우라 부인을 만났는데 도시락을 좀 나누어 주셨다. 니고리카와 박사가 석방되었다.

가네모리 씨 후임으로 온 것이 복검의 도쿠하라(德原)(조선)였던 것은 다행이었다. 이 사람은 내가 특별히 총애한 남자인데, 성품이 몹시 성실한, 보기 드문 조선인 같지 않은 조선인 남자이다.

11월 18일

출입자도 없고 평범하게 지냈다. 이(李)가 언제 어떻게 슬쩍 훔쳐내오는지 빨간 가죽 장화를 가지고 있었는데 그것을 같은 방 사람에게 700엔에 팔고 있었다. 피부병은 어디선가 모자를 훔쳐 와 들고 있다. 이가 신발을 판 돈으로 간수 순사에게 떡을 사달라고 한다. 건네받은 떡은 25개이다. 이는 "100엔을 줬는데…"라고 투덜대고 있다.

11월 19일

이는 형이 결정되었다고 하며 나갔다.
아내가 또 면회하러 왔다. 모리(전 서대문 형무소 소장) 씨 부인도 남편을 포기하고 2, 3일전에 먼저 떠나기로 했다고 한다.
아내에게 빨리 귀환하라고 권해 보았으나 여전히 움직일 기세가 없다.

11월 20일

방 안에서 금지되어 있는 담배를 피운 자가 있어서 모든 방을 간수 순사에게 조사를 받았는데 주머니에 숨겨 왔던 1센티미터 정도의 메모용 연필이 발각되어 몰수당했다. 담배를 피운 사람은 간수 순사가 아직 방앞에서 자기 자리로 돌아가기도 전에 이미 태평하게 새 담배를 피우고 있다. 도대체 모르겠다.

방에 있는 갈연광(渴煙狂)은 타다 남은 담배 연기가 흘러들어오기를 기다리고 있다가 바람의 방향에 따라 "이봐, 연기가 잘 안 들어오잖아"라며 화를 낼 때도 있다. 연필은 다행히 운 좋게 더욱 작아진 8밀리 정도의 것이 방 안에 떨어져 있어서 도움이 된다.

시즈나가(靜永, 지검 검사) 씨는 요정 라바울[18] 관련 사건으로 옮겨 증거품 처리 관계에도 관여하고 있다나 뭐라나 하면서 기시카와(岸川), 미야시타(宮下) 두 검사의 이름이 빈번하게 되풀이되고 있다는 밀보가 왔었다.

감방을 통틀어 가장 고참인 한(漢)이라는 남자가 간수 등의 신용을 얻고 있어 매일 감방 밖을 청소한다. 어떻게 된 일인지 언제나 주머니에 먹을 것을 넣고 있는데 그것을 재치 있게 잘 처리해서 소식 전달은 공짜로 해 준다. 모리 씨에게서 2, 3회, 니시 군에게서 3, 4회 왔다. 사법 관계 직원은 모두 조선을 떠났다는 밀보(密報)도 그를 통해 알게 되었다. (계속됨)

(특별회원)

〈자료 130〉 모토하시 도요하치(本橋豊八), 재선종전일지(6)

[本橋豊八, 1979, 〈在鮮終戰日誌(6)〉, 《法曹》 No.343, 法曹會出版部, 49~52쪽]

11월 21일

사건이 수사 주임 손으로 간 모양인지 주임에게 불려가서 억지로 약력서를 작성했다. 석방이 멀지 않았다는 느낌이 들었다.

감방 내의 출입이 빈번하여 어느샌가 나와 이와나가(岩永) 씨(형사과 차석 경부)가 최고참이 되어 버렸다. 나를 대부분 선생님이라고 부르고 있다.

방 뒤쪽은 복도인데, 바깥쪽에 목재 등을 쌓아 두었다고 하는데 방 안으로의 차입이 간간

---

18 라바울(Rabaul)은 파푸아뉴기니 동뉴브리튼 주에 속한 도시로, 제2차 세계 대전의 태평양 전선에서 일본군 기지가 있던 곳이다. 라바울은 일본제국의 남방 전선 최대의 군사 거점이었다.

이 여기에서 행해지는 경우가 있다. 그리고 석방되는 자는 반드시 판에 박은 듯이 다음 날 아침 여기에서 무엇무엇을 차입하겠노라고 약속한다. 몇십 명의 석방자 중 정말로 그 약속을 지킨 사람이 두 명 있었다. 나머지는 모두 감감무소식이다. 그런데도 감방에 있는 사람들은 그 남자만은 다를 것이라는 생각을 하면서 매일 아침 그 창구에 주의하고 있다. 그리고 약속을 어겼다는 것이 확실해지면 이번에는 온갖 심한 욕설로 그 남자의 불신허행(不信虛行)을 추궁하는 것이다. 그런데 추궁하고 있던 자가 석방되면 마찬가지의 결과가 되는 것인데 이것만은 확실하게 반복되고 있었다.

같은 감방에 있는 사람들은 재미있어서 때로는 일부러 꾀병을 앓는 사람을 만들어 눕게 하고 모포를 덮기도 하여 아픈 사람처럼 만들어 순찰하는 간수에게 "아무래도 장티푸스인 것 같다"고 하면서 그럴싸한 증상을 이야기한다. 이가 득실득실한 감방 내 장티푸스는 경찰에게도 골치가 아픈 문제이기 때문에 대개는 아무말 없이 석방했다.

11월 22일

조사도 출입도 없었다.

11월 23일

수사 주임이 시켜서 억지로 시말서를 작성했다.

아내가 또 면회를 온다. 28일에는 마지막 귀환 열차가 있다고 한다.

지금까지 쓰지 않았지만 이와나가 씨의 나에 대한 호의는 이루 다 표현할 수 없다. 경찰서 사법계에 지인이 있어서 사건의 추이는 대략 알았고, 차입물을 들여보내는 사람과 연락이 닿아 이와나가 씨에게 차입을 넣을 때는 당연하다는 듯이 나에게도 나누어 주었다. 새까맣게 때 낀 긴 손톱으로 흠집을 내어 두 개로 나누어 주는 사과는 정말이지 맛있었다.

아내가 넣어주는 것도 다소 있는데, 가루로 된 비타민C, B의 분배는 몹시 기뻐하여 나의 몫까지 빼앗겨 버렸다.

처음으로 시즈나가(지검 검사) 씨와 조사실에서 이야기를 한다.

최근 조(趙)라는 사람이 경찰부장으로 새로 부임해 왔는데 부임해 온지 십여 일 만에 성동(城東)서장과 함께 파직을 당하였다. 조는 이승만의 경호상 실수로, 서장은 국일관(國一館) 위층을 서양풍으로 만들게 했기 때문이라고 한다. 또, 홍신(洪新) 형사과장 외 2명이 경무국의 부정 관리를 조사하는 과정에서 부정이 있다고 하여 파면, 구류되었다. 파면한 자가 언제 또 파면될지는 모른다. 부내 서장 등도 그러한 상황이 반복되고 있었다.

밤이 되어 피스톨사건이 끝나고 여자 3명이 석방되었는데 남아 있는 여자와의 사이에 극적인 정경을 전개하여 모든 감방이 풀이 죽어 조용해지게 되었다.

사람과 사람의 만남과 헤어짐의 덧없음과 사람과 세상과의 미묘한 동떨어짐, 본인으로서는 목숨을 걸어온 이 사건이 아주 작은 곤봉을 휘둘러 지상을 두둘겨 본 것과 같은 허무한 노력이지 않았나. 더욱이 여기는 거의 법도 질서도 없는 것이나 다를 바 없는 이국이다. 전쟁이라는 인간의 욕망으로 인해 피를 흘린 투쟁의 파탄과 일그러짐이 이러한 세상의 한 쪽에서 별리라는 슬픔의 형태로 끊임없이 펼쳐지고 있다. 경찰이라는 권력으로부터 풀려난 젊은 세 여자는 더러워진 옷을 입고 창백한 얼굴에 머리를 풀어 헤친 채 몇 번이고 이쪽을 돌아보며 누구에게라고 할 것도 없이 머리를 숙이고 어두운 밖으로 나갔다. 앞으로 어떻게 할 생각인지 또 어디로 갈 작정인지. 밤은 이미 10시도 지났거늘.

11월 24일

어젯밤 늦게 12, 3세의 소매치기가 근처 방으로 들어와 밤새 계속해서 울었다. 게다가 12시경이 되자 들어온 취한이 간수 순사와 무언가 말썽을 일으켜 고함을 질러대는 바람에 거의 잠을 자지 못했다.

11월 25일

소매치기 아이는 밤새 내내 울었다. 점심 주먹밥이 내용물은 같은데 찬합으로 바뀌었다.

간수 순사가 감방 내로 단골에게 주문을 받으러 돌아다니는 일이 더욱 빈번해졌는데 그 중에는 시계를 팔아주겠다고 해서 건넸더니 그대로 꿩 구워 먹은 소식이 되기도 하고, 가지고 있을 리 없는 남자가 어느샌가 시계를 가지고 있기도 하고, 그 시계 타입이 다시 바뀌어 있기도 하고, 호출된 남자가 어떻게 빼내오는지 모자의 매매 교섭을 하고 있기도 하고 이런 불가사의한 일이 매일 일어나고 있었다. 더욱이 다른 사람의 소지품은 뭐든지 칭찬을 해야 하는 습관이 있는데, 칭찬할 방도가 없어 곤란한 적도 있었다.

간수장 맞은편에 별실이 있다. 형사 간수들은 연일 어김없이 거기서 주연을 베푼다. 차입품의 일부를 가로챈 것인지 이중 차입을 시킨 것인지 잘 모르겠다. 풍족한 것만은 확실했다.

오늘은 꽤나 술이 많이 들어온 모양인데, 김 형사가 곤드레만드레 취해 모든 방에서 보이는 곳에 나타나 노래를 부르기도 하고 꽥꽥 소리를 지르기도 하여 모든 감방을 웃게 만들었다. 그런데 마침 공교롭게도 다른 형사가 한 취한을 검속해 왔는데 무슨 일인지 이 두 사람이 시끌벅적하게 싸움을 시작하더니 결국에는 난투극을 벌여 피를 흘리는 싸움이 되었다. 모두가 흥미진진하게 보고 있었는데 언제까지고 끝날 기미가 없어서 구경꾼들 쪽이 지쳐서 자 버렸다.

11월 26일

음식물은 이와나가 씨가 나누어 주는 것으로 충분하고 딱히 이렇다 할 불편함도 없는데 또 아내가 면회를 왔다. 밖으로 호출되어 수사 주임에게 보고서 내용에 대하여 잠시 질문을 받았다. 여기서 시즈나가 씨와 그 부인을 만났다. 약점은 전혀 없기 때문에 석방도 머지 않은 것으로 예상되었다. 또, 편도선이 탈이 났다. 8도 정도의 열은 있는 듯하다.

김구(金九)가 입성한다고 한다.

11월 27일

니시(지검 서기) 군과 동시에 호출되어 동석에서 억지로 구호회 관계의 시말서를 썼다. 누가 두고 갔는지 금전 배부 일람표가 책상 위에 있다. 야스이(安井) 1만 엔, 모리 3천 엔, 모리우라 2천 엔이라고 써 있다.

피스톨사건의 처리가 거의 끝나고 감방 교체가 있어 사건의 부수뇌격인 시시가리(猪狩)라는 사람이 들어와 범죄가 일어난 정황(犯情)을 이야기했다. 이 사람은 징역 2년, 벌금 7천 엔이라고 했다. 시시가리 씨는 4, 500만이나 되는 대재벌이라고 하는데, 아버지는 지금 뇌물증여사건으로 서대문서에 구치, 어머니는 귀국해 버려서 비어 있는 집에는 휴지 한 장 남지 않고 다 가져갔다고 한다.

시시가리 씨는 간수 순사를 붙잡고는 계속 벌금의 돈 마련을 부탁하고 있다. 돈을 보이면 바로 교섭에 응해 주겠지만 없다면 좀처럼 상대해 주지 않는다. 매우 난처한 상태인 듯하니 "집에 가서 마당 한구석이라도 파면 2, 3천만의 돈은 바로 나온다" 정도의 말을 해 주라고 꾀를 알려 주었다(절도 현행범 등이라도 그 일부를 나누어 주면 눈감아 준다고 한다).

밤이 되고 나서 중년의 미인 여성이 여자 감방에 들어와 노래를 하기도 하고 춤을 추기도 했다. 그냥 술에 취해 있는 것뿐인지 머리가 이상한 건지 확실하지 않다. 이쪽은 방 인원이 12명으로 늘어나 돌아눕지도 못한다. 열은 내린 듯하다.

모리우라 씨는 부인이 서내 아무개에게 차입품의 편의를 의뢰한 것이 들통이 나서 차입정지가 되었다고 하고, 같은 방에 있는 한 사람은 차입해 주는 곳의 점원에게 담배를 부탁했더니 한 갑에 100엔을 달라고 했다고 투덜대고 있다.

피스톨사건으로 벌금형을 받은 사람들은 간수 순사를 붙잡고 열심히 돈을 마련하는 방법을 부탁하고 있다. 사례 관련한 이야기는 작은 목소리라 들리지 않지만 간수는 "일본인의 편의를 도모하면 친일분자로 간주되어 곤란해서 말이야…"라고 고의적으로 이 말만 큰 소리로 대답했다. 한 경찰보가 시시가리 씨의 방 앞으로 와서 "피스톨사건의 관계자는 석방을 기다렸다가 학살할 계획이 있어…"라고 위협하고 있다. 협박의 진의는 추측이 가능하지만 선고라든가 벌금의 병과(倂科)라든가 뭐가 뭔지 모르겠다. 사이토(헌병오장)는 징역 7년, 벌금 5천 원이 되었다고 한다.

밤늦게 앞에서 말한 특별실 연회가 시작되었다. 여자 감방에서 좀 예쁜 중년 여자를 불러 3시간 남짓이나 술 상대를 시켜 술이 떡이 되어 나왔다. 지금은 여자 쪽이 보이는 곳에서 계속 간수 순사들에게 공세로 나서고 있다. 그것이 또 나체에 모포만 둘둘 감고 있다. 간수들도 완전히 기분이 좋아져서 여자랑 서로 뒤얽히기도 하고 안기기도 하더니 결국에는 들떠서 여자 감방으로 들어가 버린 순사가 여자에게 열쇠를 빼앗겨 "오늘밤은 여기서 묵어라, 묵어라…"라는 말을 들으며 실랑이를 벌이고 있다. 감방 전체 약 150명 정도가 처음에는 흥미롭게 보고 있었는데 언제까지고 끝이 나지 않아 자 버렸다.

11월 28일

입소자가 점점 증가한다. 아내가 시즈나가 부인과 함께 온다. 아내가 지참한 도시락은 이토(伊藤) 검사가 먹어 버렸다고 하여 시즈나가 씨가 나누어 주었다.

이쿠타(生田) 지사 이하 장기 행정계 간부 18명이 석방되었다.

11월 29일

추위가 심해진다. 이와나가 씨가 조금 전에 잠시 나갔다.

11월 30일

아침에 이와나가 씨도 포함된 6명이 줄줄이 굴비 엮듯 엮여서 검사국으로 송치되었다. 나는 몰랐지만 법원 구내 임시 감옥에 2평 정도 되는 방이 하나 있는데 미어터질 듯한 상태로 조사 순서를 기다리고 있다. 수염이 6, 7부로 자랐다. 나의 법률로는 죄가 될 사정은 전무하지만 무법, 무정부 상태의 나라이기 때문에 상대가 어떻게 나올지 짐작이 가지 않는다.

잠시 기다리고 있자, 임시 감옥 주임인 오야마(大山) 부장(조선인)이 나를 찾으러 와서 "이쪽으로"라고 하며 사무실에서 가장 난방이 잘되는 곳으로 안내해 주었다. 이와나가 씨에게는 미안했지만 왜 부르러 왔는지 몰랐기 때문에 말하는 대로 했다. 다만 나를 찾으러 온 오야마 부장의 얼굴에, 나에 대한 종전과 같은 경애심이 나타나 있는 것을 순간 느끼고 안심했다.

누가 어떻게 연락해 주었는지 아내와 오쿠라(大倉) 운전수도 와 있고, 식사도 데워져 있었다. 간에(寬永) 서기(조선인)도 문안을 왔다. 대표로 온 모양인데, "결과는 걱정할 것 없습니다…"라고 귓속말을 하고 떠났다.

오늘은 이 정도로 끝인가 하고 생각하고 있는데 오후 5시경이 되어 검사국 조사실로 불려 갔다. 어디선가 나에게는 수갑을 채우지 말라는 명령이 있었던 모양인지 그저 간수가 따라

붙었을 뿐이었다. 조사실에 들어가자 낯선 서기가 혼자 있다가 벌떡 일어서더니 나에게 "당신에 대한 동정은 어마어마합니다. 당신이 검사국으로 송치되었다는 소식을 듣고 걱정하여 사건계 주임[정도(丁道)의 담당으로 영장 발부, 기소, 불기소를 알 수 있다]에게 결과를 물어보려고 모여들 있습니다"라고 한다.

가나무라(金村) 검사가 와 있었다. 입을 열자마자 먼저 "참으로 안타까웠습니다…"로 시작하여 형식적인 조사가 있었다. "범죄라는 것은 아니지만"라고 전제를 하더니 "보관 중이었다는 위원회의 쌀을 조용히 변상해 버리는 것이 낫겠지요"라고 권했을 뿐, 5시 반경 석방되었다. 6명의 동행자 중에 석방이 된 것은 나뿐이고, 소중한 이와나가 씨도 은행원 아무개도 구류장이 나와 서대문 형무소로 옮겨져 버렸다.

집에 돌아와 23일 만에 이를 닦고 수염을 깎고 목욕을 했다. 오쿠라 군도 바로 상황을 보러 왔다.

12월 1일

먼저 일어나자마자 이와나가 씨 댁으로 가서 귀가한 것을 알리고 그때까지 알고 있던 사실 내용 등을 이야기하며 걱정할 것 없다고 부인을 격려하고 왔다. 어젯밤의 갑작스러운 일반 식사 덕에 설사가 난다.

가나무라 검사의 권유에 따라 위원회 보관미 한 말을 사 와서 돌려주었다. "장부상 두 말이 좋겠지요"라고 해서 이번에는 치아키(千秋)를 시켜서 사다가 검사국으로 가져다주었다. 저금통장과 현금이 영치되어 있어서 아내에게 다이후쿠모치를 50엔어치 사 오라고 하고 종로서로 보냈더니 되돌려주더라며 돌아왔다.

세화회에 가 보았다. 때마침 단바 마사유키(丹羽正之)(법원 서기)가 담당을 하고 있어서 귀환 관련 모든 수속을 맡아 주겠다고 한다. 구니모토(國本), 야스쿠니 모리오(安國盛雄) 서기가 문안을 온다. 오쿠라 운전수는 내가 집에 없는 동안 하루걸러 한 번씩 집으로 상황을 보러 왔었다고 한다. 마음에 걸리는 것은 이와나가 씨뿐이다.

12월 2일

재차 후원회에 가서 단바 씨에게 4일의 귀환권을 받아 왔다. 생활이 급변하여 몸 상태가 이상하다. 하지만 이런 무정부 상태인 곳에서 하루라도 빨리 탈출하고 싶다. 짐 정리도 하고 싶다.

12월 3일

마지막 짐 정리를 한다. 몸 상태는 더욱 좋지 않다.

이와나가 부인이 왔다. 감정이 가슴에 벅차 매달리고 싶은 마음을 꾹 참았다. 감방에서 보낸 20여 일의 교류를 도저히 말로 형언할 수 없기 때문이다. 4일 날 동행하자고 권했으나 귀환권을 입수할 수 있을지 어떨지 희망을 가질 수 없다. 모리우라(지검 검사정)부인이 고기를 가지고 오셨다. 옆집이 된 도쿠하라(德原) 씨(조선인)에게서 "우선 이와나가 씨, 그리고 모리우라, 니시 씨 등 관계 사건의 조기 해명 결착과 승선권 입수 등에 대하여 가나무라 검사에게 부탁해 보면 어떨까"라는 말이 나오기에 그럼 도쿠하라 씨가 부탁해 줄 수 없느냐고 말했더니 잠시 생각하더니 알겠다며 해보겠다고 맡아 주었다.

모리우라 부인에게는 종로서의 형사가 "남편을 빨리 석방시키고 싶으면 수사 주임에게 집이라도 바치겠다고 말해 보면 어떻겠냐"라는 말을 했다고 한다.

다카야마(高山)(지검 서기)도 문안을 왔다. 나는 10일 정도 전에 해임되었다고 한다. 그러고 보니 그즈음 아내에게 "내가 이번에 이 집에 살게 되었습니다. 집 구조를 좀 보여 주세요"라고 하면서 막무가내로 들어와서 건물 구조와 모습을 보고 간 남자가 있었다는 말을 들은 적이 있다.

피로야 이루 말할 수 없었지만 모든 것을 떨쳐버리고 내일 떠나기로 마음 먹었다. 오쿠라 군이 술과 고기를 가지고 왔기에 마셨다.

12월 4일

5시에 일어났다. 몸 상태가 좋지 못하고 석방 이후 약하게 설사가 계속되고 있지만 여하튼 출발하기로 했다. 권한 등과는 무관하게 언제 일본인의 재체포가 있을지 알 수 없기 때문이다. 인정에 답할 사람들은 많았지만 오쿠라, 시미즈(清水), 마쓰모토 씨 등 반원들에게만 인사하는 것으로 하고 용산역에 도착했다. 아침 10시 반이었다. 통조림 10개, 그 밖의 남은 물건은 모두 오쿠라 씨에게 주고, 반원들에게는 통조림 몇 개씩, 그리고 정도(丁道), 오야마 부장 등 피검속 이후 가까워진 걱정해 준 여러 사람에게는 각각 오쿠라 씨에게 약간의 사례를 부탁해 두었다.

짐도 오쿠라 씨 지인이 운반해 주었다. 오후 3시발 예정이었던 열차는 6시경 출발이 되었다. 치아키가 짐과 함께 넘어져 왼쪽 손목을 다쳤지만 그것을 봐줄 틈도 없었다.

열차는 여하튼 백귀야행(百鬼夜行)[19]하는 경성을 떠나기 시작했다. 내가 탄 차는 15번 열차로, MP차에 이어져 있다. 이쿠타(生田) 지사 이하의 행정청 간부, 유키모리(行森) 서기관 등이 있다. 말 그대로 억류 열차이다. 사전에 MP와 열차 운전수에게 선물한다며 한 가족당 40엔씩 모금이 이루어졌다. 도중에 차 안으로 난입하려고 하는 자, 짐을 들고 뛰어내린 자 등 두세 건의 사고는 있었지만 기차는 곧장 남진(南進)을 계속했다.

12월 5일

미명에 화차 지붕을 통해 작은 창으로 손을 넣어 화물 두세 개를 훔쳐 갔다. 피해자는 아내가 종로서에서 알게 된 여자의 물건이라고 한다. 딸은 아직 다른 사건으로 유치되어 있고, 집을 비운 사이에 집 안을 모두 약탈당했는데, 이번에 도둑맞은 것은 본정통(本井通)에서 암시장 구매를 해온 의류였다는 것이다. 도중에 "문 열어"라는 고함이 들리고, 개중에는 거짓말로 물건을 파는 사람처럼 꾸며 차 안에 들어오려는 사람 등, 여러 차례의 위기가 있었지만 누구도 이를 상대하는 사람이 없었기 때문에 무사했다. 여자들의 소변도 화차 내에서 보게 했다.

19　괴상한 자나 간악한 자들이 때를 만나 활개를 치고 다님을 이름.

12월 6일

아침, 부산에 도착했다. 필사적으로 가지고 온 밀가루, 그 밖의 잡품은 우리 이상으로 여러 고생을 해 온 북선(北鮮)에서 온 동승 피난자에게 주고, 다른 가정용품은 일부러 차내에 놓아두었다. 건빵도 가능한 한 모두랑 나누어 먹고 조금이라도 거치적거리는 것이 없이 홀가분해지도록 노력했다.

하차에서 승선까지 4정(町)[20]이다. 1정 정도는 유료 안내차로 운반하게 하고 그 외에는 결국 짊어지고 한 걸음 한 걸음 걸어가게 되어 있었다. 부두로 나올 때까지 나의 승선 명부를 보았다면서 미야시타(宮下巖, 경성지법 서기) 군이 나를 찾으러 왔다. 가슴에 벅차오르는 감사가 눈물이 되어 배어 나왔다. 미야시타 씨는 나에게는 법원 사람들 중에 그런 사람이 있었지, 하는 정도의 관계였다. 더욱이 미야시타 씨는 무거운 우리 짐을 관계자 이외 금지된 곳까지 들 수 있는 한 들고 와서, 다시 후원회로 되돌아가 빵 한 꾸러미를 가져다주었다. 감동으로 가슴이 벅찼다. 어제부터 예금통장 휴대가 허가된 것도 미야시타 씨에게 들었다.

짐은 등에 지고 손에 들고 기어가듯이 하여 북선환(北鮮丸)에 올랐다. 차마 보다 못해 짐 운반을 좀 도와준 따뜻한 미군 병사가 있었다. 전체 수백 명 중에 우리는 끝에서 몇 명째였다. 전 경기도 지사 간자(甘藷)[21] 씨와 동석하게 되어 끊임없는 회상담으로 시간을 보냈다.

12월 7일

간밤에 배는 무슨 일인지 멈춰선 채로 움직이지 않아 선상에서 하룻밤을 지새웠다. 먹을 것이 없어서 내지로 가면서 조선의 토산물 선물로라도 할까 하여 손가방에 사 넣어 둔 엿 수십 개를 가족 4명이 나누어 먹으며 공복을 달래었다. 미야시타 씨의 정성어린 빵 꾸러미도

---

20 1정은 약 110m이다.
21 한자 인용은 원문대로임. 조선총독부 관료 출신인 간자 요시쿠니(甘蔗義邦, 1891년 출생, 사명 시기 미상)를 지칭하는 것으로 판단된다. 1918년 도쿄제국대학을 졸업한 이후 조선총독부 시보, 도사무관, 평안남도 재무부장, 강원도 경찰부장, 조선총독 비서관 등을 역임하였고, 1936년 경성부윤, 1937년 7월부터 1940년 5월까지 경기도지사를 역임한 바 있다.

종이 한 장이라도 가볍게 해야 했고, 승선까지의 고통으로 인해 마음속으로 사죄하면서 배 안에 버려두었다.

오후 3시 출항. 드디어 대륙을 떠난다. 누울 만한 공석도 없어 한숨도 못 자고 밤을 새운다.

12월 8일

아침 8시경 하카타(博多)항에 도착했다. 비가 엄청나게 내린 뒤라 진창에 물이 고여 있다. 짐은 그 진창 속으로 위에서부터 마구 던져져 흙투성이가 되어 사용할 수 없게 되는 물건도 나올 듯하다.

짐을 던지는 곳은 뱃전 20간(間)[22] 정도, 거기로 던져지는 자신들의 짐을 수령하기 위해 많은 사람들이 아래에 몰려들었다. 아내와 치아키와 내가 세 곳으로 나뉘어 낯익은 우리집 화물이 던져지기를 기다리고 있었지만 도무지 짐이 내려오지 않는다. 절반 정도의 인원수가 되자 더이상 기다리지 못하게 된 아래쪽 사람들은 마침내 스스로 선상으로 올라가 자신의 짐을 찾기에 이르렀다. 지참한 화물이야말로 각 일가의 마지막 결집인 셈이다. 개중에는 그 생명줄 같은 화물이 부두와 배 사이의 4척가량의 틈인 바다로 떨어져, 보고 있는 눈앞에서 바다로 가라앉는 경우도 있었다.

결국 내가 배로 올라가 본다. 짐표 하나 붙어 있지 않은 나의 화물이 끈이 끊어질 정도로 눈앞에 있다. 아래쪽으로 신호를 보내고 위쪽에서 던졌다. 그 무렵이 되자 진창도 조금씩 던져진 화물에 붙어 나가서 거의 더럽혀질 걱정이 없을 정도가 되었다.

부두에서 기차까지 손수레로 나르는 인부가 있다. 여기는 이미 일본 땅이고, 모두 일본어를 사용하는 일본인 노무이다. 후유 하는 안도감이 처음으로 일었다.

짐 검사를 하고 있는 곳이 있었지만 짐을 옮기는 사람은 그곳도 아무런 어려움 없이 가볍게 빠져나가 귀환 열차에 도착했다. 피로가 심해서 1, 2박 하면서 안정을 되찾고 싶었지만 그런 생각을 하는 사람은 아무도 없다. 승차하기로 한다.

짐은 내지로 돌아와 보니 등에 짊어지고 소중히 모셔올 만한 물건이 아니다. 운을 하늘에

---

22 길이의 단위로, 6척 약 1.82m에 해당한다.

맡기고 탁송으로 보냈다. 그저 일본 국내라는 신뢰감에 의지했다.

소지품만 들고 승차한다. 같은 실의 사람들도 완전히 원기를 회복하여 떠들어대고 있다. 너나 할 것 없이 친절하고 여유롭다. 차 밖도 일본이라는 것에 마음이 든든하다.

이리하여 오후 하카타를 출발했다.

12월 9일

아침에 도쿄에 도착했다. 도중에 잠이 들어 버린 데다 어두운 밤이어서 잘 몰랐는데 처음으로 보는 도시의 황폐한 모습과 너무나도 달라져 버린 도쿄의 모습에는 그저 망연자실하여 할 말도 없었다. 사람의 모습도 폭격을 당한 시가로도 완전히 상상을 초월하는 비참함이었다.

일가 4명이 일단 가미나카자토(上中里)역에서 하차하여 여기서 세면과 몸단장을 하고 수염도 깎았다.

나의 귀환은 어디에도 엽서 한 장 보내지 않았기 때문에 일단 우라와(浦和)에 있는 아내의 언니집으로 가게 되었고, 거기에 자리를 잡게 되었다. 제일 먼저 소문을 듣고 찾아오신 것은 예전의 '인조(隣組)'였던 다카하시(高橋) 씨 부부로, 고타쓰[23]를 가져와 주었다. 정말이지 다카하시 씨다운 선물이라고 매우 깊이 감동했다. 그날 중으로 곧바로 집의 명도(明渡) 교섭을 해 두었다.(끝) (특별회원)

---

23 대표적인 일본의 난방기구로, 숯불이나 전기 등의 열원(熱源) 위에 틀을 놓고 그 위로 이불을 덮게 된 형태의 난방 기구이다.

2. 광복 후 조선총독부 일본인 관계자의 증언

⟨자료 131⟩ 야마나 미키오(山名酒喜男),[24] 조선총독부 종정의 기록 – 종전 전후의 조선사정 개요

[山名酒喜男, 1956, 「山名酒喜男手記」(1945.12.24), 『(山名酒喜男手記)朝鮮總督府終政の記錄-終戰前後における朝鮮事情概要』1(中央日韓協會·友邦協會 편), 巖南堂書店, 4~12쪽][25]

3. (1945년) 8월 16일부터 8월 25일까지의 불상(不祥)사건

사안별											계
경찰관서에 대한 습격 점거 접수 요구 등	12	38	39	17	34	4	3	2	-	-	149
총기·탄약 약탈	1	12	12	12	3	1	-	-	-	-	41
내지인 경찰관에 대한 폭행, 협박, 약탈 등	3	19	16	13	9	-	6	-	-	-	66
조선인 경찰관에 대한 폭행, 협박, 약탈 등	4	21	26	32	24	2	1	1	-	-	111
군, 면 그 외 일반 행정관청에 대한 습격, 점거, 파괴	4	26	23	12	10	6	4	1	-	-	86
조선인 관공리에 대한 폭행, 협박, 약탈	3	28	44	7	12	13	2	-	-	-	109

---

24 히로시마 현 출신으로 1929년 도쿄제국대학 법학부를 졸업하고 동년 조선에 건너가 조선총독부 관방심의실 근무를 시작으로 기획부 계획과장 등으로 근무하고, 1944년 비서관 겸 관방총무과장으로 재임 중 일본 패전을 맞이하여 패전 직후 조선총독부 관료로서 종전처리를 담당하고 1945년 11월 귀국했다. 귀국 후 그에 관한 보고서로 제출한 것이 「종전전후의 조선사정개요(終戰前後における朝鮮事情概要)」(1945.12.24)이다. 1956년 우방협회에서 『조선총독부 종정의 기록(朝鮮總督府終政の記錄)』(1)로 발간했다.

25 山名酒喜男,「山名酒喜男手記」『조선자료 제3호 조선총독부 종정의 기록(朝鮮資料第3』朝鮮總督府終政の記錄)』(1), 108쪽의 분량. 비매품. 이 자료의 앞부분에 "집필자 야마나 씨는 종전 당시 조선총독부 비서관 서무관방 총무과장으로 동 부(府)의 종정(終政) 처리에 몸으로 맞서 온 사람으로, 이 수기의 개요는 외무성에도 보고되었다. 본 협회는 이런 종류의 기록이 패전에 의한 일본의 국제적 지위, 입장 혹은 그것에 입각한 정치적, 사회적 변혁을 위해 완전히 등한시하고 이대로 방치한다면 이런 종류의 귀중한 사료를 후세에 전할 수 없음을 깨닫고, 또 하나는 이 문제에 대한 올바른 인식과 비판을 환기하기 위해 구총독부 각 간부 특히 각 국장, 북선(北鮮) 5도지사 등의 종정기록을 속간하고자 이미 일부 편찬을 진행하고 있다"고 밝히고 있다.

신사(神社), 봉안전(奉安殿)에 대한 방화, 파괴	21	25	27	14	45	3	1	-	-	136
내지인에 대한 폭행, 약탈, 협박 등	11	8	21	10	11	7	12	-	-	80
조선인에 대한 폭행, 협박 등	-	-	50	2	1	4	2	1		60
그 외	5	12	20	16	16	2	2	2	1	76
계	64	189	278	135	165	42	33	7	1	914

(함경남북은 통신 두절로 상황 불명)

8월 16일부터 8월 25일까지 조선 내 살상사건 수 조사(보안과)

(1) 살해 28건

　　일본인: 경찰관 2, 무직 1, 학교장 1, 동 가족 2(계 6건)

　　조선인: 경찰관 5, 면직원 5, 동 가족 6, 훈도 1, 무직 3, 치안유지회원 1 (계 21건)

　　중국인: 불명 1인(계 1건)

(2) 자살 (25건)

　　일본인: 경찰관 6, 동 가족 5, 학교장 3, 동 가족 1, 교사 1, 동 가족 3, 우편국장 1, 동 가족 5(계25건)

(3) 상해 (75건)

　　일본인: 경찰관 6, 학교장 1, 공무원(公吏) 1 (계 8건)

　　조선인: 경찰관 40, 면직원 22, 군수 3, 구장(區長) 1, 보안대원 1(계 67건)

(4) 구타 폭행(139건)

　　일본인: 경찰관 12, 학교장 4, 면장 1, 의사 1 그 외 3(계21건)

　　조선인: 경찰관 67, 면직원 42, 경방단원 3, 간수 1, 교사 1, 운전수 1, 그 외 3(계 118건)

　　(비고) 함경남북은 통신두절에 의해 상황 불명

이상의 표에서 알 수 있는 것처럼 조선인의 폭행은 대개 조선인, 일본인을 불문하고 경찰 및 군면(郡面)의 관공리를 대상으로 한 개인적 원한 관계에 의한 것으로 전시 중 민중이 가장 고통으로 여긴 노무 및 식량 공출을 담당한 관의 시책에 대한 반동으로 볼 수 있고, 이 동안에 일선(日鮮) 간의 민족적 항쟁사건은 없었음을 살펴볼 수 있을 것이다.

그렇지만 종래 일본인은 관의 시책에 순응하여 마치 조선을 규슈(九州)라 부르고 시코쿠(四國)라 부르며 조선인을 황민화하고자 하는 각 방면의 노력이 있었는데, 이러한 급변하는 상황에 조선이 외국이 되고 조선인이 외국인이 되는 것은 꿈에도 생각해 보지 않았기 때문에, 8월 16일 이래의 조선인 시위운동, 접수행위, 보안대 준동(蠢動) 등은 일본인의 신경을 매우 자극했다.

일부의 일본인들은 이것은 필시 조선총독부가 유약하기에 발생하는 일이라며 조선총독부 간부의 시책(施策)이 없다고 비난하거나 경찰권 및 사법권을 조선인들에게 이양할 것이라는 허황한 얘기를 항간에 유포했다. 그런데 이러한 비난과 험담은 내지의 각 신문 지상에 게재되었는데, 이 기사 자료의 대부분이 조선 내에서 자신의 직분을 끝까지 관철하지 않고 도중에 일본 귀환을 서둘러 통제 수송을 새치기하여 먼저 일본에 귀환한 자들의 무책임한 억측과 과장에서 나온 것 같다. 다른 한편, 조선 내에서는 최후까지 책임을 다하며 조선인의 무법적 접수행위를 막지 못한 자신의 책임을 통감하여 자결하는 이가 있는 등, 급변하는 상황 속에서 사태의 명암이 있음을 알아야 한다.

총독, 총감 등 수뇌부는 그동안 유사 이래의 급변하는 국면에서 관리들은 특히 자중하여 그 최선을 다하고자 함부로 외부의 비판과 논란에 신경 쓰지 않도록 유념하고, 관리의 직책 집행을 절실히 바랄 뿐 아니라 대부분의 관리들은 각자 최선을 다했음은 물론이다.

4. 대조환발(大詔煥發) 후의 주요 도시 상황

8월 15일 대조환발(大詔煥發)[26], 즉 패전이 선언되자 내선인(內鮮人) 모두 극도로 충격을 받고 잠시 멍해진 사람들이 있었지만, 일본인 측은 일제히 관의 조치를 기다리는 태도로 냉정하게 추이를 지켜보았다. 그러나 조선인 측에서는 정전(停戰)에 의한 포츠담공동선언의 수락을 볼 때 조선이 즉시 일본에서 해방되고 독립하는 것이라고 오해함으로써 종전 및 평화

---

26 渙發의 오자로 바로잡음. 대조환발(大詔渙発)은 왕의 조칙을 널리 알린다는 뜻으로 여기서는 패전을 알린다는 의미로 쓰였다.

도래에 대한 안도와 조선독립에 대한 환희의 감정으로 흥분하고, 이에 일부 불온분자의 교묘한 선동이 있어서 8월 16일 경성부 내의 눈에 띄는 장소를 중심으로 많은 군중이 가두시위운동을 전개하기에 이르렀다. 즉, 미국기와 구 한국기를 함께 내걸고 "조선 독립만세, 연합군 환영"을 연호하며 다중 시위운동을 전개하고, 공적 기업체의 승용차 및 트럭 등의 운전수가 조선인인 경우에는 시위행렬운동에 참가하여 마치 공적 기업체 자체가 행렬 행진에 참가한 것 같은 모습을 드러냈다.

다수의 일본인은 생각지도 못한 다수 조선인의 일본에 대항한 시위운동에 대해 분격하고 이러한 시위운동을 묵인하고 있는 당국의 태도가 실로 미온적이라고 비난하는 목청을 높였다. 그러나 생각건대 이렇게 가두에 운집한 군중을 해산시켜 가택에 있게 하는 것은 거의 불가능하며 강력한 군과 관헌의 공동 권력행사가 필요하다. 그러므로 그러한 탄압으로 만일 유혈사태가 발생하면 전 조선에서 일본인에 대한 반동적인 불상사가 유발될 것은 필연적이므로, 오히려 이러한 때에 그들의 심중에 급격히 점화된 환희의 격정을 가두행진으로 분출 소화(消火)하도록 하는 것은 어쩔 수 없는 일이라고 생각되었다.

8월 16일, 경성에서는 유혈, 그 외의 불상사건이 발생하지 않았다. 조선인 측도 일본인과의 민족적 충돌사건의 발생을 방지하고자 극도로 노력하여 일단 평정을 되찾았다. 그런데 조선인 대중운동에 대한 당국의 태도가 마치 심각한 상황을 허용하는 듯이 곡해되었고 청년학도 등의 혈기왕성한 이들은 여세를 몰아 폭력화하는 양상을 보였다. 동맹통신사 경성지국, 경성일보사와 같은 공적 기관의 인계접수를 강요하기에 이르고, 다수의 기업체 간부는 조선인 대중의 집단적 위력에 저항조차 못 하고 접수요청을 당하면 순순히 응하는 상황이었다.

이러한 상황을 초래한 이유는 조선의 치안을 단속할 제일선 임무에 종사하는 경찰기관의 7할 남짓이 조선인이라는 점이다. 그러므로 경찰기관에 의한 조선인 청년학도를 대상으로 한 불법행위 단속이 급속도로 무력화된 것은 어쩔 수 없는 일로서, 한때 경찰서, 주재소 등의 직무집행이 불가능한 상황에 빠지기도 했다. 다른 한편, 조선 건국을 향한 질서 있는 진행과 협력을 위해 조선 내치의 자치협력기관으로 여운형 일파의 활동을 허용하였는데 '건국준비위원회'라는 단체 이름으로 기관 활동의 말단에서 종종 필요 이상의 권력을 민중에게 행사했는데, 특히 일본인에게 위력을 가하는 사례가 발생하자 일반 일본인들이 공포심을 갖게 되어 결국 조선인의 집단적 폭력을 묵인하는 것이 안전상 득책이라는 분위기가 생겨났다.

경성부의 조선인 다중시위 행동은 전 조선으로 파급·확대되었다. 그 기세는 전시 중 조선인에게 가장 큰 고통이었던 식량 공출과 노무 동원을 강행한 군·면의 주재소 등 관공서를 향한 반감으로 향했다. 그로 인해 민생 및 경비기관사무소 점거, 직원 퇴출 및 폭행, 식량창고의 물자약탈, 무기고의 무기탄약 약취, 신사 방화 등 실로 심각한 사태가 발생했다.

그러는 동안 종전을 계기로 전시 하의 정치범 및 경제사범 수인(囚人)을 석방해도 지장이 없겠다는 수뇌부의 허용에 대해 행형당국이 그릇되게 받아들였고 또 무기력하게 대처하는 바람에 일반 수인의 소요가 일어나자 그들을 쉽게 석방시키거나 또는 탈옥하는 불상사가 일어났다. 그리하여 우려할만한 사태가 발생한바 군대의 출동 배치를 요구함과 동시에 군과 협의하여 정치운동 취체요령을 정하고 군관 모두 의연한 태도를 표명하며 경찰의 단속 활동을 적극적으로 재개한 결과, 각 지방의 치안도 점차 평정을 회복하게 되었다.

조선인 측에 의한 일본인 살상사건이 있었으나 민족적 사건이 아니고 개인적 원한 관계에 의한 것이며 조선인에 의한 조선인 살상사건에 비해 적은 정도이다.

전쟁의 급변하는 상황에 직면한 일본인들은 치안 악화의 상황에 내몰려 내지(內地)귀환을 서둘렀고, 예금인출을 위해 각종 금융기관에 몰려갔으며(조선인도 예금인출을 서두름) 가재도구를 방매하고, 경영해오던 각종 기업도 사업 및 재산의 처분, 단체해산, 종업원의 퇴직 절차 및 퇴직수당 지급조치를 하는 자가 매우 많았다.

이러한 사태를 마주하여 총독부의 각 주관자는 예금인출요청에 대해서는 사무종업원이 정리할 수 있는 최대한의 대응을 하며 민심안정에 힘썼고, 귀환 일본인의 가재도구에 대해서는 일본인세화회(世話會) 및 기타 적당한 단체에 의한 보관 및 처분 권한 위탁을 강구하였다. 그러한 내용을 일부 발표함으로써 민심을 진정시키고, 또 각종 기업체 해산에 따른 퇴직 관계자의 자금수요에 대해서는 국고보조사업은 보조금 지출로, 그렇지 않은 사업은 융자명령 발동으로 자금의 수요를 완화하도록 했다.

이상과 같은 민심안정 및 질서 확보를 위한 총독부의 시책이 있었지만, 사태가 급변하는 가운데 총독부 자체의 존속이 의문시되는 때이므로, 8월 21일 자로 조선총독은 내무대신에게 다음과 같은 전신을 보냈다. "조선총독부의 통치행정 일체는 제국정부의 직접지휘 또는 위임에 의해 이루어지는 이상, 앞으로 조선총독부가 중앙의 지령에 의하거나 또는 조선 현지의 연합군 측의 접수 등으로 그 기능을 정지하는 경우에는 종래 총독부의 책임으로 처리한 모든 결과를 중앙정부의 책임으로 이양하는 것으로 이해하고 처리하는 것을 주의 바람."

또한 이보다 앞서 8월 15일 자로 정무총감이 내무차관에게 보낸 다음과 같은 발신이 있었는데 이에 대한 직접 회신은 접하지 못했다.

"정전대조(停戰大詔)[27]를 받들었지만 조선 내 제반 사정에 따라 중앙에서 어떤 지시가 있을 것으로 생각되므로 염두에 둘 것."

5. 연합군 진주 및 이에 따른 제반 사항

전 조선의 각 관공서 및 여러 학교에 모신 어사진(御寫眞)(일왕 사진-역자)은 궁내성의 의향을 구해 태우기로 결정하고 문제없이 진행하여 완료했다. 국폐사(國幣社)[28] 이하 신사의 어신령(御神靈)에 관한 조치도 이에 준하여 승신(昇神)의식을 집행하고 영대(靈代-위패)는 적당한 조치를 취할 것, 그리고 소유재산은 국·도·부·읍·면 등의 관계단체에 인계할 것을 지시했는데, 신사본전에 대해서는 미군정청이 후일 소각 지령을 발령했다.

조선신궁에 대해서는 8월 16일 승신(昇神)의식을 거행하고 영대(靈代) 및 신실(神室)은 8월 말까지 각각 궁내성으로 봉환하고 재산은 모두 군정청에 인계했는데, 신궁본전은 군정청의 허가를 얻어 10월 8일 완전히 해체 소각했지만, 이에 필요한 경비 1만 엔에 대해서는 신궁경비에서 지출하는 것이 허락되지 않아 일반 일본인들의 기부금으로 충당했다.

8월 22일 내무차관이 조선의 군 무장해제 담당구역에 대해서 북위 38도선 이북은 소련군, 이남은 미군이 담당할 예정이라는 전보를 수령했는데, 당일 조선총독이 내무대신 및 육군대신에게 다음 전보를 보냈다.

내무대신에게

"전투 정지 이후 해당 방면의 군에 대해서 어떤 방식과 절차로 무장해제 등이 실행될 것인지 관계 당국으로부터 아무런 지시가 없는 것 같다. 또 앞으로 열국군(列國軍) 진주 후 총독부

---

27 일왕의 정전(停戰) 조서(詔書)
28 지방관이 제사를 지내는 신사로 이보다 격이 높은 신사는 관폐사(官幣社)라고 한다.

가 담당했던 정무를 어떠한 형식과 절차로 다른 쪽에 위양할 지 중앙에서 명확한 지시가 있을 것으로 믿는다. 이에 관해 중앙의 의향 및 이곳에 대한 지침을 지시해 주기 바란다."

내무대신 및 육군대신에게

"조선의 상황이 심상치 않다. 경찰경비력이 매우 취약해졌으므로 군 무장해제 후의 치안유지, 특히 내지인 보호는 매우 불안하고 혼란스러운 경우가 있을 것으로 예측된다. 따라서 연합군 측 최고사령관에게 이 점에 대해 특히 주의를 환기하고, 우선 주요무기의 인도를 마쳤지만 치안유지에 필요한 인원 및 장비의 일시적 확보를 지역에 한하여 요구하거나 그렇지 않으면 무장해제 후에 지방 말단에 이르는 내지인의 보호 및 질서유지에 대한 전반적인 책임을 연합군 측에서 맡도록 확약받길 바란다. 당지 군 측에도 그러한 뜻을 전해 두었다."

(하략)

〈자료 132〉 모리타 요시오, 조선총독부 주요 인사의 해방 직후 동정 증언

[森田芳夫, 1979,『資料編1 朝鮮終戰の記錄(日本統治の終焉)』, 巖南堂書店, 299~397쪽]

◆ **황해도 지사 쓰쓰이 다케오**(筒井竹雄), **소련군에 의한 북조선 5도 행정권 접수**

《동화(同化)》 제187호, 1963년 7월[1950년(昭和 25) 6월 10일 도쿄에서 담화 청취][29]

처음 소련군이 해주에 진주한 것은 8월 25일이고 인원은 30명이었다.(중략)[30] 이 부대와 함께 정치장교(상급중위) 한 명이 찾아와 이 장교와 지사와의 교섭이 이루어졌다. 그는 "명령이 있을 때까지 지사는 종래대로 책임을 갖고 하시오. 특히 치안유지와 공장 등을 파괴하는 일이 없도록 해 주길 바란다"라고 지시했다.(중략) 8월 27일 아침 나는 자동차로 총독부를 방

---

29 쓰쓰이 다케오(筒井竹雄)(황해도 지사), 〈소련군에 의한 북조선 오도 행정권 접수 (1950년(昭和 25) 6월 10일 도쿄에서 담화 청취)〉,《同化》제187호, 1963년 7월.
30 여기서 '중략'은 원문대로 이며, 최초에 담화 청취를 실은 잡지《同化》의 원고에서 일부 생략해서 자료집에 실은 것으로 보인다.

문했다.

그 목적은 첫째, 종전 후의 도내 정황을 매일 전보와 전화로 총독에게 보고하고 있었는데 이것을 전체적으로 보고하는 것. 둘째, 언제 소련이 행정권 인계를 지시할지 모르고 또 그때 법원, 철도, 전매국, 공장, 광산 등 종래 지사의 권한이 아닌 사항도 일괄 인계를 요구할 것이므로 이에 대해 미리 총독의 승낙을 받는 것. 셋째, 자신들은 언젠가 억류될 터이니 후에 남는 일본인을 위해 일본인회의 자금을 받아두고 싶다는 것이었다. 두 번째 사항에 대하여 총독은 "지사의 의견대로 모두 일임할 테니 임기응변으로 처치하라"고 했다. 소련군에 의해 공작이 추진되고 있던 도위원회가 만들어졌다. 위원장은 크리스찬 김 아무개이고 간부들은 대체로 민족주의계가 차지했고 한두 명의 공산계가 포함되어 있었다.

9월 2일 전기(前記)한 정치장교가 행정권을 위의 위원회에 인계하라고 지시했다. 따라서 동일 저녁에 도청 지사실에서 정치장교 및 도청 각 부장, 위원회 위원이 열석하여 위원장에게 행정권 일체를 인계했다. 정치장교는 특별한 하명사항이 없었지만 우리가 "재주일본인의 사유권을 존중해 주길 바란다"고 요망하자 정치장교는 "존중하겠다"고 하였고, 다시 위원장에게 "재주일본인의 생명재산의 보호에 대해 충분히 배려해 주길 바란다"고 간청하자, 희망대로 충분히 노력하겠다고 대답해 주었다. 나는 즉시 위 행정권 위양을 총독에게 보고함과 동시에 관하의 각 기관에 통보했다. 그런데 그날 밤 정치장교가 "접수는 마쳤지만 역시 당분간 책임을 갖고 종래대로 행정을 해달라"는 지시를 했다. 몇 번이나 질문했지만 갈피를 못 잡고 하는 수 없이 다음 날부터 종전대로 도청에 나가 관하에도 그러한 취지를 통보했다.

이러한 상황이 일단 위양(委讓)은 명했지만 해당 위원회를 개조하기 위해서였다는 것을 나중에 알았다. 그날 밤 위의 위원회에 대한 상해사건이 발생했다.

◆ **평안남도 지사 후루카와 가네히데(古川兼秀)**
《동화(同化)》 제87~89호(1955년 3~5월, 1950년 집필)[31]

나는 군부의 반대가 있었지만 조선인 유력자 기용의 필요성을 통감하여 도 간부와 협의,

31　森田芳夫, 1979, 『資料編1 朝鮮終戰の記錄（日本統治の終焉）』, 巖南堂書店, 301쪽.

조선인 측 김동원(金東元), 홍정모(洪貞模), 최현묵(崔鼎默) 등을 오도록 하여 그들의 찬성을 얻어 조만식 씨의 출마를 요구하기로 했다. 이러한 상황 속에서는 과거 경력이나 현재 사상 등을 초월하여 여하튼 도내에서 가장 신망 있는 조선인의 협력을 구하여 직접적 활동이 아니더라도 예컨대 담화의 형식으로라도 민심의 선무공작을 강구하고, 사태의 추이 여하에 따라서는 도정 전반에 참여시킴으로써 필승을 위한 최선책으로 삼고자 하는 목적이었다. 그 구체적 방법으로 도에 평안남도도정협력위원회를 설치하여 그 간판을 걸고, 위원회의 스텝들은 도청에 와서 상시 도정에 관여하게 함으로써 경우에 따라서는 배후가 되어도 괜찮겠다는 의도로 즉시 실시하기로 했다. (중략) 그러나 조만식 씨는 좀처럼 나오지 않는다. 가까스로 세 번째로 14일이 되어서야 평양에 나왔는데, 도에는 아무런 연락도 없이 비밀리에 오윤선(吳胤善) 씨(이전부터 민족주의자로 나중에 도회의원이 됨)의 집에 핵심측근을 모아 '건국준비회'의 창립에 임했다. 생각건대 기독교계의 중진 조만식 씨는 독립운동가 중 비전향자이고 안창호 씨가 사망한 이후 반일진영에서 조용하게 세력을 키우던 민족운동의 일인자인 만큼 당국이 높게 평가하고 있었는데, 조 씨는 이미 경성의 안재홍, 송진우, 여운형 씨 등과 연락을 취하며 논의하여 패전을 전망하고 '건국준비회' 결성을 기도한 모양이다.(중략) 20일경부터 점차 사태가 악화하여 치안유지가 곤란해졌기 때문에 경찰 주재소와 출장소의 구성원에게 일본인 주민과 함께 본서(本署) 소재지 집결을 명했다.

21일에는 우리 연락소가 기존 도청과 너무 떨어져 있어서 구 도청(세무서와 재무부로 충당하고 있었음)에 두기로 했다. 그날 소련군의 원산 상륙 소식을 들었다. 상세한 내용은 알 수 없지만, 해군부대로 보이는 전차도 상륙했고 함경남도의 관민 요인이 체포되었다는 뉴스도 전해지자 평양 부내의 유력자와 친일조선인들은 남하를 시작했다. 지방에 있는 어신체(御神體), 어진영, 칙어등본은 모두 도(道)로 모을 방침이었지만 계획대로 진행되지 않아 결국 부내에 있던 것만 본부의 명령으로 소각했다. 기밀문서도 소각하는 등 정권 인계 준비는 착착 진행되었다. 비행대 중에 간부 가족만 태우고 남쪽으로 탈출한 자도 있고 하늘에서 자폭한 장교, 대동교 밑에서 자결한 해군 장교도 있었다. 비분강개하여 칼을 빼 들고 길가의 나무를 베는 장교, 참살당한 조선인 여자도 있었다.(중략) 26일, 소련군사령부의 호출을 받았는데 군정치부 장교가 경찰관 무장해제를 통고했다. 그날 소련군사령관 치스치야코프 대장은 지사와 경찰부장, 조만식, 오윤선, 현준혁 씨 등에게 일본군의 무장해제, 무기접수, 점진적으로 일본인의 행정권을 조선인 측에 양도함, 사람과 물건의 이동을 일체 금지함, 철도·통신·방송의 정지, 오후 9시 이후 교통 금지 등을 통고했다. (중략) 8월 27일 폐청식 후, 도모토(堂本) 경찰부장을 비롯하여 경찰부의 관계과장(경비과장 및 위생과장 제외), 부(部)에 부속한 경시(武子, 山田), 고등과 주임급, 부내 서장(대동서장 제외) 등의 13명은 소련군으로부터 식량 5일분, 신변용품, 부식 등을 가지고 추을(秋乙) 장교집회소로 집결하라는 명령을 받고 동일 저녁에 출두했다. 다음 날 제44부대로 옮겨진 후 다시 재판소 미결감을 거쳐 형무소로 옮겨졌다. 그 날 밤 보안과분실의 감찰관 쓰보이(坪井盤松) 씨는 고등경찰과원과 함께 38도선 이남으로 탈출했다.(중략) 28일 사법 관계 장관 넷과 검사 7명을 우리 집에 모이도록 한 후 트럭에 태워 연행 억류하였다.(308쪽)(중략) 인민위원회 내부에서는 민족파와 공산파의 갈등이 심각하고 또 공산당 내에서도 극좌파와 현실파의 사이에 암투가 있었다.(중략) 9월 5일에는 하토리(服部) 씨, 7일에는 내가 소련군에 체포되었다. 내가 체포된 직접적인 이유는 친일정권 수립, 즉 점령 후의 반소행위와 여러 음모에 대한 혐의였다.

처음 법원 미결감에 투옥되었는데, 3일 후 형무소로 갔다가 다시 3일 후 이전의 미결감으로 되돌아왔다. 9월 20일 도모토(堂本), 다케마루(竹丸) 씨와 함께 비행기에 태워져 3시간 반 만에 블라디보스토크에 도착했다. (중략) 도착 후 따로 감금되어 3개월 취조를 받고 나만 형무소에 입감되었다. 12월 13일 출발, 수인화물차로 약 30일 걸려 우랄산 치겐스크 수인 노역소로 호송되어 영하 40도의 혹한 속에 벌채사업을 하다 결국 신경통으로 쓰러졌다. (중략) 1949년(昭和 24) 11월 4일 하바롭스크로 가고, 1950년(昭和 25) 4월 시나노마루(信濃丸)를 타고 귀환했다. 소련에 있을 때 시종 나의 반소적 행동에 대한 혐의는 풀리지 않았고 또 경무국 근무 당시의 사상운동단속 및 방호활동에 대한 준엄한 취조를 받았기에 단념하고 있었는데 돌아올 수 있어서 더할 나위 없이 다행이었다.

◆ 남조선 각도의 상황[32]

충청남도 고등경찰과장 이시이(石井治助)

처음 종전을 알게 된 것은 8월 14일 오후 10시경이다. 포츠담선언문 및 수락에 관한 조서(詔書)의 방송을 한다는 것이 동맹통신을 통해 대전《중선일보(中鮮日報)》로 전달되었고 그 내용도 도 경찰부에 내보(內報)되었다. 아무런 공식적인 정보를 얻지 못하고 있었기에 우선 경찰부장 오쿠보(大久保淸和) 씨 관사로 부내 각 과장을 소집하여 긴급회의를 열었다.(중략) 다음 날 8월 15일, 총독부가 공식 통고를 해오고 지사 마스나가(增永弘, 조선인) 등이 등청하여 비통한 분위기 가운데 천황폐하의 종전라디오방송을 근청(謹聽)했다. 곧 청원(廳員) 전체를 대회의실에 집합시켜 지사가 훈시하였는데 특히 정당한 정권인계가 완료될 때까지 각자의 직역에서 책임을 완수하라는 연설이었다. 이후 일본인 직원들은 해산했지만 지사를 비롯한 조선인 직원들은 남아서 무언가 논의를 하고 곧 조선어로 만세를 외쳤다.(중략) 형무소에서는 중앙 지시로 정치범과 사상범이 일제히 석방되었다. 당시 대전형무소에는 공산주의자 첨예분자 수십 명이 수용되어 있어서 여러 가지 치안상의 우려가 있었으나, 그들 모두 경성으로 달려가 지방에 남아 활동한 자는 없었던 것 같다. 그 후 살인강도 등 흉악범이 다수 탈옥하여 시민을 불안하게 했다.(중략)

도내 각 지역의 상황을 보면, 16일 밤 청양에서는 이전에 경성에서 온 학생대가 건국준비위원회와 같은 성격의 조직을 만들어 치안부를 두고 또 보안대라는 명칭으로 경찰력까지 장악하기에 이르렀다.(중략) 홍성에서는 군청에 태극기를 내걸고 읍내 민간도 이를 따랐다.(중략)

11월 7일 주임관 이하의 귀국이 승인되었고 오쿠보 부장은 고등과, 경비과, 위생과의 3과장과 함께 경찰관으로서는 마지막 철수를 감행하여 대전을 출발했다.(중략) 충남학무과장 요시다(吉田幾雄) 씨는 미군정으로의 인계 이전 사안과 관련한 의혹을 받고 조선인 측에 검거·송국되었는데 미군진주 후 수형인(受刑人)이 되었다가 이후 후쿠오카로 송환·석방되었다.(중략)

---

32 森田芳夫, 1979,『資料編1 朝鮮終戰の記錄(日本統治の終焉)』, 巖南堂書店, 380쪽.

도청 지방과장 아키야마(秋山雪太) 씨는 11월 5일 아침, 관사에서 목을 찔러 자결했다. 또 대전지방법원 검사정 사케미(酒見緻次) 씨는 가족과 부하직원을 철수시키고 자신만 사무인계를 위해 남아 있었는데 12월 1일경 검사정실에서 목을 찔러 자결했다. 이외에 공주군청 근로계에 있던 군속(郡屬)이 목을 매 자결했다. 이상은 일본인 관리의 희생자이다.[33] (중략)

지사는 관사에 틀어박혀 출근하지 않다가 10월이 되자 미군 측이 정식으로 파면했다. (하략)

충청북도 경찰부장 쓰보이(坪井幸生)

《동화(同化)》제154~156호, 1960년 10~12월. 1948년 4월 7일 가고시마에서 담화 청취.

내가 충북 경찰부장으로 발령을 받은 것은 종전한 해 1945년 6월 16일이었다. 소련 참전 후 8월 12일경 나는 종전을 예상하게 되었다. 이전에 함경북도에 근무해서 그곳 지세를 잘 알고 있다. 소련군의 침입 경로를 주의 깊게 보니 아무래도 아귀가 맞지 않았다. 그리고 소련과 전쟁을 하려면 최후의 동원령을 내리고 경찰관이 모두 소집될 것인데 그것이 없었다. '아무래도 이상하다'라고 생각하던 중 14일 아침 총독부에서 특별 중대뉴스를 전달하니 고등과의 경부를 파견하라고 연락이 왔다. 즉시 경부를 경성으로 보냈다. 15일 아침 4시가 되자 분명하게 오늘 종전조칙을 발표한다는 총독부의 비공식 전화가 걸려 왔다.

15일 아침 6시, 나는 말을 타고 사복으로 청주신사를 참배했다. 돌아오는 길에 지구 사령관 관사를 방문했는데 면회를 희망하지 않는 모양이어서 만나지 못했다. 그리고 지사 정교원(鄭僑源) 씨를 방문하여 종전을 전하자 눈물 흘리며 긴 탄식을 했다. 헌병대장에게도 알리고 집으로 돌아와 8시에 출근하여 과장들을 모아 이야기하고 또 전화로 도내 서장(署長)을 호출하여 중대방송이 있다는 것을 전달했다. 그리고 "어제 경성에 파견한 고등과 경부가 정보를 가지고 올 때까지 일일이 지시할 수는 없지만 선처하도록"이라는 요망을 전했다. (중략) 정오방송 때 기미가요를 들으며 나는 절로 목이 메었다. 종전조서의 내용은 잘 들리지 않는 부분도 있었지만 일동은 모두 알아챘다. 방송이 끝난 후 물을 끼얹은 듯 정적이 흐르고 막막한 기분이 들었다. (중략) 그날 경성에서 고등과 경부가 지령을 가지고 돌아왔다. 뜻밖이라고 여긴 것은 첫째, 사상범의 석방, 둘째, 치안유지회의 형성으로 여운형 측에서 특사를

---

33 森田芳夫, 1979, 『資料編1 朝鮮終戰の記錄 (日本統治の終焉)』, 巖南堂書店, 385쪽.

파견할 테니 일임하라는 내용이었다. (중략) 경성이 소란스럽다는 정보가 16일 밤 전해졌다. 경찰의 수중에 있던 사상범과 경제범이 15, 16일 모두 석방되었다. 예방구금소에 있는 이들도 16일(17일이었는지 모른다) 석방되었다.(중략)

17일 오전 9시 12, 13명의 청년이 도청을 방문하여 지사 면회를 요청했다. 만나보니 경성에서 온 자가 중심으로 유치장 냄새가 났다. 지사는 손님을 만나는 중인데 무슨 일인가 라고 묻자 "경찰부장한테 볼일이 없다"라고 하였다. 그들은 지사를 만나 '치안유지회설립 준비위원회'를 개최할 테니 응접실을 빌리는 교섭을 했다고 한다.(중략)

곧 위원회가 개최되었다. 정안립(鄭安立) 씨가 위원장이 된 것은 무난했으나 그 밖에는 사상범 출옥자들의 발언이 우세하고 도회의원과 관공리 전력이 있는 자의 발언은 일체 봉쇄되었다. 선출된 위원들은 지역에서 거의 생소한 사람들뿐이었다.

오후 3시부터 결정된 위원을 중심으로 청주 중앙광장에서 민중대회가 개최되었다. 예방구금소에서 출소한 자가 왕성하게 연설을 했다.(중략) 관내에서 종전 이후 철수하는 동안 살해된 조선인 경관은 전술한 청주서 관내의 김 순사 외 2명이었다. 일본인 측의 희생은 충주에서 자결한 나가마쓰(長松) 경부 1명이다. 또 지명은 잊었는데 경찰서원 한 명이 조선인을 죽이고 체포되어 유치장에 들어갔다가 민중재판에 회부된 것을 미군에 인도하는 조치를 했다.

전라남도 지사 야기 노부오(八木信雄)

《동화(同化)》제161~162호, 1961년 5~6월, 1948년 4월 6일 사가에서 담화청취함. [34]

(중략) 8월 20일경, 호남은행 대표 현준호(玄俊鎬) 씨 등을 중심으로 건국준비위원회가 생겼지만 이 회는 점차 젊은 좌익계의 발언이 강해지는 경향이었다. 도내 치안도 점차 악화되었다. 광주에서 조선인 주임경부가 1명 암살되고 일본인 순사 1명이 조선인의 폭행 협박을 받아 자결했다. 그 외에 지명은 잊었지만, 도내 한복판에서 강도를 저지른 조선인을 살해한 일본인이 자결한 사건이 보고되었다. (중략) 전남은 일본이 가까워서 각 항구에서 철수가 이루어졌다.(중략) 치안이 가장 나쁜 곳은 목포였다. 일본에 건너간 조선인 징용자(應徵者)가 밀수선을 이용해 목포로 다수 귀국했다. 그들 중에 좌익의 지도를 받은 이가 부윤 사노(佐野吾

---

34 森田芳夫, 1979,『資料編1 朝鮮終戰の記錄 （日本統治の終焉 ）』, 巖南堂書店, 397쪽.

作) 씨를 찾아와 징용자 학대를 이유로 일 인당 3천 원의 위자료를 내라고 협박했다. 부윤이 도에 두세 번 호소하러 찾아왔지만 결국 개인 돈으로 상당액을 지출하였다.

〈자료 133〉 야마나 미키오(山名酒喜男), 조선총독부종정의 기록 – 종전 전후 조선사정개요
[中央日韓協會·友邦協會 편, 1956, 『(山名酒喜男手記)朝鮮總督府終政の記錄-終戰前後における朝鮮事情槪要』1, 巖南堂書店, 834~840쪽]

미군정 하의 사법조직

미군정 하의 사법관계 조직은 대체로 일본통치 시절의 조직을 계승하였다. 즉 법원은 최고(最高)가 대법원이고 그 아래 경성 및 대구공소원이 있고, 경성공소원 아래 경성, 춘천, 대전, 청주 지방법원, 대구공소원 아래 대구, 부산, 전주, 광주, 제주 지방법원이 있었다. 또 1945년 10월 11일에 군정청 법무국 직속 특별검찰청과 특별범죄조사위원회가 신설되었다. 후자는 충독부를 비롯한 관공리의 부정사건, 그 밖의 전시 하 민족범죄자를 조사하기 위한 것으로 대법원 이인(李仁) 씨를 위원장으로 하여 이인, 이종성(李宗聖), 이상기(李相基), 김판암(金判岩), 민복기(閔復基)의 다섯 판사, 김규홍(金奎弘), 김공석(金公碩)의 두 검사로 구성되었다. 이 위원회는 12월 5일 임무를 일본인 관리의 공금 소비 및 송금사건에 국한하였고, 1946년 2월 7일 미군정청 법령 제46호로 위원회는 폐지되었다. 미군정청 당국은 조선 측의 사법에 깊이 간섭하지 않았다. 12월 17일 군정청 법무국장은 "법무국의 조선인 관리는 법무에 관하여 모든 권한과 책임을 부여받고 국장을 제외한 그 밖의 미군 직원은 고문의 역할을 하는데 불과하다"라고 발표했다.

일본인 관공리, 유력자의 체포와 재판

1945년 9월 중순이 지나자 일본인 관공리, 그 밖의 유력자가 속속 구인되고 신병(身柄) 불구속 상태로 조사를 받았다. 그 범죄 이유가 된 사항에 대해서 전 조선총독부 관방총무과장

야마나 미키오(山名酒喜男)는 다음과 같이 말하였다.

여기에 관민 유력자가 군정청 당국에 구속되고 또 가혹한 심문을 받은 사안을 개관하자면, 대략 다음과 같다.

(1) 8월 15일 이후의 정부 또는 공공단체의 경비지출은 불법이다. 적더라도 부당하며 본래 8월 9일 이후는 행정관청 및 공공단체도 당시의 상태를 그대로 유지해야 함에도 불구하고 전혀 개의치 않고 지출했으며 특히 지출액의 규모가 큰 것은 군정청 또는 조선 정부의 이익을 저해한 것이다.

(2) 일본인 관리의 일본귀환 여비를 일본에 송금한 것은 조선의 공금을 횡령한 범의(犯意)가 있다고 판단한다.

(3) 만주 및 북지(北支)로 보낸 보조금 등을 일본으로 환(爲替) 조작한 것은 마찬가지로 당사자에게 횡령의 범의가 있는 것으로 판단한다.

(4) 정부의 중요기록, 기타 문서 소각은 불법이다.

(5) 관리 및 공공단체의 임직원에 대한 상여금 또는 퇴직수당 지급은 부당하며 동시에 지나치게 고액이다.(관리에게는 퇴직금을 지급하지 않음)

(6) 9월 7일 자 포고 제1호 제2조에는 "정부 및 공적 기관의 직원은 별도의 명령이 없는 한 종전의 직무에 종사하고 그 기록 및 재산을 보호해야 한다"고 규정해 두었음에도 공적 기관의 직원을 퇴직시키고 퇴직수당 및 상여금을 지급한 것은 불법이다.

(7) 각종 공적 단체를 해산하고 그 재산을 처분한 것은 불법이다. 관계 임직원에 대한 상여금 수당 등은 반환해야 한다.

(8) 정부의 융자 명령에 의한 융자는 방만했고 동시에 그중 군정청 또는 조선 정부에 불이익을 초래할 목적으로 사용된 자금이 있었던 것이 아닌가.

(9) 기밀비는 모든 사용기록을 남겨야 하고, 확실하게 전기(前記)한 바와 같이 군정청에 대한 음모 등의 자금으로 사용한 것이 아닌가.

(10) 민간회사 등이 일본인 세화회에 그 활동 자금으로 거액의 기부를 한 것은 경리 상 부당한 것이므로 반환해야 한다. 특히 같은 종류의 조선인 측 사업에도 일부 기부하였지만, 일본인 측에는 특히 과도한 기부이다.

또 종전사무처리본부 절충(折衝)부는 이들 구류자의 석방에 노력했고 특히 전 총독부 통역관 오다(小田安馬) 씨는 유창한 영어로 미군정청 관계관의 설득에 힘썼다.

야마나 씨는 억류 및 취조를 받은 총독부 고관에 관해 다음과 같이 기록하고 있다. (중략)

이상의 총독부 간부급 외에 구류 및 취조를 받은 사람은 다음과 같다.

재무국 회계과장 우에노 다케오(上野武雄), 동 회계과 우에야마 도시오(上山敏雄) 씨는 북조선에 있는 관리의 퇴직금을 일본에서 받을 수 있도록 후쿠오카에 송금한 건으로 횡령죄로 구류되어, 1946년 3월 25일 우에노 씨에게는 징역 1년 6월, 우에야마 씨에게는 징역 1년(집행유예2년) 판결이 있었다.

체신국장 이토 다이키치(伊藤泰吉), 경성지방체신국장 니이미 다이조(新見泰三), 저금보험과장 오가와(小川要次), 회계과장 스스키 사다오(須々木貞雄), 총무과 니시지마(西島祥六), 동 미야모토(宮本末松)의 6인은 내지인 직원의 귀향 여비 750만 엔을 일본에 송금한 건으로 10월 8일에 구인되었다. 1946년 3월 14일 이토 씨에게는 징역 2년(집행유예5년), 스스키, 니시지마, 미야모토 씨에게는 징역 1년 6월(집행유예 4년), 니이미, 오가와 씨에게는 징역 1년(집행유예 3년) 판결이 있었다.(중략)

이왕직에서는 종전 직후 도쿄에 거주하는 이왕 이은 씨 앞으로 송금한 건으로 1945년 10월 19일 차관 고지마 다카노부(兒島高信), 회계과장 사토(齋藤治郎) 씨 외에 출납 주임 히시누마 가즈오(菱沼和雄), 구매주임 스가(菅正德), 경리주임 시미즈(清水兵三) 씨 등 5인이 경기도 관찰부에 구인되어(시미즈 씨는 병으로 석방), 1945년 11월 11일에 사이토 씨를 제외하고 석방되었다(장헌식 장관도 구속되어 조사를 받았다). 사이토 씨는 도쿄에 송금한 건 외에 서류 소각, 상여금 지출 건으로 1946년 3월 15일 제1심에서 징역 2년 판결을 받고 상고하여 1946년 3월 징역 1년 판결이 내렸다.

농상국장 시라이시(白石光治郎) 씨는 1946년 3월 30일 징역 1년 판결이 있었고, (중략) 경성보호관찰소장 나가사키 유조(長崎祐三) 씨는 종전 때 보호관찰소 기록을 불태운 것 외에도 기밀비 9만 엔을 대화숙 회원 5명에게 보내 약 50명으로 구성된 치안대를 결성시켜 교통정리, 여론지도, 구류일본인 석방 등의 운동을 시킨 것 등에 대한 책임을 추궁당하여 1946년 3월 30일 징역 1년 6월 판결을 받았다. 경성형무소장 와타나베 유타카(渡辺豊) 씨는 1946년 3월 25일 징역 8개월의 판결을 받았다. 또 경성형무소 그 외의 일본인 직원 9명도 구속되었는데, 3월 6일 기소유예로 석방되었다. 서대문형무소장 사가라 하루오(相良春雄) 씨, 동 작업과장 아오야기(青柳義雄) 씨 외에 직원 3명이 구류되고 사가라, 아오야기 두 사람은 1946년 3월 25일 징역 1년(집행유예 2년)의 판결을 받았다. (중략) 대전지방법원 요시다 이쿠오(吉田幾雄) 씨는 1946년 1월 3일 징역 5년의 판결을 받았다. 대구복심법원 검사장 고이 세쓰조(五井節莊) 씨, 대구지방법원 검사정 에가미 로쿠스케(江上綠輔) 씨도 구류되어 경성의 형무소로 옮겨져 고이 씨는 3월 15일에 석방되고, 에가미 씨는 3월 26일에 징역 8개월 판결을 받았다.

〈자료 134〉 이토 노리오(伊藤憲郎), 조선의 사람들

[伊藤憲郎, 1950.9, 〈朝鮮の人達〉, 《朝鮮研究》 52, 東京, 朝鮮研究所, 54~56쪽]

나의 조선생활은 1918~1945년까지 27년간. 생각하면 긴 세월이었다. 철수하는 배의 현측(舷側)에 서서 저무는 부산의 부두에 이별을 아쉬워했던 마음은 지금도 잊을 수 없다. 그때 나는 마음속으로 몰래 두 번 다시 조선의 산천도 조선의 그 누구도 만나지 않겠다고 생각하고, 솔직히 말하면 조선-조선인…이라는 문제와도 연을 끊겠다. 추방의 쓸쓸함은 이별의 정과 뒤섞여 있었다고 생각한다.

1946년 여름 비행기를 타고 괌섬에 갔다. 한밤중에 도착하여 그대로 숙소로 들어간 것인데, 옆방이 조선인 제군들인 것을 아침이 되어서야 알고 놀랐다. 괌섬에는 제3함대 사령관 등의 전범(戰犯)사건의 변호로 갔던 것이다.

옆방의 이상과 김상 여러 명은 증인으로 먼저 도착해 있었다. 무엇보다 일본에서 온 것이 아니라 트루크제도[35]에서 온 것이다. 해군 공원(工員)으로 징용되어 온 사람들인데, 조선에 관한 지식은 내가 더 새롭고, 또 대체로 이들이 태어나기 전부터 조선에 가 있던 나의 입장에서 보면 아저씨, 아저씨 하며 아침저녁으로 친하게 되어 의외로 유쾌한 날을 보냈다. 어느 날, 삼천 명의 포로에게 바이블 강의를 담당하고 있던 인텔리인 박상이 세탁실의 세탁조에서 젖은 쥐색 옷을 갖고 뛰어나왔다. "안돼요, 아저씨. 벌금이에요"라고 한다. 봤더니 내 옷

---

35 트루크 제도 Truk Islands. 미크로네시아 연방중부의 섬무리. 서태평양의 미크로네시아, 캐롤라인 제도 중부에 위치.

이다. 남양(南洋)은 흰옷 세탁이 꽤 번거로운 일인데다 게다가 민간인인 나는 법정에서 언제나 지저분해서는 안 되기에 박상을 세탁 담당으로 했던 것이다. 박상은 내 양복 포켓 속에서 달러 지폐를 몇 매 꺼내주었다. 위험하게도 나의 달러는 삶아질 뻔한 상황이었다.

김상은 경주 부근 사람으로 귀여운 동생의 사진을 보여 주며 여수(旅愁)에 잠겨 있었다. 너무 영어를 못하여 솜털이 생긴 정도의 나의 영어가 오히려 도움이 되는지, 밤늦도록 나의 숙사에서 공부하고 돌아가는데, 나는 그런 허물없는 마음도 도우며 자주 아무 생각 없이 야자열매를 따달라고 부탁하였다. 높은 야자수의 꼭대기로 슬슬 올라가 발로 탁

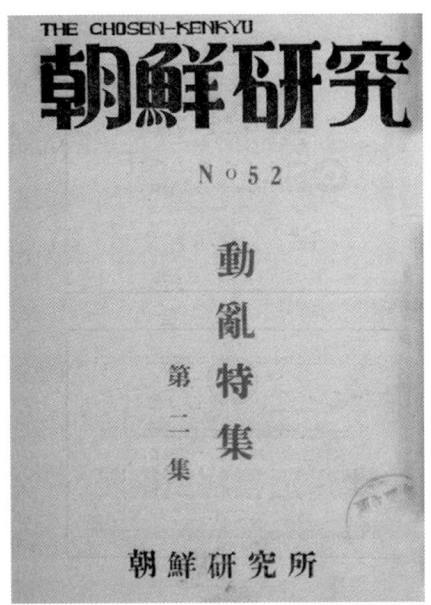

<그림 21> 조선연구

탁 치면 떨어진다. 그 맛은 지금도 생각난다. 김상은 슬슬 내려와서 손도끼로 야자열매의 딱딱한 껍질을 쪼갠다. "자, 아저씨 드셔요"라고 한다. 더운 남양의 하늘 아래 수정 같은 야자 과즙을 얼마나 맛보았는지. 27년간의 조선 생활이 남양에서 보상을 받으리라고는 꿈에도 생각하지 못했고, 또 철수하고 이듬해에 이렇게도 빨리 조선인과 사귀게 될 줄은 생각하지 못했다.

나는 이들 조선인을 배웅하고 계속 괌에 남았다가 임무를 마치고 도쿄에 돌아와 또 재야 법조인의 한 명이 되었다. 지금 조선 문제는 세계의 문제가 되어 지면이 매우 다채롭다. 일찍이 조선에서 붓을 잡던 사람들은 모두 각각 동원되고 있는 형태이다.

정치적으로 경제적으로 모든 것이 휴머니즘에 입각하여 논해질 것이라고 생각한다. 우리는 오랜 조선생활에서 많은 조선인과 교제했다. 나는 말하자면 우익적 입장에서 일을 했다고 생각하지만, 좌익적 사람들과 꽤 친교가 있었다. 그들과 인간적 왕래가 있던 그 무렵을 생각하면 그리움에 가슴이 뛰는 느낌이다.

나는 때때로 법조인으로서 외국인등록령 위반이라는 사건의 변호를 한다. 히비야(日比谷)의 법정은 너무나 소란스럽다. 목포 사람, 군산 태생, 수원 출신의 외국인등록령의 정치적

의의라던가, 국제적 도의라던가, 지금 여기에서 논할 여유는 없지만 몇 년 몇 월 몇일 피고는…증명서를 휴대하지 않고 이런 일이 징역이 된다는 것은 어수선한 법정의 공기를 한층 불편하게 한다. 히비야라는 곳은 사람을 재판할 곳이 아니다. 자동차가 달리는 소리는 귀가 따가울 정도로 법정의 벽에 반향을 불러일으킨다. 외국인등록령은 언젠가는 폐지될 것이다.

3. 일본인 인권 변호사의 광복 후 증언

〈자료 135〉 후세 다쓰지(布施辰治), 종전감사국민대회에서

[小生夢坊, 本多定喜 공저, 1954, 「終戰感謝國民大會にて(布施辰治)」, 『涙を憤りと共に:布施辰治の生涯』, 學風書院, 38쪽]

종전감사국민대회에서 후세 다쓰지

인류를 살상하고 물화(物貨)를 소모하고 내외의 모든 문화를 파괴한 전쟁의 재해는 우리들, 천황을 포함한 전 일본 국민 대중의 역사적인 책임이라는 것을 자각하지 않으면 안 된다.

생물(生物)의 본능이 지향하는 생명 존중의 인생관을 확립하고, 세계 각국과 함께 인종적 차별과 편견을 철폐하고, 세계 인류 모두의 행복을 위해 모든 검(劍)을 버리고 전쟁을 부정하는 절대적인 반전이념(反戰理念)을 철저히 가져야 한다. 그것을 우리는 맹세한다.

후세 다쓰지

〈자료 136〉 후세 다쓰지, 운명의 승리자 박열

[布施辰治, 1946, 『運命の勝利者·朴烈』, 世紀書房]

공저자의 말

우리가 이 책의 공저자로 이름을 올린 것은 필자 후세 다쓰지 씨의 우정이다. 후세 씨는 일본인인 자신이 조선에서 태어난 혁명가 박열 군을 묘사하는 것은 적절하지 않다고 처음에 본서 집필을 고사했지만, 박열 형이 도일한 이래 동지적으로 잘 알고 있는 자로서 이 사건을 변호한 당시를 회고하면 박열 형과 우리의 추억 박열대역사건을 묘사할 적격자는 후세 씨 이외에는 없다는 신념으로 후세 씨에게 본서의 집필을 요청하여 흔쾌히 그 수락을 얻은 것이다.

그때 후세 씨는 박열 형의 친우로서 시종 그의 뜻과 행동을 함께하고, 박열 형의 옥중도, 생환 후에도 시종 쉬지 않고 박열 형과 자신을 연결하여 생환의 승리를 염원하고 있던 우리에게 공저자로서 서명하는 것이 조국 조선의 탈환에 생명을 건 박열 형의 대역사건을 조선민족 삼천만 동포에게 알리는 것이다. 그리고 칠천만 일본 민족을 위해 몸으로 천황제를 비판한 박열형의 대역사건을 이야기하는 것이 일선(日鮮) 동지의 광영이라고 하며 공저자의 서명을 요청한 것이다. 본서는 전부 후세 씨의 집필이며 공저자인 우리가 한 줄도 보탠 것이 없음을 솔직히 고백한다. 그러나 후세 씨로부터 공저자의 서명을 요청받은 일선동지의 우정은 마음으로 이를 받아들여야 한다고 생각하여 감히 공저자의 서명을 한다. 우리의 심경을 양해해 주기를 바란다.

장상중(張祥重), 정태성(鄭泰成)

필자의 말

이 책은 박열 군의 대역사건을 중심으로 한 단면으로, 박열 군의 상세하고 완벽한 전기가 아니다. 박열 군에 대한 상세한 전기는 적합한 필자에 의해 완성될 것이다. 그러나 대역사건을 중심으로 한 박열 군의 단면에 대해서는 필자가 박열 군 도일 직후의 부당단발사건 이래, 잡지「불령선인」의 발행에도, 흑우회 운동에도 직접·간접 협력관계를 갖고 대역사건의 변호인이 된 이래 24년의 친교를 옥중에서도 지속하여 금일에 이른 것이다.

더욱 필자는「조선의 독립운동에 경의를 표함」이라는 한 문장으로 처음으로 필화사건 취조를 받고 이어서 의열단원 김지섭 군의 니주바시(二重橋) 폭탄사건의 기피 이유 발표에서 재차 필화사건을 거듭한 추억이 박열 군의 조선독립운동에 생명을 건 대역사건에 깊은 흥미와 공감을 느끼고 있다.

그뿐 아니라 박열군의 변호인으로서 필자가 관여한 변호 태도는 변호인의 선을 넘었던 점이 있을 정도로 대역사건 취급 방법에 철저하게 비판적인 열의를 나타내었고, 공판준비의 재판소 교섭에 특별한 역할을 수행한 회고가 박열 군, 공저자 장상중 군의 의뢰를 헤아려 이 책의 집필을 결의한 것이다.

또한 한마디 하고 싶은 것은 종래 대역사건의 형사기록은 일반 변호인의 등사권을 제한하고 재판소에서 기록을 작성하여 변호인에게 대여하고 사건 종료 후 대여기록을 거두고, 대역사건 기록은 절대 민간에 잔존하게 하지 않는다는 방법을 취했다.

박열 군의 대역사건 기록에 대해서도 같은 방법이 취해졌다. 그러나 필자는 변호자료로서 재판소의 대부기록 반환청구를 단념하도록 하여 이를 보존했기 때문에 대역사건을 중심으로 한 박열군의 단면을 묘사할 본서를 논술할 수 있었던 것이다.

1946.5.

후세 다쓰지

〈자료 137〉 야마자키 게사야(山崎今朝彌),[36] 실화 3대 대역사건의 기록

[山崎今朝彌, 1946, 〈實說 大逆事件三代記〉, 《眞相》 6, 人民社, 3~5쪽]

대역죄라는 것은 형법 제73조 "천황(天皇), 천황태후(太皇太后, 천황의 조모), 황태후(皇太后, 천황의 모), 황후, 황태자 또는 황태손에 대해 위해를 가하거나 가하려고 하는 자는 사형에 처한다"는 범죄로, 요컨대 이것은 황실에 대한 위로는 총검에 의한 살상(殺傷)에서부터, 아래로는 투석, 철권제재(鐵拳制裁)의 폭행 혹은 그 기수(既遂), 미수(未遂)는 물론 예비음모, 상담, 협의 등 하나라도 그물망에 걸리는 것, 인간이 상상하는 일률일체(一律一體)의 모든 것, 이에 사형을 선고한다는 실로 고금(古今)에 비추어 손색이 없고 국내외에 부끄럽지 않은 무자비한 범죄를 말한다.

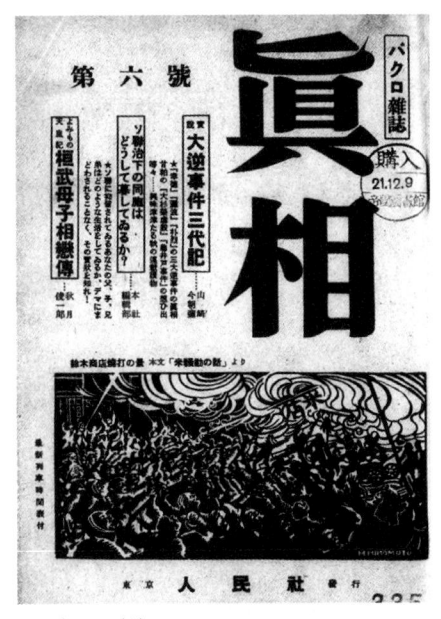

<그림 22> 진상

---

36 야마자키 게사야(山崎今朝彌 1877~1954) 나가노 현 출신의 변호사. 1913년 도쿄법률사무소를 개업했고 1916년에는 헤이민법률소(平民法律所) 대표가 되었다. 1910~1920년대 일어난 사회주의사건의 대부분을 변호했고 박열의 변호도 담당한 인물이며, 일본사회주의동맹, 자유법조단, 일본폐비안협회 결성 등에 참가했다.

현행 형법은 1907년(明治 40)경 제정된 것인데 1880년(明治 13)경 제정된 구형법에도 이 황실위해죄 규정이 있다. 이 법의 제정위원 중에는 황국에서 황실에 위해를 가하는 자가 나오는 것은 도저히 상상할 수 없다. 이 규정을 마련하는 것이 오히려 황국의 체면을 손상한다는 이유로 그 존치에 반대한 자가 있었는데, 기우(杞憂)임에 틀림없음에도 불구하고 황족에 대한 위해죄 및 신궁(神宮)에 대한 불경죄는 반드시 있어야 하고 또 이를 마련해야 한다면 법률체제에도 황실위해죄를 존치해야 한다는 주장이 우세하여 결국 제정된 것이다. 그 후 삼조일계(三朝一系) 대역(大逆)이 끊이지 않고 단기간에 속출하여 세 건에 이른 사실은 제정 당시의 위원들로서는 아무도 꿈에도 예기치 못한 일일 것이다.

3대 대역사건이란

고도쿠(幸德)사건

1910년(明治 43) 7월(중략) 고도쿠 슈스이(行德秋水) 등 26명 (중략)

박열(朴烈)사건

1922년(大正 11) 중 모의 개시, 동 1923년(大正 123) 9월 관동대진재 검속 중에 걸려들어 1926년(大正 15) 3월 25일 사형선고. 대정 및 소화 천황에 대한 박열 및 가네코 후미코의 제2차 대역음모상담죄. 세인들은 보통 조선독립운동가 김지섭의 니주바시(二重橋)폭파사건(나는 우연히 이 사건의 변호인이기도 했다)과 박열사건을 혼동하고 있는데, 이 두 가지는 전혀 별개로 아무런 관련이 없다. 단지 김 군은 비관주의자가 아니고 일본의 반성을 촉구하기 위해 니주바시(二重橋)에 폭탄을 던지려고 한 것이기 때문에 대역죄가 되지는 않았던 것이다.

도라노몬(虎門)사건

1923년(大正 12) (중략)

나와 대역사건과의 인연 (중략)

제2차 사건과의 인연

대역음모로 사형을 선고받았으나 특사로 무기징역이 되고 작년 가을 사령부의 지령으로 아키타(秋田)형무소에서 석방된 박열 군으로부터 올해 1월 25일 "근계(謹啓), 추운 겨울 편안하신지요. 각설하고 과거 24년 전 법정투쟁에서 성의껏 진력해 주셔서 새삼 감동하고 있습니다. 오는 26일 오후 4시 다음 장소에서 인사를 드리고자 초대하오니, 다망하시고 어려움이 있더라도 꼭 참석해 주시면 감사하겠습니다. 장소는 도쿄(東京) 스기나미구(杉並区) 고엔지(高円寺) 1-1, 후지요정(富士料亭)"이라는 속달우편이 도착했다. 다음 날은 도저히 참석할 수 없어서 나는 "유감, 불참, 근하신정, 동지와 후미코 씨를 생각하면 감개무량, 건투를 빔"[37]이라는 전보를 급히 보냈다.

박열 군은 그 옛날 변호사 면회 당시, 두세 번 방문하여 나를 알고 있었지만, 나는 불령사(不逞社)가 발간한 《후토이센진(太い鮮人)》[38] 외에는 박 군 개인에 대한 기억은 없었다. 그래서 박 군과는 변호를 하게 되어 처음 관계가 생겼다고 할 수 있다. 그 변호도 아내인 가네코 후미코 씨를 변호하는 김에 하게 된 것이다. 후미코 씨는 혼고(本郷) 오이와케초(追分町)의 호리신(堀新)인쇄소에서도, 고지마치(麴町) 유락초(有樂町)에 있는 '오뎅 이와사키(岩崎)'에서도 나를 알고 있었다고 했는데, 나는 오뎅 이와사키 외에는 기억하고 있지 않다.

오뎅가게의 이와사키 젠우에몬(岩崎善右衛門) 군이 후미코 씨의 변호를 부탁했을 때는 아라이(新井要太郎) 군과 다사카(田坂貞雄) 군이 이미 관선변호사로 선임되어 있었다. 나와 형제처럼 지내는 친분있는 다사카(田坂) 군으로부터 공범 2인은 허무주의자로 사형을 면하거나 변호사를 붙이는 것을 원하지 않는다, 고 들었는데, "본인의 희망이므로 부디"라고 이와사키가 부탁하므로 본인의 의사를 확인하기 위해 아무튼 서너 번 면회하러 갔고 그때마다 박열 군도 만나 협의한 결과 두 사람의 변호를 맡게 된 것이다. 그때 나의 희망으로 또 한 명

---

37 전보문은 "いかんふさん きんがしんせい とうしとふみこさんとをしのび かんむりょう だんこけんとういのる." 뜻은 "遺憾 不參, 謹賀新正, 同志とふみ子さんとを偲び, 感無量。斷固健鬪祈る"
38 '불령(不逞)'이라는 뜻의 '후테이(ふてい)'와 비슷한 음 '후토이(太い)'를 차자(借字)하여 풍자했다.

의 변호사를 붙이기로 하여 나는 내 주변에서 가장 씩씩하고 몸이 가벼운 형사사건 전문인 우에무라 스스무(上村進) 군을 파트너로 추천하여 관선(官選)변호사와 함께 4인이 변호했다. 이것은 1925년(大正 14) 말경부터 1926년(大正 15) 정월경의 일인데, 우에무라 군은 1923년(大正 12) 7월 8일 다카오 헤베(高尾平兵衛)³⁹의 사회장 장례식에 사무소를 빌린 이래로 경찰로부터 당시의 소위 빨갱이변호사, 좌경변호사로 편입되어 있었다.

사회장에 우에무라 군의 사무소를 빌린 것은 나의 시바 신사쿠라다(芝新櫻田)의 사무소와 우에무라 군의 고지마치(麴町) 우치사이와이초(內幸町)의 사무소와는 가까운 거리인데, 내 쪽은 시바(芝)경찰서, 우에무라 군 쪽은 마루노우치(丸內) 경찰서 관할이었으므로 일본 최초의 사회장에 대한 경찰의 불법 탄압에 대해 내 쪽을 비밀사무소, 아직 주의인물이 아닌 우에무라 군 쪽을 공개사무소로 두는 전술을 취했던 것이다. 그래서 우에무라 군에게 나의 사무소는 평민대학, 자유법조단, 기계(機械)노동조합(총연합의 전신), 대로(對露)비간섭동맹 등의 사무소가 되어 있어 [당시 일본사회주의동맹은 1921년(大正 10) 5월 27일 자로 금지 해산되었고, 일본 페비앙협회[1924년(大正 13) 2월 17일 창립]는 아직 창립되지 않았고, 기관지 《사회주의연구》, 《해방》도 아직 발행되지 않았다. 야마카와 히토시(山川均) 주필, 이와사 사쿠타로(岩佐作太郎) 주간 평민대학 발행의 《사회주의연구》는 당시 이미 폐간], 좁아서 곤란하니 집회만 하게 해달라고 하며 그 실체는 말하지 않고 부탁했다.

사회주의동맹이나 사회장 이야기를 꺼낸 이유는 박열 군도 후미코 씨도 1921년(大正 10) 5월 9일 간다(神田)청년회관의 사회주의동맹 전국대회에도, 1923년(大正 12) 7월 8일 아오야마 장례식장(靑山齋場)에서 거행된 다카오(高尾)의 사회장에도 참가했다. 그들은 대회에서는 당국의 횡포 탄압에 상당히 분개했고 사회장에서는 죽음에 대한 감격이 깊었는데, 특히 후미코 씨는 이전부터 다카오(高尾)를 알고 있어 경복(敬服)하고 있었던 인연이 있었기 때문이다. 다카오(高尾) 군 및 요시다(吉田一) 군은 함께 전선동맹(戰線同盟)을 대표하여 1923년(大正 12)

---

39 다카오 헤베(高尾平兵衛 1896-1923) 1910년대의 전투적 사회운동가. 나가사키 현 출생. 아나키즘계의 북풍회, 이어 광산노동운동에 참가하고 1920년 크로포트킨의 『법률과 강권』을 인쇄하여 간행하여 금고 5개월형과 벌금형을 받았다. 1922년 모스크바에서 레닌과 회견하고 돌아와 공산당에 입당했고 바로 탈당하고 아나·볼 협동전선을 기도했다. 적화방지단장 요네무라(米村嘉一郎) 집에 항의하러 갔다가 그의 총에 맞아 사망했다. 일본 최초의 사회장으로 장례가 이루어졌다.

6월 16일 이른 아침 나의 친구인 적화방지단장 요네무라(米村) 변호사를 습격하여 목적을 달성한 것은 좋았지만, 돌아오는 도중에 총에 맞은 다카오(高尾)의 시신을 남겨두고 그대로 두 사람이 내 쪽으로 도망 와 상담한 결과 몰래 결사의 각오로 사회장 준비를 하고 그것을 대성공시켰다. 나가야마(長山眞厚) 중위였는지, 또는 히라이와(平岩巖) 군이었는지 잊었지만(실은 히라이와 군이라고 생각하고 있었다. 다 쓰고 나서 정정했으므로 이 부분은 일관하여 이상한 부분이 있다), 그 후 전선동맹의 히라이와 군이 무언가로 검거되어 예심 중 면회를 하러 간 나에게 담당 다테마쓰(立松) 판사의 면전에서 다테마쓰 판사가 특별히 잘해 준다고 감사하다고 말했는데, 출옥 후 그 판사가 촬영한 박열군 후미코 군의 사진을 손에 넣어(지방재판소에서의 박열 군 등의 담당 예심판사도 다테마쓰 군) 내각타도운동의 투쟁 도구로 제공한 것은 무슨 인연일까?

다테마쓰(立松) 군은 책임을 지고 사직, 변호사로 개업 후 히라이와 군의 사업 고문을 하여 돈을 벌게 해 주었다고 했는데, 박열 군은 출옥하여 지금 일할 곳도 없고 크게 곤궁한 모양이다. 히라이와 군이 만일 원래대로 경기가 좋다면 그 사진으로 말도 안 되는 소문까지 돌게 한 죗값으로 무언가 보상을 할 것이다. 후미코 씨는 1926년(大正 15) 7월 26일 새벽에 23세를 일기로 "내가 살아있으면 박열이 이 세상에 미련이 남아 사상의 동요가 일어나므로 특사를 거부하고 자살한다"는 유서를 남기고 우쓰노미야(宇都宮)형무소 도치기(栃木) 지소(支所)에서 스스로 목을 맸다. (하략)

〈자료 138〉 암흑하의 일조(日朝) 인민의 연대 - 쇼와 초기 일본인 선각자의 체험을 듣다

[〈暗黒下の日朝人民の連帯―昭和初期日本人先覚者の体験を聞く〉, 《朝鮮研究》 53(1966), 日本朝鮮研究所, 1~13쪽]

화자: 후루야 사다오(古屋貞雄),[40] 미야케 시카노스케(三宅鹿之助)[41]

---

40 1889~1976. 야마나시(山梨)현 출신. 1919년 메이지대학 법률과를 졸업하고 농민운동에 전념하여 야마나시 농민조합연합회를 결성하여 집행위원장을 역임함. 1921년 변호사를 개업하고 농민운동을 전개함. 1922년 자유법조단 소속이 되어 조선농민운동에 참가하고 조선공산당사건의 변호를 담당하여 수개월간 조선에 체류함. 그 후 타이완으로 건너가 타이완농민조합연합회 결성을 지휘하고 실제 운동을 전개하다 일본의 패전을 맞이하여 일본으로 귀국함. 〈暗黒下の日朝人民の連帯―昭和初期日本人先覚者の体験を聞く〉, 《朝鮮研究》 53, 1966, 13쪽.

질문자: 와타나베 마나부(渡部學), 사토 가쓰미(佐藤勝巳)

와타나베(渡部): (전략) 후루야 선생님이 관계한 제1차, 제2차 조선공산당사건이라는 것에 대해 무언가 인상이라던가, 기억나는 것이 있다면 말씀해 주세요.

3인이 모이면 징역 3개월

후루야: 우선 내가 가장 놀란 것은 당시 조선에는 제령(制令)이 있어서, 그 제령에 의하면 3인 이상이 도로에서 서서 이야기를 하는 것을 집합(集合)으로 보고, 3개월 이하의 징역에 처한다는 광기 서린 것이었습니다. 내가 변호를 위해 조선에 도항했더니, 조선인 여러분이 환영회를 열어주었습니다. 그 자리에서 환대를 받아 고맙다는 의미로 인사를 했더니, 그것이 제령에 걸린 것입니다. 검찰국에서 조사할테니 출두하라고 해서 놀랐습니다. 이 사실로 봐도 당시 조선의 여러분이 언론의 자유, 친구, 동지와의 교제까지 심한 간섭을 받고 있었던 것을 알 수 있습니다. 당시 일본도 가혹했지만, 조선은 일본 정도가 아니라는 것을 강하게 느꼈습니다. 우선 저의 제1회 변호를 맡았을 때의 인상입니다.

와타나베(渡部): 그렇다면, 그것은 오늘날처럼 마이크라는 것도 없던 시대인데, 선생님의 이야기가 경찰당국이 탐지하게 되었다는 것은 도대체 어떤 상황입니까? 즉, 사복경찰이 그 자리에 숨어들었다는 것입니까?

후루야: 당연히 그렇다고 생각합니다.

미야케: 그런 것은 충분히 생각할 수 있어요.

후루야: 그리고요, 당시 사정에서 보면 여관에는 전부 스파이가 배치되어 있었다고 생각합니다. 스파이 역할을 한 인간이 곳곳에 있었으니까요.

---

41 1899년 출생. 타이완에서 초,중학교를 졸업하고 일본으로 돌아가 제8고등학교(나고야)를 거쳐 1924년 도쿄제국대학 경제학부 졸업, 경성제국대학 재직 중 교원적화사건으로 치안유지법 위반 및 범인은닉죄로 3년형을 선고받고 서대문형무소에서 복역. 특사로 가출옥 후 일본으로 돌아가 생업을 전전하며 종전을 맞이함. 1945년 이후 교직에 복귀하여 동양대학 교수를 역임함. 〈暗黑下の日朝人民の連帶―昭和初期日本人先覺者の體驗を聞く〉,《朝鮮硏究》53, 1966, 13쪽.

사토: 후루야 선생님, 당시의 일본과 조선을 비교하면 어떤 차이가 있었습니까?

후루야: 나는 일본에서도 갑(甲) 시찰인이었어요. 당시의 사회운동가에게는 동반자(특고경찰)가 붙어서 다녔지요. 이러한 사람들을 갑, 을로 나누어 학자와 같은 사람, 집에서 공부하고 학교에서 생도를 가르치는 사람은 을(乙) 요시찰인이었습니다. 직접 행동을 하는 사람은 갑시찰인으로 불렀어요. 나는 양쪽을 하고 있었으니, 동반자는 항상 두 명이 붙어 있었어요. 가령 도쿄 도내는 물론이고, 내가 도쿄에서 지방으로 가면 확실히 함께 붙어서 갑니다. 아침부터 밤까지 붙어 있어요. 내가 있는 곳에는 반드시 시찰인이 붙어 있어요. "이번에는 내가 당신 담당이 되었으니 잘 부탁해요"라는 인사를 하러 올 정도였지요.

사토: 좀 전에 선생님이 말씀하신 3인 이상 모여 무언가 하면 3개월 이하의 징역이라는 것은 일본 내에서도 있었어요?

후루야: 그것은 조선총독부가 제령으로 정한 것으로 일본은 없었습니다.

와타나베: 미야케 선생님이 조선에 계실 때는 갑, 을, 병이라던가 그런 적은?

미야케: 내가 조선에 갔을 때요? 아니요, 그런 것은 없었다고 생각합니다. 저는 눈치를 못 챘지만요. 후루야 선생님의 경우는 조선에 갔을 때는 당연히 내지 경찰이 조선총독부의 경찰에게 연락해서 부산 상륙과 동시에 조선경찰의 미행이 붙었을 것입니다.

사토: 선생님이 조선에 변호를 위해 간 경위는 조선에서 잡힌 사람들의 요청을 받아서입니까?

후루야: 그렇지 않아요. 간단히 말하면 좌익운동에 들어간 것은, 저는 오야마 이쿠오(大山郁夫) 선생님과 친했어요. 오야마 선생님을 매우 존경했습니다. 오야마 선생님은 항상 일본의 조선침략을 비난하고 조선독립의 정당성을 주장하고 있었습니다. 이 오야마선생님의 영향을 받고 있었기 때문에 저는 조선의 독립운동에 대해서 우리의 의무로 해야 하는 것이라고 생각하고 있었습니다. 그 후 자유법조단이 생기고, 나도 거기에 소속하여 운동을 시작한 것인데, 나와 후세 다쓰지 선생이지요, 조선공산당 제군이 지명해서 와달라고 해서 후세 선생과 함께 간 것입니다.

사토: 당시 선생님은 몇 살이셨어요?

와타나베: 1926년생이니 지금부터 40년 전입니다. 34세 정도니 혈기왕성할 때지요.

(웃음)

그때의 사건에서 가장 무거운 판결을 받은 것은 김재봉, 강달영, 그리고 권오설 등이라는 사람인데 무언가 인물에 대한 인상은?

철조망으로 둘러싸인 재판소

후루야: 권오설 군이 가장 인상에 남아 있습니다. 내가 갔던 사건의 재판소 상황을 말하면, 재판소를 철조망으로 전부 에워쌌어요. 보통 출입은 금하고, 일반방청인조차 금지입니다. 그리고 형무소에서 피고인을 재판소로 데리고 갈 때는 도중에 피고인을 탈취당할 우려가 있어서 군대도, 경찰도 전부 동원하여 길 양쪽을 엄중히 경계했습니다. 3인이 모여도 집합 규정으로 벌하는데 조선인은 조금도 두려워하지 않고 가족들 모두 마중하러 갔습니다. 그리고 재판소는 지금 말한 것처럼 철조망으로 둘러싸여 있었습니다. 아마도 세계 문명국에서 철조망을 두른 재판소는 없을 것으로 생각하는데요. 그 사진(철조망 가운데로 출입하는 곳)을 갖고 있습니다. 정치범에 대한 면회, 방청은 가족도 일일이 명부, 신원을 조사하고 실제의 친척이 아니면 면회와 방청은 할 수 없었습니다.

사토: 가족은 방청시켰습니까? 그러면 법정 안에 있는 사람은 피고와 가족과 변호인뿐이라는 것이네요.

후루야: 공개재판이라고 하면서 전혀 공개가 아닙니다. 내가 권오설 군에 대해 매우 인상 깊은 일은 이런 일입니다. 아마 내가 변호하는 7개월 정도 조선에 체재하고 있었는데, 어느날 목포 가까운 곳의 농민쟁의를 응원하러 갔다가 경성으로 돌아온 그 날밤에 내가 괴한에게 습격당하는 사건이 일어났습니다. 괴한은 후쿠오카에 있던 칠생의단(七生義團)의 사람들이었는데 내가 머문 여관에 험상궂은 남자가 면회를 하러 왔습니다. 나는 큰 책상을 사이에 두고 면회했습니다. 이 책상 덕분에 살았어요. 이 호신술은 우리 고향의 전과 17범인 오야붕이 나에게 가르쳐준 것입니다. 이 사람은 나와는 잘 맞아서 나의 사회운동에 반대하는 폭력단으로부터 지켜준 사람입니다.

사토: 요즘 말로 하면 가드맨에 해당하겠네요. (웃음)

재판장을 재판하는 권오설 군

후루야: 그 사람이 말하길, 사람과 만날 때는 항상 앞에 책상을 두고 면회하라. 도로의 모퉁이를 돌 때는 크게 돌아라. 이것이 원칙이라고 했습니다. 이런 곳에 경찰이나 폭력단이 있으니 주의하라는 가르침이었습니다. 나는 그것을 야마모토 센지(山本宣治)에게도 자세히 말해 주었는데, 불행하게도 센지는 그렇게 되어 버렸습니다. 그것은 면회인보다 자신이 먼저 앉고, 앉으라고 권유하던 순간에 칼을 맞은 것이어서 어찌할 수 없었던 것이지요.

나는 여기(이마)에 칼을 맞았는데 책상을 뒤집어엎어서 살았습니다. 지금도 상처 흔적이 남아 있어요. 큰 소동이 났지요. 그 당시는 일본인 폭력단에 대한 자위 조직이 조선인 측에도 있었습니다. 이것은 진짜 강했어요. 소동이 일어났다는 소식을 듣고 이들이 금방 도우려고 달려왔습니다. 다음 날 붕대를 두르고 재판소로 갔습니다. 내가 테러를 당했다는 것이 이미 피고 쪽에도 전해져서 내가 법정에 나타나자 소란스러웠습니다. 재판이 시작되자마자 재판장! 이라고 말하며 일어선 것이 권오설 군입니다. 그는 재판장 앞에서 책상 위에 서서, 재판장을 손가락으로 가리키며 "너희들이 우리를 재판할 무슨 권리가 있는가? 우리는 정치범이니 머지않아 정치가 바뀌었을 때는 우리가 너희를 재판할 날이 온다. 똑똑히 기억해둬라. 하필이면 우리의 신성한 싸움을 변호하러 오신 후루야 선생님을 죽이려 한 범인을 놓치고 사람을 재판한다니 그럴 자격이 있는가? 그 범인을 잡아서 처벌하기 전까지는 우리는 아무것도 대답하지 않겠다"고 하여 3인의 재판관을 노려보았어요.

그것은 그대로 끝났지만, 1945년 8월 15일, 일본이 패전했을 때, 나는 대만에 있었습니다. 대만에서 치안유지법으로 중국인을 고통스럽게 한 5인의 일본인 판사는 중국인에게 포박되어 형무소에 수감되었어요. 그때, "과연! 권오설 군이 말한 것은 정말이었구나"라고 생각했습니다. 우리의 사회운동은 이것이 올바르다고 확신했습니다.

사토: 당시 선생님이 변호한 사람은 조선인뿐이었습니까?

후루야: 피고는 전부 조선인이었어요.

미야케: 당시 이러한 조선독립운동에 일본인이 가담한 경우는 거의 없었다고 생각합니다.

사토: 그 사건에는 조선인 변호사도 있었습니까?

후루야: 내가 중심이 되어 조선인 변호사도 6명 정도 있었습니다. 이 변호사 중에 최근까지 한국의 대법관이라고 하나요, 가장 높은 소장 같은 김(병로)이라는 사람이 있었는데, 이 사람도 당시 변호사의 한사람이었어요. 최근 돌아가셨지요. 이승만에 반대하고 있어서, 불우한 처지에 있었던 것 같은데, 순수하고 정의로운 사람이었어요.

사토: 후루야 선생님은 일본에 계셨을 때 치안유지법 관계 변호를 맡으셨는데 식민지 조선과의 재판의 차이는…?

후루야: 있었습니다. 가장 큰 차이는 법정에 들어가는 인원이 제한되어 있어서 가족 이외에는 들어가지 못했던 일입니다. 일반적으로 말할 수 있는 것은 피고나 방청인이 한 마디, 반마디라도 법정에서 대화를 하면 퇴정을 명했습니다. 또 한 가지 차이는 정정(廷丁)[42]이 주위를 에워싸고 위압하듯 있었는데 그 숫자가 많았어요. 좌익운동자는 국가의 적(賊)이라는 것이어서요, 그들의 태도는 오만했습니다.

와타나베: 선생님이 변호한 입론(立論)의 기초는 주로 무엇이었습니까?

후루야: 아무튼 치안유지법이라는 것이 악법이다. 악법을 현실에서 적용하는 것은 더욱 나쁘다. 재판관은 반성하라고 나는 꽤 호된 변호를 했습니다.

사토: 그걸 재판관은 가만히 듣고만 있었습니까?

후루야: 듣고 있었어요. 퇴정을 명할 수는 없으니까요. 만약 내가 말하는 것에 제한을 가하면 100인 정도의 피고를 감당해야 하는 일이 생기겠지요. 아무리 정정(廷丁)이 있어도 100명이 떠들어대면 판사도 섣부른 행동을 할 수 없습니다. 강경한 변호활동이 가능했던 것은 나 개인의 힘이 아니고, 어차피 피고 제군의 단결력이 그렇게 만든 것이라고 생각합니다. 이 재판만은 법정에서 재판관이 위축당하는 상태였다. 이러한 힘을 배경으로 재판관 기피를 한 것인데, 기피는 각하되었지만 이것은 실로 역사적인 재판이었습니다.

와타나베: 김재봉, 강달영 두 사람은 징역 6년이었지요. 권오설 씨는 5년인데, 구형은 어느 정도였습니까?

---

42 법정의 잡무를 보는 직원

후루야: 대체로 구형대로입니다.

와타나베: 그러나 당시의 치안유지법이란 더욱 무겁게 처벌하지 않았습니까? 일본공산당사건은 사형 구형까지 있었는데….

후루야: 조선의 경우, 뭐든지 검거하는 식의 가혹한 방식이어서 사상과 관계없는 사람도 꽤 있었던 것 같아요.

미야케: 단지 그룹에 가입했다는 정도로 재판에 회부했으니까요.

와타나베: 그렇군요. 면소(免訴), 무죄가 된 경우도 많았지요? 저의 경험인데, 제가 학생시절 조선인 학생이 뒷산에 가서 레닌의 『무엇을 할 것인가』를 읽고 있었는데, 그 일로 잡혀갔어요. 저는 치안유지법을 읽은 적이 없지만 그런 정도까지 저촉되는 것이었습니까?

미야케: 아니요. 치안유지법은 그런 것을 처벌한다고 정해진 것은 아니지만, 관계가 있을 것 같은 것은 무엇이든 걸어 버리는 거지요. 전쟁 중에 가장 심했을 때는 '사회'라는 문자가 들어간 표제의 책을 갖고 있는 것만으로 경찰은 범죄용의자로 잡아가는 식의 극단적인 행동까지 했습니다.

와타나베: 그 정도까지 적용 가능하도록 규정한 것입니까?

미야케: 그런 식으로 확장 해석하는 것이지요, 얼마든지 해석을 확장하여 '사회'라고 적혀 있으면, '사회주의'로 해석하고, 사유재산제도를 부정하는 자, 국체를 변혁하려는 자로 간주하여 체포하고 재판하는 식입니다.(중략)

와타나베: 후루야 선생님 감사합니다.(중략) 미야케 선생님은 후루야선생님이 조선에 갔던 4, 5년 뒤이시죠? 그때의 이야기를 해 주세요.

학문에서 운동으로

미야케: 나는 당시 경성제국대학 법문학부에 있었으니, 운동과는 직접 관계가 없었습니다. 겨우 조선의 우수한 학생을 교육하는 것이 역할이라고 하는 정도였습니다. 조선 학생이 희망하여 자발적인 연구회라는 것을 만들어 지도하는 것을 학교에서 했습니다. 이 연구회에는 우수한 학생이 많이 있었어요. 제1회 학생으로 유진오 군(전 고려대학

총장), 김승범 군(전북대학 법과대 교수), 제2회째는 최용달, 박문규, 이강국 등 제군이 있었던 것을 기억합니다. 모두 매우 우수한 학생이었어요. 이들 제군이 중심이 되어 연구회를 만들었는데, 나 외에 모리타니 가쓰미(森谷克巳, 무사시대학 교수, 1964년 사망), 스즈키 다케오(領木武雄, 무사시대학 교수)도 지도했습니다. 이 연구회는 물론 합법적인 것으로 당시 마쓰우라 시게지로(松浦鎭次郎) 총장이 회합에 출석한 적도 있습니다.

우리 학내의 활동이 학생을 통해 외부에 조금씩 알려지게 되었어요. 어느 날 조선인 운동가같은 사람이 찾아와서 '공판투쟁'을 하는데 일본인 변호사, 특히 후세 다쓰지 변호사에게 부탁하고 싶다는 의뢰를 받았습니다. 이것은 학외(學外) 운동과 관계가 있는 것이어서 신중히 검토했는데, 그 의의를 생각하여 후세 변호사에게 의뢰하기 위해 도쿄에 갔습니다. 그것이 언제쯤이었는지 그 시기는 기억나지 않습니다.

후루야: 후세 선생은 그 당시 아마 요쓰야(四谷)에 사무소가 있고 조선문제를 전문으로 하고 있었어요.

미야케: 그리고 이런 일도 있었습니다. 1928년에 코민테른에서 조선에 관한 테제(이른바 12월 테제)가 나왔습니다. 이 테제는 일본제국주의 하의 조선의 정치 경제 사회정세 등을 분석하여 조선에서의 민족해방투쟁, 특히 조선공산당의 운동에 대해 모든 각도에서 비판을 가하여 그 올바른 존재형태에 대해 기술한 것이었는데, 어느 조선인이 인·프레·콜의 영어판(International press correspondence)[인프레콜에는 영어, 독일어, 프랑스어판 등이 있고 물론 러시아어판도 있었다고 생각합니다. 당시 일본에는 영어, 독일어판이 밀수입되고 있었다. 여기에는 코민테른의 중요회의 의사록 제결의, 그 외 국제공산주의 운동의 중요문서가 게재되고, 발가(ばるが)의 유명한 세계정치, 경제연구가 4분기마다 게재되었습니다]도 가지고 와서 전기 테제를 일본어로 번역해달라고 하여 며칠 동안 번역문을 만들어 그 사람에게 전달하고 그 사람과 테제에 대해 연구한 것을 기억하고 있습니다. 이것 저것 나는 직접 운동에 관여한 것은 아닌데, 점점 외부와 접촉을 갖게 되었던 것이지요.

내가 조선의 치안당국에 주목받은 것은 독일에 가서 베를린에서 모리타니 군의 숙소에, 그쪽의 상황을 전하는 편지를 보낸 것이 압수되었을 때부터입니다. 모리타니 군의 도쿄의 친구가 무슨 사건으로 가택수색을 받고 경성대학에 모리타니라는 자가 있다, 그를 조사하라는 일로 당하게 되었고 그곳에 내가 베를린에서 보낸 편지가 있었던 것입니다. 편지 내용은 기억나지 않지만 당시 독일은 공산당이 합법정당으로 매우 발전하고 있던 시대였으므로, 매우 자유로운 분위기였습니다. 일본과 비교하여(특히 조선은 대단하게) 훌륭하다고 적었던 것 같습니다. (중략)

체포 · 투옥

만주사변 이후 조선이 만주로 가는 루트라는 것으로 한층 커다란 의의를 갖게 되었습니다. 특히 북만주의 조선인 문제에 대해 한층 고려하지 않으면 안 된다는 때에 어느 모르는 조선인이 우리 집에 뛰어 들어와서 "실은 내가 경찰에 쫓기고 있다. 숨겨주었으면 좋겠다"는 것입니다. 나는 무슨 사정인지 전혀 묻지도 않고 숨겨주기로 했는데, 그러다가 경찰이 우리 집으로 도망쳤다고 눈치챈 것인지, 사복경찰이 우리 집을 종일 감시 당번을 서게 되었습니다. 그러나 확증이 없었던지, 좀처럼 쳐들어오지는 않았습니다. 아무튼 주의해야 한다고 생각하여 처음에는 방에서 가족과 함께 있었지만, 위험해졌으므로 서재의 방바닥을 떼어 내고 그 안에 자리를 깔고 비밀방을 급히 만들어 식사는 아내가 만들어 들여보내도록 했습니다. 며칠간 밖의 상황을 엿보고 있었는데, 밖의 경계는 점점 엄중해지는 모양이었습니다. 그러다가 며칠 지나서 그 사람이 다른 곳으로 나가겠다는 얘기가 되었던 것 같아요. 그러려면 옷이 필요하다고 해서 그 조달을 학생이었던 정태식(鄭泰植, 제6회생)이라는 매우 우수한 학생이었는데, 이 사람에게 옷 조달을 부탁했습니다. 또는 그게 아니고 누군가에게 연락할 필요가 있어서 그 연락을 부탁했는지도 모르는데, 운 나쁘게도 정 군이 잡혀버린 것입니다. 경찰은 이런 일을 기다리고 있었으니, 우리 집을 수색하러 쳐들어왔습니다. 샅샅이 조사하여 여러 발매금지 수입금지 책을 압수했는데, 그 남자는 방바닥 아래에 있어서 찾지 못했습니다.(그 사람은 방바닥 아래에서 독서를 하는 외에 내가 넣어준 작은 모종삽으로 방바닥 아래의 흙을 파고 밖으로 도망갈 통로를 파고 있었다는 것을 그 후 경찰 측으로부터 들었습니다)

정군에 대해서 물어보고 싶으니 경찰에 출두하라며 경찰 자동차에 태워졌던 것입니다. 정군에 대해서 조사를 받았지만 별 내용도 아니었고 추궁은 오로지 그 방바닥 밑의 남자의 행방에 대한 것이었습니다. 당시 경찰 조사는 일본에서도 그랬다고 생각하지만, 매우 혹독한 것이었습니다. 가혹한 고문입니다. 나의 경우는 고문은 하지 않았지만, 옆방에서 죽도를 휘두르며 고문하는 분위기를 느끼게 합니다. 경관들이 교대로 들어갔다, 나왔다 하며 위로하고, 어르고, 이런저런 방법으로 며칠인가 당했습니다. 나는 경찰에 붙들려 와서 며칠이 지났으므로 이제 괜찮을 것이라고 생각하여 그 남자에 대해 말했습니다. 다행히 그 남자는 도망쳐서 이제 집에 없었는데, 그 후가 큰일이었습니다. 경찰이 쫓고 있는 조선인을 숨겨준 것은 수상하다고 하여 조선의 해방운동과 관계가 있다고 하여 치안유지법을 뒤집어씌우고, 또한 범인은닉죄라는 파렴치죄 양쪽으로 기소하여 2년 이상이나 감옥에 갇혔던 것입니다.

사토: 선생님이 숨겨준 조선인은 누구였습니까?

미야케: 지금도 이름도 몰라요. 무엇보다 전혀 물어볼 생각이 들지 않았습니다. 인텔리는 연약한 존재이니 섣부르게 알고 있으면 잡혀서 가족과도 떨어지면, 자칫 털어놓아서 운동에 지장을 주게 될 것이므로 일부러 묻지 않는다. 묻지 않으면 알 수 없으므로 털어놓을 수도 없습니다. 결국 자신의 이야기밖에 하지 않는다는 것이 나의 주의였으므로 나중에 검사국으로부터 이재유라는 공산당원이라고 들었습니다만…. (중략)

부모의 재산을 운동에 사용

사토: 소화 초기의 조선의 사회운동의 실상을 좀 더 들려주세요.

미야케: 그 무렵 조선공산당은 물론 비합법이므로 지하운동이었습니다. 표면은 민족운동의 형태로 '신간회'라는 것이 있었어요. 그 이름으로 민족운동이 이루어지고 이것은 다소 합법성을 갖고 있었습니다.

일본으로 말하면 노동당 등에 해당하는 존재입니다. 그러므로 표면은 민족운동, 지하는 계급운동이었다고 생각합니다.

와타나베: 또 하나 중앙기독교청년회라는 것이 있어서 이것은 기독교에 의한 민족주의입니다. 거기에 본래의 이른바 천도교라던가 시천교라던가도 그렇지요? 그것과 계급주의에 선 마르크스레닌주의와 대체로 세 가지 유파가 있었던 것으로 생각되는데, 선

생님이 계셨을 때는 공산주의 운동은 표면에 드러나지 않았을 때지요?

미야케: 표면이라고 하면 때때로 신문에 등장하는 운동은 지금 말한 신간회입니다. (중략)

후루야: 동아일보는 민족주의 쪽이고 조선일보는 계급적이었지요.

미야케: 당시 합법적으로 나와 있는 신문으로는 조선일보 쪽이 다소 계급적인 성격을 갖고 있다는 평이었습니다.

후루야: 조선일보에 최(崔)라는 남자가 있었어요, 이 남자가 있었을 때(얼마 후 상해에서 죽음) 총독부의 마음에 들지 않는 것을 보도해서 자주 정간을 당했는데, 정간을 당하면 그 남자는 정간시킨 총독부 관리[구사야(草野)라 해서 나중에 경보국장이 된 남자]의 집에 단도를 앞에 내놓고 앉아서, 정간을 빨리 풀어주지 않으면 각오한 바가 있다고 하며 항의를 했어요. 이 최라는 남자가 공산당사건에 가장 돈을 많이 기부했습니다. 이 사람의 아버지가 조선 고급관료의 한사람으로 어떤 국장을 했다고 합니다. 아버지가 죽었을 때 당시 조선의 돈으로 750만 원이 있었다. 아들인 최 씨의 견해에 의하면 이 돈은 아버지가 국민을 쥐어짜서 생긴 돈이므로 좌익운동에 사용하는 것은 당연하다고 하여 자신은 운동에 매진했어요. (중략)

후루야: 조선에서도, 대만에서도 식민지에 있는 일본인 대부분은 우리 사회운동가를 백안시하고 국적(國賊) 취급을 했어요. 그중에 동정적인 사람도 있었지만, 섣부르게 동정하면 곧바로 자신들 몸에 위험이 닥치니 모르는 척하는 사람이 많았어요. 조선에 갔을 때도 치안유지법 변호를 하러 왔다는 것 때문에 아는 사람이 길에서 만나도 인사도 하지 않았으니까요. (하략)

4. 누구보다 해방을 반긴 사람들

〈자료 139〉 백절불굴(百折不屈)의 옥중 투사, 민주주의자 김천해(金天海) 씨의 모습

[《大衆新報》, 1947.4.17.]

4·17기념일, 피어린 발자국을 회고

독립과 민주주의를 위하여 세계에도 비할 데 없던 혹심한 일제탄압 아래서 유일하고 또 거대한 혁명세력으로서 20여 년에 걸친 조선 공산주의 운동은 토굴에서 지하에서 철창에서 쉼 없이 흐르고 있었으니 광휘에 넘친 22주년 기념일을 맞이함에 있어 조선 인민은 발자국마다 핏방울에 어린 이 혁명투사들의 투쟁사의 토막토막을 아직도 민족의 염원이 달성되지 않은 오늘 새로운 감격을 가지고 돌아보게 되는 것이다. 선배들의 이 발자국 속에서 청년 조선은 새로운 용기와 힘과 자신을 이어가지고 힘차게 기운차게 나가고 있는 것이다. 다음은 일본에서 싸운 김천해 씨의 위대한 족적이다.

어떻게 지하에서 싸웠나

서릿발같이 차고 잔악무도한 일제의 감옥을 자기 집보다 더 많이 드나들고 있던 청년 신사가 지금부터 20여 년 전 피고로서 동경 어느 재판소 법정에 서 있었다. 재판장은 그에 대하여
"너는 전향만 하면 바로 내줄 테니 심경은 어떤가"
하고 물었다.
"싫다. 나는 결단코 전향을 하지 않을 것이고 감옥의 귀신이 되는 한이 있어도 안할 것이다"
단호한 피고의 태도를 보고 재판장은 다시 전향을 권하지 않고
"조선이 독립이 될 줄로 아는가?"
"그렇다. 반드시 조선은 독립될 것이다. 독립하고야 말 것이다."

꺼지지 않는 불덩어리가 피고의 가슴 속에 염염히 불타고 있었다. 불굴하는 조국 독립의 신념과 열정에 일제 관리도 감복한 끝에

"저런 사람이 조선에 있다면 조선 독립도 될는지도 모른다."

고 찬양하며 피고에 대한 대우를 퍽 인격적으로 해 주었다고 한다.

머리끝에서부터 발톱까지 무장한 일제의 약탈정책이 더욱더 공포성을 가하여 가며 인민의 민주주의 세력에 대한 반동탄압이 국내를 휩쓸 때 이 역풍에 항거하여 큰 바위와 같이 움직이지 않던 사나이, 이이야말로 자기의 청춘을 조국과 민족에 바쳐서 삼십에 철창에 끌려서 오십이 다 되어서야 춘풍추우 18년의 긴 세월을 보내고 재작년 9월 해방이 되자 일본공산당의 동지들 도쿠다(德田)와 시가(志賀) 씨 등과 함께 새 세기의 태양을 안고 세상에 나온 김천해 씨였다.

그는 현재 일본공산당 간부로서 정치국의 주요한 자리에서 지금도 조국을 위하여 맹활약을 하고 있다. 그는 감옥 속에서 '비전향자'로서 혹독한 천대와 총구 앞에서 굴하지 않고 싸워 온 것이다. 같은 공산주의자라도 전향자는 음식과 의복 모든 점에서 더 좋은 대우를 받는 것이었으나, 그는 감옥관리가 사노 마나부(佐野學)의 전향문을 읽으라고 갖다줄 때

"공산주의자는 그런 것은 볼 필요도 없다"

고 그대로 던져 버렸던 것이다. 그러면서 그는 옥내에서도 싸움을 계속하였으니 삼엄한 경계 속에 '옥내위원회'를 조직, 운영하였던 것이다. 사소한 연락이라도 탄로되면 주먹만 한 밥은 다시 줄어들고, 가죽 수갑을 채워서 2개월 동안이나 감옥 속의 감옥 생활을 해야 하는 것이다. 이 속에서도 운동은 계속되어 옥내 신문을 발간하고, 옥외 그룹들과의 연락은 이어 왔다. 그는 1930년에 일본공산당 동지들과 같이 옥중에서 독립만세를 외쳤다고 한다. 그뿐이 아니고 일제가 패망한 뒤는 감옥 관리들이 수인에게 차려올 식량 등을 훔쳐가는 것을 막기 위하여 수인 전체를 묶어서 자치위원회를 조직하고 식량관리를 하였으니, 출옥 후 인민의 식량관리 사업은 이렇게 옥중에서 자라나온 것이었다.

김천해 씨는 지극한 호인이고 털끝만한 악의가 없이 아이들[43]과 같이 순진하여 그와 접하는 사람들을 사랑과 인격으로써 감화시키고 있다. 지하운동 시절에 경관이 그를 잡으러 달

---

43 원문에는 '아들들'이라고 되어 있으나 오자이므로 바로잡음.

려들자 모든 사람이 도망을 하였으나 그는 태연하게 경관 앞에 나타나서 무엇인가 한동안 이야기하더니 경관은 잡을 의사를 포기하고 돌아갔다고 한다. 일찍이 그가 살던 요코하마(橫浜) 어느 동리에서는 일본 사람의 남녀노소가 그를 가미사마(神樣)로 부르고 집안일을 그로부터 의논하고 부부싸움도 그의 앞에 가서 판결을 했다는 것이니 그의 덕망이 어떠한가를 말하는 것이다.

그는 6척 체구의 백발이어서 아이들이 '산타클로스'라고 따르며 노동자들은 그의 가는 곳마다 주의(主義)보다 그의 인품에 끌려서 따라간다고 한다. 그는 아들 하나가 있으나 작년에야 비로소 만났다. 고향으로부터 온 아들을 오사카 역에서 껴안으며

"네가 병환(炳煥)이냐."

고 하며 첫 대면을 했다는 것이다. 그러나 다음 날은 벌써 부자의 알뜰한 ■도 길이 바꿀 새 없이 일을 위하여 두 사람은 이별하였던 것이다. 조국이 인민의 나라가 될 때 그는 아들과 같이 따뜻한 자■■ 다시 가져볼 것이다.

〈자료 140〉 논단 가인(街人) 김병로(金炳魯) 선생의 추억

[주요한, 1964.1.17, 〈칼럼/논단 가인(街人) 김병로(金炳魯) 선생의 추억〉, 《경향신문》]

<그림 23> 김병로

가인선생이 일제강점기에 민간 법조계의 제일인자로 항일투쟁에 앞장선 것은 누구나 아는 일이어니와 필자 개인으로서도 그에게 진 신세를 영구히 잊을 수 없다.

1929년 내가 갓 서른에 광주학생사건이 일어나고 거기 관련되어 서대문 감옥에 갇혔을 때에 가인 선생은 보수없이 변호를 맡아 주셨다. 그때 나는 기소유예로 출옥하였으나 권동진(權東鎭), 조병옥(趙炳玉) 등 몇 분 선배들은 복역하게 되었는데 법정투쟁과 옥중구호에 앞장선 이가 가인 선생이었다.

1932년 도산 안창호 선생이 중국 상해에서 일본 경찰에 검거되어 본국으로 호송되어 왔을 때 가인은 역시 자진하여 무보수로 변호와 옥중 원호에 진력하였다. 그보다 앞서 가인이 상해에 갔었을 때 도산과 만났었고, 그때의 인상을 다음과 같이 술회한 일이었다.

　"내가 상해에 갔을 때 거기에 이동녕(李東寧)선생과 이시영(李始榮)선생이 계셨지요. 모두 서울분이었지요. 도산선생보다는 어른들이었구요. 도산선생은 매일 아침 일찍 일어나 두 분이 계신 곳을 찾아갔지요. 문안드리러 간 것이 아니고 바로 주방에 가서 그 어른들에게 드릴 반찬을 알아보는 것이었지요. 그때 무슨 돈이나 있었겠습니까.
　…그러나 도산선생은 몇푼 돈이라도 있으면 털어놓고 반찬을 사다 대접하라고 하셨지요. 돈의 다과나 그 행동자체보다도 그 지성과 친절, 애족정신이 비할 데 없는 것이었습니다…
　　　　　　　　　　　　　　　　　　　　　　　　　(《새벽》잡지 1960년 11월호)

　도산이 대전 감옥에서 출옥한 후 가인 선생은 도산과 자주 만나게 되어 국사를 의논하고 또는 도산의 신변을 염려하여 권면을 하였다. 그 당시 가인은 나에게 도산을 다시 해외로 망명시킴이 좋을 것이라고 하여 그런 준비를 진행했으나 얼마 안 되어 흥사단사건으로 도산과 그의 동지 2백여 명이 일본 관헌에게 총검거되는 통에 실행되지 못하고 검거된 이듬해, 도산은 대학병원에서 순국하였다.
　흥사단사건은 예심을 거쳐 당시의 고등법원까지 올라가는 동안 전후 5개년이 걸렸는데 가인 선생은 이인(李仁), 김익진(金翼鎭), 기타 몇 분과 함께 무료로 3심을 통해서 시종 변호를 맡아주셨다. 그때 우리 동지 40여 명은 1심에서 무죄, 2심에서 2년부터 7년 징역선고를 받았고, 3심에 올라가서 무죄로 되었다. 흥사단이란 단체의 직접적인 목적 사항은 인격의 향상이었고 비록 그것이 독립운동을 하려는 준비라고 하더라도 그 인격 훈련자체가 범법이라 할 수 없다는 것이 법정 쟁론의 요점이었다.
　가인 선생의 명석한 법이론과 대담한 법정투쟁 태도는 지금도 기억에 생생하다(이 사건은 당시 신문게재 금지로 인하여 세상에 널리 알려지지 않았다).
　도산의 출옥과 재투옥 사이의 2년간 가인과의 접촉은 잦았다. 도산이 서울을 들를 때는 반드시 가인과 만났다. 대전에서 출옥하여 서울역에 도착한 첫날 밤 회합에도 가인 선생이 그 자리에 계셨고 그 후의 일을 가인은 이렇게 추억하고 있다.

"혹은 절간에서 혹은 시내의 어떤 친구 집에서 혹은 어떤 들잔디밭에서 누누이 우리에게 하여 주신 말씀은 지금도 엊그저께 귀에 들은 것 같은 인상을 갖고 있습니다."

— 58년 도산 20주기 추모식 개식사

도산이 순국하여 장례식을 거행할 때 일본 경찰이 회장(會葬)자 수효를 20명 이내로 제한하였는데 그때 도산의 친척 몇 분과 평양서 올라온 조만식(曺晩植)선생 외에 서울서 인촌(仁村) 김성수(金性洙) 씨 등 극히 소수의 인사가 호상하는 중에 가인 선생의 모습도 있었다. 그때 나는 서대문형무소에 있었다.

해방 후 도산기념사업회를 발기하게 되었을 때 가인 선생은 발기인의 한사람이 되고 또 제2대 회장이 되었다. 그의 주재하에서 전기 『도산 안창호』가 출간되었고 망우리 묘지에 묘비를 세웠다.

작년 11월 초순 가인 선생이 신병으로 국립의료원에 입원하고 있었을 때 필자는 문병간 일이 있는데 그것이 최후의 면접이 되었다. 그날은 공교로이 실내에 간호하는 이도 없었고 선생은 홀로 누워계셨다. 이야기가 최근의 야당합당문제에서 시작되어 나중에는 시전(詩傳), 서전(書傳)에까지 번지어 갔다. 숨이 차고 기침까지 섞어 말씀하시기 거북한데도 선생의 담론은 그칠 사이가 없었다. 병세에 영향이 있을까 보아서 중간에 말을 끊을 기회를 잡으려 하였으나 선생은 그런 틈을 주지 않고 연속 말씀하였다. 평소의 성품도 후배와 담론을 즐겨 하신 것을 알거니와 아마 그때는 병상에서 국사를 근심한 나머지 가슴의 울분을 어디다 방출시켜야 할 심정이었으리라고 생각된다.

그때 흥사단창립 50주년 기념식에 관한 말씀을 드렸더니 자기 이름으로 꽃다발 보낼 것과 축사를 보낼 것을 부탁하였다. 선생이 불러주는 대의를 받아 기록하여 보여드리니 떨리는 손으로 서명하여 주셨다. 아마도 이 말씀이 선생의 유언처럼 된 것이 아닌가 한다. "도산 선생이 주창한 구국이념을 하루속히 실천하여 민족을 부흥시킬 사업을 크게 발전시키라"라는 의미의 간곡한 당부였다.

1월 12일 볼일이 있어 부산을 갔다가 「라디오」방송으로 선생의 부음을 들었다. 두 달 전

'메디컬센터'에서 뵙던 선생의 얼굴, 홍조를 띠고 약간 부은 듯한 그 모습과 숨찬 음성으로 그치실 줄 모르던 그의 애국론이 내 눈과 귓전에 자꾸만 떠오른다.

〈자료 141〉 백발의 증인 원로와의 대화

[〈기획연재 내가 겪은 二十世紀-제자(題字)·애산(愛山) 이인(李仁) 씨〉, 《경향신문》 1972.1.22.]

묻혔던 생애 비화 후세에 남기련다. 민족운동 변론하다 정직(停職)도, 어학회사건으로 옥고 4년, 한글학자 대거 피검, 중학생 잡기장이 발단, 이박사 고집에 꺾인 양원(兩院) 반민특위 반대했는데 나중에 특위장으로, 헌법 기초에 20여 명 불철주야 광주학생들을 격려

일본압제 밑에서는 애국 변호사로 이름을 떨쳤고, 해방 후에는 초대 법무부장관, 제헌국회 의원으로 나라를 위해 한평생을 바친 애산 이인 옹(77)은 시내 궁정동 자택에서 기자를 대하자 그가 살아온 20세기의 뒤안길을 조용히 회고했다.

〈그림 24〉 애산 이인

경북 달성군 효목동에서 태어난 애산은 대구실업학교를 졸업하자 17세 때 일본 동경으로 건너가 일본 메이지대(明治大) 법학부와 니혼대(日本大) 법학부(야간)을 졸업, 귀국 후 조선상업은행에 잠깐 몸을 담고 있다가 3·1독립운동이 일어난 직후 다시 동경으로 건너가 일본변호사 시험에 응시, 합격했고 고국에 돌아와서는 청진동에서 변호사를 개업했다. 애산은 이것이 그가 조국을 위해 일하기 시작한 출발점이 되었다고 말한다.

"동경 유학 때 《제3제국》이라는 잡지에 조선 총독의 포악한 식민정책을 세계에 알리는 논문을 투고하여 그때부터 나는 요시찰인물이 되었어요. 내가 변호사로 출발할 무렵에는 일제의 탄압이 갈수록 극심했을 때였어요"

애산은 전국을 전전하면서 독립투사와 민족운동자를 무료변호하는데 정력을 기울였다고 한다. 한해에 평균 50여 건의 큰 사건들을 맡아 법정에서 일본판·검사와 맞서 싸웠다는 것이다.

"내가 변론을 맡았던 큼직한 민족운동사건만해도 이루 헤아릴 수 없어요. 내가 처음 맡았던 사건은 저 유명한 의열단(義烈團)사건을 비롯하여 광주학생사건, 안창호 씨 사건, 이완용 도살계획사건, 만보산사건, 신의주 민족투쟁사건, 경성제대학생사건, 송진우(宋鎭禹)·안재홍(安在鴻)·여운형(呂運亨) 씨 등의 필화사건, 경춘가도(京春街道)우편사건, ML당사건, 대전 신간회사건, 조선개척단 사건 등이 우선 기억나는 것들입니다."

애산은 주로 일본 관헌의 눈에 거슬리는 사건만을 따라다니며 변론했다.

"광주학생사건 때 나는 공판일을 앞두고 광주형무소에 가서 학생들을 면회했는데 그때 학생들에게 '이 정신, 이 기백을 길이 잊지 맙시다'라고 격려하여 왜인 형무관한테 지적받았지. 또 고려혁명단사건 변론 때 '일본의 조선 식민정책은 동양평화라는 미명의 양두구육과 흡사하다'고 말해 일본인 재판장으로부터 변론을 중지당한 적이 있어, 또 조선개척단 사건 변론 때는 양부모 (일본인)의 학대에 못 이겨 친부모(한국인)를 그리워하는 양자(학생)라는 표현으로 수원고농생들을 변호한 것이 문제되어 6개월간 변호사 정직 처분도 받았어."

무료변론으로 민족운동가를 격려한 애산은 한편으로는 한글과 민족문화의 보급운동에도 앞장을 섰다. 한글학자 주시경(周時經)이 한글 맞춤법을 30년간 연구하다가 서거하자 애산은 최현배(崔鉉培), 김윤경(金允經), 김도연(金度演), 장지영(張志暎), 이희승(李熙昇), 정인승(鄭寅承), 김양수(金良洙), 이우식(李遇植)등과 함께 그의 유업을 계승하는 운동에 발 벗고 나섰다.

"이우식을 설득하여 20만 원을 희사받아 조선어대사전(朝鮮語大辭典)의 인쇄를 시작하였고, 또 시내 가회동에 살던 정세권(丁世權) 씨로부터 2층 건물과 1천여 평의 대지를 희사받고, 대구의 유림 곽종석(郭鍾錫) 씨의 장서 1만8천여 권을 기부받아 조선기념도서관도 창설했어.

내가 2대 관장을 지냈지."

이 밖에 조선과학보급회, 조선물산장려회도 창설, 과학과 발명을 장려하고 국산품의 애용 운동도 벌였다는 것이다.

유석(維石)과 한민당(韓民黨) 창당

"「에디슨」 탄생일인 4월 19일을 과학의 날로 정했고, 단군 탄생일인 10월 3일을 발명의 날로 정했던 것이 생각나는군. 조선과학이라는 월간지도 발행했어."

그러는 한편 42년 「파리」대학에 유학 중인 김법린(金法麟)에게 비밀리에 여비를 보내 「브뤼셀」에서 열린 전세계 약소민족대회에 참석토록 하여 일본의 침략을 규탄하게도 했다.

"그러던 어느 날 함흥 영생(永生)중학생이 기차 안에서 국어(일어)를 사용했더니 선생한테 벌을 받았다고 쓴 잡기장을 왜경한테 들킨 것이 계기가 되어 화동에 있는 조선어학회를 20여 명의 왜경이 습격을 했어. 이때 중국에 있는 대종교(大倧敎) 본부로부터 단군성가(檀君聖歌)의 가사를 의뢰한 편지가 발견되어 최현배(崔鉉培) 이하 20여 명의 한글학자가 체포되어 갔는데 이것이 조선어학회사건이야."

"그 며칠 후 인촌(仁村) 김성수(金性洙) 씨 댁에 모여 울분을 토한 후 집에 돌아오니 형사대가 지켜섰다가 나를 체포하는 거야."

애산은 경기도 경찰부 유치장에 갇혔다. 한 시간도 못 되어 안재홍, 김도연, 김양수, 장현식(張鉉植), 서민호(徐珉濠) 등도 잡혀 왔다. 체포된 일행은 서울을 떠나 모두 함흥으로 향했다. 그 당시 혁명 투사들을 가둔 감옥은 북쪽의 함흥과 홍원(洪原), 청진(淸津) 등에 자리 잡고 있었다.

"미군의 B29기가 함흥 상공을 빙빙 돌고 있는 가운데 조선어학회사건 관련자에 대한 공판이 열렸지. 나하고 최현배 씨 등 14명은 각각 2년에서 4년의 징역을 선고받았어. 그런데 나만 함흥 감옥에 떨어지고 모두들 홍원으로 갔는데 이윤재(李允宰)와 한징(韓澄) 두 분은 고문에 못이겨불행히도 옥사하고 말았어."

애산은 당시를 돌이켜보며 눈을 지그시 감았다.

"함흥 감옥 뒷산의 발룡산에서 내려부는 바람소리는 지금도 생각하면 몸서리쳐지지. 1천 2백여 재소자 중 매일 10여 명씩 영양실조로 죽어갔어. 우리도 가혹한 고문으로 거의 죽은 거나 다름없었어."

4년간 복역한 후 해방 직전 병보석으로 반신불수가 된 채 감옥을 나왔다. 애산은 양주(楊州)군 덕형리(德亨里)에 있는 농막에 머물면서 여윈 몸을 휴양하고 있다가 8·15해방의 기쁜 소식을 들었다는 것이다.

"그날 점심 때인데 둘째 아들인 춘(春)이가 자전거를 타고 급히 달려와 '아버지, 일본이 무조건 항복했어요. 친구분들이 급히 상경하시랍니다'고 전해와 나는 즉시 서울로 올라왔지. 그리고 고하(古下) 송진우를 찾아갔어. 그런데 패망한 일본인이 고하에게 치안을 맡으라는 것을 거절했더니 일인(日人)은 몽양(夢陽) 여운형에게 부탁을 해 몽양이 민세(民世) 안재홍(安在鴻)과 건국준비위원회라는 것을 만들어 기세를 올리고 있더군. 나는 몽양을 찾아가 민족적 성업을 단 몇 사람이 사랑방에서 수군대서야 되느냐고 비난했지."

애산은 좌익계열의 건준(建準)[44]을 분쇄하는 데 앞장서는 한편 연합군 입성(入城)환영 및 임시정부 환국 환영회의 조직과 행사에 열을 올렸다. 또 조병옥(趙炳玉), 원세훈(元世勳), 김병로(金炳魯), 백관수(白寬洙) 등 수십 명의 인사들과 청진동 자택에서 침식을 같이하며 우리

---

44 조선건국준비위원회(朝鮮建國準備委員會)의 준말.

나라 최초의 정당인 한민당을 창당키로 뜻을 모았다.

"건준의 주모 자격인 몽양과 민세가 일방적인 계책을 꾀하는데 분개한 나머지 우리 집에서 항상 침거를 함께 한 유석 조병옥과 밤늦도록 소주를 마시면서 심각한 숙의를 한 끝에 한민당을 만들어 냈지. 우리 집이 말하자면 발당(發黨)의 센터였던 셈이야"

그는 80여 명의 동지와 함께 종로소학교에서 한민당을 창당했다고 말한다.
해방된 해, 10월 11일 미군정장관 '아놀드' 장군의 초청을 받고 중앙청을 방문했다.

"아놀드 장군은 '일본 전범자의 처단이 시급하고 모든 법 제정을 빨리해야 하는데 이 일은 일인(日人)과 굳게 싸운 이인 선생이 맡아주어야 하겠다'고 간청하더군. 나는 고하와 협의한 끝에 특별범죄심사위원장 겸 수석대법관을 맡아 법질서 확립과 육법 제정의 기틀을 마련하는 데 힘썼어."

애산은 이어 대법원장서리를 지내고 검찰총장으로 전임되어 해방 후 국내에서 날뛰던 공산분자의 적발에 힘을 기울였다. 48년 5·10선거로 구성된 제헌국회는 헌법제정에 착수했다.

임정(臨政) 기쁨 죄수(罪囚)에도

"이보다 한해 앞선 47년 가을 이승만 박사가 나에게 헌법 강의를 해달라고 하기에 나는 하원의 경솔을 막기 위해 상원을 두어야 하고 내각책임제로 해도 대통령은 서명 거부 등으로 자신의 의도와 목적을 달할 수 있다고 강의했더니 이박사는 내각책임제에 대해서는 아무 말도 안하고 상원은 이번에 제정될 헌법에 꼭 설치되도록 해달라고 부탁을 하더군. 그러더니 헌법기초위원회에 대해서는 상원을 그만두고 대통령중심제로 고치기를 고집하여 결국 그의 의견대로 되었지."

애산은 이때 이 박사의 고집을 피부로 느꼈다고 회고했다. 그리고 헌법제정의 비화를 다음과 같이 펼쳐놓았다.

"헌법 제정 움직임은 해방된 해 11월 초 중경에서 온 임정 요인과 국내 인사들이 한미호텔에서 김규식(金奎植) 씨 주관 아래 헌법기초위원회를 구성했는데 김병로 씨가 위원장이었고 내가 부위원장을 맡아서 서너 차례 회의를 가지던 중 조소앙(趙素昻) 씨가 국무위원은 20년 이상 독립운동에 전념했던 사람이라야 된다고 주장, 임정 계열이 아니면 각원(閣員)이 될 수 없는 듯한 인상을 주어 마주앉은 김준연(金俊淵) 씨가 가졌던 서류를 팽개치면서 '다해 먹으라'고 화를 내고 자리에서 일어났다. 그 후 모스크바삼상회의(三相會議)에서 신탁통치 문제가 대두되자 헌법 기초위는 흐지부지되었으나, 나는 검찰총장이 된 후 법전 편찬위르 구성하여 미군정의 인사부장 '코넬리'를 통해 미국 도서관에 있는 20여 국의 헌법을 입수, 여러 달 걸려 번역을 했지. 김병로, 한근조, 권승렬 씨 등이 1주일에 3회씩 모임을 갖고 제1안과 제2안을 마련했는데 대체의 윤곽과 골자가 성안되었을 때 김병로 씨가 입원하여 내가 마지막 손질을 했고, 이호(李澔) 씨가 자구 수정을 한 후 인쇄에 돌렸지. 그 후 몇 달 안 되어 제헌국회가 구성되고 헌법기초위를 만들어 서상일(徐相日) 씨를 위원장으로 하는 기초위원과 전문위원 유진오(俞鎭五) 씨 등 20여 명이 헌법을 다루기 시작하여 앞에서 말한 초안을 참고로 하여 헌법을 만들었지. 이것을 국회 본회의에서 통과시킨 것이 바로 48년 7월 17일이야."

제헌국회가 대통령에 이승만, 부통령에 이시영(李始榮)을 각각 선출하자 이 박사는 즉시 조각(組閣)에 착수했다. 당시 한민당에서는 김성수 씨를 국무총리에 임명토록 추진했다.

"윤보선 씨와 허정(許政) 씨가 나에게 그렇게 해달라고 부탁을 하더군. 이 박사는 한민당에 호감을 갖지 않았고 김성수 씨를 재무장관으로 내정해 놓고 있었던 참이야. 이 박사가 총리로 지명한 이윤영(李允榮) 씨가 국회에서 인준이 거부되자 당황한 이 박사는 그날 오후 윤석오(尹錫五) 비서실장을 나에게 보내 국무총리를 누구로 하면 좋겠느냐고 물어왔더군. 나도 김성수 씨를 싫어해 숙고 끝에 이범석(李範奭) 씨 이름을 댔지."

결국 국회는 이 씨를 국무총리로 인준했다.

"8월 4일날 자고 일어나니까 애들이 '어제 저녁에 조각 발표가 있었는데 아버지가 법무장관이더군요'라고 말하더군. 나한테 한마디 논의도 없었어. 그래서 이화장으로 뛰어갔지. 이 박사더러 '선생님, 조각을 왜 한꺼번에 발표하지 않고 토막토막 하십니까? 두부 내각입니까?' 하고 항의했더니 이 박사는 '두부고 뭐고 간에 조각만 하면 되지 않느냐'면서 웃더군.

대법원장 임명도 애산의 고집에 따라 결정되었다.

"이 박사는 내가 추천한 김병로 씨가 김규식 씨와 가깝고 민주연맹과도 관계가 있다고 난색을 보이고 모 씨를 고집하기에 나는 호흡이 맞지 않는 사람과는 일이 안 되니 법무장관을 그만두겠다고 우기니 결국 김병로 씨를 대법원장에 지명하더군."

8월 15일 정부 수립이 선포되었다.

"나는 정부 수립의 기쁨을 감옥에도 나누어 주어야 한다고 이 대통령에게 진언하고 전국에서 1만 3천 명의 죄수를 석방했어. 그랬더니 이 대통령은 치안에 별문제가 없겠느냐고 격정을 해서 내가 책임을 지겠다고 말한 것이 생각이 나는군."

요 찢어 4·19 부상 감싸

초대 법무장관인 애산은 임영신(任永信) 상공장관을 기소한 뒤 도저히 이 대통령과 같이 일을 못 하겠다고 생각하고 다섯 번이나 사표를 낸 끝에 1년 만에 정부 각료직에서 물러났다. 그리고 장면 씨가 주미대사로 떠나게 됨에 따라 그 뒤를 이어 종로을구에서 보선에 출마하여 국회에 들어갔다.

그때 국회에서는 반민특위를 구성하여 친일파와 반민족행위자를 마구 잡아들였다. 그 수단과 방법이 너무 과격하다는 여론이 들끓자 특별경비대 150여 명이 지금 을지로 입구 제일은행 지점자리에 있던 반민특위 사무실을 포위하는 바람에 조사위원이 총사퇴했다.

"국회에서는 나를 새로운 특위 위원장으로 선출했지. 나는 법무부 장관으로 있을 때 반민특위법을 비토하는 데 앞장섰던 만큼 참으로 기이한 인연이라고 할 수 있었어. 위원장이 된 후 나는 많은 친일파와 반민족행위자 중 거물급과 악질 분자만 처벌했고 49년 11월 반민특위를 해산했는데 이범석 총리의 따뜻한 술 한잔으로 노고의 위로를 받았지."

제헌국회 임기가 끝나고 제2대 국회가 열리자 6·25동란이 터져 부산으로 피난을 갔다. 그리고 발췌개헌 등 정치파동으로 이 박사의 독재성이 드러나기 시작하자 애산은 제헌국회 동지회를 조직했다. 환도 후 영등포에서 출마하여 3대 민의원을 지냈다. 그리고 4·19 후 서울에서 무소속으로 초대참의원에 당선되었다.

"4·19날에는 경무대 앞에서 경찰에게 쫓겨 달아난 학생들이 우리 집에 뛰어 들어와 다락 속에 숨겨 주었지. 학생들의 상처를 발라주느라고 된장 두 독이 없어졌고, 또 이불과 요를 여러 개 찢어 상처를 감싸준 것은 아직도 잊을 수가 없어."

4·19 당시에는 이 대통령과 이기붕(李起鵬) 씨가 즉각 하야하는 것만이 시국을 수습하는 방법이라는 생각하에 김병로, 서상일, 이관구(李寬求) 씨 등 68명이 회합을 갖고 난국 수습에 관한 중대성명을 발표했다.

5·16 군사 혁명 후 궁정동 자택에서 범국민적 단일 야당인 민정당(民政黨)의 발기를 준비했다.

김병로, 전진한(錢鎭漢) 씨 등과 3자회담을 가진 데 이어 김법린(金法麟), 윤보선(尹潽善), 박순천(朴順天) 씨 등과 4자 또는 5자 회담 등을 잇달아 열고 민정당을 창당했다. 63년 10월 초 야당 단일화가 좌절되자 애산은 정치인들의 아집을 개탄, 일체의 정당과 손을 뗀다는 성명을 발표하고 정계에서 물러났다. 그러다가 67년의 선거를 앞두고 66년에 백남훈(白南薰), 박기출(朴己出) 씨 등과 야당 단합을 촉구하는 성명을 발표하고 야당의 대동단결을 꾀했고 민중당과 신한당을 신민당으로 통합하는 촉진 역할도 했다.

언행일치의 책임감을

요즘은 궁정동 자택에서 정원을 돌아보며 소일한다는 애산은 "요즘 사람들은 도무지 책임감이 없어. 무슨 일이든지 자기 맡은 일을 성의껏 다 해야 해. 책임은 말로만 질 것이 아니라 행동으로 져야지. 책임을 다 못하면 누구이건 간에 물러가야 해."

노안을 번득이며 애산 이인 옹은 후진들에게 책임감을 되풀이 강조했다.

부록

[부록] 치안유지법 위반 관련 각종 조사표 및 통계

〈자료 142〉 조선 중대 사상 사건 경과표

[〈朝鮮重大思想事件經過表〉,《思想彙報》續刊, 1943.10, 朝鮮總督府 高等法院 檢事局 思想部, 1~14쪽]

조선 중대 사상 사건 경과표

(9월 말일 현재 31건 계상)

본 표는 1943년 9월 말일까지 도달한 보고에 의한다.

'중대'란 현저하게 사회 이목을 용동(聳動)시킨 것을 의미한다.

'경과'란 본 표 작성까지의 상태를 가리킨다. 고딕 문자는 이전 표와의 변경을 나타낸다.

본 표는 조선에서 사상적인 중대한 사건이 몇 건 계속(繫屬)하는가를 나타낸다. 사건이 완결되면 표에서 뺀다.

	사건명	범죄 요지	검사국명 및 기소일	기소 인원	예심 종결일	제1심 재판소 및 판결일	제2심 재판소 및 판결일	제3심 판결일
완결	동우회(同友會)사건	1919년 10월 이후 상해, 경성 등에서 조선 독립을 목적으로 하여, 앞서 미국 샌프란시스코에서 결성된 흥사단을 모체로 한 동우회인 결사를 조직하여 여러 가지로 활약하다. (수리인원 181명)	경성 1927. 8.10 1927.11.11 1928. 2.21 예심청구	이광수 안창호 김선량(金善亮) 등 42명	1938.3.15. 공소기각 (안창호) 1938.8.15. 부(付)공판 7명 면소 1938.8.18. 검사 항고신청 1939.1.12. 10명 부(付)공판	경성 1939.12.8. 전부 검사 항소	경성 1940.8.21. 36명 상고 5명 확정	1941. 11.17. 무죄
완결	등대사(燈臺社)사건	1940년 10월 이후 우리 국체를 변혁할 목적으로 등대일본지부에 가입하여 전선에 걸쳐 그 목적 수행을 위해 여러 가지로 활약하다. (수리인원 66명)	경성 1940. 6.22. 이후 예심청구 1941.2.6. 공판청구	문태순(文泰順) 강재섭(姜在燮) 신완(申浣) 등 33명	1941.8.30. 부(付)공판 3명 면소 1명 공소기각	경성 1943.7.14. 22명 확정 4명 항소 2명 상고 1943.8.26. 1명 공소기각	1943.3.8. 1943.3.8. 항소취하 4명 확정	1942. 10.29. 1942. 11.12. 상고기각

	사건명	범죄 요지	검사국명 및 기소일	기소 인원	예심 종결일	제1심 재판소 및 판결일	제2심 재판소 및 판결일	제3심 판결일
완결	조선독립운동과 조언비어(造言飛語)사건	1930년 2월 이후 충남 대전에서 조선 독립을 꾀할 목적으로 무명의 결사를 조직하고 충남, 함남, 함북의 각 도에서 동지를 획득하고 자금을 모집하는 활동을 하고, 중일전쟁이 발발하자 군사에 관해 여러 가지로 조언비어를 하다.	대전 1939.4.15. 예심청구	송구용(宋龜用) 등 9명	1939.4.18. 부(付)공판 1명 면소	대전 1940.10.2. 전부 검사항소	경성 1941.12.22. 전부 확정	
완결	정평농조(定平農組)재건 조직사건	1932년 5월 하순부터 함남 정평군에서 조선 독립, 공산주의 사회실현을 목적으로 상기의 비밀결사를 다시 조직하여 여러 가지로 획책하고 불온문서를 등사 인쇄하여 반포하다. (수리인원 128명)	함흥 1935.1.7. 예심청구	한영윤(韓永允) 등 64명	1935.10.21. 부(付)공판	함흥 1936.2.17. (10명 항소) 1936.4.10. 1명 공소기각	경성 1936.2.4. 이후 항소취하 5명 확정 1937.4.7. 5명 확정	
완결	조선노동조합운동 흥남좌익 준비위원회 사건	1936년 7월 상순이후 함남 함주군 운남면 부흥리에서 조선 독립과 그 공산화를 목적으로 하는 상기의 결사를 조직하여 여러 가지로 활약하다. (수리인원 10명)	함흥 1937.3.25. 예심청구	이영섭(李泳燮) 등 8명	1937.12.28. 공판분리1명 1938.3.31. 부(付)공판	함흥 1939.5.20. 6명확정, 1명 (공판수속정지) 1940.8.20. 1명 확정		
	중국공산당의 선내(鮮內)항일인민전선결성과 중일전쟁 후방(後方)교란사건	1936년 1월 이후 동만(東滿)지방에서 조선 독립과 공산화를 목적으로 동북인민혁명군을 주체로하는 동북항일 연군(聯軍)을 조직하여 계급, 종교, 당파 등 모든 기반을 초월하는 조선민족을 규합하였다. 전기한 바와 같은 목적을 수행하기 위해 '재만한인조국광복회'라는 결사를 조직하고 서로 호응하며 조선 내 공작에 광분하여 다수의 하부 조직과 외곽단체를 결성하였다. 1937년 7월 중일전쟁이 발발하자 좋은 기회가 왔다고 하여 총동원하여 활발한 활동을 전개하고, 만선(滿鮮)에 특히 군사상 중요한 함남도에 전력을 쏟으며 후방교란을 위한 공작 활동을 벌이다. (수리인원 286명)	함흥 1938.5.12. 1939.3.20. 예심청구	권영벽(權永壁) 박문상(朴文湘) 등 188명	1940.1.20. 부(付)공판 178명 공소기각 9명 분리1명 1940.11.6. 부(付)공판 1명	함흥 1941.8.28.이후 92명 확정 76명 항소 10명 공소기각 1명 분리		

사건명	범죄 요지	검사국명 및 기소일	기소 인원	예심 종결일	제1심 재판소 및 판결일	제2심 재판소 및 판결일	제3심 판결일
조선민족해방 통일전선결성 과 중일전쟁 후방교란운동 사건	1936년 8월 이후 함남 원산부에서 조선 독립과 공산화를 목적으로 적노(赤勞)조직준비지도기관, 적노원산철도위원회, 동(同)원산좌익위원회, 철우회(鐵友會) 등의 각 결사를 조직하고 그 목적 수행을 위해 다수의 불온문서를 출판하여 반포하고 인민전선운동을 전개하였다. 중일전쟁의 발발 이후에는 반전반군사상의 선전에 힘쓰고 무장봉기에 의한 중일전쟁후방교란을 기도하다. (수리인원 75명)	함흥 1939.8.21. 1940.1.27. 예심청구	최용달(崔容達) 방용필(方龍弼) 고광학(高光學) 등 48명	1941.4.10. 부(付)공판 4명 면소	함흥 1942.12.4. 이후 39명 확정 2명 항소 3명 공판 수속 분리		
반일인민전선 조선지도기관 결성과 무장봉기후방교란운동 사건	1937년 3월 이후 함북 청진부와 함남 정평군에서 조선 독립과 공산화를 목적으로 하여 정평농민조합과 청진노동조합조직 최고지도기관, 정평농민조합지도기관, 공산주의이론연구회, 전투적공산주의자동맹 등의 각 결사를 조직하여 여러 활동을 하였다.(수리인원 48명)	함흥 1939. 10.26. 1942. 4.21. 예심청구	한봉적(韓鳳適) 안풍종선(安豊宗善) 등 35명	1943.7.30. 1명부(付)공판			
영흥(永興)좌익농민조합(제3차)재건과 인민전선결성운동사건	1932년1월27일이후 함남 영흥군에서 조선의 독립과 공산화를 목적으로 사회과학연구회 영흥농민조합재건위원회 등의 결사를 조직하고, 그 목적 수행을 위해 여러 활동을 한다. (수리인원 44명)	함흥 1939.12.2. 예심청구	이증업(李曾業) 등 29명	1942.3.20. 부(付)공판 1명 공소기각			
홍원(洪原)좌익농민조합재건과 중일전쟁 후방교란사건	1938년 4월이후 함남 홍원군에서 조선의 독립과 공산화를 목적으로 홍원적색독서회 홍원적색좌익농민조합재건준비위원회, 동(同)중앙위원회 등의 결사를 조직하고, 그 목적을 실현하기 위해 여러 활동을 하고, 중일전쟁을 이용하여 결사원을 총동원하고 무장폭동을 일으키고 후방을 교란하기 위해 획책하다. (수리인원 131명)	함흥 1938.2.8. 1938.8.8. 1941.7.8. 예심청구	김홍빈(金洪斌) 김계숙(金桂淑) 미전규룡(米田奎龍) 등 68명	1942.3.20. 부(付)공판 2명 공소기각			

	사건명	범죄 요지	검사국명 및 기소일	기소 인원	예심 종결일	제1심 재판소 및 판결일	제2심 재판소 및 판결일	제3심 판결일
완결	적색농민조합 마르크스주의 강좌회, 공산주의자그룹 조직사건	1932년 2월 이후 경북 칠곡군에서 조선 독립과 공산화를 목적으로 상기 결사를 조직하고 여러 가지로 활약하다. (수리인원 112명)	대구 1939.11.4. 1939.12.11. 1940.4.15. 예심청구	이이석(李李錫) 도병철(都柄喆) 박용칠(朴容七) 등 24명	1941.3.7. 공판 5명 19명 면소 7명 항고 1941.11.7. 4명부(付)공판 3명 항고기각	대구 1942.2.23. 전부 확정		
완결	재동경조선인 프로연극단의 조선진출, 선내프로연극단 공산주의협의회 조직사건	1935년 11월 이후 동경, 경성에서 조선의 독립과 공산화를 목적으로 재동경조선인 프로연극 관계자가 조선 내로 진출하여 상기 결사를 조직하고 그 목적을 수행하기 위해 여러가지 활약을 하다. (수리인원 10명)	대구 1939.12.29. 예심청구	김우현(金禹鉉) 등 8명	1941.3.7. 공판 1명 (7명 면소) (3명 항고) 1941.11.7. 3명 부(付)공판	대구 1942.2.23. 전부 확정		
완결	형평청년전위 동맹사건	1929년 4월 20일 경성에서 형평사등이 조선 독립과 공산사회의 실현을 목적으로 하는 상기 비밀결사를 조직하여 활동하다. (수리인원 65명)	광주 1933.8.10. 예심청구	이동안(李同安) 등 14명	1934.12.28. 부(付)공판	광주 1936.2.20. 12명 항소 2명 확정	대구 1936.2.21. 1943.4.25. 전부 확정	
완결	황극교(黃極敎)사건	1926년 10월 이후 전북, 익산군에서 조선 독립을 목적으로 황석공교(黃石公敎)라는 유사종교를 창시하여, 교도의 획득훈련, 자금 조성을 위해 힘써 왔다. 1932년 음력 1월 교명을 상기와 같이 바꾸고 조선을 동횡(경상도, 강원도)서횡(경기도, 황해도)남횡(전라도, 충청도),북횡(평안도, 함경도)의 4구역으로 분할하여 각횡에 총사(總師)를 두고 각 조직의 지도감독을 맡게 함으로써 전기한 목적 수행을 위해 여러 가지로 활동하다. (수리인원 89명)	전주 1938.12.23. 예심청구	김영식(金靈植) 등 10명	1939.11.2. 부(付)공판	전주 1940.10.30. 3명 항소 7명 확정	대구 1941.9.29. 전부 확정	

사건명	범죄 요지	검사국명 및 기소일	기소 인원	예심 종결일	제1심 재판소 및 판결일	제2심 재판소 및 판결일	제3심 판결일
조선공산당 재건운동과 무장폭동봉기기도 사건	조선독립 및 공산화를 목적으로 하는 조선공산당의 재건을 기도하여 1935년 경부터 경성을 중심으로 불온한 획책을 해 왔다. 1941년에 이르러 소일(蘇日)의 개전(開戰)이 반드시 올 것이라고 추측하고 그때를 노려 일반대중을 선동 및 동원하여 무장폭동을 봉기하게 하여, 일시에 조선독립과 공산화의 야망을 달성하려고 그 준비에 광분하다. (수리인원101명)	경성 1942.9.30. 예심청구	덕산 인의(德山仁義) 홍인의(洪仁義) 등 56명				
조선공산당재건을 목적으로 하는 경성콤그룹조직활동과 후방교란책동 사건	1934년 9월경부터 조선공산당을 재건하여 조선의 독립과 공산화를 목적으로 하는 조선공산당재건 경성콤그룹이라는 비밀결사를 조직하고 기관지를 발행, 동지 획득과 지도, 교양에 힘써 그 목적을 수행하기 위해 활약하였다. 중일전쟁의 장기화에 따라 물자의 결핍을 틈타 후방을 교란하기 위해 여러 가지로 획책을 꾸몄다. (수리인원 41명)	경성 1942.5.13. 예심청구	이관술(李觀述)등 16명	1942.11.30. 부(付)공판			
대구사범학교 생도 등의 비밀결사사건	모두 대구사범학교재학중에 1940년 1■월 이후 조선문예 연구를 표방하고 뒤로는 민족의식을 고양하여 실력을 양성하고 단결하여 조선 독립을 꾀할 목적으로 '대구사범학교문예부' '연구회' '백의단(白衣團)'이라는 비밀결사를 각각 조직하여 누차 회합하였다. 부원이 작성에 관계하여 불온 작시 혹은 작문 비판을 하고 또 불온문서를 출판하여 반포하였다. 동(同)교를 졸업한 후에는 훈도라고 하여 아동에게 민족주의 사상을 선전하며 주입하는데 힘쓰는 등 여러 가지로 활동하였다. (수리인원 46명)	대전 1941.12.17. 예심청구	신정효준(新井孝濬) 등 35명	1943.2.8. 부(付)공판 1명 면소			

사건명	범죄 요지	검사국명 및 기소일	기소 인원	예심 종결일	제1심 재판소 및 판결일	제2심 재판소 및 판결일	제3심 판결일
청진좌익노동조합조직준비위원회사건	1939년 7월 함북 청진에서 조선의 독립과 공산화를 목적으로 조선공산당 재건의 준비 결사라고 할 노동조합결성의 지도기관이 될 것을 당면한 목적으로 하는 '조선혁명청진좌익노동조합지도부'라는 비밀결사 조직과 또한 하부조직으로 여러 개의 노동조합을 결성하였다. 동지를 획득하고 자금 조성, 불온문서의 출판 및 반포 등 결사의 확대강화를 꾀하고 있다가 후에 이것을 해체하고 함북노농조합 조직준비위원회의 조직을 거쳐 표기(標記)결사를 조직하여 전기한 목적을 달성하기 위하여 여러 가지로 활약하다. (수리인원 33명)	함흥 1941.8.16. 공판청구	현홍익(玄鴻翼) 등 22명				
재함흥중등학교생도 등의 비밀결사사건	1941년 3월경 함남 함흥부내 중등학교 생도 등이 조선독립을 목적으로 철혈단(鐵血團) 동광사(東光社)등의 비밀결사를 조직한 이래 그 목적 수행을 위해 여러가지로 활동하다. (수리인원 44명)	함흥 1942.7.15. 공판청구	평소 풍일(平沼豊一) 등 27명		청진		
함북적색노동조합조직사건	1939년 3월 이후 함북 청진과 경성(鏡城), 회령 각군에서 조선독립공산화를 목적으로 조선혁명청진수남좌익노동조합 주을(朱乙)광업소좌익조동조합조직준비위원회, 조선혁명계림탄광좌익노동조합 등의 각 결사를 조직하고 그 목적을 수행하기 위해 여러 가지로 활약하다. (수리인원 32명)	1941.9.30. 예심청구 1941.9.30. 예심청구	안산 병모(安山柄模) 등 13명	1942.1.27. 공소기각 1명 1942.8.21. 부(付)공판			

사건명	범죄 요지	검사국명 및 기소일	기소 인원	예심 종결일	제1심 재판소 및 판결일	제2심 재판소 및 판결일	제3심 판결일
야소교도의 신사불참배 교회 재건운동사건	모두 조선 야소교 장로파의 교역자이거나 혹은 독신자(篤信者)인 바 1939년 8월 이후 성서의 소위 말세론에 근거하여 머지않아 그리스도가 재림하시므로 지상신(地上神)의 나라는 실현할 수 없다. 궁극적으로 우리 국체를 변혁하여 천년왕국을 건설할 것을 목적으로 하는 신사불참배 재건총회조직준비회라는 비밀결사를 조직하고 조선 전역에 걸쳐 그 확대강화를 위해 활동하고 동시에 여러 불온한 언사로 희롱하였다. (수리인원 68명)	평양 1942.3.12. 예심청구	이기선 (李基宣) 등 1942.3.12. 예심청구 35명				
신인동맹사건 (神人同盟事件)	조선 독립을 목적으로 원래 보천교도등이 1938년 4월 이후 전북 정읍군을 중심으로 신인동맹이라는 비밀결사를 조직하여 전라북도에 걸쳐 시국에 관해 황당무계한 언설(言說)로 희롱하고, 동지를 획득하여 하부조직을 결성하는 데 힘썼다. 혹은 자금 조성에 노력하는 등 목적 수행을 위해 여러 가지로 활약하다. (수리인원 42명)	전주 1942.4.11. 공판청구	동화 인균 (東華寅枃) 등 28명				
유사종교무극대도교(無極大道教)사건	1940년 1월 무극대도교를 처음으로 제창하여 1942년 하지경에 세계인류는 재액(災厄)을 만나 사멸하지만, 1942·43년 중에 구세주인 수운대사가 재현하여 우리나라의 천황을 비롯해 각국의 군주를 강복시키고, 전세계를 지배하니, 신도는 신앙에 맞추어 중요지위를 내린다는 등의 황당무계한 언사를 떠벌렸다. 각각의 간부를 정하고 신도를 획득하는 등 우리 국체를 부정하고 또한 황실의 존엄을 모욕할 만한 사항을 유포하다. (수리인원 52명)	경성 1942.8.17. 1943.3.5. 예심청구	김찬호 (金瓚鎬) 등 30명	1943.8.14. 부(付)공판 10명 면소 15명 공소기각 5명			

사건명	범죄 요지	검사국명 및 기소일	기소 인원	예심 종결일	제1심 재판소 및 판결일	제2심 재판소 및 판결일	제3심 판결일
동아연맹론을 이용하는 조선 독립운동 사건	1940년 5월 이후 동아연맹론 요강 중의 정치 독립을 조선독립을 승인하는 표시(顯現)라고 하여 그 실현을 위해 매진할 독서회라는 비밀결사를 조직하고 그 목적 수행을 위해 여러 가지로 토의하다. (수리인원 8명)	대전 1942.12.8. 예심청구	산성 국의 (山城國義) 등 7명				
조선문제시국 연구회사건	일찍부터 조선의 독립공산화를 희구(希求)하고 있었던 바, 중일전쟁이 발발하자 좋은 기회가 왔다고 하여 1939년 11월 중순 동경에서 조선문제시국연구회라는 비밀결사를 조직하였다. 동지획득방법과 자금문제 등 목적 달성에 관해 여러 가지로 협의하다.(수리인원 16명)	청진 1942.12.12. 공판청구	태원용 (太原勇)등 11명				
전(全)이원 (利原)적색지도위원회 및 전리원 적우동맹과 반전운동 사건	조선의 독립과 공산화를 목적으로 1936년 6월 이후 함남 이원군에서 전이원 적색지도위원회라는 비밀결사를 조직하였다. 하부조직으로 각 면에 지부를 결성하여 여러 가지로 활약, 또한 목적 달성방법으로 전이원 적색동맹이라는 결사를 조직하여 반전운동을 일으켜 전쟁 중의 후방교란을 기도하는 등 목적 수행을 위해 다수 활약하다. (수리인원 26명)	함흥 1941.7.14. 공판청구	율원 철수 (栗園鐵秀)등 16명	1943.7.1■. 공소기각 (栗園鐵秀)			
동아기독교회 사건	함남 원산부에서 그리스도를 절대무이의 권위자로 숭배하고, 소위 말세론에 따라 그리스도 재림에 의한 천년왕국의 실현을 기도하였다. 궁극적으로는 우리 국체를 부정하고 나아가서는 황실의 존엄을 모독하는 사항을 유포할 목적의 동아기독교회라는 결사에 가입하고, 그 결사의 간부와 신도로서 목적 수행을 위해 다수 활약하다. (수리인원 32명)	함흥 1943.5.24. 예심청구	중산 천행 (中山川行) 등 9명				

사건명	범죄 요지	검사국명 및 기소일	기소 인원	예심 종결일	제1심 재판소 및 판결일	제2심 재판소 및 판결일	제3심 판결일
중앙대학학생을 중심으로 한 조선독립획책사건	1940년 10월 이후 동경에서 조선독립을 희망하고, 일본은 중일전쟁 수행을 위해 국력이 피폐하고 있고, 또 미국·영국과 개전하게 되면 일본의 패전은 반드시 올 것이다. 이때야말로 조선독립의 좋은 기회이므로 이 기회를 놓치지 않고 미영소의 원조를 얻어 독립을 실현하려고 여러 가지로 획책하였다. (수리인원 13명)	전주 / 1943.5.6. 공판청구	서원 원규(西原元圭)등 10명				
유사종교 삼산교(三山教)사건	1935년 10월 6일 전북 정읍군에서 조선독립을 목적으로 하는 유사종교인 삼산교라는 결사를 조직(가입)하고, 그 이래 교도를 획득하기 위해 힘썼다. 또한 목적을 성취하기 위해 기원제를 집행하는 등 다수의 목적 수행을 위해 활약하다. (수리인원 36명)	전주 / 1943.6.10. 예심청구	평강 청송(平康青松) 등 17명				
유사종교 천자교(天子教)사건	1941년 5월 26일 전북 부안군에서 조선독립을 목적으로 하는 무명(無名)결사(후에 천자교라 칭한다)를 조직(가입)한 이래 동지획득과 지도에 힘쓰며 또한 목적 달성의 기원제를 집행하는 등 목적 수행을 위해 여러 가지로 활약하다. (수리인원 36명)	전주 / 1943.6.16. 공판청구	산본 순옥(山本淳玉 홍순옥) 등 17명				
유사종교 선교(仙教)사건	유사종교 선교(仙教)사건	전주 / 1943.6.28. 예심청구	김환옥(金煥玉)등 9명				

2. 치안유지법 위반 사건 통계(1943)

〈자료 143〉 조사 최근의 치안유지법 위반 사건에 관한 조사

[〈調査 最近に於ける治安維持法違反事件に關する調査〉, 《思想彙報》續刊(1943.10), 朝鮮總督府 高等法院 檢事局 思想部, 15~39쪽]

최근의 치안유지법 위반 사건에 관한 조사

본 조사는 1940년(昭和 15) 7월

1. 1940년 7월부터 1943년 6월까지의 치안유지법 위반 청별, 수리 건수 인원표

연도	건수·인원	경성	대전	함흥	청진	평양	신의주	해주	대구	부산	광주	전주	합계
1940년 (7~12월)	건수	13		6	2				1		1		23
	인원	76		38	2				5		1		122
1941년 (1~6월)	건수	13	3	12	15	8	3		1	7		2	64
	인원	138	9	185	292	145	15		7	41		43	875
1941년 (7~12월)	건수	13	6	21	1	1	2	2		5	4	3	58
	인원	174	71	117	2	5	3	74		17	37	11	511
1942년 (1~6월)	건수	13	3	10	7	3	4	1	1	5	4	9	60
	인원	125	16	115	31	7	13	6	22	13	24	158	530
1942년 (7~12월)	건수	19	2	10	5	4	10	6	2	11	2	1	72
	인원	142	5	63	12	7	49	18	18	84	23	4	425
1943년 (1~6월)	건수	5	3	17	8	8	7	2	4	9		2	65
	인원	38	18	82	78	53	30	5	32	17		2	355
합계	건수	76	17	76	38	24	26	11	9	37	11	17	342
	인원	693	119	600	417	217	110	103	84	172	85	218	2818

2. 1940년 7월부터 1943년 6월 사이의 치안유지법 위반 청별, 수리 처분 연도 건수 인원표

청명	연도	구분 건수 인원	수리	처분							미결	합계
				기소			불기소					
				구(求)예심	구(求)공판	계	기소유예	기소중지	기타	계	계		
경성	1940 (7~12월)	건수	13	8	3	11	1		1	1	13		13
		인원	76	48	3	51	15		10	25	76		76
	1941 (1~6월)	건수	13	6	6	12	1			1	13		13
		인원	138	55	30	85	25	10	18	53	138		138
	1941 (7~12월)	건수	13	1	9	10	2		1	3	13		13
		인원	174	53	26	79	23	12	60	95	174		174
	1942 (1~6월)	건수	13	2	8	10	1		2	3	13		13
		인원	125	10	24	34	9	2	80	91	125		125
	1942 (7~12월)	건수	19	1	12	13	4		2	6	19		19
		인원	142	29	27	56	11	3	72	86	142		142
	1943 (1~6월)	건수	5	1		1			1	1	2	3	5
		인원	38	1		1	2		14	16	17	21	38
	합계	건수	76	19	38	37	9		7	16	73	3	76
		인원	695	196	110	306	85	27	254	366	672	21	693
대전	1940 (7~12월)	건수											
		인원											
	1941 (1~6월)	건수	3	1	2	3					3		3
		인원	9	2	4	6		1	2	3	9		9
	1941 (7~12월)	건수	6	2	4	6					6		6
		인원	71	39	4	43		1	27	28	71		71
	1942 (1~6월)	건수	3	1	2	3					3		3
		인원	16	4	12	16					16		16
	1942 (7~12월)	건수	2	1	1	2					2		2
		인원	5	3	1	4			1	1	5		5
	1943 (1~6월)	건수	5								5		5
		인원	18									18	18
	합계	건수	19	5	9	14					14	3	19
		인원	119	48	21	69		2	30	3	101	18	119

청명	연도	구분 건수 인원	수리	처분								미결	합계
				기소			불기소						
				구(求)예심	구(求)공판	계	기소유예	기소중지	기타	계	계		
함흥	1940 (7~12월)	건수	6	1	2	3	2		1	4	6		6
		인원	38	20	6	22	10	4	1	14	38		38
	1941 (1~6월)	건수	12	2	6	8	4			4	12		12
		인원	185	3	56	5■	88	11	2■	122	185		185
	1941 (7~12월)	건수	21		13	13	6		2	8	21		21
		인원	117		32	32	33	2	50	85	117		117
	1942 (1~6월)	건수	10	2	4	6	2		3	9	1	10
		인원	115	10	30	40	37	1	6	44	84	31	115
	1942 (7~12월)	건수	10		8	8	1		1	2	10		10
		인원	63		19	19	18	3		23	44	63		63
	1943 (1~6월)	건수	17	1	12	14	1			1	14	3	17
		인원	72	4	21	25	9	6	6	21	46	26	72
	합계	건수	76	6	45	51	17		4	21	72	4	76
		인원	600	27	161	198	195	27	113	225	225	67	600
청진	1940 (7~12월)	건수	2	1		1			1	1	2		2
		인원	2	1		1			1	1	2		2
	1941 (1~6월)	건수	15	7	8	15					15		15
		인원	292	20	91	111	15	13	12	181	292		292
	1941 (7~12월)	건수	1	1		1					1		1
		인원	2	2		2					2		2
	1942 (1~6월)	건수	7		5	5	2			2	7		7
		인원	31		14	14	6	5	6	17	31		31
	1942 (7~12월)	건수	5		5	5					5		5
		인원	12		6	6	3		3	6	12		12
	1943 (1~6월)	건수	8	1	2	3					5	5	8
		인원	78	1	3	4	1			1	3	73	78
	합계	건수	38	10	20	30	2		1	3	33	5	38
		인원	417	24	114	138	165	19	22	206	344	73	417

청명	연도	구분 건수 인원	수리	처분								미결	합계
---	---	---	---	기소			불기소						
				구(求)예심	구(求)공판	계	기소유예	기소중지	기타	계	계		
평양	1940 (7~12월)	건수											
		인원											
	1941 (1~6월)	건수	8	3	4	7	1			1	8		8
		인원	145	45	15	60	18	18	49	85	145		145
	1941 (7~12월)	건수	1						1	1	1		1
		인원	5						5	5	5		5
	1942 (1~6월)	건수	3		2	2			1	1	3		3
		인원	7		2	2			4	4	7		7
	1942 (7~12월)	건수	4		2	2	1		1	2	4		4
		인원	7		4	4	2		1	2	7		7
	1943 (1~6월)	건수	8						2				8
		인원	55						8				55
	합계	건수	24	3	8	11	2	2	3	7	18	6	24
		인원	217	43	22	67	20	18	67	103	172	45	217
신의주	1940 (7~12월)	건수											
		인원											
	1941 (1~6월)	건수	3		3	3					3		3
		인원	15		8	8		2	5	7	15		15
	1941 (7~12월)	건수	2		2	2					2		2
		인원	3		3	3					3		3
	1942 (1~6월)	건수	4		3	3			1	1	4		4
		인원	13		3	3	4	2	2	8	13		13
	1942 (7~12월)	건수	10		5	5	1			1	6	4	10
		인원	49		5	5	5		8	13	18	31	49
	1943 (1~6월)	건수	7		2	2					2	5	7
		인원	30		5	5	1			1	6	24	30
	합계	건수	26		13	13	1		1	2	17	9	26
		인원	110		26	26	10	4	13	20	55	55	110

청명	연도	구분 건수 인원	수리	처분							계	미결	합계
				기소			불기소						
				구(求)예심	구(求)공판	계	기소유예	기소중지	기타	계			
해주	1940 (7~12월)	건수											
		인원											
	1941 (1~6월)	건수											
		인원											
	1941 (7~12월)	건수	2		2	2					2		2
		인원	74		9	9	40	14	11	63	74		74
	1942 (1~6월)	건수	1		1	1					1		1
		인원	6		2	2		1	3	4	6		6
	1942 (7~12월)	건수	6		5	5			1	1	6		6
		인원	18		5	5	1		12	13	18		18
	1943 (1~6월)	건수	2		2	2					2		2
		인원	3		3	3					3		3
	합계	건수	11		10	10			1	1	11		11
		인원	103		21	21	41	13	26	82	103		103
광주	〈 원본 누락 〉												
	1942 (7~12월)	건수	2		2	2					2		2
		인원	23		6	6			17	17	23		23
	1943 (1~6월)	건수											
		인원											
	합계	건수	11		11	11					11		11
		인원	85		■7	■7	■	■	42	48	85		85
전주	1940 (7~12월)	건수											
		인원											
	1941 (1~6월)	건수	2	1	1	2					2		2
		인원	43	1	28	29	8	1	5	14	43		43
	1941 (7~12월)	건수	4		5	5					5		5
		인원	11		8	8	2		1	■	11		11
	1942 (1~6월)	건수	9	2	7	9					9		9
		인원	158	26	32	78	9	34	57	80	158		158

청명	연도	구분 건수 인원	수리	처분								미결	합계
				기소			불기소				계		
				구(求)예심	구(求)공판	계	기소유예	기소중지	기타	계			
전주	1942 (7~12월)	건수	1		1	1					1		1
		인원	4		4	4					4		4
	1943 (1~6월)	건수	2									2	2
		인원	2									2	2
	합계	건수	17	5	12	15					15	2	17
		인원	218	27	92	119	19	55	43	97	216	2	218
합계	1940 (7~12월)	건수	23	10	7	17	5		5	6	23		23
		인원	122	69	9	78	28	4	12	44	122		122
	1941 (1~6월)	건수	64	21	24	55	6		5	9	64		64
		인원	875	127	246	373	295	69	138	502	875		875
	1941 (7~12월)	건수	58	4	40	44	8	1	5	14	58		58
		인원	511	94	110	204	101	33	173	307	511		511
	1942 (1~6월)	건수	60	8	41	49	6		4	10	59	1	60
		인원	540	68	567	225	68	45	161	274	499	31	430
	1942 (7~12월)	건수	72	2	45	47	9		7	16	64	9	73
		인원	425	32	82	114	47	6	173	226	440	85	425
	1943 (1~6월)	건수	65	3	20	28	2		4	6	29	26	65
		인원	145	6	38	44	13	7	29	49	92	262	355
	합계	건수	342	48	187	245	34	1	26	61	296	46	342
		인원	2818	496	642	1038	552	164	686	1402	2440	378	2818

비고: 1. 경성 1940년 7월~12월 중 불기소 기타 1건 1명은 미국인 여성이다.
    2. 전주 1941년 1월~6월 중 구예심 1건 1명은 내지인이다.
    3. 함흥 1943년 1월~6월 중 구예심 1건, 4명 기소 중지, 4명은 만주국인이다.

3. 1940년 7월부터 1943년 6월까지의 치안유지법 위반 연령별 인원표

구분 \ 연도	1940년 (7~12월)	1941년 (1~6월)	1941년 (7~12월)	1942년 (1~6월)	1942년 (7~12월)	1943년 (1~6월)	합계
소년(20세 이하)	19	117	95	79	107	95	512
청년(30세 이하)	55	418	238	215	186	203	1315
장년(40세 이하)	24	128	75	60	56	19	361
고년(50세 이하)	12	103	48	68	31	18	280
노년(51세 이상)	12	109	50	105	43	18	337
미상	-	-	5	3	2	2	12
합계	122	875	511	530	425	355	2818

4. 1940년 7월부터 1943년 6월까지의 치안유지법 위반 남녀별 인원표

구분 \ 연도	1940년 (7~12월)	1941년 (1~6월)	1941년 (7~12월)	1942년 (1~6월)	1942년 (7~12월)	1943년 (1~6월)	합계
남녀 합계	107	739	462	520	392	336	2556
	15	136	49	10	33	19	262
	122	875	511	530	425	355	2818

5. 1940년 7월부터 1943년 6월까지의 치안유지법 위반 교육정도별 인원표

구분 \ 연도	1940년 (7~12월)	1941년 (1~6월)	1941년 (7~12월)	1942년 (1~6월)	1942년 (7~12월)	1943년 (1~6월)	합계
무교육	7	299	49	149	52	13	569
초등	54	127	141	72	91	31	516
중등	17	157	133	141	109	128	685
고등	4	48	87	93	60	20	312
미상	40	244	101	75	113	163	736
합계	122	875	511	530	425	355	2818

비고: 1. 경성 1940년 7월~12월 중 불기소 기타 1건 1명은 미국인 여성이다.
2. 전주 1941년 1월~6월 중 구예심 1건 1명은 내지인이다.
3. 함흥 1943년 1월~6월 중 구예심 1건, 4명 기소 중지, 4명은 만주국인이다.

6. 1940년 7월부터 1943년 6월까지의 치안유지법 위반 직업별 인원표

구분 \ 연도	1940년 (7~12월)	1941년 (1~6월)	1941년 (7~12월)	1942년 (1~6월)	1942년 (7~12월)	1943년 (1~6월)	합계
관공리	1	7	17	10	20	8	63
관공서 고용인	3	12	18	12	17	10	72
학교 교직원	-	14	27	27	18	16	102
학생·생도	13	60	130	76	69	109	457
은행·회사원 기타 사무원	2	12	43	22	40	16	135
각종 조합직원	-	4	6	2	1	1	14
종교관계자	-	61	26	37	33	10	167
신문기자 저술업	-	2	1	3	-	-	6
농업	55	311	112	115	68	49	710
일반고용인	1	9	10	9	5	2	36
상업	3	25	20	16	22	11	97
상점원	2	2	2	5	4	8	23
직공 직인	1	42	22	33	39	8	145
노동자(날품팔이, 토목, 인부 포함)	6	79	5	11	17	16	134
각종 행상인	9	6	-	3	3	2	23
의사·의생(醫生)	-	-	1	2	2	-	5
자동차 운전수	-	-	1	1	-	-	2
간호부·간병인	2	1	2	-	-	-	5
과수원경영	-	-	-	-	2	-	2
영화연출자	-	-	1	-	-	-	1
제분업	-	-	-	1	-	1	2
광산업	-	1	1	3	-	2	7
사진업	-	-	-	1	-	3	4
음식점영업	1	-	-	2	-	-	3

연도 구분	1940년 (7~12월)	1941년 (1~6월)	1941년 (7~12월)	1942년 (1~6월)	1942년 (7~12월)	1943년 (1~6월)	합계
고무공업	-	1	-	-	-	-	1
토목건축하청업	-	1	1	-	-	1	3
제련업	-	-	1	1	-	-	2
이발업	-	-	1	-	-	1	2
변호사	-	-	-	1	-	-	1
서당, 가정교사	1	4	-	1	-	1	7
군속 등 군관계 직원	-	-	-	-	1	9	10
방공감시대원	-	-	-	-	-	3	3
정미업	-	1	-	1	-	-	2
임대업	-	-	-	-	-	1	1
숙박영업	-	-	-	-	-	1	1
인장조각업	-	-	-	-	2	-	2
연탄제조업	-	-	-	1	-	-	1
해산물 가공업	-	-	-	1	-	-	1
어업	-	5	-	3	-	1	9
재봉업	-	3	-	-	-	-	3
약제사	-	1	-	-	-	-	1
상자제조업	-	-	-	1	-	-	1
제재업	-	-	1	-	-	-	1
행정대서업	-	1	-	-	-	-	1
목공업	-	1	-	2	-	-	3
무직	21	185	57	121	52	58	494
기타	1	1	1	1	7	1	12
미상	-	23	4	5	3	6	41
합계	122	875	511	530	425	355	2818

7. 1940년 7월부터 1943년 6월까지의 치안유지법 위반 범행 동기별 인원

구분 \ 연도	1940년 (7~12월)	1941년 (1~6월)	1941년 (7~12월)	1942년 (1~6월)	1942년 (7~12월)	1943년 (1~6월)	합계
좌익주의자와의 교유 및 감화	28	195	88	29	23	4	367
민족주의자와의 교유 및 감화	8	41	32	68	73	7	229
사상적 문체의 탐독	21	51	45	24	17	7	165
주의자의 권유	26	49	64	43	12	8	202
민족적 편견	2	14	56	25	19	3	119
내선인(內鮮人)의 차별대우에 대한 불만	1	38	27	40	35	19	160
유사종교 신앙에 기인	2	111	26	39	29	1	208
기독교 신앙에 기인	11	61	-	31	2	2	107
근친자의 사상의 영향	5	4	5	2	1	2	19
사회조직의 모순에 대한 불만	-	3	1	2	5	2	13
사회운동에서의 영향	-	-	6	-	-	1	7
생활난	1	1	10	-	1	1	14
한일병합에 대한 불만	-	1	3	2	4	1	11
사회과학의 연구	-	1	9	-	-	-	10
재학교의 사상적 저류의 영향	-	3	7	-	-	-	10
항일군의 강제	1	4	2	2	-	9	18
기타	1	2	1	-	1	-	5
미상	4	200	15	37	1	3	260
합계	111	779	397	344	223	70	1924

8. 1940년 7월부터 1943년 6월까지의 치안유지법 위반 범죄 형태 구분

형태 구분		연도	1940년 (7~12월)	1941년 (1~6월)	1941년 (7~12월)	1942년 (1~6월)	1942년 (7~12월)	1943년 (1~6월)	합계
국체 변혁	결사 (지원·준비·집단)	조직(결성)	4	228	44	45	19	2	342
		간부 또는 지도자	-	75	21	19	4	-	119
		가입(참가)	70	202	99	86	2	11	470
		목적 수행	69	411	83	122	17	13	715
	협의		33	395	201	148	9	41	909
	선동		19	72	55	26	25	3	200
	선전		-	1	2	2	8	1	14
	목적 수행 행위		6	20	53	21	9	6	106
	이익 공여 등		3	37	-	4	-	-	44
	소요 기타 가해 행위 선동		-	18	-	-	-	-	18
사유 재산 제도 부인	결사	조직	4	196	4	10	3	2	219
		가입	42	67	25	11	1	10	156
		목적 수행 행위	42	275	29	18	4	12	380
	협의		9	223	66	27	22	20	367
	선동		3	20	7	2	6	1	39
	이익 공여 등		3	18	-	-	1	-	22
	소요 기타 가해 행위 선동		-	13	-	-	-	-	13
국체 부정 또는 신궁 황실의 존엄 모독	결사 (집단)	조직(결성) 간부 또는 지도자	-	-	7	-	1	-	1
		가입(참가)	-	-	-	-	32	-	32
		목적 수행 행위	-	-	-	-	31	3	34
			-	-	-	-	63	3	66
	이익 공여 등		-	-	-	-	-	-	-
합계			307	2271	689	528	343	128	4266

9. 1940년 7월부터 1943년 6월까지의 치안유지법 위반자 전과 조사표

죄명	전과	1940년 (7~12월)	1941년 (1~6월)	1941년 (7~12월)	1942년 (1~6월)	1942년 (7~12월)	1943년 (1~6월)
치안유지법 위반	징역 10년	-	-	-	1	-	-
	징역 6년	-	4	4	-	-	-
	징역 5년	-	3	2	-	-	-
	징역 4년 6월	-	-	1	-	-	-
	징역 4년	-	2	-	-	-	-
	징역 3년 6월	-	-	-	-	-	-
	징역 3년	-	7	1	2	1	-
치안유지법 위반	징역 2년 6월	-	3	-	-	-	-
	징역 2년	1	14	9(2)	4(2)	1	-
	징역 1년 6월	-	3	2(1)	-	-	-
	징역 1년	-	1	-	2	-	-
	징역 6월	-	-	1(1)	-	-	-
	기소 유예	-	6	3	2(2)	-	-
	합계	1	28(5)	23(4)	11(4)	2	-
보안법 위반	징역 8월	-	2	-	-	-	-
	징역 6월	-	1	-	2	-	-
	징역 4월	-	-	1	-	-	-
	기소유예	-	1	-	-	-	-
	합계	-	4(1)	1	2	-	-
출판법 위반	금고 8월	-	-	1	-	-	-
폭력행위 등 처벌에 관한 법률 위반	징역 10월	-	1	-	-	-	-
	징역 6월	-	2	-	-	-	-
	기소유예	1	-	-	-	-	-
	합계	1	3	-	-	-	-

죄명	전과	1940년 (7~12월)	1941년 (1~6월)	1941년 (7~12월)	1942년 (1~6월)	1942년 (7~12월)	1943년 (1~6월)
1919년(大正8년) 제령7호위반	징역 4년	-	1	-	-	-	-
	징역 1년 6월	-	-	-	-	-	1
	징역 1년	-	1	-	-	-	-
	합계	-	2	-	-	-	1
군기보호법 위반	징역 6년	-	-	1	-	-	-
신문지법 위반	벌금 백엔	-	-	1	-	-	-
조선 아편 단속령 위반	징역 6월	-	1	-	-	-	-
소요	징역 4년	-	-	-	1	-	-
방화	징역 6년	-	1	-	-	-	-
절도	징역 2년 6월	-	1	-	-	-	-
	징역 1년 6월	-	1	-	1	1	-
	징역 1년	-	1	-	1	1	-
	징역 6월	-	2(1)	-	-	-	-
	기소유예	-	1	-	-	-	-
	합계	-	7(1)	-	2	1	-
인장 위조	징역 8월	-	1	-	-	-	-
사기	징역 1년	-	-	-	1	-	-
	징역 10월	-	1	-	-	-	-
	징역 8월	-	1(1)	-	-	-	-
	합계	-	2(1)	-	1	-	-
공갈	징역 1년	-	-	-	1	-	-
범인 은닉	징역 1년	-	1	-	-	-	-
	징역 8월	-	1(1)	-	-	-	-
상해치사	징역 3년	-	1	-	-	-	-
합계		2(1)	51(9)	28(4)	18(4)	3	1

비고: (괄호)문자의 숫자는 형의 집행 유예가 차지하는 수

10. 1940년 7월부터 1943년 6월까지의 치안유지법 위반 형명·형기표

형명·형기 \ 연도	1940년 (7~12월)	1941년 (1~6월)	1941년 (7~12월)	1942년 (1~6월)	1942년 (7~12월)	1943년 (1~6월)	계
무기징역	-	-	2	-	-	-	2
징역 15년	-	3	1	-	-	-	4
징역 10년	-	2	-	-	-	-	2
징역 8년	-	2	-	-	-	-	2
징역 7년	-	1	1	-	-	-	2
징역 6년	-	1	-	1	-	-	2
징역 5년	1	5	1	1	2	-	10
징역 4년	1	5	1	2	2	1	12
징역 3년 6월	-	2	-	-	-	-	2
징역 3년	6	12	7	7	3	4	39
징역 2년 6월	7	10	14	4	3	-	38
징역 2년	11(2)	26(5)	14(1)	21(8)	10(1)	5	87(17)
징역 1년 6월	8	41(23)	32(4)	16(12)	12(3)	4(1)	113(40)
징역 1년	6(1)	24(10)	12	16(6)	13(3)	6(4)	77(24)
징역 10월	-	-	1(1)	-	-	-	1(1)
징역 8월	8	1	-	3	-	-	12
징역 6월	1(1)	1	-	2(2)	-	-	4(3)
징역 단기 5년 장기 7년	-	1	-	-	-	-	1
징역 단기 3년 장기 5년	-	3	3	-	-	-	6
징역 단기 3년 6월, 장기 4년	-	-	-	-	1	-	1
징역 단기 2년 장기 5년	-	-	-	2	-	-	2
징역 단기 2년 장기 4년	-	-	2	1	-	1	4
징역 단기 2년 장기 3년	-	3	-	-	3	-	6

연도 형명·형기	1940년 (7~12월)	1941년 (1~6월)	1941년 (7~12월)	1942년 (1~6월)	1942년 (7~12월)	1943년 (1~6월)	계
징역 단기 1년 6월, 장기 2년	-	-	-	3	1	1	5
징역 단기 1년 장기 4년	-	1	-	-	-	-	1
징역 단기 1년 장기 3년	-	3	9	8	5	3	28
징역 단기 1년 장기 2년	-	-	1	-	2	2	5
합계	49(4)	147(35)	101(6)	87(28)	57(7)	27(5)	468(85)

11. 치안유지법 위반 사건 검사 조사 기간 조사표

연도 기간별	경성	대전	함흥	청진	평양	신의주	해주	대구	부산	광주	전주	계
1개월 미만	17	1	5	-	1	2	-	-	1	1	1	29
3개월 미만	15	8	34	13	6	6	3	2	7	2	3	99
6년 미만	8	1	19	9	5	6	7	2	18	1	3	79
1년 미만	13	2	3	1	3	3	1	-	-	6	3	37
1년 이상	2	-	-	-	-	-	-	-	-	-	3	7
합계	55	12	64	23	15	17	11	4	26	10	13	251

자료목록

연번	소분류	편저자	문건명(호수 일자 등)	자료(책명)	발행처	발행일	수록된 장
1	신문 기사		간도공산당 공판 공개, 5·30폭동 심리 개시, 법정 내외의 경계는 역시 삼엄, 공산당에 가입한 자 그 과실을 통탄하여 사상전향 피고	《매일신보》	매일신보	1933.10.12	제1장
2	신문 기사		사상전향자엔 가출옥 특전, 함흥 수인 700여 명 중 1월 이래 27명 허가	《매일신보》	매일신보	1936.5.31	제1장
3	신문 기사		사상전향자 5할, 살인은 여수(女囚)가 7할, 9월 말 현재 함흥형무소의 재감자 1,097명	《매일신보》	매일신보	1936.10.6	제1장
4	신문 기사		전선(戰線) 용사에게 팸플릿 발송, 조선의 총후 사정 기록한 것, 대동민우회에서	《매일신보》	매일신보	1937.10.8	제1장
5	신문 기사		사상에 광분(狂奔)한 살인마 오면식(吳冕植) 상고 기각, 김립, 옥관빈 등을 모두 살해, 일·이심(一, 二審) 모두 사형	《매일신보》	매일신보	1937.11.9	제1장
6	신문 기사		지원병제 실시 듣고, 갑자기 회오(悔悟)한 사상범, 열광적인 애국선풍에 감격의 눈물, 해주형무소 김승은(金勝恩) 군	《매일신보》	매일신보	1938.2.4	제1장
7	신문 기사		조선방공협회 탄생· 사상 전선 강화 확충과 적마(赤魔) 침입 방지, 전선(全鮮)에 강고한 방공사상망	《매일신보》	매일신보	1938.8.31	제1장
8	신문 기사		방공 강연 성황 14일 춘천읍서	《매일신보》	매일신보	1939.8.18	제1장
9	신문 기사		비전향자들을 상대로 교도소 신축 수용, 예방구금제도 7월에 실시	《매일신보》	매일신보	1940.4.15	제1장
10	신문 기사		사상보국연맹 해소, 재단법인 대화숙(大和塾)으로 통일, 사상국방전선에 신체제	《매일신보》	매일신보	1940.12.28	제1장
11	신문 기사		사상범 방지에 철망, 예방구금령 내일 공포	《매일신보》	매일신보	1941.2.12	제1장

연번	소분류	편저자	문건명(호수 일자 등)	자료(책명)	발행처	발행일	수록된 장
12	신문 기사		황국신민의 신도(新道), 대화숙에서 실천운동	《매일신보》	매일신보	1941.3.12	제1장
13	신문 기사		마음은 물론 모양도, 황국신민이 되었소, 수료식 앞둔 대화숙생들 체험담	《매일신보》	매일신보	1941.4.8	제1장
14	신문 기사		국민연극연구소 개소식	《매일신보》	매일신보	1941.5.17	제1장
15	신문 기사		결단봉고제(結團奉告祭), 오늘 조선신궁에 참배	《매일신보》	매일신보	1941.10.23	제1장
16	신문 기사		국가 부탁에 부응하라, 형무소장과 보호교도소장 회의 미나미(南) 총독 훈시	《매일신보》	매일신보	1941.11.7	제1장
17	신문 기사		녹기연맹 동철(銅鐵) 제품헌납운동	《매일신보》	매일신보	1941.12.23	제1장
18	신문 기사		덕화여숙(德和女塾)을 녹기연맹에서 경영	《매일신보》	매일신보	1943.3.30	제1장
19	신문 기사		불경죄(不敬罪) 1년 징역	《동아일보》	동아일보	1935.10.17	제1장
20	신문 기사		국제 정세에 대응해 사상 방면을 감시, 엄중한 취체와 신속한 검거를, 총독-사법관에 주의	《동아일보》	동아일보	1937.11.20	제1장
21	신문 기사		전향 청년들이, 청산의 성명, 미국에 성명서 발송	《동아일보》	동아일보	1938.7.2	제1장
22	신문 기사		'적색연구회(赤色硏究會)'의 혐의로 연전(延專) 3명의 교수 등 송국(送局), 백남운(白南雲), 이순탁(李順鐸), 노동규(盧東奎) 등 졸업생 등 16명은 불구속으로	《동아일보》	동아일보	1938.12.17	제1장
23	신문 기사		연전경제연구회(延專經濟硏究會) 주최, 경제 강연회 15일 종로청년회관에서 본사 학예부 후원으로	《조선일보》	조선일보	1933.12.12	제1장
24	신문 기사		예방구금이란 무기징역과 다를 바 없다	《조선일보》	조선일보	1934.3.18	제1장
25	신문 기사		대상자 선도에는 취직 알선이 좋은 방책, 보호사회의(保護司會議)의 결론, 각 관공서, 은행, 회사, 학교에 복직·채용·복교(復校)를 종용	《조선일보》	조선일보	1934.3.18	제1장
26	신문 기사		사상전향자의 황군 위문편지	《조선일보》	조선일보	1938.5.3	제1장
27	신문 기사		이재유만은 주의 고집, 4명은 전향 성명, 이재유 사건 공판 다음 회는 7월 5일	《조선일보》	조선일보	1938.6.25	제1장

연번	소분류	편저자	문건명(호수 일자 등)	자료(책명)	발행처	발행일	수록된 장
28	신문 기사		예방구금자 취급할 사상선도소(가칭) 설치, 수용소는 현재의 형무소보다 문화적으로 시설할 터로 대상자는 사상범 전과 중심	《조선일보》	조선일보	1940.1.19	제1장
29	신문 기사		후세(布施) 변호사 금고 4개월, 신문지법 위반으로	《중앙일보》	중앙일보	1932.2.22	제1장
30	신문 기사		검사를 동원시켜, 사상전향을 권고, 법무국의 사상범 대책	《朝鮮中央日報》	조선중앙일보	1935.3.19	제1장
31	신문 기사	여운형	고베(神戶) 재주 조선 학생 학우회를 조직	《조선중앙일보》	조선중앙일보	1936.8.27	제1장
32	신문 기사		시중회(時中會) 해주(海州) 지부의 진용	《釜山日報 (일본어 신문)》	부산일보	1936.9.26	제1장
33	신문 기사		대동민우회 강연회	《京城日報 (일본어 신문)》	경성일보	1936.11.6	제1장
34	신문 기사		사상전향자에게 따뜻한 보호의 손, 조선사상범보호관찰령을 다음달 10일경에 공포	《京城日報 (일본어 신문)》	경성일보	1936.11.26	제1장
35	신문 기사		이재유 일당 예심 종결, 공판에 회부	《京城日報 (일본어 신문)》	경성일보	1938.2.18	제1장
36	신문 기사		"각하 덕분에 희망과 광명을 얻었습니다." 전 좌익 지도자 차재정(車載貞) 씨가 감격과 적성(赤誠)을 피력, 제5회 총독 면접일	《京城日報 (일본어 신문)》	경성일보	1938.3.5	제1장
37	신문 기사		대동민우회 전향을 목표로 비상시에 획기적인 기획	《朝鮮新聞 (일본어 신문)》	조선신문	1936.9.5	제1장
38	신문 기사		전향자 1백여 명이 가두 데모 감행, 대동민우회의 활동	《朝鮮新聞 (일본어 신문)》	조선신문	1936.9.22	제1장
39	신문 기사		시중회(時中會)를 해산, 총동원연맹에 가입	《朝鮮新聞 (일본어 신문)》	조선신문	1938.12.23	제1장
40	신문 기사		"어린이 방공" 조선방공협회가 발행	《朝鮮新聞 (일본어 신문)》	조선신문	1940.6.29	제1장
41	신문 기사		투사 울렸던 신(申) 형사 고문 사실을 부인, 제1회 공판	《동아일보》	동아일보	1946.5.24	제1장
42	신문 기사		반민(反民) 박종옥(朴鍾玉) 등 체포	《동아일보》	동아일보	1949.5.1	제1장
43	신문 기사		윤치호 씨 병사	《조선일보》	조선일보	1945.12.8	제1장
44	신문 기사		오해 일소에 전력, 농조총총맹(農組總盟) 군정청에 건의	《조선일보》	조선일보	1945.45.14	제1장

연번	소분류	편저자	문건명(호수 일자 등)	자료(책명)	발행처	발행일	수록된 장
45	신문 기사		일제시 "수훈(殊勳)"자(者) 숙청, 경찰부서 일부 파면 개시	《조선일보》	조선일보	1946.2.14	제1장
46	신문 기사		주요한(朱耀翰) 체포	《조선일보》	조선일보	1949.4.30	제1장
47	신문 기사		대일배상 자료를 수집	《조선일보》	조선일보	1948.1.27	제1장
48	신문 기사		전 민족 환시하(環視下)에 반민특재(反民特裁) 개정, 공판 선두는 이기용(李琦鎔), 방청석에는 박홍식 처도 한몫	《조선일보》	조선일보	1949.3.29	제1장
49	신문 기사		반민(反民) 자수(自首) 기한, 24일까지 연기	《조선일보》	조선일보	1949.8.20	제1장
50	신문 기사		변호사 허가 선서식	《민중일보》	민중일보	1945.12.25	제1장
51	신문 기사		비적적(匪賊的) 일 관리 처단, 오정(五井)·강상(江上) 양(兩) 전 검사 검거, 사건은 타방면(他方面)에 확대	《영남일보》	영남일보	1945.11.25	제1장
52	신문 기사		흡혈귀 오정(五井) 등 3명을 특별 검사청으로 압송	《영남일보》	영남일보	1946.1.31	제1장
53	신문 기사		신구(新舊) 부정(不正) 경관(警官), 현직에서 총퇴진하라. 최능진(崔能鎭) 씨의 성명, 조장(趙張) 양씨를 반박	《경향신문》	경향신문	1946.12.14	제1장
54	신문 기사		민족적 예점(穢點) 척결, 반민자 공판 속행, 어제는 김태석(金泰錫), 40 이종영(李鍾榮), 41 아직 회오(悔悟) 못하는 김태석, 증오(憎惡) 넘친 방청석 조소 폭발, 답변마다 회피하려는 궤언(詭言), 철저한 철면피, 끝내 사실 부인으로 일관, 전율할 이종영 범죄 사실	《경향신문》	경향신문	1949.3.30	제1장
55	신문 기사		반민 공판, 춤추는 이각종, 광인(狂人) 가장? 십분 후에 심리 보류	《경향신문》	경향신문	1949.6.3	제1장
56	신문 기사		도체(塗替)된 치안유지법·국가보안법 상정, 국체 변혁 기도자 사형	《남조선민보》	남조선민보	1948.11.5	제1장
57	신문 기사		일제 때 판사 백윤화(白允和) 체포	《자유신문》	자유신문	1949.4.30	제1장
58	신문 기사		최재웅(崔再雄) 주요한(朱耀翰) 수감(收監)	《자유신문》	자유신문	1949.4.30	제1장
59	신문 기사		배정자(裵貞子) 책부(責付) 보석(保釋)	《자유신문》	자유신문	1949.4.30	제1장
60	잡지 기사		余의 轉向理由, 朝鮮共産黨員 某 씨의 手記	《삼천리》 제6권 제7호	삼천리	1934.6	제2장
61	잡지 기사		發動하는 思想犯 觀察法(日獨協定으로 더욱 강화)	《삼천리》 제8권 제12호	삼천리	1936.12	제2장

연번	소분류	편저자	문건명(호수 일자 등)	자료(책명)	발행처	발행일	수록된 장
62	잡지 기사	印貞植	我等의 政治的 路線에 관해서 同志諸君에게 보내는 公開狀	《삼천리》 제10권 제11호	삼천리	1938.11	제2장
63	잡지 기사	車載貞	同志에 告함,「自然의 길」=前 左翼 諸友에게 答함	《삼천리》 제10권 제11호	삼천리	1938.11	제2장
64	잡지 기사	金載璟	京城大和塾女教師 一週間の手記	《삼천리》 제13권 제9호	삼천리	1941.9	제2장
65	잡지 기사	崔麟	長期建設と防共防諜	《東洋之光》 창간호	동양지광	1939.1.1	제2장
66	잡지 기사	朴熙道	轉向者の新しき進路	《東洋之光》 제6호	동양지광	1939.6	제2장
67	잡지 기사	姜永錫	皇道朝鮮	《東洋之光》 제7호	동양지광	1939.7	제2장
68	잡지 기사	春園生	內鮮一體と朝鮮文學	《朝鮮》 298호	朝鮮總督府	1940.3	제2장
69	잡지 기사	伊藤憲郎	進む朝鮮__犯罪打診	《綠旗》 68호		1941.10	제2장
70	잡지 기사	孤峯	思想の肅正	《朝鮮公論》 29권 7호 (통권 340호)	조선공론		제2장
71	잡지 기사	金川聖	我等は大東亜の中核分子	《朝鮮公論》 개권(改卷) 제2권 9호	조선공론		제3장
72	잡지 기사	遠山三四郎	思想善導の方法如何	《朝鮮公論》 제21권 7호 (통권 244호)	조선공론		제3장
73	단행본	朝鮮軍司令部	朝參密 第588号 思想情況ニ關スル件	『昭和12年前半期朝鮮思想運動概觀』		1937.8	제3장
74	잡지 기사	朝鮮軍司令部	支那事変以後に於ける保安法違反事件に関する調査	《思想彙報》 제19호	朝鮮總督府高等法院檢事局思想部	1939.12	제3장
75	잡지 기사	朝鮮軍司令部	轉向者に對する處遇に就て	《思想彙報》 제4호	朝鮮總督府高等法院檢事局思想部	1935.9	제3장

연번	소분류	편저자	문건명(호수 일자 등)	자료(책명)	발행처	발행일	수록된 장
76	잡지 기사	朝鮮軍司令部	思想轉向者ニシテ農村振興運動ニ活動セル者の調	《思想彙報》 제4호	朝鮮總督府 高等法院 檢事局 思想部	1935.9	제3장
77	잡지 기사	朝鮮軍司令部	治安維持法違反轉向者及轉向者中右翼団体ニ加入シタ者並ニ再ビ共産運動ニ携ハリタル者	《思想彙報》 제4호	朝鮮總督府 高等法院 檢事局 思想部	1935.9	제3장
78	잡지 기사	朝鮮軍司令部	治安維持法違反旣決囚の非轉向者調	《思想彙報》 제11호	朝鮮總督府 高等法院 檢事局 思想部	1937.6	제3장
79	잡지 기사	朝鮮軍司令部	轉向者問題の歷史過程の展望	《思想彙報》 제10호	朝鮮總督府 高等法院 檢事局 思想部	1937.3	제3장
80	잡지 기사	藤井惠照	思想犯保護事業の展望	《保護時報》 20권 2호	輔成会	1936	제3장
81	잡지 기사	增永正一	朝鮮に於ける思想犯保護觀察制度の實施について	《司法協會雜誌》16권 1호	朝鮮司法協會	1937	제3장
82	단행본	長部謹吾	思想犯の保護に就て	『思想犯保護觀察法:及府錄』	조선지방자치협회 출판부	1936	제3장
83	문서류		思想犯保護觀察制度の必要		國立公文書館	1936.4	제3장
84	단행본	長部謹吾	思想犯の保護に就て	『司法研究』 報告書 제21집 10	司法省 調査課	1937.3	제3장
85	잡지 기사	李鐘模	保護觀察令의 適用範圍	《朝光》 3권 2호	조선일보사	1937.2	제3장
86	자료		朝鮮における思想犯保護機關	『司法研究』 21輯	司法省 調査課	1937.3	제3장
87	잡지 기사	相原宏	論說 豫防拘禁制度論2	《司法協會雜誌》21권 7호	朝鮮司法協會	1924	제3장
88	잡지 기사	相原宏	論說 豫防拘禁制度論2	《司法協會雜誌》21권 8호	朝鮮司法協會		제3장
89	잡지		同友會の眞相	《思想彙報》 제12호	朝鮮總督府 高等法院 檢事局 思想部	1937.9	제4장

연번	소분류	편저자	문건명(호수 일자 등)	자료(책명)	발행처	발행일	수록된 장
90	잡지 기사		思想犯保護觀察法實施に対する朝鮮文新聞の論調	《思想彙報》	朝鮮總督府 高等法院 檢事局 思想部		제4장
91	잡지 기사	小林杜人	思想犯保護觀察法に対する若干の考察	《保護時報》 20권 7호	輔成会	1936	제4장
92	잡지 기사	藤井恵照	思想犯保護觀察法に就いて	《保護時報》 20권 7호	輔成会	1936.6	제4장
93	잡지 기사	那須信道	思想犯の処遇と保護団体への要望	《保護時報》 20권 12호	輔成会	1936	제4장
94	잡지 기사	宮城長五郎	思想犯保護觀察法の實施に際し保護事業の普遍化を望む	《保護時報》 20권 12호	輔成会	1936	제4장
95	단행본		思想犯保護觀察の話	『思想犯保護槪要』	長野保護觀察所	1938.6	제4장
96	잡지 기사	高原克己	大和塾の設立とその活動	《朝鮮》 317호	朝鮮總督府	1941.1	제4장
97	잡지 기사	杉本覚一	思想転向に対する一考察	《朝鮮司法保護》 2권 12호	朝鮮司法保護協會	1942	제4장
98	잡지 기사		増永高等法院檢事長訓示	《思想彙報》 25호	朝鮮總督府 高等法院 檢事局 思想部	1940.12	제4장
99	문서류	山名酒喜男	朝鮮人を中心として(內閣總力戰研究所に於ける講義要旨)	『朝鮮人を中心として(內閣總力戰研究所に於ける講義要旨)』	東京経済大学学術機関リポジトリ	1942.8.20	제4장
100	단행본	佐野学	共同被告同志に告ぐる書	『佐野學著作集』1권	佐野學著作集刊行会	1957	제5장
101	잡지 기사	小林杜人	轉向者は立ち上がっている	《保護時報》 19권 9호	輔成会	1935	제5장
102	잡지 기사		在京鮮人轉向者の情況	《思想彙報》 13호	朝鮮總督府 高等法院 檢事局 思想部	1937.12	제5장
103	잡지 기사		思想犯保護觀察に関する法律の實施に際し朝鮮人思想轉向者の感想と希望	《思想彙報》 9호	朝鮮總督府 高等法院 檢事局 思想部	1936.12	제5장

연번	소분류	편저자	문건명(호수 일자 등)	자료(책명)	발행처	발행일	수록된 장
104	잡지 기사		鮮人思想犯轉向者は如何なる保護を希望するか	《思想彙報》 6호	朝鮮總督府 高等法院 檢事局 思想部	1936.3	제5장
105	잡지 기사	金聖壽	或る不逞鮮人の告白書	《思想彙報》 12호	朝鮮總督府 高等法院 檢事局 思想部	1937.9	제5장
106	문서류		民友會組織에 關한 件	『警察情報綴 (昭和 11年)』 2-24번	경성지방법원 검사정, 국사편찬위원회 한국사데이터베이스 제공	1936.8.12	제5장
107	문서류		轉向問題의 檢討라고 題한 印刷物 發送에 關한 件	思想에 關한 情報綴 3, 1-26번	국사편찬위원회 한국사데이터베이스 제공	1937.1.9	제5장
108	잡지기사		新國民意識을 鼓吹-時中會와 大東民友會의 聲明-	『在滿朝鮮人通信』34·35호	홍아협회	1937.9.1	제5장
109	문서류		李順鐸 思想轉向錄	『연희전문학교 경제연구회 사건』	경성지방법원 검사국 문서 형사사건 기록, 국사편찬위원회 전자사료관 제	1939.6.2	제5장
110	잡지 기사		朝鮮에 於ける 共産主義運動의 特殊性과 其의 發展의 能否 (附)思想犯保護觀察制度에 對する 所感	《思想彙報》 11호	朝鮮總督府 高等法院 檢事局 思想部	1937.6	제5장
111	문서류	京畿道巡查 朴英道	李順鐸被疑者素行調書		국사편찬위원회 전자사료관	1938.12.7	제6장
112	문서류	京城地方法院	李順鐸豫審終決決定		국사편찬위원회 전자사료관	1938.12.7	제6장
113	문서류	京城地方法院檢事局思想部	昭和15 刑公 第1304號 (李順鐸) 判決	鮮內檢事局情報 6	고려대학교 도서관 경성지방법원 검사국 컬렉션		제6장

연번	소분류	편저자	문건명(호수 일자 등)	자료(책명)	발행처	발행일	수록된 장
114	문서류	海州地方法院刑事部	昭和11年刑公合第119號 (吳冕稙等) 判決	刑事第1審訴訟記錄	국사편찬위원회 전자사료관	1939	제6장
115	문서류	神戸地方裁判所	朝鮮獨立運動關係被告人裵祥權に関する豫審調書		京都大學 소장본	1940	제6장
116	문서류	京城地方法院檢事局思想部	(崔泰燮)昭和17刑公第36號 判決	鮮內檢事局 情報 6	고려대학교 도서관 경성지방법원 검사국 컬렉션	1943	제6장
117	문서류	京城地方法院檢事局思想部	(林允傑)地檢秘第59號 昭和18年2月 公判請求書	鮮內檢事局 情報 6	고려대학교 도서관 경성지방법원 검사국 컬렉션	1943	제6장
118	문서류	京城地方法院檢事局思想部	(徐澤均)昭和17 刑公合第112號 判決	鮮內檢事局 情報 6	고려대학교 도서관 경성지방법원 검사국 컬렉션	1942~1943	제6장
119	문서류	京城地方法院檢事局思想部	(崔駿範)地檢秘第64號 公判請求書	鮮內檢事局 情報 6	고려대학교 도서관 경성지방법원 검사국 컬렉션	1942~1943	제6장
120	문서류	京城地方法院檢事局思想部	(松田昌輔)地檢秘第28號 公判請求書	鮮內檢事局 情報 6	고려대학교 도서관 경성지방법원 검사국 컬렉션	1942~1943	제6장
121	문서류	京城地方法院檢事局思想部	(吳亨善)地檢秘第60號 公判請求書	鮮內檢事局 情報 6	고려대학교 도서관 경성지방법원 검사국 컬렉션	1942~1943	제6장
122	문서류	京城地方法院檢事局思想部	(長本博公)昭和17刑公第56號 判決	鮮內檢事局 情報 6	고려대학교 도서관 경성지방법원 검사국 컬렉션	1942~1943	제6장
123	문서류	京城地方法院檢事局思想部	(沈載仁 등)昭和17 豫第7號 豫審終決決定	鮮內檢事局 情報 6	고려대학교 도서관 경성지방법원 검사국 컬렉션	1942~1943	제6장

연번	소분류	편저자	문건명(호수 일자 등)	자료(책명)	발행처	발행일	수록된 장
124	잡지 기사		朝鮮思想事件判決 呂運亨の朝鮮獨立運動事件	《思想彙報》續刊 26호	朝鮮總督府高等法院檢事局事相部	1943	제6장
125	잡지 기사	本橋豊八	在鮮終戰日誌(1)	《法曹》337	法曹會出版部	1978	제7장
126	잡지 기사	本橋豊八	在鮮終戰日誌(2)	《法曹》339	法曹會出版部	1979	제7장
127	잡지 기사	本橋豊八	在鮮終戰日誌(3)	《法曹》340	法曹會出版部	1979	제7장
128	잡지 기사	本橋豊八	在鮮終戰日誌(4)	《法曹》341	法曹會出版部	1979	제7장
129	잡지 기사	本橋豊八	在鮮終戰日誌(5)	《法曹》342	法曹會出版部	1979	제7장
130	잡지 기사	本橋豊八	在鮮終戰日誌(6)	《法曹》343	法曹會出版部	1979	제7장
131	단행본	山名酒喜男	山名酒喜男手記(1945.12.24)	『(山名酒喜男手記)朝鮮總督府終政の記錄-終戰前後における朝鮮事情槪要』	巖南堂書店	1956	제7장
132	단행본	森田芳夫	조선총독부 주요 인사의 해방 직후 동정 증언	『資料編1 朝鮮終戰の記錄(日本統治の終焉)』	巖南堂書店	1979	제7장
133	단행본	山名酒喜男	종전 전후 조선사정개요	『(山名酒喜男手記)朝鮮總督府終政の記錄-終戰前後における朝鮮事情槪要』	巖南堂書店,	1956	제7장
134	잡지 기사	伊藤憲郎	朝鮮の人達	《朝鮮硏究》52	朝鮮硏究所	1950.9	제7장
135	잡지 기사	小生夢坊, 本多定喜	終戰感謝國民大會にて(布施辰治)	『涙を憤りと共に: 布施辰治の生涯』,	學風書院	1954	제7장
136	단행본	布施辰治	共著者の言葉	『運命の勝利者·朴烈』	世紀書房	1946	제7장
137	잡지 기사	山崎今朝彌	實說 大逆事件三代記	《眞相》6	人民社,	1946	제7장

연번	소분류	편저자	문건명(호수 일자 등)	자료(책명)	발행처	발행일	수록된 장
138	잡지 기사	古屋貞雄, 三宅鹿之助	暗黑下の日朝人民の連帶—昭和初期日本人先覺者の體驗を聞く	《朝鮮硏究》53	朝鮮硏究所	1966	제7장
139	신문 기사		백절불굴(百折不屈)의 옥중투사, 민주주의자 김천해(金天海) 씨의 모습 4·17기념일, 피어린 발자국을 회고	《大衆新報》	大衆新報社	1947.4.17	제7장
140	신문 기사	주요한	칼럼/논단 가인(街人) 김병로(金炳魯) 선생의 추억	《경향신문》	경향신문사	1964.1.17	제7장
141	신문 기사	이인	기획/연재 내가 겪은 二十世紀-제자(題子)·애산(愛山) 이인(李仁)씨	《경향신문》	경향신문사	1972.1.22	제7장
142	잡지 기사		朝鮮重大思想事件經過表	《思想彙報》 續刊	朝鮮總督府 高等法院 檢事局 思想部	1943.10	부록
143	잡지 기사		調査 最近に於ける治安維持法違反事件に關する調査	《思想彙報》 續刊	朝鮮總督府 高等法院 檢事局 思想部	1943.10	부록

참고문헌

〈자료〉

《每日申報》《每日新報》《동아일보》《조선일보》《경향신문》《조선중앙일보》《중외일보》《京城日報》《朝鮮新聞》《釜山日報》《자유신문》《마산일보》《민중일보》《영남일보》《남조선민보》《大衆新報》《神戶又新日報》(일본)《大阪每日新聞》(일본)

『朝鮮公論』『朝鮮』《東洋之光》『綠旗』《思想彙報》『司法協會雜誌』《思想彙報》『保護時報』『朝鮮司法保護』『삼천리』『眞相』(일본)『朝鮮研究』(일본)《法曹》(일본)

경성지방법원, 『警察情報綴』, 국사편찬위원회 한국사데이터베이스

경성지방법원 사상부, 『鮮內檢事局情報(6)』, 고려대학고 도서관 경성지방법원 검사국 컬렉션

경성서대문경찰서, 1938, 『(이순탁) 피의자 소행조서』, 국사편찬위원회 전자사료관

경성지방법원 검사국, 1939, 『연희전문학교 경제연구회사건』, 경성지방법원 검사국 문서 형사사건기록, 국사편찬위원회 전자사료관

해주지방법원 형사부, 1939, 『昭和11年刑公合第119號 (吳冕稙等)判決』, 국사편찬위원회 전자사료관

국가기록원, 『독립운동 관련 판결문』

국사편찬위원회 한국사데이터베이스 한국근현대인물자료

太政官·內閣關係, 1936, 「思想犯保護觀察法ヲ定ム」, 『公文類聚』 제60편 제57권, 일본 국립공문서관 소장

조선지방자치협회, 1936, 『思想犯保護觀察法及附錄』, 조선지방자치협회출판부

朝鮮軍司令部, 1937, 『昭和12年前半期朝鮮思想運動槪觀』, 일본아시아역사자료센터

(朝鮮軍參謀長) 久納誠一, 1937, 「思想情況に関する件」, 『密大日記』 第4冊, 일본방위성 방위연구소 소장

흥아협회, 1937, 〈新國民意識을 鼓吹 – 時中會와 大東民友會의 聲明 - 〉, 《在滿朝鮮人通信》 34·35호

長野保護觀察所, 1938, 『思想犯保護槪要』, 일본국회도서관 소장

이순탁, 「회오록(悔悟錄)」, 1938, 「연희전문학교 동지회 흥업구락부 관계보고」, 국사편찬위원회 한국사데이터베이스

吉田肇, 1939, 〈朝鮮に於ける思想犯の科刑並累犯狀況〉, 《思想研究資料特輯》 제61호

조선총독부 고등법원 검사국 사상부, 1937, 「轉向者問題の歷史過程の展望」

山名酒喜男, 1956, 「山名酒喜男手記」(1945.12.24), 『(山名酒喜男手記)朝鮮總督府終政の記錄 - 終戰前後における朝鮮事情槪要』 1(中央日韓協會·友邦協會 編), 巖南堂書店

佐野學著作刊行會, 1957, 『佐野學著作集』 1권, 佐野學著作集刊行會

掛川トミ子, 1976, 『現代史資料』 42(思想統制), みすず書房

森田芳夫, 1979, 『資料編1 朝鮮終戰の記錄(日本統治の終焉)』, 巖南堂書店,

친일인명사전편찬위원회 편, 2018, 『친일인명사전』 제3권, 민족문제연구소, 초판 8쇄

〈연구서〉

小生夢坊, 1954, 『本多定喜,涙を憤りと共に:布施辰治の生涯』, 學風書院

日本共産党中央委員會, 1982, 『日本共産党の60年: 1922~1982』, 日本共産党中央委員會出版局

樋口雄一, 2014, 『金天海 - 在日朝鮮人社會運動家の生涯』, 社會評論社

홍선영 외 편역, 2022, 『사상통제(1) - 사상통제 관련 법규와 통제주체』, 동북아역사재단

홍선영 외 편역, 2023, 『사상통제(2) - 사상통제의 실제, 사찰과 탄압 양상』, 동북아역사재단

荻野富士夫, 2007, 『戰前文部省の治安維持機能』, 校倉書房

荻野富士夫, 2022, 『朝鮮の治安維持法の現場』, 六花出版

오기노 후지오 지음, 윤소영 옮김, 2022, 『일제강점기 치안유지법 운용의 역사』, 역사공간

오기노 후지오 지음, 윤소영 옮김, 2023, 『일제강점기 치안유지법의 현장』, 역사공간

〈논문〉

박용규, 2001, 「일제 말기(1937-1945)의 언론통제정책과 언론구조변동」, 『한국언론학보』 46-1

이재승, 2007, 「좌우합작운동에 일생을 바친 국내 마르크스주의경제학의 거장」, 『민족21』 71

윤소영, 2007, 「해제」, 한일비교문화연구센터편, 『조선공론총목차, 인명색인』, 어문학사

최종길, 2008, 「식민지 조선과 치안유지법의 적용」, 『한일관계사연구』 30집

황동연, 2010.11, 「이정규,초국가주의적 한국아나키즘의 실현을 위하여」, 『역사비평』 93

이태훈, 2014, 「일제말 전시체제기 조선방공협회의 활동과 반공선전전략」, 『역사와 현실』 93

홍성찬, 2015, 「노동규의 생애와 학문」, 『한국경제학보』 22

김경일, 2015, 「지배와 연대의 사이에서 - 재조일본인 지식인 미야케 시카노스케(三宅鹿之助)」, 『사회와 역사』 105

장신, 2018, 「연세대 소장 『조선신문』 '한글판' 해제」, 『근대서지』 18

水野直樹, 2008, 「植民地朝鮮の思想檢事」, 『日本の朝鮮台湾支配と植民地官僚』 30

久保健助, 2014, 「'思想対策決議'及び'思想取締方策具体案'に関する覚書」, 『現代法學』 26

萬田慶太, 2018, 「「轉向者の手記もの」における家族表象の編成: 帝國更新會のジャーナリズム」, 『國文學攷』 239

板垣龍太, 2021, 「戦場の知識人たち―越北言語學者金寿卿の朝鮮戦争手記より」, 『同志社社會學研究』 25

찾아보기

ㄱ

가가와(永河仁德) 57
가네다(金田圭弘) 706
가네모리(金森孝彬) 704
가네모리 후지(金森 富士) 694, 730, 734, 735, 741
가네모토(金本高明) 702, 704
가네무라(金村良平) 698, 710, 711, 713, 716, 725
가네미야(金宮德文) 698, 710
가네코 후미코(金子文子) 777, 778, 690
가네코(金子 憲) 699
가네코(金子秀顯) 716
가로팔로 363
가마야 에스케(釜屋英介) 621
가메카와(龜川) 722
가미야마 시게오(神山茂夫) 22
가바야마 히로시(樺山寬) 641
가산린(佳山麟) 53
가쓰라 마사미(桂昌美) 649
가와노 사부로(川野三郎) 707
가와시마(河島治作) 511
가와카미 하지메(河上 肇) 556, 600, 606~608, 612, 613
가쿠(加來國康) 711, 714, 715
가토(加藤利之) 713, 719
간디 630, 633, 635

간자(甘蔗) 752
갈홍기(葛弘基) 34, 60
강거복(康巨福) 82
강달영(姜達永) 104, 783, 785
강문수(姜文秀) 25, 96, 97, 484, 519, 524
강상녹보(江上綠輔) 83
강성준(姜成俊) 672
강영석(姜永錫) 134
강우규 86, 88
강익현(姜翼賢) 39
강재섭(姜在燮) 806
강태채(姜泰蔡) 81
겐코 호시(兼好法師) 319
경김중충(慶金重忠) 638, 640
경성대화숙 35, 49, 98, 100, 126, 401, 454, 455, 457~459
고광학(高光學) 808
고교(高橋) 89
고덕환(高德煥) 218
고바야시 모리토(小林杜人) 25, 68, 160, 161, 248, 257, 318, 400, 417, 484, 500
고병택 64, 69
고봉(孤峯) 151
고운하(高雲河) 670
고원통년(高原通年) 670
고중덕(高重德) 81

고지마 다카노부(兒島高信) 770
고천(古川) 89
고토시로누시노카미(言代主命) 433
곽상훈(郭尙勳) 85, 88
곽영하(郭永夏) 205
곽종석(郭鍾錫) 797
광정근철(光井根澈) 669, 672, 673, 675, 676
교본무웅(橋本武雄) 69
구니모토(國本安雄) 698, 702~704
구레모토(吳本周泳) 710, 726
구로가와(黒川衛) 715
구로세(黒瀨正三郎) 694, 725
구자경 81
구자관(具滋觀) 711
궁고계삼랑(宮古啓三郞) 62
궁본동보(宮本東甫) 653, 654
권동진(權東鎭) 764, 793
권병선(權秉善) 212
권봉문 616
권승렬 801
권영벽(權永壁) 807
권오설 690, 783~785
권태석 89
기도(木戸容善) 710
기시카와(岸川) 724, 737, 742
기요하라(淸原勝雄) 704
길부순(吉富淳) 665
김갑 41
김경수(金景壽) 67
김계숙(金桂淑) 808
김공석(金公碩) 767
김광민남(金光敏男) 670, 673, 679, 681

김광(金光) 126, 127
김광빈(金光斌) 172
김광수(金光洙) 180
김광엽(金光燁) 67
김구(金九) 175, 623, 732, 745
김규식(金奎植) 800
김규홍(金奎弘) 767
김극남(金克南) 533
김기수(金基秀) 67
김기영(金基泳) 173
김기진(金基鎭) 82
김기현(金錡現) 710
김남이(金南珥) 82
김대근(金大根) 66
김덕선(金德善) 535
김덕원(金德元) 211
김도연(金度演) 796
김동성 78
김동우(金東宇) 623
김동원(金東元) 178, 762
김두정(金斗禎) 34, 46, 514
김립(金立) 43, 623
김만룡 89
김명준(金明濬) 216, 218
김명진(金明鎭) 208
김무영(金武英) 511~513
김문청(金文淸) 179
김민화(金玟華) 652
김법린(金法麟) 797, 802
김병로(金炳魯) 28, 691, 792, 798, 800~802
김병삼(金炳三) 208
김병욱(金秉旭) 81

김본명륵(金本命玏) 661
김봉철(金奉喆) 219
김부일(金富一) 218
김산(金山渭出) 654
김산위출(金山渭出) 653~655
김상규(金尙奎) 76
김상룡(金相龍) 221
김상회(金相會) 211
김상훈(金相勳) 670
김석종(金錫宗) 845
김선기 89
김성수(金聖壽) 527, 700, 704, 722, 794, 797, 800
김성숙(金星淑) 84
김세현(金世顯) 81
김승범 786
김승은(金勝恩) 43, 44
김야봉(金野烽) 624
김약수(金若水) 105
김양수(金良洙) 796, 797
김연수(金季洙) 600, 611
김연학(金練學) 25, 484, 503, 504
김영식(金靈植) 809
김영재(金寧在) 82
김영찬(金榮纂) 221
김영택(金泳澤) 67
김옥규(金玉奉) 228
김옥균 638, 640
김완섭(金完燮) 218
김용기(金龍基) 204
김용중(金瑢(瀯?)中) 670
김용해(金龍海) 846
김우영(金雨英) 82

김우종(金宇鍾) 204
김우현(金禹鉉) 809
김원정무(金原正武) 638
김원홍(金元紅) 527
김원희(金元熙) 652
김유수(金有守) 216
김유환(金瑬煥) 652, 653
김윤경(金允經) 796
김윤철(金潤哲) 77
김응두(金應斗) 81
김응조(金應祚) 77
김이삼(金利三) 89
김익두(金益斗) 212
김익진(金翼鎭) 793
김인규(金寅奎) 86, 846
김인서(金仁瑞) 511
김재경(金載璟) 98, 126
김재문(金在文) 66
김재봉(金在鳳) 104, 782, 785
김점석(金点碩) 75
김정룡(金正龍) 210
김종림(金鐘林) 403
김종호(金鐘護) 180
김준연(金俊淵) 349, 800
김중정(金中正) 82
김지봉(金之鳳) 175, 846
김지섭 774, 776
김진규 86
김진수(金珍洙) 619, 621
김찬(金燦) 105
김찬성(金贊成) 69
김찬종(金燦鐘) 178

김찬호(金瓚鎬) 812
김창숙 78
김창식(金昌植) 615, 619, 621
김창준(金昌俊) 81
김창하(金昶夏) 512
김천해(金天海) 16, 28, 688, 691, 790, 791
김치열(金致烈) 82
김태륜(金台崙) 653
김태석(金泰錫) 37, 85, 86, 88
김태호(金泰浩) 81
김택상훈(金澤相勳) 670, 673, 675, 679, 681
김판암(金判岩) 767
김학기(金學基) 66
김한두(金漢斗) 411
김한정(金漢貞) 652
김형권 41
김형근(金亨根) 82
김형준(金亨俊) 216, 219
김홍빈(金洪斌) 808
김홍섭(金弘燮) 180
김홍한(金洪鵬) 216, 847
김화섭(金和燮) 37, 92
김화현(金華鉉) 178
김환옥 814
김훈도 205
김휘중(金輝重) 86
김흥열(金興悅) 177

ㄴ

나가마쓰(長松) 766
나가사키 유조(長崎裕三) 58, 689, 713, 715, 725, 727, 769
나가야마(長山璟根) 779, 711
나가오카(長岡弘純) 698, 701, 710, 722, 723
나가타 히데지로(永田秀次郎) 563
나가하마(長浜) 207
나베야마 사다치카(鍋山貞親) 23, 161, 162, 168, 245, 259, 260, 269, 281, 294, 299, 378, 398, 436, 462, 482~484, 488
나스 노부미치(那須信道) 400, 426
나카가와 다네지로(中川 種次郎) 628, 632, 636
나카노(野中) 207, 654
나카무라 나오히사(中村尙久) 622
남상고(南想考) 46
남자현 89
남청송(南靑松) 216
노동규(盧東奎) 34, 60, 61, 600~602, 607~609, 611, 613, 615, 619
노일환(盧鎰煥) 90
노종균(盧鍾均) 623
노진설(盧鎭卨) 85
노태연(盧泰然) 626
니고리카와(濁川) 737, 738, 741
니시(西) 722, 734, 738
니시(西眞金) 701
니시아키(西明) 270
니시지마(西島祥六) 769
니시쿠보(西久保) 503
니시히로 726
니카와 다케시(二川 武) 627

ㄷ

다나카 마모루(田中 護) 642, 668
다나카 세이치(田中誠一) 650
다나카(田中淸玄) 105
다니구치(谷口義弘) 731
다다모토 하루네(忠本春根) 668
다루마쓰(樽松) 704, 705
다마이 히데오(玉井秀夫) 642, 668
다마카와(玉川) 129
다미(田見) 417
다바타(田畑宗一) 511, 654
다사카(田坂貞雄) 777
다우에 데루히코(田上輝彦) 702
다카노(高野治郎) 511, 769
다카야마(高山錫福) 715, 749
다카오 헤베(高尾平兵衛) 67, 778, 779
다카타 야스마(高田保馬) 618
다카하라 가쓰미 24, 401, 452
다카하시(高橋淸蔵) 705, 724, 731, 753
다케마루(竹丸) 763
다케미나가타노미코토(建御名方命) 434
다케미카즈치(建御雷命) 433
다테마쓰(立松) 779
단바 마사유키(丹羽正之) 748
대야(大野) 47
덕산병기(德山丙基) 654, 658
덕전(德田) 728
데라사키 유키오(寺崎行雄) 673, 676
도모토(堂本) 763
도변(渡邊) 83
도사와 시게오(戶澤重雄) 261
도야마 산시로(遠山三四郎) 156, 165
도요야마(豊山) 731
도조(東條) 667, 684
도쿠나가(德永要) 705
도쿠다(德田) 293, 791
도쿠야마(德山高史) 698, 710
도쿠하라(德原吉) 698, 741, 749
동본승치(東本昇治) 671, 673, 677, 680
동재정(東裁貞) 67

ㄹ

라도르루프 372
라이산요(賴山陽) 565
레닌 114, 559, 785
로자 룩셈부르크 616
롬브로소 363, 365
루소 363
루스벨트 609, 686
류원삼(柳源三) 512
리스트 364, 365
리프크네히트 542

ㅁ

마루야마(円山) 541
마르크스 96, 103, 119, 151, 428, 430, 559, 570, 584, 585, 613, 620
마스나가 쇼이치(增永正一) 24, 273, 399, 402
마스나가(增永弘) 764
마쓰다 가즈마(松田数馬) 621
마쓰모토 다카요시(松本孝義) 464

마쓰모토 준지(松本諄治) 725, 733
마쓰무라(松村) 716, 720, 723
마쓰오 도메기치(松尾留吉) 533
마쓰우라 시게지로(松浦鎭次郞) 786
마쓰이 나가고로(松井長五郞) 221
마에다(前田良輝) 707, 727
마에다(前田某) 698
마중량(馬仲良) 622
마키노 에이치(牧野英一) 375, 376, 378, 395
마티어 110
맥아더 721
명순겸(明順謙) 82
명재억(明在億) 208
모리 도라기치(森寅吉) 643, 663
모리 도쿠지로(森德次郞) 708
모리(毛利) 104, 105
모리모토 기사부로(森本喜三郞) 640
모리야(守屋) 190
모리야마(森山) 423
모리우라(森浦 藤郞) 541, 694, 714, 734, 736
모리카와(森川正己) 710
모리타니 가쓰미(森谷克巳) 786
모택동(毛澤東) 106
모토하시 도요하치(本橋豊八) 20, 27, 688, 693, 702, 713, 723, 733, 742
목산서구(牧山瑞求) 53
몽테스키외 363
무라다(村田生) 245
무라카미 요시나오(村上義治) 221
무라타(村田 左文) 363, 541, 634
무솔리니 634, 636
무촌병주(茂村炳柱) 671, 673, 677, 680, 681

문규영(文奎泳) 632, 634, 636
문금녀(文金女) 208
문낙선(文藥善) 82
문영운(文英雲) 403
문재진(文在珍) 653
문태순(文泰順) 806
미나미 30, 54, 69~71, 122, 132, 140, 184, 189, 160, 214, 561, 684 남(南) 총독 59
미야기 초고로(宮城長五郞) 24, 161, 260, 261, 398, 399, 433
미야모토 히데나가(宮本末松) 54, 395, 396, 769
미야시타(宮下嚴) 731, 742, 751
미야자키(宮崎忠義) 705, 710, 733
미야케 시카노스케(三宅鹿之助) 28, 68, 249, 698, 779
미우라 시게미치(三浦重道) 540
미전규룡(米田奎龍) 808
미즈노(水野重功) 694, 733
미즈타(水田) 726
미타무라(三田村) 294
민병성(閔丙晟) 698
민병억(閔丙億) 81
민복기(閔復基) 767
민충식(閔衝植) 209
민태복(閔泰福) 64, 69

ㅂ

박건호(朴健鎬) 533
박경호(朴慶浩) 66
박구변(朴九変) 177
박근철(朴根澈) 669

박기출(朴己出) 802
박명렬(朴命烈) 533
박문규 786
박문상(朴文相) 807
박선옥(朴先玉) 615
박순천(朴順天) 802
박승만(朴勝萬) 533, 535
박승유(朴勝維) 75, 725
박시목 89
박열 28, 690, 773~779
박영욱(朴英旭) 218
박영진(朴永振) 672
박영철(朴榮喆) 216
박영효 638, 640
박용칠(朴容七) 605, 670
박윤수(朴允守) 653
박은철(朴恩哲) 370, 203
박응구(朴應九) 670
박인선(朴仁善) 203
박인수(朴仁洙) 207
박인호 214
박정축(朴禎縮) 81
박종옥(朴鍾玉) 76
박준영(朴駿榮) 82
박차석(朴且石) 180
박춘금 190, 208
박태을(朴台乙) 511~513
박흥식(朴興植) 79, 80, 90, 708
박희도(朴熙道) 16, 22, 98, 132
반도(坂東義局) 701
반복룡(潘福龍) 663
반준호 663, 666

방산상봉(方山祥鳳) 654, 659
방용필(方龍弼) 808
방응모 78
방재기(方在氣) 82
방태호(方泰虎) 41
방호군(防護團) 184
방효동(方孝銅) 26, 604, 653~660
배병헌(裵炳憲) 180
배상권(裵祥權) 20, 26, 66, 603, 604, 623, 631~633, 636
배상하(裵相河) 532, 5335
배선균(裵善均) 211
배정자(裵貞子) 93
백강료(白江寮) 460
백관수(白寬洙) 798
백광회(白光會) 270
백남운(白南雲) 34, 35, 51, 60, 64, 600~602, 607~609, 611, 612, 615, 619, 621
백남훈(白南薰) 802
백백교(白白敎) 196, 242, 454
백붕제(白鵬濟) 82
백세권(白世權) 219
백악회(白岳會) 32, 33, 353, 360, 532
백윤석(白允碩) 219
백윤혁(白潤赫) 172
백윤화(白允和) 37, 76, 78, 82, 90, 92
백정기(白貞基) 624
백철(白鐵) 53
번부(繁夫) 671
베카리아 363
변우식 64, 69
볼프 373

봉곡태을(蜂谷台乙) 654~656, 659
부태환(夫泰煥) 652, 653
비스마르크 110

ㅅ

사가라 하루오(相良春雄) 770
사고야(佐郷屋留雄) 729
사노 마나부(佐野學) 18, 20, 23, 25, 31, 96, 102, 105, 156, 162, 168, 245, 259, 269, 281, 294, 348, 398, 436, 462, 482~484, 488, 543, 547, 595
사와다 사카에(澤田榮) 184
사이조 야소(西條八十) 129
사이토 마코토(斎藤實) 740
사이토(斎藤) 166
사카구치(坂口昻雄) 701
사카이 도시히코(堺利彦) 348
사케미(酒見緻次) 765
사토 가쓰미(佐藤勝已) 780
사토(齋藤治郎) 769
산구건치(山口健治) 632
산본순옥(山本淳玉) 814
산성국의(山城國義) 813
산하(山下) 39
삼간용일(杉間龍一) 663~665
삼원(杉原) 83
삼전(森田) 53
상이강(常爾康) 625
서구원(徐球源) 64, 69
서민호(徐珉濠) 797
서상일(徐相日) 800, 802
서성달(徐成達) 80, 216
서성용(徐聖龍) 665
서원호준(西原豪俊) 638, 640
서택균 20, 26, 604, 646
서학이(徐學伊) 218
서현주(徐顯周) 665
선우현(鮮于鉉) 185
선우형순(鮮于亨筍) 185
선우호(鮮于鎬) 185
성송록(成松綠) 189
성응록(成應錄) 89
세쯔조(五井節莊) 770
소도회(昭道會) 278, 353, 852
소림청산(小林靑山) 638, 640, 641
소완규(蘇完奎) 711
손기정 21, 30, 474, 635
손문(孫文) 108
손병주(孫炳柱) 605, 671
손홍원(孫弘遠) 81
송강무웅(松岡茂雄) 672, 673, 681, 682
송곡여이랑(松谷與二郎) 62
송구용(宋龜用) 807
송병준 81
송병홍(宋柄虹) 671
송본(松本忠亮) 710
송본청효(松本淸孝) 672, 673, 678, 682
송성철(宋性澈) 653~655, 657~660
송이돌(宋二乭) 512, 513
송재철 535
송전창보(松田昌輔) 604, 651, 652, 654~660
송종익(宋鐘翊) 403
송진우 700, 762, 796, 798

슈도(首藤) 504
스가(菅正德) 769
스기노(杉野) 346
스기모토 가쿠이치(杉本覺一) 402, 461, 611
스나무라(砂村定進) 728
스스키 사다오(須々木貞雄) 769
스에마쓰(末松) 699
스즈키 다케오(領木武雄) 786
스즈키 시게오(鈴木重男) 640
승진(承震) 89
시가(志賀) 791
시라이시(白石光治郎) 769
시미즈(淸水兵三) 714, 731, 769
시시가리(猪狩) 745
시즈나가(靜永) 715, 725, 742, 743, 745, 747
신두영(申斗永) 75
신란쇼닌(親鸞上人) 441
신석린(申錫麟) 216
신재홍(申才弘) 652, 653
신정(新井國正) 680, 681
신정국정(新井國正) 673~675, 679, 681, 670
신정윤수(新井允守) 673, 675, 681, 682, 670
신정효준(新井孝濬) 810
신태악(辛泰嶽) 91, 96
신태영(申泰英) 77
신태익(申泰益) 79, 89, 90
신현상(申鉉常) 89, 90
신현익 78
심상직(沈相直) 711
심의경(沈宜敬) 76
심의승(沈宜昇) 223
심재인(沈載仁) 20, 26, 604, 605, 669

쓰다 유사부로(津田雄三郞) 707
쓰다(津田) 714, 730
쓰다(津田節子) 58
쓰보야 히사쓰구(坪谷久次) 667
쓰보이(坪井盤松) 763, 765
쓰쓰이 다케오(筒井竹雄) 760
쓰지우치(內義隆) 700
쓰카모토(塚本) 716
쓰카무라(塚村正二) 510

ㅇ

아나다(穴田) 628, 632
아네트유 365
아놀드 710, 799
아라이(新井要太郞) 777
아라키(新木) 696
아라키(荒木) 625
아리요시 아키라(有吉明) 625
아마노 하루키치(天野春吉) 642, 668
아마테라스오미카미(天照皇大神) 433, 559
아먀구치(山口) 737
아베(阿部虎四郞) 714, 721
아베(安倍) 505
아사오(淺生 平次郞) 694
아사오(淺生) 733
아오마쓰(青松) 719
아오야기(靑柳義雄) 770
아이하라 히로시 23, 164, 362, 379
아카마쓰 슌이치(赤松俊一) 733
아키야마(秋山雪太) 765
아키자사 마사노스케(秋笹政之輔) 105

아키타 쇼자부로(秋田章三郎) 682
안경근(安敬根) 625, 626
안공근(安恭根) 626
안광천(安光泉) 349
안동수환(安東洙煥) 651
안병욱(安秉旭) 180
안본(安本在官) 681
안본재관(安本在官) 671, 673, 675, 679
안산병모(安山柄模) 811
안선국(安善國) 180
안재홍 700, 709, 762, 796~798
안전정치(安田正治) 651
안준(安浚) 32, 67, 69, 71, 531~533, 535
안창호(安昌浩) 158, 159, 176, 403, 404, 762, 793, 794, 796, 806
안풍종선(安豊宗善) 808
야기 노부오(八木信雄) 766
야나기다(柳田 昭隆) 701
야마구치 하야오(山口隼郎) 419
야마나 미키오(山名酒喜男) 27, 164, 471, 689, 754, 767, 768
야마모토 기사부로(山本喜三郎) 510
야마모토 센지(山本宣治) 783
야마모토(山本) 171, 699
야마사와(山澤) 708
야마시타(山下) 708
야마자키 게사야(山崎今朝彌) 28, 690, 775
야마카와 히토시(山川均) 778
야부키(矢吹) 712
야스히라 마사키치(安平政吉) 366, 376
야전(野田) 89
양대향(梁大鄕) 82

양성기 64, 69
양여주(楊汝舟) 622
양원모(梁源模) 209
양주삼 78
엄광호 512
엄순봉(嚴舜奉) 624
엄형순(嚴亨淳) 624~626
에가미 로쿠스케(江上綠輔) 770
에노모토(榎本) 504
에무라 류지로(江村竜次郎) 668
에시로(江城) 129
에토(江藤) 738
엔도(遠藤) 695
여수반란사건 91
여수청년회 177
여운형 601, 605, 683, 690, 699~701, 709, 722, 727, 757, 762, 765, 796, 798
연충렬(延忠烈) 43, 624, 625
염만석(廉萬石) 403
오건영(吳建泳) 685
오건일(吳健一) 75
오노(小野義次) 500, 501
오다(小田安馬) 769
오대진(吳大進) 652
오리메 시게루(折目茂) 501
오면식(吳冕植) 43
오면직(吳冕稙) 20, 43, 601, 603, 622, 623, 626
오모리(大森)갱 사건 505
오무라(大村太基)(경성지검 서기) 700, 704
오사베 긴고(長部謹吾) 23, 161, 163, 298
오사베(長部) 259
오석능(吳錫能) 214

오성덕(吳聖德) 82
오세민(吳世民) 625
오스트리아·헝가리 혁명 165
오야마 이쿠오(大山郁夫) 747, 750, 781
오오마가리 이사무(大曲勇) 641
오오타 나가아마(太田長天) 641
오윤선(吳胤善) 178, 762
오정(五井) 37, 82, 83
오정방(吳正邦) 81
오정수 78
오정절장(五井節藏) 83
오철(吳哲) 622
오청(吳淸) 90
오카모토(岡本) 541
오쿠니 마사오(大國正夫) 637
오쿠니누시노미코토(大國主命) 433, 434
오쿠라(大倉) 714, 717, 720, 725, 729, 730, 747~750,
오쿠보(大久保淸和) 764
오태신(吳泰信) 510
오태영 86
오하라(小原恩威) 654, 710
오형선(吳亨善) 604, 662~666
오훈 646, 647
옥관빈(玉觀彬) 43, 626
옥성빈(玉成彬) 626
옥종경 179
와키 기요카쓰(和気淸勝) 621
와타나베 마나부(渡部學) 780
와타나베 유타카(渡辺豊) 689, 769
와타나베(渡邊 ■衛) 649
요네하라(米原 先) 694, 723, 736

요네하마(米浜) 717, 738
요시다 이쿠오(吉田幾雄) 765, 770
요시모토 후미오(吉本文男) 668
요시카와(吉川) 738
우가키(宇垣) 214, 561
우에노 다케오(上野武雄) 769
우에노(上野 義淸) 700
우에무라 스스무(上村進) 778
우에야마 도시오(上山敏雄) 769
우촌홍길(宇村鴻吉) 671, 673, 677, 680, 681
원세훈(元世勳) 798
원심창(元心昌) 624, 625
원용학(元容學) 39
원유수(元流洙) 209
원익상(元翊常) 177
유기원(柳基元) 219
유길(有吉) 43
유봉현(兪奉賢) 532, 533, 535
유상우(劉相禹) 178
유자명(柳子明) 175
유장국(柳長國) 221
유진영(兪鎭靈) 82
유진오(兪鎭五) 786, 800
유진태(兪鎭泰) 177
유키모리(行森) 725, 738, 750
유헌열(柳憲烈) 82
윤귀영(尹貴榮) 533~535
윤병규(尹炳珪) 37, 92
윤병준(尹炳俊) 205
윤병혁(尹炳赫) 532, 535
윤보선(尹潽善) 800, 802
윤석오(尹錫五) 800

윤소룡 86
윤재환(尹在煥) 66
윤준마(尹浚麻) 532
윤치호 22, 76, 80, 89, 176
이가충신(李家忠臣) 728
이각종(李覺鍾) 32, 44, 69, 89, 90, 184, 360, 531, 532, 534, 541
이강국 786
이강훈 625
이관구(李寬求) 802
이관술(李觀述) 24, 68, 246, 398, 810
이광수 22, 99, 159, 176, 646, 806
이규서(李圭瑞) 43, 624, 625
이규호(李圭虎) 624
이근수(李根洙) 211
이긍종(李肯鍾) 177
이기붕(李起鵬) 802
이기선(李基宣) 812
이기용(李琦鎔) 79, 80
이길석(李吉錫) 81
이남조(李南兆) 606
이다 다케시(井田猛) 502
이달(李達) 624
이대규(李臺奎) 66
이대홍(李大弘) 211
이동녕(李東寧) 793
이동락(李東洛) 32, 72, 535
이동안(李同安) 809
이동휘(李東輝) 114
이리타니(入谷) 731
이만준(李萬濬) 82
이방(李芳) 531, 532, 534, 535

이범석(李範奭) 800, 802
이병렬(李炳烈) 180
이병린(李丙璘) 82
이병학(李秉學) 209
이봉환(李奉煥) 228
이산(伊山) 703, 704
이산봉(李山鳳) 222
이상기(李相基) 167
이상만(李相晩) 604, 605, 669
이상성(李相聖) 711
이상왕(李相旺) 221
이상호(李相浩) 671
이상훈 89
이석구(李錫九) 209
이성우 86
이성환(李晟煥) 69
이소베(磯部彰介) 511
이수현(李守鉉) 624, 625
이순탁(李順鐸) 20, 25, 34, 51, 60, 61, 486, 487, 555, 556, 600, 602, 606~611, 614, 615, 619, 621
이승만 686, 699, 700, 726, 744, 784, 799, 800
이승원(李承元) 69, 531, 535
이시다(石田) 152, 726
이시영(李始榮) 793, 800
이시이(石井治助) 764
이시카와 지로(石川次郎) 221
이신명 179
이에나가(家長) 417
이영섭(李泳燮) 807
이와나가 다카시(岩永隆) 737
이와나가(岩永) 742, 743, 745, 747~749

이와무라(岩村重雄) 698, 710, 725, 726
이와사 사쿠타로(岩佐作太郎) 778
이와사키 젠우에몬(岩崎善右衛門) 777
이완용 81, 796
이완종(李完鍾) 81
이용(李墉) 619
이용설 78
이우식(李遇植) 796
이운상(李雲祥) 221
이운수(李雲洙) 654~664
이원상길(利原相吉) 646
이원영무(利原永茂) 646
이유필 624
이윤영(李允榮) 800
이윤재(李允宰) 798
이응준(李應俊) 67
이의원(李義遠) 216
이의흥(李義興) 626
이이석(李李錫) 809
이익우(李益雨) 652, 653
이인(李仁) 691, 767, 793, 795
이인석(李仁錫) 475
이일우(李日雨) 513, 657
이장희(李章曦) 65
이재갑(李載甲) 81
이재관(李在官) 671
이재유(李載裕) 16, 20, 25, 28, 64, 68, 77, 203, 486, 487, 555, 572, 688, 690, 788
이재훈(李在勳) 176, 210
이정준(李楨準) 627
이종립(李鍾立) 40
이종모(李鐘模) 164, 348

이종섭(李鍾燮) 81
이종성(李宗聖) 767
이종영(李鍾榮) 37, 85, 88
이종홍(李鍾洪) 625
이주인 분고(伊集院文吾) 627
이중화(李重華) 211
이증업(李曾業) 808
이지마(飯島) 734
이창수(李昌洙) 82
이창정(李昌鼎) 511~513
이창환(李昌煥) 532, 535
이천영일(利川榮一) 675
이청룡(李靑龍) 218
이치카와(市川) 293
이쿠타(生田) 722, 738, 747, 750
이태순(李泰淳) 77, 78
이태호(李泰鎬) 512
이토 노리오(伊藤憲郎) 16, 22, 27, 37, 99, 100, 146, 690, 770
이토 다이키치(伊藤泰吉) 738, 747, 769
이풍한(李豊漢) 89
이항발(李恒發) 360, 532, 535
이현향(李賢鄕) 81
이형수(李亨洙) 475
이호(李虎) 670
이호(李澔) 800
이홍식(李鴻植) 510
이화영(李華永) 172
이회영(李會榮) 43, 624
이효진(李孝鎭) 534
이훈구(李勳求) 178
이희승(李熙昇) 796

인도교(人道敎) 196
인정식(印貞植) 97~99, 106
일난(一蘭) 606
임낙빈(林洛彬) 532, 535
임달수(林達洙) 81
임성원(任性元) 213
임시정(林時正) 648
임영경(林英璟) 82
임영신(任永信) 801
임우칠(林又七) 675
임윤걸(林允傑) 20, 26, 604, 642, 643
임장근(林長根) 210
임전보국단 664, 665
임철호(任哲鎬) 82
임학순(任學淳) 203
입천태랑(立川太郎) 62

ㅈ

장개석(蔣介石) 45, 106, 108, 109, 560, 625, 633, 635, 685
장덕수(張德秀) 35, 51
장덕이(張德李) 176
장면 801
장명상(張明相) 173
장명원 89
장병철(張秉哲) 82
장본박공(長本博公) 20, 667
장상중(張祥重) 690, 774
장전한주(長田漢周) 713
장종식(張鍾植) 652
장지영(張志暎) 796

장택상 84
장학경(張學慶) 210
장현식(張鉉植) 797
재등실(齋藤實) 86
전윤필(全允弼) 26, 604, 654~656, 658, 660
전재원(全載元) 212
전진한(錢鎭漢) 802
전촌용우(田村溶雨) 657
정교원(鄭僑源) 765
정노말(鄭老末) 511
정도(丁道) 703, 748, 750
정목정언(正木政言) 632
정문택(鄭文澤) 203
정순종(鄭淳鍾) 177
정안립(鄭安立) 766
정원도(鄭源道) 403
정인승(鄭寅承) 796
정인택(鄭人澤) 82
정진근(鄭鎭根) 671
정태성(鄭泰成) 690, 774
정태식(鄭泰植) 787
정태연(鄭泰連) 221
정학보 645
정해리(鄭海理) 624, 625
정화암(鄭華岩) 624~626
조돈식(趙徵植) 177
조동식(趙東植) 177
조만식(曺晩植) 178, 690, 742, 794
조병옥(趙炳玉) 78, 84, 792, 798, 799
조봉암(曺奉岩) 105
조상섭(曺尙燮) 624
조소앙(趙素昻) 800

조승환(曹昇煥) 533, 535
조신성(趙信聖) 177
조웅범(曺雄範) 40
조은상(趙殷相) 615, 619, 621
조정규(趙正奎) 632, 634~636
조진우(趙鎭羽) 533, 535
조형호(趙瀅昊) 672
좌좌목(佐々木) 39
좌좌목의인(佐佐木義人) 63
주대벽(朱大闢) 82
주덕(朱德) 106
주련(朱鍊) 67, 531, 535
주세주(朱世冑) 82
주시경(周時經) 796
주열(朱烈) 527, 624, 625
주요한(朱耀翰) 78, 93, 116, 177, 231, 408, 411, 617, 689, 691, 791, 792
주재북(朱在北) 511
주효춘(朱曉春) 622
주희석(胄喜錫) 219
중산(中山) 51, 52
진국환(陳國煥) 82
진천순모(鎭川淳模) 656, 657

ㅊ

차고동(車鼓東) 624
차남진(車南鎭) 177
차재정(車載貞) 16, 32, 33, 69, 71, 81, 97, 115, 531, 535, 541
채천민(蔡天民) 527
천리방(千里放) 624
첨전경일랑(添田敬一郞) 62
청본호(靑本虎) 670, 673, 674, 679
청산충정(靑山忠正) 669, 672, 673, 675
청송 678, 680, 681
청원진희(淸原眞熙) 643, 644
체임벌린 636
촌상(村上) 83
최경함(崔庚咸) 214
최능진(崔能鎭) 84
최두환 218
최령(崔鈴) 78
최린(崔麟) 16, 22, 30, 33, 67, 89, 98, 99, 130, 184, 194, 198, 665
최무혁(崔武爀) 25, 484, 503
최신안 647
최연국(崔演國) 81
최영환(崔榮煥) 82
최용달(崔容達) 786, 808
최자남 86
최재웅(崔再雄) 93
최종섭(崔鐘涉) 177
최준기(崔準基) 67
최준범(崔駿範) 20, 604, 649
최창철(崔昌鉄) 180
최창현(崔昌鉉) 66, 632, 634~636
최창홍(崔昌弘) 82
최태섭 20, 26, 604, 637
최태원(崔兌源) 82
최현묵(崔鼎默) 762
최현배(崔鉉培) 796~798
최형직(崔馨稷) 97
최호극 69, 64

치미래상(熾尾來尙) 69
치스치야코프 762
치아키(千秋) 748

ㅋ

카이젤 495
케니 367, 369
코넬리 800
콘젠트라존스·라거 321

ㅌ

태원용(太原勇) 654, 657, 659

ㅍ

파산상호(巴山相浩) 671, 673, 678, 680, 681
파산지웅(巴山智雄) 669, 672, 673, 675, 680, 681, 682
팔목(八木) 89
팔번창성(八繁昌成) 53
팔봉태을(八蜂台乙) 661
페리 363~365
평산호민(平山豪敏) 75
평소풍일(平沼豊一) 811
포시진치(布施辰治) 65
표문태(表文台) 82
풍목계익(豊木桂翊) 654, 659
풍산건희(豊山建憙) 672, 673, 678
풍원윤순(豐原 潤淳) 647, 648

ㅎ

하경덕 78
하라 소코(原素行) 502
하상옥(河相玉) 403
하상청(河尙淸) 177
하세가와(長谷川) 724
하시다(橋田政雄) 704
하야시(林) 105, 201, 423, 501, 696
하야시야마(林山政鎬) 712
하야타(早田) 694, 695, 712, 728
하토리(服部) 763
한근조 800
한보순(韓普淳) 532, 535
한복성(韓福誠) 207
한봉적(韓鳳適) 808
한상룡(韓相龍) 216
한수(漢水) 606
한영윤 807
한인하(韓仁河) 79
한정교(韓貞敎) 623
한진교(韓鎭敎) 360
한징(韓澄) 798
함대훈(咸大勳) 53
향란(香蘭) 606
허정(許政) 800
허형동 86
헤겔 543, 547, 548, 618
현준혁 762
현준호(玄俊鎬) 766
현초득(玄初得) 216
현홍익(玄鴻翼) 811

혜란(惠蘭) 606
홍건희(洪建憙) 672
홍신(洪新) 744
홍언(洪焉) 403
홍완기(洪完基) 623
홍인의(洪仁義) 810
홍정모(洪貞模) 762
홍회식(洪澮植) 686
황삼규 88
황상규 86
황정연(黃正淵) 87
황종국(黃鐘國) 216
후루야 사다오(古屋貞雄) 28, 690, 779
후루카와 가네히데(古川兼秀) 541, 761
후세 다쓰지(布施辰治) 28, 65, 690, 773, 832
후지모토(藤本) 330, 725

후지무라(藤村寬一) 696, 726
후지이 에쇼(藤井惠照) 261
후지이(藤井尚三) 727
후카타(深田) 205
후쿠다(福田) 694, 727, 740
후쿠모토 가즈오(福本和夫) 348
후타미 도시오(二見敏雄) 106
히라마쓰(平松忠明) 717
히라야마(平山) 698
히라카와 도이치(平川斗一) 649
히라하라(平原) 129
히로세(廣瀬) 346
히로세(廣瀬晋) 714, 729
히시누마 가즈오(菱沼和雄) 769
히틀러 491, 634~636

동북아역사재단 일제침탈사 자료총서 56
사회·문화편

사상통제(3)
일제 말기 확장하는 사상 탄압과 그 붕괴

초판 1쇄 인쇄 2024년 12월 15일
초판 1쇄 발행 2024년 12월 30일

기획 | 동북아역사재단 일제침탈사 편찬위원회
편역 | 윤소영·홍선영·박미경·복보경
펴낸이 | 박지향
펴낸곳 | 동북아역사재단

등록 | 제312-2004-050호(2004년 10월 18일)
주소 | 서울시 서대문구 통일로 81 NH농협생명빌딩
전화 | 02-2012-6065
팩스 | 02-2012-6186
홈페이지 | www.nahf.or.kr
제작·인쇄 | 니케북스

ISBN 979-11-7161-169-0 94910
         978-89-6187-720-6 (세트)

• 이 책은 저작권법으로 보호를 받는 저작물이므로 어떤 형태나 어떤 방법으로도 무단전재와 무단복제를 금합니다.
• 책값은 뒤표지에 있습니다. 잘못된 책은 바꾸어 드립니다.